U0678885

中國歷代書目題跋叢書

蛾術軒篋存善本書錄

王欣夫 撰

鮑正鵠 徐鵬 整理

上

圖書在版編目(CIP)數據

蛾術軒篋存善本書録 / 王欣夫撰；鮑正鵠，徐鵬整理. — 上海：上海古籍出版社，2021. 4
（中國歷代書目題跋叢書）
ISBN 978-7-5325-9906-6

Ⅰ. ①蛾… Ⅱ. ①王… ②鮑… ③徐… Ⅲ. ①古籍—善本—圖書目録—中國 Ⅳ. ① Z838

中國版本圖書館 CIP 數據核字(2021)第 047058 號

封面題簽：顧廷龍
内封題簽：朱東潤

中國歷代書目題跋叢書
蛾術軒篋存善本書録
（全三册）
王欣夫 撰
鮑正鵠 徐鵬 整理
上海古籍出版社出版發行
（上海瑞金二路 272 號 郵政編碼 200020）
（1）網址：www. guji. com. cn
（2）E-mail：guji1@guji. com. cn
（3）易文網網址：www. ewen. co
蘇州越洋印刷有限公司印刷
開本 850 × 1168 1/32 印張 61 插頁 19 字數 1,765,000
2021 年 4 月第 1 版 2021 年 4 月第 1 次印刷
印數：1—1,500
ISBN 978-7-5325-9906-6
Z · 469 定價：298. 00 元

王欣夫先生像

周易本義四卷　一厚冊

號鈍叟又號寫十三經老人

清南豐劉庠批校本庠字慈民江西南豐人咸豐元年舉人歷主徐州海州清江浦各書院清史入儒林傳稱其說經綜漢宋兩家融會而貫通之著有儉德堂易說等此書眉端行間細字如蟻不能容則坿以夾籤多纂錄漢以來各家之說其為所著易說之初稿歟慈民没後次子孚存字永庵能守遺稿沈其昌叙儉德堂文存云永庵歸里後其世藏先人秘籍為何人竊去永庵若負大戾痛自刻責感疾驟殁則其眷眷先澤視若性命有足尚者此冊不知何時流入吳市老友潘君聖一得之見贈歎其用力之勤而易說卒歸泯滅也為什襲而藏之有劉印孚

永庵晚寓吾蘇葑門十全街為大成宗師泰州黃葆年入室弟子殁後藏書

《周易本義》劉庠批校本

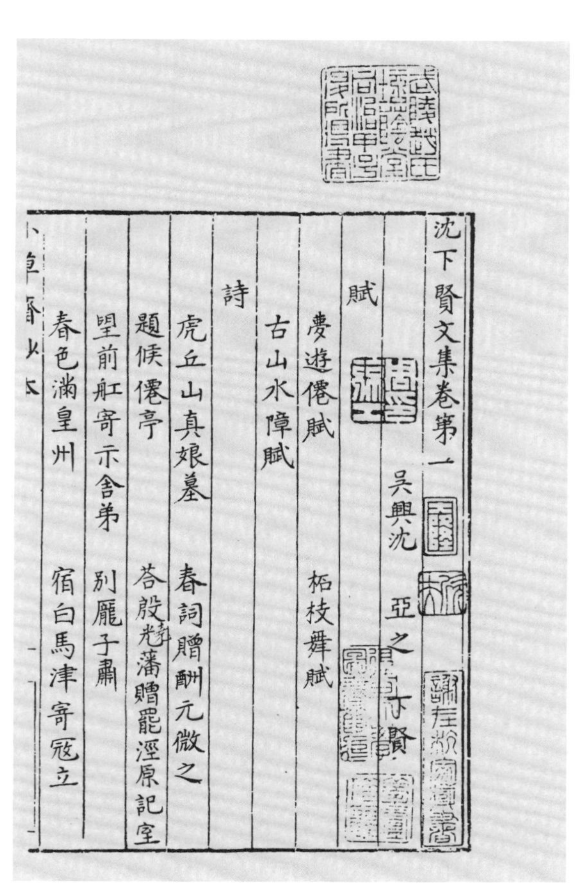

《沈下賢文集》明謝肇淛小草齋精鈔并手校本

杜工部集箋注二十卷四冊

清常熟錢謙益撰清康熙六年原刻初印本録長洲何焯評校

嘉定王鳴盛手跋杜陵號詩史古今注者多矣牧齋則特詳史事閒加攷證浩博精當蓋其家富藏書多世間未見之秘又有程孟陽朱長孺等助其搜討宜西莊亦推為從來注杜第一善本亦牧翁生平著述之最佳者也義門遍校唐人集于杜詩用功尤深抉剔幽隱分析章法不但多得杜恉亦于讀者大有啟發録于此本可謂二難并矣此為西莊讀本並手跋之西莊經史之學卓然儒林詩其餘事然早歲與錢竹汀王蘭泉等同受詩法于沈歸愚為吳中七子之首蜚聲文苑此跋審其筆跡已入

閻若璩潛邱劄記謂杜甫詩注亦只牧齋佳耳

而袁枚隨園詩話卷十六指其於少陵鄜州月一首所云兒女者自己之兒女也錢以為指肅宗與張后而言則不特心術不端而且與下文雙照淚痕乾之句亦不連貫斥之為小人則不免苛論矣

李安谿榕村語録續集嘗謂義门就是學幾个字看一首詩也認真不苟今讀其手评諸書而信

《杜工部集箋注》清康熙六年原刻初印本

録何焯評校王鳴盛手跋

此條宜再攷

吳興劉氏嘉業堂鈔本

宋刻蜀大字本史記校勘記引據各本

宋刻蜀大字本每葉十八行行十六字注文每行二十字或二十一字不等無序跋有同治乙巳吳雲題記摘爲鄭孫敬亭藏本今歸兩罍軒棄汲古閣珍藏秘本書目蜀本大字史記有缺又蜀本大字史記半部有宋刻籤題二條百宋一廛書錄有大字宋板史記一百十六至一百二十但有集解非三家注也今此本於宋諱缺筆即毛氏所謂有宋刻籤題黃氏所謂大字宋板也其列傳二十七三十五葉有左迪功郎充無為州軍學教授潘旦校對右承直郎充淮南路轉運司幹辦公事石蒙正監雕則為宋時刻板明矣今據此本重刊所有譌奪悉仍其舊惟中有鈔配及別本羼入者非復宋本之舊茲於鈔配者以潘氏藏本補校潘本與此本板式相同有郎邪王敬美氏收藏圖書印及毛晉秘笈汲古閣世寶隱湖毛表圖書益本王氏世懋家藏本後歸汲古毛氏

毛晉汲古閣單行集解本毛於重鐫經史目錄云遇宋板精本攷校此書每卷有審定宋本字樣崇禎十四年開雕光緒四年金陵局本題倣汲古閣本刊然時有剜改非原本也

《宋蜀大字本史記校勘記》王舟瑤手稿本

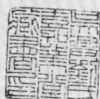

玉裁按子虛賦檗離朱楊李善引郭璞注離山梨也

蕡藹【注】樹實繁茂菴藹【疏】蕡亦樹實名又名藹郭云樹實繁茂菴藹

枹遒木魁瘣【注】謂樹木叢生根枝節目盤結磈磊。○遒祖由切【疏】木叢攢遒而生者名枹遒木魁瘣讀若磈磊謂根節盤結處也郭云謂樹木叢生根枝節目盤結磈磊

棫白桵【注】桵小木叢生有刺實如耳璫紫赤可啖。○棫音域桵人佳切【疏】棫一名白桵郭云桵小木叢生有刺實如耳璫紫赤可啖詩大雅云芃芃棫樸陸機云王蒼說棫即柞也其材理全白無赤心者爲白桵直理易破可爲犢車輻又可爲矛戟矜今人謂之白棫或曰柘此二說不同未知孰是

梨山樆【注】即今梨樹。○樆音离【疏】梨生山中者名樆郭云即今梨樹言其在山之名則

《爾雅注疏》段玉裁、江帆手校本

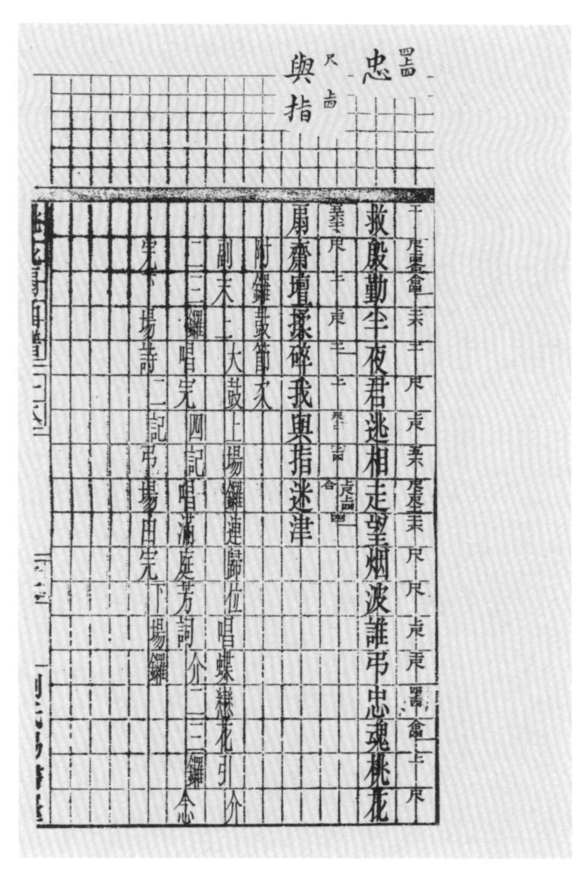

《桃花扇曲譜》吴梅正律，劉富樑訂譜

貴池劉氏賜書臺寫樣稿本

唐寫本說文解字木部箋異一卷 一冊

清獨山莫友芝撰無名氏臨莫友芝校補定本郘亭于同治二年從黟縣宰張廉臣得唐人寫本說文木部殘卷乃取校大小二徐本成此箋異一卷即刊版行世人始得見唐本真面目其卷後為日本某氏內藤虎購去幸有此摹本僅存乃有謂寶係贗鼎且指為皖人某所作一若鑿鑿可信者然讀郘亭及劉毓崧張文虎方宗誠諸家所攷乃原原本本確有依據偉偽者未必有此學問則因在敦煌石室未發見之前罕見唐寫真跡或鑒別未精驟聞此要籍孤本不免由震驚而懷疑我則痛心于國寶之淪失不知何日楚弓得重歸也郘亭于此書刻成後又手加校補其原

孫仲容溫州經籍志於戴侗六書通釋獨言其偽並引歙汪仲伊語謂此乃其鄉一通小學者所偽作其人彼尚識之

多與段若膺注嚴鐵橋校語闇合譚廷獻讀說文偶記近年皖南傳刻木部殘字是唐人寫本僅百八十又八文而與徐本篆體不同者五說解殊別百三十有奇今略舉其殊別之佳者楗歫門與李善合柵編豎木

《唐寫本說文解字木部箋異》無名氏臨莫友芝校補定本

《中國歷代書目題跋叢書》出版説明

漢代劉向、劉歆父子編撰《别録》《七略》，目録之學自此濫觴，在傳統學術中發揮了重要作用。歷代典籍浩繁龐雜，官私藏書目録依類編次，繩貫珠聯，所謂「類例既分，學術自明」（《通志·校讎略》），學者自可「即類求書，因書究學」（《校讎通義·互著》），實爲讀書治學之門户。而我國典籍屢經流散之厄，許多圖書真容難睹，甚至天壤不存，書目題跋所録書名、撰者、卷數、版本、内容即爲訪書求古的重要綫索。至於藏書家於題跋中校訂版本異同、考述版本淵源、判定版本優劣、追述藏弆流傳，更是不乏真知灼見，足以津逮後學。

我社素重書目題跋著作的出版，早在二十世紀五十年代，我社就出版了歷代書目題跋著作二十二種，後彙編爲《中國歷代書目題跋叢書》第一輯。此後，我社又與學界通力合作，精選歷代有代表性和影響較大的書目題跋著作，約請專家學者點校整理。至二〇一五年，先後推出《中國歷代書目題跋叢書》第二至四輯，共收書目題跋著作四十六種，加上第一輯的二十二種，計六十八種，極大地普及了版本目録之學。面對廣大讀者的需求，我社將該叢書陸續重版，並擇要選入新品種，對原版進行訂補，以饗讀者。

上海古籍出版社

二〇一八年八月

出版説明

《蛾術軒篋存善本書録》自二〇〇二年出版一版一次，二〇〇八年重印，至今已銷售告罄。爲滿足讀者需求，此次我社將該書收入《中國歷代書目題跋叢書》中，並請金良年先生編製了較爲詳盡的書名、作者名（包括編撰者、箋注者及批校者等）索引，以便查閱。

上海古籍出版社

二〇二一年二月

前言

王欣夫先生(一九一一年—一九六六年),蘇州吳縣人,名大隆,字欣夫,號補安、補庵。室名學禮齋、抱蜀廬、蛾術軒。以字行。蛾術軒爲他晚年所用,殆取自《禮記》「蛾子時術之」,而内存學習清代樸學之意。

先生祖籍浙江秀水(今嘉興市),先世以經商致富。在他曾祖一代,已經邊經商邊學文。曾祖撰有《資敬堂家訓》二卷,尊尚儒學。在其祖父時,移居江蘇吳縣,遂爲吳縣人。其父王祖詢開始走上從政之路。曾被湖廣總督張之洞派赴日本考察,已開始收藏書籍,室號「二十八宿研齋」,收有宋本《陶淵明集》、小字本《資治通鑑本末》、余仁仲本《周禮鄭注》等數十種宋元善本,明弘治本《陳伯玉集》(《四部叢刊》所收即此本)也爲其所藏。

先生生於清末,又處於這樣一個書香門第,所以早年的教育基本是家學的熏陶。青年時代,曾從當時號「愛自由者」的天放樓主人金松岑學習國文。金松岑是《孽海花》的創意者,與被魯迅稱爲「談學術而兼涉革命」的《國粹學報》頗有關係,著名於當時文壇。十九歲前後,到虞山,結識丁國鈞,二十一歲到金松岑的老師吳縣曹元弼處學習經學。曹爲前清翰林院編修,專精「三禮」,乃是清代吳派經學的傳人。先生受其業，故對《儀禮》、《周禮》、《禮記》之學有專門研究。因而得以結識當時學界人物。二三十年代，先生常到虞山求學，滬上訪書，與繆荃孫、曹元忠、胡玉縉、丁國鈞、陳獻章、葉鞠裳和劉承幹等多有交往。同時，又和一些志同道合的友人，如鐵琴銅劍樓的後人瞿鳳起、蘇州王佩諍、顧廷龍、崑山趙詒琛，以及周叔弢、張元濟、傅增湘、余嘉錫、王重民、楊樹達等互相切磋。

一九三六年金松岑主持國學會，議刊先學遺著，先生也預校《喪禮鄭氏》，後因抗日戰爭爆發，未能竟其事。作爲一個普通的學人，他在國難之際，也想爲社會盡自己的微薄之力。在三十歲前後，應蘇州女子師範的聘請，在該校任教。四十年代應上海聖約翰大學之聘，爲國文教授。

一九五二年進行全國高校院系調整，轉入復旦大學中文系，爲復旦大學教授。在五十年代，主講古典文獻學。一九六六年因肺炎去世。

欣夫先生早年研習經學，畢生致力於目録版本、文獻考證研究。已經刊行的著述有《黄蕘圃先生年譜補》、《補三國兵志》、《藏書紀事詩補正》、《文獻學講義》等。

在三四十年代的社會動亂時期，他曾和趙詒琛等把當時流傳在世間的少見文獻，整理編輯，按編成之年出版，自《甲戌叢編》（一九三四）到《辛巳叢編》（一九四一），凡八編，收有一百多種，合成《八年叢編》。此後仍孜孜不倦，從事此業。他校輯的前人著述有《勞氏碎金》、《居易堂集外詩文》、《孫淵如先生文補遺》、《蕘圃藏書題識續録》、《再續録》、《蕘圃雜著》（後增補彙成《黄蕘圃遺書》，未刊。）、《思適齋集補遺》、《再補遺》、《思適齋書跋》、《補遺》（後增補彙成《顧千里遺書》，未刊）等。

此外，整理的師友遺著有曹元忠的《箋經室遺集》，胡玉縉的《許廎學林》、《許廎遺集》、《四庫總目提要補正》、《四庫未收書目提要補正》等。

先生一生著述三十餘種，如《景刊元貞本論語註疏解經考證》、《管子校釋》、《學禮齋隨筆》、《學禮齋雜著》、《學禮齋文存》、《蛾術軒篋存善本書録》等，其中《蛾術軒篋存善本書録》是最有代表性的學術著作。

《蛾術軒篋存善本書録》原稿本，二十八册。工楷謄寫在毛邊紙上，無絲欄，無邊框。分爲「庚辛稿」六册、「辛壬稿」六册、「癸卯稿」六册、「甲辰稿」六册、無編年者四册。著録各種罕見的刊本、校本、鈔本、稿本一千多種，總字數約二百萬字。前四稿著録按經、史、子、集排列，每稿自成起迄，當分别是一九六〇—一九六一，一九六一—一九六二，一九六三，一九六四年的稿子，後四册自成起迄，當是一九六四年以後，最後的稿子。此稿在謄清楚以後，曾給鄭雪耘先生看過。欣夫先生又作了一些批註，也就是説，這是先生在一九六六年去世之前，歷時五六年，把自己畢生精力所收集到的善本匯總整理的結晶，是一部極見功力之作。

其中主要的内容大致可以分爲這樣一些方面：

一，著録了一千多種罕見的刊本或鈔、校、稿本，考釋了多種善本書的成書和流傳經過。

所收多有世間罕見之本。如戴東原、錢大昕、王鳴盛等校的《五禮通考》，黄丕烈校的《五代史補》，顧千里校的《困學紀聞》、《文選理學權輿》、《文選李注補正》，何義門校的初印本《杜工部集箋注》等等，都爲罕見之寶。又如，明謝肇淛小草齋精抄並手校本「沈下賢文集十二卷」條，詳細地記載了《沈下賢文集》自宋代元祐丙寅以來的版本流傳情況。關於此書，錢曾《讀書敏求記》曾著録，然不詳。丁丙《善本書室藏書志》載，朱氏結一廬有一明刻。先生指出：「考《結一廬書目》著録，亦爲南昌彭氏鈔本。惟别本書目及《北平圖書館善本》有明刊，皆未見。自焦竑從閣中鈔出，賴有傳本。萬曆丙午，徐𤊹從焦本録出，而謝氏又從徐本轉録。今焦、徐兩本均失，允推此本爲世間最古矣。」後又據歷代有關記載和書中印章，考證了該書的流傳：謝氏小草齋之書，明末清初歸周亮工家，其子周在浚和黄虞稷友善，因而入黄氏千頃堂。因有錢天樹「夢廬借觀」之印，所以推測，在清代中期，「不出江浙藏家」。在同治以後，入「武陵趙氏培蔭堂」。武陵趙氏即趙篤恩，字淡如，曾爲仁和縣令，多藏精本。歿後，書流入坊肆，爲丁氏善本書室所得。最後歸到欣夫先生。他在《藏書紀事詩補正》的「謝氏小草齋」條下，關於該書，只補了「余藏有《沈下賢集》，其鈐印有『晉安謝氏家藏圖書』」一句，而在此《書録》中，則原原本本道來，四百多年《沈下賢文集》的流傳脈絡清晰可見。

二，糾正了有關書目和研究者的錯誤。

比如，「《皇朝中興紀事本末》七十六卷，題學士院上進，舊精鈔本，並録秀水朱彝尊、商邱宋筠跋」條下，對《玉海》卷四十七所説的「熊克《中興紀事本末》，一名《中興小曆》」的此書，《四庫全書》從《永樂大典》中輯出，稱爲《中興小紀》的原因進行了探討。指出，《四庫》所輯本，「所闕尚多，以一卷校之，脱文已廿餘條，至一條中脱文自數字至數百字者，不一而足。」又指出了該書稱「學士院上進」本的原因，乃是由於「當是曾經禁毁」，宋末建陽書坊私刻流行，「不得不變换書名，改易卷數，初不知其爲編年體與書名不符。以熊克曾官直學士院，或原書列有署銜，遂割存『學士院』三字，又謬稱『上進』而不知名，不知學士院無進書之制，遂使開卷便顯刺謬」。考辨詳覈。

又如「《輿地廣記》三十八卷《劄記》二卷」條下，根據宋本中的刻工姓氏，糾正了清代顧千里以爲朱彝尊藏本爲翻刻季滄葦本之誤。

再如「《笠澤叢書》四卷《補遺》一卷」條下，根據顧氏碧雲草堂原本前的仿帖以及有關文獻，論證顧氏原刻本和清代陸輝鍾水雲漁屋刻本的關係，認爲陸本乃據顧氏碧雲草堂翻刻，而不是如其跋所説的那樣，據至元本開雕。糾正了葉德輝《郋園讀書志》論説的誤訛。

若非親見原物，一一校覈，再加上廣徵博識，安能得到如此的結論？目録版本，並非寫成教科書，便成其學問，更非僅翻閲前人書目，便可下斷言的。

三，記載了自清代以來許多不爲人所知的學者的活動以及學術史的事實。

如何焯、惠棟、惠士奇、戴震、段玉裁、王念孫、盧文弨、閻若璩、江聲、顧千里、陳奂、江標、翁方綱、馮桂芬、劉承幹、沈欽韓、俞樾、黄侃、高步瀛、馬叙倫、余嘉錫等等。凡此，多爲在學術史上已知名者。書中有不少有關他們的生平和學術的記事，可補史傳之缺。更重要的是《書録》中記載了大量不太爲人所知的學術人物生平和掌故。

如「孟東野詩集十卷」條下，對惠士奇評閲的考證，對江源、汪獻于等生平的介紹。

在「《李義山詩集箋注》三卷」條下，所載徐夔的身世、他箋注《李義山詩集》以及與當時學者交往的情況。

在「《唐皮日休文藪》十卷」條下，考訂錢龍惕的生平。在「《四史發伏》十卷」條下，記録了丁國鈞的生卒年月：生於咸豐壬子九月二十九日，卒於民國己未十一月十八日，這大概是其他地方看不到的。

又如，「《古今贋書考》五卷」條下指出，此書爲會稽陶及申所撰，陶爲康熙時貢生。此書蒐録甚富，因不著名，故不傳。因爲毛西河推舉姚際恒之書，故天下僅知姚書而不知此書。這是瞭解康熙時期學界情況非常難得的資料。

凡此都很可貴。

四，在一些書録後，收録了該書在流傳過程中，原來的鈔校者，收藏者的題跋。具體内容，在此從略。

五，記載了先生自己收集這些書的一些情況。

先生爲收集有價值的古典文獻而跋涉了一生。在他的《書録》中，時而可見他爲收羅古籍所經歷的辛勞。

如對孫文楷、高鴻裁所撰《山東金石志稿》，他是一九三九年歲暮，在上海來青閣見到，因「索巨值，旁皇數日，卒舉債得之。」

「《積書喦摹古帖》，清金壇手書稿本並跋，元和江標手跋」條下記載了他爲取得這「學禮齋鎮庫之寶」的經過：王澍在康熙雍正間書法獨步一時，臨摹的法帖六十巨册，後歸王澍之媳無錫華氏。江標爲華家甥，故得題跋之。「其後華氏兄弟析産，持不相下，遂各析其半。故友周左寬德裕於一九二七年爲余作價，得其前半。越年，有華生某來肄業聖約翰大學，亦以所守之半歸我，索值頗奢，室人爲典質釵珥助成之。」

再如，「《爾雅舊注》三卷，清海甯陳鱣撰集，清海甯朱元吕手鈔稿本。日照許瀚校補並手跋」條下，記一九三二年「於海上書肆遇之，以名人遺稿，且屬名校，賈人居奇，卒典質屏當三百金獲之，頗有笑余爲書癡者。」

在此順便提一下先生愛書的一件軼事，解放初，鄭振鐸任國家文物局長，知先生藏有當時被認爲是海内孤本的磁活字本《周易説略》，要出三千元收買（注：這在當時爲大數目），而先生的回答是他「還要白相相」（吴方言，玩玩之意）。這些都表現出一種超越了市儈的真誠，甚至是天真之氣。

先生收集善本，往往遇到有價值之書，便記在心頭，長年累月，也不忘記。有的書是過了幾十年後，仍念念在懷，方才追尋而得。如《淮南子正誤》，就是在借讀後，經三十多年後才購得的。

先生還有一個特點，就是不僅花錢購買，有時爲了保存文獻，不使淹滅，還身體力行，出資請人或自己動手抄録。如，沈欽韓《水經註疏證》四十卷條下曰：「斥巨金録副，多傳一本，庶幾免於刀兵水火之厄乎。」

先生自己抄録的書稿就有數十種。如朱彝尊的《竹垞道古録》二卷，胡玉縉的《許廎經籍題跋》二十卷等。其他過録的名家校語就更多，如先生過録諸名家校語的《經典釋文》，此書清代以來，多有校者，如惠棟、段玉裁、紐匪石、臧在東、顧千里、江沅、管慶祺、劉履芬、費念慈等，王先生自己已經收了一本傳録的費念慈校本，但是又再傳録一本，朱墨琳琅，甚爲用力。

又如在《史通》、《華陽國志》、士禮居本《輿地廣記》上過録的顧千里等人的校語，在不少唐人集子上過録的何義門的校跋等，這些都在《書録》中有所記載和反映。在這個領域中，先生是一位身體力行的實踐家。

在先生的《書録》和其他著述中，可以非常明顯地看出他言必有據，不尚空言的學術風格。《管子校釋》中對郭沫若《管子》版本判斷錯誤的指正，是早在五十年代的事了。同時，還應該看到，在先生的著作中也有隨着時代發展逐步變遷的軌跡。如果説先生早期多重視經學，而後來對於文學和出土文物，也加以關注，如「《沈下賢文集》十二卷」條下，對《四庫提要》議論的反駁，「《新雕校證大字白氏諷諫》一卷」條下，有敦煌殘卷的校語等，都反映出這種時代變遷的影子。

《蛾術軒篋存善本書録》不僅對於目録版本學，對於哲學、語言學、史學、文學等學科研究，也都具有相當的學術參考價值。

比如，就斷代或專門史而言，宋史、明史的研究者，恐怕不應忽視前面提到的《皇朝中興紀事本末》，還有袁廷檮貞節堂鈔本《三朝北盟會編》的殘本（存一百七十二卷），舊鈔本《明史列傳稿》二百六十七卷等的有關情況。

對於吴中地區的文化史研究者來説，這部《書録》，是一個藴藏豐富的寶礦，自明代以來到清代乾嘉時期在吴中地區的主要學者，特别是清末民國初，吴中地區文人的各種活動，他們之間的相互關係，此書中有很多重要記載和線索。如，在「宋蜀大字本《史記校勘記》一百三十卷，清黄巖王舟瑶校，手稿本」條下記：劉承幹「藏書刻書之業，爲有清一代之殿，而著作多有未成或未刊。此書外如《清詩萃》則屬之楊子勤、沈醉愚，《希古樓金石萃編》則屬之羅叔言，《嘉業堂藏書志》則屬之繆藝風、董授經，《詞人考略》則屬之況夔笙，而《碑傳集再續》則出於手纂。當時禮致賓客佐其編校者，又有孫益庵、曹君直、章式之、張孟劬、劉誠甫諸老，皆一時耆宿。」這對於瞭解清末的學術、認識當時的學者和藏書家的關係，他們活動的經濟來源，是非常難得的資料。

此外，對於近現代學術史的研究，所著録的一千多種稿本，那就更爲研究者提供了第一手資料和重要線索。

對於專書的研究，比如《文選》的研究，書中清代元和陳倬的「《文選筆記》六卷，手稿本」條下所載：陳倬是陳奐的入室弟子。他根據李善注《文選》所引的各文，以校本書。對於清代研究《文選》的諸家：何義門、汪師韓、孫志祖、余蕭客、張雲璈、朱珔、梁章鉅以及顧廣圻《胡刻本文選考異》之誤，多有訂正。高步瀛撰《文選李注義疏》，「知有此書，來乞假讀，深歎考據之精，用力之勤，欲采入所著書中，並許撰序。乃旋歸道山，忽忽未果。」而近年《文選》的研究者，是否瞭解這一情況呢？

對於《説文解字》的研究，馮桂芬、江標、莫友芝手校的《説文解字注》，胡玉縉的《讀説文段氏注記》三十卷《補遺》一卷等書的情況，可以提供大量新的線索。而陳澧的《説文聲統》十七卷，對於上古音韻分部流變研究，殆有相當的意義。

對於人物的研究，如在研究王念孫、戴東原時，「《淮南子正誤》十二卷，清陳昌齊撰，清吳縣孫傳鳳手鈔本並跋」所載：「東原論學少許可，好漫罵，獨折服先生（指陳昌齊，號觀樓）。」王念孫叫王引之前往陳昌齊處求學等情況，就非常有意思。

在《輿地廣記》上的顧千里校語，對於瞭解顧千里和黄丕烈交惡的原因，對於瞭解乾嘉時期，吳中文人集團内部的相互關係，就是相當重要的。

《四庫全書總目提要稿》條下所述現存《提要稿》和《提要》多有出入的情況，對於紀昀、翁方綱的研究，恐怕是不可忽視的資料。

如果要研究楊守敬，那麽，「《樊川文集》二卷外集一卷别集一卷」條下有關楊守敬手校的資料，就非常難得。

此外，對於何義門的研究，要瞭解他對唐代文獻整理的貢獻；對於惠棟的研究，瞭解這位經學大師在研經以外的興味；凡此等等，王欣夫先生在這部《書録》中，對有關資料都有所羅列，堪爲淵藪。

資料以外，筆者認爲在《書録》中，還包含着相當多的學術研究創見和新的研究方法的萌芽。如「《鮚埼亭集校箋》不分卷」條下，曰：「昔施北研注元遺山詩，多引金源史事爲證，他日有爲《鮚埼亭集》作注者，可由此而引申之也。」後來的研究者或可參考。

陳倬的「《文選筆記》六卷，手稿本」條下所載：「根據李善注《文選》所引的各文，以校本書。」有意思的是，在日本，也有同樣思路的研究著作問世，近年刊出的《文選李善注引書考》（小尾郊一等著，研文社出版，一九九六）其基本思路，與此正相同。

近年西方的學術界，如法國的和美國的一些學者，重視從文本社會學的角度對文學和社會進行研究，對一本書的撰述、刊刻、出版、流傳的資料詳加收集，由此來剖析當時的社會構造和社會文化氛圍。此風也傳到東瀛。而在這部《書録》中有部分的方法，就與此非常相近。

這不是説王先生就是採用了上述西方或日本的漢學研究方法，也不是要説王欣夫先生對上述的方法有「發明權」，而是説，在科學研究中，有時會有殊途同歸的現象。在王先生的著作中，有着導人以先路，對我們今天的研究具有啓迪意義的内容。決非一般的藏書目録所能同日而語。如果有心者認真尋討，我相信，肯定可以有所發現。

自清末以來的這一百年間，是中國歷史上發生巨大變革的時代。在這一時代的潮流中，中國近代的學術界有各種各樣的人物，有的站在時代大潮前端，投身革命，奮力批判過去，致力於新文化、新文學的建設，如陳獨秀、李大釗、魯迅；有的接受新的思想，與西方以及世界的學術界相交流，開拓着新的研究之路，如王國維、胡適、陳寅恪；還有以保存國故爲己任的一派人物，如劉承幹、繆荃孫、董康、葉景葵等等。在相當長的時期内，他們被簡單地視爲守舊派，甚受冷落。此外，更多的人，是沈潛於潮流之中，在自己所處的現實的環境中，或隨着潮流前進，或本着真誠的心願爲了社會發展貢獻着自己所能盡的一點力量。

前兩類的人物，已多有研究者，而對於這最後一系的學者以及大量並不那麽顯眼，在具體的領域中確實有所成就的學者，則研究甚少。欣夫先生當屬於這樣的人物。他在自己所處的社會環境中，爲了保存歷史文獻，數十年間，是認真投入的。看看前面所引他在書跋中所涉及自己的那些記載，可以感受到這一點。任何時代的學術文化，都不會只有浮現在表面的浪花，在時代浪花之下，才是藴存着巨大能量的現實的社會大潮，才是學術史發展真正的主體部分，對此，決不能視而不見，更不應以簡單的態度加以抹殺。近年來，越來越多的學者感到了過去一些通行著述的偏頗和膚淺，多有要「重寫」文學史、哲學史、學術史以及通史的呼聲，這有其道理。那麽，這部《書録》或許可以爲這些歷史的「重寫」，提供新的資料和啓示。

最後，簡單地談談這部書稿的出版經過。

先生在「文革」開始不久便去世。所藏之書，在「文革」時期，被視爲「無用」，不准存放在復旦大學的原住所，要「處理」掉。開始時，連以先生的名義捐贈給復旦大學圖書館都不被接納。後由徐鵬師多方努力，才使得半數以上的書歸入復旦大學圖書館。而三分之一以上的書則散佚了，這不能不説是一大損失。

當時，師母黄翠蓮和家屬委託徐鵬先生處置欣夫先生的稿子。但在「文革」的特殊時期，根本没有出版的可能。顧廷龍先生曾借閲過此稿，並設法使其留存。

一九七九年以後，徐鵬師曾命新招收的文獻學研究生，録出所收的書目，編成目録。筆者曾參與其事。後以油印的形式，印發復旦大學中文系的研究生參考。

八十年代，徐鵬師曾加以標點整理，刊出過部分。後由鮑正鵠先生和徐鵬師標點整理。一直到九十年代中期，基本完成。命我送交上海古籍出版社。

王欣夫先生曾説過：「著述之傳否，蓋有幸不幸也。」此誠爲通人之論。對於該書的出版，欣夫先生的家屬表現出非常豁達的態度，強調主要是爲了使先生的學術成果得以流傳發揚，並不斤斤計較稿酬的多少。這是非常令人敬佩的。

在本書出版過程中，得到了上海古籍出版社的大力支持，在此表示由衷的感謝。

本書的前言，原本應當由鮑老先生或徐鵬師自己來寫的，或因先生年事已高，或因身體緣故，也或許因筆者曾爲此書出版做了一點聯繫行走工作，特命我操觚。自入復旦大學，就受此書恩澤，業已二十餘年了。故不揣卑微，愚不自量，草成此文。謬誤之處，在所難免，尚祈師友以及大方識者見諒。

李　慶

二〇〇二年二月

目録

庚辛稿卷一

庚辛稿卷二

庚辛稿卷三

庚辛稿卷四

辛壬稿卷一

辛壬稿卷二

辛壬稿卷三

辛壬稿卷四

癸卯稿卷一

癸卯稿卷二

癸卯稿卷三

癸卯稿卷四

甲辰稿卷一

甲辰稿卷二

甲辰稿卷三

甲辰稿卷四

未編年稿卷一

未編年稿卷二

未編年稿卷三

未編年稿卷四

庚辛稿卷一

周易本義四卷 一册

清南豐劉庠批校本。

庠字慈民，號鈍叟，又號寫十三經老人。咸豐元年舉人。歷主徐州、海州、清江浦各書院。清史列傳入儒林，稱其説經綜漢、宋兩家，融會而貫通之。著有儉德堂易説等。此書眉端行間，細字如蟻。不能容，則附以夾籤。多纂録漢以來各家之説，其爲所著易説之初稿歟？慈民没後，次子孚存字永庵能守遺稿。沈其昌叙儉德堂文存云：「永庵歸里後，其世藏先人秘籍爲何人竊去。永庵若負大戾，痛自刻責，感疾驟殁。」則其眷眷先澤，視若性命，有足尚者。永庵晚寓吾蘇葑門十全街，爲「大成」宗師泰州黄葆年入室弟子。殁後藏書流入吳市，老友潘君聖一得之見贈。歎其用力之勤，而易説卒歸泯滅也，爲什襲而藏之。

有「劉印孚存」、「永庵」、「銘如珍藏」、「尚有西齋」諸印。

古文尚書孔氏傳不分卷 一册

鈔本。並録海寧王國維校跋。

古文尚書孔氏傳僞本流行者千數百年，近數十年來，海内外始有古寫本發現，雖皆殘帙，莫非瓌寶。此本彙鈔七種：一、日本東大寺藏古寫本禹貢殘卷。一、法國國民圖書館藏敦煌唐寫本禹貢、甘誓、五子之歌、胤征殘卷。一、日本東大寺藏古寫本盤庚、説命、高宗肜日、西伯戡黎、微子殘卷。一、日本神田氏藏古寫本泰誓、牧誓、武成殘卷。一、上虞羅氏藏日本古寫本洪範、旅獒、金縢、大誥、微子之命殘卷。一、法國國民圖書館藏敦煌唐寫本顧命殘卷。一、日本東大寺藏古寫本畢命、君牙、冏命、吕刑殘卷。其第三種，有王靜安詳校並丁巳季冬題識。其書約即鈔成于丁巳，彼時所見僅此，後來續有發現。王君重民敦煌古籍叙録所著録，頗有出此外者，則更待後人之彙集耳。

昔年滬上哈同花園拆除舊屋，有人掃得殘紙一束，爲鄰近秀州書店所收。友人偶過，得鈔本王國維所著唐韻殘本校勘記，已嫁名睢寧姬覺彌，爲備刊之底本。余見而亟往物色，得此及臧庸所輯漢書音義兩鈔本。蓋當時靜安講授于倉聖明智大學，爲刊學術叢編諸書。此其所儲資料也。

丁巳季冬，以敦煌唐寫本及宜都楊氏景日本古寫本校此卷。國維。

尚書集注音疏十二卷尚書經師系表一卷 六册

清吳縣江聲撰。清乾隆五十八年刊，篆書精印本。長洲陳奐手校，吳縣王仁俊跋。

古籍之以篆書鋟木者，始于明代。余所見有正德十五年熊宇刊楚辭，嘉靖中陳鳳梧刊六經，猶爲漢以前書。至宗室高唐王岱翁刊陽春白雪，復附正書釋文，則好奇而反涉于陋矣。清康熙中張照奉敇刊篆文六經、四書，雕印精好，突過前人。但皆疏于學問，不守家法，不明通假，未免多所乖誤。至艮庭先生手篆所著尚書集注音疏出，即論版本，亦可稱空前絶後之作矣。

艮庭刊此書極盡心力，九年而後成。又續爲修補，以至没齒。所用説文乃徐鉉本，有從而誤者。後得段懋堂示以徐鍇本，遂追改，附識于後。尤見從善服義之心。余先得兩部，印刷稍差，書品略窄，從復禮師借此精印本核對，師因即以爲賜。余藏一本，卷一堯典篇第二葉十一行「凡百餘萬言」至十四行「以難何休」七十三字，此本已經剜改，痕跡顯然。蓋疏文係節録鄭玄傳文，于總述鄭所著書目，失照上文，誤謂發公羊墨守、箴左氏膏肓、起穀梁廢疾三種爲傳，皆不具。自以剜改爲是。而近人孫殿起承東莞倫哲如明之教，撰販書偶記，乃反指剜改本「錯亂不堪，印工亦劣」，豈非顛倒見乎？實則印本之先後，不能據表面，而應據内容。儘有初印粗率，而後印精善者，此本是也。抑又有一證，此剜改本卷四微子篇複六十四一葉，因初印于「罪合于一多瘠罔詔」句，雖知「詔」字爲説文新附，仍據秦繹山石刻有此字而用之。後又據文選九錫文注引蔡邕獨斷説，改詔作告，而定作詔者乃僞孔本，而于複葉上闌，横列「嘉慶三年補刊，爲詔字不安，疑非原文。原文必實作告，但疑事毋質，姑重一頁，詔、告兩存，俟後賢酌奪」一行三十九字。此葉爲余藏未改本所無，而與所藏印刷稍差之又一本悉合。然則烏可僅據印刷書品以定書之優劣耶？

每册封面標識篇名，審爲陳南園手跡。而卷中考證語，王扞臣先生謂恐不盡出先生手。今案考證語雖不多，而端楷細書，圈點亦極工整。據所見江子蘭手校注疏，頗復相似。因疑子蘭讀其先祖之書，故如此恭謹也。堯典「粤若稽古帝堯曰放勳」句，眉識云：「『粤若稽古』，史臣首辭，『帝堯曰放勳』五字句，則詮音疏之別解也。」「采章百姓，百姓昭明」疏「國語楚語子期對昭王曰」句，眉識云：「案國語是觀射父語，非子期。」則訂引書之偶誤也。「帝曰：咨四嶽，有耐典朕三禮」注「馬融曰：『三禮，天神、墜祇、人鬼之禮』」，眉識云：「地祇當从氏，不當从氏，从氏者衹，衹敬也。」則正字體之微異也。考證均極精細。又于葉腹内檢得草稿一紙，列考證語十一條。當爲慎重起見，尚待謄入眉上。久恐遺失，茲附録于後。回溯艮庭辛苦成書，一傳其孫子蘭，再傳而至南園，復禮師爲南園三傳弟子。則于艮庭爲五傳，及余而六傳矣。余于諸先儒深愧無能爲役，而保守遺書，斤斤弗失。後之考吳中經學源流者，可于斯焉徵之。

説文云：「象汁從木出之形。」是象形也，不得以爲指事。（卷一第十二頁疏）

「往近王舅」，古「近」本作「辺」，「辺」見説文丌部。（卷三第十四頁疏）

説文瑶字，次石似玉之後，在珢之下。以上諸字，皆言石之次玉。石似玉，玉屬，則瑶字解當言石之美者，玉字誤也。禮記祭統云：「尸飲五，君洗玉爵獻卿。尸飲七，以瑶爵獻大夫。」是瑶降于玉，不得爲玉之美者也。（卷三第廿二頁疏）

犛，當「里之反」，説文「𠩺聲」，在第一部；其尾謂之氂，則「莫交反」。汲古閣互易其反切，誤矣。（卷三第廿二頁疏）

古本公羊無楚字，楚字乃何休注。毛本從明人本，誤刻大字，入傳文。當去之爲是。（卷三第廿五頁疏）

毚，从段氏，當作㲋。（卷三第四十二頁疏）

程易疇三江考云：「此地理志所云者，乃職方氏『其川三江』之三江，非此三江也。」其説甚是。（卷三第五十頁注）

匯澤以後，三江合爲一流同入海，入海，無三處也。引地理志皆誤。地理志所云，周禮三江也。詳程易疇三江考。（卷三第五十一頁注）

禮記明堂位，與周禮注所引爾雅同。（卷三第六十二頁疏）

鼰字爲會意，所謂比類合誼也。（卷四第三十七頁疏）

四年當作三年。（卷四第三十九頁疏）

此長洲陳南園先生校本。但上方考證語，恐不盡出先生手。吾友復禮道兄方編尚書學，俊下榻淩椵樹，憙籀此册，謹題記。光緒戊申夏五，吳趨王仁俊。

書附記十四卷 三册

清大興翁方綱撰。舊鈔稿本。

嘗讀陳恭甫左海文集答翁覃谿學士書，糾其于阮芸臺、段懋堂諸家書之誤讀誤解，洋洋數千言。頗訝覃谿經術之疏，一何至此。李蒓客越縵堂日記于經義考補正云：「覃谿初亦依傍漢儒，思以考據自見。既而碩學輩出，其陋日形。又爲戴東原所譏，遂老羞成怒，逞肊妄訾。于是罵朱竹垞，罵紀曉嵐，罵阮芸臺。及陳恭甫致書，直爭其失，而覃谿底藴全露。而覃谿亦老不可復爲矣。」其言甚允。竊謂乾隆時修四庫全書，東原至京，公卿倒屣，名重一時。覃谿與姚姬傳同時入館，以論學立異。姬傳既倡宋儒之學以攻漢學，衍而爲方植之撰漢學商兑以肆其詆諆。覃谿蓋亦猶是也。尚書爲記言之史，多存古語古制，不通形聲訓詁與名物象數，無以得其真，則漢學尚矣。覃谿指在攻擊漢學，不得不依據宋儒之説，而益加推衍，遂不免肊測武斷之弊。此書載與孫淵如問答語，「古文尚書以朱子嘗疑之，故不敢遽信。」而又反對梅鷟等之辨僞，謂爲「信筆謬妄」。且引張姚成之言，「見近時嗜攷證者，輒爲髮指。」何其偏激乃爾。夫其于古文之真僞，尚游移兩可，則其説又安有當乎？而于閻百詩、王西莊，攻之尤力。一則曰：「閻氏乃放筆大書曰，此定評也！」又云：「妙哉論也！此等語，何可施于説經乎？世代既遠，爲後儒者，惟當慎之又慎，何得妄逞其肊見耶。」卷二大禹謨。再則曰：「説經千古公論，求合于聖經之是而已，豈得力貶前人，自生畛域耶！」卷十一多士。其斥閻、王諸家者，論甚正，而何又躬自蹈之哉？然覃谿長于簿録之學，其攷證碑帖，評定法書，尤爲專家。以攷據爲詩，提倡肌理一派，亦自成一家。即論經學，其孜孜矻矻，研核不倦，十三經皆有附記，蘇齋筆記亦説經爲多，用力不可謂不勤，以較枵腹空談者有别。又于恭甫所糾誤解阮氏校勘記諸條，復謂「急欲改之」。攻駁段懋堂「寅餞納日」本作「寅淺内日」，不知乃據集韻及羣經音辨，爲衛、包未改以前之經文，陳、鄂未改以前之釋文。經恭甫糾正者，今書中已删去，則尚能從善服義者也。其十三經附記，王灝畿輔叢書刻其論語、孟子、詩、禮記四種，劉氏嘉業堂有周易、書、春秋手稿三種，余有周官禮一種，此即從劉氏藏稿本録出。中多空闕之處，意草稿塗抹，不易辨認，鈔者尚能守蓋闕之義。惜未得據手稿一勘也。

讀尚書舊積諸條，通加次第排訂之，成一十四卷。愚于古文之真否，概不置辨。于前儒所謂錯簡脱亂者，則不敢以爲然，是以寧多闕焉。嘉慶二年夏閏六月二十八日。

詩箋别疑一卷 一册

清慈谿姜宸英撰。鈔稿本。貴池劉之泗手校並跋。

西溟于康熙三十年辛未在洞庭東山書局，佐徐健庵修一統志。暇時讀毛詩注疏，成此詩箋别疑一卷。蓋專以抨擊鄭箋爲事者。附録三則，則又爲抨擊汪鈍翁類稿之説者。大都依據朱子集傳，而辭氣偏激，事近鍛鍊，一若鄭君之罪有不容于誅者。自序所舉外，卷中如謂：召南草蟲箋，「誣瀆甚矣。」齊風敝笱「其從如雨」箋，「其誕妄如此。」豳風之説，鄭箋言最荒謬，不可信。」鴟鴞箋，「鄭君習見漢之衰季，權姦擅命，狐媚竊國，遂以此附會大聖人行事，其見識之庸下，真不枉爲馬融弟子也。」小雅斯干箋，「鄭氏言禮，每以臆斷，果于自信，無所致疑于其間。于其説所未能通，必上而推之于夏、殷，至是而其説窮矣。然猶且轉輾支吾，誣學者以所不知。後世羣奉以爲大儒，不知其爲經術之罪人也。」周頌「閔予小子」箋，「鄭既借管、蔡以美名，而厚誣周公以不臣之迹。逞臆懸擬，悖理傷道。疏家從而周旋其義，爲後世亂臣之口實，不可以不辨也。」可謂極盡醜詆，若有深讎者。豈學者之氣象？蓋在康熙時，鄭學猶未爲諸儒所篤信，故未免詆之太過。至乾嘉時，鄭學大興，至有「寧道周、孔誤，不言鄭、服非」者，則又信之太過。然説經當實事求是，初不以嚚爭爲勝。若西溟者，後人終當引以爲戒。昔方望谿嘗以西溟文質諸李穆堂，穆堂笑其未通。見翁方綱書湛園未定稿後。蓋西溟好排斥前賢，而不知人亦議其後也。

此爲劉君公魯從西溟手稿録出。原本裝册，間有脱簡及漫滅處，均細加校正。其王風一篇自注：「此則已刻未定稿，以一時所著，故仍入之此。」今查湛園未定稿已列入。

有「阮氏琅環僊館收藏印」、「兵衛森畫戟燕寢凝清香」、「阮伯元」、「雷塘庵主」諸印，則阮元也。「雲谷審定」印，則葉夢龍也。均影摹原印，可攷其藏弆源流。首有「貴池劉氏畏齋鈔本印」一印。

辛未夏，自京師南還，赴洞庭東山書局，住翁氏園四月。山中日長，編纂之暇，偶借得毛詩注疏讀之，每日繙盡一卷。於鄭義多所未安。有見，輒録之别紙，積時成帙，藏弆行笥近三年。今年二月，於京邸尋理荒緒，塗乙顛倒，幾不可識。乃手自脱稿存之，以待質於博雅君子。鄭於經學用心特至，其注禮尤詳覈。然泥於古制，窒礙難通者多有之。如封建、畿内諸侯、載師任地之法，四方諸侯朝覲天子，宫中進御日期，□□皆方而不適於當時之用。□嘗著論疑之。又其酷信緯書，詭譎誕妄，往往以之亂經。此則其蔽之尤甚者也。范蔚宗曰：「康成質於訓辭，通人頗譏其繁。」其注詩、禮，語不逮意，非注家疏通其意，有不可句讀者，而其於詩尤無涵泳玩味之意。論文王受命，與夫周公東征攝政之事，殆於毁綱裂常，遺誤萬世而不顧。至其果於自信，破字一百餘，所謂剜肉成痏，揆之聖人闕疑之意，不如是也。使非朱子折衷，先儒爲之集注於其後，則風雅之道不幾息乎！予時迫於出山，又山中無他書可以參較，僅摭拾其大概論之如此。或有爲前人所已發者，不暇檢也。鄭又有易注，自隋以前，與輔嗣注並行，而後浸微矣。易道變動周流，其難讀更甚於詩。幸其書之不傳，使更雜以讖緯邪説於卜筮之學，則如歐陽公所謂因傳而晦者，殆不止十之五六矣！乙亥三月朔日，書於京邸之春樹寓齋。宸英。

是時山中無别書，徐司寇公以汪君志銘屬予商略，并以其集見付。余辭墓志不問，而間抽其集中經解閲之，於各經俱少發明。適辨鄭箋，遂取其論詩數則折衷之如左。非好爲異同，凡治經之道當如是耳。後有抉吾之短者，則吾之所獲已多矣。乙亥仲春廿八日記。在附録後。

此册每半頁十行，行二十九字。均據原跡行欵鈔寫。原跡係褾册，故僅半頁，蓋已裁開也，兩半頁褾一頁。公魯記。

此册已經霉蠹，故有破碎處。闕字一以方圍别之。其有依稀可辨者，則以意妄爲補填。其破損一角者則仍之，仍以方圍别之，而依其字數行欵，一仍其舊耳。但此書文有不能通順處，疑有錯簡。且恐有闕頁，殆以霉破不堪，爲裝潢人棄去矣。惜哉！辛未七月廿一日夜坐雨畏齋記。貴池劉之泗。

詩古音三卷 一册

清益都楊峒撰。舊鈔稿本。

峒字書巖，乾隆甲午舉人。與桂馥、郝懿行爲友。桂氏晚學集有答楊書巖孝廉論音況書。趙之謙仰視千七百二十九鶴齋叢書刊其書巖賸稿一卷，李祖年聖譯樓叢書刊其律服考古録二卷。此則未刊遺稿也。黑格，版口有「吟梅書屋」四字。曾于高氏葩廬見渭南程以恬鈔本，有凡例八條，述著書綱要。此本存首條作序，而逸去七條，爲補録之。

程于乾隆四十二年客益都，與書巖論學，謂程曰：「以方音證古音最善。如家古音姑，至今未變者，城東十五里楊家橋是也。」程心聆之而未深，後赴平度，所過張家莊、馬家莊，讀爲姑者十有八九，始大服之。其後資之，自成毛詩古音攷四卷。謂所見者，顧寧人音學五書、江愼修古韻標準、楊書巖詩古音。顧氏平上去列爲十部，而分屬入聲則僅四類。江氏就其部列，分真以下十四韻，侵以下九韻，宵、肴、豪及尤、侯、幽各爲二，故十又三部，入聲改爲八部。楊君遵用江氏，又辨其入聲當爲六部。又謂顧氏詩音，注韻不注音，江氏就韻標字，楊氏祇注古今異讀者。蓋此稿惟程得見之，故所言頗能扼要。音韻之學，爲清代一大成就，顧、江、戴創之于前，而段玉裁、王念孫、孔廣森、江有誥益恢弘之。書巖生乾隆時，不與段、王諸彦相接，窮鄉孤學，所成已卓卓如此。然猶不免拘墟，如反對唐釋守温所造三十六字母，而易曰「位」，不曰「母」。林罕、梅膺祚諸陋書，亦見稱引，則不無微疵焉。

舊有朱筆校語數條：鄘柏舟首章「『髦』，説文引作『髮』，或省作『髳』，髮至眉也。案『髮』與『舟』隔句爲韻，當从矛得聲，讀莫侯切。今作『髦』者，傳寫之誤」。校云：「『髦』者，『髮』之假借字，非傳寫誤也。」小雅谷風三章「『怨』，戴東原曰：『怨與嵬、萎爲韻。』如戴説，則『怨』讀若『慰』，亦方音之流變也。」校云：「『怨』、『慰』古聲同，車舝詩『以慰我心』毛傳：『慰，怨也。』」北山二章「『賢』，江『下珍切』。」校云：「『賢』，古讀如『形』，劉向校列子：『或字誤，以賢爲形。』是其證也。」角弓六章「『木』、『附』字，古韻標準兩收于第三、第十一部，而以第十一部符晝切者爲正音。皇矣八章與『禡』爲韻，乃方音之變。此章『木』爲『茂』入，『屬』爲『樹』入，皆在第十一部。今青州人方音呼『附』爲房六切，則此字亦有去入二音，故轉而爲『賻』，若此章與『木』、『猷』、『屬』韻，自當讀符晝切。『附』可入而『猷』不可入，故皆爲去聲，與『猷』平去相韻。江氏以『屋』、『燭』爲『侯』、『幽』入聲，既正顧氏之誤，而此章讀『附』如字，以協『木』、『屬』、『猷』字則不入韻，失其倫矣。今正之。」校云：「文王有聲篇『匪棘其欲』，禮記引『欲』作『猶』。爾雅：『猶，如麂，善登木。』顧本『猶』作『鬻』，『鬻』音余六切，則『猶』字未始不可入也。」皆極精。惜不具名。又有朱筆校字，則武昌徐行可也，筆跡可辨。

有「劉印承幹」白文方印，「南林劉氏求恕齋藏」朱文方印，「徐恕」白文方印，「彊誃點勘」朱文長方印。

凡例

宋以後言古音者，博學多識則吳才老，而其失也汎。就詩求音則陳季立，而其失也固。惟顧寧人音學五書、江愼修古韻標準擇精語詳，歸于易簡，毛大可、邵子湘諸人不敢望也。余九歲受詩，以今音讀之，苦其聱牙。集傳雖有吳才老之音，而彼此遷就，字無定切，嘗私心怪之。夫音有古今，亦如南北異言，不可强合。而其遞變之故，自有源流。不識今音，焉知古讀。顧氏始以偏旁求聲，就二百六韻部分考古音之離合。江氏精于等韻，所作四聲切韻表，析二百六部爲百有四類，至賾而不可亂。所以能循末會本，使三代異音不墜于地也。今條舉三百篇入韻之字，列其與今異讀者，合二家之音爲之注，間有未安，則下以己意。且別爲凡例如左。庶乎口吻調利，不以聱牙爲苦，其于玩辭審音之功，或有助焉。屠維淵獻壯月辛巳晦，益都楊峒序。

韻譜始于齊、梁，自周、沈而後，陸法言切韻、孫愐唐韻皆無傳本。唯宋修廣韻現存其書，就切韻刊益，凡二百六部，蓋猶隋、唐舊目也。顧、江並用廣韻部分，今因之。

顧氏古音表，列爲十部。一，東、冬、鍾、江。二，支、脂、之、微、齊、佳、皆、灰、咍。分尤韻字來屬。三，魚、虞、模、侯。分麻韻字來屬。四，真、諄、臻、文、殷、元、魂、痕、寒、桓、刪、山、先、仙。殷，廣韻足本避宣祖諱，作「欣」。顧據節本作「殷」，蓋切韻舊目如是。五，蕭、宵、肴、豪、幽。分尤韻憂、流等字屬此部。六，歌、戈、麻。分支韻字來屬。七，陽、唐。分庚韻字來屬。八，耕、清、青。分庚韻平、生等字屬此部。九，蒸、登。十，侵、覃、談、鹽、添、咸、銜、嚴。

凡音論引陸德明經典釋文，謂古人韻緩，不煩改字，故併真以下十四韻，侵以下九韻，及蕭、宵、肴、豪、尤、幽六韻，合爲一部。與第二部佳、皆、灰、咍四韻，第七部麻韻，皆不注其轉聲。江氏古韻標準則析真、諄、臻、文、殷、魂、痕爲第四，分先韻字來屬。元、寒、桓、删、山、先、仙爲第五，蕭、宵、肴、豪爲第六，尤、侯、幽爲第十一，分虞、蕭、宵、肴、豪五韻字來屬。侵爲第十二，分覃、談、鹽三韻字來屬。覃、談、鹽、添、嚴、咸、銜、凡爲第十三。廣韻嚴在銜後，江氏依禮部韻略移置咸前，誤。凡十有三部，音切各殊。顧氏讀侯爲胡，轉入虞韻。江氏讀如字，轉虞韻字從之。茲以江氏所分者爲定，或有牴牾，則隨條正之。

韻書平上去三聲，條貫甚明。以今證古，雖間有出入，不相遠也。唯入聲一類，考之古音，似覺差殊。按廣韻之次，以屋至覺四韻，承東、冬、鍾、江。質至薛十三韻，承真、諄、臻、文、欣、元、魂、寒、桓、删、山、先、仙。藥至德八韻，承陽、唐、庚、耕、清、青、蒸、登。緝至乏九韻，承侵、覃、談、鹽、添、咸、銜、嚴。凡後之言入聲者，皆因之。顧氏古音表唯緝以下九韻，仍屬第十部。其餘則質、術、櫛、物、迄、月、没、曷、末、黠、鎋、屑、薛、麥、錫、職、德，屬第二部，分屋、昔二韻字來屬。屋、燭、鐸、陌、昔，屬第三部，分沃、覺、藥、麥四韻字來屬。沃、覺、藥屬第五部，分屋、鐸、錫三韻字來屬。與韻書互異。江氏古韻標準依廣韻舊叙，分入聲爲八部：一，屋、沃、燭、覺。二，質、術、櫛、物、迄、没。分屑、薛二韻字來屬。三，月、曷、末、黠、鎋、屑、薛。四，藥、鐸。分沃、覺、陌、麥、昔、錫六韻字來屬。五，麥、昔、錫。六，職、德。分麥韻字來屬。七，緝。分合、葉、洽三韻字來屬。八，合、盍、葉、帖、業、洽、狎、乏。廣韻業在狎後，江氏依禮部韻略移置洽前，誤。而于四聲切韻表論入聲，皆數韻同用，或一韻析爲數類，其説甚精。乃猶拘泥韻書次第，爲兩岐之見，則質之詩音，無一合者。何也？三百篇中，以入與平上去同用者，屋、燭必與尤、侯爲類，未嘗雜出東、鍾。質、物必與脂、微爲類，未嘗雜出真、文。他如藥之類從宵、豪，鐸之類從魚、模，皆不雜陽、唐一字。故知江氏所分配者是，而循用舊貫者非也。顧氏所表，雖多失倫，而其辨近代入聲之誤云：「天之生物也，使之一本，文字亦然。若他部可承，三代經傳之文，何無一出于彼者乎？」持論自不可易。今按古音平上去三聲皆十三部，而入聲止六部，質、術、櫛、物、迄、月、没、曷、末、黠、鎋、屑、薛、麥、錫、職、德爲第二部，支、脂、之、微、齊、佳、皆、灰、咍、祭、泰、夬、廢之入。分屋、陌、昔三韻字來屬。○陌部虢字，从寽得聲，當爲古畫切，音馘。而虞、虢之虢或通作郭者，方音之偶轉，若今京師人呼國亦爲古廓切也。顧氏唐韻正引馮衍及邊讓賦，皆因其轉聲而用之者，非正音也。當改入麥韻。鐸、陌、昔爲第三部，魚、虞、模之入。分藥、麥二韻字來屬。沃、覺、藥爲第六部，蕭、宵、肴、豪之入。分屋、鐸、錫三韻字來屬。屋、燭爲第十一部，尤、侯、幽之入。分沃、覺、錫、德四韻字來屬。緝爲第十二部，侵、寑、沁之入。分合、葉、洽三韻字來屬。合、曷、葉、怗、洽、狎、業、乏爲第十三部，覃、談、鹽、添、咸、銜、嚴、凡之入。覈之江氏切韻表所分，一一符合。獨藥、鐸二部，顧分爲二，江合爲一，今從顧氏。又廣韻月、没、曷、末、黠、鎋、屑、薛八部，在古實與質、術、物、迄等部同音。蓋平上去三聲，既轉皆、咍入脂、微，則入聲亦必轉聲可知。但外聲字多變洪爲細，内聲字則但從本聲轉紐耳。分聲不變等者，唯二十五德，蓋此韻開口字，在古無平上去聲也。此類顧與江讀如字者，皆一一注之。

古音無平上去入之限，然亦自有其聲，但輕重舒促各隨其口吻，不若後世韻書之嚴耳。且即以韻書言之，一字兩聲或三四聲者，正自多有，而去入兩聲爲尤近。如告告、質質、説説、惡惡之類，不可勝舉。其韻書所無而見于方音者，則「六」讀爲「霤」，「衄」讀爲「糅」，「鶴」讀爲「號」，「瘧」讀爲「航」，聲氣轉變，亦不一而足。故顧氏謂入聲可轉爲去，雖未盡然，要不爲無見也。江氏以顧説爲大謬，而别爲去入借韻之例，牽異類而强合之。不知古人寬于别聲，嚴于分類，如靈臺之論與倫通，是不拘等；墓門之斯與析通，是不拘聲。而四聲相韻，各以類從，不聞雜出他部。則江氏無轉聲而有借韻，二者皆非也。今于去入同用之章，頗參顧説，而江氏借韻非其倫類者，併加糾切焉。江氏曰：「顧氏嘗言，五十年後，當有知我者。余學譾陋，詎云能知顧氏，然已傾倒其書而不肯苟同，是乃所以爲知也。」峒于古韻標準亦云爾。

古今異讀之字，就本聲轉切者固多，而變等易位者亦復不少。證之韻書，淙在冬爲齒頭，在江爲正齒；菑在之爲正齒，在咍爲齒頭；否在旨爲重脣，在有爲輕脣；姪在質爲舌上，在屑爲舌頭。此類實繁，未易殫述。蓋在此韻，則無此位之字，出于自然，非人所能與也。前賢多不解此，江氏獨知之而亦未盡合。如天、田等字，古音當在舌上，而仍從舌頭轉切，則不能通古今之變矣。愚于此類，皆酌易之，非敢臆改本音，唯願與同學者共證之而已。

顧氏言反，江氏言切，各從本稱，音同則皆謂之切。凡顧音之誤已經江氏駁正，見于古韻標準者，亦不悉辨也。集傳吴氏反音，顧與江亦多用之。以其爲學者所習，故不復及舊叶云。

漢人釋音，但云讀若某，魏孫炎叔然始作反切。陸氏爲經典釋文，以反語與直音間用。林罕字源偏旁小説又于字音稍難者，紐以四聲，而音切猶未嘗並列。自梅膺祚字彙就切韻之下，兼繫某音或某聲，舛誤甚多。字典因梅例，更加訂正，歸于精審，學者便之。今遵用此例，而于音之近似者仍曰讀若某，或無字可音，則闕焉。

等韻之書，萌芽于唐，而宋、元以來，乃有定本。今所用者韓道昭五音集韻、劉鑑切韻指南，皆以聲之洪細，别爲一二三四等列，一等洪大，二等次大，三四俱細，而四尤細。又以其侈弇，分爲開口呼、合口呼。開口呼即外聲，合口呼即内聲。韓，金人；劉，元人。然其書準廣韻而作，審呼辨等二百六韻之部分，實以此定，其爲六朝、唐人舊學無疑也。獨所傳三十六字，不過任意標舉，以辨牙、齒、脣、舌諸位，而名之曰母，則説文諸部首爲文字所由孳生者始足以當之，而非見、溪等字之謂也。今頗以等韻證古音，其三十六字皆曰位，不曰母云。

韓詩述六卷 一册

清吴江徐堂撰。手稿本。

堂字仲升，號淡人，吴江人。道光時諸生。

詩齊、魯、韓三家，漢世並立學官，經師稱極盛。自魏、晉改代，毛、鄭詩行，而三家之學始微。韓詩最後亡，又有外傳十卷傳世，故其説所存獨多。自宋王應麟輯詩攷，清儒益加增補。攷異文者有馮登府，輯遺説者有陳喬樅，至王先謙詩三家義集疏出，而匯爲全書。然王書成于晚歲，説或未瑩，轉不若陳書之精。堂撰三家詩述在道光中葉，稍前于陳，而亦似未見馮書。今僅存韓詩述六卷，據詩攷增補，已及一切經音義、華嚴經音義兩書。惟于七月之「八月萑葦」條，采經義攷卷一百「董斯張曰佛典引外傳云：『老萑爲萑，老蒲爲葦。』」緜蠻之「有豕白蹢」條，采楊慎經説五引韓詩注曰：「犬喜雪，馬喜風，豕喜雨。」爲尚欠審擇。且先于汝墳之「惄如調飢」條案語，已謂楊氏所據韓詩及章句，未知所出，恐屬贋鼎；此又引之，不免自亂其例。至若于韓詩説之孰異于毛，孰異于魯、齊，析義甚明。文字通叚，亦能引申段玉裁詩小學之說，間引其友楊揆嘉說，亦時有精義。此手稿略有删改，已爲定本。並列又一筆跡，書「吴元相子襄訂」一行，則又似已將付梓者。

案堂事跡不載吴江縣志，惟吴縣王汝玉梵麓山房筆記云：「徐淡人堂，吴江人。己丑歲與之訂交。初喜爲詩，其興甚豪。既而留意漢學，遂不復作。丁酉鄉試後，抱病以歿。」丁酉爲道光十七年。同治蘇州府志藝文堂著有周易攷異四卷、易經爻辰二卷、齊魯韓三家詩述八卷、愛日廬詩鈔五卷。所可攷者祇此而已。吴元相亦見筆記，云：「字子襄，號達庵。好吟詠，善古文。」府志藝文著有松塵閒談三十卷、説鬼董狐八卷、雨窗雜志一卷、玉香閣詩文稿四卷。當爲堂之友。江城舊學，遺稿僅存，可不寶諸？

詩攷箋證六卷 二册

清鎮洋葉裕仁撰。清鎮洋繆氏疑修堂鈔稿本。

自孔穎達五經正義詩用毛傳、鄭箋而三家亡。宋王應麟拾遺補闕，輯詩攷一編，而三家賴以存什之一二。清儒治漢學，兼及今古文。言今文詩，莫不以詩攷爲淵藪。或補其遺，或校其異。武進胡文英、東吴嚴蔚、奉新周邵蓮、山陽丁晏及餘姚盧文弨，彙諸家校，遞益加密，而其精且詳，則莫逾此書。余幼讀顧廣譽學詩詳説，知與裕仁爲友，求其書，得歸庵文稿，則以爲古文家也。後于劉氏嘉業堂見此鈔本，始知與顧先生同術，亦經學家也。其書博采諸家之説，而案語辨析與毛、鄭之異同，及訓詁之通假，則純爲漢學家法，亟傳鈔一部。時高君吹萬徧收詩經諸書已數百種，詫爲未見，商請割讓，遂以移贈。又出示其他鈔本、稿本數十種傚之，皆葩廬所未有也。高君贊歎久之，請他日徧録其副。未幾高君故里藏書盡失，旅滬鬱鬱，興味漸衰。卒卒未果。及余獲此原本，越高君謝世已數年矣。又曾于趙君學南處見新陽潘道根徐村老農文集手稿，有此書序。今欲補録，而趙君亦墓有宿草，遺書零落，不可復問。展讀之餘，有感往事，漫記于此。此用紅格紙鈔，板匡外有「鎮洋繆氏疑修堂所著書」一行，書籤題「三家詩攷箋證。葉歸庵師著。二本。」則爲其弟子繆氏所鈔藏。

有「劉承幹字貞一號翰怡」白文方印，「吳興劉氏嘉業堂藏書印」朱文方印，「徐恕讀過」朱文長方印。

毛詩學存四卷 一册

清吳縣曹元弼撰。清光緒刻紅印樣本。

吾師曹叔彥先生，于光緒丁酉掌教湖北兩湖書院，張之洞舉所著輶軒語中治經法：明例、要旨、圖表、會通、解紛、闕疑、流别七目，屬撰十四經學。繼又掌教湖北存古學堂。而家居編纂時多，先後逾十年。諸經以次畢事，蘇臬平湖朱竹石爲付之梓，時隨編隨刊，頭緒紛繁，至辛亥年止，已刊成全書者三：曰周易學，曰禮經學，曰孝經學。已刊而未成者三：曰毛詩學，曰周禮學，曰孟子學。于是以刊成三書，序而行世。未成三書，尚待續刊。其時憂患學易，注力于周易鄭氏注箋釋、周易集解補正二書，繼又撰古文尚書鄭氏注箋釋，均巍然鉅帙。其未成三書，或草稿模糊，不可爬梳，或版片蠹蝕，無法修補。祇各存當日紅印樣本一部。余每侍座燕談，師輒慨歎精力之就衰，而全書觀成之無日，以印本鄭重相屬，忽忽二十餘年矣。此毛詩學一厚册，存卷一明例第一至八十二葉止，卷二要旨第二至三十葉止，卷五解紛第五至四十二葉止，卷七流別第七至十七葉止。實無一完卷，而要旨、解紛皆僅至葛覃「害澣害否，歸寧父母」，其下皆闕。以全書核之，蓋未及什一。古今説詩者無慮數百家，此書提要鉤玄，可稱大觀，而惜其未完也。吾師早歲所著詩箋釋例，稿佚不傳。此明例雖不祇爲鄭箋而發，亦可窺豹一斑。解紛所載詩入樂説、六義、十五國風次序説、二南分風説、邶鄘衛分地分風説、王降爲風説、豳風豳雅豳頌説、詩序不可輕譏説諸篇，皆原原本本，陳義卓然。可別出，編入文集。吾師經傳洽熟，所疏釋有左右逢源之樂。且兼通羣經，尤爲自來儒林所罕有。生平著述，已刊者：禮經校釋二十二卷，周易學八卷，禮經學九卷，孝經學七卷，周易鄭氏注箋釋二十八卷，周易集解補釋十七卷，孝經鄭氏注箋釋三卷，孝經校釋一卷，大學通義一卷，中庸通義二卷，聖學挽狂録二卷，復禮堂述學詩十五卷，復禮堂文集十卷。刊而未印者，此三種外，有復禮堂文二集八卷，余爲校録者古文尚書鄭氏注箋釋四十二卷，尚書今古文注疏校補若干卷，孝經集注二卷，復禮堂文三集八卷，日記□卷，書牘二卷，詩集□卷，北堂立言記一卷。又與番禺梁鼎芬同選經學文鈔若干卷。共二百餘卷。著述之富，近世未有，因印刷不多，流傳未廣，爲著全目于此。

涉江詩説一卷 一册

署宰賓唐元素撰。鈔稿本。

元素初名震鈞，滿洲瓜爾佳氏。辛亥後自居遺逸。改名唐晏，字在庭。久寓江南，籍貫稱「宰賓」，蓋莫非王土之意。可見其頑迂。其學長于史，著作甚富。兩漢三國學案，則學術史也。天咫偶聞，則掌故史也。勃海國志，則地理史也。此詩説二十篇，亦以治史之法作論。凡二南、列國之風、大小雅、三頌各爲一篇，依詩之編次，先後觀其國之政治盛衰，而于大雅説發其凡。略謂：「自文王至緜爲周家譜牒及周初歷史。思齊則后妃世家，皇矣至生民則文、武、成、康世史，行葦至桑柔則厲王世史，雲漢至常武則宣王世史，瞻卬、召旻則幽王世史。蓋大雅一篇，西周史牒備矣。孟子云『詩亡而後春秋作』，以春秋繼詩，其指可知。孔子云『誦詩三百，授之以政，不達』。正以詩爲國史，讀之可以知政。古者採詩以觀風，因風以知政，叙政以成史。後世國史，以公牒私傳成之，于是國自國，而史自史，而民俗國政遂不相通矣。」其持論甚正。夫民俗與國政既不相通，則所謂史者，豈能真實反映人民之生活與社會之面貌哉。故今之治史者不囿于史之爲史，而重視民歌俗諺，蓋無疑義矣。涉江文鈔有排印本，此稿後得，未及印入昔年余輯印紀年叢編。故友劉君公魯，囑爲傳布，後因故未果。有張廷重及公魯跋。

涉江師遺稿余已刊其詩文各一册，此詩説十餘篇蓋仲洵復於叢殘中搜得以授余者，未及付刊，置篋底幾忘之矣。公魯別七年，復遘於滬上，握手話舊，百感交并。更索師門遺墨，檢此帙付之，公魯有友方編雜志，將倩其登諸簡端，聊以贖余蹉跎之咎。因識數語以貽之。希初。

此從涉師遺稿中搜出，皆未刊稿也。張廷重學兄贈。癸酉二月廿五命僕徐阿林手裝成册。并記于海上一品香旅館七十七號之室。之泗。

儀禮義疏稿不分卷 七册

清秀水諸錦纂修。手稿本。

乾隆丙辰召試博學鴻詞，旋開三禮館，纂修三禮義疏，草廬以一等第三名，薦舉爲纂修，任修儀禮義疏。此公食大夫禮第九、覲禮第十、喪服第十一三篇，即其所修手稿。儀禮以喪服爲最難，當時入館者皆通儒碩彦，而草廬獨爲其難。全稿楷書端正，一筆不苟。後加修訂，則别粘夾籤，間識歲月，鈐以朱記。于覲禮篇末舉其例曰：「乾隆四年補訂。舊史。」則鈐以「舊史」印也。曰：「乾隆六年再訂。春暉時奉使舟中增補。」則鈐以「春暉堂」印也。曰：「乾隆十四年又訂。質疑。」案夾籤無「質疑」印，不知何指。曰：「乾隆十九年復訂。額上墨筆。」今核諸籤，又有鈐「諸錦之印」印者，乾隆五年庚申也。鈐「諸錦」印者，八年癸亥也。鈐「竹廬」印者，十一年丙寅也。鈐「雲峯」印者，十二年丁卯、十七年壬申也。鈐「具茨」印者，二十一年丙子也。鈐「玉音不媿鴻博」印者，二十三年戊寅也。其不紀年者，有鈐「草廬」者，「古風」者，

「小鄒魯」者。公食大夫禮、覲禮二册，中有白紙夾籤，爲別一人筆，商榷語極精。草廬多據以修改，惜未具名。案最後紀年戊寅，時草廬年已七十又三，髦而好學，孜孜不倦。今内府刊本，斷自十三年戊辰，惜未用其稿。而草廬仍不以已有定本而自止。此後十年，所造益邃密，可謂忠于其職，自可獨成一書，與刊本並行也。原附「入祀鄉賢祠通知」並所著書目，今附録于左。漏載周易觀象補義略，其手稿余爲介歸復旦大學圖書館。

有「納三萬籤等稊米」朱文方印。

附録

儀禮義疏稿手稿。　饗禮補亡手稿，刻。　毛詩説手稿，刻。　夏小正詁手稿，刻。　綠䟦閣文集手稿，未刊。　綠䟦閣詩稿刊。　附草廬長短句一卷未刊。

敬啓者，昨歲嘉、秀兩邑紳士，公舉前博學鴻詞宫贊草廬諸公崇祀學祠，欽奉俞旨，恩准入祀鄉賢祠。部覆咨行，檄催入祠日期具報前來。當即葺祠刊録，備辦伺應外，現蒙郡憲擇吉於五月十一日送主入祠。合先傳知，尚望紳士諸君子，景仰前型，恪恭將事。念稀逢之鉅典，咸慶榮觀；感難得之殊恩，共襄典禮。屆日統祈早降，執香恭送，詣祠安位。專具布告。此訂。同人公啓。

周官禮附記二卷一册

清大興翁方綱撰。鈔稿本。貴池劉之泗手校並跋。

周官紀一代典制，事尚徵實，非託空言。鄭玄博采司農先鄭及馬、杜之説以爲注，與禮經、小戴記注並行。禮是鄭學，後人固不得輕加非議。覃谿此書，乃于鄭注抨擊甚烈，出以醜詆。如地官小司徒職「乃分地域而辨其守，施其職而平其政。」謂「此政字與下節『小軍旅巡役，治其政令；大喪帥邦役，治其政教』政字同義，而鄭注必謂『平其政』：『政，税也。當作征。』此則無因，而趨于言財利之途矣。不審鄭君之意，于經奚益？」又于「土均掌平土地之政，以均地守，以均地事，以均地貢。」鄭注：「政讀爲征。」謂「後世言利之臣，習言賦斂，因習言貢獻，直自鄭氏注周禮啓其漸矣」。又于考工記論江永「祭侯辭」條，謂「周官禮之書，正在善讀者明其立義之厚，而勿若鄭君之徒事改政爲征，以啓弊隙。」不憚再三言之，以後世言利之罪歸獄鄭君，抑何過耶。他如地官牛人「以授職人而芻之」，謂「『職人』鄭改『樴人』，更屬無稽之説。」春官「凡以神士者無數，以其藝爲之貴賤之等」，謂「鄭注『高者爲上士』云云，亦出臆撰」。夏官職方氏「青州其民二男二女」，謂「鄭注『二男二女數等似誤也，蓋當與兖州同二男三女』。鄭氏概從己意定之，致開後人改經之弊，此大惑也。」類此者不下數十見。夫鄭君箋詩宗毛而常下以己意，易傳師馬而以馬説爲非，學貴弘通，安尚墨守。然必確有依據，出諸平心，固不當以求勝是務，而施以謾誣之詞。若覃谿者，抑何勇于自信耶？至地官草人條，謂「近人顧有撰一書以詳質鄭注讀爲某、讀若某皆有義例者，是亦不可以已矣」。則爲攻段茂堂周禮漢讀攷而發。陳恭甫所糾秋官司烜氏一條，不見卷中，或因知其誤而删之歟？此爲亡友劉公魯假貴筑楊壽彤藏手稿傳録，並詳校脱誤，持以見贈者。

翁覃谿先生著，據貴筑楊氏藏手稿録副。丁丑九月十八夜，公魯揭櫫。四月十二日校畢。劉之泗記。

周禮學存三卷 四册

清吳縣曹元弼撰。清光緒刻紅印樣本。存卷一明例第一至三十六頁止，卷二要旨第二全，卷五解紛第五以文繁分上下，上至八十九頁止，下至八十一頁止，皆闕尾數頁。

吾師謂「治禮莫要於釋例，周官之例，當以三百六十官之事分類系聯之。鄭注小宰所言，即其法也。大宰八法，一曰官屬，三曰官聯。周公作周禮，又作儀禮，周禮以官爲紀，官屬也。儀禮以事爲紀，官聯也。官屬爲經，官聯爲緯。故周禮爲經禮，儀禮爲曲禮。經曲猶經緯也。周禮即儀禮之釋官，儀禮即周禮之釋例。今儀禮僅存十七篇，朱子儀禮經傳通解、江氏禮書綱目據周禮事，别爲篇補之，實得制作本法，後人苟因其成文，約而聯之，比類合誼，發揮旁通，爲周禮釋例專書。使良法美意，本末終始，同條共貫，於經術非小補也」。又謂「釋周禮之例者，當以六聯爲體，而以治國、治官、治民三大義爲綱。今儀禮有淩廷堪書，而周禮則未有爲之者，爲發其凡于此書」。而命小子勉成之，乃攸忽至今，老未能爲。又謂「治周禮最難者，在大典禮之異説紛紛，莫衷一是」。故于解紛一目，用力尤勤。凡封建、井田、溝洫、軍賦、禄田、刑典、樂律、冠服等，無不博采羣言，以求其是。要而不繁，簡而易明。例如考工記以鄭珍輪輿私箋所説最詳，而學者猶嫌其未易遽瞭。吾師爲詳節之，著于篇，而學者始稱便。故解紛一目，幾二百頁而猶未已也。惟孫詒讓周禮正義晚出，吾師始屬稿時所未見，及其書印行，而師以字小目眊，未能讀。嘗詔小子曰：「孫書體大思精，集古今説周禮者之大成。一序融貫古今，有功治道。曾爲文以贊之，存復禮堂文集。惟好破鄭義，美哉猶憾。他日可挈其精華補著之。」小子亦未能卒師之志，披誦遺著，不自覺汗之浹背也。

殘宋大字本禮記校勘記一卷 一册

清吳縣黄丕烈撰。影鈔手稿本並跋。

士禮居藏北宋刊大字單注禮記殘本九卷，著録于百宋一廛賦。蕘圃祇舉其月令注中「耒耕之上曲也」，「耕」皆誤爲「耜」，惟此不誤爲例。實則所存佳處尚多。此校勘記手稿影鈔本廿三葉，以相台本、撫州本互校，得經注異文二百十三科。其尤精者三十科，以朱筆作三連環圈于條首爲誌。第一條，即月令注「耒耕之上曲也」。餘如月令孟夏天子居明堂節，注：「菽實孚甲，堅合屬木。」岳本木作水，撫本同。季夏命婦官節：「以别貴賤等給之度。」岳本給作級，撫本作給。孟秋命理節注：「創之淺者曰傷。」岳本淺作殘，撫本作淺。仲冬命奄尹節注：「宫令譏出入及開閉之屬。」岳本譏作幾，撫本作譏。又注：「火齊，腥熟之謂也。」岳本謂作調，撫本同。又注：「兵亦軍之氣。」岳本軍同殿本作司，撫本作軍。曾子問廢喪服節：「可以與於饋奠之事乎。」岳本饋作殯，撫本作饋。丕烈案：「此承上文『大功之喪，可以與於饋奠之事乎』爲同，當作饋奠爲是。」正義本同。三月而廟見節注：「婦有共養之禮。」岳本共作供，撫本作共。古者天子練冠以燕居節注：「蓋謂庶子王爲其母。」岳本謂作諸，撫本作謂。若宗子有罪節：「諸與祭者。」岳本諸作謂，撫本同。爲君使節：「自卿大夫士之家曰私館。」岳本無士字，撫本有。丕烈案：「以雜記『私館者，自卿大夫以下之家也』言之，當有士字。」文王世子五廟之孫節：「冠取妻者必告。」岳本妻下無者字，撫本同。禮運諸侯非問疾節注：「以取弑焉。」岳本無焉字，撫本有焉。故人者天地之心節注：「此言兼氣性之効也。」岳本効作效，撫本作効。内則以適父母舅姑之所節注：「適之。」岳本之下有也字，撫本無。飲節「漿」注：「酢酨。」岳本酨作截，撫本作酨。漬節注：「湛亦漬也。」岳本漬作清，撫本作漬。三月之末節注：「夾囟曰角。」岳本囟作囪，撫本作囱。學記離經辨志節：「博習親師。」岳本博作博，撫本作博。樂記且夫武始節注：「象觀兵盟津時也。」岳本盟作孟，撫本作盟。雜記上諸侯行節注：「與使有之。」岳本與作予，撫本作與。魯人之贈節注：「玄纁束。」岳本束下有帛字，撫本無。丕烈案：「此注引士喪禮下篇，當依原文，作『玄纁束』爲合。岳本非。」雜記下如諸父昆弟節注：「出門乃解祭服，皆爲差級也。」岳本乃作則，級作緩，撫本均同。婦人非三年之喪節注：「越竟也。」岳本竟作境，撫本作竟。孔子曰凶年節注：「亦取易共也。」岳本共作供，撫本同。喪大記君夫人卒於路寢節：「士士之妻皆死于寢。」岳本無上士字，撫本有。丕烈案：「士喪禮疏引喪大記已無上士字，然下云『鄭注云言死者必皆于正處也。」以此言之，妻皆與夫同處。則賈疏原本上必有士字。」坊記上酌民言節注：「民愛之如天矣。」岳本愛作受，撫本同。御婦人節注：「則身微偝之。」岳本偝作背，撫本作偝。傳世禮記以相臺本、撫州本爲最佳，而此本較之，勝處爲多。惜阮元撰校勘記，顧千里爲張敦仁撰攷異，均未之見也。蕘圃跋所謂任蔣橋顧月槎者，案碧鳳坊顧氏族譜：「名紀祥，太學生。若霖字雨時之孫，珊字聽玉之從兄弟。」蕘圃宋本書多得諸聽玉家，而此則當爲雨時懷古書屋舊物。余曾一見于松江韓氏讀有用書齋，再見于南海潘氏寶禮堂，惜以時促，不克借校。但覺古色古香，至今猶縈夢寐。今得蕘圃此記，據以校讀，無異得覩真本矣。

殘宋大字本禮記鄭氏注五至八、十一至十五，共九卷。每半葉十行，每行大十八字、小廿五字不等。版心有刻工姚臻、毛諒、徐高等姓名，的是南渡前精刻本也。余得於任蔣橋顧月槎家。偶取月令與他本相對，注中「耒耕之上曲也」，耕皆誤爲耜，惟此不誤，乃知其佳。率取他宋槧如撫州本等校之，得異同處若干條，録之如左。他日再得佳本，當詳加校勘，作記以表之。嘉慶乙亥，黄丕烈書于士禮居。

丙子暮春，雨窗無事，删繕一過。復翁。

禮記熊皇異同一卷 一册

清烏程沈垚撰。手稿本。清震澤張履、桐鄉沈善登題識。

孔穎達禮記正義序云：「爰從晉、宋，逮於周、隋，其傳禮業者，江左尤盛。南人有賀循、賀瑒、庾蔚、崔靈恩、沈重、皇侃等，北人有徐遵明、李業興、李寶鼎、侯聰、熊安等。其見於世者，唯皇、熊二家而已。熊則違背本經，多引外義。皇氏雖章句詳正，微嫌繁廣。今奉勑删理，仍據皇氏爲本，其有不備，以熊氏補焉。」是今行正義，本之熊、皇爲多。隋書經籍志：皇侃禮記義疏九十九卷。禮記講疏四十八卷。新、舊唐志：禮記義疏五十卷。禮記講疏一百卷。卷數不同。又新、舊唐志：熊安生禮記義疏四十卷。蓋自正義行，而二家之書遂微。子敦熟精三禮及西北輿地之學，此書從正義所引熊、皇異同之説，分條輯録。其有所見，則加案語，或引申，或駁正，咸見精當。據落帆樓集，有庚寅閏三月與張淵甫書云：「禮記正義集熊、皇之長，萃南北諸家精義，左傳疏非其匹也。」又云：「禮記疏序謂皇勝於熊，奉勑删理，據皇爲本。今觀二説並列者，往往熊勝於皇。」所言殆可論定。并知其屬草于道光十年庚寅。服問篇唯公門有税齊衰條上，有淵甫楷寫篆體識語一條，審爲震澤張履手筆。淵甫與子敦論學至契，今兩家文集中，有議禮書簡甚多。此書固宜有其商榷語也。子敦落帆樓集以劉翰怡嘉業堂刻爲足本，並附汪謝城所輯著述總録。而此書均未收，知散佚已久。沈穀成欲刊未果，惜哉！

此稿本從嚴覲士表弟假得，屬王彦卿先生傳鈔之。他日校定，並補所漏刻，入豫恕堂叢書中。稿本當仍還嚴氏。案此爲桐鄉沈善登題識，寫在夾籤上，不署姓名。

禮記熊皇異同一卷 一册

清烏程沈垚撰。清桐鄉沈善登豫恕堂鈔稿本並跋。

六朝義疏之學極盛，自唐孔、賈正義出而遂漸失傳。然孔、賈實多取資于義疏，其所包孕，理而董之，猶可窺其涯略。故劉文淇有左傳舊疏攷證之作也。此書從禮記正義中輯録熊、皇異同之説，而加以攷證，亦猶邵煐、陳熙晉之從左傳正義中輯録劉炫規過，皆爲探討正義原始材料之工作。非于本經工夫邃密，固無法下手也。沈善登號穀成，爲嘉善鍾文烝弟子。著有需時眇言。所輯豫恕堂叢書二十一種，寫樣未刊，今藏上海圖書館。此擬編入第二集，又不知共有幾種。穀成藏書多善本，能承其先曉滄之緒者，余先後所得多種，以吕无黨手鈔宋遺民録爲甲觀。今已失去，恒用悵悵焉。

烏程沈子敦先生輯録。己丑夏，嚴觀士表弟以稿本見眎，行草細書如貫珠，老眼昏花，因循未能卒讀。玆屬塾師王彦卿先生取正義本對勘，寫成清稿。當更詳校之，刊入豫恕堂叢書第二集。原稿仍以還觀士。偶檢玉函山房馬氏所輯兩家禮説，其異同尚不止此，雖多半解釋儀禮、周禮之文，而與戴記相出入，宜補輯完備，然後付梓。識此以俟。辛卯十月，後學善登謹記。

四禮榷疑八卷 二册

清平湖顧廣譽撰。舊鈔稿本。並録清吴江陳壽熊評校。

訪谿先生是書，成于道光二十九年，未能與學詩詳説同付剞劂。至光緒時，朱記榮刻槐廬叢書，始據張聞遠先生錫恭傳鈔姚氏通藝閣本付梓。訪谿先生曾以稿本就正于春木，故通藝閣有録副，而聞遠先生以同縣得之。于其所著喪禮鄭氏學多引其説，許爲精博。此書原稿今亦在余處，有吳江陳壽熊校簽及春木跋文，均手跡。又俞樾春在堂文集中有是書序，刻本均無之。此册約爲當時門下所傳鈔，句讀甚工整。書眉藍筆，即陳氏商榷語而未加注明，非見原稿蓋不能知也。

大學管窺二卷附管窺圖説一卷 二册

清華亭封杰撰。手稿本。南匯張文虎序。張鴻卓手跋。

杰原名錞，字孟昭，號古愚，國子監生。

首張文虎序，次自序，次凡例十二則，次大學古本原文，次伊川程子格致論。上卷題「先儒朱子原注、雲間封杰校次」。原注作大字，案語作雙行，自説低一字，標「新解」二字。下卷題「大學管窺或問」，而以圖説爲附録。

朱熹作大學集注，據小戴記第四十二篇，頗更移其次序，而必注明舊本誤在何句何章之下，帖括之士，以其無關經旨而删乙之。以毛西河之博學，亦誤責朱子爲不存原文。杰謂小戴本實多錯簡，不可不爲之翻定，而以改經咎朱子則謬矣。今朱子所動處，固一定不可易。其未動處，又按其上下文義，各相呼應，加以移次而成此書。其詳見張序，時已六十二歲。蓋誠博極羣書，髦期不倦之士也。張序稱重訂大學章句，當爲是書原名，其文不載舒藝室雜著。夾有其子績凝託賦卿轉求辛木審定此稿駢體函稿，據函云：「文接韓、蘇，蕊榜上名標第一。」當是海寧許楣。又附張鴻卓跋。第二册首有「章耒藏」三字。案鴻卓字篠峰，耒字耜之，皆同郡有文名者。稿藏杰族孫文權篔進齋，欲刊未果。朱記榮國朝未刊遺書志略曾著録。一九六一年四月歸余蛾術軒。

重訂大學章句序

大學古本「淇澳」、「列文」二節，雜出於「誠意」之後，「明德」之前，錯簡顯然。孔疏以爲皆廣明誠意之事。蓋隨文强解。自宋二程子以來，屢經攷訂，言人人殊。惟朱子章句頒於學官，遂爲定本。然補傳一章，所謂格物窮理者，幾於莫殫莫究，學者多疑之。夫生千載以後，而欲訂正千載以上之錯簡，難矣。雖然，苟好學深思，熟復三反，固有所謂一旦豁然貫通者。華亭封古愚先生博極羣書，髦期不倦，於大學一書致力尤篤。積之既久，喟然始悟格物致知，乃入門之始。而朱子言之過深，遂生窒礙。乃重爲之次，以玄鳥、緜蠻二詩，及「知止有定」之止，與文王詩止字不同，移與康誥「曰如保赤子」節，合爲第五章，以當釋格物致知之義，脗合無間。其餘第四章釋本末，及第十章「好惡」、「得失」、「義利」諸節，依類分次，亦各有所更定，名之曰重訂大學章句。案清稿作大學管窺，下有「蓋自言其所見者小也」九字。朱注之後，附以新解。解所未盡，又夾注以釋之。書既成，介顧丈韋人求爲之序。文虎末學膚受，此書童而習之，迄今年逾五十，於所謂格物致知者，猶芒乎未知其所主，何以序先生之書？抑聞之，昔矩堂董氏謂大學本無闕文，自「知止而后有定」至「則近道矣」接「此爲知本」，又自「聽訟，吾猶人也」至「大畏民志此謂知本」接

「此謂知之至也」，正釋致知格物，不待別補。王魯齋、車玉峯頗同其説。王梧溪以爲使朱子聞之，當莞爾一笑。今先生所定與董氏大同小異，而於理尤足，吾不知朱子聞之當何如也。既辭不獲命，因述先生重訂案清稿作「移次」。大意如此，以折衷於顧丈云。咸豐十一年歲次辛酉孟夏之月，南匯張文虎拜撰。

田制通攷一卷經説一卷 一册

清成都吴榮輝撰。紅格清稿本。

第一行書名，下題「尊經書院日課」。面葉粘附紅紙籤二，中一籤書「大人鈞誨」，右下方一籤書「法政學員截取直隸州州判吴榮輝敬呈」。昔年沈子培曾植海日樓藏書散出，偶得之坊肆。知其人曾肄業尊經書院。子培開藩皖省，頗弘奬學術，故榮輝録其所作進以求知也。其田制通攷，詳攷三代授田之制，大都根據周官、孟子而博取書、詩、左傳、禮記以溝通之。經説七篇，爲毛詩雙聲叠韻爲反切之原説、六書音韻表書後、班書藝文志孝經爾雅同家説、苴蜀解、反正爲乏説、釋打、釋龕。于音韻訓詁所得甚深。案清代書院之制，所造就最盛者，粤之學海堂，浙之詁經精舍。稍後則蘇之南菁，鄂之兩湖，與蜀之尊經，亦一時人才之淵藪，由其掌教者樹之風聲也。光緒初，王湘綺爲尊經山長，湘綺著述弘富，其所長在史與詞章，至説經多懸解，與乾、嘉諸儒異趣。弟子廖平、宋育仁輩最知名。廖氏好侈言大義，頗爲世所詬病。榮輝肄業尊經，不知與廖氏孰後先。浮沈下僚，世無知者。僅留此殘編，若存若没，斯可憫矣。

管樂元音譜四種 四册

清歙汪宗沂撰。鈔稿本。清錢塘周懋琦序。

先師金松岑先生撰皖志列傳稿，于仲伊一傳，多本劉申叔。叙述學術及所著書甚詳。歎其輯古之勤，與其精識，上繼鄉先哲江、戴諸老，庶幾無怍色。余每讀而心嚮往之。仲尹著述弘富，多半未刊。其于樂律，鉤深探賾數十年，尤爲絶學。傳謂著成管樂元音譜、聲譜、漢魏三調樂府詩譜、金元十五調南北曲譜若干卷，括爲五聲音韻論一篇。别著律譜、尺譜及旋宫四十九調譜以明樂律，共八種。章棂一山文存仲伊傳則曰管樂元音譜、五音聲韻譜各二卷，律譜、聲譜、尺譜、旋宫四十九調譜各一卷。今此本下注大題弢廬子樂學。小題第一種曰管樂元音譜，第二種曰律譜，第三種曰聲譜，第四種曰韻譜，爲仲伊手授周懋琦者。當爲定本。雖衹四種，然較傳溢出韻譜一種，且知書名管樂元音譜者以第一種統其全書也。仲伊受業于儀徵劉孟瞻文淇，今孟瞻子伯山毓崧通義堂文集中有此書序，謂「仲伊好學深思，邃於樂律。所著管樂元音譜發明管龠中聲，及律吕旋宫甚詳。」黟程伯敷鴻詔有恒心齋文集此書跋，謂君篤學好古，著録甚多。兹譜論博而確，法約而精，括煩重紛縜之數於一衺，即起吾鄉江、戴、程、凌諸老使校斯編，方且心折首肯也。而仲伊逸禮大義論後序自述長沙周壽昌以史記、漢書言黄鐘互異爲問，仲伊答曰：「史記黄鐘八寸十分一，律管之度也。漢書黄鐘九寸，簫、笛、琴、瑟、鐘、磬之度也。八十一分之管中，含生聲九分，仍是九寸之黄鐘，吹之方知。譬之火槍，距槍管出度始發聲也。即琴弦亦如弓弦，有十三聲也。至簫笛多旁出孔，蓄氣不純，無生聲，必準九寸實度。故唐人謂簫曰尺八，言其兼二黄鐘律也。」壽昌大悦服。知此書屬稿尚在早歲，至晚始有定稿，而爲通人所推重如此。光緒十八年周懋琦欲爲付梓，既撰序而未果。此其底本也。懋琦字韓侯，曾官湖北荆宜施道，亦好古士。著有荆南萃古編行世。昔聞之徐積餘丈云，周藏書數十篋，辛亥年寄存招商局堆棧。周殁，後人無問訊者。陶蘭泉爲償棧費千元而有之，此或其中之一歟？余于樂律之學矇焉，兹附録仲伊自作凡例並周序，以供知音者參攷。仲伊諸書，余所得刊本，有周易學統附十翼逸文、三家兵法輯本、弢廬隸譜，未刊鈔本有尚書改良、詩説，爲刊入己卯叢編者有逸禮大義論，聞袁爽秋昶已刻成，印本甚罕，昔年胡綏之丈曾見之。附著于此，以待續訪。

有「觀察使韓侯周氏校讎之學」、「韓侯聲音訓詁之學」諸印。

管樂元音譜凡例

樂以竹音爲準，竹音以律爲準，律定而後黄鐘可定，大樂可調。然史記律書「黄鐘宫八十一，得八寸一分」。而漢書律志「黄鐘九寸」。且皆引周人遺緒，非漢時近制，不得以周尺、漢尺長短爲分别。二者將何擇焉？或以十分寸、九分寸别之。然説文明云：「寸，十分也。」未有九分而可言寸者。蒙蓄疑既久，及斷竹吹之，參互攷試，恍然悟史記所言爲竹音，直出一孔之器，乃律管度也。漢書所言爲竹音，有旁出孔之器之度，管籥之屬皆是也。蓋律管無旁出孔，假人氣而直出，中含生聲。八寸一分之管，九九八十一中，含生聲九分，吹之必過乎出音孔九分之外，而後成音，適得九十分。若以九寸準之，則連生聲當得九十九分，不成黄鐘矣。龠管孔多而氣已分，不含生聲，故用九十分寸度之，以九十分爲一律。由此而加以制金石，準之適合。蓋金石亦但有本度，而無旁孔，以律管吹之，其音相歆，即爲某律。若用八寸一分之律爲金石之度，則宜其聲音高急而不合中和矣。

樂有體有用，其用之，則以第一聲爲中聲。如五聲以宫居首，體也；及其用之於調，則以宫居中。十二律以黄鐘居首，體也；及其加倍半而用之於調，則黄鐘亦居中。自來樂家言有聲無詞，多誤以聲之體爲調之用。是以不得中聲，而樂聲日高。兹譜於聲之從律、調之從管者，必詳爲分别，務各得體用之宜。

古法正、倍、半三聲並用。倍用正律之高者六，自蕤始。半用正律之下者六，自仲止。蕤、林、夷、南、無、應、黄、大、太、夾、姑、仲。故以蕤長、仲短、黄中爲用。梁武時已不知用倍、半，故改十二律爲黄長、應短、仲中而去蕤。鄭譯又改爲黄長、應短、蕤中而去仲。是以樂聲日高於古非盡由尺度。兹譜特求復古樂之和平者，非故爲立異也。

旋宫止九聲足用，曰合、四、上、尺、工、凡、六、五、乙，加三清聲，仩、伬、仜，爲十二聲。十二聲旋轉更迭，得二十六，去其重複五聲，得三調二十一聲。晉志謂之「三宫二十一變」。至漢志六十調，則本之管子、淮南，係按弦定分之琴律，故琴有六十調，實統於五調以旋宫。而琵琶八十四調，其黄、林、太三調，必待管定之。是琵琶亦祇八十一調，尚不能滿六十四之數，況管律乎。兹譜於管、弦分析極詳。

八音惟竹音徒奏，與合樂無異，故定音必以竹。黄、林、太三律，管弦分數同，故竹以三調定弦。十二鐘以寫十二聲，故吹竹可調金石。然以竹而定琴、瑟、鐘、磬則可，若反以之定竹律則不可。昔人多欲以鐘、琴定律，立法倒置，何以作樂？兹譜於他樂器皆以竹音定之，從其自然。

竹聲出於竅，聲陽而竅陰也。陰陽合則元音出。聞昔有善吹簫者，能以吹竹愈人疾。常云吹簫得法，可以養氣。但須因材制竅，不論長短，皆可吹也。劉勰文心雕龍曰：「瑟資移柱，有時而貳。龠含定管，無往不宜。」此之云龠，亦簫也。故定律用絲不如用竹。淩廷堪述笛篇曰：「絲聲之度，長短不齊，竹聲之度，長短如一。以今笛孔較古琴徽，其相距有不同矣。」夫今笛猶以孔竅爲要，而況於簫管乎？

清律用濁，濁律用清，其用何也？律長則濁，短則清，故長者取清聲爲本，短者取濁聲爲本。歌清用短，歌濁用長，其應何也？音順則諧，逆則戾，故長笛長律以配濁聲，短笛短律以配清聲。清極則濁，濁極則清。太濁則志下，故濁不逾宫。太清則志危，故清不過羽。移宫换羽，調之正也。黄鐘之宫，清濁之衷也。

生律之序，曰黄、林、太、南、姑、應、蕤。用律之序，曰黄、太、姑、蕤、林、南、應。蓋用律合聲，必依五聲二變之序，而蕤、應正當今之乙、凡二變，知古今譜法不異。若律吕相間而分上生、下生，乃相次之序，非入樂之用也。如樂記「宫爲君，商爲臣」，孟子所紀角招、徵招，則以角徵象君臣之相説。可見古旋宫法，正不拘於名義也。若後人不特執以宫爲君，並且執以黄鐘爲君，則是一聲而已。豈有一聲而可爲樂乎？

竹之取聲在度長短，至圍徑則不甚拘。故徑一圍三，本多餘數未盡。律管之黄鐘，笙管之黄鐘，巨細迥殊，而聲音不異。即簫之合黄鐘律者，祇取同度吹之亦應。因知龠與管各有三等，但取依度制孔，自然同聲。非若律管之必司樂所載多是。

琵琶弦音，愈下愈清高，簫、笛竹音，愈下愈濁下，深於今樂者知之。較空圍九分也。

周序

光緒十有二年，懋琦將赴西洋，過天津。同學生章琴生編修時居李傅相幕府，往辭相見。琴生指其戚汪仲伊先生告我曰：「此同鄉弢盧子也。精通漢學，著書滿家。」琦乃揖而請教焉。弢盧子曰：「史記律書黃鐘宮八十一，得八寸一分，而漢書律志黃鐘九寸，均爲周人遺緒，何得以周尺、漢尺强分長短。又或以十分寸、九分寸解之，然説文云：十分，寸也。未有九分而可言寸者。」琦應之曰：「許氏之説，漢人説也。如天津縫人尺，九寸當京城一尺也。」弢盧子曰：「此仍主周尺、漢尺之説，非也。史記所記，指竹音直出一孔之器言，乃律管度也。漢志所記，指竹音旁出多孔之器，言管籥之度也。律管無旁出之孔，假人氣而直出，中含生聲。八寸一分之管，九九八十一中，含生聲九分，吹之必過出音孔九分之外，故成聲適得九十分。如以九寸準之，則連生聲當得九十九分，不成黃鐘矣。籥管孔多而氣已分，不含生聲，故用九十分寸度之，以九十分爲一律。由此而加，以制金石，準之適合。金石但有本體而無旁孔，以律音吹之，故能相歙也。」琦聞其言，頗以爲武斷。閲三日，弢盧子來，將所著書録副見示。琦聞法蘭西人頗重音樂之學，國中設翰林院以專領之。凡一切智學、藝學，多由悟入。即携其本出洋。迨至英、法、德、義各國，考求音樂，多主金音、革音、絲音而無八音。故其爲樂也，發揚蹈厲，人人有雄武無前之概。及以絲聲和之，則又靡靡焉，咸樂而忘死者。蓋其風俗政事有由然歟？距吾華中和之音，不可以道里計。西樂既無竹音，無可與言者。越五年，自西洋回京。辛卯冬，赴天津任，訪於同里邵君班卿，知章編修已委化於宣化府署，弢盧子聞亦病殁於鄉。故人所業，無以報命。乃憶其所聞於弢盧子者，序而刊之，以就正於當世大人先生之精於樂學者。時光緒十有八年春正月，韓侯周懋琦序於直隸天河道福海春長署齋。

案傳仲伊光緒三十二年丙午卒于江寧，年七十。此云病歿於鄉，蓋傳聞之誤。

蜀石經春秋經注攷異一卷附歲閏朔晦攷疆域攷闕文攷又穀梁傳注攷異 一册

清燕南楊繼振撰。手稿本，並手跋。張恩澍跋。

楊幼雲，漢軍鑲黄旗人。官工部郎中，以富收藏名咸、同間。尤著者爲宋拓蜀石經周禮卷九、卷十兩殘卷，左傳卷十五襄二全卷，穀梁卷九十九行，顔所居曰廣政三石經厂。此爲所撰左傳、穀梁二種校記。初題蜀石經左氏傳校勘記，因同儀徵阮氏書，故改今名。

其書用阮刻十行本注疏詳校，并以武英殿仿宋岳氏本及殿本注疏參正，間引別本。于左傳凡得一百三十六科，並附歲閏朔晦攷及疆域、闕文于後，穀梁則衹二科。始事于咸豐庚申八月十九日，成于九月四日。雖未匝月，而勘覈甚細，多足正阮刻及諸本之誤。如經十一年己未「同盟于亳城北」條校云：「亳，服作京，惠氏依之，謂京鄭地，在滎陽。阮氏校勘記亦主其説。余謂杜注已明言鄭地，何必爲是岐説，似仍以傳注爲正。岳本、殿本皆作亳，同此。」傳十一年「居安思危」條校云：「岳本、殿本、阮本同此。惠氏謂周書程典居作於，引國策虞卿謂春申君曰：『臣聞之春秋，於安思危。』謂居當作於。案居、於音相近，義亦可通，似仍以傳文爲是。」皆足糾定宇之過于泥古。又如闕文攷十一年「會于蕭魚」條云：「杜氏曰：『經書秋，史失之。』正義曰：『經雖無月，但蒙上「秋七月」之文，又會下有「冬」，故以爲會在秋也。傳言日月次第分明，是經謬，史官失之也。』趙氏曰：『傳于此年之事，自四月己亥以後，所書日月甚詳。經書「七月己未，盟于亳城北」，後有「公至自伐鄭」及「楚子、鄭伯伐宋」二事，則經書再伐鄭，在九月明矣。鄭受伐，乃使良霄如楚。諸侯觀兵鄭東門，鄭人行成。又晉、鄭交涖盟，已不得復在九月。況涖盟後始退師，爲蕭魚之會，豈復一月中事乎？蓋下文冬字當在「會于蕭魚」上，不知何由致誤也。』顧氏曰：『杜、孔皆謂經書秋是經誤，但其説未分明，得東山而始暢。』今案此年傳云：『冬十月丁亥，鄭子展出盟晉侯。十二月戊寅，會于蕭魚。庚辰，赦鄭囚。』下秦人伐晉。傳：『壬午，武濟自輔氏。己丑，秦、晉戰于櫟。』從戊寅至壬午，才五日。至己丑，十二日。則自會蕭魚至伐晉，俱十二月事。而楚執鄭良霄，約略在會之前後不多時。蓋鄭人一面告楚，一面行成，公在會，尚未知有楚執良霄之事。逮公至自會，而後鄭人來告良霄見執，晉人來告秦人見伐，方知楚燄已息而心恨未已。魯史因其赴告之前後而書之，以志晉悼之功，其實二事在公未至魯之前也。蓋鄭之至楚、秦之至晉俱近，而公自鄭反魯極遠。反國之後，而二國之來告更遲。故書法次第如此耳。畢竟冬字當在『會于蕭魚』之上。古人文法疏略，自不拘此等，讀者當善會之。」案此説于當日情事，反覆推勘，而確定「會于蕭魚」上之闕冬字。並又知所謂冬者在十二月，以申成杜、孔之説，較東山更暢。亭林見之當亦首肯也。

據自跋，校此書時英人方踞安定門，城中辟兵者紛紛，幼雲獨閉關株守，日事丹鉛。張恩澍跋謂幼雲每曰：「脱有變，當挾此及婁壽碑與俱，如趙子固之于蘭亭也。」如護頭目，寧同玉碎，則其志可見。以視庚子之役，宫中文物及永樂大典之紛被掠奪又何如哉！亦足以愧脂韋淟涊之流矣。是册于所藏三石經中，雖不及周禮，而末附粘葉數字數一單甚詳。至宋拓原本，今皆有廬江劉氏影印本在，可覆案也。繆荃孫于光緒丙子，見此于幼雲處，屬校未果。宣統辛亥，又從劉健之借得，以唐石經校經，岳本校注，成校記一卷，刊入古學彙刊，蓋未知幼雲已先從事于此也。羅振玉俑廬日記謂「楊氏曾撰經注攷異三卷，鮑子年爲作跋，不知生前已刊行否，其後人有無稿本，異日當一訪之」。則亦未見此稿。今祗存「子年」一印，而跋則已佚。

有「石經厂」朱文方印，「鼇振」白文方印，「七佛蚌齋」朱文長方印，「鼇振印」白文方印及「鮑康讀過」白文方印。

蜀石經春秋左氏傳第十二卷襄二全卷，共五十三葉半。每葉一十二行，凡六百二十六行，經、注一萬二千一百一十七字。舊見梁茝林中丞藏本昭二殘傳，只三十五行，六百餘字。陳頌南侍御藏本周禮、公羊二册，最爲巨觀，亦僅一萬一千餘字。卷帙字數，皆不逮此。奇緣勝賞，天之貺我多矣哉。謹摋異同，各條疏列于後。鼇振謹記。

楊昭武跋稱「以此本與阮刻十行宋本相校，同異至六十餘科」。每思質證楊君，又以罷官歸。此中切切，不忍暫釋。因竭旬餘力，取阮本及他善本互勘，比楊君又多得六十餘科。並詳攷閏朔、疆域及三傳同異附焉。觀者亦取其校録之勤，無庸責其繁冗可也。鼇振又記。

凡經、傳一百三十六科，庚申八月十九日校起，九月四日畢事。時紅夷方踞安定門，城中辟兵者紛紛。余獨閉闕株守，日事丹鉛，亦云尠矣。十二日和議成，是晚忻幸書此。繼振記。

此以相臺岳氏宋本校勘，凡不同者一十四科，寫出以備詳定，並免忘失。繼振幼雲父記。

「聊人紇抉之以出門者」楊陽湖謂唐石經及釋文、他宋本皆作「聊」，此獨與岳本合。具見蜀石祖本之正足破近儒邪説。幼雲又志。

續又得周禮殘傳二卷，穀梁殘傳一册，改顏巖居曰廣政三石經厂。

題宋蜕蜀石經春秋經傳集解第十五殘本後，倒用壽陽相國什韻

世儒詁經少心得，輒以奇説互驚衒。漢唐注疏本異趣，往往致愧心如面。一作「不同如其面」○余靖什「愚儒有所思，自愧心如面」。周公孔子之滅没，羣籍繆闕失校練。蘭台行賂竄字句，鴻都刊石次篇卷。下逮文翁更高聯，石室禮殿胥良選。後元興平去千祀，文物凋殘孰搆撰。遂使編韋裂點畫，二名之諱溷偏徧。段玉裁經韻樓文集有此辯説，極詳確。龍門僕射頗解事，三雍規制旣復見。鳩工八載亦勤勤，屭負千碑極雕絢。太和舊策儼型矩，平泉妙穎洵英彦。氊廳楮貴走曼本，江左流傳久跨擅。征南集解並粲列，開成楷式遜精善。胡然堂宇盡崩剥，匪獨山川有遷變。歷宋元明偶留此，如鳳毛一蚪甲片。何須更足十二經，不知却費幾千緡？降王休矣只宮詞，相公偉哉有佳傳。毋昭裔傳：後主時，拜中書門下平章事、左僕射。精經術，嘗按雍經，令平泉令張德釗等書之，刻石成都學宮，皆出私財營建，共石千餘枚。由是文學復盛。

石經校勘記成戲用前韻題此柬張君佩紳索和篇

我昨問學次南國，得覩湖墅舊鄭傳。綈槧精新出六枳，寶之不翅好東絹。湖墅黄氏蜀石經毛詩殘傳，唐陶山刻

之吳門，余向藏一本。六枳，陶山別字。以壓歸裝儘輕快，絶勝端溪石一片。爾來古緣益駢萃，迺歎元賞極譎變。漢碑晉刻訝創獲，謂華氏婁壽、夏承二碑，項氏千金本閣帖。兹卷神奇美尤擅。發函古澤溢硯几，媿眎陳頌南。吳子肅。獨完善。押眉宮璽紅未沫，松煤黰黯芝泥絢。謂「東宮書府」一印。曼二千字統經注，共經、注萬一千□百。一十三跋羅翹彦。謂何子貞、楊細芸、祁春圃諸公共十三跋，并恭邸一籤。公武攷異既莫覩，晁氏石經攷異。季野作記庸無見。萬氏石經記。偏嗜敢云臣有癖，杜預。還讀或者月常徧。賈逵。惜哉諸科有同異，靖恭罷棄慵次撰。細芸跋稱以阮氏十行景宋本相勘，同異至六十許條。又與諸善本同者十許條，以罷官不及備校。十行影刻要足據，阮刻本。孤經校勘誰其選。槩余内外昧正義，率爾丹黄勉終卷。余新撰校勘記，比細芸多得六十許條。遠依服虔。杜預。鮮引觸，近比段玉裁。阮元。差淹練。阮太傅十三經校勘記實出段大令手。裝餘冰繭喜書尾，坐對文蟫愧牆面。什成莫漫寄人看，却恐旁觀斥佔衒。

庚申十一月二十日奇寒夜窗呵凍賦此并書

蜀石經拓楮，天地間所存絶尠，翁北平記陳芳林所獲昭公二年殘傳，計不過五百餘字，已珍爲虬甲鳳毛。至陳頌南藏本周禮、公羊字數一萬一千餘，極稱富侈矣。此則竟襄二全卷，統一萬二千一百餘字，首尾完好，無絲毫污損，盛哉。弘農得寶，曷以逾兹。又雲先生癖嗜金石文字，知此册在某賈處，竭力購之。居奇不輕售。海氛弗靖，畿垣告警，賈利腰纏，於是斯册乃歸星鳳堂中。京師人海場，多搜古之士，重貲捷索者，亦不乏人。乃不爲他人得，獨爲又雲得。意精誠所結，動與古會，蒼蒼者特慎擇其人以貽之。又紆遲盤錯，乃使其人喜出望外而得之，大造情深，可謂篤顧又雲矣。君既獲此，發所藏書，陳篋數十，左披卷，右飛毫。斯時蓋礮震几，烽照牖，鼓角聲撼宵晝，而君孜攷讎勘，若惟恐弗能卒役者。每曰：「脱有變，當挾此及婁壽碑與俱，如趙子固之於蘭亭也。」猗歟！又雲亦可謂不負石經矣。余性好古，研經則業所在，徒以身世坎坷，每致悠忽。又雲年富才果，余輒盬之，亦殊忮之。顧君每勘金石文，必承相商。方勘此卷時，得數科即以見示。勘校記成，兼舉所攷「東宫書府」印跋及鉤摹副本，悉以屬余檢視，又未嘗不爲雙瞳慶幸。且感君之拯余孤陋者，不獨斯一編，而斯編固其一焉。讀既畢，爲識情事如此。若石經攷據，諸跋較詳，勘校精博，見者自審，則弗之贅辭云。咸豐庚申冬月，感楓疚士張恩澍珮紳甫書後。

春暉樓讀左日記一卷 一册

清海鹽張鼎撰。鈔稿本。

鼎字銘齋，與秀水高均儒最善。均儒嘗曰：「銘齋，我之死友也。」此書于左氏傳玩文釋義，時創新見。如莊公八年傳「齊侯使連稱管至父」篇，謂「彭生之見，非真彭生也。使人爲之。又令從者指鹿爲馬以懼公，使先歸也。皆連稱等之謀也。公怒，射之，則爲豕之人，惶遽立啼。豕、人二字，當略斷。上但言大豕，後言豕人，補注於後」。案此説實合當時情事。既是大豕，何得從者皆見爲人，其詐明甚。所以必人爲者，爲特大于常豕，以表異耳。此利用迷信心理以懼公。而左氏以豕人爲解，固未爲所惑也。乃服虔云：「公見彘，從者乃見彭生，鬼改形爲豕。」杜預襲之，亦謂「皆妖鬼」。則本詐僞而反加以證實，不免爲連稱等所笑矣。酈道元不知，水經注淄水所引則作「豕立而啼」，無「人」字。舊讀又有以豕字略讀者，皆非也。又宣公二年「靈公不君」篇，謂「靈公之立，迫于穆嬴，非盾本意，當日必不委盾大權。盾恐公長，修廢嫡之怨，故欲謀孽其短以弑之」。靈公不過「少年任性，未爲大惡。宣子驟諫者，意在觸其怒，以激成大惡。鉏麑之賊、嗾獒、伏甲之事，皆宣子所深望于公而預爲之備者也。觀其入朝而以力士爲車右，則設備可知。鉏麑之死，非真自死也。宣子戕之而虚構觸槐之事及不忘恭敬之言，以播諸通國也。太史責其弑君，曰：『亡不越境，反不討賊，非子而誰？』如老吏斷獄，推見至隱。孔子稱之曰『書法不隱』，言深中其陰謀，不爲隱匿」。案亦剖析詳明，言之成理。鉏麑不忘恭敬之言，固不知向誰言之，而又誰得而聞之耶？惟多論文法，有「頂承」、「雙提」等語。隱五年「諫觀魚」篇，謂「『凡物至不舉焉』，如時文破題，『君將至所以敗也』，如承題」。則直以時文之法讀之，帖括之病，非説經所宜矣。鼎所著，近有排印春暉樓叢書上集四種而無此書，其將列入下集而未果印歟？

孟子學存二卷 二册

清吳縣曹元弼撰。清光緒刻紅印樣本。存卷一明例第一全，卷二要旨第二至六十五頁止。

孟子較他經文字本曉暢，典制亦簡明。讀者以識大義辨體例爲先。明例中録阮元孟子論仁論，謂「此即孟子釋例之一隅。凡七篇中微言大義，皆當以此法説之，所謂『比類合誼，以見指撝』，類即例也。輔以焦循自述疏孟子之法，陳澧指説孟子大要而讀之，則全書若網在綱矣」。

爾雅義疏十九卷 六册

清棲霞郝懿行撰。清道光庚戌沔陽陸建瀛木犀香館刻。元和陳倬手校本並跋。

蘭皋此書，初刻入阮氏學海堂經解，此爲第二刻，世所謂簡本也。咸豐乙卯，高伯平得錢塘嚴鶴山鈔本，慫恿聊城楊至堂重刻，而胡心耘續成之，爲第三刻。同治丙寅，蘭皋孫聯薇據以覆刻入郝氏遺書，爲第四刻。光緒間，崇文書局又刻之，爲第五刻。世所謂足本也。其删節出于誰手，心耘以學海堂之刻，嚴厚民主之，故或又謂出于厚民。其實厚民雖樸學，力尚不足任此。陳碩甫親接高郵王氏父子，謂出于石臞，斯信而有徵矣。然仍不知其删節之恉。茲據培之跋，知厥有二端：一爲論轉音太支離，及文理冗碎處。一爲與王氏説經背戾處。培之爲碩甫弟子，其説必得之師門，則信而有徵矣。乃宋于庭序楊刻足本，推崇備至，以删去爲非是。黄君季剛曾舉「褘」通作「衛」、「止」亦「此」之訓，「嫠婦」合聲爲「罶」、「寡婦」合聲爲「笱」，以及「衛、蹶，嘉也」，「晙，明也」，「月在甲曰畢」二節駁之，謂高郵之徑爲删汰，未嘗非成人之美。碩甫爲陸氏校刻此書，非不知有足本，以石臞勘定謹嚴，足爲郝氏增重也。心耘惟不信其出于石臞，亦未究其删節之恉，欣得足本而重刊之，藉存郝氏真相，得與此本相參證。然則陸、楊二刻各有其長，惟二刻版均旋毁，傳世甚罕。楊刻尤難得。培之此本，於節文中摘録其要於書眉，可謂合二刻之長矣。培之以經學名，與雷深之浚、丁泳之士涵有「吳下三之」之目。著述僅刊斅經筆記一卷。

有「臣印陳倬」白文方印，「培之」朱文方印。

是書爲沔陽陸立夫制軍所刊，同刻者有江氏永古韻標準、金氏鶚求古録，皆先師陳碩甫徵君所勘校，雕板於蘇州。此及求古録刷印較多，江書印最少。後制軍携板往江寧，越三年咸豐癸丑，粤逆陷江寧，制軍死於位，板亦無可問矣。乙卯，胡心耘得錢唐嚴鶴山所鈔郝疏足本，重刻於蘇州。預讎校者爲江彤甫、徐稼甫、葉調生、陳容齋，心耘自有跋語，記雕板始末。宋于庭司馬作序。庚申，蘇州亦陷於賊，板旋亡。同治丙寅，郝先生之孫聯薇刺涿州，重刻於歷城，即胡刻本。許鶴巢孝廉得是書，乃假歸，將舊藏陸刻本對校之，乃知删節者厥有二端：一爲論轉音太支離及文理冗碎處。一爲與王氏説經背戾處。此的係高郵王氏所删。心耘謂嚴厚民明經删節者，非也。先師嘗云：王懷祖先生勘定此書，時閲數稘。原書所引經典，逐句逐字檢取原文審正。如「褘」下引釋文，郝氏據譌本，此本改正，其一證也。今將足本之删去者，摘録於上方，比而觀之，益服膺於王氏説經之謹嚴爲不可及，而亦不盡録也。蘭皋先生爲嘉慶己未進士，官户部。學等身而官不顯。余亦以咸豐己未通籍，相距周甲，浮沈農曹，官之不顯如之。而學殖荒落，五十無聞，書此不禁重有感云。同治十年辛未春二月，陳倬識於京師寓舍之蛛隱盦。

説文解字十五卷　一册

清南豐劉庠校，並録諸家校，有跋。

慈民經術湛深，所著説文蒙求，胡思敬刻入豫章叢書；儉德堂文存，沈其昌以活字排印，中多説經攷據之作。其他多已散失。此平津館本説文解字，慈民手録惠半農松崖父子、李威、王念孫、吴稼人、江震蒼及陳壽祺諸家説，而再博引詳證，勘誤校異。眉頭行間，細字如蟻，紙敝墨渝，不任翻讀。可見功夫縝密，令人欽服。所録李、吴、江、陳四家，黎經誥許學攷、丁福保説文詁林均未采及。李威，字畏吾，龍溪人。乾隆戊戌進士，廣州知府。著有嶺雲軒瑣記四卷。此所録説文補正二卷，福建通志藝文亦不著録，蓋失傳已久，鄭翼案：先正事略朱筠下、廣東通志均謂有考定説文十五卷。尤足珍秘。劉毓崧通義堂集四有劉慈民讀説文記序，言其内容甚詳。此當爲其底稿。

有「鎦庠之印」、「慈民」、「多聞闕疑」、「實事求是」諸印。

己亥假朱大秋崖所藏惠氏手批本録。其墨筆者，半農説也。其硃筆者，松崖説也。其凡遇聲字闕筆者，□□祖諱也。江颿記。

校説文，全寫半農、松厓兩先生説，而龍谿李威補正亦附見焉。松厓有成書，揚州李祖望嘗刻之，補正亦有刊本而未得見，與半農説俱從鈔本傳寫而已。王氏念孫、吴氏稼人無刻本，江氏震蒼書已刻，三家不全采，擇善而從。幅小，不復一一別識其姓氏。鄙説則必稱名，示不敢混。然有取篇、韻諸書，校其字句同異者，則列於下方，亦不復稱賤名也。吾友紹興陳珊士比部壽祺於此書用功最深，庠嘗與往復質證，所論多前人所未發。今悉載之，以識他山之助，於許君博采通人之旨，庶幾有合，而又自愧其聞見之隘也。噫！先君以此書相授，四五年來未能卒業，忽遭慘變，孤露自傷。從此過庭之訓，渺不再聞。□□□□行能無似，所謂父殁而不能讀父之書，爲可痛也。同治丙寅六月望日，棘人劉庠泣血識於京師宣武門外南豐會館抱影廬苫次。

説文解字三十卷 八册

小學彙函翻刻孫氏平津館本。佚名臨清海寧許克勤校並跋。

許君説文，今所傳大徐校定本，與宋以前本多有不同。清儒遍取羣籍勘校，莫詳于金壇段氏、烏程嚴氏，而拾遺補苴，尚有待于後來。勉夫先生從事于此，既節取段、嚴所校，而又補所漏略，允稱汝南功臣。先生手校古書數鉅篋，眉端細字均簇簇如蟻聚。歿後歸張仲仁先生一麐。曾從借讀數種，有粵刻古經解彙函並小學彙函，全書校文不下百萬字，未能傳録。而日寇陷城，心太平室藏書悉散，其後偶于冷攤得周易鄭注、方言殘册，急追踪之，則其餘已論斤售去，毀作紙漿，爲之嗟歎累日。前年偶獲此過録本，惜不著姓名。然寒士精神，賴以不滅。不知其他各種尚有副本在世否耶？實企予望之。

光緒二十有一年乙未季秋月晦日中，海寧靈泉鄉人許克勤勉夫記。

駢雅檢字二卷 二册

無編者姓名。手稿本。

朱鬱儀駢雅七卷，四庫收之，提要雖摘其小誤，而仍許爲「奇文僻字，搜輯良多，擷其膏腴，於詞章要不爲無補。」道光中，龍巖魏茂林撰訓纂十六卷。助其參校者泰州田寶臣，又别爲小學駢支八卷，而是書遂爲小學之津梁，不僅供獺祭之用而已。然讀者猶嫌翻檢爲勞。此檢字二册，紅格稿本，不題編者姓名。依説文五百四十部部目編次，眉目清楚，隨拈即得。憶昔年偕王君九先生季烈，同游護龍街書肆，于松石齋見此及小本字類標韻。標韻于每字旁各注小篆，其許書所無者，則注以通假字，密如蟻聚。蓋出于篤學好古之士，纂備自用，故不留姓名。賈人不甚重視，余與君九以廉值各得其一，欣然携歸焉。

説文解字注三十二卷 十六册

清金壇段玉裁撰。清吳縣潘志萬手臨吳縣江沅、常熟楊沂孫校並跋。

茂堂刊所注説文，由江子蘭、陳碩甫師弟下榻枝園，負責校勘，宜號精絶。乃今經韻樓刻本，點畫之謬，殊非少數。甚矣校書之似掃落葉也。此爲潘碩庭朱筆臨子蘭校正于崇文書局翻本上，當爲子蘭于刻成後補校而未經剜改者。以第一卷爲例，其校正字體偏旁外，第十一葉「禘」字注云：「必後之者與所後者爲昭穆，所後者昭，則後之者穆；所後者穆，則後之者昭。而不與族人同昭穆，以重器授受爲昭穆，不以世系蟬聯爲昭穆也。」校云：「『所後者昭』至『後之者昭』十八字，乃雙行中之雙行，當改從側一旁偏寫。」今案，段注注中小注，他處屢見，必如校所言，乃語氣不至間隔。又第十五葉「社」字注云：「古左氏説共工爲后土爲社許君□□謹案曰」校云：「應重『后土』二字，擠下空格。」今案所引爲五經異義説，其脱誤顯然，至不可讀。當時蓋失檢原書。如此類者若條録爲勘誤表，甚有益于讀是書者。墨筆臨濠叟校語。濠叟精于小學，爲篆書之名所掩，又著述未刊，故世無知者。此所批識，往往證以鼎彝古文，其學與王菉友爲近。雖僅得半，其所匡正，亦段氏之諍友也。原本爲寄存潘秋谷、椒坡昆弟者，卷中手牘猶存。碩庭校録時，又多附以所見，注年月字號爲別。碩庭名志萬，字笏盦，吳縣諸生。嗜金石，擅法書。承其父椒坡之遺業，收藏甚富。此書于光緒二十八年壬寅爲先府君所得，實小子入世之翌年也。卷一首有先君手書「壬寅首夏歸于蟫廬」一行，手澤猶新，而小子學業無成，蹉跎將老，展卷能無汗顔。

有「滎陽書庫潘茱坡一遭冦難一遭火劫後重置之書」、「笏盦潘印」、「志萬長壽」、「范齋」、「臣萬大利」、「碩庭手校」、「祖詢長壽安樂」、「次歐」、「臣王祖詢」、「次歐小印」、「以學愈愚」、「蟫廬藏書」諸印。

丙戌夏五過常熟楊濠翁校本，笏盦校完，識于還研堂。

濠翁校本係寄秋谷叔者，惜未成完璧。因假江氏沅校勘本對臨一過。端五日又識。

硃筆從江氏校，墨筆過濠翁批。

昔年楊濠翁太世丈批校段氏注本寄秋谷叔，叔辭世後，閉之笥。余偶憶及之，因向仰春弟借得，校録一過，閲一月而蔵事。光緒丙戌六月，笏盦潘志萬識。

從江氏沅校本照録一過。六月三日笏盦識於還硯堂。

説文答問疏證六卷 二册

清甘泉薛傳均撰。清道光初刻本。江都薛壽手校並跋。

首道光戊子甘泉縣訓導李溟序，次辛巳自序。題嘉定錢大昕著，甘泉後學薛傳均注。板無直綫，楷體字，刻甚粗陋。中有「經世案」十七條，「興案」二條。案子韻是書，據自序，成于道光元年辛巳。至八年戊子，從陳石士衡文福建，翌年己丑，病卒于汀州。十一年辛卯，石士爲刻此書于閩而序之。十八年戊戌，李璋煜序重刻本，謂「陳石士侍郎鋟板閩中而未精審」。廿一年辛丑，翟惟善序文選古字通疏證，謂「石士師屬閩士爲刻説文答問疏證，校讎者未能精密，往往參以臆見」者，當即此本。今逸去石士序耳。戊戌重刻本，經劉楚楨、孟瞻、楊季子等修訂，自益精善，而此本遂廢。然此猶子韻原稿，且有他人校語，爲重刻所删，則仍有足取也。經世，孫濟侯，惠安人。著有愓齋遺書，附行狀言曾爲子韻勘是書。「興」者丹徒柳興恩也，字賓叔，著穀梁大義述，與子韻至好。二家所下籤多所匡益，足爲此書增重。此又經薛介伯朱筆細校，取對戊戌本，多取其説。介伯爲孟瞻弟子，當係助其師所爲，所署年月正刊版時也。

其爲重刻本所未采而足資補正者，如易謙卦大象「捊即裒多益寡之裒」條，校曰：「未當補『且集韻十九侯，裒、褎同隸捊，毋亦其明證』十六字。」繫辭上「索即探賾索隱之索」條：「因索而借索，復因索而借素。」校曰：「案索正字，素爲同部叚借字。今作索者，則又由素而譌，非因索借索，因索借素也。」書舜典「䭫即稽首之稽」條，校曰：「案廣韻，稽在齊韻，不載䭫字。䭫在𪗉韻，注云，首至地也。下文稽注云，上同。此當注明十一𪗉，以使讀者易檢。況集韻齊韻：稽，䭫。𪗉韻：䭫，稽。凡平仄同收之字，韻首必須注明。全書中往往有此，當細校。」鄭風溱洧篇，䖒即且「往觀乎之且」條：「玉篇作䖒，係譌體。」校曰：「集韻粗之同母字，無𪗋字。案廣韻、禮部韻略俱無𪗋字，唯玉篇有䟕字，訓爲且往也。未識與𪗋字是一是二。此云譌體，未有所據。」類此者凡數十條，可札録成書。介伯所著學詁齋文集，有文選古字通疏證後序，亦言曾比勘所著書，則介伯于子韻書固三折肱者矣。

有「介伯審定」白文方印，「欲無後悔惟勤學」白文方印，「天尺樓」朱文長方印。

道光戊戌十一月，江都薛壽讀一過。

十一月廿三日，壽校畢。

説文小箋不分卷 一册

清長洲陸元綸撰。舊鈔稿本。杭縣馬叙倫手校並附書。

元綸字稷民，道光二十三年癸卯順天副榜，考取八旗官學教習。其學于經義音訓，覃核至深。中年用力于三禮義疏，自馬、鄭、賈、孔而下，及江、戴、惠、段諸家之書，無不考究。著有三禮彙鈔若干卷。晚歲究心宋五子書，兼采羣書中之嘉言懿行可師可法者，撰宗輝録若干卷。他所著御珍駕齋經解、説文小箋、詩文集，多遭兵燹散佚。稷民友陳碩甫，研究討論，其學之篤實純正，亦頗相似。碩甫毛詩傳疏名播宇内，而稷民則黯然無聞，則以著述之未刊傳也。此説文小箋一册，乃劫餘僅存者。昔年馬夷初先生曾借讀，謂「斷制精嚴，于聲類之學，承高郵、嘉定之緒，援引金石文字，與貫山駸靳，實爲所見諸家所不逮」。

慫恿付刊，并采入所著説文六書疏證。今雖未能付刊，而得附疏證以傳，稷民亦可謂得一身後知己也已。稷民肄業正誼書院，爲山長朱蘭坡珔所賞。林少穆則徐撫蘇，遂延課其子。後又襄校羅椒生惇衍、吳姓舫鍾駿學幕，亦爲一時鉅人長德所推重，而未聞有刊其書者何耶？近百年來，吾吳樸學之士黯然自修，潛德不彰者，與稷民同時有錢映江綺，亦正誼高材生，著左札，雖刊而傳本至罕。稍後則潘𨛦侯錫爵，許勉甫克勤，海寧籍。均著作等身而不傳，與稷民所遭相同，何其不幸耶。然則發微闡隱，使得嘉惠後學，而珍重遺著，俾其心血不至湮没，亦吾輩今日應負之責也。

手教并説文小箋稿本一册敬承。小箋即日讀訖。此書徵引不及桂氏之博，而制斷校精。于聲類之學，亦承高郵、嘉定之緒。至援引金石文字，與貫山駸靳。雖區區小册，實爲倫所見諸家之不逮。似可編入尊棨叢書，不獨存前賢心血，亦詖有禆許學。弟已將拙見所能贊詞者録出，將納於拙著疏證補中。惜爲蟲傷數十頁間，付之闕如。倘公能修補，以成完帙後，仍賜假録，則幸甚也。弟聞見挂漏，尚祈惠以遺編隱帙，俾拙著更增光彩，實拜盛賜。小箋稿本仍託淳穆兄代繳，即希察入。心叔由浙入閩，曾從三元大吉陞來書，未審今是否無遷徙也。草復，即頌欣夫先生尊兄講祉，不一。弟馬叙倫頓首。三十三年十月十一日。

唐寫本説文解字木部箋異一卷 一册

清獨山莫友芝撰。無名氏臨莫友芝校補定本。

郘亭于同治二年從黟縣宰張廉臣得唐人寫本説文木部殘卷，乃取校大小二徐本，成此箋異一卷，即刊版行，世人始得見唐本真面目。原卷後爲日本内藤虎購去，幸有此摹本僅存。乃孫仲容温州經籍志於戴六書通釋獨言其僞，並引歙汪仲伊語，謂此乃其鄉一通小學者所僞作，其人彼尚識之。一若鑿鑿可信者。然讀郘亭及劉毓崧、張文虎、方宗誠諸家所攷，乃原原本本確有依據，多與段若膺注、嚴鐵橋校語闇合。譚廷獻讀説文偶記：「近年皖南傳刻木部殘字，是唐人寫本，僅百八十又八文，而與徐本篆體不同者五，説解殊别百三十有奇。今略舉其殊别之佳者：楗，歫門。與李善合。栅，編竪木。與玉篇合。从删省聲，取聲較近。梲，樂木椌。與毛傳合。槱，積木燎之。與玉篇合。棐，訓『輔也』，二徐在部尾，蓋由寫落補收。唐本在栒、檄、㯉、栝下，段注正與闇合。既可見古籍流傳之善，又可信先哲讀書之精。其他則莫氏箋異具有成書，無俟悉數。必欲專乙守殘，謂帮木盛行而外，必無有緗素霾藏人間復出者，亦方隅之見矣。」則其非作僞可知。世或不察，則因在敦煌石室未發見之前，罕見唐寫真跡，或鑒别未精，驟聞此要籍孤本，不免由震驚而懷疑。我則痛心于國寶之淪失，不知何日楚弓得重歸也。郘亭于此書刻成後，又手加校補，其原本昔年曾于醫師楊某家見之。未幾閱肆，獲此臨本，惜不具姓名。竊意郘亭之亟付剞劂，所以餉學者之快讀，而再加校補，正可見學問之無窮。亦如高郵王氏父子之于廣雅疏證，俞正燮之于癸巳類稿，皆有後定本，無足異也。乃今人往往有朝削牘而暮墨版，粗製濫造，侈然自滿，其去古人之風亦遠矣。

兹將校補各條録後，其行間字句，則以大小字别之。

檏　墼木也。二徐、御覽三百卅八引，並作「墼者」。

桓　表下小徐無也字。

楃　御覽七百引：「幄，大帳也。」當是此解。

枕　臥頭薦也。二徐作「臥所薦首者」。御覽七百七引，作「臥爲所薦首者也。」玉篇：「臥頭所薦也。」

櫛　比。御覽七百十四引，作枇。

槾　器下也，二徐無，篇及御覽八百廿三引，有。

欘　鎡基。據嚴氏引，檢御覽作兹基。者下，御覽引，有者字。

柫　擊禾連枷也。御覽八百二十四引：「架也。柫擊禾連架也。」

柶　四。御覽引，亦音四。

桮　一𠤱。二徐無。「一」字當是「大」。𠤱，匚部：「𠤱，小桮也。」御覽七百五十九引：「杯，𠤱。小杯也。」𠤱音貢、盛二音。

榹　斯。御覽七百五十八引，注「音奇」。

檈　旋，御覽七百十引，檈，小注「似緣切」。桉，當依各本作案。

櫑　罇。小徐作「樽」，大徐、御覽七百六十一引，作「尊」，是說文無罇、樽。按：省象也，字於「雲雷」句絶。詞簡，而義已備。與御覽引正同。覽象下多其字，亦是。又得「畾」，亦補漏。皆善於兩徐。

椑　卑，御覽七百六十一引：「音鼙。」

幬　帷也。屏風屬。帷，帏誤。文選吴都賦注引作：「帷，屏風屬。」玉篇也作幬。二徐、御覽六百九十九引，無也，風下多之，小徐屬下多是也。按：此解二徐脱衍，當依唐本及玉篇參正。

棚　篆右「弓」誤「孓」。二徐棚下次棧篆，此在後椎下。案：後條末五字乙去。

椎　亝謂終葵也。二徐作「齊謂之終葵。」御覽七百六十三引，終作柊，小注音終。葵作揆，注云「音葵」。

櫓　音魯。御覽三百五十六引，亦注云「音魯」。

柷　繫傳校勘云：「疑當作樂木空，以止聲音爲節。空即椌也。止者，鼓柷之器。」

桊　御覽五百九十六引：「啓，傳信也。」即此桊注。

榷　丑學，御覽七十三引：「音角。」二徐渡下多者。御覽引亦無「者」，「渡」作「度」。案：「大徐無」三字乙去。

校　宏，御覽引，注「音騷」。名下也，二徐無，御覽七百六十八引，有。

楫　御覽引，楫作檝。

校　田乃缶之誤。今二徐皆作囚，非也。繫傳通釋云：「校者，連木也。」易何校，滅耳。此桎也，屨校滅趾，梏也。又漢書校獵，謂連接木以闌禽獸。又軍中有校隊，亦是也。木缶者，謂以木爲缶形，相連接也。韓信以木罌渡軍，義亦相類也。知小徐作「缶」，而傳本用大徐改也。校次楫、欚下，則小徐説長。今以漢書注細攷之，作木田尤勝于二徐。有補説在其尾。邵亭識。

櫟　樓下也，二徐無，御覽一百七十六引，有。

棺　所以掩屍。御覽五百五十一引，作「可以掩屍」。屍，二徐作尸，誤。

櫬　玉篇云：「親身棺也。」御覽五百五十一引：「附身棺也。」疑是本訓，各本俱脱二字。

槨　正字通亦引，作木椁。

楬　大徐此部此下尚有梟、枼二文。唐本至此紙盡，枼已見前梧下。小徐又有樾、櫅、樸三文。

説文叢説一卷 一册

清常熟楊沂孫撰。鈔稿本。

詠春治説文之書，余先後得文字説解疑辨、文字索隱兩手稿，已著于録。此則四十年前從佩諍宗兄借手稿録副者也。案所詮釋，爲讀段注本之筆記。多據彝器文字爲説，則猶前兩書例。又有據吳語爲説者，如：「今吳俗謂小兒不從命者爲發欠，即堅字。」「今吳中俗語謂猫之捕鼠鳥曰爪住，其音正『祖外切』，實犯取之最也。」「灖，此即吳人言冷爲冰映之映字也，其聲當作映。」「紿」下云云，「吳俗謂絲帛之將敝爲陽易，即傷紿也。」「納」下云云，「吳俗云濕答答，即濕納納之轉聲也。」「坒，即吳俗言塼瓦之層層者曰一坒一坒字。」「⿰食疋，吳俗語言越牆越檻作豁音者，即⿰食疋字也。」諸條以方言求之説文，而各有其本字，亦猶段氏時引吳語入注之例。雖所舉不多，爲治許書者别闢一蹊徑。

説文略例四卷段本刊誤一卷段義刊補一卷 一册

清上虞錢世叙輯本。新城楊希閔校録。鈔稿本。

世叙字榮堂，上虞人。以咸豐庚申進士，分發福建，補龍溪縣知縣，卒于任。

是書自序，略謂「説文者，識字之津筏。顧其書繁，讀者不得其例，展卷望洋。夫許君之例，聚于序中者，固可薈萃而説之也。因取許序離之合之，斷之續之，兼及段氏之注，纂成四篇。首原始，明書契之所由作也。次辨體，明六書之所由判也。次緣起，明許書之權輿也。次舉要，明許全書之條例也」云云。其書蓋排比纂録，述而不作，殊便初學。楊氏許爲「辭簡而明，義覈而要。治許書者振裘而得領，問塗而得徑焉」。斯能揭其旨矣。楊氏間附案語，以段注轉注，承東原之説爲誤，而附夏炘、曾國藩説以備參攷。後附段本刊誤，則校正經韻樓刻本之誤，蓋此刻雖經江子蘭手勘，而落葉猶未盡掃。余有傳録子蘭後校本可與此並觀。段義刊補則爲隨手札記，録備遺忘。自謂「特魚兔之筌蹄云爾」。此書成于咸豐丙辰，時猶爲諸生，楊氏于光緒二年丙子序而欲刻未果，此其所寫底本也。楊氏字鐵傭，江西新城人。著書甚多，所見已刊者，有水經注匯校、豫章先賢九家年譜、四朝先賢六家年譜、王荆公年譜攷略節要諸書。

集韻十卷 十册

宋丁度等撰。清康熙丙戌曹寅刻本。金匱蔡廷相臨金壇段玉裁校並跋。

集韻爲治小學者必讀之書，若段茂堂、王懷祖均欲董理而未果。陳碩甫序懷祖遺文，述其語云：「凡學者著書，必於所託者尊，或後人不能諟正則董理之。日定以課程，底有成而止。集韻具載類篇，始以類篇校集韻，更以説文解字、經典釋文、玉篇、廣韻一一校訖。舉韻内誤收之字，表而出之，辨學者之惑。至於攷證典籍，俟他年爲之，則發端已得，而成功較易。然必讀經十年，校經十年，始可與言著書也。余之欲董理集韻久矣，廣雅疏證成，日月已邁，段先生亦嘗思修之，説文注刊行，而獲終壽考。今子聞道蚤，年力强，先治毛公詩傳，是所託者尊，而後治集韻，未爲晚也。」案段、王學本同術，觀懷祖之所以語碩甫者，而茂堂思修集韻之意可知也。今懷祖校本未見，而茂堂所校則世頗有傳之者。方雪齋既據茂堂及嚴厚民、汪小米、陳頌南四家校本，益以羣書爲攷正，學者稱之。然惜其不著名氏，不知其孰爲段校。且諸家傳本或有脱漏，如此本蔡跋所言周香嚴本是。香嚴即漪塘。影宋本即從借校，不知何故，所臨乃多脱漏。或有後校爲傳録者所未見。然則雪齋所據，其果能無遺誤耶，猶不能無疑焉。此本爲蔡孫峯依茂堂手校本細心照臨，宜最可信。

茂堂于嘉慶甲寅三月，借周漪塘藏毛子晉影宋鈔本校，時年已六十。其與劉端臨第七書云：「弟校汲古閣鈔集韻校正曹刻，亦是快事。但苦少暇，亦少精神耳。」蓋時方成周禮漢讀攷，始作儀禮漢讀攷，又借顧安道宋刻經典釋文校通志堂本，則安得有暇，又安得不感精神之不足乎。于此益見老輩治學之勤爲不可及也。

自經段、王提倡，後來從事此書者不下十餘家。據祁春圃跋，則有苗仙露本，爲世所未知。孫峯名廷相，字伯卿，金匱人。當太平軍光復蘇州，汪氏藝芸書舍後人舟載其藏書，避地無錫蕩口鎮。孫峯獲其精華，餘則歸亡友趙君學南先德静涵先生元益。此即孫峯從静涵借録者。孫峯所得，如景德單疏本儀禮，王芾卿曾見之，見所批四庫簡明目録，今不知何在。宋刊史載之方、毛鈔天聖明道本國語等，後入陸剛甫家，見儀顧堂題跋。此書亦歸陸氏，載皕宋樓藏書志卷十六，今俱淪異域矣。暇當搜其遺事，入續藏書紀事詩。

有「曹元弼校藏經籍印記」朱文方印。

此曹楝亭重刻五種之一，今版存金陵藩署，已不全矣。

段先生以宋版校正，極精。若能取今本依寫一副本，再取河間苗僊露手校之本參訂合刊，洵快事也。

道光庚子冬至前五日，後學祁儁藻記於鎮江舟中。以上卷首。

甲寅三月，借周漪塘所藏毛鈔宋本校。十六日。

凡照影宋本改者，書於本字本身旁側。凡以意正者，書於本行上下方。亦有照宋改本字，仍恐模糊，而書上下方者。若膺氏。

同治三年歲次甲子五月廿三日，孫峯借趙静涵所藏段校本臨。廿二日臨起。以上卷一末。

宋本四十三頁，末頁六行。

甲寅三月廿二日若膺校訖。

甲子五月廿六日孫峯臨校。以上卷二末。

宋本卅五葉，末葉十四行。

三月廿八日若膺校訖。

甲子六月初六日孫峯臨校。以上卷三末。

宋本三十六葉，末葉十九行。

四月七日若膺氏校訖。是日立夏。

甲子六月八日伯卿臨校畢。一月已無寸雨，是日得大雨二寸。時交小暑第五日也。以上卷四末。

宋本三十九葉，末葉三行。

四月十六日若膺氏校訖。

甲子六月十五日孫峯臨校。以上卷五末。

宋本四十一葉，末葉十三行。

五月十七日移居枝園校訖。

甲子六月廿日孫峯臨校。

趙文敏書卷末云：「吾家業儒，辛勤置書，以遺子孫，其志何如。後人不讀，將至於鬻，頹其家聲，不如禽犢。苟歸他室，當念斯言。取非其有，无寧舍旃。」汲古毛氏圖書一方，甚精，因録其語。以上卷六末。

宋本五十三葉，末葉六行。

甲寅五月廿六日若膺校訖。是日夏至次日也，時雨沾足。

甲子十月十八日孫峯臨校訖。以上卷七末。

宋本三十四葉，末葉四行。

甲寅六月初五日若膺校訖。

甲子十月廿五日蔡孫峯臨校訖。以上卷八末。

宋本四十二葉，末葉五行。

六月初九日。

甲子十一月初一日孫峯臨校訖。以上卷九末。

宋本卅八葉，第十七葉滿，第卅八葉無字。

甲寅六月十三日若膺校訖。

凡宋本今本並誤者，書其字於上下方。

毛子晉影鈔宋本，每葉版心之底，皆有某人重開，某人重刊，某人重刁。某人者，刻工姓名也。每誤處用白涂之，乃更墨書之。每卷前後皆有「毛晉子晉」圖書、「毛扆斧季」小圖書。余既爲之跋，還漪塘，又書於此。欲令子孫寶之，傳之其人。玉裁。

甲子十一月初五日孫峯臨校畢。以上在卷十末。

庚申冬，曾得周香嚴手臨段若膺校宋本集韻，繼復見其原書於趙靜涵所。意欲假來覆勘，因世亂鮮有定心，是以不果。去歲王師大振，賊氛漸息，今夏又復攻破金陵賊巢，吾鄉仍得享太平之福。遂向靜涵借歸，略一對勘，知周臨所脱甚衆，兼之版刻糢糊，難於卒讀。因將此本臨校一過，凡朱墨二筆，悉遵原本，絶無增損遺漏，并爲細心覆校。其時俗事紛投，每多或作或輟，故閲六月而始畢，若臨校之時，不過三四旬也。校訖，書此以誌靜涵之能通假云。同治三年歲次甲子十一月初六日，金匱孫峯蔡廷相識。

段先生精於小學，凡此本之誤者，俱用宋本校改。即此本、宋本並誤者，又用他書參改。數百年鈔寫之謬，刊刻之譌，皆藉此校而一正。可謂丁氏之功臣，集韻之善本矣。未知苗僊露校勘之本，復能勝於是否耶。後之讀是書者，勿以尋常校本而視之。是日下午孫峯又識。

佩觿三卷附辨證 一册

宋洛陽郭忠恕撰。清康熙吴縣張士俊澤存堂刻，初印本。臨清瑞金羅有高校，并録大興翁方綱、歸安丁杰、海寧吴騫跋。

恕先此書，覃谿據其系銜稱臣，謂當作于周代。又據辨證内引景祐集韻，謂其非出恕先，其説皆至確，可補四庫提要之未及。提要于辨證不署名字，亦云不知何人所加。而于下文又引辨「逄」字、「肙」字兩條，謂「忠恕洞解六書，所言具中條理」。今案此兩條皆在辨證中，則前後矛盾矣。乾隆丁酉、戊戌間，臺山爲其鄉人楊某入都校勘官書，分得此書，是正繆誤，至數千百條。覃谿借得，擇其要者摘抄十之一二，即此本是也。今所校之全雖不可見，然丁小疋謂羅校「有極精者，有過拘者，有未允者」，則此雖僅一二，精華所萃，固不必買菜求益。覃谿録本，桂未谷、丁小疋均借臨之，故有未谷案語，小疋三跋。槎客又從小疋本命子壽照校録，均見跋語。後入劉氏嘉業堂，廿年前余倩友人吳興朱君五峯過校，此其流傳端緒也。據小疋跋，五柳居書肆得張刻綿紙初印本，有人以爲宋板，并言覃谿及程魚門所藏張本，皆經補刻。則知澤存堂雕印之精，可與天水亂真。昔傅沅叔先生曾在廠肆見内府藏本，有乾隆御題詩兩首見于天禄琳瑯者，其實即澤存堂本也，又不足異矣。此爲丁氏八千卷樓藏本，驗小疋所舉補刻各葉，此猶原刻初印，而末去張氏刻書跋，其亦將以冒作宋版歟？

有「八千卷樓珍藏善本」、「四庫著録」、「嘉惠堂藏閲書」諸印。

佩觿三卷，前系銜云「朝請大夫國子周易博士柱國臣郭忠恕記」。案其傳，稱恕先周廣順初召爲宗正丞，兼國子書學博士、周易博士。此書稱臣，則是作於周也。其末之辨證一篇，内引景祐集韻，其非出恕先可知矣。至卷中音釋，雖或不盡言出説文，而多與説文可相檢證者。毛斧季校刊説文識後云：「忠恕小字説文字原，戾今不得而見。但夢英篆書偏旁，咸平今刻本「咸」誤「延」。二年所建者，中有五處，次序不侔，始竊疑之。及讀恕先汗簡，次序與此悉同，乃知夢英之誤也。」徐鼎臣承詔校定説文在雍熙三年，而恕先卒於太平興國二年。所用説文，乃徐氏未校以前之本，其或原有譌脱，而徐後訂正耶？或所見本異耶？凡此自宜存以備攷者也。郭氏窮極博綜，揶揄當世。其作是書，蓋亦譏切俗學，以擴啓童蒙，故未暇溯言作字之本始。至如唐人碑帖，經師俗寫，皆以入之，是固不得與説文之每字必則古昔者可同語矣。近日史館校勘，每竟一書，輒資朋友講聞。若歸安丁君錦鴻之於漢隷字原，瑞金羅君有高之於是書，皆纍纍數千百言，非徒校讎之勤而已。方綱既擇其言之要者，過録於卷，因爲羅君言是書之不可概繩如此，并識於卷前。乾隆四十三年歲次戊戌，春二月十一日，文淵閣校理翰林院編修北平翁方綱。

丁酉秋，羅臺山孝廉入都爲其鄉楊□□明府校官書，分得佩觿，是正譌謬，可數千百條。余索觀之不可得。及知書留翁覃谿學士齋頭數日，學士摘鈔十之一二，未暇全録也。庚子桂未谷廣文借學士摘鈔本校勘説文，余從未谷處借歸，又乞得程魚門編修藏本，倩金檢亭上舍及門人莊生雋甲臨之，并學士後序亦坿録焉。今年正月，未谷從曲阜致書學士求此書。學士以手鈔本畀余，以重臨本寄未谷。因破半日之功，悉心校對，并識顛末。臺山精於小學，而疏於他學。中所舉「盇山」、「熒澤」數條，多與鄙見不合。安得起臺山地下而商榷之。壬寅三月朔日丁杰記。

去年春，五柳居書肆得張刻綿紙初印本，苦孚以爲宋板，并指卷上第一頁第八行「渴」字注「其列翻」其字未譌爲證。余同金檢亭逐頁互勘，惟第一、第二、卷上。第二十三、二十四、卷中。第三十四、四十二卷下。此六頁確有不同。餘則字形肥瘠、邊闌粗細皆相脗合，即剥蝕處，亦無絲毫之異，安得指爲二本。其六頁不同，當是以有漫漶，刻以補之。翁、程兩公藏本，皆經補刻者也。杰又記。

以有前跋不敢易。

「熒澤」以錢辛楣宫詹金石文跋尾爲的。羅君校此書有極精者，有過拘者，字母之類。有未允者，地理之類。久欲作一跋，恐忌余者以爲詆諆死友也。後人見之，信爲羅君定論，而附刻郭書之後，則非所以愛羅君矣。區區苦心，地下故人諒之而已。同日跋翁學士本。

甲辰春二月，小疋廣文在武林葵巷，以是書借余，爰令兒壽照校録一過。昔之入小學者，先教以六書。今雖學士大夫，多忽不知省，宜此書之日謁也。小子可不勉哉。槎客識。

班馬字類二卷 二册

宋檇李婁機撰。清乾隆祁門馬曰琯叢書樓覆宋刻本。桐鄉沈炳垣手校本。

此叢書樓覆宋刻，向稱善本。曾據舊藏明影宋精鈔本有「馬曰璐印」即此刻之祖本校之。首洪序「淳熙甲辰上巳日」本與「鄱陽云云」連行，此已分列，知行欵已有改易。而影宋本不誤而刻誤者，如卷上二十葉鈎，刻誤作釣。二十九葉亶，「屯亶，屯丨與蹇連兮」，兮刻誤作弓。三十葉徼，刻誤作傲。五十四葉女，「詩誰謂丨無家」刻誤脱詩字。卷下十六葉填，「是陽失其所而丨陰也」失刻誤作夫。十七葉敦，「歲名困丨」困刻誤作因。二十七葉秉，「五行志」五刻誤作豆。三十八葉十五轄，轄刻誤作鞞。五十葉輯，「丨與楫同」楫刻誤作揖。是校勘亦未能精善也。此爲桐鄉沈曉滄以朱筆點讀并意校者。以上刻誤各條，悉已校出。與宋本暗合，可謂神與古會。其他宋本亦誤而校正者又不下百十條。可見讀書精細。

曉滄與嘉興錢警石爲姻婭，而同好校勘古書，曝書雜記中屢及之。郁氏刻宜稼堂叢書多經其手校，著有斵硯山房詩集。叢書樓本，今傳世已罕。莫友芝郘亭知見傳本書目誤謂馬本題「史漢字類」，邵懿辰四庫簡明目録標注亦然，是皆未見原書也。

有「臣炳垣印」、「曉滄涉覽」、「祥止室主」、「斵研山房沈氏藏書印」諸印。

道光庚寅八月，桐鄉沈炳垣校。

古今文字假借攷四十九卷 十二册

清嘉定錢慶曾撰。手稿本。

嘉定九錢，各有撰述。家學之盛，雖高郵之王，績溪之胡，侯官之陳，猶不及焉。慶曾字又沂，歲貢生。江陰教諭。爲竹汀曾孫。篤學博聞，後起之秀。所纂竹汀年譜二卷，附浙局刻十駕齋養新録首。隸通二卷，刻入徐氏鄦齋叢書。而平生精力所聚，尤在古今文字假借攷一書，勼輯攷證，既精且博。自云經二十餘年，始具粗稿，其用力之勤可見。惜卷帙較富，未能付梓。黄體芳徵書札雖列其名，亦未獲見。此手書定稿十二册，首有同治二年癸亥自序，謂依許書次第，取其有本義而古今假爲他用者爲上篇，二十八卷；有本字而古今假用他字者爲下篇，十四卷。至字形之變，雖與假借無關，而正俗並出，易滋混淆者爲附録七卷。蓋自來攷文字假借，其詳審未有過之者。越六年，又重加删定。卷二十八末，有「己巳六月删定」二行。其孜孜不倦又可見。然竊謂此類工具書，材料不厭求詳，其所以删定者，意爲節省刊資計歟？亡友王君培孫藏有初稿一部，今在上海圖書館，取以對勘，此册所增益者幾倍之。首有同治五年祁寯藻序及二年自序、凡例七則。每册封面，均以隸書標識。近楊君遇夫擬整理古籍計劃草案，謂：「經籍文字之扞格有二事，其一曰文字之通假。王氏述聞通説内，有『經文假借』一條，歷舉經典中通假之字，爲前儒所未及者，亦既美且富矣。然經籍至博，非一家一人所能盡也。據個人數十年來之經驗及多年之思攷，覺欲令古籍大明，非廣用此術不可。故竊謂宜取經籍之有異文者，以及清儒説經諸家之卓然可信者，將其説通假之處，逐字臚列，爲『經籍異文假字攷』一書，令學者得此可以觸類旁通，或者文字之阻礙可以少減乎？」又謂：「如有『經籍異文假字攷』一書，其價值與作用，或當在阮氏纂詁之上。不惟經籍可以大明，甲骨金文之學，亦必大放異彩。」使遇夫得見此書，必拍案叫絶，驚爲先得我心。而其所論，又不啻此書之評價矣。安得將原稿影印，以供學者所亟需乎。

祁序

古人造字之初，即有假借，不特後人用字始相借也。許書十四篇中，有云「書以爲古文」、「以爲籀文」，以爲者，所以明假借之淵原有自也。有云「杜林以爲」、「楊雄以爲」、「賈侍中以爲」者，所以明假借之傳授有人也。以者，用也。用此字之音，而不用此字之義，故云假借。然無其字而借，而所借皆同聲之字，此爲正例。有其字而借，及所借非同聲之字，此爲變例。讀説文者，欲别其字之孰爲借，與所借之孰爲正孰爲變，則莫如錢子又沂假借攷爲詳且備也。其上篇二十八卷，有本義而借爲他用者，即假借之正例。下篇十四卷，有本字而借用他字者，即假借之變例。至説文有或體，不知何人所説，則該之以或而已。又有俗體，世俗所行，非對雅正言之而斥其陋也。乃後人務爲趨簡，或以形之相似而妄爲增減，或以音之偶同而曲爲遷就，鄉壁虚造，不但失古文元形，即今文亦多僞體，故又作附録七卷，以備參攷。雖因枝以振葉，實同條而共貫矣。向嘗讀阮文達經籍纂詁，每於本訓後兼收轉訓，雖不言假借，而假借字搜羅殆盡。今得是編而互證之，不愈見依聲托事之有關訓詁哉。同治五年歲在丙寅夏五月，壽陽祁寯藻。

自序

文字之行於今者，假借十七八焉。六書，假借之始，謂本無其字，依聲托事，如長短爲長幼，美好爲好惡之類。厥後孳乳相生，往往別製本字，而有行有不行。故經籍承用之字，有無其字而假借者，亦有有其字而仍用假借者。凡所假之字，各有本義，承襲既久，有用其假義而不用其本義者，有用其假義而本義又假他字者。轉輾相沿，遂成習慣。居今之世，欲求文字之悉歸於正，勢必不能。然而造字之初，具有意恉，求之許氏說文解字，其梗槩猶可得而見焉。今依許書次第，取其有本義而古今假爲他用者著於篇。上篇。其有本字而古今假用他字者并列之，下篇。以備互證。至字形之變，雖與假借無關，而正俗並出，易滋淆混，附録於後，亦欲得文字之正而已。學者讀古人書，不必以古駭俗，而沿流忘原，法守今字今義，使本字本義淹没不彰，非有心稽古者所敢出也。嘉定錢慶曾識於滬城寓齋。時同治二年歲次癸亥春三月。

凡例

一、各字本訓，依說文大徐本，小徐及他書所引義勝者參用之。近儒所訂正，亦爲注明。蓋本訓定而假義乃得隸焉。

一、「令」、「長」之字，皆本義之引伸，而許君列爲假借。今依其例悉著明之。

一、借用之字，引各書語爲證。共曉者從略。易六十四卦偁卦名，餘偁篇名。書、詩、春秋三傳、論語、孝經、孟子第偁書名。三禮、爾雅、史記第偁篇名。文選第偁某人某文。避冗也。

一、許書有一字兩義及三四義者，往往兼收假義。蓋假義久行，不能偏廢，今多爲剖析。

一、事物之以二字成名者，與本義多不相涉，非塙有本義，不録。

一、地名、人名、山水名，不得其命名之義，無由知其正借，寧守闕如之義。

一、是書搜輯二十餘年，始具粗稿。奔走衣食，再罹兵燹，時作時輟，疏漏必多。世之覽者，幸補救之。

六書古訓五卷 二册

清黄巖王棻撰。手稿本。德清俞樾題字。

子莊此書原本四十二卷。據叙録，爲六書解一卷，説文部首、增删六書表一卷，六書辨二卷，六書譜二十八卷，古文故六卷，古音略三卷，叙録、附録一卷。今本存六書解，説文部首、增删六書表，六書辨及叙録、附録共五卷。蓋以就正師友者，實亦全書精華所在。故俞樾僅依首卷子目而題「六書解五篇」五篆書于扉葉也。其説六書，于轉注主鄒漢勳、曾國藩，而掊擊江、戴、段諸人甚力。斥段氏之好改説文是矣，而反自詡其所改爲許氏諍臣，明蹈覆轍。其尤矜爲千七百年來未有之創獲者，在改説文叙説假借之「令長」二字爲「今長」。略謂：「令、今隸書相似，傳寫易誤。抑或淺人之所改歟？夫今從反乛，長從到亾，反乛、到亾，本無其字。反乛託事，到亾依聲。假借之義，如斯而已。」孫詒讓遂書駁其不可信者有三。而答書嘵辨，謂：「拙著六書解惟假借一書，爲發先儒所未發，若此説未當，則其書可燒也。」又謂：「棻本非好辨之徒，頗守求是之訓，拗爲此解，殆欲發千古之蒙。如其不然，請俟來哲。」其持之甚堅，信之甚篤。惜其書未刊，來哲仍無從定其是非。而孫書則載籀廎述林，人皆得而讀之也。附注中頗載詒讓及黄紹基、張濬、夏幹楹等商榷語，然無不加以駁斥。亦無從善服義之心而稍涉于爭氣矣。今全稿在其甥喻志韶長霖所。一九一八年劉文翰怡欲爲付刊，因稿闕不完，乃改刊其台學統。此本藍格，口上有「玩芳草堂叢稿」六字，下有「柔橋隱居」四字，以六書辨上二十三葉所增一條筆跡驗之，知全書皆其手稿，似當日録備付梓之底本。

假借通用誤寫字攷一卷四册

清海昌許克勤撰。手稿本。

讀古書而不明通假，則扞格而難曉。而欲明通假，又必熟于文字音韻訓詁。蓋小學者，爲讀書之鈐鍵。清代學者尤注意及此，作者輩出。如錢坫則求之經，朱珔則求之説文，薛傳均則求之文選，其尤著者也。乾隆時歙項懷述撰隸法彙纂，其第九卷爲漢碑假借通用字攷，第十卷爲漢隸偏旁書法備攷，又求之于碑版文字。雖屬創例，尚嫌局限，然實開刑澍金石文字辨異之先，亦治學者所不可廢也。克勤深于經學小學，乃據項氏書而補其遺，細字如蟻，列于眉端。所引皆經典古籍，與項氏異趣。其意蓋欲藉項氏書爲基礎，而徐建層樓大厦焉。雖僅八十條，然亦可覘文字通假之條，舉一反三，是在善學者。

庚辛稿卷二

漢書存四十七卷十二册

清乾隆武英殿刻本。江都焦循手校并臨何焯評校。存本紀卷二至十二，表卷十三至十八，列傳卷四十一至七十。

里堂手録何義門評校，而自加案語多列下方。諸表所校尤精詳，蓋封襲年月，屢經傳刻，最易舛譌；又讀者於旁行斜上之文往往忽焉；即義門所校，亦著墨無多。里堂根據紀傳，旁推博證，以得其真，誠讀書者之校書。所諟正不下數百條，實可獨成一書。此書本全，三十年前，有人藏武英殿本二十四史，獨漢書有缺，求配於市肆。賈人出此示之，其人擇所缺數册去，頗嫌其有破損墨污，賈人則以獲價稍高而自喜。此十二册者，以廢紙視之。余適閲市，見之即以賤值購得，而追問所缺之帙，則其人配全後已售去，不可蹤跡矣。嗚呼，古今名跡，毁於無識之手何可勝數，獨怪此購者與售者，皆非絶不知書者，而猶出此，尚復何説！而余則抱此殘册，視爲珍秘，寧非癡耶！

漢書一百卷 十六册

漢班固撰，唐顔師古注。清同治八年金陵書局刊本。清元和陳倬手校，並録嘉定錢大昕、武進臧庸批校；又□蔚録安溪李光地、長洲何焯、朱楷、吴江沈彤批校本。

培之先生篤好嘉定、高郵之學，凡兩家校勘古籍，多移録於原書之眉，小行楷絶精，曾屢見之。此爲録錢大昕攷異及臧庸所輯蕭該音義，自加案語則注倬或培之字爲別。密行細字，到底不懈，治學之勤，良可欽佩。又朱筆李光地、何焯批，墨筆朱楷、沈彤批，審其筆跡，别爲一人。律曆志上第四葉下沈批一條後，有「蔚按中闕七八字」七字，雖失其姓，疑出嚴豹人據果堂本傳録者。惜朱僅本紀諸表，沈亦僅至食貨志，似未終卷。果堂經學名儒，義門則其師也；安溪又義門之師，朱則其友也。引其説而時加贊辨，一書之中，而師友淵源，舊學商量，歷歷可舉。惟朱氏人罕知者，案王昶湖海詩傳：朱楷，字孔林，長洲諸生。述庵詩鈔懷人絶句於長洲朱孔林布衣云：「破屋數間人跡絶，瘦妻稚子苦飢寒，遺經獨抱堪千古，那羨時人作達官。」又其蒲褐山房詩話云：「孔林少與惠徵君交，故性躭墳典。又與長洲布衣余仲林蕭客校勘注疏，余有經解鉤沈三十卷，而孔林尚未成書。」余蕭客古經解鉤沈例云：「禮記疏吴門流傳一北宋本，朱太學楷字孔林比對精善，今擇疏中訛不可意校，缺不可文句，從朱校本補正數百十條。」據此，知亦吾吴樸學之士，故其攷證精密。因著述不傳，遂致姓名翳如。幸被果堂采録，藉存吉光片羽耳。余有志爲王益吾漢書補注補遺，頗搜集前賢校本，此孔林、果堂所校，雖出傳録，當與培之真跡同珍視也。

光緒癸未七月元和陳倬録畢。

漢書一百卷 十六册

漢班固撰，唐顔師古注。清同治八年金陵書局刊本。清吳縣張茂鏞手校，並臨元和惠棟、吳縣沈欽韓、元和陳倬等校並跋。

茂鏞字㬵盦，號申伯，光緒辛卯舉人，與先君爲同年，官終知縣。著有㬵盦集。

此本諸校分朱、緑、藍、墨四色，究其淵源，似出自陳培之本，而陳本所據，一係惠定宇本，一係沈文起本。惠校多用墨筆、藍筆，沈校多用朱筆、緑筆。然亦往往各色混淆，不易辨認，但見眉端行間，五彩繽紛。前人用力之勤，爲不可及。沈本采葉石君、陳少章校宋本，兼及李安溪、何義門之説，而自加案語，多出所著漢書疏證之外者。陳校則標「倬案」，自校則標「茂鏞案」。一作楙鏞。中附夾簽署式之者，長洲章鈺也。署程儀許者，元和程鏕也，著有師許齋經義偶鈔。署漢槎者，吳縣孫宗華也，光緒戊子舉人。又有署雍者，濟者，伯和者，均同時人而失其姓。沈跋所稱梟舟居士者爲許鶴巢賡颺之父，名兆熊，隱居光福山中，與文起爲至契。余有文起致梟舟尺牘數十通，多談著書校書事。於此一書之傳校互勘，可見當日吳中學風之盛，師友之雅，而今渺不可得矣。余讀王葵園漢書補注，服其彙集之功，而微憾各家校本及筆記、脞録，尚未搜采。頗有志於補遺之作，因廣羅材料，即此諸校本，皆葵園所未見也。日月荏苒，忽忽老至，展卷不禁惘然。

甲戌年三月葉石君將大字宋刻本校起。

嘉慶甲子冬從陳氏校宋本，有李安溪相國、何義門學士勘正文字，從之者則著之。其別有攷證，加「案」字以別之。沈欽韓。

三劉之於學，無所不窺。故其兩漢刊誤奏刀書然，洞中湊理，雖有小疵，要亦通人之過當，洵有益於讀是書者也。吳仁傑後起，乃欲訾謷之，觀其補遺義解，支離曼衍，使初學小生增一重雲霧而無益於班、范二家也。余深信三劉而於吳氏無取。後之讀是書者，惟顧亭林爲善曉人，固不待煩言耳。舉似鳧舟居士以爲何如？立夏前一日，欽韓又記。

漢書一百卷 十六册

漢班固撰，唐顔師古注。清同治八年金陵書局刊本。清衲莽氏臨元和惠棟、武進張惠言、吳江吳育評校本並跋。

光緒時署名衲莽者從武進吳山子臨惠、張評校本傳録，分朱、墨兩筆。松崖校本，吳中多傳録者，余已輯入松崖讀書記。其考訂精密，固不待言。張校雖多涉文章體裁，其校讎考異，彌見功深。平帝紀：

「江都易王孫盱台侯宮爲廣川王」校云：「按諸侯王表：『廣世王宮以易王庶孫盱台侯子紹封。』景十三王傳：『平帝時立建弟盱台王子宮爲廣陵王奉易王後。』則此『侯』字下疑脱一『子』字。至廣川，此時已改爲信都，封楚孝王孫景矣，恐亦當從表作廣世也。」楚元王傳：「故其詩曰：『密勿從事。』」師古曰：「密勿，猶黽勉從事也。」校云：「按爾雅：『蠠没，勉也。』郭注：『猶黽勉。』顔注同郭説，蓋所引者或齊、魯、韓詩，而解之以毛詩，世遂讀密勿爲黽勉，非是。爾雅音義『蠠本或作蠠』，説文『蠠，古密字』，禮記『卹勿』之勿讀没，亦勉義。又『勿勿』，諸鄭注『猶勉勉』，然則此密勿當依爾雅讀密勿。」嚴朱吾丘主父徐嚴終王賈傳：「以逆執事之顔行。」文穎曰：「顔行，猶雁行在前行，故曰顔也。」校云：「按信陵君書『請爲天子雁行頓刃』。雁行者，相連而進；頓刃者，乃是居前當鋒刃也。顔行者，顔者，頟顙居前，行者若頟然。與雁行義别。」揚雄傳：「十二月羽獵。」服虔曰：「士負羽。」校云：「羽獵，注家不甚詳。惟晉語『郤叔虎被羽先升』。韋昭注云：『羽，鳥羽繫於背，若今軍將負旄矣。疑負旄，蓋漢以後制，恐古人無此。』韋説非也。大司馬職注：『號名者，徽識所以相别，在軍象其制爲之，被之以備死事。』東京賦薛注：『揮爲肩上絳幟，如燕尾者也。以立背上，故曰負。』韓詩外傳：『子路曰：「白羽如月，赤羽如朱。」』然則羽者，徽幟耳。以其似羽非真鳥羽也。賦内『羽騎營營，昈分殊事』，其取相别識之義明矣。」均足以糾補注家之誤與不及。至賈誼傳引沈彤説，匈奴傳引姚鼐説，則又博采通人矣。王先謙撰補注未見此校，宜珍視之。原本載藝風藏書續記，又有一跋，謂嘉慶己未余改庶常，入館，日以此書呈課，亦詞林掌故也。

右照惠定宇先生批本，用墨筆謹臨一過。其朱批則又照毘陵張先生之所評而録之也。余以乾隆甲寅點閲此書，未幾南還，書留京師。越嘉慶庚申于役陪京，乃卒業焉。其本紀、列傳自第一至第三十八，前所點也，用朱、黄别異；其表、志、列傳三十九以下，後所點也，無黄筆，體例亦不能一也。惠言。

右張先生評點漢書，嘉慶丙子孟冬録於私艾齋。吴育記。

此書評點借趙幹生先生手録本過來。篇中點句似亦間有未叶者，且不加點處亦多，今姑一律仍之，要未爲一定善本也。光緒丁亥冬月衲莽氏記。

漢書音義三卷 一册

隋蘭陵蕭該撰，清武進臧鏞堂輯。鈔本。

蕭該漢書音義亡于唐末北宋初，宋子京校漢書，所據已不全，然藉以存其什一。鏞堂據官版漢書宋校所引，輯此三卷。其尤難者，自序謂「存者多與宋氏及三劉之説相混，有稱『蕭該曰』而實爲他説者；有稱『宋祁曰』而實爲音義者；又或羼入顔注中。兹精加别白，都由研審得之，不濫不漏，差堪自信。」蓋自述輯佚甘苦，非徒事鈔撮者比，然後出之書，爲鏞堂所未見者正多。余曾從慧琳、希麟之一切經音義、日本源順之和名類聚鈔又輯得六十餘條，他日與此輯統編成書，亦治班書之寶筏也。兹附於後。臧輯單刻别行，不入拜經堂叢書，故傳世甚罕。廣倉學窘傳鈔此本，其將刊入學術叢編者歟？

蕭該漢書音義補輯

躅，跡也。唐釋慧琳一切經音義卷一，高宗皇帝在春宫述三藏記。或從蜀，作蠋也。卷九十八，廣弘明集第二十二卷。

扈，跋扈也。謂自縱恣也。卷九，放光般若經第六卷。又卷二十八，正法華經第二卷。又卷九十六，弘明集第十四卷。扈，謂跋扈，縱恣也；卷十六，無量清淨平等覺經下卷。自大也。卷五十二，長阿含經第四卷。

慌惚，眼之見也。卷九，光讚般經第二卷。慌忽，眼亂也。卷二十八，維摩詰經上卷。又卷七十九，經律異相第四十卷。脱眼字。

邀，遮也。卷十三，大寶積經第四十一卷。

猶金之在鎔唯冶之所鑄

錢模也。卷十七，大乘顯識經下卷。冶，謂鎔錢模也。卷八十，開元釋教録第七卷。鎔，錢之模也。卷九十，高僧傳第七卷。

鶡，鳥也，一名蘇。卷七十四，僧伽羅刹集中卷。以其尾爲武士帽，表勇也。卷十七，彌勒菩薩所問本願經。又卷八十六，辨正論第六卷。又卷九十五，弘明集第一卷。

賈貴則賣之，賤則買之，坐販求利也。有音「加雅反」者，非也。卷十八，大乘大集地藏十輪經第四卷。

嬰城固守

以城自繞也。卷十八，大乘大集地藏十輪經第六卷。

削則削筆則筆衛青霍光傳。

削謂削去，筆謂增益也。有云：治書勘校，削而注之謂筆削。卷二十一，新譯大方廣佛花嚴經序。

築土而高曰壇，除地平坦曰場。斯皆神祇所遊止也。卷二十一，新譯大方廣佛花嚴經第一卷。

茂，美盛者也。卷二十一，同上。

扶疎，分布也。卷二十一，同上。

鶩，亂馳也。卷二十一，同上第五卷。

彌，滿也。卷二十一，同上。

沮，毁也。卷二十一，同上第八卷。

軒，謂檻正板也。卷二十二，同上第二十四卷。

宴，居也。寂，無聲也。卷二十二，同上第二十五卷。

檢，繫局也，謂繫縛局録也。卷二十二，同上第二十六卷。

銛，利也。卷二十二，同上第二十七卷。　又卷三十一，新譯密嚴經第二卷。　又卷三十九，不空羂索經第二十一卷。　又卷六十九，阿毗達磨大毗婆沙論第一百七十五卷。　又卷七十二，阿毗達磨顯宗論第十六卷。　又卷七十六，讚觀世音菩薩頌經。

匱，空也。卷二十二，新譯大方廣佛花嚴經第二十八卷。　又同上第四十三卷。

都，城也。卷二十二，同上第四十七卷。

謂者，指趣也。又曰，謂，名稱也，事宜也，謂凡諸事物知其名目，識其所宜，皆曰稱謂也。卷二十三，同上第五十三卷。

喻，曉也。卷二十三，同上第五十五卷。

宴，安居也，默靜也。卷二十三，同上第五十九卷。

菡萏，豐盛之貌也。卷二十三，同上。

辯，別也。析，分也。卷二十三，同上第六十二卷。

贍，足也。卷二十三，同上第六十五卷。

討，除也。卷二十七，妙法蓮花經安樂行品。

伏周孔之軌躅

躅，跡也。卷三十，入定不定印經。又卷六十四，分僧羯磨上卷。又卷八十一，南海寄歸内法傳第一卷。

三輔，謂牛歸處爲躅也。卷七十二，佛所行讚經傳第二卷。又卷八十八，集沙門不拜俗議第三卷。

虹出盛明者爲雄，雄爲虹；闇者曰雌，雌曰霓，各有兩名也。卷三十一，大乘密嚴經第一卷。又卷四十二，大佛頂經第二卷。又卷七十六，讚觀世音菩薩頌經。

楯，亦欄也。卷三十一，佛説首楞嚴三昧經上卷。又卷七十八，經律異相第一卷。又卷八十一，集神州三寶感通傳下卷。殿上闌檻謂之楯。卷七十四，佛本行讚傳第二卷。

所謂遊徼，徼循以備盜賊也。卷三十三，六度集經第七卷。

庰，不用也。卷三十四，如來獅子吼經。又卷六十二，根本毗奈耶。又卷八十二，大唐西域記第二卷。亦疎遠也。卷七十一，阿毗達磨順正理論第七卷。辜，固也。較，專心。謂規固販鬻，以求專略。卷三十四，孛經抄。連鎖，謂以鐶相鉤連也。卷四十三，幻師颰陀所説神咒經。

不失毫氂

十毫爲氂，卷四十五，優婆塞戒經第六卷。又卷五十一，掌中論。又卷八十九，高僧傳第五卷。

乘輿庰車馬

庰，不用也。卷四十八，瑜珈師地論第四十四卷。又卷五十九，四分律第四十卷。指也。卷七十一，阿毗達磨順正理論第七卷。

屬，近也。詩云「無易由言，耳屬于垣」是也。卷五十，攝大乘論（真諦譯）第一卷。又同卷，攝大乘論（玄奘譯）第九卷。

一發而死曰殪也。卷五十五，琉璃王經

八埏，即地之八際也。卷五十六，佛本行集經第三卷。又卷八十三，大唐三藏玄奘法師本傳第七卷。又卷八十八，釋法琳本傳第三卷。又卷九十八廣弘明集第十五卷。又遼釋希麟續一切經音義卷十，琳法師別傳下卷。埏，地極邊際也。卷九十三，續高僧傳第十四卷。

澤浡蜜洞上林賦

水蹙縐纏聚之貌也。卷七十，俱舍論第八卷。

呷吸翠粲子虛賦

衣起張也。卷七十四，佛所行讚經傳第三卷。

笞者，捶也。卷七十五，坐禪三昧經上卷。

灑，分散也。卷七十七，釋迦方志上卷。

孱，不齊也。韋昭云，仁謹貌也。卷七十七，釋門系録。

陳平手捻漢王

捻，或作躡。卷七十八，經律異相第十五卷。

渤澥，海之别名。文選云「穿池類溟渤」是也。卷八十，開元釋教録第八卷。

汩，流急皃。卷八十二，大唐西域記第一卷。

轒者，匈奴兵車也。卷八十三，大唐慈恩寺三藏法師玄奘傳序。

南越食蒙蜀蒟醬

木似穀樹，其葉如桑葉，作醬酢美。蜀人珍之，或從木作枸，傳從酉作蒟，非也。卷八十三，大唐三藏玄奘法師本傳第八卷。

瀁，水無厓際皃也。卷八十三，同上第一卷。

靶，馬轡也。卷八十四，古今譯經圖記第四卷。

烽，有寇則舉而燔也。卷八十五，辨正論第四卷。

逗，曲行避敵也。卷八十七，甄正論下卷。

棪，光耀也。卷九十四，續高僧傳第十七卷。

轒碎輐破取穹廬長楊賦

轒輐，匈奴車也。輐音氳。卷九十四，續高僧傳第二十五卷。

罕罼，罔也。卷九十八，廣弘明集第十六卷。

龜兹

上音丘，下音慈。國名也。或云屈支，亦云月支，或云鳩茨，或名烏孫，皆一也。案西番諸國多因王名，或隨地隨山，故有多名也，即安西之地。希麟續一切經音義卷十，續開元釋教録上卷。

疻，以杖擊人，其膚皮起青黑也。日本源順和名類聚鈔卷二。

壁帶，謂壁中之横帶也。同上卷三。

諸干，大袚衣，婦人袿衣也。同上卷四。

鳴鏑，如今之鳴箭也。同上卷五。

後漢褰英存二卷 一册

清武林沈赤然纂。手稿本。

赤然字韫山，號梅村。乾隆三十三年戊子舉人，官豐潤知縣，有强項名。清史列傳卷七十二有傳。著公穀異同合評、寒夜叢談、寄傲軒隨筆、五研齋詩文鈔，均有刻本。案五研齋文鈔有前漢瓊靡八卷，後漢搴英四卷。其前漢序云：「余生也魯，每讀一書竟，記憶者十不獲一。今四看漢書矣，悵齒歷之日增，神智之益耗，仍不免爲掩卷茫然之人，亦可愧已。因刺取其字句之生新，及他書屢見而濫觴乎此者，悉録之爲八卷。」復用其例，爲後漢搴英，序云：「余既纂前書瓊靡，辛亥夏間居保定，復掇拾後書得四卷。」即此稿也。今殘存三、四兩卷。自杭大宗纂兩漢蒙拾，蒐集詞彙，以供文章家藻飾之用，學者稱便。嗣是郭麐之三國志蒙拾，周嘉猷之南北史捃華依之有作。此書例似杭書，間附僻姓，或其時杭書未出，偶造車合轍歟？此爲手寫清稿，小行書工秀絶倫，即作名人法書觀，亦殘璣半璧也。

有「五研齋印」。

補三國食貨志存一卷補三國藝文志二卷 一册

清常熟吴卓信撰。手稿本。

立峯又字頊儒。學問淵博，著述宏富。吴蔚光致袁簡齋函謂：「頊儒經學頗深，所著儀禮劄記、春秋原旨、喪禮經傳約三種，似勝見復翁者也。」隨園續同人集。其有刊本者，漢書地理志補注一百三卷，最爲鉅帙。而喪禮經傳約、澹成居文集，亦均精善。亡友丁初我纂常熟藝文志，備列其目，有三國志補志，則未之見也。初我即世，無從訪問。則移書虞之耆宿徐少逵先生兆瑋，覆謂稿本未刊，曾于同縣曾氏見之。翊年虛廓園藏書散在坊肆，亟物色之，得此手稿一册，殘蝕殊甚，僅存食貨志卷下，幸藝文志二卷猶全，即重加裝治珍藏之。

食貨志所存爲鹽鐵、農桑、錢法、户口之部，眉端增注甚多，尚須整理。藝文志雖亦有增注，已屬清稿。攷行世補志，有侯康、姚振宗兩家，姚氏後來居上。立峯著書，與侯同時而各不相聞，較姚書亦互有詳略。其例以漢末人涉及三國者居首，次魏，次蜀，次吳，而以二人以上合撰者列末，各以墨圍間之。其于石經類三字石經，據晉書衛恒傳、酈道元水經注、胡三省通鑑注以辨後魏書江式傳謂邯鄲淳所書之誤，以胡氏攷淳年歲最爲有力之證。而不知胡説實本洪氏隸續，并以「或曰淳寫于黃初而刻于正始，庶幾近之」以作轉圜，則前人所未及也。于地理類列水經三卷，魏桑欽撰。附案云：「桑欽，字君長，河南人。名見漢書儒林傳。酈道元所謂桑欽地理志者是也。班志嘗引之，與今所傳水經絶異，可知非一人矣。俗以爲即作水經者，謬。通典云『水經和帝以後人撰』，亦非。今據涪水條中稱廣漢已爲廣魏，則決非漢時。鐘水條中稱晉寧仍曰魏寧，則未及晉代。推尋文義，定爲三國魏人無疑。」此則依據四庫提要所攷，逕列桑欽于魏人，又非侯、姚二氏所及矣。于兵家類心書一卷，蜀諸葛亮撰。案云：「此書諸家不著録，明人書目始有之。陶宗儀説郛作新書。弘治間，關西劉讓刊本始改名心書。嘉靖中，夔人張鋭重刻，復增入夔州圖經，凡五十篇，大都竊取孫子書，而附以迂陋之言，蓋僞託也。」于藝術類尤射一卷，魏繆襲撰。案云：「此書自來著録家皆未載，明人刻叢書中有之，亦是假託。」凡此，則用班固漢書藝文志自注標僞託之例也。此志于全書固爲殘帙，而可别出單行，與侯、姚相鼎足。又嘗于瞿氏鐵琴銅劍樓見漢三輔攷與此行欵相同，鳳起許借録副，以未得寫官而止。又日本靜嘉堂有釋親廣義手稿，附識之，以待留心前賢遺著者。

三國職官記七卷 二册

清京山易本烺撰。鈔稿本。

光緒京山縣志卷十三：「易本烺，字眉生。道光乙酉選拔，乙未舉人，戊戌會試，以額滿見遺，挑選國史館謄録。後屢薦不第，遂專意纂述。著有詩文别、外、餘集，共百種，二百餘卷。平時訪輯合縣人物、故事，手編成帙，以爲續修縣志底稿，均詳載一粟齋全集。馮學使譽驥、王學使文在序其稿，洪學使鈞、彭侍郎久餘爲作傳。生平孝親敬長，信友睦族，一切懿行，不可殫述。年六十七卒。」案本烺事跡，洪、彭所爲傳既不可見，惟志載爲詳。其著述甚富，今有刻本者：春秋楚地答問、伸顧、雲杜故事、姓觿刊誤，均在湖北叢書中。别刊一粟齋文集、字辨證篆、字孳補，其紙園筆記王季薌從其家借出，余託徐行可鈔得，餘均未見。此本係從稿本傳録，而以别一副本校勘，其有脱誤，則旁注之，殊見細心。扉葉隸寫書名五字，依原跡雙鉤，并摹巨印曰「咸豐元年五月寫于老鶴堂中」十二字，是其定稿之年。攷三國職官者，世祇見洪飴孫所撰表，至周廣業季漢官爵攷，雖無魏、吳，而成書在前，惜其未刊。本烺未見周、洪二家書，而造車合轍。尤以從職官之設置，攷得陳壽著書實奉魏爲正統，蜀、吳爲與國，一掃朱熹通鑑綱目黜魏尊蜀之説。而後人謂壽書于諸葛亮傳特著其奉蜀爲正統之微恉者，亦覺證據不足，説詳自序。可謂讀書得間者矣。吾友盧愼之先生弼撰三國志集解，又輯印湖北先正遺書，與本烺同鄉同術，亦云未見是書，誠爲史部秘籍矣。

三國志職官記自序

曹魏竊漢鼎，蜀、吳亦繼稱尊，設官職悉因漢制，陳承祚雖闕諸志，讀史者有續書百官志足矣，非若三國疆域割裂沿革之糾紛，尚待尋考也。然其中亦有可討論者焉。東漢尚書令雖居機要，而去公卿甚遠。晉以來浸爲華重，至唐時則因太宗曾爲之，遂終唐之世不敢拜此官焉。魏文帝改秘書爲中書，置令監，劉放、孫資久掌機密，其權甚重。唐、宋以來遂爲宰相之職。至明太祖始革中書省，僅置舍人，而其權頓輕矣。陳羣爲吏部立九品官人之法，置大中正。自後晉、宋、梁、陳，相沿數百年，隋、唐始廢。他如以翰林名官，則始于蜀；以節度名官，則始于吳；凡此皆兩漢所無也。陳志以魏承漢，温公通鑑未之改也。綱目始黜魏尊蜀，大義正矣，然以當日之實事攷之，則固以魏爲正統也。魏移漢祚，據有中原，故得備三公、太子樂令、河南尹諸官，而蜀、吳闕如。且蜀、吳雖各稱尊號，而亦用魏所置官。如中書令，魏置也，吳用之。持書、執法，魏置也，吳用之。散騎常侍，魏官也，吳用之。司金中郎將，魏官也，蜀用之。校事，魏所置也，吳用之。鎮北將軍，鎮軍、撫軍、武衛、領軍，皆魏所置名號也，蜀、吳皆用之。甚且魏改奉常爲太常，改大理爲廷尉，改大農爲司農，改郎中令爲光禄勳，吳皆增改，一視魏令。而未聞二國所置之官，魏反襲用之者。則魏自視爲正統，蜀、吳自視爲與國，此當日實在之情事，正史具存，非後賢之「書法」所能奪而廢之也。因此數端，不揣檮昧，編輯成記，以續書百官志爲綱，參之文獻通攷，其取材則本書裴注之外，間搜他籍一二焉。録稿初竟，就正來哲。時咸豐辛亥仲夏月，京山易本烺眉孫撰。

遼史一百十六卷 二十四册

明嘉靖南監刻，萬曆前印本。清長洲宋實穎、吳縣曹元忠手跋。

此嘉靖八年南監刻本，曹君直先生審定爲萬曆四年補刊以前所印，而流傳絶少，各家藏書目均未著録者也。遼史與金史初刻于至正五年者已不可見。今涵芬樓百衲本所影印者，張菊生先生以爲非初刻，且漫漶者多。然則此雖明刻，而印刷清朗，大字悦目，與通行順治補刊本大有逕庭。況順治補刊本誤字脱文，見于君直先生跋者已數十條，則豈可以明監本而輕視耶？舊爲長洲宋既庭所藏。既庭名實穎，號湘尹，舉人。與王漁洋、汪堯峯、尤西堂等善，跋署戊寅，爲康熙三十七年。云「多方覓之」，則在清初已不易得矣。君直先生跋尤校勘詳盡，已載箋經室遺集。

有「實穎之印」、「既庭宋實穎印」、「曹印元忠」、「君直手痕」、「勾吳曹氏收藏金石書畫之印」諸印。

虞山毛子晉汲古閣刻本止有十七史，而未刻宋、遼、金、元四史，故四史爲難覓。余多方覓之，始得遼史舊本，余覽之，簡質樸茂，殊勝于脱脱之元史也。戊寅正月望日，昭陽外史廣平穎書跋。

遼史附國語解二十四册，爲明南監本。嘉靖間，周宏祖古今書刻載南京國子監有遼史，即是此書。入我朝後，有順治十六年補刊本。天祚紀二、及耶律夷臘葛等傳、宦官傳各卷後，均有「順治己亥年二月十九日江寧府儒學教授朱模校」兩行是也。其先有崇禎七年補刊本，天祚紀第三卷首有「南國子監祭酒胡尚英、司業王錫衮同修」一行是也。顧崇禎補刊葉數無幾，其誤祇天祚紀「蕭奉先諷人誣駙馬蕭昱及余覩等謀立晉王事覺」作「事學」。「余覩叛入京，上遣大常衮耶律諦、里姑等追之」作「大常兖」。刑法志「發耶律乙辛等墓，剖棺戮尸，誅其子孫」作「于孫」而已。若順治補刊，則葉數既多，脱誤尤甚。如太宗紀「天顯十年五月丙午葬彰德皇后于奉陵」作「丙寅」。「十二年二月癸卯晉遣唐所掠郎君剌哥等還朝」作「進遣」。世宗紀「天禄三年公主阿里不謀反瘐死」作「病死」。聖宗紀「統和元年皇太子言故于越屋只有傳導功」作「子越」。「四年五月丁亥詔休哥備器甲儲粟，待秋大舉南征」作「木哥」。「六月壬子南京留守奏，百姓歲輸三司鹽鐵錢，折絹不如直」作「不如之」。「十三年六月丁丑詔減前歲括田」作「拮田」。「丙戌詔許昌平、懷柔等縣諸人請業荒地」作「荒田」。興宗紀「重熙七年十一月辛丑問安皇太后，進珍玩」作「周玩」。「十二月己巳以北府宰相撒八寧再任」作「撒八宰」。道宗紀「咸雍七年八月辛巳置佛骨於招仙浮圖」作「招山」。「太康元年二月丁亥加鷹坊使耶律楊六爲工部尚書」作「鷹坊司」。「三年五月乙酉，殺耶律撻不及其弟陳留」作「戾其弟」。天祚紀「天慶十年三月庚申，以金人所定大聖二字，與先世稱號同」，作「稱院同」。百官志「宣徽南院，南院宣徽副使」作「副事」。「諸部職名斡朗改國王府」作「斡郎改」。禮志「册皇太子儀中書侍郎取册進授中書令」作「中書之」。世表「涉剌部長湼里立迪輦組里爲阻午可汗」作「迪輦糺里」。外戚表「聖宗仁德皇后父隗因八世孫世選北府宰相塔列葛」作「塔烈葛」。「部族表」作「部族長」。「太祖元年正月黑車子室韋八部降」作「入部」。屬國表「天祚保大二年三月聞金師將及」作「開金師」。「三年正月遼興軍，宜、錦、乾、顯、成、川、豪、懿等州降金」作「等川」。蕭繼先傳「拜駙馬都尉」作「附馬」。耶律仙童傳「累遷惕隱」，作「揚隱」。宦官王繼恩傳「累遷靈州觀察使」作「觀祭使」。劉六符傳「議貴乃免」作「議責」。蕭阿剌傳「累遷同知北院樞密使」作「樞密其」。國語解「遙輦糺下其書永興宮」作「其者」。皆誤字也。又如進遼史表「備成一代之書」，空「備」字。天祚紀附載大石林牙西至可敦城會十八部有「達剌乖、達密里」，空「乖達」二字。公主表「聖宗十四女」下脱「蕭氏生二女、馬氏生一女、大氏生一女」十五字。又「大氏生一女，下嫁大力秋」，脱「力秋」二字。「白氏生四女」，脱「四」字。皇族表「燕王吳哥五世孫敵烈术烈稱帝」脱「稱帝」二字。游幸表「太祖神册五年五月，射龍於拽剌山陽水上，其龍一角」脱下「龍」字。部族表「穆宗應曆七年正月」，脱「鼻骨德來貢」五字。屬國表「聖宗統和八年四月，女真國遣使來貢」，脱「來貢」二字。孩里傳「賜平亂功臣」空「亂」字。國語解「乙室、板里。國舅帳二族之名」，脱「之名」二字。皆脱文也。甚至進遼史表後，原有修史官員結銜二葉，亦皆脱去。則此書尚爲善本矣。惟此書亦脱道宗紀四卷第七葉，地理志二卷第十二葉，百官志第十四葉，屬國表第二十一葉，耶律庶成等傳第五葉，校順治補刊本，則此數葉板心魚尾上皆有「嘉靖八年刊」五字。乃知國初其板尚存，此書印時必不缺也。其餘目録脱第五、第十五兩葉，舊經鈔補，亦書「嘉靖八年刊」，而順治補刊本，則此兩葉魚尾上皆有「萬曆四年刊」五字。據黃佐南雍志經籍考云：「遼史百十五卷，完計一千〇卌五面，失者三面。嘉靖七年重刊。」又知萬曆四年所刊之葉，必在南雍志所失三面之中，而此書可定爲萬曆以前印本也。若志云嘉靖七年重刊，而此書魚尾上皆有嘉靖八年刊五字者，當是雕板在八年，而奏請在七年。志載「嘉靖七年錦衣衛閒住千户沈麟奏准校勘史書。禮部議：遼、金二史原無板者，購求善本翻刻，以成全史，完日通印進呈」，是其塙證。嗚呼，明之嘉靖，去今不及四百年，而此書流傳絶少，各家藏書目均未著録，則付劫灰者多矣。此爲吾鄉宋既庭舊藏，卷端尚有跋語、鈐記，可寶也。因向文富堂韓賈以白金二十兩購歸，取順治補刊本鈔補其脱葉，而墨諸卷首。宣統紀元十二月九夕，雪夜呵凍，殊有冷趣。元忠書於京邸之淩波榭。

遼金正史綱目三十卷 六册

清青浦楊陸榮撰。清吳縣潘志萬手鈔稿本，並校跋。

陸榮著述，四庫存目著録凡四種：曰易互六卷，曰禹貢臆參不分卷，曰五代史志疑四卷，曰三藩紀事本末四卷。而于其事跡不詳考。光緒青浦縣志文苑傳：「楊陸榮字采南，婁縣諸生。居學潭西，自號潭西。早慧，博通古今。王原娶以女，得其傳，學益進。著述繁富，莊師洛稱其詩飄飄有仙意。研究經史諸書，論頗辨，而殷頑録、三藩紀事本末尤于忠義加詳。」所載亦頗簡略。又藝文載其著述易互、經學臆參、禹貢臆参當即其中之一。五代史志疑、遼金綱目、三藩紀事本末、殷頑録六種。今據此書乾隆己巳陽羨徐思靖序，則尚有周禮輯注、安南小史、酉波蠡測、北轅辨訛、名山紀程、三生攷等書，皆爲志所未及，誠可謂繁富矣。此書藝文雖收，而無卷數，附注云：「以本紀爲綱，删節傳事爲目，事詳文備。」所言亦未得要領，疑未見其書。其編纂大意見于凡例三十條，所舉頗備。蓋朱熹依通鑑作綱目，爲通史體，陸榮此書變而爲斷代體，互有詳略。而治遼、金史者鮮，得此可執簡御繁，亦史部所不可無之書。陸榮之學，史勝于經。梁穆序其五代史志疑云：「邃于史學，好學深思，考訂揚榷，歸于至當。」徐思靖序此書亦云：「持論謹嚴，攷訂詳核，足補正續兩綱目之疏漏，惜其成于晚歲，未及付梓，僅存傳鈔本而已。」此爲潘笏盦手鈔本，墨格，版心下方有「笏盦鈔藏本」五字。笏盦素工書，書法遒麗有逸氣。又據遼、金諸史勘其脱誤，以朱筆書之，不但有糾謬匡正之功，兼開卷燦然奪目。跋云從淵古樓借鈔者，其叔父名介祉字叔潤藏書處也。與笏盦父介繁字椒坡之桐西書屋均承三松堂之風，收藏善本書極富。張佩綸澗于日記壬辰三月十四日：「遼金正史綱目青浦楊陸榮采南著。向無刊本，潘志萬笏盦手鈔一本，復爲校正其誤，共六册三十卷。鈔以戊寅，距今十七年矣。」云云。則此書曾爲張氏舊藏。

有「古吳潘志萬碩庭印信」朱文方印，「潘印志萬」白文方印，「碩庭」朱文方印，「笏盦」朱文方印，「吳興劉氏嘉業堂藏書記」朱文長方印。

遼金正史綱目凡例

凡例與正綱目同者不載外，異者録如左：

一、朱子綱目因温公資治通鑑以成書，故以「資治通鑑」四字冠于綱目之上，續綱目既無資治通鑑之可因，而仍沿此四字，誤矣。且此四字係宋主御賜，未易輕襲，定宇陳先生有長編之輯，而無「資治」之名，或是此意。茲編不敢仍此四字。

一、正綱目終于五季，續綱目起于北宋。茲編應起北宋，而起五季，何也？曰：朱子作綱目之時，遼、金史未修，所紀遼事，不能無訛。且遼祖即位之年，正朱温篡唐之歲，始五季則遼統全，其傳訛之處，亦得考正焉。

一、是編專爲遼、金而輯，故五季兩宋之事一概不録。惟興、替、殂、立，略存大綱以著統，十國則并不紀。

一、續綱目中所紀遼、金之事，間有失實者，據史辨正于下。

一、是編興、替、殂、立，不載十國而獨載高麗、西夏何耶？曰：高麗、西夏，北朝之屬也。十國非北朝之屬也。此載彼不載，又何疑焉。至聘問往來與本國交涉者仍書之。獨紀北漢，詳後論。

一、正綱目南北朝例，兩朝之事，分行並書。兹則專紀遼、金，何也？曰：正綱目之于南北朝也，兩存其統，分紀無偏。續綱目則歸統于南，所載北朝之事稍略。兹編所以補綱目之遺漏，然不作後南北朝而專紀遼、金，又何也？曰：不敢也。前朝續綱目之修，既呈御覽，卑賤豈敢擅易。且書法間有異同，正可兩存，以俟論定。

一、繼世以及篡立之君，例必改元。本年即改元者，標號于二年之首，本年止書年號；一年兩改元者，書後之所改，而標明前所改于紀年之下。

一、綱目稱號，非正統則不書「皇」字，如「太后」、「后」、「太子」之類是也。竊思南北分統，不可云一，而亦未嘗不正。故悉加「皇」字。

一、宋、遼、金三朝繼也，皆書即位。高麗、西夏書立。

一、三朝國主書「殂」，太后、后、太子書「薨」。高麗、西夏書「薨」。親王以下書「卒」。北漢亦書「即位」，書「薨」，詳後論。

一、帝葬標「綱」，謚及廟號見「目」。太后、后、葬及謚俱紀「薨目」。帝葬失年月者，附「殂目」。

一、高麗、西夏封册俱紀宋之封册，二國不紀。

一、遼無郊祀，而拜天拜日之外，天地之因事以祭者，多不勝書。祀山、望山、歲亦歲舉，有大故則特書之，餘從略。金制略同。

一、陵廟祭謁，每世一書，不盡載。變禮如太后謁陵廟之類，則特書之。

一、兩朝所創禮制，極重大者詳書之，如再生□册之類。或禮雖重，而事本微細者，附見于目，如執手之類。小而輕者，一書之以存其制，如射柳、射鬼箭之類。小而輕且不足法者不書，如賀平難儀之類。

一、恩澤皆備書，如蠲、復、賑、赦之類。録囚，世一書之；有故，特書。

一、前此所無而刱行之者，如區田之類；前此所有而改之廢之者，如歌鐘、設廢、官制沿革之類，例皆應書，而史載不詳，或無年月可攷，散見于他書者，不能紀也。

一、正史不載而見于稗史者，不紀。或正史有所諱，而稗史可援據者，斟酌書之。

一、同載正史，而宋史與遼、金各異者，酌情勢以辨正之。不能辨正者，兩存以備攷。

一、小國朝貢，與國聘問，及賀、祝、弔、奠之類皆書。史偶遺，則不書。

一、封爵諸子弟姪備書，史缺則不書。勳戚封爵不書，有大功及權勢大重者特書。

一、諸臣姓名，各史但紀其名而缺其姓，姑從其舊。賜姓則謹書之，如耶律隆運、完顏霆之類。名有暗同而字各異者，姑從其多者而已。

一、設官命相，至大典也，而遼史所載，十不存一。金史遺漏亦多，不能詳也。

一、將相大臣，内外並重。大約承平之日，内爲重，多事之秋，外爲重。留守、行省等官，或書「以」或書「出」，非有異同也。因時攷之，其義自見。

一、南北用兵，皆平詞，書「伐」。

一、劉豫在金爲降臣，在宋爲叛臣，雖建都僭號，與敵國不同。故稱兵則書「犯」，克州縣則稱「陷」，斥名而削其國號，既爲賊，則以賊待之而已。

一、金以土地賜劉豫，既賜，則豫之土地矣。宋討而取之，取之僞齊，非取之于金也。且標明齊字，續綱目或漏書，特正之。

一、災異備書，而不書日食者，他災因地而異，日食天下所同。已詳正續綱目，故不贅。

一、歲標干支，止用墨字，不用白字，年號、國號亦然。

一、干支横列，下分行以紀各國年號，此正綱目例也。兹編專爲遼、金而作，正如春秋專爲魯史，故竟用遼、金紀年，正春秋以魯紀年之義。

右凡例三十則　楊陸榮僭識

是書采南輯，後未有刊本，世故罕見。鈔本流傳，頗多誤字脱句。余從淵古樓借鈔，雖間有改正脱漏，錯誤亦所不免。宜取遼、金兩史及綱目詳校之，庶成善本也。丁丑夏四月望日，笏盦手鈔竟識。

光緒戊寅立夏後一日，笏盦手校畢。

世本六卷 二册

清高郵茆泮林輯。清海寧許克勤手校本。

世本一書爲古史極重要之資料，久佚不傳。清代纂輯者多家，以秦嘉謨本實出洪飴孫手者，最爲賅備。然茆泮林譏其所補者類皆司馬遷、韋昭、杜預之説，注欠分曉，多與世本原文相汩，轉覺世本一書蕩然無復畺界矣。故茆輯轉益謹嚴，後來居上。此本復經許勉甫以水經注、山海經注、齊民要術、史記正義、宋書樂志、通鑑釋文等書覆校，而以黎庶昌刻原本玉篇爲多，則前人所未得見也。于作篇一篇下簽特多，不但正譌補挩，亦兼有攷證。如「常儀占月條」，先以玉篇卜部占注，列其異文，而案云：「據黎刻原本玉篇所引，則常儀當作恒儀，漢人避諱改爲常也。玉海引作『羲和作占月』，月乃日字之譌。后益之后字，當作𠯑，正字通云：𠯑，昏字之譌。案昏音括，古音與伯相近，𠯑益即伯益也。宋氏以羲和爲堯臣，正與伯益同時，然則恒儀亦可知矣。」又「女媧作笙簧條」，宋均注曰：「女媧，黄帝臣也。」案云：「司馬貞補史記三皇本紀：『女媧氏亦風姓，蛇身人首，有神聖之德。代宓犧氏立，號曰女希氏。無革造，惟作笙簧。』此以女媧爲皇，蓋本鄭康成、皇甫謐之説。」又自注云：「『女媧作簧』疑脱『笙』字。又「垂作耒耜條」案云：「齊民要術耕田第一引世本曰：『倕作耒耜。倕，神農之臣也。』據此，則耒耜之利，神農時早已有之，此倕當次在神農時，與舜臣名垂者非一人。」又「奚仲作車」條，案云：「宋書禮志五：『系本云「奚仲始作車。」

案庖羲畫八卦而爲大輿，服牛乘馬以利天下。奚仲乃夏之車正，安得始造乎？系本之言非也。」勤案：沈約此言，辨世本之非，蓋本何承天説，唐書『車服以庸』，明堂位『鸞車，有虞氏之路也』。堯、舜時，車已盛行，奚仲所作，制必有異，今不可考矣。」略舉數條，以爲讀書者校書之法則。偶有紀年，丙戌六月、丁亥九月者，爲清光緒十二、十三年。然得本即校，似非限于此兩年中也。此茆輯十種古逸書，廿年前百雙樓書坊以他書從張仲仁先生家易出，因有破損，且不知此種有校筆也。余見而亟購得重裝之。

孔子世家家塾讀本一卷 一册

清順德馬貞榆撰。手稿本並跋。

貞榆字季立，廣東順德人。陳蘭甫高足弟子，博通詩、書、左傳，尤精尚書、禹貢，考核歷代地理，淹貫精詳。先師曹復禮先生與季立同教授于湖北兩湖書院、存古學堂，論學至契。其後季立又教授于京師大學堂、清華學堂。復禮堂述學詩云：「年高學博德尤純，季立真如三代人。融貫全書精禹貢，授經避地絶纖塵。」可以想見其爲人。所著書多未刊，余先得兩湖書院刻讀左傳法，許勉夫臨校李氏歷代地理韻編，此稿則昔年先師手授屬籌梓者。

案：司馬遷作史記，升孔子爲「世家」，而孔子事跡見于經傳者，往往不備，其他諸子羣書所載，或因不可徵信而不從。故後來攷孔子事跡者，又別爲年譜等書以詳之。然衹供參攷，不便誦習，又其失也。

季立是書，以史記世家爲本，博采羣書，以補綴之，雖家語、孔叢子之僞，亦不廢而慎取之。絲聯繩貫，各注所出，其有辨證，則作雙行。雖緯書、述遺記等悠謬之説，亦節引而贊辨之。明確精當，遠出諸家所輯年譜之上。每節于眉端標識提綱，尤便讀者。一卷之書，而衍至一百三十八葉，亦可見其所説之詳矣。書名「家塾讀本」，蓋其謙也。末有自識編成年月一行。

宣統元年歲在己酉，夏六月二十九日編成，貞楡敬記。

吳越備史五卷補遺一卷雜考一卷 五册

清蕭山王宗琰手鈔精校本並跋。

吳越備史傳世最早刻本，有嘉靖十三年甲午十九世孫德洪刻五卷並補遺一卷本，萬曆二十八年庚子二十五世孫達道據以重刻，又增附二十四世孫受徵雜考一卷，著録家亦稱「受徵本」。傳世鈔本，自讀書敏求記以下，皆四卷，四庫亦收四卷本，有補遺舊目，卷首列年號、世系圖等，不著鈔刻，當爲又一本。各本異同，昔人論之詳矣。

此爲蕭山王穀塍傳鈔萬曆本，藍格，半葉十一行，行二十二字，以朱墨筆詳加校勘，極爲精審。補遺作者，據德洪序稱：「忠懿事止於戊辰，因命門人馬藎臣續第六卷爲補遺。」達道跋亦稱：「忠懿遺事止於戊辰，以故越中十九世孫比部德洪授旨於門人馬藎臣續而補之。」受徵雜考於吳越宗派考序稱：「補遺一卷則越中比部德洪所纂者，乃本係德洪授旨，故亦得稱德洪也。」然則補遺之出於馬蓋臣，鑿鑿可據，而提要駁敏求記謂補遺爲馬蓋臣所續，別無證據，蓋未見原書序跋也。惟補遺前別列小字云「不知誰作，而授梓者爲德洪、達道」，何以與序跋語牴牾，殊不可解，提要反未之及。且學津討原本圖攷後有馬蓋臣跋云：「吾師緒山先生將重刊備史，因指授蓋臣作諸圖攷焉。」則四庫本所載年號、世系圖等，亦確爲馬蓋臣代德洪所作。而今本多佚去，惟學津討原、掃葉山房本有之，所據當爲足本。提要謂補遺所記，迄太宗丁亥，與中興書目所載後增三卷，盡雍熙四年者正合。今本實盡端拱元年戊子忠懿卒年。提要謂四卷之末，有跋二首，一題「紹興二年七代孫休渙」，今本實作渙，單名，無休字。恐皆失檢之誤。穀塍所校，悉據新舊唐書、歐史、宋史、通鑑諸書，參互考訂，於年月、官制、地理尤詳。以他書正備史者十之七，備史正他書者十之三。如卷二「天復元年九月，王以衢州制置使陳章爲本州刺史」。校云：「通鑑，二年『田頵攻杭州，築壘，絶往來之道。鏐患之，募能奪其地者賞以州。衢州制置使陳璋將卒三百，出城奮擊，奪其地。鏐即以爲衢州刺史。』按鏐得衢州，自應置守，顧全武既還，陳璋復在杭州，二年之間，衢非可棄。備史所載於事理爲宜。」此以備史正他書也。又「三年冬十月，我師與淮人生擒安仁義于潤州，歸淮師斬之。」校云：「新昭宣紀、通鑑、新田頵傳、五代史皆以仁義斬於天祐二年正月。案，行密與鏐連和，以頵、仁義在耳，仁義死而淮、浙之兵復搆矣。推尋事勢，備史爲疏。」此以他書正備史也。若此者約三百餘條，可輯成專書。

穀塍名宗琰，避仁宗顒琰諱，改名宗炎。蕭山人。乾隆四十五年進士，沈豫仿今言：「蕭邑藏書之富，穀塍王經師家築十萬卷樓，陸氏寓賞樓，陳氏湖海樓。此外如王中丞南陔、汪吏部蘇潭俱大族，皆充棟盈車，不假南面百城。至讎校精工，分晰真僞，王、汪諸君皆精於鄭、孔小學，非炫飾斯文，徒誇排比者可擬也。」余所見穀塍校本，精確不下盧抱經、孫怡谷，信如沈氏之言，亦可於此書徵之。此跋文載所著晚聞居士集叙録十三篇中，李越縵謂攷證確核，卓然可傳。得見此校本，不知當若何歎服也。憶廿年前，觀書於丁君初我家，見此書述古堂藏本，嘖嘖稱羡。初我物故，旋遭冦亂，藏書散失，賈人無識，述古本以賤值售去，余急追已不及。而別得此本，值幾二十倍之。可謂買王得羊矣。

有「小春浮」朱文方印，「王十三」白文長方印，「王氏卧除」白文方印，「泉塘耀松楊祚昌經眼」朱文方印。

乾隆乙巳六月初二日借浦江戴氏藏本，重寫于小春浮。王宗琰記。

右吴越備史五卷，補遺一卷，乙巳四月，假之浦江戴氏，從明錢受徵重刊本鈔出者。按是書，宋史錢儼傳：「儼撰備史十五卷，備史遺事五卷。」書録解題：「吴越備史九卷，范坰、林禹撰。備史遺事五卷，錢儼撰。」又稱：「備史亦儼所撰，題林、范者，儼託名也。」又云：「中興書目其初十二卷，盡開寶三年，後又增三卷，至雍熙四年。」今書止石晉開運，比初本尚闕三卷，是本開運在第四卷之末，而第五卷盡於開寶之元，第六卷迄於端拱戊子，不止雍熙。疑原本九卷，後人合并爲四，而更以遺事五卷足之。故與通鑑攷異所引，時有不合，然大致不甚相遠。而自宋以來，諸書所引備史皆同此本，知傳世亦更無別本也。惟錢遵王讀書敏求記稱其家藏舊本記忠懿王事終始歷然，以校德洪刊本，知其失落紕繆，譏爲「零斷殘本實非完書」，且云「以家王故事急付剞劂」，今考家王故事與此書體例懸殊，無庸景附，而遵王本不可復見。此本又從德洪本翻刻，對寫脱謬益多。姑據新、舊唐書、歐史、宋史、通鑑諸書參校，正其脱譌，稍加案語。其不可考者，亦從闕疑。自愧蕪陋，未能博稽載籍，詳訂細紬，以成信史。尚賴同志匡其不逮焉。是歲六月二十七日，重校于小春浮。王屋山人宗琰識。

式齋先生年譜一卷 一册

明顔箎述。崑山馬光楣手鈔本。趙詒琛手校。

此明崑山陸容年譜，題南京翰林院檢討、徵仕郎、南京國子監助教事門人顔箎述。首列新安程敏政撰參政陸公傳。式齋爲陸容字，又字文量。明史卷二百八十六文苑，與張泰、陸釴同傳。所載甚略，惟官兵部職方清吏司郎中時，西㕜撒馬兒罕進獅子，奏乞差大臣率軍迎接，式齋白部堂罷之一事而已。程傳臚叙甚詳，獨舉沮征安南及罷勦鹽賊劉通兩事以爲尤偉，而其事反略。案譜：成化十七年辛丑，時中貴汪直有寵而好兵，尚書河間陳公多所迎合，公力爲匡救。如議欲征安南，聞江西有陳姓者，亡命安南，頗用事，欲奏差有風力科道官，索捕其親族。鹽徒流劫通州、太倉等處，議欲奏差官校訪探，調軍征勦，皆以理開諭，力止之，事竟安妥。當即指此，惟議征安南輕開邊釁，沮之是也。而于鹽徒流劫，勦之未爲失當，亦力止之，則不悉其端委矣。他如拒巨璫某傳上意，以昌佐爲金齒、騰衝參將。拒巨璫李良傳旨，以御馬監都指揮王欽、梁宏俱陞都督及條陳各事，多觸權貴，遂于弘治六年癸丑罷官。譜稱是歲大朝罷官者若干人，公與焉。報下，聞者莫不驚駭不信。程傳亦同，不言其故。惟崑山新陽合志據王志堅傳謂「論漕儲利病，用事者惡之，中以考功法，罷歸」。蓋式齋一生耿直不阿，爲羣小所忌，自難安于其位。式齋著述甚富，今惟菽園雜記十五卷存。王守溪推爲「本朝紀事之書，當以陸文量爲第一」者也。然四庫提要既稱其于明代朝野故實，叙述頗詳，多可與史相攷證；亦舉其贊元王柏作二南相配圖有卓識，謂叔梁紇、孟孫激不當從祀，其説皆不足據。李蒓客舉其言官制各條足補史所未及，而謂論經義多可笑。則其書有得有失，在讀者之善于别擇。至年譜則從未見于著録，蓋久佚之秘籍。此爲故友馬君眉軒手鈔以贈趙君學南者。學南好刻鄉先遺書，卷中朱筆出其手校，蓋擬刻而未果也。

有「昆山趙詒琛號學南印」白文方印，「趙學南劫後藏書」朱文方印。

先公田間府君年譜一卷 一册

清桐城錢撝禄撰。崑山趙詒琛手鈔本並跋。

此錢澄之年譜也。飲光生于明萬曆四十年壬子，卒于清康熙三十二年癸酉，年八十二。子撝禄撰此譜，僅至康熙十年辛亥六十歲。疑爲未完殘本。源出蕭敬孚手鈔，附注皆敬孚筆。清末國粹學報以之付排，學南又從敬孚傳録。

案：馬通伯桐城耆舊傳于飲光傳頗略，本望溪所撰墓表而未見是譜，故于易代之際，奔迸流離，委微曲折，崎嶇于浙、閩、粤之間，有關殘明史事者，未能詳盡。然如扳車數故閹黨某御史之穢行事，亦爲是譜所失載。飲光身遭家國之難，爲人生所難堪。年五十始築田間草堂，歸隱著書。凡成田間易學十二卷、田間詩學十二卷、莊屈合詁八卷、藏山閣詩文集若干卷，巍然開桐城經學文章之風氣，讀是譜，令人景仰靡已也。

庚午正月，從王君佩諍借國粹學報印本鈔録。原不書有清年號，僅以干支記年。余因不醒目加入之，非先生意也。亦非先生子搗禄意也。印本校對疏忽，頗有訛誤。聞桐城別有活字本，他日覓得當校正也。崑山趙詒琛識。

蔡忠襄公遺事三卷 一册

崑山趙詒翼輯。手稿本。

明崑山蔡懋德，字維立，號雲怡。爲學宗陽明良知之説。崇禎十四年巡撫山西，時李自成義兵勢如破竹，懋德於城破日自縊，時有傳其潛歸里門及委質投誠者。此書仿忠簡宗公遺事，搜集史乘邑志及詩文私集，凡有關于懋德者，分次爲三卷。首列目録，今核之則目有而文無者，如明史方志列傳，及汪琬撰墓志銘，則不難各據原書補鈔。陶琰代蔡雲怡先生家人辨主疏、顧錫疇節義爲臣子大經兩疏、歸莊祭文等篇，則已收入詒翼所輯信義志稿，彙集尚易。中又夾附詒翼從弟詒琛補輯江上詩鈔卷五十四梅天奇殉太原七古、又高承埏輓詩五律各一首。纂輯之學，固無盡也。首有蔡忠襄公遺文目録，計文十一篇，分爲兩卷，亦詒翼所輯，乃祗録鄧尉聖恩寺志中頌古語録序一篇，其他或别有録本，然目録每篇下不注所據，則後人無從補録矣。

鄭桐庵先生年譜二卷 一册

上卷清徐雲祥、沈明揚編，下卷譜主鄭敷教自編。清長洲徐枋手鈔稿本。

往讀黄蕘圃嘉慶十四年己巳跋桐庵筆記「頃賈人自嘐城歸，購得桐庵雜著、詩古文詞、紀年、紀遇等四册」云云，而恨未能見。後友人趙學南從馬眉軒得此年譜及詩文兩册，喜與蕘圃所言已得其半。據潘晚香書面揭櫫，爲門人徐枋手録，則名賢手跡，又足以傲蕘圃矣。學南先已刻桐庵文稿于峭帆樓叢書，得此時，適議印甲戌叢編，即首將年譜編入焉。繼又輯印桐庵存稿、桐庵筆記、筆記補遺，與桐庵若有宿契者。蓋學南學問人品，殊類桐庵。生平嗜書若命，尤好表彰潛德，刊印遺著，汲汲若不及。所刻峭帆樓、又滿樓、對樹書屋三叢書，已名著書林。晚歲偕余輯印叢編至八集，而君之力爲多，乃身殁未久，藏書悉散。一孫又愚騃，其所遇又何酷也。此兩册落入冷攤，余見而亟收之，不但以名鈔爲重，亦藉志不忘死友云爾。

鄭桐庵先生年譜、文集、雲遊詩，門人徐枋手録。案此爲崑山潘道根手題書面，不署名。

原侍御先考芳侯湯府君行述一卷 一册

明海鹽湯芬子騏述。清康熙元年壬寅刻本。

明史朱繼祚傳：「朱繼祚舉兵應魯王，攻取興化城。既而大清兵至，城復破，繼祚及參政湯芬、給事中林嵋、知縣都廷諫並死之。」附湯芬傳：「芬，字方侯，嘉善人。崇禎十六年進士。福王時爲史可法監紀推官，唐王以爲御史。尋以監司分守興泉道，城破，緋衣坐堂上，被殺。」徐鼒小腆紀傳略同，以校行述，則大有逕庭。芬爲嘉興海鹽人，與明進士題名碑合，而非嘉善，不同一也。史可法薦任理刑，得給「督理杭、嘉、湖、蘇、松、常、鎮軍餉關記」，較史、傳爲詳，不同二也。史、傳言「尋以監司分授興泉道」承上「唐王以爲御史」下，亦若爲唐王所授。小腆紀傳言「魯監國以爲參政，分守興泉」。加魯監國是矣，而仍作「守興泉」，而行述作「及監國兵臨，遂轉兵垣，兼分憲福寧道」，不同三也。傳言「城破緋衣坐堂上被殺」。而行述言「海隅紛起水陸，主兵者務自雄長，將卒互攻殺，府君嘗竊憂之，謂國家方用兵，諸將宜戮力同心，以紓大難。今不務公戰，而勇私鬥，無益，徒滋擾耳。適道經寧德水漈，水師戲下張雲飛，方與秦川戲下黄際盛陳兵鬥，雲飛求府君爲解，府君遂與二客之際盛所，説以息爭。雲飛束甲復攻，二客逃歸。府君自謂無他，坐不動，冀復進説，竟爲際盛所害。時戊子夏五月念有五日也」。不同四也。中以第四事最爲關係重大，如行述所云，則芬死于將領之私鬥，而非死于清兵之陷城；死于寧德黄際盛之帳幕，而非死于興化堂上。凡此，皆當以行述爲是。芬生萬曆三十九年辛亥，卒永曆二年戊子，當爲三十八歲，而行述作三十七，偶差一歲。芬殉難越十五年，至康熙元年壬寅，子騏始得其遺蜕安葬，并述其行事。首有乞言小引，以哀輓詩文次第彔棗，不知今尚有傳本否。余素好搜集前人「行述」，而傳世絶鮮，時逾遠則得逾難，蓋多被毁棄，莫有愛惜者。康熙、乾隆時刻較明刻書尤爲罕貴，況此爲故鄉忠烈，名留青史，恐世間未必有第二本也。

孟忠毅公傳一卷行述一卷 一册

傳甬東范光陽撰。行述孟熊弼撰。清康熙刻本。

清永平孟喬芳父國用，明寧夏總兵官。喬芳亦仕明爲副將，坐事罷。崇禎三年清皇太極攻永平，喬芳與白養粹等舉城降清。仍授爲副將，率降兵助貝勒濟爾哈朗城守。順治元年，清兵入燕都，李自成退關中，喬芳率師窮追。九月，佔關中。二年，分兵入蜀，攻張獻忠。時義軍所在蠭起，喬芳先後掃蕩，悉陷西北甘、隴各地。又爲永久鎮壓計，于陝西則創屯田之議，蜀中則規戰守之宜，因此大爲福臨所賞，特加寵異，加太子太保，總督陝西三邊、四川等處軍務。其後玄燁嘗誡漢軍諸官吏曰：「祖宗定鼎初，委任漢軍諸官吏，與滿洲一體，其間頗有宣猷效力，如喬芳、存仁輩，朝廷亦得其用」云，蓋深喜其爲我鷹犬也。此傳及行述于其曾仕明及降清，均諱而不言，不如清史稿本傳之詳，而與洪承疇、張存仁同傳，爲得褒貶之公也。傳爲翰林院庶吉士甬東范光陽撰，要删行述而已，遠非朱彝尊、王士禎所撰神道碑之比。惟文不經見，故錢氏碑傳集、李氏耆獻類徵均未收。喬芳三子，行述爲季子熊弼所撰。喬芳卒于順治十一年正月初一日，時熊弼尚在襁褓。越三十餘年而始撰此行述，其兩兄蓋已前卒矣。

昔年于冷攤見明陳仁錫刻通鑑殘本數册，腹襯即此及李天馥行述數種也。喜而購歸，重加装訂。猶憶亡友王君嚴士德森曾出示明刻某書，余爲檢出襯葉爲宋刻韓昌黎集。仲兄蔭嘉亦于明刻某書中檢得宋刻戰國策一葉。均奇遇也。愛書者其勿以殘册而忽視之哉。

武英殿大學士兼吏部尚書容齋府君行述一卷 一册

清合肥李天馥子孚青、孚蒼述。康熙刻，藍印本。

天馥字湘北，號容齋，合肥人。清史稿有傳。惟所載甚略。此則達六七千言，二十五葉。天馥當康熙暫安之時，以文學侍從之臣，出入諷議，無大建樹。宛平王崇簡謂其侍從四十餘年，小心謹慎，并無過失。史傳亦謂天馥務以清靜和平，與民休息。嘗謂變法不如守法，奉行成憲，不失尺寸，乃所以報也。可以概其生平。史傳謂二十七年遷工部尚書，河道總督靳輔議築高家堰重堤，束水出清口，停濬海口，于成龍主疏濬下河，上召二人詣京師入對。仍各持一説，下廷臣詳議。天馥謂下河海口當濬，高堰重堤宜停築。此爲其政見之最重要者，而行述不載，疏矣。韓菼有懷堂集李文定公墓志謂：「公在位篤于人物。如李翰林因篤、趙參政進美、秦檢討松齡等，公薦以應博學鴻詞科；陸御史隴其、邵參議嗣堯、今巡撫彭公鵬，公汲引洊爲名臣；下至單門寒畯，聞聲相思，惟恐其不登用。有名章迥句，輒流連詠歎不置。」核之行述所舉，尚多遺漏。行述于陞國子監司業時，識拔韓菼、王鴻緒、胡南苕。在京師日，與葉方藹、陳廷敬、王士禛、汪琬、宋琬、劉體仁、梁曰緝倡興古學，揚扢風雅。薦舉博學鴻詞科，尚有餘杭應撝謙；汲引洊爲名臣者，尚有遲炘；以文藝得賞識者，有戴名世、查嗣瑮、徐麟祥、錢名世是也。彭紹升測海集謂「嘗與廷議，同官或厲詞色，湘北曰：『君何至此，凡事平其氣可也。吾初亦爾，後既熟，漸平也。』」行述亦謂「僚友間無不和衷雍穆，生平未嘗遷怒貳過。于仇隙無所報復，反以德厚之，其人無不感媿」。則其循謹可知。孚青本能文之士，故此文叙次井井，不失安雅。末題「賜進士第、經筵講官、都察院掌院事左都御史濟南王士禛頓首拜填諱」兩行。

山東布政使孟倬府君行述一卷 一册

清羅城劉嵦子劉安厚等撰。康熙刻，藍印本。

嵦字孟倬，號雲峯。山西羅城人。初佐靳輔治河，督運，擢淮徐道，遷直隸守道，又擢安徽廉訪使，陞補山東布政使，所至有治跡。康熙癸未，山左大饑，嵦動挪庫帑濟之，即于是歲内陞，而庫帑虚懸，令限兩月完補，後安置奉天。乙未，澤旺阿喇蒲坦内犯，大軍聲討，嵦懇題自備鞍馬口糧效力，遠歷朔漠，歸未浹月而逝，康熙丙申十月二十四日也。丙子，噶爾丹之叛，玄燁親征，時嵦以安徽廉訪使丁外艱，仍領運中路，自備馬騾添馱，越撥前進。迎見鑾輿，蒙獎勵，并令押糧前迎費揚古軍。案聖駕親征噶爾旦方略：「五月十二日議政大臣會議，有云『據報按察使劉𠐊駝運米五百石、麪七千觔，于五月初九日至拖林；而于十一日始至拖林，此後之米，並無到期』。託訥地方離拖林三百里，劉𠐊之米，非十日不能至，雖運至，不敷大兵二三日之用。況費揚古之兵又無音信，我兵口糧僅餘七日，關係甚大」等語。所載較行述爲詳。𠐊飛芻輓粟，以濟軍食，故玄燁意欲屬以巡撫山東，因未服闋而止。今史既無傳，諸家文集又未見有其碑志。幸存此册，得攷其行事。末有「賜進士出身、工部左侍郎年家眷弟郝林頓首拜填諱」一行。

章六府君暨傅太君行述一卷 一册

清樂邑潘雯雲子體泰撰。康熙刻，藍印本。

雯雲字章六，號慎庵，直隸樂邑人。國子監學正。其人淡于功名，而篤于行誼。行述稱：「于朋友之交，久敬不衰，客至必留飲，不盡歡不已。多釀良醅，蓄奇茗，積書畫古玩，供雅人之清賞。故所交皆名下士，一堂之上，冠履琳瑯，無猥俗之跡。」又稱：「嘗謂人曰：『夫人不覽名山大川，則胸襟不豪；不探靈跡仙蹤，則志慮不清；不歷九州四海，則眼界不闊。』因循泰山而南，過金陵，渡九江，以達潮陽。又渡揚子而東，過杭入閩。」其妻定武傅氏，爲明偏沅巡撫、太子太保兵部尚書、副都御史上瑞之孫女。康熙四十一年十二月合葬新阡，其子體泰撰此以求銘誄者。此類文字未被蠟車覆瓿，而歷劫猶存，亦云幸矣。

萇生子年譜一卷 一册

清嘉定瞿中溶撰。清道光壬寅原刻本。

木夫生于乾隆三十四年己丑五月十八日。是日夏至，故弱冠後自號萇生子云。「長」作「萇」，漢、魏、六朝人碑刻通用字也。是譜爲其自訂，至道光三年癸未四月初十日自楚解職歸里止。以後即題「謹案日記」云云，當爲其子樹辰據日記所續。木夫殁于道光二十二年壬寅六月初十日。是譜即刻于是年冬日。扉葉爲内姪孫錢慶曾所書。末樹辰跋，已殘蝕過半。木夫以博學士浮沈下僚，所至訪古結交及收藏著作，所載甚詳。道光二十一年載，十月得侯忠節大方圖章二。其一「侯印峒曾」白文者，今在余篋。四圍刊有木夫題記。昔章式之先生曾從趙惠甫天放樓借本倩繆藝風處寫人傳録，原闕首半葉者即此本。而書名則易爲瞿木夫先生年譜，藝風亦自鈔一本，後爲劉翰怡丈刻入嘉業堂叢書，而跋中未言所據，今校此原刻第一頁，即與此大異。意因原闕半頁，故别據他書補綴。道光三年四月後，節去「謹案日記」四字，遂若全書均爲自訂者，殊輕率。末無樹辰跋，而加「六月初十日卯時壽終。門人補記」一條，則并没其子樹辰之名，而易爲門人矣。其他亦多删節，如每年元旦之朝賀儀節等，然并印賣試卷，頒發時憲書，欸宴過境貢使，亦删之。則此類掌故，正賴此以存一二，又何可抹去。近纂年譜目録者數家，均無此書。余昔年獲自常熟故家，與奕載堂文集皆傳世孤本，竊喜與木夫若有因緣也。

慟餘雜記一卷 一册

明金壇史惇撰。鈔本。

撰者題「天壤孤臣史惇」。吾友謝君剛主晚明史籍攷著録，而其人無攷。案：徐鼒小腆紀傳列傳四十九：「史惇，金壇舉人。崇禎庚辰會試後，思宗破格求才，設特用榜，自惇以下舉人三百六十人，許同進士出身。惇請援例謁文廟，行釋菜禮，並立石太學題名。閣臣張四科持不可，詔允惇所請，後官九江知府。」談遷國榷九十七：「崇禎十三年五月丁酉，特授歲貢生史惇等九人俱户部主事。」此書庚辰特用條云「先帝有厭進士之意，故將庚辰乞恩舉人與廷試貢士盡留特用，先翰林科道，其餘以次序補」。又云：「特用諸人亦自謂盛典，于是史惇等上疏請援進士例，謁文廟行釋菜禮，并立石題名二事。」又云：「賜特用題名，記史惇等一百六十三人，吳康侯等一百人。」與小腆紀傳合。又用內臣條云：「余在都門兩載餘。」梁廷棟條云：「余嘗北上公車。」黄石齋條云：「石齋嘗流寓江州，余往候之。」浙東條云：「余客四明海道署中。」此皆自述之可攷者。

明代重科舉，仕途必進士出身。思宗欲破常例，而有特用舉人、貢士之旨。當時自閣臣以至祭酒南居仁、考功郎葛含馨等紛紛起而泥之。史惇以舉貢爲特用之首列，故于思宗有知遇之感，而對進士深致不滿，如天厭之報條、于華玉條是。更由不滿進士而致憾于東林，如東林緣起條是。于東林領袖人物如錢謙益者詆之尤力，如立君條、錢牧齋條是。而于涿州馮銓則詈之不容口，如韓爌條是。蓋皆不免恩怨之見，借以發其憤恨而已。但惇究以身在朝列，見聞較確，當時朝局變遷，羣臣捭闔，記述甚詳。雖于袁崇煥之誤國，鄭鄤之杖母，猶沿傳説之誤，而于滿人入關之暴虐，除晚明史籍攷引圈田條所載圈田、藏匿東人、滿人放債三事外，陳于鼎條云：「清朝法紀混淆，重滿輕漢，雖一放馬厮養，鞭箠府縣正官，無敢不忍受者。其在京師，即吏部卿貳，往往受鞭撻，恬不爲怪。」張文光條云：「清朝逐什一之利者，稱領朝廷本錢，到處支用府縣供給，有至杭州占民房，登時逐出，不許少停者。」皆可見所遭亡國之慘。故清代列之禁毀書目而無敢刊布者。顧亭林答湯荊峴書，曾舉及之，以爲「萬曆以還，是非已塗，樊然殽亂時不可闕之書」，亦甚重之。至清末高承勳始刊入續知不足齋叢書，作痛餘雜録，人亦不知其即爲一書也。

聖祖親征噶爾旦方略一卷 一册

寶應劉啓瑞食舊德齋鈔本。

康熙時準噶爾噶爾丹叛，侵我邊疆，玄燁率師親征，九十九日而凱旋。此紀其始末也。清史稿聖祖本紀：「二十九年庚午六月戊寅，噶爾丹追喀爾喀侵入邊。七月辛卯，噶爾丹入犯烏珠穆秦。癸卯，上親征，發京師。己酉，上駐博洛和屯，有疾迴鑾。八月乙未，撫遠大將軍裕親王福全大敗噶爾丹於烏蘭布通。丙子，噶爾丹以誓書來獻，上曰：『此虜未足信也，其整師待之。』三十年辛未正月戊申，噶爾丹復掠喀爾喀。三十一年壬申九月戊申，噶爾丹屬人執我使臣馬迪戕之。三十四年乙亥八月辛丑，噶爾丹屬下回子五百人闌入三岔河汛界。」方略所載始此，至五月戊辰凱旋止。是役也，玄燁自將中路，而命撫遠大將軍三等伯費揚古統西路，黑龍江將軍薩布素出東路，振武將軍孫思克、西安將軍博霽自陝西出鎮彝並進。四月，玄燁與費揚古會師圖拉。五月，費揚古大敗噶爾丹于特勒爾濟口，噶爾丹妻阿奴喀屯殪于陣。方略備載玄燁諭旨及費揚古奏報，于師行之遲速，餉饟之運輸，敵踪之進退，以及軍械牲畜水草等之供給，悉可考見。其後噶爾丹仍出没邊地，僞降試探。三十六年丁丑，二月丁亥，又親征。四月甲子，費揚古疏報，閏三月十三日噶爾丹仰藥死，而其患始息。蓋先後凡三次親征，而以此役功最鉅。清史稿所載疏略，魏氏聖武記康熙親征準噶爾記差詳，并附録馬思哈、殷化成、錢良擇等人紀事。此于行軍曲折，排日記載，可相參考。末有「杭州織造郎中加一級臣敖福合恭譯敬刊」一行。又墨筆「翰林院編修臣淩紹雯恭訂」一行，則是書原從滿文譯出。且有刊本。此爲寶應劉翰臣緑格鈔本，版口有「食舊德齋寫本」六字。翰臣官内閣中書，多得閣中秘籍。此或亦出自大庫，附夾一簽云：「此册劉翰臣同年鈔贈。原鈔本即藏其家。外間無第二鈔本也。甲子春檢讀識。」不署姓名。

有「崑山趙詒琛號學南印」白文方印，「趙學南劫後藏書」朱文方印。

水西紀略一卷 一册

清崑山李珍輯。崑山趙詒琛手鈔本。

明代于西南少數民族采羈縻政策，然明史土司傳謂：「調遣日繁，急而生變，恃功怙過，侵擾益深。故歷朝徵發，利害各半。其要在於撫綏得人，恩威兼濟，則得其死力而不足爲患。」可見其所以爲患者，咎在調遣繁急，撫綏無方，有激之使然。及其變生，而大發兵以征討之，國本民生，胥受其害。前有四川播州之楊應龍，後有四川永寧之奢崇明，貴州水西之安位，其尤著者也。此爲輯述水西宣慰使安位之母奢社輝響應永寧宣撫使奢崇明起兵攻貴陽之始末。自天啓二年至崇禎三年，前後九年，歷巡撫四人，自李澐、王三善、蔡復一以迄朱燮元，而以燮元歷時最久。附論謂：「水西安氏之禍，烏合于蜀界，猖獗于黔中，蔓延于滇境，勞師者幾數載。若李公澐之保守孤城，王公三善之勘亂殉義，蔡公復一之鞠躬盡瘁，三公之功烈如此，卓卓矣。顧非其人，不能終其事，是亦有天焉。內江牟康民者，奇士也。兵未起時，語人曰：『西南有變，平之者朱公燮元乎。』豈不信哉？即其因俗制宜，開屯設衛，不亟亟郡縣其地，而黔疆由此寧謐，不足方趙營平之制羌，韋南康之鎮蜀者歟？」是作此書之指，在頌揚燮元之勳績，可與明史土司傳及燮元傳比觀之。末附與其事及殉難者小傳，自疆臣以迄士庶婦女，并及巨象之抗敵，搜採頗備。至奢崇明之平，由我鄉川東兵備副使徐念陽如珂之功，著有攻渝小傳一書，可與此並傳焉。

西南備邊後録存一卷 一册

不著撰人。舊鈔稿本。

存卷五沿邊土司記上二十九葉，中爲永昌府三土司孟定 鎮康 灣甸、龍陵廳三土司潞江 芒市 遮放、騰越廳七土司南甸 隴川 猛卯 干崖 盞達 户撒 臘撒 土目附、騰越廳邊外六土司孟養 蠻暮 孟密 木邦 茶山 里麻。因失首卷，故無撰人姓名。所記時代最後者，芒市安撫司下云「嘉慶廿一年奏委族目放愈新代辦。愈新死，現委澤浩代辦。」則當爲道光時校正。字用紅紙粘貼，精楷，書面用黄緞裝潢，知爲官修進呈之本。徧查書目，未見著録。曾質諸騰衝李印泉先生根源，先生熟于故事，尤留心鄉里文獻，亦詫爲未聞，且爲徧攷未得。明清兩史雖立土司傳，所載不詳。至若此書之專著，蓋未之有。惜厪殘存一卷，而全書不可復問。

元和郡縣圖志闕卷逸文正誤三卷 一册

清常熟龐鴻書撰，子樹韡述。手稿本並跋。

此據繆荃孫校輯本，引證羣書，以正其誤。其子樹韡分録于繆本上，稱先大夫云；而又自據輿地紀勝諸書以補其闕。蓋兩世精力所聚焉。嚴觀所補逸文六卷，見賞于抱經、竹汀、淵如諸老，宜稱精確。乃李慈銘越縵堂日記既歷舉其紕繆，龐氏復繩糾其誤失，如誤認寰宇記所引郡國志爲元和郡縣志，留此鉅痏，益見學問之無窮也。原無書名，今據故友金籛孫先生兆蕃龐劬盦先生神道碑著録題之。

嚴氏元和補志所緝原文云出寰宇記者，檢今本樂氏書核之，所引者並是郡國志，不云元和郡縣志也。嚴蓋誤認書名，率爾鈔入耳。考新書藝文志有郡國志十卷，不注撰人名，而舊書志無之。舊唐志只據開元四部入録，則是書亦當是唐中葉人所作。

右先公題識于嚴氏補志篇末，攷樂氏寰宇記各卷徵引郡國志甚多，與李忠懿之書絶不相侔，乃摭拾及之，可見嚴氏著述之紕漏。但寰宇記進表嘗稱賈耽十道志、李吉甫元和郡縣志，而書中絶未援引一語，不審何故。豈樂史竟未見忠懿書耶？無怪嚴氏之誤認郡國志爲郡縣志矣。樹韡記。

元和郡縣志校勘記一卷 一册

清常熟龐鴻書撰。鈔稿本並跋。

酈亭先生開府湘、黔而不廢儒業，生平尤精于輿地之學。已刊行者有讀水經注小識、元和郡縣志補四十七鎮圖説二書，論者謂當與其祖大堃音韻之學踵美焉。此校勘記一卷係借瞿氏鐵琴銅劍樓藏舊鈔本以校局翻孫刻本，其嗣樹韡從書眉條録備刊。雖僅至卷七，未爲全書，而羅列異文外，并博考羣書以著其是非，猶存乾、嘉諸老校史之風。

甲寅正月，借得瞿氏鐵琴銅劍樓所藏元和郡縣志舊鈔本校勘，其本出自明鈔，以其于康、雍兩朝諱字並未闕筆知之。其于宋諱如「桓」、「恒」等，偶有闕筆，而未能一律；又其行欵多未合，知其輾轉傳鈔，非徑由宋本鈔出者。鈔寫頗草率，多減筆字、俗體字，脱落錯誤，觸處皆是，殊非精本。戈小蓮以硃筆校改，亦僅從孫刻本改正一二，又時有率臆妄改之處，如王世充之去「世」字，顯慶之作「明」慶，乃唐人避諱所改，而戈率依近本改之，殊失本來面目矣。今以金陵局翻刻孫氏本對勘，異者以硃筆改于刊本字旁；其鈔本之誤，則以别紙識之，黏于鈔本眉間；其意有所見，非片紙所能盡者，及考證李氏之誤者，則雜録于左。常熟龐鴻書。

信義志稿二十一卷卷首卷末各一卷 四册

清崑山趙詒翼輯。手稿本。

首壬子姚德鳳序，次宣統三年繆荃孫序，次宣統二年庚戌自述，次凡例，次目録，次正文。繆序言信義建置沿革甚詳。在清雍正三年分崑山之西南一百七十四圖置新陽縣，而治西縣屬首鎮即信義是也。舊有明夏士炎星溪雜志已久佚。乾隆初，陳士諤纂志六卷，僅有存本。魏雪江等續志亦毁失。詒翼此志斷自光緒戊申，而成于庚戌。録成清本，又續加修補，附入夾籤。案：信義雖一小鎮，而以元顧阿瑛之文采風流，照耀一世，今讀玉山草堂雅集，猶可想見。其後若明之魏校以理學顯，龔詡以孤忠著，入清則蔡方炳、徐昂發、黄子雲等，均有著述傳。詒翼網羅文獻，苦心纂輯，繆氏稱爲可與盧師劭之志石湖，陶子春之志周莊，鼎足而三。誠不虚也。詒翼號仲宣，光緒庚寅歲貢生，爲吾友學南之從兄。此志纂成，未及授梓而殁，稿存學南家。學南好刊書，尤留心鄉土文獻，晚歲貧困，亦無力付削氏。扉葉篆書署經式名者，爲學南長子，號醒公。

吴下尋山記一卷附詩及碑文 一册

清嘉善黄安濤撰。鈔稿本。

霽青于道光乙巳九月三十日偕顧湘舟作吾郡西山之游。經支硎、靈巖、穹窿、楞伽、東西洞庭、堯峯、鄧尉、華山，凡八日而返，此其游記也。湘舟作東道主，所至搜勝跡，叩禪關，而詩人墨客，方外羽士，以至女冠名伎，互相唱和，並歷險題名于崖壁。附詩九十七，碑文五。風流好事，山水爲之生色。霽青故詩人，湘舟則以博雅富收藏名，詩不經見，此載十七首。其有裨掌故者，如木瀆豐盈莊劉猛將廟有宋景定四年三月日敕封劉錡爲「揚威侯天曹猛將」之神碑，謂世傳劉猛將爲驅蝗神，率不知所自出，或又指爲劉鋭，則因侯之弟而沿訛附會者，今得此碑文，而猛將之祀典有明徵矣。亦考古者之一快。案沈欽韓幼學堂文稿卷五劉猛將考，歷舉是敕之謬有四，而謂乃元、明間村學究所僞造，郡志作劉鋭應有所據。又小桃源爲前明辟穀高士棲真處爲作長歌，引云「高士姓吕，名毖。前明婁縣庠生。有異術，能禱雨治疾，驅邪逐癘，每著靈驗。中年遠去家室，棲止妙高峯，得異人傳，遂辟穀，日惟飲水一勺，不復饑。人咸呼之爲辟穀高士云。繼入終南訪道，旋歸吴門，於靈巖山麓結茅居焉，曰『小桃源』。辭世時，有句云：『千秋明月空中象，一片桃花影裏身。』端坐而化。事跡詳康熙元年蘇州知府吴道煌所撰碑記」。又光福寺銅觀音像，俗傳禱雨有靈異，寺有宣德廬陵曾棨重修碑記。記庚戌大旱，知府况鍾迎像祈禱致雨事。道光湘舟撰銅觀音像碑記，記壬辰大旱，巡撫林則徐亦如之獲驗。雖曰迷信，然事涉况、林二賢，可資博聞。原稿由丁氏持靜齋歸劉氏嘉業堂。昔年據以傳鈔，後有吴中文獻小叢書印本。輯者妄謂霽青、湘舟各有詩集傳世，遽將所附詩及碑文悉行删去，又漏汪藻、汪錫珪二家題詞，謬率至此，真所謂買櫝還珠者矣。

泉下録一卷

清金山焦袁熹撰。婁縣張爾耆手鈔本。

廣期説經之作，已收入四庫全書。此泉下録一卷，爲門人林令愷所録，共記亡友二十八人之生平交誼，與黄梨洲思舊録相類。惟二十八人中祇吴日千騏、陶子師元淳等數人爲知名士，其他皆鄉曲舊游，所言亦以考試帖括爲多，則遠不如思舊録之收載巨人長德爲優也。但廣期惓惓于斯，無間生死，而槁項黄馘者流，亦得附驥尾而益彰，爲後世徵文考獻之資。宜夬齋之亟亟録存也。

民抄事略一卷

清婁縣張爾耆手鈔本。

明代士大夫退居後，往往仗其聲勢，橫行鄉里，董其昌其尤甚者也。此書記萬曆四十四年，其昌子祖常强搶陸兆芳家使女緑英，有人造「黑白小傳」、「五精八怪」諸記以醜詆之。鄭翼案：清初雲間曹千里家駒所著説夢有黑白傳一則，記民抄事，謂其昌欲得此女，故祖常承翁旨云云。又有董思白貽謀不善一則，極詆董之爲人。蘇州説書人錢二在街説唱覓錢，而董僕强謂諸生范昶所指使，范憤鬱致死。其母妻赴訴于其昌，反遭奇辱。于是自郡庠以至街衢，人情洶洶，激成縱火民抄巨案。其昌遂勾結地方官吏，欲甘心于少數士子，而逃避民抄之惡名。賴府學教授胡公胄主持正義，得以保全。此書備録是案文移書判本末，較文秉定陵紀略所載爲詳，閲之令人髮指。其昌平日之爲患鄉里，其罪狀松江府辨冤生員翁元升等歷舉之。及范案一發，而三縣軍民各出冤單，單以拖賴三倉糧爲辭，民以兜攬公事爲辭。蓋其積怨于民已久，至有「若要米糧强，先殺董其昌」之謡，而范案特爲之媒，遂潰決而不可止。嗚呼，其昌以書畫藝事名，而立品卑汙，爲害至此，人人得而讎之。觀所書扁額紙扇，一時悉被毁裂，民之所好，固不在此也。咸豐戊午四月夬齋手録。吾友趙君學南曾刻入又滿樓叢書，以爲後世戒，其用意深矣。

吳中秀才案二卷 一册

崑山趙詒琛手鈔本並跋。

嘉慶四年四月，吳縣生員吳三新負徽州富商楊敦厚債，被控，縣令甄輔廷袒楊而笞責三新。三新哭訴紫陽書院肄業諸生，于是馬照、袁仁虎、王元辰等，羣起不平，訴諸江蘇巡撫、宜興學政平恕，鬨聚于胥門碼頭，撫、學委同知李焜訊問，按書院名册窮治，被逮者三十四人，刑辱備至。御史沈琨上聞，卒處巡撫、學政以下罪，而獄得平反。此爲當時好事者纂輯成書，卷上録上諭、奏疏、諭示等，卷下録文、賦、詩、曲、聯語等。于是案始末，紀述頗詳。夫債案細事，縣令至違法擅責，而諸生激于義憤，羣集請命，上官又庇護屬吏，遽興大獄，必非無故而至此。善乎王昶與平恕書云：「近來州縣所以魚肉諸生，其意蓋在立威，威立而諸生箝口結舌，則庶民何敢復出而爭控？是以獄訟之顛倒，徵收之加耗，無所不至。」又云：「今冬定作清漕之局，但州縣或尚有陽奉陰違，倍收多派。恐生監連名訐告，而州縣指爲鬨堂滋事者尚多。未知究其是非，俟案定而後量加董戒？抑或仍如此案不科州縣之失，而僅科諸生之罪，助其燄而長其氣。則吏治之壞，不知伊于何底也。」揭發其所以假細事而興大獄者，預爲其冬清漕之地耳。詎知民不可欺，早已洞察其隱。黄鶯兒之一云：「明白告而曹，不浮收，不鬧漕，借端傾陷終當報。官糧上厫，國家有條，多增顆粒須斬絞。莫誇張秀才歇了，萬姓莫相饒！」不啻當頭一棒，與以嚴厲之警告。但官吏之貪污，由于政治制度之腐朽，不清其源，于事無補。此則當時猶見不及此也。此案以王昶一書最爲義正辭嚴，不載春融堂集。錢大昕掌教紫陽書院，唯阿無所表示，故有「誤盡諸生錢竹汀，紫陽戀棧忽傳經」之諷。被逮諸生三十四人中，知名者有顧蒓。所附詩文，極嬉笑怒罵之致。則士子優爲之，亦可作民間謡諺觀也。趙懷玉亦有生齋文集、吳嘉洤儀宋堂二集均有書吳縣諸生獄。朱綬知止堂文集有俞文傳紫陽書院門斗，余爲補録于後。馮桂芬蘇州府志所據陸嵩己未諸生案始末，其文未見。亡友孔君陟岵言，曾于木瀆鎮袁幼辛培基家見一鈔本，並紀事圖册。幼辛爲仁虎之後。此則趙君學南手鈔本，今與南沙紀事詩並藏，以存江南兩案故實。

此案今人無有知者，余借得舊鈔本一册，亟録存之。己巳正月趙詒琛識。

也魯雜録一卷 一册

清吳縣孔繼瑔輯。手稿本。

繼瑔字玉泉，也魯其號也。吳縣諸生。此册雜鈔有清一代有關重要事項之史料，自攝政王與史可法往來書至曾國藩訃告。其中有見他書所載者，有原件已亡賴此得存者，遺聞逸事，頗多可珍。例如咸豐時吾蘇漕弊一事，凡州縣收漕，概令漕書包辦，淨得餘銀； 私造大斛大斗，踢斛淋尖，至有七折八扣名目； 開倉數日，即行設柜勒折，設柜數日，又即截串加價； 上司每年索取漕規，視爲定例； 漕書經造，廣置田畝，混立花户；　且預買醜米，存頓開兑之處，以備起運；　又有去任官員，占田包價，廣東游民，從而效尤，種種弊端。　有署名「古吴老農」者于戊午年撰吴民苦告一篇，刊板散發，并函致當時秉國政之鄉人彭蘊章，冀其入告，均税以甦民困。　以吴民苦告中有「蘇城鄉紳，惟鈕家巷潘奉公兑糧，其外彭等串通官吏，以熟作荒，不完條漕」等語，對彭明加指斥。　故蘊章不得不具疏，請予查辦。　蓋當時潘、彭兩巨族，以利害衝突，已達尖鋭化。　相傳此事實馮景亭陰爲主持，馮爲世恩門下士，故頗左袒潘氏也。　昔年余有輯印近代史料之意，也魯曾孫陟岵以此見屬，故得留余所。

目録

楊子日記一卷　一册

清山陰楊賓撰。清吴縣毛懷鈔稿本並跋。

此山陰楊大瓢康熙五十年辛卯六十二歲日記，係從真跡録出者。大瓢邃于碑版之學，以書法著名。所著柳邊紀略、鐵函齋書跋及雜文殘稿世多傳本。此册所記，往往涉鑒賞書畫碑帖，而交友如何義門、心友兄弟，繆文子、武子兄弟，張匠門、張樸村、徐章仲、沈確士、汪西亭、李客山、林吉人等，皆一時名流。又常會飲于張籲三之水周林。籲三名士俊，即仿宋刻廣韻、玉篇者。余嘗欲訪其事跡而志乘失載。此册五月初八日記云：「籲三留飲，并出示東坡所題李龍眠雙松圖，倪雲林師子林圖半卷，贈我宋本廣韻、玉篇重鐫，裘司直詩稿及其必觀亭詩鈔。」知其多藏名跡，且有著作，可以補書林之遺聞。又記是年江南科場案，戴田有南山集案。戴案且牽及劉繼莊，被捕解京。則不見其他記載。至在兩淮鹽漕使院幕中，内主人生日，内外演劇宴飲，至十餘日之久，其奢侈實駭人聽聞。末有錢伯坰、計接、毛懷三跋。全書楷法摹褚河南，精妙絶倫，固非意香莫辦也。當道、咸時，吾吴施稻香南金、聞過庭詩、陸研北紹景及意香，均以擅書名。韋光黻聞見闡幽録：「意香毛懷居南園，書法思翁，風韻更勝。性僻，寡交友，亦能詩。梁山舟見其書，極歎賞。與杲堂和尚、彭尺木進士爲友。享大年，以寫字終。」陳奂師友淵源記：「意香，同邑布衣，精書法，深得古人筆妙。嘗論學書須作淹通之儒，根本不立，則枝葉不附。」其緒論大率如此。光緒武進陽湖縣志：「錢伯坰字魯斯。好學工詩文，尤善書，雄健豪放，似唐李邕。以品行高遠見重於時。年老里居，近僕射山，自號僕射山樵。光緒吳江縣續志：計接字新齋。盛澤人。作書必懸腕接書，受之於金安安，安安受之於楊賓者。終身里居，不爲人知。年八十餘，窮老以終。」閱時百年，知者已鮮，特附識之。

此山陰楊大瓢先生康熙五十年辛卯一年日記也。四分其册，署以春夏秋冬。律己甚嚴，無一支語。下筆圓健，直得誠懸之髓。至長幅敘事，彌見精到古淡。病中常事觀玩，諸慮一空，近一年矣，恐久稽爲罪，聊扶病强塞數語，以申幸見之思。吳中金安安方伯，係先祖太拙公保舉同年，爲先生館甥。從叔先文敏公，方伯公館甥也。坰少嘗侍學京師邸第，方伯每因陛見至，止焉。側聞方伯公云，先生與何屺瞻前輩語次，適一傖父抗議而去。屺瞻曰：「是所謂楚霸王也，奚足辨？」先生笑而頷之。蓋史語惟稱西楚霸王耳。前輩吐屬如是。先生四世孫曰夢符，成進士，爲部曹，中壽而止。子二，宦京師；弟尉楚中卒，無子。蓋楊氏昆仲，幼與余善，長遂成名，皆先我而去云。余年四十旋里，無意進取，追惟往昔，不勝慨然。惟詩、字兩種，竊未敢自棄。乃逾年抱病，先後如出兩手，亟宜去之，慎勿疥我先生也。嘉慶十五年七月十一日後學錢伯坰，時年七十有三。

山陰楊大瓢先生季女，適方伯金安安公，即接外祖母也。善女紅，通書史，復能作大字。病將革之前二日，猶爲崇明施氏書額，假方伯名。內有「中」字，方伯自以爲弗如，至今其額尚在。家學淵源，先生教女尚如是。此册係先生手書日記，老年步趨繩墨，事事可師可法，一至於此。其字跡端重，風神嚴肅，餘藝且能令人尊重珍貴。接學書於方伯，方伯學書於先生，師範在前，敢不詳記。吳江計接謹書。

昔人論書先以人品爲重，故歷代書法，首推右軍。此楊子大瓢日記，洋洋數千餘言，法度嚴整，無一懈筆，而氣韻清和，把玩幾不釋手。非積學深思，讀書養氣者不能爲也。記中所載事，皆真率可喜。其交友者，又多雄奇絶俗。更可想見先生之胸次矣。歲庚午秋，余過又一村，尊湖賢友出此屬題，漫書數語以報獲觀之幸。他日重裝，爲君再書，聊贖孟浪之愆，何如？意香毛懷。

樗寮日記不分卷 二册

清婁縣姚椿撰。手稿本，並自題。

清嘉、道時，雲中壇坫推姚春木，其文章師惜抱，義理宗止泉。通藝閣詩、晚學齋文余曾讀而慕之。此日記始道光元年辛巳迄四年甲申，爲四十五歲至四十八歲排日所記。法黄陶庵、劉忠端、陸清獻，以讀書修省爲主。每日立敬、怠、義、欲四格，以自檢察。讀儒先理學書，或節鈔其要，或參諸身心。次則史籍，頗留心于經濟掌故。辛巳八月，叔秋坪令俞歿于寧波知府任，迎喪至鄞，因遍登范氏天一閣、鄭氏二老閣、盧氏抱經樓，讀其藏書。謂「天一閣前後列三十六大厨，厨下皆置小石峯，云是蜜蠟物，可辟蠹」。謂「二老閣規制略似范氏天一閣，特范閣下有屋，此僅離地數尺耳。乾隆丙午間，曾被焚毁，又進呈書皆未領回」。此二事後來考文獻者不可不知。謂「抱經樓規制亦仿天一閣，青厓得謝山遺書，益恢廣之。所藏凡四十七厨。數月前有劉雲卜等竊書案」。均書林遺聞。癸未七月松郡水災，主持賑局，全活甚多。甲申季春，弟子樞楗官寶應教諭，奉親就養。以私淑止泉，而親臨其鄉里，校刊其遺書。一時宿學如朱武、曹銓甫、葉兩垞等過從尤密。所書即用刊止泉遺書板格，塗乙密注，並以朱筆圈識，可見用心之不苟。舊爲故友封君衡甫簣進齋所藏，書根四字，猶其手筆。數年前，其嗣耐公持以歸余者。

少壯昧學，晚而悔焉。親炙桐城，私淑止泉。良友云徂，聖經復晦。勉勉此心，日新無怠。道光元年歲在辛巳五月庚戌朔，姚椿書。

昔賢用功皆有日記，黄勉齋先生至著爲式，見於集中。序云：「聖賢之教曰：『博學於文』，『約之以禮』。又曰：『日知其所亡，月無忘其所能。』此録之所以作也，自旦至暮，自少至老，置之坐右，書以識之。文行相須，新故相尋，德進業廣矣。」式云：「一記年月日（歲次）一行。一記氣節寒暑雨暘之變（天運）一行。一記所寓之地（所寓）一行。一記所習經史子集四書，多少隨力所及（讀書起止）四行。一記所出入及所爲大事（出入動作）三行。一記所聞善言所見善行（善言善行）三行。一記所見賓友（賓友）三行。」近賢所見尤夥，陸清獻公其最醇者也。亡友太倉彭湘涵兆蓀因黄陶庵先生之作，遂著日記。椿以嘉慶己卯三月寓吳門，辛丑夜酒後語雜，與彭君談次，憬然有悔。次日起，因作日記。歸而旋輟。今年春，客寶應兩月，盡讀止泉先生及其子宗洛與諸門人遺書，益用自悔。四月初十日旋里，摒擋諸事，始復有讀書之志，因作此册。用刻止泉先生合意編格。自今以往，再蹈前轍，自暴自棄，是爲下愚。勉之哉！越十日己未病中記。

吾師查山先生手書日記二十餘册，老而好學如此，真可師法。朔日命次男炘亦作日記，父子相警戒，庶幾爲桑榆之收乎。

劉忠端日記法：每日分昧爽、清晨、上午、下午、傍晚、燈下爲六節，身、心、口三過，敬、怠、義、欲四條。此條朱

宗洛用之。（以上在上册首）

久溺詞章，妄希道義，主敬存誠，談何容易。十寒一暴，見於日記。人而無恒，至聖斯棄。椿自道光辛巳五月朔，與炘兒同作日記。嗣後或以病廢，或以事廢，實則心所媿者尤多，非僅以嬾故也。甲申季春，奉親寶應學舍，病少愈，不欲終棄，乃復作之，而題其端云。

許益之先生謙晝之所爲，夜必書之，號自省編。其不可書則不爲也。（以上在下册中三月三十日記前）

潘晚香日記一卷 一册

清新陽潘道根撰。手稿本。

題「庚寅日記下册」。起九月初一日，迄十二月廿四日。末缺數葉。用舊賬册背面所書，可見昔人之愛惜物力。庚寅爲道光十年，晚香四十三歲。故友王嚴士先生輯隱求堂日記節要，已收入，但祇録詩篇，且遺漏不少，序次亦異。取校此册，大可補正。晚香隱居讀書，一葦城鄉，行醫訪友無虚日。暇即借鈔奇書，隱然爲崑山文獻之宗。與王椒畦學浩交尤密。椒畦以善畫著稱，兼長詩文。兩人時相唱和，且有代作文字，如跋褚河南書唐太宗哀册文、候選訓導止狷吳先生傳略等皆是。其議論之可取者，如云：「凡書先論筆法，後講間架，次則分行布白，又次則墨法，豈描頭畫角所能辨乎？」云：「精神雖賦自天然，果能專心，則精神亦能强固，此人定勝天之説也。一意悠悠忽忽，則終身爲不長進之人而已矣。」而逃債録序言云：「歲云暮矣，鼃黽叢集，自是貧家故態。所可恨者，世人之物色，意外之征求，焉所得深林而逃之？不得已堅鎖柴扉，兀居研北，偕管城子遨遊蝨魚窟中，當周王逃債之臺。有相尋者，則摇手曰，而翁有公事，子且去。确翁筆。」其避世絶俗，高風可挹。其書必有可觀者，惜已失傳。凡此皆爲今印本日記所失采。至手訂徐村老農文集，舊藏趙君學南處，今已散失。詩稿有録本，書札則刻入峭帆樓叢書矣。

春明日記二卷 二册

清吴江殷兆鏞撰。手稿本。

吴江殷氏與余家爲世姻，外曾伯祖譜經侍郎，以鯁直著聲咸、同朝。尤以咸豐八年英軍内犯，京師危急，侍郎上疏主戰，足振懦弱懼外之恥。此春明日記手稿，一九五五年返蘇，獲于换碗擔上。存第四、第六兩册。第四册起道光二十四年甲辰四月，迄十月二十七日。中記派往湖北鄉試副主考。第六册起二十六年丙午七月，迄二十七年戊申八月，爲翰林院編修，供職京師。其記鄉試主考入闈儀節云：「八月初五日，提調、監試差員送請宴啓及金花、杯盤、袍褂料；下銜帖，留不回帖。初六日，送到司道請宴第二帖。巳刻喫飯後，先發行李入闈。午正，第三啓至，即穿朝服，坐憲轎，至撫署筵宴。道旁士女觀者填街塞巷。到撫署，在煖閣略坐。茶畢，望闕恭設香案謝恩，三跪九叩。禮畢，入宴。正主考左座，副主考右座，監臨次左座，學政次右座，藩、臬及兩道臺東西向旁座。菜甫四獻，而司道先起。搶宴者蜂擁而上，先將司、道四席搶散，次及正席，頃刻間盃盤狼藉，撤宴。由撫署進貢院，司、道等已先至伺候。即在至公堂少坐，候中丞至，叙茶畢，中丞及司、道同送正、副主考入内簾，一揖而别。入内簾門，爲衡鑑堂，堂中南向，正副主考兩座，東西兩旁，十房考座，靠檐内監試西向座，内收掌東向座。主考住房在衡鑑堂兩旁，正東副西，各二間。未刻，内監試、内收掌、房考同進見，在衡鑑堂小坐，辭出。即往答之。」所記極爲詳細，足備科舉掌故。鄭翼案：傅沅叔於戊戌殿試賜宴時，亦有搶宴事。見所著清代殿試攷略。又云：「雍正七年有旨拏究，並令監試御史指名嚴參。廿九年御史喀爾崇義參奏，奉旨嚴究。」據此則不止鄉試爲然。其來已久。我粤李守一提學翰芬於光緒廿九年亦典試湖北，已無此風。惟謂寫榜時各家人均點紅燭照榜，退堂時爭取剩燭一空云云。見所著鄂輶載筆。又九月初二日記云：「作試帖一首，借刻解元名下，各房官及監試、收掌俱呈擬作發刻。」皆爲故事。侍郎有自訂年譜，似即據日記節編。其齊莊中正堂詩集早已付刻，獨惜有關國事之奏議，後人不知愛護，恐均化爲塵埃矣。

古今贋書攷五卷附録釀川許氏雜考一卷 二册

清會稽陶及申撰。附録清會稽許尚質撰。舊鈔稿本。

及申字式南，一字筠厂。浙江會稽人。康熙時貢生。攷道光會稽志稿云：「及申寄籍南昌，好濂洛關閩之學。家故多藏書，及申足不出户庭，讎勘塗乙。工詩古文，與俞忠孫等齊名。喜激揚忠義，值衰病目盲，口授其子奕魯撰越中明末殉義傳數十篇，未卒業。奕魯死，復輿疾至山陰，口授忠孫續成之。其老而不倦如此。有四書博徵百廿卷、紀元本末十八卷、筠厂詩文集十卷、文原删訂、立言删訂、外志補餘、字學類徵各若干卷。弟仕倧，傳其學，雍正甲辰進士。知山東禹城縣。」據此，知其學問甚博，著述甚富。謝君剛主有越中明末殉義傳，近越中文獻輯存書中有筠菴文選，餘皆未見。而此書不列所著書目中，猶存鈔本，可謂幸矣。

是書首有小引。卷一總類，後分經史子集各一卷。引徵羣書，自加攷訂。略似姚際恒古今僞書攷，書中不及姚説，蓋同時著書而各不相聞者。以較姚書，所增幾倍之，詳略亦互有不同。惟以鄭玄詩譜謂「魯人大毛公爲故訓，河間獻王得而獻之。以小毛公爲博士」。則未知萇者大毛公歟，小毛公歟？遂列毛詩故訓傳爲僞。毛詩草木鳥獸蟲魚疏，隋書經籍志爲程令吴郡陸璣撰，後人誤璣爲機，始見崇文總目所言，而據誤説亦列其書爲僞。則皆攷之未審。末附釀川許氏雜攷十條，爲許尚質撰，亦皆辨論僞書者。並有與陶式南書，知此書曾就商于許氏。案道光會稽志稿：「尚質字幼文，會稽諸生。以詩鳴越中，有釀川集。」山陰志書籍門又列其著作，有江表遺事二卷、寫本記魯藩監國事。今祇釀川集十三卷，著録四庫存目。尚質、及申爲同里舊交，同有志于攷辨僞書，纂集殘明史事，乃其書均幾湮没。李調元童山文集有贋書録自序，如未見姚、陶兩家書，而其書亦不傳。良可悕已。

古今贋書攷，不分卷，清陶及申撰。及申字式南，會稽人。寄居南昌，晚歸山陰。諸生。其事蹟具詳會稽縣志。

攷會稽、山陰二志，備載陶氏著述多種，惟無是書。此爲傳鈔本，後附許尚質一篇及許氏雜攷十則，皆經籍書後，亦猶吹網録之附胡心耘讀書校語也。其書大抵原本通攷，益以胡元瑞諸家之説，與姚首源僞書攷詳略互見，足相發明。姚書無集部，又二氏之書及今世弗傳者皆不録。是書不拘此例，故采摭尤多。姚書於周髀算經，不解「周髀」二字之義，此則引陳直齋語，以爲天文句股之謂，自較姚説爲長。又春秋比事一書，自直齋以下，概據陳同甫序以爲沈棐撰，其於陳序語氣，多不措意。此則備録通攷所載陳序原文，有「或曰沈棐撰」云云，蓋同甫且不能確知，故稱「或曰」。乃後人遽以沈棐題之，宜直齋之蓄疑莫釋，而明之都穆且以爲劉朔所撰矣。按宋志有程公説春秋比事十卷，此在同甫之後，蓋別一書也。陶氏於此，正合引書體例，亦具識見。惟孔叢子自來稱爲贋書，陶氏獨以爲不贋，而於家語及子華子下引朱熹，穆天子傳下引胡元瑞，則皆以孔叢爲僞，前後似不相應，不知何誤。抑書名贋書攷，謂僞託之書也，至如青箱雜記、冷齋夜話、夷堅志之類，世皆知爲吳處厚、釋惠洪、洪邁之書，非贋書也，徒以記載不實而贋之，不幾與嫁名僞造者無所別白，揆以正名之義，似有未安。然以全書觀之，此類蓋少，似未足引爲疵纇也。慨自清代以還，世人皆知有姚氏書，而是書則世無知者，王子欣夫得此本於冷攤，屬加攷核，詫爲未見。今以其時攷之，當爲康熙間人，與姚氏同時，又同爲浙人，顧彼此各自成書，渺不相涉。特姚氏之書見稱於毛西河諸公，故流傳獨廣，是書則僅傳鈔本，迄未梓行，故罕有知者。乃歎著述之傳不傳，亦有幸不幸焉。又按它書所引，陶氏尚有筆獵一書，未見傳本，會稽、山陰兩志亦未著録，則知陶氏著述之泯没不彰者，固不特是書爲然矣。讎校既竟，正其譌字若干而跋之如右。一九六二年歲次壬寅秋仲，潮安鄭翼雪耘謹書。

法帖釋文十卷 一册

宋長沙劉次莊撰。清大興劉位坦手鈔本並跋。

此書繕寫精整，無作者姓名，無序跋。卷一第二、三兩行題「聱藩燕臺羅森約齋、憲副瀛海孫際昌名卿訂，西楚戴時選簡庭、三韓胡獻瑶心校」。案四庫全書著録本，知即爲劉次莊所撰。而訂者稱「聱藩」稱「憲副」，知源出於明刊。丁氏丙善本書室藏書志著録舊鈔本，題「西楚戴時選簡庭氏訂」，前有洪武四年泉郡守古任常性序。此亦有戴氏名，則不知與洪武本孰先孰後。常性即翻刻閣帖稱世綵堂帖，宣德中取入内府者也。此本有雙行附識攷訂語。卷一首三條具沈少雲、沈觀成，當爲一名一字。卷六引顧云，則已見嘉靖時顧從義法帖釋文考異。疑沈氏爲明、清間人，非此底刻本所有，而爲鈔時依批注併入者。

全書楷法有鍾王筆意，必出工書者手。而據劉寬夫跋，謂「命僕楊淮鈔録」。頗羨何來此佳僕，乃遠過汲古閣之劉臣、士禮居之張泰。後細玩全書筆跡，與跋文悉出一手，始晤亦寬夫所書，而故施狡獪，託名其僕。故廿四年後又題，有「二十年書法並無大進之語」也。寬夫名位坦，大興人。道光乙酉拔貢。由御史出任湖南辰州府知府。所居君子館甎館，收藏極富。子子重，名銓福，亦號白雲吟客。能世其業。近人羡稱之，脂硯齋重評石頭記即其家藏。葉菊裳先生于其壻黄彭年處見其舊藏宋刊婚禮備要、月老新書、紫雲增修校正禮部韻略，據以載入所著藏書紀事詩。譚復堂評其疊書龕遺詩謂筆意沈著，字句深重，得力于韓，旉暢亦有近蘇者。見所著復堂日記。余又于張穆閻潛邱先生年譜附注，得「其所藏方拱乾、吳漢槎諸人分書大方廣佛華嚴經」云云，藉窺其學問與收藏一斑。及觀此書，知其潛心帖學，即所舉此書三刻本，今已罕見著録，可服其見聞之博已。昔年與姚衡、姚晏手校絳帖平同得於咫進齋後人。

有「北平劉氏」白文方印，「藏書畫印」朱文方印。

嘉慶庚辰孟夏，從寄萍室主人假得此卷，命僕楊淮鈔録一過。北平劉位坦寬夫氏記。

二十餘年，書法並無大進。思之可媿可歎，可畏可哀。

釋文有三本，皋蘭署本、朱家標本，與此本爲三也。又嘉慶八年山左徐右亭朝弼有集釋，頗爲詳慎，但須參王虛舟閣帖攷正觀之，方有頭緒。姚姬傳惜抱軒題跋最後最精。比見邢子愿臨安西帖後一本，錯誤幾不成句。乃知閣帖中草書，非得善本，勿輕臨摹，免留話柄。道光癸卯八月大興劉位坦識。

祁春圃先生得蘇齋大觀帖第六卷不完本，其中所論，精妙之至。曾假閱十日。

宋太宗淳化中出內府所藏古帖，詔侍書王著釐訂，勒成十卷，名曰淳化秘閣法帖，真僞雜出，錯亂失序，識者病焉。米元章始以己意爲區別，黃長睿因之，更據史書，攷其紕繆，所見益精。至明嘉靖中顧汝和本黃、米之指，細加校勘，雖本皴裂，字畫剥蝕處，亦必異同並載，無有遺失。釋文之精，未有其比。康熙間，何義門更以姜白石絳帖平增注其上。徐葆光又復旁搜博采，益增其舊。雍正庚戌，王虛舟著攷證十二卷，可以觀止矣。近日桐城姚姬傳先生又有法帖攷正王之失。夫法書小道耳，講求之且不易如此，矧他大學乎？道光癸卯九月朔，大興劉位坦識。

絳帖平六卷 一册

宋鄱陽姜夔撰。舊鈔本。清歸安姚衡、姚晏手校並跋。

堯章序稱：「小學既廢，流爲法書，法書又廢，唯存法帖。帖雖小技，而上下千載，關涉史傳爲多。惟慚淺陋，考訂未詳。故著其所解，闕其所不解。」最爲名言。後世但知玩賞書法，而于史傳略不攷訂，固爲未探其本；但宋刻不多，又真僞雜糅，不如碑碣之日出無盡，宜後世著述之寥寥也。此爲歸安姚氏傳鈔聚珍本，而雪逸、聖常兄弟手校之。雪逸名衡，爲秋農第五子。曾居廣東巡撫怡良幕府。林少穆禁烟，怡良與合力籌劃，文牘悉出雪逸手。曾見其家藏少穆與怡良手札百數十通，皆論禁烟事，爲極貴重之史料。性嗜碑板，收藏極富。聖常名晏，衡弟。亦嗜金石，著中州金石目。據此書跋，竹垞所見宋拓絳帖九、十兩卷，稱爲「光采焕發，動魄驚心」者，與羣玉千文，均藏其家。故以玉絳堂名其居。雪逸所著寒秀草堂筆記，亦論法帖爲多。此書附跋已輯入，其子覲元刊入咫進齋叢書。此册與劉寬夫手鈔法帖釋文同得于其後人處。

有「姚氏藏書」白文方印，「歸安姚衡」朱文方印，「吳興姚氏邃雅堂鑒藏書畫圖籍之印」朱文方印，「吳興郡諟正文字之印」朱文方印。

道光十年六月借漢陽葉氏藏本鈔録既竟，校讀一過。聖常、君平。

姜白石絳帖平乃就東庫本有字號者著録。其書僅存六卷，「河」字以下全闕，菉林咸謂憾事。幸目次備詳總録，鑑古者資以攷證。然余家藏宋拓絳帖第九、第十兩卷，則全是祖帖。又宋裝宋拓二册，乃資州刻本，上有真書目録，與此又不同，實不可解。竹垞先生曾見宋帖，而未嘗以此校勘，何耶？壬辰七夕衡記。

秀水所稱「光采焕發，動魄驚心」，即九、十兩卷，退翁有跋。與羣玉千文爲書堂劍氣，擬構堂以居之，曰「玉絳堂」。十三年五月常又記。

商周文拾遺三卷 一册

清海鹽吳東發撰。吳興劉氏嘉業堂鈔本。

著録商、周金文二十二種，先摹原文，次釋文，次攷證。侃叔爲錢竹汀高弟，其説經善以金石文字求其通假。余讀羣經字攷而好之，求其攷釋金石者，得此及石鼓讀。梁同書撰傳，謂侃叔「中歲專心金石之學，凡商、周、秦、漢之文及見者，無弗攷究。一字未識，沈思冥索，期于必得乃已。」可見其研治之勤。蓋以金文詁經釋字，乾、嘉時阮元倡之，而侃叔及嘉興徐同柏均著述斐然。訖後彌益邃密，而先河不可廢也。此未刊手稿舊藏劉氏嘉業堂，翰怡丈録副以贈劉君公魯者。公魯更據其師唐元素所藏侃叔集古器物銘攷釋，補遺五則。宣君古愚又假讀而跋之。

有「翰怡校讀」朱文長方印。

附吳氏集古器物銘攷釋

周曶鼎銘

右第一節,記王錫命作祭器,文凡五行。第二節,記訟田事,文凡十有一行。右第三節,記寇禾事,文八行。㝨即㝃字,通作賡。言繼乃祖考治卜事,曶蓋世職卜。

周然虎彝器蓋二銘

[illegible],古文以爲火字。雝公鼎赤作[illegible]。石鼓文烝作[illegible],象火焰,[illegible]即赤之省也。[illegible],古文舟。舟,槃也,盛膏以然者也。鄭司農周禮司尊彝注云:「舟尊下臺,若今時承槃。」說文:「然,从肉从犬」,非古文也。

父癸鼎銘

植戈于地曰[illegible]。古文哉、載、栽、在、才皆作[illegible],亦與察、祭通。稛卣銘「子子孫孫永福哉」哉作[illegible]。詩「陳錫哉周」,左傳引作「載」。書「在日月星辰」,以在爲察。牧敦銘云:「今余惟或察」,察作[illegible],即古文祭字。尚書大傳云:「祭之爲言察也。」

爵作父癸宗彝銘

[illegible]象爵之尾足,後世圖畫物像,有作半體者,古人象形之字亦有然也。嘗見一壺銘云:「余爵作寶彝。」余、予通,余爵,錫爵也。爵作[illegible],與此同。

周中䣄父敦銘

䣄,即俎字。稱簋銘䣄行衙,則通作咀。孫根碑陰有䣄字,隸辨疑爲祖字,是也。辟與避通,敦銘二辟字,亦从辵从止。

海鹽吴子侃叔集古器物銘攷釋成册，甚宏博精核。余得王復齋所集鐘鼎欵識，刊成書，人多寶愛之。此册若傳至數百年後，似有過于復齋者。嘉慶八年四月初九日揚州阮元記于積古齋。

嘉慶癸亥平湖朱爲弼右甫觀。

嘉慶乙丑正月既望，以謁吴蘭陔師墓到□川，十九日訪侃叔先生故廬，從其令子考之世兄借此册，觀于畢氏基聞堂。張廷濟識。

張叔未跋吴侃叔畫册，謂是書與所撰商人字説皆爲信今傳後之作。見魏稼孫輯清儀閣題跋。又徐士燕撰籀莊先生年譜，謂「咸豐三年八月翁叔均來索所未見書，因出商周文拾遺録本示之」。是書蓋爲當時所重矣。東南兵燹以後，傳本甚希。許瑶光嘉興府志經籍小學類著録，無卷數。殆亦未之見耶？公魯仁兄先生以是册借讀，時余輯金石學書録，將脱稿，亟據補卷數，並記大略入解題中。信乎多聞之友，益我不少也。乙丑夏五月高郵宣哲識。

績語堂金石跋不分卷 一册

清仁和魏錫曾撰。鈔稿本。

清咸豐、同治間，江以南，博雅之士推趙撝叔、戴子高、沈均初、周季貺、傅節子及魏稼孫，金石書畫，收藏攷訂，相討論無虚日。而稼孫尤嗜金石，所藏極富。譚復堂稱其節嗇衣食，聚墨本盈數篋。腁手校讀，以青浦王侍郎金石萃編多謬，丹鉛審定，飢不皇食。晚出諸碑，鋭志著録，欲撰萃編補石，校唐石經及易州刻石老子，正嚴可均之失。趙撝叔稱其性孝友，篤嗜金石，辨證考訂不倦，服官後仍以著作自娱。其開成石經圖考，援證精密，時多稱之。尤嗜印章，善別真贋。著作數十卷，不愧古之作者。余嘗謂其攷據似嚴鐵橋，賞鑒似張叔未。生平著述，僅刻有績語堂、見非齋兩碑録，而皆程功未畢，僅留殘帙。葉鞠裳先生著語石，謂其「闕文泐字，空格跳行，皆以原碑爲準。鉤心鬥角，毫髮無遺。付梓時，手自繕校。易簀之辰，尚未卒業。禮堂定本，付之後賢。余先後得百餘通，歎爲精絶，得未曾有」。可見其不苟如此。

此册共金石題跋七十七種，取校刻本碑録，碑録已有者北齊報德像碑等十九種；亦有碑録有，而此本無者：唐桑寡墓志銘、唐涇王妃韋氏墓志銘、宋傅堯俞資忠崇慶禪院疏、北齊維摩經碑、唐豆盧遜墓志銘、唐王先生碑六種。原書題績語堂遺著，當由其後人輯録偶遺。各跋于校釋文字，攷證史事，翔實精當，有竹汀、授堂之風。如唐易州龍興觀道德經碑跋，嚴鐵橋校訂，載鐵橋金石跋已極詳審，稼孫又摭其失校及偶誤者至四十三科之多。譬如積薪，後來居上矣。亦有祇一二語而未成篇者，如隋宋乾貺造象跋、唐姚懿碑跋是。有祇叙收藏源流得失者，如北魏高貞碑跋、唐潁川陳夫人誌跋是。而唐瘞琴銘跋謂是刻「文體書法不類唐人，而與近時應制體格相近，僞作無疑」。案此銘以鐵橋之卓識，猶深信之，稼孫獨能决其僞作，其精鑒可知。葉菊裳先生謂出吾吴顧南雅蒓作，其實先已見喬鶴儕蘿摩亭札記。長洲許起珊瑚舌雕談又謂「爲同里潘雲驤自刻悼亡之作。昔年及門錢太初于吴市得端石一方，鎸此銘，與拓本無毫髮異」。則出自後人所作，可信不疑。猶記三十年前，洛陽魏志大出，亡友蔡君正華戲據洛陽伽藍記撰瑶光寺尼某墓志一篇，文辭贍麗，周君柏年以北魏體書之，漢貞閣碑估摹石，以拓本應世，頗有珍爲奇品者。以知文人狡獪，古今所同，安得盡如稼孫之真鑒哉！此册從宗人冰鐵家散出，冰鐵深于金石之學，尤擅治印，客滬售藝以終。一九二一年至二四年間，返蘇度歲，余必造訪談藝，窮日夜不休。爲治印十餘鈕，猶存篋中。冰鐵名大昕，號冠山。著有冰鐵印存，中爲袁寒雲、陶蘭泉所鎸收藏印尤可愛云。

歷代金石目分域編順直不分卷 一册

清武進丁嘉葆撰。清陽湖趙烈文天放樓鈔稿本。

丁嘉葆字頌孫，武進人。道光戊戌進士，官翰林院侍講學士，貴州學政。爲若士名履恒之子。所著歷代金石目分域編，卷帙繁富。此册祇録直隸一省，蓋惠甫分纂畿輔通志金石時，從其子紹基所藏稿本録出備攷者。面葉書名猶是惠甫手筆。紹基號汀鷺，承其家學。官直隸知縣。時與惠甫同修通志金石。鄭文焯國朝未刊遺書目云：「此稿有紹基補輯，别撰求是齋金石跋，時引及是書。」金石跋實名碑跋，近張鈞衡刻入適園叢書。而分域編全稿不知何在。存此一省，亦可見其蒐羅之浩博，而補林石廬所未見也。

畿輔碑目二卷畿輔待訪碑目二卷 一册

清天津樊彬輯。清陽湖趙烈文天放樓鈔稿本。

同治辛未修畿輔通志，貴筑黄彭年爲總纂，而陽湖趙惠甫烈文以前任易州知州爲分纂，任金石、河渠兩門，號稱精博。其金石多據樊氏碑目著録。樊書未刊，此則當時據稿本録存者。眉端批注，龍驤將軍崔敬邕碑云：「有跋見直隸金石略安平」，又定州刺史李憲墓志云：「余有詳跋。」類此者凡八見。今檢畿輔通志金石門李憲墓志確附趙氏長跋，他則未見，頗以爲疑。後考石廬金石書志，於畿輔金石彙輯附惠甫子寬號君閭。原未署名，林氏誤爲烈文。跋云：「大人任分纂，分得金石、河渠兩門。壬申春，捧檄至易州。越三年，投劾歸。家居三年，成正定府及大、宛兩縣金石共若干卷。歲己卯，余以事至保陽，挈稿歸之局中。局中已有成稿，黄先生病其太簡」云云，因知今所刻者爲太簡之成稿，故不録惠甫諸跋也。樊彬字文卿，號質夫。貢生。官湖北遠安縣知縣。有問青閣詩集刊行，得之吾友金浚宣鉞云。沈曾植寐叟題跋宋拓鳳墅帖跋云：「樊問卿翁，北方金石家。有宋芝山、董鏡含風，終日躑躅廠肆，搜剔叢殘，有所得，欣然疾步歸。其所費不過京蚨四五千，直松平數星耳。而往往得奇物。其收入在咸豐中，散在光緒初。翁卒蓋在同治末也。」鄭文焯國朝未刊遺書目著録此書，云「前碑目于房山雷音洞石經，攷索至爲詳核。待訪二卷，則取寶刻叢編平津館寰宇訪碑録京畿金石攷諸書，薈蕞寫定，譌舛亦不免也。」亦收入繆荃孫藝風藏書記。惠甫聲名較著，而撰述未刊。其日記數十册，近年散出。聞有爲之整理謀印者。昔于石印宋拓華山碑見其題跋，繁徵博引，攷據甚精。李憲墓志跋亦然。惜通志刊本未用其定稿，否則亦可輯出別行如瞿中溶之古泉山館金石跋也。

畿輔碑目序

自乾、嘉老輩盛金石之書，取足與史傳相補正。於是爲總匯之著。蘭泉萃編，淵如訪録，其分行省之著，又有秋帆中州、關中，芸臺山左、兩浙，覃溪粤東，燕庭蜀中。其郡縣之著，如西雍、常山之等，蓋不下數十家。畿輔金石，其在唐以上者，足與山左、中州、關中爭富。近歲新出益夥，獨無著録專書，誠爲闕典。聞淵如曾爲之而未竟。今傳其目録，略漏可見。吾友樊文卿大令酷嗜此學，於畿輔古刻，蒐羅溢於孫、沈，所録已一千數百通，將以暇日整比，爲畢、阮、翁、劉之繼。其抉摘攷訂，以開廣末學，潤色首善，尤當世不可少之書。友芝咸豐己未來謁選，以同志往還，獲益甚鉅。亟從臾早晚成編，當爲撰序，以志一時切磋之雅。未及屬草，忽忽庚申初秋，友芝飢驅將出都，率書數語於簡端，稍俟他日殺青選工，更以拙序寄致也。咸豐庚申七月八日獨山小弟莫友芝倚裝書於櫻桃街寓中。

畿輔古刻，散見於通志、圖經及諸家著述者甚多。然舊説相承，復多挂漏，不足以資攷證。因思漢三公山兩碑，魏王僧誌，隋劉珍、唐王仲則、王公晟、張氏、賈氏諸誌，皆近年出土，而房山石經洞，自隋至唐，已有一千數百石，宋、元後續刻者又數千餘石，較之關中碑林，何啻倍蓰。其埋棄於荒烟榛莽中者不知凡幾。時人多務帖括，罕知留心於古。及名成宦顯，尤無暇日。或又以爲小學末藝，無足深攷。故日就掩没，久并其名亦將不傳，不重可惜乎？今海内多故，兵燹之餘，誰復語及氈墨，古刻半就銷亡，有心者傷之。幸畿輔無恙，長夏閑居，即就見聞所及，現存碑刻，自周迄元，輯成畿輔碑目二卷，計一千五百數十種。舊籍所書，世鮮傳本者，概歸待訪，附録於後。所録之碑，日久未必常存。不録之碑，日久未必不復出也。願博雅者補所未備，則幸甚矣。咸豐七年伏日樊彬識於京都香爐營寓室。

九仙山石刻志一卷 一册

清侯官郭柏蒼録。鈔稿本。貴池劉之泗手校並跋。

九仙山一名于山，爲福州三山之一，久擅名勝。山巖石壁，自宋以來，題名纍纍，蒹秋遍拓而録其文。惜僅傳稿本，未能與烏石山石刻志同付剞劂。嘗謂金石之壽不如紙，歐趙所著録，原石已十不存一，而集古、金石二録則至今存焉，非其證歟？在昔名山勝區，行旅之往來，賓朋之宴集，往往篇詠題名，大書深刻，然或湮于滄桑之變，或毀于牧豎之手，且亦未能人人得而游覽摩挲。于是有心者就一地所有，彙録成書。近如吾吴之虎阜、洞庭，遠如涪州之石魚，邠州之石室，均其選也。兹亦其類矣。方今大事建設，山陬海涯，時有發見，然程工所及，有不得不夷滅者。如三門峽之施工，盤空鳥道，人跡罕至，而漢、唐題刻如貫珠，亟椎拓編印以成書，則雖旋見旋滅，而其跡則永留人間，豈不懿歟。此爲劉君公魯從魏稼孫鈔本録副。公魯家富收藏，寢饋其中，所得甚多，既據太平寰宇記、通志、福建金石志等參互詳校，又綴以十一跋，朱墨紛然，用力勤矣。録之以存故人精神。

有「貴池劉氏畏齋鈔本」印。

此九仙山石刻志一卷，郭柏蒼撰。柏蒼字兼秋，侯官人。嘗與劉永松筠川合撰烏石山石刻志一卷，自唐迄國朝，收録殆徧。其例與此志正同，有古天開圖畫樓刻本。此志未見刊本，亦無著録者。余僅見魏稼孫非見齋鈔本，亟録副以廣其傳云。貴池劉之泗識，己巳十月廿七日清晨坐畏齋南窗下。

據魏稼孫非見齋鈔本録副。己巳十月晦燈下公魯記。

大清一統志云：「九仙山在福建福州府城内東南隅。」樂史太平寰宇記云：「在福州東南二里，昔傳何氏兄弟九人於此學道上昇，故曰九仙。又越王九日宴於此，亦名九日山。」曾鞏道山亭記云：「城中凡有三山，東曰九仙。」即此也。府志則謂舊名于山，後改今名。上有峯曰鼇頂峯，亦曰狀元峯，爲宋陳誠之讀書處。南有小華峯，諺曰「三山藏三山」，現三山不可見，是山及烏石、越王其現者也。鄭樵通志云：「丁戊山，亦九仙山之友也，亦曰嵩山。以在郡城之中，故又名中山云。」十一月廿九清晨公魯漫志。

案樂氏言越王九日宴於九仙山事，當是「越王山」所本。疑非九仙山也。或越王即九仙之支耳。附記於此。

九日山或即越王山之别名。樂氏以爲九仙山者殆誤記耳。公魯又識。

壬申二月十七日午後，略點一過。惜原書已還，無從校勘，故有不能句讀處。若每條上之「宋」、「明」、「國朝」諸字，原在格外眉間，蓋所以記别者。然亦未盡如是。今悉以〇方圍别之。附識於此。公魯時寓吴門太平巷之固廬。

魏氏原稿皆行草書，此本悉依樣寫之，讀者幸留意焉。公魯又識。

福州府志言九仙山上有鼇頂峯，亦曰狀元峯。爲宋陳誠之讀書處。案：曾賓谷都轉賞雨茅屋集卷九，題宋本紹興策士題名録詩，有「紹興科舉奚足論，秦熺舉首還秦塤，寒門亦有陳誠之，策主和議乃狀元」云云，是狀元峯即因誠之得名耳。攷紹興策士題名録，即紹興十八年同年小録。曾詩有兹録大書十八年語，故知之。其初考官中，有左奉議郎守尚書祠部員外郎陳誠之銜名，是曾詩云云蓋泛論紹興科舉，非謂十八年狀元即誠之也。十八年狀元是王佐，并記於此。兼以識陳之職官云。壬申六月公魯坐吴門固廬之北堂。乙亥三月初八夜重改訂。

福州府志謂九仙及烏石、越王爲三山，頃訪陳石遺丈於胭脂橋，曾以「三山」爲問，丈云：九仙、烏石、屏山是。豈屏山即越王耶？容當請之，附識於此。乙亥二月十八夜。是日假得丈所纂福州通志之金石志七册以歸。泗。

據福建通志于山在閩縣，九日山在南安，是非一山明矣。于山即九仙山之舊名，附正於此。乙亥三月十二晨坐雙忠硯齋北窗，公魯。

樂史太平寰宇記謂九仙山亦名九日山，故凡九日山題名，悉已録出。但案之福建金石志，則九仙在閩縣，而九日在南安，是九日非九仙明矣。故復以朱點別之，都四十則，可另録其全文成「九日山石刻記」也。乙亥三月廿二日晨起坐金樓識。

秦曼青有魏稼孫手録金石書目，乃寄贈淩塵遺者，中有于山石刻一種，未標卷數，撰人則劉永松、郭柏蒼也。此本名九仙山石刻，而撰者止題郭柏蒼一人。所録諸刻，既不以年次，又不以山中各地分繫之，疑未成時稿本也。惟如重建羅山法海寺碑，不載全文，則未知其故矣。己巳殘臘，宣哲借讀。

求是齋碑跋四卷 一册

清武進丁紹基撰。華陽王文燾手校並跋。

紹基字聽彝。又字汀鷺。祖履恒，父嘉葆，仍世樸學，而汀鷺又能承其父金石之學。此碑跋四卷，繆藝風爲張石銘刻入適園叢書，華陽王叔僆據趙惠甫藏鈔本手校。大抵此刻爲後定本，故題跋多溢出趙本之外。叔僆爲雪澄秉恩子，家富藏書，尤好校勘。昔年常于書肆遇之，篤實樸素無宦家子弟習氣。晚歲貧困，藏書悉散，余得其校本數種，此其一也。憶廿年前賈人有得汀鷺詳批畢氏關中金石記者，以有紹基名，詫爲何子貞手稿，而筆跡又不類，强謂黄仲弢「基」「箕」可通用。余心識爲汀鷺，卒歸我插架。方擬條録成書，而日寇犯蘇，倉皇奔避。及歸，則殘帙遍地，已失所在。今閲此，忽有感于著書傳世有幸不幸焉，因牽連附書之。

汀字汀鷺，武進人。頌孫先生子，官直隸知縣。與修志乘，在蓮池最久，先後將十年。精輿地之學，尤酷嗜金石，吉光片羽，愛惜甚至。攷訂深切，丹鉛佈滿，不厭繁複，篤好可知。余分纂京畿金石，恒與商榷，每爭執一事，輒至赤項，然益余良多。此其所藏目也，余南歸，將解維，録此爲贈。己丑之冬，先生以憂歸，余遇於吳門，詢所得，則又益二千通矣。趙烈文識。

右趙惠甫題汀鷺先生藏碑目識語，壬戌立冬日，迻録于先生碑跋之首。王文燾識。

宣統壬戌得天放樓藏碑目稿本，與此本頗有異同，因以斠證，異處悉誌于眉。文燾識。

陵苕館續刻四種 二册

清道光二十三年錢塘高學沅雙鉤精刻本。會稽趙之謙、傅韡手跋。

此摹刻雙鉤漢碑四種：曰夏承碑，曰婁壽碑，曰劉熊殘碑，曰華山殘碑，爲錢塘高學沅所輯。學沅字小垞。富收藏，精鑒别，與勞顨卿、季言兄弟交最摯。不知何以書中不署姓名，又無序跋，令人茫然，不識刻者爲誰。書名續刻，其初刻亦未聞。觀封面及簽署爲趙次閑筆，然則全書當亦爲次閑所鉤摹督雕，宜其精審爲悲盦所贊歎也。惟此本夏承碑係覆刻乾隆壬辰會稽梁階平摹吳山夫本，吳本雖出華中甫藏宋拓，爲烜赫之品，實乃並非漢石原本。咸豐八年海寧許珊林摹刻孫仲牆本，于跋中指謂「承譌襲謬，愈形陋劣」者，而悲盦則歎爲精審得真，無過此本，乃未見許本，僅就雕鎸技術言之耳。嘗謂孤本碑版，由響拓而雕版，化身十百，賴以傳世，于版本中當爲别子；自珂羅版景印之術行，而此技遂絶，留此印本以供好古者摩挲玩賞而已。二十年前，携此過訪高野侯于梅王閣，言家無其書，有欲得色。余故惎之，要以畫梅，或治印相易。荏苒未果而書忽失去。至一九五四年楚弓重得，而野侯已墓有宿草，愧負良友，殆難爲懷。舊藏者山陰傅堇，字叔和。父懷祖，有灌園未定稿二卷，晚歲執事于蘇城紹興會館，曾走訪之，則金石圖書雖不多，無不陳列整潔，亦風雅之士也。

有「靈壽華館」、「松江沈樹鏞攷藏印記」、「鄭齋校藏本」、「沈樹鏞均初校讀之本」、「鄭齋沈樹鏞讀碑記」、「沈樹鏞校勘金石文字印記」、「鄭齋沈印」、「樹鏞」、「樹鏞私印」、「鄭齋金石」、「山陰傅堇夢齋收藏經籍金石書畫印記」諸印。

夏承碑　此碑在漢石中最烜赫，故摹刻者皆竭盡心力爲之，然精審得真，無過此本。「趙之謙」印右陵苔館續刻漢碑四種，凡二册。皆宇內單行秘本，夏承、婁壽、劉熊三種後，均附全文並諸家題跋。劉熊並附縮本，極爲精妙。華山殘碑並額，有阮芸台、汪容甫、劉燕庭、高叔荃題識，皆以原本付刊，迴鋒轉腕，摹刻入神，遠在小蓬萊閣、隨軒金石文字之上。惟流傳甚少，著録未聞。此爲吾鄉趙撝叔先生舊藏，書面有先生標題，後贈川沙沈韻初先生，册內前後有收藏印記十餘方，其寶愛可知。繼爲泉塘汪柳門侍郎所得，轉歸敂齋，翰墨有緣，良用欣慰。固不僅楚弓楚得已也。乙卯仲秋，古越傅芾記于吳門。

北朝元氏墓志考略一卷 一册

鈔稿本。

面葉題「癸亥重九江寧傅純録」，無作者姓名。共考釋五十篇，未加詮次，如出自原稿。案以石刻證史，可信者爲多，蓋出于當時人撰文，刻石不如棗梨傳刊，易致乖謬，即有諱言虚譽，是在讀者之善悟耳。元氏世系，魏書有闕文，北史又語焉不詳。近數十年洛陽諸元志銘大出，始得據以證補史之闕誤。此書大都以志之世系官爵與魏書互證，知史多刊削及舛誤。羅氏振玉亦據碑銘以撰魏書宗室傳補注。此似在先，雖搜集遜于羅書，而創始之功亦不可没。

瀛海戈氏藏印攷一卷 一册

瀛海戈汲昌撰。鈔稿本。

首題「瀛海戈汲昌香齋甫藏印攷」。所收漢、魏、晉官印攷釋四十八紐，博徵史傳，雖不及瞿中溶集古官印攷證、吳雲二百蘭亭齋古印攷藏，而亦翁大年之比。惜未鈐印文，中如「填蠻軍司馬」、「落索平難司馬」、「木工司馬」、「五度司馬」、「羅候司馬」、「募人陷陳」諸印，較爲罕見，可補史之闕。書眉鈐有「上官祭尊」、「軍曲候印」二印，並附攷釋。則似爲鈔者附入，其人蓋亦好古者，故録此以備攷也。舊爲貴池劉氏聚學軒所藏。吾友公魯讀書多加題識，惜此獨無，遂致其人莫詳。

頤素齋印景不分卷四册

清道州何慶涵藏，清光緒十六年原印鈐本。

古今印譜，收入隋、唐以後官印者，以瞿氏鐵琴銅劍樓印譜及此印景爲最多。羅振玉輯隋唐以來官印集存、貞松堂唐宋以來官印集存，大半取材于此，惟傳本均極罕見。日本太田孝太郎輯古銅印譜舉隅十卷，以所得羅氏藏本爲基礎，此譜列入卷八，而云「何詩孫藏印」，蓋失去周聲洋序，故不知實爲何伯源所藏也。昔年曾將序文鈔寄太田，屬其補入。案伯源名慶涵。爲蝯叟子。咸豐戊午舉人，刑部郎中。著有眠琴閣遺文，附刻東洲草堂集後，大興胡薇元撰墓志銘謂伯源「家藏古刻甚夥，悉條記真贋。凡彝器欵識，碑板流別，一見瞭然。集古印數百方，手搨成編，曰頤素齋印景。近今言金石者，咸交推公」。余素嗜古銅官印，以其可證補史志之缺誤。先後獲唐「蘭州之印」、宋「定州都商税務朱記」、金「都統之印」、明雲、貴土司諸印，清「江蘇按察司使印」等廿餘紐，常置案頭，與唐鏡等作鎮紙之用。近年地不愛寶，出土甚夥，安得好古者彙集攷釋，以續瞿氏木夫之書耶？

印之有譜，莫盛於宋、元之世，若宣和印譜、王厚之考古印譜、姜夔集古印譜、吾邱衍古今印式、趙孟頫印史，皆落落大者。蓋出其所有與嗜古者共賞之，甚盛事也。父執何伯源先生，承其家學，於金石文字，考訂精審。尤留意於印章，所藏古官私印凡若干紐，顧不欲以自私也，於是著之於譜，以公同好。溯惟印譜之作，蓋仿於金石圖象之書。然鐘鼎碑版，其製甚鉅，非縮摹不能入篇幅，展轉鉤刻，雖極工肖，然其神采氣味存焉者寡矣。印之大者，不過二寸以上，可以存其真於尺幅之中，展而視之，勁裝古服，炳然紙上。校之摹拓失真者，相去萬萬。其可寶貴，豈直金石圖象比哉？嘗見新安汪氏印譜，集古銅、玉、牙、甆諸製皆備，然猶有謂其真贗雜收者，雖富而未爲精也。今觀先生藏印，不過四五百枚，而佳品多汪氏所未逮，即躋之宋元諸家，亦無愧色。宜乎嗜古者之愛不能釋也。光緒十有六年太歲在庚寅壯月，善化周聲洋謹序。

錫山古今藝文考一卷 一册

清無錫王直撰，弟鑑續輯。舊鈔稿本。

抱山醉經草堂文集與浦二田書云：「先兄有未成遺書，名曰錫山文獻。分爲二集，獻以載已往之人物；文以録邑人之詩文。獻集已有端緒，文集卷軸浩繁，功未及半。弟至上年四月，始整理遺書，閉關脩輯。」此書首標大題曰「錫山文集」，蓋即功未及半之一部分。輯藝文考，所以綜所録詩文之綱也。自後漢處士梁鴻集始，至元王逢梧溪集止。明以後尚待續輯。每書附以考證，略如晁氏讀書志、陳氏書録解題。如雖首著梁鴻集，而辨鴻之未嘗寓錫，後人訛以皇山爲鴻山，謂「因鴻居是山而稱之。萬曆秦虹州志以後，遂均載鴻入流寓，由來已久，今姑存之」。並不以仰攀古賢爲榮。其他辨訂舊志之譌者不一而足。尤袤全唐詩話，四庫提要因袤卒于光宗時，而此書自序年月，乃題咸淳，時代殊不相及，遂定爲賈似道假手廖瑩中而僞題袤名，譏毛晉之失考。此考則據萬柳溪邊舊話載：「尤焴，年十九登寧宗嘉定元年進士，乃袤之孫也。卒年八十有五。」自登第之年計之，乃卒于咸淳十年。則全唐詩話自是焴輯，其作序時，蓋年八十二矣。並附録艮齋雜説，所考略同，而序末題遂初堂書者，自用其祖居舊名，可以無疑。提要之説，殊屬影響。范晞文對床夜話，傳本均題爲錢塘人號菊莊者所著。此考謂「于華氏劍光閣假得鈔本，首列『孤山人范晞文』」。按孤山人乃范致大號，弘治無錫志文學傳載：「范致大號甘泉生，又號孤山人。著金帚集」，因疑夜話爲致大作，而附其説于金帚集下。則錢塘雖自有孤山，而晞文不聞有此號。二人同姓，或因致譌，亦可備參攷。又引宋史杜鎬傳云：「鎬博聞强記，太宗每得異書，多召問之。鎬必手疏本末以聞。」藝文志「鎬有龍圖閣書目七卷、十九代史目二卷、太清樓書目四卷、玉宸殿書目四卷」。又引楊龜山李夔墓志云：「夔舅氏大資政黄公，公幼孤，鞠于外家，黄公授以書，過目即成誦。平生惟嗜書，無他好。幼學嘗苦無書，既仕，節衣貶食，積書之富，至與巨室名家埒。」李晦事文類聚刊誤諸書考云：「顯翁外祖尤梅澗，幼嘗育于其家，從學梅澗，濡染尤氏汲古之癖，收藏之富，與文簡遂初堂相埒。」則錫邑宋代藏書，人皆知尤袤遂初堂而不知杜鎬、李夔其先河，而李晦其後勁也。此書原附鑑撰醉經草堂集後，今别出之。

竹汀日記鈔三卷 一册

清嘉定錢大昕撰。弟子錢塘何元錫編次。崑山馬光楣手鈔並録清諸城劉喜海、吴縣潘祖蔭批注。竹汀日記鈔二卷夢華館原刻本外，有潘氏滂喜齋本、章氏式訓堂本。潘刻以朱色套印，劉燕庭批注尤精，而傳本極罕。余有一本，恒珍視之。此爲伯寅效燕庭例，據所見宋、元本批注于自刻本上，大都爲楊協卿、朱子清、翁叔平所藏及坊肆所遇，頗足以廣見聞。蓋自隨齋批注直齋書録解題，後之治目録版本者，往往仿之。如錢夢廬之于愛日精廬藏書志及燕庭此書是。而邵位西、莫郘亭之批注四庫簡明目録，又藉以自成專書，學者稱便也。馬君眉軒授徒于青島吴蔚若外叔祖郁生家，見之案頭，借録而重分爲三卷。惟潘録夢廬語，往往混入，今爲删除，而仿曝書雜記例，全録以資參攷云。

玉海元印本亦非難得，三四年前在三槐堂見一部，紙墨頗佳，價亦不昂。

辛未五月十三日見楊彦合所藏書：宋槧端明集，朱少河跋。精鈔補寶晉山林集，華夏印。南豐文集五十卷，王蘭泉印、朱少河印。三蘇文粹小字本。孫尚書尺牘，子昂印、伯昂印。吕東萊集，安樂堂印。吕惠卿莊子解，潘雲獻印、吳元恭印、季滄葦印。本草衍義，季滄葦印。政和證類本草，吳元恭印、顧伊人印。昌黎集廿一行本。范文正集，季滄葦印。後漢書，王尗邊刻本，季滄葦印，毛子晉印。史記百衲本，毛子晉印、汪閬原印。復古編，李希文印、李芾圖書。巾箱五經，曾協均印。史記蔡夢弼本，汪閬原印。柳集九行十七字本。書集傳，安樂堂印。禮部均略，汪閬原印、顧仁效水東館印、夾山人書畫印。金板戈唐佐增節標目音注精議通鑑，滄葦印。元板鄭樵爾雅注，昆虔子固印、毛子晉印、經術堂印。中菴集，劉敏中撰，安樂堂印。媿郯録，鄭定刻，與柳集同。擊壤集十五卷，建安蔡氏本。花間集，徐健庵印。爾雅，雪窗書院本，怡府印。後村集，元翻宋本。巢氏諸病源總論，元刻，怡府印。永明禪師注心賦，怡府印。

庚午臘月，所見子清藏本：陸士龍集，蜀本。禮記，余仁仲本。韓小亭藏，上有玉雨堂印。仕學規範有袁忠徹印。張叔未鈔補才調集，有滄葦印。周禮大字本，古靈集大字本，有煦齋印。又一本，壽松堂印。翻譯名義集，有汪閬原印。通鑑總類、古史、史記，俱蔡夢弼本。左傳句解、説苑、通鑑紀事本末俱大字本。農桑輯要，元大字本。有明善堂印、安樂堂印。藝文類聚缺筆至「構」字。左傳阮華山本，疑是嘉靖間重刻。風俗通，有遵王安樂諸印。兩漢會要大字本。釋氏稽古略、東漢會要，馬笏齋藏本。陳均皇朝編年備要，有五研樓、袁壽皆、百宋一廛、汪閬原、三十五峯主人、郁泰峯諸印。

河東集朱修伯有明影宋鈔本，頗精。

史記蔡夢弼本，朱修伯、楊協卿均有。修伯又有北宋刊本，行欵與夢弼本同，字體嚴整，紙墨更精。

孔叢子宋咸注，陳襄撰有一部，係宋刊巾箱本。

釣磯文集，朱修伯有影宋鈔本，頗精。

史記中統本並不難得，余曾見二部。行欵與蔡本同，刻工紙墨均遜耳。

續通鑑長編，翁叔平有宋刊本，係一百零八卷。太祖至英宗事。

臨安志曾見一部，宋槧，在寶文齋，已售去。

鄭樵注爾雅，楊協卿有元刊本。又有咸淳本義一部，刻工紙墨絶佳。

明翻小字本玉臺新詠與宋刻無異，行世者多明刻耳。

前年在吴門緑潤堂見新唐書一部，係宋刊本，行欵與此本同，甚精。

宋刊柳集，前在文貴堂見一部，係濟美堂所刻原本，刻工頗精，中多缺葉。

後村集五十卷，李名之郇有宋刊本，楊協卿有元仿宋本。

胡氏傳纂疏，元刻本。在寶文堂見一部，不知已售去否？

北史，係南監舊本，尚多。

詩集傳，明翻宋本。行欵同，書口下列刻工姓氏，亦與宋刻無異。惟紙色稍遜耳。余得一部，已歸協卿。前余有宋刊書集傳，每葉廿行，刻工甚精。後有朱鑑序，行書，頗佳，係是第一刻本。已歸協卿處，可惜。

漢書，朱子清有北宋本，甚精。行欵與夢弼本同。子清又有蔡刻本，亦佳。後漢書，子清有夢弼本，均精美，皆去年所購。

增韻，余有一部，係宋刻本，板式極大，紙墨甚精。翁叔平有宋本集韻，刻工頗佳，惜有漫漶處。朱修伯有述古影宋鈔集韻，精美異常。版心較翁本頗大，又是一本耳。余又有押韻釋疑一部，係嘉泰刻本。楊協卿有禮部韻略一部，宋刻本頗精，板式與增韻仿佛。

左傳注，子清有宋余仁仲刊本，精美異常。又有余仁仲刊禮記亦精，皆去年所得。又有宋慶元中沈中賓刊周禮注疏五十卷，疏在前列，注附疏後，係賈疏原本，爲希世之物。每葉十六行，每行大字十六，小字廿二。

前見寶文齋宋淳熙本文選一部，單李善注，即胡刻底，多五臣同異一册，係影宋鈔，不知何人購去。可惜。朱子清亦有一部，五臣同異係刻本，更妙。

論語注疏，即阮刻底本，世稱十行本，其書尚多，不甚佳。

宋刊篆韻，在滬上見一本，不知子清購否？

朱子清有元刻圭齋集，頗精。余在滬上亦見一部。

寶文齋所見書：李善注文選，元板。通鑑二種，索價七百金。王注蘇詩、元板蘇詩，二種索價二百金。元板宋史，索價二百金。元板南史，索價八十金。元板荀子、元板郭茂倩樂府詩集，二種索價二百金。其值太昂，不能購也，姑記于此。

宋文鑑，以天順張刻爲最，晉府本不足取也。

朱修伯有元刻詩演義，小字，精好可愛。

兩漢會要，朱子清有宋刻本，刻工紙墨，無不精美可愛之至。又聞有影宋鈔本五代會要，亦絶佳。宋刻小字五代會要，在滬上曾見一部，中多鈔補。媿郯録宋刊本，去年廠肆見過，不知何人購去。胡傳見宋小字本，在東同文堂，傳文亦低一格，現已售去。

日本刊論語義疏，曾在滬上見過。板心刻「聽松閣」三字。

三國志子清有南宋本，行欵與蔡夢弼本仿佛，亦去年所得。

元刊吴校注國策，極古雅可愛，余前有一部，已歸子清矣。

證類本草，楊協卿有宋刊大字本。余有本草衍義一部已歸協卿。又有宋刊小字本寶慶本草折衷，題「宋陳衍編定」，原書廿卷，現存卷一至卷三，卷十三至末，共十卷。前有東坡等序，書法甚佳。

潛采堂，朱竹垞堂名。凡舊書有「檇李潛采堂印」者，此納蘭成德得曝書亭書，以此印印之，非竹垞自印也。曝書亭之書，多歸于納蘭侍衛。

有謙牧堂印者有二，一曰「謙牧堂藏書記」，此用于前；一曰「兼牧堂書畫記」，此用于後。謙牧堂書傳之曹楝亭，漢軍鹽政。有長印曰「楝亭曹氏藏書」。楝亭傳其甥，印曰「長白傅察氏」者是，有方印曰「長白敷槎氏」、「堇齋」、「昌齡圖書」印。

曹溶又有二方印，一曰「曹溶之印」，一曰「潔躬」。

竹垞亦有方印曰「秀水朱氏潛采堂圖書」。

有圖書曰「慕齋鑑定」，其下必有方印曰「宛平王氏家藏」，慕齋王氏號也。

蔣繼軾有「西圃蔣氏手校鈔本」印。

國初人藏書，有胡茨村者，未之知。俟考。

沈均初齋中所見：小蓬萊閣所藏漢石經，孫北海所藏漢石經，羅鳳公、乘伯喬永元石刻三種。趙晉齋、張叔未所藏劉熊碑、李昭碑、王先生碑、許真人井銘，宋裝，巴僊堂、趙晉齋物。元靜法師碑二本，一陸謹庭所藏，一張尗未所藏。張遷碑，翁覃谿所得。羅兩峯本孔宙碑、禮器碑皆翁覃谿物。閣帖祖本一册。王稚子雙闕，黃小松、劉燕庭物。舊館壇碑。

附録孫銓百所見書：宋刻周易注初印本，繫辭以下鈔補，半葉十行，板心間有刻壬申重刊等字，疑是北宋本。在上海見。宋余仁仲刊公羊訓詁初印本，在薛觀堂處。宋刊史記初印本，兼正義，行款與王板同。在上海見。宋刊小字本晉書，初印本，半葉十四行，汲古藏。在馬二槎處。宋刊小字本通鑑紀事本末，初印本，半葉十四行。在上海見。元刊名臣事略，余勤有堂刊，小字，竹紙本。馬笏齋藏書。在上海見。宋刊琬琰集第四集，宋末坊本。各家書目未載。在上海見。宋刊大字本醫説，初印本。半葉十行，黃蕘圃藏書。在上海見。宋刊雞峯普濟方，傳是樓藏書。缺卷與翻本同。在上海見。宋刊小字本杜詩，無注，初印本。半葉約十一二行。陳仲魚藏。在海寧見。板心刻「淨芳亭」三字。元刊許丁卯集，竹紙，初印本。建安劉氏刻。第三行列「祝德子訂正」。分卷與席本同。在廠肆見。元刊劉靜修集，竹紙初印本。至正間刻。分廿二卷。在上海見。宋刊宋文選，坊刻，小字本。黃蕘圃藏書。在薛觀堂處。

可廬既勤著述目録不分卷 二册

清嘉定錢大昭、子東垣同撰。嘉慶時得自怡齋刻本。嘉定葛起鵬手校。

可廬父子，著述等身。先刊此序目，以待剞劂。計可廬十種，既勤六種。今十種中未見刊本者，爲詩古訓、爾雅釋文補、説文統釋三種。六種中未見刊本者，爲孟子解誼、小爾雅校證、補經義攷、稽古録辨譌、青華閣帖攷異五種。其中尤以説文統釋六十卷最爲鉅著。一序已洋洋三四萬言，全書可與同時段、桂兩家鼎足焉。道光時，錢師璟刊錢氏藝文，祇附刊其中説文徐氏新補新附攷證一卷而已。今此書及其他稿本不知尚在世間否，幸有此刻，猶得于序跋中得其辜較。此自序經可廬孫壻葛起鵬細字精校，眉識六十餘條，多增補證據。而「謝舍人不知旭、昻同聲」句改作「曹江都不知旭、昻異音」。注中案語更塗乙删改，非他人所得措手。則可知決出可廬自修，起鵬依手稿傳録者。惜後來重刻諸家，均未得見定稿也。起鵬，字飛千，亦字味荃。同治壬戌舉人。瀘州知州。少穎悟，有才子之目。工詩古文詞，留心金石文字及古泉幣，收藏甚夥。故鄉文獻搜葺尤勤。有食德齋詩文集等九種，見嘉定續志文苑。此爲當時贈武進張皋聞者。

光緒元默執涂先立春二日孫壻葛起鵬重讀一過，時年六十又一。說文統釋自序後。

有「張惠言印」白文方印，「泉印惠本」白文方印，「位立父」朱文方印。

翁盧碎金不分卷 一册

清大興翁方綱、餘姚盧文弨撰。手稿本。吳興劉承幹手跋。

覃谿手跡兩種，一爲摘録婁氏字原、顧氏隸辨所載石經殘碑，以備攷訂熹平石經之用。一爲臨義門、松崖手校周禮注疏摘記，并跋云：「癸巳十月之初，從門人姚正初編修轉假其友王史亭編修所録何義門、惠松崖校本。蓋何校而惠又校者，其中蓋亦不盡因宋本，然大約以宋本爲主。而今過録，亦不復注明某本矣。此月移居匆匆，又卧病旬日，是以一書兩函，遲至四旬而後校畢。十一月十三日青棠書屋南窗下記。方綱。」抱經手跡亦兩種，一爲與人書，論校大戴禮記。攷抱經堂文集卷二十，乃爲與陳立三以綱上舍書也。篇末有「昨與王太史書，有一條率意致誤，今始看出，爲面熱久之」廿二字。蓋謂與王懷祖庶常論校正大戴禮記書，以一條之誤而至面熱，可見老輩之虚懷。一爲録賈公彦序周禮廢興而眉加校語，于「是以馬融傳云秦自孝公已下」云云，校云：「馬融傳，謂季長所撰周官傳也。竹垞以爲衆漢書所作馬融傳，載之經義攷，其誤如此，嘗以語其孫稼翁，稼翁不願改，良可歎也。」所訂經義攷之誤至確。末附又一手鈔錢塘撰律寸攷、還宫説二篇，似已刻入溉亭述古録。盧、錢之作似皆就正于覃谿者。劉文翰怡不忍其散佚而彙裝之，余爲顔以今名，亦所以珍惜古人心血也。

有「吴興劉氏嘉業堂藏書記」朱文長方印。

今歲四月十二日，以番佛十尊與廣陵書賈湯君懷之，購于滬上。書則破爛已甚，命書傭周蓮根重加裝訂，俾免散佚。後附餘姚盧紹弓學士手校周禮廢興序，零星殘墨，棄之可惜，拾而存之，雖未足與癸丑、乙卯所得四庫提要，及各經附記稿本並藏，蓋吉光片羽，亦足寶貴云。辛酉孟秋朔日希古居士識。

兩罍軒收藏經籍碑帖書畫目不分卷 一册

清歸安吳雲撰。手稿本。

平齋所藏，古器物有兩罍軒彝器圖釋，秦、漢銅印有二百蘭亭齋古印攷藏，均已刊行。惟經籍碑帖書畫未及編印。此其手寫簿籍也。紅格，版口有「二百蘭亭齋金石稿本」九字。缺首葉，今存三十七葉，以小立軸、手卷、楠木箱、舊人楹帖、大軸箱、中軸箱、小軸箱、永言書屋畫箱、碑帖畫册、賬房橱分類，蓋便於檢取。所載孤本劇跡，多驚人秘笈。經籍如宋板中興館閣録、宋板新定續志、宋板參寥集、宋板吳郡圖經、宋板石林奏議、宋板編年通載、宋板東觀餘論、元板事林廣記。碑帖如宋拓石鼓文、宋拓二十九字、宋拓三闕、宋拓王聖教、宋拓張從申元靖碑、宋拓顏書元靖碑、宋拓大字麻姑仙壇記、宋拓麓山寺碑、宋拓王大令十三行、宋拓爭坐位帖、宋拓小字本仙壇記。書畫如范文正公字卷、朱文公易經殘稿卷、魏文靖公文向帖卷、蘇文忠公元方英詩卷、楊鐵崖海棠詩卷、元人五詩三札卷、李山風雪杉松圖卷、方方壺墓道圖卷、燕文貴山水卷、高尚書仿米山水卷、趙文敏董文敏禊帖合裝卷、沈石田鬬山行旅圖卷、文衡山江南春卷、唐六如復生圖卷、仇十洲北河圖卷等，不下數百種，可謂洋洋大觀。中有附注「送李中堂」者，合肥李鴻章也。「送錢子密」者，嘉興錢應溥也。「送張青帥」者，南皮張之萬也。「許信翁處」者，錢塘許乃釗也。「沈仲復借去」者，歸安沈秉成也。「李梅生借去」者，中江李鴻裔也。皆當時達官名流。蓋藉餽遺書畫以通聲氣。平齋自號退樓，何仍未能免俗？同時吳下寓公，談收藏者，沈仲復之鰈硯廬，李梅生之蘧園，亦可與平齋抗衡。乃身没之後，旋即星散。不如平齋有此簿録，後人猶得攷其崖略及授受源流也。

讀史論略一卷 一册

清無錫杜詔撰。清雍正辛亥門人華紳曾手鈔稿本並跋。

首行題「雲川閣集文三，雍正己酉」，次題「金壇王澍虚舟閲。錢唐王孫芸暢月、同里吳健文叔仝箋」。首王澍序及自序。自序略謂陽節潘氏通鑑總論，顛倒錯亂，雜以通套語、夾雜語、謎語、俚語，貽誤後世，因就正史，重爲論次。案明潘榮通鑑總論，清修四庫全書，列入禁燬書目。而通鑑易知録、綱鑑全史等陋書多附載之，故流傳頗廣。紫綸爲此書，不但正其舛誤，亦所以剔其忌諱，在當時自有助於啓蒙之用。紫綸少從嚴繩孫、顧貞觀游，擅倚聲。康熙間以獻賦受知，預纂修歷代詩餘及詞譜之役，聲譽甚盛。四庫存目至收其殘本雲川閣詩集九卷，亦創例也。查各家書目，雲川閣集有數刻：一、康熙三十九年庚辰，爲詩六卷、詞一卷；一、康熙五十二年癸巳，爲詩六卷、詞七卷；一、雍正三年乙巳，爲詩十四卷；一、雍正九年辛亥，爲詩十四卷、詞七卷；似遞加續補者。存目殘本存卷三至十二而無詞，當爲乙巳本。當時既有四刻，不知兩江何故以殘本採進，而館臣亦不求全帙，貿然入録，可謂疏矣。近許同莘有簡素堂油印打字本詩六卷、詞四卷。不言何據，蓋亦未見刻本，而文集則未之聞焉。此題雲川閣集文三，則當爲文集之第三卷。攷嘉慶時，吴省蘭輯入藝海珠塵，周中孚著録於鄭堂讀書記及光緒無錫金匱縣志藝文著録，皆爲一卷，知本爲單行。賴其弟子華紳曾手鈔，尚在刊本之前。

此爲故友封君衡甫藏書。

有「華亭封氏簣進齋藏書印」白文大方印。

陽節潘氏通鑑總論流傳於世數百年矣，然不能貫穿諸史，窺見要領。但拾取一二殘斷舊説，任意顛倒，略無本末。故褒貶失倫，紕繆百出，爲識者所姍笑。吾友杜太史雲川，恐其貽誤後生，乃取正史一一論次，本其所以興衰之故，元元本本，一綫貫穿，語不繁而古今理亂之端，瞭然如掌。不唯可以正潘氏之譌，由此讀二十一史，若網在綱，纍纍如貫。則斯篇也雖謂古今興衰之蓍蔡可也。瑯邪王澍書。

余撰讀史論略，蓋因陽節潘氏之通鑑總論而作也。其通首全無結構，前後顛倒錯亂。如論漢而忽入唐，論唐而又入秦、晉，六朝又攙入宇文、完顏。論君道而深貶漢文帝，極贊宋神宗，甚至劉裕、朱温，有褒無貶。論人物則王、謝、陶、阮、孔明、董子、霍光、韓琦、嚴光、馮道，錯舉不倫。其中通套語，夾雜語，不可枚舉。如明乎二帝三王之道以下數語，舜生諸馮以下數語，文義絶不可通。至若晉史，自帝魏、漢賊，明大義，廢帝爲王，唐經亂周，紀帝在房州，萬古開聾蒙諸謎語；周世宗稱爲「柴世宗」；「文天祥拜相」、「胡穎殺妖蛇」、「雲長秉燭達旦」、「陳三却衣凍死」諸俚語，尤可爲啞然失笑者也。世俗刊布通鑑小本，每以此冠諸卷首，學者多童而習之，貽誤不少。余因就正史，略爲論次，較潘氏似稍明順。第上下二千餘年，挂漏之譏，所不免耳。雍正庚戌冬杪詔自識。

陽節潘氏一論，爲三百年來家絃户誦之文。吾師乃直抉其紕繆，俾二千四百七年治亂興亡之故，瞭如指掌。其嘉惠後學之功不淺矣。辛亥三月，門人華紳曾謹録并識。

庚辛稿卷三

荀子二十卷 四册

明嘉靖六年許宗魯芸窗書院刻本。

每半葉十行，行二十字。白口，版心上有「芸窗書院刻」五字，中有荀子卷幾。白文，無注。首末無序跋，昔人著録均不知爲何人何時所刻。攷北京圖書館善本書目、劉氏嘉業堂明本書目均有老列莊荀揚文中六子全本，題「嘉靖六年許宗魯編刻」，是本即六子之一。明刻六子有數本：曰王鏊樊川别業本，曰周洄耶山精舍本，曰顧春世德堂本，曰桐陰書屋本，及又一不著刻者本。惟王本與此同時，餘皆在此刻之後。今最通行之世德堂則已在嘉靖十二年矣。然盧文弨、王念孫、王先謙校勘荀子，廣羅異本，均未見此。

案荀子舊本，宋刻外，以元纂圖互注本爲最善。盧氏謂其乃當時坊間所梓，脱誤差舛，不一而足。然正以未經校改之故，其本真翻未盡失。今攷此本，多與盧校元本合。知即出于纂圖互注本而去其楊注耳。以首二卷略校世德堂本，勸學篇「青出之於藍而青於藍」，此作「青出之藍」，無「於」字，與元刻合；

羣書治要作「青取之藍」，亦無「於」字，與唐人所見本亦合。「于越夷貊之子」，此作「干越」，與宋本合；而元刻作「于越」，則「干」「于」形近易訛。「君子慎其所立乎」，此作「其慎」，與元刻合。「玉在山而木草潤」，此無「草」字，與元刻合，惟「木」誤刻作「本」。王念孫謂元刻是也。「禮者法之大分，羣類之綱紀也」，此無「羣」字，與元刻合。王念孫謂無「羣」字是也。宋龔本同。修身篇「詩曰潝潝訿訿」，此作「噏噏呰呰」，與元刻合。盧文弨謂元刻與詩攷合。不苟篇「揚人之美」，此作「善」，與元刻合。「舉人之過惡」，此無「惡」字，與元刻合。盧校從之。「擬於禹、舜」，此作「舜、禹」，與元刻合。盧校從之。「是何邪是操術然也」，下「是」此作「則」，與元刻合；宋本亦誤。「故君子不下室堂而海內之情舉積此者」，此無「室」字，與元刻合。盧校據删。榮辱篇「橋泄者人之快也」，此作「憍」，與元刻合；宋呂、錢兩本亦作「憍」，盧校及劉台拱、王念孫皆據正。「危足無所履者也」，此無「也」字，與元刻合。盧校謂與注合。「知賢愚能不能之分」，此無「賢」字，與元刻合。王校從之。凡此皆合于元纂圖互注本而勝于世德堂本。惟既刻白文，而仍間有摘注字義及反語者，則殊爲蛇足耳。

舊爲從兄韶九大成所藏。兄藏金石書畫極富，歿于一九四九年。其孫以精品千件捐獻江蘇博物館，餘則出以易米，余從書肆得此，以留紀念。

有「墀韶」朱文方印，「錫綸印」白文方印，「古銅里龐氏珍藏」朱文方印，「錫綸」白文方印，「銕耕」朱文方印。

荀子二十卷十册

唐楊倞注。日本延享二年平安書林覆刻明世德堂本。蘭室村犴次臨關脩齡校本。

此日本延享二年乙丑覆刻世德堂本。當我國清嘉慶十年。題「荀子全書」。首有延享乙丑播磨清絢序，享保乙巳物茂卿跋。訂十册。每册末有「松窗關脩齡校完」一行。卷二末有「文政二年己卯孟秋校畢。門人蘭室村犴次」兩行，下鈐「□貞」白文小方印二。己卯當我國清嘉慶二十四年。蓋蘭室臨其師之校本。

案關脩齡字君長，號松窗，又稱永二郎。河越人。江户儒者。初學于井上蘭臺，後寓昌平學舍多年，遂于漢、宋之學，粗究其淵源，主張折衷之學。享和元年四月五日殁。當嘉慶六年。年七十餘。所著有松窗論語異説、孟子詳解、高注戰國策補正、國語異説、韓館贈答集、松窗漫筆、松窗史稿。見日本人所著諸家人物志、鑒定便覽、江户名家箸所一覽諸書，知爲彼邦究心漢學名儒。蘭室村犴次待攷。

此書卷一，首題「松窗關脩齡參訂」。兼采諸家，五色燦爛，遍于四周。其引我國人説，自孫鑛訖方苞，以評論文章爲多。引盧文弨説，則曰箋釋，知曾見抱經堂本。其引彼邦學者校訂語，物茂卿稱徠翁説，外有山子云，桐蔭云，春臺云，英云，四明云，頓來翁云，效云，羅山云等。春臺者，爲太宰純之號，純字德夫，又號紫芝園。信州飯田人。殁于延享四年，春臺博學洪識，天文、曆律、算數、字學、音韻、書法等無不該通。其讀書精詳緻密，一字一句不苟。漢孔氏傳古文孝經，我國久亡，獨存日本。春臺因校正諸博士所傳，作音注刊行。即鮑廷博收入知不足齋叢書者。著有論語古訓等三十餘種。桐蔭者，爲永田善家號，善家字敬藏。美作苫田郡津山人。德川中期之儒者。學于伊藤東涯，歸鄉爲侍講，交稻垣木公，盡力于藩內子弟之教學。餘俱待攷。松窗詳羅各家校訂，博徵羣書，推闡文義，殊多可采。王先謙撰集解，概所未見。以勸學篇爲例，「于越夷貊之子」，楊注：「于越猶言吳越。」校云：「于越，注非。汲冢紀年『周成王二十四年，於越來朝』。定五年經『於越入吳』。注：『於，發聲也。』淮南原道訓『匈奴出穢裘，於越生葛絺』注，於，發聲，於越，夷語也。案：越言于越，猶吳言句吳也。淮南繆稱訓『艾陵之戰也，夫差曰夷聲陽，句吳其庶乎』，注：『句吳，夷語，不正言吳，加以句也。』」案與集解引劉台拱、王念孫作干、越二國之説異。「吾嘗終日而思矣」，校云：「孔叢子：『子思謂子上曰：「白乎吾嘗深有思而莫之得也，於學則寤焉。吾嘗企有望而莫之見也，登高則覩焉。是故雖有本性而加之以學，則無惑矣。」』説苑所記與今荀子文大同，亦以爲子思言，然則荀卿取之子思，其本出『吾嘗終日不食，終夜不寢』之語也。」案：孔叢雖僞書，亦有所本。據説苑，則漢時自有謂爲子思語者。與集解作孔子言異。「聲非加疾也而聞者彰」，校云：「彰，説苑作衆，大戴禮作著。」案：此集解失校。「蓬生麻中，不扶而直」，校云：「説苑説叢『蓬生枲中，不扶自直。白沙入泥，與之皆黑』。」案：集解載王念孫校，徧引洪範正義、褚少孫續三王世家、史記索隱、羣書治要證今荀子奪後二語，而獨未及此。「强自取柱」，校云：「柱疑折之誤，列子黄帝篇『兵彊則滅，本彊則折』。」案：集解載王引之校，引大戴禮「柱作折」而亦未及此。「故質的張而弓矢至焉」，楊注云：「質，射侯的正鵠也。」校云：「周禮弓矢職『椹質』注，『質，正也。樹椹以爲射正』。由此觀之，質亦正也。注非。」案：集解未及此。「君子愼其所立乎」，楊注「所立，即謂學也」。校云：「所立，謂禮也。論語『立於禮』亦是也。」案：荀子言學，以禮爲先，此説較注爲切。「金石可鏤」，校云：「漢書司馬相如傳『鏤靈山』師古注，『鏤，謂疏通之以開道也』。由此觀之，鏤有絶之義。」案：集解未及此。「爲善不積邪，安有不聞者乎」，校云：「積或息之訛音。性惡篇『積善而不息，則通於神明，參於天地矣』。」案：以本書作證，亦集解所未及。「故書者，政事之紀也」，校云：「之下恐脱所字。」案：以下文證之，當有所字。集解亦未及。「安特將學雜識志順詩書而已耳」，校云：「志字衍，當是習讀者音以『志』字，後來傳寫誤錯本文也。」案：與王引之校書者旁記識字，而寫者因誤入正文説闇合。而此以「志」字音「識」，正文當作識，其説更核。凡此均爲王氏集解所無，全書蓋不下數百條。他日有爲集解補遺者，此誠爲一珍珠船也。

有「小泉藏書」隸書朱文方印。

朱門授受録十卷　六册

清金匱吳鼒編。舊鈔稿本。

吳鼒，字大年，號容齋。乾隆元年楊名時以經學薦，會於是年成進士，授工部主事。以父憂歸。尋卒。弟鼎，字尊彝。乾隆十五年與顧棟高、陳祖范、梁錫璵同舉經學，尤有名。鼒著有易象約言二卷、洪範集注二卷、儀禮集説二卷、春秋修注四卷、未發質疑五卷及是書，見光緒無錫金匱縣志藝文，皆未刊。

此書十卷，以十干分集。甲集載從祀四先生，而西山之子孫遊朱門者附焉。乙集載正史有傳者。丙集載正史外黄氏日鈔所推爲高弟者。丁集載文集有問答，語類有記録者。戊集載文集有答問，語類無記録者。己集載語類有記録，文集無答問者。庚集載正史、日鈔、文集、語類之外，見于福建、江南、江西、浙江、湖廣等省通志者。辛集載再傳至八傳弟子。壬集附録上學禁。癸集附録中考證、附録下辨異。晦庵在當時雖被僞學之禁，而門人遍天下，尊崇之者易代猶盛。鼒博采羣書，分類編列，可稱詳備。此舊鈔本爲獨山莫氏舊藏。首册面頁書名五字，審係郘亭手筆。有「莫友芝圖書印」、「莫印繩孫」、「莫印彝孫」、「吴興劉氏嘉業堂藏書印」、「劉承幹字貞一號翰怡」諸印。

莊子因六卷 四册

清三山林雲銘撰。清乾隆二年修文堂刊本。清常熟趙元紹臨同縣陳祖范評點。趙元愷手跋。

見復于乾隆十五年薦舉經學，所著經咫、掌録、詩文集，均收入四庫全書。其書卷帙雖不多，而極謹嚴有法。此評點莊子雖多言文章義法，而亦有善談名理者。如評秋水篇「物之生也若驟若馳」節云：「郭景純遊仙句云：『淮海變微禽，吾生獨不化。』此不見道之言也。人生日在化中耳。」評知北遊篇「冉求問於仲尼曰未有天地可知耶」節云：「未有天地，則無矣。若言從無生有，則無與有對，無亦一物矣。故并無而掃之，以明有無一體，不可以先後分也。」有足資訂譌者，如評天道篇：「故書曰有形有名。形名者，古人有之，而非所以先也。」云：「所謂形名法術之學，當用此形字，今訛作刑，非。」評至樂篇：「萬物職職，皆從無爲殖。」云：「韓文公樊紹述墓銘『文從字順各職職』，用此。改爲識職，非是。」有辨别僞篇者，如評刻意篇云：「此及下篇，章法太整齊，義亦顯淺，不似莊筆。」評讓王篇云：「蘇東坡曰：『讓王以下四篇，非莊子所作。蓋其枝葉太麤，恐爲人所竄易。』案，觀史記伯夷傳首，則此篇竄入久矣。子長傳莊周偏引作漁父、盜跖，觀書心眼，何以反遜後人？」均可見其學識不同於尋常批抹家矣。臨寫者趙元紹，字孟淵。乾隆時諸生。著有總宜山房詩稿。孫原湘天真閣集卷五十二有序。此據其弟元愷跋知之。元愷，字叔才，號退菴。亦諸生。邵淵耀小石城山房文集卷下有傳。卷中則祇有其父同匯之印，同匯字涵泉。今印作「恒泉」。天真閣集卷四十九有傳云：「同匯闢梅圃數畝，顔所居曰總宜山房，益市圖籍，充牣其中。邑中名宿，多造之。」是爲著名藏書家舊山樓主趙宗建次侯之曾祖父。趙氏藏書，實源于同匯也。

有「同匯之印」、「恒泉趙氏」、「下榻山樓」、「開慶堂趙」、「趙押」、「非昔居士」、「舊山樓」、「趙章」、「趙印」、「不騫」、「鈞千珍藏」諸印。

讀莊子者，特好其文詞而已，所言之意，不深曉解，亦不必深曉也。若深曉，將不暇好之，而且惡之矣。無父無君，無善無惡，無君子小人，到彼精微處，亦無有我。夫文以載道也，然理外有文，則莊子是矣。○其爲人所習用之字句，亦既陳陳相因矣。亦有未經摭掇者，化舊爲新，存乎其人。○習用而昧所從出，誤用而失其本義，與混用而不辨其道之不同，及痴用而不悟其虚語無實，皆所當戒也。陳見復先生識。

莊子因六卷，陳見復先生點定。吾孟淵兄手臨也。猶憶乾隆甲寅，余時年十四，隨兄假館天龍庵肄業，每至課餘，輒臨數頁，且臨且繹，時有所悟，則紬繹家諸乘，互相參契。得意處輒呼至案側，口授指畫，多方啓發。無如心地蠢愚，靈機難瀹。迄今三十餘年，癡頑如舊，有負誘獎，殊可歎也。丙戌新秋，端居多暇，紬讀卒業，殊難爲懷，安得起吾兄於九京一正哉。噫！道光六年歲次丙戌七月二十八日申刻，同懷弟元愷謹識。

晏子春秋音義補正一卷 一册

吴縣陳舒撰。手稿本。元和孫德謙手跋。

舒字企董。清末江蘇存古學堂高才生。此爲其讀書札記，以呈政于協教孫益庵先生者。舒以爲與孔、孟並時，爲儒家言者，晏子、荀子而已。後人不别涇渭，以晏與荀之書等于詭譎支離之儕，擯斥不語。以焚坑罪荀卿，以墨氏譏晏子。今荀書有長沙王氏，囊括衆説爲集解。而晏子闃無古注，其抑塞更甚于荀書。陽湖孫星衍始作音義，定海黄以周繼作校勘記。參觀二家，間有疑者，復悉心研索，冀達其意云。

案孫氏音義爲早歲所作，據萬曆乙酉沈啓南刻本。刻入經訓堂叢書。晚歲復屬吴鼒覆刻元刻八卷本，顧千里爲之校勘，其勝義已于序跋中舉之，惜未及如所校他書之附刻攷證。黄氏校勘記即據吳刻，附于浙江書局覆刻本後，可補其闕。此書意在補正孫書，亦頗附訂黄説。内篇諫上「加冠」云：「景公加冠也。如外篇七第一章公召衣冠以迎晏子。是時景公卧病，善晏子之解惑，故起加冠，而以梁邱據、會譴之職與之，所以以禮命之也。校勘記盧校本以此有加冠二字，于上『公曰然』下，注『晏子免冠曰』五字，疑非。」又「不易行以續蓄」云：「續蓄，音義未詳，續蓄與近過乃偶句。續，史記扁鵲倉公傳『刑者不可復贖』與續同，則續、贖可通用。蓄疑菑之誤，形相似也。齊民要術崔寔云：『六月可蓄瓠，一作菑瓠。』則此贖蓄，或是贖菑之意。菑，災也。言公不改伐宋之行，以贖其災害，故下云『進師以近伐，無罪之過也』。又下文『鼓毀將殪』，言鼓毀壞，將死亡也。于此可見上文續蓄爲贖災明矣。」若此者不下數百科。益庵先生許爲「按之原文，皆怡然理順，涣然冰釋者」是也。惟所見版本與所采資料尚嫌未廣，王氏讀書雜志僅據校勘記所引，而俞樾、孫詒讓、蘇輿所校，均似未見。然後人如有爲晏子集解者，固必加采摭也。

吾蘇存古學堂雖不久即廢，然當時師資之盛，造就之弘，有足述者。吾師曹叔彦先生元弼爲經學總教，孫伯南先生宗弼副之。葉鞠裳先生昌熾爲史學總教，沈綬成先生修副之。鄒詠春先生福保、王捍臣先生仁俊、唐蔚芝先生文治、遞爲詞章學總教，孫益庵先生德謙副之。其肄業者，多一時俊彦。如松江杜君經侯肇綸，詩、禮之學，卓然經師。兀兀畢生，著書滿家。已于去年謝世，遺稿贈上海圖書館保存。則幾世無知者。因惜未能如學古堂日記之例，彙刻諸生札記如此書者，成爲鉅編。而今則散失殆盡矣。

諸子無古注，其傳者若楊倞之于孫卿，高誘之于吕覽，不過數家而已。然訓釋章句，而于專家之術，則未有得也。余于通攷、要略以外，别成通義一種，皆辨析異同，撮題旨要。今已成者，若荀、吕諸書，均已卒業。至晏子春秋則每病吾家淵如先生音義一書，尚多疏略，欲從事者久，而牽率塵雜，迄未皇暇焉。陳君企董潛心嗜古，以春秋一編，肆業及之。爰取孫氏所未備，並間有違失者，爲之補其遺闕，正其紕繆，攷覈精審，無近代漢學家繁徵博引之弊。按之原文，皆有怡然理順，涣然冰釋者。是不特陽湖之諍友，實乃晏子之功臣也。夫晏子之書，漢志列之儒家，觀其開宗明義，首舉禮義以救莊公尚勇之失，斯即孟子初見魏王告以仁義之指也。自唐之柳宗元以爲齊之墨者所作，于是後史著録遂部次墨家。文人無學，孫氏作序嘗誹斥之矣。企董于此雖未與之辨詰，然其命名曰音義補正，則亦體例然也。許君有言曰「曉學者達神恉，庶有達者，理而董之」。余于是書，蓋亦云爾。辛亥夏五元和孫德謙。

鄧析子二卷 一册

景宋鈔本。清長洲陳奂、馬釗手跋。

南宋刻本，每半葉十一行，行十五字。舊爲季滄葦所藏。此景鈔本爲吾吳馬遠林影鈔以呈其師陳碩甫先生者，詳跋語。首葉雖有斷爛缺字，然序與卷上正文銜接，與南宋浙刻本管子同。猶存唐寫卷子本舊式。光緒時江山劉履芬曾據以覆刻，摹勒甚精，譚復堂爲撰校文。孫仲容又撰拾遺。大都據意林、繹史及許邁孫舊鈔本，又下己意審定。見復堂日記。今劉刻傳本已罕。校文更所未見。祇俞蔭甫著書餘料及仲容札迻各有校語若干條而已。

有「曹印元忠」白文方印，「君直手痕」朱文方印，「箋經室」朱文方印，「句吳曹氏收藏金石書畫之印」白文方印。

吳君子魚借得宋本鄧析子，影抄副本一通，原書卷首半葉斷爛。序文左側有「季振宜藏書」印，蓋季滄葦舊物也。書中慎字缺筆，此本當刻於南宋孝宗以後。兹從子魚借鈔一部，書中脱誤，未敢臆改，以存宋本面目。時咸豐七年重陽日，長洲馬釗跋。

馬釗令伊子文藻爲余精書副本，余按文辭似戰國人口胳，或戰國人學鄧析竹刑之學，故名之曰鄧析子與？鄧析被殺於鄭駟歂，見左氏定九年傳。陳奐記。年七十二。

劉子一卷 一册

北齊阜城劉晝撰。明萬曆六年吉藩崇德書院刻本。清烏程嚴可均手跋。

每半葉十一行，行廿二字。白口，魚尾上有崇德書院四字，魚尾下書名，下方有刻工姓名。白綿紙印。字體極樸茂，故昔人多誤認爲明初刊本，實則爲萬曆六年吉藩所刻二十子之一。今北京、上海兩圖書館皆有全書。題「明謝汝韶編」。案明史諸王世表：「吉藩宣王翊鑾，隆慶六年封，萬曆四十六年薨。」

是書刊于萬曆六年，當爲翊鑾所刻，而謝汝韶則其賓佐也。首序不署名，亦當爲謝汝韶代翊鑾所撰。所引宋太史語，見宋濂諸子辨，惟濂據唐志認爲梁劉勰撰，并謂「今考勰所著文心雕龍，文體與此正類，其可證不疑」。而此序則謂「唐志十卷，直以爲劉勰。然觀勰所著文心雕龍，辭旨偉麗，且又卷數不同，非也」。是又暗駁濂説，其識當在濂上。世傳有宋刊巾箱本，今未見。而周子義本外，程榮、何鏜、孫鑛諸刻，皆在其後，在明刻中，當爲較善之本。至道藏中袁孝政注本，余昔有張紹仁借黄丕烈校本録于程榮本上，朱墨爛然，殊爲悦目。惜已失去，不得與此並讀也。首有嚴可均手跋，陰駁四庫提要。已載鐵橋漫稿。書面右腦，書名册數，爲武進費念慈筆。

有「嚴可均印」、「鐵橋」、「蔣香生氏」、「秦漢十印齋收藏記」諸印。

劉子五十五篇，北齊劉晝撰。余向得程榮、孫鑛等本，聞有宋巾箱本，未之見也。今得此於吴山書肆，是明初崇德書院所刊，行墨疏古，閲之豁目爽心，可稱善本。前有序，簡而覈。惜不題名。劉子言治國修身之道，有大醇無小疵，而晁公武乃云「辭頗俗薄」。近人編書目者，又云「九流一篇，全襲隋書經籍志之文」，隋書非僻書，何得説夢？道光戊子八月朔，嚴可均書于錢唐寓館。

淮南子正誤十二卷 一册

清海康陳昌齊撰。清吴縣孫傳鳳手鈔本並跋。

余讀王氏念孫讀淮南子雜志有引陳觀樓校語，恨不知其人。後讀石臞先生遺文陳觀樓先生文集序，謂「先生粤東碩儒，生平於書無所不讀。所著書如經典釋文附録等若干種，其攷證皆有以發前人之所未發。其學旁推交通之中，加以正譌糾繆。每發一論，皆得古人之意義，而動合自然。余所見綴學之士，既精且博如先生者不數人也」。其推崇可謂甚至，又恨不得其書。一日老友孫君伯南宗弼出其先人得之先生手鈔淮南子正誤見示，爲之狂喜。亟倩友傳鈔一本而還之。後觀書於南潯劉氏嘉業堂，有賜書堂集，又鈔得經典釋文附録、新論正誤二種，并嶺南叢書所刊測天約術、吕氏春秋正誤、楚辭辨韻。所未見者尚有大戴禮記、老子、荀子、歷代音韻流變攷、天學脞説、臨池瑣語、營兆約旨、囊玉秘旨别傳諸書。案張維屏國朝詩人徵略四十三引登雲山房文稿：「觀樓登乾隆三十六年進士第，官温處道，有政績。」并云：「其論學謂不當分漢、宋爲二，漢儒有傳經之功，宋儒有體道之實。漢儒所長在訓詁，宋儒所長在義理。且程、朱未嘗不從訓詁入也。今世宗漢學者失之拘墟。」是其主張漢、宋兼采，實在陳蘭甫之先。二人同姓，又同爲粤人，今則知蘭甫而不知有觀樓矣。曾釗面城樓集鈔陳觀樓先生傳：「在京師與戴東原、王懷祖善。東原論學少許可，好漫駡，獨折服先生。懷祖有子曰伯申，博學負氣，不肯下人。懷祖患之，命謁先生論大戴禮記，往返十餘，遂屈。」徐世昌晚晴簃清詩匯附詩話云：「觀樓博綜羣籍，戴東原校水經注，觀樓指其訛，東原爲之心折。邵二雲著爾雅正義，觀樓駮正三十餘條。爲通人所推挹類是。」而清儒學案遺之，則以未見其書也。至近人治淮南者若劉文典、吴承仕、楊樹達，亦未見其書，并未及其人，則傳本之罕可知。去年夏，因事返蘇，忽於書肆重見此鈔本，亟斥重資購歸。回溯借讀時，已越三十餘年矣。是書攷證之精，王氏已言之，書中亦多引石臞説，可見當日商榷古義之雅。王端履重論文齋筆録載其族父南陔紹蘭手札云：「淮南子校本，家懷祖先生校出誤處二百十一條，陳觀樓先生校出十五條，皆精當不可易。」雖所見或非全帙，而與懷祖並論，推服亦云至矣。卷後列同校刊後學受業六人，如曾釗、吴蘭修、儀克中、陳昌運等，皆粤之宿儒也。得之先生亦吾吴宿儒，名傳鳳。光緒己丑舉人。著述已刊者有汶民遺文、汶民叢稿。余又鈔得説文古本攷補證稿本，令子伯南世其學。吾師曹復禮先生爲撰合傳。此册爲從汪郎亭衡文粤東時鈔於試院。罕見秘籍，經師手跡，兩足重也。

有「汶民長壽」、「汶民讀過之書」、「汶民眼福」、「心淵假讀」諸印。

光緒戊子四月十七日始，二十四日止，鈔斁六卷于湟川使院之延青堂。卷六後。

光緒戊子五月二十日，鈔斁下六卷於韶石試院。卷十二後。

續博物志十卷三册

宋資陽李石撰。舊鈔本。臨餘姚盧文弨校。

是書未見明以前刊本，始著録于焦竑國史經籍志農家類。今傳世者，有稗海本、古今逸史本、格致叢書本、秘書二十一種本、唐宋叢書本。此據古今逸史本傳鈔，題晉李石撰，明吳琯校。末有門人迪功郎眉山簿黄公泰跋。其最誤者，不知石爲宋人。四庫提要已辨之。實則即不知跋稱方舟先生之爲石字，而黄公泰所署迪功郎，明爲宋代官制，不應無覩，豈有晉代人而有數百年後之門人哉！明人刻書之陋如此。此爲抱經詳校，云商本者稗海本也。他則雜引淮南子、論衡、洛陽伽藍記、述異記等書參校。其顯誤者則以意校録者多據以更正，而必注明于下，尚稱謹慎。卷三「李畋虞部該聞録」條，盧校云：「其名字見前，疑此書已爲後人所亂，故失其部次，知今本已非方舟原書。」又「仁善盛明曰舜」條，盧校云：「此出獨斷，而逸去三句。知方舟纂輯羣書，未免脱佚。」卷四「劉向校勘以來」條，「元帝克平侯景，收文德殿書歸江陵，凡十餘萬卷，周師焚之」。盧校于周師下補「入盡」二字，云：「乃元帝自焚耳。誤脱數字，今以意增。」則雖脱衹二字，而主客之意適反。卷五「一勝粱米」條，「搗爲圓如李大」，盧校云：「丸宋人每作元，或是欽宗以後避諱，此作圓，亦同。則于提要所舉石爲宋人，又得一證。」盧校逸史全部，爲周季貺書鈔閣秘笈。歷長洲蔣氏鐵華館、吳興蔣氏傳書堂而入海上涵芬樓，昔年曾見數函，欲傳臨一部，而望洋興歎。日寇侵滬，不幸遭劫。張菊生先生序燼餘書録謂何義門校本者，蓋誤記也。惟逸史中唐以前名著，尚間有傳録存世，而此等瑣録僻書，留心者尠，賴有此本，垂盧校一脉之傳，可謂幸矣。

有「郭宗泰印」、「友某」二印。

周史六韜六卷附逸文一卷 四册

逸文，清仁和孫同元輯。舊鈔本。

六韜以平津館叢書本爲最佳，出于孫怡谷、孫淵如手校，并附怡谷子與人所輯逸文。此即叢書底本，竹簡式緑格，每半葉七行，行十六字。繕寫頗工。先列目録，後接淵如序，猶存古式。刻本則去目存序矣。藝文類聚三十五、太平御覽四百八十五引六韜云：「武王問太公曰：『貧富豈有命乎？』案類聚引此句下有「將理不得其意」六字。又武王作成王，其下亦有脱誤，故置之。太公曰：『爲之不密，而不富者，盜在其室。』武王曰：『何謂盜也？』公曰：『計之不熟，一盜也；收種不時，二盜也；取婦無能，三盜也；養女太多，四盜也；棄事就酒，五盜也；衣服過度，六盜也；封藏不謹，七盜也；井竈不利，八盜也；舉息就禮，九盜也；無事然鐙，十盜也。取之安得富哉！』武王曰：『然。』」案：此條佚文，孫輯不收，或疑其文與六韜不類。郝蘭臯謂有益於治生。敦煌石室曾出寫本殘卷，存二百行，有篇目者二十。爲伯希和盜去，今藏法國巴黎國民圖書館。核之此本及逸文叙次，文字多異。尤足貴者，有逸篇全文八，如利人篇，今逸，治要卷三十一引，有删節；御覽卷六百三十八引，較完。趨舍篇，今逸，文選卷二十五盧子諒贈劉琨詩注，又卷四十一報任少卿書注，皆祇引「夫人皆有性」三句。禮義篇，今逸，初學記卷二十一、御覽卷五百二十三、又六百十，皆祇引「禮者治國之粉澤也」一句。大失篇，今逸，治要卷三十一引，亦不全。

動應篇，今逸，治要卷三十一引，無篇名。事君、用人、遠視三篇，今均逸。此則宋以後人所未見，而與人與嚴鐵橋、洪筠軒等當羨今人眼福也。高陽王君有三重民從巴黎攝影以歸，寶應劉君詩孫文典持以見贈。余欲印入紀年叢編未果。其内容詳有三所著敦煌古籍叙録，今著其大略于此。

有「李釗」朱文方印。

素問六氣玄珠密語十七卷 三册

題唐王冰撰。清吳縣袁廷檮貞節堂鈔本。海寧陳鱣手校並跋。

每卷題「啓玄子述」。據首序，稱爲其師玄珠子所密授，故曰「玄珠密語」。又自謂以啓問於玄珠，故號啓玄。案啓玄子爲唐王冰，見所注内經素問。然此書新、舊唐書藝文志及文獻通攷俱不載。始見于通志略，作十卷，宋史藝文志作一卷，一當爲十之誤；又有十六卷及此十七卷之不同，則分併有異，其實即一書。如此分卷十七，而序則明云十卷也。序云：「百年間不逢志求之士，遂書五本，藏五岳深洞中，先饗山神，後乃藏之。」又云：「傳之非人，殃墮九祖。」其言詭誕不經，乃方士之故習，故道藏收其書。至王冰注内經素問序，在寶應元年。孫星衍廉石居藏書記有此書鈔本，序題麟德元年；章式之先生鈺讀書敏求記校證因謂麟德元年甲子至寶應元年壬寅，相距至九十九年，寶應間人必不能於麟德年作序，以此致疑。不知自序固明言已在百歲外，非無知妄作，而實欲以之惑世。此本序不題年，尚較謹慎，然决爲僞書，則宋高保衡及四庫提要已言之。余謂兩唐書藝文志均不收，而始見于通志略及宋史藝文志者，其爲宋人所僞歟？

此爲吾鄉袁又凱家鈔本。藍格，每半葉十行，行二十字。欄外有「貞節堂袁氏鈔本」七字。嘉慶十五年陳仲魚借吳兔牀藏滬城成孚氏影宋鈔十六卷本詳校而兩跋之。吳本著録拜經樓藏書題跋記。此本亦著録莫友芝宋元舊本書經眼録，後入劉氏嘉業堂，一九五七年爲余所得。

有「五硯樓」朱文長方印，「貞節堂圖書印」朱文方印，「秘册」朱文長方印，「陳鱣收藏」朱文方印，「得此書費辛苦後之人其監我」白文長方印，「仲魚圖象」朱文長方印，「仲魚手校」朱文方印，「吳興劉氏嘉業堂藏」朱文長方印，「劉印承幹」白文方印，「翰怡」朱文方印，「翰怡經眼」朱文方印，「承幹鈐記」朱文方印，「貞弌鴻雪」朱文方印，「劉印承幹」朱文方印，「求恕居士」朱文方印。

元密一書，除宋版外更無二刻。又其書微渺難測，世醫亦不欲深究其理，是以所傳不甚廣，迄今日已成絶無而僅有矣。余購之廿年，即鈔本未獲一遇。歲乙亥，偶于葺城張氏得見宋刻本，一時驚喜，如覩至寶。詢之，云以重價購得。余懇借再四，始獲携歸，即命諸子弟力疾鈔之。近聞張氏本已充進御物矣。余獲借鈔，不勝幸甚。爰識其始末如此，後人其世守之勿替。滬城成孚氏。欣夫案：據拜經樓藏書題跋記，下有「潤娫之印」、「莘耕」二圖記。

唐王冰撰元珠密語十七卷，新、舊唐書藝文志及文獻通攷俱不載其目。通志略稱元珠密語十卷，不著撰人。按冰注内經序云：「辭理秘密，難粗論述者，別撰元珠以陳其道。」宋高保衡新校正云：「詳王氏元珠，世無傳者，今有元珠十卷，昭明隱旨三卷，蓋後人附託之文。雖非王氏之書，亦於素問第十九卷至二十二四卷，頗有發明。其隱旨三卷，與今所謂天元玉册者正相表裏，而與王冰之義多不同。」是唐時實有元珠一書，而宋人疑爲附託。但自宋以來流傳甚少耳。余得吳中袁氏貞節堂鈔本十七卷，與讀書敏求記合。復借同里吳氏拜經樓所藏舊鈔十六卷詳校一過，多所是正。其卷數不同，則十一、十二卷彼并爲一卷。因思宋人所謂十卷，當亦合并之故。舊鈔有成孚氏跋，未詳其人，今亦附録。惜五行類應紀篇彼本多脱落，以致文義不相連屬，猶幸此本之全也。嘉慶十五年除夕，陳鱣記。

讀書識小録二卷 三册

清新陽潘道根撰。手稿本。

當道光咸豐時，新陽有績學潛修之士曰潘潛確，其行事僅見鎮洋葉裕仁歸盦文稿中一傳，而著述未見也。吾友趙君學南首刊其晚香書札入峭帆樓叢書，王君嚴士又綜輯隱求廬日記節要交崑山圖書館印行。然皆非其至者，尚未足以窺其學問之淵博。三十年前，偶于書肆見此手稿前二册，賈人精加裝潢，居爲奇貨，余因未刊秘籍，不惜鉅資購之。查同治蘇州府志藝文著録此書而無卷數，葉裕仁傳稱二卷，張通理序稱四卷，而此題卷一已達一百十一葉，則知尚未編定，必有卷二、三、四各册，而今已佚之。一九五九年夏，因事赴蘇，又獲此第三册，蠹損殊甚，于首行書名下卷第，適遭齕蝕；而與前二册同題「抱遺老人潘道根涉筆，時年五十有三」，則知同一稿而分散者，雖猶未全，然牉合于三十年後，固可喜也。今讀第一册，大都攷訂論語、孟子、禮記及金石碑版，隨手雜記。每條首多加朱圈，似備分類重録者。末附沈敬亭先生四書拾遺節略及書異句。第二册首十葉爲古文析義批語，後爲校訂詩經，已全。第三册爲校訂左氏傳五十八葉，至襄公止。其下當尚有一册。其學承乾、嘉漢學家之緒，以音韻訓詁通之，以舊本勘之。于地理、月日亦細加推究。張序比之劉端臨經傳小記、李孝臣羣經識小。今案較劉書微不及，與李書則似驂之靳。潛確之學問于此可見，而惜未能付印。張通理序雖于潛確推挹稍過，而于其爲學之旨，言之甚切。兹附録備攷。

漢人説經，必守家法。家法者，墨守一家之學，而不爲異説所岐也。夫學不難于墨守，而難于兼綜；不難于兼綜，而難于獨斷。兩漢經師，惟北海鄭君則主于獨斷。故其爲功也尤鉅。吾邑潘潛確先生竺志好古，長于攷訂之學。所著識小録四卷，能于衆説分賾之際，尋繹經文，折衷一是。其力可謂勤矣，其識可謂卓矣。客有見是書而難余者曰：「儒者之于經也，所從者傳注耳。先生何不墨守一家耶？」余曰：「否，儒者之于經，亦求其是而已。是則申之，非則難之。彼墨守傳注，而曲爲附會，其弊與不從傳注，憑虚臆造者等。昔許氏爲五經異義，而鄭君駁之。何氏爲公羊墨守，而鄭君發之。究之而各成其是，于叔重、邵公何損乎？今觀是書，不主于墨守，而主于兼綜；不主于兼綜，而主于獨斷。先生其當世之鄭君乎？異日者傳之天下，其嘉惠後學，可與劉端臨經傳小記、李孝臣羣經識小並重，子何懵焉？」客以余爲然。余向也問字于先生，先生謬以余爲知言。聊書數語，以質諸當世能知先生之學者。時道光癸卯三月，後學制張通理拜撰。

東塾讀書記十三卷又三卷五册

清番禺陳澧撰。臨清萍鄉文廷式評點本並跋。

此書第十三卷西漢，原目注「未成」。廿年前廣州有補刻，云爲汪兆鏞所編，覓得一册，併裝入，單本孤行，今已不可復遇矣。

清代當乾、嘉間，漢、宋兩學派各立門户，而漢學爲盛。蘭甫出而調停兩派之爭，以折其衷。嘗謂漢儒善言義理，無異於宋儒。宋儒輕蔑漢儒者，非也。近儒尊漢儒而不講義理，亦非也。此書即發揮其所見，以鄭學與朱熹各列一卷，意在溝通。名言精論，學者多宗之。然由於治宋學者鮮，而欲與方盛之漢學並論，有時不免回護。道希爲東塾高弟，研讀是書，硃墨並下。雖服膺師説，亦不爲苟同。如卷六十四葉：「四庫總目提要云：『朱子從鄭樵之説，不過攻小序耳。至於詩中訓詁，用毛、鄭者居多。』澧案：朱子語類云：『文、武以天保以上治内，采薇以下治外。始於憂勤，終於逸樂。此四句儘説得好。』小序之精善，朱子未嘗不稱述之也。」道希識云：「朱子攻小序，似無可偏護，不必强爲説也。朱子雖有誤，自不害爲朱子，吾師處處爲彌縫，轉覺無謂耳。」又卷九十五葉：「朱子之補大學，不必補也。然所補之説，則無可疑也。疑之者約有兩端，一則以一旦豁然貫通，爲不知何日也。然不讀其上句云『至於用力之久乎，用力久者，必有貫通之一旦』，朱子安能爲後人定其何日。而後人反疑其何日，適足見其未嘗用力之久而已矣。」道希識云：「一旦者，悟之説也，不必曲爲解説也。此等皆我師過求斡旋處，適以開人不盡信從之端耳。」皆指出其回護朱子之過。又卷十一一葉論爾雅，謂「其後則有以漢代經注增入者，如釋訓『是刈是濩。濩，煮之也』。此顯然取之毛傳矣」。道希識云：「此語斷不敢從。」卷十二十一葉：「晏子春秋毀詆孔子者五章，劉向第録以爲非晏子言，疑後世辨士所爲者。澧謂蓋墨氏所妄造也。」道希識云：「毫無實據。」皆不墨守一説而有實事求是之風。蓋學問者，天下之公器，是是非非，不妨各抒己見。師弟之間，可謂斷斷如矣。卷十一五葉：「澧少時嘗刻所作六書説，有人抄襲之，刻入彼所著書。」道希識云：「此指林昌彝而言。」林氏三禮通釋，相傳抄襲他人之稿，得此而益可證信。道希純常子枝語卷二多録其師説。有云：「師云『微言大義四字，後世必以此壞經學。於所撰東塾讀書記，於孝經一卷曾一用之，擬即改去。此斬足趾避沙蟲之意也』。」廷式言：「『微言大義未遽壞經學，近來專好言西漢之學，乃真足以壞經學。此佛家所謂師子身中蟲自食師子身中肉者也。』師曰『然。』」知蘭甫生前曾與道希討論及此書也。道希原本舊在劉氏嘉業堂普通書庫中，因倩人傳録。至東塾雜俎，十六年前亡友郭嘯麓則澐爲古學院付雕，遂書索之。而適嘯麓病逝，未能與此爲侶也。

吾師之殁，八年於兹。山川邈然，神明在斯。書未及半，存者已而。説文誰上，禮堂不思。嗟余後死，撫卷漣洏。己丑十二月受業弟子萍鄉文廷式題。

西谿叢語二卷 二册

宋嵊縣姚寬撰。清吴縣曹元忠手校本。

令威此書，明俞氏鵝鳴館本，毛氏汲古閣本，皆二卷。四庫著録本爲三卷，不知何據。或三爲二之誤歟？其書多攷證典籍之異同，有極精審者，有失之穿鑿者，提要已條舉之。案其書考證舊文頗多精確。下卷記宋朝立班官制數事，尤與史志相表裏。然舛誤亦不少。君直先生隨手校正，如卷上：「李晦之一鏡，有銘云：『尚方佳貢大毋傷。左龍右虎辟牛羊。朱鳥玄武順陰陽。子孫備具居中央。長保二親樂壽昌。』」校云：「當是『尚方作竟大毋傷。左龍右虎辟不羊。』作誤佳，竟誤貢，不羊誤牛羊耳。未知竟即鏡，羊即祥耳。」案此鏡傳世尚多，均如所校。或令威所見者，銹蝕模糊，故未審歟？然亦不辭矣。卷下：「陶潛讀山海經十三首，用事今本多差誤，各爲注釋之。第十三篇云：『巖巖顯朝市，帝者慎用才。何以廢共、鯀，重華爲之來。仲文獻誠言，姜公乃見猜。臨没告饑渴，當復何及哉。』云仲文、姜公，未詳。」校云：「仲文恐是仲父之誤，謂管仲與齊桓也。桓公稱姜公，宋時避欽宗諱。」又云：「此用管子小稱篇事，以堂巫、易牙、開方、豎刁比共、鯀，而以管仲比舜也。『姜公乃見猜』，即桓公，言聖人固有悖而愎，四子卒致圍公室中，見婦人自竇入，告以飢渴之事。」據此知宋刻有作仲文之本，故令威云未詳。陶澍注未引此書，而引義門謂易桓爲姜者，避長沙公謚之嫌耳。則古未聞有避謚者。「自以避欽宗諱爲諦」，可補近人陳垣史諱舉例「避諱改前人謚例」之未及。又「上林賦『蜚鸓』，神農本草作『鸓』，音藟。飛鼠也。陶隱居『鸓是鼯鼠，一名飛生』。産婦持之，易生」。校云：「此十品方所謂飛生鳥也。使娠娘易産，服之。」又「異苑云：『魏武北征，踰頓，升嶺眺矚，見岡巒不生百草。王粲曰：「是古冢。此人在世，服礬石，葬而石生熱，蒸出外，故莽木焦滅。」即令發看，果得大墓，内有礬石滿塋。』據本經，礬石性寒。異苑云熱，蓋誤矣。」校云：「礬石皆礜石之誤，礜石大熱，有毒。洪容齋隨筆記之。」案先生精于岐黄之術，故此二條能精辨藥物。尤以礜石一字之校正，可糾宋本異苑之譌，而解令威之疑。于此可知，攷證典籍豈有涯哉。雖僅數條，不失爲零珠碎玉也。

論古閒眸一卷 一册

明無錫張韓撰。無錫孫毓修手鈔本並跋。

此書作者張韓生平事跡詳後臧庸堂、孫留庵兩跋。涵芬樓燼餘書録著録，題爲明人；實則據書中蘆溝門額兆讖條，謂「蘆溝門題順治，而順治二字清朝以之定號」。其人蓋已入清矣。其書辨論經史，時具獨見。臧跋謂閻潛邱、顧亭林皆推重之，是閻、顧皆或親接其人。庸堂謂足與深寧叟爭長。留庵謂論史如甌北劄記，非過譽也。惟古文尚書究有可疑條，雖證據尚嫌不足，然在明人，有此見識，已不可多得。至并疑史記、漢書所引，則剖析尚未分明。建文從亡諸臣實録條，深信史仲彬致身録，則未知史書之僞。

明沈德符野獲編及清錢謙益已舉十不可信，李映碧又舉四誣以辨之矣。原本藏涵芬樓，余昔年輯印紀年叢編，曾從借鈔。迄以脱文譌字，尚待校正，故未果印入。此爲孫留庵手鈔，每葉版格右欄上有「留庵鈔書用紙」六字，後有手跋。

張韓字幼韓。天啓間諸生。原籍常熟人，後移家梁溪。其文與歸元恭相伯仲，所著論古閒眸一册，發明經史，足與深寧叟爭長。當時閻潛邱、顧亭林諸名宿，皆推重之。惜未經付梓，故購覓匪易。仲春自嶺南旋歸，洪稚存先生以此册見示，因題數語於簡端。鏞堂記。

右論古閒眸一册，鄉先輩張幼韓先生之遺書也。先生行誼略具武進臧氏跋語中。無錫縣志文苑傳更稱先生喜昌黎文，足振八代之衰，故名韓。詩學陶、杜，家居食貧而不作呻吟語。遇良辰高會，跌蕩詼嘲，傾其座人。治經尤善于易。集其詩文曰率無雜著五卷云。此册雜論史事，如甌北劄記。太倉顧氏謏聞齋舊藏本也。鈔校未精，加以膩塵殘蠹，殘闕滋多，重其爲鄉賢未刻之孤本，假歸録之。其所不知，蓋闕如也。宣統庚戌二月上旬始，三月三日畢。鐙下留庵記。

酉陽舌瑣一卷

明華亭唐汝詢撰。清婁縣張爾耆手鈔本並跋。

汝詢字仲言。著有唐詩解、編篷集諸書，四庫收入存目。惟此書未見著録。其唐詩解，周亮工書影甚加推許。嘗過錢謙益于山中，酒間誦子虛、上林諸賦，杜、白諸長篇，鏘金戛玉，琅琅不遺一字，並佐校杜詩。見歷朝詩集小傳。仲言以一瞽人而著書滿家，世目爲奇人。此書中歷叙一則云：「余四歲，先府君授孝經。五歲喪明，授讀易本義注皆熟。十二三歲，同君實弟讀毛詩、四書。十七八倩人讀曲禮、左傳。二十四注唐詩解，細讀爾雅一編。惟尚書讀最晚，在朱敬韜舟中，彼家童阿佛曾讀此經三月卒業，亦精熟不遺。若公、穀、儀禮、周禮僅一過耳，未能口誦。」王西莊及吾師復禮曹先生亦以口授著書，然皆刻苦鑽研，虐用過度，學成而後盲。未有若仲言之五歲即喪明也。其耳受羣經，多能精熟，著書年又甚早。當時華亭陶令即有「目空一物，胸涵五車，實曠代異人，松郡奇士」之譽。誠不虛也。是書多記松郡掌故，不遺瑣碎。然謂「朱子詩傳，習制義盡宗之，遂不知有小序，然小序實不可廢。白鹿洞賦朱子仍以子衿爲學校，弟子進曰：『先生既指爲淫風，奈何自倍？』曰：『舊説自不可盡廢也。』」則陳東塾讀書記之前二百年，正科舉極盛時代，仲言早已言之，更可謂獨具卓識。又謂「中郎曹娥碑陰八字，人但知楊修之解，而不知二語有韻。婦叶文有切，十九首有之；臼上聲，用韻讀之，更見古人下筆不苟處」。亦爲發前人所未發。又言嘉靖間名醫沈虛明針刺産婦心口穴，及桐葉催生兩則，習聞爲吾吳名醫葉天士故事，不知其出于沈，亦可廣所聞。各條後間有附薗風吳氏云云，則爲康熙時吳恬立，原本有其序，今惜未録。

吾鄉文獻，近今甚少。乾隆庚戌，縣令修華亭志，頗苦無徵。所收者惟客諸偶鈔、雲間雜志、五茸志逸、説夢、據目鈔、秋谷集、三岡識略數種而已。以故康熙初年事迹，僅有魯志稿一册，稍具本朝大略。而自後百餘年並少紀載，正恐見聞單薄，遺漏太多，因録此書，爲之致慨。蓋緣帖括科目中人，留心掌故者，世不多有故也。孟公王陶手識。

咸豐丙辰八月，從東門話雨齋楊氏借録。伊卿張爾耆記。

説夢一卷 一册

清華亭曹家駒撰。婁縣張爾耆手鈔精本並跋。

家駒字千里，自號繭庵老人。明末華亭諸生。

此書今行説庫本作二卷。蔡顯閒漁閒閒録謂「華亭曹家駒，字千里，年八十七，著説夢上下卷七十三條，皆我郡事，楚檮杌、碧雲騢之類也」。周中孚鄭堂讀書記謂其「記滕昭、林潤、畢亨三名臣事，固爲有功，然其記他事，不免有聽信傳聞，言之過甚處」。皆有微辭。案松江府志卷五十七，謂「家駒不求仕進，爲人伉直，有經濟才。同里夏允彝爲幾社主盟，俯視流輩，獨與家駒爲忘年交。遇事敢前，不畏權勢，如白糧之官收官解，漕米之官收官兑，里中之均田均役，皆功在桑梓。而石塘之築，賴其力尤多。年八十餘卒，入祀崇闕報功祠」云云。家駒著有華亭海塘紀略，記元至正初至明崇禎末松江一郡塘工事宜，及工料銀數。曾見康熙刊本。今此四事，均詳載卷中。即以均糧而論，當時有田之糧，得意爲輕重。如某有田若干畝，有糧若干石，及其欲售，人乘其急而要之曰「非五升糧田不買」。其人迫欲得銀，即書五升以付之。迫一而再再而三，田將去盡而存糧尚多，如是則權勢之家田多而糧輕，貧民則田售而糧仍在。其不勝負擔，不得已而逃亡求生，里人又乘其厄而償税分田，其慘毒有如是者。如徐階當國十八年，擁田至五十萬畝。顧左山官僅大參，亦擁田八十萬畝。皆富可敵國，而所得皆「五升糧田」也。縉紳之士，朋比爲奸，但知吃白米飯燉爛肉而無有敢言均糧者。家駒無官守民社之責，獨起而籌之爭之，可謂不畏强圉者矣。自謂所志，就有生來目中所見者言之，而慨夫脩富貴容而炫赫耳目者，莫不化爲烟雲，蕩爲冷風，恍同一夢。故名其書曰説夢。所述皆翔實可信，不僅爲考文獻者所取資，亦説部書之上選也。

有「張伊卿藏書記」一印。

國初諸老，每喜記舊事以資志乘之采取。而自康熙至乾隆，百年來遺聞，無有從而筆之者。以致乾隆庚戌，縣侯程公明懐續修華志，博采經時，見聞寥落。予近録吾郡未刻諸書，以爲人間多寫一本，則人間多有一本，足以傳文獻之徵也。乾隆五十五年歲在庚戌嘉平之吉，汀西王陶手識。

咸豐丁巳正月張爾耆重録。

清儀閣筆記一卷 一册

清嘉興張廷濟撰。吴縣王欣夫輯。鈔稿本。

此余從叔未原稿本摘鈔其談金石古器物及詩文之作。一爲嘉慶十三年戊辰，一爲十四年己巳，一爲二十三年戊寅，一爲二十四年己卯，一爲二十五年庚辰。原稿爲日記體，中間每年首尾多闕，蓋殘本也。凡得一古器，見一名跡，必詳記其授受源流，及所得價值。交游多一時名士俊流，遺聞逸事，取之不盡。如己巳三月初四日記「謁見覃谿先生。談次，有先生之親串楊立山丈來，係癸未科進士，今年亦七十七歲。先生去年大病，客來總不得會語。楊丈云：『去年梁山舟屬其姪帶董思翁卷子來視，董字頗肥。後跋云「余向作字愛用瘦筆，近頗書肥，昔楊太真肥，明皇語之曰，飛燕防飛去，卿斷不得飛去。吾之書恐亦爾也」。此卷係真跡，余因戲與山舟書曰「兄今再飛之不去矣」，此得罪于友之語也。後與足下書云，「陌上花開，可緩緩歸矣。」此亦得罪于吾兄之語也。可發大笑。』」己卯四月十六日記：「朱履伯之親某大令官江都時，因濬河得古鐵刀一、鐵槍一、馬骨一具、建炎官印五。印貯江都庫，其家有印本帶歸，未曾見過。刀鐫馬某字，爲薩大宦取去。刀柄上綰一結。馬君懸五印，蓋南渡一大將也。身陷淤河，與駿俱埋，并不得馬革裹尸。聽之使英雄淚下。」又記：「陳仲魚同年一生勤學，其用功尤在許南閣一書。朱履伯云，乙亥、丙子兩年，寓居硤石，日取舊時所著説文正義盡情改勘，日課數字，遇客至少輟，夜必篝燈以補，雖嗽作不止。至第十一卷稿脱，病劇不能舉筆。今此書尚未斷手，可痛可痛。仲魚昔于黄蕘圃孝廉處，以銀卅六兩購宋槧易經一部。余昔年過仲魚寓，曾一經眼。朱履伯云，仲魚故後，此書蕘圃用原價購去。其宋本朱注詩經尚無恙。」庚辰十月廿日記：「趙晉齋語東墅，敬修昔年帶至揚州有碑文二捆，多是舊拓，余初檢一回，見甎塔銘全者一章，余了不留意，隨手翻過，且云全者斷無真理。所檢者約四五十種，許以銀十二兩。江鄭堂第二次檢，檢得十七種，擬定銀七兩。江歸，銀不出，以所檢之碑交余，託余還東墅。余因舉其所檢者細視，則甎塔銘竟是真本。余因交還東墅云，余檢一種，歸以銀二兩。後鄭堂忽得銀，復向東墅索所檢之碑，則知塔銘爲余所買。索問余要，余靳不與。後經蘇州留耕堂書鋪徐九老手，賣洋錢十六枚。聞徐賣與徽州客，得洋錢三十枚云。賈似道刻蘭亭一種，後有跋，石本，刻于揚州，石已不存。余偶于破書肆中買得一紙，爲江鄭堂借看。江有信與余，『云此本係揚州物，今合贈余，故留之，以報甎塔銘之仇也』。余笑而許之。」「黄蕘圃築讀未見書齋，人笑之曰，『賣未見書齋』。汪燦庭家與阮制軍聯兒女親，因大買宋版書，而黄蕘圃、顧鑑屏于此大獲其利。今汪已興闌矣」。「昔得金時石經數紙于書肆中，秦敦甫再三慫恿寄翁覃谿先生索題。翁回信亦無，今無從問矣」。「錢梅谿所刻論語石經一段『求之與』數語，自是假造。越州石氏本已不可得，焉有漢刻而忽得者乎？」凡此雖屬瑣屑，而乾、嘉文士情狀如繪。又于戊辰、己巳兩年六月十九日，並于八甎精舍置酒爲漢永寧元年六月十九日甎壽。則于前人祭詩、祭書外，添一壽甎佳話。戊寅二月二十九日，記所見金石：「趙次閑藏二巨册，册首四大字，爲梁學士行書。册後有其尊人素門翁一跋。」案素門名篔，字典承。錢塘人。乾隆戊辰進士。湖南永順知縣賢子。見潘衍桐兩浙輶軒續録卷十一。今見其所藏書題識及鈐印皆曰輯寧，或係改名。次閑以印人馳名，而素門世鮮知者。凡此亦零珠碎玉也。憶一九二二年，余從吴興沈期仲丈佺借此原稿一箱讀之，不忍釋手。時在花橋老屋，樓下正釵弁雜沓，樗蒲聲徹宵不止。余被擾不能寐，則發興節録之，山荆旁坐縫紉爲伴，樓上下儼隔一世界。逮樓下客作鳥獸散，而余亦鈔畢此卷。回首前塵，忽忽四十年。花橋老屋亦易主廿年矣。展卷怳如一夢。

紙園筆記三十一卷 四册

清京山易本烺撰。鈔稿本。

二十年前，余得眉孫三國職官記稿本，移書鄂友徐行可，問尚有其他未刊著作否。覆言有此書，因寄資請傳録，逾年而始成。卷一至三爲經餘，卷四至五爲史略，卷六至七爲皇朝故事，卷八至十爲輿地，卷十一爲書籍，卷十二至十三爲六書音韻，卷十四至十七爲金石書畫，卷十八至二十三爲文、詩，卷二十四至二十七爲攷證，卷二十八爲制義科舉，卷二十九爲攷小説，卷三十至三十一爲雜記，而卷二十三及卷三十均不足一葉，似可併卷。其書多纂録舊説，尤注意鄂省之輿地人物，亦時有攷證舊聞，獨抒心得者。如詩經變風終于陳靈，是爲魯宣公之世，此後遂無詩矣。因取成、襄以後左傳所載時人歌謡，輯爲續詩經，則一破前世拘迂之士謂删定之權必屬聖人，否則便是僭越之腐見。卷十三四庫全書提要所著作者姓名，大致可信，而亦間有失攷，如孔子編年宋胡仔撰，舊本題其父舜陟者誤。荆楚歲時記梁宗懔撰。舊本題晉人者誤。中論漢徐幹撰。舊本題魏人，是未攷幹殁四年之後，魏乃受禪也。小學舊題朱子編。以朱子集中癸卯與劉子澄書攷之，實子澄之所類次。救荒本草明周定王朱橚撰，或題周憲王者，誤。續齊諧記乃梁吳均撰。作唐王筠者，誤」。凡四十八條，爲四庫書辨正，爲近時胡玉縉補正、余嘉錫辨證兩家所未見。而攷小説一卷，所攷爲三國演義、水滸傳、聊齋志異三種，而三國演義與陳壽書互證尤詳確，則爲前人筆記所未及。綜其大體，亦少室山房筆叢、四友齋叢説之亞也。

多暇録二卷 一册

清嘉定程庭鷺撰。清光緒甲午觀自得齋刊本。高密鄭文焯批閲。

大鶴山人詞學專家，兼長攷據，見聞尤博贍。生平筆語甚多，書頭卷尾，往往滿紙，字跡尤饒古趣。序伯此書，遺聞墜掌，娓娓可觀。而大鶴附識三十餘條，亦足資多聞。如大觀條：「徽宗宫詞云：『民間財貨雖豐富，未識新頒大觀錢。』是當時年號，觀作去聲讀。」大鶴附識云：「又大晟樂府，徽宗宫詞亦以晟爲去聲，近人多讀作平矣。」又云：「唐、宋人詩中所用平仄，不必盡徵之均書。如中興之中，老杜詩或作仄，或作平，亦隨聲而使，豈有定耶？」鄭翼案：宋王景文詩云：「直翁自了平生事，不了山陰陸務觀。」放翁見之笑曰：「我字皆仄聲，把來作平聲押。」蓋宋人已有誤作平聲者。困學紀聞云：「列子『務外游者不如務内觀』，陸游字務觀本此。」直翁指時相史浩。入末念酸條：「韓熙載不拘禮法，常與舒雅易服燕戲，猱雜侍婢，入末念酸，以爲笑樂。見馬令南唐書歸明傳。『入末念酸』四字甚新，而不可解。」大鶴附識云：「『入末念酸』，皆言其卑賤，今雜劇科諢所演，有生、旦、淨、末、丑之别，號末者猶言底也，蓋劇中最下之色目。『念酸』疑是口技，作酸語引人笑，則亦今之小丑工謔浪者爾。」臂師耳師條：「鄆州發地得銅弩機，製作極工。側有刻文曰：『臂師虞士，耳師張柔。』史傳無此色目，人不知何代物。」大鶴附識云：「此爲漢器，二師蓋記工名，非官號，故史傳佚之。疑皆統於巧工。」司馬潤筆條，大鶴附識云：「又稱潤豪。盧氏雜記，王維弟縉好與人作碑銘，有送潤豪者，誤叩其兄門，維輒曰：『大作家在那邊。』」馬湘蘭畫壁條，大鶴附識云：「守真與穉登交契至深，嘗見其畫多百穀題詩，昭代名人小傳又有王寄馬書，極有情致。近吳門程氏得『聽鸝深處』一印石，上欵題『王百穀索爲湘蘭仙史篆』，下刻『何雪漁製』。亦韻事也。」凡此若捋而編之，亦多暇録之續也。

有「叔問校定」印。

瘦碧盦脞録二卷 一册

清高密鄭文焯撰。手稿本。

卷一爲水經注識小。原無書名，據自序補。卷二爲水經注碑録。均爲叔問讀水經注之札記。道元書描繪山水，琢句雕采，清典可風，爲游記之絶作。世謂柳州永州八記，源出于此。然攷地理者固在所略，言文章者又嫌雜糅。叔問此卷，專采其清詞麗句，彙爲一編。其尤佳者，加以朱圈，視范君文瀾水經注寫景文之選，蓋先四十年云。道元叙諸水所經，如遇古跡有碑碣者，必著于録，又爲後世治金石者所取資。

叔問按文録出，并略加攷釋。如漢徵士郭有道林宗碑云：「吳大澂訪得郭有道碑殘石，文字淪缺，多斧鑿痕。云在河東一鄉人家作堦石。大澂摩洗出之，以爲原石，字跡遒古，視姜任脩本爲精塙。諦審碑文，是二月乙亥，則與翁記建寧二年二月癸酉朔適合。世之攷是碑者，但誤以爲正月無丁亥，不知碑文固不謬也，二月三日乙亥。『紹巢、由之逸軌』，今碑由作許，逸作絶。『凡我四方同好之人』，今碑同好上無四方二字。『永懷哀痛』，今碑痛作悼。」漢冀州刺史王紛碑云：「案趙明誠金石録跋冀州刺史王純碑云『延熹四年立』。引桑欽水經云『濟水經須句城西』。攷地理書，須句即今中都縣。此碑在中都，又其官與姓氏，皆與酈注所稱王紛碑合。然以純爲紛，以延熹爲中平，則疑水經之誤。葉氏九來續録云『碑稱君諱純，字伯敬。年五十九，延熹四年八月二十八日甲寅隕殂。五年十一月十八日丙申葬而立此碑』。案水經，王紛碑立于中平四年，去延熹已廿餘年，或别有王紛，非王純也。且隸書純、紛二字絶不類，而此碑純字完好，若趙氏所云，乃好奇之過。君子於其所不知，蓋闕如也。」叔問本湛于金石之學，所校所訂，其足徵信者如此。

其自鈐各印外，有「吳興劉氏嘉業堂藏」朱文長方印。

水經注識小自序

酈善長水經注多引漢志，據爲佳證。頗足訂今本漢書之譌敚。至所記名跡遺文，亦多他書未逮。善長博覽奇書，鋭意經史，魏傳稱其好學，又爲七聘及諸文行世。今所傳僅此注，中恒於其游涉之竟，文以藻詞，琢句雕采，清典可風。窜經餘日，泚筆雜録。事類蘩殘，功歸別墨。亦不賢識小之意云爾。光緒戊子孟春之月十九日，赤問。

半雨樓雜鈔不分卷 二册

清高密鄭文焯撰。手稿本。光緒二十九年癸卯所著。

半雨樓者，中有一則云：「宋本王右丞集卷五，送梓州李使君『山中一半雨，樹杪百重泉』，不作『一夜雨』，與敏求記所記宋本同。舊爲蕘圃所藏，顧千里百宋一廛賦中所謂『秀句半雨，夙假齒牙』者也。須溪先生校元刊本，亦云不作『山中一夜雨』，與宋本同。余因獲睹歸安陸氏剛甫藏本，自號西園所居曰半雨樓。」蓋「半雨」云者，爲校勘版本之佳話，叔問以之名樓，又以名此雜鈔，可見其宗尚所在。書中攷訂金石文字者十之六，搜輯有關金石掌故者十之二，古書題跋及他雜攷又各佔十之一。其于金石，皆徵之史傳，通以訓詁，不作空論。其漢魏六朝石師略自漢石經論語「陳興」，至隋左屯衛大將軍姚辯墓志銘「萬文韶刻字」凡若而人。兩罍軒名印攷專攷私印名字之見于記載者，自顔何、張良以下，凡六十餘人，均前人所未及爲者。而校訂宋人詞，尤爲當行。如云「宋詞人舉典淵雅妙，能脱化無痕，如夢窗江南春『芳銘猶在棠笏』，鐵綱珊瑚所載爲夢窗手稿，其作『棠笏』者，乃用唐魏謩對宣宗之言，棠字絶非踳駁。新唐書魏徵傳坿，稱徵五世孫謩爲起居舍人。帝問『卿家書詔頗有存者乎？』謩對『惟故笏在』。詔令上送。鄭覃曰：『在人不在笏。』帝曰：『覃不識朕意，此笏乃今甘棠。』夢窗正用此故實。近臨桂王幼遐給諫校刻，以棠爲堂之譌，失攷已甚。或以爲用汾陽滿床笏出典，則芳銘二字反嫌無謂」。又「姜白石湖仙『見説胡兒，也學綸巾欹羽』，舊本羽原作雨，此用郭林宗墊雨巾故事，以喻范順陽使虜時風化之美。案林宗別傳：『林宗嘗行陳、梁之間，遇雨，故其巾一角霑而折。』三國名士，著巾莫不折其角，云作『林宗巾』。石帚正用此。近刻乃作『羽』字，疑其用武侯綸巾羽扇出典，則學字無來歷已。校古人文字，當思其義例，所謂不讀徧天下書，不敢妄下雌黄也」。所校可謂精絶。類此可采者甚多。

中鈐自用諸印外，有「吳興劉氏嘉業堂藏」朱文長方印。

雙鐵堪雜記不分卷 二册

清高密鄭文焯撰。手稿本。

是書爲光緒三十至三十一兩年所記。其攷漢、魏、六朝碑志刻工姓名，較半雨樓雜鈔增益倍蓰，且定名曰石師録。論歷代書法演變，舉石墨爲證，亦甚精當。攷「亭侯之爵在後漢，爲功臣後裔紹封，如蓋延曾孫恢封盧亭侯等十人皆是。若魏志所書，則皆戰功封賞，如曹仁都亭侯等十四人皆是，無非録功封爵。其他文臣得封亭侯者絶少。晉書惟孔愉傳載愉討華軼功，封餘不亭侯，并紀愉行經餘不亭放龜佩印事。又案漢書丁鴻父綝願封本鄉，謂人曰：『能薄功微，得鄉亭厚矣。』是亭侯必有其地。今攷漢郡國志，自河南尹褚氏亭至涿郡督亭凡一百三十四亭。水經注所載尤多，與漢、魏封號相符者，惟常山所屬之千秋，河水所經之安樂。他如漢壽、東武，有邑無亭，則又不必實有此鄉亭，殆如李通之封建功，特褒其德耳」。又攷「顔魯公爲刑部尚書，有舉家食粥之帖。蓋自元載制禄，厚外官而薄京官，京官不能自給，常從外官乞貸。楊綰既相，奏加京官俸，魯公以綰薦，自湖州召還。意者俸雖加而猶薄歟？案王制『天子之大夫，視子男』。孟子『元士視子男』。是古制京官之禄重於外，漢制則輕於外。至唐因漢例而遞增，故始薄而終厚。宋給實錢，詳山堂攷索。亦不甚薄。元初不制禄，世祖時定太師俸一百四十貫、米十五石。行省右丞相俸二百貫，以下有差。禄薄無甚於元者。明初，四品以上俸鈔三百貫，後又定正一品米八十七石，以下有差。國朝因明制而增益之，廢折米折鈔之目。雍正二年，耗羡歸公，加給養廉。乾隆二年，增京官恩俸。然訖於今，外官之俸銀，本扣成而發，加以處分，動輒罰之。近因世變國貧，又復勒令捐廉，禄幾不及矣。京官自戊戌秋，始乃以龍鍰仿英洋錢式象半發之，益失養廉之義。校邠廬抗議有厚養廉一則，議復古昔職田之法，亦古采地遺意也」。又記北堂書鈔始末，略謂「其最善之本，明景宋鈔，有陶九成八分書跋。又有『雲章閣』、『佩紉齋收藏』印。即孫淵如五松園舊本。其間經高郵王氏、臨海洪氏及鐵橋覆校，爲諸本之有校勘至精者。淵如殁後，又入何夢華家。何氏子貧困，復售於秀水令陳振之，振之閩人，罷官後本遂入閩。祥符周季貺在閩，因譚仲儀以白金千五百兩得之。光緒甲申夏，大興傅節子又爲作緣歸吳門蔣香生太守。今聞原本猶存吳坊寄售，昨至玄妙觀錦潤堂，則云實值五百番泉，蔣氏妹主之，近由蔣氏質于沈補梅以二百鈑。今南海孔氏所校刊，即孫本元書，假周氏二百日，以舊鈔新景，按行比勘，歷廿五月而書成」。案此舊鈔北堂書鈔爲烜赫善本，季貺爲築書鈔閣貯之。藏書紀事詩已載其事，并謂陳振之實名徵芝。自蔣氏散出源流，所記甚詳。後入吳興張氏適園，昔年芹伯曾出示，摩挲不忍釋手，今被劫，不知何日得歸。幸有孔氏刻本在，可厭學者之望也。

有「吳興劉氏嘉業堂藏」朱文長方印。

樵風雜纂一卷 二册

清高密鄭文焯撰。手稿本。

存卷二，分訂兩册。約光緒三十四年戊申所記。叔問長于倚聲，與王半塘、朱彊邨、況夔笙稱晚清四家，而余藏其筆記各種，多談金石攷據，涉于詞者顧獨罕有。惟此有論宋人詞數則，扚音訂律，兼攷史事，極爲精審。云「臨桂王半塘老人刻宋、元卅一家詞，袁宣卿有劍氣近一解，音節清拔，他未有作。諦審曲意，當爲雙曳頭，分三段。案清真集瑞龍吟，宋本舊注云：『此謂之雙曳頭，屬正平調。』自『前度劉郎』以下，即犯大石調，係第三段，義例甚顯。凡詞之過片，謂之曳頭。近人每于曼曲分三段者，輒名爲三曳頭，繆已。又舊律長調過片，並有短韻。疑清真之瑞龍吟『前度劉郎』，當于度字斷句爲韻，以前段『黯凝竚』句例之可證。但吳夢窗作是解，固未嘗以此爲協也」。云「汲古閣草堂詩餘所載舊曲新腔，如劉涇之側調聲聲曼，涇爲北宋人。字巨濟。西川簡州人。與成都鄭少微俱以文名，登進士，官太學博士。紹聖丁丑，出守括蒼郡，訪得南明山葛稚川題靈崇二字，摩崖大書。爲之作贊，五言，刻于葛仙翁巖迹四周。嘉興李金瀾纂括蒼金石志云，巨濟曾輯成都石刻總目三帙，在元祐中蔡京帥蜀時。涇事跡希見，因詳志之。又夢窗詞集中聲聲曼羼入涇作。又案涇宋史有傳。

王介甫之千秋歲引臨川集及曾慥樂府雅詞並失載。葉少藴之平調念奴嬌，皆他本所未見。宋人以舊譜改用宫調者爲自度腔，其作新聲命名者爲自製曲。別白如是。如白石之平調滿江紅，陳西麓之平均絳都春，皆自度類也。夢窗詞集毛刻本西子妝曼以下九調，其自注自度腔者皆是。玉田西子妝曼，題叙所謂舊譜零落，不能倚聲而歌，白石霓裳中序第一所謂於樂工故書中得商調霓裳曲十八闋，皆虚譜無辭。徵招叙云：『因舊曲正宫齊天樂曼前兩拍是徵調，故卒成之。』湘月注云：『予度此曲，即念奴嬌之鬲指聲，於雙調中吹之。』此皆緣飾故譜，爲聲家造建爾」。云「清真詞雙頭蓮與劍南作實同名而異曲。初疑前段對起，至第六句始起調入均，詞中頗尠是格。後誦柳樂章集曲玉筦一解，宋本分作三段，前兩段起結作兩排字，律無少異，與雙頭蓮同是一格，但有平、側調之别耳。乃悟雙頭蓮亦雙曳頭曲，名義正合，清真詞當從『助秋色』三字句屬上，爲第一段。以『歎聲鬲』句爲第二結。古節陵夷，蔽所希見，苟非宋槧排詞，據以互證，斯疑義孰與晰邪？」云「清真詞集中絕無與人贈答倡和之作。其卷上汲古刻本有水調歌頭，題『中秋寄李伯紀大觀文』。攷李忠定除觀文殿學士，在靖康元年九月知揚州時；其罷左僕射爲觀文學士，在建炎元年八月；十月落職。至紹興二年，復爲觀文、湖廣宣撫使。均在美成卒後，安得有中秋寄作。又卷下鬢雲鬆令『送傅國華奉使三韓』，案宋史高麗傳：『宣和四年，高麗王俁卒。詔中書舍人傅墨卿奠慰。留二年而歸。」國華即墨卿字，是時美成未嘗復入京師，且攷其時美成已先于宣和三年辛丑卒于南京鴻慶宫齋廳。至兩詞文義格韻，亦斷非清真本色，其爲後人羼亂可證。諦審元巾箱本無此二闋，益足證汲古之舛誤，而半塘老人景刻明鈔元本，附集外詞仍未删去，失之不校，亦疏矣」。亟録之以餉研究詞學者。他如瘦碧盦藏陶記凡歷代所製數十品，各加説明及出土處。記萬曆時龍溪李宓萬松山房鐫石，細如毫髮，可稱絶技。據甕牖閒評辨避暑録話「柳耆卿無後」之誤。均有益多聞。

有「吳興劉氏嘉業堂藏」朱文長方印。

鶴翁異撰不分卷 一册

清高密鄭文焯撰。手稿本。

一名書帶草堂札記第三編。始于光緒三十一年乙巳，迄于宣統二年庚戌。隨筆記録，未加詮次。其中關涉朝政者，多摘鈔當時報紙所載，而附以己見。其屬于攷古者，如説甆一篇，自古之陶埴以至清之康、乾，詳述其源流變演。糧罌攷一篇，乃專記歷代發現之明器。齊南宫壺攷，則辨吳平齋之「齊侯兩罍」是壺而非罍。銅鼓攷則闢俗傳諸葛亮征蠻時所鑄之謬。其屬于掌故者，如記食貨則記明、清兩代日用品物之價格。梁鼎芬劾袁世凱片則歷舉其招權任私之罪。記文道羲軼事則述文之應試經過，及同輩之嫉忌，均得諸目覩。其屬于藝術者，髪繡一則，池北偶談記邢慈淨髪繡大士，已曾于書鋪見髪繡白描吕洞賓像，欵題柔佩，繡帥鍼神，無獨有偶。而摭記畫家逸事，詳于閨秀、釋道以及日本人。于梁溪女冠清微道人遺聞，搜采尤備。至學界新語紀略雖所采未備，然多攷其所本，亦恒言録、通俗編之别裁也。叔問自鈐印章外，有「吳興劉氏嘉業堂藏」朱文長方印。

石芝西堪札記一卷 一册

清高密鄭文焯撰。手稿本。存卷四一卷。

紀年自宣統元年己酉至民國二年癸丑。多録報章文字，亦雜以讀書攷古所得。其釋第云：「近世治樸學者，纂述書籍之次第，每書第作弟，蓋從許書弟字下云『韋束之次弟也』。愚攷毛詩序疏引説文：『第，次也。从竹从𠂔。』是許書有从竹之第，可證今本蓋闕。案古人以漆書竹簡，約當一篇，即爲編列，以韋束之。故孔子讀易，韋編三絶。許君于第之从竹，蓋言竹簡之次。釋名釋書契云：『稱題亦言第，因其第次也。』於弟字，則象韋束之次，故下列弟之古文，云『从古文韋省』。其義甚顯。許書分别部居，並以音義相承，弟部之承韋，亦其大例也。」案：唐人引説文，往往雜以字林。詩疏所引，是否許書佚文，尚待攷。但以「第」、「弟」二字，分釋爲竹簡之次，韋束之次，則爲攷古代簡册制度者所未及，殊可徵信。記徐俟齋澗上草堂圖云：「圖後附先生遺墨數十行，字跡明淨，書于桑皮紙上。諦審則其臨終屬子之辭也。令人想見其四十年貞固之高節，屬纊之際，神明湛然。誠勝代遺賢之獨行君子也。」案：余大父生平最崇仰俟齋之爲人，珍藏此圖及致其甥管方至尺牘數十通。大父棄世，圖歸大伯父惕安公鏤香閣，而尺牘爲先君子貯諸蟫廬，今圖不知所歸，而尺牘則余猶保守焉。記良鄉小栗云：「近數十年，江南人忽嗜良鄉栗子，顆小如榛，味甜勝南産。年例八月始上市，以鐵鑊入沙糖炒熟，每斤價百錢上下。余在京師，初未知此味也。偶讀范石湖詩良鄉，題自注：『燕山屬邑，驛中供金粟梨，天生子，皆珍果。又有易州栗，甚小而甘。』詩中有『紫爛山梨紅皺棗，總輸易栗十分甜』。是知此栗原出易州，自昔以甘小得名。以所産地與良鄉近接，今無人知爲易栗耳。」案良鄉栗子，蘇、滬一帶，每入秋，街頭巷尾，遍設攤唤售，供銷甚鉅。近數年來忽爾絶跡，叔問爲攷得其正名，當爲易州栗。他如説陶，較鶴翁撰異中説蓺引證尤富。辮攷，對于髮辮之源流作一總結束，皆有益多聞。余所得叔問筆記，自瘦碧盦脞録以次六種，不過殘存數年所作。綜其生平，當不下數十册。其餘不知流落何處，嘗欲擷其精華，彙爲一編刊行之，亦説部中之傑作也。

自鈐各印外，有「吴興劉氏嘉業堂藏」朱文長方印。

媿生叢録二卷 一册

興化李詳撰。清宣統元年刊本。常熟丁國鈞校注。

審言此書所記，兼有考據掌故，讀其自序，謂「以余生於世，視孺人有媿」，故名曰媿生叢録。末附先妻趙孺人事述，蓋刻此書，所以謀傳其妻趙雲珠之懿德，固勝于乞貴人翰墨作諛墓文也。云：「彭文勤與劉金門同撰五代史注，金門别屬俞理初采輯。理初自言此注之誤，惟己知之。則五代史注實出理初代纂。昔年曾于來青閣書坊見刻本，有校筆，審爲理初手，以價昂未能得。」云：「阮雲臺江鄭堂通鑑訓纂序謂鄭堂『於通鑑讀之尤審，就己意所下者鈔成資治通鑑訓纂若干卷，皆取其所采之本書而互證之，引覽甚博，審决甚精』。竊意温公所采諸書，今多未見，若成此業，固亦甚難。鄭堂焉能致此？恐雲臺先生過譽也。」鄭堂書雖未見，而吾兄虞笙曾爲校述，即援其例，余有繼作，雖甚難而非絶不可爲，亦在人之自勉焉。云：「沈欽韓惠氏左傳補注後序謂『惠氏讀書之法，諸子百家皆可爲經傳左證，訓故爾雅，有高誘、楊倞之風。學者抱空文而心源若眢井，觀於此則知所以救貧之方矣』。此數語道盡惠氏著書宗旨。乾隆諸老，能自名者，皆依惠氏爲準也。」惠氏遺著，余曾輯有松崖讀書記，其博采羣書，誠如小宛之説。于是知善讀書者，雖竹頭木屑，無所棄材。卷中間附丁秉衡先生附案，此則刻成後又以贈秉衡者。眉端又續加案語，如「王仲瞿煙霞萬古樓集墮入惡道。最可駭異者，竇東皋許其西楚霸王廟碑，謂二千年無此作」云云。秉衡云：「仲瞿狂士，東皋故爲詼言以戲之耳。」夫狂士之不受直言，惟有以戲謔啓其自媿。斯或一道也。繆藝風比此書于孫怡谷讀書脞録、洪筠軒讀書叢録，似未見其書也。其與秉衡荷香館瑣言，斯在伯仲間乎。

環碧齋瑣録二十四卷 四册

清歸安沈玢輯。舊鈔稿本。

玢字墨泉，號葵石，歸安人。是書自謂輯百家子史及稗史雜志，皆口頭語，眼前事，流傳至今而不知其所本者，或原其始，或辨其訛，亦考核之一端。分爲天文、地理、時令、風俗、政治、文學、儀禮、證古、俗言、人品、人事、稱名、閨閣、釋道、神鬼、居處、服飾、制度、器用、花果、草木、禽獸、雜事二十四類。類爲一卷。蓋皆摘録諸書，加以類次。首道光癸未朱福齡序，稱：「余細加較閲，義頗淺近。惟其意不深，故其爲事也甚平；其旨不達，故其爲辭也甚易，平易近人，其即諧暢之緒餘乎。」其舉平易二字是矣。而以緒餘目之，意若不慊于是者。夫風俗習慣，生活語言，若布帛菽粟之暖于體而果于腹，不可須臾離者。雖曰淺近平易，若舍此而高談性命虛浮無實者，奚足貴哉。惟其讀書不多，采摭未廣，且未見錢大昕恒言録、翟灝通俗編諸書，然亦間有一二足補錢、翟之遺。首葉所題書名及「戊午八月得于杭中，九月重裝」兩行，審係山陰諸貞壯宗元筆。曾陳列于浙江文獻展覽會。

有「吳興劉氏嘉業堂藏書記」朱文長方印，「曾經民國二十五年浙江省文獻展覽會陳列」朱文大方印。

葉子譜一卷

明歙潘之恒撰。舊鈔本。

之恒字景升，與王世貞、袁中郎等游。又與汪道昆舉白榆社。著有黄海及名山注等書，四庫入存目。是書首有題詞，次分六品，曰名數品，曰分門品，曰圖象品，曰刻畫品，曰投一霤品，曰馬掉品。略謂「葉子始于崑山，初用水滸傳中名色爲角戲耳，後爲馬掉、扯三章六章、投一霤，又有門雙頭、截角尊、極搶結、歸一種種，今不盡行其法」。又云：「至酒牌出，而古意愈失，用之愈淺，禪爵花妓，既已不倫。甚至淫媟欲嘔，徒敗人興，亦惟崑爲濫觴」云。案此知葉子之戲爲馬掉之濫觴，馬掉即馬吊，又知其初本以賭酒，不失雅致。其後市井小兒易以賭錢，則品斯下矣。其戲今已不傳，故所列專名亦多不可解，若非原有朱圈，幾不能句讀。北京圖書館善本書目明刊錦囊小史有潘之恒續葉子譜、六博譜各一卷而無此。與詩牌譜、運掌經、馬吊經合訂一册，末有鈔者題欵一行，不知其何人也。

嘉慶戊寅秋録於南宫尉署之西舍。雲颿主人識。

詩牌譜一卷

明吳興王良樞編。舊鈔本。

此書共列十七式，曰牙牌式，曰分牌式，曰分韻式，曰立題式，曰用字式，曰借字式，曰較勝式，曰品第式，曰賡奇式，曰翻新式，曰和韻式，曰收殘式，曰洗荒式，曰疊錦式，曰聯珠式，曰合璧式，曰焕彩式。嘗讀乾、嘉時人詩，時有集用詩牌之作，而不知其法式依據。又以爲僅拈字角智，而不知本行之于觴政。此譜解説詳明，不難依以作戲。若遇嘉賓式燕，導樂宣和，以較猜拳轟飲，有雅俗之殊。今有明周履靖夷門廣牘、清徐士愷觀自得齋叢書兩刻本，不知其異同若何？

運掌經一卷

明番禺黎遂球撰。舊鈔本。

黎氏蓮鬚閣集爲粤東名家,此書自序謂運掌經亦曰桐階副墨,其書善言名理,雅雋可喜,所謂雖小道,必有可觀者也。其云「凡鬥牌,其思深於圍棋,旨幽於射覆,義取於藏鉤,樂匹於鬥草,致恬於梟盧拋擲。蓋既入於其中,自覺其津津有味」。葉子戲本盛于吳中,而浸漸于粤中。甚而如黎氏之著爲專書,斯可謂耗心于無用之地矣。今有馮兆年刻翠琅玕館叢書本。

馬吊牌經一卷吊經集腋二卷

明古吳龍子猶撰。舊鈔本。

馮夢龍所著小説傳奇,盛行于世。而此書獨未之聞。首自序云:「牌製惟我蘇最精,而鬥法亦惟我蘇馬吊爲最盛。每戲用四脚,三人共打一椿,如馬之獨吊一脚,故曰馬吊脚。後以角勝負,訛爲馬吊角」云。其説馬吊之命義甚明。今猶以四人缺一曰三只脚,即本此。惟今稱「椿」曰「莊」,易以音同字而失其初意矣。俗又訛稱爲馬將,或附會爲古馬錢之有馬有將,則更非其朔矣。馬吊牌經自論品篇以次共十三篇,申説名理,居然一子。吊經集腋則詳列各例以爲之緯,又如典律,雖出游戲,亦不苟作。其中專名已多不可曉，因之文字詰屈，難于句讀。集腋所引諸譜，有介亭新譜曰遂耕逸叟，曰雙峯譜，曰梅花社譜，曰如如譜，曰謝子新評，當時作者夥矣。可見吳中馬吊之盛行。故漁洋山人曾謂吳人有三好：好馬吊，好吃河豚，好奉五通神。蓋馬吊之行，已五六百年。今存此與李清照打馬圖經，同爲昔日游藝之參攷。北京圖書館善本書目明刊錦囊小史有馬吊脚例一卷，牌經十三篇一卷。又北平圖書館善本乙編續目譜録類有清刻本馬吊譜附龍子十三篇，題片玉居主人編。疑皆即此書之異稱。

庚辛稿卷四

楚辭十七卷 四册

明隆慶辛未夫容館覆宋刻本。題漢劉向編集。王逸章句。

首目録，末有「隆慶辛未歲豫章夫容館宋本重雕」小行楷一行，次史記列傳、班固序、劉勰辨騷，次楚辭疑字直音補，次正文。白口，每半葉八行，行十七字。卷一第一葉板心下方，有「章芝刻」三字。卷末有「姑蘇錢世傑寫」、「章芝刻」兩行。案楚辭王注本，傳世未見有宋刻。此據宋刻重雕，猶爲未與洪興祖補注合并以前本，其淵源最古。各家著録，首每失序，故不知爲誰氏所刻。莫友芝郘亭知見傳本書目、邵懿辰四庫簡明目録標注均謂「豫章王孫夫容館重刻宋本」，蓋以有「豫章」字而臆定爲朱鬱儀也。楊守敬日本訪書志、葉德輝郋園讀書志著録，均有王世貞序，云：「吾友豫章宗人用晦，得宋楚辭善本，梓而見屬爲序。」據此，知刻者爲豫章王用晦，然寫與刻，皆爲姑蘇人。姑蘇多良工，其假地所刻者也。惟楊志本與此同，不避諱。葉志本則避諱，無錢、章姓名。雖同有隆慶辛未一條，而顯非一本。葉氏因謂避諱者爲原刻，不避諱有錢、章姓名者爲萬曆翻本，並引萬曆丙子凌迪知刻張之象楚騷綺語，行欵板式相同，板心有錢世傑寫、王伯才刻等小字爲證。然我以爲隆慶辛未，下距萬曆丙子祇六年，時非遼遠，正可反證二書同出一手，决非翻刻。若必謂有原翻之别，則毋寧謂避諱者爲翻本，或本是一板，而賈人以宋板須避諱，遂刊去諱字一筆，並寫刻者姓名，以示别異。故天禄琳琅著録，稱坊刻本歟？明刻至隆、萬時已多惡本，若此書之字畫端勁，有率更之風，當與宋刻逼肖，則錢、章二人之技能可見矣。余嘗欲輯宋、元、明刻工姓名爲一書，而于明則時代較近，傳本較多，尤切實用。惜前人著録，于明代刻工每在所略，非多見原書，無從采摭。世之治板本學者，其亦加之意乎。

有「一塵不到處」朱文方印。

附王序

梓楚辭十七卷，其前十五卷，爲漢中壘校尉劉向編集。尊屈原離騷爲經，而以原别撰九歌等章，及宋玉、景差、賈誼、淮南、東方、嚴忌、王褒諸子，凡有推佐原意而循其調者爲傳。其十六卷，則中壘所撰九歎，以自見其意。前後皆王逸通故爲章句，最後卷則逸所撰九思，以附於中壘者也。蓋太史公悲屈子之忠，而大其志以爲可與日月爭光。至取其好色不淫，怨誹不亂，足以兼國風、小雅。而班固氏乃疑其論之過，而謂原露才揚己，競乎危國羣小之間，以離讒賊，强非其人，忿懟不容，沈江而死。自太史公與班固氏之論狎出，而後世中庸之士，垂裾拖紳以談性命者，意不能盡滿於原，而志士仁人發於性而束於事，其感慨不平之衷無所之，則益悲原之值而深乎其味。故其人楚則楚之，或其人非楚而辭則楚，其辭非楚而旨則楚，如劉氏集而王氏故者比比也。夫以班固之自異於太史公，大要欲求是其見，所謂屈信龍蛇而已，卒不敢低昂其文，而美之曰弘博雅麗爲詞賦宗。然中庸之士，相率而疑其所謂經者，蓋其言曰：「孔子删諸國風，比於雅、頌，析兩曜之精而五之。此何以稱哉！」是不然也，孔子嘗欲放鄭聲矣，又曰桑間、濮上之音，亡國之音也，至删詩而不能盡黜鄭、衛。今學士大夫童習而頒白不敢廢，以爲孔子獨廢楚。夫孔子而廢楚，欲斥其僭王則可，然何至脂轍方城之内哉。夫亦以筳篿妖淫之俗，蟬緩其文而侏駃其音，爲不足被金石也。藉令屈原及孔子時，所謂離騷者縱不敢方響清廟，亦何渠出齊、秦二風下哉？孔子不云乎，詩可以興，可以怨，邇之事父，遠之事君，多識乎鳥獸草木之名。以此而等屈氏，何忝也。是故孔子而不遇屈氏則已，孔子而遇屈氏，則必採而列之楚風。夫庶幾屈氏者，宋玉也。蓋不佞之言曰，班固得屈氏之顯者也，而迷於隱，故輕詆。中壘、王逸得屈氏之隱者也，而略於顯，故輕擬。夫輕擬與輕詆，其失等也。然則爲屈氏宗者，太史公而已矣。吾友豫章宗人用晦，得宋楚辭善本，梓而見屬爲序，豈亦有感於屈氏、中壘之意乎哉？明興，人主方篤親親，右文之代，公卿大夫脩業而息之，無庸於深長思者，用晦即不能默默，亦推所謂雅頌而廣之爾。是則不佞所爲叙意也。瑯琊王世貞撰。

楚辭箋注十七卷 四册

宋丹陽洪興祖撰。明毛氏汲古閣本。自臨舊題高郵王引之評點。

此余于一九三五年四月，借涵芬樓藏王伯申評點陸時雍刊楚辭榷，照臨于汲古閣刻本上。爊餘書録所謂「文簡全部評注，蠅頭細楷，丹黄殆徧」者也。末有長跋，署「道光十有五年八月，王引之識于秦郵研經室之北窗」。余讀評語，均屬論文空談，絶不涉及音韻訓詁，與高郵讀書家法逈異。其涉經義者，祗大招「三公穆穆，登降堂只」句評一條云：「周頌『陟降庭止』傳注訓庭爲直而説之云：『文王之進退其臣，皆由直道。』諸儒祖之，無敢或違。而顔監于匡衡傳所引，獨釋之曰『言若有神明臨其朝廷也』，蓋匡衡時未行毛説，顔監又精史學，而不梏于專經之陋，故其言獨能如此，無所阿隨，而得經之本指也。余舊讀詩，愛顔説。然尚疑其無據，及讀此詞『登降堂只』之文，于是益信『陟降庭止』之爲古語，其義審如顔説而無疑也。顔注漢書時有發明，于經指多若此類，如訓棐爲匪，尤爲明切。足證孔安國、張平子之謬。其視韋昭之徒，專守毛、鄭而不能一出己見者，相去遠矣。」其意蓋以顔説爲長，而不知以音訓通之，且不載于經義述聞，蓋出于詞章之士而非伯申之言明矣。又案湯金釗撰墓志銘，伯申于道光十四年十一月二十四日卒于位，安得十五年八月尚在秦郵耶？此亦不善于作僞者矣。涵芬樓又有伯申校戰國策、杜詩會粹二書。杜詩書録云：「傳沅叔同年，與國策、楚辭同得于金陵書肆。沅叔初欲自留，嗣以余堅請，故亦併歸涵芬樓。與前二書對核，可斷爲文簡手筆。」沅叔、菊生兩先生，精鑒冠當代，不知何以不加攷核，而遽斷定爲文簡手筆。此本既僞，則國策、杜詩亦皆僞無疑。但彼二書不署名，本無心作僞，而轉以此僞本證之，遂使不僞者亦僞。于此可見讀書者之跋尾、鈐記，初非純屬好名，亦使後來有考耳。此書末葉識語，有「近世高抑崇作送終禮」云云，案抑崇名閌。鄞人。紹興五年進士。著有春秋注及高氏送終禮。宋史儒林有傳。然則所録爲宋人語，强附以伯申名，以欺世之不學耳。

楚辭集注八卷後語六卷辨證二卷五册

明成化十一年廣安州吳伯通刻本。

首成化十一年河南按察司按察使盱江何喬新序。每半葉八行，行十七字。白口。板心魚尾上有「楚辭集」三字。何序末葉，板心下方有「吳國相刊」四字。案此本藏書家著録，皆謂「何喬新刊本」，今觀何序云：「書坊舊本，刓缺不可讀，嘗欲重刊，以惠學者而未能也。及承乏泒臺，公暇與僉憲吳君原明論朱子著述，偶及此書，因道余所欲爲者。吳君欣然出家藏善本，正其譌，補其缺，命工鍥梓以傳。既而以書屬余曰，書成矣，子其序之。」則刻書者明爲吳原明，不知何以多以序者當之。兹爲訂正云。原明名伯通。廣安州人。天順八年進士。周密齊東野語記紹興内禪事曰：「趙汝愚永州安置，至衡州而卒。朱子爲之注離騷以寄意焉。」又王應麟困學紀聞卷十八云：「趙汝談挽汝愚云：『空令考亭老，垂白注離騷。』」而何序謂「朱子當宋中葉，阨于權奸，當時士大夫沮之排之，目爲僞學。乃爲此書作注，以發其悲憂感悼之情」。蓋猶屬敷衍之辭，未必得朱子之心。至書名集注，而板心祇題「楚辭集」三字，尤爲不解。觀後二種，題「楚辭後語」、「楚辭辨證」，皆舉全名，則此明脱「注」字，可謂鹵莽從事矣。惟字大如錢，有松雪筆意，則去元代不遠，猶有遺風。卷五首鈔補十葉，有「紅是軒印」，出明時人手。白皮紙初印，古香可愛。

有「蔡」字朱文方印，「横翠樓」朱文長方印，「平生一片心」白文方印，「蔡印亮茂」白文方印，「仲㟽」白文方印，「紅是軒」朱文長方印，「接武父」白文方印，「三益齋主人」白文方印（以上皆明人）。「廬江何氏藏」白文長方印，「清溪楊氏鶴聞堂經籍圖書」朱文方印，「奎炫之印」白文方印，「令昭氏」白文方印，「楊尚樗」白文方印，「炳扆」朱文方印。

曹子建集輯校十卷敘録一卷年譜一卷 四册

清上元朱緒曾撰。舊鈔稿本。清獨山莫友芝等手校。

述之此書集文瀾閣傳鈔宋嘉定本、明長洲徐氏活字本、正德李廷相本、嘉靖郭雲鵬本、汪士賢本、萬曆李楨本、閔齊賢本、張炎本、張燮本、張溥本、楊承鯤本、崇禎陳朝輔本、清吴志忠校本、嚴可均輯本、丁晏年譜本，凡十五本。及北堂書鈔、藝文類聚、初學記、太平御覽諸類書，文選李善注及唐、宋人筆記諸書，輯其逸篇，校其異文，可謂至精且詳。首列敘録，末附年譜。

大抵曹集輯本以嚴本爲備，年譜以丁本爲精。而述之糾嚴本之漏云：「以王宋詩即棄婦篇，未攷演繁露、蘇鶚演義引『千里唖井』之句。據圖經以大饗碑銘爲子建作，而置六代論不收。誥咎文不引困學紀聞，仍誤爲誥咎辨正論。內九箴引陳思王論『昔堯、舜、禹、湯、文、武』云云，及金樓子所引漢二祖優劣論，宋人三國文類所載文帝誄，吴棫韻譜所載諸贊之類，俱未采。」訂丁譜之誤云：「明帝太和元年下，引鄴都故事魏明帝太和中築門雞臺，集有門雞詩。然劉楨、應瑒俱有門雞詩，不必築臺始有門雞之事。又泥東阿二字，謂東阿徙自太和，不應世説有文帝令東阿七步詩之語。至以文選陳琳答東阿王牋并示龜賦、吴質答東阿王書俱譜入明帝太和中，不知陳琳建安二十二年卒，文帝與吴質書云：『徐、陳、應、劉，一時俱逝。』安得至明帝太和中？吴質卒太和四年，其稱東阿王者，乃劉義慶、蕭德施所加，非其原本如此也。」可見攷證之功，後來居上。述之本經學湛深，蓋以治經之法治集也。據自序云：「癸丑冬于役袁江，維時聊城楊至堂侍郎屬高君伯平既校刊蔡中郎集，遂從事于斯編。出以就正，許爲質疑爰商。付于梓人，收愚蒙之一得。」而開有益齋讀書志其子桂模注云：「至堂侍郎旋歸道山，未果刻。」則知海源閣欲遍刻漢、魏名集，今僅成蔡集一種，是書擬刻未果。直至吾友蔣君蘇盦國榜輯金陵叢書，始獲傳世。而更名攷異，不如此本莫題「輯校」爲得其實也。此本舊校有題「康案」者多據草本訂正，知即清寫稿本者。又有題「蒓記」者，均不知其人。粘籤多據「家本」校，當爲桂模之筆歟？友芝校補尤密，下籤數百條。有據碑本、文館詞林校者，則述之所未及，惜蘇盦校印時未見也。每册首鈐有「曹植」二字白文印，下識云：「績谿周璟敹恬所藏玉印，同治戊辰觀此集，鈐卷端。」兩行。每册封面有友芝手書卷目。

有「劉承幹字貞一號翰怡」白文方印，「吴興劉氏嘉業堂藏書印」朱文方印，「柳蓉邨經眼印」白文方印。

徐孝穆全集箋注六卷 二册

清吴江吴兆宜撰。臨清鎮洋程穆衡評校本。

卷一首有「程迓亭先生評點，武陵人雪亭子録」一行。評分朱墨兩筆，並加圈點。兆宜此注與庾開府集箋注，四庫總目並著録。提要于庾集云：「近代胡渭始爲作注，而未及成帙。兆宜採輯其説，復與崑山徐樹穀等補綴成編，粗得梗概。」是謂其書以胡注爲藍本。同治湖州府志藝文于胡渭著述條，據德清續志案行狀云：「入都偏游公卿間，間出所著庾子山、徐孝穆集就正諸公，無不服其該洽。」是渭又注徐集也。考兆宜更有徐集箋注，殆亦採渭遺稿成之，則頗疑兆宜此注有纂取胡書之嫌。今考注中有引顧有孝、朱鶴齡、吳任臣、張尚瑗、陳啓源、姜宸英、顧湄、張雲章諸家，並徐氏諸昆炯、樹聲、樹穀、樹屏、樹本、樹敏，及其兄弟行兆寬、兆騫、兆宮之説，各具主名，並不掠美。其引渭説秖卷一勸進梁元帝表有三條，曰胡渭生，猶係未改名時，在全書爲最少。意徐乾學家賓客子弟于徐、庾二書，各事纂輯，兆宜得其本，益以交游所獲，博采通人，亦著書之體宜爾。纂提要者以胡渭名重，偶見所引，遽謂補綴其書而成。至湖州府志更推而及于徐集，不幾厚誣兆宜哉？提要又謂未及卒業，其同里徐文炳續爲補輯，以成是編。案卷六禪代諸製，兆宜獨未箋注。據陳鋭跋，因其假唐、虞之名，行篡竊之舉，故獨闕之，有維世之志，則本非未及卒業。可知提要説亦未瞭。提要又譏其「主於捃拾字句，不甚攷訂史傳」，則頗中其病。又往往于篇之殘缺者，概未指出，徵典亦多未詳。穆衡頗糾其失，如卷一檄周文、謝東宮賚蛤蜊啓，卷二在北齊與宗室書，卷三報尹義尚書、諫仁山深法師罷道書，卷四長干寺衆食碑諸篇，皆有殘缺。蓋隋志所載三十卷本久佚不傳，此係後人從類書採掇而成，宜有脱佚，若不注明，徒滋讀者之疑耳。卷一移齊文「白虜連羣」注未詳。批云：「白虜乃苻堅斥慕容鳳語，顧未詳耶？」卷二爲貞陽侯與陳司空書「馬業童蒙，仍傾晉室」，注引晉書「太子德宗，幼而不慧」云云。批云：「業，懷帝名也，與德宗何涉？」又「余以定家，得免臧孫之歎」，注引左傳臧昭伯見平子云云。批云：「注大謬。是叔孫昭子事，與臧昭伯何涉？此『臧孫之歎』，謂臧紇唁衛侯曰『衛侯其不得入矣』。」卷三在北齊與太尉王僧辯書「當輓輿櫬，猶有危途之懼」。注引後漢廉范傳云云。批云：「英華作輿親，蓋用後漢江革傳，此誤作櫬而注亦以棺柩釋之，非。」諫仁山深法師罷道書「類似阿難，更爲魔之所繞」。注引摩鄧女經云云。批云：「此指楞嚴經摩登伽事，注何謬？」卷四司空徐州刺史侯安都德政碑「締構權輿，斷鼇之功相半」。注引徐樹聲曰：「陳文帝紀『武帝之討王僧辯也』」云云。批云：「此叙安都襲執王僧辯，及摧破北齊大寇等功耳。注所引，所謂鵝頭鴨頸也。」卷四丹陽上庸路碑「上哉少昊初命水官」。注：「未詳。」批云：「此用楚語顓頊命北正黎司地以屬民，有何未詳！」長干寺衆食碑「漚合含羅」。注：「未詳。」批云：「彼法中有阿含、阿羅漢二種，故云含羅。注不明。」卷五東陽雙林寺傅大士碑「又以大乘、方等、靈藥、寶珠」。注引大志經云云。批云：「此皆經名也。注非是。」司空章昭達墓志「飲冰將力」。注引莊子「朝受命而夕飲冰」。批云：「飲冰見左氏昭十三年傳杜注『冰矢箙』，蓋與莊子無涉。」裴使君墓志「披玉安之衣」。注：「未詳。」批云：「此明是『玉女』之誤。何疑而云未詳耶？」則載籍極博，徵典無窮，昔人譏李善爲書簏，然書簏亦豈易爲哉？穆衡所糾雖不多，殊有益于讀孝穆文者。

穆衡字惟惇，又字迓亭。鎮洋人。乾隆二年進士，官山西榆社縣知縣。著作甚富，已刊者有吳梅村詩箋十二卷，據梧軒詩集六卷、文集八卷。

王狀元集百家注編年杜陵詩史校勘記不分卷　一册

貴池劉世珩撰。鈔稿本。

杜詩注者，宋時已號稱千家，而刻本亦多。其出於坊肆者，往往草率謬誤，然亦有未經校改，反存本真者。此王狀元集百家注編年杜陵詩史係南宋坊刻。題「嘉興魯呰編年并注」。永嘉王十朋龜齡集注」。今魯注祇存于蔡夢弼草堂詩箋中，此可與互參。聚卿喜其傳世珍本，爲精摹覆刻入玉海堂叢書，此校勘記即爲所作也。所據各本，如唐樊晃晉開運二年官書，宋歐陽修、宋祁、王安石、蘇軾、陳師道、黄庭堅，皆取之草堂詩箋，又依徐居仁、許自昌、錢謙益、朱鶴齡、仇兆鰲各本，並參之唐書、文苑英華、唐摭言諸書。列其異文，展一本而十餘本之面目畢在，亦有助于研究之需。惟攷證無多，所見宋、元以來刻本亦遺漏不少，自跋以比顧千里之校韓非子，則遠非其倫。成稿未刊，意亦不慊于心歟？聚卿刻書極富，其聚學軒叢書出蕭敬孚手，暖紅室彙刻傳奇出吳瞿安、劉鳳叔手，最爲精審。影宋各種有出繆藝風、李審言手者，摹印雖精，而校記多未成，成者又多未能相稱。如覆元元貞本論語注疏，所附校記，頗病簡略。余曾撰攷證五卷糾補之。此校勘記不知出于誰手，跋文詞甚支蔓，首注：「此篇請李先生爲我另作」十字，當爲乞審言重定者，故卷末有「李詳審言翰墨」一印也。

杜工部集箋注二十卷 四册

清常熟錢謙益撰。清康熙六年原刻初印本。録長洲何焯評校，嘉定王鳴盛手跋。

杜詩古今注者多矣。牧齋則特詳史事，間加攷證，浩博精當。又有程孟陽、朱長孺等助其搜討，宜西莊推爲「從來注杜第一善本，亦牧翁生平著述之最佳者」也。義門遍校唐人集，于杜詩用功尤深，抉剔幽隱，其評分析章法，多得杜恉。録于此本，可謂二難并矣。

此爲西莊讀本，並手跋之。西莊經史之學，卓然儒林，詩其餘事，早歲與錢竹汀、王蘭泉等同受詩法于沈歸愚，爲吳中七子之首，蜚聲文苑。此跋審其筆跡已入暮年。不但可徵其得力所在，亦見其好學不倦也。

有「西莊居士」白文方印。

此書爲從來注杜第一善本，亦牧翁生平著述之最佳者。而此又係義門何太史批評，凡欲讀杜，得此讀之足矣。夫牧翁佳處正在耑徵故實，而于其文法作意，段落間架，麋眼骱脈，略而不道，使人自思。至義門此評，則不得不及之矣。然要不屑用評時文法評之也。近日之評杜者，盡變爲窮措大、村夫子面目，開卷令人笑來。杜詩受厄已甚，乃知前輩不可及。西莊王鳴盛跋。在卷二末。

杜詩集解存一卷　二册

清歸安沈炳巽撰。手稿本。

繹旃兄東甫炳震，弟勞山炳謙，並舉博學鴻詞，皆著作等身。繹旃水經注集釋訂譌四十卷，收入四庫全書。提要謂「其用心之勤至，雖不能盡出前人範圍，而鉤索考證之功，亦未可没者」是也。他著有雸漁文存、雸漁詩略、續唐詩話、全宋詩話則皆未見。劉氏吴興叢書刊其權齋老人筆記、權齋文稿；至此杜詩集解則並其目亦未見稱引，從知古人著述湮没不彰者多矣。此書所集前人之解，自王洙、黄鶴、蔡夢弼至張綖、黄生、錢謙益、朱鶴齡、王嗣奭、盧元昌等十餘家，均摘其精英而自爲釋，則肌分理擘，鉤稽闡發，多得少陵微恉。雖僅存一卷，而如前後出塞、自京赴奉先縣詠懷五百字、羌村、北征、三吏、三别諸名篇，均已在内，亦可厭讀者之心，而提要評水經注集釋訂譌之語，又可移贈此書矣。封面墨筆題書名及「吾暇堂著録寫本之一」、「戊午居杭所得」兩行，審爲山陰諸貞壯筆。

有「吴興劉氏嘉業堂藏書印」朱文長方印，「曾經民國二十五年浙江省文獻展覽會陳列」朱文大方印。

劉隨州詩集十卷補遺一卷　一册

唐宣城劉長卿撰。清康熙席啓寓刻百家唐詩本。長洲何焯手校並跋。

義門據文淵閣藏宋刻書棚本劉隨州文集殘本校前五卷，又據馮定遠藏鈔本及嚴天池家鈔本續校後五卷。書棚本原十一卷，末卷爲文，今目録猶全，爲補録之。卷二送河南元判官赴河南御名當苗税充百官俸錢，御名宋本作勾，可證爲高宗時刻本。但卷五題蕭郎中開元寺新構幽寂亭，構字不避，義門以此爲疑。則不知宋刻于避諱字本有不甚謹嚴者也。

宋刻五卷中，溢出席本詩至五十八首之多，除三首已見補遺外，餘五十五首及原附他人和作，悉録于眉端。其宋本勝處可正席本之誤者，輒舉席本，謂某字不通。如卷一赴楚州次自田途中阻淺問張史云：「淮潮在何處」，宋本在作至，校云：「在字不通。」送少微上人遊天台云：「秋夜聞清磬」，宋本磬作梵，校云：「磬字不通。」新年作云：「已是長沙傅」，宋本是作似，校云：「是字不通。」嶽陽館中望洞庭湖云：「平湖北望長」，宋本北作此，校云：「北字不通。」其宋本誤處，有不如席本者，則明著其誤。如卷一瓜洲道中送李端公南渡後歸揚州道中寄云：「青山欲莫時」，校云：「時宋本誤歸。」碧澗别墅喜皇甫侍御相訪，校云：「御宋本誤郎。」朱放自杭州與故相里使君立碑回因以奉簡，校云：「相里宋本誤里相。」送張司直赴嶺南謁張尚書，校云：「赴宋本誤越。」則能審别其是非，不同于佞宋者之死校也。後五卷云鈔本或明鈔本者，馮定遠本也。其嚴天池本則曰嚴鈔。間據才調集、文苑英華、太平御覽、剡録參校。自卷八始有評語。義門所校，均校評兼施，不知何以前六卷無之。如卷九酬屈突陝云：「大亂之後，正需才智，陝有計畫，奈何使其失官之後，貧病旅寓，此誰之責耶？第五言其有守，第六言其無求，陝固高矣，當世則失之也。」又云：「王孫遊兮不歸，春草生兮萋萋。況自春徂秋，則直無路可歸也。」喜朱拾遺承恩拜命赴任上都云：「落句暗寓王陽登則貢公喜之意，收得力足，然五六仍有『君如清路塵，妾如濁水泥』光景，未始無頓挫也。」他或著一二語以揭其要，大率精當。蓋義門校于康熙丙戌、丁亥，年四十六七，正精力彌滿時也。楷書極工整，行書極流麗。披卷光芒四射，真無上善本。

舊爲郁氏宜稼堂藏本，有「鶱」字朱文圓印，「泰峯」朱文方印。

丙戌二月十四燈下校卷一末。

康熙丙戌二月，得見文淵閣不全隨州集，校此五卷南宋書棚本也。焯記。

毛丈斧季云：隨州集難得佳本。凡校三過，庶無疎略矣。又記。以上卷五末。

丁亥二月以鈔本校此卷。卷六末。

丁亥二月以鈔本校。卷七末。

丁亥二月以二弟所買馮定遠舊藏鈔本校後五卷，其次第與宋槧目録皆合，蓋佳書也。文房詩庶幾稍可讀矣。焯記。

嚴天池家鈔本，後五卷次第亦同，復取參校，改五字。焯又記。

韓昌黎詩集十卷五册

唐昌黎韓愈撰。自臨清順德黎簡評校本。

二樵五百四峯堂詩鈔在乾、嘉時，可稱作手，不但爲南粤詩人之冠而已。其得力處在少陵、退之、長吉諸家，讀其評本可知。長吉集評本，葉蘭臺刻有朱墨套印本。少陵、退之則清季獨山莫楚生得之廣州故家，少陵詩旋又失去。此退之詩評本，卅年前莫氏書散時收得。喜其于退之之長，固多指出，而亦不護其短，真有金鍼度人之妙。而于月蝕詩效玉川子作論之尤詳。云：「李唐以來，作詩而不出力求新，斷難討好。三家村學究動稱淵明、王、孟、韋、柳，以恬淡爲正宗，此亦何嘗不是。然恬淡難到，涵養難醇，元非粗淺人所可藉口也。大抵近千年以後，作詩不是抵死生新，決難名家。但其中有一段極難的工夫，又非作者欲得便得也。難處在極出力造作時，顧得奇壯一邊，便顧不得情韻一邊。即就韓公詩上論，每于大力排蕩中，得一二最有情有韻之語。如『梅花灞水别，宫燭驪山醒』之類，集中亦不易多見，見之即令人神魄清適，吟咏竟日，此爲最難也。下此東野容有之，玉川竟絶無一句矣。嗟乎！以此法觀古人詩，則真詩易見，而亦真詩難作矣。因讀月蝕詩記于此。」抉出退之精深之處，亦可以窺其作詩宗旨所在。又如評秋懷詩云：「韓公秋懷讀書獨善之念多，濟世安民之意淺，固已不及阮公諸作，亦且未能直繼子昂、太白之博大宏深也。」評劉生詩「往取將相酬恩讎」句云：「昌黎示兒詩，惟談貴勢，此詩曰『往取將相酬恩讎』，教兒豈在貴勢將相，豈爲恩讎耶？我不解古人立言之旨，何肯爲曲説？」凡此均可謂不阿所好矣。原書後忽失去，恒爲惋惜。乃轉展歸復旦大學圖書館。于一九五四年借歸讀之，如逢故人，案無秀野草堂本，因臨于影印世綵堂本上。原有仁和葉爾安爲南海桂笙陔跋，及莫楚生跋。兹録于後。爾安字貞甫。咸豐八年以訓導留河南差委，以知縣用。歷新鄉、孟縣、商水、滑縣、許州。皆有政聲。杭州府志仕績有傳。

此本爲粤東黎二樵先生手評者，今歸其同鄉桂司馬笙陔，携至大梁，出以示余，并爲余道先生文學名，云此本特其一斑。余揮汗讀數過，極徵鑒賞之精。及觀至月蝕詩中附記一則，益知先生深於唐賢三昧，能各道其筋髓，而非獨肆力於一家者。且惟其眼力既到，故能句斟字酌，不遺餘力。如集中間有率俗之句，正名手不加修飾處。自來評選各本，非振其名而故奇之，抑或不敢自信而諱之。先生直指其疵，不以好之而强作解事，尤見卓識。嗟乎，大聲不入於里耳也久矣，先生於塵羹土飯中，出所心得，有功於前賢後學，豈淺鮮哉？惜不得先生所著各大家集全讀之，是亦一憾。置之案頭，心玩不已，爲跋數語，以歸於笙陔司馬。笙陔有嗜書癖，爲收藏家中卓卓者。今年避夷亂來此，遺棄且數百架，與余言，輒欷嘘久之。吉光片羽，尚其寶之。仁和葉爾安識於中州之監河署齋。時咸豐戊午立秋後二日。「貞甫一字子珊」印。余得二樵手批杜集、韓集於廣州，辛亥二月，自廣之瓊，携韓以往，杜詩並他書數十櫝，均置省會。遭亂，遂散失不可問。此本與隨身書卷僅存。癸丑六月同里何瑞馨爲重裝，甲寅二月題記。追憶昔塵，殆同隔世，吁可慨已。「莫棠字楚生印」印。

昌黎先生詩集注十一卷年譜一卷 八册

清長洲顧嗣立撰。清無名氏評點。顧氏秀野草堂本。

不知何人用朱筆評點，甚工雅。如評秋懷詩云：「秋懷詩冲和不及陶、韋，然亦時能髣髴近之。每讀韓、蘇此等篇，想其生平寂寞，可弔；　想其胸次灑落，可敬。」評調張籍「平生千萬篇」六句云：「合今所存者，特其一斑半豹耳。渠胸中未吐之奇，不知尚有幾許也。仙官云云，暗自喻，别有解悟。下二句指世人故紙堆中李、杜也。凡讀古人書，須有得于語言文字之外。如陸渾山火詩，不過説卦傳『離爲火』數語耳，乃衍出如許怪怪奇奇，況其讀李、杜乎？我輩讀書亦宜于斧鑿痕上見其運巨刃手段，方生生不窮耳。」議論既精辟，書法亦老蒼。觀黟山李氏、錢塘吴氏藏印，其出乾、嘉時皖、浙能詩老輩之手乎？大抵讀書之士，偶有心得，筆之于册，初無名心，故往往不綴題跋，不鈐印記，遂至無考。又或書名題識，詳載書衣，賈人無識，改裝時隨手毁滅，亦往往而有。此書既經重裝，得毋遭此厄乎？憶三十年前，許氏懷辛樓方大力收書，嗚琴室楊馥堂，老書賈也，爲其修補裝訂。一日往觀，則見其隨手扯一葉以抹涕唾，視之則明本書之副葉細白皮紙也，大驚。再視其座下，則白皮紙揉雜幾滿，均明初本之副葉與襯葉也。向索未破者數十紙，則又見張裕釗、李鴻裔等題跋書衣數葉，均已裂以拭穢。藏者亦漫不注意。因歎善本之遭厄者多矣。

有「芸樓黟山李氏藏書」、「九鐘精舍藏書」、「吴士鑑讀書記」諸印。

讀韓記疑十卷 二册

清嘉興王元啓撰。清嘉慶五年刻本。江寧鄧廷楨手校並跋。

韓集注者雖多，而莫善于宋方崧卿舉正、朱熹攷異。至嘉慶時王惺齋讀韓記疑出，可與方、朱二書稱鼎足。其書彙集衆本，凡篇題、異字、錯簡、晦義、僞作，以及洪譜之疏漏，方、樊諸家好奇踵謬之説，考異所未及是正者，補闕糾訛，一一疏通而證明之，無失作者之意。蓋用力五十年，三易其稿，至易簣之前一日，猶呼其子至卧榻前，語以順宗實録四有「戊午」二字，宜改某某。其于是書，所謂性命以之者矣。印本不多，近吾友高閬仙步瀛唐宋古文舉例、錢仲聯萼孫韓昌黎詩繫年集釋，采摭入注，始人皆得讀其書。

此爲鄧嶰筠于道光乙未、壬寅間手校本。于説之精者，以朱筆加圈。有可商者，以朱、墨、紫三色籤識于眉端。案文詮釋，足正惺齋千慮之失。其糾馬緯雲序襲用提要，而不察陳氏書録解題原文據疑朱熹攷異之外集，皆如舊本，與方本外集二十五篇並無大顛三書及石刻聯句詩文之異。而不知朱熹所據者，爲三十四篇之舊本，所見方本係全書，非今所傳之舉正也。此則并足訂提要之誤矣。嶰筠與林少穆同力禁煙，功在不朽。生平研究文字音韻之學，著述斐然。此雖屬緒餘，所論亦未必不可移。然手澤所存，亦足令後人景仰先烈，彌加珍護。故附録其校文于後。

直齋書録解題於方崧卿本云：「外集但據嘉祐蜀本劉煜所録二十五篇，而附以石刻聯句詩文之遺見於他集者。」於朱子本云：「外集皆如舊本，獨用方本益與大顛三書。」朱子攷異云：「諸本外集，凡三十四篇，與大顛書諸本皆無，唯嘉祐小杭本有之，方本列於石刻之首。」又云：「石刻、聯句、遺詩文等，則從方本録之，以補外集之闕。」然則直齋所云「外集皆如舊本」，蓋指三十四篇之舊本而言。而此三十四篇中向無與大顛三書，朱子以方本所附石刻之首移出，又依小杭本篇次，以入卷二之末，言之鑿然無可疑者。近世方本全書已不傳，四庫僅存舉正十卷，外集舉正一卷，當時纂提要諸公，檢外集篇目祇二十五，無所謂與大顛書，亦無所謂石刻、聯句、遺詩文等，因謂朱子所據，未知何本。是何異見已闕之月，而轉以呼作玉盤爲誤，竊未敢信。且方氏所纂卷目，並見其自跋中，獨外集舉正一卷跋未之及，似四庫所儲本，轉不無可疑。馬緯雲撮拾唾餘，不辨何味，衍成此序，且舉提要各本各係之詞，牽混爲一，幾令人莫解。所謂真無知妄作之尤也。乙未十一月二十一日溉釜氏書於夷門寓廬。馬緯雲序後。

孟東野失子〇此詩黄魯直以爲是涅槃中佛語。愚案：此詩每四韻爲一章，除首末四章叙事外，中三章首言天地人各不相關，無子不當歸怨于天。次言物各有分，有子無子，皆莫原其故。末言子之最惡者，以見無子不必悲傷。此自韓公所見，並無涅槃中佛語。魯直引公答侯繼書，以見公于佛書無所不讀，作此援儒入墨之論，誣矣。（此魯直慰藉其友之語，豈誾誾論道學時耶？可謂笨極。）括内鄧嶰筠校文。下同。

食曲河驛〇案此詩編置過南陽之前，故樊謂將過鄧州所作，然公集前後不甚詮次，若移置此詩于過南陽後，即無此疑矣。曲河驛，恐不宜有兩也。（移于南陽後更謬矣。由秦赴潮，安得先過南陽？）

原鬼〇「鬼無聲無形，安有氣。」〇補注引李石之言，以公子彭生託形于豕，晉文公託聲如牛，譏公此論爲未盡。余謂此即後文所云物怪是也。李氏于公本篇義旨尚未畢窺，輒敢妄爲論説。此可爲遜志讀書者戒也。（彭生事，即文所謂託於形者。晉文事即文所謂憑於聲者，與物怪亦異。李氏失之。王亦未爲得也。）

行難〇「先生曰『固然吾敢求於全』」〇「吾敢求於全者」，謂此外不爲我知者尚多，正答「盡于此乎」一問。（以不爲我知者尚多，解「吾敢求於全」句，終不可通，此曲説也。）

本政〇此文初疑是公少作，既讀外集上賈滑州書，公年二十二，其文辭高脱已能如是，知必無此闕塞晦滯之音。

竊意此公門下士以所業進質于公，溷入公稿，李漢不加簡別，遂併録之。今宜删去爲是。（臆斷。）

守戒〇「屈强」〇韓謂蔡爲近地，而成、德、淄、青連結爲援，以此爲介于屈强。蔡亦屈强之藩，何復責之以備他寇，其不達事理亦甚矣。（韓曰：「蔡在當時，最爲近地。」又曰「及裴度平蔡，而公之言驗」，然則蔡本在屈强之列，韓不誤，公自看錯耳。）

與孟東野〇「春且盡時氣向熱」〇「『盡時』方作『時盡』，至『是可歎也』。」右攷異原文五十二字，徽本、吳本皆失載，而後文每云「餘見與孟東野書」，恐讀者茫然不識後文之何謂，故特採南劍本備録之。（此條東雅堂本删去，若徽本，並不失載。意王氏所見之徽本，又係坊間翻刊，故多脱誤也。壬寅四月借張芝舫所藏朱崇沐本對校。楨識。）

題後〇「行何爲而怨」〇行，謂身處高位，上文所謂明昭是也。居，謂伏處下僚，上文所謂昏蒙是也。處高位者，多受人怨詈，是偏喜厚其所薄。處下僚者，復爲衆所悲憐，是恒不足於賢。故曰「下民好惡，與彼蒼懸」。蓋怨者民所惡，憐者民所好也。（行居，即出處也。怨即傷時怨世之怨，憐即懷才自憐之憐。意甚明顯。王氏純乎曲說。）

曹成王碑〇「大膊」〇膊音朴，毆擊聲。古詩云「腷腷膊膊雞初鳴」，公門雞詩亦云「腷膊戰聲喧」。此當解作戰聲。（腷腷膊膊，此聲也，非義也。王説謬。）

虞部張府君墓志〇「吾故皇甫氏」〇案公祭孝權文，文苑以爲元和十年孝權喪歸長安，在卒後一年。則其卒當在九年。孝權以四年爲使府御史，六年拜真御史，七年分司東臺。則案皇甫氏子，乃在前卒之二年。考史表，皇甫鎛以元和十三年九月相。孝權分司東臺時，宰相爲權德輿、李吉甫、李絳，非皇甫鎛。此宰相自稱皇甫，豈公追記其事，不欲斥指其人，故特預作此稱耶？（「吾故皇甫氏」，言與吾皇甫氏故舊也。猶今曰「吾熟于某氏」耳。如王氏此注，則「吾故」當作「吾固」矣。豈不大謬！）

隴州節度李公墓志〇「焦中」〇案焦中字未詳，考藩鎮傳：「維簡從行山南，夜失道，馳至盩厔西，聞中人語，得見帝。」據此，則焦字乃屬衍文，識中人聲，即史所謂「聞中人語」耳。（中人者，宦官也。焦，或其姓，王氏以「焦中」二字連讀，而截去人字，宜其未詳矣。）

處州孔子廟碑〇「北面跪祭」〇案北當作西，此近本傳寫之誤。唐世廟制，悉以東向爲尊，獻官西向行禮，無北面者。唯配食諸賢，坐北牖下，南向。獻官於先師首座前行禮，則北面。先師首座，顔子是也。開元禮皇太子及諸州釋奠儀可考。又上文不曰「巍然南面」而曰「巍然當座」即指西墉下東向之座。（上文云：「用王者事，巍然當座」蓋謂如王者巍然南面而坐也。禮記「夢坐奠於兩楹之間」即南面之證。坐既南向，則跪祭者北面。又北面爲古人事師之禮，如「北面受丹書」、「北面乞言」皆是。下文所謂「禮如親子弟者」是也。改作西，謬甚。）

別集〇案外集卷一攷異云：「其石刻、聯句、遺詩文等，則從方氏録之，以補外集之闕。」據此，則題名七首，當列聯句之前，南劍本删去，東吳本附憲宗崩慰諸道疏後，皆非其舊。（廷楨案：吴虞臣拜經樓藏書記云：「王伯大韓文攷異，查氏得樹樓藏本外集別刻目録，潮州謝孔大夫狀後尚有憲宗崩慰諸道疏一首，題名七首，字畫端整，宋諱如「慎」字、「敏」字皆不闕筆，蓋元刻也。」據此則慰疏及石刻、題名乃傳刻本脱佚，非王氏所删。）

孟東野詩集十卷 二册

唐武康孟郊撰。自臨清元和惠士奇評閲本。

吾吴惠天牧評閲本，原用汲古閣刻。余從吴君眉孫借得臨本，傳録于四部叢刊景印明弘治本上。天牧經儒，而所著南中集、采蒓集，詩筆殊清新。論詩語亦多精到。如評遊子吟云：「遊子吟、烈女操非孟詩之至者，今選本每不祧俎豆，而於秋懷、杏殤、峽哀諸詩獨闕，得毋以中駟爲上駟耶？」評勸酒云：「如此漸近自然，當在韋左司、王龍標之間，知東野無所不能，若唯是鉤章棘句，亦未見有能詩者也。」評去婦云：「東野從樂府出，故新而不落佻巧，歸愚所謂尚存古詩一脈也。後人學之，往往入宋人一路。」皆能抉出孟詩之長而不拾人牙慧者。亡友常熟龐次淮樹階、楊冠南无恙，皆瓣香東野，亦咸以爲知言。卷三末補客喜一首，而識於後云：「歐陽永叔云，孟東野詩『鬢邊雖有絲，不堪織寒衣』，就使堪織，不得多少。語見東坡小品，則此詩爲孟作明矣。今從賈長江集中録附卷末，以證魚豕之誤。」案唐人集中，往往誤攙入他人之作，此據永叔、東坡記録所及，自屬可信。卷末有研谿題識，而無天牧名字。但各家跋皆稱天牧評點，雖未見原跡，然江源跋云「先生以經學飾吏治」，則研谿爲密雲縣知縣，而天牧未嘗爲吏，疑天牧當爲研谿之筆誤。故汪跋但稱紅豆先生也。首末有江源、汪獻玗、張文虎三人跋。江源當爲詩人弢叔兄弟行。汪獻玗，字月生。爲節安徵君子，陳碩甫弟子。著有禹貢錐指節本。張文虎則爲青浦何長治字鴻舫號補之者所跋。原書有名印可考。

毛刻東野集十卷，二月十二購之金陵市，夜閲一過。研谿。「臣周惕」印。

此書係吾吴惠氏藏本。久在坊間，無有過而問者。今夏以物色得之。評點皆天牧先生遺跡也。先生以經學飾吏治，卓然儒者。對之益深景仰之思，不徒作人琴之感也。略識數語以誌墨緣。楚弓楚得，在天牧亦可無憾矣。道光丁酉五月之望，江源書于夢彩筆齋。

毛氏汲古閣本東野集十一卷，係舊刷本，肆中不多覯矣。向藏惠氏，三代經師，皆有名印。間有硃圈，評語，以筆勢揣之，當是紅豆先生手筆也。嘉慶中，先徵君於廣陵市上得之，越一載以贈王丈惕甫先生，今卷中名印硃痕尚茜然也。王丈没而圖籍皆散亡，是書亦沈淪市廛間，會江生弢叔得之，喜以示余，因識其得失緣起云。道光辛丑三月汪獻玗記。

余於戊戌冬假陳雲伯師全唐詩，選東野集一百廿首，兹復讀此，得補所遺云。玗又記。

昔歲於郡城書攤，以數十文得汲古閣刻本孟東野集。愛之，爲點勘三四徧，後以贈張筱峯，忽忽幾三十年矣。去夏，何君補之携此帙見示，爲惠天牧閱本，所評點頗有與余意合者，私喜昔見之不謬。謂孟詩出古樂府，尤先得吾心，惟論遊子吟、烈女操非其上駟，殆不然。特上駟不止此耳。孟詩古奥，有直造漢、魏者，思路劖刻，真可寸鐵殺人。至過火語，晦塞不成文理，且覺稚氣，此其蔽也。戊午初夏坐雨記此，文虎。

温飛卿詩集九卷三册

唐太原温庭筠撰。清無名氏臨長洲何焯評校本並跋。

顧氏秀野草堂本，朱筆臨義門評校，不具姓名。卷首有「臣錫畛」「令輿」兩印，不知即其人所録歟？義門手校唐人集甚富，兼有評注，最足發人神智。擬就所見，輯爲讀書續記，以補蔣氏所未及。此校先依席刻宋本，後又得枝指生影抄書棚本校，並參之文苑英華、樂府詩集諸書。卷一四葉、卷二九葉，又依「梁汾鈔本」，當是顧貞觀所藏。評語多引馮定遠説，凡云「小馮」、云「定翁」者皆是。自評偶有紀年，最早者卷三一葉，注「戊辰」，爲康熙二十七年。其後則卷一九葉、卷四十葉，注「庚午」。卷四十四葉注「乙酉」。卷四十五葉注「己丑」，至末第二跋記年「丙申」，爲康熙五十五年。蓋先後研閲是書者達二十八年，其用力亦勤矣。有朱士楷藏書諸印。士楷，約同、光時浙之秀水人，曾輯新塍鎮志。其舊藏屢見于涵芬樓燼餘書録附目，蓋亦好古之士也。

又有「布衣士」、「天涯浪子」、「朱士楷藏書章」、「訪梅氏」、「秀水朱氏擁百廬珍藏圖書印」諸印。

助教詩無宋槧本可對。席氏所刊，自云照宋本，未必然也。凡己巳所記宋作云何，皆席氏本耳。大抵惟才調集、樂府詩集二書，曾經定遠先生手校者爲可信。其次異同字，則文苑英華得以參攷，其餘當闕疑也。甲申二月何焯記。

丙申冬日得東山葉裕所藏影宋書棚[本]重一過。焯又記。

昌谷詩注四卷 一册

唐隴西李賀撰。清桐城姚文燮注。清康熙五年丙午刻本。崑山徐炯録嘉定黄淳耀評點。

文燮，字經三，號羹湖。安徽桐城人。順治十六年進士。官終雲南開化府同知。事跡詳馬其昶桐城者舊傳卷七。此注初刻于順治十七年庚子，至康熙五年丙午，授福建建寧府推官，門人請重刊，因取原本校定，并增入蔣楚珍、陳二如、周玉鳧、黄秋涵、錢映光、吴炎牧、蔣潛伯評語，即此本是也。首有陳式、錢澄之、陳焯、宋琬、方拱乾、何永紹、姜承烈、黄傳祖及自序，澄之并兩序之。乾隆時，王琦李長吉詩歌彙解已采引，而四庫失收。于吴正子箋注評點李長吉詩歌，提要歷舉評註各家，悉本彙解，而獨闕文燮，不知何故。自序云：「讀古人書者，必以心心古人，而以身身古人，則古人見也。人不能身心爲賀，又安能見賀之身心耶？故必善讀史者，始可注書。善論唐史者，始可注賀。」蓋謂其能以史事釋昌谷詩也。然杜陵稱詩史尚矣，降至義山，辭多寄託。自元遺山有「詩家總愛西崑好，只恨無人作鄭箋」句，後世注家，紛紛比附史事，已不免支離。而昌谷則藻麗雕繪，旨更隱晦，如必强合史事，安得無附會穿鑿之弊。故方拱乾序已謂「易其附會之過甚者二三十條」。王琦亦謂「多以史事釋之，所謂借古人以成一家言」者，皆微致不滿。然其薈萃網羅，用力殊勤，是在讀者之節取耳。卷中硃墨筆評識，不具姓名，審出黄陶庵。同治時葉蘭臺已用套版印之。吾友徐君聲越曾借姚注去合方世舉、王琦爲三家注，付印傳世。

有「彭城仲子審定」朱文長方印，「長洲顧氏藏書」朱文長方印，「湘舟過眼」朱文方印，「吴興劉氏嘉業堂藏」朱文長方印。

李長吉歌詩四卷外集一卷 四册

清錢塘王琦彙解。清無名氏臨長洲何焯評校本並跋。

義門于康熙二十九年庚午得曾益注本，用文苑英華、唐文粹改定。四十五年丙戌，得見金碣石趙衍刊本校過。四十九年庚寅，又從毛斧季借校南宋本，又校而跋之。先後亦閲二十年。宋、金兩刻，以金刻爲長，故校多從之。如示弟「病骨猶能在」句，校猶改獨，云：「獨字從金本，言獨剩病骨耳。猶字凡近，宋本同。」馬詩其十一，「内馬賜宫人」句，校宫改官，云：「官字從金本。唐學士例賜飛龍厩馬，作官字爲是。」堂堂「徘徊白鳳隨君王」句，校白改百，云：「宋本：白，百字從金本，百鳳用鄴中故事。」謝秀才有妾縞練云云，其二「碧玉破不復」句，其三「蜂子作花心」句，校破不復改破瓜後，作改採，云：「破瓜後字、採字從金本，宋同。不復字及後篇作字，俱不通。」皆是也。乾隆二年丁巳，其弟心友傳閲一過而跋之。其底本爲金孝章舊藏，而不言何刻。此朱校，又似從心友本出，惟用王琢崖注本，雖非同刻，而審别極細。吴正子注有點抹者，以墨筆録原文而加朱焉。筆跡秀麗，惜不著姓名。或出義門弟子乎？余先有温飛卿詩集評校本，得此侶之，誠雙璧也。傅沅叔先生藏園羣書題記有義門校本跋，亦有「俊明」「孝章」二印，或疑爲弟子傳録，而沅叔先生極言爲真跡無疑。然以此本心友第二跋證之，可知必心友臨本，而後人去其跋以售高價耳。沅叔先生所鑒，猶未達一間也。

有「吳興劉氏嘉業堂藏書」印。

異同處，俱照英華、文粹改定。

康熙丙戌得見碣石趙衍刊本，又稍加是正。趙本止四卷，不載集外詩。庚寅借得毛斧季南宋本校過者，復正數字。已爲善本，後人勿棄擲之。焯記。

此公能合吳均、陰鏗之長，效之者皆不近。其妙處在激越悲涼，徒以尖新求之，便非真面目也。

康熙庚午冬寓京師，欲讀長吉詩，無之，因從肆中買得此惡本。屢經目，便不忍棄去。後人念余見書之難，願勵志向學也。後二十年焯記。

乾隆丁巳夏五，從從弟三學借得侍讀先生批校本，傳閱一過。跋中斥爲惡本，蓋會稽曾氏本也。此本實勝曾刻，更得校勘審細，便爲良書，勿易視也。虹橋何仲子記。

孝章金先生身後圖籍散失，此本亦其架上物也。卷中印記宛然。卷首標題，尚屬不寐道人手蹟。余數歲前從城隍廟前書肆中，以白金數銖得之。并識于後。

李義山詩集箋注三卷集外詩箋注一卷 三册

清吳江朱鶴齡元本，江都程夢星删補。清南豐劉庠手臨紀昀評校本並跋。

午橋此注，出桐城方扶南世舉。蕭穆敬孚類稿方息翁先生傳云：「又有李義山詩集箋注，其表弟江都程太史夢星借刊之」是也。而凡例僅云：「箋則扶南商榷之意居多，雖不設善，而猶未盡也。」此爲南豐劉慈民朱筆録紀昀評點，於義山詩析疑賞奇，多中竅要。慈民所著書已刊者有説文蒙求、儉德堂文存。今文存有評注舊本施注蘇詩叙，爲録陳景雲、查慎行、紀昀三家説，知其尤留心先輩筆語。惜不能得以侶此也。

光緒戊寅三月十二日，依紀文達評點校録一過。卷上末。

光緒戊寅三月十四日，依紀文達評點之本録一過。慈民劉庠。集外詩末。

李義山詩集箋注三卷 八册

清長洲徐夔撰。清乾隆丙戌希燕氏録稿本，並元和惠棟跋，朱筆録于順治刻吳江朱鶴齡箋注本上。龍友與惠松崖交深，松崖漁洋精華録訓纂創始于龍友，而此義山詩注，則龍友未竟之業也。往讀沈歸愚龍友哀辭及同治蘇州府志藝文，知有是書，而惜其未刊不得見。及得此于劉氏嘉業堂，不但喜龍友之心血尚存，而兼欽松崖之拳拳死友，風誼爲不可及。目録前有「乾隆丙戌孟秋，從有華書屋借録，希燕記」一行。下鈐「莔香」印。希燕不知何人，而有華書屋則雲間沈學子大成齋名也。學子與松崖同客揚州盧雅雨所，凡惠校古書，悉録副本。則此本亦淵源有自矣。

龍友推究史事，闡發義藴，所謂善于説詩。自謂得藥轉一首，因推類以盡其餘，多有可解處。松崖謂其箋錦瑟一詩，遠勝石林、長孺。今案藥轉詩箋云：「此言冰山之不可託也。『換骨神仙』，謂可生可死，可富可貴，可貧可賤，其權勢直能换人之骨。「露氣」句謂内通宫闈。「風聲」句謂戕害善類。五六極説豪華，却深刺之，言此人必有亡國敗家之禍，如孫皓、石崇其人者。一結謂我亦曾過其家，識其人，從此不敢登其堂矣，用「翠衾繡簾」，與上始稱。「長籌」、「香棗」，言此人穢濁之至。大約其時中官横行，如仇士良輩，義山有鑒于此，而作此詩也。」錦瑟詩箋云：「此義山自傷遲暮，借錦瑟起興。無端是驚訝之詞，孔融所謂「五十之年忽焉已至」也。五十以前如莊生之夢，了不可追。五十以後，如望帝之心，託之來世。珠玉、席上之珍，無如沈而在下，韜光匿采，衹自韞匵而已。「此情可待」謂始願不薄，自今追憶，不覺惘然，能不痛念而自傷哉？「當時」，言非一日也。細尋脉縷，原自可解。紛紛妄談，何啻夢中囈語。」沈德潛清詩别裁謂「龍友醉心義山，謂以男女會合喻君臣事，便得風、騷宗旨。所注與朱長孺注互有異同」。今讀此二則，可概其餘。又多録其師何義門評語。義門手評唐人詩，不下數十家。此評尤細緻，當録以補其讀書記。

有「圻齋攷藏」朱文方印，「吳興劉氏嘉業堂藏書記」朱文長方印。

余閲義山詩始于端午後三日，凡兩閲月而斷手。中間蟲飛鵲起，不寢者匝月。義山性靈面目，頗自謂得之。因憶己亥、庚子歲，留滯京邸，與義門師論玉溪生詩，有爲人所案：似有脱文。從賁硯齋借閲定本，又得數十條，録于隙處。當今攷據精核，證疏詳明，不得不讓于師也。披閲之下，曷勝泫然。白露後一日夔謹識。

顧華玉云：「衡山前代題名，唯李義山三字在祝融尖。六朝以前無存者。」癸卯七月晦，閲義山詩迄，書此以志仰止之意。夔。

少年時讀義山詩，多不可解。然前人亦無有解之者。今年夏偶于時事有觸，得藥轉一首，因推類以盡其餘，多有可解處。義山思致綿邈，託興幽遠，得國風比興遺意。尋其脉縷命意所在，誠非徒事獺祭也。宜其與曲江老人後先相望歟？癸卯八月朔，夔識。

故友長洲徐君夔字龍友，爲何丈義門高弟。性倜儻，詩才清麗。先君視學粵東，延之入幕，時雍正甲辰也。明年秋，以病卒于高凉。身後遺書，疾革削牘，屬友人爲流布，無人應者。余感其遺命，因續成其所注精華録刻之。又留其箋義山詩，將爲之合尖問世而未果。余友沈兄學子愛其書，爲録一通藏之，此副本也。大較本之何丈，其箋錦瑟一詩，遠勝石林、長孺，然「望帝春心」一句，竟成讖語。蓋龍友卒時，年才五十耳。書畢爲之泫然流涕云。東吳惠棟識。

乾隆丙戌孟秋，從有華書屋借録。希燕記。「莖」「香」印。

元次山集十卷四册

唐河南元結撰。清吳縣顧承手鈔本。同縣馮桂芬、江寧鄧邦述手跋。

首唐書本傳，次李商隱序，末附總評、附録。爲吳中顧醉經手鈔本。卷八末，有「戊辰小除夕録畢」一行，卷十末有「己巳正月十日録畢」兩行，爲嘉慶十三、十四年。

醉經清貧力學，耿介自持。吳縣志：「所居薛家衖，蓽門卑陋。道光庚子，年八十四矣。有過之者，值大雪，霾其半扉，不得入。從牆隙呼問之，應曰：『甕無米，不炊二日，飢可耐，寒甚，無酒奈何？』明年，又大雪，飢困數日不出，卒。」是生乾隆二十二年丁丑，則戊辰爲嘉慶十三年，五十二矣。所著行素居集，歿後海寧蔣生沐與陸梅繁梅葉閣集合刻爲吳中兩布衣集。今行素居集中有鈔書歎古風一首，知其性嗜鈔書而不自署名。如此書者，不有林一之題識，又誰復知之耶？觀其于歲尾年頭，尚兀兀不自休，以鈔書爲樂。披讀之餘，可想見其爲人。卅年前，曾見其與潘功甫尺牘，有人以鉅值購去。此書林一亦以老友手書而寶重之。蓋雖生前潦倒，歿後片紙隻字爲人珍重，亦可慰士之不遇於時者已。鄧正庵年丈昔年曾從先兄假讀，爲跋於首。

有「定父慧業」、「定父居士」、「平江貝墉」、「臣墉」、「貝墉字既勤又字定甫」諸印。

元次山集二本，以青蚨五百得之護龍街書攤廢紙中，審爲余老友顧布衣承手書，故寶重之，逾於他帙。觀前後各印，蓋貝簡香千里倉藏本也。案：此馮桂芬手跋，未署名。

此鈔所出甚古，疑貝氏據佳本傳鈔者。馮林一審爲故友顧君手筆。醉經與簡香過從甚密，屬其傳録，亦宜有之事。但未叙明借何人藏本，及何時刻本、鈔本傳寫，遂無可攷。如非林一識其真跡，則後人未必知爲顧君所書。此前人晦名之不可及也。余有湛校正德刊本，又有唐翰題藏鈔本一册，唐鈔爲未完之帙，然正德本所遺諸篇，唐鈔俱在，今與此本對勘，唐鈔多再讓容州表一首，乃道州奉母諱後請終喪讓官之表，可補兩本之佚，至爲可寶。余嘗謂收舊鈔本，勝于見舊刻本。蓋凡昔人傳録之作，必有異處，非浪費紙墨，虛擲工夫，爲此無益之舉也。既據此移校湛本，因綴數言，以銘珍䝗。并以復我蔭嘉先生。癸酉六月羣碧校記。

沈下賢文集十二卷 二册

唐吴興沈亞之撰。明長樂謝肇淛小草齋精鈔並手校本。

首元祐丙寅十月一日無名氏序，次目録，卷一爲賦詩，卷二爲雜文，卷三四爲雜著，卷五六爲記，卷七八爲書，卷九爲序，卷十爲策問并對，卷十一爲碑文、表，卷十二爲行狀、祭文。每半葉十行，行二十字。黑格，白口。版心上刻「小草齋鈔本」五字。下有□長方匡。每卷前又有目録，接連正文，猶存唐寫舊式。據首序云：「頃得善本，再加校覈，皆得其正。惜其藏於篋笥，不得與好學之士共其玩繹，因命工刻鏤，以廣其傳。」知是集初刻于元祐丙寅，讀書敏求記曾載之，其本早已失傳。丁丙善本書室藏書志謂「朱氏結一廬有一明刊」。然攷結一廬書目著録，亦爲南昌彭氏鈔本。惟别本書目及北平圖書館善本書目有明刊，皆未見。自明焦竑從閣中鈔出，賴有傳本。萬曆丙午徐𤊹從焦本録出，而謝氏又從徐本轉録。今焦、徐兩本均失，允推此本爲世間最古矣。其著録源流，班班可攷。一見于黄俞邰、周在浚徵刻唐宋秘本書目，云：「沈亞之集十二卷。鈔自閣中，焦澹園家故物也。」張芳論略云：「黄、周兩君秘集，惟唐沈下賢、宋柳仲塗、金趙閑閑，先列數種。」案在浚父亮工，好藏書，謝在杭所藏，盡歸之。此謝鈔之所以在周氏也。張芳更首舉是書，以爲秘籍之冠，其珍貴可知。再見于王士禛池北偶談，前叙卷第甚詳，並云：「末有萬曆丙午閩人徐㶿興公跋，云鈔諸焦太史者。後附張祜、杜牧、李商隱三詩，黃俞邰得之周櫟園户侍，户侍得之謝在杭方伯家。下賢文大抵近小説家，如記弄玉、邢鳳等事。」案，據士禛言，則其書已歸千頃堂。今卷中獨無黃氏圖記，則所見黃氏藏書，往往而然，不足異也。三見于丁丙善本書室藏書志，所記藏印尚遺「武陵趙氏培蔭堂同治甲子後所得書」朱文一印。案趙名篤恩，字淡如。湖南武陵人。嘗爲仁和縣令，多善政。儲藏精本甚夥，殁後以書篋過重，難于返鄉，半付坊肆。丁氏即從所得。至趙氏以前，藏于何所，雖不可攷，以有「錢天樹夢廬借觀」一印推之，當不出江、浙藏家，但各家所記，尚有漏略。今檢卷中有朱墨筆校字甚恭謹，當出在杭手，其墨筆較疏放，有據文苑英華及意校數處，及墨擲斷句者，當出櫟園手。則名鈔而兼名校矣。王士禛以其文近小説家爲病，四庫提要因曲爲彌縫，謂後來編亞之集者，從小説摭入，非原本所有，則殊屬武斷。蓋猶是從前輕視小説之陋習而已。韓愈之毛穎傳，柳宗元之河間婦傳，何嘗不入集，則又何疑于亞之？四庫所收汪如藻家藏本，提要未及徐㶿跋，謂另有跋稱據季滄葦鈔本校閲，有小印曰邦采，不知爲誰。案邦采，王姓。康熙間無錫人。著有屈子離騷彙訂三卷、雜文箋略二卷。長沙葉德輝于光緒時據別一鈔本刊入觀古堂叢書，脱誤甚多，均未見是本。四百年來藴精韜采，誠無上珍品矣。

有「謝在杭家藏書」朱文長印，「周印亮工」白文方印，「曾爲大梁周氏收藏」朱文方印，「周印亮工」白文方印，「周亮私印」白文方印，「亮字伯安」白文方印，「夢廬借觀」朱文方印，「武陵趙氏培蔭堂同治甲子後所得書」朱文方印，「四庫著録」白文長方印，「嘉惠堂丁氏藏書之記」白文方印。

按晁氏序稱亞之爲福建都團練副使。本集中有閩城新開池記并文祝延二篇，皆宦閩時所作。攷八閩通志歷官無亞之之名，通志挂漏，合當添入。此本借之焦太史，命工鈔録。然其中訛舛難以指摘，聊備一集而已。萬曆丙午初夏閩徐𤊹書于白門之鷲峯禪室。

笠澤叢書四卷補遺一卷續補遺一卷 一册

唐吳陸龜蒙撰。清長洲許辰焕手鈔，並臨海寧吳騫、元和戈襄校並跋。

笠澤叢書清代所傳，刊本以雍正辛亥江都陸鍾輝水雲漁屋本，校本以嘉慶中海寧吳騫校宋蜀本及舊鈔各本爲最善。先是有吳門顧氏楗碧筠草堂本，雕印最精。旋爲維揚書賈翻刻以冒真，字體較瘦，而少鋒穎。故碧筠原本，首有楷刻仿帖五行以爲別。文云：「是書刊刻，加意精求，而刷印未廣。近有維揚賈人，翻版射利，字畫惡劣，風神頓失。恐博雅君子誤認爲碧筠草堂原本，先此奉白。續有叢書攷異一卷嗣出。」陸本據跋謂獲元至元本開雕，實則依碧筠初印本重刻，校正處乃挖嵌增易，顯然可見。核之多與宋蜀本合。兔牀有七校本，所用底本，亦碧筠本，而得宋蜀本校之，其尤著者，「紀錦裙」作「紀錦裾」。其本同時人多相傳録。黄蕘圃借録者，歸陸東蘿，戈順卿從東蘿借臨，并録其父小蓮意校于書眉。咸豐戊午，甫里許息峒又據臨于東山草堂本上。此本乃其弟公望于同治六年再臨于影寫陸本上。惟陸本既將碧筠本挖嵌增易，所用底本不同，易滋讀者之疑。公望復將陸氏挖嵌增易之字，一一著明，合于蜀本之外，又五十六條，別録附入。卷首并從顧湘舟五百名賢祠石刻，摹其畫像而自爲之贊。又據唐文粹録附逸詩十首于後。于魯望是集，可謂盡心也矣。葉德輝郎園讀書志于是書有跋三篇，攷證版本，反覆推勘，頗稱詳盡。以余觀之，由未見顧本所鈐仿帖，故于碧筠本，忽顧忽陸，所説多誤。蓋碧筠本之爲顧楗所校刊，固無可疑，當時即有維揚賈人翻刻。賈人即指鍾輝。蓋鍾輝固以業鹺起家者。攷姚世鈺孱守齋遺稿有陸本跋云：雍正初年吳門顧氏開笠澤叢書，紙墨精好，而讎校之功缺如。後廣陵陸氏重刻此本，悉仍其舊。頃戴兄光林歸自淮南，贈余一册，云陸氏近得錢牧翁校本，追改十餘字。又跋云，乾隆乙丑秋余寓揚州馬氏叢書樓，因從陸二守淳川訪牧翁校本，其書鈔寫筆畫偏旁頗不草草，朱書校勘亦詳審，卷首有牧翁印記，即未知果出老人藏弆以否。余已獲於此書有是正之益云云，得此而向來顧、陸二刻之源委可明，聚訟可息。鍾輝字淳川，著有放鴨亭小稿、環溪詞。與全謝山、厲樊榭、馬嶰谷兄弟相唱和。其後又刻白石道人歌曲，亦極精。世因無疑此書爲翻刻顧本。郎園往矣，願以質之老友定侯，以爲如何？息嵎名虎炳，公望名辰焕，兄弟皆居甫里，爲明玄祐名自昌之裔。讀其跋，蓋皆藉筆耕爲生者。而獨惓惓于鄉里先賢，校鈔其遺書，老而彌篤，不愧梅花墅之餘風，惜今已無知其人者已。息嵎本今在潘氏著硯樓，方唯一題曰「許公望校本」，誤也。

有「許印辰焕」白文方印，「滄洲鮫父」白文方印，「蓼龕」朱文方印。

余於天隨素慕其人。其隱趣欲學而未能，故時時讀其書而歎息。超逸之致，忠義之氣，又時時觸動余懷，抑而不能已。余豈忘世者耶？又豈徇禄者耶？不忘者志，難徇者身。今幸以病，伏村居自樂，隱之味已有其端倪，特不能推擴之，得如天隨之力田自奉，不與人事，則又不自愜。然緩三四年，當力成之，今但能日誦公書以自尉也。辛酉一月二十二日雨窗書此。小蓮居士戈襄時年三十有七。

道光丁酉仲秋，憂居抱病，檢書消遣。適陸子東蘿，以所藏黄蕘翁影宋鈔笠澤叢書一册見示。蕘翁題語，云借鈔於海寧吴槎客。槎客有刻本一，即此碧筠草堂所刊。有鈔本二，一本於耒耜經補「墢去」以下并五歌序，又多補遺一卷。有王孟祥跋，朱衮記，十一世孫惪源後序，都穆跋，雍正辛亥江都陸鍾輝後跋。一爲宋蜀本，分雜著五卷、詩二卷、補遺一卷，耒耜經「墢去」以下及五歌序缺，序跋俱無。槎客原有校筆，係照别本注者。蕘翁影鈔一本，即東蘿所藏者是。余因借以校此刻本，卷目序次皆異，續補遺四賦，見於補遺一卷中，而無補遺詩，又少送小鷄山樵人序文一篇，小雪後書事七律一首。其字之不同處甚多，余悉録之。誤而無疑者，注曰某字某之譌；兩可者用點記之，注曰某本作某；亦有不點而注於上者，則臆以爲然，姑存其説耳。惟敏求記所載，以爲元符庚辰樊開序而鏤之版，政和改元，毘陵朱衮又爲後序，止分上下二卷，補遺一卷。何以是刻分爲甲乙丙丁又不相符乎？先君子極愛是書，有朱筆墨筆以意校者一二。東蘿所藏，昔未之見，讀先君子跋語，不覺淚涔涔下矣。棘人戈載校畢謹識。

唐賢陸魯望先生甫里集，余八世祖玄祐先生重爲校刊。今之所傳，惟有此耳。其笠澤叢書，則舊板甚鮮，未經寓目。余向藏兩本，一爲碧筠所刻，一即此本。碧筠本已爲友人奪去，甚可念也。今夏書估以戈小蓮父子校本見示，即筆於碧筠所刻者，因其素值太昂，而意又矜重，故未暇購置，特從借録。其間蓄疑之字，得此而一旦釋然，豈非古本之可貴哉！嗚呼，先生當唐之末季，高風潛德，被於東南，人所仰止，而於吾里爲浹之尤深。蓋吾里自唐以前，未有聞人，及先生家於此，以學行風雅，啓迪桑梓，自是而宋、元、明，代不乏人，至我朝爲尤盛。若余六世祖竹隱先生，著有萬山樓稿，五世叔祖竹素先生，著有竹素園詩鈔，他如陳樹滋、陳葉筠兩君，各有專集，俱見采於歸愚子别裁集中。而前明一代詩人之冠，羣推高季迪，其居名青邱浦者，近只在一二里外。又吾家玄祐先生，在明萬曆時，築梅花墅，與鍾伯敬、陳仲醇諸公聯吟風咏，一時稱最。今先生祠屋清風亭壁間石刻詩尚可考也。至光明閣則已廢，所謂古鏡石亦已移於梅花墅今改名海藏庵中。余家世居甫里，故於先生之德澤尤當樂道其詳，非僅以是集有瓣香之奉也。咸豐戊午六月二日録畢戈氏校本，漫識於尾。息嵋。

雍正辛亥，江都陸鍾輝重刻笠澤叢書，計連封面、目録，一百零三頁。其書即將碧筠草堂原刻印本上板翻刻。中間校勘誤字處，則挖嵌擠補之，於原書未動行欵，故形跡顯而易見。刻工雖遜，書則較善。惟所校勘據依何本，則陸跋既未一一明言，讀者亦無從考訂。憶咸豐甲辰冬，偶從顧君少竺案頭，假得此刻，携歸影鈔。初意卷帙無多，易於蔵事，乃人事紛擾，作輟不常，經乙卯、丙辰，始克鈔竣。校對之下，其中尚有疑誤之字，亦姑置之，忽忽五六年。值伯兄授經郡中，有以戈小蓮父子手校本求售者，伯兄賞愛之，而值昂不能力購，因以所携碧筠翻刻本，封面有「東山草堂」篆章者，備録戈氏所校於上，并跋語二則，亦録於尾。然後疑誤之處，豁然大明。并陸氏改刻校勘之字，亦大半有所考核。惟是東山本與碧筠本，衹經翻刻，字樣相同，鈔録校本可仍原樣，陸本則已經校改挖刻，必變通其例，閲者乃得了然。又陸氏尚有自行挖改之字，未審所據，亦須注明。而自辛酉遭亂以來，俗慮裝懷，精神耗散，未能命筆。今年就館在外，課餘無事，因決意爲之，使成完本。屈指影鈔之始，前後相距已十四五年。中經喪亂，危苦難名，而人與書尚得兩全，雖可幸亦可慨也。至天隨子潛德高風，實開我里人文之始，則前跋已詳，不復贅云。同治六年四月九日，公望識，時年六十。

此刻本無畫像，顧君少竺援滄浪亭五百名賢石刻例補入，亦仰企前哲之盛心也。余因補作贊云：

嗚呼先生，非以尊榮之爵位顯，而補闕乃列乎史之青。不以魁奇之狀貌傳，而象設尚肖其人之形。節自砥夫石之介介，而趣實頡乎鴻之冥冥。杞延古砌，菊蔓荒亭。贊三高以寄意，庶彷彿乎其德之芳馨。

後學許辰焕撰

白石道人詩集二卷附録一卷集外詩一卷詩説一卷評論一卷評論補遺一卷逸事一卷集事補遺一卷 一册

宋番陽姜夔撰。清吳縣曹元忠手校本並跋。

白石詩詞，並附所著各種，傳世有陸鍾輝本、姜文龍本、江春本。同治十年，桂林倪鴻書合三本並增傳、像，刻于野水閒鷗館，是爲最善之本。君直先生又據羣書參校之。其據元本新編事文類聚翰墨全書戊集校悼石湖三首云：「作挽范石湖二首，缺第一首，當是因結句有『胡虜』二字而删。『雪裏評詩句』，詩句作詩卷。」據宋羅大經鶴林玉露，校送朝天續集歸誠齋時在金陵云：「嘗以詩送江東集歸誠齋云云。誠齋大稱賞，謂其家嗣伯子曰：『吾與汝弗如姜堯章也。』『年年花月無閑日』，無閑作無虚，『處處山川怕見君』，山川作江山。」又校姑蘇懷古云：「江涵星影鷺眠莎」，鷺眠作雁團。又校登烏石山云：「尚留名字壓崔巍」，名字作名姓。據明朱存理鐵網珊瑚，次韻武伯云龔翠岩天馬圖自題，引「道人心性如天馬，可愛青絲十二閑」，心作野，下句作「欲攏青絲出帝閑」。據郁逢慶書畫題跋記卷六，校除夜自石湖歸苕溪第七首云：「趙文敏書卷第二句，『玉峯重疊護雲衣』作『玉峯高下藹雲衣』。」則皆宋、元人所見本也。又據各書補輯集外詩八首，今附後。

其三高祠、於越亭、和王祕書遊水樂洞、有送、菖蒲五首，已見厲烏山房刻集外詩。又據宋陳世崇隨隱漫録、元陸友研北雜志各補輯逸事一則。

有「句吳曹氏收藏金石書畫之印」白文方印。

補輯集外詩

三高祠見王鏊姑蘇志

不貪名爵伐功勞，勇退深虞禍患遭。甫里閒居耕釣樂，范、張高處陸尤高。

於越亭見廣陵詩局刊本

松尾颼颼石浪寒，胡啼番曲轉聲酸。人間無此春風手，應是江妃夜夜彈。

和王祕書遊水樂洞見廣陵詩局刊本

自是瀛洲客，還因野趣來。解衣吟寂寞，携酒上崔嵬。石洞山山秀，梔花□□英宗廟諱開。只應巖下水，相送上船回。元忠案，見咸淳臨安志。

有送見宋詩存

憐君歸橐路迢迢，到得茆齋轉寂寥。應歎藥欄經雨爛，土肥抽盡縮砂苗。

牽牛花見全芳備祖十四

青花緑葉上疎籬，别有長條竹尾垂。老覺殘妝差有味，滿身秋露立多□。元忠案，□當是「時」字。

不見青青繞竹生，西風籬落抱枯藤。道人一任空花過，愁殺山陰覓句僧。

菖蒲見全芳備祖後集十卉部

岳麓溪毛秀，湘濱玉水香。靈苗助勁直，達節著芬芳。豈謂盤盂小，而忘臭味長。拳山并勺水，所至未能量。元忠案，别本集詩注云見廣陵詩局刊本。

嘲林可山見隨隱漫録三

和靖當年不娶妻，因何七世有孫兒？若非鶴種并龍種，定是瓜皮搭李皮。元忠案，洞霄詩集有和靖宿洞霄宫二首云，「二詩不見先生集中，乃得真跡於先生七世孫可山林君洪處」。即其人也。

庚子八月三夕元忠校讀。時方從獨山莫楚生假得元刻翰墨全書。

存雅堂遺稿四卷二册

宋浦江方鳳撰。無錫孫毓修手鈔本並跋。

此鈔出自清順治十一年刻張燧輯本，即四庫著録者。惟四庫提要作五卷，此可正其誤。而何思卿序乃云今所輯十有三卷，殊不可解。又據何序，馮如京先刻柳貫待制集，鳳之子姓方生輩，上請如京，序而鐫之。又云：「方生輩乃慨焉躬任剞劂。」提要不及刻者姓名，而莫友芝知見傳本書目、邵懿辰四庫目録標注，乃遽謂張遂刻本，誤以輯者爲刻者，又誤燧作遂，均可證莫、邵未親見是本。提要謂凡詩七十三首，今卷二，三洞及客有問金華勝遊者以詩叙其概，皆有題無詩，不知爲原本所闕否。提要又謂「原本尚有物異考一卷，月泉吟社詩二卷，外篇詩文二卷，今並從删削焉」。今本亦無之，其或從庫本轉録歟？胡宗楙續金華叢書重刻，亦沿四庫之誤，目稱五卷，則可異矣。孫留庵佐輯四部叢刊，熟于版本之學，其勤勤手鈔是書，可見傳本之罕也。

有「小緑天藏書」、「孫印毓修」二印。

宣統二年龍集庚戌，八月初十日，鐙下録畢，時雨後新涼。

西渡詩集一卷附補遺 一册

宋南昌洪炎撰。舊鈔本。

玉父此集，四庫著録二卷，附補遺一卷。係據鮑渌飲家鈔本。後有其兄朋芻詩文，則後人所輯。張月霄有鈔本，亦二卷。與焦氏經籍志合。宋牧仲鈔諸陸其清家，有漁洋跋，似與此依曝書亭本傳鈔，有康熙丁丑竹垞題識之一卷本，非出一源。亡友王君九先生藏有勞羃卿校本，并録漁洋跋，則明言一卷，與四庫、張志異，且知此從江西詩派本録出，非其全集。然清人彙刻宋人詩集，如汲古閣景鈔南宋六十家集、鮑廷博輯南宋八家集、顧修輯讀畫齋南宋羣賢小集及近時李之鼎刻宋人集，此書均未收入。僅乾隆時曹庭棟宋百家詩存有之，亦傳本甚罕。則此册誠爲秘籍矣。勞跋余輯碎金所遺，今并漁洋跋附後備攷。

康熙丁丑八月朔，竹垞閱過。

右舊鈔本西渡集一卷，與宋史藝文志、陳氏書録解題合，其補遺一葉，蓋後人增益也。宋牧仲中丞，自吳中鈔寄洪炎玉父西渡集，僅一卷。攷焦氏經籍志：玉父西渡集一卷，與此本合。然編首題「卷第一」，又似不全之書。何也？坐上呈師川有懷駒父七律所云「欣逢白鶴歸華表，更想黄龍出羽淵」，正在集中。其詩局促，去豫章殊遠。又經籍志載洪芻駒父老圃集、洪朋龜父清非集，皆止一卷。此本牧仲鈔之暨士陸其清家。康熙甲戌四月，漁洋山人跋。

余頃借鈔此集於友人許，嫌多脱誤，從積書堂主人陶一翁借本比較，補鈔目録，及補遺詩一首，略正譌字。陶本視此本，尚不如也。壬寅十一月十日校畢記。羃卿。

乙巳夏收得曝書亭鈔本于長塘鮑氏知不足齋。庋閣兩年，無可消夏，據校一過。蓋從江西詩派本録出，非其全集，且殘帙也。去壬寅初校時，已六易寒暑，歲月荏冉，人事變遷，撫卷興歎。丁未六月二日，記于學林堂小池上。

剡源文鈔四卷 一册

元奉化戴表元撰。清康熙戊辰海寧馬思贊刻本。清初人評跋。

王士禛居易録云：「海寧刻剡源集四卷，乃黄宗羲所選録，非完書也。」四庫存目著録，提要亦云黄宗羲編。盧文弨剡源集跋亦云：「三百年來，唯梨洲遴選其文，以傳之學者。」乃張金吾愛日精廬藏書志載一鈔本，有何焯跋云：「剡源文集，余病譌謬不可讀，遇藏書者，必問嘗蓄舊本以否。康熙庚寅，始從隱湖毛十丈借得嘉靖以前舊鈔本一册，爲文祇六十五篇，分甲、乙、丙、丁四卷。以校新刻，則唐畫西域圖記一篇，後半幅脱去二百六十餘字。其他賴以改正處甚多。集中文爲新刻所逸者，凡十二篇，復補録焉。」丁丙善本書室藏書志據此，謂「舊因黄氏宗羲繕刻此集，遂傳爲黄氏所編。微焯識語，則無從知爲嘉靖以前所編矣」。莫友芝、邵懿辰、繆荃孫又謂元刊有甲、乙、丙、丁四卷本，馬刊即從此出，則此四卷本之非黄選，似已定論。然漁洋與梨洲同時相接，不應無據，蓄疑已久，以未見何跋本不能決。檢此題「梨洲黄宗羲點定」，馬序亦祇云「梨洲黄先生表而出之，以授石窗范先生」。均無編選字樣，則又幾無以難之。後讀吴騫拜經樓藏書題跋記亦有是書，附録思贊自跋云：「梨洲先生每極口宋戴剡源文，府君購其集不可得，後從叔氏日觀齋，見先生所寄選本，遂命思贊刻之家塾。閲歲書成，府君見背。年來多故，未暇整理。昨冬與竹垞先生借得全集，復發興修補欠葉，校讎訛字。其去取批抹，悉依梨洲原本，不敢妄有增損，蓋遵先府君授刻之意也。」始恍然知馬刻之確爲黄選，漁洋、提要、抱經均未嘗誤，丁氏諸人祇以卷數篇數之偶合，遂加以附會。其實何跋所云六十五篇，雖與黄選本合，又云「集中文，爲新刻所逸者凡十二篇」，已明著兩本之不同，讀者自不察耳。即此可見版本目録之學，又豈易言哉！

思贊字仲安，號衎齋，又號寒中。即插花山馬氏，爲康熙時藏書家。查慎行敬業堂文集扶風琬炎録跋：「吾友衎齋系出于朱，其祖某爲後于馬氏，始改姓馬，今幾世矣。」故此書朱邁序稱思贊爲從子，思贊序稱邁爲家叔。而序末兩印，一曰「馬思贊印」，一曰「朱仲安氏」，兼著其本姓。葉菊裳先生藏書紀事詩因竹垞曝書亭集屢稱「吾宗衎齋」、「宗人寒中」，遂謂桑海之間，改易名氏，誤矣。

此册朱筆評跋甚精，而不得其姓名。封面剡溪（當爲源誤）文集四字，下右邊剜去一長方，首末又各割去半葉，必係有評跋者姓名及印記之故。觀跋中致慨于剡源之晚年失節，而稱洪武修史曰「國初」，曰「稽古右文之朝」，曰「四百年來」，顯然爲有明遺逸語氣。是書刊于康熙戊辰，爲二十七年，跋署丙子，則爲三十五年，相距八年，故猶得曰「今朱君邁」云云。是時文網最密，屢興大獄。觀其筆跡老蒼，必爲極負盛名之士，或與文字獄有關，後人懼嬰禍而剜割以掩其跡，當俟精鑒者審定也。至錢遵王欵印則僞加無疑。舊爲錢塘丁氏藏書，而不著于善本書室藏書志，亦以未得評者主名故歟？

有「四庫坿存」朱文長方印，「錢塘丁氏正修堂藏書」朱文方印。

讀剡源自序，至六十一而以執政之薦，授信州學官。譬之寡婦守節，垂三十年，而復恐餓死而失節，亦可醜也。越二年而歸，四年而卒。悲夫！

記共十六首。嘗閲潛溪集，有題剡源清茂軒記後云「毛君集出示先生所造清茂軒記，蓋毛君從祖震卿，與先生爲忘年交，故先生不靳而爲之記。發明山水之勝，分明如畫。今之能文者，雖多如蝟毛，求如先生絶不可得」云云。

惜乎此卷中不之載也。

按剡源集二十八卷，今所刻文鈔止四卷，不過十之二而已。夫四卷猶存，安知二十八卷之不盡在人間？今讀者以一臠之肉，不足以饜所欲，而怏怏思更有所求也。在元黄文獻於宋季辭章之士，樂道之而弗已者，唯剡源戴先生是屬。厥後宋潛溪先生亦日購剡源之文，而絶不能以多致。至洪武間，詔修元史，以剡源文字有關於勝國者宜多，乃遣使入鄞，獲二十八卷來上。當時修史諸臣，既入剡源於儒學傳中，而其鄉人夏君閲來官國子學正，與其孫資先刻之於家塾，則所謂二十八卷者，不獨藏之中秘，而流傳於世者當不少也。獨怪國初修史之日，去至大三年，僅六十載，而其遺文埋没於蠹窟敗簏中，無有物色之者。及稽古右文之朝，極力搜討，方始得見其集。而又有夏君與其孫刊布國門，庶可以行遠而淑後人於勿替也。迺四百年來，不獨其文字無傳，而其名若字亦罕有舉之者。今朱君邁與其族子思贊從四明范石窗得黄梨洲所授剡源文鈔四卷而梓之。而其餘二十四卷又不以傳，豈故秘之耶？抑復散失而不可得耶？潛溪有言：「豐城之劍，荆山之玉，縱湮錮泉壤爲已久，而神光上貫於霄漢者，終弗能掩也」。余且拭目俟之。丙子初秋跋。

青丘詩鈔五卷補遺一卷 二册

明長洲高啓撰。清長洲凌周文選。清乾隆甲辰長洲凌周文手鈔本。

李東陽謂「國初稱高、楊、張、徐，高才力聲調過三人遠甚。百餘年來，亦未見卓然有過之者」。王子充謂「季迪之詩，雋逸而清麗，如秋空飛隼，盤旋百折，招之不肯下。又如碧水芙蕖，不假雕飾，翛然塵外」。牧齋輯列朝詩集，采此兩家之説，可謂青丘詩定評。顧才豐遇嗇，史傳謂其因爲魏觀作修府治上梁文，連坐腰斬。竹垞靜志居詩話又謂世傳爲題宮女圖詩獲罪。蓋封建時代，猜忌之主，往往借細故殺人。古來文士遭此厄者多矣，可勝歎哉！今傳大全集凡二千餘首，自選缶鳴集亦九百餘首，雍正中，金檀箋注，最爲精善。此爲凌周文從金本精選樂府一百零八首，三言一首，三四言一首，五古一百十三首，七古四十二首，長短句體二十五首，五律九十七首，五排十三首，六律十首，七律八十首，五絶八十二首，七絶一百三十八首，共七百又十首。又補遺五首。楷書工整，並加朱圈。讀青丘詩者，可謂探得驪珠矣。周文，字心安，號焕中。其詳俟攷。

乾隆甲辰仲春望日書，越季春之旬有二日乃畢。心安凌周文焕中甫。

有「凌印周文」白文方印，「焕中」朱文方印，「臣方滎陽」白文方印，「容申」朱文方印，「甫里方氏珍藏」朱文長方印，「容申過目」朱文方格印，「臣沈承奎」白文方印，「承奎」白文方印，「庭某」朱文方印。

易齋集二卷 一册

明青田劉璟撰。舊鈔本。十九世孫耀東手跋。

璟字孟光，爲基之次子。永樂時下獄自殺。事跡附明史劉基傳。此爲崇禎壬午前青田令楊文驄從邑諸生蔣方華兄弟得鈔本付刊，題「吉州楊文驄龍友訂定。秣陵邢昉孟貞、武林李可立卓如參閲。吉州楊鼎卿愛生、楊元卿長民同較。同邑蔣方華泰占、蔣方蓴筆生手輯」。即四庫全書著録本。今刻本亦不易得。此爲咸豐八年族裔名淮者傳鈔。案，易齋集，黄氏千頃堂書目著録十卷，錢氏列朝詩集小傳亦稱十卷，而龍友在崇禎時刻意訪求，僅得鈔本，釐爲二卷，並不知先有十卷刻本，則其流傳之罕可見已。近代藏書家，丁氏善本書室有汲古閣舊藏明初刊殘本前五卷，以校此本，古今體詩已溢出一百四十餘首。而十卷全本，祇北京圖書館有一明刊。誠爲海内孤本。劉君耀東，字祝羣，别號啓後亭長，爲基十九世孫，表彰鄉獻，不遺餘力，已輯印括蒼叢書，又謀續編。聞余曾見士禮居鈔本，于一九四〇年寄此册乞爲借校。今手函及擬刻書跋，猶存卷中，余以鈔本未能借得，繼之寇難暴政，未遑寧息，故留篋未歸。前年問之浙人，知劉君已久游道山。讀劉君跋，光緒庚子已刻成而版毁，兹又欲印未果，書之流傳其果有數存也耶。

有「南田劉氏藏書」白文長印，「臣劉淮印」白文方印，「春波」朱文方印。

先忠節公易齋集，浙江通志作十卷，千頃堂書目亦載十卷，殆明初刻本也。迨崇禎壬午吉州楊文驄搜得鈔本，訂爲二卷，想非完帙。其與十卷本同異，亦莫可考。清咸豐八年，族前輩淮春波假同里徐氏穀貽堂藏楊刻二卷本迻寫，即此鈔也。先君子嗣于同治年，亦于穀貽堂舊藏，搜得端木國瑚於吳門鈔寄盤谷集五卷，因并兩集傳寫成帙。光緒庚子，命詣瑞安孫師籀膏家校勘，同付剞劂。乃兩集殺青甫竟，書肆借印，肆火而版遭燬。今所存者，僅此鈔本與先君傳寫兩帙而已。亟宜重刊，卒卒未果。衰朽日逼，匪可緩也。民國二十四年曝書日，啓後亭長識。

一老庵文鈔不分卷 一册

明長洲徐柯撰。舊鈔本。清海寧陳鱣手跋。

首尤侗東海一老傳，末雍正丙午姚江諸吳樣跋。嘉慶十六年七月陳仲魚從陸東蘿借鈔而手跋之。據吳樣跋，其詩集四卷，鄭李雅刻之，而文則因與時相忤，不敢付梓，故僅存鈔本。案集中題彭容臣册子序「崇禎庚辰余年十五」推之，貫時生于天啓六年丙寅，尤傳「今春二月，從山中歸，客來告我曰：『先生逝矣。』」文承前「己卯仲秋」後，則當爲康熙三十九年庚辰，年七十六。傳作七十五，誤少一歲。蓋入清已五十七年矣。本應列爲清人，但前人于易代之際，往往依其人之志節畫分，故明代遺民之殁于清者，仍列爲明人。貫時與兄俟齋，志趣雖有不同，然尤傳稱其避世牆東，孫文定、高文端之速駕，均笑不應。未沾新朝一命，自名東海一老，正所以見志。則雖和光同塵，不及俟齋之高逸，亦未可遽排于遺民之列。乃竹垞明詩綜既不收，歸愚竟入之清詩别裁，何耶？俟齋聲名卓卓，貫時幾于無聞。余于一九四一年借此于嘉業堂，并從故友張君芹伯乃熊借詩集鈔本，皆仲魚舊藏而分散者，合印入辛巳叢編，藉與居易堂集並傳。今詩集被掠，此本歸余插架。展誦之餘，謹推本其志，而仍列諸明代集部，並誌其説于此。

有「得此書費辛苦後之人其監我」白文長方印，「仲魚圖像」朱文長方印，「海寧陳鱣觀」朱文長方印，「吳興劉氏嘉業堂藏書印」朱文長方印。

徐貫時先生一老庵文鈔見于乾隆蘇州府志，孝慈堂書目亦載之，然流傳甚罕。陸君東蘿偶從常賣家得之，以余留心吴中往哲遺文，欣然相示。余展閲之，知爲吾浙吴茂秦所録。計文五十二篇，雖不及難兄昭法先生居易堂集之元氣淋漓，而屬辭條暢雅絜，亦不愧名家相。聞當時有「昭法不入城，貫時不出城」之語，似隱指其參商。向疑居易堂集中尠有涉其弟者，今觀一老庵文，亦鮮及其兄。惟跋家孝廉畫一篇，雖無間□，然其稱謂究非同氣所宜。又有與楊易亭書，易字□□，乃鈔文時爲之諱。易亭，名无咎，字震伯。吴中三高士之一。昭法先生遺囑云：「身後家事，無論鉅細，俱要仰重楊先生經理。」又云：「吾生平知之深而信之篤」，謂在我可託孤寄命者，一爲易亭，乃爲之弟者，與之爭辯不休，則庭内未免有遺憾矣。然而貫時先生避世牆東，終身窮約，無忝文靖家風。讀其文可以哀其志耳。余借録一本，以原書歸東蘿而作此跋。嘉慶十六年七月晦日，海寧陳鱣記。

沈君庸先生集二卷 二册

明吴江沈自徵撰。舊鈔稿本。

首邑志文苑傳，次梁谿鄒漪撰沈文學傳。卷一爲駢散體文，卷二爲詩詞曲。傳謂自徵穎悟絶人，爲文立就，不録稿，散失莫紀。此當爲後人輯録，故多失題及殘什，并録其零句。朱竹垞静志居詩話：「沈氏多才，自詞隱生璟訂正九宫譜，爲審音者所宗。而君庸亦善填詞，所撰鞭歌伎、灞亭秋諸雜劇，慨當以慷。世有續録鬼簿者，當目之爲第一流。」王漁洋古夫于亭雜録：「吴江沈君庸自徵作灞亭秋、鞭歌妓二劇，瀏灕悲壯，其才不在徐文長下。」皆推許甚至。今其雜劇傳，而他著作遂隱，行事亦莫詳。據鄒漪傳，君庸生平最足稱道者，爲説袁崇焕之入朝，其後之得誅崇焕，皆君庸一説之力。實則當崇禎二年十月，清兵圍京師，崇焕旋師入援，本出于忠義之忱。乃思宗誤中清太宗反間之計，處崇焕通敵脅和罪，以自壞長城。朝野莫察，譁然附和，君庸亦眩于衆聽耳。觀集中代某館翰擬勸進第一表附識，爲思宗入繼大統，嚴拒掌院措辭須以厰臣擁戴爲主之意，要以去就，可謂士之諤諤者。則説崇焕入朝之事，又何足爲君庸病哉。

其詩文多代言酬應之作，而君庸久參戎幕，出入邊塞，以南人而有燕、趙豪俠之風。其出塞雜詠云：「不向風塵歎敝貂，笑看天地屬吾曹。逢場歌板填楊柳，立馬雕鞍試寶刀。栲栳峯頭烽火合，葫蘆河北陣雲高。夜來又别屠沽去，爛醉邊春酪乳臊。」骯髒鬱勃，足以肖其爲人。而竹垞嫌其詩稍平衍。録其和施壘山學博送别云：「苜蓿闌干春漸肥，榆關、滇海雁書稀。管城亦有封侯骨，磨盾看君試短衣。」今較集載，漸作欲，末句作「莫笑尊前問短衣」，信屬平衍。然竹垞捨其壯往之作，而獨取此改纂數字以入詩話，疑係所見不多耳。

末附散曲五套，是其當行，勝于詩文。近人綱羅所未及，選録兩套。古夫于亭雜録載其妻張倩倩寄外詞云：「漠漠輕陰籠竹院，細雨無情，淚濕霜華面。試問寸腸何樣斷，殘紅碎緑西風片。萬轉相思才夜半，又聽樓頭，叫過傷心雁。不恨天涯人去遠，三生緣薄吹簫伴。」並附此。此舊鈔本，丁日昌得之吾蘇顧氏藝海樓，已著録于持靜齋書目。

有「長洲顧氏藏書」朱文長方印，「湘舟過眼」朱文方印，「吳興劉氏嘉業堂藏書記」朱文長方印。

王孝儀重遇孫姬，賦得仙吕五闋

桂枝香　雲峰簇纈，湖波春透驟。芳堤玉勒驕嘶，笑入吳姬賣酒。洗譚天浪口，洗譚天浪口。問西施在否，淡妝明秀。漫追求。松柏同心，恨西陵落日愁。

不是路　邂逅風流蘇小，湖東柳市頭。乍迴眸，清波影入髻雲流。且遲留，凝香沾惹梨雲袖。買醉還拚典翠裘。成拖逗，芙蓉帳底鞵尖瘦。問郎消受，問娘輻輳。

長拍　眉淡吳山，眉淡吳山，淚盈湘水，那堪獨上蘭舟。蘇堤絲柳，倩流鶯難訴離愁。回首仲宣樓，晚霞妝慵來孫壽（孫壽作慵來妝）。寂寞行雲空楚岫，怎教人目斷白蘋洲，縱有鸞箋，難寄鱗游。

短拍　塵滿貂裘，塵滿貂裘。愁花病酒。問章臺弱柳輕柔。春暗到皇洲，嗟禰衡，消磨半刺做鴛鴦牒，劉郎重遘，黯司馬青衫濕透。燕山月，偏照爐頭。

尾聲　珮蘭香解燈昏後，看昔日青青，還又可能不，湖上扁舟憶舊遊。

失題

梧桐樹　丰姿豔雪瑩，弱態芳蘭並。嬝嬝婷婷不自塵凡境。若非羣玉山頭孕，會向瑶臺月下迎，似姮娥竊藥凌風迸。獨守蟾宫，紛鎖著桂叢花影。

秋夜月　梁園夜正秋清，銀浦流雲學水聲，遥天何處飛金鏡。邀對飲，堪乘興。霓裳一曲舞風輕，身在廣寒行。

皂羅袍　嬾向銀床金井，問素娥何事，多少含情。含的是關山玉笛訴風清，含的是漢宫團扇悲秋冷。雲和斜抱，朱扉半扃。碧梧影静，瑶階色凝。良宵此際愁偏勝。

大聖樂　含的是流黄月，機上偏明，含的是待西廂，和月等。含的是秦樓月罷瑶箏。含的是月照鸚鵡杯前興。含的是月曉鴛鴦被底情。閒庭曲徑，最含嬌是凭肩私語，對月深盟。

解三醒　相賞處，柳遮花映。人間有離别虧盈。□青天碧海還孤另。寄深情，擬託三星。怕羅浮夢斷悲疎影，怕緱嶺宵寒冷玉笙。休傒倖，莫做了盈盈一點兩地空驚。

餘文　江南才子曾題詠，兔苑風流第一名，分付與月姊封姨將春色領。

桐庵文集一卷雲遊詩一卷 一册

明長洲鄭敷教撰。清長洲徐枋手鈔稿本。

桐庵文九篇，首有華山檗公手札兩通，皆言評文及勸刻事。華山檗公即熊魚山開元，爲桐庵房師。據門人欽蘭跋，仙弢昆仲子姓所編全集，前後幾百卷，則此九篇者，僅存孔翠之片羽而已。而冠以檗公手札者，其即從檗公評閲三十篇中鈔出者歟？老友趙學南已編爲桐庵存稿一卷，印入丙子叢編，而惜遺檗公兩札及欽蘭跋耳。雲游詩爲順治八年辛卯入京時作，年譜於是年缺。據此首題，知于小除立春後四日啓行。年譜于次年壬辰云：「二月初十日出都門，」則爲時僅兩月。蓋借公車以避咎，有不得已者。首門人徐枋序已詳言之。年譜又云：「一路甚安，往返間捱上、下平韻作雲游詩百首。」兹録僅二十二題，其爲俟齋選存者歟？惜學南未與文稿同印以傳也。檗公札，欽蘭跋，録附備攷。

文首葉有「曾在汪石心處」一印。

華山檗公評閱貞獻文集第一札

甲寅三月望日，正志手啓桐庵老居士有道。來稿三十篇，竟是一部鴻文，不可不壽之木，公之一世。幸刻資尚不多，諸藐孫應無能及此。仙弢父若子，是能讀父祖書者，梓之能行世，足以見家學淵源，尤可以開後人眼目，甚急務也。老人所增損更易，不識有當於來機與否？是則從之，非則違之，初無定法。原本繳還，宜好爲之。

第二札

前所閲文稿，必當授梓，可以傳家，又可以醒世間人大夢，不應緩視。不識所更定字句，有當於盛意與否？入院日，祇煩長公同諸顯者至。桐庵遲日携餘稿來，更可共語。七月朔，志和南。

華山大師正志號檗庵即熊公魚山開元也。天啓乙丑進士，湖廣嘉魚人。吾師桐庵鄭先生房師。行實詳載交游籍。先生文成，嘗以三十篇呈於公。公大叫絶，手加丹黄評閲。每書來，輒相促付梓，今觀世兄仙弢昆仲子姓所編全集，前後幾百卷，其刻浩繁，一時恐不易就。愚意不若以檗公定本，合晚年詩、賦、年譜，交游籍，先爲一刻，其後二刻三刻，不妨續而全之。則先生之書，傳之無窮矣。敬以二札冠於篇首，此必先生意之所樂，其序文當俟大手筆，蘭不敢贊一辭也。康熙乙丑嘉平門人欽蘭拜手敬書。

孫壻蔣廷鋐纂録全編。

葉白泉詩稿三卷二册

清崑山葉國華撰。清新陽潘道根手鈔稿本並跋。

原本不分卷，兹據晚香跋，著録爲三卷。白泉爲文莊六世孫。萬曆乙卯舉人。官至刑工二部主事。此其晚年詩稿，自順治七年庚寅起，至康熙二年癸卯止。據詩，順治十二年乙未年七十推之，當生于萬曆十三年乙酉，至康熙癸卯，年已七十八，大約即卒于是年。白泉承先世之業，菉竹堂中藏書多善本，日與賓朋子姪飲酒看花，賦詩唱和，極林泉優遊之樂。其詩力掃王、李、鍾、譚之習。所與往來者，如陳言夏、葛瑞五、金孝章、呼德下、林若撫、毛子晉、李映碧、歸元恭、袁重其、王煙客、楊曰補等，皆一時名士。而題中時及苞兒云云，則爲九來名奕苞也。九來名盛于其父，乃葉菊裳先生藏書紀事詩祇云「亦文莊裔孫」，而不知即白泉之子。此可訂其誤。同治蘇州府志藝文，著録有繭園詩文稿、雁木齋稿，均無卷數，但虚列其目耳。此爲晚香據手稿鈔出，誠未刊秘笈。原附水脩詩，惜未并録。水脩爲白泉長子，名亦荎，早世。九來經鉏堂詩稿有哭兄詩。白泉亦能倚聲，曾爲尤西堂題竹林晏坐圖滿江紅一闋，昔年余佐閩縣林訒盦輯清詞綜，補番禺葉遐盦輯清詞鈔，均所未見，今並附録焉。

有「學淺自知」、「晚香潘確潛氏」兩印。

附録滿江紅　題尤悔庵竹林晏坐圖並和原韻

瀟灑襟期，問姓氏，未知何許。人都道桃花源客，芙蓉城主。雙屐徧尋紅葉路，一巾時落黄梅雨。任飛塵，十丈到君前，無容處。 羲皇上，堪徒與。蓬壺外，還延佇。笑柴桑腰折，不如箕踞。骯髒擊殘易水筑，佯狂撾罷漁陽鼓。學無功，河渚醉爲鄉，瘖無語。

甲申□月晚香亭長將有虎邱之行，呵凍録此，計五日而畢。

葉白泉先生詩稿三卷，係手筆粗紙寫，塗改處，用雌黄併靛青二物。書法極秀潤，於不經意處，有粗服亂頭都好之致。嗣君水脩□□詩稿二卷，亦用粗紙，塗改處更密，想當時菉竹堂中□如是。兹從吴銀駣先生處借觀，緣有虎邱之行，匆匆□□□成字，記其緣起如此。□□□□□□□□晚香亭長□□觀□□□。

葵園集一卷 一册

清崑山呼谷撰。清順治十三年刊本。

據首丙申吴遠撫序，知爲是年葉子吉所刻。子吉爲方靄字，官至禮部尚書，謚文敏。丙申當清順治十三年，作者爲明末隱士，與金少章、歸元恭等友善。不但姓僻，其人亦罕有知者。漁洋感舊集曾采録其詩，同治蘇州府志藝文著録屋漏集、葵園文集。已失傳。諸家書目，均不載是書，僅存孤帙而已。其行事見楊鳳苞秋室集卷五呼德下紀略，及府志列傳。然核之此本葛雲芝、吴遠撫兩序所述，未盡摭采，而楊文所引首夏園林詩「放竹欲侵山」，此本「欲」作「復」；「琴書靜日過」，此本「靜日」作「永晝」；是亦未見原書也。第四、第十九、第廿九、第三十二、第三十四、第三十五葉，均有闕字。細審之第十、第三十五、第四十一葉，又有挖補。知皆爲避忌時諱，宜其傳世之希矣。舊藏潘晚香家，後歸吾友趙學南峭帆樓，蓋三百餘年未離崑山也。曾見葉奕苞經鉏堂詩稿有德下撰序，今葵園文集已失傳，葉集亦在若存若没之間，而此文可見德下論詩之旨，特録存之。

附録　經鉏堂詩稿序

詩有自然之音節焉，非學詩者可以篇章、字句、尺寸而求之者也。夫尺寸而求合，其不合者必多。若近代之所稱詩家，吾得而見之矣。其卑者，竊取一二唐人之近似，以應給一時之贈答酬唱，飣餖補綴，牽率支離。其高者亦好自用意，而學問蹇淺，鋪張斡旋，氣力滋費。彼是二者之病，吾亦不得而指之也。讀之自首至尾，一唱三歎，嘗覺引于吾之心思者，有隱隱弗貫之憂，而歷于吾之口齒者，有格格不諧之患，是則真病也。夫病者不知其病，而隱然以深即合者，不期其合而率然以至，是所謂音節之自然者非歟？自然者，道也，則音節非粗也，蓋存乎氣體風骨之間者也。吾友葉九來氏以名家世德，妙年敏悟，揮灑篇章，動盈几篋。典麗而多風，流逸而有則。余獨謂九來之于詩，絶去近代作者二病，而于自然之道無不合，非譽也。九來蓋得乎中唐之旨趣，而氣體渾成，風骨蘊藉，殆或過之者。有識當以余爲知言矣。昔人論顔、謝優劣，一以爲「縷金錯繡」，一以爲「初日芙蓉」。而樂天之稱微之，則曰「筋骨軟于棉」。合是二言以言詩，氣體風骨之自然者，逌然可悟，而亦可以知九來之詩也。九來雖未絶知遇于時，而好與林泉逸士游，退然不勝衣，恥以門第矜詡人。即其所刻詩，方盡削其酬應于名公鉅卿者，而獨存夫抒寫性情之作，其詩可知，其人可知已。夫詩，韻事也，而能之者類非俗物，今使有人胸中齪齪，趨勢慕利，與市儈屠沽人無異，而强與乎騷壇風雅，入分韋蘇州、李青蓮之一席，以共爲此灑然出塵興會流連之事，欲其矢口涉筆，糞土陳腐，不滌而自去，微妙清空，不集而自來，必無是理。由此言之，彼詩道之合于自然者，固不得于詩求之，豈徒不得于詩求之也哉。吾論九來，抑可以概天下之爲詩者矣。同學弟呼谷德下撰。

節必居稿五卷 一册

明長洲劉曙撰。舊鈔本。

劉曙，字公旦。長洲人。崇禎癸未進士。授南昌知縣。此集首題詞，朱蒼崖德洽、陸世鎏彦修、陳雪岑學洙三家。卷一五言古，卷二七言古，卷三五言律、五言排律，卷四七言律，卷五五言絶、七言絶、詞。吳縣志藝文著録八卷，誤也。曙自南都失守，即歸隱蠡口。順治四年丁亥上海諸生欽浩通欵舟山，疏吳中忠義士二十三人，以曙爲首。其書爲游騎所獲，巡撫土國寶密令知府吳崇宗掩捕，曙從容就縛，口授絶命詞别母。既見國寶，不屈，械送金陵下獄。九月十九日，與崑山顧咸正、松江夏完淳同赴市。曙連呼高皇帝而死。其忠義彪炳，名垂史册。郭沫若先生以夏完淳事跡編南冠草劇本，而曙名始漸爲人知。詩稿則三百年來僅有鈔本，若存若亡，人多未之見也。日出行、金陵懷歸二詩，中有闕文，則避時諱也。乙酉八月十四夜匿影農家夢楊子維斗作云：「襆被短簷下，月華静窺帳。子來入我夢，顔色耿相向。爲别亦已久，不問别來狀。互言白髮新，慷慨復悽愴。天驕無如何，嚄唶愧宿將。但存區區懷，勃窣難舉況。分袂還踟躕，欹枕轉惆悵。緬懷定交日，總角氣方壯。文酒多奇踪，圭璧有微尚。中原今陸沈，吾道未淪喪。亂離憶朋儔，雞鳴不能忘。乃知君與友，一義相摩盪。昔人有達言，著屐能幾緉。浩歌絶命辭，與子共酬唱。所敦在宿好，存歿總依傍。相期泰、華巔，千秋訊無恙。」案，順治二年乙酉六月乙卯，清兵入蘇州，閏六月癸巳，薙髮令下，吴江吴易于太湖起義兵，突入葑門。是時蘇城正兵戈搶攘，故曙有八月十四匿影農家之作。曙與楊廷樞爲至交，讀其詩慨當以慷，所以致命遂志者，已早有決定。觀浩歌云云可見也。所奇者，廷樞亦于丁亥五月朔日，因蘇松提督吴兆勝反正事，而被土國寶所執。從容賦絶命詞就義。曙之死纔距五月耳。此詩在二年前，若爲之讖。曙絶命詞云：「孤臣孤子淚如泉，死傍君親即洒然。吾道直如頭上髮，此心娟似水中蓮。枕戈未雪河山恨，市骨誰將駿馬憐。欲戀春暉報慈母，登堂愁負白華篇。」載錢肅潤南忠紀。稿中不載可補其遺。余昔年曾見一緑格鈔本，首摹遺像，朱用純題贊。次自述獄中問答語，次吴下逸民撰劉公旦先生死義記而無題詞。後附南鴻草一卷，長洲劉應元聲甫著，較此本爲備，當訪以補録。

有「吴興劉氏嘉業堂藏書印」朱文長方印。

旃檀閣詩集二卷 二册

明長洲馬萬撰。鈔本。

吴門補乘：「萬，字士延。甫里人。性不諧俗，貧而介。詩、古文辭並臻妙品。移家槎上，歲祲，邑令余敏憐其貧，餽以粟，弗受，卒窮餓死。同治蘇州府志藝文著録旃檀閣詩稿，無卷數。分西山拾翠、虎阜芳踪，與此本不合。此係分體，而五古祇四首，七古則全闕，疑非全本。據秋興百韻有句云「生自神宗末，曾聞穆廟前」，庚寅元日云「獨憐未老身還在，四十三年歲歲新。」庚寅爲清順治七年，則其生當爲明萬曆三十六年戊申。中多與嘉定侯峒曾、黄淳耀後人，及同里許人華定貢、許竹隱虬諸人唱和之作。又有壽王煙客五排，和煙客西田雜興詩，蓋其人亦隱居高蹈者流。而惜其姓字泯没，著述不傳，世幾無知者。詩題多用「賦得」。其賣書償藥價云：「守汝成何事，因之病轉生。分無雞肋味，深愧蠹魚情。藥價頻收券，芸籤别换名。獨憐新病起，坐卧少吟聲。」其甘貧可想。余别得乾隆時人輯時人詩鈔鈔本，中有萬作過金孝章春草閒房一律云：「跫音不到襯花茵，暖翠晴迷枕簟勻。馴鹿高眠如有得，游蜂尋去謂無人。簾垂緑雨梧聲静，坐對蒼煙墨氣新。此處詩成知夢冷，繚牆以外盡紅塵。」極寫高隱之趣，爲此集所不載，亟補録之。

天蓋樓詩集七卷 四册

清石門吕留良撰。鈔本。

是集以一集爲一卷，曰萬感集、曰悵悵集、曰夢覺集、曰真臘凝寒集、曰零星集、曰東將集、曰欬氣集，編年序列，皆明亡入清後之作。因未付梓，故未與他著述同遭禁毁，然僅有鈔本流傳。北京圖書館有兩鈔本，目次皆同，而題何求老人殘稿。又有鈔本題何求老人詩稿七卷集外詩一卷。風雨樓排印本，則改題東莊吟稿而不分集矣。

其詩時發同仇敵愾之詞，强于民族思想，如假假集中真進士歌贈黄九煙，魑魅罔兩，歷歷如繪，可謂盡戲笑怒罵之致。附注云：「崇禎時，有人書一儀狀云：謹具大明江山一座，崇禎夫婦二口，奉申贄敬。晚生文八股頓首拜。貼于朝堂。」亦憤時疾俗之言也。又云：「先生更名人，字略似，號半非，覓僦居，無留者。」均可入野史。夢覺集有得山陰祁氏澹生堂藏書三千餘本示大火兩絶句，即全謝山小山堂祁氏遺書記所謂用晦與梨洲啓爭端之事也。謝山右梨洲而極詆用晦，謂梨洲大怒，絶其通門之籍，用晦亦遂反而操戈。又謂用晦購書之金，出之吴孟舉而自取其精者。于是孟舉亦與之交絶。然核之此集，則殊不然，零星集有送孟舉北游諸詩，其得孟舉詩志懷附注一則云「孟舉約共游匡廬山」，再則曰：「燕中友人欲購致余孟舉以書爲却之故」，有「自古相知心最難」之句。又有黄太沖書來三詩見懷依韻答之，首句云：「越山吴樹兩曾勤，何日忘之詩不云。」皆在購祁氏書後，三人之交誼懇摯如此，真有知己之感，何嘗有操戈絶交之事。或謂謝山在用晦戮尸毁書之後，不得不曲爲之説，以歸罪用晦，則未必完全可信。得此詩爲證，可一翻前案矣。此本出于近鈔，脱誤甚多。容覓舊本勘正之。昔年聞姚君虞琴景瀛云，藏有无黨手鈔本，較近印本多四十餘首，且有詳注，惜未得借校也。

今吾集一卷 一册

清常熟錢曾撰。鈔本。崑山趙詒琛手跋。

遵王之受恩于牧齋，可謂深矣，而牧齋卒僅逾月，遵王借索逋威逼柳夫人衰絰自縊。讀河東君殉家難事實，未嘗不爲之髮指。此集寥寥二十餘葉，而和牧齋述古堂宴飲及他作凡五六見。尤以述懷四十韻呈東澗先生者，叙述爲詳。一則曰：「感極翻垂涕，銜悲祇自知。」再則曰：「捫心驚報答，没齒戴榮施。」誠如顧苓、歸莊所云「膏唇拭舌，盡態極妍以求媚者」。然又一則曰：「蜮影憑人射，蠶僵笑我癡，謗傷殊可畏，欲殺又何辭。」再則曰：「讒言興白璧，古道託朱絲。謡諑誠多矣，疏狂或有之。」雖不知所指何事，然竊疑此書刻于康熙十一年壬子，距牧齋之死三年甲辰，已八年。正輿論沸騰之後，意或借舊作自叙恩私，非圖掩飾，則有内愧于心乎？觀首錢陸燦序亦指出其受知于牧齋，而再三自言其慙，其亦有所諷歟？陸勅先編次石林上人寄巢集詩注，知石林有義山詩注，爲吴江朱鶴齡所乾没。季因是先生肆燕相邀觀女伎演劇詩，案：因是名寓庸，明天啓二年進士，官吏部主事。明亡不仕。爲滄葦之父。余曾見乾道本説文解字、元刻揚子法言，皆有「季因是珍藏印」，知其與遵王交，亦好藏書。今則人知滄葦而不知因是矣。此爲趙君學南屬人從瞿氏鐵琴銅劍樓藏刊本傳鈔。

錢遵王爲人殊不足取，其詩集罕見流傳。此册爲潘君聖一得于書肆，蓋出于瞿氏鐵琴銅劍樓藏本也。倩人鈔一册而以原本仍歸潘君存之。丙子十二月崑山趙詒琛識。

南山集讀本不分卷 二册

清桐城戴名世撰。蕭穆選。蕭穆手鈔評點本，並録方宗誠、戴鈞衡删潤。

共選文六十八篇，附方苞等原序七篇，每篇朱筆圈點，删潤皆依方存之、戴存莊兩家，而各注于篇之右角，適爲裝訂所掩，非細檢不知也。眉端敬孚自加評語，論文有與方、戴所見不同者。方、戴既將原文删乙，則于辭氣不能不有所潤飾。如贈葉蒼巖序「其所爲文章有歐陽子之風」下「公之家孫曰子寧」，先生上補「而尤愛能文之士」句，批曰：「盡删之，則公之家孫句接不去，故略爲存數語以爲線，補『尤愛能文之士』，乃起下文，便有味。」朱烈女傳乙去「父曰公行，家貧困，烈女工刺繡，得直以助饔飧烈女」廿字，而補「幼讀書通文義」六字，批曰「不補出讀書，但叙其貧，則其事令人疑矣」。李烈婦傳贊曰下，補「元焕之死，以俗情言之，烈婦亦可謂大不祥矣。而其先父母卜之乃吉，此不可以知聖人之言吉凶哉」段，批曰：「此贊太無味，就卜吉爲補數言，蓋必如此，則雖删乙而文仍完善。」亦有敬孚謂所删乙未是，而以己意説之者。如范增論原删去末段「嗚呼勢有可行有不可行」云云，批曰：「此段似未可删，雖非確論，而先生所以作文之意在此也。」戴節婦傳曰「吾今爲戴氏婦，非汪氏女也。父母舅姑皆不從，節婦志益堅，卒不能强也，遂老戴氏」。原删去「非汪氏女也」至「卒不能强也」廿二字，而補一「矣」字。批曰：「穆案此乃存莊删乙，大謬不可從。」則又其識在方、戴上。蓋桐城古文，若錢田間、戴南山皆大氣盤礴，不假雕琢；至望溪、惜抱，講究義法，始入於細。存之、存莊輩雕琢愈精，雖純粹無疵，而遠於情事，氣體則益衰恭矣。敬孚文章爲桐城後勁，又多見鄉前輩遺迹。此册所選既嚴，録删潤處尤備。可探桐城家法淵源焉。

廣陽詩集二卷 二册

清宛平劉獻廷撰。黑格舊鈔稿本。

卷上，古樂府、五言古詩、七言古詩；卷下，五言律詩、五言長律、七言律詩、五言絶句、七言絶句。末有横山顧嘉譽跋。王源劉處士墓表謂繼莊生于戊子順治五年。七月二十六日。年四十八，卒于吳，歲在乙亥康熙三十五年。七月六日。最足據信。楊賓撰傳及此顧跋，均謂卒年四十五者誤。至全祖望所撰傳不信沈彤繼莊傳卒年四十八之説，而謂「繼莊弱冠居吳，歷三十年，又之楚、之燕，卒死于吳，在壬申以後，則其年多矣。」蓋未見王氏墓表，故有此疑。獨怪全氏曾見廣陽雜記者，今雜記卷三乙亥春同諸子游鋻弆條云：「歲在辛亥，余年二十三歲。」又云：「屈指計之，二十六年矣。」推算正爲四十八歲。雜記中記年，亦止于乙亥春，但二十三應作二十四，二十六應作二十五耳，何以漫不加察耶？案詩集庚辰元日二首云：「八千二百日，過去如飄風。」又云：「余年二十三，孩提早聞道。」以生于戊子推之，二十三歲當爲庚戌。若庚辰，則爲明崇禎十三年，距繼莊之生前十年，蓋出于傳寫之誤。郴州除夕云：「四十六年成底事，神錐卓爾立春朝。」雜記卷三，記郴州各條，前承癸酉九月初三日條，是時繼莊年正四十六，亦符合。惟幽居第二首云：「已分奇懷與世違，誰知四十九年非。」又若繼莊曾至五十歲者，後閲雜記卷四「追憶往昔，念四十年以來，惟學問一事，冷煖自知，餘皆蜣蟫耳」云云下，有「蘧伯玉行年五十而知四十九年之非，未知今之所是者，非四十九年之非乎」等語。則不過引蘧言以證既往之多非，固不必泥于五十之年也。

廣陽雜記潘祖蔭已刻入功順堂叢書，而詩集則無聞，惟楊賓繼莊傳言「詩則主陶、杜，而杜爲多。好爲之，然亦隨手散去。其弟子録爲若干卷。」沈德潛國朝詩別裁言「繼莊韻語，其餘事也。然豪氣颷馳，逸情雲上，讀其詩可以想見其人。」此册當爲其弟子所録存者，中如采木謡云：「南山險惡藏妖氛，中有大木穿層雲。肌膩質堅多斜紋，相思鐵力相傳聞。使君驅民如羊羣，上山采木何紛紜。孤兒鮮弟昆，嫠女乏子孫。夜半持斧隨人犇，痛哭安得歸舊門，蕭條百里無完村。傴僂上山岡，持斧來公堂，使君方宴客，擊鼓吹笙簧。或爲鴛鴦牀，流蘇暖麗歡紅粧。或爲兒女箱，綺羅繡縠香衣裳。或爲錦屏畫瀟湘，洞房豔豔生輝光。清晨唤民聚，盛怒常詡詡。前木短小爲爾侮，爾等骨肉當臭腐。吾欲巨木爲堂廡，小者如楹大如柱。小民聽語心呴呴，吾曹何罪罰此土，山木已盡何所取，存者惟此山之隖。山隖有毒蛇，山隖有猛虎，大兒前日已折股，小兒啼泣持弓弩。驅毒蛇，逐猛虎，蛇虎食我身，使君怒及父與母。嗚呼皇天后土生怪物，其念爾民之疾苦。」則有白香山新樂府之風。王昭君云：「六奇已出陳平計，五餌曾聞賈誼言。敢惜妾身歸異國，漢家長策在和番。」其二云：「漢主曾聞殺畫師，畫師何足定妍媸。宮中多少如花女，不嫁單于君不知。」則寄慨深矣。

顧嘉譽，字來章。吳縣人。著有横山志略，雕槧甚精。此鈔楷書工緻，疑爲當時繕正待刊者。有「眴南書屋」白文方印，「廣平仲子」白文方印，「來一」朱白文方印，「吳興劉氏嘉業堂藏書記」朱文長方印。

劉獻廷，字君賢，號繼莊。宛平人，遷于吳。生禀異質，讀書一目二十行。三教、百氏、外國之書無不窺，他如遁甲、醫卜、詞曲、制藝、餖飣之學無不曉。門弟子上自王公，下至士庶，以千百計。三藩亂，有招之者，獻廷匿包山者數年。著書等身。其後周游無定所，嘗寓堯峯之胡巷，年僅四十五，忽鼻柱下垂，跏趺而逝。弟子輩葬之陸墓山麓，會者數百人，皆痛哭失聲。有生平未謀面，拜其墓稱弟子者。横山顧嘉譽誌。

醉經草堂文集二十卷詩集一卷 四册

清無錫王鑑撰。舊鈔稿本。清金匱顧光旭、吳縣王大綸手校。

吾宗有自荻溪遷居錫山者，當清康熙、雍正時，抱山以文學著。述作甚富，已刻者，僅宋詩類選、瞻橋小志，偶見藏書家目録，亦不甚傳，因而聲名闃寂，人鮮知者。此醉經草堂詩文集鈔本僅存，未遭水火之劫，亦幸矣。

抱山名鑑，字子任。康熙時諸生。受業于何屺瞻之門，而曾觀書于毛斧季汲古閣，交友如華希閔、顧棟高、陳祖范、沈德潛、浦起龍，皆一時人望。其學術商討，集中均可考見。抱山學長乙部，而不廢攷據。卷二釋周禮，卷三辨史事，及考漢表章羣經、歷代書籍興廢、古今書學源流、古今畫學源流諸篇，皆原原本本，確有依據。所著三禮會通，讀乾隆戊午自序所述條例，實開秦蕙田五禮通考之先，可見識量宏通。惜已不傳。尤拳拳于其兄直之錫山文獻遺稿，爲之徧借藏書補輯，至道光庚子，華湛恩始爲重編付刊，爲錫山文集二十卷。此本首有沈德潛、華希閔二序。卷十七與華泰嚴書，眉端有批一則，署名響泉跋。審爲金匱顧光旭手跡。光旭，字華陽，號晴沙。乾隆十七年進士。著有響泉集。又經抱山七世從孫大綸朱筆校字，並附識語多條。惟目録所載顧景范、嚴灕漁、秦對巖等傳廿八篇，華序所稱揚之義門何先生遺集序等十二篇，今皆逸去。不知世間尚有副本可補否？

有「句吴王大綸校藏圖書碑版印」、「大綸之章」、「緱山仙裔」諸印。

靜學齋詩文稿一卷附雜鈔一卷 一册

清海寧查昇撰。手稿本。清海寧蔣光煦手跋。

康熙時，海寧諸查，初白、聲山，均以文學著。今敬業堂集名盛詩壇，而聲山則爲書名所掩。亦由所著之未刊行也。海昌藝文志著録靜學齋詩集，昔年余于姚君虞琴處見一舊鈔本。曾慫恿付印，未果。此册存詩文六篇，皆應制之作。中如東巡賦、南巡頌，裔皇典麗，足稱鴻文。豐澤園脩竹賦亦可亂唐文楮葉，而小楷書絶精，爲經意之作。雜鈔十二葉，則行楷如董香光。墨格，每半葉九行。板心上方有「靜學齋」三字。歷經王惕夫、周松靄、蔣生沐收藏，古錦裝函，知爲昔人所珍視矣。

有「淵雅堂藏書記」朱文方印，「松靄」朱文方印，「松靄藏書」朱文方印。

查聲山先生書，得董思翁神髓，一時無與抗行。此其手鈔本，秀韻天成，風神諧暢。余于去冬得諸先生族人，雖未成卷帙，亦吉光片羽也。丁未秋九月，後學蔣光煦識于別下齋。

周篔谷先生詩文鈔不分卷 一册

清嘉興周篔撰。康熙時許璠手鈔本。桐鄉沈炳垣、沈善登手跋。

篔字青士，又字篔谷，與朱竹垞友善。曝書亭集卷七十二布衣周君墓表云：「青士遭亂，乃棄舉子業不治，就市廛賣米。府城初破，有括故家遺書，連船載以鬻於市者，君買得一船積樓下，每日中交易，箕筥斗斛權衡堆滿肆，撥亂書糠籺中，吟誦不輟。其爲古今詩，超超拔俗，不輕襲前人片語。」及記他畸行甚多。蓋隱於市井，亦顧長康之流。方薰山靜居詩話云：「鄉先生周篔隱於市廛，讀書賣米，敦交誼，恒急于人而不暇自顧，遂至徹貧。然豪邁自若，海内文人，無不知周處士也。嘗夜起作梅花詩，行吟達曙，不覺自梅里而入桐鄉郭外矣。履穿不能途步，借村店紙筆，録所作詩寄城中，汪司馬柯庭遣舟邀至家，歡叙旬日而去。」張維屏國朝詩人徵略摘其佳句云：「似士不游庠，似農曾讀書，似工不操作，似商謝奔趨。立言頗突兀，應事還牻疎。飢凍不少顧，吟詩作歡娱。」頗能自狀其爲人。著采山堂集，墓表稱二十四卷，今傳世有康熙六十一年李維鈞輯梅會詩人遺集本。道光十年王相輯國朝十家詩鈔本皆作八卷。而文則檇李叢書刊本祇二卷，爲余霖輯本。其序云：「許晦堂詩話謂其文出入歐、曾，惜散佚，世無知者。」是采山文在乾隆時已罕覯，百數十年來，載罹兵燹，宜蕩爲煙雲矣。此題門人許璠録，乃出自手稿。存文四篇，爲跋慧華酬贈偈、跋柯翰周同朱錫鬯譚天水沈覃九維揚張氏園林雅集詩後、跋柯翰周燕京酬别詩後、傭者王昇雲傳。惟傭者傳已刻，餘皆佚文也。末附贈答文一篇，詩三首，爲文可次、蔣僧果及一失名。有沈曉滄、縠成兩跋，均不署名。余得之縠成家。

此卷余得之舊書肆中，爲篁谷先生詩文集，其門人許璠所録。存集中五律四十八首，外不全者六首，七律卅三首，七絶四十首，五絶八首，五七古十二首，文四首。先生諱篔，號青士，與朱竹垞檢討最契。此本未知是全集否，姑誌之以俟攷。案，此沈炳垣手跋。

郡丞公有手題語在卷首，須歸入「先世點讀遺書類」。案，此沈善登手跋。

絳跗閣文集不分卷三册

清秀水諸錦撰。手稿本。

右文一百六十□篇，吾鄉諸草廬手稿也。原訂三册，未分類。核所記歲月，大率康熙末至乾隆初之作。書梁君墓志銘後眉識：「此下補記大觀太清樓帖，丙寅本内。」讀禮記眉識：「以下接丙寅文鈔中」，則本係分年合訂。綜其生平，當不下一二十册。此其殘存者，故錢警石曝書雜記云：「蔣生沐亦藏有文集，前有含山王善櫄跋，似非全稿。」則散佚久矣。然此本自賦、釋至哀誄、祭文，各體俱備，每篇題目上方各標「存」、「删」字，不啻已爲定稿。惟志銘、哀辭，多標「删」字，蓋不欲以酬應之文濫入傳世，正見審定之嚴。然在後人，則當過而存之，可作文獻之徵。今并分類編次，附目于後。

草廬經學湛深，兼擅詞章。故其文沖和安雅，讀之穆然，如接其人。如讀禮記、與楊履德書，皆有關經義。浙江圖説十四篇，當時繪備經進者，山川能説，可以爲大夫。昌黎詩補證爲補顧嗣立注所未及。書平淮西碑後各篇，于韓文亦有攷證。碑帖諸跋，兼攷據、賞鑒之長。至書删補施注蘇詩後，歷舉其疏失，原作「毘陵邵氏」，後抹改爲「某」，尤見居心忠厚。書秀水朱太史救荒事，記竹垞于康熙丁亥煮粥救饑，立法之善，足備掌故。

全書小楷極工，而塗乙删改，亦謹嚴不苟。草廬故工書法，有得其寸縑尺牘者，寶若琳球，況此未刊鉅帙哉。憶二十年前，于蘇肆見草廬詩集手稿，與此同一行欵，歷經彭二林、王惕甫、陳雲伯收藏，朱印纍纍，以有刻本置之。越十年得此，反悔當時失諸交臂，致未能牉合也。偶讀錢香樹詩集，有挽草廬四絶，其一注云：「草廬少時家貧，無買書貲。聞吳下書賈某愛客，詣之，留數日。主人敬其好學，謂曰，觀君舉止，欲讀竟此架上綫釘書耶？草廬笑而頷之。三年靡不遍覽。俠君、匠門聞而訪之，爲之延譽，名滿吳下。」此草廬佚事世不盡知。特附識之。

當康賦　春秋論　又　又　讀禮記　圖説序　全浙總圖説　杭州府圖説　會城圖説　嘉興府圖説　湖州府圖説　寧波府圖説　紹興府圖説　台州府圖説　金華府圖説　衢州府圖説　嚴州府圖説　温州府圖説　處州府圖説　釋棖　釋嶽　離騷草木疏解　策問　又　又　又　答金生昌黎集問　學宫禮門箴　先賢澹臺子劍贊　印篆箴　貘屏贊　題泮池石欄　題學門井　御賜宣德巖硯銘　銅雀硯銘　井田硯銘　松花硯銘　琴硯銘　端石小硯銘　圭峯硯銘　硯山銘　荷葉硯銘　鸜鵒硯銘　鎖硯銘　虚舟硯銘　玉帶硯方銘　書齋硯銘　端溪蟠螭硯銘　櫛銘　筆銘　筆床銘　杖銘　王莽泉刀銘　靴銘　鏡銘　巾箱銘　瓜瓣注水器銘　錐銘　銅蝌滴銘　酒斗銘　印篆銘　青田石酒器銘　書錐銘　銅辟邪書鎮銘　鏡銘　帶銘　軒轅鏡銘　書刀銘　又　方竹杖銘　書玉壺冰署庭柱　志桐　志桂　志柏　婺人謡　瀫諺　原姓贈東陽厲生士瑚　讀史記十三條　讀殷本紀　讀漢書儒林傳　昌黎詩補證　貴玉論禊帖　恭紀宣聖畫像　倭塔記　松潤雲香樓藏墨記　笠山圖記　武林鳳山門外義冢碑記　記所閲張氏定武蘭亭本　書秀水朱太史捄災事　書逸獄　書查氏七烈本末　書李孝女事　書長髮僧事　福建辛酉科鄉試録序　姓氏類韻序　重修清泉陳氏家譜序　蒲城王氏家譜序　葉氏家譜序　胥峯陳氏宗譜序代　和溪馬氏族譜序代　唐人下第詩集序　趙用錫我軒集序　五湖詩稿序　佘子遺文序　陳人修制義序　竹堂詩略序　送桐城姚編修歸覲序　范侍御息園先生七十壽序　易亭先生八十壽序　湯溪教諭吳君六十序　諸葛鼎文八十壽序　桐城姚母王太恭人八十序代　漢魏六朝百名家集敘題詞　書李善注文選後　書詩品　書删補施注蘇詩後　書馬文毅公彙草辨疑　書王右丞詩集後　跋滇南驛程記　跋聽雨樓集杜詩　書茱萸亭記後　書漁洋曝書兩家詩集後　書望廬草後　跋臨川吳氏孝

經定本　書送殷員外序後　書平淮西碑後　又　書張中丞傳後　書馬少監墓志後　書歐陽詹哀詞後　書梅氏分支圖後　書許洛仁殘碑後　書褚河南同州倅聖教序帖　褚河南聖教序跋　書禊帖東陽本後　幽州昭仁寺碑跋　書衛景武公碑後　書蘇靈芝夢真容碑後　跋宋拓魯公書　跋東坡前後赤壁賦　書梁君墓志銘後　書劉後村跋石鼎聯句圖　書諸葛在陸千字文後　崔鐶北岳神廟碑跋　石田山水十六幀跋　書内則遺徽卷銘詩並序　答蔣爲光檢討書　與楊履德書　再答楊履德書　與友人論律句書　金藥畦傳　原任分守江長鎮道參議馬公墓碑　提督浙江總兵官都督僉事文遠鍾公墓志銘　通政使司左通政凝齋湯公合葬墓志銘　陝西西延鳳漢興糧儲僉事道沈公墓志銘　澧州王先生墓志銘　文學温君墓志銘　袁漢輔墓志銘代座師湯公　汪府君暨金淑人合葬墓志銘　何太恭人墓志銘　文學張君南麓墓表　婁載芳哀辭　李集義哀辭　祭大司成王公約齋文　奠趙餘村文　奠房師粘公文　奠佘甥渭祥文

籜石詩選不分卷籜石詩雋一卷二册

清秀水錢載撰。吴江金天翮選鈔本。

清乾隆間，詩家有秀水派者，競推錢籜石爲宗。其詩取道山谷，仰睎杜陵，以淳質爲體，以奥險爲用。深入横出，絶去筆墨畦町，自成家數。有集五十卷，讀者罕能徧焉。吾師金松岑先生，曾選清名家詩數十家，各自成册，而于籜石則較富，後又約之爲詩雋，别鈔一册。于是籜石之精華萃焉，讀者不煩他求矣。自師殁後，所選數十家者，家人視爲廢紙，論斤售去。余偶于冷攤得此及黎二樵詩選二種，其餘已不可追問矣。

二樵詩選一卷 一册

清順德黎簡撰。吴江金天翮選鈔本。

乾隆間，詩人極盛，而二樵稱雄南服，其五百四峯堂詩鈔，奇崛古豔，一時無敵。王蘭泉謂「峻拔清峭，刻意新穎，言人所不能言」。洪北江謂「如怒猊飲澗，激電搜林」。李越縵謂「其詩幽折瘦秀，迴不猶人。二樵以繪事名，詩中皆畫境也」。皆推挹甚至。二樵于唐人詩，多有評本。其評昌谷集，葉蘭臺已刊之。余曾得手評昌黎詩于莫氏銅井文房，朱墨紛然。于詩法擘肌分理，别具手眼。後失而復見，急臨一本，以資諷誦。蓋二樵于昌黎、昌谷二家，用力尤深，不僅貌襲神似而已。讀二樵詩者，可以參其消息焉。

此亦金松岑師精選本，與籜石詩選同獲于冷攤。

果堂集十二卷 六册

清吴江沈彤撰。清乾隆原刻初印。嘉定王鳴盛批本。

清代經學家兼長古文者，乾隆時冠雲其一也。沈德潛謂其「胚胎前光，加師友之益，江山之助，又沈酣典籍，故發而爲文，深厚古質。吴中言古文者，必屈指君」。又謂「本之乎六經，斟酌乎唐、宋大家，專精殫思，窮年繼晷，成一家言」。惠棟亦謂其「爲文神似昌黎」。蓋不僅説經鏗鏗，多精理名言，爲李越縵所歎服已也。此爲王西莊手閱本。卷二「吳江縣建置沿革攷：「平望之名，見于晉書陸曄傳。傳云「以預討華軼功，封平望亭侯」。而舊平望志，言漢錢林棄官隱于平望鄉，則其名蓋不始于晉也。」西莊眉識云：「後漢書北海靖王傳『建初二年又封基弟毅爲平望侯』。則正史確有可據而反遺之。」冠雲曾修縣志，于此偶有疏失，端賴西莊補正矣。

此集好寫精雕，並有句讀。目録後有「吳門朱楷、震澤汪琥同校」兩行。楷字孔林，邃于經學，經其校勘，宜鮮謬誤也。冠雲薦舉博學鴻詞，召試保和殿，以賦未終篇被黜。曹君直先生曾藏其試卷，流落冷攤，爲余購得。又舊藏惠定宇致冠雲尺牘，時定宇館汪伯子家，因薦舉經學赴京，商延冠雲庖代。又有傳録所校儀禮注疏、漢書二書，因讀果堂集而牽連記之。

有「王鳴盛印」、「西莊居士」白文兩方印，「陸沆之印」朱白文方印，「靖伯氏」朱文方印，「平原陸氏藏書印」白文方印，「結一廬藏書印」朱文方印，「臣澂私印」白文方印，「子清」朱文方印，「復廬贅婣滬上所得」白文長方印，「劉承幹字貞一號翰怡」白文方印，「吳興劉氏嘉業堂藏書印」朱文方印。

馬鞍山懷舊詩一卷 一册

清崑山徐裕焜撰。崑山趙詒琛手鈔本。

裕焜字梅遜。雍正乙卯舉人。乾隆乙丑中明通榜。官婺源教諭。同治蘇州府志藝文著有華乳山房詩稿。此即其中之一卷。首乾隆丁巳陳黄中駢體序，次乾隆乙丑沈德潛序。卷中稱乾學爲先司寇，元文爲先相國，蓋其諸孫行。馬鞍山即崑山，裕焜世居于此，搜羅其地掌故，顯幽俱葺，小大並識。先成七絶四十首，加以附注。又成續懷舊、後懷舊各四十首。沈德潛謂「徵據確實，則不惑異聞。命意高遠，則有關風教。而言短意長，愔愔渢渢，又其餘事」。又謂「抽妍騁秘，因事成詩，實以詩傳事，非談藝者之權輿，省方者之惇史乎？」可以概括其内容。其足爲藝苑雅談者，如謂「嘉靖時崑山有三絶：歸熙甫古文，俞仲蔚詩歌，張子賓制藝。迄今歸、俞俱著名氏，而子賓鮮有齒及者，故特表之。子賓隱居東關外，躬耕養母。酒酣，每大聲曰：『宰天下竟何如？』則文章聲華，自足千秋」。制藝雖絶工，在科舉極盛時代，已不爲人所喜。謂「余家拂石軒，玉茗先生栖遲最久。相傳于此作牡丹亭記。蓋與先太史同癸未榜故也」。則牡丹亭屬稿乃在崑山，當時審音忖律，其有如梁、魏之徒乎？謂「顧遺民炎武客京師，朝貴有以千金爲侑，舉：『人知之亦囂囂，人不知亦囂囂』二語云，此口字已十八矣，能舉更多一口字成語者，撤此爲贈。先生見之，應聲曰『謳歌者不謳歌益，而謳歌啓。』由此名震京師」。則知亭林經傳洽熟，雖出游戲，亦復雅雋如此。「清暉畫障西溟字，一樣灰飛傳是樓。」注謂：「烏目山人王翬家清暉閣扁額，聖祖皇帝御筆也。」則因傳是樓連類而及。凡此逸聞，不下數十條。至其詩筆亦風華絶倫，朗朗可誦。如云：「如此興衰實可嗟，小梅花下且煎茶。燈殘夜半重呼筆，似向東京續夢華。」又云：「廿載丹鉛十指皴，故家遺事儼如新。單詞敢仿陽秋例。要使乾坤有此人。」則自述其作詩之恉也。趙君學南以其所記鄉邦掌故而手鈔之，惜未及刊入叢書耳。

金鄂巖詩稿一卷 一册

清桐鄉金德輿撰。手稿本，並跋。

雲莊世富收藏，又能詩善畫。所居桐華館擅圖書花木之勝，石門方蘭士久客其家，文酒流連無虚日。桐華館詩世無刻本，此手寫詩稿一册，即以贈蘭士者。不特詩甚工雅，書法亦秀麗絶倫，知爲經意之作。其詩大都杭州紀游。佳句如曉望云：「酣霜樹逾紅，濯雨山更碧。」西湖寓樓呈趙大味辛云：「雨後青山迎面出，風前黄葉打頭飛。」湖上同方大蘭士作云：「櫻筍熟時花事晚，水天深處客心閒。」春日坐雨云：「風傳花信裏，雨阻燕來程。」均可與湖山爭秀。又如錢王祠云：「千里江山欣有主，百年父老不知兵。」張忠烈公墓云：「生未並時憐閣部，死如合轍儼文山。」則又雄健允當。其書狄小同秀才即事詩後云：「詩能成史平心論，語必驚人脱口傳。」仿佛自評矣。過渌飲村居一首尤佳，詩云：「豆花棚下結書堂，秋到窗前引興長。久住漸知耕鑿趣，愛閑翻爲校讎忙。偶烹野簌如兼味，每借奇書潤薄裝。如此村居良不易，勸君何必羡衡湘。」渌飲可謂得一知己矣。

有「聽雨音樓主珍藏」、「韻園主人鑒古」、「薌波賞鑑」諸印。

蘭士兄丈以素册索書，多事卒卒，未及應也。乾隆乙卯仲春，硯冰乍泮，率録舊作請正。鄂巖弟金德輿。

杏雨樓集唐遊仙詩一卷 一册

清吳縣黄照撰。舊鈔稿本。

題虎邱黄照容照氏輯。首乾隆丙子沈德潛序，次乾隆辛未嘉定顧瑞麐序，次集唐人文自序，次集唐上下平七律三十首，次集唐自題七絶十首。據顧序云：「家承雙戟，歷開府於秦關；來自三山，爲寓公於吳地。」知照生長閥閲，原籍福州。云「玉以璞而遭刖，珠以巨而見遺」。又云「雕紅刻翠，姑託閨帷寄恨之詞；剪玉鏤香，聊爲兒女緣情之作」。知照名場失意，有託而爲。云「絲絲入扣，竟如無縫之天衣；字字欲仙，恰似團花之雲錦」。言其組織之工巧。其自題云：「知有杏園無路入，温庭筠長安不見杏園春。紀唐夫」言其功名之未就。云「若問騷人何處所，失名女湖墳北虎邱西」。言其家居之所在。云「采得百花成蜜後，羅隱自書自勘不辭勞。白居易」言其吟詩之辛苦。照之事跡雖無可考，於此可略得一二。余幼時，塾師戴子才先生成授讀其兄藝郛先生錫鈞采百集，課餘吟玩不釋。蓋自黄唐堂香屑集集詩，朱竹垞蕃錦集集詞，後之作者彌盛。至何震彝詞苑珠塵集詞句爲詩，皆穿珠貫玉，翻陳出新，匠心獨運，宛如己作。比之蘇若蘭璇璣織錦，均可稱藝苑之絶技也。

頑石廬文集十卷 四册

清德清徐養原撰。舊鈔稿本。

阮雲臺開詁經精舍于西湖，招集江、浙學者，編纂羣書。其十三經注疏校勘記，新田任尚書、儀禮二經，號稱精密。而其自著書，皆刻于身殁之後。據張履所撰傳及湖州府志藝文所載目，均不及文集。惟錢儀吉撰墓志銘謂「他撰著及雜文詩歌，潔本若草稿，累數千紙。今君之子仁本琳校寫猶未竣」。則此即校寫未竣之本也。是集皆經義攷證之文，于禮、樂所論尤精。凡明堂、井田、禘祫，無不博引詳證，元元本本，明辨以晰。而論樂則自古樂以至今樂，凡律尺、律管、樂器、管色等，爲文四十餘篇，盈四卷。新田母程固善操琴，乃能傳其技。而明其理。汪宗沂稱爲「分晰明白，知樂大儒」。他則攷地理，有朝鮮疆域考、渤海記、太行山考，攷史蹟有孔子生年月日考、陶淵明世系考及序跋諸作，無不實事求是，確鑿可據。今卷中説經者，王先謙已别編頑石廬經説十卷，刻入南菁書院續經解。荀勗笛律圖注、管色攷及他論樂諸篇，合爲律吕臆説，李盛鐸木犀軒叢書及湖北所編正覺樓叢書亦均刻入。而其他未刻者猶五十二篇。今列目于後。至未見者，湖州府志藝文有飲食考、古樂章考、周官五禮表、五官表、攷工雜記、書經文字異同説、説文聲類、經傳音證、琴學原始，周髀解、九章重差補圖、氏族譜。一九三□年游北京，于友人座遇東莞倫君哲如明，言有新田未刊手稿，開示一目，欲乞傳鈔。

而倫君返粤，未幾物故。案目可補此集所闕者，有字説、字説外編、孟蜀石經攷、擬注五代史記例。詁經精舍文集亦有數篇，安得彙爲一編而刊傳之。譚廷獻復堂日記：「鐙下審定字説外篇，德清徐養原手稿。校正許書，引申經義。雖未成編，亦有可采。」又云：「閲頑石廬文稿三册，一爲井田，一爲禘祫，一爲明堂。今之漢學門面家當，譬之有司出呵殿聲也。」前論惜未見其書，後論則復堂好言大義，與新田門庭各異，未足遽信也。

有「雲輪閣」朱文長方印，「荃孫」朱文長方印，「吳興劉氏嘉業堂藏書記」朱文長方印。

天行論、地心論、性説、神仙論、伯樂即王良説、泰伯論、續尚書論、伊尹要湯辨、讀禮運、儀禮説、讀孟子桃應問章、傳賢論、算法借徵論、讀周禮小宰注、朝鮮疆域考、筮説、孔子生年月日考、陶淵明世系考、御説、瑟雜論、簫考、陽關三叠説、樂曲考、急就篇攷異序、僮篇序、夏小正箋序、規杜釋義序、論語雅言序、爾雅匡名序、雪門詩稿序、蔡薑田先生集序、孫氏續補家乘序、漢石齋隸説序、偶涉録序、與嚴九能書、與董慶千論撰國語正義書、題戴東原九章訂誤補圖、跋夏涑古文四聲韻、跋孔子三朝記、跋儀禮要義、跋孟襄陽集、跋淮南子注、跋梁邱子注黄庭經、跋蔡中郎集、跋織錦迴文詩、跋易略例注、跋蕭吉五行大義、跋娱親雅言、跋相鶴等經、書太公六韜後、書鬻子後、敬書先宗伯鳳晨堂文讌詩卷後

幼學堂續稿存四卷 一册

清吳縣沈欽韓撰。手稿本。

存卷十一至十四。藍格。版心下方有「纖簾選著」四字。文起詩文之名，爲經史之學所掩。其經史著作，均刊于身後，惟詩文集手定付梓。屠倬先爲刊詩十卷，文四卷。後自續刊詩七卷，文四卷。惟傳本絶鮮。其有續刊者，更不易求。三十年前，聞燕京大學至斥七百金，購得一部，其罕秘可見。文起瓣香昌黎，既以命名，又爲其集作注。至其自作，阮文藻序謂：「擺脱凡近，破唐、宋、元、明之界限，而深病王、朱、沈、袁之各有所主，所謂捨筏登岸，脚踏實地。蓋其書卷既富，功力又深。均經醖釀鍾錬而出。孑孑獨造，亦似昌黎。非空談性靈、神韻者，所能並論。」此册中三國新樂府廿二首，選題鑄詞，可作詩史。尤以紀述吳中風俗諸作，如仿石湖新樂府之接竈、展先像、贖當、祭詩四首，冬菜、陸稿薦蹄子、煖鍋、圓子糕、元寶、新年小樂府雜題，皆可入夢華、夢粱二録。雖百年前事，誦之猶顯顯如在目中也。諸作删削塗改極嚴，有全首改作者。以校刻本，得題陳曼生夢飼千八百鶴圖等逸詩二十四首，今以紅規識之。

奕載堂文集不分卷 一册

清嘉定瞿中溶撰。清道光辛卯原刻樣本。

木夫爲錢竹汀女夫并傳其金石攷訂之學，著述美富。歿後得其稿本者已雕印多種，惟此文集爲木夫手自付鋟。案萇生子年譜：「道光十年庚寅，六十二歲。編訂奕載堂文集。明年辛卯，募刻工開局，將文集中稍有關于世教及自著諸書序文先行付梓，十二月刻竣。又明年壬辰正月以新刻文集分送親友。二十年庚子五月續刻文集。」是其全書確已刊成，應有流傳之本，而藏書家均未之見。其悉遭咸豐庚申劫火之厄歟？故友章式之先生鈺，曾手鈔一本，繆藝風借刻入煙畫東堂小品中，題瞿木夫文集。以較此册，缺唐石經攷異補證序、古玉圖録序、泉志續編序、宋拓十七帖攷證序、姹女數錢畫軸記五篇，又管蔡皆非周公兄辨篇末附注、劉河記後附圖亦缺，知非出一源。此册扉葉隸體書名，右書「道光辛卯開雕」六字，左書「版藏家塾」四字，審爲木夫自書。自十四葉以後，每葉版心號數均留墨釘。首有奕載堂集總目一葉，詩集分金閶稿、練祁稿、楚游吟、歸田園居草、古泉山館唱酬集五種。文集分辨二十，攷十四，説七，記十九，銘二十一，贊二，序十，又自序三十，題跋五十，書十六，壙志二，行述一，行略一，祭文三，官書十七，共十五類。雜著五，爲明藩封紀略、紀海運始末、郿邑志林例言、譜系攷、舊德録。詩集于同治辛未，其子樹鎬重刻于陝西，改題古泉山館詩集，而不及文集。此雖殘帙，幸自序三十篇猶存，可攷其著述概略。

記四十年前，梁谿孫氏曾重刻焦里堂羣經宫室圖者，遺書散在蘇城文津書坊，見有木夫唐石經攷異補證手稿，朱墨乙改，燦然盈目。故友孫君伯南慫恿購得，因索值稍昂，彼時又無真識，失之交臂。不知流落何處，恒用惋惜。此册爲仲兄蔭嘉得之馮氏校邠廬，持以見贈。未幾，余又别得萇生子年譜原刻本，均爲傳世孤本也。

姚秋農文稿一卷 一册

清歸安姚文田撰。手稿本。

清代狀頭而以學問傳者不四五人，秋農其一也。此册存文五篇，曰金壇十生事略、劉次白文集序、湯謙山遺文序、乙酉科順天鄉試後序、鳳陽府教授倪君墓志銘，皆已刻入邃雅堂集。惟此有塗改及圈識，可覯其洗伐之功。其有關史事者，以金壇十生事略所記順治時通海一案爲最詳。金壇令任體坤侵庫圖遁，紳士王重、袁大受等挾仇圖報，于是互相勾結傾陷，其事殊錯綜複雜。其終則强加罪于爲民請命有功地方之十生，而諸紳亦不得免焉。司臬姚延著，秋農之先也。力持正義，而被袁大受扼以致死，秋農意在白先人之寃，搜集史實，得金壇公是録、十宦被戮本末二書，删繁提要而成。是文不但延著之遺愛昭著，而是案之本末亦具。秋農所據二書，皆世無刊本。今金壇公是録亦在余處，而十宦被戮本末則不可見矣。

映雪樓雜著不分卷映雪樓文偶鈔一卷 二册

清秀水莊仲方撰。雜著，清錢塘吴慶坻補松廬鈔稿本。偶鈔，木活字本。

雜著，緑格鈔本，版心下方有「補松廬手鈔」五字，錢塘吴子修齋名也。共文八十八篇，附四書文五篇。偶鈔，木活字本，共文十九篇，即從雜著選出者。仲方字芝階，嘉慶庚午舉人。自秀水遷居杭州。所輯南宋文範、金文雅，江蘇書局雕版流行。芝階與汪選樓家禧、陳扶雅善、趙寬夫坦三人者交深，皆善爲古文辭。扶雅損齋文集不傳，選樓、寬夫皆深于經，而芝階則長于史。集中十國考略論、十六國考略論于治亂興亡，臧否人物，咸洞若觀火，得其要領。他傳志亦均修潔有法，如扶雅、寬夫及吳仲倫、姚春木諸傳，皆能綜括其學行，文亦纏綿悱惻，一往情深。至所選歷代文爲讀本，自國語以訖明文，各爲序首，計十六篇。于文章之流變，言之尤析，可作文學史之參攷。惜其全書不復存也。四書文自歸震川附之集末，後人率多效之。附录五篇，節族鏗鏘，可見其此道功力。末有太倉畢華珍、錢塘高學沅跋及題詩。木活字本無印書年月，所選亦未精，今傳本罕見。

有「補松廬」朱文方印。

春暉軒集四卷四册

清嘉定朱右曾撰。寫様稿本。

嘉定自西莊、竹汀提倡樸學，一時風氣所被，咸研經訂史，著述斐然。亮甫其一也。亮甫以道光戊戌進士，曾官安徽徽州府知府。其著述之已刊者，如詩地理徵、逸周書集訓校釋、汲冢紀年存真，訓詁攷據，卓然可傳。其未刊者，尚有春秋訓詁、春秋左氏傳解誼、春秋左傳地理徵、漢書郡國志補校、穆行堂隨筆及此春暉軒集各種。

是集原名「古文」，余以首列賦三篇，與名不合，故易之。首儀徵晏端書撰墓志銘，次侯官郭柏蔭撰序，蓋已編定待刊者。中如復魏默深書、與章犀臺三書、春秋左傳地理徵序例、詩地理徵序、周書集訓校釋序，説經鏗鏗。與魏、章書，皆辨説春秋左傳義。春秋左傳地理徵雖亡，讀其序例，可知其書之精博。他文亦淵雅有法，可稱佳集。余喜訪未見書，三十年前知此及隨筆稿本淪入其鄉一妄人手，矜爲枕秘。其人嗜酒，因餽以佳醞，始許借鈔，而隨筆終不肯出。恐其湮没，因思付刊，以永其傳。嗣絀于資，未果。此爲所寫樣本也。曾見莫郘亭咸豐十一年正月日記云：「朱覲侯元吉，亮甫太守第四子。戊午夏別於貴陽，遂奉太守匱還葬嘉定。去夏嘉定不守，家人走避村落間。太守所著已刻之周書解詁，其板尚完，未刻之春秋左傳服氏解誼及漢書地理志注、春暉堂詩文集亦未遺落。」今文集猶存，他書冀能訪得。吳興劉丈翰怡承幹續輯碑傳集，鈔志銘寄之，侯官郭君嘯麓則澐輯先集，鈔序文寄之。茲又録其目于此，以待好事者之付梓焉。

卷一　游龍杖賦有序　寒夜聞鄰機夜織賦　哀逝賦　范文正公曲體人情王荆公不近人情合論　漢掾吏用儒士論　救荒切議道光癸未　大禮私議　卦氣圖説上　卦氣圖説下　縣令説贈陸生劍侯　復魏默深書　與章犀臺先生書　復犀臺先生書　與章犀臺先生書　賀巡撫陶公升任兩江總督書　與保明府書　歸蕢集序　淞陽豳籥序

卷二　春秋左傳地理徵序例　詩地理徵序　周書集訓校釋序　葛鐵生文集序　春明話別圖序　諸慎齋詩集序　張不虚詩稿序　玉峯寄隱圖序　重刻胡承庵先生集序　貞素齋家藏集序　文選箋釋序　定川草堂文集序

春明夢影圖詩序　送周小農之粤西序　胡屏樓八十壽序　浮屠覺元七十壽序　程雲湄六十壽序　卷三　安定新建震川書院記　深柳書堂記代　歸有山房記　重修嘉定縣城碑記　雙仙潭禱雨記　意園圖記　書節孝沈孺人事　書葉孝婦傳後　書陸清獻公涖嘉遺蹟後　書僕許升望雲思親圖後　先贈大夫臯亭府君述略　誥封太恭人先妣陸太恭人述略　亡室吴程兩恭人家傳　常禄列傳以下皆史館稿　全淩阿列傳　福會列傳　王得禄列傳　卷四　孝義方先生傳　張不虚先生家傳　潘東甫先生家傳　張籲門家傳　十齡女子張嫕傳　文林郎葉君墓志銘　文學王君平三墓志銘　寶山縣訓導章先生誄　祭衛小園文　祭嚴師母龔太孺人文　半芝圖贊有序　三友圖贊　汪莩堂象贊　聽竹圖贊　授讀圖贊

定盦文集三卷續集四卷文集補二卷雜詩一卷别集詞一卷三册

清仁和龔自珍撰。清武陵蔡鍾濬臨長沙葉德輝校本並跋。

定盦詩文，同、光間極爲士林所重，故校者爲多。此同治七年錢塘吴煦刻本，葉郎園借皮鹿門藏楊希閔鈔八卷分類本詳校，並原有魏稼孫校譚仲修本録之，而蔡鍾濬者又從葉校傳録。此本朱墨紛然，異文甚多。鈔本當爲定稿可據。近同學王佩諍董理龔集，並收各家校本，付中華書局出版，惜未之前知，不及供其采摭也。兹將可補王本者略舉之。文集卷中，上國史館總裁提調總纂書，末有自記云：「三千言之書，句句有法，字字有法，存之。」十五字。續集卷二，壬癸之際胎觀第九末，有云：「此心書九篇，乃就儒者語言文字説佛理，成一家言，是入佛因，非佛家之文章也。男大息識。」三十五字。又撰四等十儀末有云：「此但臚舉古之朝儀，整齊其世傳，以俟百世。有案無斷，在史家體裁最貴。遷固後，杜佑尚知之，鄱陽、夾漈放矣。又古人之所有者，如此而已。如有出于四等十儀之外，亦俟來世君子之補之。古人則實實無之爾。男大息識。」八十四字。今世界書局王文濡編校本續集説爵末亦有大息語一條與橙語錯出。案吳昌綬定盦年譜，定盦二子，曰橙，字昌匏，更名公襄，字孝拱。曰陶，更名寶琦，字念匏，無名「大息」者。以詞氣察之，大息當係橙之又一名，則前人所未知也。楊鈔有其識語，益可證其爲分類定稿矣。文後所識往往有師友評語，而誤爲自記者，王本已據師友評校本以正之。此本于寫神思銘云：「文心雕龍有神思篇，極論文章之奥，定公爲此銘，冠集之首，猶太史之自叙也。雕龍云『形在江湖之上，心存魏闕之下』，神思之謂也。又作者言外之旨。」又云「尉而不舍十六字，即彦和神思篇之旨，超妙令人不覺耳。故魏氏默深極歎其奇。」又云「古文須從漢、魏人沈博絕麗之文入手，觀昌黎平淮西碑、進學解等，可悟定公自定文集，以一銘一賦弁首，此其微意也。」又燕昭王求仙臺賦云：「此言國家以人材爲瑞，故下次以平均篇。」又平均篇云：「無奇偶不能成文，以單句爲古文者，後人之俗説也。特不宜儷紅妃白，蹈齊、梁格耳。以下箸議十九皆論治。」又云：「力追周、秦諸子，其氣味最近匡、劉。」以上評語，皆當出于師友，但不署名。王本亦不載，惟世界書局本有之，而寫神思銘題程公勗秉釗名。案公勗跋，乃閲于光緒十三年丁亥。此爲魏稼孫同治庚午所録，在前十八年。知必王文濡傳録之誤。且由此可知此係自定之編次，不可紊也。

蔡鍾濬，字邵諳。武陵人。保選訓導，曾任湘學報總理。

定盦文集余始得初集三卷、續集四卷、補集二卷、詩詞各一卷。皆吴煦刻本也。後于坊肆購得朱之榛刻補編四卷，合訂爲四册。置之笥中，久未檢閲。甲午冬臘，過訪皮君鹿門齋中，見几間有楊希閔鈔本八卷，係分類編次。卷一爲論議一；卷二爲論議二；卷三爲論議三，爲説，爲贈序；卷四爲表，爲序；卷五爲序；卷六爲記，以記事附，爲書，以箋附；卷七爲銘、誄，爲墓碑，爲碣，爲狀，爲述；卷八爲雜著。凡鈔本與此本異者，悉以朱筆校録一過，合吴、朱二刻，鈔本尚少數十篇。唯多明良四篇，水仙華賦一篇，北齊蘭陵王碑跋一篇，今鈔附于後，以成完璧。楊鈔本有朱筆跋云：「庚午七月，從楊丈假觀，以已刻集本及向從譚仲脩鈔存未刻文，互校一過。并於此編補入銘、跋各一首。里後學魏錫曾謹記。」

今此書眉上譚鈔云云，即楊鈔原引，從而過録者也。校畢因題數語于首。光緒乙未孟春月，郎園識。

郎園者，葉吏部德輝也，余校本此。丁酉冬日蔡鍾濬志。

南沙紀事詩一卷 一册

清南匯嚴宗熙撰。舊鈔本。

清道光二十六年丙午秋，湘鄉左輝春署南匯縣，貪饕殘酷，民被其害。縣人舉人嚴宗熙者作此紀事詩十律，臚舉其罪狀，刊印散發，以存清議，并希省過。時江蘇巡撫陸建瀛庇護輝春，竟誣宗熙爲圖詐不遂，挾制縣官，奏請褫革審訊。蘇、松、常三郡士林，羣起不平，作七律十七首，以申公憤。有云：「半載南沙劣跡多，事皆實録豈傳訛。」今并附三郡士林詩，及陸建瀛奏疏于後。紀事詩第八首，紀其貪汙事實，謂「報米驗米，每石須各出洋兩角，饋莊書及隨官書役，名『面情錢』」。又謂「折色，每石五元六角二分，十日後，加至二十元。至收米，則每石扣作四斗一升六合七勺，加以淋尖、踢斛、家丁漆盤、斗級皮履，則串米一石，必須平米三石」。其巧立名目，恣情剥削，殊足驚人。南匯素稱豐産之區，民亦不堪命矣。第九首紀其殘酷事實，謂「造大枷重二三百斤者十二面，立桶高六七尺者八箇，鞭背之具，以竹枝三條，并爲一束。庭設青石，重三百斤者，令被訟者肩承之」。其枉法濫刑，無以加焉。此詩當時雖曾刊版，隨即沈滅，幸留鈔本，足當姥念盛世者棒喝。

少宗文存不分卷二册

清望江倪愨撰。舊鈔稿本。清海寧王鴻朗手跋。

駢文六十五篇，分訂兩册。書面題「少宗文存」四字而無作者姓名。案文内稱述，知爲望江倪愨所撰。愨字少宗，又號碧谿主人。道光時人，其適園記有云：「先伯父迂存公解組歸田，構有江上雲林閣，藏書十萬卷，目録已刊行於世。名流如常郡孫公淵如、洪公稚存、李公申耆諸前輩，集中往來贈答甚夥。及先君子醒齋公退隱白社，亦構有藝園，所貯金石、圖書、各朝法帖名畫，太湖趙介山殿撰、桐城劉孟塗才士，均各游覽作記。可略知其家世，迂存名模，著江上雲林閣書目外，又有古今泉略。姚秋農遂雅堂集，王伯申王文簡遺集皆有墓志銘。又卷中有劉孟塗姊丈傳，孟塗名開，桐城人。爲姚姬傳弟子。有孟塗詩文集等。又同硯徐君子晉别號録銷暇録共册序，則吾吳著前塵夢影録之徐康也。亦可見其親友之多才士。其人平生似以游幕授讀終，文格雖不甚高，然頗風華旖旎，亦翩翩書記之才也。經王鴻朗精選二十六篇，似爲當日擬刻而未果者。鴻朗字笈甫。海寧人。游幕楚、齊，善寫鍾馗，刊有題畫記一册。

集二本，謹爲别擇。凡題上加三圈者，皆完粹可傳之作。如嫌太少，請併雙圈者刻之。單圈諸篇似宜藏作楹書，用存手澤。仍望巨眼審定。戊辰九月鴻朗讀并識。

顯志堂外集三卷補遺一卷 四册

清吳縣馮桂芬撰。補遺王欣夫輯。鈔稿本。

景亭先生以儒生談經濟，識見明通，不泥不偏，在咸、同間最爲傑出。所著顯志堂集、校邠廬抗議，久已風行。此外集四卷爲其後人所輯録，惜已佚去第四卷。其文有涉忌諱者，有爲酬應者，亦有出自代庖者。先生手稿，曾歸余從兄韶九，乃經吳平齋手訂，即今所行集本。外集所收，如兩罍軒彝器圖釋序，宋本説文解字韻譜跋，攷證極精，不應刊集時删遺，必由手稿不具，未及搜采也。至均賦、清丈、減租、錢法、濬河、禁山諸議，均爲研究近代經濟史之珍貴材料，尤以均賦一事關係最大。如蘇松重賦源流録要，自宋紹熙以迄清乾隆，關于重賦之史料，扼要叙述，簡而不漏。致當事論科則書、論清丈書、復潘玉泉比部論清丈輿圖局書、吳縣清丈章程二十條、徵收條漕永遠章程勒石示諭、酌減租額公牒等篇，皆爲均賦所擬之計劃與設施，而癸丑均賦記備述其計劃，因不利于官紳之侵蝕剥削，羣起掣肘，良法卒至不行，可爲痛惜。復何小宋制軍書爲吳中兵燹後，醫治瘡傷條陳十項，亦擘畫周詳。其他可采者尚多。故友孔君陟岵，偶于冷攤得之，携以見示。素知先生曾爲先曾王父秋樵府君墓表，訪之未獲，不期于斯遇之，爲之狂喜。因從借録副本。陟岵更慫恿付印，即以爲贈。余舊有輯佚一卷，今去其複重，補卷四所遺，而將全目附此。

卷一　易用序　咸豐元年中星表序　西算新法直解序　弧矢算術細草圖解序　兩罍軒彝器圖釋序　余芳谷文集序　楊菊仙時藝序　林岱谷時文序　江氏四子合稿序　校經齋試帖序　契琴居帖體詩鈔序　人生必讀書序　彌陀經疏鈔演義序　重修始平族譜序　洞庭東山孝貞節烈編序　林少穆中丞五十壽序　陳偉堂通政六十壽序　李述齋年丈六十壽序　郭根梅先生六十壽序　夏馥齋運同六十壽序　楊步瀛上舍六十壽序　高閬岑年伯六十雙壽序　李東雲方伯七十壽序　葉年伯七十壽序　周介堂太守七十壽序　姚亮甫副憲八十壽序　邵孺人六十壽序　馬年伯母七十壽序　吳母朱太夫人八十壽序

卷二　癸丑均賦記　軍門田公戰績記　記吉中丞逸事　潘東園課桑義塾記　詠勤公所恤寡會記　上陶宫保書　與李督部書　復李爵相　復何小宋制軍書　致何制軍公書　復丁雨生　復丁雨生中丞　致京中同鄉論禁山書　與當事論禁山書　致當事論科則書　致當事某　論清丈書　復潘玉泉比部書論清丈輿圖局事　吳縣清丈章程二十條　致應敏齋方伯書八　復金觀察書　復金眉生安清書　致李薇生太守二　復張朗齋軍門　復殷譜經

復賈雲階　復友人書　復友人書　復吳平齋　復王雪汀　復吳廣庵二　復吳冠雲　卷三　恩特亨額傳　兩趙君家傳　吳曉亭翁傳　節母黃孺人傳　居節婦傳　光禄大夫刑部右侍郎新陽李公暨配杜夫人合葬墓志銘　奉政大夫同知銜候選州同例贈朝議大夫知府銜秋樵王君墓表　封奉直大夫布政司理問加二級鄞縣杏林傅君墓表　封通奉大夫元和顧公暨配張夫人合葬墓志銘　潘理齋先生象贊　擬請分建江蘇貢院疏　擬核減浮勇札　徵收條漕永遠章程勒石示諭　酌減租額公牒　公呈督撫　覆陳修改閶門事宜公牒　請禁山呈　公呈請修濬横金河　太湖收船議　銀鈔議　變通錢法議　變通淮鹽議　沙田弭訟議　蘇松重賦源流録要　補遺　請設外國語言文字學館疏　借兵俄法議　佩秋閣遺稿序　排律初津序　周易漢學通義跋　宋本説文解字韻譜跋　石鼓文跋　繹山刻石跋　史晨饗孔廟奏銘跋　李孟初神祠碑跋　執金吾武榮碑跋　惠氏四世傳經圖跋　附詩楚霸王墓和賴如蘭作　題劉文清書程子四箴後　張婉紃女史緑槐書屋肄書圖　張婉紃夫人壽詩　送祁宿藻之官黃州用李佐賢韻

紅杏樓詩賸稿一卷梅笛庵詞賸稿一卷　一册

清長洲宋志沂撰。江山劉毓盤手校本並跋。道、咸間吾吳詞人以浣花與孫月坡麟趾爲二難。江山劉泖生履芬時聽鼓蘇垣，皆與友善。毓盤字子庚，爲泖生子。曾教授北京大學，兩世皆長倚聲，著有濯絳宧詞、詞學講義問世。此爲其校讀本，並節録父執顧子長壽曾與泖生書，論詞有精到語。

莊子云：「用志不分，乃凝於神。」浣花先生心神皆注於詞，故詞無剩義，高出儕流。〇王文成云：「文人工於文，又要做詩，又要填詞，如入百戲之場。」

浣花華胥引一闋，有「甲寅元夕」語，乃金陵失陷之年。此闋深合姜白石「薺麥青青」之旨，若非此意，口氣則太蕭疏。

浣花一貧士而三悼亡，其心已傷，故每多淒戾之音。然終屬元氣不充足，兒女情多，英雄氣少，不能免也。

浣花詞綽有餘裕，詩亦清秀。惟貧交行、苦雨謠、蠶婦吟三篇，似古不古，因此覺題壽松堂詩後一篇亦減色。

春宵曲一絶「一簾明月妥花魂」，好在「妥」字，然不好亦在「妥」字。

浣花從前在楊元絮處見過數面，貌清而眉稍濃，采色甚好。言談出口似疾。曾屬其題西湖圖、五馬圖，皆詞。

從前江韻樓元絮稱其能填詞，不知與浣花若何，其人説話亦疾而氣促。

五六年前，潘麐生送秦膚雨詞一本與弟，中有「恨煞窗前，種甚緑芭蕉，緑芭蕉上雨蕭蕭」。弟之性情反不對此，弟性粗鄙不堪之故也。

粗讀浣花膚雨詞，已覺有分餘流入曲意。而浣花將「一」、「十」、「曲」等字注作平聲，且言戈、孫二老之疵，然則浣花深於律吕者耶？自能擫笛者耶？姜白石音律之妙，自能吹笛者。

唱曲不必南北，已有大小口之分，大口如大面、老外，小口如小生、小旦。大口如念大去，或又不然，刀會上「大江東」出口又不用大去音，少頃説白中，稱魯肅曰「大去夫」。

曲中「不」字皆叶在平、上、去中，有似「波」音；而小生、小旦説白中，「不好了呀」仍念「不」本音，不作平、上、去音。〇訓子中「早屬劉、項」，此「屬」字作平聲，音詞與「屬」音甚遠。他若「鄭」之音「但」，皆屬難解。又二合、三合雖可勉明，至如「嗄不開」、「富兒堅」、「康郎當」、「呼羅多」皆何等語耶？想皆「妃呼豨」之類。又佳＝雞＝＝俱＝＝雞之類，則尤其難解，似乎今時皆失傳矣。

癸未冬日，録顧子長封翁與先子書。江山劉毓盤記。

浣花詞清靈婉約，得力於石帚者多。合之王養初吟碧山館詞，允稱雙璧。癸未冬日偶識。

前輩詞，余最服膺沈閏生二白詞、姚某伯疎影樓詞、朱酉生知止堂詞、與浣花詞、吟碧詞數家而已。

敬承堂憶存二卷 一册

清海昌鍾峻撰。手稿本。清侯官林昌彝手跋。

峻字仲山。海寧人。官至四川成綿山龍茂道。著有守撫紀略一卷、敬承堂吟稿。見蔣學堅海昌藝文志。又丁丙杭郡詩三輯曾選其詩。此名憶存，當非全稿。案卷中多宦閩時作，間有與丁杏舲、符雪樵唱和之什。其詩格雖不高，筆力亦弱，而近體則頗有風致。再宿黄莊溪聲如吼不能成寐云：「殿古燈常暗，谿喧寺易荒。客懷今昔感，僧笑去來忙。市遠人歸早，山深夜獨長。坐看殘月白，明發是清漳。」聞笛云：「是誰吹笛向天涯，料峭風高聽轉賒。可是石橋西畔去，一枝紅杏那人家？」送盧桂岩云：「郭外山光花外塵，馬聲嘶斷客愁新。生憎無數長堤柳，纔惹春風便送人。」聽雨云：「一徑蛩聲寂欲無，涼風吹雨入庭梧。分明點滴無多響，偏是勞人聽獨殊。」書感云：「迢迢人去又天涯，容易憑欄感歲華。一院薄寒三日雨，等閒開過碧桃花。」斷句如延平舟次云：「上灘波欲迎船立，夾岸峰還送月來。」感懷云：「難消狂態多因酒，未澹名心尚愛詩。」漁谿道中遇張戟門云：「馬上情如堤上絮，一般無定又分飛。」聞江南告警感賦云：「絶無一事可人意，安有千秋置此身。」略録數首，可見其不同于風塵俗吏。附有張用糦陶會昌詩箋，則恉在頌揚，不足存。即林昌彝一箋亦以部民自居，不免譽之稍過。

說情似楊誠齋，而真摯過之。選詞似薛君采，而雅淡勝之。語語從心坎出，而清清泠泠自然成音。其超妙婉麗處，居然自成一子。除夕祭詩醉後戲作一首，爲高青邱之敵手，讀竟，令我低頭拜東野也。敬題仲翁仁丈老公祖大人大著。咸豐丁巳仲秋，治晚生林昌彝拜讀。

七十二朶青芙蓉樓詩賸四卷 一册

清吳縣沈淵撰。鈔稿本。

不題作者姓名。攷爲吳縣沈淵撰。吳縣志孝義傳：「沈淵，字少愚。父鯤，能詩工書。淵詩宗盛唐，多感慨悲涼之作。精醫術，貧病不取酬，邀之即往。卒年六十二。同治十年以孝行旌。」此題詩賸，已非全稿。中如題徐俟齋先生墨竹云：「喜寫蘭，怒寫竹，痛淚淋漓揮滿幅。秦餘山人懷采薇，幽憤沈沈寫心曲。故主精魂託杜鵑，龍孫塊肉同麋鹿。南都移植失栽培，自伐孤根勢窮蹙。梅花嶺上泣忠魂，瑤草朝端覆殘局。翠華北狩悵流離，荒幄南巡痛傾覆。金枝玉葉尚如此，何況孤標茁空谷。哭罷君親淚眼枯，斑斑幻出湘筠圖。含霜蒙雪鍊貞固，肯受興朝新雨露。閉門謝華軌，泄柳同高風，以畫自給境益窮。想其放筆作老幹，勁氣直達驚天公。密葉離披翠滿枝，下有五色商山芝。百年綃素自完好，芮生蓉初。好古偶得之。提攜兵燹豈草草，片紙不啻連城寶。王家覺斯鐸。遺墨項家水心煜。筆，氣異薰蕕真一埽。妙繪宜登米氏樓，題詩漫倩孫莘老。潞邸湘花貞石磨，瞿揆冰蕚紅蟫蠹。同時真跡失護持，到眼雲烟迥非故。還君三尺青琅玕，金石可爍此不刓。允宜什襲遺民竹，永配貞臣無土蘭。」從南都之亡，引出俟齋一片堅貞之心。集中于寫蘭慨當以慷，真欲擊碎唾壺。龍尾車歌爲馮林一賦云：「風雹不作雷無聲，當頭火繖懸陽晶。瞥驚江邊龍尾横，銀濤倒吸天河傾。八繩既準句股匀，牆陰屈曲螺旋行，噴珠濺玉聲錚錚，頃刻赤地游修鱗。漢陰丈人撟舌驚，桔槔機械無其精，伊誰妙手巧製成，玉堂仙吏推始平。圓機欲與造物爭，妙法本自歐羅生，閉門製造規矩陳，欲使萬國無飢氓。我思西法來前明，火攻兵器精無倫，殺機一動神鬼瞋，赤子屢盜潢池兵。即今吳、楚多風塵，佛狼機械春雷轟，以殺止殺何足珍，坐令千里無人耕。惟君製器由深仁，不事殺人事養人。恒暘恒雨無怨呻，良苗行見皆懷新。水田閣閣青蛙鳴，一犂煙雨江南春。賣劍買牛休逡巡，息戈永作田間民。吾家三畝依湖漘，年年抱甕多艱辛，湖田半没恒苦貧，師君巨製成飛輪。」龍尾車農政全書已録之，然用之者似不多。林一主變故常，則于農事亦可見之矣。

省愚詩草一卷夬齋近稿一卷藤寮初稿一卷藤寮續草一卷 一册

清婁縣張爾耆撰。手稿本。

爾耆字符瑞，號伊卿。諸生。祖璿華號櫨山。父允垂號柳泉。子錫恭號聞遠。伊卿家世擅文學，富藏書，而受業姚春木之門，得其衣鉢之傳。子又以經學名，一時推爲松郡文獻宗。此稿大都作於道光、咸豐間，正國家多難之秋，故率感慨紀事之作。如道光壬寅，英軍犯我閩、浙，江南提督陳化成鎮守上海，屢挫敵鋒，民依之若長城。及援絶殞身，淞、滬遂至糜爛。陳軍門殉節詩云：「陳公本奇人，一代功名樹。塵俗溷閭嶠，奮發歸部伍。晚節秉忠貞，壯志勵剛武，偏裨歷將軍，遇戰親桴鼓。亂賊曾有言，畏公不畏虎。年已七十餘，餘勇猶可賈。何物英圭黎，五萬里駛艫。自粤及浙、閩，軍事日旁午。帝命公南來，國家尚光輔。莅任未旬日，沿海事防堵。投醪飲士卒，自奉甘刻苦。令嚴濟法平，仁育兼義撫。下以慰蒼生，上以報聖主。壬寅五月八，鯨鯢集淞滸，火攻習技器，熊羆亦栗股。颶風勢助虐，將星芒不吐。從容就大義，身僵目猶怒。海外逞干戈，江左忘門户。十一上海城，白日鬼子舞。艨艟駕火輪，十二春申浦。大漲涇要衝，鎗礮集風雨。十四三泖河，來往誰與忤。萬家空煙火，一郡飛塵土。市罷絶價買，業棄荒園圃。老婦抱雛孫，幼子扶病父，居民爭遁逃，何處是樂土。數金賃一舟，千錢役一豎，乘隙肆强梁，禦人多掠鹵。而我亦避地，不忍聞與覩。乃思捍禦才，三載難悉數。痛定始知痛，如無父何怙。錫典自天申，報功臣禮普。私祭配武鄉，再拜薦清酤。」叙化成事，風烈凜然如見。又如太平天國之起義，時人每多横肆誣蔑。爾者能以客觀之立場，作真實之紀述。官軍收復青浦云：「聲言追賊賊去久，搜括民家更何有？」又云：「君不見賊如鼠，兵如虎，賊來愁，兵來苦。昨朝避賊去浮槎，今日避兵天之涯。浮槎尚有回頭岸，天涯一去歸無家。」又五舍兵船云：「礮聲東南來，煙氣散林薄，云是浙江兵，路經滬沙泊。腰刀爭咤叱，弓矢盡盛櫜，登岸入市門，斢斢不受約。斢，天口切；斢，郎斗切。兵奪人物。十錢買斤肉，雞鴨隨手攫。村民皆赤子，積憤那敢作。」馬其昶抱潤軒文集有序一篇，則應其子錫恭而作。曾選刻若干首，此則其手寫稿，極工整。

庚申紀事一卷　一册

清婁縣張爾耆撰。手稿本並跋。

庚申紀事詩七絶六十首，續紀事詩四十首，每首有附注。紀咸豐十年太平天國攻克松江事。作者在流離奔走中，據所聞見，雖涉瑣屑，大都翔實。惟以封建地主立場，故多誣蔑之詞，然對統治者亦時表憤恨。如云：「戰鼓三撾鋭氣銷，官軍退守華陽橋。賊來如鼠兵如虎，煙霧空濛鎖麗譙。」注：「十月初五日，賊犯廣富林大營，官軍潰退，肆掠城廂，與賊無異。」則官兵之暴如虎，其爲害人民之烈可知矣。又如：「握竿持籌心計多，萬間廣廈奈人何。我經寇亂發深省，心愈平時氣愈和。」注：「有平日嚴於課租者，避地時，諸佃不納。」其寫太平軍雖盡情醜詆，其善處亦有不能抹煞者，如云：「入門盡屬新兄弟，口號惟傳老友朋。畢竟讀書猶得體，先生兩字最尊稱。」注：「賊掠人口曰新兄弟，通文墨者曰先生。每夜有口號傳于各館。」大抵前人記載太平天國史事者，階級局限固無論也，而節取其反映實事真相，則莫非珍貴之資料矣。

夬齋雜著不分卷 一册

清婁縣張爾耆撰。手稿本。

存文六十四篇。題上有朱點者四十六篇，其嗣錫恭曾付刊。夬齋家富藏書，師姚春木而友韓渌卿。如夬齋書目引、晚學齋書目序及諸書跋，均足爲松郡藏書掌故。余尤愛讀其手校羣經注疏跋，所據皆吾鄉紅豆惠氏父子點勘本，源出沈沃田，而吳銘茶榷堂諸人臨本，藏韓氏讀有用書齋。韓書散出，余目覩之。其周禮、公羊、穀梁三經歸故友葉揆初先生景葵，曾從借録，并輯入松崖讀書記。而夬齋臨本全帙，則先十年入滬市，爲一汪姓所得。前年徐君行可來晤云，近于北京收得，載歸武昌矣。再跋禮記校本云：「韓渌卿舍人於宋本書行欵字數，無不詳謹記載。近欲編輯刻書人姓名，以資攷證，是書若成，或亦鑒論宋本書之一助歟。」案行欵一事，後有江標之宋元本行格表、葉德輝之書林清話已爲之。若編輯刻工姓名爲一書，則尚未有。蓋依刻工姓名攷定版本時代，最爲可信之據。近王靜安先生已及之，傅沅叔、張菊生兩先生，尤注意于此，所撰題跋書録，記載必詳。余與郭沫若先生論宋本管子，亦據以定爲南宋浙刻，一破前人之誤。近來景印宋本日多，爲之非難。安得好事者成之耶？晚學齋書目序云：「先生嘗言吾所藏書，無事曬曝，日日展讀，自不生蠹。」案此法最善，若扃篋不讀，則徒飽蠹腹耳。余十年前，亦從不曝書，而書亦無蠹。自來江灣，屋小于舟，兼之卑溼異常，蝸篆徧于書衣。讀書精力，亦漸不如前。坐觀一生積聚，半付浥爛，每用痗心。偶拾此二事，以資藏書家談助。

敬孚未刻稿四卷 四册

清桐城蕭穆撰。鈔稿本。

共文六十六篇。分訂四册。惟重刊六朝文絜跋，類稿已刻，改題「後序」，餘均未刊。桐城文派末流，往往空疏爲病，敬孚承鄉先衣鉢，而熟于掌故，精于校讎，其文篤實，一矯積習。所著敬孚類稿十六卷，余最愛讀之。此稿有代人應酬之作，或謂係刻本所删餘，然有關掌故、校讎者不少。檢取菁華，未必在刻本之下。如跋三魚堂文集云：「平湖陸清獻公，確守程、朱之學，故于金谿、姚江一派，攻詆甚力，至欲黜陽明之從祀文廟，更以牛溲馬勃爲喻。夫儒者立言，只在闡明聖學，扶樹道教。于先儒之有不合，正之可耳。當時朱、陸兩家，往復辨難，乃良朋切磋之誼，固應如是。而兩家門人，至相標榜門户，已非程、朱兩公之意。後來儒者豈可更蹈其陋習耶？」立説甚正，學術討論，一涉門户標榜，便爲意氣之爭，豈復能實事求是？跋趙司寇中喬題參戴編修名世疏，謂趙之劾戴，只據南山集本，非別有日記及他書，以糾全祖望前侍郎桐城方公神道碑之妄作不可信。跋朱武曹游道堂集，據姚文然集自述，知非少孤，非依寡嫂。其受清詔命，責以大義者爲母倪、伯母方，以糾武曹載馬宗璉說，詆京辭嫂之未加攷核。均有裨辨明事實。記宋本渭南文集，斥黄丕烈述錢聽默絳雲火前放翁示夢，及戴名世述堪輿者勸毛子晉取還渭南集事，謂「因得之不易，一時聽傳者而取之，初非有神異之説」是矣。而記夢一篇，又津津樂道與俞蔭甫之問對，則又何也？然問對者，猶爲辨胡舜陟爲秦檜父立祠事，則仍爲攷據而發，蓋日有所思，不覺夜見之夢也。惟記年羹堯遺事、記甘鳳池事、書李子鶴事諸篇，則道聽塗説，且涉神怪，似未可遽信爲事實耳。茲附目録于左：

重刊毛詩要義序代　鄭福蘭堂丸藥品目序代　桐城白苓潤姚氏八修宗譜序代龍贊清　圩缺孫氏新修宗譜序　懷寧黄氏新修宗譜序代　校宋本夢谿筆談書後　書張舜卿先生中庸補釋後　記宋本渭南文集　記潘少白林皐閒集删刻本　記徐元歎先生閲本北史　記舊鈔咸淳臨安志　記重修本烏程縣志　跋日本圖書館書目　書錢辛楣跋方望谿文後　跋明桂王致吳三桂書　記歸安陸氏舊鈔本徐公文集　跋三魚堂集　跋潛書　跋石鼓文　跋黎蓴齋上穆宗毅皇帝兩書　跋朱武曹遊道堂集　記曹文正公軼事　吳文節公遺事附記　書自作武進趙恭毅公軼事後　跋東坡赤壁賦　跋董文敏公小楷書四種　跋居業堂文集　跋新化游氏家譜　跋蜀輶日記　跋趙司寇中喬題參戴編修名世疏　跋聰訓齋語　跋野獲編補遺

讀湖南通志名宦傳附記　過岳州登岳陽樓書范文正公記後　閨秀李吏香遺稿序　送張生北歸鄉試序　周翁壽序　吳桐雲先生五十壽序代沈仲翁　方宗屏七十壽序　馬母方太夫人七十壽序　方母蘇太宜人六十壽序　姚母王太孺人六十三壽序　寄舫記　追録舊游何氏青山石屋寺後記　追録舊在京師承光殿前觀玉甕及古栝記　紹興春波橋記　重修雲間書院碑記　答諸生問明建文出亡事　記明徐中山王事　記漢長沙太守韓玄墓　記夢　記句容黄墅村巫氏牡丹　記章墨亭談印度洋海島事　記年羹堯遺事　記甘鳳池事　書李子鶴事　記莫菁林事　湯陵記　游百花洲謁張江沈三公祠記　又後記　書趙恭毅公官偏沅巡撫事　桐城篤山新修包公祠碑記　姚曉帆先生暨子植齋處士家傳　江蘇候補知縣桐城張君墓志銘代李相國　福建莆田縣知縣桐城馬君繼配周宜人墓志銘代

籀鄦簃文集不分卷附淮南子萬畢術一卷擬彙刊周秦諸子校注輯補善本叙録一卷五册

清吳縣王仁俊撰。清光緒丁未江蘇存古學堂活字排印本。

存文一百又四篇。原題存古學堂叢刻。蓋當時所發之講義。本各單篇，後來彙訂成三册。存古廢後，此書遂成孤帙。余爲改題今名，並以所輯淮南子萬畢術、擬彙刊周秦諸子校注輯補善本叙録附焉。案卷中多説經之作，余尤愛其説文解字攷異訂叙例、讀書雜志書後二篇，説文攷異爲歸安姚文田稿本，其孫觀元曾屬遵義鄭知同爲之理董，纂成商義而未定稿。南皮張之洞又屬仁俊發凡起例，校録改訂，補録異文者數千事，采書搜遺者四十種，分爲三十卷，約九十餘萬言。而此爲其叙例，凡二十七條，附引書表。今其稿在北京圖書館，以卷帙繁重，終未能刊行焉。王氏讀書雜志八十二卷、餘編二卷，於古書極校勘之能事，而小小疏失，仍所不免。仁俊爲訂譌者二十四條，證誼者二十一條，補誼者亦二十一條。在王氏全書，雖僅泰岳之抔土，然亦可以循其法以讀先秦書矣。

仁俊著作等身，已刊行者有格致古微、遼文萃、遼藝文志補正、西夏文綴、西夏藝文志、敦煌石室真跡録、倉頡篇輯補校證、説文引漢律令攷、孔子集語補遺、感應篇儒義、白虎通引書表，流傳均罕。四十年前遺書散出，有稿本盈數箱。同學王佩諍曾録一目，有如續玉函山房輯逸書、續羣書拾補等數十種，皆巍然鉅帙，流入滬市，今有歸北京、上海兩圖書館者。又於故友高野侯處見金石萃編補跋，胡樸安處見鄭埜陽辨冤録及説經諸稿本，惜無力録副，又無好事者爲刊行也。

楚雨集一卷坿易林集聯 一册

吳縣曹元忠撰。手稿本。

君直先生于光緒季年，旅寓都門，與徐兆瑋、汪榮寶等各集義山詩以紀事託興，而先生詩最工。秘殿篇序所謂「修門十載，更歷萬狀。欲言不敢，爲思公子。長歌當泣，取近婦人。託旨閨幨，從事義山」。蓋可窺其意矣。余編箋經室遺集，先得別稿輯入，後獲此册，雖闕秘殿篇小序，而每首均附注所出，集句體例固宜如此。惜已不及補入。

缶廬詩不分卷 一册

安吉吳俊卿撰。手稿本。

紅格楷書五十六葉。存光緒甲午至己亥六年之作。時寓居吳中，故與吳賢酬唱爲多。有塗乙删改處，題上加圈者爲定稿。加點者别編題畫詩，均已付刊。删去者共三十九首。其題畫句，佳作殊多。意以非五七言而不存。今録待補遺。菊云：「泉明籬邊，花大如斗。杯泛金英，延年益壽。」牡丹云：「酒滿金罍，富貴花開，詠花媿乏青蓮才。」紅梅云：「赤城霞，羅浮雪，春風吹點妝額。」寫蘭云：「葉蕭蕭，歌楚騷，鼓素琴，霜月高。一王者香，空谷裏。采得之，贈知己。二葉青青，風雨急。女蘿寒，山鬼泣。三峭壁參天，流水潺湲。但聞花香，欲渡無船。四」寫梅云：「倚虬枝，寄遐賞。山荒荒，月初上。一山險徑絶，積雪皚皚。乾坤清氣，一枝獨開。二」牡丹水仙石云：「石不能言，花還解笑。春風滿庭，發我長嘯。」皆孑孑獨造，不弱于冬心老人。甲午之役，吳愙齋奮起東征，乃所率多文人墨客，卒至覆敗，貽譏後世。倉石亦與其行，畫博古云：「從軍赴榆關，未獲書露布，母病亟圖南，奉母海上寓。」蓋幸得先歸。删詩中有榆關雜詩和愙齋先生三律，氣甚雄壯，殆于事敗後删去。又哭任伯年先生詩注，「光緒廿一年乙未十一月初四日病殁」。紀其日月，可供史家參攷。雖皆删餘，仍有足取。陳衍石遺室詩話：「缶廬詩造句力求奇崛，如其書畫篆刻，殆欲語羞雷同。學其鄉冬心、籜石兩先生，而益以槎枒者。統觀全詩，生而不鉤棘，古而不灰土，奇而不怪魅，苦而不寒乞。直欲舉東洲、巢經、伏敔，而各得其所長。異哉！書畫家詩向少深造者，缶廬出，前無古人矣。」極致推重，今讀其詩，誠非過譽。是册以小工楷自書所作，可謂美俱難并。稿本中之俊品也。

有「吳印俊卿」白文方印。

珠劍集八卷 一册

吳縣沈穀撰。稿本。

穀字孔修，後改名修，字綏成。諸生。晚爲江蘇存古學堂史學協教。其爲學浩博無涯涘。著述繁富。嘗欲作「原書」，以綜古今文字之變。先成訂許六十卷，僅至説文第八篇。自詡爲功在南閣祭酒上。然其足傳者在詩文。其詩合太白、昌黎、東野、昌谷于一冶，沈博絶麗，才氣横溢。近世罕可與抗者。殁後孫君伯南、吳君瞿安爲選印未園集略八卷，尚未盡什一也。此集乃其早歲所作，清才逸韻，已不在碧城仙館、瓶水齋下。瞿安所選，僅書宋高宗紀後、端居書懷、長歌行、長抛玉軫圖題詞等數十首，字句稍有不同，疑據後定稿，未見此本。其晚歲題自編寶書堂詩云：「此事全關道力深，幾曾文苑後儒林。江山有助無千里，得失難瞞是寸心。豈有三長才學識，敢空雙眼去來今。更從八代尋源上，雅、頌、風、騷一曲琴。」

蓋侈然不作第二流想。然亦間有多才之患。余年十八九，常遇綏成于茶座，見其衣方袖馬褂，背垂大辮，御深度眼鏡，狂齅鼻煙，煙蹟與丹鉛狼籍襟袖間。與人言吶吶不出口，而筋脈僨張。吳人目爲怪。乃讀其詩秀俊如此，誠哉，人不可以貌相也。其未刊稿，今在北京圖書館。潘君聖一亦得一大束，搴其菁英，以待世之選詩者。

董思翁尺牘一卷 一册

鈔稿本。

余讀民抄董宦事略，未嘗不驚詫其昌鄉居擅作威福，魚肉鄉里，致激衆憤，傳揭縱火，而一發不可收拾。今觀此十五札中，其第一、第二、第五、第八、第九、第十三各札，均爲請託關説事。第五札乃云「蒙老父母許審時寬宥，恕其無辜，豁其罪贓。」則竟庇護贓犯。第十三札薦人委差，乃云「今聞上海徵比糧米，例有委官分任，惟老公祖裁酌，實爲寒家墓田開淤事，酬其清苦。」則直以公差沾潤，爲酬私勞之地。均公言無忌，其仗勢凌人，招權納賄，四百年後不啻自留供狀矣。思翁書畫、鑒賞，冠絶一代。第六札言審定朱鋭、張擇端、馮覲、董源四圖及宋搨聖教序，第十札言欲觀澄清堂帖，及作法帖攷異以廣陶南村輟耕録閣帖譜系，則又另一副面目。第十四札有「獨慕得近頑仙廬」語，則爲致陳眉公者。又常及遜之、煙客，遜之即煙客之字。真跡爲丹徒劉鶚鐵雲舊藏，後歸吾吳吳君子深，劉公魯又從借録。緑格紙，版心有「銅佛龕古懽录」六字，意者爲其所欲著書之名歟。

有「貴池劉氏畏齋鈔本」印。

余髫年即喜董書，凡友好中藏有香光書者，無不假讀。而尤愛思翁尺牘，蓋思翁書畫傳世雖多，而尺牘殊不易覯。以其皆干煩請託之辭，均不署欵，故非正法眼藏，不能辨之。宣愚公藏有尺牘數通，皆言田家事，曾屬余跋，時方弱冠也。寒齋所藏十數通，多係公牘，故甚工整。昨見錫山楊氏藏兩卷，都十數通，亦精真可喜。頃于子深學兄案頭又得見此册，益慶日來眼福不淺。况爲吾家鐵雲丈舊藏，彌足珍重。讀子深跋，弦外之音尤合吾意，但不足爲外人道耳。壬申十一月二十一夜五鼓，貴池劉之泗識于經鋤堂。

確庵尺牘一卷 一册

清太倉陳瑚撰。舊鈔稿本。

共尺牘四十九通。每通各注年月，自明崇禎十五年壬午，至清康熙十年辛亥，中有間闕數年者。言夏學有本源，志節凛然，于卷内可窺一斑，不特文章爾雅而已。順治乙未與白林九使君云：「近聞保舉一事，台臺將欲誤採賤名，惶遽不知所出。」又云：「倘台臺必不肯收回成命，則爲瑚者，自當作一變計。即貪生畏死，不能從漢兩龔于地下，而削髮入山，遊方之外，自分力能爲之。况『所欲有甚于生』，又少而習聞其説，萬一急不擇音，得毋爲台臺仁政之累乎？」措辭堅决，義無反顧。蓋其時士夫或奔走以謀恢復，或堅卧以拒徵召，而新朝則威脅利誘，百計籠絡，未嘗一日忘。至康熙己未，開博學鴻詞科，入彀者雖多，而猶有李二曲、顧亭林、傅青主等以刀繩示志，敝屣榮名者，言夏已有先機之見也。康熙丙午，與石月川云：「江南歲屢不登，疲于賦役，人人有輕去其鄉之意。即不佞石田無幾，而亦坐此致困。范石湖所謂『黄紙蠲租白紙催』者，不意今復見之。」與冒辟疆云：「江南頻遭儉歲，疲于賦役，辛苦墊隘，無可控告，頗有輕棄其鄉之意。」蓋江南賦重，民困已久，至順治辛丑，奏銷一案，縲絏鞭扑，士無噍類。洎案結，而虐政猶未已。丙午距辛丑五年，而言夏之所遭如此，可知建州不僅剥削無藝，且所以威士類之不馴服也。與顧伊人云：「讀書不可無課程，不宜怠忽，亦不必貪多。妙在優游無間，須日計不足，月計有餘。」與諸合甫云：「聖賢養身，如臨如履。不必貪酒好色，可以傷身，即積勞多思，亦足致疾。至于滋味太薄，尤非調適所宜，尚當與時消息，進以藥食小腥。蓋所重有甚于此者，則理當變通。養德養身一事，非兩事也。」所言皆親切有味。至與錢牧齋商量删正所撰其父志銘文字，答徐昭法爲介售異書，與毛斧季則言夏客虞最久，多交其賢士夫，斧季又其弟子也。舊爲太倉繆衡甫所藏。衡甫留心鄉邦文獻，有東倉書庫叢刊，此册惜未收入。

有「衡父繆朝荃校讀」白文方印，「吳興劉氏嘉業堂藏書記」朱文長方印。

戴劉方姚尺牘不分卷 一册

清桐城蕭穆手鈔本並跋。

是書爲蕭敬孚輯録本。一、南山尺牘一通，從憂庵雜記録出。二、海峯與惜抱尺牘一通，從原信録出。三、望谿與雷翠庭尺牘六通，從汪稼門家藏手卷録出，有梅伯言跋。四、又十四通從伊墨卿所裝册頁録出，有紀曉嵐跋。皆爲戴存莊所刻全集所未載。五、惜抱尺牘二卷、補遺一卷，附節録，據張小石輯刻本選其精華。六、惜抱書海峯先生詩集後一篇，爲集外佚文。其中海峯一通、望谿六通、及惜抱集外佚文，敬孚均有長跋，攷證甚詳，載敬孚類稿卷七。而伊墨卿所裝之望谿十四通，諒爲後得，故未及撰跋。今案此十四通與前六通，皆與翠庭而後來分散者，其中言營葬事，言鈔書事，均與前六通相聯。第四通云：「凡小人謗傷雖全無踪影，亦必以告，以藉此可懼而增修其德也。」第五通云：「抑哀而不能制，只得日夜思索經義，則心氣稍安。」殆所謂修省工夫乎。敬孚嘗欲合存莊所輯二十七通爲「望谿尺牘」，與惜抱並傳，惜其未果。此本前後敬孚綴以七跋，均言鈔得原由。舊藏貴池劉氏聚學齋，後有亡友劉公魯跋。

惜抱先生尺牘精選，前録南山、海峯尺牘各一，又録望溪尺牘二十，他日抽出另爲一書。穆。在面頁。

新城陳侍郎用光搜輯惜抱先生尺牘，刊爲十卷。吾邑張小石翁後有所得，乃取陳本稍爲芟薙，合其所搜六十餘札，編爲四卷。余乃就張本復爲選録，且增數則，或通首不必存，有數語可采者，輒節録附後，欲他日重刊之。惜翁尺牘精華亦萃於此矣，不必以多爲貴也。同治庚午十月廿七日邑後學蕭穆補記。

前有戴、方、姚三先生尺牘，今姑列於此。戴、劉尺牘不經見，他時或采入國朝諸名公零星尺牘，另爲一種。望溪先生則有存莊孝廉刊本二十七札。此二十札，彼本無之，他時或合彼本鈔録，以爲「望溪先生尺牘」，與惜翁並傳可也。穆又記。在卷首。

望溪六札跋

文人著書持論，如參軍登場，袍笏絢爛，儼然矜莊。至尺牘，與親暱述情話，則頹然自放，天真見矣。書中言竇池、買洲、謀生計瑣屑事，亦非遠人情者，率真語當如是耳。然則先生以兄弟墳墓在積水中，至棄官覓地，徘徊空山，不歸受妻子之養。此言亦非有所作而致也，於是乎賢遠於人矣。道光十二年九月重陽前二日上元梅曾亮謹識。

從汪稼門尚書家藏手卷録出。穆記。

戴存莊孝廉刊望溪全集有尺牘一卷，此與下共二十則，彼本無之，欲他日合鈔一本。

又十四札跋

寧化雷翠庭先生人品學問皆篤實，欽定四庫全書子部儒家著録者，以先生所著終焉，取其真也。其學出於方望溪，望溪之學，雖不免稍稍露圭角，致招黨同伐異之疑，然文章爾雅，經術湛深，要自不失爲正宗，未可輕詆。此十四札皆與翠庭先生往來者。伊子墨卿裝潢成册，屬余跋尾。翠庭先生余未識，望溪先生余兒時在李立侯先生家數數見之，今檢點手迹，遠想慨然。前輩風流，尚依稀如覿也。癸丑十二月二十三日，河間紀昀識，時年七十。

從馬慎甫處録出，伊乃從伊墨卿太守所裝池册頁録出者。册現存邑中方氏也。穆記。

同治辛未冬十二月初十日，在城局照望溪先生原札較對一過。

寧化吳賢湘藏望溪侍郎手札數十紙，爲伊墨卿太守分其半，所存十餘紙，嘉慶庚申春又爲我鄉汪稼門尚書揀其六紙，裝潢成軸。咸豐己未，尚書少子厚之翁曾出以示余，余乃展玩數日，録其原文，上元梅郎中曾亮所跋前六札是也。又有吳賢湘長跋，另録别本。先生不以書名，其手跡乃雄健古雅，今不能彷彿萬一矣。而伊君所藏，今留落吾邑方某所。己巳春方某出示友人馬慎甫，欲以四金託售，慎甫亦照録其原文，余又從慎甫處録之，即紀文達公所跋後十四札是也。計吳君所藏，尚有若干紙，未知今日尚在人間，爲余更得見之否？望溪經術文章，久顯於世，固不藉此以傳，然此二十札中所述忠孝出處之大，與著書爲學之詳，有他著所未及者。一足以資考鏡，一足以資取法，而雷君之忠孝誠篤，學問文章，亦往往互見於此。然則此二十札，所關甚大，非尋常小儒之牘，僅以藻飾叙問寒暄者所可儗也。往者戴孝廉鈞衡刊望溪先生全集，前後所搜尺牘凡二十有七，此二十札彼所未見。他日當合録一本。且冀後來續有所得，以爲「望溪先生尺牘」二種以傳也。庚午十月二十八日邑後學蕭穆謹識。

嚴九能尺牘一卷 一册

清歸安嚴元照撰。無錫華蘭手摹真跡本並跋。

此十五札爲九能致無錫醫士丁育庵者。攷悔庵學文卷二梁溪黄藹谷同文要覽序，謂介其友丁君育庵郵余索序者，即其人也。九能壻於嵇文恭公家，故時有梁溪之行。婦病多延育庵診視，故二人交誼至深，觀札中語可見。九能著書滿家，尤以富於藏弆名。壬子閏四月十二日札云：「去歲得宋刻儀禮要義一書，係宋魏鶴山九經要義之一。因念其書之罕傳，手鈔一過，將及半矣。」又八月朔札云：「萃古齋宋刻夷堅志已爲弟購得，此書共四集八十卷廿四册，直二十金七折錢。首二册有陸子傳手書趙與時賓退録一則，約二千字，小楷精絶，真至寶也。」蓋此二書爲芳茮堂中宋刻之冠，故札中及之。其手鈔儀禮要義，後歸莫棠銅井文房。莫書散出，留敉齋數月，垂得而復失。夷堅志亦有手鈔，今藏湘潭袁氏。每卷末，多記日常瑣事，頗饒風趣。余曾録得。至此書廿四鉅册，直祇二十金七折錢，當日書價之賤，亦可羨也。又辛亥嘉平九日札云：「弟别無所好，唯酷好藏書。近已得宋刻書籍數種，可以養性，可以忘憂。」更可見其嗜好之篤。又觀甲寅新正十八日札，以佳紙乞育庵重以楷法寫辛亥札、辛亥九月重陽日札，九能用染色高麗紙用心寫。可見其往來翰牘，均不苟作，侈然有千秋之想。此爲華蘭從所藏真跡臨摹，以贈亡友趙君學南者。學南逝世，所藏盡失，余於百城書店購得之。

清代名人尺牘不分卷 一册

清無錫滕樂圃輯鈔本。

滕樂圃失其名，毛慶臻一亭雜記云：「花步劉氏有米楷太后哀册一本，今在滕樂圃家。」又云：「趙仲穆出獵圖，張研樵疑爲贋僞，後示滕樂圃、徐紫珊，亦疑信參半。」知爲嘉、道間收藏家。性嗜尺牘，收弆及借録不下數百家。此爲殘存第五册，自冒襄迄駱綺蘭，得八十家，一百四十餘通。長箋短札，述學言事，各擅其勝。如徐枋致爾介札云：「僕隱居二十餘年，絶不刻一文行世。設有付梓者，必署方外之名。今祈吾丈切致求文之友，得不刻，甚善。如必梓，須署秦餘山人法柄。至切至切，萬勿破我戒也。」則可補羅振玉徐侯齋年譜之遺。朱彝尊致徐七來札云：「現在刻明詩綜，大約任刊資者，每卷六金。緣詩話小字多，故刻資未免倍也。認刊者列名。」則可考康熙時刻書之價。徐乾學致顧維岳札云：「裝潢難得妙手，據下令之云吴子敏萬不及顧姓。弟已將瑞應圖并九芝諸卷寄回，應如何重裝，幸高明指示何人精裱，不敢造次付託也。」則可知著大觀録之吴子敏爲朱珪、著有真蹟録。孫鳳著有孫氏法書名畫鈔。一流，賈人中之風雅者。趙翼札云：「弟今年以所著陔餘叢考未就，兩年竟不作一詩。今秋幸已草草編完，約有一千三四百頁。其中史學之辨訂，雜事之徵據，頗覺可觀。惟經學實不逮古人，然頭白眼眵，實亦不能再加工矣。」則可證李慈銘謂相傳其書出陽湖一老儒手之不足信。孫星衍致王鐵夫札云：「弟每恨古今有一種人，孔子所稱亂苗之莠，若魏王肅、晉皇甫謐、隋唐袁宏、長孫無忌，而柳宗元亦頗有不經之論，宋鄭樵、明張璁皆喜非聖無法之言，獨出新意。即其居心，已不可問。後世頗述其言，豈不詭哉！」則可代表乾、嘉時漢學家之一般見解。江沅致蔣香度札云：「近日之訾毁段氏者日出，真爲蚍蜉撼樹。而頗有人從而信之，且欲借之以成其辨論，資之成書者，亦可異也。」自爲持平之論。董國華札云：「吴山尊八家四六内袁集序中，大有微辭。蓋子才以盛名大氣，慴服一世。末學淺率，多喜其寬宏，故附之如鯽而已。則不免英雄欺人，老手頹唐矣。子才雖不能無粗處、俗處、嚇人處，而要其不依傍門户，獨往獨來，一種英氣壯采，實自獨絶。餘可存而不論。」折衷至當，可息過譽與過毁之口。舒位札云：「五百四峯集殊少内心。四卷以後，并無天趣，大抵所習祇嶺南三家耳。其於三李、二杜，似皆未嘗致意。故謀篇多疎，而製題頗陋，選詞似工，而用意彌拙。」則二樵詩與瓶水齋蹊徑不同，詆之太過。而翁方綱與金手山四札，論詩尤多精語。其一云：「作詩竟要經、史、類説、子、集、金石、書畫一齊彙全，如厨房雞鴨魚肉。又有各樣作料，供其所用，方可商量作法。至於會作的，則本領不可輕恃，此中一順一逆，七縱七擒。開斷崖者觀其鑱迹，發强弩者聽其弦聲，刻刻陳列古人在面前，與之比較工力。董香光中歲到金陵，放眼看前人書畫墨迹，自言與宋、元諸家血戰中原，然後成家。此事竟要刻刻放手，刻刻細心；刻刻縱横，刻刻謹慎。第一怕人奬譽，則不能日進。大約中年一往無前之氣，全壞在人多奬譽，輒自喜，不肯虚懷用功。必須日日見有可改之處，乃能進步耳。上下古今，以杜法爲關鍵。蘇詩已有偷巧處太多，露針縫被人看破。然而説來容易，爲之始知其難。」覃溪眼高于頂，盛氣凌人，而此札絮絮若志摳語，蓋作書札自與做文章不同。昔錢儀吉跋童二樹尺牘云：「每歎士大夫或遺集盈尺，有首尾讀竟，了不知其中之所存者。蓋自以文字爲工，矜情飾貌，求眩俗目，而性情之地隱矣。轉不若數寸赫蹏，此中真意，尋味無窮。」諒哉是言。舊爲老友趙學南所藏。

有「崑山趙詒琛號學南印」、「趙學南劫後藏書」二印。

名人尺牘一集，族兄樂圃手鈔成袠者也。樂圃平生好尺牘，有乾、嘉諸老風趣，見必收弆，或又借録，不下數百家。經兵燹散佚殆盡，人共惜之。黼近於敝簏中檢得樂圃手鈔本一册，已爛損其頟，幸字句間尚未有缺，急爲編輯，得八十家，凡一百四十餘札。所謂理學、忠孝、名臣、逸士、經史、金石、詩古文家、詞曲家、畫家、高僧、淑媛，亦能略備。雖不如海鹽吳氏，存一代真迹，而焚香瀹茗之餘，一編披對，如親古之人謦欬，洵論世尚友之一助也。編次畢，贅數語於簡端。光緒三十有三年歲在丁未，十月之望，梁溪滕彤黼識於雍睦老屋。

清代名人尺牘 一册

鈔本。貴池劉之泗手跋。

此尺牘集册計金冬心至周存伯二十人，三十通。劉公魯倩人從墨跡摹寫。冬心與周幔亭札稱「秦會之之妻王氏，自號『冲正先生』，大奇！大奇！真李侍郎未得搜括到若輩也」云云。案冬心所詫異者見陸游渭南文集尚書王公墓志銘。謂王佐不附檜，檜死，起爲尚書吏部員外郎。檜妻王氏陳乞舊所得恩數之未用者，自稱「沖真先生」。佐駁之曰，妾婦安得此稱。向者誤恩，有司不能執，爲失職。今當追正。執政不能聽，但寢其請而已。後王氏死，卒奪先生號。「沖真」此作「沖正」，疑避胤禎嫌諱。成親王永瑆與英煦齋札，稱「前承倩筆代繕貢單之貴門生，筆致清秀。不恥下學，模擬拙書，甚得鄙意。衰憊之人，可以閣筆矣」。知永瑆以書法名，在當時即有模擬亂真，宜後來鑒别之非易。莫子偲與魏稼孫札，論校釋與搜訪蕭梁石刻，並擬撰「梁石記」，惜未聞成書。戴子高與稼孫札，稱「拙著差已刻竣，惟『釋文』未畢，大約至三四月間可以印行」。則謂其所著論語注，今刻本並無「釋文」。余曾得其手稿，或未及整理付梓歟？許乃釗與稼孫札，論「寫字一道，與制藝同。作時文者博覽羣書，積理既多，著論自別，書法亦然。再得古人墨迹舊拓數種，流覽有會，偶然命筆，自有合處」。陶錐庵與堉辛生札云：「至於書畫，名色好聽，極不受用，一日只可畫扇二三個，照帳簿而算却可觀，但未畫去，潤未收到者不少。」又云「債務尚未了清，當頭亦未全贖。」一則可會寫字之法，一則可知寒士賣畫之苦。凡此玉屑，皆可俯拾也。

姚江章顯庭藏，己巳夏七月從章拱北假讀，倩義興朱瑾夫録副，以備參稽。十一月燬宜手裝畢，公魯記。

文選六十卷 十册

清署名鶚秋氏臨長洲何焯評校本。

義門評校文選，輯入讀書記者，與葉樹藩海緑軒刻朱墨套印本，頗有異同。蓋所校有先後，傳録非一本，無足異也。海緑軒原刻難得，自粵東翻本出，而始家有其書。此署名鶚秋氏者，用藍筆照臨何評于同治八年金陵書局翻汲古閣本上。時在甲戌六月，當爲同治十三年。核其内容，與海緑軒本似同出一源，而間有朱筆録「孫云」「于云」者，則似采自于光華文選集評及所載孫月峯評也。嘗謂讀書態度之真誠者，雖長編鉅帙，必攻治到底，不半途而廢。故余每遇此類書，即近人或習見者，爲愛惜讀者精神，必收貯之。此書于十年前返蘇，遇之書攤。賈人云，置架上已將十年，無顧而問者。因即斥資得之，或將笑余嗜好之不同于人邪？

此書于詩賦已總其要。賦祖楚詞，别有專集。故騷列于詩後，僅標舉大略。郊祀、樂府，自爲一體，事關制作，難復限以文章，遂從闕。如鮑、謝采録不遺，陶令獨爲隱逸之宗，則具諸本集。至于衆製，則嬴、劉二代，聊示椎輪，當求諸史集。建安而降，大同以前，世論之所推服，時士之所鑽仰，蓋無遺憾焉。康熙辛巳秋日，何焯題。

照義門先生評點，甲戌六月初九日，鶚秋氏手過。

文選纂注評林十二卷 十二册

明長洲張鳳翼撰。明萬曆庚辰刻本。清無錫華長發評點本。

張伯起此書，葉樹藩刻何義門評本凡例謂「妄肆芟削，卷帙盡紊其舊。揚五臣之塵氛，失崇賢之面目。宜其爲識者所姍笑」。四庫雖入存目，而提要謂其「采西谿叢語論神女賦，極爲精審」。論最公允。華長發手評，分朱、藍、墨三色，其朱筆係録孫月峯評，以校于光華文選集評，有失采或舛譌，不如此本之完善。案光緒無錫金匱縣志文苑：「長發字商原。諸生。工詩詞。嘗偕顧祖禹纂方輿紀要。以錢泰吉之博聞，甘泉鄉人稿跋舊刻方輿紀要州域形勢説，猶云『此本凡例言助之稽采者，中有華商原長發，新刻無此文。諸君子與景范先生爲友，其學行必不苟，附誌其名，以俟訪求撰著云』。尤工行草楷法，邑人稱孫、高、嚴、華，孫竑禾、高世泰、嚴繩孫及長發也。」又藝文，「長發著有燕綵堂詩集、滄江百一詩」，知其與顧祖禹、嚴繩孫等爲友。陸楣疏快軒詩集華翁商原齋限韻云：「昔與宛溪子，悲歌野史亭。勝遊成闊絶，良會喜重經。髮短今垂白，篇殘未殺青。滄江遺老在，寂寞少微星。」注：「往與宛溪商略方輿紀要，予及見之，忽忽三十年矣。」知其並爲明末遺民而以善書名。故此書筆跡秀逸，到底不懈，殊可欣賞。舊裝六册，每册有「華商原圖書記」朱文方印，卷十一又有「長發之印」白文方印、「字商原」朱文方印，又每册有「華元澂印」白文方印、「臣源」朱文方印。攷無錫華氏譜，有名元澄者，乾隆乙酉舉人，「澂」、「澄」同字，當即其人，其爲長發之後歟。卷末「康熙念壹年虞陽錢圓沙校」一行，則顯係後加僞跡。蓋賈人不知長發亦績學士而妄冒之也。

文選紀聞存二卷 一册

清長洲余蕭客撰。清元和朱邦衡手鈔稿本。

蕭客字仲林，别字古農。爲惠定宇弟子。假館朱文游家，得博覽滋蘭堂藏書，所著古經解鉤沈、文選音義均有刊本。此文選紀聞則于疾革時，手授弟子朱敬輿者，見江藩漢學師承記。敬輿即邦衡字，又字秋崖，文游姪。亦好藏書，于師門著述，多手自鈔校。此册殘存第六、七兩卷，當從手稿録出，舊有闕誤，多以朱筆填補。原題文選雜題，後改文選紀聞，是「雜題」爲其初名。紀聞疑出秋崖所易，故漢學師承記猶仍初名也。其涉音義者，皆用朱筆鉤出，當係别輯付刻。即同治蘇州府志藝文所謂「江山劉履芬近又得殘本一册，與音義合」者也。意當時因全書三十卷，不能盡刻故邪？其體例博采羣書，分條編次，有所見，則附雙行案語，一如定宇著書家法。清代治選學成專著者，當以此爲嚆矢。其後張雲璈、汪師韓、孫志祖、朱珔、梁章鉅、胡紹煐諸家，遞益加精，而皆未見此書。光緒時，方惠功始刻入碧琳琅館叢書，今流傳亦罕。

首有「敬輿真賞」朱文方印。每卷末有「門人朱邦衡敬輿校録一行」。

文選紀聞存十七卷 二册

清長洲余蕭客撰。舊鈔稿本。清長洲王頌蔚手跋。附吳縣雷浚手札。

存卷十四至卷三十。卷後多有「門人朱邦衡校録」一行，當從秋崖手輯鈔出之清稿。中十九至二十一三卷，爲離騷以迄招隱各篇，疏釋獨詳，與他卷之羅列舊説者體例稍殊。在全稿未見時，可別出單行。卷二十六東方朔畫贊「潔其道而穢其跡，清其質而濁其文」。引王懸河三洞珠囊二道學傳第五云云，案云：「元劉大彬茅山志第八云：『玄靜先生道學傳二十卷。玄靜，唐李含光也。』引書各注某卷，向謂其體始遼僧行均龍龕手鑑、宋程大昌演繁露二書，皆偶一二條注卷。後見江少虞事實類苑，竟體注卷，在程大昌前。今三洞珠囊每條稱某書某卷，王懸河，唐人，又在江少虞前。」則徵引前人所著書，理應詳注卷數，以昭信實，且便檢核，體例之善者。乃創自唐人王懸河，爲昔人所未聞。錢竹汀十駕齋養新録卷十九即采其説。而汪小米借閒隨筆又據梁皇侃論語疏卷七，引春秋傳凡七處，皆記卷數。則又當始於六朝矣。

其他徵引古書，且多唐、宋以後秘籍，則滋蘭堂中藏書，供其漁獵，宜其浩博如此，誠爲治選學者不可不讀也。

自王芾卿得見是本，始據以著録于同治蘇州府志藝文：「余蕭客文選紀聞三十卷。」附注云：「一作文選雜題，嘉定錢大昕嘗見其前六卷，説見竹汀日記鈔。吴縣雷浚得其殘稿，自十四卷至三十卷。江山劉履芬近又得殘本一册，與音義合，蕭客門人朱邦衡録，即漢學師承記所云『蕭客疾革，時以雜題、詩集付弟子朱敬輿，敬輿寶爲枕中秘』者也。」今朱本亦藏余所，音義祇爲已鈎出之一部分，與此並非一書，王説殊混。王跋又謂書中「閱者珍之」一印，疑虞山孫從添藏印。案潛夫年輩較仲林爲早，且此鈔本出仲林没後，更非潛夫所及。驗嚴厚民一印，與此印泥色同，當亦厚民所鈐，合並正之。

有「閱者珍之」白文長方印，「曾在泉唐嚴厚民處」朱文長方印，「雷浚」聯珠小方印，「曾藏王氏吹徹玉笙樓」白文方印。

孫、吴諸子讀畢，奉繳。苦無所獲，意欲倒换晏子春秋，或韓非，或劉向新序，此三種外，弟亦不磨刀背，可且緩圖矣。奉上文選紀聞兩册，聊代一鴟。此書似無刻本，弟所藏亦非完本，内少十三卷。不全之書，非箇中人不敢投贈也。鄙意在尊處或有完全之日，弟已無此興致矣。此頌泖生大公祖大人秋安。治小弟雷浚頓首。立秋日。

黄蕘圃藏書紀要跋云：「孫公所藏書，鈐尾一印曰『閱者珍之』。」此豈虞陽孫氏所藏耶？是書向未著録，蔚方與纂郡志藝文，亟收之，補道光志之闕。甲戌初冬，王頌蔚敬觀。

文選李注釋例一卷 一册

吴縣劉翰芳撰。手稿本。元和孫德謙手校並跋。

翰芳字鳳五。清末江蘇存古學堂高才生。此爲其讀文選李注札記，呈政于協教孫受之先生者。

古人著書必先定凡例，非漫然下筆者，但未有如後人之將凡例列于卷首，因而讀者不易尋省。有好學者，按文推究，得其條貫，始于杜預之春秋釋例，至清而其學大盛。凌廷堪之于禮經，王筠之于説文，陳玉澍之于爾雅，則一書之釋例也。段玉裁之于鄭玄周禮注，胡承珙之于儀禮注，陳奂之于毛詩傳，吾師曹先生之于鄭氏詩箋，則古注之釋例也。任大椿之于弁服與深衣，夏燮之于五服，則一事之釋例也。至俞樾之古書疑義釋例，又遍及羣書而綜核之。其他成書或單篇，蓋不勝舉。使治古書者，若綱舉而目張，其爲功亦大矣。

李善注文選，典核該洽，所采書目幾于囊括四部，而新唐書稱善有雅行，不能屬辭，故時號「書簏」。蓋詆誣之詞也。不知其注自有體例，詳于注中，豈若後人之衹知鈔撮而已，昔張雲璈簡松草堂文集有文選注例説，錢泰吉曝書雜記有文選注義例條。皆謂李氏注文選自明注例，散見各篇，録之以爲注釋古書之法。但引而未伸，以待後人。翰芳此書，就各注中所附見者，分爲「舉先明後例」、「不以文害意例」、「引後明前例」、「已見上文例」、「已見某篇例」、「舊注題名篇首例」、「集注題名篇内例」、「略用舊注而不稱臣例」、「題舊注例」、「轉以相證例」，各標舉引證，可以互證。附著者即列于每條之下，其注所未及者，以意推之，分爲「辨誤例」、「闕疑例」、「疏通例」、「考證例」附于後。蓋足成張氏、錢氏之志，而更擴而大之也。受之先生學長貫通，兼善推比，所著漢書藝文志舉例、古書讀法略例，均極精核。此書眉端批注，擬增「聞疑載疑例」、「隨文證義例」、「觀文立意例」、「引古兼注例」、「備引異説例」、「舉今證古例」、「探下文而省例」，則研討益密。此雖草創，尚待修正，而區立類例，疏通證明，亦可謂不負指授矣。

我朝選學家如余蕭客之音義，張雲璈之膠言，皆誼據通深，足傳于後，惟李氏作注，義例贍備，别撰一書，規仿春秋釋例而爲之者，則迄未有聞。識者蓋不能無遺憾焉。劉君鳳五，熟精選理，因舉注中例言，條分縷析，加以考釋，并于注所未及者，爲「辨誤」、「闕疑」四例，卓然成一家言，可與王筠説文釋例同爲不朽盛業矣。近儒俞蔭甫先生著古書疑義舉例，當世服其精博，推爲來學筦鍵。今此書出，不特有功江都，實亦治蕭選者津逮之秘笈，彼俞氏殆不得專美于前矣。往讀嘉興錢泰吉曝書雜記，見其就李注舉先明後諸條，特最録之，謂注書者可奉以爲法。謙嘗斐然有子勝之志，而落落不遑，卒未編集。鳳五乃區立類例，疏通證明，昔君家子政校理中秘，于每一書已，皆爲條其篇目，撮其指歸，而彦和、子玄詮品文史，亦復提絜綱要，家學未墜，于兹見之。披覽粲然，爲綴數語，蓋亦有樂乎此也。辛亥夏孟，元和孫德謙。

至正庚辛唱和詩一卷名公手翰一卷附考世編一卷 一册

元嘉興郁遵輯。附，明嘉興郁嘉慶撰。舊精鈔本。清吳縣王聞遠手校並跋。

此書四庫收入存目，而提要語焉不詳。案遵與嘉慶、光緒嘉興縣志文苑皆有傳。遵字子路，縣之商陳村人。官承事郎司農右丞。工詩。嘉慶字伯承。喜結客收書，家亦以是盡，有「貧孟嘗」之目。爲撰書畫題跋記逢慶字叔遇之兄也。

至正十六年，張士誠既克平江，而嘉興地當衝要，元江浙丞相達實特穆爾以兵少，檄苗軍帥楊鄂勒哲來守。士誠弟士信率水師數萬攻之。楊鄂勒哲以大軍四伏，使小舟數百艘餌之，士信軍檣櫓蔽天，排江而下。至杉青，東西岸多積葦，適南風大作，楊鄂勒哲命通判繆思恭典火焚之，士信軍大敗，伏水遁還。然楊鄂勒哲性凶殘，掠人貨財婦人，部曲驕横，民間謡曰：「死不怨泰州張，生不謝寶慶楊。」後士誠歸元，大城武林，檄思恭統所屬工徒，以赴其役。士信欲戮辱之，思恭不介意，每事作則先人，止則後人。勞來督罰，殊得衆心，視他所益堅好，士信亦無可奈何。一日巡工語思恭曰：「别駕好將息，念及杉青火攻時，猶使人肉跳不已。」思恭于二十年庚子升任同知，即于是年八月十五日招同諸彦小集南湖，以杜甫「不可久留豺虎窟，南方猶有未招魂」分韻，思恭詩云：「貴臣既防求，苗獠薦驕拂。比户罹毒滛，流殃痛未訖。大軍有凶年，荆蓁莽茀鬱。天地塞無歡，三秋翳沈沕。」貴臣謂士信，苗獠謂楊鄂勒哲。民當兵火之餘，又重以毒滛，其何堪命。思恭詩猶民謡意也。越歲辛丑，七月十三日，永嘉曹睿以休假出西郭，憩龍淵景德寺，諸公携酒相慰藉，以唐人「因過竹院逢僧話，又得浮生半日閒」分韻賦詩。斯時兵氣已銷，故辭多歡愉，與前頓異。思恭，字德謙。吳陵人。曹睿時官嘉興學録。遵參與唱和，因輯成編，又以水西資聖寺僧克新，人稱雪廬和尚者所輯名公手翰合鈔一册。中有楊維禎、楊基、高啓、周伯琦諸札，尤爲可貴，周伯琦序之。然則是書當以遵名著録，而提要没之。名公手翰亦非嘉慶意附也。至萬曆乙巳，遵後裔嘉慶又于唱和、手翰諸人，遍徵羣書，考其行事，爲考世編附後，使逸士高僧，名字不至湮没，有表微之功。姚士粦復爲之跋。六百年來未有刊本，至咸豐中，仁和韓泰華玉雨堂始據朱竹垞重編本梓行，無所附二種，而傳本亦罕。此舊鈔本爲吾吳王蓮涇康熙六年手校，有朱筆題識一行。

歲丁未中秋之七日，借婁東宋蔚如兄鈔本校于采蓮涇之真率居。王叔子識。

有「汪魚亭藏閲書」朱文方印，「振綺堂兵燹後收藏書」朱文方印，「吳興劉氏嘉業堂藏書記」朱文長方印，「沈韻齋藏書記」朱文方印。

唐詩英華選六卷附紺雪齋墨刻前後赤壁賦拓本 二册

明吳江顧有孝原本。清釋正詣選。手鈔本。常熟胡駿聲摹蔣升瀛小影，長洲江湜題。首錢謙益唐詩英華序，分初、盛、中、晚及唐僧、五代各一卷，皆七言律詩。每卷次行題五湖雲水畸人湜庵正詣選。或作書。而鈐以「正詣」「三近」二印。首有常熟胡駿聲摹藏者蔣懷堂像，并江湜題。全書八十八葉，小楷書精絶，收藏印皆名家。案顧茂倫所選著，四庫存目收其樂府英華一種，而明文英華、江左三家詩鈔、閒情集，皆因有錢謙益名，而被列入禁燬書目。此書雖均不載其有謙益序，行世必甚罕，故正詣據以選録也。

余初得是書，驚其書法之工，及收藏者之珍視，知決非尋常鈔本，因徧考正詣之爲人。緣督廬日記卷十五：「癸丑十月初三日，範卿丈出南漪散人書册求鑒定。小行楷仿香光，頗不俗。後押小璽曰『正誼』、案當作詣。曰『三近』，當是其名號，何時人未詳。」以菊裳先生之博聞，亦所不知，爲之廢然。後先兄韶九出示正詣所書七言聯，深得率更神髓。同學宗兄佩諍所藏韓崇寶鐵齋書畫記稿本，有正詣書毛穎傳軸，自跋略謂：「甲子秋得寓形于漚花齋次，館課之餘，喜閱向所讀書。時好雨初霽，門無剥啄，喜而書之。東吳雲水畸人正詣並識。」陳君蒙安，出示何焯爲孔庭題詩册頁，有注云：「余九歲從三近法師學大字。」更徵諸故籍，同治蘇州府志人物崑山黄子雲傳云：「子雲兼精書法，與釋正詣埒，爲世所重。」張霞房紅蘭逸乘云：「中峯寺在支硎山。韓補瓢筆記云：『中峯巖壑深秀處爲冬青軒。何義門先生幼從三近邱師讀書其間。壁脚東塗西抹，皆其手跡。寺僧以其名重，不忍拭去。』」于是知正詣爲清初方外之工書者，且爲義門學書之師。更徧尋義門題跋，于舊鈔玉山名勝集云：「今年春，訪就堂師于見山精舍，忽出此集相示。」于舊鈔猗覺寮雜記云：「辛卯春，就堂上人又以所藏錢功父本見借。」恍然知就堂之即爲正詣。蓋取「就有道而正焉」爲名字相應。又知其兼好藏書，于是進求之藏書家題跋，朱彝尊曝書亭集石刻鋪叙跋云：「余從射瀆就堂上人鈔而藏之。不啻象犀珠玉之外，網得珊瑚木難然。」宋賓王清河書畫舫跋云：「此係石竹墩就堂和尚手鈔，字畫極整。」金檀秋澗先生大全集跋云：「玆從梵門橋王氏逸陶先生所藏就堂上人手鈔本録得之。」黄丕烈閑閑老人滏水文集跋，述周香嚴云：「此書實爲就堂上人所鈔，君其寶之。」又于劉氏嘉業堂見就堂鈔甘白先生文集，黑格，版心下刊「就堂藏書」四字。知其又兼好手鈔古書。是其在康、雍時，頗負盛名，以竹垞之友，義門之師，藏書鈔書，生平愛好，而志乘不載，幾致湮没無聞，何耶？蔣懷堂者，名升瀛。藏書紀事詩與仁和孫宗濂父子同傳。其遺事僅據其曾孫培澤宋本四書集注跋。此册之畫像，及弢叔題，亦培澤所屬，培澤子靖，號芥青。所居曰拳石山房，卷中有其印記。均可謂能肯其堂構者矣。至收藏源流，則疊經鄒一桂、蔣重光、袁廷檮、錢泳，而潘功甫曾沂、劉泳之彦沖、顧子長曾壽，均有鈐印。案：辛齋爲義門弟子，于正誼爲再傳，故藏印特多。

其爲正誼自鈐者，曰「正誼」白文方印，「參近」朱文方印，「孤雲客」白文方印，「筆通造化天无功」白文方印，「偎壇埽花奴」白文方印，「隨月齋」白文腰圓印，「芹溪草堂」白文方印，「正誼之印」白文方印，「三近」朱文方印，「南漪道者」朱文方印，「長笛一聲人倚樓」白文方印，「芹溪小丘」白文方印，「呼龍耕煙種瑤草」白文方印，「寒梅獨韻」白文方印，「雲水畸人」朱文方印，「倚竹」朱文圓印，「正誼之印」白文方印，「太谷」白文方印，「東西南北之人」白文方印。

各家收藏印曰「鄒印一桂」白文方印，「賜書樓」朱文長方印，「賜書樓鑒賞」朱文長方印，「吳中蔣氏珍藏」朱文長方印，「賜書樓珍藏印」朱文方印，「辛齋曾寓目焉」朱文長方印，「吳越錢氏鑒藏書畫」朱文長方印，「芹澗」白文方印，「余欣慕焉」白文方印，「鉏月耕煙」白文長方印，「蔣子芙卿與寓目」朱文大方印，「廷壽珩藏」白文方印，「袁又愷藏書」朱文長方印，「袁廷壽讀過」朱文長方印，「曾在東吳袁壽階處」朱文長方印，「功甫借觀」朱文長方印，「彥沖」朱文方印，「泳之私印」白文方印，「顧曾壽」白文方印，「芥青」朱文長方印，「拳石山房」朱文方印。

澽庵手鈔唐詩英華全帙，爲鄉先生懷堂蔣先生所藏。先生博學嗜古，所居鏡古齋，藏書多宋槧本，與黄蕘圃、錢竹汀、王惕甫三先生遊，更得討論校讎之助。此册係所珍玩，故甫里陳氏紺雪齋中，未曾刻入。今其曾孫培澤以先生尤愛是書，倩胡君芑香特摹先生小影於卷端，以志先澤。屬爲題之，丙寅二月望日，江湜謹記。

古詩選三十二卷 十二册

清濟南王士禛選。清長洲何焯手評本。

五言詩十七卷，用朱筆評識。七言詩十五卷，用墨筆評識。眉端行間，燦然幾滿，用功極深，書法遒美，猶屬餘事。義門手評詩，所見不少，不僅是正文字，而論作詩尤精闢入微。兼及史事，不廢攷證，可謂善于知人論世。嘗欲集録一編，以續蔣氏所輯讀書記，此選當爲權輿。惟卷六陶詩，獨不着一字，因别有評本，故姑闕焉。今義門讀書記、遜敏堂叢書中，皆有讀陶靖節詩評一卷。義門于漁洋此選，多加抨擊，凡例尤甚。如五言詩卷九至十五，于次行「濟南王士禛選」之濟南下，加填「詩師」二字，已有譏誚意。又卷十六、卷十七于濟南下，加填「瞽者」二字，則直施以謾罵矣。余嘗讀其家書，有云：「竹垞先生近何如？渠所緝明詩綜，前偶見五、六卷，費日力於此，殊不可曉。詩之去取，幾於無目。高季迪名價，却要松江幾社諸妄語論定，即此已笑破人口。并有即將歷朝小傳中語，增損改换，據爲己有者，甚矣其寡識而多事也。」其好詆訶同輩者如此。究之漁洋、竹垞，一代詩宗，初何加損。後全謝山爲姚薏田壙志銘，謂「薏田嘗述義門之言，以爲厚齋不脱詞科中人習氣。予諧之曰義門亦不脱紙尾之學習氣也」。凡例第八條，「北周寥寥，厪得子淵、子山。二人之才，一時瑜、亮」。于一時瑜、亮四字旁加叉而評曰：「三國演義爛熟，宜乎精華録中，復有落鳳陂弔龐士元絶句。」則以小説語非徵信，不當入詩，故義門斥之，是矣。但可異者，袁枚隨園詩話云：「何屺瞻作札，有生瑜生亮之語，被毛西河誚其無稽，終身慙悔。」則同一事而義門自曾引用，亦奚譏于漁洋，或受之西河而報之漁洋歟？抑子才所傳有誤歟？皆不可知矣。鄭翼案：「隨園識義門用瑜、亮事，然蔣心餘寄隨園四詞，其夢芙蓉云：『低首前賢，焉敢角瑜、亮。』詩話卷十一備載全文，不加删節，則又何耶？自來名家詩文，用此事者甚多，不能盡舉。」至其駁斥凡例，雖涉于尖刻，實亦有得有失，可以節取，今條録于後。

此本曾藏吾邑顧肇聲、屠伯洪家，伯洪名鐘，更名蘇，號元飲。好藏書，與黄丕烈、顧千里交，自號「義門小史」。當是服膺義門者。潘曾祁小草庵詩鈔序云：「君賃屋不數椽，僅蔽風雨。余嘗造其廬，見所坐斗室，容一几，几上置一二善本書，丹黄爛然，手若未觸。」

又劉履芬旅窗懷舊詩云：「元和屠伯洪布衣，所居在委巷中，室不容膝，而位置精潔。嘗蓄一鶴，作詩有「爲渠滅盡晨餐料，盡室初無交謫聲」。蓋自得其樂矣。餘詳碑傳集補張元培撰屠君元欽小傳。小草庵詩刻入滂喜齋叢書。

有「義門何焯」朱文方印，「善耕顧氏圖書」朱文長方印，「曾在伯洪處」朱文長方印，「伯洪屠鐘」朱白合文方印，「義門小史」朱文方印，「臣鐘」朱白合文方印，「伯鴻」朱文方印。

五言詩凡例　（何發凡起例之有？此二字，即錢湘靈之徒，能斥其不通。）　括内義門評語。下同。

然其中頗雜四言，又公讌、應教諸篇，率多蕪雜。予撰漢、魏、六朝五言詩，視蕭選微有異同，至其菁英，鮮闕略矣。（四言反在五言後耶？昭明初不言專録五言也，何謂雜哉！）

樂府別是聲調，體裁與古詩迥別。（古詩十九首，或稱「枚乘樂府」。安在其迥別？樂工採之入樂，自以聲調增損，蓋有之矣。讀宋書樂志自曉。）

若六朝子夜、讀曲等歌悉不載。（此亦絶句之祖也。大篇既載焦仲卿妻詩，何所見而獨遺此耶？）

齊、梁以後短句，已是唐律、唐絶。（名甚新。句不短也。聯、絶二字，六朝久有之，但可云唐人自有古體、今體二種絶句。）

司馬氏之初，茂先、休奕、二陸、三張之屬，概乏風骨。（士衡、景陽豈得云概乏風骨？即士龍，但可云文不逮質耳。）

太冲挺拔，崛起臨葘。（標此四字可羞。自晉以後，詩之以名重而盲録者多矣，獨於劉公幹，遂無一篇，真不可解。）

齊有元暉，獨步一代，元長、輔之，自兹之外，未見其人。（元長當日不在詩家之列。齊世短促，詩人名位至梁而顯者多矣。分齊、梁爲二，便是目不知古今者也。）

非可以東陽、零陵，身參佐命，遂堪劫持一代文柄也。（沈、范不可並論，沈但遜謝耳。）

子堅蕪累，愧其名矣。（子堅不蕪，況累耶？但乏大篇。）

北朝魏、齊之間，顔介最爲高唱。（顔介詩非所長。王、庾南朝文士，不入北派。唯鄴下才人盧、薛之屬，雖仰止江左，在北人則亦長於擬議者矣。）

北周寥寥，厪得子淵、子山，二人之才，一時瑜、亮。（三國演義爛熟，宜乎精華録中復有落鳳陂弔龐士元絶句。）

已闢唐人陳、杜、沈、宋之軌。（四子並論，足知其古、律體源亦不能辨。）

奪魏、晉之風骨。（宋人有脱胎换骨之語，作「奪骨」則不通甚矣。）

陳伯玉之力最大，曲江公繼之。（伯玉宗阮步兵，曲江沈浸楚詞，出入陳王、大謝，非一派也。）

明五言詩極爲總雜。（詩品云，文通詩體總雜，善於摹倣。謂雜倣之作，兼總漢、魏。以訖元嘉諸體，非「叢雜」也。）

西涯之流，源本宋賢。李、何以來，具體漢、魏。平心論之，互有得失，未造古人。（「具體」旁抹改「抄寫」。西涯之失固多，李、何復安所得？）

獨高季迪、皇甫子安兄弟、薛君采、高子業、徐昌國、華子潛寥寥數公，窺見六代、三唐作者之意。（知有高而不知有張來儀，皆耳學也。以下數公，總不離乎七子之爲見爾。如徐昌穀之儗古，形模具存，然其中了無生氣，正類專諸巷中木版晉、唐帖，遇真賞即敗矣。）

唐宋大家全集存五十一卷十四册

清宜興儲欣録。清康熙四十四年刻本。長洲王芑孫、子嘉禄、吴縣沈欽韓評點並跋。

茅鹿門選唐、宋八家文鈔，自明以來，風行于世。同人序謂「嘗即其選與其所評論，以窺其所用心，大抵爲經義計耳」。故此録欲祛其蔽，以爲成學治古文者之需，益充其所録，而增李翱、孫樵爲十家，亦風行于世。然惕甫評謂「同人此選，仍不離乎經義家言。亦何異牽牛以蹊人之田而奪之牛者乎」。今案同人評六一有美堂記有云：「議論層折，得力在數虚字。亦最利舉業家。」評相州晝錦堂記亦云：「其氣調圓美，最利時文。」則將何以自解，惕甫之説是矣。

惕甫評點，用功最深，往往一篇而再三加評。核其題識年月，始于乾隆四十八年癸卯，用藍筆。四十九年甲辰，五十一年丙午，皆用墨筆，時在京師董誥宅。五十七年壬子，用朱筆，在睿親王邸及任咸安宫教習。其間有在揚州、真州、松江及返蘇家居，有用黄筆、緑筆不等。最後爲嘉慶廿二年丁丑，則前後經三十五年，可謂竭畢生之力，孳誦不輟矣。其于各家，最服膺昌黎。次則河東、六一、臨川。又次則東坡、南豐。于老泉多所譏彈，潁濱則著墨寥寥。所評能抉作者之心，推究史實，時發弘議，固遠非同人可比。

又時聯繫身世，兼及交游，更覺親切有味。其時考據之學方盛，惕甫常持非議，一則曰：「今天下考訂之説興，漸欲變秀才爲學究矣，此非善者機也。」再則曰：「今之爲考訂，皆舞文之徒也。」于文尊望溪而極詆子才。謂「子才專作聲氣，以傾動庸衆人，獨傲一時之聲」。謂「子才今且八十，到死不悟，殊堪憫歎」。謂「子才肆意横行，轉譏望溪爲無才，所謂無忌憚者」。其實子才詩文，亦有其獨到之處。當時推之者誠過，而詈之者如章實齋、黎二樵輩亦過，皆非平心之論。惕甫亦猶是也。六一文有其子井叔手評。臨川文有沈小宛手評。又每册有「松江沈恕印」，則其戚也。其族弟亮生所撰傳云：「曾選宋、元十家文，以益茅氏坤所選八家文。十家者，尹洙、李覯、劉摯、畢仲游、劉敞、劉攽、羅願、虞集、姚燧、元好問也。」惜不傳，不得與此並觀。

余年十四，讀書家塾。發楹書有淵雅堂集初印本，課餘輒喜翻讀。越三十年而獲此，觀其每册厚寸餘，五色繽紛，墨敝紙渝，知其寢饋于唐、宋大家文之深且久也。六、七兩册爲李習之、孫可之各二卷，六一居士首二卷。曹復禮師須李、孫文，抽出借去，未幾日寇陷城，及返而卷帙紛散，未暇檢還，遂致闕佚。惜哉。今略附題識于後，以資玩索。

有「淵雅堂藏書記」朱文方印，「蘇州淵雅堂王氏圖書」朱文方印，「文章忠孝世家」白文方印，「宫學博士」白文方印，「楞伽山房」朱文方印，「漚波」朱文小長方印，「漚波舫墨緣」朱文方印，「樗園客隱」朱文方印，「乞食揚州市上」朱文長方印，及芑孫名字諸印，又「沈氏屺云曾經過眼」朱文長方印，「沈恕之印」白文方印,「正如讀」朱文方印。

總序病茅選之爲經義起見,其説正矣。乃同人此選,仍不離乎經義家言。亦何異牽牛以蹊人之田而奪之牛者乎? 嚮後選家,望溪約選近正,而采集未廣。朗夫之切問齋,采擇廣矣,而意見特偏。甚矣,作者難而述者尤難也。丁未九月初三日。儲欣序後。

壬子二月廿九日淀園燈下,是日時帆見過。卷一原性後。

昌黎猶無故而得謗如此,何況我輩庸庸者。口角情狀,亦是千古畢肖。壬子三月四日。釋言後。

僕亦方欲以退爲進,力不足而止。讀公此書,因以自壯。壬子四月廿二日望雨不得,熱甚而風至。答侯繼書後。

僕來京師三年矣,讀昌黎在京時文字,不覺憂從中來,今何不古若哉! 丁未十月十二日燈下。

「所以止而不去者,以其心誠有愛於僕也。」淀園燭下讀此,不勝先得我心之歎。四月廿二日記。與李翱書後。

乾隆壬子二月,襆被海淀睿邸之清華園。意欲絶詩不爲而大治古文之學。三月主人從幸五臺,入城鹿鹿。已而就吾友玉筠圃於讀易樓,讀昌黎文未竟。四月復來淀園。始復携此讀之。熱甚,望雨孔急而竟不雨,悶悶無以度日也。四月廿四日飯罷獨坐記。卷三首。

僕在京一年,謬與昌黎同病。燈下讀此,傷心甚矣。丙午四月西直門寓。同上答馮宿書後。

流落京塵中,讀前半所言,真欲愧生顔變。丙午九月七日燈下。同上答殷侍御書後。

丙午四月十四日,月明之夕,京師西直門内新街口董司農第中記。同上京尹不臺參答友人書後。

壬子四月廿四日,上入宫升殿,主人從入城。予留園居,閲此。同上送浮屠文暢師序後。

昌黎生平愛才如命，而亦以是望於人。故當其少賤，屢屢干人，屢遭怪駡。於是望古遥集，有感於横，所謂古之傷心人别有懷抱者非耶？予謬與昌黎同病，未嘗不讀其文而悲之。四月廿五日海淀園居。祭田横墓文後。

有慨乎言之，壬申十月古硯齋。（案：此爲其子嘉禄所記。）

壬子四月讀此未竟，已而禮部傳補咸安宫教習。五月十七日赴部驗到。六月十三日，到官學受事。奔走數日，意緒少清，始畢之。時由官菜園遷居魏閹胡同。卷五後。

丁未二月二十日海淀園居記。是日大風，校方略館所修清涼山志二十卷竟。卷六李公墓志銘後。

乾隆壬子閏四月，予自官菜園遷居魏冉胡同棗花閣。五月當補咸安宫教習，赴禮部驗到。六月十三日到官學受事。是歲春夏之交少雨，熱甚。既雨而暑益甚且久。七月二日讀此竟。惕甫志。乳母墓銘後。

今之咸安宫教習，與唐國子太學博士相仿，實爲上庠。入者皆公卿、大夫、元士之適子，而弛廢日久。予方爲此學教習，而未能有所建明。讀此文愧何可道。壬子七月。請復國子監生徒狀後。

乾隆壬子春，襆被淀園，始讀此集。已而入城，卒卒多故，未能卒業，至今始畢。七月五日記。

嘉慶壬申中秋，讀一過。古硯主人王嘉禄記。卷八末。

乾隆壬子，七月四日雨，明日遂晴，未入官學，讀起。河東集卷一首。

守口如瓶，世莫得而傾。守身如瓶，世莫得而攖。吾將爲瓶，以平吾情而厚吾生。壬子七月惕甫贊。瓶賦後。

今年會試，榜後新進士相繼捐館者三四人，吾鄉鄒紫珊宗榮其一也。讀此不能無感。又以念我輩雖下第，而康强無疾，未始非天之所以厚之也。癸丑七月十二日。虞鳴鶴誄後。

乾隆戊申，吾友詹君應甲舉京兆，從戚友賀儀中得佳硯二分，其一以贈我。蓋端溪水坑之上品，石質細潤，實爲近今罕覯。惜有兩傖刻銘其間，爲斯石之玷。十月七日携入城中，燈下記。師友箴後。

甲寅五月望日，京師爛麪胡同借宅之芳草堂，重讀一過。楞伽山人記。卷四首。

今天下考訂之説興，漸欲變秀才爲學究矣，此非善者機也。甲寅五月。送崔子符罷舉詩序後。

甲寅五月廿二日，自宫館至睿邸，歸而時帆、蘭士、菽原、少迂一時皆至。邕州馬退山茅亭記後。

「漁獵前作，戕賊文史」一段，今日之袁枚子才是也。天下庸衆人多，君子人少。枚專作聲氣，以傾動庸衆人，故獨傲一時之聲，實非作手。文章大意，僕心喻之，而學未至，不能身自昌明斯道。枚方有名，故置不與辨。集中一見其名，亦僅置諸筝師、篴妓、酒徒、狎客之間，後之識者自知之也。然枚今老矣，猶用阮大鋮餘智，牢籠人士。士之不能自立者，莫不爲所蠱惑。僕胸中所見，殆難爲並世諸公道，而默存此言。斯文未絶，必有英絶領袖之者，辭而闢之，廓如也。僕病未能，後亦必有諒之者，此不足闢也。甲寅五月廿二日燈下。與友人論文書後。

不過口齒便利，今日袁枚等輩，專學此種，以取悦時流者也。甲寅五月廿四日。答吴秀才謝示新文書後。

甲寅五月廿四日方澤大祀。禮成，上幸圓明園。明日啓鑾，幸熱河。睿王從行，因至園奉送。一至即還，不及更送王中堂、董尚書也。久困，益不願與公卿相見矣。廿四日燈下，寫韻軒筆記。卷五末。

十年前，宗望溪之説，頗不喜柳文。今來復讀，覺意境又別。然子厚生平長處，多在大篇杰搆，而屑玉碎金則無足爲寶也。乾隆甲寅五月廿五日，寫韻軒記。卷六末。

此歐公生平第一篇文字，後來文人能唱導此旨者，祇方靈皋一人，欲覺聞晨鐘，令人發深省。每讀此篇及望溪集，未嘗不通身汗下。予少時不知學，知爲文而已。由文入學，方識得文章中極才盡致者，未是文人，亦未是才人也。並世中，若袁子才今且八十矣，到死不悟，殊堪憫歎。然後知朝聞夕死，聖人有喟乎其言之。甲寅五月。送徐無黨南歸序後。

予少時極喜老蘇文字，今者讀之，乃與少時異。其横决處，背道而馳。非其文之不足觀，特惡其悖繆耳。故選而記之，其害理之甚者，又雖工不取也。甲寅六月七日記。

老蘇雜文最佳，其所得意者策，而策實無可觀，但逞筆舌耳。豈有以筆舌之妙爲經濟者耶。以上老泉集卷一首。

僕素不喜此文，而無以明其然也。得望溪先生語發之，以是知望溪之深於文律，能識利病。而近日綴文之士，莫不樂趨易而畏難，以故袁子才一輩，肆意横行，轉譏望溪爲無才。嗚呼，所謂無忌憚者然歟？甲寅六月二日燈下。審勢後。

今之爲考訂，皆舞文之徒也。卷三洪範論序後。

漢儒之説，大抵多漢時習尚，非必自古相傳。欲求漢舊聞者，宜於漢儒取之。欲求解經文，則不必於漢儒取之也。洪範中後。

鄭之學，皆本於讖緯。即「五天帝」、「五人帝」、「靈威仰」、「赤熛怒」之類，皆近於妖誣，不即於人心。而非此則無以信其説，猶之吞卵、履迹耳。嘉慶甲子九月廿三日，真州書院燈下。嚳妃論後。

嘉慶四年正月三日，高宗上賓，今上親政。大誅權倖，下詔求言。封章日進，惜未有愷切敷陳如洵者。江海遺臣，重來京國，適逢盛際，獻納無繇。讀此既然者久之。是歲二月初五日，芳草舊館。卷四上皇帝書後。

余今年四十，以今時官例計之，就使得第，亦無及矣。以此遂欲退托於學術，而進取之志不覺其日衰。今日梳頭，始見白髮，復讀此書，喟然者久之。甲寅六月初一日。上韓丞相書後。

嘉慶八年癸亥十月十七日，燈下獨飲，食吳門所寄桂花佛手，一快。東坡集卷首。

壬子十一月，燈下讀，是歲長至之後一日也。老友莪庭至京引見，往還甚歡。

「毫毛未合」、「終身不可」。説盡考據家病痛。韓、歐、程、朱不爲此學，自其所見之大。禮以養人爲本論後。

嘉慶丁丑九月晦日重讀。榕老往祭胡果泉中丞，因而枉過，一話別去。時果泉卒於位，鄉紳公祭也。惕甫。卷六末。

甲子十月二日出過稚存於董公祠，欲入題襟館，聞其宴客而止。稚存贈予自製墨二笏，燭下書此。臨川集卷一伍子胥廟銘後。

甲寅十月二日入城視繆霽堂、俞東川，至睿邸歸，燈下識。卷四王深甫墓志銘後。

五律正宗五卷七律正宗四卷 二册

舊題清桐城劉大櫆評選。舊鈔朱評本。

五律選自謝朓至韋端已，七律選自沈佺期至姚鼐。舊題劉海峯批者誤。案五律評語多標「惜抱先生曰」。七律于李頎下評云：「于鱗以東川配輞川，姚先生以爲不允。」寄綦毋三評云：「此詩姚先生解最詳，詳頂批。」蓋爲惜抱門下士若方東樹之儔所選，兼録其師所評，故選惜抱詩爲殿焉。五律首列謝朓者，惜抱云：「詩至齊、梁，古詩漸流爲律詩。以之入古詩則卑，以之入律詩則美。譬草木之花，唐人如花之盡放，齊、梁、陳、隋，則其含苞而欲吐時也。學律者宜溯源於此。」此蓋其宗旨所在。桐城古文家，望谿詩無傳，海峯有詩而不著，惜抱最能詩而爲文名所掩。論詩主從摹擬古人入手。其書海峯先生詩集後云：「夫古今暌絶，以今追古，非擬學何由得近。才高者取其精華，才卑者獲其糟粕。功深者化其痕跡，功淺者滯于形模。此在昔人集中亦多，利病互見耳。不得以長覆短，亦不得以短棄長。世之陋才，力不能追希古哲，苟爾成篇，義猥詞鄙，反以脱化自矜。遺哲匠之巨材，訾一端之小失，欺誣後生，蕩蔑型矩，此文運之所以衰也。」此文不載惜抱軒集，蕭敬孚録自手跡，以其與此評選本有關，爰附著焉。

有「醒夢軒」白文長方印，「紫陽」白文長方印，「仁和朱澂長壽印信」白文方印，「身行萬里半天下」朱文方印，「劉承幹字貞一號翰怡」白文方印，「吴興劉氏嘉業堂藏書印」朱文方印。

駢體文鈔三十一卷 十二册

清武進李兆洛選。秀水王寶瑩手校本。

清乾隆、嘉慶時，有兩大選本，曰姚鼐古文辭類纂，曰李兆洛駢體文鈔。除攻帖括者外，幾無不人手一編，其影響于一代文風者甚鉅。此爲我叔祖星農公手校讀本，朱墨兩筆，眉批圈識，均極工整。有校勘，有考證，有逸聞，而不專以論文爲事。其校勘也，依據善本以正舛譌外，又能探討根源，以見異同。如卷十二荀公曾省官議，録晉書咸寧五年詔問朝臣以政之損益，司徒長史傅咸上書原文，而謂「此後半皆節録議中語，稍加點竄而文意較明」。卷十六任彦昇爲褚諮議蓁讓代兄襲封表，謂「此表與彦昇集詳略不同，疑是稿本，辭多冗長」。其考證也，參取史傳地記，以訂誤發覆。如卷二十五北魏故懷令李君墓志銘云：「葬洛陽縣覆舟山之東南」，謂「太平寰宇記偃師縣有覆舟山。此誌云洛陽縣，當時偃師並屬洛陽，於斯可徵」。卷三十一陸士衡弔魏武帝文云：「當建安之三八」至「指六軍曰念哉」，謂「此言操以西征無功，發憤疾作。與魏志不同，史蓋諱之也。諸葛武侯正議云：『孟德以其譎勝之力，舉數十萬之師，救張郃於陽平，勢窮慮悔，僅能自脱。辱其精鋭之衆，遂喪漢中之地。深知神器不可妄獲，旋還未至，感毒而死。』以此互證，知武侯之言也信」。又如卷五曹子建平陽懿公主誄云：「成禮於宫，靈輀交轂。生雖異室，殁同山嶽。」謂「此即今之冥婚」。卷十王元長永明十一年策秀才文云：「漢王比文章於鄭、衛」，謂「唐人專謂詞賦爲文章，本此」。亦能推究本原，得其權輿。其論文語極夥，如卷三十劉孝標追答劉沼書，謂「答死者書，甚是刱格。屬辭特凄楚纏綿，俯仰褱徊，無限痛切」。又何仲言爲衡山侯與婦書，謂「寄書閨閣，倩人代作固奇，而微笑餘香，代人涉想，尤爲奇之奇者。水部風情，于斯概見」。則以文體特殊，措辭非易，尤見別裁也。至逸聞，如卷二十五徐修仁故永陽敬太妃墓誌銘，謂「金石萃編補正尚有梁永陽昭王蕭敷墓志一通，亦係徐修仁撰。與此誌拓本，向藏劉青園家。光緒中，流轉至吳縣潘尚書伯寅處。文勤殁後，其弟得神經病，所藏金石，大半付諸火，此二拓未知在世間否。海内孤拓，南朝名跡，乃以付託非人，遂至淹没，可慨也夫」。則伯寅遺藏，窺借者多，其弟窮于應付，託詞付火爲拒，亦猶滂喜齋藏書記刊成不印之智也。聞此二誌拓本，今猶在其女夫吴君湖颿處。當時好古者如繆藝風輩騰謗失實，余雖曾代人受過，然能深諒其用心。星農公愛好金石，著有寰宇貞石圖攷，故對此二誌孤拓，據風聞之説而深致惋惜也。公昔養痾滬上，余年尚幼，一日晉謁，則見此書置枕畔，丹鉛猶不去手。距今忽將五十年，展讀一過，而書其略于後。

古文辭類纂補編初目不分卷 一册

清婁縣姚椿選。舊鈔稿本。

姚姬傳古文辭類纂，續之者有黎蒓齋庶昌、王益吾先謙兩家。黎本一承姚選範圍，而益所未備。王本則專選清代，以桐城文派爲宗，視黎選更隘。世不知先有春木補編也。春木親受業于姬傳之門，得其指授。此選計論辨一百九十四篇，序跋一百七十八篇，奏議二百三十九篇，書説一百七十篇，贈序三十九篇，詔令二百又六篇，傳狀三十九篇，碑志一百二十八篇，雜記一百二十九篇，箴銘五十二篇，頌贊三十六篇，附連珠一百十八篇，辭賦七十六篇，哀祭三十六篇，共一千六百九十三篇。其富遠過姚選。姚選猶以史、漢、唐、宋八家爲主，此則旁搜博采，兼及金、元，又多世不知名者。姚選惟以文章爲主，此則文章與理學、經濟並重，其分野爲恢擴矣。蓋與所選國朝文録宗旨略同。當時固以此兼綜古今文章之流變也。李越縵乃譏文録爲「大半心性蕪言，俗體釀辭，漫無義法。沈溺桐城末派，全無別裁」者，未爲知言。此書以卷帙繁重，未能與文録同刊，僅留一目，如有嗜學者，可案目鈔成全帙。扉葉題「樗寮先生手定續纂目録。松筠鈔藏」一行。

有「圭璋特達」朱文長方印。

湘綺樓選唐詩七言律一卷 一册

清湘潭王闓運選。清高密鄭文焯手鈔本並跋。

壬秋所選唐律，湖南有刊本，訂四册。較此增至數倍。無序跋，無評識，讀之不識其所選宗旨所在。此爲叔問手鈔初選本。首行書名下有「鶴道人手鈔」五字。眉端間有批語，如崔顥黄鶴樓「昔人已乘白雲去，此地空餘黄鶴樓」。批云：「莊子『乘彼白雲，至於帝鄉』。今俗本作『已乘黄鶴去』。則通篇風骨靡已。」孟浩然除夜有懷「守歲家家應未卧，相思那得夢魂來」。批云：「『夢裏還家不當歸』。或言無夢還家，乃詩人常談。此獨云家無夢到，轉下新意，更作深語，妙不着迹。」王維敕借岐王九成宮避暑應教「仙家未必能勝此，何事吹笙向碧空」。批云：「結句用子晉事，便是應教體制。活雲在胸，無一點塵俗氣。」又春日與裴迪過新昌里訪吕逸人不遇「城上青山如屋裏，東家流水入西鄰」。批云：「句中對法，能寫眼前景，自成馨逸。」李白登金陵鳳皇臺，批云：「此詩全摹崔司勳黃鶴樓體格，蓋其嗟慕有素，形諸詠歌。所謂崔顥題詩在上頭也。可知唐人詩律之工，不厭摹擬。至鸚鵡洲一首，益得其神韻已。」李嘉祐自蘇臺至望亭驛人家盡空春物增思悵然有作寄從弟紓，批云：「攷通鑑紀事：『上元二年，江淮都統劉展反，引兵入廣陵，陷潤州。副使李藏用，東至蘇州拒展，與展將張景超、孫待封戰。敗景超，據蘇州，待封陷潤州。』上元爲肅宗第三改元，從一此詩，蓋當其時，經過吳郡，憂時傷亂之作。與送皇甫冉一首，當是同時寄慨。」又送皇甫冉往安宜，批云：「當時赴江西，必經蘇州。張懿孫亦然。」又云：「張繼楓橋夜泊之作，亦寫亂後之景。其時在大曆末，江南初平，猶有荒涼景象。故寫江楓漁火，夜半鐘聲，並觸視聽而增客愁，非流連光景作也。」杜甫送鄭十八虔貶台州司户傷其臨老陷賊之故闕爲面別情見於詩「百年垂死中興時」批云：「唐人音，讀從、重、中三字平聲，詩中往往作去聲讀。如釋无悶暮春送人『折柳亭邊手重携』，薛逢送田尚書『六州番落從戎鞍』，至老杜用中興之中，大半作側。當時中州音均未盡諧，江左四聲少傳本耳。」又野人送朱櫻，批云：「杜詩『炎方每續朱櫻獻，玉坐應悲白露槃』，此唐時櫻桃亦有徵貢，故摩詰有敕賜百官之詠，不獨荔支以時獻也。」皆能揭示詩中真際。而一跋立論尤精，盡發壬秋不言之蘊。惜刻本未能得此冠諸卷首也。全書書法遒美，可爲珍賞。

有「老潛」白文長方印，「鄭文焯」白文小方印，「叔問校定」朱文長方印，「高密」朱文長方印。

光緒己丑之歲，余以都堂試報罷，道沽上，解構湘潭王壬秋先生，文酒諷議，相得甚歡。數十年彥詠之誠，爲之一釋。時將帆海南下，執别依依。褰回岐路，臨流三反，復作十日之留。遂得縱譚藝事，兼見示湘綺樓集。乃歎壬翁詩格淵源八代，其今體則出入東川、少陵之間，純以骨力氣格制勝，無一語落宋人窠臼。蓋百年來可與言詩者也。因與訂游吴之約。秋期果踐，流連三月，篇詠酬倡，獲益良多。瀕行復借鈔其唐詩選二卷，皆取名家。格調之清異，氣均之沈雄，凡章法句法，及命題製律，皆若有定體。可爲學者理羣類，達神恉，是則是效。所謂取法乎上者，得此亦思過半已。近世學詩者，恒墨守漁洋山人删定鄱陽洪氏唐萬首絶句，諦審其所甄采，惟尚聲調。又選盛唐諸什爲三昧集，亦多取風韻諧美，踳駮紛然，未爲盡善。且謂唐三百年，以絶句擅場，即唐之樂府，甚非篤論也。湘綺翁嘗稱七言絶句和樂皆五句，蓋昉于淋池、招商。其平仄相間，唯作四句，則始于湯惠休秋思引。自是以後，盛于唐代，其調哀激，唯宜箏笛，大雅弗尚也。而工之至難，一字未安，全章皆頓。若七言律，則匪獨聲律之難工，即體格亦未易擬議。温、李以降，幾于氣骨骩骳。誠以風標既樹，文采彌彰，屬對蟬聯，最難着力。求之高澹，或病在無文，取其典實，又苦于意悴，更無論風骨格均，非好學深思者，未繇陳其細趣矣。降至兩宋，其工者悲壯奥崛，别具一體，以取重于當世，又不免有一時放浪通脱之言，率皆逞其淹博，漫無裁制。間得晚唐體格，幾至有句無章。其傲而不理，枝而不物，龐雜而不辭，恣縱而不儻，至于山谷、后山輩，可不謂之流盪忘反者哉！近自曾文正倡繼西江一派，世士津逮，每喜艱澀，下字矜慎，殆極鑪錘，力矯輕俗，務開新派。斯又安蔽乖方，去古益遠已。壬翁兹選，獨于唐格中各標古法，簡練揣摩，咸于是導其淵源，塞其下流，頓使當世不敢以儗古爲病。微是翁，孰可與言詩耶？鶴道人録訖并記于威喜芝窟。

輟鍛録一卷　一册

清桐城方貞觀撰。手稿本並跋。嘉興張鳴珂跋。

清康、雍時，桐城方氏人才蔚興，古文推望谿，而息翁、南堂以詩鳴。此輟鍛録一卷四十二則，爲南堂手書論詩語以詔其姪蜀泉者。其持論謂「有詩人之詩，學人之詩，才人之詩」。而獨稱「詩人之詩言近旨遠，筆短意長；聆之聲希，咀之味永；此禪宗之心印，風雅之正傳」。又謂「三百篇而下，由漢、魏以迄六朝，代有傳詩，而余獨以唐人爲歸」。可以見其宗旨所在。故于唐人詩論列爲多，而獨不喜昌谷，謂「惟昌谷集不知其妙處」。又謂「若李長吉，必藉瑰辭險語以驚人，此魔道伎倆，正仙佛所不取也。」又有論康、雍時詩家所趨一則，云：「康熙己卯、庚辰以後，一時作者，古詩多學韓、蘇，近體多學西崑，空疎者則學陸務觀。浸淫濡染三十年，其風不變。究之徒有其貌，古人精神所在，正未嘗窺測及之。然風雅道喪，猶未極也。近有作者，謂六經、史、漢皆糟粕陳言，鄙三唐名家爲熟爛習套，别有師傳，另成語句。取宋、元人小説部書世所不流傳者，用爲枕中秘寶。采其事實，摭其詞華，遷就勉强以用之，詩成多不可解，令其自爲疏説，則皆逐句成文，無一意貫三語者，無一氣貫三語者，乃僩然自以爲博奥奇古。此真大道之波旬，萬難醫藥者也。」所指者厲樊榭輩也。南堂本工書法，吴修昭代名人尺牘謂近汪退谷。李斗揚州畫舫録謂有小行楷唐詩十二帙，江鶴亭刻於石。此册尤爲經意之作。公束評爲得鍾、王精髓，無一點一畫襲其面貌者，與論詩語可稱二難并矣。楠木面刻有「竹簃珍藏」四字，并「金楷之印」。案楷字以莊，號露香。乾隆時仁和人。有聽松樓集。吴振棫國朝杭郡詩輯：「露香家世業醫，與弟楹並稱聖手。母病刲股以療。同里孫元培爲之作傳。」

詩之天地甚大，淺識窺測，殊難周遍。徒以性情所近，曾留意於此。中更多難，轉徙流離，今且就衰，益傷荒落。老姪乃殷殷見問，老馬識途，媿所經之有限。鬥雞若木，期養到於後來。僅就所見及者書數十條塞責。老姪天資高邁，志力精勤，苟守此不移，即難方駕古人，亦應高出流輩。「青眼高歌望吾子，眼中之人吾老矣。」雍正甲寅夏六月，貞觀爲蜀泉老姪。

方南堂先生，雍正時人。初名貞觀，後更名正觀。嘗客淮上，與程風衣先生論書法。風衣云：「草書當謹嚴，令人可學。正書當縱横，令人不可學。」先生深韙其言，故其書得鍾、王精髓，無一點一畫襲其面貌。王凡仲云：「先生博通古今，詩古文辭均冠絶一時。惜未能見。」此册論詩微旨，與漁洋相頡頏。知其用力之深，不僅區區翰墨間也。筱薌明府出以見眎，借臨一過，謹綴數語，以志景仰。光緒十有六年，太歲在上章攝提格，春二月花朝，張鳴珂。

選例彙鈔不分卷 一册

清常熟宗廷輔撰。手稿本。

此書專取宋、明、清代各書選本，節録其序跋凡例，間及作者、篇目，而加以論斷。亦有雜記他事者。

除家藏外，假之同時趙次侯輩，而閱肆尤勤，孜孜于纂録考證。所收各種，大抵删節、批抹，爲兔園册子，坊肆刊以貿利者。故多四庫所不收，亦爲藏家所不顧。而月鋤于此，獨致力搜羅，可謂别具隻眼矣。蓋名家作品，往往有未刻專集，或集外佚篇，賴存一二。如峚膏堂文璨清娱四十八卷，凡例云：「兹選但取雅逸韻文，篇章簡約者，至三都、兩都、兩京、甘泉、子虚、上林，以及歷代名人高文大篇，每欲選爲一編，曰『古今鴻製』，恨力未逮耳。」謂「四庫存目但觀其例，未見其文，遂以爲此選止録短篇矣」。則可訂提要之誤。又兩晉南北史合纂四十卷，明邑人錢岱輯。凡晉書十六卷、宋書四卷、南齊書三卷、梁書四卷、陳書一卷、魏書五卷、北齊書三卷、周書二卷、隋書三卷，謂「此書邑志著録；不詳其卷數，并有止題兩晉合纂者，外國彙刻，則又僅存南北朝數代，於是目益糾葛。吾虞文獻凋零日甚，此雖抄掇之學，亦可寶也」。此類書籍，在昔場屋應試之時，充滿坊肆。今則日漸消滅，其罕貴有與宋、元槧相同者。凡此，皆于目録之學不爲無益也。

花間集十卷 一册

後蜀趙崇祚編。清光緒癸巳臨桂王鵬運四印齋覆宋刻本。常熟張鴻、吳縣曹元忠手校並跋。

花間集傳世宋刻，以聊城楊氏海源閣舊藏十行十七字用淳熙十一、十二年册子紙印本爲最烜赫善本。光緒癸巳，王幼霞據以覆刻，倚聲家始得讀其書。以校毛氏汲古閣本，其勝處固多，亦有毛是而宋非者。蓋毛氏所據，爲又一宋本，與此固非一源也。

此册爲常熟張隱南據毛本手校，曹君直先生又覆校一過。中有明爲宋誤，而毛本不誤者。如卷一温庭筠菩薩蠻第七首「意信不歸來」，毛本「意」作「音」。第十四首「故園吳宮遠」，毛本「園」作「國」。卷二温庭筠荷葉盃第一首「波影滿地塘」，毛本「地」作「池」。第二首「惆悵正思想」，毛本「思想」作「思惟」。韋莊浣溪沙第四首「滿身蘭麝醉如洗」，毛本「洗」作「泥」。卷四牛嶠應天長第二首「別經時，無恨意」，毛本「恨」作「限」。張泌生查子「喜見相見」，毛本無「喜」下「見」字。卷五毛文錫甘州遍第二首「破蕃溪」，毛本「溪」作「奚」。卷六和凝天仙子「翠娥雙臉正含情」，毛本「臉」作「歛」。卷七顧敻酒泉子「登臨窗」，毛本「登」作「月」。卷九毛熙震浣沙溪第四首「因迷無語思猶濃」，毛本「因」作「困」。卷十李珣臨江仙第二首「小池一朵蓉蓉」，毛本上「蓉」字作「芙」，皆是也。世人貴遠賤近，佞宋者又惟宋本是信，幾若得此而他刻可廢，不知有宋本未必是，時本未必非者，貴在心知其意耳。故略其宋刻之勝，而獨著其誤于此。隱南名鴻，字璚隱。光緒甲辰進士。曾官駐日本神户、朝鮮領事。著有鑾巢詩詞，爲君直先生妹壻。此本校勘精謹，能承其家愛日精廬、雙芙閣之緒者。

有「張仲子印」朱文古泉式印。

戊戌孟秋君直得汲古閣本花間集于廠肆，借校一過。秋陰軒窗，殊有幽趣。璚隱。

是月廿又七日，君直覆校一過。

絶妙好詞箋七卷續鈔一卷詞選二卷續詞選二卷附録一卷四册

箋清宛平查爲仁、錢唐厲鶚撰。續鈔清仁和余集鈔撮。詞選清武進張惠言録。續詞選清陽湖董毅録。附録清歙鄭善長選。清同治十一年，會稽章氏刊。秀水王寶瑩評校本。

叔祖星農公生平讀書，多經手校。余所得數種，均朱墨爛然，一筆不苟。此本抄纂舊聞，足補查、厲之遺。發攜詞旨，多引蒿廬之説。誠爲讀兩宋詞之指南。蒿廬姓許，名昂霄。海寧人。乾隆庚午歲貢。寓海鹽張氏涉園最久。涉園故富藏書，蒿廬佐其校勘纂輯。尤長于聲律，所著詞韻攷略，附刊張宗橚所輯詞林紀事。詞綜評附刊張宗柟所輯初白庵詩評。其所評詞綜，吴子律蓮子居詞話謂「凡夫抒情之妙，寫景之工，以及起結、過換、襯貼之法，靡不指示詳明，洵詞壇廣劫燈也」。兹即從彼摘録，誠如子律之言。惟于詞選附録，星農公謂未免標榜，微致不滿。公諱寶瑩，光緒歲貢。黄巖訓導，改官山西知縣。民國初殁于漣水縣任所。詞箋末題「中華三年七月識于安東官廨」，蓋絶筆也。生平邃于金石攷訂，著有寰宇貞石圖攷，稿本未刊。重刊嚴可均鐵橋金石跋、許槤雙鉤漢夏承碑，雕鏤工緻，頗爲世重。

西廂五劇劄記一卷二册

貴池劉世珩撰。一手稿本。一寫樣本並跋。

世珩，字聚卿，一字蔥石，晚號楚園。光緒甲午舉人。官度支部左參議。此爲暖紅室彙刻傳奇附録第二種。題「梅谿釣徒撰。子之泗、女之清侍校」。劉聚卿校刊暖紅室彙刻傳奇依據善本，妙選良工，與朱彊村所刊詞媲美，而雕印更在其上。蓋當時延專門學者劉鳳叔富樑、吴瞿安梅主持其事，故能精善若此。惜今傳本僅就已刊者彙印，程功尚未畢也。聚卿刊書計畫，傳奇原本外，各附劄記，則校勘同異也。别製曲譜，則取便嘌唱也。今傳本衹琵琶記附有劄記，而其餘或成而未刊，或尚未輯成，此則既成而未刊者。西廂記刻本最多，其不失本來面目者，惟凌濛初即空觀本，乃依周憲王校訂本，最爲可信。劄記即以凌本爲主，而博取徐天池以次十三本，羅列異同，句比字櫛，以正金聖歎批本之誤。以清儒校勘經子之方，施之戲劇，誠前所未有。中附瞿安代撰一跋，謂「近世異書之借，難逾荆州。詞山曲海，世無中麓」。以聚學軒、奢摩他室之畢生蒐羅，尚有此憾。今則明刻諸本先後發見影印，又惜劉、吴諸君之未及見也。

西廂記刻本最多，通行本多爲金聖歎批第六才子，齣目改易，連成一本，不知此爲雜劇，非傳奇也。齣目已屬不合，而尤以五本并爲一本，分成二十齣，更失元人雜劇體裁。余已於題識詳言之矣。其不失本來面目者，厥惟凌濛初即空觀刻本。目作雜劇，分折分本，皆合元劇。金本之誤，皆從明人各家刻本所由來。因將所得各本比勘，漫成劄記。則以凌本爲主。徐本徐天池也，又徐士範也。羅本，羅懋登也。王本，王伯良也。陳本，陳眉公也。閔本，閔遇五也。張本，張深之也。毛本，毛西河也。他如金批本，則大業堂、永懷堂、芥子園、此宜閣、金谷園諸家。不下十三四家。所收之本，雖非全豹，亦見真龍。曲詞一字無遺，白語中詞義同而字稍殊，比比皆然，悉難枚舉注明。凌本白語起訖，他本有不同者，即照登載。有具原書，不再照録，以省篇幅，免譏贅疣。書分五本，編作一卷。以告當世，不爲金批所誤，致傳奇與雜劇莫分。余之好事，不尤逾於博弈者乎。丙寅五月，枕雷道士識於楚園。

北詞以西廂爲最，余既刻董解元搊彈詞，因復及實甫五劇，海内頗有知之者矣。繼思王、關所作，槧本至多，稽撰異同，萬不可緩。彙集諸刻，力所未逮，篋衍藏弆得十三家，即今書中徵引各本也。淩濛初本依周憲王校訂本，最爲可信。此編即根據淩本，而各家之不同者坿焉。白文中辭句損益，各本互異，不能一一臚列。僅將淩本白文備書起訖，各家增減，擇要録入之，而諸本之美惡自見矣。近世異書之借，難逾荆州。詞山曲海，世無中籠。姑就鄙見所及，輯録成書，名曰西廂五劇劄記，亦藝林所嘉許乎，援引各本，彙列如左，丙寅十月，枕雷道士劉世珩題識。案此跋係瞿安擬稿手跡。

拜月亭記曲譜一卷 一册

長洲吳梅正律。桐鄉劉富樑訂譜。貴池劉氏賜書臺寫樣稿本。

拜月亭記，今暖紅室彙刻傳奇中無之，蓋擬刻而未成，先製此曲譜也。題「枕雷道士鑒定。雙忽雷閣彙訂曲譜第三」。遍取南詞定律、南曲譜、納書楹、大成諸譜參互考訂，列於書眉，不下百十條。第十齣緝探軍情末正宮一撮棹校云：「本調句法，大成及南詞等譜，皆以上三下五爲正格，無又一體。若臨川還魂記婚走，紫釵記絮别、宣恩諸曲，均用上三下六，與此曲同格。是亦有本也。故葉譜板式變換，不與五字句同法，甚爲可取。此曲雖遵用正格，然改從葉譜唱法亦可，學者不必泥也。」第二十二齣旅館諧姻降黃龍，校云：「第四句『時移事遷』諸譜不重，按本調格式，原無叠句一體，南詞定律所録西廂『相國行祠』一曲，雖亦重『孤兒幼女』四字，其第三句係連下文『盡欲從軍而死』成句，『盡欲』二字爲襯字，即此曲之『地覆天翻君去民逃』句格，非同他曲之别有叠句格也。此四曲俱叠第四句，諒係依樣葫蘆之誤，雖妄存之，勿唱可也。均由詞句之異同，參之於唱法。」又第十八齣相逢得意黃鐘過曲水仙子第二腔，校云：「此曲原文第二句，有『卻不是我的孩兒』七字，第五句爲『非詐應，瑞蘭名與瑞蓮名兒厮類』兩句，大成譜悉譜作曲文入唱，通體不分正襯，勘比前曲句格，亦不相符。瞿安截去第二、第五等句，作爲介白，並分出襯字，俾前後三曲同一格式，較爲精當。從之。」第三十二齣幽懷密訴六調商調二郎兒，校云：「此曲原作二郎神慢，諸譜仍之，今吳君瞿安改作集曲，甚妥。」則皆與瞿安商量邃密，擇善而從。蓋此譜當爲鳳叔主稿，故首葉有「甲子正月鳳叔校第二次」墨筆一行也。

邯鄲夢曲譜一卷 一册

長洲吳梅正律。桐鄉劉富樑訂譜。貴池劉氏賜書臺寫樣稿本。

首題「雙忽雷閣彙製曲譜第十三種。枕雷道士鑒定。大雷童嬛瑱如、小雷柳嬿琬如侍拍。」末題「長洲吳梅瞿安正律。桐鄉劉富樑鳳叔訂譜」。今暖紅室彙刻傳奇于臨川四夢有還魂記、南柯夢而無邯鄲夢、紫釵記，覩此兩曲譜，則知非有所去取，而實待續刻。並知所刻各種，均有曲譜。其已刻者，亦僅臨春閣、通天臺、大忽雷、小忽雷數種而已。此種眉端校訂語較少，疑爲初稿。亦有極精者，第十五齣西諜紫花撥四，校云：「案幽閨記結盟折，用仙吕金瓏璁引，以下題作點絳脣、混江龍、天下樂、油葫蘆等曲，而不合格式。或又以越角看花回、綿打絮、青山口、聖藥王、慶元貞等曲，逐段扭合，亦未盡叶。葉懷庭于此套，不注宫調、牌名，不分正襯，但分作四段，誠爲有識。今改題紫花撥四胡撥四犯，從吴瞿安君勘定。注見正書，兹不復贅。」案今正書未刊，其所注云何，遂不可見。惜哉。首有「辛酉十月十二日劉鳳叔初勘」一行。又有云「此本工尺小字及板眼，繕工均與葉譜相似，可嘉。他本希均照此」廿五字，則以詔刻工者。而其書之講究繕刻，亦於此可見。

紫釵記曲譜一卷 一册

長洲吴梅正律。桐鄉劉富樑訂譜。貴池劉氏賜書臺寫樣稿本。

首末所題，與邯鄲夢曲譜同。惟校訂語于每齣首條出「夢鳳按」三字，以統下列各條，而自第十六齣以後無之。體例差池，失于檢核。夢鳳者劉聚卿自謂也，所刻彙刻傳奇第二行「夢鳳樓」與「暖紅室」並列可知。又有題「鳳叔注」者，則校訂均極精覈。如第五齣觀燈，仙吕隻曲點絳脣，校云：「查點絳脣北詞則首、二兩句，皆須用韻，南詞則直至第三句用韻。又第四句北用平仄平平，南用仄平平仄，所以區别者即此。此曲第二句不用韻，第四句又用平韻，非南非北，此臨川之疎謬處。鳳叔注。」第十六齣圓盟雙玉供，校云：「本調原題玉胞肚，當是傳鈔之誤。其五、六兩句，轉字、全字明明兩韻，懷庭不察，將錯就錯，竟硬扭作一句訂譜，致將詞義割裂，而翰字一板又失律，疎謬殊甚。兹悉細勘訂正。鳳叔注。」第三十八齣啃詑香遍滿，校云：「本調二曲，第二句均照琵琶記『須索是，子先嚐，方進與父母』句格，其實律止七字。臨川囫圇吞剥，而於中間又用一韻，致懷庭竟將第二曲，譜作兩句，唱法又合頭二句，均照綵樓記『惹一場是和非，須記取叮嚀語』句格，懷庭將首曲『咱橫枝兒聽着』六字爲句，以也字連下句讀，又不合句律，而枝字着字板式亦皆不合。蓋此二句，均係三三句法，『也』字應作叶韻，當連上句讀也。第二曲『倩你教喫敲才』，亦綵樓記之『又恐怕公相知』句格，應作兩句讀，與首曲之琵琶記格兩五字句，不一體也。兹悉訂正。鳳叔注。」類此者，皆訂臨川、懷庭之疎謬，可謂推勘極細。然全書既皆鳳叔代作，何以于此又必注明已字。斬此區區，意者其精者，不欲作明珠駿馬之贈耶？卷中采瞿安改訂處不少，蓋其用力較他種爲勤。首亦有「辛酉十月十二日劉鳳叔初勘一行」，知與邯鄲夢曲譜同日所校也。

桃花扇曲譜一卷 一册

長洲吴梅正律。桐鄉劉富樑訂譜。貴池劉氏賜書臺寫樣稿本。

桃花扇傳奇，亦爲暖紅室欲刊未成者。曹君直先生曾爲代擬一跋，據劉伯宗嶧桐集孜其行踪，與傳奇所載不合。文存箋經室遺集。則以伯宗、次尾均爲聚卿鄉人，故樂爲贊辨。傳奇非歷史，先生固謂云亭牽連而言之，自不必泥也。余少時最喜讀此，而曲家嘌唱絶尠，搬演則更所未見，與近人喜演唱長生殿者有喧寂之殊。此譜爲鳳叔、瞿安合製，審音訂律，最爲精確。方今提倡崑曲，設校授徒，安得據以入笛，傳此南都故事？憶先伯父惕庵公鏤香閣中收藏極富，曾見媚香樓端溪小硯，銘題宛然。卅年前，余亦曾獲楊龍友繪三清小幅，題「敬亭雅士」欵，皆傳奇中人物，固不考較其真僞也。今則皆散爲雲煙，偶閲是譜，亦牽連書之。據首行所題，爲雙忽雷閣彙訂曲譜第廿八種。鳳叔則校于辛酉十月二十八日也。

辛壬稿卷一

易傳三卷 一册

漢京房撰。吳陸績注。清元和朱邦衡手鈔本。又録元和惠士奇、棟父子校並跋。婁縣韓應陛手跋。此爲朱秋崖照惠定宇手校宋本寫。黑欄，每半葉十行，行十八字。又墨筆録半農校，朱筆録定宇校。

惠氏父子漢易專門，卷中䷘卦，識云：「剛正陽長，物無妄矣，似非大旱之義。」余竊疑此書非京房作也。」䷷卦，又曰：「得其資斧，仲尼爲旅人，固可知矣。」識云：「此種似漢人語。」䷸卦六爻「進退吉凶，在於四時」云云，識云：「語俗，不類先漢之文。」則辨易傳之真僞也。䷥卦「先張之弧，後説之壺」。識云：「陸氏釋文云，京、馬、鄭、王、翟『後説之壺』，壺作壺。」此作「弧」者，宋人改之耳，非京本之舊也。䷤卦互體見文明家道明也。識云：「精理妙義，晉人謂易無互體，宋儒依之而漢學亡矣。」則證宋人之竄改也。其説之精者，已入易説及周易述，此爲其著書之樸。秋崖師事余仲林，爲定宇再傳弟子。師門著述，多賴手録以傳。此其一也。

磁青蠟箋作面，猶爲乾隆時原裝。後入韓渌卿讀有用書齋，手識得書年月。渌卿名應陛，字載揚。

婁縣人。與張嘯山、顧尚之等善，精疇人術。其收書在道、咸間，多得黄蕘圃舊藏。至民國初，曹君直丈就館其家，而藏書之名始著。一九三三年秋，其後人携所藏至滬求售。時蔣穀孫代潘明訓與陳澄中競購甚烈，宋、元本皆歸二家。京估爲周叔弢擇若干種，張芹伯則專收蕘圃校跋本。余與葉遐庵、吴湖帆、潘博山日往觀焉。猶憶余曾奪得叢書堂鈔本陸士衡集，價五百金，旁徨終宵，欵無所出，卒仍歸諸芹伯，爲之悵惘累日。此册以經學爲人所忽，價百金，亦爲最廉。余方治惠氏學，喜而購之。其後與仲兄蔭嘉合力又得小品十餘種，多因貧不能守，而此册獨存。爲記昔日嗜書之篤，得書之難于此。

有「滋蘭堂藏書印」朱文方印，「敬輿珍賞」朱文方印，「秋崖居士」白文方印，「韓應陛鑒藏宋元名鈔名校各善本于讀有用書齋印記」朱文長方印。

辛亥四月，以松崖先生手閲本臨校一過。邦衡記。

癸丑重陽後，假得周漪塘收藏半農先生手評本臨校。其與朱筆同者，用墨丶爲別。「秋崖居士」印

咸豐八年五月，在蘇州吴姓述古堂書坊見此，索價洋三元，迺借歸。六月下旬，吴到松并有他書，一并收之。此書名爲價洋銀三角，其實蓋一元矣。韓應陛記。

周易鄭氏注三卷附補遺 一册

宋王應麟撰集。清元和惠棟增補。平湖孫堂重校。清同治十二年巴陵鍾謙鈞古經解彙函刊本。海

寧許克勤手校。

古經解、小學兩彙函經陳澧審定，均據注校善本覆刊。此周易鄭氏注則據孫堂輯漢魏二十一家易注本，而許氏克勤手加精校。克勤字澡身，號勉甫。廩貢生。海寧縣志云：「克勤生平言笑不苟，跬步必謹。讀書無間寒暑，雖在舟車，手不釋卷，數十年如一日。李文田主試江南，提倡實學。若蘇州正誼、江陰南菁、上海求志、格致各書院，肄業皆知名士。克勤與試，奪一席膏獎，歲入千金，悉購書籍。手自讎校，丹黄滿目。於輿地之學，圖繪尤工。宿學若王仁俊、胡玉縉皆博極羣書者，獨推服克勤。嘗試學古堂，受知黄彭年，乃贈言曰：『讀書心已細如髮，論事眼當高於頂。』蓋紀實也。克勤於漢、宋諸儒之學，無門户之見，不黨同伐異。尤精許氏説文，識者謂爲『五經無雙，今之叔重』云。著周易日記、經誼雜識、論語古注集箋補正、十三經古注、方輿韻攷、方言校若干卷。」徐世昌清儒學案陶樓學案附云：「克勤僑居蘇州，於書無所不窺。凡經史、天文、地理及五行、術數之學，皆喜探討。有所見，則筆之簡端。説文段注本、水經注趙箋本，用力尤摯。密行細書，眉端幾滿。嘗謂學問當法漢儒，品行當法宋儒。其爲學一歸於徵實。朋輩中無論學術互有異同，皆曰：君子人也。年未五十卒。」據此可知其學行之概。

此册亦密行細書，眉端幾滿。一曰補輯。鄭注散見羣書，一人之目難周，清代輯者數家，不免異同。此則兼采袁鈞、李富孫等所輯，又後出古籍如玉燭寶典、慧琳一切經音義等所引逸文，均一一補入。尤難者如禮記表記，孔疏云：「蒙卦，坎下艮上。艮爲山，坎爲水。山下出泉，是物之蒙昧童蒙之象也。」以爲

「禮記引易孔疏多本鄭注爲説，則此亦鄭注也，玩下文『筮詞也』，與鄭注同可見。補列蒙卦山下出泉蒙句下。」可見推勘入微，爲諸家所不及。一曰校誤。如繫辭上傳「有以尚賢也」與「河出圖，洛出書，聖人則之。」又説卦傳「窮理盡性，以至於命」，與發揮於剛柔、正其二條互倒。否卦「其亡其亡，繫于苞桑」。文選六代論注引鄭注：「苞，植也。」案：「爾雅釋言：苞，稹也。孫炎注云：『物叢生曰苞，齊人名曰稹。』詩鴇羽『集于苞栩』，傳『苞，稹。』箋云：『稹者，根相迫迮梱致也。』據此，則苞本訓稹，文選注引作植，乃形近致譌。」繫辭下傳：「重門擊柝，以待虣客。」周禮天官宫正，疏引鄭注「擊柝，爲守備驚戒也」。案：「宫正疏作『警，戒也』，原輯作驚，誤。左哀七年傳：『魯擊柝聞於邾』，疏引驚，亦作警。」一曰攷證。如文言傳「聖人作」。案：「釋文引鄭云：『作，起也。』馬融作起。案，康成從第五元通京氏易，訓作爲起，與馬本合。季長作起，必有所授。虞翻以聖人爲庖犧。作爲造作八卦。蓋仲翔世傳孟氏易，所以與馬、鄭不同。」又「亢龍有悔，窮志災也」。「志，今作之，之志同聲。晁氏謂鄭易作志。李鼎祚云：『此當桀、紂失位之時，亢極驕盈，故致悔恨窮斃之災禍也。』案鄭以上九爲堯之末年，堯非窮志，故但有悔而已。若桀、紂則窮極其志，所以致其禍也。志字所關甚重。」其全書精密類此。凡引用諸書，皆於每條下闌寫書名，其卷數用〡〢等字，葉數用〡〢等字注於下。他日謄稿時，一檢原書便得。其法甚善。胡綏之先生所著稿本，亦均如是，曾舉以教我。志所載著述目，衹周易日記一卷，刊入雷浚所輯學古堂日記，經誼雜識一卷，有單行本，今亦不易得。其遺稿數鉅簏歸張仲仁先生一麐，未遑編刊。仲仁先生没於重慶，蘇寓藏書悉散，余購得數種，餘聞多被燬作紙漿，爲之浩歎而已。

易象坿録不分卷 一册

清長洲彭定求撰。手稿本。八世孫聯祥手跋。

面葉舊題易象坿録，自蠱卦彖辭起至末雜卦傳止，存一百四十三葉，蓋南畇手著殘稿也。南畇以康熙丙辰會試、殿試皆第一，官至侍講。清史稿有傳。生平潛心理學，以不欺爲本，以踐行爲要。初好五子、近思録，而服膺尤切者在明七子。七子者，陳白沙、王陽明、鄒東廓、羅念庵、高存之、劉念臺、黄榕壇也。徐世昌清儒學案謂「南畇之學，出於梁溪高氏，左袒姚江。釋毀、密證二録，標明宗旨。傳至尺木，與大紳、臺山昌言内典，更非陽儒陰釋者比。風氣自此而開，可以觀學術之變」。所論甚是。南畇嘗謂寡過之方，莫備于易。喜伊川易傳，兼采瞿塘來氏説，旁通諸家，纂周易集注。羅有高撰行狀及乾隆蘇州府志列傳同，而府志藝文及年譜作學易纂録，疑實即一書。而此題爲坿録，惜全書已不可見矣。附有八世孫聯祥跋。蓋能珍其先澤者。

此册係侍講公著述，後五頁確是手蹟無疑，以前所鈔，大約諸子代繕耳。讀公年譜，知古稀後有學易纂録等書，蓋公精研義理，至老不衰，於易尤深嗜也。我後人宜珍藏之，寶守之。光緒庚子秋，八世孫男聯祥謹誌。

周易虞氏義九卷虞氏消息二卷 四册

清武進張惠言撰。清嘉慶八年，揚州阮元琅環僊館刊本。□之升臨張氏句讀並跋。

吾師復禮曹先生精研易學，撰周易鄭氏義箋釋，於清儒極推惠松崖、張皋文、姚仲虞三家。其自序云：「張編修惠言，因惠氏學而加精，成虞氏義、虞氏消息。推本太極氣變，一陰一陽，列乾坤六位以正八卦，考日月進退，審察消息，陽盈陰虚，坎離交會，剛柔相摩，屈信往來，以叙六十四卦。每卦據消息，以明爻象變動吉凶之由。息卦成既濟，消卦取息。陽泰反復，道則息，乾、否上益，初則反。泰始於復，終於坤，坤又出復。積善餘慶，乾元周流不息，文約理該，斯爲絜靜精微。」又於復禮堂述學詩注云：「其序六十四卦消息，據仲翔各卦注，排比推校，得其要領，以十二消息統各卦。陽息由復而臨而泰，泰反成否消，觀窮剥入坤，坤又出復。陰消由姤而遯而否，否反成泰息，大壯決夬盈乾，乾又生姤。而剥、復、夬、姤之間，乾、坤往來，每兩卦旁通陰陽，相摩相盪，以生萬物，周流上下，一皆乾元通坤，爲之原始及終，具有至理。惟虞氏義求象太密，學者苦其支窒。故姚氏仲虞變通其法，又屬辭過簡。初學必先讀惠氏書，乃能離其句讀。」於張氏此書，剖析精微，甚足啟示後學。謹述師説以作提要。惟漢易專門，又屬辭過簡，讀者幾於不能得其句讀，因而無以闡其義藴。此爲署名之升者，照皋文自定句讀，以朱筆度之，讀之始怡然理順。而虞氏消息末補一條云：「三國志曰：『關□既敗，權使翻筮之，得兑下坎上，節，五爻變之臨。翻曰：「不出二日，必當斷頭。」果如翻言。權曰：「卿不及伏羲，可與東方朔爲比矣。」』蓋臨二陽之卦，節從泰來，三陽之卦，五正乾位，折入坤中，是乾滅也。乾爲武，人爲首，坤爲殺，故曰斷頭。坤數二，故二日。」案刊本所以無之者，以清代尊關羽爲武聖，列入祠典。於其死事，有所忌諱。故付梓時削去不載。即此增補，亦闕「羽」字，然於虞翻易説反致挂漏。且於稽古立説，亦何所瞻顧，不有此本，或將致疑於張氏之疏失矣。之升不知何人。

有「曾之撰字詮仲一曰聖與」白文方印，「虚霩居」朱文方印。

道光辛卯八月中浣，照毘陵張氏閱本圈點一過。時寓居都門宣南坊。之升記。

李氏易解校異二卷 二册

清嘉興李富孫撰。清道光十年李氏校經廎刊本。

富孫字既汸，號薌沚。嘉慶辛酉拔貢。與兄超孫、遇孫，人稱三李，而薌沚著述尤富。薌沚好讀資州書，既刺取羣書所引唐以前易説，成李氏易解賸義三卷，以補其遺。搜羅賅備，勝於孫星衍集解。又據影宋鈔本、明朱睦㮮、胡震亨、毛晉及清盧見曾各本，校其異同。於道光二年成校異二卷。至十年，汪遠孫從與付梓，而印刷不多，流行未廣，不如賸義之有自刻及讀畫齋、槐廬諸本也。首自序，末書後及汪遠孫跋。資州書，明本不多得，通行者以雅雨堂刊爲善本。其書實出吾鄉惠定宇所校改，阮芸臺云：「其所改并自著易述，多有似是而非者。」臧庸堂拜經日記卷八私改周易集解條，謂「惠氏遵守古義而發明之，其功爲不可及。而好用古字，頓改前人面目，以致疑惑來者，亦非小失。伊所校刻李鼎祚易集解，其經與開成石刻、孔氏正義往往互異。初以爲有本，後乃疑之何其與古多合。近在吳門得一明刻版勘對，始知雅雨堂叢書不足據。李易本與今本不殊，其異者皆惠所私改」。並歷舉其誤百餘條，始致不滿於盧本。蕘沚亦謂「雅雨堂所刊，爲惠氏棟所校，雖撲塵埽葉，非爲無補。第往往據見於别本者，改易經文。然資州之爲是書，博采衆家，異同並列，未嘗專主一説。况諸家師承各異，詎可以私肊突改舊傳之本？」其意略同臧氏而所言更覈。其體兼列各本異同，而於惠本，親見其評校。胡刻采摭更詳，較臧氏不啻倍蓰，且似未見臧説，故絶無稱引。馮柳東嘗稱爲「資州功臣，定宇直友」者也。昔嘗質之曹叔彦師，師曰：「定宇易學湛深，其所校改，大都推究入細，暗符古賢，是者八九，非者一二。若摭其一二而廢其八九，烏乎可？」竊謂清初刻書不悉照原本，猶未盡善。如毛斧季於順治時第五次校改徐鉉本説文，由學識不逮，多所致誤，爲世詬病。若定宇者，其學識固非斧季比，而擅改古書則同。智者千慮，寧無一失，不如存其誤文，以俟後人攷索，而以所得别著校記於末之爲善。邢子才所謂「日思誤書，更是一適」。顧千里所以提倡以不校校之也。以定宇之學，偶有不善，尚不免後人之識，世之校勘古書者，其可以輕心掉之哉？

張易參義一卷 一册

清元和李繼沆撰。鈔稿本。

繼沆字硯渠。道光辛卯舉人。治經必明天算，而于治易爲尤要，故清儒多兼通之。或益專精天算，著書滿家者，元和李四香鋭，其一也。所著周易虞氏略例，王益吾始刊入南菁書院經解。其猶子硯渠承其家學，顧名不著。此爲其讀張臯聞周易虞氏義而作。張氏解易，上承惠定宇，下啟姚仲虞，爲有清一大家。其書質樸奥衍，讀之甚難。硯渠研核甚細，訂誤發微，純乎漢義。區區一編，幸賴皚侯輯録以傳。從知吾吳篤學潛修，聲光黯然者又豈鮮哉。原本爲章式之先生鈺所藏，昔年向借鈔者。

元和李四香先生鋭，爲嘉定錢竹汀宫詹高弟弟子。精揅經學，而于天文算術，尤獨絶一時。先君子嘗受業焉。先生召誥日名攷及算學諸種，均已刊布。惟周易虞氏略例近甫刊行，闕其原序。蓋先生因惠徵君棟周易述、張編修惠言周易虞氏義宗禰虞氏，而仍不免雜用諸家，故作此書以發明仲翔注易之例，突過惠、張兩家。先君子録副，載有原序，故得知先生著作之意。而先生猶子硯渠先生繼沆，亦嘗校讀張編修易，約計數十條，朱墨爛然。余于管明經慶祺處，假得臨本，録爲一編，原書用朱墨筆，未知何别。因朱筆者較少，故以墨筆爲正，而以朱筆者别録坿後。名曰張易參義，以備稽覽云。吳縣後學潘錫爵書後。

易緯八種十卷 二册

清秀水章全句讀。清嘉慶乙亥章氏勤業堂刊本。

全字遂衷，號益齋。歲貢生。天台訓導。嘉興府志藝文著録全攷正古微書三十六卷。其自序云：

「七緯之文火於魏，絶於隋。今所傳者，微乎微耳。此孫氏所由以古微名也。夫微而欲其顯，必取資乎微引。而孫氏原書既難得，傳鈔者又復舛錯。微者不益晦耶？爰取經史百家之文，急爲校讎，沿波討源，誇誤者蓋已什去其七八矣。」知全於緯書之校讎，用力甚勤。今攷正古微書不傳，而僅傳此易緯八種而已。

案易緯八種久佚，乾隆中從永樂大典輯出，用聚珍版印行，今四庫全書總目著録者是也。惟文字殘奪錯亂，又聱牙難讀，故治之者鮮。益齋以聚珍本詳爲校定，并加句讀，極爲清晰。其校語首著「按」字，有注者以○隔之。板心有「勤業堂攷定本」六字。乾坤鑿度據范欽天一閣本及別一舊本。乾鑿度據錢叔寶本。稽覽圖以下無別本，則據初學記、藝文類聚、太平御覽、經典釋文、古微書、及後漢書郎顗傳注、隋書王劭傳等參校之。其按上下文確有依據者，則明著之；其佐證不足者，但隨文致疑，不敢擅改，頗屬謹慎。於稽覽圖如推天元甲子之術，有「至今大唐上元二年乙亥」句，攷中興館閣書目有李淳風續注易緯，其一推天元甲子之術，其二推易天地人之元術，與此相合，疑即出淳風。續注本推戹法有「至開元九年辛酉」句，推軌之術，有「元和十五年庚午」句，則皆唐術士所附益，而非易緯原文，爲前人所未言。

此本邵亭知見傳本書目、邵氏四庫簡明目録標注雖皆著録，而傳本殊罕。錢警石曝書雜記咸淳臨安志條言：「頃從章益齋廣文金案頭見舊鈔本」云云，又章益齋鈔臨安碑目、章益齋影鈔宋本樂書兩條，極言其鈔書之勤，而不及其校勘之精，似亦未見此書，然有表微之功。而誤「全」作「金」，葉菊裳藏書紀事詩沿之，使益齋真名又湮而弗彰，因亟爲正之。

尚書述義存三卷 一册

佚名撰。手稿本。

存大禹謨第三，皋陶謨第四，益稷第五。篇各一卷。其書兼收僞古文，而注則采自史記、僞孔傳、蔡傳，下追惠棟、江聲，鎔爲一冶而自疏之。據大禹謨篇題疏云：「梅氏古文之僞，自朱子、梅鷟以來，遞有論辯。至國朝閻氏若璩、胡氏渭、惠氏棟諸儒，力爲攻訐，其事愈明。故僞古文遂爲定案。江氏集注音疏、段氏古文撰異、孫氏今古文注疏皆削去僞文不録。王氏後案亦僅附于末，以辯其僞而已。今仍過而存之者，以僞經掇拾彌縫，雖不無紕繆，然古人嘉言善訓，亦往往而在。且如竹書之妄，徐位山猶爲之箋注，然則古文雖僞，不猶愈于竹書乎？故與其過廢也，毋寧過而存之。他篇亦然。」可見其著書宗旨。書古文真僞之爭，自閻百詩、毛西河以來，紛紛不已。而漢學家均屏僞書不言。乾隆時，武進莊方耕獨謂「古籍墜湮什之八，頗藉僞書存者什之二」。歷引僞篇所載名言，以爲「今數言幸而存，皆聖人之真言。」龔定庵撰神道碑特揭櫫以爲名論。則此書之兼收僞古文，亦猶莊氏意也。昔惠定宇撰周易述多舉漢儒遺説，參以己見，融合爲注，而自疏之。後江艮庭、孫淵如亦仿其體，以注疏尚書，可謂説經之創例。此書亦然。於典章、制度、音韻、訓詁，亦一承乾、嘉諸儒遺緒，引書已及俞氏羣經平議，則著書當在同、光之間。

惜首册已佚，不得知其姓名也。觀其皓首窮經，辛勤著述，既有成書，終歸湮没，良可慨已。

禹貢示掌一卷 一册

清元和尤逢辰輯。舊鈔本。

逢辰字靄庭。乾隆時諸生。西堂之後。

禹貢一篇，爲古地理之總要。而唐則用僞孔傳，宋、明則崇尚蔡傳，皆不能舉其要。至清胡東樵撰錐指二十卷，其精博突過前人。又苦卷帙繁富，讀者不易徧觀。于是石門馬俊良、鹽官方溶各爲節録。乃方氏熟于南北條之水道，而不載經文。馬氏詮釋地名，皆實以今之州縣，而于故訓經義，語焉不詳。蓋猶不便于初學。逢辰乃慨然重輯是編，即錐指所引古注而綴屬之，無所增損，取便諷誦。成于嘉慶十年乙丑，至道光十五年乙未。其子錫齡乞序于潘世恩而刊之，而傳本甚罕。其後長洲汪獻玗撰禹貢錐指節要，道光廿七年丁未陳奂序之，亦均未見。無論同治蘇州府志、民國吳縣志藝文之不著于録矣。陳氏之序汪書云：「依經立解，章别句從，言近乎雅，辭止以達。」亦可移贈是書，而同爲初學讀本之佳者也。

毛詩證讀五卷 三册

清太平戚學標撰。清嘉慶乙丑刊本。無名氏評校。

學標字翰芳，號鶴泉。乾隆庚子進士，由縣令改官寧波教授。清史稿有傳。此書不標卷第，而國風分上下，與小雅、大雅、頌，實爲五卷。次行題「太平戚學標本」，原有嘉慶乙丑諸以謙序，及自撰凡例，又冠以讀詩或問數十則。此本已佚，有舊人用朱圍標識，並粘附校語，歲久多脱落。據其存者觀之，蓋欲訂正以别成一書者。鶴泉爲縣有循聲，而爲學則精於聲音訓詁。受業於齊次風，其功力邃密，浸浸過之。此書之例：於經文下詳注其音，而正音則圈其字，轉音用方匡界，偶合者旁加小圈以爲别。其法主於諧聲，兼通假借，至四聲以及叶韻，以皆非古，概不之及。惟旁引本經并博采三代有韻之文，下至子史詞賦，皆取其在未有韻書之前者，互相證明。蓋自來注詩者，皆詳於訓詁而略於聲音，於諷誦或有窒礙。鶴泉此書旨在取便誦習，故不言撰而謙曰「本」。其漢學諧聲自序謂：「夫學必明乎古今讀，魏、晉、六朝以後之文，用韻書可也。若讀漢世之文，循而溯於周、秦先代，韻書不足用也。詩、易、楚辭，其音節皆出於天籟自然，作者不知有韻，據韻書而通之叶之，或反疑前人之假借，尚得謂有識哉？」其説與此書若合符節。漢學諧聲世咸稱其精闢，此則苗夔毛詩韻訂亦加采引，其於漢學諧聲，正如車之有輔也。别有詩聲辨定陰陽譜四卷，未見。

詩攷存二卷附録 二册

清婺源黄啟興輯。舊鈔稿本。清婺源董鍊金手跋。

啟興字石香。婺源廩生。潛心經史，通六書、篆隸、勾股，嘗著毛詩集古箋注四十卷，見道光安徽通志文苑傳，而此書不見著録。惟胡培翬研六室文鈔卷六，有黄氏詩攷序，即啟興所著，而稱五卷，今祇存第三、第五兩卷，及附録逸詩、逸句、詩雜攷共二册。爲其族人所鈔副本，全帙恐不復存矣。胡序云：「其書不空演文句，唯取各篇字義，逐一訓釋。於名物制度，徵引攷證尤詳。至其作詩之意，則闕而不言，以俟涵泳經文者之自得，誠爲有裨詩學之書。末後爲附考數篇，並及魯、齊、韓、毛、朱子各家説，而無所偏主，蓋慎之也。」今案是書輯録舊説爲多，意即欲爲毛詩集古箋注之初稿歟？末有嘉慶壬申董鍊金手跋，敘述啟興生平甚詳。新安，朱熹故鄉，專精詩、禮者輩出，往往聲名闇然。不有胡氏之文，則啟興矻矻窮年，後人誰復知之耶？鍊金字牧堂。乾隆壬子舉人。著有五代史董，亦宿儒也。

有「牧堂」朱文長方印，「牧堂審定」朱文方印。

吾友黄啟興，字石香，號薌石。家貧無立錐地。困苦力學，兼通六書音韻切字以及篆隸勾股之學。中年後抑鬱無聊，縱情於酒，每大醉，輒謾罵人，人咸以狂生目之。薌石亦不以爲意。嘗見余翹材館賦，折節下之，欲執弟子禮。余遜謝不敏，遂與定交。每來余家，飲以醇酒外，亘日不交一語。然值其興到，便縱談漢儒經義所未及者，洋洋灑灑數千言，至頷下筋突出如弦，益娓娓不少倦。此毛詩攷五大卷，係客清華胡雪蕉水部家塾時所手纂。搜羅繁富，不遺餘力，凡三易寒暑。將成，適值歲除，尚餘殷武一篇未克卒業。薌石方據案呫嗶，高燒紅燭，坐擁百城，手寫口誦，遂達元旦。蓋其用心勤苦如是。是書原係小册四本，皆芝麻小楷，無一字訛錯。嘗藏余家，兩年後以歸還其家，什襲而藏之。此乃其族人某所鈔副本，胡君繡五愛而收之。他日有將是書梓而行之，以公同好者，薌石英靈賴以不朽矣。嘉慶十七年壬申夏月，定香居士董鍊金書於篇末。

毛詩故訓傳禆二卷 一册

清華亭朱大韶撰。鈔稿本。

詩毛氏傳多記古文，倍詳前典，言簡理賅，最得詩恉。後四百餘年，鄭君作箋，有用三家申毛者，有用三家改毛者，蓋鄭君先習韓詩，間雜魯詩，並參己意，故不盡同毛義。乃後之治詩者，兼習毛、鄭，故漏辭偏解，在所不免。我鄉陳南園始置箋疏傳而後毛義大明。虞卿生與並時，此書之作，不謀而同。其于典章制度、音韻訓詁，攷核殊審。尤善推闡屬辭之例，其言有曰：「嘗謂爾雅傳寫多譌，時與毛相牴牾，學者當據傳以正爾雅傳寫之譌，不當以傳寫多譌之爾雅反疑傳之譌。」又曰：「哀、平以前，訞讖未興，故霍光輔政，處之晏如。東京承新莽以後，不免以營私植黨説經，毛公漢初人，無此邪説，故説經最合。」此駁鴟鴞首章鄭箋。又曰：「唐人尊鄭不敢違，於毛傳甚略，故説多牴牾。由其讀書無識至此。」此駁崧高首章孔正義。又曰：「今之爲鄭學者，輒欲申鄭，恐鄭義未必能得，而毛旨先淆亂矣。是不可以不辨。」又曰：「近之爲鄭學者，諱言鄭之改字。故必合箋、傳爲一，至義有不可强通者，則有王肅爲歸惡之下流。説經而用心如此，可歎也。」又曰：「近世諸儒，校訂古書，惟段氏最爲精鑿，此猶不免惑於顔籀之説。此喜新之故。」此駁庭燎首章段玉裁説。又曰：「臧氏之説，不分别毛、鄭異同，每合箋於傳，至義有不可强通者，輒詆爲王肅私改。宜其説之多窒也。」此駁柏舟四章臧琳説。案其攻鄭君箋詩爲營私植黨之邪説，未免過激，而斥後儒之由尊鄭而泥鄭則亦未嘗不可備參。清代禮學極盛，其攻鄭者以程易疇瑶田、金誠齋鶚最爲博辨，而虞卿春秋左氏傳禮徵、實事求是之齋經説似之，然禮是鄭學，不同於詩無達詁，竊謂當以此詩説爲勝也。

有「朱印大韶」白文方印，「虞欽」白文方印。

儀禮注疏五十卷 八册

漢高密鄭玄注。唐永年賈公彦疏。清嘉慶十一年陽城張敦仁刻本。獨山莫棠手跋。

千里于嘉慶十一年爲張古餘刻儀禮注疏，其經、注用宋嚴州本，疏用宋景德官本。所闕卅二至卅七六卷，則以魏鶴山要義補之。序謂：「於經也、注也、疏也，於各本孰爲同，孰爲異，袪數百年來承譌襲舛，以還唐、宋相傳之舊，則釐然具在，不難覆案。」蓋爲是書第一善本，學者無異言。至張嘯山讀昏禮「壻御婦車，授綏，姆辭不受」，謂注、疏釋經皆合，獨張本作「壻以几姆加景乃驅不受」，蓋因下節而誤，千里未能校正，頗譏其序言爲誇（見舒藝室餘筆）。然校書如埽落葉，自古而然。智者千慮，寧無一失。以五十卷數十萬言之鉅帙，而所失僅此，正不必爲千里病。且令人知以千里之精于校勘，尚不能無小小疏失，則讀書當自力鑽研，不當盡信古人也明矣。近讀陳垣通鑑胡注表微，于校勘篇唐昭宗天復元年給事中韓偓言條胡注：「嗚呼世固有能知之言之，而不能究于行者，韓偓其人也。」據豐城熊氏校記：「元本『而不能作『而不行』，『行』字絶句」云云，而遽責以「任意將原文臆改，以誤後學」，得毋稍苛乎？此本首有莫楚生長跋，極言是書之難得。余于四十年前曾斥百金得一部于吴市，紙墨精好，頗自珍秘。復禮師亦有一部，得諸老儒管中季禮耕。莫跋謂出木瀆馮氏者，非也。相傳張氏刻成，祗印五十部。屢經浩劫，故傳本稀若星鳳。其板後歸金山錢氏，見其家刻書目。今所見皆毛太紙初印本，則錢氏得板而未印可知。復禮師言千里于刻本，又加覆校，朱墨淋漓，藏君直丈所。箋經室遺集與張聞遠書：「聞先子之赴，得弢庵先生餽賻，始得成行。僅携五禮通攷、讀禮通攷、潤蓍先生校本禮經」云云是也。竊意或即將嗣出之嚴本考異單疏識誤稿本，又安知嘯山所舉誤文，不已經校正耶？惜箋經室書散，追踪之已爲北賈載京，不知售于何所矣。此本後入劉氏嘉業堂，即覆刻底本，及復禮師藏本，先後歸余。昔人得一已難，而余三本咸萃，亦可以自豪矣。

有「獨山莫氏銅井文房藏書印」朱文長方印，「吴興劉氏嘉業堂藏書印」朱文方印，「劉承幹字貞一號翰怡」白文方印，「曾經東山柳蓉村過眼印」朱文方印。

童年受儀禮，用旌德立本齋本。少長，先君付以黄刻單注、汪刻單疏。知當時張氏嘗有合刻本，乃求之於吴，於燕，於粤，三十餘年迄不一遇。中間獲嚴久能手寫宋本鶴山要義，即思適居士爲古餘編校是書時，據以補景德疏本之闕卷，中尚存校語數十條者也。頃歲避居海上，華陽王雪澄先生廣徵衆本，校讀此經。爲言楊君星吾有張刻，適仲武家兄來游，携所藏書目，亦著之。雪老遂向兄鄭重假致，於是余得見焉。同避地者如繆筱珊太史、沈子封提學諸人，皆久官京朝，遍歷南北，於經籍傳本，收覽殊多，顧於斯編，皆云未覩。可見流傳絶鮮矣。昨吳下書客來，偶爲言之，客謂曩年木瀆馮氏出三本，均散片未裝，一歸曹中書元弼，猶存其二。余亟屬將至，分其一以歸雪老，皆紙墨如新，視星吾本、仲武本，更若手未觸也。雪澄先生曾欲勸寓公之好古者謀重刊，其意甚盛。獨余身逢世變，困處衰落，於高密、永年之緒，無能爲役。又念此書去校刻時不過百餘年，承平日士大夫汲古之勤，其罕覯若此。今倉卒顛越中，乃一時萃見數本，而孰能從容安雅，卒業禮堂？天下事豈人意所及哉！可哀也已。癸丑五月，獨山莫棠記。

儀禮蒙求注一卷　一册

清長沙唐仲冕鈔，佚名注。手稿本。

以朱墨筆書于嘉慶辛酉刊本上，佚其姓名。儀禮古稱難讀，陶山殫數年之功，以義會詞，十七篇各爲一篇，使文從字順，以便蒙誦，故謙言「蒙求」。錢竹汀序謂「陶山以世之苦于讀經者，不習其儀耳。不習其儀，由于未達其義。乃作蒙求二萬三千餘言，疏解大義，條理秩然，而儀禮始不爲難讀之書」。孫淵如序謂「陶山約十七卷于一編，辭達而無枝葉。不獨勸課學僮，其説經硜硜，真無違乎漢、唐人訓詁之旨者也」。皆足以抉是書之爲用。顧訪谿劄記謂「看唐述山儀禮蒙求前四卷，能提其綱，參其變。錢竹汀一序，亦深於禮者。著書全爭見地，不在貪多也。喪服傳以下，仁和王述曾補」。當即指此，誤「陶」作「述」、「篇」作「卷」

耳。但是書于誦讀雖便，而于禮之節文度數，繁重難瞭，猶非初學所宜。今有此注，斯真條理秩然，辭無枝葉，人不苦于儀禮之難讀矣。觀其注釋簡括，筆跡蒼老，必出碩學之士，而深惜其不留姓名也。

有「邱朗」白文方印，「澹川」白文方印。

儀禮蠡測十七卷 二册

清蕪湖韋協夢撰。清道光乙巳韋氏帶草軒刊本。

協夢字云吉，號靜山。蕪湖人。乾隆甲午舉人。官知縣。父謙恒，字慎旃，號約軒。乾隆癸未一甲第三名進士。官貴州布政使，以失察謫戍，復起補鴻臚寺少卿。工詩，有傳經堂集。協夢治禮宗高密鄭氏。名所居曰帶草軒，取三齊記康成故事也。嘗詣無錫秦文恭公，同謁公者十餘輩，公獨執其手，絮語析疑義。繪宫室圖授之，且舉所纂五禮通攷以贈，曰：「吾友蔡德晉精三禮，以丙寅卒，子丙寅生，殆其後身耶？」幼受庭訓，受讀儀禮，取康成、公彦、君善之解詁，紫陽、勉齋、信齋之論説，旁搜博采，融會貫通，勒成集解一編。嗣病其太繁，又約別爲章句十七卷，至乾隆辛巳，復校勘參訂，抄撮爲此書。蓋其研精覃思，三易其稿而存其精華。故王昶蒲褐山房詩話於韋謙恒附云：「令子協夢，精於儀禮，有蠡測十七卷。」翁方綱先爲章句作序云：「韋君治禮之勤，二十年於今矣，始得見所謂章句者，可謂辨於物而知本者也。近時杭人吳中林氏亦爲是經章句，濟人張稷若氏爲鄭注句讀，韋君是書又兼綜而條理之。」皆甚推重。而武進趙懷玉亦有生齋詩集九，謂「協夢既訂儀禮章句、蠡測二書，質之翁詹事方綱，詹事復爲審正，粘簽一百六十一條」。今此本前有乾隆四十七年壬寅翁方綱序，而粘簽惜未附存。且辛丑自序至道光乙巳付刊時，已上距六十四年矣。以儀禮十七篇，篇各一卷。惟以既夕禮爲士喪禮下，以有司徹爲少牢饋食禮下，從劉向別録。胡培翬儀禮正義引其説，稱「集解」，蓋猶初稿未刊。光緒安徽通志人物既不爲立傳，藝文亦不著録，幾於湮没不傳。至其説之得失，則胡綬之先生許廎學林有跋，論之頗詳。吾師曹叔彦先生復禮堂述學詩卷六云：「韋、蔡瑕瑜不相掩，績谿擥别各殊科。」注：「韋氏儀禮集解、蔡氏禮經本義皆瑕瑜互見。竹村正義並引而申辨之。」皆讀是書者所當知也。

儀禮注疏温故不分卷附補録 二册

清績谿章平撰。清道光二年刊本。

光緒安徽通志文苑：「平字賡陶，績谿人。著有春秋志凡、史記校異，以竹書闕誤，爲紀年晉魏年證二卷、證辨一卷、餘論一卷。」所載甚略，而不及是書。據是書周宗杭序及例言，知平號蘭軒。壯歲游淮海、維揚時，焊温舊讀。有所見則記之，存其稿爲僑居温故。於諸經及他書並有論説。而校儀禮注疏特多，稿藏家塾，不欲示人。及其子雷川應弟子之請，始出其稿而纂録之。去其與他校本雷同者，存什之三四。於道光二年刊之。案韓昌黎謂儀禮難讀，不獨經文，即注、疏亦錯衍不易梳理。蘭軒窮鄉孤學，冥心推究，據毛本注疏循其文字之前後上下，正誤補脱，非僅正傳刻之譌，亦深得鄭、賈之心。如大射「矢不挾兼諸弦」。因疏文見經文之本無。「有司兄弟之後生者舉觶，長在左」。因注文辨經文之俱誤。燕禮「司正降自西階」，鄉射「卒受者以虛觶降」，注文譌脱。燕禮記「升歌鹿鳴」、士喪篇「設韐帶」、公食記「司宫加萑席」，疏文譌脱。及大射次内、次北之唯二位，特牲、少牢墮祭爲挼，爲擩之非古文，儐尸魚俎横載時之亦縮執。並實事求是，足以彌縫鄭、賈，而是非不謬於古，已爲周序所舉。惟所見古書未廣，引徵祇朱熹儀禮經傳通解、魏了翁儀禮要義、敖繼公儀禮集説數書，而同時若盧文弨之詳校，金日追之正譌，阮元之校勘記均所未見。然所校往往有與闇合者，亦足見其用力之深。故其鄉人胡培翬儀禮正義時引其説，而不稱書名，或所據爲稿本歟？吾師復禮老人早歲撰禮經校釋，於鄭注、賈疏校勘精詳，略與此書同例，惜當日未之見也。

三十年前於上海中國書店見京賈以銀圓二十鈑購此，已打包待寄，欲購之未允。及余追之急，乃故靳其價，增至五十鈑，始再由京寄回。一九五〇年春，徐君行可見顧，於架上見之，詫爲生平所未見。徐君固熟於清人著述者也。然則雖百四十年前著述，安得不以善本視之耶？

夏小正小傳一卷 一册

清荆谿任啓運撰。舊鈔稿本。

乾隆時大興黄崑圃叔琳以張稷若所輯宋金仁山注，自加增訂刊之。八年癸亥春，以貽其門下士任翼聖。翼聖於退直之暇，日呵凍作數十字，以爲「朱子集禮，别其經、傳，列月令前，蓋朱子之鑒别精矣。金氏因之采入通鑑，於傳稍有異同。愚謂戴禮古傳，當有所受之也。又小戴所棄者多，此篇必不可棄」。此其著書之大旨，故書中多引朱子、金氏、張氏三家説而贊辨之。翼聖卒於九年甲子，年七十五。此乃絶筆，不僅四庫未收，即釣臺遺書亦未刊，祇存一序於清芬樓遺稿，又不名「小傳」。吴德旋撰傳及縣志藝文則稱注。其族曾孫兆麟撰注，亦未稱引。蓋其稿久佚，均未之見也。翼聖之學綜漢、宋，而以朱子爲歸。所著書皆存古義，通訓詁，考制度，闡義理。四庫提要稱其不媿窮經之目。往與故友潘君伯彦嗣曾論其鄉之學者，盛推經則翼聖，史則周保緒。因勸訪能刊是書者而未遇。惟得保緒遺容，以贈葉遐庵輯入清代學者像傳二集耳。

有「臣印又□」白文方印，「穉莫」朱文方印。

大戴禮記十三卷 二册

清乾隆戊寅德州盧見曾雅雨堂刊本。臨元和惠棟、顧廣圻校並跋。

盧刻大戴禮記係用戴東原校本。當時惠松崖同在揚州運使署，或亦曾與參校。此則於乾隆丁巳用明豫章蔡文範本手閲者，前盧刻二十二年。顧千里照臨之，並附自説。戈小蓮又借顧本臨於盧本上，而自案更多。其本舊藏松江韓氏讀有用書齋，後爲我友潘君博山承厚所得。一九三四年夏向借傳録，以時促未録戊校。余亦以松崖校韓非子借之，守昔人流通古書之約也。

大戴記多采古書，如哀公問五義采荀子哀公篇，帝繫采世本，勸學采荀子，千乘則王制間采其語，文王官人采周書，小辨、用兵、少間采三朝記，朝事、投壺采逸禮。故各書可互相勘正，而於闡發易義及明堂、郊、禘之説，則均爲所著易漢學、明堂大道録、禘説之貯材。昔人讀書必先有所主，然後博覽羣書，若九派之朝宗於海，真積力久而後成書，其不苟如此，觀此可悟已。讀松崖跋，朱文端刻原出宋本，即世稱高安本者，余亦曾有之。松崖距朱刻甚近，至向雅雨借讀，知其本爲不可多得也。

高安朱文端公刻藏書十三種，内有大戴禮記一種，序云於年友滿制府案頭得宋刻善本，録而讀之，爲正句讀而付之梓。則是本乃從宋刻校刊。丁巳季秋從雅雨先生借校一過。松崖。

大戴禮記十三卷 四册

清乾隆庚辰盧見曾雅雨堂刊本。佚名臨休寧戴震、歸安丁杰校。

此書於二十年前從徐君行可借得佚名校本，屬徐君振之照臨者。友人知有是書，爭來借讀。冒疚齋先生且據之成大戴禮記義證。然當時未得校者主名。因中有丁小山師云者，小山爲歸安丁小雅杰初字，且著有大戴禮記釋一書，而世無傳本，遂題目之曰「丁杰校本」。獨任君心叔銘善謂是小雅弟子臨其師所録戴東原後校本，而未詳其説，忽忽十餘年矣。一九六二年四月，心叔自杭寄來長跋一篇，義據堅確，其爲戴校無復可疑。欣然出諸篋中，重讀一過。卷首附題武英殿本校文、高安本、戴本校文各三葉，雜校注疏史志二葉，無校者姓名。心叔察其詞氣，並攷之東原年譜，疑爲出於小雅，其實題武英殿本校文朝事篇條，明出「杰謂」二字，蓋偶失檢也。余別有東原辛巳年再校本，後於盧刻一年，早於此校十六年。而小雅云戴君丙申年校出者止一兩月功夫，不如校方言之久。蓋未見其本，故不知其用功亦甚久也。心叔得於杭州之本，攷胡培系績溪金紫胡氏所著書目，於其所撰大戴禮記箋證云：「同治丁卯客杭州，得莊養恬、丁小疋、汪叔辰三先生所校大戴禮記，心竊好之。思博采諸家之説，附以鄙見，爲之箋證。」當同出一源。至此書之詳，已見心叔跋，不復贅。

題武英殿本

此書戴君丙申年校出者，止一兩月功夫，不如校方言之久，故有偶惑於海寧陳君、曲阜孔君之新説而誤從之者，後人仍取盧刻互勘可也。至擺版，戴君已逝世，校刻者反誤據明人坊刻删改成書，其間疏謬不可以冤戴君。

問五儀篇「其心不置」、官人篇「有施而不置」，置，皆當爲德。周書官人篇「有施而弗德」，古德字作悳，因譌爲置。鄭氏易「有功而不置」，云「置當爲德」。

「鞠則見」改爲「噣則昏見」矣。與下「初昏」二字不合，與「昴則見」等句亦不合。且陸氏所引爾雅亦非爾雅元文，不如闕疑爲得。

「菽麋」一段全非。「祭韭」句不宜移下。

制言中「其功守之義」亦似注文。

天圓篇不宜依大典增二句。

踐阼篇脱「于户爲銘焉」句，「于牖爲銘焉」上。朝事篇不補「侯伯于中等，子男于下等」二句。「公于上等」下。將軍文子篇注，羊舌大夫，羊舌職之父。此羊舌大夫，乃羊舌肸之祖也，特不知其名爾。平公曰「吾聞女少長乎其所」，蓋祁傒曾爲羊舌大夫之佐，故云爾。若職則傒之佐也。肸更後進矣。舊本新本並非。踐阼篇據學記正義刪改似未妥。「其量十世」三句，有周本紀正義可據。踐阼篇「意亦忽不可得見與」，意，即抑字。孔疏非。畫墁録、廣川書跋、東觀餘論并云漢石經作「意與之與」，隸釋作「意予之與」，説文繫傳「見之于外曰意，意猶抑也。舍其言欲出而抑之也」。帝繫篇「氏産青陽」、「氏産顓頊」等句。「衛氏也」、「韓氏也」等句。氏是通用，尚書後案洪範篇言之最詳。「陸終氏」、「付祖氏」、「女皇氏」、「女匽氏」。四氏字後人妄加。「是爲黄帝」、「是爲帝嚳」等句。元本亦必作氏，爲後人妄改。

入官篇「居久而譚情」句，千乘篇「成冬事」云云，脱誤在後「作事不時」下，「成」字上，疑有數句。又有「年」、「穀」、「不」三字。

盛德篇後附「明堂者古有之也」四段，駁異義云：「呂不韋後人所續。」余謂篇中「飾明堂」一段，及「明堂天法也」句，家語執轡、五刑解皆無之，亦漢人增加。

用兵篇「蜂蠆挾螫而生」句，「見害而校」句三句，乃起下語，非承上語。觀史記律書云云，知盧注指蚩尤説者，非經意矣。　用兵篇六句，皆逸詩，觀用韻可見。

少間篇「丘則否能」四字爲句，古音不、否二字有分別，亦有不甚分別者，蓋同一脣音也，特今人讀之有輕、重耳。上「邱則不能」亦四字爲句。　少間篇「臣恐其足」加「得」不妥。不如用盧本。

朝事篇「大行人」，注引作「朝事儀」，杰謂宜作「朝事義」，義即聘義之義，小戴分其半爲聘義可見。

公冠篇「四加玄冕」不誤。注改兩字，非也。盧意改「五加衮冕」，但刻本誤五爲三。

公冠「遠於年」，年，即佞。春秋「年夫」可證。

本命篇「不百里而奔喪」與「不越疆」意相近。　本命篇「百制具」有誤。

高安本戴本校文略

凡戴記有家語、逸周書、史記可校者，則從彼數書；或有引戴記全篇者，亦可從。若專靠戴記依文法推求，未必盡合。姑成誦在胸，旁搜博攷，加以精思明辨，亦非一朝一夕所能卒業也。

以上丁杰題識。

往歲戊寅，予避東寇上海，從杭賈得大戴禮記校本一種，以請於王欣夫先生。欣夫先生亦出一本相眎云，録自武昌徐行可家，則校語悉同。惟予所得有嘉慶間傳録識語一則，而欣夫之本多題武英殿本一則，及高安本、戴本校語等事。其所謂戴本，即雅雨堂本也。二本既同出，而不能得其原本。其後予一至武昌，訪徐行可丈，問是書不得見。據所省記，殆亦傳録本也。冒鶴亭世丈撰大戴禮記義證，有資於此校本。見其中有云「丁小山師」者，小山，丁杰初字。因題爲「丁校」。以予觀之，殆非也。丁氏校大戴記見引於阮氏曾子注及孫氏大戴禮記斠補者，無慮數十事，與此本無一相合。且此本述丁氏語不過二三見，非可以悉歸丁氏。蓋此本當爲丁氏弟子所録舊校本，而又鈔合武英殿本，間記其師及汪允堅、金拓田諸家語。其舊校本者，則戴東原兩校之本也。戴氏校大戴記，初乾隆丁丑在揚州都轉盧氏廨，少後庚辛兩與盧紹弓論雅雨堂盧氏本得失。雅雨本未及盡改，而此本則無一不與之合。戴氏大戴禮記目録後語作於丁丑，云訪求各本，得舊本五，其一爲元劉氏本，見雅雨堂本兩跋；他四本則未見其名。今以武英殿本及此校本參比求之，則五本者，爲楊本、劉本、方本、沈本及高安朱氏本。沈本刻於花齋朱氏，故亦稱朱本。武英殿本乃駢言朱本、沈本，使若二本然，不知何故。或者戴氏校是書非一時，不一其稱。館人承事者，但據戴校，不知其爲一本也。次乾隆丙申、丁酉在四庫館，是爲武英殿聚珍板。然聚珍板提要記時爲乾隆四十二年六月，戴氏實以五月病殁。則固非成於戴氏之手者。乃以此校本勘之，殆盡與相合。又殿本多取各書摭引，參互考核。而此本一一記諸經子史注疏於下端，凡殿本所曾取校者，此本皆具其目，是其爲戴氏兩校藁本，可信也。抑此本卷首附題武英殿本一篇，有云：「此書戴君丙申年校出者，止一兩月工夫，至擺板，戴君已逝，校刻者反誤據明人坊刻，删改成書。」考戴氏卧病京邸，丁小疋曾往候之，見段茂堂戴先生年譜引丁氏所作六書音韵表跋。則題武英殿本，或即出於丁氏。蓋戴氏校殿本固不過續前時丁丑之功，而所謂據明人坊刻删改者，則指程氏漢魏叢書本，程本爲此校本所未取，而武英殿本用之，其爲他人所補可知。而此本爲戴氏原校之本，益可信其必然矣。予曩既得此本，旋趦趄浙南、閩西，寇定而後歸杭州，而藏書不復有存者。此本已不知所往，欣夫先生之本，亦復展轉失而重得。丁亥之冬，予借取過録，若還舊觀，且識其爲出於戴氏，以語欣夫先生，願爲之説，牽率未遂，今十有五年矣。因檢點故書，忽覯此本，思念昔遊，嘆音跡之疏闊，而夙約未醻，舊業日荒，甚有憾焉。亟作此跋，以寄欣夫先生，俾有以進教之。

公元一九六二年四月二十二日，任銘善於杭州西谿杭州大學館舍。

五禮通考條辨二卷 二册

清金匱秦蕙田撰。舊鈔稿本。

上卷首闕數葉，遂佚作者姓名。考之五禮通考刻本，知即秦氏蕙田案語初稿。略校首數卷，如辨長日至爲建卯月第二條，特牲條，辨獻讀犧犧讀沙條，辨鄭注大裘之冕無旒條與刻本文句全合。其他則刻本引證較詳，潤飾較工，殆其爲初稿云。秦氏此書，匯歷代典禮之大成，爲治史者必讀之書。後來黄以周禮書通故、林昌彝三禮通釋精或過之，而恢宏則終非所及。余既藏其戴震、錢大昕等手校精寫定稿，及盧文弨、姚鼐等手校初印樣本，詡爲聯璧之珍，而此書亦不失爲珠璣也。全帙存一百二十餘則，附目於後。

卷上目

□□□□原闕　天地主分祭　辨鄭氏六天　辨長日至爲建卯月　辨祭天一歲有九有八有四有二　告祭　辨鄭氏郊丘不同　辨注疏禘郊祖宗皆配天嚳稷分配圜丘郊圜丘郊名禘祭　日月從祀　鬱鬯秬鬯　特牲　享牛求牛　籩豆　辨獻讀犧犧讀沙　辨鄭注大裘之冕無旒　大裘必衮冕　辨鄭氏王服九章　辨冕旒玉數　車旗　告卜　燔柴　迎尸　荐孰　祈穀　辨鄭王魯一郊二郊　魯僭郊始末　大雩　雩字義　雩地雩時所雩之帝　雩宗非壇　明堂　辨鄭注五室　辨鄭注明堂廟寢同制　五室統名明堂　明堂在郊　堂室　辨蔡邕明堂太廟靈臺辟雍路寢異名

同實　辨注疏明堂配祭　五帝　五帝爲五天帝以五人帝配　祭五帝之地及時　日月　星辰　辨注疏釋星辰　司中司命　風師雨師　方澤祭地祭社不同　經文言北郊　辨注疏崑崙神州兩地祇　辨社與方澤是一　祭地稱社　辨孔賈祭地服大裘　社稷　社稷配神　大社王社所在　辨社不置稷　石主木主　四望山川　四望異説　郊後望　五祀　辨鄭氏五祀注　辨祭法七祀　冬宜井　祭五祀儀　六宗　四方　高禖　蜡臘　蜡名義　八蜡　蜡在建亥月　蜡臘之服　盟詛　釁　儺　唐虞宗廟　唐虞以來皆七廟　商時大禘　辨趙德周無文武世室　辨杜氏不毁　高圉亞圉廟　辨鄭氏三祧　昭穆　辨朱子兄弟異昭穆　闌東闌西　尸

卷下目

寢廟宫室之制　九拜　灌尊灌玉　尊罍　酒齊　爵斝奠獻　明筐筥　鼎扃鉶　鼎俎牲體　籩豆庶羞　祭器　几席　筵　爨　鑊甑甗　冕服　后服及后以下之服緣　舄屨　韍韠　帶　佩　廟樂　樂律　出軍之制井田説法附　邦國軍制　春秋變軍制　出師　校閲　車戰　舟師　田獵　馬政　荒禮　附口算更賦　裁禮救日月

春秋集善十五卷 二册

宋廬陵胡銓撰。舊鈔本。清桐鄉沈善登手校。

是書宋史藝文志著録十三卷，直齋書録解題作三十卷，曰：「銓既事蕭楚爲春秋學，復學於胡文定公安國，南遷後作此書，張魏公爲之序。」至元程端學撰春秋本義，猶多引據，其後遂佚。此本十五卷，據朱文藻春秋解序，銓裔有字築夫者，得舊鈔集解，不著編輯姓氏，從中所引者輯出，因從本傳著録題曰「春秋解」。然今本仍題集善者，必後人又據本義補輯，更非築夫之舊，特冠朱序者，著其淵源所自也。

案朱彝尊經義攷著録宋人「春秋集解」有四，曰呂本中，曰呂祖謙，曰李䋫，曰馮翼翁。二呂本爲一書，李、馮書均佚。築夫所得，不著編輯姓氏者，不知李、馮誰屬，而銓書幸賴以傳。至彙纂所引，疑出本義，非秘府尚有善本。朱序雖有釀資授梓之語，恐亦未果。僅見著録於莊仲芳映雪樓藏書目考稿本云：「胡銓嘗著春秋集善十一卷，書已久佚，朱文藻得舊鈔本，輯録成書。凡涉尊王、黜伯、盟會、爭地、大夫擅權，三致意焉。可以知當日之意矣。」案銓此書作於南遷後，故每借以感發時事。如襄公二十八年：「十有一月，公如楚」云：「王綱既衰，中國無伯，夷狄日肆，故公遠朝強夷以息肩。而聖人必書，戒後世不可屈身於夷狄也。其後唐高祖稱臣於突厥，倚以爲助，石晉父事契丹，欲以保國，而卒被害，有不可勝言者。春秋之戒微矣。」對當時徽、欽被虜，秦檜主和之非計，借古證今，痛切言之，蓋有得春秋之義者矣。雖非全帙，而名臣遺著，今日讀之，忠義奮發之氣猶磅礴紙上。況爲四庫未收之秘籍，可不寳諸？余於三十年前得自沈穀成家，卷中校補，墨筆較肥者，審出穀成手。

春秋解叙

紹興五年五月，高宗設賢良方正科，詔中外侍從之臣，各舉能直言極諫之臣一人。於是兵部尚書呂祉以澹菴先生薦。奏狀略云：「胡某自少年登甲科，屏居田里，日從鄉人蕭楚學春秋，歷考前代治亂，多識前言往行。試而用之，必有可觀。」是年九月，降指揮，令繳進詞業。七年六月，繳進。除樞密院編修官，時蕭氏没已數年，其學始大行於世。其後罷官竄嶺表，險阻艱難，而蕭氏之書未嘗一日去手。朝夕肄業所得，綴集成易、禮記、春秋傳。又自癸未夏迄辛卯秋，四入經筵，每顧問及經學，則對曰蕭某實臣之師。得旨，進羣經傳。一經天目，則蕭氏之學皭然愈光云云。語詳先生所撰蕭先生春秋經辨叙。據此則先生一生學問全得蕭氏之傳，而蕭氏一生學問又全本之春秋，愈見先生之得力於春秋也。宋史藝文志有先生撰春秋集善十三卷。本傳但稱春秋解，藏秘書省。周必大撰神道碑作春秋集善三十卷，恐史志訛也。蕭氏之書，幸從永樂大典録出，而先生之書久而無聞。今賢裔炎亭先生作尉餘杭，其封翁築夫先生就養浙中，留心購訪。偶得一舊鈔本，題曰「集解」，不著編輯姓氏，所引諸説，左、穀而外，旁及杜氏、啖氏、胡氏、趙氏諸儒，但注某氏于下，獨引先生之説，則注曰「邦衡」，蓋以別于康侯之傳也。得之狂喜，亟以示藻，因析出録之，釐爲十五卷。既不可復名「集善」，但從本傳，題曰春秋解。細繹卷中凡涉尊王黜覇、盟會爭地、大夫擅命，三致意焉，知人論世，可以諒先生之志矣。蓋先生抗疏論和議之非，而謂中原可復。忠言讜論，取忌時宰。雖遭流竄，恬然不以介意。此即得力於春秋之驗。而以是書證之，詞旨脗合。恭讀欽定春秋傳説彙纂中，引是書凡二十餘條，間有詳略，則先生是書，秘府尚有善本，人間絶少流傳。僅從斷簡殘編，爬梳剔抉，以顯於世，不可謂無啓牖之靈也。當時節録是書，必非全本，然已所得過望，遂郵書旭齋、吾盧兩先生，醵資授梓。倘因賢裔用心，而更由是以博其全，則先生日星之光，所以式憑於後人，而願嘉惠於來學者，固自有待。區區望蜀之忱，殆無已也。乾隆五十二年丁未孟冬月朔，後學朱文藻識。

劉炫規杜持平六卷 一册

清餘姚邵瑛撰。清嘉慶乙亥邵氏桂隱書屋刊本。

瑛字瑶圃，號桐南。乾隆甲辰一甲二名進士。舊唐書經籍志：隋劉炫撰春秋攻昧十二卷、春秋規過三卷、春秋述義三十七卷。新唐藝文志同。至宋崇文總目祇存述義一卷，蓋亡於唐五經正義頒行之後。孔穎達據杜預集解撰正義，即本述義，而於規過之文，悉引而駁斥之，其書反賴以傳。序稱一百五十餘條，而實存一百七十七條。馬國翰謂或有一條内連及數事，正義分載各注下者是也。案左氏傳漢有賈逵、服虔諸家注，晉杜預撰集解，多乾没舊義，而當時申賈、服則難杜，申杜則難賈、服。至孔穎達正義序謂「今校先儒優劣，杜爲甲矣」，於是定爲一尊，賈、服遂廢。而評劉炫規過則謂「意在矜伐，性好非毁。規杜之失，凡一百五十餘條。習杜義而攻杜氏，猶蠹生於木而還食其木，非其理也。雖規杜過，義又淺近，所謂捕蟬於前，不知黄雀在其後」。於是舉規過而盡駁之，又孔氏之偏也。清儒崇古學，治左氏者如惠棟、洪亮吉、沈欽韓、劉文淇等皆祖賈、服而駁杜。焦循春秋左氏傳補疏序至比杜爲成濟之流。陳澧東塾讀書記於桓二年及其大夫孔父杜注云云，「孔疏杜君積累其惡，故以書名責之。劉君不達此旨，妄爲規過，雖不著規過云何，謂即可以焦説當之」。則由攻其學而并及其人矣，善乎章炳麟之言曰：「杜氏於古字古言不逮漢師遠甚，獨其謂經之條貫，必出於傳。傳之義例總歸，諸凡推變例以正褒貶，簡二傳而去異端，實非劉、賈、許、穎所逮。」（見所著春秋左氏疑義答問）斯爲持平之論矣。先是紀昀纂四庫全書總目，於春秋左傳正義提要云：「今世所傳，惟杜注、孔疏爲最古。杜注多强經以就傳，孔疏亦多左杜而右劉，是皆篤信專門之過，不能不謂之一失。」蓋於孔疏之盡駁劉規，失是非之公，嘗欲作規杜持平一書，以釋兩家之紛，老而未就。嘉慶壬戌瑶圃乞假旋里，託成其志。遂於甲戌之冬，閲十五月而書成。蓋其蒐輯之功先於王謨漢魏遺書鈔、馬國翰玉函山房輯佚書，疏説之密，過於陳熙晉春秋規過考信。祇以刊本罕傳，學者未得見及，南菁書院叢書始得而重刊焉。此爲仁和朱修伯藏書，有「唐栖朱氏結一廬圖書記」朱文方印。

左傳札記七卷 六册

清元和錢綺撰。清咸豐丁巳錢氏鈍研廬刊本。

綺字子文，號映江。諸生。家居浦莊，幼即嗜學，好搜羅南明軼事，撰南明書三十六卷。及肄業正誼書院，山長朱蘭坡諭以習史不如習經。念左氏一書，實即經中之史，遂專心於此，有當陽之癖。積數十年，纍次增易，定爲左傳札記七卷。其論非一事，事非一時者，曰總札。專解一辭，專析一疑者，曰條札。以唐開成石經與今本究其異同，辨其汩亂，曰石經札。各分上下二卷。又集塾中諸課本，正其訛舛，别爲一卷，附於後。蘭坡於道光二十七年序其初稿，謂持論允當，甚足啓發我心，并與商榷若干事。及咸豐七年，有定稿，蘭坡已不及見矣。其書長於校勘，精於訓詁，審察詞氣，蘄得其真，咸豁然怡然。其於天文、曆數，推論尤精，則映江固長於疇人之術也。其校唐石經也，據未裝散本，於亭林、竹垞、蘭泉、芸臺諸家之誤，多所是正，蓋猶未見嚴鐵橋校文。及後得之，歎其審密周備，爲補遺若干條附於末。嘗引鐵橋之言曰：「斯文未喪，來者難誣。校文之作，固非得已。」謂「嚴君之自任可謂重矣。夫儒生著述，必能有功斯文，有益來者，使其所作爲天下不可少之書，乃爲立言不朽。然斯文之有功與否，在我猶可自知。來者之能受益與否，在我不能預必。真賞難期，俗情趨陋。故古今來有無益之書而流傳永久者，亦有有益之書而湮没弗彰者。石經之立，尚爲名儒所不肯窺，而名儒習氣，古今一軌。嚴君固已明言之，則余與嚴君之作，其能料來者之肯窺不肯窺乎！」可謂慨乎言之。訖今鐵橋書，賴板歸吴氏兩罍軒後，印本較多，人尚易窺，而映江書刻成於咸豐八年十月，越兩年板片及印成者悉遭兵燹，傳本希若星鳳。潘豈侯錫爵以治左氏學名家者，於咸豐九年跋沈欽韓左傳補注已歎爲未見。先師曹叔彦先生於少年時曾一見之，後求之六十年未能得，則雖有肯窺者而終不得一窺者矣。豈徒真賞難期俗情趨陋而已哉！此本爲其姪榮高所藏，全書朱筆圈點，即出其手。榮高，字子欣。諸生。受業於映江。習漢儒之學，篤嗜著述，星纂露鈔，積稿厚數尺。王頌蔚爲撰傳，葉昌熾爲序經畬堂詩集，交推重之。而遺稿飄零，已無一存，猶不及映江此帙之得登北京圖書館善本書目也。

有「吴郡横山陽人錢榮高號子欣所藏經籍」朱文方印，「紫馨僊館珍藏」朱文方印，「浦莊經畬堂錢氏藏書」白文方印。

穀梁逸禮一卷 一册

清元和丁士涵學。鈔稿本。

士涵字泳之。元和人。同治庚午舉人。爲陳碩甫高弟，研精經、小學，著述多未刊散亡。祇戴子高管子校正采其說。

此書爲輯録春秋穀梁傳中涉于禮者凡一百五十二條。案，穀梁赤，據風俗通云子夏門人。楊士勛穀梁序疏云：「穀梁傳孫卿。」子夏去孫卿年代較遠，其間容更有一二傳，作傳或在此時。孫卿學長於禮，必有得自師説者，祇以穀梁絶學，治之者鮮。其專言禮者，有番禺侯君謨之穀梁禮徵，復禮師許爲詳核。然君謨早世，所著書多未成。其書四十二條，見此者僅十六條，而未及者乃多至一百三十六條。於全書實祇十一有奇，未可與朱大韶春秋左氏傳禮徵、凌曙公羊禮疏相頡頏，泳之此輯，蓋欲繼其師公羊逸禮攷證而作，今公羊逸禮攷證僅存殘稿，陳培之欲補未成，而此書攷徵又不知泳之終爲之否。然存此條目，亦足備古經解鉤沈之一云。

春王正月考二卷 一册

明古田張以寧撰。清吳江陳鍾英手鈔精本並跋。

此依朱竹垞曝書亭鈔本傳録。案經義攷于張以寧春秋胡傳辨疑條下云：「以寧少以春秋登第，作春秋胡氏傳辨疑，最爲辨博。而春王正月考未就，洪武二年夏卒業于安南之寓館。書成逾月而卒。」今據宣德元年嗣孫隆跋云：「洪武己酉夏，使安南，著述是書。明年庚戌春成，踰年疾革。」己酉爲洪武二年，其年夏爲奉使安南之時，而成書則在三年之春，又逾年而疾革，則當在四年矣。案張鏡心馭交記：「洪武二年，遣張以寧往封陳日煃爲安南國王。使還，道中疾卒。其臨終詩云：『覆身惟有黔婁被，垂橐都無陸賈金。』」不知竹垞何以并成書、病卒于洪武己酉一年之内？家有是書，曾不一檢。宜翁方綱爲之補正也。

錢遵王述古堂藏書目序云：「癸卯冬余過雲上軒，見架上列張以寧春王正月考一書，援據詳洽。牧翁歎爲絶佳。少間走札往借，已混亂帙中，老人懶於檢覓而止。耿耿挂胸臆間者五六年。去秋初度，有人插標以數册敗書來售，而是書儼然在焉，得之如獲拱璧。」是在通志堂未刊之前，爲藏書家所珍視如此。

此爲吳江陳鍾英手鈔，字體工整，不參俗筆。光緒吳江續志文苑：「鍾英字英多。諸生。周官鄭氏注能背誦無遺。私淑惠松崖，與震澤張士元論左氏正朔，往復四千餘言，士元深歎服焉。其著書甚具，今皆佚。」藝文著其所著答疑問、正朔攷二種。案，鍾英父岫，字兼山，又字雙峯。爲江艮庭壻，並傳其學。著有説文通正、詩攷異再補，今均不傳。鍾英所著，已刻者有欖香小品，爲答疑孟一卷、駁正朔攷一卷、辨宜齋野乘一卷，共三種。志誤「孟」爲「問」，又闕其一，蓋未見其書也。其與張士元論左氏正朔，張答書見嘉樹山房續集。知其于正朔頗潛心攷索，故特手鈔是書。欖香小品扉葉刊有「私淑惠松崖親炙江艮庭」一印，可見其爲學之宗尚矣。他所著手稿，余所見有羣經咫聞録一卷、退息編二卷、説文詹詹一卷，及手校其父詩攷異再補殘本，署「東吳嚴思闇先生元本。嚴蔚豹人補。陳岫來青氏再補。男鍾英校」。首有江艮庭篆書序殘葉，云：「豹人之從事于是編也，余既爲叙之矣。刊成後，豹人手一册以贈其妻弟陳岫，岫余之女埒也。取而讀之，猶以爲未備，乃更補之。補之者，且倍于前矣。」則志所云著書甚具，今皆佚者，猶得見其梗概焉。附跋云與通志堂刊本頗不同，惜未詳識其異文。至眉上批校，則不知亦出于竹垞本歟？

有「鍾英讀」、「歸禮堂藏書」、「覽香」三印。

春王正月考依竹垞朱氏鈔本，與通志堂刊本有異。

道光壬辰假得竹垞朱氏藏鈔本鈔一過，以通志堂本校之，頗不同，此蓋依宣德本歟？季冬吴江陳鍾英呵凍識。

三家經文同異攷二卷 一册

清福鼎王錫聆撰。清道光十五年大姥山麓蚤間齋刊本。

道光福建通志：「錫聆，字松喬，一字虚谷。福鼎人。乾隆五十一年丙午舉人。父好積書，錫聆讀之，丹黄殆徧。授徒講學，後進多所成就。其學旁通天文、地理、壬遁、岐黄諸家言，所著有周易十家集解十六卷、三家經文異同攷二卷、詩文集十卷、蚤間齋日録十二卷、水源木本録一卷、先憂録一卷。稿藏于家。」新修通志藝文祇録此種，而他書均佚。

此爲道光十四年子聖保等所校刊。首侯官陳廷煥撰傳，次東洋魏敬中撰序，次嘉慶十二年自序。漢書藝文志春秋古經十二篇，王伯厚謂即左氏本，漢馬融首校公羊、穀梁二傳爲三家同異説，隋、唐志有賈逵春秋經本訓古十二卷，其書皆亡。錫聆謂「攷逵本傳，弱冠能誦左氏及五經本文，此即古經十二篇之文。十二篇爲左氏本，左氏傳與經異本，其所授受，謂非夫子所修春秋之本文不可也。左氏春秋古經皆倉頡文，易以籀文，已爲周時通俗文字，況在秦篆及晉、隋所傳隸變，相去遠甚。苟執今日傳本論周室三家經文，烏乎可？許慎子冲序説文解字云『慎本從逵受古學』，又云『博問通人，攷之於逵』。今逵書既亡，慎書猶在，第就説文中重文攷之，前後承改之跡皆可尋。漢人注音，但曰某聲某，讀如某。即古音也，口授相傳，最可攷。其有説文未備，證以周、秦古籍，及班、馬二史，羣書訓詁，莫不有合。宋、元、明儒及昭代書亦並採焉。其有古史闕文，三家承譌不易，及後人傳寫之譌，皆勿論。」蓋深明於通假之例，故援證賅洽，旁推交通，審異致同，志在復賈逵之書。以所及者文而無義，故題曰三家經文異同攷，可與趙氏坦春秋異文箋、李氏富孫春秋三傳異文釋並行。惜窮鄉孤學，刊本不傳，爲王益吾所未見，不得採入南菁書院續經解也。

春秋繁露十七卷 二册

漢董仲舒撰。明天啓五年乙丑王道焜刊本。清長洲陳樹華手校，又臨元和惠棟校並跋。

乾隆二十年乙亥惠松崖客兩淮運使盧雅雨署，借金陵周幔亭校本過録。周校出自衆手，但未著姓氏。松崖又爲增校，凡談易理及評論皆是。越十五年庚寅，陳冶泉又從松崖借録於此王道焜刊本上。原有藍筆、墨筆之分，今悉易以朱筆，而自校則兼用朱墨筆，著於下方。其於舊校，雖無從分别，而松崖語則余已輯入讀書記。此書傳本脱佚錯簡，殊不易讀。此校於不可通者，輒以錯簡通之，不免臆見。故松崖不以爲定本，冶泉亦謂未足深信。然其時既未見嘉定江右計臺本，正德蘭雪堂、嘉靖趙維垣及大典諸本，無所取證。然苦心孤詣，不無冥合者。在盧抱經、凌曉樓校注未出之前，自爲讀繁露者之寶筏。轉惜盧、凌二氏未見此本，不獲摭其是者以補所未備，況有松崖、冶泉所勘正耶？道焜字昭平，錢塘人。天啓元年舉人。福建光澤知縣，明亡自盡。慢亭名棨，字于平。金陵人。曾爲清河書院山長，衍聖公府教讀。其爲學鉽剳苛碎，窮鑿幽隱，專爲人之所難。造渾天毬，拳許；繪長江黄運圖，僅尺幅，而星經地維，羅縷畢具。窮六書源流，一波一磔不苟下。草廬數椽，在金陵清涼山下，古梅環之。其人蓋奇士，袁枚爲志其墓。冶泉名樹華，字芳林。長洲人。貢生。寧鄉縣知縣。所著春秋内外傳攷正，最爲盧抱經、金輔之、段茂堂輩所重，惜未付梓。余有鈔本，已著於録。此出其手跡，極爲可珍。舊爲元和鄒芸巢所藏，芸巢名福保，號詠春。光緒丙戌一甲二名進士。翰林院侍講學士。

有「元和鄒氏書庫中物」楷字朱文長方印，「元和鄒子」朱文方印，「詠春長壽」白文方印。

乙亥五月，借周慢亭本校。内有朱筆，王惖堂在前校，與此略同。慢亭云，此書校讎係建康前輩及其先世集狐而成，諸公名字，慢亭猶能記憶。愚案此本是定處頗多，而臆見亦復不免，竟以是爲定本，則吾豈敢。乙亥五月望後一日，松崖書於運使署中之聞政軒。

庚寅閏五月，借惠松崖先生閲本録一過，中多藍筆、墨筆。此書譌舛特甚，校者以意移置，未足深信。予概以朱筆對臨。時適有它冗，凡五日而畢，殊覺草草也。冶泉記。

中間談易理及評論數條，蓋出松崖先生。又記。

春秋繁露十七卷 二册

清光緒八年淮南書局刊本。自臨元和惠棟、長洲陳樹華校。此爲定宇借臨周幔亭檠建康前輩集校本，而自加案語。陳治泉又借臨定宇本，亦自加案語。集校雖或未可深信，而定宇校及談易理者皆極精。盧抱經刻是書，廣羅善本，獨未見此。原用明王道焜本，余於一九三三年夏借臨於此淮南書局本上。初鄒君百耐售其先世藏書，設百擁樓於護龍街，架有是書。余時方輯松崖讀書記，見之色動，求之急，鄒君故靳不與，頗持爭議。後鄒君賤售韓詩外傳、金石萃編於滬賈，余爲鑒定韓詩外傳爲龔孝拱校，金石萃編爲李蓴沚與孝拱合校，遂轉得高價。鄒君感余不欺，始允以此見假，得匆匆傳録。越十餘年，原本忽於松石齋書攤見之。松石主人張君爲百擁樓舊夥，百擁收歇自設營業者，問之，乃鄒君所寄，售價僅一元，蓋鄒君故非真識，久亦淡忘之矣。可不謂此書之與余有緣耶？至其内容及題跋，已詳原本書録。兹獨志其借書得書之經過於此。

論語古訓十卷 二册

清海寧陳鱣述。清光緒九年浙江書局刊本。臨清嘉興沈濤校補。

惠松崖、宋于庭等既專輯論語鄭玄注，仲魚又廣及諸家，以何氏集解爲本，攷諸載籍所引遺説，旁搜附益，爲古訓十卷。惟古籍浩如煙海，探索靡窮。仲魚雖博覽，亦有失之目睫者，如經典釋文、五經正義、史記三家注、李善注文選諸書，往往有遺漏，而太平御覽引舊注，雖不標姓名，亦唐以前書也。匏廬一一拾補，不下百數十條。

其攷證，有本爲古語，而孔子述之者，如説苑君道哀公曰：「吾聞君子成人之美，不成人之惡。」而顔淵篇作孔子言。有本爲孔子之言，而誤作弟子者，如説苑尊賢載「孔子至郯，道遇程子於塗，傾蓋而語。顧子路曰：『取束帛以贈先生。』子路曰：『由聞士不中而見，女無媒而嫁，君子不行也。』孔子曰：『程子天下之賢士也。』於是不贈，終身不見。大德毋踰閑，小德出入可也。」而子張篇末二語作子夏言。其解釋，如爲政篇，子曰：「君子周而不比，小人比而不周。」左傳文十八年正義引鄭曰：「忠信爲周，阿黨爲比。」匏廬謂「此本不待言者。説苑君道載太公告武王曰：『是以羣臣比周而蔽賢，百吏羣黨而多姦。』又曰：『子罕謂宋君曰：「姦人不止，姦邪比周。」』蓋當時皆以比周同類而言。故孔子辨之」。子罕篇，子貢曰：「固天縱之將聖，又多能也。」匏廬謂「天縱之將聖，猶言天生之大聖。尚書帝命驗注曰：『縱，生也。』」皆極明通。其訂誤，如子罕篇：「夫子循循然善誘人。」輯引後漢趙壹傳注，鄭曰：「恂恂，恭順貌。」仲魚案：趙壹傳云：「夫恂恂善誘之德。」注引論語曰：「夫子恂恂然善誘人。」恂恂，恭順貌，與集解異，爲鄭可知。又李膺傳注引論語曰：「孔子恂恂然善誘人。」吳志步騭傳引「夫子恂恂然善誘人」。孟子章指言：「夫子恂恂然善誘人。」皆與鄭同。蓋鄭注魯論循循作恂恂也。鮑廬云：「恂恂，恭順貌。乃章懷訓釋之語。若用古注，必注明某氏注云。下文引論語『不怨天不尤人』，即注明『馬融注云，孔子不用於時』云云可證。鄭雖注魯論，而字必從古，何氏則雜用古、魯諸家訓釋，故字亦不一，今以義之異於何者，即指爲鄭注，則孔、馬、包、周諸家，豈義悉與何氏合乎？知不然矣。」又：「案大射義注引『夫子循循然善誘人』，是鄭論語作循循。」則尤見研核入細。仲魚復生，亦當折服者矣。鮑廬論語孔注辨僞，功不在閻百詩之辨僞古文尚書下，此當爲撰述時涉筆所及，於以見經師讀書之不苟，爲後學啓示無數法門也。

論語鄭注二卷 二册

清長洲宋翔鳳輯。清嘉慶四年浮谿精舍刊本。自據惠棟輯舊鈔本校。

隋書經籍志：「論語注十卷，鄭玄注。」經典釋文敘録同。志又言「梁有古文論語十卷。鄭玄注。亡」。唐書藝文志作論語釋義。至宋史藝文志始不著録。幸何晏集解及宋以前書猶有引之者。嘉慶四年于庭輯成二卷刊行之。余讀瞿氏鐵琴銅劍樓藏書目録有鈔本，云出深寧叟搜輯，爲從來所未聞。於一九三五年二月，亟向鳳起假讀。則與惠棟古文春秋左傳、江聲論語竢質合訂一册，疑亦惠、江師弟所輯。檢勞季言批注田裕齋藏書記云：「此亦惠徵君棟輯本，鮑淥飲曾刊之，板式與叢書同，却罕見。」則信乎其爲定宇所輯，而託名厚齋也。取宋輯本比勘，乃宋輯與惠本十九相同。而序中並未言及惠本，頗有掠美之嫌。遂手校一過。

其可補宋輯者：爲政第二「孟懿子慶父」，云：「死時人爲之諱，故云孟氏。」檀弓正義。公冶長第五「由也好勇過我，無所取材」云：「一曰子路見夫子欲浮海，便喜不復顧望。故孔子歎其勇曰：『過我無所取哉』，言唯取于己。古字材、哉通。」集解。雍也第六「仲弓問子桑伯子」云：「正義曰：『鄭以左傳秦有公孫枝，字子桑』，則以此爲秦大夫。」「行不由徑」云：「步道曰徑。」索隱。述而第七「正唯弟子不能學也」云：「魯讀正爲誠，今從古。」釋文。衛靈公第十五「知柳下惠之賢」云：「柳下惠，魯大夫展禽，食采柳下，謚曰惠。」文選五十七。堯曰第二十「天之曆數在爾躬」云：「謂有圖録之名。」尚書大禹謨正義。而各條增補，所引書目尤多。至定宇案語，皆題應麟名。如公冶長崔子條，「應麟案論衡」云云，与宋輯引惠氏棟曰云云同，可證應麟之確爲託名。又如憲問子路宿於石門晨門曰條「應麟案，太平寰宇記曰」云云，與宋輯自案語同。又可證于庭之確見惠本。是定宇之託名古人，與于庭之掠美前賢，皆于瞿氏鈔本得其證。事似相反，其屬好事之過則一也。鄭注輯本，又有陳鱣、王謨、馬國翰、孔廣林、袁鈞、黄奭、臧庸、丁杰諸家，而近來敦煌及日本唐寫殘卷發現甚多，于鄭注全文，幾十得八九，皆爲清儒所未見。安得鴻博之士撰爲「鄭注疏證」，則于庭此書及所附攷證，其不失爲之先導也夫。

論語正義補一卷 一册

清寶應劉恭冕撰。姪孫文興輯。鈔稿本。

清道光戊子儀徵劉文淇、江都梅植之、涇包慎言、丹徒柳興恩、句容陳立、寶應劉寶楠同應省試，始拈鬮爲約，各治一經，加以疏證。其書雖或成或不成，而當日江、淮才儁雲集，爲有清經學之極盛，至今猶令人神往。六人中，以二劉氏名最高，文淇左傳疏，歷四世未成，今始以殘稿印行。寶楠論語疏則子恭冕續成，早有刊本。往讀王頌蔚寫禮廎文集，有爲恭冕作論語正義補序，知於刊成後，續有增修。顧其書未見。後劉君詩孫過訪，恭冕其族祖也，因從訪問，則出手輯本見示，亟録副存之。

其稿本未寫定，雜采周、秦諸子及近儒解説，以補刻本所未及，即刻本同治五年跋所謂「繼自今但求精校，或更得未見書讀之，冀少有裨益之意也」。故引據多而攷證少。其攷證之精者，已見王序所述。而詩孫所甄録孫詒讓、汪宗沂、王頌蔚之校記，則頗有可采者。如里仁「德不孤，必有鄰」。正義引「皇侃又云『鄰，報也』云云，爲亦漢人舊誼。」孫云：「文選李少卿答蘇武書『陵雖孤恩，漢亦負德』。李注言陵無功以報漢爲孤恩。論語曰『德不孤必有鄰』。此與皇疏義同。」公冶長「瑚璉也」。「包曰：『夏曰瑚，殷曰璉，周曰簠簋。』」孫云：「案瑚、簠異名同物。薛氏鐘鼎欵識載周史黎簠簠字作[illegible]，作[illegible]，郜子斯簠亦作[illegible]，文並从古字，當與瑚同。」泰伯「師摯之始，關雎之亂，洋洋乎盈耳哉」。鄭云：「周道衰微，鄭、衛之音作，正樂廢而失節。魯太師摯識關雎之聲，而首理其亂，洋洋盈耳，聽而美之。」正義謂鄭義未合。孫云：「春秋司馬彪傳：『春秋不修，則仲尼理之。關雎既亂，則師摯修之。前哲豈好煩哉？蓋不得已故也。』紹統此論與鄭義同。」鄉黨「長一身有半」。王引之經義述聞：「象傳曰：『艮其身止諸躬也，躬亦舉中之言。』」正義謂「其辭最確」。孫云：「續漢書五行志云：『獻帝建安中，男子之衣，好爲長躬，而下甚短。』亦指衣中，可證王氏述聞之説。」又「不親指」。正義：「親字義不可解。曲禮曰『車上不妄指』。親疑即妄字之誤。」孫云：「正義疑親爲妄字，甚有理。絳帖摹秦詛楚文，親字作[illegible]，从女。與妄形近。」又「色斯舉矣」，正義引經傳釋詞「色斯，猶色然」云云，謂王説亦通。孫云：「越絶叙外傳『范蠡遭世不明，被髮佯狂，色斯而舉，不害於道』。亦色斯二字連讀。」王云：「魏志崔琰傳『哲人君子，俄有色斯之志』。亦二字連讀。案釋詞訓斯爲然，最塙。詩皇矣『王赫斯怒』赫斯，亦當作赫然解。吳志薛綜傳『忍赫斯之怒』，可證鄭箋訓斯爲盡，誼似迂曲。」先進「風乎舞雩」。正義引論衡明雩篇云云，孫云：「仲長統樂志論作諷，與論衡明雩篇風歌之義正同。」顔淵「膚受之愬」。正義：「五行志引論語愬作訴，當爲謕或體。」孫云：「訴爲謕之隸省，非或體。」憲問「公伯寮」，孫云：「史記弟子傳『公伯寮，字子周』。御覽三百六十四引論語摘輔象云『公伯周，手握直期，是爲疾惡』。疑即是公伯寮，或其後遷善爲直士與？」又「荷蕢」，正義「釋文荷蕢本又作何」云云。孫云：「近嘉祥新出武氏祠畫像，有畫此者，爲一室，門内爲孔子，坐而擊磬，門外一人手持圜器，榜曰何饋。荷爲何，與釋文同。蕢爲饋，疑當時别本用假借字。」微子「遇丈人以杖荷篠」，孫云：

「武祠新出漢畫像，贊云：『何匴杖人，養性守真。子路從後，問見夫子。□□勤體，煞雞爲黍。仲由拱立，無辭□語。』蓧作匴者，説文匚部，匴，田器也。廣雅釋器：『匴，畚也。』説文無蓧字。艸部莜下云：『耘田器。』引論語作莜。此當出安國古文，武祠作匴，則齊、魯文異也。畫象丈人作杖人，與淮南子『老而杖於人』訓合。」堯曰「簡在帝心」。孫云：「説文心部𥳑字注：『𥳑，𥳑在也。从心簡省聲，讀若簡。』段注謂『此文「簡在帝心」，即𥳑字之假借』。其説甚精。」論語序「琅邪王卿、膠東庸生」。正義引翟氏灝考異云云。孫云：「漢書百官公卿表：『天漢元年，濟南太守琅邪王卿爲御史大夫。二年，有罪自殺。』又儒林傳：『孔氏有古文尚書，孔安國授都尉朝，朝授膠東庸生。』後漢書儒林傳，庸生作庸譚，並邢所本。又經典釋文尚書敍録亦有庸譚。又漢人如公孫卿之類，名卿者甚多，王卿爲姓名似無可疑。」又「問王、知道」，汪云：「問王爲問至，見戴記聘義篇。至知道，佚文全無可考。竊謂戴記鄉飲酒義云：『孔子曰：「吾觀於鄉而知王道之易易也。」』此即知道，漢人傳論語者以二篇皆見戴記，故直删去。」又正義引論衡正説篇：「其齊、魯、河間九篇」云云。孫云：「河間九篇，他書未見，河間獻王傳稱獻王所得書，皆古文先秦舊書，周官、尚書、禮記、孟子、老子之屬，皆經傳説記，七十子之徒所論，不云有論語。然謂七十子之徒所論，疑論語或亦在其內。王氏所云河間九篇，恐即指獻王所得書。翟氏以燕傳説比附之，非也。『昭帝女讀二十一篇』句不可解。昭帝短祚，無元嗣。漢書不云其有女，此必有敚誤也。」又周生烈，此本恭冕引抱朴子審舉篇：「自有天性好古，心悦藝文，學不爲禄，味道忘貧。若周生烈者，學精而不仕，徇乎榮利者，萬之一耳。」王云：「魏志張既傳：『其所禮辟燉煌張恭、周生烈等，終皆有名位。』然則烈由張既辟，歷官博士侍中，以陳壽所述，參諸阮孝緒七録，烈本末略具，抱朴學精不仕之説，似未可信。」鄭玄論語序逸文「魯扶卿」正義引論衡正説篇云云。謂以扶卿爲人姓名，而魯則所居之地，與漢志諸文不合。孫云：「魯爲地，扶卿爲人姓名。論衡文不誤，元和姓纂十虞，扶姓。漢書廷尉扶嘉，是扶爲姓之證。」以上各條，皆義據深通，可謂商量邃密。今孫氏經迻既不傳，此雖鱗爪，亟録之以備讀正義者參攷焉。

鄉黨禮説一卷 一册

清上海李林松撰。清光緒己卯通州劉恕刊本。

林松字心庵。嘉慶丙辰進士。官户部主事。著有周易述補、易園文集。自元和惠棟取漢人易義，撰周易述，至革卦而止。其自鼎以下十五卦，及序卦、雜卦二傳，俱未卒業。林松與甘泉江藩不謀而各爲之補，二書均刊入南菁書院經解。功力相當，難爲軒輊。

此書在林松爲緒餘，蓋爲家塾訓課而作。魯論二十篇，惟鄉黨一篇，凡名物、儀度、居鄉立朝、交際語言之節，煩曲纖屑，必根據典實，非枵腹者所得空演辭説。故不但爲治禮者之淵海，亦爲帖括士所宜鑽研。若江永鄉黨圖攷、王鋆鄉黨正義所以在科舉極盛之世，而風行不廢焉。林松既薈萃漢、唐、宋以來諸儒之説，詳擇而明辨之，博而要，簡而該。當在江氏、王氏之間，亦金鶚鄉黨正義之比，尤便於帖括士之取材。故於君子不以紺緅飾條云：「案後説正可用，但須述前舊説而考辨之，不疑杜撰也。」褻裘長短右袂條云：「若主此説作文，當博引深衣以證成之。亦與集解不背。」食不厭精膾不厭細條云：「膾粗則能害人，此語不可入文。」鄉人飲酒杖者出斯出矣條云：「若歲時聚會，如祭酺醵錢等類，疑非正禮，聖人不容與此。不知向來講家何所見而爲此説。」及色斯舉矣翔而後集條引焦南浦先生文云云。皆明爲習制義者而發。首列劉栖刻書時南皮張之萬序，亦以其狀元而博讀者之歆羨也。然既幸以有利於科舉，而其稿得湮而復彰，又不幸以小册單行，復隨科舉以俱廢。余於三十年前偶得一册，闕第十七一葉，訪諸南北藏書家，僅武昌徐行可有之，乞鈔補。又越六年而始寄到，蓋若是其不易也。讀者其弗以區區近刻而輕之。

孟子時事攷徵四卷　一册

清涇縣陳寶泉撰。清嘉慶八年陳氏稡經堂刊本。

寶泉字鳳石，號既方。乾隆己酉舉人。石埭教諭。寶泉謂史記孔子世家生卒出處年月具詳，而孟子與荀卿合傳，寥寥數十言，於所游鄒、滕，任薛、魯、宋之事，略不一書。後之攷孟子事跡者，又不能參攷七國時事，於論世知人之道亦有缺焉。乃以通鑑綱目爲經，雜取史記、國策、竹書紀年與夫諸家編次孟子事跡圖譜，信而可徵者，合而録之。故其書雖譜孟子之年歷，而致詳於七國之時事。卷一起周定王元年癸酉，而依三遷志定孟子生於烈王四年己酉。卷二從孟子譜定孟子卒於赧王二十六年壬申，壽八十四。卷三自赧王二十七年癸酉起，至秦始皇二十六年庚辰，初并天下止，以終七國之局。卷四則取王伯厚通鑑地理通釋中七國形勢考，删其繁瑣，加以今釋，繪圖於前，彙爲一帙。蓋讀是書者不僅於孟子生平出處明辨以晰，實於七國戰爭形勢，瞭如指掌。故趙良霨序謂『廣爲搜羅，嚴於去取。於諸家論著之信而可徵者録之，稍有未當於心，寧存疑以俟後之君子。甚矣其難也，其慎也。要於孟子時事十得其八九矣』。淩廷堪序謂『徵引賅洽，考證明備，較閻百詩、周耕厓二氏而加密焉。孟子曰：「頌其詩，讀其書，不知其人可乎？是以論其世也。」此書可謂知人論世之學矣。』案朱珔小萬卷齋文稿陳君墓志銘謂其『好搜古籍，博綜而約取，如髮受梳，如肉受弗。典章名物，務窮究根柢，爬羅剔抉，旁推交通，胥歸鎔冶。凡所睹聞，日夕繕録不少輟，倦極則鼾呼如雷，條警寤，篝燈續纂，往往達曙』。安徽通志文苑傳：『寶泉生平篤志力學，經史百家皆手録成帙。』此書外，又有禮書旁通及毛詩述聞、周易廣義、路史補箋，又所輯粹精叢書六十種，皆繕寫存於家。其禮書旁通余亦有之，而他均亡佚矣。粹精叢書，證之此書板心有「粹經堂」三字，疑爲粹經堂叢書之誤。

孝經鄭氏解疏十卷 二册

清常熟潘任撰。鈔稿本。

任字毅遠。諸生。湖北候補按察司司獄。曾任江南高等學堂教習。著有希鄭堂叢書。

孝經鄭氏注其書久佚，清人輯者多家，以嚴鐵橋本爲最備。毅遠即據以作疏。前人于孝經作者，異説紛紛。王厚齋困學紀聞引胡致堂説，晁子止郡齋讀書志皆謂曾子弟子所爲。馮椅古孝經輯注謂成于子思之手。毛西河孝經問謂是春秋、戰國間七十子之徒所作。毅遠據孝經緯鉤命決、公羊何休序、鄭玄六藝論、劉炫古文孝經述義確定爲孔子所作，並舉八驗以證之。鄭玄之注，見于後漢書而不見于鄭志目録及趙商碑銘、謝承等書，故晉、唐以來，疑者亦紛起。劉知幾至設十二驗以疑之。于是有謂玄子益恩者，有謂玄孫小同者，而陸元朗經典釋文定爲玄注，可信不誣。鐵橋自敍亦力辨爲玄注。千載蒙蔽，一朝盡發其晦。毅遠又廣證羣書，得十五證，是經與鄭氏之功臣也。其書依經注作疏，悉遵古義，疏體例亦純乎漢學家法。寫定于光緒三十四年戊申春，宣統二年朱仲我序之。先是善化皮鹿門亦撰孝經鄭注疏，刊于光緒二十一年乙未，而此書未及，則似小爾雅同時有宋翔鳳、胡承珙、葛其仁三家疏，而各不相謀也。毅遠同時常熟治樸學者，丁秉衡專力校讎目録，孫師鄭晚好詞章，曾孟樸爲小説家言，惟毅遠終于治經云。此爲故友龐次淮持以商量刊印者，故有「束柴病叟」印。

熊氏經説七卷 二册

宋豫章熊朋來撰。清康熙成德通志堂刊本。丹徒柳詒徵臨元和惠棟校並跋。

松崖閲本，於卷一易、卷二書校語最多，而墨擲、墨勒，幾體無完膚。於先天後天圖條云：「看來唐人猶勝宋人，宋人作僞以亂經，未有若先天之甚也。」而稱濂溪爲大士，康節爲道人，云「一仙一佛，總與吾儒不同」。讀易答問條云：「宋、元人不識卦爻升降，剛柔相易之理，故每曲説以求合於經，而終未當也。」則可參讀其易漢學。古文今文尚書條云：「張霸造百兩篇，漢末猶存，無僞造二十四篇之説。孔穎達必欲附會梅賾僞書而爲此説。」則可參讀其古文尚書攷。卷四漢儒於禮經輒改某字讀作某音條云：「漢儒謹守聖經，不敢改字，承先師之訓故，則云讀若某，慎之至也。魏、晉則不然，王弼改周易，杜預改左傳，梅賾改尚書，三經古字皆亡。後儒不定改字者之罪，而議讀字者之失，可謂無識。」又云：「宋、元俗學流傳，至今遂成膏肓。可歎可恨。」此則篤信漢學，而詆斥魏、晉、宋、元，不無稍過，然正可見其爲真漢學。余又見其手閲通志堂本易祓、周易義海最要，墨勒詆斥，亦與此同。又可見其雖墨守漢學，初非屏絶宋人書不觀，所以能揭發其謬誤也。

是書初藏我吳陸沆家，後歸錢塘丁丙善本書室，今在南京國學圖書館。一九三五年春，余寄本乞柳翼謀先生爲傳録之。沆字冰篁，子僎字樹蘭，嘉、道時藏書家而名不著，葉氏藏書紀事詩亦無之。今見善本中往往有其題識印記，當攷其人入余續藏書紀事詩。是本原有藏印甚舊，遺經堂主人一印，更可爲我輩愛書者作箴銘。

有「寶晉山房」朱文方印，「昔司馬温公藏書甚富所讀之書終身如新今人讀書恒隨手抛置甚非古人遺意也夫佳書難得易失稍一殘缺修補無從每見一書或有損壞輒爲憒惋如對殘癈之人數年來蒐羅略備卷帙斬然所以遺吾子孫者至厚也後人觀之宜加珍護即借吾書者亦望諒愚意也遺經堂主人記」朱文小楷長方印，「勞氏珍藏」朱文長方印，「曾蘭評珍藏金石書畫印」白文方印。

熊氏經説七卷，係紅豆齋藏本，墨筆批抹，俱松崖先生手蹟也。沆記。

民國二十四年二月二十日，據盋山陶風樓甲庫所藏惠氏批本過録。「沆記」上原鈐小方印「陸沆白文之印朱文」四字，未克橅寫，附記於此。鎮江柳詒徵。

經學質疑四卷二册

清黟縣朱霈撰。清嘉慶辛酉朱氏望嶽樓活字印本。

霈字井南，號熙佐。乾隆癸卯舉人。據此書自序，署「紀於楚南之渌江書院」，當爲其掌教之所。光緒安徽通志引黟縣志云：「著有望嶽樓詩集，晚更窮經，蒐羅衆説，自出己見，著有經學質疑。汪廷珍序之以行世。」陳詩輯皖雅，録其詩。其尊瓠室詩話云：「井南爲王惕甫所稱。乙酉因梧門祭酒之薦，館於百菊溪頤園者三年。」自序亦云：「余徽人也。家有樓，距黄嶽九十里。天朗氣清，天都、蓮花諸峯歷歷可見。因名之爲望嶽樓。乾隆戊申曾刻望嶽樓詩稿，今是書亦多半成於是樓」云。知其素擅吟詠，晚歲始鑽研經義。此本有自序而無汪序，當爲最初印本，尚未就正於汪氏也。嘉慶木活字印，有奪字則用小戳加蓋於旁，每葉中縫有「望嶽樓」三字。卷一周易，卷二尚書，卷三毛詩，卷四春秋，而附録公穀傳義。扉葉有「三禮疑義嗣出」一行，蓋尚未全也。其書兼收漢、宋人説，而出己意斷之。其於詩伐柯條附説云：「上下千古，豈能必吾説之果合，然較之諸儒，略覺文從字順耳。獨是漢、宋以來，諸大儒所未及言者，余末小子乃敢倡爲是説，其能免時賢之唾駡乎？曰，吾以釋吾疑，非敢求白於世也。故私記之如此。」其著書宗旨可見。故所論有得有失，書眉附印商榷語及墨筆批識，多糾其誤。必出當時學人之手，惜不著姓名耳。書籤下方，鈐有「朱霈原名榮朝」朱文方印，知係其自用之本也。

九經古義參證一卷 一册

清吴縣鈕樹玉撰。鈔稿本。

松崖九經古義余曾攷定爲早歲未畢之書，説詳校本毛詩注疏跋。今讀匪石此書，有足佐成余説者。尚書二十五篇之爲晚出，至松崖古文尚書攷而其證益堅。此書既稱古義，則不應詮釋晚出書，而書中有及大禹謨、咸有一德、説命、泰誓、武成、周官、君陳諸篇文者，匪石一一注明。可知撰古義時，于古文尚書真僞之辨，尚無定論，此早歲之説也。又如于禮運孔子曰大道之行也條、喪大記君大夫鬊爪實于緑中條、表記仁者人也條，皆祇摘經注正義文，而並無古義，匪石引顧千里説疑爲遺脱。實則于此諸條，祇摘出備攷，而鈔時不詳，逕自并入此未畢之説也。獨怪松崖高弟若江艮庭者，其輯録師説，如讀説文記，非不求詳，而于九經獨依初稿傳鈔，雖經東原審定，南澗校刻，均仍而不正，何耶？匪石此書本札記書眉，潘邕侯輯成一卷。原在章式之先生鈺處，余昔年假得傳録者。據錢警石曝書雜記云，嘉興馬珊林應潮曾注九經古義，甚該洽者，不知其稿尚在人間否？

鈕匪石先生樹玉，邑之莫釐山人也。從嘉定錢竹汀宫詹遊，專精許學，不事舉業。時段懋堂先生説文解字注初行，海内爭先快睹，而先生獨摘其訛繆，成段氏説文注訂八卷，又著説文新附攷，並有援據，無穿鑿傅會之失。錢宫詹、阮文達公序而行之。其生平精力，尤萃於説文攷異一書，江鄭堂漢學師承記云説文校録，似即此書。尚未刊行。此乃其讀九經古義隨筆記列上方之語，雖寥寥數葉，然亦足見先生之一斑，故録爲一種，名曰九經古義參證云。同里後學潘錫爵跋。

羣經字攷十卷 二册

清海鹽吳東發撰。清嘉慶十一年刊本。

卷一易，卷二書，卷三之五詩，卷六周禮，卷七儀禮，卷八禮記，卷九春秋，卷十論語、孟子。易、書、詩、論、孟爲手自詮次，三禮、春秋則子本履據遺稿補輯者。以十三經未全，故錢竹汀取宋賈氏羣經音辨意題之。侃叔受業竹汀之門，潛心經學，尤邃於尚書，兼通六書。中歲專心金石之學，凡商、周、秦、漢之文及見者，無弗攷究。一字未識，沈思冥索，期於必得。竹汀稱其奥博精深，且引爲畏友焉。此書大致以通假字説經，博引羣書，兼及金銘石刻，可謂四通八達，胸無疑滯。由其精究金石，用之以校釋古經傳，在乾、嘉諸儒，爲別闢蹊徑，而葉氏德輝非之。其郎園讀書志云：「余以謂金器非傳信之物，石則祇可取證漢碑。然獵鼓滋疑，石經聚訟，亦當擇善而從。故以經史記言記事之義，以疏證商、周古器，未嘗無益於多聞，若全信金石遺字，以訂正六經，則蹈惑古疑經之弊。近世如吳縣潘文勤祖蔭、吳尚書大澂、濰縣陳部郎介祺均好以金玉匋器諸文字辨駁羣經舊文，余頗與之異趣。此書治經家罕見稱引，殆亦以爲未足取信歟？」葉氏以不信古器文，遂謂不可以説經史。夫既可以經史疏證古器文，則古器文何以不可訂正經史？二者相因，而祇及一偏，此拘墟之見，不足以語通方。蓋昔之學者於金刻識字未塙，辨僞未審，故不無穿鑿附會，雖朱爲弼、龔自珍猶然。至晚近若王國維、楊樹達則攷證益精，審别益嚴，先秦古書，賴後出金文以訂正發明者正多，而侃叔已先啓其端。治經家所以罕見稱引者，則因流傳極罕，未見其書，豈得遽以爲不足取信耶？學者其勿惑於葉氏之説而輕視此書也可。此爲桐鄉沈善登舊藏本。

有「豫齋珍藏」朱文方印，「布衣焿菜根香詩書滋味長」白文方印，「織簾後裔」白文方印，「善登手讀」朱文長方印。

讀經校語二卷 一册

清惠安孫經世撰。清道光癸卯同安蘇廷玉刊本。瑞安孫詒讓手校。

經世字濟侯，號惕齋。福建惠安人。道光辛卯優貢，其爲學以宋儒義理之説，體之於身，而超然心契其微。又深探訓詁聲音文字之原，而求之於經，能明其大義。嘗謂「不通經學無以爲理學。不明訓詁無以通經。不知聲音文字之原，無以明訓詁」。爲陳恭甫、王伯申、王南陔所激賞。恭甫稱「如此學識，當與江慎修、戴東原、段懋堂相伯仲」。伯申稱「研究經文，綜核傳注，申先儒之遺義，闢晚近之臆説。非好學深思，實事求是者不能辦」。南陔稱「名山著述，必歸孫生」。陳石士督閩學竣事，携之入京，没於旅邸，年甫五十。著有周易本義發明四卷、詩韻訂二卷、春秋例辨八卷、夏小正集説一卷、孝經説二卷、爾雅音疏六卷、十三經正讀定本八十卷、四書集解十二卷、説文會通十六卷、釋文辨證十四卷、小學輯記、近思録附注、性理輯義、惕齋制藝各若干卷。道光癸卯，其同學蘇廷玉以校刊遺書屬其壻陳金城，僅成惕齋經説四卷、讀經校語二卷、經傳釋詞續編二卷，而他書均佚。已刊三種，傳本亦罕。吾鄉蔣香生宦閩得之，以屬葉菊裳校刊入心矩齋叢書，先刊經傳釋詞續編，未畢而蔣殁。其殘版爲書賈文學山房所得，因改刻首末數葉，别題曰經傳釋詞補。印行後有示以全帙者，又刊再補一卷。雖非原書面目，而惕齋卒賴以傳。然其歷略則鮮有知者。獨歎石士宏奬學術，拯拔寒畯，乃入閩則失薛子韻，入京又失惕齋，皆年僅中壽，抑何士之多不幸耶？此讀經校語上卷爲周禮，下卷爲左傳，均迻録所讀注疏本眉識，攷訂精密，而刊校粗疏，至有不成字者。首附陳恭甫跋語一則，有孫詒讓朱筆「此似是續釋詞跋尾，誤綴于此。刊板時何略不檢省耶」一行，案跋語明有「實足補高郵王侍郎所未及」語，不知金城何以不檢至此。此經詒讓讀過，蓋爲采入所著周禮正義之底本。

十三經音義故總例凡例一卷 一册

清歸安孫葆璜撰。清道光歸安孫氏己學齋刊本。

葆璜原名衍慶，字仲屾，號柳君。道光甲午舉人。考取内閣中書。光緒歸安縣志文苑有傳云：「以文藝游公卿間，有時名。晚歲著書甚勤。」藝文載其所著十三經音詁、載道堂集，皆無卷數。

此爲專刻其所著十三經音義故之總例二十二條，凡例二十五條。次行題「儀徵阮芸臺先生鑒定」，板口下方有「己學齋」三字。其書弘綱畢舉，條例詳明。大致稱十三經者，依太學石經之目。稱故者，故通作詁，張揖襍字云，詁者，古今之異語也。由今言以通古義。以説文爲解經之首，故於説文所有經典之字，則先篆後正，書以二體。字林、玉篇等所補，則有正無篆。以耑重訓詁，故羣經中以爾雅爲主。蓋於字形本之説文，以蘄復乎古文，音義本之注疏，釋文以求合乎漢學。詁經之次第，本義在先，叚借次之，人名、地名、物名居末。引經之字式：經文大字，注疏小字；説文大字，同經，繫傳、段云同注疏；逸經、外傳同經，字林、玉篇、廣韻、集韻之與説文相次者同説文。每卷前標明字目某字至某，幾部；每卷後載明第幾卷，字數某字至某若干字。凡若此者，均詳於總例。其分類二十五：曰正，曰體，曰闕，曰逸，曰刊，曰補，曰通，曰別，曰存，曰釋，曰形，曰重，曰包，曰特，曰詳，曰略，曰合，曰連，曰互，曰坿，曰仍，曰約，曰繁，則詳於凡例。蓋其條理嚴密，引徵繁富，阮氏經籍籑詁後一鉅製也。惟總例有云：「俟成書後，當仍許書部居分隸焉。」又有云：「俟成書時覈實之。」則刊此册時，似全書尚未告成。案劉毓崧通義堂集卷四，有是書序，題下注「代」字，當爲阮芸臺作者，然則其書終已完成，故志傳謂「晚歲著書甚勤」也。陸心源藏書最富，又嘗徵刻湖州叢書，乃其主修之縣志，於葆璜傳不言其經學藝文，目又漏去義字，殆未見是書。今北京圖書館亦有一册，與宋、元本同列入善本目録，可謂有識也矣。此本有挖改處，又有「葆璜」小印，當爲自留底本。

有「仲屾初槀」朱文長方印，「元和胡氏玉縉所藏」朱文長印。

爾雅注疏十一卷 四册

明嘉靖中閩李元陽刊本。清金壇段玉裁、吳縣江帆手校本。

此爲李元陽刊十三經注疏之一。每半葉九行，行廿一字。後來北監及毛氏汲古閣皆據以重刻，而脱譌彌甚。全書經段茂堂手校，引證羣書，案語極精，凡墨筆者是，共一百七十餘條。雖無題跋印記，而卷四釋宫「在墻者謂之楎」。郭注「禮記曰不敢懸於夫之楎箷」。校云：「内則正義引郭注楎箷下有『植曰楎，横曰箷』六字。玉裁按，鄭君曰『竿謂之箷』，然則从竹者是。禮記作椸。」卷九釋木「梨，山樆」，郭注「即今梨樹」。校云：「『玉裁按子虚賦「檗離朱楊」，李善引郭璞注「離，山梨也」』。裴駰引漢書音義同。然則一本作離，非誤，且爾雅當作『離，山梨』。今本或譌舛。」兩見玉裁名，且筆跡腴潤，乙改狼籍，真跡無疑。其説之精者，如郭璞序「爾雅者蓋興於中古，隆於漢氏」。段氏謂「爾雅非周公書，郭璞序未嘗指爲周公，蓋漢儒所作，亦非中古也。其言釋詩以是知之，『如切如磋』之類，衞詩也。『猗嗟名兮』，刺魯公詩。是皆列國風也，非周公與中古時明矣。」卷四釋器「璆琳，玉也」。郭注「璆琳，美玉名」。段氏謂「經文本作『璆，美玉也』。藝文類聚所引不誤。説文『璆，美玉也』。釋文琳字無音。釋地『昆崙虚之璆琳琅玕』，字乃音林。詩韓奕釋文曰『琳字又作玪，音林』。鄭注尚書云『璆，美玉也。玪，美石也』。鄭注與説文合。注内琳字亦是妄增。」卷七釋山「左右有岸厒」，段氏謂「江賦『厒窟以淵渤』，李注厒，若合反，當云口閤反，玉篇『厒口合切』。廣韻二十七合：『㕒，口荅切。山左右有岸。』按厒字从缶，誤。厺亦有誤。當作厒」。卷十一釋獸「鹿其跡速」，段氏謂「速疑作遬，大篆迹也。爾雅本作邅，廣雅『躔踈解亢，迹也』。踈，即速。亢，即迒。踈，曹憲：匹迹反。可以證非速疾字矣，是也」。

首册朱墨筆爲又一手跡。攷卷一釋詁「苞蕪，茂豐也」，朱筆云：「蕪，俗字。當作橆。橆，説文曰『豐也』。商書曰『庶艸繁橆』，玉篇云『橆今作無，爲有無字』。帆謂无，古無字也。或作橆。以橆爲無字，俗書之更謬者也。」出「帆謂」字，知帆爲其名。案帆字雨來。爲江艮庭之孫，子蘭之兄弟行，與鮑渌飲、吴枚庵友善，其校多攻郭氏。如釋詁「箌，大也」，郭注「箌，義未聞」。江氏謂：「經典釋文箌字引説文云『草木大也』。按説文无箌字，艸部有菿字，訓草木倒，則非箌字明矣。惟艸部⿱艹致字下訓曰『艸木大也』。據此，則箌字當作⿱艹致字。且説文訓與爾雅同，蓋郭景純不知字義。陸德明經典釋文本是⿱艹致字，後人校經典者，承爾雅之誤而改之耳。」又「隕，殞落也」。郭注「殞，猶隕也。方俗語有輕重耳」。江氏謂「殞，古無此字。説文石部磒字，訓曰『落也』。殞，當作磒，磒即『磒石于宋』之磒。郭氏全不識字，虞翻所謂俗儒是也」。又「堪，勝也」。郭注「書曰『西伯堪黎』」。江氏云「堪當作戡，説文曰『刺也』。堪，説文訓『地突也』。與經訓不同，且下文亦作戡，則爲戡字無疑。郭云『西伯堪黎』，謬之極矣。古文尚書『西伯堪黎』之堪，作𢦟，从戈今聲。説文訓殺也。郭氏讀僞本尚書以至誤引經文，不識字而著書，吾未知其可也。」又「虺穨，病也」。江氏謂「虺，詩『我馬虺頽』，陸德明經典釋文云：『虺，説文作㾯。』按説文無㾯字，疑即瘣字。後人傳寫釋文，誤鬼爲畏。説文瘣下云『病也，一曰腫旁出』，故集韻承經典之誤，而於㾯字下引説文『一曰腫旁出』也。遂至各種字書，但有㾯字而無瘣字。唯古今韻會有瘣字，無㾯字。此乃謹守六書，不爲燕書郢説所摇動者爲難能也。今附辨于此，以戒取後人訛字而硬補説文之輩」。凡此諸説，其語氣大似惠松崖。艮庭爲松崖弟子，意録艮庭所校歟？ 是書粹兩經師手校，可謂善之又善者也。

舊爲寶山印康祚所藏。余别有江標手臨康祚校説文，亦咸、同時博雅士。

有「印康祚」白文方印，「寶研齋」朱文長方印，「寫書滌研吏」朱文方印，「寶齋」白文方印。

爾雅舊注三卷 一册

清海寧陳鱣撰集。清海寧朱元吕手鈔稿本。日照許瀚校補並手跋。

爾雅古注，清儒輯佚者數家，而仲魚此編以未付梓，世無知者。海昌藝文志亦未著録。惟謝啓昆小學考卷三有仲魚爾雅集解三卷，並附自序。仲魚與纂小學考，當即此書。又曾見翁覃谿手記仲魚著述目，亦有之。一九三二年春，果於海上書肆遇之。以名人遺稿，且屬名校，賈人居奇，卒典質屏當三百金獲之，頗有笑余爲書癡者。

仲魚於輯佚之學最稱精博，此凡郭璞以前舊注，遍徵羣籍，條録略備。間加案語，亦復詳核。惟如釋言「𡸣，載也」。輯釋文邢疏引「謝氏曰」兩條。案釋文不言謝氏，皆邢引耳。且謝在郭後，釋文引謝甚多，不應獨存此條。釋草「蘦，大苦」。輯詩簡兮正義引「孫炎曰」條。案此條全同郭注，而未附案語，則於例未純，尚待修訂。印林以爾雅、釋文及玄應音義詳爲校補，於釋文補三十一條，音義補九十四條。知赤水玄珠，爲象罔所遺者正多。其訂正原輯者如釋詁「胎」，輯玄應一切經音義一引「舊注，胎，始養也」。印林謂「音義引此，不言舊注。其卷十四引爾雅『胎，始也』；方言『胎，養也』，此疑脱『也方言胎』四字耳，非舊注也。邵氏正義、阮氏籑詁亦誤引。」又「怡懌」，輯一切經音義一引「舊注曰怡，心之樂也」。印林於下補「懌，意解之樂也」句，謂「音義一引兩句，此僅采其上句，不知何故。玄應三處皆兩句並引，知無譌誤，今依補」。類此者，不下百數十條。全書朱墨殆遍，用力之深可知。蓋輯佚之學，必心細如髮，審别去取，又必於引書體例，明辨以析，如印林跋中所云者皆是，或乃視爲鈔胥之事者謬矣。讀此校補各條及跋語，可作從事輯佚者之矩矱。此爲海寧朱漁璜借印林所藏仲魚手稿鈔清本。案漁璜名元吕，道光乙未順天舉人。官内閣中書。遇奇書秘本，必親録之。尤邃於金石之學。撰金石跋文二卷、金石萃編補四卷、十六國春秋年表、喜聞過齋詩文集，見海昌藝文志。印林攀古小廬雜著刊本希若星鳳，此爲其手稿，尤足珍也。

道光廿五年夏，海寧朱漁璜同年小聚琅邪，見予所藏陳仲魚先生爾雅舊注手稿，重其爲鄉先輩遺書也，排比鈔録，秩然有條。録成復以眎予，予見其所引唐釋玄應一切經音義未標卷數，間有識别，或涉舛譌，因檢原書爲之補正。條舉件繫，遂於原稿外增出九十有四事。一書如是，使舉羣籍悉爲蒐討，其所得當益備。雖然，不可不慎擇也。今仍即玄應一書究之，其中古言古義，確爲此經舊注者固不乏，然如卷廿二引「薦，進也。陳也。進上陳列也」。陳□□□並在釋詁，相歫甚遠。乃合併説之，□□□□□□則玄應自釋其大乘十輪經所薦二□□□□□□□服業事也，膺，身親也。謂親承服事，習道藝也。服在釋詁，膺在釋言，相歫更遠，乃亦合併説之。曰「親承服事」，則玄應自釋其廣百論「服膺」二字也。又如卷九引「餬，饘也」，注云「即糜也」。今郭注作「糜也」。二十二引「傭，均也。謂齊等也」，今郭注作「齊等」，此引郭注而稍加語助也。亦或後人寫刻郭注，減去語助。又如卷一引「潬，沙出也，謂水内沙堆也」。今郭注作「今江東呼水中沙堆爲潬」。卷五引「侜張，誑也。亦幻惑，欺誑也」，今郭注作「書曰『無或侜張爲幻』」，幻惑欺誑人者」。此引郭注而稍減損其文也。又如卷八引「兔罟謂之罝」，注云「罝，遮取兔也」，十二又引作「郭璞曰：『罝，遮也。遮取兔也。』」今郭注作「罝猶遮也」。此引郭注而稍增成其義也。又如卷廿三引「簡，大也，亦略之也」。十二引「遏，止也，謂逆相止也。遏亦遮也」。簡大、遏止，並在釋詁，逆相止，即郭注略義，見書仲虺之誥、論語公冶長、國語周語注、莊子天運釋文引王注。遮義，出蒼頡篇，本書大方廣佛華嚴經放光般若經、十誦律、阿毘達磨俱舍論音義皆引之。此引經注復據他書引申其義也。又如卷八引「蚍蜉，大者螘，螘有赤蟻，飛蟻」。案經文當作「蚍蜉大螘小者螘」，大下誤脱「者螘」二字，赤蟻謂蠪，飛蟻謂螱，撮舉經文，非闕訓解。卷十七引「木謂之刻」，注云「治璞之名也」，又引「金謂之鏤，鏤，刻也」。案鵠、觷、剒、剫、雕，五者爲治璞；鏤、刻、切、磋、琢、磨，六者爲治器。治璞之名無緣係之木，謂之刻，木刻金鏤對文，則别訓鏤爲刻，於例斯乖。此又引經注而顛倒錯亂，不可爲據者也。至卷一、卷七、卷十二、卷十八並引「押，輔也」，則誤以廣雅爲爾雅也。卷一引「雞雉所乳之巢，在樹曰巢，在穴曰窟」。卷六引「纊，緜也。絮之細者曰纊」。卷七引「非分而得謂之幸。幸，遇也」。二十三引「面慚曰赧」，則誤以小爾雅爲爾雅也。凡此之類，遽數難終，概屏勿録。然不敢謂録焉者之果無此類也。即陳君原書中，亦不敢謂絶無此類也。摭掇篇末，以諗讀者，庶推其類而區别焉。則此編所補，固未必無原書之所遺，亦未必非原書所棄也。若夫蒐討羣籍，參互鉤稽，庶幾於備，予尚有志焉。六月十九日日照許瀚識。

瀚案此編所引，類皆有主名。如樊光、李巡、孫炎、舍人犍爲、文學某氏，劉歆、鄭某、謝旋集注、裴瑜是也。至無主名，泛稱舊注者，僅廿條。多係唐、宋以後人所引，此不可必其爲郭以前注也。瀚據一切經音義補録者正此類。竊擬以有主名者爲正編，而析無主名舊注廿條爲附編，即以瀚所補者益之，較爲確當分明。乙巳十月，瀚又識。此議似可行，祈高明酌之。

某氏雖無主名，皆出經疏所引，實即樊光、犍爲等説，與玄應、李昉、徐鍇、邃僧等所引注，自不同。

釋文補正三十一條　凡從釋文補正者，皆有黑丶在其下，他經釋文未檢。

邵疏補一條。

一切經音義補九十四條　凡補者瀚案旁有黑丶，其有雙丶者，兩條也。

比原書增多百有餘條，其有疑結處，亦間加疏證。惜所引之書未能全校，惟一切經音義一書詳校三四過，故所得爲多。此書中似無復有遺者矣。可姑就此寫一清本，此本留作底稿，仍可隨時補校耳。乙巳十月，瀚又識。

爾雅郭注拾補一卷 一册

清如皋沙元炳輯。鈔稿本。

元炳字健盦，如皋人。光緒二十年甲午進士。有志頤堂集。

爾雅自宋邢昺據晉郭璞注作疏，而漢犍爲舍人、樊光、李巡等注及郭氏音義、圖讚盡亡。清儒輯佚補亡，略存梗概。而唐以前書所引郭注，又往往爲邢疏所無，或文有殘缺，或不志姓名。因而治雅學者多有誤爲舊注及音義之文，是在按其脈絡，察其語氣，心知其意，而後郭之爲郭，不惑于沿誤。元炳此輯所據雖不出諸家所取材，然僅就郝懿行義疏、葉蕙心古注斠二書，已多證其非是。如釋山「屬者嶧」，郭注「今魯國鄒縣有嶧山，純石相積構，連屬而成山」。初學記五，御覽四十二並引爾雅。元炳案：「郝氏義疏以爲此乃舊注之文。愚謂初學記引此，上有『言絡繹相連』句，蓋即郭氏語，此其脱文耳。後漢書郡國志注引郭璞曰：『嶧山純石積構連屬』，可證爲郭注無疑矣。郝説非。」釋草「須，葑蓯」，郭注「江東呼爲蕪菁，或爲菘。菘、須音相近故也。須即蕪菁也」。齊民要術三。元炳案：「御覽引此上有『未詳』二字，蓋即郭注江東云云，乃別一義。今本衹注未詳，餘俱删耳。陸璣詩疏『采葑，蕪菁也』。郭云：『今菘菜也。』詩谷風釋文引郭云：『菘菜，方言蘴蕘，蕪菁也。』蘴與葑同，郭注蘴舊音蜂，今江東音嵩，字作菘。依郭此言，是葑、須聲轉，與此正可互證，斷爲郭注無疑矣。郝氏義疏以此爲舊注之文，非是。」釋獸「蜼，卬鼻而長尾」，郭注「零陵、南康人呼之音餘，建平人呼之音相贈遺之遺也，又音余救反，皆土俗輕重不同耳」。後漢馬融傳注。元炳案：「郝氏義疏，嚴氏匡名，並以爲音義之文，臧氏經義雜記曰：『郭注釋獸每以零陵、南康等方土爲證，且注中具有音切。俗人以其非要删之，或以爲郭音義之文，恐非也。』愚謂臧説是也。但蜼無餘音，此云音餘，或因餘季、餘水等音而説。周禮司尊彝注鄭司農云：『蜼讀爲蛇虺之虺，或讀爲公用射隼之隼。』詩『爲虺爲蛇』，釋文：虺，許鬼反。廣韻八尾，許偉切；隼，古音之水反，與字林餘水反合。類聚引郭氏圖讚以蜼與尾、彝爲韻。廣韻上聲蜼在旨韻；去聲蜼在至、宥二韻。羅願爾雅翼云：蜼讀如贈遺之遺，又讀如橘柚之柚，其作柚音者，或爲枕，音義同。其説甚晰。説文蜼音餘季反，狖音餘救反，是蜼、狖本音蜼，通作狖。故字林又音蜼爲余繡反。淮南覽冥訓高注，又讀狖如贈遺之遺，乃義同音通，皆不得讀蜼爲餘也。一切經音義亦引字林云，蜼，余繡反，江東名也；又音餘季反，建平名也。古零陵等郡通呼以江東，正與郭合。知非音餘，明矣。」以上皆糾郝氏之誤。釋宮「牖户之間謂之扆」，郭注：「禮有斧扆，形如屏風，畫爲斧文，置於扆地，因名爲斧扆。」詩公劉正義　御覽一百八十五引，下句作「以其所在名之耳」。元炳案：「今本郭注作『禮云斧扆者，以其所在處名之』。脱略不可讀。葉氏古注斠以此爲音義之文，亦非。」釋草「薙芙」，郭注「今之稊子是也」。一切經音義十九。元炳案：「葉氏古注斠以此爲舊注之文，然玄應引此，上承郭注，蓋即郭氏脱文，葉説非。」釋蟲「蠖，蚇蠖」，郭注「音子力、子六反，一名步屈也」。一切經音義九。元炳案：「一切經音義二十五，又引注曰：『一名步屈，宋地曰尋桑，吳人名桑闔。』彼所引乃舍人注，九卷引舍人注『宋地曰尋桑』，可證。其色青而細小，或在草木葉上，今蜾蠃所負以爲子者。今本方言亦脱此注。葉氏古注斠以爲爾雅注脱簡，非是。」以上皆糾葉氏之誤。昔臧庸輯漢書音義，于今書所引相混及羼入者，必精加别白，都由研審得之，不濫不漏。元炳亦猶此旨，蓋不同于鈔胥所爲也。惜其未見唐釋慧琳、遼釋希麟兩音義，故所輯不如王樹枬爾雅郭注佚存補訂之詳耳。原稿藏吾友任君心叔銘善處，此爲昔年録副見贈者。

方言存七卷附校正補遺 一册

清同治十二年巴陵鍾謙鈞小學彙函刊本。海寧許克勤手校並跋。

覆刻盧氏抱經堂本，存卷七至十三，附校正補遺。勉甫專據黎刻原本玉篇、玉燭寶典、輔行記三書詳校。凡有異文，悉爲舉出，並加案，明其孰是孰非，以著陳顧野王、隋杜臺卿所見古本。雖佚其上册，而所存百餘條，有出近人周祖謨校箋之外者。末附補遺兩條，皆出黎刻玉篇。一爲欠部歆下云：「江湖之間謂貪惏曰歆。郭璞曰，歆惏，難猒也。」一爲素部注云：「素，本也。郭璞曰：『五色之本也。』」則爲自來校方言者所未及。海寧志載勉甫著有方言校，此即其底稿之一也。

憶一九四□年夏余因事返蘇，時張仲仁先生心太平室藏書散出，而勞人草草，意殊不屬。偶過某書坊，見書攤有勉甫手校周易鄭氏注，即余前所見古經解、小學兩橐函，每種皆密校，以字多未能借録者，不覺瞿然而驚。問其餘種，賈人爲述近從造紙廠之廢紙中檢得，其餘已付之一炬。徐從紙簏中取此册見示云，君既好之，即以爲贈。因并周易得之。蓋賈人亦不以爲重，於是與賈人約，凡遇許校，願悉歸我，價稍豐不靳也。以後續得數種，皆出諸焚餘，人棄我取，而此册實爲之緣也。

光緒丁亥莫冬月廿二日，海寧許克勤勉甫校於蘇齊門内金氏寓。

釋名疏證八卷附釋名補遺續釋名 二册

清鎮洋畢沅撰。清光緒癸未撫松館重刻經訓堂本。吳縣胡玉縉手校。並録海寧許克勤、吳縣王仁俊校。

秋帆此書，實出江艮庭代作，乾隆五十四年序，亦出洪稚存手。序云：「屬吳縣江君聲審正之。江君欲以篆書付刻，余以此二十七篇内，俗字較多，故依前隸寫云，所以仍昔賢之舊觀，示來學以易曉也。」是爲隸寫初刻本，此即從之翻刻。及五十五年，又刻篆書本，其序云：「刊印寄歸，屬江君聲審正其字，江君謂必用篆文字乃克正，請手録之，別刊一本，余時依違未許。既而覆視所刻，輒復删改。江君又以書請，遂以删改定本屬之鈔寫。」則篆書者實爲删改定本，而隸寫本可廢，衹以篆書奇古，讀者難曉，而通行者乃反爲隸寫本。讀者不察，或誤以爲兩本相同。謝氏啓昆小學攷既不著録篆書本，而王氏先謙撰疏證補亦未嘗見，可謂奇已。然則艮庭之用説文字體，欲有志者得藉此書以識字，則嘉惠後學之功益大之願，適如周鄭堂「固矣」之譏耳。嘗謂篆書刻書，衹可爲版本中之一格，初非便于學者，譬諸象白駝峯，迥非常饌。如艮庭自著之尚書集注音疏，孫淵如謂其書終以時俗不便識讀，不甚行於時。此書亦猶是也。然其書经艮庭兩次手寫精校，仍不免千慮之失。羅振玉存拙齋札疏云：「補遺卷内，釋姿容條，據太平御覽引補『省瘦也臞雀約少之言也』十字，注其文，必瘦在省上，今省在瘦上是倒也。雀字則省字之誤，顧省之與瘦，聲不相近，用以爲訓，不合釋名之例。終非是。以聲類求之，當云瘦，脙也。臞脙約少之言也。余案畢注謬甚，此十字當是卷三釋長幼九十曰鮐條或曰眉壽句下佚文。省，瘦也。乃眉瘦也之誤，臞，省約少之言也。原本必是臞眉約少之言也。省雀二文皆眉之譌。畢氏於或曰眉壽句注云，今本無此句。據藝文類聚引補。案既有此文，下必更有申説眉壽之名義，惜引者不具引，今不可得聞矣」云云。竟不知其文曾列補遺卷内，反逞肊説，真疏甚也。

綬之先生于此書用力最深，並録許勉夫、王捍鄭校語，朱墨燦然，密如蟻聚，即爲所著釋名補疏之底稿。王氏疏證補序云：「元和祝秉綱垂示胡、許二君所校，爲芟去重復，別卷坿末。」核之此本，所取僅什一而已。又未采王校，則疑所見出自祝氏傳録，未必即據是本，故詳略大有不同。綬之先生與許、王二氏均爲同學好友，故往往同校一書。曾見孫得之先生傳鳳手臨白虎通疏證，亦三人同校，于此可徵麗澤之功，及當日吳下學風之盛也。

有「元和胡氏玉縉所藏」朱文長方印。

説文解字存四卷 一册

清嘉慶甲子孫星衍平津館覆宋刊本。清元和戈襄、載父子手校本。

此爲孫刻最初印本，存第四至第七卷。朱筆爲小蓮校，所據題毛本、趙本、葉本，毛爲汲古閣本，葉爲石君鈔小徐繫傳本，趙亦鈔本，不知何出。墨筆爲順卿校，每條署「載案」，示恭敬也。所校均有攷據，不僅在文字之異，其稱引，于定宇曰「惠先生」，他如錢竹汀、段茂堂、梁山舟、錢獻之及高帯堂諸家。山舟以善書名，其校説文爲僅見。帯堂名翔麟。元和人。嘉慶戊辰進士。受業于竹汀，著有説文字通、説文異字通釋。小蓮計百餘條，順卿計二百餘條。可輯録成書一卷。小蓮與顧千里友善，亦好校勘古籍，順卿淵源家學，擅填詞。所著詞林正韻，爲倚聲家圭臬，固精于小學者。于此校可見其父子用功之深。雖殘帙，亦可寶也。

有「戈載手校」白文方印。

説文解字三十卷四册

毛氏汲古閣二次校改本。無名氏臨清獨山莫友芝校本。

此毛斧季第二次校改本，十五下「中書門下牒」後有「後學毛晉從宋本校刊。男扆再校」一行。舊爲清嘉善曹六圃、曲阜桂未谷藏，皆書近人臨莫郘亭校本，不具姓名，據印記，似爲徐姓而松江人。郘亭據宋本毛氏初印本、小徐本以及羣書所引，詳爲比勘。于毛氏所妄增者，以朱筆抹之。如木部末閑云：「閑字，木部重出，初印本無此字，宋本亦無之，此斧季妄增。」他皆類此。又如引王石臞校許序文，于「居德則忌」云：「則當作明，即承上文『宣教明化』而言，若作則，則與所以二字文義不貫。易夬象傳『君子以施禄及下，居德則忌』，王弼注云『夬者，明法而決斷之象也。忌，禁也。法明斷嚴，不可以慢，故居德以明禁也』。據此，則則爲明字之訛明矣。自唐石經始誤作則，遂致紛紛之説。今本説文作則者，後人以誤本説文改之耳。」于「察而可見」云：「可見，當作見意，謂淺視之則可識，深察之則見意也。意與識爲韻。今本作可見者，因上句而譌。」又于「官獄職務繁」，謂繁下脱多字。「羣書所載」，羣書上脱六藝字。「自以爲應制作」，謂應下脱運字。皆據漢書藝文志、晉書衛恒傳、魏書江式傳訂正。雖所校多同段、桂，然造車合轍，非同裨販。且郘亭非不見段、桂之書者，吉光片羽，可補王氏讀説文記之逸。其引「錢云」者，當爲竹汀。校本亦多勝義，昔人研誦許書，每不止一本。余前得郘亭臨汪南士校本，爲其行篋所携。而此本或在其前，惜無題識可攷。若非書腦有「莫郘亭先生友芝校本」一行，幾不辨爲何人所校矣。有「曹印廷棟」白文方印，「六圃」白文方印，「桂馥」白文方印，「未谷」朱文方印，「足慰人意」白文方印，「箇是大徐手種田」白文長方印，「大徐」白文方印，「楳華逸史」隸書朱文方印，「飯牛」朱文方印，「家在黄浦南洋湖北罌顧謝家二泖間」隸書朱文大方印。

説文解字三十卷 合訂一厚册

清嘉慶甲子孫星衍平津館覆宋刊本。清獨山莫友芝手校。又臨黟縣汪文臺校並跋。郘亭校文以朱墨筆書于眉端，亦有書于别紙夾附者。所録汪南士校，悉用墨筆，博采羣書，所引異文而定其是。于段茂堂、嚴鐵橋校，均節取之。又有王石臞父子、莊葆琛、俞理初諸校，則世所罕見也。南士名文臺。黟縣廪生。家故寒，以課徒自給。博聞强記，深通經史百家，與俞正燮齊名相善。讀阮芸臺十三經注疏校勘記時有駁文，别爲表識，作校勘記識語。芸臺見之，聘至揚州，未幾辭歸。道光甲辰卒，年四十九。所著已刊者又有七家後漢書、淮南子校勘記。事跡詳其弟子程鴻詔所撰傳。鴻詔字伯旉。道光己酉舉人。著有有恒心齋全集。此即從其本傳臨。傳又稱南士治許氏説文，多所是正，作説文校字録，此即其底稿。余于一九三四年分纂安徽通志藝文，據以録入。原本于南陵徐丈積餘乃昌處見之。曾慫恿輯録印入安徽叢書。此則故友孫君伯南宗弼得于坊間，曾借録一過。伯南見余好之篤，遂慨然見讓。郘亭兩跋載宋元舊本書經眼録附録，跋謂「數歲以來，相隨南北萬餘里」，可見昔人于行旅倥傯，不廢讀書。故墨渝紙蔽，幾不可觸手。與劉慈民讀本，均可見研摩之功深。

有「莫友芝藏書印」白文大方印，「莫印友芝」白文方印，「則心弟五」朱文方印，「莫印友芝」白文方印，「莫友芝圖書印」朱文長方印，「莫印彝孫」朱文方印，「莫印繩孫」白文方印，「莫繩孫字仲武」朱文長方印。

郘亭讀本説文在莒升弟許，丁巳客順元，即此本伴行。數歲以來，相隨南北萬餘里。庚申十一月至懷寧之廣郵，雪中重裝。

用黟程伯專學博鴻詔所録其師汪南士文學文臺校本，使寫官迻録于上下端。時有一二溢于鐵橋校議外資補正者。友芝昔刺取唐人及宋初人引許書異文若干卷，思彙校一本。此與校議並益讎勘不少。同治二年冬十月乙亥，安慶軍次，核過識後。

説文解字三十卷三册

清同治甲戌東吴浦氏重刊平津館覆宋本。元和江標手校，又臨寶山印康祚、益都孫文楷校並跋。

浦本説文雖云重刊，實則得孫氏藏版，加一封面耳。故與孫本毫髮無二，不僅虎賁之似而已。此爲江建霞手校，又臨印印川、孫模山校，而孫洨民、祝心淵助爲覆勘補寫。細字如蟻，朱墨燦然，萃數人精力于一編，其源流詳後跋。

攷同治蘇州府志流寓：「印康祚，寶山縣增生。生平金石書畫考證極精，作詩不求工，取適己意。小文短札，雅近涪翁。殁後同人搜羅散佚，得詩詞雜文二卷，刻曰鷗天閣遺著。」今據葉調生跋，則印川又精小學，志載尚未盡。模山名文楷。益都孝廉。湛于金石之學。余別藏與高鴻裁合纂山左金石志稿本。此校亦多據金文以補許書重文之缺。建霞學問淵博，中年攖黨禍，鬱鬱以卒，著述皆未就。此校亦多引金石文字爲證，如臣部臧云：「臧字今見古金文，下从土，不从上。此書傳寫之譌。許書中古籀之文可信者不過百之一，屢經寫刻，無本可據。許書中此學已亡，惟有取今見古金文補之，或可稱許氏功臣也。」皮部〼云：「按今見石鼓作〼，標嘗疑許君曾見石鼓，故所引籀文如封䪞等字，與石鼓無異。如皮字及華字等，皆後人傳寫許書之誤，當從石鼓改正也。」豆部〼云：「標按筠清館金文周太史盧豆有〼字，當即〼字正文。許君所見古文，不如此器之塙，故誤从采，不能定爲何物，故僅曰豆屬也。古文此字本从廾持豆，豆中有米，象形字之至明者也。」系部〼云：「標按今所傳漢印，孫字皆从糸不从系，是此字舊不在系部。『系續也』三字，當亦非許君本文。」凡此諸説，皆在吳愙齋撰説文古籀補之前，惜其未成專書耳。嘗見建霞與曹叔彦師書云：「近讀吳愙齋跋自書大篆孝經曰：『自漢儒以隸書寫經，而孔壁經文不可得而見，僅散見于許氏書中。許書所引經文，如居字作凥，㤥字作悘，皆許所引孝經古文，即孔壁書。知許書正文不盡小篆也。』標謂許氏生當東漢之時，時已通行隸書，小篆之存恐已不能完五百四十部之文，故據壁書、鼎彝而補小篆之未備。古籀之文散見于正文者，不知凡幾。故今日古金之文，往往合于説文正文者甚多。近儒以爲説文收古籀之略皆因同于小篆者而删去之。不知古籀之散見于正文，正以小篆所未備而存之也。其自叙云：『其偁易孟氏、書孔氏、詩毛氏、禮周官、春秋左氏、論語、孝經，皆古文也。』今説解所偁，皆不在重文之列。是古籀不專在重文中之塙證也。」又云：「尊論許君五百四十部，大都古文。其注明篆文某者，乃李斯所媘改。創解獨得，足可證張懷瓘書斷、封演聞見記之塙，二説桂氏皆駁之。欽佩奚似。標亦謂許書專志復古，萬無五百四十部僅取小篆之理，惟叙語有云『今叙篆文，合以古籀』，似五百四十部不必盡是大篆，塙有所證。且叙又云『偁易孟氏、書孔氏等皆古文也。其於所不知，蓋闕如也』。不知者，不知古文也。蓋闕者，闕古文也。古文不足，而以小篆補之。故曰『今叙篆文，合以古籀』。此篆文決非小篆。先儒多以『蓋闕如也』專主説解中闕字説，此決非也。説解中闕字，乃傳寫脱落，後人不能補其義，故書曰闕也，此説已見前人書中。閣下又謂漢時又多仍用古籀，不遵小篆。此説也，標嘗疑之。蓋許君當時通行文字皆用隸書。有後漢書光武紀注引漢制度可證。齊人正讀，説字未央，皆罕見之事。故叙中述之所云『馬頭人爲長，人持十爲斗，虫者屈中』，皆隸書之體。段氏謂今馬頭人之字罕見，疑猶拘于小篆之體。案隸書長字，正馬頭人也。可見當時已盡易隸書。徐鼎臣校定説文叙曰：「許慎作説文解字，至安帝十五年始奏上之。而隸書行之已久，習之益工。」故許君決意復古也。」其説均足與此校相發，且吉光片羽，緒論可珍，故録此以備參。

余初得是書，持示祝君心淵秉綱，欣然爲跋，並示以建霞事實，因附録之。

有「祖選堂」白文方印，「元和江建霞收藏之記」朱文方印，「元和江氏靈鶼閣所藏書籍記」隸書朱文大長方印，「靈鶼閣」朱文方印，「江標所讀之書」朱文方印，「敝帚居」白文方印，「建霞」白文小長方印，「建霞草堂藏過圖書」朱文方印，「蕭江書庫」楷書朱文長方印，「如願」白文長方印，「江標像大清光緒十二年十二月朔三十日書窟弟子江標敬造長恩像一區願鼠不敢嚙蠹魚不生永充供養」楷書朱文界格長方印，「靜君暴書小記」白文方印，「汪鳴瓊印」白文方印，「靜君」白文方印，「靜君長物」白文方格印，「閒詰宧」白文方印。

此吾友印印川鷗天閣遺書也。印翁在日，嗜讀書，尤留心于小學。杜門課徒，是編常置座右。書眉丹墨爛然，皆其手跡。雖未足成一家言，亦可見討古之勤矣。身後卷帙盡散，此書偶爲余得。蠹魚食字，猶化脉望，而君竟長爲冥漠君。循覽遺編，曷勝凄感。甲辰六月初伏後一日，調生記。

此葉氏原跋，戊子四月十一日補録于連州試院之延青堂，距初録校語時已十二載矣。靈鶼閣外史記。

此印印川先生孫刻説文校本，舊藏葉氏楙花盦，今歸長洲張叔鵬明經炳翔儀鄦廬。大都本惠氏讀説文記、段氏汲古閣説文訂爲多，間坿校按，俱極精博。余嘗于丙子歲借張氏藏本過臨于此浦翻孫本之上下方，又于乙酉歲于山左見青州孫模山孝廉文楷藏古金拓本，曾釋古籀各文，擬補許書重文之缺，余又補臨于下方。首册書衣葉跋，卷中上方朱字，皆同邑祝心淵茂才秉綱爲余補臨。印氏本原文首册夾簽，多正余過臨之譌者，吳孫汶民丈傳鳳也。光緒十二年丙戌十月二十七日，元和江標記于粵東嘉應道中。

余方臨校此書時，年十有七，叔鵬長余一歲，各以搜訪舊本，講求鈔校，專重讀書者之藏書。心淵則年僅十有二，已能留心于古籍。斯時三人幾無日不見，見必談此等事。余住西城砂皮巷，叔鵬住桑葉巷，相去不數十武；心淵則住東城縣橋巷。每于薄暮來談，談必至上燈後而始去。旁人多笑其幼年不務科舉之學，專力于不亟之故書，并有以吾輩所爲而戒其子弟者。斯時惟洨民丈聞之欣然，索觀所臨本，并加以墨，而鄭重必坿以夾簽。今忽忽已十載矣。叔鵬已遷居范莊前，余即賃心淵之屋。去年余與洨丈同客山左學幕。校藝之暇，仍以此等事爲性命。往往以一字之微，斷斷終日。或怒目頸赤，而以爲大辱，然事過即仍好如初。今洨丈仍客山左，劬學自好，日鈔秘書將盈篋。心淵方爲余課長子聰識字，仍分別六書以教，大異世間俗師之所爲。叔鵬則奮力輯刊許學叢書，已成四集，書數十種，志存必傳。余則隨軺粤東，勞人草草，學業無成，維守此故册，每一開卷，猶如昨日。舟窗無事，偶詳書之，不知以後十年作如何境界也。二十七日，師鄦又記。

光緒十四年秋，余捷南闈。十五年夏得館選，爲庶吉士。是秋洨民丈捷南闈，十六年夏春明報罷，旋卒于京寓。冬，余偕心淵至都，仍課子聰，十七年夏，心淵以丁外艱歸里。四年中人事變遷，可感也夫！十七年辛卯五月二十日，師鄦記于京師宣武門外西塼胡同。

王君欣夫，博雅士也。搜羅遺獻，致力甚勤。一日出江公建霞批校孫刻説文解字見示。卷尾二跋，述余與公總角交情事甚詳，閲之幾同隔世。公爲紫庭先伯之内姪，回憶訂交時，公方十九歲，余甫十二齡耳。一見即投契，時相過從。及主我家，則囑課其文郎孟聰。嗣後奔走南北，幾無役不從，可述之事，罄竹難書。書中密行細字，咸出公手批，間亦有鄙人代書者。展卷一讀，恍如師友對坐，青鐙有味時也。至今忽忽四十餘年。公與孟聰墓草均宿，緬懷舊事，能無泫然。猶記公已亥捐館後，余曾綜公生平事，草事略一篇，無遺漏，無溢美，意在供當世掌故家之采擇。因與望嶽圖合裝一册，藏諸篋衍久矣。今見二跋，棖觸舊緒，爰檢原稿交欣夫録坿卷末，以志因緣。欣夫寶愛是書，則尤有坿驥之幸焉。共和第一乙亥仲冬，祝秉綱謹識。

附清江建霞京卿事實

君江氏，諱標，字建霞。江蘇元和人也。世有清德，父蘊之先生，諱雲。生三子，長衡，次鈞，君最幼。早孤而慧，太夫人華氏挈至外家讀書。十歲，學爲詩古文辭，自比洪北江，以顯親報國爲志。稍長，通許氏學，研究羣經，旁通九流及史志制度之學。弱冠補諸生，俞曲園樾、陶紫珍方琦，見君所著，激賞之，名益盛。旋應高勉之學使釗中之聘，游楚北。嗣佐其妻兄汪柳門侍郎鳴鑾校閱試卷，之山左，之粵東，南北奔走萬餘里。一時知名之士皆願與納交，學乃大進。時朝野方承平，君綜覽全局，竊獨憂之。謂近百年學術，不足以濟變。法、越事起，其言稍稍驗。因益講求經世之務，旁及泰西各種專門之學，靡不得其要領。蓋君之見微知著，欲礱厲材器，爲異日開新之用者自此始。既應有司試，王益吾祭酒先謙嗟賞爲過江第一流。光緒十四年，以優貢中式戊子科舉人，己丑成進士，得館選。乞假游日本，攷察變法所自及學校規制。明年散館，授翰林院編修。既官京師，周旋公卿間，多所獻替，時見采納。二十年，東事起，廷議多主戰。君上政府書，力言日人不可敵，海軍不可恃，同洲之誼不可絕。並熟籌交涉及善後事，洋洋數千言，皆當時至計。且以此議郵致駐日使臣汪鳳藻，使力與日本外部消弭其事，皆不省。臺諫力攻主和議者並及君。某侍御露章劾之，留中未下。比戰事糜爛，乃服君深識，然已無及矣。先是薛侍郎福成疏薦黎庶昌等，其才皆可使絕國，君亦與焉，上固已心識之。是年八月，拜督學湖南之命。召見時，垂詢沅、湘間鉅儒，且諭以崇正學爲體，興新學爲用，以開通風氣爲首務。果有奇才，許破格奏薦。君感激受命，履任後首整校經書院學規，捐俸增築藏書樓，廣購書籍圖器，任人縱觀，以開濬全省民智爲己任。按試各郡，遴拔真才，激厲士氣，以致所至悅服。復因考政有關防，不得與士紳親近，遂鋭意兼程併試，冬夏靡間。甫兩載，歲科皆竣。乃得與湘撫陳中丞寶箴、紳士熊希齡諸公往還，商榷新政。首創湘學報，開學會于校經書院，並設新學官書局，建時務學堂。檄行各屬，凡書院盡改課實學，且分設學會。次如各項新政，凡時局所亟，湘省所宜，不屬于學政職務者，皆悉心擘畫，次第推行。湘省風俗渾樸，爲各行省最。驟語開新，則謡諑紛起。君夷然激勸，漸就範圍。今且日新月盛，才彦坌湧，其勢隆隆，轉爲各行省倡。乃歎君篳路藍縷之功爲不可没也。生平處事以無厚入有間，雖盤根錯節，無不立解。然性尤方嚴，衡文一秉至公，不稍遷就。所特拔者，多知名之士。他如裁供張，嚴約束，在君皆小節不足述。繼任者爲徐太史仁鑄，蕭規曹隨，慶得人焉。二十四年春，入都復命，旋乞假歸。適新政之詔迭下，君在海上，擬設中立報館，蘄開全國民智，爲新舊學作調人，以樹憲政初基。七月中，特旨賞四品京卿，充總署章京。電諭着本省大吏敦促啓行。時新舊黨已有水火之勢，君感特達之知，欲竭其智計，匡救彌縫之方，束裝就道。而訓政之詔已下，御史某以庇護奸黨、暗通消息劾之。罷職歸吳下，杜門課子。偶作書畫自遣，手鐫小印鈐其尾；文爲「廊廟江湖總聖恩」，蓋雖放廢，猶惓惓君國云。家本寒素，而臨財不苟，好濟人急，以是宦橐蕭然。奉太夫人極孝養，歸田後猶罄其資經營新居，冀博堂上歡，並擬以餘屋設閲書社。與朋輩及後進諄諄以厲學匡時相勗，其志未嘗一日忘天下，卒以此憂憤病肺炎，二十五年冬十月十九日竟至不起，年四十歲。維新志士皆失聲，雖未謀面者，亦爲位哭焉。君于學無所不窺，遺著甚多，間有散見日記中，皆未編次。刊行者止黄蕘圃年譜、紅蕉詞數卷。在湘時曾刊靈鶼閣叢書、唐人小集、豐順丁氏書目各種。妻汪鳴瓊，錢塘世族。長子聰，未冠已補博士弟子員，能世其學。次子新，三子中，均幼，女子子三人。吳縣祝秉綱述。

汲古閣説文訂一卷 一册

清金壇段玉裁撰。清嘉慶丁巳吴縣袁廷檮五硯樓刊本。

説文解字明代無刊本，以顧亭林之博覽，所見祇李燾五音韻譜而已。毛氏汲古閣得宋大徐校定本，始爲重刊。子晉、斧季父子並五次校改，尤以第五次據小徐繫傳所改爲多，而其誤亦特甚。其書盛行，讀者習焉不察。段茂堂得見王蘭泉、周漪塘所藏宋刊各本及明刊五音韻譜，並參之集韻、類篇，記其駁異之處，以存大徐本真面目，成此一書，袁壽階爲刊之。於是學者遂家有説文真本，蓋在嘉慶甲子孫淵如覆刻真宋本之前固不可少者也。或乃謂毛氏刻書多非善本，並據此爲口實，則竊以爲不然。毛氏刻此書之功，在使許學晦昧數百年而復明。至校改之誤，其意非不求善焉，但以久絶之學，斧季之識力有所不逮。否則何其不憚煩而爲是紛紛，豈可以後來許學昌明之見强繩之哉！故在毛氏時，不能有段氏之書，猶段氏時亦不再有此校改舛訛之本。時代有不同，學識有進步，事有必然，正不必是丹非素。段氏雖詆毛氏爲識見駑下，後人不應以此爲藉口。段氏又謂讀書貴於平心綜覈，得其是非，不當厭故喜新，務以數見者爲非，罕見者爲善。此則不啻對後學痛下箴砭矣。壽階受業錢竹汀之門，今以藏書著，而撰述無聞。此書中有引其説數見。第三十七葉有朱筆校字，疑亦出其手。

説文引經攷不分卷 四册

清長洲程際盛撰。清嘉慶乙丑子世勳等校刊。

際盛原名琰，避清仁宗諱，改字焕若，號東冶。乾隆庚子進士。官至監察御史。

是書以經分類，不分卷。十三經外，以逸周書列尚書後，國語列左傳後，逸論語列論語後，末列老子、莊子、楚詞、山海經，蓋援陸氏經典釋文例也。首乾隆丁未王鳴盛序，次丁酉王昶序，次庚子程瑶田序，次自序，次叙例，末庚戌自跋，次嘉慶乙丑男世勳刻書跋。始輯於丙申仲冬，成於戊戌冬杪。因惠紅豆校正説文本，摘其與經書異同之句，以説文爲主，以經語注其下，而附以案語。叙例十二條，尤擇精語詳，揭全書之要。自謂其所援引，本諸惠氏者多，非私説也。又謂「抽繹攷證，與惠氏九經古義相校對」，然則純爲惠氏之學。蓋東冶生平私淑惠定宇，而以江艮庭爲執友。成書後，又與丁小雅、程易疇相商榷，故西莊稱其「援據確，剖析精，真能上追漢世古文家學，而爲許氏之功臣」者，殆非過譽。蘭泉蒲褐山房詩話：「東冶由舍人洊歷蘭臺，奉職三十餘年，退食而歸。掩關卻埽，惟以汲古窮經爲務。所著有説文古語攷、禮記古訓攷、周禮故書攷、儀禮古文今文攷、駢字分箋、續方言補、清河偶鈔，皆有功於學者。居京日久，故不爲吳士所深知，然繼朱伯原、俞玉吾之遺軌者，非君奚屬？」是在當日，吳人已鮮知東冶其人者。此書刊行又最晚，宜同治蘇州府志藝文不載。後之爲引經攷者，如陳瑑、承培元、柳榮宗、雷浚等絶無稱述，即蒐羅美備，如黎經詁許學攷、丁福保説文詁林亦未之及，其罕傳可知。三十年前王君佩諍收得一本，詫爲秘籍，即傳鈔之。後亦絶不再遇。五年前偶得此於武進劉脊生家，脊生名巽權，執教於蘇州工業學校，家即寓蘇，蓋即得之蘇市者。以校昔年鈔本，此多庚戌自跋，嘉慶乙丑男世勳刻書跋，至二王氏序，西莊始存稿、春融堂文集均不載，尤爲可珍。孰謂清刻而可等夷視之耶？

有「毗陵鎦氏毅遠堂藏書」朱文方印，「武進劉子脊生遺書」白文長方印。

讀説文解字小箋二十篇 五册

清長樂梁運昌撰。手稿本。清長樂謝章鋌手跋。

運昌初名雷，登第後改今名，字春中，一字曼雲，又字叔曼，晚號江田。長樂人。嘉慶四年己未進士。通小學，工吟詠，兼精楷法篆刻繪事。著有秋竹齋詩存等。曼雲于嘉慶壬戌從嘉定陳蓮夫得錢竹汀説文讀本，推廣其意，衍爲二十篇如目録。至道光甲申，歷二十三年始定稿。謝枚如章鋌課餘續録：「吾閩自紀文達、朱文正相繼視學，庠序中始言許、鄭之學。曼雲游吳，得嘉定錢竹汀大昕閱本，推廣其緒論，成讀説文解字小箋二十篇，條理分明，語有歸宿，足爲初學治許書之導師者」是也。睹棋山莊餘集又有書後兩篇詳之。竹汀于説文雖無專書，然其緒論之見于答問及養新録者，其發明不在金壇之下，即此二十題，後人得其一以成書，即可名家。而曼雲此書能各得其辜較，不啻爲竹汀自著之書。謂其足爲初學導師，猶淺量是書也。攷目録變隸失真，因聲畫會元畫中多有此説，故不别録。引經異文因兩字對舉，已具于文義異同，故不别録。惟闕古籀或文，則因彙録之功，作篆稍難，尚待補寫。又經典孳文小序：「錢先生舊有此篇，題云『經典字，説文所不載者』。余從同年嘉定陳蓮夫假録之。其下多有吴氏所附論，間稱雲按，知吴氏名雲，蓋亦通博之士。似非即上元乙卯翰林也。」案吴氏名夌雲，字客槎。嘉定貢生。精于經、小學，著有吴氏遺著。蓮夫名詩庭。嘉慶己未進士。著有讀書證疑。子瑑，字聘侯。著有國語翼解、六九齋撰述稿、説文引經攷，皆承竹汀之風而興起者。讀曼雲自識，感歎于子皆不肖，授業無人，幸遇枚如爲斥鉅資購藏，並慮孤本易失，爲録副本，可謂仁人之用心，足爲我輩之法。余亦愛惜古人，喜收未刊稿本，謀爲傳布。已集資印紀年叢編百數十種，其他則絀于資力，未能録副。常恐昔賢心血，由我而亡，故兹編所録，采摭不厭其詳，本此意也。福建通志文苑傳又謂「曼雲生平酷嗜杜詩，枕葄其中者數十年，有杜園讀杜二十卷。合史學、詩學而會通之，多發明，自來評杜注杜者所未及，可謂一生精力盡于此書者」。今其稿本不知存亡如何。此書用廢稿作副葉，有題晚唐詩卷一文，亦可窺其論詩之一斑，爲附録之。

總目

許書通例第一

　總讀説文之大法，使初學識許君義例。

變隸失真第二

讀説文先在識字，而變隸之體，有與篆文大相違繆者，則無以識作字之意。今悉録出，使讀者一豁目焉。聲畫會元，畫中多有此説，故不别録。又竹汀先生本有篆與楷異一篇，頗詳。無庸别撰。

聲畫會元第三

六書之要，形聲二者賅之。然象形、諧聲之訓，人所易曉； 惟形聲參互之文，頗難驟悉。玆案聲、畫，分纂成篇，使讀者先詳奥義，則其餘易曉也。

文字刊誤第四

李陽冰刊定此書之時，已多訛脱。李既不免於金根之譏，復被二徐隨手妄改，加以傳寫者淆以俗書，則説文之譌誤殊甚。玆細爲指出，先篆文，後小注，各著爲一篇，以代雌黄。

文義異同第五

或異文而同義，或義異而文同，若斯之類，殆不勝舉。以初讀者不能悉記，故爲彙録一處，以便觀覽。此篇本錢竹汀先生之舊，然殊簡略，不及十分之一。緣其意而增廣之，逐字檢録，用功最爲煩難，而於學者則爲簡便矣。

音讀尊訓第六

今之講説文者，於音讀多不留意。余謂聲畫並重，不可略忽。徐氏依孫愐唐韻爲音，直一鈔胥本領。刻舟求劍，雖與許君所言讀若某者相違背而亦不顧也。余爲考顧氏玉篇、陸氏經典釋文及廣韻諸書音讀，與許訓合者，悉爲更訂。其輕重出入之間，凡與許聲不誖者，則姑仍之。

簡末疑字第七

説文類次，訖於兩文、三文及反對之字。此外更有二、三字如「㵎」即「濊」、「堀」即「堀」，疑李陽冰之徒所增附，悉爲拈出，以示初學。

小字拾遺第八

注文中所有之字，而正文無之者，一一録出。其係後人寫以俗文者，入刊誤中，不在此列。

偏傍異讀第九

偏傍之文，有从古音與今讀不同者，徐氏不知此理，每多聲遠之疑。今别録爲一篇，而著其説。

篆隸連文第十

凡重文及雙聲之字，多以篆字充一文，小注中即省去一字，如蜎蜎、㬰商之類。此錢竹汀先生讀法，雖按之他處，亦不盡然。而書中有數十文如此，是錢説確不可易也，今爲標出。

脱遺議補第十一

經典所必用之字，許書注文中所屢見其字，又係偏傍必用者，此其爲脱文無疑。徐氏不此之補，而多附録俗書，陋矣。今將此屬，議補若干字，貴在愜當，不比妄作。

新附指歸第十二

徐氏所附之四百二字，除如「塔」、「袄」之類，乃新出俗文，此外皆已具於許書。徐氏不知通借，故妄有所附，而詳略政自不均。近時鈕氏爲新附攷一書，徵引甚廣，而不無傅會之失。竹汀先生所議極確，惜不過數十文。自錢説所未備者，余爲補之。較鈕氏攷差爲切當。其不可説者闕之，不敢復蹈穿鑿故轍。徐所補十九文，别爲説附後。

徐書糾謬第十三

二徐之説，無一語足以發明許書，而牽强支離，遂以貽誤後學。今將大小徐各録爲一卷，著説以糾其謬。其無關得失語，别録爲贅餘一篇。

羣言清溷第十四

徐氏引諸舊説如李陽冰之類，皆溷入正注中，不分界限，此著書之失也。爲逐條剔出，彙録於篇，然皆瞭然衆所共見者； 其稍涉疑似，則過而存之。

古文重出第十五

説文有重出之字，必在此爲正體，而在彼爲古文者也。徐氏所舉，尚有未盡，今悉補之，而録爲一篇。以其卷葉太少，則以徐所標俗文、俗讀二者附之。

古籀或文第十六

説文所載古文、籀文、篆文及或作某者，合數百文。今變隸所常用，有反係其次體者。蓋許君時已是如此，故於古籀獨載此數文耳。今將此屬彙録，以便尋檢。

引經異文第十七

説文有兩引經文而彼此互異者，蓋各家經師文字不同故也。其餘所引詩、書，亦與今本不同。竹汀先生所録十餘條，皆兩引互異者，餘即不及，今悉録之。兩字對舉，已具於文義異同中，故不别録。

經典孳文第十八

經典所有字而説文不載者，竹汀先生録爲一篇，而間注其所通借之字，惜未能全。然先生之所不注者，若强補之，則是鈕氏之攷新附也。今仍其舊，無誇闕疑之義。

方語摭遺第十九

他處方言不能知，獨榕城語本於説文者，已百十條。蓋閩音僄輕譌轉，至不可復曉。然其所用字，出入經史，校他處爲多。録附篇末，以示鄉人。遇輕薄子，必被齊人知管、晏之譏矣。

别部檢字第二十

古文或體，隨正文之後，則不能各歸本部。如「旁」之籀文爲「雱」，則「雱」不能歸雨部也。此等尋檢較難，錢竹汀先生舊於每部之末，標出此文，今彙録作一篇，以便繙閲。

道光甲申夏重養録

嘉慶壬戌年，余游武林，入文少宰遠皋師幕府。於同年嘉定陳蓮夫詩庭處，得見錢宫詹竹汀先生讀説文法一編，因此得以識許書門逕。用力既久，稍能習熟。因推廣錢先生意，纂録此集，命曰小箋。初立藁草而病瘵，久之未能成書。道光四年甲申春夏之間，乃復取而訂定之，旁無小胥，隻字皆須自下筆，老眼昏花，作蠅頭細楷殊不容易。辛勤如此，而兒子皆不肖，雖復納楹，無所用之。未知將來此業當授何人耳。是夏六月十八日，秋竹山齋老人叔曼父識於燈窗。

篇中所録，多有一條而三、四見者，當耑載一處，而他處言詳某篇，暇當删之，此刻病未能也。

音讀遵訓下篇，衹載玉篇，餘皆未及撰。當補檢經典釋文及廣韻諸書一、二條，以證明之。

文義異同當以部首及偏旁字爲先，如從叓之文，以叓爲首是也。此處當改正。

後數種粗立凡例，多所脱略，尚當補也。乙酉九月二十日識。以上四則在第一册末。

錢竹汀先生所録，不過數十文，皆兩義對舉，如「典」之與「敟」、「敁」之與「施」之類，可謂簡要。兹篇期於求詳，不無覼縷之處，本先備録，以俟删取其要故耳。然正如此例，則尚有所脱略。久病罷券之餘，加以荒蕪，不能無遺忘，他日更當檢補也。道光甲申六月二十有六日，叔曼父記。在第二册文義異同末。

梁君既殁，著述盡散，其家綑而賣之。余適見之，以二萬錢購得此本，復恐孤本不可恃，爲之録副，又費六千餘錢。以此爲説文入門之書，事半功倍，梁君之爲惠大矣。寶之。光緒壬寅裝畢，章鋌敬記。

附録　題晚唐詩卷

讀開成、大中以後詩，如於荒芹叢棘間，得幽花雜卉，雖復妍姿嫣然，時一悦目，而其根荄終與草莽相連，不堪採擷。大抵晚唐詩有二病，一在無意，徒於字句求工。一在無局，逐聯湊集，所謂支支節節而爲之者。盛唐榘律，至此蕩然無復存。若以工部之法繩之，便無一是處。余髫年誦唐詩，先大夫爲余言云：「七律，盛唐太高，風格韻味，皆以大歷諸公爲勝。七律之最盛者也。最不好是許用晦詩，氣體卑弱，千篇一律，無所短長。」維時略無知識，惟謹識之不敢忘。其後以庭訓語質之篇什，方知先大夫詩學之精。余於此事，無所師承。所以稍知路逕不入歧途者，皆幼時膝前數語，先下指南耳。今觀晚唐數十家詩，非無妍詞雅句，人負所長。究其大略，殊無以過於用晦者。本可以一概不録，但無以厭貪博喜新者之意，因復勉存若干首，猶之披沙揀金，必費數番淘汰。其用功殊是艱難，存此底本，以示子姪。但觀余所指摘處，亦可以識長律之大要矣。癸未臘月十四日。

説文聲統十七卷首標目二卷 一册

清番禺陳澧撰。精鈔稿本。

首説文聲表，標目第一至第十七。次説文聲表所收字，韻徵無者，表九至表十七。（韻徵，無錫安吉所著。）次依段氏六書音韻表十七部，以聲編次，部各一卷。攷蘭甫東塾集卷三，有説文聲表序云：「澧少時讀説文，以爲説文九千餘字，形聲爲多。許君既據形分部，創前古所未有。若更以聲分部，因聲明意，可以羽翼許書。乃以暇日爲之編次，以聲爲部首，而形聲之字屬之。其屬字之次第，則以形之相益爲等級，以意之相引爲先後。部首之音相近者，其部亦以類聚。依段氏古韻定爲十七卷」者，蓋即是書。時蘭甫年未三十，桂星垣欲刻于版，恐亦未果。此已易名聲統，當爲晚年所改。

案據説文以聲統字者，其説創自戴東原，後來姚秋農撰音系，嚴鐵橋撰聲類，江子蘭撰音韻表，皆秉其指。姚、嚴均自立部類，惟子蘭出入段氏之門數十年，親從面質，依段氏所分十七部，而每部某聲某聲，亦不盡與段同。其書刊行在後，嚴書亦流傳不廣。故蘭甫皆未見，而衹及姚氏書，則以秋農曾典粤試，其書即刊于粤也。馬君夷初敘倫得傳鈔本，重加校勘，所附案語皆精。余借得，屬朱君五峯精楷書之。欲影印入紀年叢編，因費絀而止。余服膺東塾，求其書略備。故友郭君嘯麓則澐爲古學院刊東塾雜俎，方馳書索取，適嘯麓因刊書被累，未幾謝世。此册秘諸篋衍，亦逾廿年。益歎流傳舊籍，爲古人續命，蓋非易易也。

説文引經異文集證不分卷 二册

清侯官吴种撰。舊鈔稿本。

种字少阮，侯官人。首同治乙丑婁江孫壽銘序，次王慶雲來書，（後改作序，文刊入所著石延壽館文集。）次何秋濤來書，次咸豐四年甲寅自序。存易一册三十八則，書一册九十三則。福建通志藝文著録，並引陳衍石遺室書録云：「稿本。無卷數，約可分爲十餘卷。係取許書之引十三經者考而證之。專從許書，凡今本與許書異文者，皆以爲誤。而通假辨據頗詳明。其精者如易説卦之『莫暵乎火』，書盤庚之『有甹巘』、『予亦炪謀』，酒誥之『盡執抲』，論語之『陳伉』，孝經之『哭不悠』，則鬼享之』之類，皆依據甚碻」。據此，則十三經俱全，陳氏晚歲寓吴，此或即其家散出者。而易、書外，他經均佚，殊可惋惜。又據王、何書及自序，本先成引易一卷就正當世，在咸豐四年甲寅。至孫氏始爲全書作序，已在同治四年乙丑。然既稱集證，先此爲説文引經作攷者，如吴玉搢、程際盛、柳榮宗、陳瑑等諸家書，皆未稱引，或爲未見歟？

念稿本孤行，又殘存僅此，爰附録陳氏所許爲精碻者，以不没其著書苦心。易説卦傳「燥萬物者，莫暵于離」。今作「熯乎火」。第七篇日部云：「暵，乾也。耕暴田曰暵，从日莫聲。易曰『燥萬物者莫暵于離』。」段本作「乎火」，云「依韵會所據小徐本訂，恐誤。今从錢氏本」。种案「集韻暵通作熯。廣雅：『熯、暵，乾也。』説文熯，訓乾皃，是字異而音義同。蓋許氏所據，熯本作暵，从之爲是。周禮『旱暵』之事，鄭云：『暵，熱氣也。』此其一證。云『于離』者，説卦傳『離爲火』，故説文引火作離，實孟氏古本也」。書盤庚上「若顛木之有甹㰚」，㰚，又作枿，今作由蘖。第六篇木部云：「㰚，伐木餘也。商書曰：『若顛木之有甹㰚。』」木，徐氏本作末，段氏本作本，甹作由。第七篇甹部云「甹，木生條也。商書曰：『若顛木之有甹枿。』」种案：「由，許氏兩引作甹，古文省作由，由與甹通也。自僞孔訓由爲用，致使人不復知由本作甹，亦不復知由有木生條之訓矣。㰚字，王氏以爲漢俗師所改耳。考商頌『苞有三蘖』，傳云『蘖，餘也』。周南『伐其條肄』，傳亦云『肄，餘也』。肄者，辥之假借字也。皆與許氏㰚字之訓合。又作枿者，馬云『顛木而肄生曰枿』，爾雅釋詁『烈枿，餘也』。方言亦云『烈枿，餘也』。陳、鄭之間曰枿。晉、衛之間曰烈。秦、晉之間曰肄。』或曰，烈枿者，亦蘖之異文也。廣雅釋詁云『隸，枿也』。王氏疏證：枿即萌蘖之蘖。盤庚『若顛木之有由蘖』，釋文蘖本又作枿，引馬融注云『顛木之肄生曰枿』。枿、隸，語之轉耳。由斯而言，是㰚、枿、蘖，字異而義同也。」又「予亦烛謀」，今烛作拙。第十篇火部云：「烛，火光也。商書曰『予亦烛謀』，讀巧拙之拙。」种案：「類篇引説文作『火不光』。類篇出宋人所見，當是善本。説文轉寫之誤，脱去不字，遂失其解也。段氏以許氏所引爲壁中古文，蓋假烛爲拙。孔安國以今字讀之，乃易烛爲拙也。王氏鳳喈云：『注所云讀若巧拙之拙者，乃音也，非義也。後人遂改爲拙，非也。』」酒誥「盡執抲」，今抲作拘。第十二篇手部云「抲，撝也。周書曰『盡執抲』」。種案：「拘當作抲，抲通作苛，秋官萍氏『掌幾酒』，鄭注云『苛察沽買過多及非時者』，正此經所謂『抲羣飲』也。蓋言執，則不必重言拘。僞孔誤作拘者，說文敘俗書之謬云：『廷尉說律，至以字斷法。』苛人受錢，苛之字止句也。此不合孔氏。古文苛字从艸从可，今乃从止从句，爲㪿字。經典所無，故許氏以爲不合。然即此可見有以可誤爲句者，則抲之誤爲拘，未必始于僞孔，但僞孔竟解爲收捕，則非矣。」

第二册有「少侯」朱文方印，「少侯校讀之書」朱文方印。

說文解字韻譜十卷 二册

清同治甲子吳縣馮桂芬摹刻宋本。佚名精校。

楚金韻譜，據鼎臣序，本爲欲便於檢討，無恤其他。故于許書正文，多所漏略。即自增新附，亦遺不少，而羼入俗字更無論矣。通行李氏函海本，即四庫所著録。逮同治中，馮景亭得舊影宋鈔本重刊之。其書與函海本互有出入，而馮本爲優，詳景亭跋。此即于其本上朱墨精校，惜不署姓名。詳玩其例，據二徐說文，補其遺漏。又據翁本、李本當即函海本。校其異同。于所補所校，詳其正俗通假。所引諸家，已及王菉友，校其攷證，精核亦不在其下，必出碩學之士。而全書竟無線索可尋，前人晦名若是，爲不可及也。景亭所藏東洋紙影鈔宋本，有顧云美、朱卧庵小印，篆法精妙，錦贉玉躞，有如珍賚。其佚存三册，曾與龔丙孫校勘記殘稿，同歸吾齋，今已失去，此書後得，可彌餘憾云。

有「扶傾書印」白文方印。

六書義不分卷 一册

清秀水張翊清撰。手稿本。

翊清兄雍敬，字簡庵。潛心曆術，從宣城梅文鼎遊，著宣城遊學記及他著述甚富。清史稿附梅文鼎傳，阮元疇人傳亦著之。而翊清于小學獨精，顧其事跡無攷。府志僅于藝文載其所著書，曰倉史原文、古今字辨、文聲存古、三聲三音古韻、三聲定音、周易古音、毛詩古音、老子古音、楚詞古音、尊王新義十種。所據靈雀軒書目，爲其兄弟所著書總録，今皆不傳。

此六書義殘稿，存一東至七虞一册，密行細字，朱墨塗改。其例依韻列字，各以六書義詳注之。後阮元經籍纂詁、朱駿聲説文通訓定聲略似之，而更博大精深。蓋翊清在康、雍時，于六書研核，猶未臻密，故其引書，下及宋、明俚俗語，榛楛未剪，不無小疵。其稱先君子云者，乃其父承宗也。先兄云者，則雍敬也。府志藝文列雍敬著述，無講小學者，此可窺其一斑。昔年于張君芹伯處見古史記編稿本八册，亦翊清手書，題「秀水張承宗紀全集，男雍敬删次，翊清平閲。」「翊」字塗改作「羽」，有「公望」小印，末有長跋。

其書不見著録。今適園舊藏，悉被劫掠，查其目録無之。不知流落何所，幸當日録存跋語，附録于此，以表禾郡文獻之遺。

附録　古史記編跋

古史記者，先君子之遺稿也。先君子謂古今人事備于史，而墳典尤爲史氏之原，厤象則尤生人之原，是皆不可以不究心者。人乃以爲不急之務而置之，非特不知生人之原，而并不知生人立命之原，可乎哉？司馬氏首開史學，而黄帝以前闕如。其果無足記則已，否則繼天立極之聖，開物成務之功，其能慭焉置之乎？先兄守其訓，專于厤學二十餘年，撢古聖之奥，著書十有餘種，以繼前人之志而家學不墜。歲在辛卯，而先兄復捐館焉。嗚呼，何斯道之不幸也。壬辰，收拾遺稿，録先君詩集及先兄蓋天厤法，有古史記若干卷，上自洪荒，下訖東遷，采百家而成列聖之紀，浩汗閎博，斐然可觀。其諸左、國頡頏，而六經之羽翼。惜先兄精力殫于厤，故其書猶塗注圈乙，難于卒讀，而平斷亦甚寥寥也。嗟乎，垂訓在耳，手澤猶新，其又何忍委諸。至乙未臘月而録畢，復以疇昔聞于父兄者而論次焉。明聖道，屏異説，顯微闡幽，昭洪荒之事于萬載之後，大而非夸，奇而本正，論世窮理之士，其有怖爲河漢而訾爲怪異者乎！蓋古人行事，校諸後世而不同，誠以神奇所著，原非思議之所及，然其知能之發見，夫亦人道之當然，與凡黎民之日用飲食，同歸率性而已，亦曷足怪焉？抑是書也，幽而天地之變故，遠而事物之由來，大而神聖之政治，皆至精至深至微至渺之理，夫亦言之不易者，而以闇淺與之，其能告無恨于前人也哉？小子之終以爲歉者已。時康熙己未除夕前七日乙卯，張羽清題于聞川旅舍。

六書古微十卷 二册

長沙葉德輝撰。民國五年丙辰觀古堂刻。撰者手校定本並跋。

煥彬此書刊于丙辰冬月，命諸從子與門人分校，舛誤殊多。乃復據袁氏卧雪廬所藏小字宋本重校，瘡痏滿紙，誠當重刻，此即手校底本，以贈曹丈君直者。據劉肇隅跋，謂其論乾、嘉以來治小學者無慮百數十家，而黄茅白葦，彌望如亂叢。段玉裁則妄改舊本，王筠則識解凡庸，桂馥則博引繁稱，漫無抉擇。嘗取三家互勘，其襲謬沿訛，實段氏一家階之厲。左念康跋，謂其論並世三經師，王湘綺似清談，俞曲園似房卷，陳東塾似鄉約。其餘一知半解，多如牛毛者更無足比數。其高自位置，目空古今如此。故孫君伯南序之云：「其鴻識玄解，洞徹條流，無義非新，無訓非故。非獨一埽乾、嘉校注諸家之固陋，即於許書本義，或有古書異訓，亦必擇善而從，以視俗儒株守一家之書，奉爲神明而不知辨别者，所見超越遠矣。」蓋其言有諷焉。中附致君直丈尺牘一通，論星命之學，謂「尋漢人京房、鄭、虞三家易義，而後知此等術數之學，出于讖緯，而大半出于聖門，其學甚古」。其意亦頗自負云。

余此書原稿據孫氏平津館刻宋小字本説文解字。孫刻影宋本原底舊藏湘潭袁氏卧雪廬。余曾借校，不差累黍。孫刻偶有數處誤字，亦宋刻舊誤，未嘗改也。世無宋本，自必以孫刻爲化身，汲古、藤花諸本皆不足用矣。丙辰回蘇，匆遽以此書稿本付兒輩寫刊，諸從子分校，各持一本，不能畫一。門下覆校，復未細勘，以致訛誤增删，迥非原稿之舊。今已令兒輩重刻，此其覆校底本，君直同年屢索此書，無以塞命，因即以此貽之，尚祈審定是幸。戊午夏正春王正月大盡日，德輝記。

字泭二卷 二册

清吳縣錢國祥撰。手稿本。

吳縣志列傳：「國祥字乙生。廩貢生。候選訓導。授徒自給，汪鳴鑾視學陝、甘，延往襄校。劉坤一任以上海製造局兼繙譯館校勘，廣方言館教習。」又藝文著其所著式古堂文稿等十餘種，而字泭與説鄦誤連爲一種。案國祥父辰，字秋潭。爲邑名士。曾選刻故友詩曰共賞集。國祥承其家學，尤嗜許氏書。此書選説文中習用者一千五百五十字，括其説解，聯爲四言韻語，以便童蒙誦習。名曰字泭者，蓋謙謂不過初學之一筏而已。光緒十一年俞樾序之，文載春在堂雜文四編。略謂：「漢制學僮十七以上始試諷籀書九千字，乃得爲吏。當日所諷者即倉頡、凡將之類，今其書皆不傳，僅存急就篇，而誦之者能識其字，不能曉其義。元舒天民六藝綱目皆四言韻語，但非專論六書。今此書使童而習之，不特識其字，並可曉其義，亦小學中津梁矣。」蓋其授徒以識字爲先，不同於冬烘塾師之所爲。惜當時靳於資，未能付梓。扉葉篆書兩字，識爲汪鳴鑾所書。

幼讀許書，麤知文字。一曰象形，二曰指事，合而成之，是爲會意。日月、上下、武信之類，隸變正楷，其體漸異。

溯委窮原，務明其義。求我童蒙，道在簡易。形聲紛繁，由此推暨。轉注假借，兹不及備。訓詁攸資，津梁是寄。光緒八年歲次壬午冬十有一月，吳縣錢國祥識。

凡例

一、許書始一終亥，是書惟此二字仍其序，餘則顛倒錯亂，以天地人物，分上下兩卷。上卷天文之類，下卷地物之類，亦有因字母而連及之者，不盡拘於一例。

一、是書本左氏傳「止戈爲武」、「皿蟲爲蠱」之文，推而廣之。有四言所不能賅者，以兩句足之。會意爲主，而指事象形附焉。形聲之字，必有意象者及之。編爲韻語。便誦習也。

一、每字注中，首録許君説解。其無關意象者闕之，義有未盡次段氏注，或參以臆見，兼采他説，加一案字以别之。

一、古字非今人所習用，概不闌入。惟與今字異體，或偏旁有從其字者，則音義並闕，亦必收之。挂漏尚多，其細已甚，惟由是以讀許書，較爲易易，故名之曰字泭。

集韻十卷附校勘記十卷 五册

景宋鈔本。校勘記清長洲馬釗撰。鈔稿本。

余聞諸曹復禮師云：陳南園教弟子必以管子、集韻。而弟子秉其教有成書者，管子則丁泳之，集韻則馬遠林，皆絶學也。遠林集韻校勘記稿藏于其外孫曹君直丈箋經室，劉翰怡丈曾爲謀刊未果。及一九三九年箋經室藏書盡散，余亟物色之，果得此于常賣家。案集韻在乾、嘉時，學者所見，莫古于景宋鈔本，諸家率據以正曹楝亭揚州詩局刻本之訛。其本爲毛氏汲古閣景鈔，舊藏吳中周漪塘家，段茂堂首借校勘。此即再從毛本景鈔者，末有茂堂跋，爲文集所不載。遠林即依之作校勘記。余輯南園三百堂文集有此書序，略云：「余同門生馬君遠林，勤于學，好以問，乃就余之訂本録之。失陷于揚州，復覯之。細意繹之，雖身屬戎行，而軍政暇，丹墨不撤手。蓋集韻流傳，祗有局刻本。其景宋本向在蘇周漪塘家，徙售入都，吳姓舫侍郎出重金致之，倩名手寫其副。袁漱六太史來守松江，借副謄正，屬任校役。余轉以屬遠林，遠林遂爲之。取景宋、局刻兩本，互考其得失異同，并參附各説，成校勘記共五卷。至如全部，卷帙繁富，不可旦夕期，則他日請念也。」又云：「今芝蓀欲謀刻先兄遺稿，丁氏韻用功深，惜不及清理全韻，猶幸有此區區之筆墨，享及後賢，導其先路，亦學者聲音訓詁之始基也夫。」據此，則知此書之作，爲袁漱六欲重刊景宋本也。當爲代袁作，故今卷中往往自云「馬釗説」。所據爲南園訂本，故今卷中又有「奂案」字未删。但序作「共五卷」，本非成書，而今本十卷完具，又當經丁泳之輩爲之補益，慮非出遠林一手。邵懿辰四庫簡明目録標注謂汲古閣景宋本爲吳姓舫所得，欲刻而未果，又傳聞之誤也。集韻校者，乾、嘉時老輩多家，瑞安方雪齋既彙爲集韻攷正。猶惜其僅正文字而鮮所發明，不及此書之剖析入微，攷據綦詳，當遠勝方書。今宋刊原書重見于世，冀有好事者付之景印，而以此記附後，自當爲集韻第一善本。至遠林事跡，詳南園序及吳縣志。

有「曹元忠印」白文方印，「君直經眼」朱文方印，「句吳曹氏收藏金石書畫之印」白文方印。

凡汲古閣所鈔書散在人間者，無不精善。此書尤精乎精者也。書成於宋仁宗寶元二年，故太祖、太宗、真宗及太祖以上諱及其所謂聖祖諱，皆缺筆。「禎」字下云：「知盈切。上所稱。說文，祥也。」上所稱者，猶言今上之名也。故空一格，不言諱者，嫌於名，終則諱也。禎不缺筆，蓋影寫失之。或云「禎」字本空白不書，但注云「知盈切。上所稱」。以別於他諱也。自英宗以後，諱皆不缺筆，則知此所影者的爲仁宗時本無疑。但其版心每葉皆云某人重刊，某人重開，某人重刁，則亦非最初板矣。丁度等此書，兼綜條貫，凡經、史、子、集、小學、方言，采擷殆徧。雖或稍有紕繆，然以是資博覽而通古音，其用最大，自明時已無刊本，亭林以不得見爲憾。康熙丙戌，楝亭曹氏乃刻之。今年居蘇州朝山墩，從周君漪塘許借此本，校曹本舛錯，每當佳處，似倩麻姑癢處爬也。凡曹缺處，此本皆完善，而曹所據本與此本時有不同。上聲十四賄，此本以「㮽、益謂履曰屣」六字綴於「隧」字注。曹本則無此六字，而空白二寸弱。蓋最初板當大書「屣」字注云「㮽、益謂履曰屣」，正在曹本空白處耳。余復以己見正二本之誤，他日有重刊此書者，可以假道。汲古閣子晉、斧季印章重重，當時寶愛亦云至矣。百數十年而周君珍藏，可謂傳之其人。周君學問淹雅，又復能作荆州之借，流布善本於天地間，以視世之扃鐍宋槧，不肯借讀者，其度量相去何如也。乾隆五十有九年歲次甲寅，六月十四日，金壇段玉裁跋。

先君遠林公手著校勘記，同治初，芝生公在滬，倩友繕成，潤筆數十金。子若孫幸勿以破書棄之。光緒庚子年湧社敬識。

重修唐韻攷五卷 五册

清元和丁士涵撰。舊鈔稿本。

向疑紀曉嵐提倡漢學而獨無專門著述，反不如其父竹厓之有唐韻攷、玉臺新詠攷異，猶爲攷據家言也。後見玉臺新詠攷異舊鈔本，作者署紀昀名，首序以刻本校之，「乾隆壬申」鈔本作「壬午」，「乙亥六月」鈔本作「辛卯」，「余自雲南乞養歸」鈔本作「予自西域從軍歸」，「林居無事」鈔本作「是歲十月再入東觀」，「乾隆丁丑」鈔本作「戊辰」，「紀容舒序」鈔本作「紀昀書」。恍然知其書爲曉嵐所作，以歸美其親。然則唐韻攷亦猶是也，且與沈氏四聲攷同一筆調，尤足徵出一手。唐韻攷初刻於守山閣叢書，錢熙祚重校，當出張文虎手。再刻於畿輔叢書，錢恂又爲覆校，所補正甚多。是其書美哉猶有憾，故吾鄉丁泳之又有重修之舉也。

此藍格精鈔五鉅册，分上下平、上、去、入五聲，聲各一册。無作者姓名。余於一九五九年夏見之蘇市，賈人云收諸丁姓家。余識其藍格爲泳之鈔本，細驗卷四稱陳奐曰陳徵君而不名，其爲泳之手稿無疑。爲之狂喜，斥鉅金獲之。其書當别有敘例，而今失之。檢卷中所舉例，有曰：凡建紐字依廣韻。曰：凡同紐，序次依廣韻。曰：凡同母而字異者分别書之，仍合一紐。曰：凡同韻、同等、同呼而字異者，分别書之，仍合一紐。曰：凡重切，互見。共五條，可見編次之體。所引羣籍已有莫友芝刻唐本説文木部、日本刻慧琳一切經音義、黎庶昌刻原本玉篇，當爲晚歲所纂。於每字皆推勘入微，攷證極精。不但紀氏本大爲改觀，即二錢所校，亦迥未能及，其用力可謂勤矣。案吳縣志列傳：「泳之，同治庚午舉人。官工部員外郎。幼受業陳奐，以經學著名。積書數十萬卷，閉門謝客。年六十餘猶燈下著述不少衰。貴筑黄子壽聘爲學古堂山長，晉謁見拒。其高尚如此。著有管子釋文、集韻」云云，所述殊略。余幼聞故老言，泳之廿年不下樓，研討丁度集韻，意其必有成書。訪求四十年，得舊題馬釗名之景宋鈔本集韻校勘記十卷，實爲泳之續完寫定。又於張仲仁先生一廛所，見手校以贈許勉夫之本，亦有校文數十條。今見此遺稿，知所治者，又兼有唐韻也。至近出吴彩鸞寫本切韻及敦煌所出諸古寫本，足補是書者，又在後人繼之有作也。

辛壬稿卷二

宋蜀大字本史記校勘記不分卷 二册

清長洲葉昌熾、華亭杜肇綸撰。手稿本。

宋淮南路轉運司刊史記集解，世所稱蜀大字本者，劉文翰怡所藏，特精爲摹刻以餉世，延吾鄉葉菊裳先生爲校勘，松江杜君經侯佐之，詳緣督廬日記鈔卷十六。時在丁巳春夏間。至九月，先生逝世。此即所撰校勘記手稿，蓋絶筆也。六國年表、秦楚之際月表、高祖功臣侯年表、惠景間侯者年表、建元以來侯者年表，皆先生手寫。五帝本紀、夏本紀、殷本紀、周本紀、秦本紀、秦始皇本紀、項羽本紀、高祖本紀、呂后本記、孝文本紀、孝景本紀、孝武本紀、三代世表、十二諸侯年表、建元以來王子侯者年表、漢興以來將相名臣年表，皆杜君手寫，而先生審定之。

史記通行本以金陵局刻張嘯山校本爲最精，此即據以與蜀本對校，爲撰校勘記之初程。所舉蜀本勝義，如高祖本紀「獨與滕公共車出成皋 玉門」，集解「徐廣曰：『項羽紀云。』」校云：「曰，局本作注，案集解引徐義均稱『徐廣曰』，其已見前者，下從略。未有云注某篇云者。此注謂項羽紀云『北門』，門字斷句，下『名玉門』三字，即釋北門也。後人不察，讀云字斷句，以爲北門名玉門，已見項羽紀注，遂改曰字爲注字，殊非集解之例。」孝景本紀「以御史大夫綰爲丞相。」校云：「相下局本有『封爲建陵侯』五字。案惠景間侯者年表及漢書景武昭宣元成功臣表，建陵侯衛綰於孝景六年以中尉封。即此紀『六年春，封中尉趙綰爲建陵侯』者是。特其姓紀、表不同，當是疑以傳疑耳。又漢興以來將相名臣表：孝景後元年，御史大夫建陵侯衛綰爲丞相。與惠景侯者年表合。是則綰之封侯在先，丞相之下，不當有封侯之文。局本誤衍。」孝武本紀「大通將軍印。」校云：「印上局本有『天道將軍』四字。案上云『乃拜大爲五利將軍，居月餘，得四金印。佩天士將軍、地士將軍、大通將軍印。』所謂四印者，即天士、地士、大通并五利，非五利之外，又有四將軍印。不言佩五利印者，蒙上省文也。下云『於是天子又刻玉印，曰天道將軍。佩天道者且爲天子道天神』。則此時未有天道將軍印明甚。若已有此印，武帝又何爲重刻乎？即曰金印與玉印不同，則金印中果有『天道』，當言得五金印，不當言四，且下文又有樂通侯印及天道將軍玉印，并爲七印矣。所謂大見數月，佩六印者又將何解？綜前後以觀，則此文但有三將軍印，斷無疑義。郊祀志亦無天道將軍四字，可爲明證。局本蓋因上云四印，而此但有三，遂致誤衍，實與前後不符。得此本可以正之。」十二諸侯年表「甲午，晉武公稱并晉，已立三十八年。」校云：「三局誤二。案此表晉哀侯二年曲沃武公立。自哀侯三年至晉侯湣二十八年并晉，都三十七年，明年不改元，通爲三十八。故世家云：前即位曲沃，通年三十八年也。局本因上文晉侯湣二十八，遂亦誤爲二十八年，與武公即位年數殊屬不合，得此本而其誤渙然冰釋矣。」又周敬王崩。集解徐廣曰「皇甫敬云，敬王四十四年，元，己卯，崩，壬戌。」校云：「曰下十六字，局本無。局本但有『歲在甲子』四字。案此表上格已標明甲子，徐廣又何必注云『歲在甲子』，其爲譌字無疑。廣撰音義，兼校異同，此表云敬王四十三，而皇甫氏則云四十四，故引以備一説，以資參攷也。上敬字蓋謚之誤。局本失載，疏矣」。建元以來王子侯者年表「尉文，元鼎五年侯犢坐酎金，國除。」校云：「局本無鼎五二字，案此格年數四，不當云元年。王子侯表亦云『元鼎五年坐酎金，免。』局本誤。」凡此不下百十條，均攷據明確，有錢竹汀、王懷祖之風，惜先生殂謝，杜君嗣亦解館，所成祇此而已。杜君名肇綸，華亭諸生。肄業存古學堂，曹叔彦師稱其「詩、禮之學，卓然經師」者也。一九五八年正月卒，年七十六。著有漢讀聲類十七卷，説文通詁十四卷，均未刊。

有「吳興劉氏嘉業堂藏書記」朱文長方印。

宋蜀大字本史記校勘記不分卷 四册

清黄巖王舟瑶撰。手稿本。

劉丈翰怡之覆刻蜀大字本史記也，屬葉菊裳先生撰校勘記，杜經侯佐之。廣蒐宋、元以來諸刻，先據金陵局本，列其異同，並加攷證，僅畢本紀、諸表，而葉先生殂謝，杜君亦解館。踵其事者爲黄巖王玫伯，此即其所纂初稿。自張耳陳餘列傳第二十九至太史公自序第七十，不分卷。其體亦臚列各本異文，并引錢氏攷異、王氏雜志、張氏札記，而已所攷證則甚寥寥。譬諸建屋，木石瓴甋，葉先生已備具，而玫伯爲之斫削蓋疊，粗可庇風雨，至堂宇之奧邃，丹艭之焕爛，則猶有未逮焉。若如葉先生之例，每一刻均如局本之詳校，彙爲一編，庶幾甘泉、建章之鉅麗矣。然簡練揣摩，窮年難成。當時本擬附刊，不得不别取途術也。此稿字體狂草，墨瀋模糊，殊難辨認。較葉稿之筆畫端整，心之靜躁，可以觀治學之所由異矣。

玫伯名舟瑶。黄巖人。光緒己丑舉人。官廣東候補道。著有默盦集。

有「吳興劉氏嘉業堂藏書記」朱文長方印。

宋蜀大字本史記校勘記一百三十卷十八册

清黄巖王舟瑶撰。手稿本。

劉丈翰怡覆刊宋淮南路轉運司本史記，初延葉菊裳、杜經侯撰校勘記，僅得本紀、諸表十餘卷，而於金陵局本之誤脱，攷證極細。未幾葉氏殂謝，改延王玫伯繼其事，嫌舊例之程功無期，乃改弦更張，仿阮氏十三經校勘記，羅列諸本異同，正文頂格，集解低一字。宋刻原有模糊及鈔補，借南海潘氏藏初印殘本，並彙宋百衲本、劉燕庭所集。元中統本、元明間舊刻本、明天順間游明重刻元中統本、正德十三年建寧府校刻元中統本、嘉靖六年王延喆翻宋合刻三家注本、嘉靖六年汪諒合刻三家注本、嘉靖九年南雍本、嘉靖十三年秦藩本、嘉靖十六年李元陽本、萬曆五年淩稚隆本、崇禎元年程正揆本、崇禎十四年毛晉汲古閣單行集解本、又單行索隱本、乾隆四年武英殿本，共十六本合校。他如徐孚遠、陳子龍、鍾人傑、鍾惺各本，或史文不全，或指在評點，均無關攷證，故不復采用。成此校勘記百三十卷，二百餘萬字。一展卷而各本面目燦然具呈，誠爲校讀史記之淵海。當時以卷帙繁重，未及附刻，僅存此手訂原稿。嘗謂清代於經史善本。傳刻頗多，經有阮氏校勘記而史則未聞其匹，今此視阮氏書未知如何。然煌煌鉅帙，前所未有，至此所未收者，若宋黄善夫諸本，則正待後人補苴耳。

劉文藏書刻書之業，爲有清一代之殿，而著作多未成或未刊。此書外，如清詩萃則屬之楊子勤、沈醉愚，希古樓金石萃編則屬之羅叔言，嘉業堂藏書志則屬之繆藝風、董授經，詞人攷略則屬之況夔笙，而碑傳集再續則出於手纂。當時禮致賓客，佐其編校者，又有孫益庵、曹君直、章式之、張孟劬、劉誠甫，皆一時耆宿。其規模之弘遠，氣魄之雄偉，以視鎮洋畢氏，儀徵阮氏無媿色。至金山之錢，南海之伍，瞠乎後已。乃曾幾何時，世變相尋，衰老又迫，積稿盈屋，與牙籤萬軸，先後散爲雲煙，良可慨歎。然其功著學林，必傳頌不朽，斯亦可以稍慰暮年蕭瑟乎？讀此書畢，聊復志之。

有「劉承幹字貞一號翰怡」白文方印，「吴興劉氏嘉業堂藏書印」朱文方印。

三國史辨誤一卷 一册

舊題清長洲何焯撰。吴縣胡玉縉鄦盦鈔本。

緑格。板心有「鄦盦四部稿」五字。四庫提要著録三國志辨誤三卷，此作三國史，又不分卷。行世有武英殿聚珍板本，墨海金壺本，守山閣本，桐華館本，皆不著撰人姓名。提要疑爲陳少章而未敢定。邵位西四庫簡明目録標注附：「孫仲容云，余嘗見漢陽葉氏舊鈔本，題何焯撰。」此亦題古吴義門何焯撰，當與葉本同出一源。自李蒓客攷得錢氏廿二史攷異、諸史拾遺所引陳氏景雲説，皆與之合，文句亦同，而此書之屬于少章始定。余所見義門校古書多有少章録本，而少章自校往往雜出。後之傳者，不加分別，故屬何屬陳，又往往不一。即如此本張照等撰官本攷證，曾引明帝紀「新城太守孟達反」注：「文帝與孟達書『保官空虚，初無資任』，資當作質。」「三少帝紀『正元二年春正月乙丑，毌邱儉反。戊戌，司馬景王征之。癸未，郭淮薨。』乙丑癸未之中，不容有戊戌，當爲戊辰之誤。」數條均作何焯説，是所見之本與提要所據者異。以何、陳師弟所校他書觀之，少章攷據精密，當有出藍之譽。余曾刊其兩漢訂誤，筆調辭氣，與此相類，似非謝山所譏義門紙尾之學所及，故提要比諸三劉之於西漢書，吴縝之於五代史，良是。庫本提要與刊本絶異，庫本提要見原本於「是」字皆缺筆，疑或宋之遺民，爲端宗諱，則大誤，當爲鈔者避其家諱。至周鄭堂讀書記謂承祚國志一手撰定，簡而有法，質而不俚，本無罅隙可議，亦殊不然。或以國志六十五卷，而此辨誤衹五十餘條，故以爲所誤止此，不知少章此書，本名「舉正」，有四卷，見文道十書目。又名「校誤」，有三卷，見王峻所撰墓志、沈廷芳所撰傳。此或其未完之稿耳。

三國志續考證一卷 一册

清餘姚盧文弨撰。鈔稿本。

續考證者，續武英殿刊本所附考證也。考證撰纂諸臣，多乾没何屺瞻、陳少章説，又往往訛謬，在官書中最爲疏陋。抱經所續，旨在糾訂其尤甚者。總目考證云：「臣照案，三國志既無本紀之稱，并無列傳之目，不別異吴、蜀以他稱，統名之曰『三國志』。今考證悉遵壽原書例，不書紀傳等字。」抱經訂云：「壽於魏諸帝皆曰紀，蜀、吴諸主皆曰傳，今南雍本、毛氏本，每篇首題目皆壽所定，其總目則後人妄撰耳。史通云：『曹武雖曰人臣，實同王者，以未登帝位，國不建元，陳志權假漢年，編作魏紀。』又云：『孫、劉二帝，其實紀也，而呼之曰傳。』此陳壽之書有紀有傳之明驗。況目録六卷之下，注云：『列傳今本相沿，亦無改革』，而猥云紀傳不分，良所未喻。既不能改正舊刻總目之失，而當篇標題，又復普爲更易以從之，古意蕩然盡矣。」又卷一標題「武帝操」，抱經訂云：「舊本皆作『武帝紀』，今改作『武帝操』，不書紀，所以自實其無紀傳之言耳。謬妄如此，古書之蟊賊也。」案張照以善書名，史學實非所長，不過以高位領其事耳。而開卷即成鉅謬，他可知矣。卷一考證，抱經謂皆竊何屺瞻之言而分屬之諸臣者也。唯李立侯數説，尚不相襲，立侯爲李清植字。專事勦襲者，謂陳浩、李龍官等也，抱經所考證，盧慎之先生許爲極精極佳，全稿采入所著三國志集解。惜今僅存武帝、文帝二卷，而全書已不可見。據抱經堂文集卷十一楊武屏先生雜諍跋云：「至三十外，見近所刊經史，其改正從前之誤，固大有功矣。而用意太過，則不能無穿鑿之失。校者不一其人，則不能無參互之病。於是始因其考證而續成之。」又，卷九竹書紀年統箋跋云：「今余方著史記續考證未竟，得此書以相參覆，庶可無憾。」又卷十八，上黃崑圃先生書云：「謹先獻所爲古文若干篇，漢書續考證三册。幸先生不棄而辱教之。」此書丹陽太守周昕條案語亦云尚有漢書續考證，不知尚在人間否。

此爲老友平湖屈君伯剛鈔本。有「屈爔」白文方印，「伯剛」朱文方印。

四史發伏十卷 一册

清陽湖洪亮吉撰。清常熟丁國鈞手校本並跋。

常熟顧湘小石山房于咸豐三年刊此書，出太倉季崧耘錫疇手，謂據洪子齡所藏原稿，一一校正補脱。崧耘故擅校勘，宜稱善本。乃今本則亥豕眯目，其先後失次，誤併誤分者不勝舉，卷十竟漏刻第二一葉而不知，不能不致疑于崧耘之言矣。此爲丁秉衡先生國鈞校讀本，于刊本文字之誤，既一一舉正。又于稚存攷證之誤，亦歷舉羣書以正之。稚存書，先生謂係少作，而刊者爲過。然去蕪存菁，亦不無可取。故王益吾漢書補注仍不廢擷摭。先有吳修來校本，大致精審，所采冠以「吳云」，而于洪説之是者，則加朱圈。全書朱筆燦爛，用功殊深。乾、嘉間，常州學者，孫、洪並稱。今傳世著述，洪不如孫，則以無如畢以恬、宋小城輩之助其研核也。先生此校，誠洪氏之畢、宋矣。先生生平學行，曹君直先生曾撰家傳。余得其殘稿，略云：「隨學使者至安徽衡文聞黄先生主南菁講席，以三禮教授，乃歸里受學。元忠始與君相見，引爲同志。因論齒十年以長，遂兄事之。時同門友治經之外，有通州盛壽山治音韻，靜海崔聘臣治算術，武進謝鍾英治輿地，其後各自名家。惟君治晉書，發篋出汲古閣本，則密行小字，朱墨爛然，皆君歷年鈎稽羣籍所心得，遂成晉書校文，黄先生序以行世者是也。暇又探討經典，蒐羅史志，旁及類書、釋藏，加以考核，成晉書藝文志，見者服其精博，以爲錢竹汀之補元史，侯君謨之補漢書不是過焉。當是時海内士夫爲志者，有華陽楊中書叔嶠，錢塘吳侍講炯齋，聞君此著，咸欲以一見爲幸。歲甲午，座主馮侍郎聯堂、黄編修叔頌典試江南，至以兩晉藝文發策，冀或得君。顧君於場前，先以活字版印所爲志，徧贈同試者，遂至不可辨識。及牓發，又下第。侍郎、編修相顧愕眙，曰：『此命也。』明年長沙龍侍郎芝生視學江蘇，見君文，亟賞之。任滿，上疏舉君精通經術，請以訓導用」云云，旋授儀徵訓導，識拔劉申叔于幼年。所著晉書校文、補晉書藝文志已刊行，余于一九一九年秋冬間視大姊于虞山，先生故有姻聯，日與邵伯英松年、鄒介修純福諸老輩茗話于枕石軒，而先生教告尤殷。曾假是書，照臨一通，略得校史之方。其後校讀通鑑逾十年，先生所啓也。歲暮旋蘇，約明春偕赴滬，謁藝風，至南京助校杭州丁氏所藏宋本晉書，乃未幾而訃音至矣。越二十年，先生藏書散在坊肆，再見是書，亟購得之。

有「丁秉衡氏手校」朱文方印，「虞陽丁秉衡所讀書」朱文長方印，「丁秉衡讀過」白文長方印，「海虞書癡」白文方印，「南沙丁國鈞藏」白文方印，「國鈞」白文長方印。

晴窗展卷渾忘食，夜燭讎書誤達晨。便算一生閒事業，可憐無益費精神。鈍丁率筆志慨。

偶閱武陽合志藝文志中載洪先生此書作十二卷，與此刻卷數不合，殆誤。秉衡記于皖垣。

光緒乙酉春仲，以朱筆點讀一過。是書爲太史少年之作，觀書中稱孫淵如明經可見。未經審訂者，故舛譌往往而有。偶取原書對校，遇誤處略識簡端，惜無心力逐條細勘，殊自恨也。秉衡氏識。

是書差繆處不勝枚舉，今北江先生全集中不載，殆亦由此。劉淮生爲余言，郡士多以此書爲非出先生手。攷顧氏校刊時，原稿從先生長君假得，莊氏炘三國疆域志補序亦言先生有此書十卷，則非贋鼎可知。惟是稿原不必流布，顧氏因其名重，遽行刊刻，所謂無益于作者而有害于後學者也。丁亥仲冬秉衡醉後讀識。

顧氏刻此書，校勘之功闕如，遂致魯魚亥豕之訛，不可勝數，真可歎也。因憶前人言名人著述，爲傖楚鈞名刊佈，亦是一厄，信非憤激之談。丁亥仲冬二十九日微雪，讀此破寂，同劉淮生。秉記。

得友人謝鍾英札，言太史補三國疆域志舛誤甚多，現在雜取諸書爲之補正，約今歲其書可成。甚羨其勤學而益歎著述精確之不易言也。秉衡。

秉衡太府君事略

先祖考諱國鈞，字秉衡，爲曾祖考受卿公長子。受卿公有善行於鄉里，行事具見黃元同先生撰傳中。太府君生而岐嶷，性通敏。髫齡出就外傅，即不喜攻帖括，覃粹經史，晨夕不釋卷。弱冠游於庠，旋以經古試高等，食廩餼。省試薦而不售者再。太府君性曠達，絶不以功名得失爲念，慨然有游名山大川之志。游幕閩、皖間者有年，所至皆禮以上賓，以所閱歷證其心得，未嘗一日或廢學。倦游返里，益肆力於古。入南菁書院肄業，主教繆菽風、黃元同兩先生先後識拔之爲高第弟子。由此博通羣籍，載筆立言，所學具有家法。龍學使按部所至，聞名傾倒。光緒丁酉，將去任，於勵賢崇化疏内，保舉精通經術，請以訓導用。旋選授儀徵縣學。莅任後，提倡實學，多士翕服。以力爭富賈冒籍事，爲郡守某所懟，遂解職歸。先是數年間，龐絅堂、王勝之兩先生先後督學湖北，招致衡文，一時稱得士。嗣江蘇高等學堂開校，聘授經學。宣統初元，省垣奏立江南圖書館，佐館長經始其事，手定書目，創立規程，燦然大備。次年，大府續修江南通志，復與其事，多所贊助。改革事起，浩然歸里。自此斅門著述，不問世事。雖有知好招致，終不復出。每於風晨月夕，徘徊於石梅林麓間，茗坐婆娑，與二三朋輩討論今古，翛然有出塵之想。太府君氣體素强，習勞攻苦。祖母歸太夫人來歸，家政一以委之，得專力於肄古。課子不嚴而有法，先考辰士府君，承其家學，文章斐然。弱冠游庠，即入學堂肄業，由高等躐大學，駸駸成材矣。不意中道徂殞，太府君哭之慟。先兄時甫七齡，親撫育之，又以羸疾夭卒。自此晚境摧傷，隱憂成疾，而體亦憊矣。邇來常患脾泄症，至去秋而益劇，今冬氣血稍充，健步如昔。篝燈撰述，輒至深更。十一月十七晨，早起觀書，方呼盥嗽，猝然暈倒，不省人事，至翌日丑刻而溘然長逝矣。嗚呼痛哉。子一，即先考，妣陸氏，俱先卒。女一，適周，任爲周出。自幼撫爲孫。生於咸豐壬子九月二十九日，卒於民國己未十一月十八日。春秋六十有八。所著書有補晉書藝文志四卷、晉書校文五卷，荷香館瑣言若干卷，待刊。不孝等既未盡孝養於生前，又不克奉楹書于身後，罪戾山積，痛不能言。維念先人懿媺，不忍湮没，含淚濡墨，謹陳一二，伏冀當代立言君子，賜之銘誄，以光泉壤，感且不朽。棘人丁侯同任泣述。

宋遼金元四史朔閏攷二卷 一册

清嘉定錢大昕撰。清嘉慶二十五年阮福刊本。清嘉定錢繹手校本並跋。

朔閏爲治史者所必究，尤以宋、遼、金、元四朝，時憲甲子不殊，而朔閏互異，最易糾纏。竹汀爰有此攷之作，而門人李鋭、猶子侗遞爲增補，凡采書數百種，金石二千通，可謂備矣。而小廬猶據浙中石刻，增補數條，誠學問之無窮也。卷下「光宗紹熙三年三月癸酉」。增云：「又見水樂洞李隸淨化院經幢。」「寧宗嘉定七年二月」。增云：「嘉定七年二月當是丙申朔。據上虞縣等慈寺九獅橋題字石刻『嘉定七年二月初六日辛丑』逆推得之。」「理宗嘉熙三年十一月」。增云：「丙寅，以王淦墓志銘『十九日甲申』推得。」邇來地不愛寶，貞珉日出，不難依其例而再加增補。小廬所著方言箋疏最爲精核，又有十三經斷句説稿本，聞已流入海外，爲足惜也。

有「紅稻邨農」白文方印。

此書爲先世父宫詹公未竟之作，經高足弟子李尚之及伯兄亦軒，季弟同人增補乃成。旋又得阮宫保爲之訂定，其弟梅叔刊行。校閲之下，亦據浙中石刻增補二三條，因追憶同人推算此書，致奇疾而卒，忽忽幾及十年矣，不禁泫然。道光癸未臈月，姪繹謹識。

竹書紀年二卷 二册

明刊本。清吳江吳育手校。

汲冢所出竹書紀年，亡於兩宋之際。今本二卷，乃後人蒐輯諸古書而成，又經明人竄亂。然徐文靖、陳詩、雷學淇、洪頤煊、郝懿行、林春溥、陳逢衡諸家治之甚勤，則以唐前古書，藉存一二，猶足以資攷鏡，亦如古文尚書、孔子家語雖僞而不廢焉。嘉定朱右曾專輯古書所引竹書爲汲冢紀年存真，王國維益擴之，撰古本竹書紀年校輯、今本竹書紀年疏證，其書可與閻若璩古文尚書疏證、孫志祖孔子家語疏證並傳。吳育在嘉、道間未見朱氏書，故猶循徐文靖、陳逢衡塗轍。分朱墨兩筆，於地理尤詳。如「帝嚳元年，帝即位，居亳」。朱筆云：「今江南亳州。」墨筆云：「史記五帝紀注：『都亳，今河南偃師是。』江南亳州恐非。」自注而自駁之，蓋先後之見不同。又「外丙元年乙亥，即位居亳，命卿士伊尹。」引陳逢衡集證云：「唐、虞以來，喪制俱三年，夏制或一年、二年、三年，視其君之賢否。殷自外丙後，無不踰年即位者，豈以伊尹之賢，而顧作短喪之禮哉？蓋外丙以前，至除喪後始即天子位，行吉禮。殷制，則先即天子位，仍居喪三年而後行禘禮。世變則禮亦變，非短喪也。」山子駁之云：「唐、虞、夏皆授受相承，其有天下者，德皆足以孚人望，定民志。故雖不正位而自帖然就服。即夏始傳子，亦卜之於天，驗之於人，未嘗以私與乎其間。而其後習以爲常，世世相承，無少更變，故亦可不急於正位。至殷而始征伐，民之耳目，駭然瞿見，人心未靖，衆志未孚，不先即位正名，何以號召天下？此金履祥以湯誓之『王曰』爲非追書，而爲當時之實稱。蓋亦聖人所不得已，而亦風會所趨如此。」其言審度時勢，實爲明塙。惟引三墳補逸、申培詩説諸僞書，則不無可議。

育字山子，吳江人。兆騫之後。光緒吳江續志載其從孫仁傑之言曰：「少時見育手評史記、漢書、三國志，其子汝庚爲之重録。六安晁氏刻説文解字，其篆文乃育所書。」於其生平殊略。而光緒武陽合志於寓賢云：「吳育，字山子，吳江人。祖兆騫，世所稱漢槎先生也，育年二十一，婚於常州陸氏，依外舅以居。少涉經史百家，能古文辭，工四體書，篆法尤美。生平游歷燕、楚、豫、粤、越，幾三十年。卒於常州。」蓋離鄉已久，雖其族人亦不能知也。

案劉逢禄劉禮部集歲暮懷人詩小序：「心通倉、籀，筆勒金石，吾不如吳山子。」育與李兆洛善，兆洛輯駢體文鈔，育爲之序。曾見兆洛與毛嶽生手札，知黄汝成日知録集釋出於育手，蓋久客傭書，無赫赫名。近繆荃孫刻其文集入煙畫東堂小品，始有知其人者。

竹書紀年余舊藏明謝恒手鈔，馮舒手校長跋本。於一九□□年冬，無以卒歲資，與他善本數種，歸之吾友周君叔弢暹，惜未及與此一校。生平所獲，不乏舊槧名鈔，乃貧不能守，多作過眼雲煙，徒供回憶，此其一也。

五代史補五卷

宋潯陽陶岳撰。清乾隆五十九年秀水陳氏紫藤書屋叢刻本。清吳縣黄丕烈據明常熟趙琦美鈔本手校並跋。

蕘圃于嘉慶十九年冬得崑山徐氏傳是樓藏本，源出常熟趙玄度鈔以贈秦酉巖者，以朱筆詳校。案晁氏郡齋讀書志、陳氏直齋書録解題皆云一百七事。馬氏文獻通攷兩引皆同。乃汲古閣刻本僅一百四條，脱去三條，傳世舊鈔本，莫不皆然。幸王明清揮麈餘録引毋昭裔刻文選一事，可補其遺。見四庫提要及顧千里跋。而觀徐觀卿跋，已先攷得之，顧王阮亭既疑不能决，周鄭堂又謂晁、陳皆誤記，何耶？今刻本多誤，鈔本足以正之。尤以「一作」之本爲勝。如僧賦牡丹詩條于「且問曰」下脱去十七字，則江南國主竟自稱老僧，文理尤不可通。至「胡奴」「戎虜」等字，刻本皆經改易，則當時有所忌諱也。今別爲校記附後。觀卿名駿，康熙癸巳進士，健庵第五子。健庵卒後，坐法誅，自與朝局黨援有關。「清風」「明月」云云恐係傅会。其藏書題識往往遇之。而葉氏藏書紀事詩有章仲而遺觀卿，所當摭補者也。

此本與五代春秋、五國故事合訂，著録于陸氏皕宋樓藏書志。陸書東渡，不知何以遺漏而入劉氏嘉業堂，未淪異域。一九三七年倭寇陷蘇，翰怡丈平門寓所書籍文房悉被掠，此書展轉爲余所得，又未付劫火，均可謂天幸矣。

有「烏程沈氏補讀書齋藏書」朱文長方印。

右五代史補五卷，潯陽陶岳撰。每代爲一卷，凡一百四條。岳，雍熙二年進士。

右五代史補五卷，已丑六月八日，趙玄度録成見贈，中多有未寓目者，殊可喜也。西巖山人望日漫題。

康熙乙未四月竹醉日，清景山房校閲再過。

王明清揮麈録餘話毋昭裔貧賤時，嘗借文選于交游間，其人有難色。發憤，異日若貴，當板以鏤之遺學者。後仕王蜀爲宰相，遂踐其言，刊之。印行書籍，創見於此。事載陶岳五代史補，此編事實雖散見諸書，卷帙亦與序相符，獨遺毋昭裔事，想未爲全書，或繕寫人手倦删去。鈔本書最患此病，先公所收，善本絶少，每爲廢卷歎息。甚矣校勘之難也。雍正二年八月武塘别墅，徐駿手跋。

甲戌冬孟，以舊鈔本校，每葉十八行，每行二十二字。末有徐駿跋，係手迹，謂之徐本云。案此爲莼圃筆，在序首。

附校記

條目	原文	校文
序	聲教未浹於邊隅	華夏
卷一	梁二十丨條	一
太祖應讖	識者以八牛乃姓字	朱
王彦章入軍	而彦章嘗丨求爲長	一作堅
楊凝式佯狂	其如千載之後丨何	云云
楊行密錢塘侵掠	識錢鏐丨必亡	爲
	上加艸爲芒	無
	穿眼斫頭之論始止	正
	雖瘉	愈
楊行密詐盲	吾不幸臨老丨兩目	而

如此

男女卑幼┤　小

坐於中堂　止

其僕妾嘗所無禮者　婢僕

會有客自外入　至

朱瑾得戰馬

其爲禮待┤加於諸　一本作特

將數等

┤事辦矣　吾

王建犯徒

大奇┤當時何處得　哥一作奇

此好膏藥來

鍾傳重士

遂以五千貫贈　贈浩　無

羅隱東歸

每於尊師接談　與

則老婆之願也　婁

鄰主爲姪　王

鄭準作歸姓表

得非方相輕之甚耶　無

曹唐死

爲大小遊仙詩

各百篇┤　一作首
杜光庭入道　┤僖宗所重　爲
佘朱先生上昇　涪州相待　無
上藍遺鍾傳偈　作偈以授┤　傳
柳條堪作打鐘槌　鍾
打鐘之偈　鍾
僧貫休入蜀　僅┤百餘人　一作及
貫休與光庭嘲戲　因舞┤轡於通衢　一作竝
卷二
太祖號獨眼龍　酋長以其異生┤諸　一作命
族傳養之
淮南寫太祖真　畫其臂弓撚箭之狀　一作畫其辟目挂弓撚箭之狀
案此舊校在上方
仍微合一目┤　一作眼
莊宗能訓練兵士　不得違┤晷刻　一作著
則衆┤齊作　樂

莊宗爲縣令所諫　可以指麾┤百姓爲兒　一作呼
吾知汝當死罪　罪當死
明宗入倉艸場　一旦幸倉場觀納時　草
懼得其罪較量甚輕　罪其
倉粮┤起自始也　加耗
高季興據荆州　本陵┤州陝右人　一作陜
王氏據福建　自稱留後　晉
議者以爲潮┤蕩禍殃　水
彼時┤亦一好世界　一作處　作
蓋┤國之興衰　一作豈非
皆冥數先定矣　也
孟知祥般家　天下聞知┤樞密　一作安
誰知只銷此┤百金耶　一作比
孟知祥平董璋　季┤鎬爲知祥判官　季一作李
自書一字以遺董璋　寫　書
房知温從事入冥　既┤見其人衣紫據　入

案而坐

攜以鼎鑊刀机一作　鋸　無

鋸之具至

澤領而寘于丨懷　一作諸

仍於懷中探取丨封　一作所

物付知温

宋齊邱投姚洞天

齊邱用市紙筆丨　墨一作筆

爲丨詩咏以投洞天　一有長字

挹丨飛蒼走黄之辨　一作抱

黄損不調

以此書投於公卿閒　門一作間

何仲舉及第

一作張　案作張非是　案此係舊校

知汝有文且速敏　敏速

事皐未嘗暫懈丨　惰

有沈彬廖凝劉昭禹尚顔　一作賢

丨齊已虛中之徒

乃間氣爾　閑

徐寅擯棄　一眼蕃人　胡奴

鏡新磨狎侮　　敬下同

僧昭〡説〡踏錢　　一作韶　牛

慮人恐〡踏破汝錢　一作爲

昭〡師笑曰　韶　案此小注

卷三

高祖先兆　分投〡捕逐　一作頭

馬希範奢侈　莫不〡大興土木　□

以建康府庭其最　臺

爲壯麗者

等殿之成也　寺

相顧〡憂色　有

以爲邊隅推奉　戎虜

丁思僅謂〡馬希範起義兵　一作説

馬希範殺高郁　蓋遣此計　此遣

今汝〡誅郁　若

李昪得江南

馮道修夫子廟

歐陽彬入蜀

戴偃擯棄

安重榮叛

彭夫人怒報恩長老

殆必有損足丨焚巢之患　是損是一作折足

潤州方丨隔一水爾　一作才

以待徐溫之丨至　一作溫

汝于兄弟中有大功者耶丨　一作也

須借丨雪取古人名　一作指

明朝丨日出　一作日

因以一絶書之判後　無　狀

我貧丨而至此耶　貧一作何負

願分爲半以資路途　其

其爲文辭近而理真　理而

大抵務以魚釣自娱爾　漁

□鴉生五色雛以爲鳳　有

且王姓安氏曰丨　一作者

安得對妾而發丨　之

夫人可丨答弟子是　可一作何不

彭家女馬家婦

趙在禮拔釘錢	每歲丨一千	率錢
僧洪道	至誠之所感也如此	行
僧齊己	悶見唐丨風雅容缺	□
	老負娥眉月丨	一作約
	閉看雲水心	閑

卷四

上藍寺石榴識	明享祚丨不過二世矣	俱
樞密使擅替留守	白文珂在高祖麾下	太
	吏駮去報守思曰	驟
	留守大驚	守思
	索取貨錢物者	貸
武行德察冤獄	往往以私鹽中人者	云
	於菜藍中獲鹽數斤	籃
	汝離丨家以丨來	一作誰　一作而
張少敵抗議嫡庶	竟丨栽柳樹不栽槐	一作覓
馬希蕚囚于衡陽	尤□□鈸	能弄

高從誨母夢　雖大┤夫不如也　一作丈
以劒刺岸邊┤而壓殺之　一作崩
安審琦惡釋氏　縱步而蹤困┤室至中門　而蹤困一作己從闖
梁震裨贊　兵雖小┤而勢甚大　一作少
但充召┤而已　一作郎君
趙惟則廉介　自言嘗爲此宅閤┤吏　閤一作閣
廖氏世胄　或者┤曰　一作諫
偃以天策府列校　爲
欲┤不與其可得乎　使
爲洪州連┤昌縣令　一作建
┤其印缺其一角　都
李皐草謝馬表　軍亦有偃月營　無
沈彬石槨　自稱進┤士　一作處
營別業於鐘山　鍾
李中令好戲　隣道持賀禮使畢至　無
裴長官捕蝗對　其┤對狀曰　一作具

卷五

篇名	原文	異文
高祖征李守真	引弓將射之	無
高祖以讖殺趙童子	趙氏之讖甚丨應於斯	一作其
	知王者不死信矣哉	
高祖圍兗州夢文宣王	得非夫子幽贊所及耶	取
	仍以廟側數千家爲	十
	洒掃户	
	命孔氏襲文宣王者	及
世宗問卜	忘丨其名	名
	常記曾祖以來遺言	嘗
世宗誅高平敗將	于是立功之士	至于
	以次行賞	亦于是日
世宗面諭江南使	爲□□道以湊御	鹿項
	含近事遠	華　夷
	今又聞汝以□説	詞
	寡人罷兵	

恐非四方所能敵丨　一作及

世宗詔陳摶

賜之書丨　曰

白雲暫丨駐於帝卿　莫一作暫　鄉

世宗問相於張昭遠

曾不聞才略如何耳　何如

不然則丨爲國患　一作必　晉

臣所丨首舉之者　以

豈有答禮丨儀　一作拜

世宗上病龍臺

大　舊校上朱筆

㳂邊城壘　淞

探邏是丨實　一作得

世宗之在民間已丨　一作也

幽者丨爲燕丨　一作州　地

郭忠恕責馮道江爲臨

前功業並棄　無

刑賦詩

仍於囊中得所撰表章丨　艸一作章

乃索筆爲詩曰銜皷侵　高季迪臨命詩頗類此

	人急西傾日欲斜黃泉	案此亦係徐駿語
	無旅店今夜宿誰家	
張昭遠疑太元經	未可知已丨	也一作已
馮吉好琵琶	道自以爲戒勗極矣	最
韓熙載帷箔不修	每延請賓客丨	一作賓客請謁
	無不曲盡丨	也
何承裕恢諧	與翰林陶穀素不叶丨	一作協
	亦預扈從之數	無
	何知丨之	一作銜
	動以滑稽爲務也如此	嵇
僧賦牡丹詩		徐駿案五燈會元此詩乃
		法眼禪師作此云謙光作
		又無檢飲酒如常不類禪
		宿當安所依據耶
	國主常以從容丨語及	客一作容
	釋氏果報且問曰丨	吾師莫有志願否寡人固

欲聞之謙光對曰

鬓丅從今日白　一作髮

吳丅國地去京師三　越

千餘里　里餘

契盈屬對

五代春秋二卷

宋河南尹洙撰。清乾隆五十九年秀水陈氏紫藤書屋刊本。清吳縣黄丕烈據崑山徐氏傳是樓鈔本手校並跋。

此書原在河南集中，而世有別行本。四庫入存目，提要謂「筆削頗爲不苟，多得謹嚴之遺意。知其春秋之學深矣」。而周中孚鄭堂讀書記則謂：「是書全仿春秋，謬妄已甚。即如晉人、燕人、趙人、秦人、吳人、楚人等稱，史家於敘事中貪其文省，用之則可。若以此摹效春秋筆法，豈非笑端？」蓋褒貶之不同如此。惟邵晉涵謂：「尹師魯五代春秋，論者多病其太簡，然于十國興廢大事必書，視歐陽史之不載于紀者，爲得史法。」華湛恩謂：「李氏即位，號曰後唐，特書謚法曰『神閔皇帝』、『神德皇帝』，推崇異于四代，明梁不得以繼唐，惟後唐可以繼唐而無愧也。卓見特識，超前絶後。」爲能抉其所長。至年月紀事之舛，攷之正史，固所不免。

此爲蕘圃據傳是樓鈔本校。其異文是非互見。而「胤」作「胷」，「弘」作「弘」，爲避清帝諱，知爲乾隆初鈔本。惜未著其所自出耳。亦著録于陸氏皕宋樓藏書志。有「烏程沈氏補讀書齋藏書」朱文長方印。

甲戌十一月廿有九日偶從坊間借得傳是樓黑格鈔本校一過。鈔本每葉二十二行，每行二十字。計十二番。稍有異字，較此新刻殊勝。老蕘。

五國故事二卷

不著撰人名氏。清乾隆五十九年秀水陳氏紫藤書屋刊本。清吳縣黄丕烈手校。

蕘圃以朱筆詳校，不著所據何本。以五代史補、五代春秋二種均據傳是樓鈔本校，疑此亦出自徐氏本。此陳刻首有余寅題詞云：「吾鄞少司馬范公建天一閣，多藏書，此蓋瑣品之一。」又云：「范司馬喜刻古書，此編已入丹格，未及梓而殁。余遂序而存之。」是余寅曾據天一閣本梓行，即四庫所收，而此爲陳氏所翻刻。惟提要稱「萬曆中太常寺少卿余寅題詞」。此則無署銜爲異。乾隆五十二年癸巳，鮑廷博據明劍光閣鈔本，有錢遵王、陸敕先借録題名者，刻入知不足齋叢書，吳長元跋謂向無刊本，則雖以錢、陸、鮑三氏之博覽，亦未見萬曆余刻。余以鮑、陳二刻與黄校並觀，乃互有短長。如鮑校所引别本，多與陳刻、黄校合。鮑刻所留空匡，陳刻、黄校皆不空，案之文義，亦不當空。吳長元跋謂：「吳任臣採録此書最詳，獨遺徐知誥取知客綃巾及王延羲褰幃整花二事。細案之，亦他本所佚也。」今陳刻于褰幃整花事亦缺，而黄校則儼然具在。余寅又刻五代史補、五代春秋，見莫氏郘亭知見傳本書目，不知共有幾種。而劍光閣鈔本在壬寅仲春，當爲萬曆三十年，相去不遠。即陳刻亦僅後鮑刻七年，惜無序跋，不識曾見鮑刻否。四庫提要所據爲吴焯藏鈔本，丁氏善本書室藏書志有據余刻舊鈔本，凡此均足供讀是書者之探討焉。此亦著録于陸氏皕宋樓藏書志。

有「烏程沈氏補讀書齋藏書」朱文長方印。

徽欽遺事六卷 二册

佚名輯。清常熟胡可大手鈔本並跋。

收書六種，種各一卷：曰南渡録，曰竊憤録，曰竊憤續録，曰南渡大略，曰北狩聞見録，曰阿計替傳。惟南渡大略爲自來目録所不載，餘皆習見者。南渡大略不著作者姓名，自靖康元年丙午二月初二日，金人圍京城起，至紹興二十二年春欽宗崩止。排日記載甚略，無出他書外者。蓋昔人于徽、欽事類輯成書，亦猶靖康稗史，皆所以志辱國之痛也。此爲嘉慶丁卯常熟胡可大借王式金藏本傳鈔。虞山多藏書舊家，知必有所本，惜跋文未及。案丁祖蔭常昭藝文志，胡可大字雨京。諸生。著有蓴輝樓散録，見支溪詩録。王式金字聲谷。乾隆壬申舉人。著有讀詩臆説、尚論篇、空谷集，其書今皆未見。

國難睹記一卷 一册

題「草莽東海波臣瀝血謹記」。鈔本。

作者稱草莽，稱瀝血，自爲明臣。當易代之際，有所顧忌，故不署真姓名也。李自成軍破京師，一時朝野蒼黄，咸出目睹。雖簡略，自是翔實可信。尤以所謂受僞命諸臣名單云：「親見粘貼欽授職銜中門，其屬風影者不敢列。」與得諸傳聞者不同。後附吴三桂致聖祖玄燁書，蕭穆敬孚類稿卷九有記，謂確爲三桂當日所上原本，非他人所能僞託，又謂其中有可疑者三事，不甚可解，只可存疑，未敢懸揣爲定。先後兩説矛盾，若以事實爲證，三桂不應有此諸誤，似以後説爲長。鈔者青雪生有兩跋，知與侯峒曾、黄淳耀同爲嘉定人。昔年余輯紀年叢編，章式之先生以所藏稿本之可印者開目見示，先生未幾謝世，四當齋藏書，捐贈燕京大學圖書館。顧君起潛廷龍適典館事，因託其傳鈔十餘種，此其一也。

中吴紀聞六卷 一册

宋崑山龔明之撰。明弘治七年邑人嚴春刊本。清吴縣沈欽韓手校本。

首明之自叙，次弘治七年知崑山縣事慈溪楊子器新刻序，次目録，末至正二十五年盧熊記。每半葉十一行，行二十一字，四周雙闌，板心上下細黑口。白皮紙印。字體樸茂，大似元刻。各家書目著録，亦往往誤爲元刻。近武進董氏誦芬室重刊，亦然。則據至正盧熊記而失去楊子器新刻序也。蓋自淳熙元年明之自叙，至弘治七年未有刻而傳者，此實爲第一刻。世行毛子晉刻本，經其子斧季借葉氏菉竹堂鈔本校過。葉鈔亦源出盧氏，兩本文字稍有異同，而此本多留墨釘，尤見謹慎。伍氏粵雅堂據何義門、袁綬皆校本重刻，多由臆定。此沈小宛校亦然，故互有異同。

小宛熟于兩宋史事，所綴案語，不但可爲明之諍友，且殊有助于知人論世之資。卷一范文正公條，「范文正公居母喪，上書宰執，……時王文正公曾爲相，見而偉之。」案云：「按宋史，宰執乃晏殊也。文正公集有上宰相萬言書，題云『丁憂人范某』，此獨言王沂公，而略晏宣獻，失之矣。」丁晉公條案云：「大奸慝爲鄉里之玷，娓娓叙述之，何意也？」又案云：「以上叙述，若不知史學者，竟不識爲宋時第一等奸臣也。文詞之抑揚輕重，豈不大有關係哉！」紅蓮稻條「至今以爲佳種」，案云：「此早稻出占城者耳，非佳種。」太一宫條案云：「此所言與石林新語同，此乃東太一宫。」蘇子美條「囚衣槃方良」，案云：「此黄魯直借假借字爲本韻，其實罔兩字不當押十陽韻也。」趙霖水利條案云：「按圍田者，圍湖爲田。當時如鏡湖之廣，變爲平地者，皆圍田之害之也，見宋史食貨志。今之圩田也，前年至直隸雄縣道中，見北人亦如是作之，此直隸所以多水患也。」皐橋詩條案云：「皮是流寓于吳，陸乃吳人。故兩人贈答之意，各相謙讓，最爲得體。」春申君條注，越絶書云「吳伐楚封春申君於吳」，案云：「越絶書無此語，不知何三家村話？越絶第二卷：『春申君，楚考烈王相也。烈王死，幽王立，封春申君于吳。』第十四卷云：『幽王嗣立，女環使李園以吳封春申君。』」丁晉公拜老郁先生條「先生惶懼，大聲呼之曰拜殺老夫矣」案云：「弟子拜先生，有何消受不起，而形諸筆墨，可謂鄙夫矣。」卷二姚氏三瑞堂條「閶門之西，有姚氏園亭，……東坡先生往來必憩焉」。案云：「按吳郡志，乃楓橋姚氏也。東坡只是題寄，未嘗與其人識也。」卷三三高亭條「江東步兵張翰」案云：「按晉書文苑傳，江東步兵是翰不羈之目，猶魏收之稱驚蛺蝶耳。翰之官止于大司馬東曹掾。宋人著書不稽如此。」郟正夫條附「公初授睦州團練推官」云云。案云：「如所云，則亶乃一逢迎新法之小人耳。往時見文温州林所著琅琊漫鈔，極詆于忠肅謙而美徐有貞爲再造功。竊怪其護庇鄉曲，不顧公論。觀此乃知吳人好攞虛架，諛其氣類，有由來矣。」張翰條「仕齊王冏」。案云：「按文末當有一『府』字。」賀方回條「初方回爲武弁，李邦直爲執政時，力薦之」。案云：「爲奸人所援，亦不直一錢。」南園詩條「黄州之詩不過寓意耳」。案云：「王黄州名禹偁，號元之。按元之終於蘄州，不當稱黄州也。」卷四范忠宣公條「遺表有云」案云：「遺表爲李端叔之儀手筆，東坡客也。」思賢堂條「益以唐王常侍」案云：「王名仲舒，韓昌黎集有碑，唐書有傳。」鄭希尹條「落職致仕守鄱易」案云：「南宋時，凡致仕而再起，謂之落致仕，諸家文集中多有。而校書無學者妄添職字。」執爨詩條「家奴曰『試爲我吟一燒火詩』云云」，案云：「按此説已有太平廣記中，而撰此書者不學，以爲其人所作。」慧感夫人條案云：「按此即今之天妃。東西洋考云：天妃世居興化府莆田縣之湄洲嶼。五代時閩都巡檢林願之第六女，生于晉天福八年。以雍熙四年二月二十九日昇化。」欣夫案：小宛案引與東西洋考有出入。元少保條案云：「此王介甫私人耳。取宋史禮志證之，便不直一錢。」中吳條「東漢分會稽置吳郡」案云：「順帝永建四年，陽羨周嘉上書請分。」信義縣條「俗遂訛爲鎮義」案云：「今又訛爲進義，去崑山縣治十八里。」蠏條「吳越春秋云」案云：「何不云國語，陋哉！」卷五閭邱大夫條「東坡謫黄州，時公爲太守，與之往來甚密」。案云：「按東坡集，黄守但有徐君猷，無閭邱。東坡通守杭州時，有蘇州閭邱君家飲酒詩。亦只此一面也。」「東坡嘗云蘇州有二邱，不到虎邱即到閭邱」。案云：「按東坡集自注云：『太守王規父嘗云，不謁虎邱，即謁閭邱。此東坡述他人之語，非自語也。」卷六樂菴條「因上疏論后戚不當居樞筦之地」。案云：「后戚指張説，由都承旨拜簽樞也。」昔伍刻附義門案語于跋尾，今亦備録之，他日有重刻者，或有取焉。

據楊序云：「命邑義民嚴春刻而傳之。」又云：「春知重文事，所爲多義舉，即是可以見矣。」攷春先於成化二十三年刻有唐甫里先生文集，是其喜刻書，以表章鄉里文獻，宜爲楊氏所贊歎，亦爲攷吾郡刻書掌故者所當知也。舊藏小宛致許梟舟兆熊尺牘，有云：「中吳紀聞新本最謬訛，今以此本附上，乞就舊本校之。」所謂舊本，當即指此。其後必又向許借讀，故卷中有許氏諸印。

有「光福許氏藏書之印」白文長方印，「許氏孚周」朱文方印，「修竹山房」白文方印。

吳中舊事一卷 一册

元吳郡陸友仁撰。明隆慶元年，吳縣顧德育手鈔本並跋。清長洲顧若霖手校並跋。吳縣徐康、常熟丁祖蔭手跋。

是書四庫所收題永樂大典本。檢提要，乃以大典所載校補刊本譌脱耳，不著所據刊本爲何本。今傳世刊本，有乾隆時函海本、嘉慶時墨海金壺本、光緒時望炊樓本。民國四年文明書局廣四十家小説本，疑所據爲函海本。各家藏書目皆鈔本，而鈔本則莫古于此顧德育手鈔者。蓋出自文徵明藏友仁手書本也。全書二十九葉，白紙烏絲闌，每半葉九行，行二十字。小楷工絶，似停雲館。乾隆三年顧若霖以朱筆精校，並加「停云」朱文圓印，以識所本。而「髯」字圓印，則曾經何義門鑒定者。後入趙氏舊山樓、丁氏緗素樓，歷歷可攷。瞿氏鐵琴銅劍樓書目著録者，驟視似即德育鈔本，而無收藏印記。據丁氏所見，乃稽瑞樓傳鈔本耳。名人真跡，閱三百九十五年後，仍觸手若新，誠爲吾蛾術軒中鈔本之上乘也。

案德育、若霖均載葉氏藏書紀事詩，而事跡甚略。自封面所録馮元成集、王世貞跋，及攷嘉慶重修碧鳳坊顧氏族譜，悉若霖字雨時，一字懿儒，號可潛，又號懷古。監生。考授州同。生于康熙廿七年十一月廿五日，卒于乾隆十一年六月廿五日。著有尋花詩、懷古詩稿、詩評、可潛過眼録、書法、畫法、堪輿指迷、北郭雜著、經史辨證。許廷鑅撰墓志銘：「若霖詩歌古文外，兼工書法繪事。晚年留心内典，喜談禪，又號不緇道人，繪逃禪圖自娱。喜購未見書，及古彝鼎名書畫，終日摩挲不倦。人知先生嗜古成癖，不知其抑鬱無聊，假此以消遣世慮耳。」皆可補其闕。若霖所藏宋、元秘笈，傳至孫珊號聽玉者始散。多歸黄氏士禮居，此册經其鑒藏，朱印纍纍，可見其珍惜之意。據徐跋，舊藏顧氏藝海樓，蓋湘舟爲若霖族曾孫。丁跋由「顧仲子印」疑其爲兄弟行，今觀其刀法印泥，與若霖諸印皆同，未必爲湘舟所鈐。

有「勤有堂」朱文長方印，「顧中子」白文方印，「☰☷」朱文圓印，「顧霖印」朱文方印，「懿儒」白文方印，「茂苑顧氏世家寶玩」朱文大長方印，「髯」朱文方印，「停云」朱文圓印，「曾在舊山樓」朱文長方印，「趙次公真賞」朱文方印，「愚公」朱文長方印，「非昔元賞」朱文方印。

余嘗見陸友仁書吴中舊事一卷於衡山先生几上。後數年過蒼雪館，見已裝帙，且用「松雪翁印」印之，遂假歸，亦録一册。仍繫徐顯克昭所著稗史雜録友仁小傳于後，以見非松雪翁筆也。隆慶改元丁卯四月，安雅生顧德育記，時年六十又五。

乾隆三年九月二十七日，借舊刻本校勘。案：此爲顧若霖手跋。

顧先生於文衡山先生稍爲後輩，楷法深得唐碑間架。曾得蘇書金剛經墨迹，遂雙鉤木刻，用白宋紙精印。後有吴匏翁題字。此卷爲顧先生墨迹，向在顧氏藝海樓，今歸於舊山樓，其善寶之。同治庚午仲冬，子晉徐康。

顧德育初號少潛，晚稱安雅生。吴縣人。抱甕灌蔬，以資朝夕，暇則垂簾焚香趺坐。尤好讀書，得異本，必手鈔至數十百册。詩法岑嘉州。字法鍾太傅。馮元成集。

德育書法酷似徵仲，惟老密處有別耳。王世貞三吳楷法跋。

案以上兩則疑爲趙宗建書。

顧德育，字克承，一字可求。吳人。樂安令蘭子。家貧好學，手録幾數千卷。蘇州府志、藏書紀事詩。菰里瞿氏所藏稽瑞樓寫本，即據此傳録者。間有校改之處，如一葉第六行大父上增寫外字，五葉第十八行黄外及改作黄外反。瞿目著爲克承録本者，蓋未睹此真跡耳。卷首鈐有「顧霖」、「懿儒」、「勤有堂」三印，卷尾有「茂苑顧氏世家寶玩」一印。昨見瞿氏宋本禮部韻略，卷首有可濳、顧霖二記，「勤有堂讀書處」一印，卷末有「吳下阿霖」、「茂苑顧氏世家寶玩」三印，「无上上品」一記，知霖爲吳人，可濳、懿儒均其字也。是書收藏不出顧氏，徐子晉題云：「向在顧氏藝海樓」，乃湘舟氏沅藏書處。持靜齋書目：周易音義有「古吳武陵叔子」、「湘舟氏收藏」兩印，此本卷首又有「顧中子印」，殆湘舟氏之兄弟行歟？百宋一廛賦注「何義門手校新序，其印文曰『髯』。」疑即卷末之小方印記也。案：此爲丁祖蔭手跋，書于另箋。

舊京遺事一卷 一册

明吳江史玄撰。舊鈔本。常熟丁國鈞手校。

同治蘇州府志：「玄字弱翁。自幼居柳胥鄉。天才雋拔，學有根柢。與吳易、趙渙以古文詞相切劘，有東湖唱和集。三人者，才氣相埒也。易死國難，而玄與渙俱落魄不偶。玄留心經濟，嘗從水道至京師，作河行注一卷，鹽筴、河漕之要略具焉。數游公卿間，以策干時，無所遇，困頓以死。詩宗少陵，老健無敵，古體尤工。」徐釚本事詩：「崇禎時弱翁在都門娶燕姬，明慧善曲，字曰今宵。德州盧侍御世漼賦『傾城悦名士』詩贈之，一時和者甚衆。乙酉後，弱翁没于西濛，姬亦嫁爲厮養婦矣。」盧見曾漁洋感舊集小傳：「弱翁崇禎間携新姬今宵出都詩：『京華貴束濕，龍沙事烽煙。黄金養末士，此輩無高賢。』今宵，燕姬名也。弱翁納之，喜甚。自命題曰『傾城悦名士』，邀朋輩和詩。余曾叔祖德水公爲之首唱，和者甚衆。」徐崧百城煙水：「北林，在吴江縣北門外。俗名新浜。崇禎間史玄隱居之地。玄所著有詩集、文集、河行注、甌東唱和集、鹽法志、吴江耆舊傳、梅西雜志、舊京遺事。」

弱翁纂此書，在明亡之後，所以表其不忘故國之念。雖寥寥一帙，而上自廟廷黜陟，下至閭巷風俗，無所不載。所著諸書，亦惟此獨存。京師歲時紀麗條稱「崇禎戊寅，余以文章爲吴行人延請京國。」京朝官端午賜食粽條稱「余寅卯兩年中，惟見端午賜食粽一次」。知其于崇禎十一、二年均身在京師，所記出自親歷。其記當時朝廷剥削之酷云：「京師九門皆有税課，而統於崇文一司。各門課錢，俱有小内使經管收納。凡男子囊襆騎驢，例須有課。輪車則計囊襆多少，以爲算榷。至於菜茹入城，鄉民亦須於鬢邊插錢二文，以憑經税小内使徑行摘之。彼此不須相問，甚可粲也。」記親貴貪淫之風云：「嘉定伯嗜財，住海岱門新房，放債諸貧民，收其息。寢室積錢常滿。田皇親於辛巳年以進香普陀爲名，道經吴門，漁獵金閶聲妓無已。君臣所爲如此，國安得不亡！」又記宫廷選女之制云：「京師擔水人，皆係山西客户。雖詩禮之家，擔水人皆得窺其室。是以遇選采宫人，大興、宛平二縣拘水户報名定籍，至今著爲令焉。」利用擔水人爲偵，至著爲功令，此明世秕政之最。

此舊鈔本爲錢塘丁氏所藏。丁秉衡先生朱筆校字，落葉尚未盡掃。近有文字同盟社排印本，則訛謬更甚。

有「八千卷樓」朱文方印，「嘉惠堂丁氏藏書之記」白文方印，「兩江總督端方爲江南圖書館購藏」朱文長方印。

庚戌荷花生日，以硃筆校一過，改去譌字十餘。秉衡志。

吳城日記三卷 一册

無名氏撰。清吳縣葉廷琯輯。舊鈔稿本。清吳縣馮應圖手跋。

葉調生得清初佚名手稿本，删其繁冗，鈔成三卷。詳所著鷗波漁話卷二吳城日記馮孝廉事條。此爲馮應圖屬其閩人傳鈔，爲復齋叢書第一種，詳跋語。案所記自清順治二年乙酉五月，至十年癸巳八月，清兵入蘇城，以及陳湖義師謀規復事。排日記載，雖瑣屑，皆目覩。丙戌五月廿六日記云：「原任別駕吳蒼水，監督建營房千間於南城曠地。」丁亥四月記云：「新撫臺將至，土公已作舊令尹矣。追惟其初入吳城，以迄於今，其間變故屢經，鎮定挽旋，其力不少。生祠之建，殆不爲過。乃卜地於虎邱李公祠之右而鼎建焉。司其事者蒼水八兄。」則其人當是吳姓。丙戌二月記云：「洪内院因吳江戕殺縣令孔允祖，疏薦吳提督而參土撫院，土公閉門乞休。兩縣令浼庠友往江寧具呈内院，保留土公。鄉紳亦自備舟邀知友同往。余廿四日午後登舟，廿九日上午至南京。三月初三日謁洪公，遞公揭。」則其人自爲吳城鄉紳，而曾預挽留巡撫土國寶者，故其于土頗多頌揚。然于辛卯十二月土再撫吳時，被按院秦世禎所劾革職，土畏罪以弓弦自縊。則又詆其多方掊克，攘利幾無遺孔。他如丙戌六月記吳日生之就義，日生名，明史作易，他書或作易。案葉紹袁甲行日記「丙戌六月十七日壬辰，山中傳日生凶問。夏至日曾爲揲蓍，遇『大壯之夬，六五，喪羊于易』。今未月也，易則其名。異哉！」據此，則其名是易非易，此記亦作易，同時人必無錯誤，可爲確證。丁亥四月記楊廷樞之殉義，并載其絶命辭。較朱竹垞靜志居詩話爲詳。蓋竹垞删去其自負諸語，其全文亦賴此得傳。其餘尚多逸聞。蓋皆親歷之事，與得諸傳聞者自屬可信。應圖字正儀。吳縣諸生。與葉調生、宋浣花等友，亦風雅士。此爲其閨人手鈔，簪花妙格，鈔本中之雋品。惜不著其姓氏，並不知所輯復齋叢書共有幾種耳。謝君剛主晚明史籍攷僅據鷗波漁話著録。後見鉛印本，不知何所據，亦不知何人所印。蓋傳本已在若存若亡之間矣。

此書紀順治二年大兵初到吳門諸事，不著作者姓名。當是吳士有心者所爲。起乙酉五月，終癸巳八月，凡八年餘。原書舊爲印氏鷗天閣所藏，共四册。頗繁瑣冗雜，尋常日記耳。余借觀爲删蕪擇要，存此一帙，庶可厠野史之列焉。蛻翁記。

金壇公是録一卷 一册

清佚名撰。舊鈔本。清歸安姚文田手校。

此記順治辛丑金壇通海案始末，佚撰人姓名。文有云：「遭罹變故，震蕩驚悸，若有一物縈繫胸臆而不能釋然者。平陵客次，孤枕不寐，追尋兆釁濫觴之跡，述其顛末，存諸笥中，以遺將來。不敢誣，並不敢文。」又云：「當鄉紳力護縣官時，愚也實抱杞憂，曾屢告王三山、袁亦文二公，二公不以爲然，賜也言而中。余于諸君，非知交即故舊。見世俗傳訛，故據事實書其概，不敢用一曲筆，以阿所私。」知其人與當事者均熟識而親見之，故所記翔實可信。所以不題姓名者，避當時之恩怨耳。是案始于縣令任體坤之貪婪，以及諸紳之挾嫌傾陷。于是鄉紳害秀才，鄉紳害鄉紳，縣官害鄉紳，錯綜複雜，慘肇大獄。所記較世行金壇獄案爲詳。中惟蔣虎臣初扳入案，終免于難。攷王漁洋年譜「順治十八年三月赴江寧，讞海寇陷宣城、金壇、儀真諸大案，皆於良善力爲保全。」虎臣與漁洋雅故，疑漁洋陰爲之地也。

此舊鈔本有墨筆校字斷句，並段落標識，亦不具名。于「吏垣姚掌科廷啓，姚公祖之令弟也」句眉識云：「案掌科爲先方伯之兄，此言弟，小誤。」案方伯爲臬司姚延著，知校者爲姚秋農筆。秋農邃雅堂文集有金壇十生事略，即據此及十宦被戮始末二書。又證諸所藏秋農手稿，筆跡無二，可無疑也。「當姚公祖公審之時，面諭衆云，諸君不達時務，倘局不早結，日後經由滿人，難道相著幾個窮秀才、窮衙役不成？」

校改「時務」作「事理」，「滿人」作「他人」。相著者向著也。又「大抵滿人之術，于子衿則誘以秀才無大罪，令供扳他人，則可從末減」云云，校改「滿人之術」作「承鞫之官」，于原文語氣，實有差池。則秋農以清人，不得不以婉辭出之也。此書久佚無傳，惜十宦被戮本末已不可得耳。

燕閒筆記三卷 一册

清吳郡顧公燮撰。清吳縣吳翌鳳手鈔本。

不具作者姓名。第三卷末闕數葉，審係吳枚庵手鈔。卷中第宅條稱「始祖陳黄門侍郎野王」，稱「遠祖晉文元公榮」；金粟道人條稱「遠祖德輝字仲瑛」，知作者爲吾吳顧氏。字泄天機條稱「余向寓黔陽」，知曾客他鄉。移葬條稱嚴文靖五世孫宿來爲業師；仙傳測字條稱朱孔亭爲同門，知其師友淵源。南巡盛典條稱「今皇帝六次南巡」，知作於乾隆四十九年以後。攷涵芬樓秘笈第二集刊消夏閒記摘鈔，有乾隆五十年平江洒然道人顧公燮自序，附菱舫閒人撰顧澹湖傳略云：「顧公燮字丹午，號澹湖，又號擔瓠。吳郡老諸生也。入泮甚早，試輒高等。中年放曠，不事舉子業。好蒐羅稗野，著書自娱。與人談及吳中舊事，津津弗倦。至於明季逸聞、忠烈、節孝，尤喜傳述之。著有消夏閒記、致窮奇書若干卷。」核之此書條目，則互有羨溢，文字亦互有詳略，知即公燮所著。又攷同治蘇州府志雜記類所采顧丹五筆記，亦多與此符會。其書名不同者，枚庵與公燮並時，或經其選録而冠以今名。卷末必有題識以明之，而惜已失去。

其書多記明、清之際吳郡掌故，於名人第宅，所載獨詳。間有説經，亦頗新穎。亦中吳紀聞、吳中舊事之類也。孫毓修跋謂致窮奇書二册，亦見鈔本，將以次傳録者。涵芬樓既燬於劫火，恐不復存矣。封面有韓渌卿書「燕閒筆記」。書友云是吳枚庵手書。

有「古婁韓氏應陛載揚父子珍藏善本書籍印記」朱文長方印。

流翰仰瞻小傳一卷 一册

清長洲陳奐撰。鈔稿本。

余輯碩甫三百堂文集，有毛居士遺簡跋云：「余於戴經芳家裝潢手札共十四册，兩載有餘，始得裱好，歸一大匣。首册段、江兩師，繼以自少至老，四方講經諸子。末以載及門弟子。最後附本家伯叔兄弟之筆墨。一生之酬酢，亦一代之文章也。避難帶出，忘於舟中，仍還南園，因以投棄。」此即十四册之目，人各附小傳，凡二百又二人，中多著名學者，亦有姓字不彰，賴此以存者。昔人篤于交誼，雖片紙隻字，必加愛惜，並爲整理編次，其苦心可鑒，不幸避難投棄。其後江建霞購得十之一，尚存段、江二家及胡竹村、汪孟慈各數十札。其子小鶼以贈葉遐庵先生，遐庵轉以贈余。余别補得王海樓等若干通，取核此傳，若合符節，可與所著師友淵源記參讀焉。此册于三十年前從丁泳之家鈔本傳鈔。首序已輯入三百堂文集。後又見一鈔本，文字較詳，當出後定，重録于此，至遐庵所贈册，余别有跋。

奐幼而壯，壯而老，凡所晉接者，不乏名儒碩彦。師之賜教，友之惠簡，類以聚之，毋散佚焉。捋而輯之，如晤對焉。今自道光三十年庚戌以前作古者，編成六册。咸豐辛亥紀元以還，屬舊識而殁於辛亥後者，編成四册。嘆昔侶之凋殘，喜近交之酬酢，積書穰穰，續爲部居，編成二册。論學説經居其大半，而時事、家事有切涉者間録之。散亡既多，剗削豈少。僅留此區區翰墨，頻增我離羣悲暮焉爾。門弟子書一册，家書一册，亦以庚辛殁存區别先後，爲之次敘。咸豐五年乙卯春正月，長洲陳奐石夫氏付裝。時假居錫山夫容之麓，年七十。

括地志補輯一卷附攷異 一册

清吳縣王大綸輯。手稿本。吳縣曹元忠校注。

吾兄毓先先生沈潛於涑水書者廿餘年，而與曹君直丈及叔彦師爲昆弟交。君直丈補孫氏所輯括地志，毓先輯通鑑胡注所引，以佐其成。君直丈自序所謂「同邑王君大綸又嘗助輯通鑑注數事」者也。此即其手稿，共得胡注所引括地志二百餘條，而可補孫輯之遺者，衹十餘條。其與孫輯文字有異者，則别爲攷異。據孫序云，其書大氐亡于宋南渡時。而玉海所引據史記注善本，王應麟亦未見本書。向謂胡、王並時，所引志文既有出史記正義外者，無以見其必由轉引。孫説似未暸。毓先攷得胡注確係轉引史記正義，如卷二十一葉三十，胡注引括地志云：「漢居延故城，在甘州張掖縣之東北一千五百三十里，有遮虜障。」又葉三十二注引史記正義曰「遮虜障北百八十里，直居延西北。長老相傳，云是李陵戰處。」其文義正聯屬，知前條「括地志」上脱「史記正義」，後條「史記正義」下脱「括地志」。蓋胡注凡轉引括地志文，有時但題正義，甚是疏略。必與孫輯合勘而知，證一。又卷七葉十八注引「史記正義曰：括地志海渚云在舒州同安縣東」，以「史記正義曰括地志」八字連文，係删之未盡。正可定括地志即出正義，非見元書。證二。然則孫説非無據也。又胡注所引，往往加以割裂，如卷七葉十三引括地志黄陵廟條：「盛弘之荆州記青草湖南有青草山，湖因山而名。舜陟方死于蒼梧，二妃死于江、湘之間，因葬焉。」以孫輯勘之，舜陟方死于蒼梧句上，脱去「列女傳云」四字，遂使二書并爲一談，疏謬殊甚。或胡所據正義本，不如王應麟所見之善歟？此又攷異之不可不作也。史記三注，行世有宋黄善夫本，明王延喆本，近日本瀧川資言史記會注考證所引古寫本正義，故友高君閬仙告我，其中溢出今本外者千餘條，已輯録成書。然則括地志佚文，其必有存焉。後之輯佚書者其加之意乎。

營平二州地名記一卷 一册

清崑山顧炎武撰。清求己齋鈔本。墨格。皮紙。版心上方有「求己齋總録」五字。

本書四庫著録係惠棟紅豆齋鈔本。提要謂惟載二州古地名，至五代而止。今案此本實至唐而止，提要誤也。提要又謂其中卑耳之谿一條，既引管子，最後一頁又載俞兒一事全文，當是隨筆雜鈔，失於删削。今案此本條目作卑耳山，引管子，後無俞兒一事，是勝于四庫本。惟後漢陽樂引文一條，首尾皆注闕文。晉龍城引文，亦有闕文。則爲出自手稿之證。查亭林子衍生所次著述目無此書，光緒時朱記榮刻亭林遺書亦無之。知雖著録四庫，而傳本絶少。提要臆謂即營、平二州故實六卷之一，亦未必然。竊意亭林生平著述，于地理一門，以天下郡國利病書、肇域記二書爲主。當時札録有關材料，自不下百十册，各立名目，以便挈取。後人重其學行，得其殘零手稿，莫不視若球圖，而傳鈔之、刊布之。此册亦猶是也。觀其多纂輯舊文，而案語寥寥可知。故提要又稱不但非其完書，並爲未定之稿本。若非亭林所撰，恐必列之存目矣。此爲丁丙舊藏善本書室藏書志目外書也。

有「嘉惠堂藏閲書」朱文長方印、「善本書室」朱文方印。

循化廳志稿八卷 八册

清閩縣龔景瀚編。舊鈔稿本。

景瀚，字海峯。清史稿卷四百八十四有傳。緑格。版心下方有「雙驂亭」三字。卷一建置、沿革、分野、形勝、疆域，卷二山川、古蹟、關津、城池，卷三營汛、兵糧、官署、倉厫、學校、義學、驛站，卷四管内、族寨、工屯，田賦、户口附。卷五官師、土司，卷六祠廟，寺院附。人物，卷七水利、農桑、鹽法、茶法、經費、風俗番民、回民。物産，卷八夷情、回變。案循化在漢爲金城郡河關縣地。唐置米州及米川縣，州旋廢，屬河州。至清乾隆二十七年始設循化廳，今爲青海循化撒拉族自治縣。地處邊陲，民族雜處，風俗樸僿。海峯于乾隆五十七年四月以平凉縣知縣署任同知，八月受代去。詳官師表。在任僅四月。此稿即其時所編。見澹靜齋文鈔附家傳。而以文獻無徵，故博訪周諮，搜羅卷册，頗具苦心。如于卷五口内珍珠族土司條云：「余過韓家集，得韓羅漢、韓完卜履歷於其家，統書一摺，紙墨淡舊，蓋明時物也。」口外邊都溝土司條云：「此土司承襲最久，前明永樂年間，奉有敕書一通，銅牌一面，象牙圖記一顆。」并録其文。又于回變所記乾隆二十七年新舊教之爭，當時地方官姑息肇禍，殘民以逞，尤足爲研究少數民族史之佳材。海峯關心民瘼，不視仕宦爲傳舍，掇拾叢殘，成此一編，可謂良有司矣。昔張之洞書目答問歷舉戴震、孫星衍、洪亮吉、李兆洛、章學誠等所纂方志，蓋以出于學者之手，具有義法，惜其未見此書也。此書福建通志藝文未著録，朱士嘉中國地方志綜録稱：「循化志嘉慶間修。清刻本。」不知與此異同若何？

有「劉承幹字貞一號翰怡」朱文方印，「吳興劉氏嘉業堂藏書印」朱文方印。

春臺贅筆五卷 一册

清晉安黄世發撰。清知論物齋鈔稿本。武昌徐恕手校。

世發字弱中。晉江人。乾隆四十八年癸卯舉人。官平南知縣。原本不載作者姓氏。故新修福建通志藝文著録引謝章鋌課餘續録云：「卷五末有云，吾友林春園其宴爲袁州守，以此推之，作者殆亦讀書社中人。」今書尾有謝氏跋，已知爲世發所撰，疑爲後得。案乾隆時大興朱珪督學閩中，召士人爲讀書社，治經史之學。著名者有龔景瀚、林喬蔭、林茂春、梁上國等二十八人，世發亦與其列。今卷四又有「近閲友人龔海峯澹靜齋詩鈔」云云，林春園條又稱「適余姻林廣文開瓊會試歸」云云，亦均其證也。乃通志文苑傳于林茂春後引鄭存敦撰林喬蔭壽序歷舉讀書社中人物有「弱中」，而謂其姓名無攷，是陳衍亦未知世發其人也。龔、林最知名，則以有著述傳世，而世發顧默默無聞。余昔年得其羣經冠服圖攷，印入戊寅叢編，亦未能詳攷仕履，更惜謝氏所稱叔蘭消寒録者未得寓目。而謝氏欲作小傳，恐亦未成。阮亨瀛舟筆談云：「閩中黄孝廉世發嘗於福州城外得古磚二十有五，因拓其文，裝潢成册。大約皆五代王氏據閩時及南宋時物。己酉，孝廉攜其册入都，兄題詩云：『侯官林氏集古瓦，一時風雅爭流傳。黄君好古亦成癖，手拓廿五閩海磚。』」云云。知其博學好古，且曾與阮芸臺相接，今此書據自序，嘉慶十三年游袁州，所居在宜春臺之右，暇取羣書所載地方文獻爲郡志所未收者，詮次成書，故曰春臺贅筆，蓋欲爲郡志之輔翼。大致詳于人物藝文，而遺聞墜掌，搜集不少，兼有攷據。如卷三載黄庭堅逸事二十五條，可訂補山谷年譜之遺。卷四記嚴嵩父子之罪惡，達六十條之多，可作分宜外傳讀。卷五記袁繼咸遺事六十餘條，則與分宜一薰一蕕，爲讀史者之龜鑑。故課餘續録又謂「其書博采羣書而議論明穩，考訂通達，大有補于地方，正不得謂之贅也」。此爲知物論齋鈔本，故友武昌徐行可用朱筆校補，而猶未盡。昔年余欲繼羣經冠服圖攷付印，亦未成。

有「曾歸徐氏彊誃」朱文長方印，「彊誃閒業」朱文長方印。

嘉慶戊辰薄游袁州，寓齋直宜春臺之右。居停雅好積書，日就繙閱，有郡志所未收者，隨手寫出。積久成帙，略爲詮次，得五卷。大概無關典要，不特人以爲贅，即心亦自以爲贅也。

右春臺贅筆五卷，購自小曹倉陳君。據陳君云，乃黄世發所纂者。世發字耦賓。生平嗜學，著述頗多，其後嗣弗能守。余嘗得其手鈔閻潛邱古文尚書疏證一帙，禮説稿三帙。他日當出此書編纂，俾有力者爲之刻焉。亦表揚先賢一本事也。是書所記雖無關緊要，然亦前人所費心力者，不可忽也。叔蘭消寒録曾記耦賓一事，當檢以備攷，更當尋其履歷行事，作一小傳可也。鋌識。

粤游日記二卷 一册

清鹽城陳玉澍撰。鈔稿本。華亭雷瑨手跋。

玉澍字惕庵，光緒戊子舉人。南菁書院高才生。經學得定海黄氏之傳，而尤留心時務。所著後樂堂集多策政治經濟，迥非書生泥古之見。此記光緒癸卯應廣東布政使程儀洛之聘入粤，自九月十三日啓程，至歲暮而歸。廣州爲通商大埠，其時吏治民風，刻剥奢侈，有積重難反之勢。厥蔽之大者有三：曰税，曰賭，曰盜。税則巧立名目，掊克聚斂，無所不至，而莫甚于賭捐，竟列爲政費之正項。賭則如闈姓、番攤、山票等，而莫酷于牛欄賭，使農民廢其耕種之業。民既不勝税、賭之害，于是迫而相率爲盜，及其猖獗，猶粉飾欺蒙。惕庵謂：「税愈加，賭愈盛，盜愈熾，而禍愈速。自古衰亂之朝，無此政體。蓋賭與盜皆源于上之苛税，以啓其僥倖鋌走之心。」惕庵可謂痛乎其言之也。「外人于通商地，許其歲納地租，始于明嘉靖十四年葡萄牙人之租澳門。至光緒時則各國多有之。如法國租舊督署及箭道地,歲納租銀僅八十六元,可謂國體之至辱。時岑春煊爲總督,鋭意欲澄貪墨之風,而上下相蒙,無濟于事,方且與桂撫柯逢時意見僢馳,多所掣肘。」凡此皆記載甚詳,可作晚清史料,不僅游記而已。他如多識物産之繁富,則嵇含南方草木狀也,紀山川之韶秀,則范致能驂鸞録也。此册爲雷君君曜所贈,曾印入所輯文藝雜志,祗四之一,而原稿首廿葉遂闕。余即依雜志鈔補于接筍處,尚闕半葉,不免有白璧微瑕之憾矣。君曜,雲間宿學,亦戊子舉人。

盧忠肅公家書一卷 一册

明宜興盧象昇撰。舊鈔稿本。題海昌後學吴昂駒千仲輯。管庭芬芷湘校。昂駒又號醒園。嘉慶二十三年歲貢生。見海寧州志選舉表。

是書收與外舅王帶溪先生八函、與王夫人一函。據管跋係千仲鈔諸盧氏後人所藏手跡。今以光緒刻明大司馬盧公文集校之,于卷十一有寄外舅王帶溪先生函九通,係據同邑檢討萬堡青家藏墨跡,此卷之第二、第三、第六、第八四函已刻入,惟字句大加改削。如原函均稱岳父,雖爲俗稱,然在尋常函件,固無所嫌,而刻本悉改作「外舅」矣。其他所述家事,雖屬瑣屑,然既爲家書,正可見其性情之真,而刻本則悉删之矣。第八「寒暑相催」一函,又誤與前函連屬。與王夫人函則全删。宜管氏謂讀者悵焉也。此第一函言祖母風燭殘年,欲乞量移,以免跋履征途。第四函言楚、鄖漸見清寧,遣使迎眷赴任。第五函亦爲迎眷事，催促上道。第七函言邢山、淇水一帶軍事緊急，日在金戈鐵馬間，而家中忽遭横逆之禍。自謂居官十年，未嘗取一非分之錢，幹一味心之事云云。此函于忠肅之治軍治家，均有關係，尤不當删。第不識遭横逆者爲何事。後有重刻盧集者其補入之。昂駒、庭芬與彭節愍公家書合編備梓，後入錢塘丁氏。

有「光緒辛巳所得」朱文方印，「曾藏八千卷樓」白文方印。

右忠肅家書一卷計九通。蓋醒園明經從公之後人所藏手跡録出。今編入忠肅文集者，任意删改，每失忠孝激發之旨，讀者悵焉。蓋公於戎馬倥偬之際，磨盾作書，又何暇論其辭之工拙哉。至「寒暑相催」一札，吴兔床先生已勒石陽羨忠肅祠中，余曾得其拓本，裝池而什襲諸。時道光甲午小春月，海昌後學管庭芬謹誌。

彭節愍公家書一卷 一册

明海鹽彭期生撰。舊鈔稿本。題海昌後學吴昂駒千仲輯，管庭芬芷湘校。

此與盧忠肅公家書皆爲吴氏竹素山房定本。此種末有昂駒及荆溪任安上兩跋。又海昌宋樋查喬題詩。張鈞衡適園叢書刻期生子孫貽湖西紀事、虔臺節略，即將家書附後。所據爲拜經樓鈔本，而有以管本參校者，則亦曾見此本。惟祇附任跋，于鈔傳源流尚嫌未悉。期生事跡，明史有傳。仲子孫貽所撰太僕行略，所記尤詳，皆可與此參觀。此共五函，濟郡第一次書，爲任濟南太守時與其諸兄者。留都第二、第四、第十二次三書，爲佐史閣部時，虔中書爲守贛致命時，皆與其子孫貽者。時李自成、張獻忠兵起，期生頗與策畫抗拒之謀，而卒能力禦清兵，與城同亡，是尚能晚蓋者。其留都書中，于左良玉之驕横跋扈，極爲不滿。如「九江左帥之兵，尚盤桓不去。兵以四五萬計，舟楫以萬計，馬以萬千計，跋扈尾大而不可驅。水火之形已見，肘腋之變堪虞」云云。又如「九江跋扈將軍，且益輕朝廷而窺畿甸。留畿之禍，旦夕且被之矣」云云。于閣部則力予推崇，如「史堂翁負當世之望，風指所臨，不令而行，不言而信。外若威嚴，而未嘗不終寓寛大。其勵精職掌，曉夜不皇暇逸。衡石程書，公家之事，孳孳知無不爲。而好問好察，人人得盡所懷來，真重臣也」云云。月旦人物，可謂有識。至家庭骨肉之間，真誠懇摯，如見肺肝，與盧象昇真雙璧也。

有「光緒辛巳所得」朱文方印，「曾藏八千卷樓」白文方印。

右明節愍彭公家書真跡，爲公五世孫西疇茂才世喆所藏。乙亥歲，西疇下榻余家，得讀斯册，即手録存之。憶昔年客游陽羨，曾編輯盧忠肅公書稿一卷，蓋亦訪于公之後人。每一展視，慨想當日忠義奮發之氣宛在目睫，不禁爲之動容起敬。然忠肅身履行間，中四矢三刃，没于賈莊，較節愍守虔城破，正命于章貢臺爲尤烈而要，二公捐軀報國，其心則一也。今盧公之遺蹟，間散于他人；彭公之册，西疇身後乏嗣，又不知誰爲守護。余恐歷久而就湮，因合編而擬付諸梓云。時嘉慶庚辰仲夏下浣，海昌後學吳昂駒謹識。

伊江筆録二卷 一册

清昭文吳熊光撰，鈔稿本。

熊光字望崑，號槐江，以乾隆戊子舉人，己丑、壬辰禮闈兩取中正榜，歷官至兩廣總督。戊辰七月，英兵船擅入黄埔，熊光不立時驅逐，以葸懦得嚴譴，發戍伊犂。辛未召還，授兵部主事，清史稿卷三百六十三有傳。此爲在戍所所記，故曰伊江筆録。

熊光早歲受知于阿桂，隨之治河讞獄于陝、甘、齊、豫、江、浙等省，及其敭歷中外，更歷既多，見聞亦廣，隨筆記述，莫非朝章國故，不同于稗官野史之流。中亦間有采自他書者，如袁枚小倉山房文集、汪輝祖病榻夢餘録等，皆取其足資龜鑑，意存勸戒。偶有自述居官政要，如和珅當國時，獨能不阿不隨，阿桂總理刑部時，佐其訪察，處理得平，尤于英入澳門事，議論明通，于其後鴉片之禍，若有預見，宜翁松禪稱爲通敏有特識也。惟其著書意在留示子孫，以資是則之助，故包世臣故大臣昭文吴公墓碑云：「公著伊江筆録、春明雜録、葑溪雜録三書，紀所見聞滿、漢諸大老言行，足以維繫國脈民命者，每見余，輒爲述一二事，皆得所未聞。然索觀，必不可，曰：『俟老夫身後從犨基取閱耳。』」蓋其書多臧否人物，俾免取禍。世臣曾居幕府，得諸親授也。

首附墓志銘，爲潘世恩撰文，吴鍾駿書丹。出于兩狀頭，亦石墨罕見。此爲借鈔故友常熟龐君翼霄手鈔本，翼霄喜鈔鄉賢未刊秘籍，欲彙爲「可廬叢書」，僅成芙蓉港詩詞話一種。又程君瞻廬曾示廣雅書局刻卷上殘本一册，今查廣雅書目無之，丁祖蔭重修常昭藝文志云：宣统中刊于廣雅書局，板即燬，故刻而未傳也。

熊光通籍後，即由中書入直樞廷，雖爲時政匯集之所，而軍機設自雍正八年，不特國初文獻闕如，即雍正年間檔案，因恭修憲廟實録，經館臣攜取，存者寥寥。維時退食之暇，爲應試禮闈計，未及留心。乾隆戊戌，洊陞侍讀，頻歲隨阿文成公讞獄治河，跋涉陝、甘、齊、豫、江、浙等省，舍館一定，阿每述國家掌故，遂得恭聞列聖弘規暨名卿偉績，心焉識之。嘉慶二年後猥荷兩朝恩遇，趨承前席，簡畀連圻，偶遇盤錯，靜繹文成緒論，斟酌措置，差免愆尤，始覺坐言起行，道在邇而非必求諸遠也。迨己巳秋効力伊江，就所記憶，逐條録出。旋蒙賜環，再官郎署，自揣衰病侵尋，實難再任驅馳，請假歸里，閉户養疴。因念文成遺誨，有繫國計民生，且多記注所未載，湮没良爲可惜。此外余宦游所到江、浙，復爲幼齡生長誦習舊地，目染耳濡，參諸志乘，似非虛假，並附録焉，事以本朝爲斷。熊光才識膚淺，作固未遑，述亦滋陋，不得不竊取見聞傳聞之義。又有其人雖獲戾，而其事尚可師，意存節取，彙成一册，命大兒堃基繕寫存留。我子孫將來倘不能繼起爲國宣猷，即匹夫行善于鄉，亦足資是則之一助。若謂退而著書，思操筆削，是僭且妄，則吾豈敢。熊光自識。

槐江吴公所著書三種，曰伊江筆録，曰春明雜録，曰葑谿雜録，述乾、嘉時故事，而諸老之訏謨碩畫，亦並著焉。下至窮鄉僻壤一節之善，靡弗紀也。其文雖未芟潤，其用意蓋深且遠矣。伊江筆録中載嘆咭唎入澳門事，其略曰：嘆夷以劫掠爲事，自准入貢後，藉天朝聲勢，壟斷各國貿易，而彼國養兵之費，實從商税抽分。欲制其死命，莫若封關，封關則商税絶，商税絶則彼之兵費無所出。特不可輕與戰，戰必不敵，而東南沿海必受其害。又推論洋銀之弊、鐘表之弊、鴉片煙之弊，其言深切著明。公雖以是獲咎免歸，然即其持論，以推見公之用心，其措置豈漫然而已哉。道光二十年後，逆夷肆煽鴉片，流毒寖廣，宣廟赫然震怒，絶其互市，而大臣林文忠實稟廟謨，舉所謂夷貨者盡以畀之炎火。當是時，君臣一德，豫順以動，信可以昭告天祖，蕩滌邪穢矣。而海疆大吏不能奉宣威德，一誤再誤，馴至不可收拾。嗚呼，宣廟之怒爲天下萬世計也，諸臣之誤苟且于目前而已。公之去官在嘉慶戊辰，距海夷起衅時尚遠，而已歷歷言之如此，信乎所謂通敏有特識者歟。此書向未刊布，龢于公之曾姪孫鴻綸處見之，感慨時事，因揭公之先見以告來者。同治十二年正月六日，常熟翁同龢記序。

重入春明雜録一卷 一册

清昭文吳熊光撰。鈔稿本。

熊光于乾隆己巳遣戍伊犂，庚午七月賜環還京，次年秋補兵部武選司主事，此書爲是時所記，故曰「重入春明」。包世臣撰墓碑、翁同龢題記均誤脱「重入」二字，非也。

所記朝野掌故，體似伊江筆録。尚有葑谿雜録，則爲癸酉春告假回籍，卜居于蘇城之平橋時所述，蓋三書實銜接而各名以所居地。惜翼霄本葑谿雜録已佚。中記乾隆年間繙書房進書清文內太后「后」字下應加圈，誤加一點，字義頓殊。純聖閱出，軍機進見時諭及不恭如此，幾于手顫。傅忠勇奏云：「待臣等領出，細細閱對再奏。」領出後，衆皆戰慄失措，忠勇曰：「改圈爲點乃係狗字，此錯豈可承當？」逕爲取筆改圈，以並未錯誤覆奏。此與嘉慶十九年狀元桐城龍汝言失校高宗實録純皇帝爲「絶皇帝」事殊相類。一字之錯，出入至鉅，致干罪戾，于以知校勘之重要矣。其他多記節孝事，間涉迷信，則熊光本以留示子孫，故特舉封建道德以爲家訓也。

唐折衝府攷四卷二册

清仁和勞經原撰。清道光辛丑勞氏丹鉛精舍刊本。

府兵之制創自西魏，周、隋間有增置，至唐而備。及彍騎設而府兵壞，召募興而府兵廢，于是藩鎮驕恣，而唐祚遂微，然則府兵之關於唐室興衰大矣，讀史者所宜深攷也。舊書職官志、新書兵志於立府之數不詳，而地理志、百官志、杜氏通典、王溥唐會要、陸宣公奏議、杜牧原十六衛篇、王伯厚引鄴侯家傳又言人人殊。勞笙士乃攷諸新、舊書紀傳，參以傳記地理之書，旁及諸家文集，石刻碑志，鉤稽薈萃，垂成而卒。季子季言依例補輯，凡補府百單九，又存疑者五府，合志所存四百四十八府，共得五百五十七府。於新志之羼亂者，則據羣書以訂正之，其重見者則存疑以待攷。援引賅洽，考訂精詳，有功於史者實多。道光廿一年，趙鉞序而刊之。每卷首葉板心，有「丹鉛精舍」四字。每卷末有「同邑朱學勤等校」一行，刊印甚精。其例：每州另起一葉，雖止一府者亦然，蓋備增補之便，今每州後既間有續增之府，而卷四末又有補遺十三葉，則知在校刊時，所得甚多，既不能一一剜補，故總列於後也。羅振玉俑廬日札言從汪氏振綺堂得稿本，以屬徐積餘刊入叢書。余檢鄦齋叢書有之，審其行欵字體，當據此原版翻刻，而羅氏之未見原板也決矣。其後羅氏再三續之，近又有拾其遺者，於折衝府之置，已十得八九。而勞氏父子創始之功不可没也。此本歷爲藏書家所重。

有「曾爲徐紫珊所藏」朱文長印，「范湖草堂」印，「萬歲不敗」朱文長方印。

獨斷二卷 一册

清光緒元年湖北崇文書局刊本。吴縣曹元忠手校。

文選李善注，曾引司馬彪獨斷注，見丁國鈞、吴士鑑、秦榮光諸家補晉藝文志。是彪之續漢書八志於其書必有所取資，而南齊書禮志序謂蔡邕造獨斷，司馬彪之書不收，疑不然也。何焯義門讀書記謂「八志本漢末諸儒所傳，而述於晉初。」所謂漢末諸儒，邕亦在内，斯爲近之。故梁劉昭注八志，多引獨斷爲證。與唐章懷太子注後漢書所采摭，均古本之可信者。君直先生此校，專取劉昭、章懷太子所引，有與今本異者，有今本誤者，有今本闕者，有與今本事同文異者，有今本有敚文者，均一一詳識之。一書如此，合羣書而校之，庶幾可得中郎真面目歟？所以胡綏之先生欲爲疏證，以爲攷典章制度之淵藪焉。

獨斷疏證二卷 二册

吴縣胡玉缙撰。手稿本。

范氏後漢書蔡邕本傳云，適作靈紀及十意，又補諸列傳四十二篇，因李傕之亂，湮没多不存。又云所

著獨斷傳於世。是十意早佚，而今所傳獨斷殆亦非完書。所記爲漢世制度，禮文、車服、及諸帝世次，而兼及前代禮樂。竊謂當爲十意中禮、與朝會、車服三意之資料。攷續漢禮儀志注引謝承書曰：「太傅胡廣，博綜舊儀，立漢制度，蔡邕因以爲志。」是邕之十意即本胡廣舊儀，而改「志」爲「意」耳。南齊書禮志序云：「漢初叔孫通制漢禮，而班固之志不載。及至東京，太尉胡廣撰舊儀，左中郎蔡邕造獨斷，應劭、蔡質咸綴識時事，而司馬彪之書不收。」又以獨斷與胡廣、應劭、蔡質書並列。然則獨斷與十意本爲一書明矣。善乎姚振宗補後漢藝文志，于獨斷案云：「今所傳者，似中郎修史時隨筆劄記之文，其原書恐不若是，頗似後人輯録者。」實爲有見。而郡齋讀書志入經解類，直齋書録解題入禮注類，四庫全書提要又入子部雜家類，皆不如姚氏入史部儀制類爲得也。但其書爲攷證家之淵藪，而轉寫多譌，自盧抱經校本出，始稍可讀。綬之先生又仿陳氏立白虎通例，爲之疏證。世皆知有是書而未之見。此其稿本，用湖北書局刻本，朱墨筆徧于眉端行間。廿年前曾請傳録，謀爲付印。得先生覆書云：「弟之獨斷疏證，仿陳立白虎通，尚無清本。新序等注，並無稿本。但將擬注者，引用之書，案其葉數行數，此謂本書。另紙録記，載明某書、某卷、某葉。此謂所引書。其法記出書名，卷數用一二等，葉數用｜||等。但須翻出某書，指示鈔胥照録便得。此數者字數不在少數，頗願兄助我整理」云云。未幾先生歸道山，遺命以稿本見屬，余深媿弇陋，不能絲聯繩貫，輯録成書。謹述先生所示編寫之例，以俟後之賢者。

葉文莊公書跋一卷 一册

明崑山葉盛撰。鈔本。

退庵所撰書跋六十八種，廿年前見一舊鈔本，無輯録者姓名。或曰從菉竹堂集鈔出，因屬友人傳鈔之。朱竹垞靜志居詩話稱「文莊中外歛歷，不遑寧居。而見異書，雖殘編蠹簡，必依格繕寫。儲藏之目爲卷止二萬餘，然奇秘者多，亞於册府。二百年來子姓蕃衍，瓜分豆剖，難以復聚。今披菉竹堂書目，譬諸商槃泗鼎，要非近代物。惜不可得而覩矣。」據此，則是編所録，猶爲殘鱗片甲，而竹垞所見書目，今亦失傳。粤雅堂叢書所刻，乃僞本也。僅就跋中所述，有足見其好書雅尚者。跋周禮句解云：「此書正統中彭琉刻，後來黄翰削去彭名易爲己刻，謬矣。吾家所有書，如張養蒙文集等，皆爲其後來子姓僞自易去初刻人名，此等薄俗，甚可鄙也。然其所補刻，皆麄醜傾仄，開卷可見。惟此書則寫補如舊，不覺其僞。蓋翰又善於作僞者矣。書之以爲世戒。」跋韓柳文云：「近年書坊所刻書，咸不逮於往昔。非惟寫刻俗惡，而脱落譌舛，顛倒錯置，僞易面目，種種不典。展卷令人厭觀。」跋歐陽文忠公集云：「近世聰明喜事之人，凡刻人書集，輒任己見，妄加增損更改，致失本真。甚者謬誤可笑，如余所記文山、水心等集可見矣。」則明初刻書之不可信已如此，况嘉靖以後哉。跋道園學古録云：「此書鄭令既得印本於淮雲寺中，即以元紙黏板刻之，此傳刻舊書第一義也。」又跋三史云：「鈔書貴摹影，不然闕誤者不勝多也。」又跋傳家集云：「吾平生摸録書册，其紙板字行，多依原本，故譌字雖或未免，若脱行漏板則無之。」凡此皆可爲後世刻書鈔書者之南鍼。又跋過耳集云：「余嘗考衞族詳矣，並歷引以補所遺。」退庵所著衞族考目見同治蘇州府志藝文。其紅格手稿，曾爲先仲兄蔭嘉所得，彼時余亦得吳匏庵手鈔首葉之陸士衡集。以叢書堂、菉竹堂兩珍本並几共賞，各相矜衒，猶如昨日事。而今已散若雲煙矣。

永樂大典殘目不分卷 一册

武陵余嘉錫讀已見書齋鈔本。

永樂大典書目不分部類，首尾皆有闕葉。顧湘舟傳鈔馬笏齋本，藏故友余君季豫所。此爲季豫録副見贈者。錢夢廬跋謂「陸梅谷藏有大典書目六十卷，今有楊氏連筠簃刻本，係案册分韻之目，與此列書名、作者、卷數者不同。此蓋乾隆時四庫館臣從大典輯佚之底目，大都不見于聚珍板叢書。今大典原本較乾隆時又散佚什九，因而所列之書，多不可復見，惜哉！」夢廬跋又謂「崇禎二年曾刻日食一類行世。」案：説詳王世德崇禎遺録，今刻本亦未見傳世。又案阮葵生茶餘客話，萬曆甲午，南祭酒陸可教請刻永樂大典，分頒巡方御史分任一種，校刻彙存，分貯兩雍，以成一代盛事。當時議允，終未頒行。蓋卷帙繁富，校刊艱鉅，雖以帝王之力，猶或未逮。今則殘存雖不足什一，而影印便利，人人得而讀之。必有好學潛修之士發其蘊藏，則此殘目豈非有資于考索者耶？

乙未之夏，豐山馬笏齋明經寄贈殘本永樂大典書目一册，就其一册之中，首尾尚有闕葉。細閲之，不甚分晰四部，意必是書每類各著一目，以所録書之先後爲次第故也。書目共六十卷，昔□中陸梅谷先生藏有全本，當時未及借録一副，至今爲憾。大典全書多至二萬二千八百七十七卷，雖文皇之勢力，亦憚於刊刻。惟崇禎二年己巳五月朔，因日食時刻不驗，侍郎徐光啟奏請開曆局，用西洋測法。命□只刻日食一類行世，今亦不可多見矣。嘉興錢天樹識。時冬至前二日。

其所載之書，卷數與他目不符者甚多。意或每裒一種内所採之多寡計之故耳。戊戌六月初一日，重閲再記。

大清道光戊申季秋月朔，長洲顧沅湘舟氏屬友人太倉張應麐借堂氏手録，時年七十有七。

此永樂大典書目殘本較四庫書目增出甚多，與今所傳大典前附館臣簽出佚書單，十九皆合，至可寶也。其中固有尋常習見之本，然如唐格令、宋格令、元禁令諸書，世豈有第二帙耶？書佚而目存，徒令後人想念已。十九年秋九月，于常德余先生季豫小勤有堂獲見此帙，驚爲鴻寶，因請假歸録副，並書此求正於季豫先生。後學海寧趙萬里。

小谷口著述緣起不分卷附録 一册

清歸安鄭元慶撰。清雍正甲辰刊本。

芷畦生平見全謝山撰窆石志。著述等身，版行者以代傅澤洪纂行水金鑑一百七十五卷爲鉅帙。其次有湖州府志一百二十卷，後改名湖録，爲竹垞所歎賞。顧遺稿已佚，當時僅刊其中之石柱記箋釋單行，近吳興劉氏嘉業堂又刊其經籍考而已。他著則以繁重未梓。又慮水火之爲厄，乃於雍正甲辰六月，萃十八種之序言，彙爲一編，自序而刊之。其目曰湖録，曰古今大學，曰聖廟兩廡位次，曰書目詩人便檢，曰家禮經典參同，曰喪服古今異同，曰禮問，曰禮記集説折衷，曰家譜，曰録書今古文目，曰定禮約編，曰詩序傳異同，曰廣春王正月攷，曰古周易篇第，曰今水學，曰百歲千年萬壽書，曰官禮經典參同，曰小谷口薈蕞，皆成書未刻者。又附詩文六篇、及石柱記箋釋各家序跋三篇。疑刻非一時，而印時彙訂者。其海運議、湖州重賦、今水學略例尤見經濟才。今十八種中，小谷口薈蕞於行水金鑑引述最多，餘均不可見矣。昔人有著書滿家，而絀於刊資，往往卒致湮没。此先刊其序跋，使讀者得其書之崒較，而案目以求，或得重顯於世，法至善也。後若嘉定錢氏可廬、既勤父子，瞿氏木夫，棲霞牟氏陌人，咸踵行之。而刊印之精，則未有過此者。

芷畦讀書著書之地，曰小谷口，曰魚計亭者，在湖州城内，其詳已見自記。乾隆時歸同縣陳氏。楊秋室結埼亭集校箋云：「芷畦居郡城東成里。其著書處曰魚計亭。亭前蒔花壘石，植二桐，幹大如斗。慕鄭子真之風，以塼刻小谷口三字陷諸壁，因以自號。有小谷口讀書圖卷。亭後方池一泓，空明若鑑。昔人題杭之龍井云：『水真淨緑不可唾，魚若空行無所依。』可以移贈。中壘石作小跨虹，狀如鼉呿。池上屋一楹，曰釣艇。旁植玉蘭一，山茶一，叢篠繞之。當芷畦盛時，朋好過從，徵文攷獻，詩酒流連無虚日。殁未幾，遺書散佚，孫又無後，亭爲俗子售得，梧桐則摧爲薪，奇石悉爲有力者購去。竹垞翁分書魚計亭額與小谷口塼，皆毁滅無跡矣。乾隆□□始歸余門人陳生鑾之祖，嘉慶己未，延余課孫於亭上。每思芷畦穿穴六藝，甄綜百家，在斯亭也著述最夥，存者寥寥。其專力注之者莫如湖録，亦僅有殘稿藏余弟拙園許。讀斯志，歎其生前不遇，可爲痛哭，謝山猶不知其身後之遺書悉佚，其可痛哭更甚於生前之不遇乎？」案此記魚計亭特詳，并及芷畦身後之變，亦攷湖郡掌故者之取資，故附録之。舊爲錢塘羅以智所藏。昔人久已珍視也。

有「江東羅氏所藏」朱文方印，「鏡泉讀過」朱文方印，「張守愚」白文方印，「恭叔」朱文方印，「劉承幹字貞一號翰怡」白文方印，「吳興劉氏嘉業堂藏書印」朱文方印。

四庫全書提要稿二十五卷 十二册

清大興翁方綱撰。吳興劉承幹嘉業堂鈔稿本。

覃谿纂修四庫全書提要手稿一百二十五册，爲嘉業堂所藏烜赫名蹟之一。此爲所鈔副本。覃谿自撰翁氏家事略記于乾隆三十八年癸巳云：「三月大學士劉等奏：『原任學士降調候補之翁方綱，留心典籍，見聞頗廣。請充補四庫全書纂修官。』奉旨『依議』。三月十八日入院修書，時于翰林院署開四庫全書館，以内府所藏書發出到院，及各省所進民間藏書。又院中舊貯永樂大典内日有摘鈔成卷，彙編成部之書，合三處書籍，分員校勘。每日清晨入院，午後歸寓。以是日所校閲某書，應攷某處，在寶善亭與程魚門、姚姬川、任幼植諸人對案，詳舉所知，各開應攷證之書目。是午携至琉璃廠書肆訪查之。凡有足資攷訂者，價不甚昂，即留買之。力不能留者，或急寫其需查數條，或暫借留數日，或又雇人鈔寫。以是日有所得。」又于四十一年丙申云：「是冬辭武英殿分校覆校事，仍在四庫全書館專辦金石、篆隸、音韻諸書。」又于四十三年戊戌云：「四庫全書五年期滿，分等議叙，方綱列上等，奉旨加一級。」所記修書經過甚詳。此即是時底稿，題「校辦各省送到遺書纂修官翁方綱纂」。蓋所修皆浙江所進之書，悉依乾隆三十九年七月二十五日諭旨，所謂「分晰應刻、應鈔及應存書目三項，各條下撰有提要」之例，全書計九百八十九種，隨得隨編，未加詮次。惟核之刻本，提要既多詳略異同，即視閣書原本所冠，亦復出入不少。則此係初稿，宜其後來屢經潤飾，益臻詳盡。所貴者存目提要佔三之二，今刻本既經紀曉嵐修改，其本來面目賴此得存。而四庫並存目未收之書，其數實繁，雖有當時剔除者，然漏奪亦復不免，則大有功于治目録學者之參攷矣。其于各書，或節録其序目及内容，爲撰提要之資，亦摘存其有關其他攷證者，似讀書筆記。有違礙處，則粘附簽記于書名上，或注燬字及酌字，則遵修書定規。而隨筆所及，有記事，有評論，均雋永有味，取之不盡。卷七授經圖、雅樂發微兩提要，有朱筆「總裁李閲」及批，案爲臨川李友棠字召伯，號西華。穆堂之孫。乾隆十年進士。官工部左侍郎。乾隆三十八年閏三月十一日派爲四庫館副總裁。王錫侯字貫獄起，以友棠有題詩，革職。故今刻本提要卷首在事諸臣職名，正副總裁無其名。其記所閲永樂大典云：「每遇『棣』字，用黄綾粘貼。」又云：「每部内之字，多據龍龕手鑑、五音類聚等書摭入，實爲恠誕。」又云：「永樂大典所注書名，亦多揞拄。如崇文總目本以兩京道里記入地理，兩京新記入傳記，而大典則以韋述兩京新記複收于傳記、地理二門。」明鄒迪光調象庵集摘録其與趙凡夫云：「有邵古華者，能作宋人書板字，幸一試之。」「武英殿聚珍板叢書各種，均注售價。」均爲書林掌故。昔邵二雲、姚姬傳各以所撰提要別編書録行世，得攷紀氏改削痕跡。余亦嘗擬將此重編爲「四庫著録」、「存目著録」及「四庫與存目皆未著録」爲三類刊行之，庶與邵、姚二氏媲美云。

此鈔出于故友海門施君韻秋手。君名維藩。典掌嘉業藏書樓逾廿年。曾佐張詠霓壽鏞校刊四明叢書。余刊黄顧遺書，亦資君之力，用附識之。

有「劉承幹字貞一號翰怡」白文方印，「吳興劉氏嘉業堂藏書印」朱文方印。

琴清閣書目不分卷 一册

清吳縣周錫瓚撰。手稿本。清元和江標手跋。

錫瓚原名曰漣，字漪塘，又字仲漣，號香嚴。吳縣人。乾隆乙酉副榜。家有香嚴書屋，藏書與顧抱沖小讀書堆、袁壽階五硯樓、黄蕘圃士禮居，稱四大藏書家。

此册爲其藏書目之一部分。藍格。手稿。板心有「香嚴書屋」四字。共一百又五葉。每種上鈐「周曰漣猗塘印」白文小長方印，似爲核對所記。下注價值，則爲求售者也。目中宋、元板雖不多，而舊鈔則既富且佳。如宋板通鑑紀事本末一百册，十六兩。元板玉海一百六十册，二十兩。宋板六臣注文選四十册，三十二兩。元板國朝文類二十册，六兩。元板豫章羅先生文集三册，六錢。元板丁卯集二册，四錢。宋板范文正公集八册，四兩。宋板東萊吕太史文集八册，三兩。元板朱子大全集四十册，四兩。元板樵雲獨唱集一册，三錢。元板國朝名臣事略五册，二兩。而惠半農松崖批津逮秘書一百三十一册，四十二兩爲最鉅。其他舊鈔名校，每種均僅數錢，可以攷當日書價。其中津逮秘書第一集八種，昔年余得之滬市來青閣，有陶澍藏書印，知曾入印心石屋。而漪塘藏書多不加印記，不有此目，幾莫考其源流。而二集以下，又不知流落何處爲可惜也。案蕘圃于嘉慶二十四年己卯季冬，跋舊刻本劉子云：「春初香嚴主人殁，遺書分貯各房，有目録傳觀於外。」江建霞黄蕘圃年譜附注云：「標藏有香嚴書目草本，上皆注價值，并圖記。或即當日傳觀之本，即是此册。故有士禮居藏印，惟琴清閣之稱爲不經見。」案吴縣志藝文有周曰漣琴清閣詩稿可爲旁證。曾于瞿氏鐵琴銅劍樓見潄六樓書目，亦漪塘所藏。合觀之可得其收藏大略，以較小讀書堆、五硯樓之簿録無存爲較勝矣。

有「士禮居藏」隸書朱文長方印，「蕭江書庫」楷書朱文長方印，「師許室藏書」朱文長方印，「汪鳴瓊印」白文方印，「静君」白文方印，「愚齋圖書館藏」朱文大方印。

琴清閣書目稾本一册，己丑十月，趙静涵師檢付。元和江標記。

藝芸書舍宋元本書目不分卷 一册

清長洲汪士鐘編。吳縣曹元忠手鈔並校跋。婁縣張錫恭手跋。

君直先生用榮寶齋緑格紙手鈔，又用黄筆據吳鈍齋外叔祖鈔本校過。兩本異同，見跋尾。共著録宋、金刻本附宋人鈔本三百二十一種，元刻本附元人鈔本一百五十種。其有鈔補者必注，殘本之現存卷數必詳。殊便後來檢核，非草草簿録之比。惟典禮類有「景元鈔素王事記通制孔子廟祀」一種，與全書體例不合，疑編目時草入。小説類有「元鈔鐵圍山叢談」一種，注「鴈生草堂本」。案鴈里草堂爲明無錫秦柄藏書處，則「里」草作「生」。閬源席豐履厚，於宋、元刻有真知篤好，不惜多金，有名秘笈，搜求略徧。顧千里序是目言之甚詳。在道光時，爲吳中藏書之集大成者。後來瞿、楊、丁、陸四家所有宋、元刻，大半皆見此目。其他明刻及鈔校本，惜當時未及編目。顧序又謂「爲宋、元計者奈何？曰舉斷不可少之本，覆而墨之，不失其真。是縮今日爲宋、元也，是緩千百年爲今日也」云云。蓋藏書所貴者首在能讀，含英咀華，立言不朽。其次則在能傳，己不能讀，而使他人讀之，庶不没前人著書之苦心。若閬源者，有傳布之力，故千里以此爲勗。惟鋟木艱鉅，僅成儀禮疏、雞峯普濟方、郡齋讀書志三數種。然今日景印之術大明，閬源舊藏多重見於世，不但千里之願得償，而閬源之名亦益彰矣。閬源事跡，葉菊裳先生藏書紀事詩所載甚略，余嘗訪諸其後人，亦不甚悉。阮文達爲書「種樹類求佳子弟，擁書權拜小諸侯」聯，八分，極雄偉。

先王父嘗摹勒懸諸隨怡堂之兩楹。余少時出入必誦之，今則已摧爲薪矣。

吴侍郎郁生鈔本首題宋板書目，次題經部、史部、子部、集部及總集等字而不分類，各書上亦不冠宋板二字，與此本頗有異同，因假歸，用黄筆校之。己酉春，元忠。

附鈍齋跋語

庚申辛酉間，郁侍先大夫避兵居蕩口鎮。是時吾邑汪氏藏書星散，販賣者至論斤以售，行篋難携，徒爲惋歎。昨歲見顔氏家訓、鑑戒録皆是録所收，汪氏子姓避難携出者。聞其家尚有宋槧春秋，未知是何本。此録所收，殆百不存一矣。吾郡藏書，今推陷山瞿氏，宋、元槧及舊鈔書甚多，有四庫所未收者，余尚擬一觀之也。壬午冬十二月，鈍齋手鈔是本，因識於後。

癸未又見陸唐老通鑑、通玄真經，皆此録藏本。

荀子在陷山趙次侯家。

元和顧千里先生精校讎之學，既從其從兄抱冲，孰覩宋本、元本而鑑别之，又出與海内通人，校刊各書，亦既博且精矣。是時海内承平，值詔求遺書之後，奇書秘笈，靡不畢顯。吴郡士沃人饒，搜藏圖籍者尤衆。若黄蕘圃、汪閬原二君，其尤著者也。而千里前後皆得承接，既爲蕘圃作百宋一廛賦，又爲閬原序其宋元本書目。由是四方學者，視吴郡藏書之富，不啻如大小二酉焉。嗚呼，何其盛也！吾友曹君直内翰，生千里之鄉，而能繼其業者也。從江陰繆師遊，益邃於目録之學。今年春，余赴禮學館之徵，與之共事。一日，余遊書肆，見千里所序汪氏藏書目，以告内翰。内翰取歸，思購之，因索值過昂，窮日夜之力，手自録副，而反原書於其人。因持以示余，且曰「閬原往矣，其書今漂散，而十之三四，吾猶能識其所在。雲煙過眼，可慨也夫」。因相與長歎而囑余一言記其後。余惟内翰之録是册，非徒然也，自千里先生之没。距今七十餘年耳。此七十餘年中，前值髮、捻之亂，後值庚子之變，南北藏書之家，厄於水火刀兵者已不可勝紀矣。近又聞吳興某氏藏書甚富，有希世之本，别建守待閣儲之。欣夫案，陸氏閣名「守先」，此革。閣名守待，夫豈偶然？乃没不數年，其子不能守，盡以授之賈胡，遂使中國又失此精本。是於水火刀兵之外，增一厄也。夫宋、元精槧之本，流傳如麟角，而復與世之厄運相刃相靡，則此册所列者，久將何所底至耶？宜乎内翰手鈔之而唏噓不置也。而回思千里先生之遇之幸，益不勝身世之感云。光緒著雍涒灘四月癸亥，婁張錫恭識。

傳書堂善本書目四卷三册

吳興蔣汝藻編。鈔本。

汝藻字孟蘋。光緒癸卯舉人。學部郎中，民國元年曾任浙軍政府鹽政局長。蔣氏藏書淵源有自，道、咸間子垕維基、季卿壑兄弟相師友，大江以南，精槧名鈔，靡走其門。子垕之居曰儷籯館，曰茹古精舍。季卿之居曰求是齋。並校刻鄉賢施北研元遺山詩集注、嚴鐵橋全上古三代秦漢三國晉南北朝文編目。至子垕孫孟蘋汝藻益恢廓之。傳書堂所藏，與同縣劉氏之嘉業堂、張氏之適園，蔚爲南潯三大藏書家。王靜庵曾爲作傳書堂記詳之。此目以經史子集分爲四卷。于宋、元刊本，名校精鈔，及收藏源流，均備注之。當清末葉，江、浙舊家不能保其楹書者，相率載至滬瀆，以求高價。于是周季貺書鈔閣之歸蔣香生鐵華館者，及陳碩甫三百堂、吳平齋兩罍軒、汪郎亭萬宜樓、江建霞靈鶼閣諸家所藏悉歸之。而范氏天一閣適被胠篋，明刊孤帙，亦捆載以赴。今觀目録所載，宋、元本尚矣，余尤所心醉者，厥爲名人鈔校，既美且富，有非諸家簿録所及。乃未幾而三家所藏盡散，蔣氏書入海上涵芬樓最爲得所，猶惜如盧抱經手校古今逸史，煌煌鉅帙，燬于倭寇之火，爲莫大之損失。先是王靜庵曾爲編密韻樓藏書志，余見其稿本盈尺，尚未整理。今幸傳此目，得窺豹一斑。孟蘋子穀孫亦精鑒賞；後得善本，多經轉手。故友張芹伯所收，較已刻適園藏書志增至數倍。而劉氏書則曾延繆藝風、董綬金輯藏書志，亦積稿未成。今皆插架萬籤，無一存矣。余于三家藏書，十見七八，自詡眼福，而轉瞬之間，聚散無常，展讀此目，不禁爲之深喟也。

淳化閣帖釋文集釋十卷 一册

清山左徐朝弼撰。清嘉慶十七年關中書院刊本。南豐劉庠手校並跋。

首有嘉慶十七年徐朝弼自序云：「丙午秋，余需次蘭垣，偶詣學宫，晤廣文犖先生，督工刷印，就而視之，即淳化石刻也。因執端請訓。先生云，字數繁多，難以枚舉，檢諸笥以所著釋文見示，余受而卒業焉。嗣又得皋蘭署本，暨朱家標釋本，三釋對校，謹擇其稍覈者存之。至界於疑似之間者，則注曰蘭本云何，朱本云何，正文則悉遵犖本。書家朝代爵里姓氏，以及存參處，犖本原有小注。凡余所注者，則加案字以別之。」據此其書正文注釋均據翬本，乃祇云廣文翬先生而不名，其疏失實甚。自署山左，竟不知爲何縣人。扉葉題「淳化閣釋文」而無法帖字，亦爲不辭。其案語攷證無多，刻更簡陋，未爲善本。乃劉寬夫跋法帖釋文云：「山左徐右亭朝弼有集釋，頗爲詳慎。」何耶？此本爲劉慈民手校，據宋拓殘本及大觀、寶賢堂、鬱岡齋諸帖，以勘其文字。採米元章、黄伯思、黄山谷、姜白石，以迄何屺瞻、王虚舟、姚姬傳諸説，以博其攷證。卷一晉武帝書「數遣信還」，云：「魏、晉人謂使爲信，凡言信者，皆使人也。」西晉宣帝書「之白」，云：「之即古芝字，此當是張芝書。」晉簡文帝書「所示慶賜事」，云：「簡文以咸安元年十一月己酉即帝位。越十日戊午有詔大赦天下，加恩有差。此帖即此時語。時桓温當國，蓋即帝與温商酌慶賜事者也。」梁高帝書「曹郢州近遣樊士真領三百人」，云：「郢州曹景宗也。高祖平新城，拜郢州刺史。」唐太宗書第九帖「雅州只爲造船急」，云：「貞觀廿二年十一月，雅、眉、邛三獠反。」又廿一帖「哥勑」，云：「王虚舟云：『哥哥勑，當是帝與諸弟書。』庠案唐時諸帝在宫中，與諸子言，或稱哥哥，虚舟非也。」唐高宗書「太子無事欲僻洛城西門仗」，云：「太子帖與遣弘往東都帖同，太子即孝敬皇帝弘也。東都，洛陽宫，『欲僻洛城』，謂欲僻居洛陽宫，即往東都逐生氣之意。」卷二魏鍾繇書第五帖「得長風書」，云：「長風帖乃逸少早年書，長風、范母子等語，二王帖多有之，松，穆松也。王氏子弟，右軍帖屢及之，郗右軍妻家也。此云『郗還未卜』，當是重熙假節鎮下邳後語。」晉中書郎郗超書云：「叚龕歸順，不知審不？王江州爲宗正，似已定。」云：「永和七年正月辛丑，鮮卑叚龕以青州來降，帝以爲鎮北將軍，封齊公。右軍及次子凝之皆嘗爲江州刺史。超爲右軍内姪，此稱江州而不名，當是指右軍耳。」晉散騎常侍謝萬書「萬告郎等」，云：「郎即朗，朗，據之子，萬之猶子也。謝道藴稱謝氏彦秀有『封胡羯末』，胡，即朗小字。」卷三晉王凝之書「汝勉難安隱」，云：「勉，免身也。安隱即安穩。帖中穩字皆作隱。」晉中書令王恬書「不具」，云：「不具，或云當作不一一，細審之，實是不具。」卷五古法帖第二十帖「省足下别疏」，云：「此當是與益州刺史周撫書。晉穆帝永和三年桓温攻成都，李勢降。以撫爲益州刺史，鎮蜀。右軍十七帖多言蜀事，皆是與撫書，此亦在十七帖中。」卷七王羲之書第二帖「蔡公遂委篤」，云：「蔡公當爲蔡謨，觀其論北伐事，黄髪灌灌，猶見典型，可見仁祖謝尚也。」右軍有「桓摧寇罔不如志」及「桓公至洛」兩帖，此云「久當至洛」，則尚未至，在兩帖之前。又第三十八帖「理行大剋」云：「理行疑當是行李。理、李古通用。寫時偶顛倒作理行耳。大剋猶言太急。」卷八晉王羲之書第三十帖「嵩西必果」。云：「西從古文卤、籀文卤。來，當時住會稽者，每謂京師爲西。」凡此諸攷釋，上自史事，下及里語，無不精當，舉此一斑，如窺全豹。昔人於碑志則攷經史，於法帖多言摹畫。故乾、嘉時學風極盛，而治帖學者屺瞻、覃谿、姬傳而外，實鮮其人。慈民此書，可爲後勁。其勝徐右亭遠矣。

有「慈民所藏經籍金石書畫印記」白文方印，「鎦庠之印」白文方印。

同治元年壬戌冬至日大雪，取宋搨殘本復校一過，時旅寓懷寧縣城内天台里，劉庠識。

癸亥六月廿八日，再校於京師華陽故第之汲園。

戊辰九月，再校於豐邑城西里居之尚有西齋。

金石文字記六卷 二册

清崑山顧炎武撰。平湖屈爔臨清大興翁方綱校本。

覃谿手校原本藏錢塘丁氏，著録於善本書室藏書志卷十四，後入江南圖書館，友人屈伯剛從之傳臨者也。

覃谿金石專家，兼長書法，所評述都有依據，而於亭林時加詰難，則學問之事，後來居上，無足奇也。丁志已録數條，尚有遺略，今補録之。卷一魯孝王刻石八分書條，云：「此刻謂之隸則可，謂之八分則不可。金高德裔記三代之時，侯國之爲史者，則但書本國之年，而不書天子之年。春秋隱公元年者何？自魯人書之也。泰誓十有三年者何？自周人書之也。云泰誓自是特書周年，豈得與春秋之魯隱並論哉。」冀州刺史王純碑條：「拓本。」云：「凡言拓本者，皆其石不存者也，則其難得而可貴，更應詳説以著其實矣。如何漫以拓本二字了之。」李翕析里橋郙閣銘條：「今重刻在略陽縣。」云：「此碑不知何時所重刻，其建寧原本久不可見矣。今即重刻之原本，亦又不可得。今所拓者，是其重刻而又翻者耳。」豫州從事尹宙碑條：「熹平四年四月。」云：「碑中實是六年，四年誤也。」蕩陰令張遷碑條：「豈好事者得古本而摹刻之石，遂訛謬至此耶？」云：「揣測之詞，遂開後人疑議，故言不可不慎也。」卷二蘭亭序條，云：「既專以攷證爲事，而不以書法爲主，則此件即不應入。」孝子郭巨墓碑條：「拓本。」云：「此隴東王感孝頌也。其石在泰安府肥城縣，不得僅云拓本。」臨淄郡公房彦謙碑條：「金石録以爲歐陽詢書。」云：「碑左側云『太子右庶子安平男李百藥撰。太子率更令渤海男歐陽詢書。貞觀五年三月二日樹。』趙明誠蓋并其陰側皆拓之，而今無知者矣。余于壬子八月始全拓得之。」虞公温彦博碑條：「殘缺。」云：「此碑有闕訂證處甚多，亦豈得以殘缺二字了之。」卷三封祀壇碑條：「天册萬歲二年，下截剥蝕，亡其月日。」云：「趙明誠金石録云：『萬歲登封元年十二月』，今以裝册驗之，約每行上半截存字四十許，字較石淙詩稍小而勁。」順陵碑條：「内虎字再見，末筆俱不全。箎字、號字亦同。猶未斥唐諱，又君字作冏，亦他碑所未見。疑古文君字亦類此。仁山金氏謂商書太甲上篇『自周有終相亦惟終』當爲自君。古文君字似周，故誤作周。」云：「今見此碑舊拓本虎字末脚不趯起，乃唐人書皆如此，非闕諱也。且此君字既引武后新字，又豈得以證太甲篇周字乎？亭林此條不足爲據。」鎮軍大將軍吴文墓志條云：「碑云惟大將軍矣。下云公諱文，或乃誤認矣字，讀爲『吴公諱文』，亭林此記，亦沿俗説之誤。」宋天聖十年□州盟池集右軍書碑云：「『弊急可救之矣』。矣字即此興福寺碑矣字，分明無疑，在宋時猶不誤也。按矣字上半从㠯，並非多作此方折也。俗人自不識字，故致誤耳。」周尉遲迥廟碑條：「顔真卿撰，蔡有鄰八分書。」云：「其碑叙乃閻伯興撰，其碑陰則尉遲迥之玄孫士良述，而顔真卿銘，蔡有鄰書耳。」卷四雲麾將軍李秀碑條：「萬曆初宛平令李蔭署中掘地得六礎，洗視，乃此碑。存者百八十餘字。」云：「今驗現存之礎，去其不可識而計其略可識者，正百八十餘字耳。豈有再加此四倍而六礎僅百八十字者哉？且顧君亦未見黎瑶石之紀，而云李蔭掘地得之，誤矣。」蜀丞相諸葛武侯祠堂碑條：「柳公綽正書。」云：「碑陰亦柳公綽正書，爲後人刻字所壓耳。顧君此記竟未之及。」内侍李輔光墓志條：「唐人日曰二字同一書法，惟曰字左角稍缺。」云：「不始於唐人。」西平郡王李晟碑條：「太和三年四月。」云：「唐文宗年號大和，是大小之大，今俗本皆訛作太。顧寧人亦失攷。」鄭恒暨夫人崔氏墓志銘條，云：「余己亥秋典試江寧。出闈後汪君容甫持此本來相示，因題其後。後五年甲辰春，吴門陸謹庭得此見贈，物之有前定如此。」卷六諸碑別體字條：「曹全碑，巴郡朐忍令。」云：「按後漢郡國志巴郡朐忍縣，字並不異，此乃以爲別體字，何也。」又夫子廟堂碑：「哥歌。」云：「漢書藝文志：『書曰詩言志，哥詠言。』説文哥，聲也。古文以爲謌字。顧氏乃置諸通俗之列，何哉？」其他據碑本校正者不少，頗足資治金石學者之參攷。

中惟鄭恒暨夫人崔氏墓志銘，亭林謂夫人即今世所傳崔鶯鶯實爲巨謬。蓋亦沿曠園雜誌、容臺集之説耳。王述庵金石萃編已指其妄。徐柳泉煙嶼樓筆記又列九妄，以明其説之非。顧覃谿無一語及之，何耶？

伯剛名爔，後更名彊。諸生。留學日本，世寓吴門，曾與鄒百耐合設百雙樓書坊於護龍街。後又別設小書堆於王廢基。余得其手校本甚多，均已散失云。

有「屈爔之印」白文方印，「伯剛」朱文方印。

此書於隸、分、楷三者分合同異之實，頗未明曉。

己酉四月廿日，閲此二册。余所著兩漢金石記自前年秋開板，至今乃粗有緒。是日試南康、崇義二邑童子。午飯後記。

寶雞金石志一卷 一册

清浮梁鄧夢琴撰。歸安凌掇䴙好堂鈔本並手校。

夢琴字虞揮，一字簣山。浮梁人。乾隆十七年壬申進士。官至漢中知府。著有楙亭詩文集。此爲乾隆五十年所修寶雞縣志之第十五卷。縣志刊本極罕，故凌子與鈔出單行，並朱筆手校，著録于䴙好堂收藏金石書目。近林鈞石廬金石書志、容媛金石書目皆未收。關中富金石，而寶雞以石鼓所出地，名尤卓著。鼓屢經轉徙，此志仍巍然列首，以迄于元，得石刻凡十有二，多可補從前金石諸家之闕。明以後歷年未久，不録。惟所録皆據現存者，獨「風雨」二字銅塼文，轉録舊志云：「諸葛山在益門山東，土人嘗掘得銅塼，刻『風雨』篆文。」後有「武鄉侯諸葛亮製」字，則明係僞造，不足信。亦收入之，其因志中有石無金，故過而存之歟？然亦失于鑒别矣。

子與邃于金石之學，與趙撝叔、傅節子、戴子高、魏稼孫等交，所著天隱堂文録，刻入劉氏吳興叢書；䴙好堂收藏金石書目刻入陳氏湫漻齋叢書。

石墨攷異二卷 一册

清元和嚴蔚撰。舊鈔稿本。

蔚字豹人。居吳之木瀆鎮。家有二酉齋，藏書甚富。輯詩攷異補二卷，王西莊序稱其「年少俊才，篤志窮經」。江艮庭序稱其「好學敏求，多聞淹貫」。又承西莊之旨，輯春秋内傳古注輯存三卷，西莊序又稱其「安貧樂道，篤志嗜古。漢人家法，藉以不墜」。新陽張星鑑國朝經學名儒記：「蔚嘗病杜預左傳注臆説空言，于是搜羅古注，定從服虔。服注殘闕，並取賈逵。賈注又殘，不得不兼取劉歆、鄭衆。蓋三家詩之輯，先有王厚齋、嚴思闇諸人。而春秋賈、服諸注，久爲杜預所乾没，隱而不彰。千載發覆，豹人實爲創始，宜西莊爲之雀躍也。尚有外傳古注輯存，未刊。後來汪小米國語三君注可以補之。三十年前得此未刊稿本于其家，喜其于史文之異，凡歲月、地理、官爵、世次，摘句攷證，略似經典釋文，頗簡明詳確。即印入庚辰叢編，以廣其傳。惟所採石墨百二十二種，大半不見于孫淵如寰宇訪碑録、王蘭泉金石萃編。豹人雖富收藏，何爲獨秘，頗以爲疑。嗣知其取自集古録、金石録、隸釋、隸續諸書，且并其攷證而更次之。而自序謂「取架上碑帖，伏讀一二過，將碑文節鈔卷末，而附余攷正者」，未免英雄欺人。案西莊于乾隆五十年乙巳序詩攷異補，稱其年少俊才，此自序署年己亥，爲乾隆四十四年，更早七年，則是時豹人年猶甚少，故其書罅隙尚多，如以神龍列後周，武德、貞觀列隋，不從刊碑年月爲次，自來著録無此先例。或本非定稿，無心傳世，而余遽爲付印，不善爲古人藏拙，亦當自訟者也。

寰宇訪碑録十二卷 五册

清陽湖孫星衍、階州邢澍同撰。清嘉慶七年壬戌孫星衍平津館刻本。江都秦更年臨清諸城劉喜海、仁和魏錫曾校本。

淵如訪碑録爲蒐求石刻者之鴻寶。然碑名年月，著録不無舛譌。此爲燕庭據所藏拓本校勘，至卷五五代止。當時若吕世宜、韓韻海等均從假録。稼孫又從沈均初樹鏞本過録，并自加校語以贈歸安凌子與瑕，而此又爲曼青從魏本轉録者。傳授源流，歷歷可溯。頃讀羅振玉俑廬日札云：「寰宇訪碑録，聞劉燕庭先生有校本，見山右金石録吾鄉凌君子與（瑕）（霞）校語。此書不知尚存凌君處否？」是羅氏亦未之見也。燕庭所校，于訂正碑名年月外，又有利于訪碑者五。一、詳碑刻之在某村某寺也。如吴九真太守谷朗碑，湖南耒陽。云：「東門外杜工部祠前。」東魏大覺寺碑，河南洛陽。云：「城内東南隅，俗稱四眼井。」後齊張景暉造像記，山東益都。云：「縣北三十五里昌平寺。」唐觀音寺碣，河南汜水。云：「王留村寺内嵌壁間」是也。一、著碑拓之轉徙授受也。如漢凉州刺史魏元丕碑、小黄門譙敏碑、圉令趙君碑，皆浙江錢塘黄氏藏本。云：「此本近歸蔣氏因培。」楊紹買冢地莂，浙江山陰。云：「舊在童二樹家，今未知歸誰氏。」後周王瓮生四面造象銘，陝西長安。云：「此種已爲淵如移置五松園。」唐九歌碑、千字文碑，皆直隸豐潤。云：「二石今歸漢陽葉志詵家」是也。一、記碑拓之曾經目覩也。如漢酸棗令劉熊殘碑，江蘇江都。汪氏藏本。云：「嘉慶丁丑季夏十四日，喜海曾見此本于孟慈處。」後魏平州刺史司馬昞碑，云：「道光丙戌十月廿三日，曾見初出土時原石拓本于吳門白塔里程澹秋茂才處」是也。一、誌碑石之遭劫被燬也。如吳紀功碑，云：「嘉慶十一年燬于火。」後周魏姚樹等題名六種，陝西高陵。云：「以上在高陵水磨地古廟門前，已改琢爲墩。」唐道安禪師碑，云：「萬曆間爲雷震兩截，下截磨滅。」儲潭神頌，江西贛縣。云：「道光丁亥人日，過贛州游儲潭廟，訪唐、宋各碑，俱不見。據廟主云，嘉慶丙子，廟遭回禄，古碑皆燬無存者」是也。一、附記自所收藏也。如漢侍御史河内温令、王稚子闕，浙江錢塘黄氏藏本。云：「道光壬辰閏九月，此本歸喜海處。」西魏法顯造玉石象記，江蘇吳縣畢氏。云：「此石今在喜海處」是也。而唐王禪成造石浮圖記，云：「後有李白題名。」後唐首陽山廟丁約題名，云：「在唐開元三年伯夷叔齊廟碑側，坿元王惲詩。」則又爲文學家所取資。又録收秦、漢瓦當塼文，燕庭謂録名訪碑，宜專載石刻，如瓦當塼文，當自彙一編，不可附入。所議亦是。稼孫所校，雖不如燕庭之詳，亦頗有匡正者。如後魏比干墓碑陰，燕庭云：「此即元祐五年重刻時，吳處厚撰，林舍書。」錫曾案：「此碑正面重刻，碑陰從臣題名，尚是原刻。雖宋人題記，亦在碑陰，不得没原刻也。劉案非是。」後齊少林寺造象碑側，燕庭云：「此種有誤。」錫曾案：「得舊拓董洪達造象，前多題名一行，恐即原書所指碑側，非誤也。」亦若干條。又有韓韻海、王存善及曼青案語，則録者遞有附益也。

世宜字西邨。福建同安人。道光壬午舉人。著有古今文字通釋、吕西邨類稿。韻海字季卿。浙江平湖人。道光癸卯舉人。官廣西知縣。父維鏞，富收藏。家有金蝨山房，人比之項氏天籟閣。存善字子展。仁和人。富收藏。曼青寓滬最久，曾通箋牘，贈余所刻覆元本韓詩外傳，所著華山碑續攷。

此書蒐羅甚富，洵足爲訪碑之助。然其中譌舛複重者亦正不少，余悉爲校正删改。至現存而録中失載者，近出而未及著録者，輒有所見所得，即爲添補。余藏宋、元碑甚少，故攷證添補亦略。暇時當取金石諸書，并友人藏弆，再詳爲參核也。嘉慶戊寅醉司命日，喜海識。

喜海自嘉慶辛未年十八時，始蒐金石。每有所得，必于是録記以硃圈。迄庚辰，十年于兹矣。因于是歲醉司命日，屬南叔密甫助余將所藏碑刻，詳加編輯録目。至除夕卒業，附志于此，以俟他日續有所得，當爲補輯也。道光元年元旦日，東武劉喜海識。

越二十有六年，歲次丙午，嘉平望日，以四川所得古刻，補録一過。手編三巴孴古志尚未脱藁。東武劉喜海志于四川臬署來鳳堂。以上卷首。

録中凡喜海已得之碑，皆以紅圈記之。嘉慶辛未七月二日。卷一首。

丁丑夏四月朔日，重校一過。吉甫記。

戊寅十月望日，再校一過。吉甫記。

壬午三月二十有一日，以趙大令希璜安陽金石録校補一過。吉甫。

甲申九月朔，以武進陸徵君耀遹金石續編校補數種。

丙戌仲春十有九日，以方彥聞履籛河內金石志補録。

丁亥仲春，舟泊采石磯阻風，以兩浙金石志校補一過。

辛卯重九前二日，以掖乘添注。以上均在卷五末。

道光壬辰九秋四日，燕庭世叔出守金沙。行有日矣，因假歸校補一過。從此迢迢數千里，不知何日重展此書，合卷惘然，書以誌別。重陽後六日，韓韻海記于邸寓之墨綵堂。

是書世稱淹博，燕庭先生以三十年汲古之學，重爲增訂。補其闕略，正其譌謬，復注其重出與年月日，共一千餘條。考據精而徵引富；自歐、趙以來，著述家未有過之者，無論于孫氏書爲有裨也。既屬張上舍升俊謄録，復書此以志景慕。道光戊戌三月，同安呂世宜借鈔并記。

壬寅正月歙鮑康假觀。

道光戊申長至日，嘉定周其懿手校并補注。以上均在卷首。

同治丙寅二月十二日，鐙下校畢。

丙寅三月二十一日，覆校畢。

錫曾案，同治丙寅以下云云，爲沈韻初傳録時題記之語。以上均在卷五末。

光緒丁丑三月十四日録是册畢，時寓漳州三山館。

同日鐙下覆校，偶有加案，以墨筆爲識別。子與先生正之。以上均在卷二末。

光緒丁丑三月十五日，在漳郡録此册畢。在卷四末。

案劉氏通校全書，韻初傳録止于此卷。又劉于新得各碑，是書未載者，亦補列之眉間。韻初别就趙撝叔所撰補寰宇訪碑録傳校，今爲子與道兄首録此卷，從沈本出，故無以復劉氏之舊也。光緒丁丑二月四日鐙下，錫曾又記。在卷五末。

燕庭方伯自言宋、元碑甚少，故考證添補亦略。沈均初所以録至五代爲止，非不録也。稼孫先生謂均初傳録，止於此卷，未能復劉氏之舊，其實已十得其九矣。且宋以後碑亦無甚可攷證也。朱墨書皆稼老手筆，可寶之至。甲寅十月存善記。

補寰宇訪碑録五卷二册

清會稽趙之謙撰。鈔本。清長洲葉昌熾手校本。貴池劉之泗録上虞羅振玉刊誤。

撝叔此書，有謂其纂竊他人之稿者，然讀其自記，多得之同好諸友之助。況其一生愛好，蒐羅排比，似非力不能爲，疑傳者未可信。此爲吾鄉葉菊裳先生手校，密行細字，簇簇如蟻聚，蓋得碑即校，積數十年之精力于此，可謂勤矣。其勘正碑名及年月者，較劉燕庭所校孫書多至數倍，即此可判孫、趙兩書之優劣。其爲兩書所無者，亦附識眉端，可爲再補之資，而所得拓本，必識其所由來。如潘鄭盦、吴窓齋、吴蔚若、李木齋、繆筱珊、江建霞、孫汶民等，則師友也。如「風估」、「滑估」、「髦估」、「韓估」、「戆估」、「羿估」、「髻估」、「精估」等，各題名號，别具風趣，則坊友也。均可與緣督廬日記相參。其訂誤者，如後魏王銀堂造象碑，又造象碑陰、造象碑兩側，校改爲秦從等卌人造四面象。「案：此刻爲四面造象，非有陰、側，記有秦從等卌人云云，自當以從冠首，王銀堂但爲東面象主。『精估』携來。紙背有黏籤，云在涇陽。此云河南。未知孰是。共四紙。」步轝郎張元祖造象，張元祖下校增「妻一弗」三字。「案其文云：『步轝郎張元祖不幸喪亡，妻一弗爲造象一區，願令亡夫直生佛國。』則是其妻名一弗所造，此題誤。」維那主葆張碩等碑陰題名，「案此係摩厓，非碑陰。張碩上係『蘇胡』二字，無『葆』字，亦無『維那』字，有『當□本縣令□珎之』題名。」洛州陳泰初等造象，「案陳泰初上尚有『比丘僧仁□玄敏戩』等字，不當以泰初冠首。此刻移唐永隆。」北齊蘭陵武王高長恭殘碑，校改爲「蘭陵忠武王高長恭碑，武平六年九月，額篆書。」「案碑在磁州未佚。光緒癸巳拓來，此碑合碑陰文字始全，陰字小於碑正面之半，年月在碑陰末。碑額之陰，有王弟安德王經墓興感五言詩一首。自來拓此石者，僅得上截，又無陰額，今始全碑出土，得窺全豹。」北周張興造象，校改爲礼平國等十七人造象。「案：此象十七人造，各列姓名，又各列其父母名氏。張興爲邑子張顯智之父，不當舉以標目。後列書生吕稚卿名，當即書是碑者。書生二字，他刻僅見。」隋番州弘教寺舍利塔銘，歐陽詢書丹。書丹二字始見於此。「案：此好事者集歐帖而成。書下無丹字，末行飛□丹云云，『丹』字正在書字側，或趙所見翦裱本因而致誤。」若此者不下千餘條。蓋拓墨糢糊，審諦不易，今悉從原石精讀詳校，可條録自成一書。菊裳先生晚歲以所藏拓本歸劉氏聚學軒，此書當附以備考。故公魯又得補録羅氏刊誤之文。合之劉校孫書，可謂治碑版學者之兩寶筏矣。

有「五百經幢館」白文方印，「治廧書庫」隸書朱文長方印，「畏齋藏書」朱文方印，「公魯校讀」白文方印，「劉公魯讀碑記」朱文長方印，「趙學南劫後藏書」朱文方印。

吳郡金石志一卷 一册

清嘉定瞿中溶編。傳鈔清常熟陳揆稽瑞樓鈔稿本。

吳郡金石，經建炎兵燹，多被毁滅。唐石僅存經幢，北宋亦寥寥可數。而南宋以來，多橋梁、井欄題刻爲一特色。郡志著録，闕漏不備。木夫承其外舅錢竹汀之學，尤精金石考訂。晚返吳門，留心搜訪，著爲斯志，咸出目覩，今目下每注明所在地可證。後來程祖慶、韓崇、潘志萬續有所纂，雖或刊或否，而木夫提倡之功，不可没也。黄蕘圃跋吳郡圖經續記謂曾爲木夫題訪吳郡橋梁宋元石刻圖。葉菊裳先生語石，亦謂錢竹汀嘗偕鈕匪石刺舟徧游城内外，所過橋梁，盡録其題字，當同是役。余年二十餘，偕同學佩諍宗兄，故友毛君桐生，徘徊搜訪于衢巷、橋洞、庵館、寺院，氈椎自隨，所得不少。當時興會極盛，後見此志所注，猶十符七八。近十年來，大興建設，城市改觀。此類石刻，毁之者不知幾何矣。志載顯德四年吳越國故高陽許氏夫人墓志，係塼質，已殘闕。舊藏余所，置諸庭角。先妣棄養，布設靈堂，倉猝之際，被人雜諸瓦礫棄去。及余神智稍清，已不可蹤跡，殊覺悵悵。記之以識余過。此册甲戌年借鈔于鐵琴銅劍樓，猶是陳氏稽瑞樓舊鈔，瞿君旭齋以朱筆校之，越今已二十七年矣。

從古堂金石跋尾一卷 一册

清嘉興徐同柏撰。吳縣王欣夫輯。鈔稿本。

籀莊金石攷訂之學，受之舅氏張叔未，而多識古文奇字，有出藍之譽。從古堂金石款識印本晚出，實可與積古齋媲美。其零星題識，往往見于拓本裝册。余先後鈔得金九種，石一種，輯成一卷。其石刻題識不經見，此唐吐蕃會盟碑尤爲前人所未見。道光八年戊子，叔未獲拓本，屬籀莊爲攷釋。因作釋文，並參之兩唐書，攷證史事甚詳。案是碑在今西藏伊克招廟大門右。道光元年，玉研農駐藏回都，携拓本分貽友朋，世始得見。孫淵如寰宇訪碑録、洪筠軒平津讀碑記、吳荷屋筠清館金石記皆著于録。陸星農八瓊室金石補正并有釋文。今以籀莊所釋，校之補正，互有詳略。至立碑年月，籀莊亦同孫、洪，謂在長慶元年，而以吐蕃傳言「明年請定疆候」，而碑已有「大蕃境土，及將軍谷交馬綏，戎柵已東，大唐祇應。清水縣已西，大蕃供應」等語，似是長慶二年事，而定爲明年，是史家既事之辭，不得以此而疑爲長慶二年事，則星農攷之頗核。謂京師之盟在元年十月，吐蕃之盟在二年五月，蓋籀莊未察舊唐書吐蕃傳明載「二年二月，遣使來請定界。六月，劉元鼎自吐蕃使迴，奏云『去四月二十四日到吐蕃牙帳，以五月六日會盟訖』」之文也。又立碑者，籀莊依據史傳，證得爲劉元鼎、劉師老所監立，則不知是碑原有兩側，星農得其一，正有唐臣銜名，二劉皆顯然在列。籀莊未見碑側，冥心獨會，爲難能矣。碑末行有「周沺馬文」四字，陸釋文洒作細字，形相近而各家均無攷釋。籀莊謂「周洒自是蕃人，馬字稍泐，當是爲字。碑文乃蕃人所爲，而卒題之于碑之上者，以文中『務令萬姓安泰』一語尚不失惟明舒患息民之旨耳。」前引傳載「吐蕃恃强盛，求與天子敵國，語悖傲。玄宗曾以贊普上書悖慢，毋議和。嗣采皇甫惟明舒患息民之言許之」爲證。此則唐代對外政策，亦讀史者所應知也。附其子士燕漢上黨守銅虎符、隋右禦衛相原府銅虎符兩跋，攷證地理官制，亦頗詳確，能傳其家學者。

關中漢唐存碑記一卷 一册

清華州王志沂撰。山陰傅𡶴手鈔本並跋。

志沂字魯泉。華州人。博學通醫，嗜金石，擅書法。妹壻盧坤，巡撫陝西，入其幕府。暇則徧搜境内碑碣，各爲跋尾，輯成此書。並陝西志輯要及坤所著秦疆治略，于道光七年丁亥合刻之，傳本甚罕。此則山陰傅叔和借得手稿傳鈔。其父灌園不知有刻本，欲交江蘇書局，而病卒未果。原名關中漢唐存碑跋，叔和改跋爲記，殊可不必。刻本有道光丁亥連平顔伯燾序。朝坂李元春跋。顔序謂「先溯其年號，因時而序之；　次稽其建立，標地而識之；　並考其人之世系以表之；　又驗其人之功業以彰之；　其有殘折者則分片段以記之；　其有漫漶者，則辨字數而計之。證之史，以訂其訛，參之百家衆説，以求其是」云云。實則考證不如畢沅關中金石記，而時論及書法，序所稱，不免溢美。

全書收碑一百四十八種，而唐碑居一百二十六種，然每碑必詳著其所在地，則著録家創例，而有助于後人訪求者。其成書上距畢氏僅四十餘年，殘毀者已十餘種，而後來出土可補畢之闕者，如定公碑、令狐熙碑、令狐德棻碑、于孝顯碑、陸讓碑、牛秀碑、任令則碑、大福禪師碑、張維岳碑，亦若干種。又有原石現存且爲習見者，如僧懷仁所集聖教序、柳公權書魏公先廟碑，而畢氏竟漏未載入。然則談關中金石者可以繼畢氏書而無愧矣。

灌園名懷祖，號星槎。官江蘇縣令。與湖口高心夔、江山劉履芬皆博雅好古，著有灌園文集。叔和能承家學，此本余與陵苕館續刻同得于其家。

有「灌園藏書」白文方印，「山陰傅氏」白文方印，「傅氏灌園秘笈之印」白文長方印，「山陰傅崋萼齋收藏經籍金石書畫印記」朱文方印。

右關中漢唐存碑記少華王志沂著。係稿本，未刊行。辛卯孟冬偶於韓巽侯貳尹祖詒許獲見此稿。遂借以歸，時家大人疾已少瘳，閲而稱善。爰命江蘇書局寫人梅林過録，未及蔵事，巽侯適有袁浦之行，取回檢視，録僅及半，乃竭一日夜之力，手鈔完竣。按原稿前有自序，次目録，又次碑跋。其自序首行題曰「關中漢唐存碑跋序」，目録首行則作「關中漢唐存碑目録」，至於碑跋不另標題，第一行即書秦繹山碑，蓋此爲初脱手稿本，體例未備也。崋意碑跋之前，應標書名，並署少華王志沂著。如僅題「關中漢唐存碑」固屬未妥，即質言「關中漢唐存碑跋」亦未盡善。因仿君鄉先賢趙氏涵石墨鐫華、郭氏宗昌金石史之例，題曰「關中漢唐存碑記。少華王志沂著。」誠以郭、趙二家之書，皆題其自藏三代以來金石書於各卷之尾，又恐他日將與此卷同爲烏有，復總録其語，勒成一編，與王氏此書命意正同。則崋之改跋爲記，初非杜撰也。至其蒐采賅博，攷證精詳，不僅可補畢氏關中金石記之闕，並可正史傳諸家之誤。且於諸碑既注明在某府某縣，並詳及某村某鎮某山某廟，爲從前金石著録家所未有。用心深至，洵稱善本。家大人擬明春精神稍健，勘訂一過，付諸剞劂，以廣流傳，先命記其緣始於後云。光緒辛卯仲冬上澣，山陰傅崋録畢謹識。

王氏此書，蓋補畢氏沅關中金石記而作，然其精審，實爲過之。先君子初擬刻入灌園叢刻，次年正月，遽爾棄養。不孝苫塊餘生，未遑授梓。觀王氏自序云，距畢氏著書時，僅四十餘年，殘毀已十餘種之多，後此更不知何如。今距王氏成書，此時相隔又八十年，其殘毀當復何如。且近日外人巧取豪奪，侈談陳列，則又王氏所不及料者。噫，設無有心人亟爲保存，恐古刻淪亡。速於殘毀，是誠不能不有望於守土之君子也。甲辰季夏重校一過于鶴沙署齋。崋又記。

盂鼎釋文一卷 一册

清吳縣吳大澂撰。鈔稿本。

鼎彝文字，愙齋尊爲周誥遺文而詳加疏證者，本有毛公鼎、盂鼎二器。故于毛公鼎釋文跋云：「二十篇中，惟酒誥、梓材、召誥、洛誥、多士、多方、顧命七篇爲成王時作，今得毛公、南公二鼎，文同爲成王之誥，大義微言，斯文未喪，使當日孔子見之，必録入周書，在不删之列。」又云：「因釋其文，用西人石印法傳之，爲海内學者廣其見聞，藉資攷證。」今祇見毛公鼎同文書局石印本，即集古録所收。而盂鼎則王勝之同愈别寫釋文，以愙齋篆書題跋印入，與毛公鼎跋所言不合，蓋原稿已佚也。四十年前，于蘇城集寶齋見盂鼎精拓，並愙齋釋文手稿，用日本菭箋。釋文爲大字，正文攷證爲小字雙行，體例行欵與毛公鼎同。知爲擬付石印之定本。價高未能得，因假録之。取與集古録核之，此本引證多至數倍，或篆書跋出自删節，或此爲後來增益。今舉篆書跋所未釋者以觀其全。「有□烝祀無敢醻」篆書跋釋□爲撲之古文，此則云「□疑即菐之古文，菐、非同音相假字」。王書釋文作菐，與跋不符。「惟殷邊侯田」釋云：「爾雅釋詁：邊，垂也。説文：垂，遠邊也。今篆文从臱，此从□與散氏盤徼字略同，隸書从臱，猶存古意，非俗字也。」「粤殷正百辟率肄于酒」，釋云：「粤下□有半泐，當即殷字。百字下半亦泐，皆笵鑄不足，非土鏽所掩。」「女妹辰又大服」，釋云：「又當讀有，爾雅釋詁：服，事也。詩蕩傳：服，服政事也。有大服，即多方所云有服在大僚之意。」「正德」，釋云：「言即文王之刑法以正其德也。」「若玟王命二三正」，釋云：「正謂先正也，文王之臣，時則有若泰顛、閎夭、散宜生、南宫括也。」「受民受疆土」，釋云：「不言錫者，或係南宫舊有之土地民人，成王命盂而申錫之也。」「錫女鬯一卣冕衣市舄車馬」，釋云：「市即韍韠也。岢古舄字。説文：舄，䧿也，象形。小雅毛傳云：舄，達履也。蓋舄本象䧿形，經典借爲履舄字。」「錫乃祖南公旂用蘄」，釋云：「嘉盂之勳，而追錫其祖，凡有功者，銘書于王之太常，故錫之旂也。蘄，古祈字。説文：祈，求福也。」「錫女邦嗣四伯」，釋云：「周制稱伯者，侯甸男衛邦伯，五等之爵也。左右常伯，畿内之王臣也。大都小伯，都邑之官也。尹伯，有司之長也。此言錫女邦司四伯，蓋錫之四邑也。下言『錫乃嗣王臣十又三伯』，蓋錫以畿内都邑以王臣十三伯屬之也。皆都邑之大夫也。」「人獻□馭至于庶人六百又五十又九夫」，釋云：「𢽾即馭，説文：御，古文作馭。筠清館金文師寰敦徒馭作𢽾，此器馭上一字㴔，疑亦徒字。」「錫乃嗣王臣十又三伯，人獻千又五百夫」，釋云：「上言人獻徒馭，至于庶人六百又五十又九夫，邦嗣四伯之屬也。此言人獻千又五十夫，王臣十三伯之屬也，不言徒馭庶人者，省文也。」「𢓊𡨄□□乃土」，釋云：「𢓊當即殛之異文。𡨄疑即𡨄字。説文：𡨄，塞也。从宀𣪠聲。讀若虞書曰『𡨄三苗之𡨄』。孫愐音麤最切。今書作『竄三苗』，王氏後案以爲經本作𡨄作竄者，衛、包所改是也，孟子作『殺三苗』，殺與𡨄相近而譌也。禹貢『要服三百里夷，二百里蔡』。鄭康成曰：『蔡之言殺，減殺其賦。』馬融曰：『蔡，灋也。』春秋昭元年傳：『太叔曰：「周公殺管叔而蔡蔡叔。」』杜注云：蔡，放也。釋文云：上蔡音素葛反，説文作𥻨，音同，字从殺下米。下蔡如字。張參五經文字云：『𥻨，春秋多借蔡字爲之。』是陸、張知蔡字之誤，而以𥻨字當之，不知蔡爲𡨄之譌，𡨄形近察，而音與蔡同。隸書遂改作蔡。𡨄字从向从㞢，象陛梐之形，以戈守之，有禁錮之意。故許氏訓𡨄爲塞，自𡨄字之古義廢，而虞書作竄，禹貢、左傳作蔡，孟子作殺，衆説紛賍不一，其實皆一字也。𡨄下一字左从萬，右㴔不可辨。下一字如离字，疑即多方之『離逖爾土』。此言罰訟之事，亦司戎之職也。」「王曰盂若敬乃正勿灋朕命」，釋云：「正州，長黨正之屬。」毛公鼎『善效乃友正』與此略同。有慎簡乃僚之意。䌛即廢古文，灋廢爲一字。」凡此皆補集古録之遺，惜原稿不知流落何處，不得與毛公鼎釋文合成雙玨也。

攈古録校記三卷 一册

清瑞安孫詒讓撰。杭縣馬叙倫録。精鈔稿本。

仲容以曠代經師，潛心古文字之學，所著古籀拾遺、古籀餘論、名原諸書，莫不理順節解，讀之怡然。當時纂集彝器文字者，以吳子苾攈古録爲備，仲容即據其本，朱墨雜下，爲其著述之樸。夷初從友借得原本，精加條録，其有墨擲、朱規、單詞短語，非釋不明者，則各附案語，朗若列眉。兩賢精力，相得益彰。而一序于仲容之學術，闡發詳盡。不特爲此書提其要也。余屬朱君五峯精鈔，欲影印入紀年叢編，以費紬未果。昔讀仲容札迻自序，知尚有經迻一書，散在書眉，尚未輯録。曾馳書其嗣孟晉，勸速整理傳世，未得要領。比來浙人于仲容頗知尊崇，有遍徵遺著展覽者，則其未刊各稿，當不至湮没也。

孫先生詒讓，字仲容，籀廎其別字也。浙江故温州府瑞安縣人。父衣言，以江寧布政司使，入爲太僕寺卿。世父鏘鳴，禮部侍郎。皆以永嘉先哲之學爲後進倡。先生從宦，多識時賢世俊，遂擅經術，兼攻金石甲骨文字之學。其所著如周禮正義、墨子閒詁、古籀拾遺、栔文舉例、名原諸書，都十餘種，世人皆爲仰止。夫清代學術，以經術文字金石之學，獨逸於前。乾、嘉諸子，玉振金聲。至於季葉，吾浙德清俞君樾名冠於世，道及海外。而先生後起，頡頏俞君，於是經術文字金石之學，吾浙遂高於國中。蓋治經術及金石之學，必以通文字爲基礎，然後異於冥索，而無鑿空向壁之病。清自錢大昕、阮元始以小學溝通經術及金石之學，然猶觕疏，每失而不當。桂馥、許瀚、王筠亦復有餘憾。若吳榮光、吳式芬、陳介祺之流，則疏於經術，雖畢力致勤於金石之學，猶多陷於附會，不知文字範則，而切切於筆墨形似之間，故其終効與王楚、王俅、薛尚功無甚異矣。近時乃有吳大澂、劉心源、羅振玉、王國維爲校勝，而先生實左右吳、劉，接引羅、王。蓋先生既深於經術，故於名物制度既朗然於心目，而以訓詁通經，則陳規卓立，援用於金石，遂豁然無礙。且先生之治金石也，以分析綜合之術爲經緯，故能多中而寡失。今日治金石者，猶奉爲不祧之法。而先生金石之學，所以度越古人，亦由此矣。若夫甲骨之文，晚出近世，而與金石刻詞若出一軌。先生以之互斠，故所獲益多。倫於先生昆季諸子間，多摳衣奉手。廿餘年前曾登先生藏書之玉海樓，恤想遺徽，深以不及請益爲憾。比避兵居上海，從張文白先生家借讀先生手校攈古録金文九卷，恍如親承揮擢。嘗窮兼旬之力，展讀爲竟。大氐墨校於先，朱校於後。然亦有朱校之後，復加墨校者，其中有謂見古籒拾遺、名原者，則是最後之筆，蓋出先生晚歲矣。倫幸多傳碩學，粗曉六書，於先生所是正舊釋者，雖服其多精湛不易，亦有不敢苟同者。如封敢、卯敢、盂鼎之[illegible]，舊釋爲艾，謬以形附耳。先生釋爲熒省，據書有榮伯，史記有榮夷公，證卯敢之[illegible]公，爲榮國君。倫檢貞松堂集古遺文有[illegible]白敢，[illegible]即説文之𤇾字，則先生釋[illegible]爲熒省，似信塙矣。然倫讀封敢之詞曰「王吏[illegible]茂曆」，卯敢之詞曰「[illegible]白乎令卯曰飤乃先且考嗣[illegible]公室」，詳審文義，二[illegible]字皆當釋爲勞。盂鼎「王[illegible][illegible][illegible]」，其文雖缺，然王下蓋爲令字，則[illegible]亦當釋爲勞。説文：「勞，從力熒省聲。」似可爲先生左説。然勞實從[illegible]，省聲。[illegible]爲燎之初文。亦即説文之爇字，爇爲譌文。燎音來紐，古讀歸泥，爇音泥紐，泥疑同爲鼻音次濁音，故音轉耳。僚彝有[illegible]字，即齊侯鎛「鞷叔有成𤇾於齊邦」之𤇾，亦即説文之𤇾字。説文誤從熒省。説文讀若詩「静女其姝」之静，然讀若皆後人增之，不可盡據。段玉裁謂當讀爲姝，亦不可據也。其實説文勞、膋、𤇾三字，並從燎省，不從熒省也。左桓八年傳，杜注，「僚，勞也」。杜預以勞釋僚，則封敔卯敔盂鼎之𤇾，皆借燎爲勞矣。卯敔之「𤇾白」蓋即縈白敔之「縈伯」，是爲國君之偁。縈亦蓋從燎省，爲繞之轉注字。抑或彼是縈白，此爲勞省。古有勞國，故後世有勞氏。與其曰「死嗣𤇾公室」，公室猶王室，公不得連𤇾讀爲國爵之偁，上下文皆言「𤇾白」，尤可證也。此類千慮一失，不足爲賢者累。金器文字多變譌難識，既須分析以明其形，亦當會通以觀其義。古詞雖多聲類相近而叚用，然不如後世詞賦家之不明語原系統，不别聲類紀綱，一切混通，泛然無歸者也。故賴讀者咀嚼全文，類觀衆器，必使盡通而無隔礙，然後得爲定論。如先生釋師奎父鼎之奎爲瑦之省文，引曶鼎之荃及禮記瓦大即瓦甒爲證，可謂深思造微，發前人之未見。倫以爲瑦從𣞤得聲，𣞤從㚒得聲，㚒則有無之無本字，作𡗜者之譌。美洲加利物尼亞之印第安族人表示否或無之符號爲𡗜，上古圖語不以區域之殊而不可同，此土古俗，其表示否或無之圖語，蓋作𡗜也。及變爲篆文，形混於大，故禮記瓦甒乃作瓦大矣。曶鼎作荃即師奎父鼎徑作奎，明𣞤從林而㚒聲，蓋森之轉注字。此倫以先生之啟示而有所得，轉敢爲先生補其未備，以求形義之塙定，庶令治金甲文字者知未可冥索，穿鑿向壁，以墮於鹵莽蔑裂之失。先生如在，亦或莞爾而可之與？廿九年十二月二十五日，馬叙倫。

歷代紀元表一卷歷代紀元韻覽五卷 一册

清元和馬紹基撰。舊鈔本。精楷鈔本。

無撰人姓名。余先後得兩本，皆有吴志恭印，初疑即吴所撰。後讀梁玉繩元號略，稱馬紹基紀年韻覽及年號攷證，知有馬氏書而未能證其即此本也。及得章學誠紀年經緯攷嘉慶十二年唐仲冕刊本收入此書，文字行欵，與此無異。讀乾隆五十七年章序，始知爲吾鄉乾隆時馬紹基撰而他無可攷。惟胡玉縉許廎經籍題跋著録元和馬炲補菴詩鈔二卷，云爲其子紹基所刊。章序云：「元和馬判府紹基，廣索羣書紀載年號，而以正統、列國、竊據、簒逆、外國、錢文六例標識，分編爲韻，以便稽檢。於以攷檢史文，旁推傳記，極於金石題識，竹素遺編，可以參質異同，決定疑似。是亦習編摩者所不可缺也。」可以知其書之足重已。惟所列錢文，其並非年號者，如五銖、貨泉等，亦漫不審别，悉與收入，則不無可議。梁氏所見分爲二書，實則攷證即附每一年號下，唐刻於所標六例，加以墨匡。此鈔則爲朱書，閲之更爲醒目。清代攷年號者不下十數家，此成書較早，而率多未見唐刻，亦流傳甚鮮。今吴興劉氏嘉業堂已重刻入章氏遺書以行。書之顯晦，亦有時也。

志恭號靜軒。顧千里思適齋集卷三有題吴靜軒奚囊得句照詩，當爲璜川吴氏，與志忠有堂兄弟行歟？有「吴印志恭」白文方印，「靜軒」朱文方印，「靜軒居士」朱文方印，「吴志恭字寅伯自號靜軒主人維七十五甲子之乙卯歲降生姑蘇葑谿」朱文方印。

歷代建元表十卷建元類聚攷二卷 八册

清嘉定錢東垣撰。清道光七年嘉定錢氏刊本。

嘉定諸錢，各富著述，惟既勤所著六種僅見叙録。此歷代建元表、建元類聚攷二種，寫定于乾隆五十七年辛亥，弟侗于嘉慶十年乙丑爲刊建元類聚攷于青浦，尚多舛誤。至道光七年丁亥，弟繹始舉付外甥金鳳沼並重校侗刻爲此帙，蓋已在既勤身殁之後，印刷無多，故世之治史者多未見也。

其書共和以前略仿史記世表，共和以後，則如年表之例，祇勿紀事爾。自序謂古人于甲子用以紀日，不以紀年。尚書所言十有三祀、十有三年之類可覆案也。前漢紀年，亦鮮言幹枝。今史記年表所有者，乃徐慶等妄加，非其本文，汲冢竹書亦然也。秦、漢紀歲，或用太陰，或用太歲，本有兩法。太歲百四十有四年，而超一辰不必皆依六十之序爲循環。太陰周十二辰，而常在太歲之前二辰。如太歲在子，太陰必在寅；太陰在子，太歲必在戌。漢武泰初元年詔書云：「焉逢攝提格」，甲寅也。而漢書律歷云：「歲在困敦」，在子曰困敦。丙子也。相岐至二十有三年者，詔書主太陰所在言，漢志主太歲所在言也。東漢以後術家始專用太歲，又不知超辰之法，妄以後世之術追定古年之幹枝，是猶以唐律斷晉獄也。故攷證謹嚴，所附案語，靡不精當。類聚攷則多糾王應麟玉海列代年號攷、鍾淵映歷代建元類攷之誤。又考之史傳，參以稗官，稽諸金石，證以錢文，依二家爲本，統以上一字分韻，編次部分，前後俱用廣韻，蓋與表相互爲用，於讀史深有所裨。

嘗于秦氏汗筠齋叢書及竹汀四史朔閏攷讀既勤所附案語而深佩之。嗣于海上中國書店見此，亟以鉅價購得。適遇徐丈積餘，喜謂曰：「余閲肆五十年，所獲祇一部，尚有闕葉。今子獨有取于此，可稱鉅眼。而余亦得鈔補所闕矣。」越日開示所闕卷四第十七葉，並言重第十八葉。而檢此本則適闕第十八葉，而重第十七葉，各得補全，爲之狂喜。即損裝以十七一葉贈之，而丈以老病逡巡，延未作答，未幾謝世。此本遂終闕十八一葉。因以歎物之遇合，有非人力所能期者。即如既勤所著孟子解誼等書，據金鳳沼跋，稿本俱在，以當時物力及錢氏昆季之嗜學，非不能付梓，而竟至散失。既刊者如此書又在若存若亡之數。且終靳此一葉之已遇復失，斯亦奇矣。偶憶往事，漫記于此。

辛壬稿卷三

荀子二十卷 六册

清光緒二年浙江書局刊本。自臨吳縣葉奕、長洲何焯、元和惠士奇、惠棟、顧廣圻校並跋。半農校用朱筆，松崖校用藍筆，皆發揮經義，獨抒心得爲多。松崖又據葉林宗校北宋本，何義門校景定本，照臨之。顧千里據以重録，並附己説。原用明世德堂本，藏瞿氏鐵琴銅劍樓，一九三四年五月，余借臨於此浙局翻謝墉本上。謝本僅見景鈔大字宋本，惠校兩宋本與合者從略。

昔年與張孟劬先生爾田論清代學術，謂清代崇漢學，惟惠氏一家爲真漢學。蓋篤守漢師，而不雜以後儒之説，持是説爲余序松崖讀書記，兹於是書徵之而益信。於仲尼篇「弟佗其冠，神禫其辭，禹行而舜趨，是子張氏之賤儒也」。云：「古者通經有家法，若子張氏、子夏氏、子游氏，家法之祖也。各自成家，各守其法，至漢猶然。歐陽氏、大小夏侯氏等，其弟子奉其師之説而不敢變，故曰『談説不稱師，是倍也』。」於大略篇「言而不稱師，謂之畔；教而不稱師，謂之倍」。云：「孔子之後，經師始重。周、秦、漢歷八百年，至東晉而亡。」均可見其重視師説。而師説之亡，自東晉後。故於成相篇「文、武之道同伏戲」。云：

「宋人異説有先後天，以爲伏戲勝文王，讀此可見其妄。伏戲之易即文王之易，此義惟漢儒知之，宋儒未曾夢見。」一一似詆斥稍過，實則於宋儒之長固未嘗没。於儒效篇云：「周公大聖多才，制禮作樂，故稱大儒。繼之者，孔子也。後世有賈、鄭、荀、虞之學，而兼周、程、張、朱之品，亦大儒之次也。賈、鄭、荀、虞，可爲經師，不可爲大儒。周、程、張、朱，可爲大賢，不可爲大儒。兼之者爲近之。」可謂得是非之公。又於成相篇「暴人芻豢，仁人糟糠」。云：「荀子自謂其言悲切，蓋當秦將并一之時，極惡之世，故有性惡之説。」於賦篇「天下不治，請陳佹詩」。云：「子思作中庸，首言性，次言教。中又列三等知行之人，而歸重於教。蓋天下上智下愚少，而中人多，非教不成也。讀荀子佹詩，天下之亂如此，故剏性惡之説，而歸其權於教，所以救時也。孟子言性善，本其初也。荀子言性惡，痛其習也。後之學者不知人論世，而猥以荀子爲非，安可與之言學哉！」於此可見惠氏之學，初非局於文字訓詁也。卷中勸學篇「夫是之謂德操」。識云：「司馬徽字取此。」不苟篇「正義直指」。識云：「漢之繡衣直指，取諸此。」富國篇「寬饒簡易」。識云：「蓋次公名取此。」大略篇「冰泮殺内」。識云：「殺内可對閉房。」此類當是沈沃田語，蓋沃田借讀惠校本，附入自校，而不具名。於管子、淮南子亦然。千里未審而不加區别。至鈕匪石語，則又借讀顧本而補入者，從知古人朋友切磋之益，與不自矜秘之雅尚矣。葉林宗跋署甲申十七年五月一日。案明亡於崇禎十七年三月，至五月已爲清順治元年。林宗先署甲申，而復署十七年者，蓋隱寓亡國之痛焉。

荀子第三、第四卷，從孫氏北宋本勘過本文一次，甲申十七年五月一日，林宗。卷四末。

六月七日午刻。卷五末。

六月七日未刻勘閲。林宗。卷七末。

六月八日辰刻。卷八末。

卷十一、十二初十日修完校過，十一日晨覆校，凡改正廿一字。卷十二末。

十三卷禮論，十四卷樂論首二翻，宋版闕。禮論中間更闕二翻，以故校之未詳。卷十四末。

十一日申刻勘畢。卷十五末。

十七年六月十六午刻勘完，首二卷原刻未到，故輟讀。共改正七百七十字。卷二十末。案以上葉奕跋。

癸巳之秋，從東門歸，偶於書舖得此，書價用二百文。此書昔爲林宗兄校勘，正屬家運全盛，不知有今日之寥落。而此書又不知何人取去，轉落於坊中也。聚書之興，從此不繼增慨。取歸窗下泛讀，因記於後。南陽石君。

昔曾見宋刻本大字，端楷，刻畫精緻。此本從而校正。以上卷三末。案以上葉萬跋。

乙酉年取摹印宋刻本校畢。卷二末。案此當爲何焯跋。

乾隆癸酉十月，又取何氏校景定本校此二卷。松崖。卷二末。

荀子六册，先君手閲，内闕一册，此册爲棟補閲也。庚午十二月謹識。卷六末。

庚午十一月十三日閲一過。

壬申二月初六日，又閲一過。以上卷二十末。案以上惠棟跋。

北宋板校正。補劉向别録。

景定本楊注校二卷。

惠松崖先生手校本在黄蕘圃家。己未九月，取臨首三卷，癸亥三月，重臨第四至第六卷，甲子六月携客無爲州，續臨第七卷以下畢。盧抱經新刻，校語大段頗佳，然用此勘之，有數處錯誤，讀者詳之也。小門生顧廣圻臨并記。

呂氏春秋二十六卷 六册

吴縣王蒼虬手校元至正嘉興路儒學刊本。自臨清元和惠士奇、棟父子，華亭沈大成校本。

惠校原本用元至正刊後印本，鄭元祐序後嘉興路儒學教授陳泰下至正云云已削去。卷五至十二，配以明弘治李瀚本。卷十三、十四首二葉，又補以萬曆丙申劉如寵本。劉本版匡行欵皆同元刊，蓋覆元刊也。惠校于卷一首朱筆題「半農人閲」，墨筆題「棟參」。卷中朱筆皆半農，墨筆皆定宇，亦有雜以朱筆者。所校皆博稽古籍，參以心得。于卷五仲夏紀適音「故治世之音安以樂，其政平也」云云，批云：「樂記乃河間獻王得之，非獻王所造。呂覽引之矣。」卷二仲春紀貴生「子華子曰」云云，批云：「今子華子存，朱子以爲贋，决非先秦古書。然則呂氏春秋亦贋耶？」又批云：「子華子亡久矣，宋初人僞造，甚不足觀。」卷十七審分覽知度「子華子曰」云云，批云：「後人假託，妄甚。呂覽數稱子華子，後人因以成書，似出于假託亦未可知。然朱子謂因家語有程子，則非也。子華子戰國時人，家語程子與孔子同時，何可合爲一乎？」卷二十一開春論審爲「子華子曰『臧不得也』」。批云：「臧疑即子華子之名，注失之。」則于古書有攷證。

卷十三有始覽去尤「世之聽者多有所尤」。批云：「尤字不可解。文字亡于晉。何晏注論，王弼注易，杜預注左，盡易先儒訓詁，而斯文喪矣。」卷二十二愼行論求人「子産爲之詩曰」云云，批云：「此詩之義疏也。宋儒疑古而好作，實始于王荆公，以春秋三傳皆不可信，況吕氏、淮南又焉足信乎？朱子詩傳盡棄舊説，獨取鄭、蘇二家，其蔽更甚于荆公矣。」則爲篤信夫漢學。卷十三有始覽應同「水雲角觩」「角觩」校改「魚鱗」，批云：「水雲角觩，吴任臣采以著書，徐仲山駁之。徐以此不得官，爲高陽所斥，此毛甡之説。」案其事雖未詳，亦有闗校讎之掌故。至其他是正文字，闡明易義，則定宇所校書，大抵皆然。卷二仲春紀情欲有「大成案」一條，則華亭沈沃田假讀時所識。然全書祗此一見。今案卷十九離俗覽貴信「春之德風，風不信，其華不盛」。批云：「今有花信風，蓋本此。」卷二十恃君覽長利「弟子曰『夫不肖人也，又惡能與國士之衣哉』」，批云：「國士衣可對仁人粟。」卷二十一開春論審爲「心居乎魏闕之下」，批云：「魏闕可對靈臺。」以及所附音切，當悉爲沃田之筆，以不署名往往誤認爲惠校。雖顧千里亦不免。余多見惠校本而知之。蓋沃田采備詞章之用，與惠氏家法異。余臨校時，未能審辨，故亦與惠校渾也。

憶一九二九年夏初，與常熟丁君初我訂交，時移家蘇城，携藏書與俱。余治惠氏學，兼徵黄蕘圃、顧千里題跋，初我首出是書見示，朱墨燦爛，古香可挹。懇假録副，許以四日。因與仲兄蔭嘉分工迻録，晝夜不休，雖有俗冗紛擾，均置不顧。其本爲盧抱經及近人許維遹所未見，因爲輯校松崖讀書記之發軔。當日良友通假，兄弟共讀之樂，猶恍如目前，而距今忽忽三十餘年矣。初我殁後，張仲仁丈一麐爲作墓誌，載心太平室集，于其藏書所述尚略。近則以脉望館孤本雜劇之發現，而世始知有丁氏緗素樓也。

新書十卷 二册

漢洛陽賈誼撰。吴縣王蒼虬手校明成化癸卯喬縉刻本。

一九二九年夏，獨山莫氏銅井文房藏書散出，有新書善本二，一爲成化癸卯喬縉刊本，一爲黄蕘圃手校喬本于盧氏抱經堂本上，衹首四卷。喬本歸我兄弟二十八宿研齋。每半葉十行，行十八字。失序跋，紙質堅緻，墨光晶瑩。各家藏書目均未著録。抱經集諸本校勘，亦所未見，詫爲驚人秘笈。先兄蔭嘉以校浙局重刻盧本，又借蕘圃校本覆勘，其勝處多與宋建本、潭本合，而較弘治十八年吴郡沈頡本前二十三年。實爲明刻之最早者。其爲盧校所未及者，舉首卷爲例：過秦上「同盟而謀弱秦」，「同」作「會」，與史記合。「尊賢重士」，「賢」下有「而」字，與上文句例合。「秦人開關延敵」，「關」下有「而」字，與上文「仰關而攻秦」句例合。「宰割天下」，「割」作「制」。「據億丈之高」，「高」作「城」，與史記合。「非有仲尼、墨翟之賢」，「仲尼」作「仲弓」，與盧校別本合。「致萬乘之勢」，「勢」作「權」，與史記始皇本紀、陳涉世家合。過秦中「安民可與爲義」，「爲」作「行」。「其名未附」，「名」作「民」。「數寧聖王不起何恠」，「恠」作「怪」，爲「怪」之俗，與盧據一本合。「藩傷何以厚此」，「厚」作「異」。「等齊爲下，可類而志也」，「類」作「述」，與盧據別本合。全書不下數百條。其本之善可知。正德八年李夢陽刻本，據序，源出弘治都穆所刻樂平喬公本。

案欒平喬公，名宇，字希大。成化進士。官南京兵部尚書。謚莊簡。非喬縉也。縉字廷儀，洛陽人。成化進士。由兵部主事擢四川參議。師事河東薛瑄，著有性理解惑等書。喬宇本不知何刻，此則固早于都穆本。莫氏疑爲李空同所謂之翻刻，非也。抱經所據舊本目，于李空同本下，不著欽遠猷爲何時人。蕘圃識云：「欽遠猷，吳郡人。曾批校儀禮注疏，余向藏之。今歸北濠程氏。」案乾隆吳縣志：「欽楫，字遠猷。學通五經，以儀禮注疏多不合經文，乃旁搜漢以來諸儒訓詁攷正之，作圖解。」則蕘圃所藏，當即圖解之原稿，惜今不知何在矣。憶莫氏書散時，善本秘篋，琳琅滿目。余兄弟與鄧丈正闇、宗丈耿吾、丁君初我、潘君博山等，日徘徊其間，商榷討論，各擇所好。余兄弟告貸典質，共得數十種，甘苦備嘗，書癡自笑。而喬本終以貧不能守，幸留此校本，以供研誦。而諸君皆已墓有宿草，披卷不禁感慨係之。

余得此舊刻新書於吳下，以抱經所舉諸本校之，與建本八、九合，潭本三、四合。舊藏盧本，有前人據成化喬縉本朱筆校，校只及半。其所記行欵異同，皆與此符。然則此即喬本，或李空同所謂之翻刻而疑爲元刻者非也。卷六、卷七頗有脱誤，必其所據宋本缺頁之故。其他實勝明代尋常諸刻，且爲盧所未見，足徵流傳不多矣。戊戌四月望夕，裝畢題記。獨山莫棠。

淮南鴻烈解二十一卷 三册

明刊孫鑛評本。臨清元和惠棟、華亭沈大成校並跋。

沃田於乾隆戊子與定宇同客揚州盧雅雨運使署，偏借定宇所校經子，傳録於自校本上，此其一也。原本藏劉氏嘉業堂，余得同一明刻，因屬友人照臨之。

明刻高注多經刪節，與定宇閲本不同。沃田酌補於眉端，其録定宇校則標「惠徵君曰」。自校則標「大成案」。定宇校例，發撝經義，以音訓通之。而沃田則多推本事物稱號之原，以資博聞。如原道訓「布施稟授而不益貧」。案云：「佛氏布施之字始見於此。」「是故無所喜而無所怒，無所樂而無所苦，萬物玄同也。」案云：「唐臣魏玄同之名本此。」俶真訓「譬若鍾山之玉，炊以鑪炭，三日三夜而色澤不變。則至德天地之精也」。案云：「白詩『試玉要燒三日滿』本此。」「妾宓妃」案云：「曹子建賦所謂『洛水之神，名曰宓妃』，蓋本於此也。」此兩家校書法之不同也。

定宇校語，余已據此輯入松崖讀書記，後見顧千里轉臨朱秋崖本，雖較此僅存十之一二，而反有出此外者。核之，大都訂正高注者，此本注已被刪，則校語無着，遂舍之不録。亦有偶然遺漏者，今補録於此。原道訓「不以慊爲悲」，注：「慊，讀僻向慊之慊」。惠云：「依鄭注易，辟向，乃羣公之訛。」俶真訓：「易骭之一毛」，注：「骭讀閉收之閈。」惠云：「閉收當是閈牧。」時則訓：「候鴈北。」惠云：「呂覽注，候時之鴈可證。」又「仲秋季秋，其祀門祭先肝」。注：「一曰肝，沈金自用其藏也」。惠云：「沈字疑衍。」覽冥訓「草木不摇而燕雀佼之」。惠云：「鄭氏訓周易爲佼易之易，佼者佼健。」「昔者王良、造父之御也」，注：「王良，晉大夫御无恤子良也，所謂御良也」。惠云：「御，左傳作郵。」精神訓「有待而然」。惠云：「主術注，然，如是也。」本經訓「是以松柏箘露夏槁」。惠云：「尚書作箘簬。」「旁薄衆宜」，注，「旁，並也」。惠云：「旁與並通。見史記。」主術訓「夫水濁則魚噞，政苛則民亂」。惠云：「吳都賦引文子。」「瞋目扼掔。」惠云：「掔，古腕字。」「粢食不毇。」惠云：「春秋傳曰『粢食不鑿』，字林引作『毇』，見釋文。」繆稱訓「故上左遷，則失其所尊也」。惠云：「左遷當作左還，還讀爲旋。」齊俗訓「子路撜溺而受牛謝」。惠云：「撜當作抍，古拯字。」「今夫王喬、赤誦子」，惠云：「誦與松通。」道應訓「取尤人終人」，惠云：「亦作左人中人。」「惠孟見宋康王」。惠云：「孟當作盎。」「故老子曰窈兮冥兮其中有精」云云。惠云：「淮南讀老與今異。」「故大人之行不掩以繩。」惠云：「管子掩作扶。」氾論訓「周人祭於日出以朝」。惠云：「案記云『以朝及闇』，淮南讀朝爲朝廷。」「乾鵠知來而不知往」。惠云：「乾，鄭康成引作鳱，在大射注。」「夫百里奚之飯牛」，注，「百里奚，虞人也。自鬻爲秦養，飯牛得五羖羊皮，號爲五羖大夫也」。惠云：「養，句絶。」説山訓「見黂而求成布」，注，「黂讀傳曰『有蜚，不爲災』之蜚」。惠云：「按説林訓注，作蜚。」「媒但者，非學謾也。」惠云：「但讀爲誕。」「鮑申傴背。」惠云：「鮑申即保申。」説林訓「幾，易助也。溼，易雨也」。惠云：「吳君高越紐録曰『溼易雨，饑易助』，是幾當作饑。」「蘇秦步，曰何故？趨，曰何趣？」惠云：「曰何故，怪其徐也；曰何趣，怪其疾也。步、故韻，趨、趣韻。」人間訓：「非其事者勿仞也。」惠云：「仞古認字。」其他凡宋本壞字、闕葉，均詳識之。惟覽冥訓「草木不搖而燕雀佼之」，沃田案云：「佼古文交，見管子。」説林訓「至味不慊」，沃田案云：「慊，玉篇引作嗛。」二條，顧本誤作惠校，則必沃田借惠本時附入自校，而録者不辨。在他書亦往往有之也。

借紅豆惠氏本。

乾隆戊子中春沃田老人沈大成校於廣陵之學福齋，時年六十有九。

淮南子二十一卷 六册

清光緒二年浙江書局刊本。臨元和惠棟、顧廣圻、管慶祺校並跋。

乾隆時武進莊逵吉屬嘉定錢坫校刊道藏本淮南子，號稱善本，世頗流行。實則多出擅改，非道藏之真。王念孫讀書雜志已列舉其譌，此本顧千里用朱筆校道藏原本，莊刻之謬，乃顯然在目。又用墨筆校宋刻本，及摘録惠松崖校語於書闌下方。至自識校語，多以前後互證，及徧徵羣書，攷訂極細，可見其校勘精詣。間有段茂堂、鈕匪石校，則當時通假所附入也。管慶祺臨校一過，知莊刻有初印與剜改之異，各加案語。又取景宋鈔本覆勘，朱墨爛然。合諸賢精力於一編，可稱無上善本。原本亦藏劉氏嘉業堂，昔年屬友人精臨於此浙局翻莊刻上。惠校雖僅十一，有足補沈大成録本之遺者，已著沈本書録。顧校今最録於此：

原道訓「越王翳逃山穴，越人熏而出之」，注，「翳，越太子也。賢，不欲爲王，逃於山穴之中，越人以火熏出而立之」。校云：「宋本注，於下有出最是。出下當有丹字，火當作艾。吕氏春秋貴生『逃乎丹穴』。

高注：『淮南云，山穴也。』此注取彼。越人熏之以艾，亦取彼。」「馳要褭」，注「駟駕」。據道藏本，莊刻誤脱。校云：「馳當作駟。」俶真訓「繁憤未發萌兆，牙櫱未有形埒」。校云：「兆字，埒字，句絶。句中兩未字，對文也。」「有苗與三危通爲一家」，注：「三危西極山名，在辰州。」逵吉案，辰州疑當作益州。校云：「注，三危下有在字，此非高注。漢時不得有辰州之名，上既云三危在西極，下又言山名，在辰州，於文爲不辭矣。莊改亦非。益州不得言西極。水經：『三危山在敦煌縣南』，郡國志之涼州也。」「四子之才非能盡善，蓋今之世也」。校云：「善字衍。」天文訓「斷刑罰」。校云：「宋作罰刑，是時則孟冬，可證。」「日出于暘谷」，校云：「此湯字之譌，小司馬、李崇賢所引可證。地形注，湯，不譌。主術訓『東至湯谷』，注云，『日所出也』。說林訓『日出湯谷』，宋本皆不譌。」墬形訓「南方之美者有梁山之犀象焉」，注，「梁山在會稽長沙」。校云：「衍會稽，脱今。」「淮出桐柏山」。注，「桐柏山在南陽」。校云：「南陽，道藏本作上黨。此當云『桐柏山，說在上，謂上文淮水之注也』。黨字因下注而衍。水經『桐柏山在南陽平氏縣東南』，與上注所説同。」時則訓「毋燒灰」，注，「是月草木未成，不夭物也」。校云：「灰，呂覽作炭，注同此。詳注意，淮南亦作炭，今作灰者，用月令誤改之。此與季秋『乃伐薪爲炭』相應，高注之意也。」「是月可以築城郭建都邑」，注，「國有先君之宗廟曰都，無曰邑。都曰城，邑曰築」。校云：「疑無『郭建』，故注如此。呂覽月令有。」覽冥訓「使俗人不得其君形者而效其容」，注，「君形者言至精之形也」。校云：「注也上當補君字。」「手徵忽怳不能覽其光」，注，「言手雖覽得微物，不能得其光。一說天道廣大，手雖能徵其忽怳無形者，不能覽得日月之光也」。校云：「徵、微兩説，疑正文當作微，注一説上疑有『或作徵』。」精神訓「有守之於内者失之於外」。校云：「失疑得。」「子求行年五十有四而病傴僂」。校云：「求當作永。莊子大宗師釋文崔云『淮南作子永』云云，抱朴子博喻篇『子永歎天倫之偉』，正作永字。」本經訓「動而理通」。校云：「疑通、理倒。理，道也，見下注。詮言訓『道理通而人僞滅也』。」「共工振滔」，注，「共工水官名也，柏有之後」。校云：「注，柏當作伯，伯下脱九字，共工氏之伯九有也。出國語。」主術訓「不使鬭爭而國家多難」，校云：「鬭當作間。間爭，諫諍也。與下文風議同義。文子亦作鬭，蓋其誤已久矣。」「是故臣盡力死節以與君，君計功垂爵以與臣，是故君不能賞無功之臣」。校云：「宋本君計作計君，無功字，是作市，最是。計字、市字句絶。藏本大誤。爵下疑脱兩字。」繆稱訓「非以偕情也」。校云：「偕當作偝。」「照惑者以東爲西惑也」。校云：「照疑詔，或即詔之借字。」齊俗訓「喜不羡於音」。校云：「疑注誤入正文。」「脩脛者使之跖钁」，注，「長脛以蹋插者使入深」。校云：「注使下藏本有而字，使當作便。」道應訓「故老子曰：『貴以身爲天下，焉可以託天下。愛以身爲天下，焉可以寄天下矣。』」校云：「焉，爰也。下屬最是。今老子誤。」「將衰楚國之爵而平其制禄」。校云：「衰讀如差，次也。」氾論訓「後世之爲機杼勝複」。校云：「勝複皆指織具，勝疑縢。」「故魏兩用樓翟、吳起而亡西河」，注，「魏文侯任樓翟、吳起，不用他賢，秦伐，喪其西河之地」。校云：「正文吳起二字衍。注大誤。魏策、韓非難一可證也。」詮言訓「不知利害嗜慾也」。校云：「嗜當作者，句絶。慾也二字，另爲句，與下文『以義爲制者』句絶，心也二字另爲句，相對爲文。」「生有以樂也，死有以哀也」。校云：「生，宋作性，最是。死當作无，衍有字。性有以句，樂也句，无以句，哀也句，相對爲文。」兵略訓「與飄飄往與忽忽來，莫知其所之。與條出與間入，莫知其所集」。校云：「當云與飄往與忽來，莫知其所之。來、之韻。與倏出與闇入，莫知其所集。入、集韻。今本皆誤。飄即猋也。」「夫地利勝天時，巧舉勝地利，勢勝人」。校云：「當有誤。此疑□□勝時僅存時字耳。」說山訓「其出致釋駕而僵」。校云：「出當作勢，致勢盡也。」「故桑葉落而長年悲者」。注：「桑葉時將茹落」。校云：「注茹，當作始。」說林訓「爲酒人之利而不酤則竭」。校云：「竭，渴也。」「有爲則議，多事則苛」，注：「蘇秦爲多事之人，故見議見苛也」。校云：「注爲上當補有字，合正文兩句而釋之。」人間訓「此所謂徐而馳，遲於步也」。校云：「徐下疑脱『疾於走』三字，與『馳，遲於步』對文。徐疾於走，承徐行言之，馳遲於步，承步馬言之。」「而四君獨以仁義儒墨而亡者」。校云：「仁義上宋有爲字，疑衍而亡二字。」脩務訓「猶人馬之爲人馬」。校云：「道藏本無下人字，上人下脱之爲人三字，今本所添，非。」「今有良馬不待策錣而行，駑馬雖兩錣之，不能進。爲此不用策錣而御，則愚矣」。校云：「道藏本有作曰，二策字皆作册，兩即册之譌。」泰族訓「覆稽趨留」。校云：「趨當作趣。」「商鞅爲秦立相坐之法，而百姓怨矣。吴起爲楚減爵禄之令，而功臣畔矣」。校云：「衍矣字，即吴之譌複也。不知者，并下句亦添之，大謬。」要略「作爲炮烙之刑」。校云：「烙，宋作格，是。俶真訓『爲炮烙』，繆稱訓『請去炮烙之刑』，注同。齊俗訓『炮烙生乎熱升』。注同。」「原道之心」。校云：「道下當有德字。精神訓『深原道德之意』。上文則『不足以窮道德之意』，皆可證也。」以上每篇，各録二條，不嫌文繁，以作舉隅。

至莊刻之繆，千里於泰族訓「以爲雖有法度，而絑弗能統也」。校云：「絑，道藏作朱，絑字雖出説文，然説文云『虞書丹朱如此』。可見自虞書以外，凡丹朱皆不如此也。錢獻之取以點竄鴻烈，開刊行世，既屬厚誣淮南，且並疑誤後學，乃浮慕好古，流爲夸誕之過也。舉此一字，以例其餘，覽者詳焉。」故於莊氏案語，多加墨勒。

慶祺字心梅。諸生。陳碩甫弟子。子禮耕，亦以經學著。

近時治淮南王書者，劉文典集解，體例不善，已爲世議。劉家立彌不逮吳承仕。楊樹達精矣，惜非全書。然皆未見此惠、顧校本。暇當條録成帙，以存思適一家言。

此淮南王書，武進刊本。校則嘉定錢坫獻之也。錢實未見道藏，所見校道藏本耳。故其稱説全無一是。今悉用道藏改正，弆之篋中。倘後有好事重付剞劂，則道藏之真面目可從此而識矣。顧廣圻記。

王懷祖先生以所著讀書雜志内淮南一種見贈，於藏本、劉績本及此本是非，洞若觀火矣。己卯小除記。

松崖先生有手校本，向在朱奂文游家，今歸黄蕘圃。蕘圃有惜書癖，以故重借之。家兄抱沖曾得朱族子傳校本，略一展讀，則由傳校而字誤者，殆不勝其多。因姑略著其一二于下方，異日尚當向蕘圃作懷餅請也。乾隆甲寅三月又記。

庚辰春杪，再閲一過。思適居士記。

是歲七月，借得宋槧，細勘一過。較道藏爲勝，劉績本以下無論也。後世得此者，尚知而寶之。千里又記。

又宋本譌字，亦添記於此，以備參考。頗思得好事人重刊，未知緣法如何耳。九月又記。

十月七日覆校畢。

戊午八月，胡心耘先生從常熟恬裕齋瞿氏借得顧澗薲先生手校本，因照録之。慶祺。

顧澗薲先生手校淮南二十一卷，向藏常熟瞿氏恬裕齋中，今秋胡心耘先生轉借得之，因照臨一通。書中墨筆係校宋槧本，硃筆係校道藏本。其硃筆尖出處，乃是王氏讀書雜志所已箸者也。惟顧氏所據校之刊本，與此本間有修版互異處，今於上方另加「慶祺案」三字以别之，爰誌於此。咸豐八年十月十八日，元和管慶祺臨畢識於體經堂。

淮南子斠注一卷 一册

清海寧許克勤撰。鈔稿本。

乾隆時武進莊逵吉重刊道藏本淮南子，雖出嘉定錢坫所校，而多臆改。又變易行欵，非善本也。後浙江書局據以覆刻，而其傳益廣。今則景宋鈔及道藏原本皆已景行，固非前人所得見。

勉夫所校，亦用浙局本，而通之以文字假借，多所發明。覽冥訓「厮徒馬圉軵車奉饟」，注：「軵，推也。讀楫拊之拊。」段玉裁曰：「此有譌字，不可讀。大約以付形聲，高時固有兩讀也。」勤案：「説文手部，揖，推也。揖，推擣也。注當讀作揖推之揖。今注乃淺人所妄改。集韻軵，斐古切。音拊。引此文，蓋宋本已誤。」精神訓「季路葅於衛」。注：「衛人醢之以爲醬，故曰葅。」勤案：「葅當作𧗴，説文血部，𧗴，醢也。與高注義合。詮言訓誤同。」主術訓「百姓短褐不完」。勤案：「短當爲裋字之誤也。史記秦本紀『寒者利裋褐』。漢書貢禹傳稱『妻子糠豆不贍，裋褐不完』。裋讀若豎。齊俗訓、道應訓誤同。」繆稱訓「物莫無所不用」。勤案：「此當作『夫物莫不有所用』，下云『無所不用』矣，此涉下文而誤。」齊俗訓「水蠆爲螅莣」。勤案：「螅當作蟌，莣當作怱。唐韻『蟌，倉紅切，音悤。蜻蜓也』。怱則旁注字，今譌爲莣，而又誤入正文矣。説林訓『水蠆爲蟌』，蟌猶不誤。」氾論訓「若此則千乘之君無不霸王者，而萬乘之國無不破亡者矣」。勤案：「二三不字皆有之譌，有，草書作ㄋ，與不形似而誤。」「夫蟄蟲鵲巢皆嚮天一者至和在焉爾」。勤案：「星經『天一星在紫微宫門外，太一星在天一南半度』。此天一當作太一。本草『季冬鵲始巢，開户背太歲向太一』是也。又作泰一。漢書郊祀志『祀三一』，注，『泰一者天地未分元氣也』。是太一與至和義合。」説林訓「夫所以養而害所養」，勤案：「所以二字誤倒，下所字當作其。道應訓云『不以其所養害其養』可與此互證，注以『所養喻讒賊，害其養喻骨肉』。今本亦誤。」泰族訓「雩兑而請雨」，勤案：「兑疑當作号，爾雅『舞，號雩也』。号，古號字也。下句云『卜筮而决事』，雩号與卜筮相對成文。」「蓼菜成行，甂甌有萛」，勤案：「説文『萛，草也』。玉篇『萛，母草，即知母也』。與此文義無涉，蓋當作實，此即菹之藏諸缶中者。故菹或从皿从缶，作𦉈。急就篇云『老菁蘘荷冬日藏』。荆楚歲時記云『仲冬以鹽藏蘘荷，以備冬儲』是也。萛，乃傳寫之譌。」「離先稻熟而農夫耨之，不以小利傷大穫也」，注：「稻米隨而生者爲離，與稻相似，耨之爲其少實。」勤案：「離即稗之假字也。左傳杜注云：『稗草之似穀者。』與此注合。程瑶田九穀攷云：『他書引淮南注曰：「離，水稗。」此非高誘注也。水稗，南方稻田中多生之，不得先稻而熟。或疑離、秜同聲，秜爲今年落，來年自生之稻，或能先稻而熟與？然非余之所敢知矣。』勤謂農耨于前，故不先熟。程説非是。陳觀樓云：『御覽引作莇，先稻熟，耨之下有者字，傷作害，又引注云：莇，稈也。』勤謂莇亦假字，稈乃稗字之譌。」凡四十餘條，其所詮訂，可與乾、嘉諸儒相頡頏。浙局刻廿二子，勉夫咸經校讀，眉端細字如蟻，余僅鈔得此種，餘則不可問矣。若得校録成書，豈在陶鴻慶諸子札記下哉！士之辛勤畢世，而書之傳否，乃有幸不幸。余愛惜古人故，撮其大略于此。

淮南舊注校理三卷 一册

歙吴承仕撰。如皋冒廣生校並手跋。

故友吴君檢齋之治淮南子，據劉泖生影寫北宋本、明朱東光中立四子本，並參以唐、宋類書，手校莊逵吉刊本，成淮南舊注校理。乙亥春刊成，以一册見贈。後冒疚齋先生借得明劉績刊本，攜去參校，及見還，則眉端校文已徧，不但爲讀淮南子之善本，而鉛筆書又爲校勘家所創見。莊刻雖云據道藏本，而多出纂改，已爲王懷祖、顧澗薲所糾。近行劉文典集解，校多漏略，例殊踳駁，亦爲楊遇夫所議。然二書實通行，故檢齋姑據作底本，惜未見劉績本。疚齋謂所改字，時與劉合。劉所據本，往往勝於今世僅存之一宋本。由其去宋、元未遠，所見之宋、元本多。然則檢齋之冥心孤詣，爲不可及已。

案劉本勝處，同影宋本者，十之五六；同朱東光本者，十之七八。朱刻中立四子，其管子即用劉績補注，疑淮南亦曾見劉本，故多符合。乃四庫收劉氏管子，而獨遺淮南，則以傳本之希也。例如原道訓「損其思慮」，注，「常活澹也」。吳校：「活澹無義，活當爲恬。」「與化翺翔」，注，「翺翔，猶傾仰也」。吳校：「傾當爲頫字之誤也。」天文訓「其星東壁奎婁」，注，「營室東壁，一名承委」。吳校：「呂氏春秋有始覽注云『東壁北方宿，一名豕韋』是也，今作承委者，形聲相近而誤。」墬形訓「弱水出自窮石」，注，「在張掖北塞水也」。吳校：「疑水當作外，草書水外形近，故譌。」「維出覆舟」，吳校，「御覽六十三引淮南子曰：『濰水覆舟山，蓋廣異名也。』御覽所引，當是許注。」時則訓「其蟲羽」，注，「鱗散羽」。吳校：「呂氏春秋孟夏紀注『鱗散而羽』是也。此奪一字。」「靡草死」，注，「靡草則葶歷之屬」。吳校：「當云薺，葶歷。今本作則者字之誤。」「行冬令則草木早枯，後乃大水敗壞城郭」，注，「奸時違行之應也」。吳校：「違者逆字，形近之譌。」「罪之不赦」，注，「大加刑也」。吳校：「大字無義，當作必。」冥覽訓「精通于天」，注謂「聖人質成上通」。吳校：「質成當爲質誠。」凡此若干條，劉本皆不誤，而吳校與暗合者。嘗謂劉氏校勘之學，爲有明一代冠。昔於管子得之，今又可於淮南子徵之矣。

疚齋於淮南許、高二家注，謂「記上猶言奏上也。淮南自是高誘注，而許慎所記上者。唐、宋人引此書，僅據結銜『太尉祭酒臣許慎』云云，故或稱爲許注。又古人引書多有增減，翟灝四書攷異、馮登府論語異文疏證，凡諸史及漢、唐人傳注所引論語且有不同。今人據類書所引有異同字者，强分高、許，殊可不必。許君説文解字一書，自足千古，不必有淮南一注而增重也。」可備一説。時則訓「木堇榮」，注：「雜家謂之朝生」，影宋本作「雒家」。吴校：「雒家是也。雒家者，方士之名，高注又言『胡家』，亦方士之名。」疢齋謂「東漢都雒陽，故高注每稱『雒家』，猶言京師人家也。本篇『其樹楝』條亦舉雒城旁楝樹，以此『胡家』則指東胡人家」。解尤明晰。憶辛巳歲，每休沐日，必至榮康茶室，與朋輩縱談爲樂。一日高欣木先生携譚復堂淮南子舉正稿本，瞿君鳳起携顧千里手校淮南子，而疢齋先生亦以此本見還，遂與吴君眉孫等同案欣賞。忽忽距今已二十年，摩挲故籍，猶如昨日事也。

此書用力甚劬，惜其未見劉績本，然所改字，時與劉合。從欣夫假閲，爲校記於上方，手病不能用毛錐子，致損佳槧。奈何。冒廣生誌。

潛夫論校一卷 一册

清蕭山王宗炎、王紹蘭撰。鈔稿本。

蕭山汪氏繼培，名父之子，學有本源。所著潛夫論箋，解繆達恉，傳信闕疑，博訪通人，致精極覈。且能規節信之過而理董之。所引諸家説，有曰王侍郎紹蘭者，有曰王先生宗炎者，皆其同縣學友也。一九四一年春，余從京賈見其手稿，密行細字，核與刊本無異。中粘二王氏校簽，則多爲刊本未收，曾輯録爲一卷。潛學第一「必先讀其書」，汪云：「舊作智，據魏徵羣書治要改。」宗炎案：「原本書作智，智字是也，不當據治要改。」紹蘭案：「上云『其智乃博，』讀或博之譌。」「可羞於鬼神」，汪云：「羞舊作著，據治要改。」紹蘭案：「著即荐之訛，荐、薦經典多通用。」論榮第四「而又以九族，或以所來」。紹蘭案：「來疑乘之訛，所乘即上文所云位也。九族疑是世族。人之善惡，不必世族；性之賢鄙，不必世俗。」紹蘭案：「本篇皆族、位對文，世俗當作世位。」考績第七「人君也，此君不察」。紹蘭案：「此君不察，當是此之不察。上也字誤。」潛歎第十「權噬賢之狗」。宗炎案：「權字誤。」忠貴第十一「而莫隕墜其世，無者載莫盈百，是人何也哉」。宗炎案：「宜云而隕墜其世，無者當作無有。載莫之莫，誤。」紹蘭案：「載莫之莫，疑是萬字。」浮侈第十二「丁夫世不傳犂鋤」。宗炎案：「世字疑衍。」「組必文采飾機必緰此。」汪云：「機蓋幭之誤，與幦同。車覆笭也，以緰爲幭，即校飾車馬之一事。」欣夫案，此係初稿，與刊本不同。宗炎案：「此證未安。衣必細緻四語，專指衣服言。校飾車馬，別是一事，不可合也。組必文采飾機爲句，機當作璣，謂以組貫璣爲飾，禹貢荆州之璣組也。機下有脱字。此當作帒，□必緰帒爲句。」慎微第十三「有希人君」。紹蘭案：「有希疑是韋布」。班祿第十五「詩云皇矣上帝，臨下以赫」。汪云：「今詩以作有。」宗炎案：「以、有音近之誤。」「更求民之瘼」。宗炎案：「尋繹文義，瘼不當用爾雅『病也』之訓，當依毛傳作莫，即爾雅『絡嗼，安定也』之嗼。」「明必黜陟」。宗炎案：「必字疑衍。」「咸氣加而化上風」。宗炎案：「咸疑感之脱字。」三式第十七「選揀明德」。欣夫案，刊本揀作練。汪云：「揀下作練，按漢書李尋傳云：『選練左右。』」宗炎案：「揀本止作柬，爾雅『擇也』，後人增才爲揀，不必改爲練，練訓善，訓治，與柬異義。」愛日第十八「則希民困於吏政」。紹蘭案：「希民之希，即後漢書本傳『今寃民仰希申訴』之希，民即寃民之民。説文『俙，訟面相是』。徐鍇曰『面從相質也』。據玉篇『俙，訟也』。集韻『俙，訟也。面相是，心相非』。是説文訟爲一義，面相是爲一義。徐鍇謂面從相質，誤讀訟面相是爲句，訟者相質，面亦相非，何肯相是？可知面從相質之説非也。」「令長自衒」，宗炎案：「傳作『令長以神自蓄』，蓄字是也。衒、蓄聲相近。」斷訟第十九「常懷姦唯」。汪云：「唯當爲詐。」紹蘭案：「姦唯疑是姦睢。説文目部，『睢，仰目也』。史記禮書、伯夷列傳，漢書五行志，後漢書崔駰傳並云恣睢，姦睢，猶恣睢，即五行志所云『驕揚奢侈』。恣睢者，衆也。規睢利恥，是韻語，唯非詐之誤。」救邊第二十三「而論者多恨不從惑議」。紹蘭案：「惑疑是咸，即上文咸欲捐棄涼州之咸。虞翻傳所云『議者咸同』也。咸議，猶言僉議。」卜列第二十五「皆所以奉成陰陽而利物也」。紹蘭案：「利物本作吏物，據下云『若人治之，有牧守令長』，則吏字似不誤。」五德志第三十四「夏后、有扈、有南、斟尋、泊溗、辛、褒、費、戈、冥、繒，皆禹後也」。宗炎案：「泊當是灌字之誤。」志氏姓第三十五「而封帝堯之後於鑄也」。汪云：「鑄舊作社，據五德志篇改。」紹蘭案：「樂記鄭注禱，當作鑄。左傳襄二十三年傳『臧宣叔娶于鑄』杜注云，『鑄國，濟北蛇邱縣所治』，是其地也。」以上各條，雖殘膏賸馥，然亦有助於讀節信書者，而見績學者舊之能讀書也。亟掌録存之。

紹蘭著述甚富，其禮堂集義及儀禮圖，余爲任君心叔審定者，皆未刊稿本，今在上海圖書館。

家語弟子補注五卷 一册

清餘姚吕承恩撰。手稿本。清餘姚邵瑛手校。

承恩字戴山。嘉慶十二年丁卯舉人。烏程訓導。是書以家語所載七十二弟子，遍徵羣書，詳爲補注。首倪彤書序，歷舉其勝義，謂「於名氏年地，參互攷證，不泥成見，不囿古人，繁稱博引，必求其確有可據，四通六闢，絶無罣礙而後即安」者是也。據序戴山又著有四書討源、四書百一解，而光緒餘姚縣志藝文祇載紅雨山房集一種，又不爲列傳，蓋皆所未見。同縣邵瑶圃手加校訂，附簽十二條，于例言所舉「閭里」誤作「闕里」，「成紀人」非春秋時所有，特加詳辨者，均有訂正。家語顔谿條「孔子始教學于闕里，而受學焉」。戴山謂宋板王肅注本作「閭里」，此作「闕」者，蓋由元王氏句解本沿誤，宜從宋板改正。瑶圃謂丁丑歲謁盧抱經先生于杭東里，詢及「闕里」古本作「閭里」。先生曰「不然也」。取架上宋本家語見示，「孔子始教于闕里」，不作「閭里」，余因謂「闕黨」「闕里」，里、黨一類。論語既有闕黨，即不得謂孔子時無「闕里」字矣。先生然之。石子蜀條「成紀人」，戴山謂遍攷春秋地名攷略諸國下並不載有成紀地名。檀萃以爲紀人，似矣。然紀國于莊四年已滅于齊，安得于此時猶書紀人云云。瑶圃謂「成紀」，據漢地理志，乃天水郡下縣名。天水郡，明帝改爲漢陽，故郡國志成紀在漢陽郡下。劉昭注引帝王世紀曰「包犧氏生于成紀」。他如攷名字取義，如原亢，魯人，字子籍。戴山謂名與字甚不相配。瑶圃則謂晉韓籍字叔禽，見左昭五年傳，項籍字子羽，見史本紀及序、傳。意古于鳥部、隹部形聲之字，必有假借作籍者，故其取字如此。原亢字籍，亦當以此求之。公夏守魯人，字子乘。戴山無説。瑤圃謂建一爲首，四耦爲乘。故公夏首字子乘，家語作守，聲同假借字也。皆可爲王伯申春秋名字解詁之續。

瑤圃名瑛。乾隆四十九年甲辰一甲二名進士。翰林院編修。著有説文羣經正字，爲朱竹君、翁覃谿所重。又承紀曉嵐命，作規杜持平，均稱精湛，可與其鄉盧抱經、邵二雲相頡頏，而名不甚著。此有其手跡，固足重也。故友丁君仲祜福保獲此見贈，故有其印記。

有「承恩自天」白文方印，「紅雨山房」白文方印，「丁福保印」白文方印。

序

同年戴山呂子，杰士也。窮愁著書，心血勝人。詞章膾炙儕輩，夷然不屑。尤精于考據，所著有四書討源及百一解若干卷，皆發前人所未發。此家語弟子補注五卷，又其緒餘也。余受而讀之，大率以家語爲主，史記爲輔，校正異本，采摭羣籍。于名氏年地參互考證，不泥成見，不囿古人，繁稱博引，必求其確有可據，四通六闢，絶無窒礙而後即安。其間如子容、敬叔、申黨、申棖各爲兩人，以夫子嘉林放問，授孺悲禮，謂並宜配食。極辨遽大夫不應居弟子之班，而以改祀爲允，與竹垞翁兩心相印，尤能補所未詳。至定公孫龍爲衛人；公肩定非複氏；駟、赤兩字名，而秦有穰姓；邽氏本作圭，故巽爲魯人；石處誤后，孔忠非蔑之類，辨證至精，即竹垞未見及此也。顔淵年歲，王肅疑有錯誤，今斷爲少三十九，較閻百詩尤核。其餘名字取義，人地來歷，無不言之鑿鑿，幾如目覩。其旁通語、孟講義，孳甲新意，兼資舉業，誠學者珍珠船也。余與戴山同出南沙蔣鏡吾夫子門，師謂其庾信妙年，詞章最贍；賈逵弱歲，著作已成。豈虚語哉！嗟乎，戴山以閎博之才，偃蹇窮廬，戊辰一上春官，己未兩科竟貧不能赴，而年已半百矣。古云三十老明經，五十少進士，轉瞬春來天上，待詔金門，然則戴山猶未艾也。嘉慶癸酉歲八月，翰林院庶吉士年愚弟倪彤書拜序。

例言

家語多異本，是編止取弟子姓名年地，考證訂誤，故不以遺録原文爲嫌。間有校正原文異同處，即見注中。

惠定宇先生左傳補注一書，多宗服虔而糾杜預，此取史記以證家語，擇善而從，絶無成見。惟襲名「補注」，同一補苴罅漏之苦心焉。

家語未必王肅僞造，特非朱子所恨不及見之古文耳。如「閭里」誤作「闕里」，閻百詩辨駁在前，至「南武城」之名、「成紀人」之稱，似皆非春秋時所有，余故特加詳辨，僞造之説所由疑也。

凡引用某書，必從其朔，不得以轉引者爲據，此注家定例也。是編抱病呻吟，厭於繙閲，第就所見引注，觀者勿以罣漏誚我，惟伯宗攘善，庶幾免夫。

時文遷就附會，不直一唾。然亦有攷據詳覈，足備采擇者。閻徵君四書釋地中，即多引爲證，是編亦從其例。

四書百一解著於庚申之夏，此注成於壬戌之秋，第彼卷帙稍繁，繕寫無暇，嗣出就正。有云已見百一解者，必俟參閲之而益明。

嘉慶十年四月朔日，姚江吕承恩書於潔己泉。

竹垞翁孔子弟子攷一卷，所載與余見相合者，如南宮子容與敬叔斷爲二人；申棖、申棠不宜黜一；孺悲親受禮於夫子，反不得與配食之列；林放明見於論語，而史記、家語失載；國朝雍正三年，林放又增入從祀，洵萬世不刊之典也。蘧伯玉，孔子嚴事之友，不應在三千人之數；皆鑿鑿足據，妄希得請於朝，急爲改正者此也。至樂欣即春秋傳之樂頎，以偏旁相同，雖都屬揣測，而情事極合，亦可謂兩心相印矣。惟愧讀書不多，一瓻難借，幸就鴻博，糾謬堪憑。王荆公酬宋廷評請序經解詩云：「未曾相識每相憐，香火靈山或有緣。訓釋雖工君尚少，不應急務世人傳。」況余之未必工耶？周藹香禮部曾一索觀，餘不敢輕以示人。恨與竹垞翁亦未及相識耳。嘉慶十年除夕前五日，自天居士書於非水舟。

昌黎處州孔子廟碑云：「處州刺史鄴侯李繁至官，能以爲先既新作孔子廟，又令工改爲顏子至子夏十人像，其餘六十子及後大儒公羊高、左邱明、孟軻、荀況、伏生、毛公、韓生、董生、高堂生、揚雄、鄭玄等數十人，皆圖之壁。」朱文公校本云：「子上或有二字。」余案六十當作七十，所謂七十二弟子是也。唐時蓋重公羊春秋而不及穀梁赤，豈即在數十人中未專言之耶？又左邱明親受業于夫子，而不得與七十子之列，此亦一證竹垞收之孔子弟子攷中，識不虛矣。景寅春分後五日又書。

客歲十月，借得曝書亭集命兒子貽策鈔孔子弟子攷一卷畢，如貧兒假人服飾，顧影自豪。後讀宋史蘇軾傳，言軾帥定武，謫知英州，貶惠州，遷儋耳，漸徙廉、永，獨過侍之，因命作孔子弟子別傳，有斜川集二十卷。適姪倩朱抱愚有友人贈趙味辛舍人所刻斜川集，亟索觀之，祇六卷，蓋大興翁覃谿學士從永樂大典録出。如是，所謂孔子弟子別傳者，與漢藝文志孔子徒人圖法二卷、隋經籍志鄭康成論語孔子弟子目録一卷，並失傳焉。嗚呼，宋史雖稱二十卷，而宋藝文志、陳氏書録解題、馬氏通考，均稱十卷，早佚其半矣。近閲日知録，載盆成括爲孔子門人，顧亭林斷其誤。余謂既見晏子書，似非孟子之誤，有辨見書後。丙寅四月廿六日，書于半半舫齋。

是册成於嘉慶壬戌之秋，時余年三十有八，窮老秀才，忍餓著書，乃爲舉世派不好，亦足悲已。今正八十，已歷四十餘年，而余尚依然無恙。夏秋足不良行，檢讀消悶，内有瑶圃太史粘簽，計拾貳紙，或補證或指駁，匡所不逮，前輩與人爲善之誠，詎忍忘耶？太史規杜持平一書，丙申余歸田後，亦爲補注。道光癸卯閏七月，退翁筆。

意林五卷 二册

唐馬總編。清嘉慶九年甲子昭文張海鵬照曠閣刊本。常熟吴卓信手校明嘉靖丙戌黄鳳儀刊本並跋。

張氏重刻武英殿原本，攷提要乃據嘉靖八年己丑廖自顯本，而黄鳳儀本刻在五年，較早三年，蓋館臣所未見也。此爲吴項儒朱筆據黄本詳校，其不如張刻者。卷二莊子鳥莫知於鷾鴯條以下，皆誤作王孫子。卷五中論道之於人甚簡且易條以下，皆誤作物理論，最爲鉅謬。而足訂張本字句之誤者，亦復不少。如卷二列子陳大夫云條「由能勇而不能快」，張本注快字疑有誤，黄本快作怯。莊子人之情條「除病瘦死」下，黄本有「喪憂患其中開口而笑者，一月之中，不過四五日而已矣」二十二字。卷三新論□出河圖洛書條黄本□作「讖」。昔神農繼伏羲王天下條「琴者，□也」。黄本□作「禁」。論衡文王在母腹中便有四條，黃本四下有乳字。人貴鵠賤雞者條，「故賤其□也」，黃本□作「言」。若揚子雲生周金匱矣，黃本作「若揚子雲在伯松前以爲金匱矣」。約百餘條，皆以黃本爲勝。其墨筆則據現有傳本參校。意林以周耕厓廣業校注本爲最善，猶惜其未能偏蒐舊刻。黃本舊藏瞿氏鐵琴銅劍樓，傳世極罕，宜周氏所未見，而此校爲足貴矣。項儒研精經史，而收藏校勘，亦復名家。瞿氏書目著録甚多，應補藏書紀事詩之遺。

余家所藏係嘉靖丙戌黃鳳儀刊本，今以此本對校，似此本爲善，然謬誤處亦復不少也。嘉慶丙寅十月朔，卓信記。

意林校補五卷 一册

清南豐劉庠撰。手稿本並跋。

唐馬總以梁庾仲容子鈔繁略失中，復增損以成意林。今存五卷。古諸子佚書賴以傳者不鮮。然其所增損，未必盡當，轉使古書失其真相。武英殿聚珍板據嘉靖己丑廖自顯本，而文字沿誤，亦所不免。周廣業作注，號稱精博。其書至光緒間始刊入劉氏聚學軒叢書，前人所未得見。慈民於光緒五年讀意林嫌其多删縮原文，或以注混入正文，或以意增數字，不如文選李注所引各書之有損無增，可見古書面目。乃取選注校其異，補其逸，亦復旁及他書。細書於閩覆聚珍本，上下兩旁幾遍。蓋能兼校勘輯佚之功，不媿爲讀書者之藏書也。

有「多聞闕疑實事求是」朱文方印，「慈民所藏經籍金石書畫印記」白文方印，「劉庠之印」白文方印，「慈民」朱文方印。

此書多删縮原文，或以注混入正文，或以意增數字，取今本校之，不同者甚多。文選注引古書亦多删縮，然有損而無增，讀者可以見古書面目，賢於此多矣。光緒五年己卯八月望日，用文選注校補。慈民劉庠識於徐州雲龍書院之雙柏軒。

日知録三十二卷十册

清康熙乙亥吳江潘氏遂初堂刊本。佚名臨嘉興李集、李富孫校本。

嘉興諸李，説經鏗鏗，各有著述，不下于嘉定之錢。此爲薌沚手校，先據其從祖敬堂評點，又得何義門勘本，一一校改。閲時廿年，讀凡七過，用力之勤可知。此本出于後人照臨，楷法精謹，圈識嚴正。惜首尾割裂，佚其姓氏。僅偶見「富案」字而已。一九三八年冬，從葉揆初先生景葵假得錢警石跋本，知同出一源。對勘得佚校數條，及唐仁壽、錢應溥識語，遂併題跋補録之。敬堂名集，字繹初，晚號六忍老人。乾隆二十八年進士。鄖縣知縣。良年其曾祖，遇孫其孫也。王昶蒲褐山房詩話，稱其早躭理學，晚爲循吏。臨終詩云：「一曲蒹葭水繞門，歸田十載住荒村。家藏止有圖書在，付與雲礽世守存。」其標格可見。趙懷玉賾學齋文鈔序丁子復撰墓志銘，均稱其以經術飾吏治。著述今傳賾學齋文鈔外，又有鶴徵録。讀此評，知其治學篤實，識見明通。于亭林説之是者闡發之，違者亦糾摘之。卷二武王伐紂條云：「此説未確。武庚未畔之十餘年，微子歸宿何處？當仍以下車之説爲正。」卷十四像設條云：「古人祭必立尸，其事繁重而難行。後以繪像當之，似亦貌其先人之義。必欲反而從古，是猶廢墨楮而漆簡也，可乎？」卷十六進士條云：「按此稱進士，乃及第以後追書之也。亭林之説尚須參攷。」卷二十非三公不得稱公條云：「按先生少年時，曾持此段議論，質之豫章王猷定于一。王爲老宿，答書大非之，先生不服。晚爲此録，猶自護其短。然其挂漏處不攻自破也。」斯可謂實事求是者矣。據嚳石與兄衎石書云：「所藏日知録猶是學源先生遺書。近假李香子翁過録敬堂先生評點本，令炳森依式録之。曾聞介石徵君述敬堂遺言謂：『近人得古人一瑕，輒自喜，如酷吏之得一盜賊也，盡力攻駁，與盡法敲榜何異。』嘗歎服以爲名言。今觀敬翁所評，亦不免是病。而於宋大儒時有不滿，因令炳森凡涉此類，悉置不録。庶幾不負敬翁平日之言，且不失學源先生讀書宗旨耳。」知此所録，已有删節。遇孫日知録續補正三卷，已刊入廣倉學宭叢書，此則尚待編次，故未付刊。然有校本流傳，亦足徵李氏一家之學矣。

有「曉日樓」白文長方印，「筆牀茶竈」白文方印。

乾隆甲辰正月二十有八日，讀完於六忍居。

甲辰十二月廿有九日，再讀完於六忍居。富孫識。

旃蒙大荒落涂月十有一日再校完。願學齋呵凍書。

丙午仲冬廿有三日，富孫讀於六忍居，時讀書於此。

戊申十一月十有六日，讀於寸碧山房之西偏，時余館於此。

嘉慶己未二月二十有五日，再校於禾城館舍。

嘉慶乙丑十月二十有六日，重讀於婺州郡舍。

日知録三十二卷，「三通」之精華也。從祖敬堂老人嘗出是録以示富孫曰：「熟此書，學術、經濟、文章具焉。」蓋其於經史典禮，無不稽攷詳覈，闡發精微。而於規畫時事，國計民生，洞悉利弊，上下古今，實能鑿鑿乎言其得失善敗之故。後有作者，起而行之，直可以追三代之盛治，豈漢、唐以下云乎！吾里徐敬齋云：「日知録一書，内聖外王之學也。撫世宰物，措之裕如。雖洪容齋隨筆、王伯厚紀聞，皆不及也。」然即先生當日，亦自信其書必可用於世。有與人書云：「上篇經術，中篇治道，下篇博聞，後王復起，此當見諸施行也。」則是録洵非一世之書矣。此本即依老人所評點，且以先徵士公元刻，張力臣作所寄先徵士懷先生詩：「昨者日知録，寄我楚南峯」是也。勘其異同，分別標記，誠爲善本。富孫覆讀數過，稍窺崖略，間有譌字不合者，輒請正之。後見西山汪君今韓有何義門學士勘本，讎校頗精，因與轉假，一一校改。自此烏焉亥豕可差免矣。異日倘能熟讀此書，貫穿通達，則體用兼賅，庶於讀書有成焉。因書之以自勉。

右李香子明經跋文，在校經廎文稿卷十八。道光己酉，嗣君蒼雨見贈遺集，得讀此跋。因從蒼雨借本，令炳森録之。明經讀此書自乾隆丙午至嘉慶乙丑，越二十年，凡七過。卷末標識歲月可見者如此。晚年與余相見，譚及困學紀聞及此書，必言其從祖敬堂老人所教若何，余蓋屢聞其緒論云。前輩讀書，謹守師傳，終身不倦，後學所當取法也。咸豐元年二月，炳森重裝此册，將携至京師。因録明經跋，而并識於後。甘泉鄉人識於海昌學舍。

日知録校正一卷 一册

清山陽丁晏撰。鈔稿本。

儉卿著作極富，頤志齋叢書刻僅及半。其後南菁書院、廣雅書局、適園諸叢書，多爲補刊。此種亦列入未刊書目，而迄無爲刊行者。卷末有「光緒丁酉夏四月梁谿後學鄧志霖録於鍾山講舍」一行，則距儉卿之歿光緒乙亥，已十年矣。

據自敘，遴取閻潛邱、吳山夫、汪春園諸説，並附其子壽昌校。今惟潛邱説見所撰劄記，嘉定黄潛夫集釋所采未盡。吳、汪均得之稿本。儉卿謂「亭林此書，可與宋黄氏日鈔相伯仲，若厚齋困學紀聞，未免記聞之學，視先生之明體達用，固不侔矣。明三百年實學，僅有方氏通雅，然亦駁雜不精，且無實用，若升庵、弇州、荆川更無論矣。」其論甚允。我亦謂儉卿所校正，雖僅一卷，而發疑正誤，亦可與李金瀾補正、俞蔭甫小箋相伯仲，亭林所當視爲諍友也。春園名椿，號式齋。清河人。諸生。博學多通，著有易革卦法、書禹貢攷、春秋歲次攷、禮記古注攷、孔子生卒年月攷、孟子年譜諸書，儉卿曾館其家，殁爲作傳，載頤志齋文集。傳云：「春園生平最服膺亭林顧氏之學，著日知録補正四卷，又補注十六卷，稿凡數易，然後寫定。今此書所剌取者，未及什一。其定稿不知存否。」壽昌字頤伯。道光丁未進士。官至嚴州府知府。

能傳家學。著有周易會通、睦州存稿。卷中圈點爲徐行可筆。

有「徐恕」朱文方印。

自敘

嘉慶庚午，余年十七，購得日知録，昕夕讀之，服膺亭林先生之學。迨逾冠年，雖從事舉業，案頭常置是書，時時繙閲。又得老友汪春園椿互相攷證，春園得吳山夫先生評本，又輯潛邱先生補正，並鈔以示余。前輩之好學深思，今杳然不可見矣。余衰老多暇，覆讀是書，因遴取鄉先生閻、吳、汪諸説，并系鄙言。亡兒壽昌有手校本，亦附見焉。先生洽孰經傳，諳練掌故，内聖外王之學，卓然純儒。當時如竹垞、義門，博雅可相伯仲，而明體達用，俱不及也。先生大節懔然，尤深歎服。遭時艱屯，退居著述，知命安遇，絶無怨尤。惓惓於世道人心，允爲有功名教。我朝儒林之冠冕也。爰不揣謭陋，恂爲發明，以諗後之讀是書者。同治六年歲在丁卯，夏六月望，山陽後學丁晏敘。

松崖筆記三卷 一册

清東吳惠棟撰。清道光二年吳門文照堂刊本。

此刻爲松崖再傳弟子朱秋崖從手稿鈔出，經徐葵、錢大昕、顧廣圻三人校訂，案語附刻書眉。其版片於道光二年歸吳興徐桐軒，乞吳江翁廣平序而印行之。案松崖底稿，本爲隨手札録，以備著書之用。故如卷一古淡條論唐詩語尚未畢，末云「不謂復逢於君」，竟不知君指誰某。蓋必爲人所作詩集序之殘文。

其他經錢、顧所糾正者，今均如其原文。則後人重其爲經師遺稿，而傳之刊之，不敢有所更易也。光緒間蕭敬孚爲劉聚卿刻聚學軒叢書，得其手稿，并九曜軒筆記合刊之。未知此種已先有刊本，故眉識、翁序、朱、錢等跋均不載。然則雖相距不及百年，其傳世之罕可知已。翁序載聽鶯居文集，尚傳鈔本，兹録秋崖等跋備攷。

是書松崖先生隨筆所記也。塗改模糊，字跡頗難辨衡。從雅南師借閲，鈔成三卷。就中尚多遺誤，必購所引諸書，詳校勘正，庶無遺憾。先生世以經學顯，藏書最富，故著小説筆記，亦窮經研史，異于前人，真古學之緒餘也。上章攝提格且月立秋前二日己丑望，休寧小門生朱邦衡録畢記。

乾隆乙卯閏二月清明後四日吳縣徐葵補閲。

嘉定錢大昕改正數十字。

乙卯十月從篤雅書屋借讀一過，小門生顧廣圻記。

過夏雜録六卷續録一卷 八册

清海寧周廣業撰。鈔稿本。

唐世解人不捷，退而肄業，謂之過夏，蓋暫爲息肩之計。至明初，則有寄監讀書，以俟後舉者。耕崖舉乾隆四十八年癸卯鄉試，明年應春闈試，不第，留京佐沈崧門校四庫書者二年。于胝沫餘暇，隨筆記録。故題曰過夏雜録。據自序云：「瞻仰雍宫，摩抄石鼓，城闕街衢之壯麗，人材物貨之美富，舉昔人研京練都所不能詳者，今悉得之目擊。」可知是書之大概。今案首三卷爲讀書所得，及零星攷證。四卷以下，均記京師掌故，而太學石鼓、辟雍二則，攷之最詳。于石鼓主馬定國後周宇文氏物之説，博引史傳，中焦弱侯所未及。重排甲乙，從孫淵如之次第。于辟雍，則廣徵經史，詳釋制度，列爲「辟雍名義」、「辟雍制度」、「文王辟雍」、「武王辟雍」、「成王辟雍」、「西漢辟雍」、「東漢辟雍」各目。他如簽貼乞補條：「凡校勘書籍，有疑誤多用小紙簽貼眉上，以便更定。」引世説載殷深源事，明道雜志載楊大年事，而謂：「今翰苑校官書，每簽必具名。至謄手爲字，工拙不等，拙者差落既多，又艱于易紙，則鑿去而補之，用津唾粘綴，久則脱，或數日即脱，有一紙得數窟窿者。」四庫書字數條：「四庫全書開館于乾隆三十八年，先辦四分，續辦三分，每分計字七萬萬三千零八十一萬九千。薈要二分，計六萬萬字，全書、薈要中各種提要計一千三百二萬字。先後考取謄録二千餘名，每名寫二百萬字者列爲一等；一百六十五萬者列二等。篆字以一作十，隸字以一作五，圖一頁作字一千，疎者自兩、三頁至八、九頁折作一頁。字不端楷者，記過一次，罰寫字一萬。」皆有裨于四庫全書之遺聞。故周松靄序稱考訂精詳，不減洪容齋一流。間及時事，則漁洋山人居易録例也。余謂後三卷亦可作劉侗帝京景物略、朱彝尊日下舊聞讀，此係未刊稿本，昔年乞徐君行可從嘉慶己巳耕崖子勳懋本傳鈔，故有「行可」諸印。將印入紀年叢編，因脱誤尚待校正而止。耕崖自序載蓬廬文鈔，茲不録。

洛塘宗姪耕崖孝廉，嗜讀書，著述等身。與余最相得。君卒後五年，余案行狀，序其蓬廬文鈔，兼傳體也。君著述已刻者四種，孟子四考爲尤著。未刻者尚有十餘種，玆過夏雜録六卷，乃癸卯計偕下第後所録，考訂精詳，不減洪容齋一流。間及時事，則漁洋山人居易録例也。雖特一斑，亦復可傳。令子虞階茂才索序，因書數語于簡端。餘具文鈔序者不贅及云。嘉慶辛未長至日，叔氏春拜書。時年八十有三。

京師大學堂教事録不分卷 一册

清吴縣胡玉縉撰。手稿本。

清光緒乙巳仲冬，學部奉旨于德勝門外建置分科大學。宣統庚戌二月，因工程未竣，先就馬神廟大學豫備科舊址開學。于經科設毛詩、周禮、左傳三門，綏之先生以南皮張之洞薦，任周禮學教員。此爲其掌教時之紀録。周禮門學生共二十二人，皆舉、貢出身。而最著名者，爲浙江象山陳焯，焯原名漢章，字倬雲。光緒丁未改名，字伯弢。時年四十七歲。蓋弱于先生僅六歲，而膺戊子鄉舉，早于先生辛卯且三歲。師弟之不拘資格如此，惟道存則師存也耳。其課業章程，分句讀與札記二門。句讀之書，别具目録，每日以十葉爲度。札記則包括鈔録、參攷、著述三類。每學期由教師收閲兩次，并評定分數，再遞呈提調、監督、總監督閲看。于基本功夫之訓練，執行頗嚴。其檢查學業之評語，及指示治學之方法，則于黑版揭示，條舉件繫，判析分明。名言如云：「慨自乾、嘉而後，經學亦稍稍衰矣。講理學者鄙訓詁，侈大義者薄攷據，不知經學誠非訓詁攷據所能盡，然不從訓詁攷據入手，譬諸聞異言而緇譯無人，適他國而東西莫辨，夫豈足恃？且他經姑勿論，即如周禮故書，二鄭、杜子春異讀，後鄭從而或申或駁，豈非訓詁攷據乎？故理學家之弊，未免心思怕用。大義派之弊，遂致界説不清。」蓋以漢學爲宗，故于宋、明之理學，當時廖平、康有爲之今文學，皆所不滿也。諸生又各自述其治學經過並心得，而先生加以詳評。其評陳焯云：「爲作者計，除研究周禮外，既成書若干種，他日繙閲各書，有涉及者，即録于上，或另紙録出，積之愈多，則任我去取，以便修改。務使一書還一書之本義，融洽而又分明，則但見其精而無疑于雜矣。涉獵所及，一時或無暇録出，當記出某事，注明書名及卷數頁數，俟暇再録。即不録，亦一檢即得，則但覺其便而無傷于駁矣。」言治學之法，著書者當奉爲繩墨。評劉復禮云：「六藝皆先王政教，固欲垂之萬世。然時移世易，先王亦無可如何。況更秦之蕩然澌滅乎？」玉縉亦最喜留心時事，但經義自經義，時事自時事，分別爲之，較爲兩得。蓋若不善于古爲今用，切不可泥古不化，亦足爲後學之戒。惟其教法之精嚴，故能人才輩出。若陳焯之著作等身，蔚爲通儒，可謂不負先生之諄諄矣。他如左傳門知名者有山陽顧震福、武陵余嘉錫，亦皆富于著述行世云。

補注黄帝内經素問校記二十四卷黄帝内經靈樞校記十二卷 四册

清長洲丁士涵撰。吳縣高德馨手鈔稿本。陸錦燧手校，胡玉縉手跋。

昔劉向校書天禄閣，方技一門，屬之侍醫李柱國。誠以醫藥攸關生命，非可草率，且其事有非儒生所解，故必得專家任之。班固志藝文，于方技首列黄帝内經，其書雖出後人依託，而醫家莫不奉以爲宗。顧其書該括理數，詞奥旨深，俗醫既苦其難讀，儒者又多未究心，由是校理者鮮，而善本爲難得。至金山顧尚之觀光校勘記、績谿胡甘伯澍校義出，古代醫經始怡然可讀，盖二君精于訓詁校勘之學，又兼深于醫理也。此爲吾鄉丁泳之手校于浙江書局重刻宋嘉祐本上，而高遠香輯録者。于素問則依吴本、趙府本校正。又博采高保衡、馬元臺、張介賓、沈堯封諸家之説。于靈樞則以道藏本甲乙經、千金方諸書參訂。而凡所下校釋，咸細密允當。泳之爲陳南園高弟，所校一秉家法，而又醫學湛深。即此一編，與尚之、甘伯堪稱鼎足。遠香名德馨。諸生。客授京、津者數十年。與章式之、胡綏之諸先生善。晉笙名錦燧。光緒癸巳舉人。亦精于醫。皆學古堂高才生。

元和丁泳之先生手批内經，據浙局影宋嘉祐本，借王康吉廣文藏本迻録。（下有「德馨長壽」朱文方印。）

是書凡四册，前屬友人高君遠香迻録。其眉端黏簽，則係陸晉笙語，遠香加入，後持以贈余者也。遠香墓木已拱，而余書近年頗被僕人竊去數種，是書徧尋不獲，深自怨咎。今整束行裝而得此，喜佳鈔之仍在，庶良友之無訶耳。丙子立秋日，吴縣胡玉縉記於北平之鄦高，時年七十有八。

治奇疾方一卷 一册

宋□□夏子益撰。清吴縣曹元忠輯校。手稿本並跋。

紅格手稿。每葉後半葉左旁有「箋經室所著書寫稿本」九字。〈治奇疾方一卷，見直齋書録解題，云：

「夏子益撰。凡三十八道，皆奇形怪證，世間所未見者。」馬端臨文獻通攷據以入録，而其書不傳。李時珍本草綱目采之。君直先生于一九一三年假館婁縣韓氏讀有用書齋，偶讀淳熙庚子吳彦夔集傳信適用方有云：「夏子益治奇疾方叁拾捌道，唐與義刊印於上饒。其間一二證昔嘗見有病之者，皆莫知所以治療之法。今得子益之方，敢以附此書之末，用廣其傳。」乃知此書尚在人間。此即從之寫出，而以本草綱目所引，分注各條下。惟綱目所引，如婦人産後兩乳忽長條、一婦産後用力垂出肉線長三四尺條、婦人因生産陰陽易位條，皆爲此書所無。亦猶此書第十一方，綱目稱經驗良方。第二十七、二十九、三十三、三十五諸方，綱目稱危氏得效方。第三十八方，綱目稱張鋭雞峯備急良方。蓋所據本各異，不得妄補宋人舊傳也。君直先生自叙，余已輯入箋經室遺集，兹删其要于此。案四庫全書提要著録衛生十全方三卷、奇疾方一卷，云宋夏德撰。德字子益，其里貫始末未詳。其書皆從永樂大典録出，是奇疾方已先有輯本，並知子益名德，可補先生所未及。然考文淵閣、文津閣四庫全書皆失收，不知何故。幸大典今已景印，是方載卷二萬三百十，質韻疾字下。又先生所未見也。先生爲世通儒，兼長醫術，所著有素女經集本、劉涓子鬼遺方校補，稿均佚。頗聞有以先生好用古方爲訴病者，不知昔賢醫藥遺産，正賴後人之擇善發揚。而世之俗醫，祇誦湯頭歌訣，目未睹古醫經者，烏足以語此方。今正大力提倡發掘古醫學，則此册或亦有足取歟。

又案夏子益奇疾方，亦載張鋭雞峯備急方中，可取覆校，病未能也。恐須及門諸子爲之矣。元默閹茂閏月乙丑，忠又識。

幼學堂尺牘一卷 一册

清吳縣沈欽韓撰。鈔稿本。

余藏小宛與許鳧舟尺牘，去其殘蝕不完者，鈔出八十餘通，輯成一册。小宛與鳧舟交誼綦深，此爲里居及赴寧國訓導任，丁艱歸里時作。鳧舟經營葬事，擬割讓膏腴，小宛爲之奔走籌畫。鳧舟撰藥籠手鏡、西京名賢印録，小宛爲之搜集材料，而已所著左傳補注、水經注疏證、昌黎、東坡、半山、石湖諸詩注，亦時從鳧舟借書。及奉諱後，生計拮据，移書索逋，雖家常瑣瑣，咸性情真摯，躍然紙上。其論蘇詩云：「蘇詩精妙者不可思議，而其隨意塗抹，亦較他人爲惡。弟選擇稍嚴，其雄渾精深者，亦略無遺漏矣。」而於查初白注則頗致不滿，如云：「翻閱查氏之注，無不紕繆。成二卷之外，尚可得數百條。讀書研究四通八達之道理，非國初人所知。彼此相笑，孰知後來明眼人有以制其死命乎！弟衰窮且賤，然十餘年屏居用力，纔得有此地位。雖妻子飢寒，天之賦畀最爲厚矣。假三十左右，聯翩科第，仕宦烜赫，其才分亦不過如查初白輩耳。」又云：「查注越看越病，其引證宋史，無不舛謬，而加以臆斷。其引地志，無不拆洗而加以乾没。」言注荆公集云：「頃注王文公集，惟僧寺、僧名最難著手，其餘制度、人物，尚可借儒書查取也。」又云：「日來在山，去聖恩寺不遠。欽韓意欲煩吾兄作一札送寺主，借宋惠洪僧寶傳，此係萬曆間紫柏大師重刻。想寺中必有。又天下寺刹志，亦順便一問其有無，未可必也。王荆公集他悉措置，亦無多掛漏，惟待此書及李濂之汴京遺跡志兩三種耳。」又云：「頃借得李燾長編五百卷，乃黄蕘圃翁家所新購，而又得主顧已轉售者。急向書坊裝潢，而韓追問一觀，期甚促，卷帙又大，甚是趕緊。然非一月不能了也。得此則注王半山集無遺憾矣。蓋蘇詩注者多家，猶有所憑藉，而王集注則爲創作，鄭翼案：以注荆公集爲創作，則似當時未見李雁湖注本也。得書尤難。坊肆梵刹，訪求不憚其勞。」可見其著書辛苦。評金石萃編云：「王述庵金石萃編，其荒謬絶可笑者即駁記數十條，得十餘紙。」又云：「金石萃編其舛謬乃類于目不識丁，而竟公然行世。三年前已著駁論二卷，尚是唐代，其餘未及也。」則述庵此書假手於朱朗齋文藻、錢同人侗，煌煌鉅帙，安得一無疵類。小宛所糾雖是，而詆之未免稍過。其書刊附幼學堂文集，繆藝風又别刊入煙畫東堂小品。其論水經注最詳，别見水經注疏證書録。其論詩文云：「唐人之長，以少工詞賦，故小文不患其枯瘠，而患其時樣。真能入古者，韓、柳外，惟劉夢得、元、白、杜牧之、皇甫持正數公耳。燕、許、常、楊，臺閣文章，亦當採獲。惟李邕、蕭穎士、陳子昂輩，榛薉塞路，無取焉爾。」云：「方虚谷專奉江西詩派，固是老秃翁，没意智。如二馮者，以玉臺、才調爲家寶，於香奩之外實無所得也。」云：「律法可以方回瀛奎律髓檢性識相近者揣摩之，不消數月，若顔、歐書面目在豪端也。又以蘇詩化其拘滯，雖前輩金鍼不過如此。」今讀幼學堂集，其風骨氣體，與所論若合符節。其言身世云：「韓文公集清謄一遍，窮此歲不知得完否？明年將携此書北游，售與富貴人，以稍濟貧困。」云：「水經注窮十餘日之力，纔敘得兩本完。飢來驅我，俟有便，欲薄游維揚，稍謀口食。然亦未定日期，恐此願尚未能即了，況其他多所著述乎！」言志趣云：「近來許侍御青士乃濟上疏請開博學宏詞科，得旨已俞。而軍機大臣以非急務，且謂天下未必有此人，遂止。琴南諸人扼腕太息，然欽韓之意，即使此事果行，亦決不復作出山之計耳。」云：「交游寥落，出門安所向。文史自娱，不知飢寒之切身也。」云：「自料一無所能，若使校書石渠、天禄，亦差可繼劉向、楊雄之後，狂言發兄一笑也。」則士處寒窘，至將刿肝嘔心之所得，以爲衣食之資，亦大可憐。然甘貧樂道，其傲兀之概，固偃蹇自若也。他如謂「范子、計然，其書是漢郡縣，蓋後人假託」。謂「切問齋文鈔誠經濟大文，末學所宜研心」。謂「包慎伯其字精能之至，作山水亦可觀」。卮言逸事，均足沾溉後學，從知古人雖造次削牘，亦非浪費筆墨者。

梟舟名兆熊。吳縣人。居光福鎮。爲徐堅弟子。好收藏金石，兼精醫術。闢六君子齋，一意著述。又築池上草堂，養魚藝菊，時與諸名流觴詠其中，所輯許氏巾箱集及自著兩京名賢印録、藥籠手鏡、東籬中正、梟舟詩稿各若干卷，見吳縣志。

流翰仰瞻不分卷四册

清長洲陳奐輯各家手跡本。長洲陳奐、番禺葉恭綽手跋。

此陳碩甫所萃師友手札，首題「流翰仰瞻」四篆書並跋。案碩甫跋毛意香遺簡云：「余於戴經芳家裝潢手札共十四册，歸一大匣。避難帶出，忘於舟中，仍還南園，因以投棄。」是亡失於咸豐庚申。至光緒辛巳，江建霞得之，已殘存僅此。一九三六年江小鶼以贈葉遐庵。一九四三年遐庵又以贈余，此其傳授源流也。余先得碩甫所撰小傳一册，詳核之，第一册原八人，今存段玉裁、江沅、顧廷杏各一通。第二册原二人，今存胡培翬十六通，汪喜荀十九通。餘則原十二册之張步瀛、陸鍾漢、楊亮、壽昌、盛時霖、于源、計光炘、徐立方、陳時、吳潮、王文鴻、張寶德、胡聯慶、侯雲松、張燮承、楊得春、陳慶鏞、顧翃十八人，於全帙一百九十二人，不過十一而已。遐庵付裝時未見小傳，不無零亂失次，附跋頗望余於已失者作延津之合。一九四六年冬，果於蘇市得王劼二通，又殘一通，俞熊一通，皆原在十四册中者，即補入之。先是江氏於光緒己亥，曾專輯汪、胡二家，合刊以入靈鶼閣叢書，未及校正而殁。三十年前，賈人清理殘板得之，余亟刷印數册。蓋小傳與江刻一若爲此册歸余之朕兆者，洵前緣也。汪、胡二家余已於江刻書録詳之。

此册段玉裁一札，不署名，爲屬碩甫改定説文解字手部挼字下注，查與刊本合。段氏附言云：「夜枕上思之，一毫不錯。不知何以昨日何以糊塗錯亂至此，所謂心不在焉也。」蓋其一生精力，耗於著述，及年邁力衰，不免偶有疏失。江沅謂「茂堂先生垂老精神已衰，往往有取未定本入刻，而反遺定本者，尚書撰異中某卷是也」。見黄丕烈毛詩故訓傳跋，今觀此深自刻責語，讀者當諒其苦心。而徐承慶輩抵隙掊擊，得毋太過。江沅札爲客閩時作，時碩甫正下榻枝園，校刊説文注，江氏屬鈔段氏書、詩著作，並闕懷其眠食，師弟之情，靄然言表。陳慶鏞札云：「尊著毛詩，闡發西漢微言，恭録進呈，誠爲藝林盛事。敉同鄉有林孝廉昌彝，著禮説百餘卷，在京僱人繕寫，思亦欲呈進，但亦未悉能完否。」知毛詩傳疏之進呈，先於潘祖蔭已有是議。至林氏三禮通釋，於咸豐癸丑進呈。李慈銘越縵堂日記載潘祖蔭説，言其師陳頌南侍御嘗謂此書乃侯官林一桂所撰，惠常爲其弟子，攘而有之。及進書得官，其師之子欲訟其事，惠常賄之，始得解。以謂侍御正人，又同鄉里，所言必不妄。案頌南，慶鏞字。今慶鏞籀經堂類稿有三禮通釋序。夫既斥其攘竊，自不應再爲作序，證之此函，亦可知慶鏞未必有此言，疑傳者之誤。至林氏曾取陳澧六書説而没其名，類此者當非一端。而慈銘始猶稱其浩博無涯涘，窮年不能殫。胡玉縉亦稱文筆與所著温經日記相近，且引陳序爲證，蓋林氏掠美他人則有之，未必全出攘竊，而竟被惡名。然則著書者可不慎歟？王劼札云：「大著毛經，宏博無等。何氏楷世本古義亦不及先生之書正而葩也。」案，毛詩傳疏，發明西漢微言，尤精於訓詁名物，而劼以比之何楷世本古義，可謂擬不於倫。劼著有毛詩讀，余未見，見其尚書後案辨，則語氣囂張，出以醜詆，殊乖著述之體。恐其毛詩讀必遠不能望碩甫之項背也。攷葉昌熾緣督盧日記卷二壬午六月十二日云：「江建霞來云，新得陳碩甫先生家友朋手札，中胡竹村多至數十通，段若膺一札已抽去，是可惜也。」今段札儼然尚存，或因其不具名而忽之乎。

有「碩甫」朱文方印，「奐印」白文方印，「炳翔眼福」朱文方印，「葉恭綽」白文方印，「遐盦長壽」白文方印。

奐幼而壯，壯而老，凡所晉接者，不乏名儒碩彥。師之賜教，友之惠簡，類以聚之，毋散佚焉。捊而輯之，如晤對焉。今自道光三十年庚戌以前，先作古人者編成六册。咸豐辛亥紀元以還，屬舊識而歿于辛亥後者編成四册。歎昔侶之凋殘，喜近交之酬酢，積書穰穰，續爲部居，編成二册。其中論學説經居大半，而時事家事有切涉者，間録之。散亡既多，剗削豈少，僅留此區區翰墨，頻增我離羣悲暮焉爾。門弟子書一册，家書一册，亦以庚辛歿存，區别先後，爲之次叙。五年乙卯春正月，長洲陳奐碩甫氏付裝，時假居錫山夫容之鹿。年七十。

此陳碩甫先生所存親知函札，依先生自叙，此類函札經編成者凡十四册。此約當十分之一。民國二十五年，江小鶼持以見贈，云爲乃翁建緺先生舊藏。余因裝爲二册。原未裝背。頻年轉徙，幸存篋中。今春晤王欣夫先生，知建緺曩者曾以付刊，渠處得有樣本，適顧君起潛假閲，因囑起潛加以參校，其中字句亦間有出入，起潛以識于眉。余念世諦無常，物聚所好。欣夫孯經博古，又久居吳下，因取以轉贈。欣夫如能訪得其餘十餘册，爲延津之合，亦快事也。余集古凡四十年，垂老觀空，乃深念聚不如散之理，兹其毫芒而已。天地晦盲，方策墮佚，何有于區區私藏。刀雨彌空，六種震動，鑿檀藏山之舉，又都成幻想，古所謂一綫之延者，殆不可冀。幸然則他日十一之存，究何恃乎！思及此惟有浩歎而已。余少不自量，妄意爲劉子元、鄭夾漈、王伯厚、顧亭林諸先生之學，亦時涉經學之藩。從政以還，學殖荒落，今者日西方暮，炳燭空嗟，回思少日心期，徒存夢想，臨楮不禁喟然。民國三十二年五月，遐庵葉恭綽。

汪胡尺牘二卷 一册

清江都汪喜孫、績谿胡培翬撰。清光緒己亥元和江氏靈鶼閣刊朱印樣本。

長洲陳碩甫曾裒師友投贈尺牘曰「流翰仰瞻」者，裝十四册。失於咸豐庚申之難。余先得其小傳鈔本，已著於録。其尺牘殘存若干册，後爲江建霞標所得，中以汪孟慈、胡竹邨兩家長函各十餘通，論學言事，各致其詳。别録出，分爲兩卷，刊入靈鶼閣叢書，而未及編校。三十年前賈人清理殘版，得此種，僅缺卷上第九一葉，亟屬印刷數册，而版即斧以斯之。

案孟慈循吏孝子，著在國史，此册言治河，言振卹，不辭勞瘁，厥功甚偉。又於文宗、文瀾二閣其先人校書處，供奉木主，於葛嶺園補植山茶，以實抱經祭文之語。均見不忘其先之拳拳至意。楊至堂以增在豫刻許雲嶠方輿紀要補，桂未谷説文解字義證，均孟慈爲之經理。其道光甲辰二月廿日一札，謂「上年刊刻桂注説文之役，桂於小學未深，以漢、魏後分書偏旁引證，又采及趙宧光之書，且傍列道藏元始一大諸説，無當大義。弟與楊廉訪、李觀察璋煜、許太守槤，并欲稍加删節。漁山山長許孝廉瀚不以爲然。所校闕尹子作『闕子』，鄧析子作『鄧子』，弟以爲當補。又引『峻極于天』，不引毛詩而引禮記，以爲鄭注此處訓大，釋大字之義，毛箋無大義，不知『峻極于天』即是『大』義。如此之類，二十年之交，竟成聚訟。遂譖於刻書之人，其局竟散。校書諸公薪水，在山長處，均不曾發，家楳村、管小異，均受其累」云云。案印林撰某先生校桂注説文條辨，即爲校桂書而作。今刻入滂喜齋叢書，末有自識云「姑隱其名，庶幾後有悔焉」。所謂某先生者，即指孟慈。孟慈所舉闢尹子、「峻極于天」兩條，其駁議皆具條辨中，而他則置之不論，卒至意見紛岐，不終其局。但孟慈諸人爲愛護未谷，删節未嘗不是。而印林則不免鄉曲阿私之見矣。其後道光庚戌，靈石楊墨林刻於清江浦，則印林獨任校勘，而當日汪棣村、管小異、薛介伯均不與其事，爲顧千里、嚴鐵橋校説文起爭端後，又一掌故。他如杭大宗金史補在汪小米處，小米曾刻龔定盦書，與黄蕘圃刻宋本儀禮，並稱精不可言。託訪顧千里思適齋筆記，欲乞李方赤爲之流傳，皆書林之逸聞也。竹邨儀禮正義與碩甫毛詩傳疏皆爲清代經學鉅著，而商量邃密，具見函中。如衛風碩人毛傳：「夫人聽内事於正寢。」謂此可見古人宫寢之制，廣徵詩、禮以説之，極爲賅博，可補研六室文鈔之遺。碩甫爲詩疏，竹邨爲求汪龍毛詩申成，汪梧鳳詩學女爲以寄，而碩甫亦爲得褚寅亮儀禮管見、江筠讀儀禮私記以報之。其書或爲手稿，或爲難得之本。胡墨莊爲毛詩後箋未成而卒，竹邨爲延碩甫校補，並監刻。籌畫周詳，謂：「墨莊雖係弟夙好，而與先生真屬毛詩知己，後箋内引尊説甚多，生前之傾仰，與弟曾屢言之。依依如昨，想執事必欲成全完善，不肯置此書於度外，與弟有同情也。」碩甫卒爲補完其書而刊行之。其風義皆不可及。

江藏真跡，後歸葉遐庵先生，顧君起潛爲校勘一過。遐庵知余好鄉先惠、陳之學，即以見贈，今藏蛾術軒。

滂喜齋尺牘一卷 一册

清吴縣潘祖蔭撰。鈔稿本。

廿年前賈人以鄭庵致王廉生尺牘一册求售，值昂未能得，因手録之。計六十餘通，皆言金石板本者。當清同治、光緒間，鄭庵與翁松禪枋國，以公羊學及考據金文、蒐羅宋刻爲提倡，一時朝野羣然趨之，廉生其一也。然亦頗有以此爲訾詬者，讀此册有云：「弟近之覓古器者，以供奉勤，簿書鞅掌，聊以自償其案牘之苦耳。而大名士來書，欲吾置酒賦詩，試思弟得一詩，何樂之有，適益其悶耳。」知其收藏古器物亦有託而然，有異于所謂玩物喪志者。又有云：「不名一錢，蕭然四壁。從此欲置古物難矣。然而嗜好之篤，未能斷也。此外則萬念灰冷矣。呼牛呼馬，聽之而已。」其得齊侯鏄也，有云：「今日邵鐘已來，然壽卿視之，猶弟之視毛鼎也。得之覺了無趣味，豈得隴望蜀，人情大抵如斯。此時則專盼齊鏄矣。若無人奪去，或尚不僞，則刼財運殊未退也。」又云：「楊協卿欲奪齊鐘，是何理也？」又云：「齊鏄想交周、張二處，兄之釋文跋語，先睹爲快。弟詩竟不能成也。」齊侯鏄與南公、盂鼎、克鼎皆爲滂喜齋中重器，讀此知其得之不易，已得而與朋好考釋賞析，孜孜不倦，其風雅猶在目前。其言藏書也，有云：「趙氏金石録十卷宋槧殘本，當日簠齋心醉者，今爲弟以重值傾囊得之。封印後當奉邀鑒賞也。近有佞宋之癖，老兄其廣我見聞乎？」又云：「兄欲求墨子明刻，文子明刻，二十年而不可得，何其難也。墨子明刻，一唐敘本，一陸穩本，一道藏本也。唐本，活字本，藍印，較次，然已難得。文子，太原祝氏刻，皆出於宋，明刻猶難，況於宋乎？」此宋刻殘本金石録，即馮研祥爲特鐫「金石録十卷人家」印者。芝城活字藍印墨子，即黄蕘翁舊藏海内孤本，二書皆滎陽鎮庫寶也。又有一牘云：「此地沈、顧、李皆大有力，沈以千金得項氏閣帖，以二千金得陳眉公之閣帖，又聞得宗周鐘，亦數千金。李眉生不在蘇，暫游何處？顧則聞重直得一鄭邢叔鐘。吴氏之物，廣安觀察承潞秘不肯出。此地好古者，除三家外無人，家叔之古器，佳者已歸三家。上海一顧商亦豪於資，收古器。恒軒知之，兄則不識也。三家中，聞李眉生最精，惜無從見耳。至宋本則一本已無，盡歸陸存齋觀察。有李笙愉者，持古器十餘來看，無一真者，不但不欲留，且不欲拓也。」案是牘作於奉諱里居時，可考當時吴門收藏家概況。沈爲歸安沈仲復秉成，李爲中江李眉生鴻裔，與歸安吴平齋雲，均爲吴中寓公。顧爲元和顧子山文彬，即過雲樓主人。李笙愉原號笙漁。名嘉福，石門人，擅書畫，富收藏。寓吴亦最久。上海顧商未舉其名。據另二牘，一云：「聞南中虢叔鐘，金蘭生以千七百金得之，富商顧姓以二千金，金不售也。」一云：「滬上新有富人顧子嘉，年二十餘，以二千金得虢叔鐘。然云非其得意之物，亦知不佩服平齋等，其人似不尋常。」當即其人。亦金石學録中人物也。鄭庵同時，若陳簠齋、吴愙齋，其尺牘久有影印本，安得好事者，亦彙爲一編，以供談古者之取資乎。

蘇齋筆記存四卷 一册

清大興翁方綱撰。鈔稿本。

此據吳興劉氏嘉業堂藏漢陽葉東卿平安館鈔本傳録。殘存四卷，計卷四爲爾雅、説文、字學。卷七爲文集，至宋歐陽永叔，不完。卷九爲詩，至唐李義山，亦不完。卷十七，則體似家訓，言涉戒慎，繹其辭意，似爲晚歲所著。其論爾雅頗推邵二雲、王石臞，論説文則議惠定宇、段茂堂。小徐説文繫傳傳世久絶，覃谿借朱竹君、王惺園家兩鈔本，桂未谷爲校勘，以屬汪秀峯付梓，實多闕失，蓋善本難得也。顧千里斥爲不如不刻，覃谿則欲存餼羊，此亦刻書之掌故。其論文則欲合義理、攷證于一爐，謂「近日才士如蔣士銓斥注疏攷訂之流弊，翻啟空疎廢學之習，則又漸不可長」。又尊昌黎而薄駢儷，謂「論文者以詞藻致麗者，然後謂之文。此論一開，將置韓諸家于何地？」其論詩則謂「有學人之詩，有才人之詩，有專取興象，才藻者方謂之文。如孔廣森、汪中之輩，持論皆如此，蓋不甘於注疏之剖析，覺太質木無文，而必以駢儷專取性靈之詩。我朝攷訂之學，博洽則追東漢，精研則兼南宋，際此通經稽古之會，則其爲詩也必以學人之詩爲職志，乃克有以自立耳」。與所著石洲詩話可互參。卷十七爲戒酒、戒殺、戒奢侈、戒吸烟、戒惜字紙、戒晏起，而以勤儉爲第一要義，覃谿享大年，勤著述。身歿之後，僅一嫠婦，所藏盡散。此則分卷編類，似有定本。又惜其僅存四卷。余又有石印手稿，皆論經義者，當與此爲一書，猶冀他日佚卷之繼出也。

觀我齋日記一卷 一册

清壽陽祁寯藻撰。鈔稿本。

春圃秉國時，士夫習經、小學外，兼留心西北輿地之學，于是張石洲、王菉友、何願船等一時輩出。自著䜱䜭亭詩集外，他無所傳。此嘉慶二十一年丙子日記一册，余屬朱君五峯從手稿録出。時春圃新居父喪，入直督那彦成幕，掌箋奏。所記雖多日常瑣事，然其于天屬之愛，風義之篤，藹然言表。詳見嘉業堂主人跋。當閏六月初二日，那得譴時，賓客踉蹌而散。春圃致歎于官場如戲，人情如紙。讀之猶有餘慨。其他可付掌録者：「相傳江蘇洞庭山，康熙間有老尼每歲五月某日望空致祭，慟哭盡哀，人莫識其意。或言老尼即明季史閣部可法之妾，揚州破後，削髮入山，有得其祭文者讀之，乃祭閣部之文也。詞意悲壯悽惻，令人淚下。此事香度先生爲余言之。」案，香度爲吾吳孝廉蔣廷恩字，時與春圃同幕，曾稱爲「學富而心下，專講理學躬行實踐之功，蓋篤慎君子」者。周同谷霜猿集有廣陵女冠李傃序，附碧筐子李空雲女冠小傳，傃爲閣部簉室，閣部殉難後，傃爲女道士，居廣陵蕤笙道院，當即其人。云洞庭山者，或其晚歲所居。「余案上置邸鈔一本，雲帆謂余報不可不看。知古者亟須通今，洞達時務，亦是學問。昔方靈皋先生苞嘗以文謁某相國求正，相國命過三日來取文。如期往取，則文未加點，可否不置一辭。先生請其故。相國曰：『先生文誠佳，然欲傳世則未也。欲傳世，則敝廬方下榻以待先生，再讀三年書可耳。』時先生博極羣書，名重一時，聞相國言，乃錯愕不自安。亟請所藏秘書以廣聞見。相國乃曰：『經史盡人皆讀，然學者知讀古史而未知讀今史也。余有朝報一室，可日往觀之，久必有得。』先生翻然乃悟向之文未達時務，言之成理，而施之無當，無益於世。自是留心世事，淹貫古今，遂浸浸乎登歐、蘇之堂矣。」案，相國不知爲何人，靈皋文亦未必淹貫古今，然其言「知古者亟須通今，洞達時務，亦是學問」一語，則誠爲厚古薄今者痛下鍼砭。「王畹香司馬履泰，與余爲世兄弟，其尊人諱琨，與先君戊戌同年，成進士。畹香雖未得科目，然積學深茂，尤明於水利。著有畿輔安瀾志一書，進呈御覽。收入四庫全書。人亦温雅渾厚，莊重不佻。與人交頗有真意。徒以落落寡交，不爲俗吏所喜，故同官中頗有以夜郎相誚者，然其爲人終不失爲厚重君子也。」案，履泰即相傳竊戴東原書而得官者，宋齊邱之流也。畿輔安瀾志四庫未收，當屬誤記。鄭翼案：四庫全書成於乾隆四十七年，而祁春圃爲嘉慶十九年進士，相去凡三十餘年。王畹香爲春圃世兄弟，即使年長於春圃，其著作與四庫收書亦不相及。況四庫不録生存人著作，其爲傳聞之誤可知。而春圃深許其爲厚重君子，然則履泰猶有一節可取者邪？「讀續黔書八卷，乃甘肅武威張壽穀太史澍所著。太史爲人博雅，常聞其讀書三日，卧思三日，誠隴西學者也。」案，壽穀著述甚富，其二酉堂叢書、養素堂文集，纂輯逸書，發明經義，隴西學者無以過之。讀此可知其平日用力之深。凡此皆自跋所謂舊事有應存者也。

日之有記，非記日也，記事也。余年二十有四矣，濫竽詞館而童心未化。何事之足記不足記，而記非記事也，記日也。非記余之日也，記先君子見背之日也。先君子以乙亥終，余之記以丙子始，何也？新喪之年，痛不忍記也。

逾年而痛稍定，瞿瞿然傷去日之難追也，然後記。記焉而愈痛，已矣痛無及矣。雖然慈親在堂，餘暉可托。是記也去日可悲，來日又可愛也。十二月除夕，祁寯藻謹識。

丁巳十一月六日燈下閱，舊事有應存者，感念今昔，爲之慨然。時冬至前夕也。息翁寯藻記。年六十有五。致仕已三年矣。

祁文端公手書日記一册，去秋余以銀餅二十得于書賈錢文卿所。案公以嘉慶十九年甲戌成進士，明年三月丁外艱，自保陽扶櫬還晉。是册起自丙子正月，則未小祥也。册尾自跋謂新喪之年，痛不忍記。逾年而痛稍定，瞿瞿然傷去日之難追也，然後記。則公居喪未嘗記，記自此始。是年客保定節署，掌箋奏。府主文毅公那彦成，又薦公兼河間書院山長。閏六月，文毅以陝、甘賑務獲譴下獄，賓客皆散。公從至京師，護視維謹。間數日必至獄，或留宿焉。文毅得釋，尋丁母憂，公又爲之經紀，及歸里已歲暮矣。而日記於是終。時公年才二十四，已能急難風義，相始終如此。其後兩執樞柄，朝政清明，使將帥收戡亂之效，以弼成中興之治者，可於此窺其微焉。書面有咸豐丁巳十一月六日識語，時公年六十五，上距作日記之歲，四十有一年矣。己未中秋後三日，吴興劉承幹識。

小蘇齋隨筆一卷

清吴江翁棨撰。手稿本。

棨字稺歐。據龍簡文拓本條引聽鸎居文集稱先王父，他處又往往稱小海仲父，知爲海琛廣平之孫，小海雒之姪。家居平望鎮，世擅博雅，而稺歐以授徒終。曰小蘇齋者，意在慕覃谿之爲人耶。德清俞樾春在堂雜文四編有翁遲鷗平望詩拾序。秀水沈景修井華詞有聲聲慢題翁遲鷗秋雨哀弦圖，蓋亦多交一時名流。此書所記，皆鄉里掌故。如咸豐初修建垂虹橋，有元泰定二年張顯祖等題名四石，旋被嵌置橋洞，不可復見。録其文而攷之。桑磐村金城王廟石鼎有宋嘉定甲申重修題字，鼎失于咸豐庚申之難。均足補邑乘所遺佚。潘稼堂贈通濟庵蜜中講師詩箋，里人曾倩嘉興張受之刻石，置于平波臺，臺傍建有張志和元真子祠。里人每修禊其中。道光辛未，沈匏盧、黄霽青招集江、浙詩人，最爲盛會。他如記明周恭肅公雨景水牛圖，翁、程兩家爭購事；記沈自繼女闒闒爲顧茂倫繡雪灘濯足圖，並謂闒闒能用髮代線，繡山水人物，得畫家運筆風韻，藝能獨絶；記河東君自寫撲蝶圖，題詠甚多，小海曾有摹本，已付劫火。亦可爲藝苑之雅談。撲蝶圖録小海題詩三絶云：「一團風絮捲春愁，賸粉偏教畫本收。疑是牙籤吹劫火，紙灰飛冷絳雲樓。一。舞衣歌扇自逶迤，過眼南園長棘枝，一樣淒涼家國恨，丹青今已屬蛾眉。二。故宮花草蔽塵沙，紅豆依然艷暮霞。蒙叟原爲蝴蝶去，卻疑春色在鄰家。三。」其舅氏仲子湘詩云：「無復章臺柳色青，略餘金粉未飄零。似憐蒙叟同身世，一夢繁華撲不醒。一。漫誇蘇小是鄉親，惆悵難尋故院春。鬼蝶亂飛芳草路，獨携紈扇踏芳塵。二。」則寄慨甚深，爲題畫之佳搆。他日續修吳江縣志者可取資焉。

寶鄭齋雜録一卷 一册

清烏程李延适撰。手稿本。

不題作者姓名，扉葉有「李去疾」三字印，驗之卷中，知去疾名延适，字怡安。烏程人。爲李宗蓮號少青之子。故板格中縫有「清雪懷岷精舍寫本」八字，用其父鈔書紙也。其書雜録故書，略資談助。如吴梅村木棉吟七言長古并序，不載集中，録自鎮洋縣志。末附其父行述、府志擬傳、朱文穎撰李子受先生傳三篇。知宗蓮字子受，號少青。諸生。少肄業詁經精舍，與張鳴珂、袁昶等以經術文章相砥礪，旁及金石目録之學。宗湘文守湖州，聘修府志。署定海廳教諭，慶元縣學訓導。陸存齋藏書之富冠浙中，延之校勘古籍。存齋皕宋樓藏書志、儀顧堂題跋悉出其手。自著有金蓋山志四卷、懷岷精舍詩文集及金石跋各若干卷，凌霞爲之序。説文經字攷、苕徵録未卒業。余讀存齋所著書，欽其熟于兩宋史事，攷證詳密，突過前人，乃不知出自少青手。少青畢世辛勤，爲人作嫁，其名氏默默無聞。及上虞羅氏刊其金石跋而世始稍知其人。幸有延适此録，得詳其生平。其事與楊禮榮春緑山房稿之著其父芸士行述絶相類，皆不可謂非賢子孫矣。近閲日人所著靜嘉堂文庫略史：「陸氏之管書人李氏延适，亦嘗登樓而歎曰：『追思往事，真有武康山中白晝鬼哭之思！』意極愴然。」是曾繼父之業，飽讀皕宋樓秘笈者。

吴越所見書畫録六卷　六册

清婁東陸時化撰。清乾隆丙申婁東陸氏懷煙閣精刊本。

首王宬贈言，次乾隆丁酉馮偉叙，次丙申自叙，次凡例，次總目，次書畫説鈐二十九則，末書畫作僞日奇論一篇。卷六後自跋云：「時化於丙申六月朔隨書，即托友人王鳴皐請名手開梓。酷暑嚴寒，未嘗一日間斷，至丁酉七夕始竣事。心思物力亦殊艱苦，方服古人之事業，不知其費多少精神。」空一格書「吴門湯士超鐫」。知全書出自時化手寫，又得良工精鐫。故此最初印本，墨黝如漆，光芒四射。善本書室藏書志據鳴野山房鈔本著録，許廎經籍題跋亦即是本，知沈霞西、丁松生暨胡綏之丈均未見刻本。後有木活字本，風雨樓排印本，則亥豕眯目，益不足觀。此書著録，自唐迄清四王、吴、惲，其餘名家，俱俟續録，語詳凡例。至説鈴、書畫作僞日奇論於書畫之功用鑒别，以及士人品德，宵小侜張，無所不言，可爲嗜古者南鍼。所載唐杜牧之張好好詩卷，校之唐詩統籤，異文殊多。宋黄文節梵志詩卷，乃山谷好梵志詩而手書之，爲真北宋本唐人集。宋朱文公顔淵注稿册，於塗抹添改，纖悉照摸，可見昔賢著書用心所在。宋文信國手札卷，羅一峰攷爲空坑敗後所作，部將陣亡，愛女被虜，可徵史實而昭忠義。元趙撝謙篆書戒銘卷，輯録大戴禮以次三十四篇，而自作至五十二篇，蓋日夕用以自儆，可與漢李尤媲美。明王履吉書倪雲林贈徐良夫畊漁軒諸詩卷可補金蘭集之遺。明吴長卿募刻手纂宋相眼册、陳繼儒、董其昌、鄭鄤等各題名助資，惜終未刊成。然亦書林佳話。他如宋張樗寮書李伯嘉墓志銘卷，伯嘉書名南宋初與樗寮齊稱。明董文敏楷書項墨林墓志銘册，墨林收藏蓋一世，人莫不知有天籟閣者。二文皆有資於攷古。元高明以琵琶記傳奇名，而文則罕見，此載宋放翁先生晨起詩卷跋。文徵明擅詩書畫三絶，而詞則無聞，此載行書詩餘卷，又青玉案風入松詞二立軸。歸莊詩文，輯者多家，此載王石谷來鶴圖卷跋，皆可作補遺。其他零珠碎玉，美不勝收，蓋不僅供賞鑒家之參證，實亦大有功於蒐輯攷據之用矣。案禁燬書目列有此書，蓋乾隆四十七年，距刻成祇六年，故傳本至希。且可知專制淫威，即此書畫著録亦不能免。毛慶臻一亭考古雜記云「太倉陸潤之刻所見書畫録，頗仿江村而中多僞跡，又立論多近俗。曾見其沈、唐二卷，跋印俱全而非真跡。至蘇札極低，而元跋十餘人皆真。又龍眠維摩詰卷全不似，而後幅惟則書讚卻真。近惲王作尚有未合處，陶筠椒、張鶴莊皆能辨之。世亦有奉爲圭臬者，較諸杜撰略勝耳。然江村尚未免失誤，特所見甚廣，其未及載者，猶不乏佳品。陸則傾筐惟恐不足矣。」蓋於是書頗有微辭。余舊藏余集手書庚子銷夏記極初印本，有鮑廷博藏印，與此並作案頭清玩。倭寇犯蘇，此書以留滬得免劫掠，亦幸矣。

有「卧煙廬」朱文腰圓印，「吴江沈洪禮夢漁父珍藏書畫金石之印」朱文方印，「沈印洪禮」白文方印，「夢漁」朱文方印。

養真齋長物記一卷 一册

清秀水錢聚朝撰。手稿本。秀水金兆蕃手跋。

聚朝爲籜石曾孫，衎石、警石從孫。家世清華，嗜學好古，兼擅丹青。此爲所藏簿録。分三類，一金石文字拓本，二古今書畫，三古玩。每種略叙授受源流，亦小有攷據。雖著録不多，然皆精品。如宋拓九成宫醴泉銘猶爲明庫裝，後歸梁茝林。黄鶴山樵丹臺春曉圖爲至正十四年作，後歸韓小亭。梁、韓均以賞鑒收藏負盛名，均被視爲珍秘，則聚朝之眼學可知矣。一九四三年秋，金籛孫先生蒐訪鄉里文獻，余出此手稿，及甘泉鄉人漢書攷異鈔本相示，先生因爲綴跋于末。

有「養真齋」朱文方印。

錢曉庭先生名聚朝，字盈之。籜石先生曾孫。道光乙未舉人。畫花卉有家法。記所藏金石文字書畫硯石，雖不多，皆精品。子伯聲先生名卿龢。咸豐戊午舉人，官至蘇州知府。亦工畫花卉，兼擅山水，摹鹿牀神似。癸未十月既望，金兆蕃謹識。

話雨樓碑帖目録四卷 二册

清吴江王楠鑒藏，男鯤編次。清道光乙未孫致望刊本。

楠字勺山，與何義門、汪秋泉、金冬心、沈凡民、張文漁等友善。好收藏金石，築話雨樓貯之，傳子鯤字旭樓，編次爲目録四卷，勺山考證及諸家題識附焉。錢竹汀曾過其家，而與張叔未、徐問蘧諸人往來尤密。道光乙未，孫致望字少吕始據以梓行。蓋歷三世而不懈焉。秀水沈雲盛湖竹枝詞：「好古誰如話雨樓，墻東三世擅風流。而今金石飄零盡，問有遺書幾卷留。」注稱「王氏累世著述，藏弆之富，甲於邑中。文獻多賴以存」。又稱「楠所藏碑帖署籤及題跋，多出張浦山、金壽門手。」嘉興鮑端人、蕪湖諸葛永年、海鹽張芑堂，皆寓話雨樓，久者或十餘年。是書首有道光辛卯許棟、乙未錢泳、張廷濟三序，末道光甲午徐楙跋。許、錢、張及文鼎、楊澥書札，皆用手跡摹刻，甚精。其所收雖不爲極富，而每有王氏萃編所未著録者，所附跋文有攷據，有品評，有逸聞。若葉紉之汝蘭，常與顧千里討論金石之學，見思適齋集。楊龍石澥以治印名，而著述皆未見，此載其題跋甚多。武進莊澹庵漆園印型爲傳世孤本，勺山并其藏印得之，爲錢竹汀、許珊林所稱羡。大中五年優曇銅鉢小楷心經，勺山以良田二十畝并隋刻絲金剛經易得，皆人間劇跡。魏景初元年帳構銅，其器曾藏吾家鏤香閣，幼時及見之。今篋中尚存端溪研一方，魚子紋、鸜鵒眼皆遍，有叔未爲旭樓銘，亦話雨樓中物也。嘗謂此書體例最足爲收藏家取法，苟才識有限，則可以藏拙，且成書又易。故羅氏振玉爲之重印，而自撰雪堂金石簿録亦效其例也。吾家於乾隆初由嘉興新塍遷居盛澤，世稱「盛澤王氏」，與勺山非一族。而先伯惕庵公祖錫鏤香閣收藏之富，則不亞於話雨樓。惜簿録無存，不能詮次，視此蓋有餘愧矣。

有「王璹父收藏印」朱文方印，「君復」白文方印。

中國歷代書目題跋叢書

王欣夫 撰

鮑正鵠 徐鵬 整理

蛾術軒篋存善本書録

中

辛壬稿卷四

李賀詩歌編四卷集外詩一卷 二册

烏程蔣汝藻密韻樓景刊北宋本。王欣夫臨清桐城方世舉、江都程夢星評校。

一九五七年三月老友徐君聲越震堮出示方扶南、程夢星評本昌谷詩屬爲審定。因用手頭蔣刻本照臨一過。朱筆爲方評，其墨筆標「方曰」者，係據别本補，墨筆標「程云」者，爲午橋評。底本用姚佺句解，而方稱「徐渭、董懋策殊不相應」，知方評原用徐、董合注本，而此係後人所録，非手跡也。扶南客揚州久，故陳素村本禮協律鉤元曾采其説。桐城方氏在乾隆時以詩鳴者，以扶南、南堂齊名。余有南堂輟鍛録手稿，論詩甚精，而獨不喜昌谷，謂「惟昌谷集不知其妙處」，又謂「若李長吉必藉瑰辭險語以驚人，此魔道伎倆，正仙佛所不取也」。而扶南乃謂「李白、李賀皆取法於九歌，賀尤幽緲。學其長句者，義山死，飛卿浮，宋、元人俗」。而尊之曰「詩傑」。又謂「其五律有味外之味，局亦似緊，格亦似平，卻洗削無一點塵埃」。而恨無人爲作鄭箋。推之甚至，與南堂異趣，蓋所見之不同如此。然其評騭，實能抉剔幽隱，辨羼入、僞作尤精，於後人多所啓示。今讀題識可見其概。扶南名世舉，號息翁。撰韓昌黎詩編年箋注，又撰李義山詩集箋注以贈表弟程午橋，二書世多有之。事跡詳蕭穆敬孚類稿所撰傳，及金松岑師皖志列傳稿。符葆森寄心盦詩話：「沈文慤公選别裁集，欲以方息翁詩入選。謂其詩鎔鑄古今，自開生面，不受前人牢籠。而先生寄詩止之，有『天下聲名須後定，故人嗜好恐阿私』之句。」其不事表襮，與蕭傳所載卻族子宜田宮保訂游浙事，同一襟懷高曠焉。

長吉但無七律，其五律頗多。而選家諸本未采，大抵視爲齊、梁格詩也。以爲格詩，未嘗不是。然唐初尚無律，如陳子昂「深山古木平」一首，亦格也。而李于鱗選入五律，指爲開山初祖，與王績之「東皋薄暮望」一首之格而變律者同列，正見于鱗之識。余今遵其意，而以長吉之近律者與律同爲標明，以便尋覽。鄙見似偏，然足以破熟習之大曆、淺近之元和，庶乎生新。先宫詹公之以杜五古爲仄排，正教人排律開拓縱横之法。由此入悟而震起元、白之徒浩演者也。息翁七十七時手書。四韻及排共二十五首。

墨筆讀一再過，小訂注解。舊有曾益注本，京師友人取去，張得天也。然鈔本，亦不全。行當訪借參攷。此本紙版甚粗，小年二十時，購自耆舊李石逋先生家雜書之一。其米海岳畫史、煙雲待訪録，曹士冕法帖譜系，皆王若林借去未歸。杜牧之有句：「重讀小年書」，展此敝垢，未免有情。息翁記。

生而有韓吏部爲賞音，殁而有李義山作傳，杜牧之作詩序，亦不負嘔出心肝。獨恨無人作鄭箋，又不獨爲義山慨。息翁。

杜牧之之樊川集，詩固高超，而文亦奇崛。

徐文長有論詩札云：「世惟法高、岑、王、孟，固是布帛菽粟，盧仝、孟郊、韓愈、李賀，卻是龍肝鳳髓，不得而舍。」

此論甚足以益人神智，余嘗擬六朝鍾嶸詩品，戲爲評騭：韓愈如出土鼎彝，土花剥落，骨出青紅。孟郊如海外奇楠，外槁中腴，香成緑結。盧仝如靈壁怪石，脱砂而出，秀潤自然。李賀如鐵網珊瑚，初離碧海，映日澄鮮。此其形體也。以其音韻言之，韓是古瑟，孟是洞簫，盧是浮磬，李是撥阮，雖不及李、杜之鐘鏞壯朗，高、岑、王、孟之絲竹清和，卻是廣寒宫與武夷幔亭仙樂，一入人耳，洗淨常調。乾隆十六年晦日，七十七老人方扶南燈下書。

人只言其歌行，而不知其五律與柳州之七律，皆有味外之味。局亦似緊，格亦似平，卻洗削無一點塵埃。

李白、李賀皆取法於九歌，賀尤幽緲。學其長句者，義山死，飛卿浮，宋、元人俗。工力之深如義山，學杜五排，學韓七古，學小杜五古，學劉中山七律，皆得其妙，獨學賀不近賀，亦詩傑矣哉！

李賀音節如北調曲子，拗峭中别具婉媚。

批注皆非青藤，乃庸妄兒贋託，董猶有可取者，小事實也。訓詁則極可歎。詩中李長吉，文中太玄經，文從字順，無所費解，只不過法用三百五篇之比，而詞仿六十四卦之爻云。

毘陵集二十卷 四册

唐洛陽獨孤及撰。清嘉興張鳴珂手鈔吳縣葉奕鈔校本並跋。長沙葉德輝手跋。

獨孤常州集二十卷，著録于陳氏直齋書録解題，而其書至明初吳匏庵鈔諸內閣題曰毘陵集者，始有傳本。此即源出吳本，詳不具名跋，林宗所謂馮曹甲鈔本也。林宗先從趙靈均得吳方山鈔本，命童影寫，及得馮本互録補完，并録方山校字于上方，以成此本。首李舟序，末梁肅後序，與四庫所據江蘇採進本、瞿氏鐵琴銅劍樓書目所載葉石君鈔本同。惟此卷末多中書舍人、賜紫金魚袋博陵崔祐甫所撰神道碑銘。朱筆校字，似不盡出于方山，間有林宗筆，據稱吳本作某，可知因無古刻，故大都出于意校。其據唐文粹、文苑英華所校者，則往往以鈔本爲勝。卷一夏中訓于逖畢燿問疾見贈「薄宦恥降志」，文粹作「淪跡未攄念」。卷四爲李給事讓起復尚書左丞兼御史大夫等第五表「父母之慈也」，英華「慈」上衍「仁」字。卷六郭知運謚議附議「顏真卿八年矣」，英華作「杲卿」，從吳本作「真卿」。卷九唐故揚州慶雲寺律師一公塔銘，此篇校之英華大不同。舒州山谷寺覺寂塔隋故鏡智禪師碑銘「衆生佛性，莫非宿植」，文粹作「人之靜性，與生偕值」。卷十二唐故右金吾衛將軍河南閻公墓志銘「公泣血死孝」，英華作「泣血三年」。卷十三檢校尚書吏部員外郎趙郡李公中集序「振中古之風以弘文德」，文粹作「用三代文章律度當世」，又「時不幸歟」以後，與文粹絶異。卷十七江州刺史廳壁記「倚相、董狐、史鰌、史賀其人也」，「賀」，英華作「嚚」是也。每卷皆目録連正文，所見王濟之鈔孫可之集、焦弱侯鈔沈下賢集皆如此，疑内閣唐人集皆出唐寫卷子，故猶存舊式。清乾隆五十六年趙懷玉亦有生齋始爲付刻，世稱善本。然曾見勞季言批注瞿氏恬裕齋藏書記，謂「趙味辛校本尤誤，須重校補遺誤收」。林宗愛書若命，然病在過自矜秘。石君爲其從弟，亦靳不通假。及身殁之後，即散若雲烟。石君金石文隨録跋唐都尉文墓志云：「林宗所藏，變易於成殮之後，煙臺膏擔，亦無從究。」故此書跋亦有「後人勿以爲燈臺糕擔之資」之戒也。公束素工書，此鈔尤娟秀絶倫。余昔年與其又一手鈔説文段注匡謬，同得于亡友黃君頌堯遺篋。頌堯名鈞。吳縣諸生。工詩詞。曾分纂吳縣志。與顧巍成建勳齊名。黄面赤而顧黧，友人因有紅黑面之稱。某年有蝗災，王君嚴士作蝗蟲謡樂府，以諧音相戲謔。余嘗欲刊其遺稿，已散佚不可得。讀葉奂彬跋，恐後無攷，特附著之。

唐獨孤公毘陵集二十卷，秘藏天府，世罕其傳。是本爲吴文定公在東閣時所鈔出藏於家者。其孫經府君與貞山給事爲内兄弟，給事乃假歸命書者録之。惜乎魯魚甚難讀，知余嗜古，來請校過。余且校且録，積四旬又四日訖事。噫，余之用心亦勤矣，安能吾子若孫，同余之嗜而世守之也，余之幸哉！

崇禎庚午，從趙靈均得吴岫本家藏所鈔，命奚靜宜諸徒分印，印後已對過一徧。今年余落魄遊杭，歸途無聊，復取原讀之，又改正凡千字。塵几苔葉，此語信然。留此姑爲副本，故草草就緒。辛未九月十六夜，停舟吴江作。葉奕記。欣夫案：脱誤如原文。

右此編假趙氏吴岫本，命兒童依樣葫蘆印寫，字極醜，原本典型未失也。岫本先有校字，在上方，余亦依寫。今細校，尚未可爲據。兹復取馮氏曹甲鈔本，再校一徧，又改增若干字，略可讀。曹甲鈔本，爲吴文定公藏書傳寫者。中多闕文，今兩本互録，並爲補完。余之訂此蓋亦勞矣。古書艱得，善本難求，吾後人其寶之。戊子十月初九日巳刻，林宗記于寶稼軒中。

丙寅嘉平月二十八日晨，閲一徧，其中讀去字之確然差落者尚多，有十之一二，無佳本對校爲恨也。時嫣氏新喪十有三日，林宗抆淚閲完，并識于海虞河陽鎮之樓居。欣夫案：原有朱筆一行云：「此跋又載十九卷後。此處丙寅，誤。前跋作丙戌，乃順治三年也。」

毘陵集廿卷，余幼時見從兄林宗命學中童子印録，久欲轉摹而不我假。今林宗去世經年之後，此書見售。近無刻版，惟藏書家有之，後人勿以爲燈臺糕擔之資，則我爲厚望，亦此書之大幸也。康熙五年四月初八日，葉石君記。

陳振孫直齋書録解題云：「獨孤常州集二十卷，門人梁肅編集，爲後序，而李舟爲序於篇首，且刻崔祐甫所爲墓志。其子曰郁字古風者，亦有名，韓退之志其墓。」張孝達制府書目答問云：「毘陵集二十卷，亦有生齋校刻本。」余嘗徧求之不可得。同年馮子因大令藏有明季舊鈔本，楮墨純古，偶一披覽，古趣盎然，余絶愛之。今歲夏秋間，亢旱酷熱，不親筆研者累月。中秋後，天氣始肅，衙參讞獄之暇，借以手録。自庚子既望，迄十月乙巳，凡六十六日而戰。以視舊跋積四旬有四日訖事者，瞠乎後矣。雖然，駑馬十駕，亦至千里。志余愧且志余幸也。光緒十有三年，太歲在彊梧大淵獻，孟冬二十二日，嘉興張鳴珂公束甫記于西江蒲萄架寓次。

吾家洞庭中巷派族祖石君林宗二公，性好藏書。所收多宋、元舊槧，及精校名鈔。故至今海内收藏家得其一二斷簡殘編，無不珍如拱璧。此獨孤及毘陵集二十卷，雖爲過録之本，所謂虎賁中郎，尚有典型者也。吾所藏爲乾隆五十六年趙懷玉亦有生齋刻本，即前張跋云徧求之不可得者。刻本如此，何況舊鈔。頌堯仁兄藏此有年，亦可以止望梅之渴也已。丁巳上巳，南陽葉德輝識于閶門寓舍。

默庵安先生文集五卷 一册

元藁城安熙撰。清望江倪模經鉏堂鈔本。

首泰定三年蜀郡虞集序，次目録，卷一古詩，卷二律詩，卷三至五遺文附樂府。目録後泰定四年子塈記。後半葉有「前鄉貢進士真定路趙州儒學正門生楊浚民校讎，應奉翰林文字承直郎同知制誥兼國史院編修官門生蘇天爵編集」兩行。次正文。緑格，每半葉九行，行十六字。版口下方有「經鉏堂重録」五字。案默庵集世傳皆鈔本，此有楊浚民、蘇天爵具銜兩行，疑猶源出元刊。黄黎洲宋元學案卷九十二於默庵僅寥寥數行，蓋未見是集。四庫著録本有附録，此已佚。

提要：「天爵作熙行狀，稱朱子四書集注初至北方，滹南王若虚起而辨之，陳天祥益闡其説。熙力與爭，天祥遂焚其書。」其説即具于卷三齋居對問篇，雖不明提若虚、天祥，而其意可知也。熙爲學宗考亭而私淑靜修，其于考亭也，嘗欲取朱子文集及語録之言，凡涉論詩，有與集傳相發明者寫出，以便初學。又欲節取左傳文議論叙事，本末始終，倣通鑑綱目，作小字注于春秋經文下，以類相從，各附本句，其大旨一以朱子爲本，見與烏叔備第二書。于靜修也，既爲祭文哭之，又于冬日齋居雜詩第四首云：「擁雪摳衣志未酬，哲人已矣更何求。微言尚省蒙私淑，願得終身事遠遊。」以致仰慕之忱。遠遊者，熙曾名所居，齋居對問末云「書于遠遊齋」是也。惟所作均病質直，則理學家本無意求工，提要之言是也。

此爲倪迂存家鈔本。迂存江上雲林閣書目自序：「嘉慶二年，余曾有經鉏堂各架藏書序」，故版口有「經鉏堂重録」字，但仍烏焉滿目，不能卒讀。友人周君叔弢有金亦陶鈔本，惜不獲借校。

有「嘉業堂」朱文長方印，「嘉業堂」朱文方印。

野航遺稿二卷附録二卷 一册

明長洲朱存理撰。清吴縣陸紹曾輯。鈔稿本。

性甫高行，世多知之。而著述惟珊瑚木難一書最有名。文衡山作墓志，謂有野航集，錢牧齋列朝詩集小傳已云「不傳」。今四庫所録樓居雜著、野航詩稿文稿附録各一卷，惟雜著爲原帙，餘皆其族孫觀潛所輯。世亦無刊本。此爲吾鄉陸白齋所輯，余從原稿手録者。上卷爲詩二十七首，較觀潛本倍之。下卷文四篇。附録上爲雜録存理父灝孝行及存理逸事文字，下爲諸家有關存理詩及題識。似白齋未見觀潛輯本，然所據多出真跡，爲世所希見，正可補觀潛本之未及。提要據何良俊四友齋叢説所引「萬事不如杯在手，一年幾見月當頭」句，謂「格意殊卑，不審何以傳誦。折楊皇荂，嗑然而笑，殊不足爲存理重」。不知何氏意在寫性甫大叫叩扉之狂態，與主人大爲張具之豪舉，而恉不在詩。且以性甫詩傳世不多，于衡山所謂精工雅潔，務出新意者無所見也。附録載仇實父作募驢圖卷，徐昌穀撰疏，祝枝山等贈銀助米，獨唐伯虎大書「魯國男子唐寅贈舊刻歲時雜詠一部計十册，抵銀一兩五錢」三行，最爲世所豔稱。後有陳眉公題云：「唐解元以書抵錢，皆吴中老輩風流佳話。雪腥詩云『醵金之友姓氏留，唐子贈書勝紫繆，前輩風流誰爲儔』」是也。又所録石田遺稿，則據樂飢老人王嬾髯手鈔本，邢麗文先生遺稿則據錦帆逸史葉九藺手鈔本，亦皆秘篋珍本。惟中稱性甫曰野航公，則白齋本爲性甫之裔而易姓者。附録中載王凱度野航雜鈔跋云：「執友史晨伯數爲余言先生後今改姓陸，居閶門外。有爲博士弟子員者。」陳明卿處士仍竹陸翁墓志銘云：「曾大父性甫，孝義著於庠，因外姓陸，徙居金閶之濠南，則自愛竹始。」潘奕雋陸君謹庭墓志銘：「先世朱姓，九世祖諱孟，以舅氏姓遊庠，因世爲陸氏。祖觀濬，長庠歲貢生，候選訓導。」然則白齋之輯此書，不僅表先世之清芬，亦爲考吳中氏族者之所取資矣。白齋名紹曾。乾隆時吳縣諸生。精于金石鑑賞。著有飛白録行世。余于顧湘舟吳郡文編得性甫文四篇，鈔附以作補遺。

片玉齋存稿二卷 一册

明長洲丁元復撰。舊鈔本。

元復字仲心。隆慶五年辛未進士。除信陽令，召拜南京御史，張居正奪情，或勸疏留。元復曰：「衆欲做官，我亦欲做人，不能爲宰相作私人也。」居正怒，出爲四川僉事，遷浙江參議，分守温、處，因病乞歸，林居三十年。卒祀信陽名宦。清乾隆八年祀鄉賢，建專祠于郡城東。事跡詳同治蘇州府志列傳。

此書上卷爲詩，下卷爲文。其子肇亨收拾散佚刊之。首申時行序，末姪文蔚跋。男肇亨後序。又有男汝昌、汝楨跋，稱「先君子大理公」，疑爲係他書羼入。府志藝文著録。朱彝尊明詩綜卷五十一采其詩。而四庫全書未收。惟上海圖書館善本書目有崇禎刻本。案肇亨跋，當刻于天啓元年。館目似誤。或刻本失後序。此藍格鈔本，審係丁士涵家從刻本傳録。士涵固元復族裔也。

望雲樓稿選不分卷 一册

明吳縣徐如珂撰。鈔稿本。

如珂字念陽。萬曆乙未進士。官至南京工部右侍郎。明史及府志忠節皆有傳。府志藝文列望雲樓集二十卷，或作四十卷，蓋世無刊本也。吳興劉氏嘉業堂有稿本十八卷，爲其子廷棟、廷柱、廷楨所輯。一九四一年曾從借讀，苦其卷帙繁重，屬屈君伯剛選九十六篇録存之，未足盡其十一也。嗣於張君芹伯處見明刊攻渝小傳，後附文數篇，有徐康跋，核即全稿之第六卷，亦傳世孤本。

如珂於天啓元年以川東兵備副使，平四川土司奢崇明之叛，功最高。自刻攻渝小傳外，荆駝逸史有攻渝紀事及文震孟念陽徐公定蜀記，皆紀其事，而此稿所載文移書告有關者尤夥。當時籌兵籌餉，具見碩畫，可補史傳及他記載之略。他如官刑部員外郎，有題請宥罪緩刑疏，爲曹學程、費金甲等鳴寃也。爲通政使司左通政，有參總兵毛文龍保舉舊遼撫疏，斥文龍薦王化貞帶罪立功之非宜也。又如復户部議餉單、復兵部議兵單、復吏部咨訪邊材揭、復兵部咨訪將材揭、覆計部會議遼餉揭，則皆爲籌遼嘉謨。書劄一門，所選最多，其關係史事亦最多。周蓼洲之被逮至被害，累函毛一鷺、文震孟，周旋營救，不遺餘力。與毛劄云：「見獲尚宜分别，餘人似應解網。」則欲消弭牽累，以保善類。與文劄云：「蓼老之事，腸欲斷而不敢令人知，淚已乾而復自飲泣。」蓋當時巨璫罪惡彌天，不覺其言哀入痛已。惟壽序入集，昔已有人議之。今得代有贈序，考滿有賀序，則文體之濫，明人多有之，又不足爲如珂一人責。蓋此等文集，應作史料觀，則莫非有用之材。況其爲三百餘年未刊秘籍哉。蘇城廟堂巷舊有念陽專祠，少時往謁，猶見明畫遺像，衣冠甚偉。今祠已毀，蘇地更鮮有知其人者矣。

南來堂拾稿一卷 一册

清釋讀徹撰。舊鈔稿本。

蒼雪師以禪機詩學融爲一冶，遍交一時名流，無不推服。吳梅村哭師詩云：「得道好窮詩正變，觀心難遣世興亡。」又云：「白社老應空世相，青山我自哭詩人。」王阮亭漁洋詩話云：「近日釋子詩以滇南蒼雪爲第一。」今讀其詩洵然。其南來堂詩，先有其孫行敏者爲之掇拾，而錢謙益、徐波爲之題詞，吳江顧有孝爲刊二卷，傳本幾絶。康熙時玉峯陸汾、雍正時釋正脈各有輯本。近雲南叢書據正脈本付刊，而故友上海王君培孫，盡集諸本詳爲箋校，成南來堂詩集及補編各四卷，又别編附録。蒼雪之詩始大傳于世。其書刊成之翌年，余偶得此清初舊鈔本，取以互校，得逸詩四十首，及韓四維撰齒塔記一篇。急携示培孫，培孫大喜過望，將爲補遺一卷，而老病逡巡，旋即謝世。案王輯詩分古今體，今體獨闕排律，補編中壬午重陽繩武中怡招游大明寺平山堂諸勝詩誤列古體，此卷有與河兄將别崇川書壁間十七韻、月下聽雨、後泉寄王其容平川諸社友三詩皆五言排，可并爲一類。補編壬辰冬梢山中將續起講期自郡城過海虞候子晉毛居士云云詩，此卷前有中峯續講大經鈔期緣引代一篇後有徐波跋，亦可補遺。齒塔記者即鄭敷教蒼雪詩序所云「公老多病畏寒，學思跪而暖足，公喜付以牙塔，詩人徐元歎、學士韓芹城爲之銘」者也。學思殆行敏字。元歎文已不可得。

培孫晚年謝學校事，寂處小樓，余時往訪，則擁書萬卷，二女弟子分侍録稿。手撫一貍奴，對客語喃喃不休，去必走送至閭門，回憶猶如前日事。因附録所逸詩目及他文，俾與刊本並觀，亦培孫之志焉。

次韻呈汰如河兄　承天朗公七十　與河兄將别崇川書壁間十七韻　次答徐元歎雪中見寄時余初任中峯院事　月下聽雨後泉　雪中送友出山　卿雲篇和陳百史　汰公于戊辰冬延余説楞伽後即欲謝以院事浩然長往余性非所堪任恐負知己與諸檀望偶得十三韻呈之庶情見乎辭且代山靈挽錫　别湖上西吾衡公　窮錦軸爲胡清壑　晏息齋爲洞庭陸仲安　大雪吟　偈勉聞炤掩關溪上　寄王其容平川諸社友　寓意懷西二首　重過雪浪庵拜埽祖塔　河上逢河兄　歲暮憶法兄高松有序　二首　中峯古井　辛巳春華山鈔期實高松遺願時值歲飢因瑞初姚司李倪公捐俸給粟告成賦謝且有監院拂衣之感　辛巳歲暮寓菩提庵數月辭别若鏡感歎賦詩第三首　贈鄭三山醫士次徐勿齋中酉間元韻　贈雪庵　贈復庵　送凝素出山時有嚴州之行　次答超言見寄　蘊素四十賦贈堂中諸子覽時崇禎己卯暮春五日也　象宗禪師六十　梵受大殿落成贈靜聞院主　乙酉喜印持入山休夏　水玉入山偶成　賦得支公馬贈禪者　送禪者住寒山化城庵　戊辰冬應制中峯楞伽講期同道開含光諸友作二首　贈承天穹玄　和承天就聞上人賣聞詩　次答道開久不到山甲申春入山以詩問訊

中峯續講大經鈔期緣引代

昔韓昌黎贈華嚴疏主觀國師詩有「我欲收斂加冠巾」之句，特愛其才，將巾之而使應試也。歐陽公讀嵩禪師輔教篇，深爲歎曰：「不謂僧中有此郎，豈儒門澹泊，盡爲釋家收拾去耶？」余今于蒼、汰兩公亦然。第自顧門外漢，初不知佛法爲何物，獨喜與兩公爲文字交。以筆墨作佛事，亦嘗草疏緣起。側聞兩公同願互爲賓主，轉此大經疏鈔，擊鄙發蒙，如雷振空，所在八千龍象，胥隨高足，萬里香花，遠結勝因。其爲法門兄弟，不啻無着之與天親。惜其首唱一期，汰公早世，法門重擔，獨蒼公仔肩。余謂方今海内賢者，宗乘一絲，慧命幾斷，而後續者，其在蒼公一人乎？年來固以時絀舉贏，公且抱病杜口，掩室獅窩，退求靜密，務在安逸爲得計。其如衆生無救無依何？今毛子晉兄爲之領袖，續舉第六會，期限以四年告竟。此誠末世津梁，第一義諦。禪宗初祖不云乎：「楞伽四卷，所以印心。」果人人盡摸無字之碑，睎一大藏教，如陳爛故紙，佛法不至斷滅而不已，可不深爲識法者懼！吾輩當不惜餘力，贊勸勝舉，以種般若種子。如人食少金剛，不與雜穢同處，終必爛腸穿骨而出，豈似韓、歐先賢輩以不知己之言，唐突法中麟鳳之不少乎！

中峯三春講席，聽衆皆飽參宿學，或俊少利根，觸目爲羣玉之林。大師雪頂方瞳，岳峙其間，亦彷彿靈光古殿矣。前月疲于津梁，稍損眠食，請益之流，叟塞户外，坐不暖席，講不輟音，朝氣如新，宿疴頓失。及門各有解制詩，大師下座揮就七律九篇，感九旬神力之被，謝一朝檀護之勤。老懷飛動，筆端風雨。夫以法門嚄唶老將，一旦移其幢節，坐于風雅之壇，宜其莫與爭鋒也。四月之望，弟子徐波謹跋。

齒塔記

昔清涼大師涅槃後，金甲神捧一齒，西天起塔供養而去。豈佛祖稠林，獨愛一既朽之瓠犀哉！蓋聚沫易敗，陽餤難留。世俗之家，猶念遺簪敝屣，志先德不忘也。烏有釋迦好弟子，師寂之後，睹物興思而遂倍之耶？所以行敏長老珍藏中峯大師四十中之一齒，欲香花供養之，無間朝夕。落木老人贊歎之不置，吁嗟！大師往矣，行長老若能以一齒頭上現寶王刹，轉大法輪，頓見大師獅吼一聲，芳草皆緑，象王迴顧，落花通紅，尚猶作一齒觀耶？不然四斛八斗，自有國王大臣，在分布塔廟，非迦葉等所與聞也。丁酉歲六月朔二日，糁花主人延淇題。前史氏韓四維，時年六十。

天山集不分卷 二册

明常熟歸起先撰。舊鈔本。清常熟俞鍾鑾手跋。

起先字裔興，號律菴，又號易民，別稱洗心居士。常熟人。崇禎癸未進士。官刑部主事。康熙己未狀元允肅之父。曾偕歸莊校刻震川文集者也。攷丁祖蔭常昭藝文志著録易聞、詩經通解等十六種，中有律菴詩文稿二卷，天山集十卷，天在山中集四卷，此當爲其殘存者。集有文、有詩、有詞、有楹聯、有語録，殊雜糅，未經編次，又似從原稿録出。其文説易外，皆壽序、祭文，又多本邑建修庵寺募緣疏。詩詞亦多酬應之作。其説易也，謂「可以極天，可以極地，可以盡人，可以盡物。自天文、地理、禮樂、律曆、政教、兵刑、壬乙、奇遁、卜筮、醫藥、服食、養生、鬼神、仙佛、書算、文史、形色、體性、歌舞、戰鬥、幻夢、泡影，以及不可名言、不可思議之論，而皆不離乎易」。又謂「易道無所不通，羲、文、周、孔四聖人者，仰視俯察，示其邊欄界分而已。而後之學者，有所模擬規畫，以盡其形容，以施其變化。故有易林、太玄、洞林、潛虛之論出焉。推而至于兵法、陣圖、讖緯、術數之方，靡不該備。蓋得其一端而皆可以集事，可以立言，如必一切去之，而惟周、程、張、朱之是從，則亦淺之乎論易矣」。其易聞十二卷，乾隆時有刊本而罕見。據此可得其概。集中所往來者，如袁重其、高彙旃、葉白泉等多知名士，惟深信釋道，以南華、離騷、黄庭、楞嚴爲僊佛四書。故其立論輒涉偏駁，此其所失也。此爲歸氏後裔所藏，亦海虞文獻之僅存者。末俞鍾鑾跋，鍾鑾字金門。光緒丁酉舉人。

有「廉寳藏印」白文方印，「舊廬收藏先代遺書」朱文小長方印，「子威購藏」朱文方印。

天山集，鈔本，無卷數，吾表弟歸雲林收藏先集之一也。雲林篤嗜金石圖書，插架有數千卷，於先世手澤，購取無遺力。曩翁弢夫檢討獲玄恭先生鈔本詩集，雲林介余而得之。又文休先生行書稗官小册，余讓雲林而有之。此天山集雲林假諸友，而許君新田手爲録副者也。一日雲林走余曰：「吾族祖易民公多著述，尤精于易，鼎革後坐卧一小樓。有易聞一書，易簀時作火風鼎說而逝。易聞不可得，幸得此集。余時居堊室，僅一省覽。事隔二十年，雲林往矣。天石齋中遺書散盡。雲林之族子子威得是書丐余序之。惟是易民先生絜盡精微，淵乎其旨，豈膚受末學所敢揚榷。獨念雲林半世苦心，付之烏有，詎意楚弓楚得，天畀子威而藏之。雖觸余懷舊之情，而猶幸傳是清芬者之又有人在也。光緒三十三年春三月，邑後學俞鍾鑾謹跋。

硯谿先生遺稿二卷 一册

清吳縣惠周惕撰。孫男棟編。元和惠氏紅豆齋鈔本。惠棟手校。

黑格，每半葉十行，行二十二字。後半葉左下有「紅豆齋藏書鈔本」七字。聲字闕末筆，避其家諱。朱墨校字，審係松崖手跡。硯谿詩文稿刊極精而傳極罕。此爲松崖掇拾佚篇。上卷詩，下卷文。詩或少作及刪餘者，然如自題紅豆圖册子諸作，又爲必存者。文如書徐昭法先生手札後，敘兩家交誼極真摯。書堯峯文鈔後、山薑詩選序尤拳拳于師友之情。與目存上人札乞畫紅豆莊圖云：「紅豆莊僕所寓地也。江南有三紅豆，一在錢牧齋家，一在王太常家，一在東禪寺，今僕取爲己有，故以名莊。」又云：「敝寓雖荒陋，左右景物頗佳。東禪樹色，濃緑新染，幸竭吾師筆力爲之。」與文賓目札乞畫硯谿圖云：「硯谿形似硯，故名。其水來自震澤，循安山曲折入彭山漊，漊分爲谿，在龍山之陰，陽山之右。先君子故居也。荒邨小水，一入高人之筆，便成佳趣。」二圖皆一時名流題詠殆徧，今不知尚在人間否。余昔校補疑年録，攷硯谿生卒年，諸傳記暨家譜均不及，惟于撰敘益戒堂詩内康熙三十六年丁丑，有哭惠硯谿詩，因不知其享年幾何，終不得推其生年。今于庚申春日雜興自注中，又得其誕辰爲正月十八日耳。北京圖書館亦有紅豆齋鈔本，并附半農撰行狀，松崖撰遺事。乞友人趙君斐雲萬里鈔得，始知硯谿生於明崇禎十四年，享年五十七。爲之大喜。其文録附余所鈔副本。此册爲徐積餘先生乃昌所贈，余既印入庚辰叢編，今又輯得佚文數篇，附目于此。

有「積學齋徐乃昌藏書」朱文楷書長印。

謌亭王先生壽序顧沅吳郡文編　跋子華子鈔本　題鄒乾一雲石山房詩集裴景福壯陶閣書畫録　舊洮石黄標硯銘西清硯譜　明鄉賢蔣清流先生傳顧沅吳郡文編　論文遺語九曜齋筆記

濟陽詩鈔不分卷 一册

清南匯蔡湘撰。舊鈔稿本。

湘字竹濤。南匯周浦人。好爲詩，入京師，公卿皆樂與之遊。與王漁洋、朱竹垞交尤深。閻古古飲合肥龔芝麓座，龔顧閻曰：「君名能相人，此間誰定奇士？」閻睨視良久，掀髯曰：「吾所知布衣一人，殆異才。公盍致之。」問其名，曰：「上海蔡湘。」竹濤遂爲芝麓座上客。一日龔集名士聽柳敬亭説隋唐遺事，竹濤即席詩先成，最工，皆相視閣筆。龔大喜，厚贈遺之。其詩今載集中云：「晉陽龍起説興唐，鐵馬金戈舊事長。草昧君臣思結納，亂離豪傑走關梁。聽來野史風雲驟，貌出凌煙劍佩莊。側耳良宵俱上客，明燈高映六街霜。」敬亭之説書，自孔東塘載入桃花扇傳奇，而名益著。在當日所評亦殊不一。張宗子岱陶菴夢憶稱其「疾徐輕重，吞吐抑揚，入情入理」。王漁洋分甘餘話稱「柳敬亭善説平話，流寓江南，一二名卿遺老，左袒良玉者賦詩張之。且爲作傳。余曾識於金陵，試其技，與市井之輩無異」。竹濤蓋亦

「賦詩張之」之一也。然竹濤爲詩删削甚嚴。客太原，其友潘稼堂先在，見其稿，向作多削去。問之，曰：「燔矣！君其謂我畫地而趨乎？即此亦烏足存，庸詎知異日之不爲灰燼乎！」壬子三月，客死交城，年僅二十六。友人秀水周篔谷爲作傳，并論其詩，謂「矯健多逸氣。雲間自大樽、舒章諸公以風華相尚，後學承襲，竹濤能脱去之，曰：『寧露毋溽，寧澀毋膚。』故其詩不甚持擇，然奇警處，雖名宿遜勿逮。」竹濤歿時，嗣子才六歲，遺詩存者僅數十篇。曾孫枚登鼇訂殘缺，將刻以行，乞序于陸耳山。此册有耳山序，蓋備刻底稿也。詩分體，往往一題而並録初改兩稿，僅字句小異，有墨筆抹去其一，意亦耳山所審擇歟？昔年吾友嚴載如輯海藻，求竹濤詩刻本不可得，曾借此選數首入録。

遥擲稿不分卷 一册

清常熟馮武撰。舊鈔本。

竇伯遥擲稿，王應奎海虞詩苑著録十卷。丁祖蔭重修常昭藝文志著録十八卷，並列子目，自香草吟至海市集凡十八，蓋卷各一目。此康熙時鈔本，爲香草吟、樂飢吟、筠溪集、問天集、向隅集、療忘集、萍子集七種。其問天、向隅二集，爲丁目所無，上海圖書館善本書目有康熙刻二十卷本，有此二集。是王、丁所見，皆非全帙，傳本之希可知矣。

海虞於明末以詩倡者，牧齋外，以二馮爲最著。己蒼評才調集，鈍吟著雜録，皆宗法晚唐，爲詩林所重。鈍吟尤爲趙秋谷所推服。而竇伯以猶子得其衣鉢，兼傳其書法，所著書法正傳，收入四庫全書。王應奎海虞詩苑云：「竇伯自少稟承家學，善書工詩。又爲毛潛在館甥，讀書汲古閣歷十餘年，秘册異本，多所窺覽，故學問最爲博洽。吾邑自鈍吟而後，以詩、字訓迪後進者，有陸敕先、陳在之兩公。然皆原本馮氏，刻覈不少貸。迨兩公没，後進推翁爲碩果，爭以詩、字相質。翁則循循善誘，見輒道佳，有司馬德操之風，異乎前此諸公矣。翁詩自七十以後，輒多率意，無復持擇，見者有掃殘毫穎之譏。」其柳南隨筆又云：「吾邑馮竇伯詩，有『珠圓花上露，玉碎草頭霜』之句，一友向余誦之，歎爲工絶，余不以爲然」云云，皆頗致不滿。然其早歲所作，實工穩清麗。據此册舊人朱筆評選者，如秋水云：「溶溶漾漾秋清淺，藻荇交加浪亦微。瑩澈夜連荒寺月，空明曉浸野人扉。孤帆遠去輕無迹，飢鷺斜窺白有輝。何處滄江疏雨後，一竿閑上釣魚磯。」評云：「詩情淡蕩，亦如秋水。」贈梅次確菴師韻云：「紛紛似雪洒無聲，石徑苔封策杖行。香起暮鐘千樹靜，影分春月一山晴。幸當地僻容伊老，特許人間坐到明。終願得君爲伴侶，空林偃息看雲生。」評云：「林和靖疏影暗香之句，寫風韻也。高季迪雪滿月明之句，寫精神也。楊廉夫百花一樹之句，道氣節也。此詩則兼而有之矣。」皆是也。余尤愛其荒村建子月云：「荒村建子月，愁見催租吏。搜牢盡雞犬，傅役及童稚。藁秸場圃空，鋃鐺官長恚。春夏多焦勞，遺累在農事。一。荒村建子月，愁見索逋人。子母積歲月，追呼禍比鄰。始因逼寒餒，終極困形神。安得長鋏客，一甦百憂民。二。荒村建子月，愁見無衣叟。蝸舍破見星，桊樞斜欲朽。鶉衣百結難，蜎縮三更後。引領大襖子，南榮負暄久。

三。荒村建子月，愁見無食兒。剖冰引凍魚，踏雪換冷飱。草枯藜藿盡，突寒菽水遲。豈知膏粱子，萬錢下箸時。四。荒村建子月，愁見機中婦。侵霜齒擊頻，投梭手戰久。日短一匹餘，衣單九秋後。新行折變令，税急賤相售。五。」當康熙初年，號稱治平，而民困至此，諷諭之作，大似張、王小樂府。已蒼既爲懷舊集坐謗訕死，竇伯父彦淵又爲抗清格鬥死，竇伯國難家仇，鬱結於中，故中年以後，所作多淒苦之音。如過城南故居云：「餘生莫話遼東鶴，猶有人民未盡非。」送毛氏昆仲之金陵鄉試云：「分手征樯無別語，到今須拜孝陵回。」可謂言哀入痛。然則應奎所謂「見輒道佳，有司馬德操之風」者，毋乃久經磨折，稜角全銷，讀其詩，當哀其志而未可遽信其譏誚也。

謹齋詩稿不分卷 一册

清山陽許志進撰。手稿本。常熟丁國鈞手跋。

書名與作者姓名，均被扯去，而僞題「王光庵詩稿」五字。常熟丁秉衡先生攷爲許謹齋手稿是也。謹齋名志進，字念中。山陽人。康熙三十年辛未進士。官給事中。善騎射，精繙譯，於清文、蒙古言語皆通曉。以儻直名，劾江督阿山按丁跋誤爲噶禮。恩威自擅，聲震一時。罷官，以文酒自娱。所著謹齋詩稿，有康熙時資敬堂刊本，流傳極鮮。首有張大受、顧嗣立等序，張序云：「先生抱至性，挾奇氣，發而爲詩，喜怒哀樂，一出于風、雅、屈、宋之遺。故能擷唐、宋之菁英，傾漢、魏之瀝液，卓然自成一家。阮亭司寇稱其善學古人，兼長備美。竹垞太史稱其「才大筆精，漁洋嫡派」，非虚言也。」則謹齋之詩，自爲當時名流所推服。此爲康熙丙申一年之作，刻本分爲上、中、下三卷，與此悉合。惟此多删去詩若干首。阮葵生茶餘客話謂「謹齋自闢園亭，手栽花木，具有邱壑。築來鳳樓居其妾，珠簾繡栱，甲于郡城。及卒，無子。四十年鞠爲茂草。妾玉岑夫人，爲白門舊家女，工書翰，隨官中外。暮年委頓無依，余以葭莩之末往見，白髮青裙，居然王、謝。迄今過來鳳樓故址，輒誦王季本『白雪高埋一代文，蔡姬典盡舊羅裙』之句以寄慨」。足見其風流藴藉，照耀一時。玉岑和詩，此卷附存有二十餘首，爲搜閨秀詩者所未及。但手稿于玉岑二字，多抹去其一，刻本亦然，不知何故。

有「桐軒主人藏書印」朱文長方印。

作者姓名已割去，猝不知爲誰何。即詩求之，蓋籍淮安，歷官給事中，歸田後所作者。其送畕農詩有「兼懷田居侍御」語，檢龔田居集，屢有與淮安許念中給事唱和詩，則此册疑即許給事之稿也，惜不得淮安志考之。至首葉「王光菴詩稿」五字，不審何人補題，頗疑失實。詩中凡遇王姓，皆直標明，絶無作家字者，當更考之。得茶餘客話證之，此跋暗中摸索，竟能億中，殊自喜也。秉注。

題顧嗣宗歲暮懷人詩注：「端撰去年廷對第一。」考端撰爲徐陶璋字。徐康熙五十四年乙未狀元，則首頁所題之丙申年，是爲康熙五十五年。丁巳十二月初四，丁秉衡記，時夜漏九下。

偶閲阮司寇茶餘客話，知此册確爲許給諫詩稿。客話卷八所載學圃聽歌六絶句正在稿中，可證也。己未六月，秉記。

給諫名志進，亦號謹齋。曾劾江督噶禮，有儻直名。此稿乙改處皆親筆也。秉衡又記。

鮚埼亭集校箋不分卷二册

清歸安楊鳳苞撰。如皋冒廣生録。鈔稿本。

鮚埼亭前集三十八卷，舊鈔本。秋室取與刻本對校，鈔本爲初稿，有不避忌諱而事得真實者。刻本爲定稿，則已加潤飾而更見完備者，優劣互見。秋室熟于南明史事，故于易代諸忠義碑傳，補正尤多。原本藏鄧文正闇所，詳寒瘦山房善本書目。余曾一見于鄧丈處，再見于葉丈揆初處，以卷帙多，批識繁，未能借録。一九三九年冬于冒丈疚齋處見輯録本。亟携歸録副，原題楊秋室先生批校鮚埼亭集，兹因其書有校有箋，故改定今名。

謝山爲學博綜，具見集中。于南明諸忠節碑傳，多足補史載之闕。而秋室南疆逸史跋十三篇，可與相埒。故所箋亦多足正謝山之誤。謝山有族母，爲張蒼水女。謝山十六歲時，從問舊事。故卷九蒼水神道碑銘最爲詳贍。而秋室批識亦多，如碑銘：「癸巳冬，復間行入吳淞。」秋室云：「癸巳當作是年，上承辛卯也。下文明年，乃壬辰。攷名振入長江在壬辰十月。癸巳復出師，九月次于平陽，甲午正月，再入長江。按外集定西侯碑文又譌壬辰之役爲癸巳，小泉翁攷證甚確，何以亦譌謬如是。」碑銘「是年名振卒。」

秋室云：「是年當作乙未。乙未八月，公會名振，復舟山，守將巴成功以城降。十二月，台州副將馬信來輸欵，納母爲質。公偕戎政司馬陳六御、定寧伯張洪德、中軍總兵虞德淵、大理寺少卿林譚、任麟同入台州，縛巡道傅某、知府劉某歸舟山。是月名振卒。遺言以軍屬公。此云名振卒于甲午，定西侯碑文卒年同，皆誤也。惟張督師畫像記則云名振卒于乙未，爲得其實。」略舉二條，可見其攷核之精。他如厲樊榭墓碣銘「最後得一妾」云云，秋室云：「志其舅蔣蓼厓爲鄰鋪假手，褫其巾服。銘樊榭則云妾不安其室而去。是則訐以爲直，君子之所惡也。則銘之義，稱美不稱惡，否則死者又何賴有此以彰其過，生者亦何以對死友哉！」萬循初墓志銘「惟吾友杭堇浦一人。」秋室云：「天下有浪得名者，杭堇浦是也。其詩筆不過場屋伎倆爾。其著書不過零星掇拾爾。謝山目無餘子，而反盛推之，不可解也」云云。則杭、全齊稱，實則杭不如全，其著述可驗。秋室直揭其短，自有見地。子劉子祠堂配享碑，秋室云：「謝山之學，私淑黎洲。當時與黎洲講學不合者，皆有微詞。呂晚村始極推尊黎洲，後以合購澹生堂書，隙末不終。故謝山詆之尤甚」云云，則指小山堂祁氏遺書記，余于天蓋樓詩集書録已駁其所言之非。讀此而益信。劉繼莊傳「其後居吳江者三十年」云云，秋室歷舉廣陽雜記證沈果堂謂繼莊卒年四十八，殊得其實，以證謝山之疑。則余于廣陽詩集書録亦據雜記辨之，不如此説之詳。而王崑繩撰繼莊墓表亦明云「年四十八」，則秋室所未見也。若此者又若干條，于謝山不作偏袒，可謂好而知其惡者已。中附蕭敬孚識語數條，亦有攷證。昔施北研注元遺山詩多引金源史事爲證，他日有爲結埼亭集作注者，可由此而引申之也。

此歸安沈氏耦園藏書。仲復中丞識爲楊秋室批校。案秋室名鳳苞。歸安廩生。有秋室集十卷。鮚埼文事，頗爲近賢譚復堂所識。其實謝山生浙東忠義之鄉，意在網羅文獻，辨章學術，爲史家資料。故於易代之際，貞臣遺老之軼事，表章尤力。秋室評校此書，無一字放過，補證若干條，尤非爛熟掌故，不能精確浩博如此。當時必有後集，惜已散佚。然即此三十八卷，已覺開牖後學，有功古人。敝篋有傳録嚴修能評校前後集本，方之蔑如矣。卷中西圖別號，係先生晚年自稱。間有題「閒」字者，則未審何人。兩浙輶軒續録下云：「先生尚有南疆逸史跋十三篇，補温睿臨之不備，而訂其誤。」必有與補證各條可互相發明者，不知世有傳本否？從江寧鄧氏羣碧樓假讀，敬志所見於簡端。壬子五月小暑節，長洲章鈺寓天津聽鸝館舍。

書後有「敬孚鑒賞」一印，乃桐城蕭敬孚先生章也。卷中各葉夾有細字稱「盧改」者，疑指抱經先生。但紙短字微，閱者宜謹存之。此書經友人借鈔兩年餘，索之久乃歸余笥。古人謂借書一癡，豈不信邪？戊午花朝，距還書一日，正闇重檢，因記。

此書後有「此鈔本與刻本不同，楊秋室批校。光緒癸未十月二十一日，沈秉成識」草書二行。又有「敬孚鑒賞」朱文方印，蓋歸安沈仲復中丞舊藏，後歸吾亡友桐城蕭敬孚先生。敬孚没後，遺書星散。今歸江寧鄧孝先。戊午六月，從孝先假鈔一過，並録湖州府志楊鳳苞傳於卷端。卷中別紙，審爲敬孚手書，亦併附焉。其所稱盧氏云云者，孝先以爲疑指抱經先生，審諦字跡，不類抱經。謝山殁時，無以爲葬，其弟子董秉純以所藏書萬餘卷歸諸盧鎬族人。見秉純所撰謝山年譜。則盧氏疑即盧鎬，或其購書之族人也。章式之謂卷中題「閒」字者未審何人，不知此爲秋室評文之語，謂其爲文中之閒筆，非別有人。又謂南疆逸史跋十三篇，不知世有傳本否。不知諸跋即刻秋室集中，式之殆未見也。秋室館同里陳氏最久，第十九卷鄭芷畦窆石志文內記芷畦魚計亭舊址，歸其門人陳鑾云云，鑾字金坡，號苓谷。歸安廩生。嘗仿徐釚本事詩作本事詞，又嘗手輯十八家晉書，與其弟經及南潯溫曰鑑，均秋室高足弟子。經所著有求古精舍金石圖；曰鑑所著有魏書地形志考證，欣夫案，應作校録。並見湖州府志楊鳳苞附傳。七月十六日，疢齋冒廣生寫畢記。

小萬卷樓賸稿不分卷 一册

清無錫顧棟高撰。鈔稿本。

存文六十五篇，從手稿録出。據篇末有紀年者，大都乾隆己巳以後之作，蓋震滄年七十餘矣。此數年中，辛未被薦舉，壬申編撰尚書質疑、毛詩類釋，其餘則往來維揚客運使盧雅雨署。故説經諸篇，已入質疑、類釋，而散文有代盧操觚者。案震滄春秋大事表爲清代一大著作，人無間然。其尚書質疑，四庫入存目，提要謂「大抵多據理臆斷，不甚考證本末」。又謂「皆前人之舊論，不足以言心得」。毛詩類釋，提要亦歷舉其采録舊説，而又謂「頗爲謹嚴」。又往往因以發明經義，與但徵故實，體同類書者有殊，於説詩亦不爲無裨也」。蓋纂提要者不出一手，故褒貶之不同如此。今讀卷中諸論，甚多據理臆斷，采録舊説，誠如提要所言。惟二書言必稱臣，本以備進御，實類經筵講義，意主啓沃，非經學專著，自當別論。而文章駿發，議論侃侃，絶無衰溷之筆，於以徵其學贍氣盛爲不可及。至秦南泉、嵇留山、唐范山、華劍光諸傳志，不但錫邑文獻攸關，亦可補諸家碑傳集之遺。惟震滄自題及春秋大事表，板口均曰「萬卷樓」，此疑訂册時題者偶衍「小」字，無錫縣志藝文著録萬卷樓文集十二卷，世無傳本。廿年前在鄭西諦振鐸處，見有以鈔本十鉅册求售者，力勸其購得，中有惠定宇墓志銘，越數日欲借鈔，並携此往，則以時局杌隉，已裝箱待運，不得核其異同如何，爲呼負負而已。

尚書康誥論辛未又第二論壬申周召二公卜洛論　王風君子陽陽論壬申　小雅采薇出車六月論　又第二論乙巳小雅谷風論　大雅文王受命論庚午周頌閔予小子訪落敬之小毖論辛未魯頌閟宫論辛未魯頌戎狄是膺荆舒是懲論壬申魯頌泮宫服淮夷論辛未鄭莊公第三論　春秋衛人立晉論壬申天地山川社稷不用尸論甲戌司馬温公年譜序癸丑王荆公年譜序乙卯毛詩訂詁序辛未尚書通典略序癸酉　周易孔義集説序代　婺源朱氏世譜序乙丑　書靳于二公治河異議本末　書陳氏毛詩稽古編後甲戌　書陳氏閔予小子四詩説後甲戌　書陳子亦韓適孫葬祖父母承重辨後　書郭簪源立後説後　程生是若傳乙巳　永平府敬勝書院記代　汴宋歷朝錢文輕重記辛酉　淮南府志序代丁卯　木蘭草序壬申　味經窩類稿序壬申　五禮通考序壬申　味經窩經説序壬申　刻漁洋先生感舊集序代壬申　趙秋谷詩集序代壬申　詩經類釋序壬申　又續編序　延緑閣集序　兵論上　兵論下　刑論　論水利　詩亡然後春秋作論辛未　南北郊分祭合祭論　韓柳二家論鶡冠子同異　讀管子乘馬篇　書韓文黄陵廟碑後　書宋史宰輔表後　書王阮亭金人南遷録辨後庚午　書程泰之禹貢論後癸酉　書蘇氏盤庚書傳後癸酉　書日知録顧命解後與華師道論修南北史合注書　復浦孩禪先生書　宋陸君實先生傳代丁卯　秦泉南先生傳　汪門節孝婦例封孺人金氏傳　貞孝覺羅八姑傳癸酉　程母楊太君生傳癸酉　皇清誥贈光禄大夫太子太保文華殿大學士兼吏部尚書

留山嵇公神道碑銘　笵山唐公墓志銘　華劍光先生墓志銘　清故例贈文林郎雪客墓志銘　華有條哀辭　後漢書補注序　與楊農先先生書

環翠樓稿三卷 一册

清元和高篃撰。手稿本。

篃字湘筠。爲高芾堂翔麟之妹，朱酉生綬之室。其行事詳芾堂序。吾吳山水韶秀，土風清嘉，士女多擅才華。當嘉、道間，以夫婦工詩詞馳譽者，酉生、湘筠其一也。惟女子篇什，所傳多律絶，而湘筠獨長于古風，力追魏、晉。其題汪小韫明詩選云：「江南盛壇坫，閨閣多能詩。春煙籠芍藥，寧免粉與脂，得君一提唱，斂手謝蛾眉。我擬十年學，雲龍倘追隨，揄揚雅頌間，久久名同垂。」可見其嚮往之怡矣。古詩二首云：「鳳凰貴文章，司晨不如雞。麒麟謝玉禾，憔悴愧騨騠。箏琶非不佳，繁響雜笳鼙，静好絃朱絲，古聲今轉迷。一。桃李下成蹊，不如蘭蕙槁。佳人别我時，蝴蝶飛芳草，諒非同心人，何以展懷抱。睠彼百丈絲，纏綿詎能道。二。」古釵歎云：「古釵舊是泥中得，鏤鳳生塵蟬折翼。想見凝粧耀首時，金支翠羽無顔色。可憐花様近翻新，深鎖香奩不見珍。城中一尺皆高髻，簪上雲鬟有幾人。」和酉生宋錢歌云：「土花鏽蝕苔衣封，窖藏是否多田翁。嗚呼崇寧以來十一帝，輸幣輸金錢力替。東南方困青苗錢，執事又頒樂輸例，十萬貫錢塞屋破，措大焉能籌國計。祖宗錢法屢變更，誤國豈謂非書生，曾子闒子日牟利，搜括天下無遺贏。文臣惜錢如惜命，孤臣竊慨時難平，中興良將眼孔坐，籌邊餉縻兵驕横。歎息諸公有錢癖，錢錢自化飛蚨行。此錢想亦經聚斂，何年薶作豐城劍，牡蠣凝斑血沁紅，真草篆書猶可驗。吁嗟乎！六陵寶氣隨妖髡，那能如錢完廓輪。買盡人間不平事，錢乎錢乎真有神，更從天水傳遺聞。」皆可置之酉生知止堂集而不辨。據芾堂序原有五卷，並詞一卷。今存卷一五古、卷二七古、卷三五律、蓋僅得半耳。本欲附刻知止堂集而未果。序又謂繡篋集者，原與酉生遺硯樓小集合刊于嘉慶廿二年，今與知止堂集均罕遇矣。

芾堂嘉慶十三年戊辰進士。爲錢竹汀弟子。著有説文字通、説文經典異文釋。

環翠樓詩選五卷，詞一卷，吾妹湘筠所著也。妹八齡解篇詩，手未嘗釋卷。與同里閨秀間唱和，母氏鍾愛之。及笄，歸爲酉生孝廉室。孝廉聲名滿吳中，詩古文詞每一篇出，動爲鉅公擊賞。故四方士來游者必造廬請謁焉。於伉儷尤篤，閨房靜好，門無間言。妹操家政，井井有條理，處築里以和，撫子姪以愛。羹湯手作，尤得堂上讙。孝廉祗恭之誼，得内助力爲多。所居室曰小茭廬館，竹木環布。每花晨月夕，爇海南之香，煮若耶之茗，拈題寫韻，酬酢如賓。人恒豔之。庚子，孝廉病捐館，屬纊時以遺稿授室人，屬余與諸同好釐定付刊。因搜篋衍中并得妹所爲詩詞凡若干卷，披繹數四，婉疋和平，無纖巧儇薄之習。誠有合風人之麗則者歟？先存繡篋集行世，篇什不多，今所存合乎平昔吟詠者備輯之。孝廉集既成，即以是編附梓，備采風焉。夫古女子之以才名者多矣，王郎天壤，秦婦獨居，盤中伯玉之詩，機上竇滔之字，非憎不淑，即悵遠離。如妹之雞旦同賡，螢帷佐讀，紀踰知命，永好結縭，不可謂非福也。今雖所天抱恨，而書留嬰鑿，硯有喬遺。余老矣，尤望吾妹之恩篤閔斯，謀臧貽厥，斷杍絶木，勿使專美於前，則余之所厚企也夫。道光辛丑閏三月立夏後五日，兄芾堂高翔麟序。

煙霞萬古樓詩佚稿一卷 一册

清秀水王曇撰。鈔稿本。

吾家仲瞿所著詩文，譽之者過，詆之者亦過。然其才氣浩瀚，終不可及。此佚稿一卷，皆客杭時作，中如大雨同雲門游三竺戲作、肉身定光佛歌，博奥奇崛，讀之舌撟不能下。武林郭外詩自注：「余詩十七集，内攜至越中，爲結集計。」則其所作富矣。錢梅谿序文集謂原有四十四卷，中有本集十六卷，外集十六卷。當係詩。今碧城仙館、春暉堂、粤雅堂所刻，皆祇二卷。春暉、粤雅多詩録一卷，張公束刻佚詩一卷而已。其室金雲門禮嬴秋紅丈室遺詩一卷，亦刻入春暉堂叢書，瞿安所未見。惟此卷所載二詩可補其遺。其絶句云：「梅妻鶴子林君復，泛宅浮家張志和。如此溪山留不得，五湖歸計又如何？」可見夫婦唱隨之樂。余曾得其所繪白描觀音大士像，亦挺秀絶倫。仲瞿瑰意畸行，世多知之。郭頻伽雲芬館詩話續卷六：「仲瞿恃才放縱，議論俶詭。有達官以讕言上聞者，遂頓挫不振。然其奇氣逸材，自是桑悦、徐渭一流人。水心論陳同甫曰：『若同甫終身不偶，則爲狼疾人矣！』傷哉言乎！仲瞿卒以是不第。後又喪其佳耦。奔走就食於東諸侯，侘傺以殁，可哀也。」於仲瞿一生論之最當。

此仲瞿先生未刻稿，余得之張君蕷衫。蕷衫得之北門嚴氏。嚴故仲瞿戚也。詩才氣浩瀚，洵足壓倒一世豪傑。余嘗論仲瞿詩文如黄河之水，一瀉千里，然泥沙俱下。讀集中定光佛歌等作，當不誣也。同治三年甲子春王正月，嘉興徐鑾讀畢識。

煙霞萬古樓詩集，泉唐陳氏碧城仙館刻之，南海伍氏粤雅堂再刻之，顧僅二卷而已。其零星賸稿則張君公束鳴珂曾刊成一卷，與時文並行，餘不多見矣。此佚稿九頁，計詩二十三首，爲嘉興陸祖穀據秀水嚴氏藏本重鈔，爲公束所未見者也。趙生萬里復從陸鈔假録，出以見視，因得校讀數過。中如顛長老剃鬚詩、定光佛歌，瑰奇怪誕，不可方物，與集中景陽宫井、驪山烽火樓、松門水戰諸詩，蹊徑相類，非瞿老不能有此作也。其夫人金雲門女史以畫得盛名，詩不經見。此稿附載兩首，更是吉光片羽矣。亡友沈綬成修嘗語余仲瞿有念奴嬌一詞，僅記首二句云：「一幅紅裙，包裹了十二萬年青史。」卓犖奇逸，又足爲詞家增一掌故。獨卷首蘇臺留別一詩，已刊入碧城本中，他日付印，不妨删去耳。甲子人日，吴梅題記。

松崖文鈔不分卷 一册

清元和惠棟撰。舊鈔本。清桐城蕭穆手校。

敬孚曾借鈔于新陽趙靜涵，後又爲增輯遺佚。貴池劉聚卿據以刻入聚學軒叢書。此爲趙藏底本，朱校即出敬孚手。代劉所作序存類稿中。又有跋阮文達公茗柯文編序亦涉此書。阮序茗柯文編「謂近時易學推惠氏棟，禮學推江氏永，而二家之文無傳」。敬孚跋則謂「芸臺此文不見揅經室集中，蓋刊集時偶遺之，非他人代筆，亦非棄不欲存也。然其論江、惠二家之文無傳，尚不盡然」。案敬孚説誠是。二家以經學著，文章其餘事。存稿未刻，世因不得見。惠文幸有敬孚爲之輯刻。昔年章氏國學講習會刊制言，曾從江氏後人得遺稿載之，惜所印未全。但敬孚極賞阮文，謂非他人代筆，則實爲仁和汪選樓家禧作，見東里生燼餘集。敬孚評松崖文，謂「淵雅峻潔」，能得其真。集中募修鶴林禪院疏及余續輯之徵選山左明詩啟，駢體風格殊高，不僅散文也。惟詩極罕見，僅九經古義載絶句一首，王昶湖海詩傳載古風一首而已。研溪、半農皆工詩，松崖早歲作漁洋精華録訓纂，集中爲各家詩集序，持論皆警辟，非不能詩者。故張維屏聽松廬詩話云：「先生序吳企晉詩謂詩之道有根柢，有興會。根柢原於學問，興會發於性情。二者兼之，始足稱一大家。」先生不多作詩，而此論極精當。蓋因潛研經訓，頭白汗青，有所不暇爲也。葉德輝郎園讀書志九經古義原稿本跋云：「後附松崖文稿五篇，均經義攷論。」曾移書其姪定侯借鈔未得。別于他書序跋及墨跡，補得二十八篇，今附目于此，冀他日得合刊行世。

有「蕭穆之印」白文方印，「敬孚」朱文方印。

附補遺目録

明堂大道録總論　鄭氏周易序代　李氏易傳序代　周易乾鑿度序代　尚書大傳序代　晚書訂疑序　大戴禮記序代　戰國策序代　匡謬正俗序代　封氏聞見記序代　唐摭言序代　北夢瑣言序代　文昌雜録序代　金石三例序代　漁洋山人精華録訓纂序代　賜書堂詩稿序　詠歸亭詩鈔序　耕閑偶吟序　校本漢書跋　華陽國志跋

雅雨堂文跋　徐龍友校李義山詩跋　古樵詩鈔題詞　與王德甫書　與王次山論修志書　與沈果堂札　與王臞庵札　徵選山左明詩啟代　硯谿公遺事

菊圃殘稿一卷 一册

清秀水胡重撰。鈔稿本。

菊圃手稿爲章式之先生所藏，著録於四當齋書目，原被姚凱元者纂改，顧君起潛爲屬人傳鈔，並照摹其纂改之迹，以戒後人。菊圃高祖鼎錡，字珩玉，號遯齋，與平湖高士奇爲金石交。鼎錡有西溪草堂探梅圖，士奇有花源草堂雅集圖，菊圃並爲記之。菊圃篤於親親之誼，又壻於高，故所作序記志傳，於兩家文獻，尤極拳拳。而蘭如、倚玉等傳，摹唐人傳奇，亦極有情致。錢警石曝書雜記謂其所著書凡十種，金君孝相爲刻説文字原韻表。其書余亦有之，其他則未見。今存唐宋韻部分合表引、三家步天歌集訂叙二篇，藉可窺其一斑。菊圃精小學，富藏書，其風雅好事頗與平湖陸梅谷烜相似，二人固同郡同時也。

范蠡論　三家步天歌集訂叙　唐宋韻部分合表引　長興縣文昌閣記　蘇文忠公祠圖記　西溪草堂探梅圖記　花源草堂雅集圖記　舊譜辨誤　跋所鈔先世齋簿後　胡氏祖塋圖經序　胡氏祭田記代　高峻齋傳　石泉高公權厝志　彰德公墓志銘代　任縣公墓志銘代　張南廬茂才祔葬志　蘭如小傳　倚玉小傳附題詞　讌集得月樓詩　茅生小傳　祭高寅齋文闕　胡氏族譜略闕

古藤書屋詩稿四卷 一册

清武進湯成烈撰。手稿本。

成烈字果卿，號確園。武進人。道光十一年舉人。官浙江玉環同知。歸主延陵書院。著作甚富。張惟驤毘陵清代書目著録現存、已佚共二十二種，詩集六卷，注「現存」。今此册祇四卷，或佚其五、六兩卷。藍格。版心下方有「古藤書屋鈔本」六字。其詩才華綺麗，並多涉時事，體恤民隱。如憫災行八章，爲記道光癸未常郡淫雨之災。磔碩鼠，刺蠹役也。暮鴉飛，申煙禁也。舟山哀，記辛丑定海之陷，總兵王錫朋、鄭國鴻、葛雲飛之死難。吳淞潰，弔陳提督化成。皆激昂慷慨，可作詩史觀。惟武昌哭、六合謡、商邱怨、壽州歎諸作，于太平義軍尚無認識，則時限之也。至無題十律、遣懷排律、感事雜詠六律、重賦感事十律，亦具西崑神髓。綜其諸作，不愧爲道、咸間一作手。顧張惟驤毘陵清代名人小傳獨盛推其詞，而不及詩。諒爲所未見。成烈尤邃于史學，撰季漢書九十卷，莫友芝郘亭知見傳本書目云：「意同蕭、郝續漢書，而加詳核。用力尤在表志。乃其道、咸間令浙時撰，七易稿而成。亂後亡去，尚有四易稿在。同治末乃補成之。自謂不及昔定本。書名仍謝陛、章陶，以蜀志載輔臣贊稱『季漢』也。」今詩稿拙宦第三首云：「蕭閒此靜坐，著述足清娛。」注：「季漢書亦在緗雲脱稿。」與莫説合。昔蔣竹莊先生維喬爲言其稿已歸常州圖書館，惟爲六十六卷。或出莫氏所見本之外。遺稿幸存，盼其鄉人能爲謀印傳世也。

禮耕堂詩集三卷外集一卷 一册

烏程施國祁撰。鈔稿本。

清嘉、道時湖郡學人輩出，研經訂史，著述斐然。北研以熟于金源史事稱，刊有金史詳校、金源札記、元遺山詩集箋注、禮耕堂叢説、史論五答、吉貝居暇唱。湖州府志云：「北研中年忽樂市隱，寓於潯北，爲人經理生業，設吉貝肆。市中有一樓，顔曰吉貝居，所著書多成於其中。嘉慶己巳，不戒於火，著述盡付一炬，今所存者，大半出於記憶補録之餘耳。」相傳又有遺山文集箋注，殆在被焚中，而藝文列禮耕堂詩集三卷，許旦復校寫，亦未有刊本。故友張芹伯適園藏有鈔本，殆即許輯而不具名。周子美從之傳録，欲印入南林叢刊二集，未果。余更從子美借鈔。暇唱皆專題七律，此則古今體約略以年次，從可探其生平。在里時，與劉疏雨交稱莫逆，其著述多資眠琴山館藏書，集中哭疏雨諸作，情真詞摯，有山陽鄰笛之慟。戊□春寓研平江張訒弇緑筠廬，與黄蕘圃輩相唱和，張亦藏書家也。其詩句鍊字鑿，多用宋、元典實，余最愛其述老農言五首之三，其一云：「聞昔渠田廢，越人供稍入。矧兹泥塗鄉，水芸利卑溼。嗟嗟水芸苦，夏畦病堪泣，秧抽草復長，荼蓼徧原隰。非無迫地鎛，延蔓破艱澀，非無燒薙湯，深根錮潛蟄。摧拉盡陳荄，惟賴厥指十，抉剔糞壤中，膝屈不得立。炎日赫如火，遮頭一小笠，新苗利若刀，掩脛一破褶。淤暑塞溝塍，斷續氣吁吸，有時中毒虺，血流和汗汁。歸來頭搶地，面槁色於邑。庶幸稻有秋，輸租食餘粒，我農二生計，命薄太危急。漢庭水火詔，此語未傳習，陸氏耒耜經，此事或搜輯。」其二云：「馮煖能市義，高風卓已邁。居貧到立錐，大苦是逋債。慨我農家流，往往中機械。劑券論手實，取携意頗快，錢多市魚肉，侈味捐葱薤，牀頭一揮盡，始覺天地隘。生涯太局促，計盡鳥翮鎩，畏見催租客，低眉受睚眦。富人心計精，科掠算纖芥，薄儲倍稱息，那足供饘啜。前年杼軸空，今年兒女賣，剜肉爲醫瘡，吁嗟甚矣憊。終老效梁傭，無家可救敗，莫謂尋常有，小毒等蠭蠆。三村出大户，十室久遭壞。願言稱貸者，休忘前車誡。」其三云：「木棉古貝草，繭實抽細纑。烏涇始移植，海壖稱奥區，詎意崖州種，流傳徧三吴。鳴蟲乍驚懶，責功問妻孥，大婦頗能力，捍彈操弦弧，小婦復習勤，紡車轉轆轤，機杼誰者工，堂上煩阿姑。晨妝不暇理，髮亂如蓬枯，凍手不暇洗，或生皸裂膚。三冬勤夜作，同巷戒偷懦，計日成丈匹，抱貿權青蚨。去歲實窘迫，剪落償官租，今年差可保，鹽豉或所需。餘布尚尋丈，爲夫作新襦。農家重蠶績，業此從古無，疇將南村攷，補題松雪圖。」於農家之苦曲曲寫出。雜興七首之一云：「綠陰門巷晚晴天，是處殘黄菜稜田。望裏斜陽誰比得，磁青百幅滲金箋。」末句寫鄉村景色，爲前人所未及。金源札記將梓示楊拙園句云：「乖牙怕拾餘人慧，示璞終遲大雅評。」與族姪祐林句云：「讀書休被古人謾。」均自述治學之態度。末有同邑蔣錫礽題詞云：「學溯金、元傳定本，句宗韓、柳是初桄。」竊謂全集得之韓者爲多，一時作手，當與其鄉人嚴晦庵、楊秋室並稱焉。

通甫類稿再續編二卷 二册

清山陽魯一同撰。舊鈔稿本。

清河縣志稱「通甫于田賦、兵戎諸大政，與夫河道變遷、地形險要、以及中外大勢，無不究其端委而得其機牙。罕有遇合，則一發之于文章。爲文務切事情，其言曰：『文章事業皆以靜儉爲根本。』又曰：『行不蹈道則非經，道不宗經則非道。』皆至言也」云云。余讀通甫類稿及續編而慨想其人。李蒓客越縵堂日記于其胥吏論諸篇，則謂「識議絶人，筆力亦足相副。擬之杜牧、尹洙，良無愧色，葉適、陳亮，非其敵也」。于復潘四農書、復戴孝廉第二書，則謂「名論獨創，實近世之奇作」。而總論其文則謂「多閎肆而謹嚴，演迤而峻峭，幾於篇篇可傳。道光以來，殆無第二手。恨不得起九原而友之」。蒓客不輕許人者，其于通甫傾倒如此，則其文章之卓絶可知。此再續編未刊稿與前二編一貫，非屬删餘。讀擬南河積弊疏自記語，知爲極得意之作，當與胥吏論並論。他文往往有曾滌生、周止安、潘四農等評語，並極推重。惟安徽巡撫蔣文慶行狀，則當時相傳蔣實棄城潛逃，途遇太平軍被戕。而通甫既爲撰神道碑，又爲其子代作行述，自不得不徇其意，粉飾以邀褒獎，俾得幸厠所謂忠節之列也。至壽文雖爲酬應之作，然觀其自記，有曰「此文甚有氣勢可匹魏冰叔」。曰「全學魏冰叔，中有精語偉論。」曰「修潔，雅近秀水朱檢討」。則本以文爲藝，不妨並存耳。比見一九三六年淮陰徐鍾令刻魯通父集外文，即據是編，而佚譚桐舫太守五十叙、陸小巖七十叙、王壽巖明府四十叙、代作安徽巡撫蔚亭府君行狀、郭橋傳五篇，而溢論文篇、再致孔宥函書、賞音圖叙三篇，並不載篇後諸家評語。當出段朝端所增删。徐刻爲淮陰叢書之三，今傳本亦希。

一鐙精舍未定藁一卷 一册

清光澤何秋濤撰。舊鈔稿本。

願船長于輿地之學，所撰朔方備乘爲談北徼輿地者之大路椎輪。治經恪守鄭氏，義據深通。王會篇箋釋、一鐙精舍甲部稿亦均傳作。惜其早世，所著或未成。此雜文九篇，祇虬龍之片甲耳。戴東原轉語二十章序，成于易簀前二十日，未及爲例言以明其義。顧船反覆沈思，知其分切四十，併其清濁數之，與轉語之位若合符。復析由其法推之説文、爾雅小學之書，無不冰解刃釋，作書後以詳之。盧貞婦立後説之説禮制，亦極明通。于經、小學各有獨到，文章淵雅而無樸塞之弊，一如其甲部稿。惟書李松石音鑑後、又書音鑑後、釋惑、明數篇四篇，已見刻本，此爲複出。至遺佚之篇，如張石州墓志、肙齋文集序、文選古字通補訓序等，散見尚多，是在好事者之掇拾也。

盧貞婦立後説　李君殷盤墓志銘　送彭文出宰贛榆序　書李松石音鑑後　又書音鑑後　釋惑　黄君詩集序　明數篇　書戴東原先生轉語二十章序後

一燈精舍甲部稿八卷 一册

清光澤何秋濤撰。清江都李肇偁半畝園鈔本。

余先得一燈精舍未定稿鈔本，已著於録。一九六二年夏老友謝君剛主以此鈔本見贈。取校光緒五年淮南書局刻五卷本，知此即未刊前所鈔，故文字無異。惟此本目卷四攷夕鷊若夤以下七篇，題「經義叢記上」，卷五周禮故書攷以下三篇，題「經義叢記下」，刻本并爲第四卷。卷六祁大夫字説，卷七明數篇以下六篇題「小學叢記」，卷八書李松石音鑑後以下四篇題「韻箋」，刻本亦并爲第五卷，而盡刪經義叢記、小學叢記、韻箋諸題。雖稱八卷，並無溢出之文。祁大夫字説刻本全録苗夔、王筠、何紹基、陳瑑四家文，蓋據祁寯藻道光二十七年縵𦬊亭單刻本，此脱何、陳二篇，而末附一葉，注：「采自一燈精舍詩注者。」知原本有詩，惜未鈔附，以其世所未見。亟録於此。一云：「粤、閩花會，即壓寶也。博徒詭造三十六門，摭三十六鬼以實之。謂各司一門，能爲夢兆。每日壓一門，至夢乃發之。所負衹一，而所勝恒三十五，故卒不敗。洋口俗尤盛，此數千家皆倚囊頭爲食，日縻無慮數鉅萬，婦孺商賈皆得寄壓，每曉，舟人紛紛詢夢，至數歲稚子亦爭説，此殊可駭也。」一云：「覃溪名其齋曰寶蘇，而朝鮮人宗法翁氏，復名齋曰寶覃」云。一云：「蘇文忠公生日，十二月十九日，國朝爲蘇公作生日，自宋牧仲始。」

有「江都李氏選樓藏書」朱文方印，「江都選樓舊主李氏肇偁元之所有書籍」楷書朱文長方印。

實事求是之齋文集二卷 一册

清婁朱大韶撰。鈔稿本。

據首尹𧫒慮序，分爲二卷。末顧蓮跋，知光緒九年曾欲付刊。原稿藏故友封君衡甫家，一九四零年秋借得，屬吳興朱君五峯傳鈔。

虞欽經學專家，而古文樸屬堅緻，語無枝葉。其爲人後者稱其本生父母議，於宋英宗以濮安懿王子入繼仁宗事，以司馬光、程頤諸議爲非，而獨是歐陽修「爲人後者，爲其父母期，謂之降服。聖人降三年爲期，而不没其父母之名。見服可降，而名不可没」之説。謂修之意「謂後人者繼大宗，而不能改其本生父母之名，未嘗謂崇本生而奪大宗之統。明張璁、桂萼借以行其私，後人遂詆修啟張、桂之邪説。修固不受誣也」。引據經傳，立義堅確。虞欽固深於禮者也。韓詩遺説存自叙辨漢世所云家法，謂一家之學，如孔氏有古文尚書，安國以今文讀之，遂以起其家。家，謂「古文家」，以別於歐陽、大小夏侯，非以祖孫父子爲一家。故劉向説詩爲韓而非魯，以駁王伯厚以向爲元王孫，而所習亦爲魯詩説。謂漢師稱述他家，必冠以某氏，若本師則不須復言。故鄭玄先從張恭祖受韓詩，注禮時未治毛詩，箋詩亦多與毛異，蓋用舊説。於「素衣朱綃」、「侵阮、徂、共」，箋明言魯詩，而於「瞻彼洛矣」首章，與白虎通引韓詩内傳同。注坊記、「采葑采菲」與列女傳所説「安新忘舊」義同。而無文以明，皆可心知其意，糾臧庸輯本之不收二家。凡此猶經生家言，至兩江總督謚襄毅裕謙公死事紀略、江南水師提督陳忠愍公象贊、郡守王伯陽棠蔭去思圖，叙於道光二十二年英軍犯滬，裕謙、陳化成死事之烈，王伯陽守御之勞，記載詳贍，辭旨憤激，又可補史之遺。他如兵部侍郎總督漕運朱公墓表、書先師陸若璿先生隸書册子後，則朱爲弼、陸明睿顯晦不同，而皆爲虞欽所師承。曾見殷元正輯集緯十二卷，陸明睿增訂本，其呫畢偶録恐不復存矣。余嘗欲與嘉定朱右曾春暉軒文集合刊之，皆經師佳集也。末附其兄大源重修蒲城縣先農社稷壇碑記一篇。大源字伯泉。與虞欽嘉慶己卯同榜舉人。

爲人後者稱其本生父母議　王秋泉先生遺文叙　韓詩遺説存自叙　國語賈注輯自叙　郡守王伯陽棠蔭去思圖叙　許叔翹傳　松江府知府李公傳　周澹安傳　周母王太安人傳代　世父觀白先生行略　先室王孺人繼室盛

孺人傳　兩江總督謚襄毅裕謙公死事紀略　書知縣張君事　江南水師提督陳忠愍公象贊并叙　兵部侍郎總督漕運朱公墓表　例授文林郎李君墓志銘并叙　書先師陸若璿先生隸書册子後

清籟閣集不分卷 一册

清長洲褚逢椿撰。鈔稿本。

逢椿號僊根。諸生。與朱綬、潘曾沂、彭藴章、沈傳桂、韋光黻、吴嘉淦，稱吴中七子。刊有在山草堂詩集，其少作也。

此册爲駢散體文三十三篇，附院課，及應試所作詩賦。手稿本藏章式之先生處。著録四當齋書目。此爲昔年乞顧君起潛傳鈔者，故中有起潛校筆。逢椿筆調清麗，而才氣稍弱。論其文格，遜於朱綬知止堂集。而諸序記頗足攷見當時吴中才彦隱士。江南黄運兩河議，於河流變遷，疏治利害，洞若觀火，尤非呫嗶帖括者所得措一辭。其論詩喜述朱綬之言，謂「吴中自沈尚書擅詞壇之席，學者靡然宗之，矯漁洋神韻之弊，而力趨正始，其失也隘。錢塘袁氏倡爲性靈之説，而靡曼之音盛於江左，其失也濫。蓋歸愚有功詩教者也。子才有罪詩教者也。其不可學則一也」。案當日詩壇，以歸愚、子才爲兩大宗，而綬則以吴翌鳳爲歸，故其持論迥異時流，逢椿與之沆瀣一氣。顧翌鳳名位不顯，其與稽齋稿傳本又希，獨吴中前後七子皆宗尚之。亦論吴中詩派者所當知也。其詩賦自謂不足存，然亦功力深穩，不媿才士之作。

三國論　江南黄運兩河議　駁明張孚敬正典禮議　代白龍廟禱雨文　繪水集後序　張春甫詩集序　壬寅延秋詩社小序　朱酉生椒華館詩集序　蘭苕館試帖小序　顧總之清嘉録序　張霄階聽松堂詩序　蔡爾眉遺詩序　韋君繡蕊珠居集論序　莫養恬婁闕小志序　六壬鴻寶序　管芳岩家用五行占驗序　王韞齋聞妙軒詩序　郭季虎申江送别圖記　屠伯洪往迹圖記　盛石卿賦稿序　葉調生重刻石林詩話序　顧侍蘐寄廬吟草後序　朱薇卿亦淨居詩序　景岳發揮序　馬覺生望雲後圖序　哭蔣希軾文　祭樊丈礪齋文　顧孺人誄　答張瑛如書　謝程心柏墓志潤筆啓　答沈西雍太守尺牘　埋筆文

武陵山人文稿不分卷 一册

清金山顧觀光撰。手稿本。

尚之與張嘯山齊名，舉凡經學、音韻、天算、曆法、地理、醫術、校勘各門，無不精通。舒藝室全書，錢氏復園刊之，而尚之著述所刊以算學居多，遺稿往往散在收藏家。此雜著手稿二十篇即錢培名小萬卷樓叢書刊武陵山人雜著底本，而出自故友高君吹萬，有印記可證。每篇題下鈐「觀光」二字朱文印，末單曲線記則用守山閣藍格紙所寫，知爲假館錢氏時所作。其雜説二十四則，首闕數葉，題係後人增補，爲讀書札記。極似舒藝室隨筆。校禮記王制誤字云：「王制方千里者爲方百里者百，爲田九萬億畝。」鄭注：「萬億今萬萬也。」案：「經注『萬億並千億之誤』。蓋鄭注上文明云『億，今十萬』。安有十萬爲億，而萬萬即爲萬億之理。鄭所見本必作『九千億畝』,方與上文方百里者爲田九十億畝相合。其後經文既誤,復以誤文改注,歷千餘年無有起而正其失者。」解國語越語「禮先壹飯」云:「越語夫差曰:『寡人禮先壹飯矣』,韋注言己年長於越王,覺差一飯之間,非也。吳越春秋載此文云『吾之在周,禮前王一飯』,蓋即周之宗盟異姓爲後之義。吳於周爲同姓,越於周爲異姓,故下文云『若不忘周室,而爲敝邑宸宇,亦寡人之願也』。」均爲前人所未及。他如與錢丈湛園書論校鬼谷子、與張嘯山書論古韻、讀浙江圖攷書後、與翁査麓書論三江、讀周髀算經書後、論算學、讀外臺秘要書後、與沈丈卿雲書論醫學,無不原原本本,殫見洽聞。惜其所佚既多,不克盡傳於世也。

有「高氏吹萬樓所得善本書」白文方印,「葩廬劫餘長物」朱文方印。

二知軒遺集不分卷

清嘉定諸成琮撰。鈔稿本。

成琮字□□,□□□□舉人。嘉定縣續志前志藝文補遺著録爲二卷。此爲借故友陳君蒙庵藏稿本傳鈔者。不分卷。成琮參贊鄉政,其議論具見集中,如籌防禦議、賑卹定米價、駁釐捐,咸井井有條,可施之行。記錢農部請師始末記咸豐十年太平軍克復蘇、松,地主勢力推錢鼎銘代表乞師於曾國藩事,亦爲研究太平天國史之資料。嘉定一邑,乾、嘉以來樸學蔚起,古文乃其餘事。然如朱右曾、葛其仁等,皆根柢槃深，故文亦樸茂安雅。成琮與朱、葛並時，擅經濟才，雖術業不同，而文之樸茂安雅，則差堪比肩。又著有桑梓見聞録，見自序，記道、咸間鄉里文獻，以補志乘所未及，當有可觀。不知其稿存亡如何。成琮子維銓，亦擅文學，續志有傳。此稱遺集，或出其蒐輯。不知何以不謀刊行也。

顧氏支譜序　桑梓見聞録自序　潘望之詩稿序　送朱亮甫太守入都序　送瞿京之之官序　送施礪卿之湖南序　送李珠垣南歸序　贈周小農進士之官廣西序　送劉松巖明府移任青浦序　孫封翁梧岡六秩雙壽詩序　修山西會館記　重修太和觀音堂記　重建上方山文昌閣記代　娱暉亭記　蕭寺翦燈圖記　上陳師書　與邑令劉松巖書　與何中翰書　與王荆門一　又二　復贛榆程生宴林書　上察院公呈　募修永懷寺啓　記錢農部請師始末書揚州女子吳月卿事　灌花説　書彭甘亭嘉定七生圖贊後　祭秦湘翁文　祭雲明經文　焚黄祭文　叔父祭文　秦石田配黄孺人祭文代

春緑山房詩稿一卷文稿一卷 一册

清海寧楊禮榮撰。舊鈔稿本。

禮榮字桓伯，號柯亭。海寧人。諸生。候選訓導。工篆籀。父文蓀，號芸士，有名嘉慶、道光間，柯亭善承家學，與父執諸名流相唱和，詩亦韶秀。海昌藝文志據杭郡詩三輯，著録春緑小稿，無卷數。蓋皆未見其書。此清寫稿本分兩卷。首宋翔鳳記，潘曾瑩題詩。稿中大都旅游蘇、杭之作，頗有遺聞，可資掌録。余昔讀沈西雍説文古本攷，多引陳南園説，而同治蘇州府志藝文著録長洲汪獻玗亦有是書，月生固南園弟子，頗疑沈書爲月生代作。攷南園流翰仰瞻小傳，于西雍云「説文古本攷未成書」，于月生云「通小學」。今卷中戊申哭汪彦石詩注云：「時爲沈匏盧觀察參訂説文古本攷一書。」匏盧，西雍字；彦石，月生字。則可證沈書確出汪手，可補潘鄭盦刻書跋所未及。南山行序云：「吳之西南多山，山上下冢墓纍纍，神道墓門，靡不極其宏麗，貲糜鉅萬。山農咸樂趨其工役，而惰於耕作。今秋旱歲飢，偏災無振，則救築之工，不啻趙清獻之完城以代振也。詩之以見吳俗之一云。」吳俗好侈，百年後此風猶存。往昔清明上冢，于舟中每見之。宋于庭重宴鹿鳴詩注云：「先生薦江孝廉忠源于俞同甫刺史，稱其公正端方，不避艱險。」可益前人所未聞。朱筱漚司馬鈞以何主臣所刻虞山毛氏汲古閣收藏九字石印見贈作詩謝之，則爲談骨董者之佳材矣。文稿中芸士府君行述，記其家世交游極詳。芸士不得志于科第，以作幕終其身。先後佐潘芸閣纂續行水金鑑，分修「淮河」；朱蘭坡輯國朝古文彙鈔，吳仲雲纂杭郡詩輯，錢警石訂海昌備志人物一門，他如蔣春雨、孫淵如、劉金門、蔣伯生、洪稚存刻集，多經其校定。購求書籍，所藏不下五萬卷。尤注意于舊鈔未刊之本，如宋賓王手校周益公集、吳都文粹、趙誠夫三國志注補、徐章仲五代史注補、談孺木國榷、范文白海寧縣志、陸射山北游日記、周松靄西夏書、海昌勝覽、松靄類説、岑政録各書，欲校勘刊行而未逮。自著述鄭齋詩集文集、碧湘館詞、補兩漢會要、逸周書王會解廣注、師友詩存、海昌詩存、北朝石刻字形攷異、續疑年録訂補諸書，亦無一存者。晚年曾寓吳之孔副司巷，故府志流寓有傳。葉菊裳藏書紀事詩亦載之，所記均甚簡略，得此可補其闕。

楊子柯亭夙承家學，早擅才名。長篇短詠，輒邁流俗。示以行卷，留於案几，暇時諷誦不能去手，已將一年，兹序其後。蓋自前修所以教人，必曰性靈。性靈之中，詩所從出。饑者歌食，勞者歌事，無非實際，無非性靈。虚實相應，有如影響。無形求影，無聲求響，烏能得之？柯亭之詩，實虚斯備。其懷古也，必稽典實，俯仰之情，周於行墨。其感時也，據其大端，揚激之言，聞者足戒。近自家庭，及於同志，登山臨水，風晨月夕，心之所之，此倡彼和，盡斥浮辭，以攄素抱。往昔顓門，近代耆宿，造車合轍，異曲同工。巖積萬卷，徑有三益。春秋方盛，道路彌遠。逞其逸足，所到難量。僕託交舊，得證新知。詹詹小言，聊識愉快。咸豐乙卯四月望日，宋翔鳳記。

甫草偶存不分卷 一册

清吳江倪寶鍵撰。手稿本。董乘等手跋。

寶鍵字公之，號又香。吳江諸生。工畫，與程序伯、王秋言善。同治蘇州府志藝文有梅花老屋詩稿四卷、詞二卷，而藝術無傳。其書亦無刊本。此爲其手寫稿。寶鍵性愛梅，太湖濱有地名伍步者，相傳伍胥渡此，故名。三面羣峯環拱，明湖如鏡，其先墓在焉。又香植梅二百株，並自營生壙。填高陽臺志之。又所居臏園舊有老梅二株，復添種三十樹，花時不減香雪之勝。亦填金縷曲志之。此梅花老屋所由名也。觀其詩詞，知其秋闈報罷，中歲悼亡喪子，旅食維揚，寄情聲伎以自遣，蓋潦倒不遇之士。故所作雖未臻工遒，不無淒切之辭。而題畫者居其半，則風華秀麗，在並時畫人中當與改七香、費曉樓相匹。詩如畫扇贈子芾云：「江南紅豆最情多，細雨長橋玉一渦。好取龍香新撥子，替郎調出定風波。」「蘼蕪采後欲遺誰，分付楊枝與柳枝。牢説春愁消未得，去燒紅燭照填詞。」迪甫索題枕函云：「日影扶花到繡窩，東風無力欲蹉跎。只消一覺華胥夢，春色從知枕上多。」詞如虞美人小園送春云：「小樓昨夜風和雨，待送春歸去。更無人處下簾鉤，賸有二分詩思一分愁。　無情芳草天涯緑，似我離懷惡。隔林啼鳥晝愔愔，偏是落花滿地不開門。」憶舊游題程序伯秋雨填詞圖云：「記題巾墨暈，剪燭紅攤，擘盡蠻箋。已是傷秋瘦，更蕭蕭淅淅。絲雨和煙。那堪緑蕉滴碎，終夕攪人眠。況笛泬飄鶯，酒廊泊燕。眷夢誰邊。　闌珊，舊游地：怕芳杜愁蘅，蘭訊都寒。儘有離滋味，賸詞中么令，畫裏臞禪。倘教小紅低按，幽怨憶湘絃。只湖海飄零，一般錦瑟悲去年。」霓裳中序第一贈蕙卿云：「春風過二月，曲巷幽坊鳴畫屧，相遇歌筵重疊。正細雨江南，落花時節。酒腸豪闊，乍醉醒添換羅襪。銷魂處，侍兒扶起，絮語漸偎頰。　金鴨，蘭熏頻爇。看四壁圖書清絶。海紅低睡繡閣。李嶠青衫，何戡白髮，鳳槽愁半掐，怕入破清商頓歇。輕携手，燈昏樓上，舊事忍重説。」皆清麗可誦。首有同時人題識，其署「公之般禄」者，下鈐「峅石詞人」印，案卷中有題黄公之般索畫挑燈閒看牡丹亭圖詩，知其姓黄名禄。余昔有翟琴峯所作圖軸，無上欵，當亦爲黄所屬也。

道光庚子仲春，子晉董乘拜讀於鐘聲帆影樓。

庚子中秋，同寓秦淮，兩岸笙歌，一湖燈月，縱觀吟什，消遣旅懷。公之般禄讀，并記於青溪水榭。

壬寅秋八月弟鶴清讀。

桃鄉精舍文集一卷 一册

清江都任雲倬撰。鈔稿本。

雲倬字漢卿。諸生。師淩曉樓、劉孟瞻而友劉伯山、薛介伯、劉叔俛、李賓嵎。學豐而遇蹇。咸豐三年太平軍克江都，漢卿既貧困，又喪妻與二子，自投於井。叔俛爲撰墓銘，賓嵎爲撰傳略。其遺著周易諸卦合象攷、周易互體卦變攷各一卷，徐積餘丈刊入鄦齋叢書。

此集存文六篇，蓋出於後人掇拾者。其説文重文略例，謂「説文重文有或省，或不省，或如此，或非是，或从某，或从某聲，層見叠出，縷析條分。其例之最著者，有古文例，籀文例，俗字例，奇字例，引書例，正例，變例，凡此七例，顯而易見。其有隱而難見者，有指事之例，象形之例，諧聲之例，會意之例，轉注之例，假借之例。散見則難明，彙舉則易曉。倘好古者即此六例以考核重文，於每字下各分條例，俾攷古者有所遵循，亦可謂有功於古籀矣」。其字論謂「字律之條不明，省易之體日熾。有漢時之省易，有説文中之省易，有摹印中之省易，而漢碑有省易之中與古文合者，有違乎形即違乎聲者，此皆省易之體日熾，字學之例不明也。夫字學不修，實與經學有累。後之書碑碣者，變省易之陋習，復小學之舊觀，而於文中引用經語，筆畫尤爲研究。俾學書者即是以求點畫，窮經者因是以攷形聲，非獨與字學有功，亦且與經學有補」。於古今文字之變，窮源竟委，舉例詳明，意其欲撰專書而未成乎？他如三年導服説駁段氏説文注之誤，二十四橋攷補沈氏夢溪筆談補之遺。真子飛霜鏡攷釋明銘辭合韻之例。題梁節愍公遺集記表鄉賢忠義之節，皆卓然可傳。豈得以卷帙寥寥而少之？

三年導服説　説文重文略例　字論　二十四橋攷　岑仲陶所藏真子飛霜鏡攷釋　題梁節愍公遺集記

范岐岩先生詩文集不分卷 一册

清河間范鳴鳳撰。門人高邑李國治輯。舊鈔稿本。

徐世昌清畿輔書徵卷二十：「范鳴鳳，河間人。同治間官臨城訓導。關心文獻。國初名儒喬已百遺著久湮没，鳴鳳搜得，特爲文表章於世。著思誠居士文鈔。」案，思誠居士文鈔未見，此爲其門人高邑李國治字小芸者輯録，殆未刊稿本也。鳴鳳字岐岩。其述懷寄李小芸詩：「三十始得膺鄉薦，公車九困命何奇。」蓋以乙榜官臨城訓導，與苗仙露爲友。集有李恕谷周易傳注詩經傳注序，又時稱述顔習齋語，蓋其學以博野爲歸者。明末臨城有喬已百者，人稱百一先生，爲四川巡撫璧星玄孫，吏部考功清吏司員外郎若雯子，以諸生業志聖賢，講求經濟，與習齋、恕谷論學相契。著述甚富，不輕示人。將殁，悉納之屋樑中，誡子孫勿動。越一百八十年，至同治十年，因屋宇傾頽，遺書得出，而鼠嚙蠹蝕，殘缺不可讀。鳴鳳爲校理，得世譜前集三卷，正集三卷，後集六卷，葬説一卷，臨城志八卷，並爲之傳。又據其家乘爲喬璧星中丞傳，以補史佚。他文如鹿邑李廷棟、樂平張來鳳諸傳，雖文筆稍嫌拖沓，然皆明末文獻，有闡微之功。惟附時文四篇，殊爲蛇足。詩亦非當行。論文三十二首，自宋王介甫、陸子静以迄明、清工于時文諸大家，而自居爲殿，蓋猶晚明習氣云爾。

小蘇齋文稿一卷

清吴江翁棨撰。手稿本。

棨有小蘇齋隨筆，已著録。此卷存文八篇，皆咸豐庚申後作。于太平軍多所誣蔑。其文關涉鄉里故事者，如議建藝英書院以育人才，議修九華禪寺以增勝概，王梅汭鴛脰湖莊詩集書後、陳子松詩經融解評本書後各詳其行事，尤有表微闡幽之功。其所自著見于稿中者，有江震殉難聞見録、平望詩拾，蓋其于一鄉之文獻拾遺補闕，孜孜不倦，可謂有心人矣。海琛聽鶯居文集僅存鈔本，小海小蓬海遺詩屑屑集刊入别下齋叢書者，亦寥寥短帙，而棨所著，則世更無知者，他日有續松陵文徵者，或有取于斯。

靈鶼閣駢文録存一卷 一册

清元和江標撰。鈔稿本。

建霞力學嗜古，師葉鞠裳而友管申季、費屺懷及我復禮曹師。通籍後一奉湘軺，以力主新政，遂遭罷斥，鬱悒以終，世咸惜之。著述多未成，祇自刻黄蕘圃年譜，趙學南刻紅蕉詞而已。此駢文七篇，祝君心淵秉綱手輯，備刊未果，因以見貽。余于學術文而運以儷語者，心折孔顨軒戴氏遺書序，後讀陳卓人白虎通疏證自序，庶幾其繼，及得吾鄉許鶴巢賡颺遺稿，知實爲鶴巢代作，益歎經術辭章兼之爲難。今讀集中重刻山海經箋疏後序，則真無媿于鶴巢矣。上吳愙齋中丞書言金石攷據，亦其儔也。管中季之經學，爲陳碩甫再傳弟子，殁後未有志傳，得此誄文，可識其爲學之大略。廣志賦所揭櫫者四端，曰算術，曰地理，曰古學，曰物理，以此自勗，亦異于拘墟泥古之士。他文均韶秀，似六朝小品。一夔已足，我于此集亦云。

重刻山海經箋疏後序　與劉佛卿書　上吳愙齋中丞書　紉秋館主小闌花韻圖序　管君中季誄并序　白蓮花賦　廣志賦

茹荼軒續集六卷附炳燭隨筆一卷 一册

婁張錫恭撰。鈔稿本。

封君衡甫既刻聞遠先生説經之文，爲茹荼軒文集十一卷，又續得詩古文若干篇，輯續集六卷，附炳燭隨筆，未及付梓。余從其嗣耐公假得録副。一九四九年，其鄉人集資與錢復初先生待烹生文集合刊爲雲間兩徵君遺集，各有删汰，此集凡删去十三篇，其與王某、唐某二書，勸阻于松之細林、赤壁採石築路，以保墳墓事，有關築路掌故。麗澤會啓爲徵集書籍以供衆覽，爲建立圖書館之張本。駢體亦甚雅潔，似均可存。宋台州本荀子與熙寧本同異記，本非文體；去之是也。但宜别附卷末，以資讀荀子者參攷。熙寧本荀子爲士禮居舊物，向藏韓氏讀有用書齋，先生取與古逸叢書覆刻台州本細勘，即點畫之異，無不詳載，讀之如覩原書。憶昔韓氏書散，余曾得披覽，古色古香，驚心動魄。祁陽陳君澄中斥萬金購去，爲其收藏宋版書之發軔，因自號郇齋。後悉攜所藏，僑居海外。近聞所藏大部分已歸北京圖書館，而此本則仍不忍釋然。則此記之存，尤足貴也，亟附録之。

附録宋台州本荀子與熙寧本同異記

荀子注序熙寧本無注字。諸侯分政分，熙寧本作力。弛而復張弛，熙寧本作弛。其所衜據熙寧本衜字不缺筆，下「衜之方言」同。

荀子新目録　冨國篇第十熙寧本冨作富。致仕篇第十四熙寧本致从至，旁夂。下同。

荀子卷第一　勸學篇第一　須史之所學也熙寧本史作臾。而致千里致从夂。巢非不完也。熙寧本完缺末筆作宂，注「可謂完堅矣」同。注「一名白茝」熙寧本茝皆作茞。注「搆結也」熙寧本搆作構。怨之所搆熙寧本怨作怨。梧鼠五技而窮熙寧本技作技，从支，不从攴，是也。注中三技字同。注「能穴」熙寧本穴作穴。瓠巴鼓瑟熙寧本鼓作鼓，从攴不从支，是也。下「伯牙鼓琴」鼓字及兩注中三鼓字皆同。須史舍也史，熙寧本作臾，下皆同，不復出。注「爲已」熙寧本已作己，是也。螾熙寧本作虫旁而下犬，注皆同。注「謂之賛唱」熙寧本唱作嘖，是也。注「吴起謂商文曰」熙寧本商作商。注「而後梭」梭，熙寧本从手旁。

脩身篇第二　注「易曰」熙寧本易作易，是也。注「讀爲災」災，熙寧本作灾，下同。謟諛我者熙寧本謟作諂，諛作諛，下同。致惡其賊致从夊，下皆同，不復出。諫爭者疏熙寧本疏从疋。觸陷生疾熙寧本觸作觸，陷作陷。謂之諂諂从臽，注同。又注陷字，皆从臽，皆熙寧本是也。謂之諛諛，熙寧本从臾。注及下皆同，不復出。多而亂曰耗熙寧本耗作秏，注同。注「修身之術」熙寧本修皆作脩，不一一出。養心之術熙寧本術，皆从朮，下及注皆同，不復出。步道者熙寧本步，从少不从少，注及下同。注「鼻口面體」熙寧本鼻作鼻。面作百。倚魁熙寧本倚，从奇不从奇。魁，从斗不从斗。注内皆同。注「一涉反」涉亦从少不从少。注「渠讀爲遽」熙寧本渠皆从巨，此从臣誤。下渠渠同。雖陷形戮熙寧本陷皆从臽，是也。後不復出。注「其子焉住矣」熙寧本住作往，是也。此誤。

荀子卷第二　不苟篇第三　注「羽氣忒羽」成誤忒。注「辯足以明一」熙寧本一作事。注「人不能勝」熙寧本人作而。非諂諂，當从熙寧本，爲言旁臽。後皆同，不復出。言已之光美熙寧本已作己，是也。下皆同，不復出。注「潐，予誚反」熙寧本予作子，是也。注「變改」凡改字熙寧本皆从己，是也。後不復出。嘿然而喻熙寧本嘿，皆从黑，注及下同。不誠則疏熙寧本疏，皆从疋，後不復出。注「賣直」熙寧本賣，从買不从買，是也。前後慮熙寧本慮，皆从七，不从土。

榮辱篇第四　戈矛之刺刺，熙寧本从朿不从朿，是也。注「已直人曲」已，熙寧本作己，下注「刻已」同。鬬者熙寧本鬬，皆从鬥，是也。下及注同，不復出。親戚熙寧本戚皆从戉，後不復出。豈不過甚豈，熙寧本作豈，注及下皆同。賈盜熙寧本賈皆作賈，注同。注「當爲皺」熙寧本皺从友不从犮，凡皺字皆同。不怨熙寧本怨皆作怨，不从匕，後不復出。注「愷悌」熙寧本愷从豈，後凡从豈者同，不復出。注「胠與袪同」熙寧本袪字皆从衤，不从衣，是也。以敦比其事業敦缺末筆，下皆同。君子汪錯汪作注，是也。此誤。而後備者也備，熙寧本作備。注「以穀食於圈中」

熙寧本穀，从殸从禾。此誤。注「與眓狘同」熙寧本眓狘皆从戊，不从戊，注中皆同。注「矜莊」熙寧本矜从今，此誤。累世世，熙寧本作世。禦欲禦，熙寧本作御，是也。注「禦，制也」同。注「廣博」博作博，是也。下同者不復出。注「聖王所以治人之七情」熙寧本作「聖人之所以治人七情」。注「盈虛」虛作虛。

荀子卷第三　非相篇第五　斷菑熙寧本斷作斷。菑从巛。注同。凡从巛者皆同。不復出。注「毛廧」廧从回，此誤。注「多步」凡步皆从少。後不復出。注「潧川」熙寧本潧从夬，不从脊。悔其始悔，熙寧本从每，注同。幼而不肯幼从力不从刀，是也。後皆同，不復出。注「笑笑者」熙寧本作「形笑者」。黼黻熙寧本作黼黻，注同。注「亦猶比也」比，熙寧本作此。責之神之熙寧本責作責。注目神異熙寧本目作自。注「無根木也」熙寧本木作本。起於上熙寧本起皆从己，後不復出。

非十二子篇第六　注「上下之意也」熙寧本無之字。注「仁義禮智者也」熙寧本者作信。注「喧囂」囂从頁，是也。此从貢，誤。佛然平世熙寧本乎作平。注「明上之所禁也」熙寧本上作王。注「曰公它成」熙寧本曰字似作田。注「逆者」熙寧本逆作逆，此誤。注「步也」熙寧本作步。注內同。此本出於日本，作步，疑非台州本原字。不恥不見用熙寧本恥皆作恥。注「假借」假不从叚。熙寧本不誤。

仲尼篇第七　豎子熙寧本豎，缺一點作豎，下同。注「轂梁」凡轂字，熙寧本皆从殸禾，此本皆从殸木，此誤。後不復出。注「不升」升，熙寧本皆从升。注「衺世」衺是衺之壞體。熙寧本正作衺。

荀子卷第四　儒效篇第八　屏成王凡从尸者，熙寧本皆从尸，是也。前後不復出。教誨誨，熙寧本从母，不从毋。邪道爲貪熙寧本貪从今不从令，是也。社稷熙寧本稷从禾，不从示，下同。夲朝夲，熙寧本作本。設規矩熙寧本規作規。几知説几，熙寧本作凡。是也。注「使汝爲□□蜮也」所空兩字，即「鬼爲」，熙寧本有之。注「貣，士得反」熙寧本士作土，是也。挾洽洽，熙寧本作治，是也。娅姓凡从亚者，熙寧本皆从臣，是也。注「不休」當依熙寧本，休从木不从朮。注「汜音」當依熙寧本，音下增祀字。注「於申反」申，熙寧本作甲，是也。鼓之熙寧本鼓从攴，是也。注「凾人」熙寧本凾作函。注「一壷酒」壷，誤。熙寧本作壺。注「先王夫之有」夫，誤。熙寧本作未。注「故士也」士，誤。熙寧本作亡。注「爲之一也」一字衍。熙寧本無。注「切所宜」切从士，不从土。

荀子卷第五　揚倞熙寧本卷首缺二頁，而此揚字从木旁。

王制篇第九　職而不通職字以上，熙寧本皆缺。注「衆人之毋」毋，熙寧本作母，是也。材技之士技，熙寧本从支不从攴，注同。注「通商」商，誤。熙寧本作商。黿鼉魚鱉熙寧本皆从黽，不从黽，是也。下皆同。注「敦朴」敦缺末筆。尚完利完字皆缺末筆。

荀子卷第六

富國篇第十　樹事熙寧本樹字皆缺末筆。注「不秏損」熙寧本秏，皆作耗。伺詐伺，熙寧本作司。〇按此本人旁似後加。注「除天物之外」天，熙寧本作大，是也。注「薦或爲存」存，熙寧本作荐，是也。爪魅魅，熙寧本从彡，注同。其政令一熙寧本一字中斷，分作注中兩一字。是闇王已王，熙寧本作主，下「是愚王」同。所以夫之夫，誤。熙寧本作失。淑人淑，誤。熙寧本作淑。注「□巧爲繁多」按熙寧本空格是但字。

荀子卷第七

王霸篇第十一　注「甯有己怨」己，熙寧本作已，是也。注「不妄秏費」熙寧本秏皆从禾旁。注後不復出。注「而滅之也」熙寧本無也字。注「竪貂」熙寧本竪字缺右點。注「綦極也」極，誤。熙寧本从木旁。注「春藁」藁，熙寧本从禾，不从木。共已而矣矣，誤。熙寧本作已。無ナ是其外矣ナ，熙寧本作有。罷罷，熙寧本从罒不从罒，注同。而社禝危此禝字熙寧本从禾旁。周公且且，誤。熙寧本作旦。注「皆不定爲」定，誤。熙寧本作足。

注「當爲烝」熙寧本烝作𠙋。下同。去遂之遂，熙寧本作逐。是也。注「若兵甲田賦」兵，熙寧本作𠂇。注「令史」熙寧本史作吏。

荀子卷第八　君道篇第十二　雖博傅熙寧本作雖博傅。以爲故也也，熙寧本作邪。史吏史，熙寧本作使。○此字似後人描改。

荀子卷第九　臣道篇第十三　不卹卹，熙寧本从卩不从阝。第四頁熙寧本缺。王好獨熙寧本王作主。匡救熙寧本匡作匡。不卹是非熙寧本凡卹皆从卩。後不復出。注「使生狂也」熙寧本狂作狂。

致仕篇第十四　山林茂从戊誤。熙寧本作戊。注「糞其根也」糞从釆，誤。熙寧本从米。

荀子卷第十　議兵篇第十五　注「倏忽之間」倏，熙寧本从犬，不从火。秉鉞熙寧本秉作秉，鉞从戉，是也。攻完完，缺末筆。注「髀褌一」褌，熙寧本作褌。注「音秩」秩，誤。熙寧本音秋。注「不得必」得，誤。熙寧本作可。注「故旡兵」旡，誤。熙寧本作無。失是之謂大吉失，誤。熙寧本作夫。注有臣有左師上有誤。熙寧本作其。驩兜熙寧本兜作兜。注同。得夫下也夫，熙寧本作天。注「主之兵」熙寧本主作王。注「妲己」妲，熙寧本作妲。注「富具」熙寧本具作足。是也。

荀子卷第十一　彊國篇第十六　注「初開此也」此，熙寧本作刑。注「受命子宣王」子，熙寧本作于。以爲齊爲歸熙寧本無上爲字。注「一則天下笑」起，至正文「是仁」止凡二頁熙寧本闕。注「曾參下脩武」曾，誤。熙寧本作曹。第十一頁熙寧本此頁略異，板心有字數。而步字从少，策字从朿。注「大荒」熙寧本大作太。

天論篇第十七　注「蕃茂也」茂，熙寧本从戊。光輝熙寧本輝作暉。煇潤不博熙寧本煇作暉，博作博。而盡亡矣熙寧本作「盡而亡矣」。注「豐富」豐，熙寧本作豊，下同。注「裁制之」熙寧本之下有也字。注天之所禽禽，熙寧本作命。注「直者爲桶」桶，熙寧本作桷。望時而侍之侍，熙寧本作待。聘能熙寧本聘作騁，注「聘其智能」同。注「目物而自多」熙寧本目作因，而作之。注「万物」熙寧本万作萬。注「若思」熙寧本若作苦。注「猶无益也」熙寧本无作無。○第廿三頁板心無人名。誤字亦多。字體與呂本絶異，疑非從台州本影出，俟考。注「摽準也」摽，熙寧本从木旁。

荀子卷第十二　正論篇第十八　注「特猶耳也」耳，熙寧本作直，是也。注「亦非謂形象也」熙寧本形作刑。注「緦冠繰纓」繰，熙寧本作澡。注「謂穀張也」熙寧本穀字从㱿木，不从禾。注「韋昭公」熙寧本公作云。注「藩服」熙寧本藩作蕃。注「而不圖」熙寧本圖作圓。注「五伯里甸服」伯，誤。熙寧本作百。注「必帥舊典」熙寧本必作心。以養鼻熙寧本鼻从畀。注「汪禮記」汪，誤。熙寧本作注。注「王由人耳」熙寧本王作主。注「即龍疏鬌音」熙寧本疏下疊疏字，是也。

濂亭評文一卷 一册

清武昌張裕釗撰。手稿本。

廉卿古文，爲桐城派後勁，書法北魏，康南海推爲鄧完白後一人。此爲課卷批尾，剳集裝册，昔年祝心淵先生所見贈。其筆跡可識，而不知所評爲何人之作。後讀張仲仁先生一麐古紅梅閣筆記：「癸未偕兄乘豐順輪至保定協署前寓所。時保定蓮池書院山長爲武昌張廉卿先生。蓮池不許外人應試，余借先君門生滿城康炳宣名考課。先生點名時，顧而異之，屢列高等。廉卿先生書名滿天下，續藝舟雙楫以爲鄧完白後一人，首列神品。余卷評語，綴于一册，時時臨摹。後入蜀中，同幕見而借去，竟爲所攫，至今惜之。」始知所評爲仲仁先生蓮池試卷。癸未爲光緒九年，仲仁先生年僅十七，而于經義訓詁所得已深，極爲廉卿所賞。而猶謙謂課藝不足存，祇以廉卿書法之工，割留其批尾。然于評語中有足窺廉卿經學者，如云：「國朝治漢易者，以張皋文氏爲最。其説宗主交州，較惠、江諸家更爲精密。誠爲好學深思，然亦不免墨守之過。如説大象傳於上下二語，往往不相貫注；鄙意頗未敢苟同。」云：「訓詁之學，郝優於邵，王又優於郝。」云：「虞氏之説，未可盡據。王伯申氏經義述聞，糾之甚力，虞氏復生，殆於無可置喙。」皆是也。則不僅其書法之足重而已。

有「心淵持贈」朱文方印。

談經詩一卷落花詩一卷 一册

清吴縣沈修撰。手稿本。

綏成珠劍集已著於録。此談經、落花詩二卷，係其晚歲所作，録以就正於曹君直先生者。談經爲七言律八首，每首各有詳説，頗抒獨見。謂「羣經爲孔門微言，大誼略具。然有經體焉，傳體焉，非明辨斯名實也訛。因定易爲一經，書爲一經，爾雅附詩爲一經，士、禮二記附周官爲一經，小戴樂記、荀子樂論存樂經舊名爲一經。左、語、公、穀合春秋爲一經，孝經、孟子殿論語爲一經，共七經」。並中說其併合之故，謂「周公作周官，爲兆世治平定法，而成王不足行之，竟錮周公之身，墮周官之編。周官既不爲政綱，斯不必邦存其書，周、魯之外，諸爲周公胤者，得欽藏手澤也已。古者市無書肆，書則掌繇史臣。春秋二傳，其有異於周官者，未列爲政典焉。孟子、王制其亦異焉者，未得其書業之焉。若馮此謂歆所淈亂，多形其惑焉」。則隱駁康有爲新學僞經攷之說，謂「荒經之疾，莫甚陽明。以釋氏冥悟爲學，誠不足尚，而深欽其有名將材，及開闢蠻疆之功。則慨時至今葉，禮教蕩泆，人心牿亡，若陽明之濬發知能，猶足以反其恒心，且非徒託空言。謂聖無離民物言學者，治經將求聖王底治術焉。苟家法是蟲，不上甄聖治，則將陷經於無用。由是冥囂之士且囂然日言廢經矣」。則以當時廢經之說塵上，實由乾、嘉以來，治經者多離民物，而徒鑽故紙階之厲也。末謂思成周志一書，爲後世贈，則必有名論可觀，而惜其未成。其落花詩七言律十二首，又後落花、廣落花、變落花、原落花、反落花、廣變落花、廣原落花、廣反落花亦各十二首。均用原韻。共一百又八首。徵典選韻，鉤心門角。其報謝金倚雪云：「身世較花尤不耦，情文麗筆副能雙。」則必有所寄託，非他人所得盡知矣。今合二詩爲一册，庶幾老僧說法，天女散花，冶爲一爐，亦詩林之生面別開者。綏成窮老著書，歿後君直先生輓以聯云：「學從東漢間來，至今歲暮日斜，著述亦憐士不遇；家在西風裏住，此後年豐冬暖，飢寒還恐鬼生愁。」亦足以悲其所遭已。

唐詩鼓吹十卷 五册

金元好問選。元郝天挺注。明廖文炳解。清常熟錢朝鼐、王俊臣、王清臣、陸貽典參校。順治十六年己亥刊本。清長洲何焯、陳景雲評校本。元和顧廣圻題識。

此爲何義門、陳少章師弟合評校本，朱墨並用，間有黄筆。何書流麗，陳書恭謹。何語多評泊，陳語多攷據。卷一劉禹錫哭吕衡州，陳臨何評云：「觀此篇，可以知劉、柳才力相去之遠。」後何復抹去，增「不通」二字于旁。陳墨筆注云：「才力相去之評，乃余己巳冬録先師舊批，後又抹去。側注二字者，則先師辛未春手批也。歐陽公論唐代文章，亦以劉、柳並稱，足知古人于二公初無軒輊。宜師不以前評爲允也。」又許渾題四皓廟第三、四兩句，陳臨何評云：「鴻、鳳屬對，意穩而格卑。」後何增「己巳」二字而批云：「律詩自須穠至。昌黎云『詩正而葩』，三百篇猶然，況降而爲四韻律詩，如經史之變而之于四六乎？」卷四薛能漢南春望，陳臨何評云：「不減老杜。」後何增「戊辰」二字而批云：「此詩太直，全無頓挫曲折。」據此，知陳臨本在康熙二十八年，其後何讀書有得，所見益進，更于三十年加批。時何年三十一，陳年二十二。何卒于康熙六十一年，而陳注已稱先師。則當入雍、乾時矣。卷二韓偓途中經野塘，何評云：「時必已經白馬之禍，王贊、趙崇皆死，故曰『舊游多喪逝』也。」又云：「昭宗與昭宣帝之遇全忠，猶梁武與簡文之被弑於侯景。而致光避地閩中，跡同子山，故以哀江南賦爲比也。」惜花，何評云：「詳味詩意，蓋爲昭宗爲賊温劫遷洛陽而作也。離情愁態，即史所載『朕今飄泊，不知竟落何所』諸語也。昭宗至陝州，遣使以絹詔告急于王建、楊行密、李克用等，令圖匡復。全忠請車駕早發，乃遣宫人諭以皇后新産，未任道路，請俟十月東行。全忠以上徘徊俟變，令牙將寇彦卿促車駕即日發，故曰『眼隨片片沿流去』也。王建嘗使王宗滌將兵，會鳳翔兵，迎車駕至興平，遇汴兵不得進而還。而致光猶冀藩鎮中有能匡復者，故曰『縱得苔遮猶慰意』也。末句則是年八月椒殿之變，蓋知其有必至矣。嗚呼悲哉！」皆能依據史事，貫穿詩意。卷三皇甫冉送孔巢父赴河南軍，陳評云：「聞道句，謂九節度之師，圍安慶緒於鄴也。下句乃言諸軍不利，退守河陽事，注謬甚。」又楊巨源述舊紀勳寄太原李光顔第一首，陳評云：「光顔兄弟，本出番部，故首以玉塞雁行發端，及光顔鎮太原，兼統塞外諸部，故曰『歸時似故鄉』也。落句則以收復河、隴望之耳。忠武軍在許州，非邊境也。」又酬盧員外，陳評云：「此詩乃景山晚歲爲河中少尹後，追憶舊使張弘靖而作。題下本有自注。郝注甚誤。員外與張相有鄉里之親，故景山遇之于舊府，特以謝、羊甥舅爲比也。」卷四李郢上裴晉國，陳評云：「陣前句謂淮西既平，李愬具櫜鞬，迎晉公入蔡也。上句自指平蔡之前，奉命視師事，今注牽合爲一，誤矣。」皆能推闡詩意，以訂注誤。可見何、陳師弟于此一編研摩之勤。惜卷五以下，配以他本，所録墨筆審係邵湘蘅評，不知出于誰手。封面有千里嘉慶三年手題，並附售書札一通，署名曰「庚」當即張秋塘，秋塘常見蕘圃題跋而失其名，藏書紀事詩即以其字著録，今可據此補正。

此本舊藏馮氏校邠廬，後爲故友丁君初我所得。一九三八年夏初，丁書散出，余首得于滬上來青閣，念此書十年内三易其主，而初我墓草已宿，曾用其題古今雜劇原韻賦四絶句云：「紅蟫食字早成仙，忽覩牙籤照眼前。善本琳瑯三萬軸，不堪流落虎兒年。一。山陽怕聽笛聲哀，況值滄桑閲劫來，緗素樓空咫園燼，宗子岱文藏書，聞悉付劫火。月明應有鬼魂回。用趙清常故事。二。茗座婆娑一禿翁，晁、陳簿録貯胸中。當年帳秘曾窺豹，不數毛家汲古工。三。藏書亘古等恒沙，世守從來有幾家？莫貴人間不借本，試看聚散付空花。四。」

有「景雲」白文方印，「少章」朱文方印，「顧澗蘋藏書」朱文長方印。

陳少章先生手批唐詩鼓吹，嘉慶三年得於張秋塘所，思適居士藏并記。

日前踵候，未及面談。近日弟以俗累糾擾，極欲抽身，作半日清談，未能也。何校唐詩鼓吹係舍表弟之物，其值前已面致，一切如已端正，幸爲酌給，以濟其用，甚感。專此，順候澗蘋大兄先生日安。愚弟制庚稽顙。

夢華曾到吳門否？蕘圃半月未晤，念甚，望致之。

舊雨集三卷補遺一卷 一册

清長洲周準輯。舊鈔稿本。

張維屏詩人徵略卷二十五：「周準字欽萊，號迂村。長洲人。諸生。有迂村漫稿。」同治蘇州府志藝文「所著有虚室吟稿、瓢中集、鶴皐集、玉楮集、人海集及迂村詩鈔八卷。」余所見乾隆中刻本，又有迂村文鈔二卷，迂村社稿一卷，楮葉集一卷，黄海集一卷，梵叟賸稿一卷，蓋其著述甚富，而未見舊雨集之目，殆未刻稿本歟？ 是集所選，知名者如沈歸愚、顧俠君、李客山、徐龍友數人外，皆姓氏不彰，湮没無聞。 迂村家甫里，故甫里人詩爲多。 許心扆爲梅花墅後裔，家富藏書。 葉菊裳先生藏書紀事詩載之，而事跡不詳。 此載其詩二首，爲他處所未見，然則此卷之存，爲輯吴中詩徵者所不可廢也。 歸愚清詩別裁云：「迂村游武昌、沔、漢，興盡而返，不謁一人。 後之京師，一如游沔、漢時。 昔有人問高僧曰：『京師許多人？』僧曰：『只兩個人，一爲名，一爲利。』迂村超然名利外，是京師有三個人也。 與余同輯本朝詩，皆蓋棺論定者。 臨終含笑謂所親曰：『我幸甚，我詩可入別裁集中矣。』」王蘭泉昶蒲褐山房詩話云：「陳恪勤頌繫京江，迂村往從受業。 及至京師，不交權貴，志節皎然。 雖東漢人獨行，不是過矣。 沈文慤門下承其指授者，以盛青嶁、周迂村、顧祿百、陳經邦爲最。 後有考詩學源流，爲接武羽翼之説者，不可不知。」是迂村之品學，久爲通人所許，且可考吴中詩派源流，因附識之。

有「臣嚴紹曾」白文方印，「紅橋」朱文方印。

玄機詩思圖題詠二卷 一册

清吴縣黄丕烈等撰。 鈔稿本。

蕘圃好宋版書，得一孤本秘笈，往往繪圖徵題。 此玄機詩思圖爲嘉慶八年得宋書棚本唐女郎魚玄機詩而作。首余集摹玄機小像，並李福、吳嘉泰、瞿中溶等十人以「蕘翁屬題唐女郎魚玄機詩」十一字分韻賦詩，又有潘奕雋、陳文述、石韞玉等，并自題，即附裝宋刊本後。一九五一年余于南海潘氏寶禮堂見之，誠世間劇跡。先是于一九二九年，從蕘圃後裔字燕謀者得觀「同人分題咸宜女郎詩册彙編」，即玄機詩思圖之第二册，爲道光五年乙酉七月七日蕘圃子壽鳳再集尤崧鎮、沈秉鈺、彭藴章等八人于學耕堂作詩社，以魚集爲題，蕘圃自集魚句得詩廿七首。首有周笠作圖，及孫原湘、席佩蘭以至近人金松岑師題凡數十家。至一九四一年，黄氏與故友宜興潘君伯彦嗣曾家聯姻，因由伯彦轉屬題詞，得留觀玩月餘，而全録其題詠，余亦率題八絶。其一云：「香熏一卷女郎詩，珍重千金苦護持。好待兕觥歸趙日，試拈湘管再題詞。」注：「宋槧魚玄機集，汪閬源欲得之，蕘圃翁以千金不易爲拒。後入長沙周海珊家，展轉歸袁寒雲，今在南海潘氏寶禮堂，題詠甚多，此蓋第二册，今猶世守。」其二云：「一門文采耀江南，賓從聯翩盡杞枏。夢想當年盛文讌，倘持鞭鐙許同參。」注：「道光乙酉七夕同叔招同朱酉生等十四人于學耕堂爲詩社，即以魚集爲題，各有詩詞，録入册中。而蕘翁自識之。文采風流，恍在目前。令人想望承平不已。」其三云：「生來瘦骨自崚嶒，攬鏡鬚眉莫漫驚。宋槧曾披揮麈録，因緣兩度見先生。」注：「蕘翁得喬昱刻『生來瘦』石章及青銅鏡，胡駿聲爲繪鏡中影小像。事見册中自記。宋槧揮麈録殘本，卷首亦有蕘翁小像。舊藏顧氏鶴廬，余曾從借攝一幀。」其四云：「劫火東南幾度紅，廟灣藏稿已俄空。遺詩珠玉搜羅徧，萃錦重吟集句工。」注：「石渠題問梅詩社圖册，謂蕘翁三代詩集皆在廟灣司墓者某姓家云云。累經劫火，早已無存。余輯得蕘翁詩數百首，而册中集魚詩句廿餘首，尤天衣無縫。己巳年吴穎芝姻丈蔭培作介借觀，已録入輯本。」其五云：「潘、江鄉里得薪傳，題識霜根集宋壓。我亦心香同致敬，一編收拾付雕鐫。」注：「潘鄭盦、江建霞先後刻士禮居藏書題跋記，章式之丈偕繆藝風、吴印臣合輯題識十卷，余于癸酉年亦輯得諸家未見者百餘種，刻續録四卷。頃又得八十餘種，刻再續録三卷。于蕘翁題識，十得八九矣。」其六云：「擷芳亭子已成埃，詩夢難尋況問梅。一代風流零落盡，披圖棖觸故人來。」注：「己巳年在吴穎芝姻丈處觀問梅詩社圖，張叔鵬丈炳翔處觀詩夢圖，甲戌年在劉公魯兄之泗處觀芳林秋思圖，圖爲與潘榕皋、吴枚庵諸人擷芳亭探桂唱和之作。今吴丈等先後物故，回首前塵，不覺黯然。」其七云：「霜崖弦索付沈淪，一曲當筵夢不真。苦憶天南魂未返，卷中遺跡已成陳。」注：「吴瞿安表兄梅曾據此册本事，譜無價寶雜劇，刻入霜崖四劇中。己卯年病殁于滇南，萬里招魂，迄今未返。回憶當年尊前嘌唱，渺不可得。展册中題字，不勝悽感。」其八云：「絶代收藏士禮居，承平風氣藉吹噓。堪欣一事先生似，飽讀人間未見書。」注：「余所見蕘翁手跋善本不下三百種，經藏者不計。書緣眼福，頗足自詡。亦與蕘翁有前因也。」案洪稚存北江詩話，品題蕘圃爲賞鑒家之藏書。觀于此圖，而信其流風餘韻，至今猶嘖嘖人口。然正爲舊時士大夫之積習典型。即余題詞，彼時亦多傷感情調，均不足爲訓。録之聊資書林之談助云耳。

拜經樓詩話續編二卷餘編一卷 一册

清海寧吴騫撰。鈔稿本。

此書蔣學堅海昌藝文志未著録，祇於拜經樓詩話下附注：「又有續詩話一卷，未刻。」是未嘗見也。原稿舊藏劉氏嘉業堂，昔年屬朱君五峯傳鈔者。

槎客以藏書著，此卷雖論詩，而多據宋、元舊刊，是正傳本之譌，於詩話中别具一格。校陶詩云：「陶公讀山海經詩『形夭無千歲』，宋人據山海經疑爲『刑天舞干戚』五字，皆校改。錢曉徵少詹嘗辨以爲形夭二字非譌，宋本由山海經自譌耳。顔師古等慈寺碑以『形夭』對『貳負』，今石刻尚存，字畫分明。刑形古文相通，夭轉爲天則大謬矣。余重刻湯文清注陶詩，此詩及注，並作『形夭舞干戚』，可見湯公讀書之審也。」校蘇詩云：「東坡定惠院東海棠詩『自然富貴出天姿，不待金盤薦華屋』。宋刻王狀元注本次公曰：『言不待金盤盛之而薦於華屋之下。』今世行王注，皆後人删本，故注多不全，而諸家注並不引。昔桐鄉馮星實太史補注蘇詩，屬其戚轉借余宋錽，爲其戚中閣，馮竟不得一見，未幾而殁，此亦憾事。」校王右丞詩云：「古夫于亭雜録：『右丞詩「萬壑樹參天，千山響杜鵑。山中一夜雨，樹杪百重泉。」興來神至，天然入妙，不可凑泊。而詩林振秀改爲「山中一丈雨」。潼川志作「春山響杜鵑」，方輿勝覽作「鄉音響杜鵑」。此何異點金成鐵。故古人詩句不可妄改』云云。騫案：友人陳仲魚嘗見宋槧本右丞詩，作『萬壑樹參天，鄉音聽杜鵑。山中一半雨，樹杪百重泉」。蓋宋本如此，卻被後人改壞，而半字尤佳，意想所不到，此真羚羊挂角之謂乎。」校笠澤叢書云：「陸魯望笠澤叢書有記錦裾一篇，余見本凡幾，皆誤裾作裙，惟舊鈔蜀本爲裾。蜀人樊開所刊，爲蜀本，凡七卷。既觀唐吳融集，有和陸處士古錦裾長律一首，益信蜀本之善，良由讀記者不審之故耳。」案：魯望記云：「趙郡李君言，上元瓦官寺陳後主羊車一輪，天后武氏羅裙，佛幡，皆組繡奇妙。李君乃出古錦裾一幅視余」云云。是瓦官寺者，天后之羅裙，而李侍御所藏，乃古錦裾，各一物，後人以裙、裾字形相類，往往牽混爲一。細觀吳融詩云「映襟知惹泪」，及「掣曳無由覩，牽挽幾當春」句，與魯望記所云「曳此裾者誰與？」之語都相吻合，其非裙，又的然無疑矣。蓋詩人多不解校勘，而校勘家又往往不嗜吟詠，槎客獨兼擅其長，故所論咸有根據，不作浮泛語。又有云：「同邑周予桐舍人蓮嘗惜舊五代史不傳，因從各書中搜輯成若干卷，當日未知永樂大典中有此書也。繼是姚江邵與桐學士晉涵復從永樂大典纂輯，仍還一百五十卷之數，今有刊本流行。間取周輯校之，頗多挂漏。惜周本又遭火，佚其下半。今舍人下世已三十餘年，無從補録。其弟松靄大令間出相示，因題詩其後」云。案蓮號玉井。乾隆乙酉舉人。中書科中書。海昌藝文志著録其舊五代史鈔六卷。其弟春耄餘詩話云：「上册卷一梁，卷二、卷三唐，下册卷四晉，卷五漢，卷六周。丁丑之歲，下册燬於火。」距今二百餘年，其上册不知尚在人間否？故友大埔温丹銘廷敬曾據邵本補輯，多取資於通鑑攷異，旅滬時稿本未携，約他日借讀，後赴汕修志，未幾逝世。今亦不知流落何所矣。

春陵館詩話三卷二册

清嘉善周昌基撰。鈔稿本。

昌基字東野。嘉善人。卷中有「余已十躓鄉闈」語,則知爲一老諸生。又有「桐鄉沈君綺霞,戊子春仲蒙訪舜湖寓舍,適余至江城未返。綺霞携同邑黄希谷六宜樓遺稿見示。歸後,生徒輩爲述如此」語,則知於道光八年,曾授徒於吴江之盛澤鎮。他無可攷。其論詩謂:「余平生論詩,每遇藻思芊綿,醰醰有味,讀之使人意消者,輒不能釋手。若槎枒粗硬,自謂矯健,或塞砌填楹,死氣滿楮,閲之便覺昏昏欲睡。余甚服莊子『蔽於古而不知今』,此言可爲死守前人門面,而汩没自家性靈者下腦後針也。」又謂:「作詩要新,然當求新於理,不當求新於徑。譬之日月,終古常見,而光景常新,未嘗有兩日月也。鍾伯敬云:『但欲洗去故常語,然别開一徑,康馗有弗踐者焉。故器不尚象,滛巧雜陳,聲不和律,豔詄競響。』此誠至當不易之論也。嚴儀卿謂『詩有别才,非關學也』,案此謂當神明妙悟,不專學問,非教人廢學也。然今之談藝家,又專主漁獵前人,則是家有類書,便成作者。究其流極,厥弊惟均,正恐楚則失矣,齊亦未爲得也。」可見其甄選宗旨,故極推放翁、石湖,下至趙甌北,亦贊其意無不新,語無不奇,而卻又極現成之至,無斧鑿痕。則不免流爲纖滑矣。其所録大抵鄉里儒士及平生交游湮没無聞者,而於先世遺篇,自明萬曆丙辰進士,光禄寺卿周宗文以次八人之作,則不僅表微闡幽,而兼有述德頌芬之功矣。上海圖書館善本書目著録一鈔本，而無籍貫，當不如此本之完。

鏗爾詞二卷採香詞二卷 二册

鏗爾詞清海鹽彭貞隱撰。採香詞清平湖沈彩撰。鈔本。

平湖陸梅谷烜，博雅好古，妻妾皆擅才華，久已嘖嘖人口。貞隱，其妻，字玉嵌，爲羨門女孫。彩，其妾，字虹屏。兼工楷書。葉菊裳先生藏書紀事詩載虹屏而遺玉嵌，則以虹屏喜鈔書，而玉嵌無之也。繆荃孫雲自在龕隨筆：「虹屏記燕文貴溪山蕭寺圖後云：『乾隆丁酉九月廿三日，時花南水北亭新加塗塈，木葉淒然欲落，海上青山，微著霜色，如眉新埽。亭外一帶芙蓉如畫，亭邊老瓦盆列佳種菊英二十餘品，亭中對設長几，一置周施章父敦，秘色柴窑，供佛手柑、花木瓜各數個。靈壁峭峯一座。一陳法書名畫，共主君及夫人展觀及此卷，適鴉鬟送新橙蒸梨至，乃相與徘徊歎賞，幾疑身不在人世』云云。」今彭、沈二詞多唱和之作，從來家有小星，鮮不五角六張，多所乖迕。鮮能互相師友，和好無間若是者。羨門有延露詞，玉嵌家學，自有淵源。其破陣子憶外注：「時梅谷應聘往天一閣徵書。」案兩浙輶軒録謂「沈文恪公主敷文講席，撫軍屬其採録遺書，乃引先生爲助。」即其事也。鏗爾詞玉嵌手稿，而虹屏跋之。藏平湖葛氏。採香詞好寫精雕，而傳本甚希。余於故友趙學南遺篋得鏗爾詞鈔本，因從胡君宛春士瑩借鈔採香詞以佀之。至虹屏手鈔之書，曾在葛氏傳樸堂見斜川集，吴興劉氏嘉業堂見梅谷所著尚書義，皆楷法娟好，鈔本中之尤物也。

秋露詞一卷繡鴛詞一卷 一册

清長洲孫麟趾撰。舊鈔稿本。

麟趾字清瑞，號月坡。諸生。吳嘉淦儀宋堂集合宋志沂爲撰二詞人傳，於月坡云：「有才不遇，久客於外。晚乃歸里，居城東陋巷，賃屋一椽，析其半爲卧室，偃仰其間。客至則邀入茶寮酒肆，掀髯談藝。自言作客數十年，不名一錢，惟以十餘卷詞付諸梓人而已。後有寶山令張某嗜詞，延之入幕。歸未數月，蘇城陷，不知所終。」劉履芬旅窗懷舊詩云：「秋露詞人白髮翁，倚窗能唱玉玲瓏。」注云：「長洲孫月坡茂才，工詞，歷名場四十餘年，晚年選其得意之作，爲零珠詞、碎玉詞，刊板以行。」黄燮清清詞綜續編引錢筱南云：「月坡詞婉約清空，纏綿深至，無紛然雜出之語，有往復不已之思。是得力於碧山、玉田而不屑刻意求似者。」吳縣志藝文列所著詞曰：秋露詞、採藥詞、海角詞、繡鴛詞、拜玉詞、説夢詞、補籬詞、水榭詞、鳳簫詞、敂門詞、倚闌詞、問鶴詞、嵐漪詞、聽鱅詞、琴川詞、秦淮枯柳唱和詞，共十六種。及零珠、碎玉二種。其刊本均燬於庚申兵燹，今絶少傳本。此僅存二種，爲劉履芬所鈔，而藏沈曾植海日樓者。秋露詞爲其早歲所作。首有湯貽汾、戈載等六人評語，董國華等十五人題詩詞。大都在嘉、道間居里及客魯時作。虞美人重過南園作呈鐵君師，案鐵君爲江沅號，以經師兼長倚聲，有染香盦詞。可徵其師承淵源。疏影寄閨人，附其妻朱雲裳和作，清麗婉約，亦才女也。繡鴛詞首有侯雲松等十一人題詞。大都在客金陵、維揚時，中有與龔定庵唱和之作，附定庵齊天樂、採桑子二闋。齊天樂爲定庵眷吳下女子阿箾事，即原題所謂「同人皆詗知余近事，有以詞來贐者」，「樓上孫楚」句即指月坡。往讀譚獻篋中詞，恨其所選不多。王闓運序鄭文焯比竹餘音，曾述其論詞語。因求其全稿，聞蘇市曾有一鈔本，爲海虞人購去，不可蹤跡。惟佩諍宗兄有潘鍾瑞合十五種選本，既重印宋志沂梅笛庵詞入甲戌叢編，欲續印孫詞以並傳，荏苒未果。幸獲此册，聊饜所望耳。

有「劉印履芬」朱白文方印，「泖生」朱文方印，「耄遜」朱文方印，「海日樓」白文方印。

道光乙酉孟冬之月，月坡大兄以大集委訂，盥讀數過，覺其氣清空，其思繚曲，運姜、張之筆，寫周、史之情。嘂囂靡嫚，二病俱免。律與韻又極謹嚴，不失銖黍。求之近今詞家，實所罕覯。爰録入拙纂續絶妙好詞中三十有二首，以志欽佩。俗務稍閑，當擬序文一通呈教也。順卿愚弟戈載拜讀於翠薇花館并識。

大著清空婉約，深得南宗諸名家三昧，而於玉田尤爲神似。近人儷白妃青，心摹竹垞，銅琶鐵板，手追迦陵，究之優孟衣冠，真宰不存故耳。江左詞學，順卿持其律，雨生標其宗，保緒、蒹塘盡其致，復得吾月坡濬源導流，後之學者，津逮庶有自乎。道光二十四年秋八月既望，寶山蔣敦復拜讀。

秋柳詞人稿一卷 一册

清盱眙汪根蘭撰。手稿本。

根蘭字稚松。道光癸卯優貢。咸豐元年舉孝廉方正。存詞六十九闋，均書於紙片，佚作者姓名。案長亭怨慢題云：「舊詠鷓鴣天秋柳詞，極爲雨生都督所賞。呼余爲『秋柳詞人』。南陵牧友山屬王小梅寫秋柳小幅，索題前詞，復續此闋。」兹據以題其稿。據金縷曲題伯兄桃華潭館詞遺册，可知其必汪姓。漢宫春題瓦研匣上注：「先大父晴村公，藏有銅雀瓦研，方、田各一。」可知其大父字。高陽臺鍼樓下署「稚松」，可知其字稚松。浣溪紗周荇農屬題汪近人畫採桑雙美小軸，消夏詞序云：「丙辰夏日，余邀同里楊厚村丈、真州吳山農、毘陵湯春舫、同里王蘭生、王小研爲消夏填詞會。」可攷其交游。沁園春題詞册云「笑煞浮生，誤了科名，總爲填詞」。又云：「拊髀空負須眉，恨少不如人壯可知。」可知其潦倒失意。吾友鄭君雪耘翼依此綫索，考得其名姓籍貫仕履，又知其兄名根芝，爲高郵訓導。其同里友王蘭生名錫元，同治進士。楊厚村名保，拔貢。官教諭。又湯貽芬琴隱園詩集卷二十九，有與根蘭同集隨園詩。江順詒詞學集成引根蘭論戈順卿、張茗柯二家詞語。此余於十四五歲時拾諸冷攤，片片作蝴蝶飛，爲粘連成册。憐其辛苦填詞，終歸零落。姑存數闋於此。水調歌頭九秋既望登采石太白樓題壁云：「牛渚大江月，照客上江樓。行踪到處萍梗，隨地等閒鷗。此夕翠螺亭上，四顧蒼茫煙水，頗抱古人愁。誰念謝安石，遺恨在西州。　一樽酒，聊痛飲，可忘憂。捉月仙人，呼起同作廣寒游。我自凄然高詠，祇有衆山響應，長嘯最高頭，鐵笛不可聽，星斗一天秋。」百字令泊舟燃犀亭下弔温太真云：「江山百戰，賸萋萋芳草，壘荒戍古，直下金陵濤一線，形勝三吳門户。黛擁螺青，波掀鴨緑，城郭春如故。大江東去，夕陽征棹屯駐。當年一炬通天，百怪潛形，寂寞知何處。人世幾回傷往事，愁聽聲聲邪許。祠宇凋零，春秋代謝，遺跡空千古。香醪堪買，一樽聊慰行旅。」醜奴兒令云：「荒寒野渡平津近，風颭桅燈，星閃漁燈。今夕孤舟夢不成。紅蠶碧藕心思滾，乍是離情，又是鄉情。憑我歸人子細分。」南鄉子云：「澎湃走驚雷，勢若千崖萬壑摧，月忽不明、雲又暗，腥霾，知是江豚拜浪來。搔首憶雄才，壯士旌旗安在哉。靖南侯黄得功駐軍於磯下，卒殉難於板子磯之戰。上下悲凉千載思，瀠洄。不盡寒湍滾滾哀。」

緑蠶詞一卷 一册

清嘉興張鳴珂撰。手稿本。仁和譚獻等手跋。

公束寒松閣全集，以倚聲爲最工。譚復堂謂「陶情碧山，標體白石，擷梅谿之秀而芟其蕪，翫夢窗之奇而割其纇」。李蒓客謂「倚聲尋律，圭臬姜、張，玉屑天風，葩流藻采。雖才情爛漫，尚遜竹垞，而龢勰宫商，嚴辨去上，則本其師黄韻珊之學，於樊榭山民爲近，有非朱、李諸老所及講者」。夫復堂、蒓客不輕許人，而其言如此，可以知公束之詞矣。此手稿本爲咸豐辛酉至同治丙寅之作，歷經諸詞流選讀，於詞牌上鈐一「選」字，或以朱筆圈識，今取校刻本寒松閣詞，删餘者三十三闋。亦有本已入選而訖復删去。又可知遴選之嚴矣。末附駢文六篇，集中未刻者，上劉宫講師啟、募恤嫠會啟、募惜字會啟、復趙桐生書四篇，張興烈題詩四律已刻，不録。

有「皷庭曾觀」印，「吾吳潘曾綬也」印。

同治癸亥春莫，玉泩詞客拜讀一過。

癸亥首夏，無錫秦緗業拜讀數過。

丁卯仲春，年愚弟張景祁拜讀於武林郡齋。

丁卯花生日杭州小弟譚獻讀竟。

丁卯冬日吳氏中子寶儉拜讀。

己巳秋日譜小弟羊復禮拜讀。

樂府雅詞三卷拾遺二卷 四册

宋温陵曾慥編。清嘉慶丙子江都秦恩復享帚精舍刊本。吳縣曹元忠精校並跋。

樂府雅詞，四庫著録及此秦敦甫刻本，均係據朱竹垞跋本。此經曹君直丈於癸丑十月，據婁縣韓氏讀有用書齋藏舊鈔本，翌年又據同縣顧氏鶴廬藏明鈔本手校，又參之宋、明以來各家詞刻本，及花草粹編、全芳備祖、梅苑、漁隱叢話等書，密行細字，不下七八百簽，可謂此書至精極善之本。案韓藏舊鈔，亦有竹垞跋，與秦刻同出一源。雖有可正秦刻之誤，然顛倒淩亂，猶未饜人意。至顧藏明鈔，則有焦弱侯、毛子晉印，即竹垞所跋之祖本。如卷中二十八葉下，賀方回蝶戀花、明鈔原次浣溪沙「湖上秋深」詞後，接菩薩蠻、燭影揺紅、下水船、惜雙雙、憶仙姿、思越人、風流子、鶴冲天、小重山、薄倖、六州歌頭、浣溪沙、江城子、浪淘沙、金人捧露盤、減字浣溪沙、木蘭花、蝶戀花。卷下六十四葉下，魏夫人定風波，明鈔原次減字木蘭花「西樓明月」詞後，接菩薩蠻、定風波、減字木蘭花、菩薩蠻、點絳唇、武陵春。又七十葉下，李易安訴衷情，明鈔原次蝶戀花後，接醉花陰、好事近、訴衷情、鷓鴣天、小重山、怨王孫、臨江仙、行香子。今秦刻以調類列，强爲合併，失前後之次，已非原來面目，遑論其文字之異耶？卷中舒信道詞末，又據蔣氏藏乾隆間澹容居士輯鈔本，補醉花陰送陸宣德一闋。

憶廿五年前，余從武進李祖年家得君直丈精校梅苑，即聖譯樓所刻底本。嗣仲兄蔭嘉亦得此本。一九四零年，余四十初度，兄即持以爲壽，二美合併，爲之欣然。繼又續得丈手校宋人詞三十餘種，其本攷證文字異同外，間加評隲，亦無不精當。曾與故友潮陽陳蒙庵運彰商編輯之方，以此書爲嚆矢。其體以攷證語爲校記，評隲語爲詞話。乃陳君荏苒數年，未暇著手，而存蘇各種，亦先後散失。今仲兄與陳君均墓有宿草，此書猶存篋衍，不勝物在人亡之慨。其校記終當成之，而詞話則不可復集。兹先録評隲語於此。卷上一葉上調笑集句云：「自巫山至琵琶七調，無撰人，即曾氏慥引内所謂九重傳出者，意爲當時大晟樂歌法曲，故特莊麗，不涉淫謔，而聲情幼眇，如雲天璈管之奏。必周清真諸公總持雅集，發此奇音，用成楷則。」三葉上吳孃云：「沈醲至此，決非尋常供奉所及。其諸草窗、石帚有此深心。」七葉上晁無咎調笑云：「觀此兩轉踏，晁无咎乃不及鄭彦能之情韻。」九葉下九張機云：「此當是无咎自製調。」十二葉上董穎薄媚排遍第八云：「過、破、衮、拍，皆詞曲節簇之名，惟通音律者知此。亦自製詞。十闋首尾皆詠西子、吳、越興亡事。又元曲洎後人傳奇所由濫觴，而此則固詞筆也，惜未高妙耳。」三十一葉上歐陽永叔長相思第二闋云：「吐納靈氣，直欲追跨青蓮。」三十一葉下訴衷情云：「體狀方雅，獨步詞壇。真天人玄解語也。」三十六葉下王介甫甘露歌云：「此半山集句詩也。端伯誤作樂府。然明鈔本於此詩，並不分段，尚是臨川集舊本欵式。紹興本臨川集，此首在桂枝香前，故朱氏刊臨川詞刪去此詞，以此爲集句詩，非詞也。其實宋人集句入詞者頗有之。既係長短句，即名之曰詞，亦無不可。」三十八葉上晁无咎永遇樂云：「邨居□語復出，以不甚烹煉之詞，而愈淺愈真，能於樸處見老作家精神滿腹時也。」四十葉下尉遲杯云：「從去年寫到今年，復從春到寫到春歸，迴環無端。其胎息當自大蘇得來，文章故以意爲主也。」四十一葉下水龍吟云：「无咎列蘇門四學士，當日傳衣付鉢，具有師承。如此詞清辣幽雋，直是坡仙法乳。」卷中二十葉上賀方回減字浣溪沙第二闋云：「寄託深遠，別有風懷。此方回身世之感，得飛卿之思致，韻亦似之。」二十二葉上菩薩蠻第二闋云：「亦本唐人閨情，而婉約不露，勝之。」二十五葉上六州歌頭云：「奇情俠氣，噴薄森竦。辛幼安雖豪健，恐不能傲賀梅子。」二十七葉下江城子云：「幽曲隱約，不免流蕩之譏矣。其諸別有懷抱者耶？」二十八葉上浪淘沙云：「托恉幽遠，其聲抑揚。」又金人捧露盤云：「惝怳迷離，怨歌之遺。意内言外，故曰詞也。」三十葉上舒信道云：「舒亶乃承奉權邪密意，與李定煅煉坡翁詩案者。覽其文詞，亦非土俗下才，乃甘心爲人鷹犬，遂自儕於蟊賊鬼蜮，哀哉，復何及矣！」三十一葉上虞美人云：「如此等雅詞，倘出太虛、无咎之手，便覺神骨俱仙，乃辱以舒信道乎！」三十一葉下一落索云：「亶當日考訊坡公，退而曰『子瞻真天下才！』亶能隱服坡公，固應有此吐屬。卒甘心爲小人，故君子尚德，浮華有文，非道所貴。」三十八葉上趙德麟西江月云：「此種卻墮禪偈氣，王半山爲之魁。」六十三葉下王履道洞仙歌云：「須看其過片處，接法如水流花放，思境最活。」卷下一葉上陳去非法駕導引原無調名。云：「簡齋詩往往有板率處，而詞筆清空靈妙如此。三闋直欲衙官唐人遊仙諸作。」十二葉下李蕭遠水龍吟云：「學蘇、辛壯麗一種，雖氣力少遜，而意味固在。」又浪淘沙云：「蕭遠詞於疏落不著色處，特饒蕭散之韻，固是別裁。」十五葉下呂居仁浣溪沙云：「榛苓西方，別有懷抱，故其詞悱惻而纏綿。」十七葉上踏莎行云：「氣如稼軒，清如石帚，當不數劉改之豪横也，此爲奇絶。」十八葉上毛澤民水調歌頭云：「詞家雅頌體裁，易增俗艷。」二十六葉上李景元望春回云：「澀調最難得，宛轉關生，須迴環摺疊。協律和聲處，全是工夫。」三十八葉下向伯恭滿庭芳云：「宋人如此種筆墨，本無甚出色處，而體格老成，政宜學步。」三十六葉上朱希真清平樂云：「詠物詞，著相語易犯筆端，才人不免也。此尚渾脱，存之以示楷則。」四十九葉下陳子高好事近云：「看去無甚深意，特於拙淺處藏韻趣，此爲高作。」五十葉上鷓鴣天第二闋云：「詞人之情，詩人之旨，於此辨滛則焉。」五十三葉下趙子發阮郎歸云：「高情雅韻，固非夭艷側媚，謬云寄托者所可同日。」六十葉下曹元寵水龍吟云：「此等詞看似平平，極不易作。」六十六葉上李易安多麗云：「用長調詠物者，石帚、中山以來大都以此爭奇。漱玉乃獨揎袖奮翰，出其雅言，洋溢唱歎，無不滿之意與閑剩之詞。奇才也。」七十一葉上行香子云：「西泠有一種詞派，專尚輕鬆。其源亦出於此。然流極則軟，則滑，宋人不任受過。」拾遺上六葉下王元澤倦尋芳慢云：「元澤詞筆乃其率爾抽毫之作，然以了戾性情，寫屈蟠倖調，卻能打乖。姑存爲別裁可也。」十四葉下何籀宴清都云：「歰調最難得韻，語碎又難達情，當從結轖處，玩其運思之妙。」十八葉上減字木蘭花云：「極清脆語。專此家數，而無意主之，無氣輔之，恐張曲江嫌輭美也。」拾遺下六葉上卓牌兒云：「詞何用必換頭，換頭何用必爭勝處，以一闋精神全在此一二語。看意愜闔飛動也。此解換頭，突出夢魂云云，意局忽變，大是勝場。」六葉下吳禮之喜鶯遷云：「長調渾浩流轉，尚非宋諸公所罕覯。惟襞積堆垛中，能以情趣相緯爲真難得矣。」九葉上好事近云：「語意恰好渾足，便是難到之境。」案君直丈餘事工填詞，所著淩波詞，朱彊邨已刊入滄海遺音集。而彊邨叢書亦多經丈手勘，故此册所下評語，均深入湊理，不作浮泛語，特不辭繁瑣而全録之。

南匯張嘯山先生舒藝室雜著跋花草粹編云：「第九卷録董穎薄媚西子詞，本出樂府雅詞，起排徧第八，次第九，次第十攧，次入破第一，次第二虛催，次第三衮徧，次第四催拍，次第五衮徧，次第六歇拍，次第七煞衮。前九段依吳、越事敷衍，末以王軒遇西子事作餘波，如今曲散套。其排徧、攧、入破、虛催、衮徧、催拍、歇拍、煞衮，乃曲中節拍緩急，疏密高下，換調之稱。如今曲亦有引子、過曲、賺、犯、煞尾等名，各有次第，不可淩亂。乃謬以入、破居首，排徧次煞衮之後，文義倒置，實不知而作。」其論花草粹編之失，至爲精當。藉非見雅詞原次，亦何從知之。然則享帚精舍此刻，有功於倚聲家豈淺鮮哉？癸丑十月丙午，元忠。

嘯山先生糾花草粹編之失是已，弼欣夫案，弼爲先師叔彦先生名，先師不治詞學，意當爲文正録先師説經之作，而偶誤書之。偶憶玉照新志載元祐中曾文肅帥并門，感麗情集馮燕事，自製水調歌頭以亞大曲，其第一至第七，皆稱排徧，當亦有故。惜不能起先生而質之。是歲十一月乙卯，元忠又識。以上卷上董穎薄媚西子詞後。

婁韓氏讀有用書齋藏鈔本樂府雅詞四册，以其顛倒淩亂，不爲珍也。以校秦刻，則據改百數十字，且藉以見廬山真面，披沙揀金，往往見寶。烏得輕視哉？癸丑十月，元忠校記。卷末。

曾端伯樂府雅詞，陳氏書録解題：「一十二卷，拾遺二卷。」此書鈔自上元焦氏，止存二卷及拾遺。殆非足本。然藏書家著於録者罕矣。康熙乙酉，竹垞老人跋於吴閶慧慶僧舍，時年七十有七。

端伯自序有云「咸不知姓名，則類於卷末」。是拾遺中各詞姓名，疑不出端伯者。然漁隱叢話於前集云，曾慥編樂府雅詞，以秋月詞念奴嬌爲徐師川作，梅詞點絳唇爲洪覺範作，皆誤也。秋月詞乃李漢老，梅詞乃孫和仲。又漢宫春梅詞，云是李漢老作，非也，乃晁冲之叔用作。於後集云：「曹元寵本善作詞，於望月婆羅門引，端伯乃以爲楊如晦作，非也。」可見拾遺中原有姓名，特未全耳。文獻通考載曾氏自序，作「或不知姓名」是也。

鶴廬假我士禮居舊藏明鈔樂府雅詞八册，卷端有弱侯及子晉、汲古主人諸印。知焦、毛兩家故物也。取校此本，合處固多，而改易處亦復不少。且移易刪併，甚失端伯本意。如拾遺上勝勝慢至侍香金童，疑皆九重傳出，故不標姓氏，自爲一卷。與雅詞首列轉踏，體例略同，非見明鈔，何從知耶？甲寅花朝，元忠淩波榭校記。以上皆在卷首。

曾端伯自序此編，結云：「此外又有百餘闋，平日膾炙人口，咸不知姓名，則類於卷末，以俟詢訪，標目拾遺」云。

疑端伯原編拾遺兩卷，本皆闕名，其後詢訪有得，陸續添注，故或有，或無。今檢拾遺，有子野、美成及向子諲詞多闋，使本具姓氏，則當録入正集三家詞後矣。何必分廁兩編，且同叔、東坡、黄、秦之作，正集不登一字，而僅摭拾一二以入拾遺。端伯雖非此道當行，亦何至瞶瞶若此。殆皆由初編拾遺，未悉撰人之故耳。文獻通考作或，疑出後人妄改。以自序云「類于卷末」，依文義云「類」，則不得云「或」也。君直先生校記精當無倫，惟此條似偶失照。欣夫先生屬贅跋語，爰書此求教。時民國三十年九月廿一日，同客上海。是日午後二時，日蝕十之九，天文家謂千年中僅三見。永嘉夏承燾。

曹君直先生據漁隱叢話、文獻通考定拾遺中原有姓名，咸字乃或之譌。承燾依諤見推之，以爲咸字似不誤。

癸卯稿卷一

周易兼義九卷 三册

明崇禎四年常熟毛晉汲古閣刻。初印本。清金匱張步瀛手校並跋。

步瀛字廉舟，又字蓮洲，别號踁踁經生。道光丁酉拔貢，甲辰副貢。陳奂三百堂文集有廉舟傳云：「君平日治羣經注若疏及先儒釋經之書，兼習周髀算、九章術、四元歷，他人所不成誦者，君能通曉之。嘗謂本朝經學直接漢、唐、宋不逮；至若算術，直接三代，漢又不逮也。晚歲專意於六書之學，以音考義，以義求音，寒暑昏曉弗輟讀。最喜讀劉成國釋名，見畢氏沅疏證多所闕略，讎是非，證得失，其用功爲最深，手訂作重箋稿過半。又有釋名求音，并未及半。古今體宗孟襄陽，成醉墨軒詩鈔三卷。」所叙廉舟學行甚詳，蓋與碩甫爲至交也。

是校大都依據日本山井鼎七經孟子考文、阮元周易注疏校勘記，擇是去非，加以辨訂，純用以音考義，以義求音之法。如乾文言「剛健中正，純粹精也」。云：「集解崔覲曰『不雜曰純，不變曰粹』。瀛案，楚辭王逸注『至美曰純，齊同曰粹』，齊同亦不雜之誼。崔曰不變者，不變故不雜，誼相足也。崔縱言之，王横言之爾。純粹字對文則異，散文則同。故班固又曰『不變曰醇，不雜曰粹』。醇與純通，説文『粹，不雜也』。本義純粹，並以不雜言。」屯六二「乘馬班如」，疏馬季長云：「班班旋不進也。」云：「瀛案，馬，班旋，連文。經當作般，讀如般樂之般。陸釋文『鄭本作般』，是馬與鄭同。」又上六「乘馬班如，泣血漣如」，注：「窮困闉厄。」云：「瀛案，闉者堙之叚借字。説文『堙，塞也』。亦作陻。闉爲城上重門，于誼不涉。」訟象曰「天與水違行。訟，君子以作事謀始。」注：「物有其分，起契之過，職不相濫，爭何由興？」云：「起契之過，考釋文無此四字。瀛案，無者是也。此涉下文而誤衍，文誼與上下不屬。據正義，訟之所以起，契之過者，凡鬭訟之起，只由初時契要之過云云，是起字屬上讀，四字本不成句。」同人九五「同人先號咷而後笑」。云：「音義『號咷，啼呼也』。瀛案，號當作唬，説文口部『唬，啼聲也』。號誼别。又楚謂兒泣不止曰噭咷。」頤六四「顛頤，吉，虎視眈眈」。注：「故虎視耽耽」云：「瀛案，注耽當作眈，説文目部，眈視近而志遠，引易『虎視眈眈』，耳部『耽，耳大垂也』引詩『士之耽兮』，誼别。」離六四「突如其來如」。云：「音義字林云『突，暫出』。」瀛案，「突，説文作𠫓，𠫓部『𠫓，不順忽出也』。𠫓或从到，古文子即易突字。穴部『突，犬从穴中暫出也。』誼别。陸引字林則从今字。集解作𠫓」。大壯九三「羝羊觸藩，羸其角」。疏「羸，拘纍纏繞也」。云：「瀛案，音義『羸，力追反』。馬云『大索也』。王肅作縲，鄭、虞作纍，蜀才作累，張作虆，皆縈繞纏縛之意。故正義訓羸爲拘纍纏繞，當以鄭、虞等爲正字。羸者，同音叚借字。」晉上九「晉其角」。疏「晉其角者，西南隅也。上九處晉之極，過明之中，其猶日過於中，已在於角，而猶進之，故曰進其角也」。云：「瀛案：正義以角爲隅角之角，義海撮要引句徵曰『晉其角，猶日過中而迭於西北之角也』。誼略同，惟西北與西南爲異。竊謂離位南，離日過中，則西，當爲西南，不當爲西北。自餘虞氏及程、朱並以角爲頭角之角，皆是也。」據跋廉舟有志於徧校十三經，而慮齒暮未能竟。余又得其所校郝氏爾雅義疏，亦言爲校爾雅疏而兼及之。然則已徧及十三經，而惜僅存此種而已。

有「張步瀛手校本」白文長方印。

咸豐四年歲次甲寅，七月朔，校上經畢。始于是年二月之望，集同人于家祠，會講注疏，以朔望爲期。吁！年逾五旬，炳燭之明，所照幾何，未稔能竟十三經否？金匱張步瀛記。

周易集解十七卷 六册

唐資州李鼎祚輯。清嘉慶乙丑常熟張海鵬照曠閣刻本。吳縣曹元弼手校。

若雲刻書跋云：「初就汲古本校梓，繼得蘭陵孫觀察本，又心葵吳君處假雅雨堂盧氏本，互爲參訂。盧得宋慶曆間平陽氏刻本，校正極爲精審。凡毛本訛舛脱佚，悉從盧本改正。」案汲古本，四庫著録，世所通行，實未盡善。孫淵如岱南閣本，以李氏易解合於王弼注，又采集書傳所載馬融、鄭康成諸人之注，及周易口訣義中古注爲一帙，非李氏原書。至盧雅雨本，雖曰據宋刻，實經惠定宇校改，然究勝他刻。若雲雖稱據盧本改正，今核之，仍脱誤累累。且嘉靖朱睦㮮本，亦所未見。是其書未有勝於汲古本也。吾師叔彦先生曾見雅雨堂所據惠定宇手校本，謂「正誤補脱，乙衍改錯，不可勝數。依據宋本，證以各書，釐然確當，如晦見明。又吳縣周孝垓枕經樓本，與盧本大同，有數處較勝。蓋同出惠校而稍有詳略。朱睦㮮本傳世既罕，雖落葉未埽，而時有佳處。於是合三本異同，以校是本，著其從違」。其有讀正，則得於博考推演，昔人所謂活校者。蓋爲所撰周易集解補釋以前所定底本，而首末不志姓名，且無圖記，其大匠不示人以樸之意乎？小子珍重師門手跡，謹志於末而庋藏焉。

周易述二十三卷補三卷五册

清元和惠棟集注並疏。乾隆己卯德州盧見曾雅雨堂刊初印本。補，甘泉江藩集注並疏。舊鈔本。嘉定王鳴盛、吳縣曹元弼手校。

定宇承累世家學，於易極深研幾，盡通藴奥。晚歲撰此書，述漢師之義，以荀、虞爲主，而參以鄭、宋諸家。其例一準漢師之例，四五易稿，尚闕鼎以下十五卦經傳，及序卦、雜卦傳義。再傳弟子江鄭堂補完之。此以江補依原刻行欵鈔補合訂，以便研誦。王西莊用朱筆校讀並圈點，墨筆則吾師曹叔彦先生也。

定宇兼采諸家，而西莊則墨守鄭義，故所見時有不同。如卷三明夷六五，惠疏「但魏晉已後，經師道喪，袁準毀蔡、服而明堂之制亡」。西莊則謂「袁準譏蔡邕明堂之説，袁意卻與康成合。康成以明堂在國南郊外，蔡以爲在王城宫内，與宗廟太學皆爲一地，恐不如鄭説之當。況鄭本之博士淳于登及韓嬰詩傳、孝經援神契，孔、鼂亦从之，恐不得爲俗學。定宇必欲從蔡而違鄭，疑非也」。卷六升卦六四，惠疏：「皇甫謐帝王世紀曰云云，謐據僞尚書以爲太康。」西莊則謂「僞尚書即謐所撰，又作帝王世紀，猶王肅著聖證論又作家語，所以自實其説也。二人相朋比以毁鄭學者」。卷十二象上傳「風行地上，觀先王以省方，觀民設教」。惠疏：「明堂祀六天上下四方，月令謂之天宗，虞謂之六宗。故堯典舜禋六宗而覲四岳羣牧。觀禮周祀方明，而覲公侯伯子男。其義一也。」西莊則謂「此解六宗與鄭康成不合。定宇從其父半農說也。鄭注尚書、毛詩在黨錮開後，從容著述，故爲最精。六宗説宜主鄭氏」。西莊年輩稍後，而曾親接緒論，其不阿不隨如此。

吾師易學湛深，其論是書曰：「其大義在正乾元，以立中和之本。乾坤相通，以陰從陽，成兩既濟。六爻和會，剛柔位當，所謂致中和，位天地，育萬物。易備三才，聖人以至誠無息參天地，故六十四象皆言君子時有否泰，位有得失，君子因時以求中，閑邪以正己正人。故學易無大過。陽息陰消，往來上下，變通趣時，歸於既濟。雲行雨施而天下平。其精言要旨，多融會羣經周、秦、漢古籍而出，蓋自李氏集解而後千餘年僅見此書。間有千慮之失，如箕子之明夷，用趙賓説；繫辭説卦中，或以聖傳爲後師之説；改易經字，不盡確據；徵引禮象，或乖鄭義，業已宗尚虞學，則求象不免過密。凡此數端，皆其小疵，要不足以掩大醇也。」此本發攄心得，校正誤字，咸書眉端，其説之粹者已采入所著周易鄭氏義箋釋、周易集解補釋中，或引而申之，或贊而辯之，此猶未足以窺其全也。

有「樸學齋」白文長方印,「王鳴盛印」白文方印,「西莊居士」白文方印,「西沚居士」朱文方印,「甲戌榜眼」朱文方印,「光禄卿章」朱文方印,「得此書費辛苦後之人其監我」白文長方印,「仲魚圖象」朱文長方印,「鱣讀」白文長方印。

周易姚氏學十六卷 六册

清旌德姚配中撰。道光二十五年汪守成木活字印本。吳縣曹元弼手校。

首包世臣撰傳,宋翔鳳題詞,包世榮序,宋翔鳳題序後,朱甘霖序,汪守成醵印一經廬叢書記。仲虞忍饑力學,有人所不堪者。及客廣陵,與江、淮諸名流交,學益進,尤邃於易。讀惠定宇、張皋文書而好之。惠、張易學皆主虞氏,兼及鄭、荀,仲虞則始由虞、荀以通鄭。本乾鑿度注以推鄭君注易大例,涵泳經傳本文,依象以説義,不泥象以窒義。又師惠氏之法,博采漢以前古説,足證發經義裨補政教者,以己意推演之。先成周易參象十四卷,又爲論十篇,説其通義,附於編後。更約煩就簡,改其體例,名曰周易疏證十六卷。包季懷序之。最後點竄原書,至什七八,删説通義之十篇爲三,移冠編首。題曰周易姚氏學,蓋數易稿而有定本。當時通儒如孫淵如等,均歎爲絶學復明。惟于吕覽、淮南單文片義,不能推明九師淵源,易家初祖,往往以異義斷章,存而不論。其他采獲載籍,詞繁不殺,又不可謂典要。譚獻復堂日記議之。又據乾鑿度「陽動而進,變七之九,陰動而退,變八之六」之文,於爻變外推出畫變一義,爲理藏於古而得之於今。然主持太過，據以説經處太多。又以乾元爲在坤元中，係歸藏首坤之義，非周易首乾之旨，且未免義涉老氏。吾師復禮先生周易學明例篇，亦揭出之。此則學者當分別觀之者也。吾師研精易學，於惠、張、姚三家用力尤勤，此本以活字排印，亥豕魯魚，在所不免。後來南菁書院、崇文書局重刻，均未能是正。師爲正譌補脱，或糾中其義，或删乙其説，即爲後來撰周易鄭氏義箋釋張本。師中年病目，著述均出口授，惟此爲手書，雖有筆畫模糊處，尤當珍重焉。念汪守成家雖赤貧，終得醵金刊傳其師遺著，而吾師撰古文尚書鄭氏義箋釋成，製序鄭重相託，荏苒十餘載，訖無以踐宿諾。讀此又不勝媿汗交并也矣。原爲商城楊鐸所藏。

卷首有「石卿」一印，又有「曹元弼校藏經籍印記」朱文方印。

周易漢學通義八卷附略例一卷 二册

清蕭山黄瓚撰。手稿本。吴縣馮桂芬手校並跋。蕭山湯紀尚校。

瓚字巽莊。生平篤信好學。年七十餘，境益屯蹇，長子殂折，頽屋三椽復厄於火，朝夕饔飧不繼。瓚日坐繩牀土銼間，著述不倦，無幾微不自得。著此書四易稿。又著春秋長曆補正六卷，十易稿，毁於劫火。今惟此稿存。

案瓚學易不由師授，畋獵羣言，范合殊軌。其爲説擇鄭、荀之精，發惠、張之覆。貫穿全經，折衷一是。經文依李氏、陸氏，間有從衆家者，亦有依經注改正者，以有釋文乃注，可證或著或不著，從簡也。注文或分象入卦辭，或分象入爻辭，省讀也。宋後易説所引，概刊不録，傳信也。音義有讀爲、讀如，無反切。依經立義也。注文隱約者句讀之，譌誤者補正之。惠、張之説，存其合者，糾舉其離失者，不敢苟爲異同也。其鄉人湯紀尚讀而善之，憫其窮老荒村，世無知者，爲撰序表彰，存槃薖文甲集，兹要删著於録中。粘附校籤，馮桂芬十餘條，湯紀尚一條，皆商量邃密，多足資證補者。舊爲會稽徐維則鑄學齋、沈子芳粹芬閣遞藏。維則字以愻。光緒己丑舉人。子芳，曾任上海世界書局經理，有粹芬閣書目。有「述史樓」朱文長方印，「維則曾觀」朱文方印，「粹芬閣」白文方印，「楝山讀過」白文方印。

易虞氏學，自張氏皋文出，學者多墨守之，鮮有自出手眼者。是書獨能博采鄭、荀等説，下及魏、晉至國朝諸家，融會貫通，以發明虞義爲主。皋文之説，亦多采取，而不爲所囿。糾正其失者，不下數十條，可謂不苟同矣。且不但於張氏不爲苟同，即於虞注亦不爲苟同。書中不從虞義者亦數十條，自出機杼，苦心孤詣，卓然成一家言。三復十讀，不勝敬佩。復荷虚懷，諄諭勘校，謹就鄙見所及，附玨數處，令徒輩另紙籤録。極知疎淺，藉呈是正爲幸。同治六年夏日，弟馮桂芬讀畢附識。

尚書後案三十卷尚書後辨附 八册

清嘉定王鳴盛撰。乾隆庚子王氏禮堂刊本。餘姚盧文弨手校並跋。

清代治古文尚書者，稱江、王、段、孫四家。而西莊竭三十餘年精力，撰後案三十卷，以發揮鄭氏康成一家之學。其僞書二十五篇，别爲後辨附焉，又就正於有道。江聲江氏尚書集注音疏先成，雖以鄭注爲主，而於注義隱奥難明者，或改從他説。而西莊則一一引據古書，疏通其旨。蓋尤能確守師法。故方東樹漢學商兑於諸儒咸加譏彈，而獨於西莊此書謂「馬、鄭之注存於他書者，王氏所輯後案具有成書。以愚觀之，豈必能得二帝三王之意乎？第以爲存古書可也」。蓋以能存古書許之。乃道、咸間，有巴縣王劼者，撰駁正二卷，肆意抨擊，并出以醜詆。至謂「西莊爲此以誤天下後世，非讀書之心力不精，惜務學之旨趣不正。跡其生平，以第二人及第，大考第一，驟至閣學，左遷以歸。時鄭學甚盛，乃爲此違心之書，借通聲氣，以爲利禄之路」。進而斥鄭君「爲務博，不明至道，駁雜不免」。而於尚書學者焦里堂外，若亭林、百詩、松崖、艮庭、淵如無不肆意謾罵，一若有深恨宿仇，借以報復爲快。真可謂無忌憚已。劼又有毛詩讀，李蒓客斥爲「狂悖迂曲，絶不可通」。然西莊所著書，亦好詆訶前輩，高自標置。故錢竹汀有答西莊書云：「學問乃千秋事，訂譌規過，非訾毁前人，實嘉惠後學。但議論須平允，詞氣須謙和」云云，實爲至論。

此本爲抱經用朱筆手校，並寫書根。卷一末有乾隆四十八年題識。嚴九能跋抱經札記云：「先生喜校書，凡經披覽，無不丹黄者。即無别本可勘同異，必爲之釐正字畫然後快。嗜之至老逾篤，自笑如猩猩之見酒也。」觀此而益信。案是年抱經六十七歲，正掌教晉陽三立書院。歲暮歸杭，於風雪交加，篷窗摇兀中，猶研朱細校，不遺點畫，雖未終卷，然可見老輩讀書之勤，秉性之厚，與王劼之狂妄不可同年而语矣。

有「抱經堂盧氏藏書圖記」朱文方印。

乾隆四十八年十一月十二日歸舟至塘棲閲，明日抵家，不易得暇矣。抱經盧文弨。

尚書今古文注疏三十卷 六册

清陽湖孫星衍撰。嘉慶乙亥孫氏冶城山館刻，初印本。吳縣曹元弼手校。

是書卷一堯典分上下，卷二皐陶謨、卷三禹貢均分上中下，卷十二洪範、卷二十五顧命、卷二十七呂刑、卷三十書序均分上下，實共三十九卷。

善化皮鹿門論清代尚書學者云：「百詩專攻僞孔，不及今文。西莊獨阿鄭君，無關伏義。艮庭兼疏伏、鄭，多以鄭學爲宗。茂堂辨析古今，每據古文爲是。淵如以史記多古説，遂反執鄭義爲今。蓋治古文者多，今文者少，至淵如始兼治今古，集諸家之成，爲之注疏。」故其自序曰：「兼疏今古文者，放詩疏之例。毛、鄭異義，各如其説以疏之。史遷所説，則孔安國故書，大傳則夏侯、歐陽説，馬、鄭注則本衛宏、賈逵、孔壁古文説，皆有師法。不可遺也。」又曰：「今徧採古人傳記之涉書義者，自漢、魏迄於隋、唐，又採近代王、江、段諸君書説，皆有古書證據，而王氏念孫父子尤精訓詁。及惠氏棟、宋氏鑒、唐氏焕，俱能辨證僞傳，莊進士述祖、畢孝廉以田解經又多有心得，合其所長，亦孔氏書正義序云『質近代之異同，存其是而削繁增簡』者也。」蓋孔穎達據僞書作疏，至今千數百年，而始有此書，蒙昧得昭，厥功甚偉。故光緒時王廉生曾奏請立學官，以配十三經注疏，誠有以也。復禮師嘗謂淵如兼疏今古文，而微有歸重今文之意，以古文本賴今文以通也。案羅振玉輯昭代經師手簡，有淵如致石臞札云：「細繹舊注，始知今文之義俱勝古文，由伏生親見百篇全書，授學夏侯、歐陽，比之賈逵諸人推究古義立説者，自爲有據。史遷雖右古文説，而用今文甚多。惜江、王、段三君子皆右鄭而忽大傳」云云。此其説不著於自序及凡例，蓋俟學者自得之。吾師未見此札而所見同，誠可謂讀書得間。惟原刻本雖有洪頤煊、畢以田、管同、臧鏞堂等搜討校讎，乃文字訛奪殊多，幾至不可卒讀。則因淵如既有厥逆之疾，不能夕食，恐壽命之不長，急於編纂成書，故多疏漏謬誤，序中已自言之矣。吾師年將八十，撰古文尚書鄭氏義箋釋，兼爲是書作補正，每見與金君智詮對座屬草，此書不離左右，有得即書於眉，正誤補脱，爲之焕然改觀，豈僅爲孫氏諍友而已。一九五四年龍蛇遻厄，箋釋幸完，而補正功未及半。今披讀遺書，如親謦欬。寢門之痛，何時能已。卷首舊有「慎勿輕褻」一印，謹持此以誡後之讀是書者。

恒星説一卷 與艮庭小慧合册

清吳縣江聲撰。乾隆時江氏近市居刊篆書本。

昔戴東原與是仲明論學書，言經之難明若干事，首舉「誦堯典數行，至『乃命羲、和』，不知恒星七政所以運行，則掩卷不能卒業」。蓋貫通天算，亦治經之要也。艮庭既爲尚書集注音疏，於「乃命羲、和」下，限於疏體，未能暢發，故别爲此説三千一百一十六名，注七百二十五名，並附李鋭算術于左，以相參證。於是恒星之説可明。而孫淵如不以爲然，移書諍之。見孫淵如外集。

是編爲艮庭雜著之一，以小篆書之，元和蔣徵蔚校刊焉。艮庭篆書古雅絶倫，據以刊木，爲板本中之别品，余最愛之。若尚書集注音疏、釋名疏證，所收不止一本。而此恒星説，則生平僅一見。蓋單本小册，又通算者鮮，故易致湮滅也。

徵蔚字應質，號蔣山。元和諸生。與兄于野莘、弟希甫夔有三蔣之目。而蔣山尤著，年未二十，已能讀羣經注疏，又通説文、周髀、象緯之學。阮芸臺視學浙中，延之入幕，稱爲小友。徧歷浙東山水，有經學齋詩集，芸臺序之，稱許備至。後至揚州，曾運使賓谷亦愛重之。見王昶蒲褐山房詩話、李桓清朝耆獻類徵。

尚書集解三十卷二册

清歸安卞斌撰。吴縣王氏學禮齋鈔稿本。

斌字叔鈞，一字雅堂。嘉慶辛酉進士。官至光禄寺少卿。所至有政績，詳歸安縣志列傳。其學術及著述，則陳慶鏞撰墓志銘述之，云：「其所學能多發明前哲。解易乾用九爲乾體坤用，即繫辭『取諸乾、坤』者是。坤用六爲坤體乾用，即禮運『吾得坤、乾』者是。書六宗爲殷、周方明，九江爲南江。其説皆精至。説文一書，詣力獨瘁。據序目引經皆古文，疑序以篆文合之古籀，乃後世羼入語。書中正文引經者，正字即古文。雖附有古文，不足信。重文引經者，重文即古文，雖先以正字，不足疑。如韋、革，部首皆秦篆，非古文。窑、壯重文，皆古文，並非篆籀。㓹，从古文鋭，不應以㓹爲是籀非古。人部多古文，不應以人爲非古是籀。皆近時段、桂諸家所未辨者而能辨之。經餘復兼及天文、五行、壬遁、醫筮、堪輿。於經有易經通解三卷、尚書集解三十卷、論語經説二卷、小箋二十卷、樂經補説二卷。於小學有説文箋正十六卷合序例爲二十卷、七經古文考一卷、聲律二卷、集古文字略五卷。於雜家有緯雅三卷、粵西風物略二卷、刻鵠集三卷、卞氏宗譜十一卷、詩文賦若干卷。梓者行於世，未梓者存於家。」是斌之窮經稽古，著書滿家，卓然經師，而聲譽闇然，則以著述未刊，人莫得而見也。

是書以今文二十九篇，合百篇書序一篇，篇各一卷，凡三十卷。復剌取伏生傳、孔氏古文説，益以史、漢、馬、鄭諸家，俾漢義不至終湮。正義本太誓非漢時原書，蓋漢武帝時於民間得太誓，令博士習之，合於伏生今文。其後馬、鄭所注，亦即民間所得太誓也。然伏生傳引太誓「丙午，王還師，前師迺鼓䥫譟」。是今文本有太誓。説文引孔氏本大誓「師乃搯王出涘」。是古文亦有太誓。史記所載「白魚入舟，火流爲雕」，索隱以爲見周書今文太誓，是唐時太誓猶未亡也，晚晉書别出太誓，而真太誓亡矣。乃取王西莊、江艮庭所綴集者入之。稍分今文、古文，兼及異文。凡所發明，均堅確可傳。叙説題道光戊戌，而姓名加全銜。蓋爲歸田後手訂清稿。陳志謂梓者行於世，則其著述有已經梓行者，然絶未之見。至一九二二年，吳興劉氏始刻其周易通解三卷、釋義一卷入吳興叢書。此種余亦從劉氏嘉業堂藏稿本傳鈔得之。惜當時未及并刊以傳也。憶原有南匯于鬯手跋，謂於村塾見此，爲學生讀本，亟購他本易之。是亦幾於淪滅，危矣哉。其説文箋正爲頌南贊賞者，不知尚在人間否？發潛闡幽，所賴後之好古者。

尚書經字異同集證八卷 一册

清婁縣朱大韶撰。手稿本。

大韶字仲鈞，號虞欽。嘉慶己卯舉人。江寧教諭。婁縣續志云：「大韶生而神悟，七歲師陸明睿，授以大學，五日而卒業。講授經義，皆領會。十四讀經史已畢，十九入庠。逾年以優行貢成均。舉嘉慶己卯京兆試。漕督朱爲弼器重之，延課其子弟，皆成就。以是名動公卿間，從之者日益衆。兩試禮部不售，乃决去舉業，專心經學。道光十一年選懷遠縣教諭，甫半年，丁繼母艱歸。懷遠士紳延主真儒書院，再至懷遠。旋以親老歸。奉親之暇，一意解經，尤究心於三禮。時涇縣朱琦以經師主紫陽書院，以所作質，琦大服。爲文序之，勸付手民。道光庚子，郡守徐青照願捐俸助刻，旋調江寧，不果。道光甲辰，選授江寧教諭，以親老不赴。旋卒。所著書藏於家，其稿皆大韶手自删訂。友人姚楗校定焉。」朱琦實事求是之齋經義序云：「余愛其西郊四學辨、袒裼襲辨等篇，閎奥賅括，急録入詁經文鈔。」是編以假借通轉爲宗，而又廣搜古籍，隨處旁推。研析之精，當世鮮儷。其創獲之處，悉數難既。張文虎撰傳云：「時績谿胡户部培翬、涇上朱贊善琦皆以經學鳴東南，主雲間、紫陽講席，相與往還議論，然各自以爲弗如。公性端厚，好獎借人材，有片善，口之不置。爲文淵懿鴻博，意在兩漢間。治經宗高郵王氏，以形聲訓詁，引申假借，通古人所闕，尤熟精三禮，凡大小典禮古今傳譌者，爲之反覆辨證，不苟同，不苟異，務要於至確。名其所居曰實事求是之齋。知公者，以爲克副其稱。撰述既繁，費重尟能謀剞劂者。復經亂播遷散失，彙所存，僅得題經說者周易一卷、尚書二卷、毛詩三卷、春秋左氏傳三卷。題講義者尚書二卷、毛詩一卷、禮記二卷、春秋禮徵十卷、經字釋春秋左氏傳一卷，皆塗抹改竄，或重複錯見，殘脱斷爛。惟題經義者八卷最爲完善，似經寫定。」大韶生平學行，知之者鮮。徐世昌清儒學案所載殊略，茲爲補輯於此。

此經字異同集證止成尚書一種，亦塗抹改竄，尚未清寫。婁縣續志藝文載之，而卷數不同。張文虎所未見也。案清儒多深通音韻訓詁之學，於各經文字異同，考釋殆偏，而獨尚書爲罕。李富孫七經異文釋，其尚書一種，南菁書院經解未收，遂世鮮見者。其偏及羣經者，有張維屏經字異同。俞樾序宋文蔚湖樓筆談說文經字疏證云：「余嘗深喜番禺張維屏氏經字異同一書，其書四十八卷。古書援引異文，羅列無遺。竊欲爲之疏證，如趙徵君坦三傳異文箋之例，而精力衰頹，有志未逮。」大韶蓋即以張書爲本，益旁搜博采，補所未備，并疏證其通假異同之故。蓋同於俞氏之志，而先有成書，俞氏所未見也。大韶著述繁富，李興鋭爲刻實事求是之齋經義，南菁經解重刻之，張文虎所選也。張鈞衡爲刻春秋傳禮徵，繆荃孫所校也。余得其遺稿數種，以待好事者爲之傳布，則於研讀古書誠爲助匪細矣。

尚書字詁一卷 一册

清婁縣朱大韶撰。手稿本。

虞欽治經，宗高郵王氏。以形聲訓詁引申假借，通古人所未達，作經字考以擬經義述聞。此尚書字詁皆舉字作解，即經字考之初稿。於王懷祖説有引申而無駁義。言必稱先生。於錢竹汀、王西莊、段若膺則有從有駁，亦可見其宗尚所自矣。如堯典「象恭滔天」，謂：「滔，欺謾也。滔天者，欺天也。漢書王莽傳贊『滔天虐民』，謂欺天虐民也。又叙傳幽通賦『巨滔天而泯夏』，莽託符命以誑耀中國四夷，末年又託陽九之説，終至滅亡。故曰『滔天而泯夏』。泯，亂也。謂欺天而亂天下也。顔師古解爲不敬天，失班意矣。蜀志諸葛亮傳『多逞張儀詭靡之説，奉進驩兜滔天之辭。』云『滔天之辭』，則非慢上可知，滔天與詭靡並言，則義爲欺謾又甚明。象恭謂外貌恭敬也。滔天謂心實欺天也。上下相反爲義」。（駁竹汀潛研堂答問「滔天猶言慢上」之非。）又「竄三苗于三危」。説文曰「竄，塞也。从宀，𣪠聲。讀若虞書『竄三苗』之竄」。謂：「凡漢儒言讀若者，皆擬其音。若經作竄，則許君當引經以證。何以云讀若？蓋古竄字本與竄同音，説文本作讀若虞書『竄三苗』，謂竄字，讀與竄同也。後人因七亂之音與竄音不合，因改爲竄耳。王不審察，遽歸罪衛、包，疏矣。廣韻二十九換『竄，放也』。此竄義當訓放。故下經云『分背三苗』，謂分析其黨也。孟子萬章篇作殺，殺即粲之省。説文『粲，糂粲，散之也』。殺三苗，謂放三苗也。左傳定四年『粲蔡叔』。正義謂放蔡叔也。故莊子在宥篇作投。史記五帝本紀作遷。粲也，投也，遷也，均與放義同。拘爾雅訓匿固非，解爲閉塞，更非。」（駁西莊尚書後案「凡自匿曰竄，閉塞之曰㪥。二字音義全別，此經本作㪥，作竄者，衛、包改」之非。）皐陶謨「乃賡載歌」，説文續字，重文作賡，云古文續从庚貝。謂：「羣經音辨以爲説文誤，説文不誤；段若膺説文注以爲誤起於孔傳，孔亦不誤。釋詁『賡揚，續也』。小雅大東『西有長庚』，傳曰『賡，續也』指孔爲誤，則爾雅、毛傳先誤矣。若然，説文以賡即古文續，爾雅詎以續訓續乎？曰，古人訓詁例如此。爾雅『輔，俌也』。俌即輔。『篤，竺厚也』。『永，羕長也』。『嵩，崇高也』。竺，即篤，羕即永，嵩即崇。遹，述也。孫叔然以遹爲古述字，嗟，𨻰也。字林以𨻰爲古嗟字。玉篇云『𨻰，今作嗟，矢誓也』。虞翻晉六五爻注：『矢，古誓字。迺，乃也。迺即乃之古文。逮，及也』。又曰『迨，及也。迨即逮之或』。又曰『逮，遝也。遝，即逮』。廣雅『壹，弌也』。『焫，熱也』。『煖，煖也』。弌即壹，熱即焫，煖即煖，蓋古今異字，必以此釋彼，而古義始明。故爾雅以續訓賡，而説文以賡爲古續字。不通古人用意，古書之可疑者多矣。」（駁段若膺説文注，謂「此許君説會意字，以續訓賡，誤起於孔傳」之非。）其書大率繁徵博引，立義堅確。茲舉三條，要删以示例云。

面葉有「道光十六年夏六月從弟大鏞録於褒遠書院」一行，蓋其初稿清本，時任懷安教諭。其後續加修訂，塗乙幾徧，可見功力之深。光緒婁縣續志藝文著録二卷。此猶未分。

有「朱印大韶」白文方印。

禹貢地名集説二卷 一册

清陽湖洪符孫撰。吳縣王氏學禮齋鈔稿本。

符孫字幼懷。國子監生。亮吉次子。亮吉三子，皆能傳其學。符孫精研史地，而最不遇。久客河南以卒。此書據洪用懃授經堂未刊書目、張惟驤清代毘陵書目均作「禹貢地名疏證」，無卷數，蓋未之見也。有蔣湘南案語，商訂極詳審。王宏濟序湘南七經樓文鈔云：「湘南遨游任城，與洪幼懷飲太白酒樓，作長歌，自負，旁若無人。」此書商訂，當在此時。蓋同在我鄉吳巢松慈鶴山左學幕也。

言禹貢地理者，莫詳於胡渭禹貢錐指，而讀者病其太繁。蔣廷錫禹貢地理今釋則又太略。符孫折中二者之間，每地博采羣書，詳於歷代沿革，注以今地，所附考證多所發明。於「徐州之羽」云：「胡渭泥於孔傳『東裔』二字，且承太平寰宇記之誤，故有『此地太近，非荒服放流之地』，別以登州府蓬萊縣羽山當殛鯀之山之説。不知今海州濱海，實唐、虞時東南荒裔之地，且去平陽帝都，較登州爲更遠。是宜從班志之文，不必更爲新説也。」案，寰宇記於海州朐山縣之羽山，引漢志。於登州蓬萊縣之羽山，引孔傳。本兩存之説。蔡沈主前一説，胡渭主後一説。四書釋地曰：「禹貢之羽山，在徐域，舜典之羽山，在青域」，其誤與胡氏同。此云去平陽帝都較登州爲更遠，於是始有定論矣。於「荊州之雲夢」，云：「左氏昭三年傳『王以田江南之夢』。定四年傳『楚子涉睢濟江，入於雲中』。杜注：『楚之雲夢，跨江南北，傳文或言雲，或言夢者，省文耳。」證以周禮職方、爾雅釋地，知雲夢非二澤也。漢地理志云：「南郡，華容，雲夢澤在南，荆州藪。」鄭玄周禮注、應劭風俗通義、高誘吕氏春秋、淮南子注，皆取漢志之文，郭璞爾雅注亦云「今南郡華容縣東南巴邱湖是」。則此郡縣，晉時尚因漢制。司馬相如子虚賦「雲夢者方九百里」，乃後世侈遊觀之地，鬬田獵之場，非復禹貢之舊矣。」案，雲夢不分二澤，最爲有見。猶荆楚本一國，言荆則楚在，言楚則荆在也。特其地實即今德安郡之雲夢。元和志：「雲夢在安陸縣南五十里」是也。諸家泥於相如傳「方八九百里」之文，遂以爲跨江南北，若全楚境中，無不可稱雲夢者，不知賦家恢張之語，不可爲據也。至其偶有疏失，如於冀州，據潛夫論、水經注、日知録諸説，是冀州之有韓國甚明，不得以王肅所云「方城縣有韓侯城」者爲誤。於青州之汶水，「尚有二汶，一出朱虚縣東，至安邱入濰，道元謂之東汶。一即臾崮水，二源雙合，東導一川，亦稱汶水；南流入沂，入沂之汶，見水經。入濰之汶，兼見漢書」。是共有七汶，不得信元和郡縣志謂泰安縣界凡有五汶。於豫州之「滎波既豬，波水出霍陽山，入於汝。詳見水經。孟子所云決汝者，是一證也。禹貢無汝水，説者以爲禹未施功。」蓋誤於鄭、賈之以波爲播。今據爾雅、風俗通、山海經諸書，皆有波水，則波字不當略去，更詳之。於黑水所經之三危，「應在今陝西岷州塞外西蕃界中」。其山實在河南，與三苗所宅之三危在河北者，別是一山。是此條當另注。不當云「已見雍州下」。凡此均爲湘南所糾舉，而其書之得失見矣。湘南績學不遇與符孫同。而聲譽在符孫上，則以著述早已刊行也。符孫又有齊雲山人文稿，江陰繆氏刊入雲自在龕叢書。

尚書孔傳參正三十六卷 六册

清長沙王先謙撰。光緒三十年王氏虚受堂刊本。吳縣王欣夫屬友臨歙縣吳承仕、蘄春黄侃、江北陳尊默校。

清代湖南經學，王船山開之。乾、嘉間，不如江、浙、皖、魯之盛。晚乃有善化皮鹿門、長沙王益吾，轉益精邃。二家於尚書功尤深，鹿門今文尚書考證、尚書大傳疏證，采掇既詳，剖析頗密。蓋其早歲之作，純係樸學。益吾尚書孔傳參正成書稍後，而博綜羣言，平心參考，宗旨與皮氏大同，詳贍矜慎亦相近。而論古文説，及杜氏西州漆書，則昭晰確當，勝於皮氏。卽皮氏亦謂其兼疏今古文，詳明精確，最爲善本。蓋江、孫、段、王之後，可稱集成。吾師曹叔彦先生撰古文尚書鄭氏義箋釋，頗資甄采。復禮堂述學詩授尚書書目，列入參考書。謂近時説今文者，惟皮、王二家無弊。其間得失相参，去瑕取玖可也。吾友吳君檢齋，深於書、禮、音韻之學。於是書研覈最精，偏徵羣籍，折衷至當。如正始石經、唐寫隸古定經文、及釋文、玉篇、玉燭寶典諸古寫本，皆前人所未見。左右采獲，新義疊見。密綴書眉，不下千條，可别輯成一書。至黄君季剛則辭氣稍峻，有曰：「此好異之過，幾成笑柄。」曰：「可謂駻戾之甚。」曰：「可怪。」曰：「釋一南江殆七千字，此真秦延君家法矣！此非南江考，衹宜裁省其説。必欲用班、鄭之説，固無不可，但略記其經流，已足明義。而牽連辨論，不勝其繁，真乖著書之體矣。」陳君季皐則多據玉燭寶典爲説，諸家於益吾雖多附評議，而實使其書益臻美備，謂之功臣也可。一九三六年冬，借檢齋本，以墨筆臨之，又從徐君行可借季剛、季皐本，分以朱筆、緑筆録之，皆屬其任於徐君振之。余與檢齋、季剛皆識於表兄吴瞿安座上。後與檢齋論學交契，常通函牘，且每慨借以所校經籍。今距檢齋之殁逾十年，聞諸余君季豫，其遺稿已付零落，而經籍舊音，早有定本者，亦不可復問。至季剛遺稿，聞諸汪君旭初，爲其後人分藏，秘不肯出云。

壬戌春，從徐恕借閲。四月十八日閲。竟有三事爲撰書人扼擘。今文無徵者衆，既云今文有序，何以不盡合於大傳？清儒欲排僞傳，而所釋多不辭，至勦襲陳言以著書，無所發明而自詡。是彼都人士之所同，不足專責王氏。黄侃季剛題記。

寫定尚書不分卷 一册

清桐城吴汝綸寫定。光緒十八年吴氏家塾石印本。江安傅增湘臨汝綸自校並跋。上虞羅振常跋。

古尚書今存二十八篇，皆虞、夏、商、周之遺文，昔稱難讀。經師偏於考訂，流爲支離破碎。文家疏於訓詁，感其詰屈聱牙，欲識其渾渾爾、噩噩灝灝爾也難。桐城自望谿、惜抱以古文家兼喜説經，主於依文釋義，與時稱漢學者異趣。至吴氏汝綸承鄉先之家法，兼采戴、錢、段、王之長，於尚書用功尤深。既寫定二十八篇，别爲尚書詁，令子闓生又輯校讀之本，爲尚書讀本，其他見於日記者，零璣斷璧，往往而有。此爲自加批注於寫本上，或考句讀，或明訓詁，博采諸家而擇其是，明辨以析，怡然理順，學者稱便。其弟子江安傅學淵手録師説，工整絶倫。學淵名增濬，光緒甲辰進士。吏部主事。沅叔先生兄也。汝綸主講保定學古堂，從游最久。事跡詳王式通志盦文稿所撰墓志銘。

有「江安傅增濬字學淵珍藏書畫金石之章」白文方印。

光緒二十九年歲在癸卯秋八月初七日，録摯師評點訖。學淵記。時寓宣武城南。

此册乃吳摯甫門人録其師説。後有學淵題識。觀其印記「江安傅增濬字學淵」，知爲沅叔學使昆季，羅振常記。

詩經通義十二卷 四册

清吳江朱鶴齡撰。舊精鈔本。

長孺與顧亭林友，湛深經學，諸經皆有著述。清史稿入儒林傳。傳稱「長孺晨夕一編，行不知途路，坐不知寒暑，人或謂之愚，遂自號愚庵」。詩經通義十二卷，四庫著録。有雍正三年乙巳刊本，傳世罕見。此舊鈔本當爲未刊以前所鈔，故卷一書名後空二行，未填撰人姓名，末無壬戌自跋。

提要謂所採諸家於漢用毛、鄭，唐用孔穎達。蓋長孺於詩傳屬之毛萇，故提要並鄭君同列爲漢。然自序謂「毛傳簡略，無所發明。鄭箋支離膠固，舉詩人之指意而盡汩亂之。孔疏又踵陋仍譌，無以辨其得失」。則實於三家皆未以爲是也。提要謂「其釋音，明用陳第，國朝用顧炎武」。案凡例云：「陳季立謂古字本有古音，與後代不同，不必改叶。顧寧人引申其説，但細覈集傳所叶之音，與二家考正者無甚相遠。故今仍用集傳所叶。」則陳、顧之説僅作參考，未嘗專用也。提要謂「凡例九條」。案，今本實十條。則數之偶誤。提要又據自序「此書與陳啓源商榷而成」云云兩則，今案，自序均無此語，或在自跋中。周中孚鄭堂讀書記亦著録一舊寫本，謂後有自跋，稱壬戌，乃康熙二十一年，當屬愚庵晚年所作。案張尚瑗雍正三年序「年未弱冠，受教愚庵，時正撰通義」，以是序尚瑗署年七十推之，則長孺屬稿當始康熙十二三年，距二十二年逝世，不足十年。其間又撰尚書埤傳、讀左日鈔，蓋長孺早歲治雜學，善文章，先有少陵、義山詩集箋注，晚乃專精經學。故其書亦皆晚成。讀書記又謂「陳氏毛詩稽古編一準古義，而是書兼權衆説，爲例不同，不可偏廢。若較其優絀，終當以陳氏書爲長。是編不過稍勝於墨守朱傳者耳。」邵懿辰四庫簡明目録標注謂「朱鶴齡作詩經通義，陳啓源實佐成之」。然通義兼權衆説，稽古編則堅持古義，不容一語之出入」，所評二家之得失最當。故阮元輯學海堂經解不取是書。陳書直至嘉慶十八年龐氏始付刊，後此且八十八年。阮氏又收入經解，故傳本廣。此書雖光緒間方惠功重刊入碧琳琅館叢書，印本亦不多得。

詩異文釋六卷補遺一卷 一册

清嘉興馮登府撰。吴縣王氏學禮齋鈔稿本。

柳東著述繁富，而刊本均極罕見。三家詩異文疏證六卷、補遺三卷、續補遺二卷，有道光十年庚寅刊本。又咸豐十一年學海堂經解補刊本，併爲二卷。據自序云：「王伯厚詩考但存條目，通釋闕如。且引文不詳篇卷，分家間有舛漏，殆未成之書。余稍加釐正爲六卷，補遺五卷。至異字異義，其間與毛氏異者，雖不出三家，然漢儒傳授，源流派別，各有師承，不能確指爲誰氏之説。其遺説異文，綜見翼證，亦仍王氏例也。」其疏證六卷，即據詩考所著韓、魯、齊詩與毛本異文，以聲音訓詁，疏通證明之。補遺則采掇古書所引異文，爲詩考所未及者。孫殿起販書偶記有李富孫校讀三家詩異文釋三卷，附補遺底稿，當即一書而分卷偶異。而此書則專取詩考中異字異義門所載而條考之，本與疏證爲一書，不冠以三家者，以不能確指爲誰氏之説也。故於小星「實命不猷」，云：「寔、實相通。見前韓詩考異。」正月「燎之方陽」，云：「陽通揚，見韓詩考異。」并知曰「考異」曰「釋」，皆其初名，最後乃定爲疏證也。首有「是卷尚多誤字，未經校過，丙戌冬自記」一行。丙戌爲道光六年。越明年，丁亥六月，從汪小米借盧抱經諸家合校本，見盋山精舍印增校詩考題識。又越三年，庚寅，而疏證刊成於四明學舍。其時此書及翼證諒均未定稿，故待續刊。兩手稿後歸金山高吹萬先生，爲葩廬所藏清人詩經手稿之冠。余於一九四零年春，先借録此。翼證以尚待整理，故不果録。

案，柳東嘗論毛詩假借字云「詩三家多正字，毛多假字。鄭康成云：『其始書之也，倉卒無其字，比方音類，趣於聲之相近而已。』不明乎此，而强爲之解，則窒而不通。習於俗學，偶舉本義，則茫然莫識，學者之大病也。如詩『報我不述』，韓作術，薛訓法術之術。『聊樂我云』，韓作魂，薛訓神魂之魂。『譖始既涵』，韓作減，薛訓少減之減。『在此無斁』，韓作射，鄭訓射藝之射，皆昧於古今通假之原，而望文生義，在漢大儒尚有未盡通曉者矣。學者以聲求義，以義考文，詳審而會通之，則爾雅、説文引經之例，一以貫之矣」。蓋自述著書之指。柳東與李超孫、富孫、遇孫、貽德皆同里至交。卷中時引其説。而富孫更徧考易、書、詩、春秋三傳、禮記爲七經異文釋。其精審與柳東書相頡頏，今並傳於世云。

毛詩釋文校一卷 一册

清長洲陳奐撰。吴縣王欣夫輯。王氏蛾術軒鈔稿本。

昔葉林宗從錢氏絳雲樓藏宋刻釋文影鈔一部，錢遵王親見之，詳讀書敏求記。馮鈍吟、葉石君題跋亦稱林宗所鈔。蓋自絳雲一炬，宋刻同盡，釋文真本賴林宗而傳。通志堂所刻，臧、段所校，咸出於是，厥功偉矣。乃葉氏德輝郋園讀書志必謂爲石君所鈔，反以屬之林宗者爲誤。鈍吟跋即附通志本，石君跋載抱經堂本，豈均未見耶？何憒憒乃爾。惟葉鈔原本乾德、開寶名銜，在毛詩音義卷末。通志堂、抱經堂均移附全書之後，段茂堂謂此書係南宋本彙刊，故尚書、孝經等音義，竄改最甚，全非陸氏之舊。而毛詩或本之，北宋有乾德、開寶間銜名，因仍之。臧在東歎其論斷之精，然則今毛詩音義猶出北宋，在釋文中尤爲可貴。陳碩甫既臨其師段茂堂、江子蘭及臧在東、顧抱沖所校於通志堂本，而亦時下己意。於毛詩尤多有訂有補，蓋其所業在是，且爲所撰毛詩音張本。但皆别寫紙條，夾置卷内，展卷便作蝴蝶飛。歲久恐致零落，因輯録附此，俾與毛詩音參觀，亦爲三百堂碎金之一云。

周南　汝墳頳尾勑貞反。赤也。説文作䞓，又作赬，並同。　案，喪大記「大夫以元赬。注，赬，赤也」。

召南　采蘋湘之息良反。亨也。　案，湘，式羊反。亨也。漢書郊祀志顔注引韓詩作鬺，説文曰：「鬲鬺同字，音傷」。釋文「息良反。」非毛讀。

又牖音酉。下如字，協韻則音户，後皆放此。　案，大傳曰：「設奠于牧室」，又曰「同姓從宗，今族屬」。

邶　燕燕以勗凶玉反。徐又況目反。勉也。　案，勖，古音茂。讀同畜者，今音也。勖，從力冒聲，古音茂，誤。集韻五十候莫候切，無勖字。一屋「勖，許六切。」三燭「勗，吁玉切」。誤勖、勗爲二字。類篇亦誤，尤當諟正。釋文音凶玉反。及尚書牧誓釋文「勖，音許玉反。」皆今音，非古音也。宜當補「勖，俗變作勗」。

匏有苦葉旭許玉反。徐又許袁反。日始出。大昕之時也。説文讀若好。字林「呼老反」。　案類篇、集韻云「許元切。徐邈讀」。按，徐必許九反，誤九爲元耳。今釋文又作許袁反，則更難考正矣。

谷風其沚音止　案沚當爲止，説文、玉篇皆作止。毛如字，鄭改作沚。

泉水不瑕音遐。毛「遠也」。鄭「過也」。案，當云「毛音遐，遠也」。「鄭如字，過也」。

二子乘舟不瑕　案，毛音遐，鄭讀如是，當補。

鄘　定之方中攘如羊反。　案，傳曰「襄，除也」。僖四年傳「公渝攘公之羭」，注，攘，除也。

衛　碩人茀音弗。車蔽也。　案毛音蔽，周禮注作蔽，釋文音弗，非毛讀。

氓有泮音判。毛云「坡也」。鄭音畔，「畔，涯也」。　案毛音汳。周禮注杜子春讀胖爲版。此古半反聲通之證。

毛讀泮爲阪，故得訓坡。若音判，則不得其理矣。全詩中，每隰阪並言。

芄蘭我甲如字，狎也。爾雅同徐，胡甲反。韓詩作狎。　案，毛音狎，釋文、徐「胡甲反」，是于音得義矣。釋文云甲如字，非毛讀。

鄭緇衣粲七旦反。飡也。飧蘇尊反。　案，陸據傳作飡也。爾雅釋言「粲，餐也」。陸本餐亦作飡，云本又作餐。字林作飧。不知餐、飧二字，音義皆殊。說文「飧，餔也」。从夕食爲會意字，思覓切。「餐，吞也」。从食𣦼聲，爲諧聲字，七安切。陸蓋誤爲同字，遂不能諟正。案，傳作粲，餐也，是也。粲、餐疊韻，兼雙聲。故得通訓。餐猶食也，箋云「設餐以授之，愛之欲飲食之」。鄭語可證。乙酉二月十六日吳山訂。

子衿城闕　案，闕，說文作𩫖，云「𩫖，缺也」。古者城缺其南方，謂之𩫖。此當補。

齊還兩肩如字。獸三歲曰肩。說文云：「三歲豕肩相及者。」亦作豜，音同。又音牽。　案三歲當作四歲，古書四作亖，形近而誤。伐檀傳「獸三歲曰特」，則肩當四歲矣。周禮注引詩「獻肩于公」，鄭司農云「三歲爲特，四歲爲肩。」司農治毛詩，當本毛說。

魏碩鼠貫女古亂反。徐音宮，事也。　案，貫，毛音宦。隸釋：魯詩作宦。釋文云：「徐音宦。」是也。今宦誤作宮，或作官，當訂正。

唐有杕之杜道周周，曲也。韓詩周，右也。　案，汲古疏「周，韓詩作右」。是也。

陳宛丘洵有音荀，信也。　案，音荀，當云音恂。邶、鄘同。溱洧「洵訏且樂」，韓詩作恂。說文曰「恂，信心也」。

豳　七月獻豜古牽反，又音牽，豕三歲。　案，豜，周禮注作肩，今當補。

東山枚莫杯反。　毛云，微也。鄭注周禮云，枚如箸，横銜之於口，爲繣絜於項中。　案，枚毛，音微。釋文「莫杯反」，鄭讀非毛讀。

小雅　四牡騑騑芳非反。行不止之皃。　少儀「車馬之美，匪匪翼翼」，鄭注匪，讀如「四牡騑騑」。

伐木柿貌孚廢反。又側几反。　案，詩釋文，肺、旆皆蒲貝反，柿亦从市聲，讀當同蒲貝。古音芳廢，今音又側几反者，誤柿爲柹也。集韻仍其誤收入五旨，今當補蒲貝反，而正側几反之不是。

車攻⿱毄韋音計。　劉兆注穀梁云：「繼也。」本又作擊，音同。或古歷反。　案穀梁音義：繼作結。

沔水湯湯失羊反。　波流盛皃。　案，湯，毛音蕩，言放縱無取入也。釋文但載鄭箋音義，當補。

十月之交抑此如字，辭也。徐音噫，韓詩云，意也。　案，抑，毛音懿，美也。「抑此皇父」與「懿厥哲婦」，正同下章「皇父孔聖」皆是反美之辭。古抑、懿聲通，徐音噫者，鄭説，非毛義。

小弁伎伎本亦作跂，其宜反。　舒皃。　案，説文「徥徥，行皃也。」疑即　伎伎之異文。

都人士臺如字。爾雅作薹，草名。　案，臺，毛讀曰簦。國語「簦笠相望于艾陵」，韋昭云：「簦笠，備雨器。相望，言不避暑雨。」詩臺笠，國語言簦笠，臺即簦之假借字。古之咍與蒸、登合韻，如得來爲登來耳。孫爲仍孫，臺笠爲簦笠，皆其理也。鄭如字。

采緑采緑緑，王芻也。　案，緑音菉。王逸楚辭注作菉。

大雅　文王藎臣才刃反。　案，藎，毛音晉。

又聿脩于必反。述也。　案聿音述，後漢書東平思王傳引「述修厥德」。繇捊也。薄侯反。爾雅云：「聚也。」說文云：「引取土。」　案陸引爾雅作捊，聚也。是也。捊今釋詁作裒，詩「原隰裒矣」，說文引作捊，易謙象「君子以裒多益寡」，鄭、荀、董、蜀才作捊，段先生曰：「裒者，捊之俗，取土二字當合爲堅字。北監本作聖字，正堅之譌也。」

又有伉本又作亢，苦浪反。高也。韓詩作閌，云盛貌。　案，西京賦「高門有閌」，李注：「毛詩曰『臯門有伉』，與閌同。鄭元禮記注曰『臯之言高也』。」又魏都賦注引毛詩作「高門有閌」。

皇矣歆許金反。　案，歆，毛音貪，歆，从欠音聲。貪，从貝今聲。古聲同。

下武來許王如字。鄭音賫。賫，勤也。下篇來孝同。　案，許，進也。許音御。六月傳「御，進也」。此音當補。

生民燔烈　案，烈音炙，貫之加于火曰烈，即瓠葉傳「炕火曰炙」，古烈、炙聲通，釋文無音，當補。

行葦敦弓音彫，畫弓也。注及下同。徐又都雷反。　案，敦，說文作弴，云「弴，畫弓也」。

既醉釐爾力之反。予也。　案，釐音賚，江漢釐，沈重音賚。釋文「力之反」。非毛讀。

假樂假樂音暇，嘉也。　案，假音嘉，釋文音暇，非毛讀。維天之命、雝同。雝篇，假，徐古雅反，是也。

蕩㚇皮器反。舊音備。怒也。不醉而怒曰㚇。　案，魏都賦注「不飲酒而怒曰奰」。詩曰「内奰于中國」。

毛傳翼一卷 一册

清婁縣朱大韶撰。手稿本。

虞欽嘗謂毛公訓詁古質不能猝解。孔氏作正義，尊鄭而於毛傳轉略爲之羽翼焉。故名其書曰毛傳翼。又著毛詩故訓傳裨，羽翼與裨益，其意一也。二書婁縣續志藝文皆不著録。

如周南關雎「關關雎鳩」，謂「據薛君章句，列女傳是韓，毛義同，正義合箋於傳，非也」。葛覃「是刈是濩」，謂「如正義解，以濩煮二字連讀，非毛意，并失雅義」。唐揚之水「素以朱繡」，箋云「繡讀爲綃」。正義引考工記以證。繡、綃不得同處，明知非繡字，謂：「魯詩作綃，毛詩自作繡，正義特欲申鄭耳。」大雅緜「予曰有奔奏」謂「傳作奏，箋作走，毛、鄭異義，正義合箋於傳，非是」。大雅崧高「崧高維嶽」，謂「正義駁傳非也」。「孔子閒居」正義説是。至疏詩乃歧其説。蓋唐人尊鄭不敢違，於毛傳甚略，故説多牴牾。皆糾正義之失。又如小雅斯干「噲噲其正，噦噦其冥」，傳曰：「正，長也。冥，幼也。」釋文曰：「冥，毛莫形反。幼也。長，王丁丈反。崔直良反。幼，王如字，本或作窈，崔音杳。」正義引王肅云：「宣王之臣，長者寬博，噲噲然。少者閒習，噦噦然。」尒疋幼字或作窈，孫炎曰：冥，深闇之窈也。某氏曰：「詩『噦噦其冥』，窈於義實安，但於正長之義不安。」謂「長當從崔直良反，幼亦當從崔音。杳，説文冖部曰：『冥，窈也。』穴部曰：『窈，深遠也。』廣雅釋詁曰『窈，深也。』豫上六爻辭，王廙注：『冥，深也。』楚辭九歌王逸注：杳，深也。冥與幼義同，故傳云冥，幼也。窈，古字作幼。漢書外戚傳『惟幼眇之相羊』。師古曰『幼眇，猶窈窕也』。中山靖王傳『每聞幼眇之聲』，字亦作眑。禮樂志安世房中歌『清思眑眑』，並與窈同。周南關雎箋：幽閒深宮，謂淑女所處之宮，形狀窈窕然。文選魯靈光殿賦『旋室㛹娟以窈窕』，西都賦『步甬道以縈紆」，又「杳篠而不見陽」，義並同。噲噲其正者，謂室之廣長也。噦噦其冥者，謂室之深邃也。此美宮室之詞。傳曰長也，幼也，正謂室之廣長而深邃。自王誤讀爲長幼，乃與傳違」。此訂正義不從崔靈恩而從王肅之非也。周頌載芟「振古如兹」，傳曰「振，自也」。箋云：「振，古也。言脩德行德，莫不獲報，乃古古而如此，所由者久，非適今時。」正義曰：「箋以尔疋有此正訓，故易傳按釋言振古也。」郭注，詩曰：「振古如兹」，猶言久若此。邵氏正義曰：「振，發語詞。詩與古字連文，其義亦相近也。」謂「郭云久若此，以之釋詩，義尚可通，以之釋尔疋則不可。尔雅云：振，古也。不云久，古也。邵謂發語詞者，意詩以振古連文，不得云古古如兹，故以爲發語詞耳。然尔疋訓字義，若振爲發語詞，安得云古也。經傳中未有以古爲語助者。據傳云：自也。知尔疋本作自，不作古。尔疋振字本釋此詩，毛公此訓，即本尔疋，非以意訓之也。自與古篆形相似，因誤自爲古。鄭所見尔疋已誤爲古，乃云古古而如此。案，日不一日，時不一時，歲不一歲，故可云日日、時時、歲歲，古對今而言，可云上古、中古、下古，不可云古古，古古如兹，殊爲不辭。此可據毛傳以正尔疋傳述之譌，非毛傳莫有通其義者，得毛傳則振古如兹，不過云自古如兹。詩義明而疋訓亦明，此訂正義不能據毛傳以正尔疋之誤也」。説極明通。他皆類是。卷末有朱筆「此書稿本有兩卷，未及録」一行。則此二十六條猶非完本，虞欽詩學宗毛而亦未嘗廢鄭，嘗謂俗儒譏鄭好改字，不知鄭之改字無一不有所本，無一不以形聲求之。俗儒不通古字古音，病之，作鄭讀考，此書今未見，蓋亦猶陳碩甫之既作詩毛氏傳疏，而又作鄭氏箋考徵也。

有「實事求是之齋」朱文長方印。

説詩一卷 一册

清歙縣汪宗沂撰。吳縣王氏學禮齋鈔稿本。

宗沂字仲伊，自號弢廬子。光緒庚辰進士。山西知縣。事跡詳劉師培、章梫撰傳，金松岑師皖志列傳稿。袁昶嘗稱學極精博，可比江慎修。其治經致用，以農、禮、兵、醫、樂爲古今政學五要，言皆徵實，絶去枝浮。劉傳叙述仲伊所著書綦詳，謂成管樂元音譜等書，以明樂律，更推其學以説詩。謂「古詩之音均可譜。非考古字循古音，末由便學徒諷習。因審辨音讀，以詩韻協樂律，成詩説、詩經讀本若干卷」。云詩説者，即指此書。今書中有涉樂律者，如云「二南燕樂之詩歌，鹿鳴四詩，歌法與三頌同。爲大樂之詩歌。雅、頌之歌法，漢末已失傳，而雅、頌之歌聲，則實存於燕樂三調。平、清、瑟三調爲正，側調、楚調爲變。是知漢、魏樂府之可以繼紹三百篇在調法，不在文詞也。又云今樂字譜中，五、四兩字讀之作清聲，即三百篇中之於字、思字，孰謂三代上無今字譜也」。又云：「野有死麕、何彼襛矣，皆東周以後之詩，乃孔子所録，以其依房中燕樂成曲，故附在召南篇中。」又云：「『我稼既同』、『上入執宫功』，『上』乃字譜之『上』字，此詩正宫音。乃以聲譜入詩。郭茂倩樂府中之不可讀者，『何來』乃『合六』之清聲，『黑洛』乃『合六』之濁聲也。以字譜爲俗者，不可與言詩，不可以作樂。」自來説詩者，多偏於名物訓詁，惟仲伊之精於樂律，據以説三百篇，實爲諸儒所未及。其書亦兼考音韻訓詁，於作詩本義，融合今古文，能會其通。時亦發揮議論，感慨諷諭。蓋仲伊雖治經稽古，然志存濟世，恒欲推經術施之用，以所學禮、樂、兵、農之實，補濟世變，不同於硜硜經生之抱殘守缺也。遺著未刊者尚多，余藏有管樂元音譜稿本，又以逸禮大義論印入己卯叢編，從章式之先生借鈔尚書改良，此則鈔諸故宫圖書館，蓋清末經進之底本。擬爲校正續印而迄未果。

韓詩内傳并薛君章句考四卷附録一卷二雨堂筆談一卷 一册

清上虞錢玫撰。姪孫世叙編。吴縣王氏學禮齋鈔稿本。

玫字元杰，號漢村。廩貢生。歷署西安教諭，長興訓導。所至與多士講求根柢之學，以實行相砥礪。去之日，士皆遮道攀留。選補昌化訓導，不就。道光辛巳徵舉孝廉方正。玫幼工帖括，比長博通典籍，鍵户著書，歷寒暑不輟，輯歷朝上虞詩集十六卷、上虞金石志略一卷、家山鄉眷録、韓詩注、三世五王傳、長者山房詩文集。世叙字蓉塘，號棨堂。咸豐己未舉人，庚申會魁。署福建南平知縣。興利剔弊，振興文教，人稱錢青天。授龍谿知縣，甲子秋卒。有東樵詩文集。皆見上虞縣志。案嘉定錢東垣爲上虞教諭，重玫學行，薦舉孝廉方正。所著韓詩注即此書。世叙著有説文略例、段本刊誤、段義刊補，余有舊鈔稿本，蓋能傳其從祖之學者。

是書首杜堮、周喬齡二序，次韓詩師承，次叙録，末附録，次二雨堂筆談，乃世叙專輯論韓詩者四十四則，次附編，亦世叙輯，原稿續采，疏諸上方者。其校者，則題會稽章慶辰、章慶昇、章濬源、章景烈、章厔、吳聲鈞諸名。

漢書藝文志：韓詩經二十八卷，韓故三十六卷，内傳四卷，外傳六卷，韓説四十一卷。而隋書經籍志祇載韓詩二十二卷，薛君章句。唐書藝文志則載韓詩，卜商序，韓嬰注二十二卷，又外傳十卷。然觀唐人經義及類書所引韓詩，要皆薛君章句爲多，至於内傳，僅散見一二焉。據後漢書儒林傳「薛漢世習韓詩，父子以章句著名」。又言「杜撫少受業於薛漢，定韓詩章句。其所作詩題約義通，學者傳之，曰杜君注」。疑唐書藝文志當即此種，故卷數與漢志不同，雖題爲韓嬰注，知非太傅之舊本。陳喬樅考之最確，杭世駿謂其書亡於唐，隋書經籍志稱「韓詩雖存，無傳之者」。此唐貞觀間説也。張守節論史記注例云：「與韓詩同者，則取毛傳、鄭箋等釋。」章懷太子注范史，用齊、魯詩者十之三，而用韓詩者十之七。李善注文選多用韓詩。張、李之注，皆開元以前，繼是以後，能舉韓詩者鮮矣。其亡當在此時。朱子嘗欲録之而未有暇。厚齋王氏因之作詩考。鄭夾漈謂韓亡於五代以後者爲無據。清會稽范家相復著拾遺以補詩考。玫病其尚有闕遺，因鉤稽羣籍，益以己説，以成是書。如據外傳以證關雎非刺詩。據毛傳以糾鄭箋訓窈窕爲深宮之失。據韻會引説文「其實似麥」證芣苢非木名。凡二百餘條，皆能援據儒先，自申己義。至以漾爲羕假借字，訓長，可補爾雅郭注所未詳。以漢官解詁光禄勳，勳猶閽。易曰「爲閽寺」，薰與閽通，可證。

易「厲薰心」，荀氏作動，虞氏作閻，異文而非異義。均深爲周喬齡所歎賞。蓋其功不徒在輯存佚文而已。其時宋綿初韓詩内傳徵已行世，玫未之見，而見邵晉涵韓詩内傳考稿本。師承於三國志取蜀志之杜瓊，而漏吳志之張紘，魏志之崔炎。附録僅采王吉、侯包、趙曄、鄭玄四家。雖均遠不逮陳壽祺父子韓詩遺詩考之詳贍。然辛勤考索，亦洵多善。至後出古籍，補苴罅漏，則有陶方琦、顧震福之書存，讀者合而比觀之，則韓詩内傳，雖謂至今未亡可也。

韓詩既亡之後，搜掇殘剩者，自宋王伯厚始。顧詩考一書，兼及齊、魯，於韓且有漏遺。國朝范蘅洲家相曾經拾遺，學識謭陋，動筆輒訛，吾無取焉。餘姚邵二雲晉涵有韓詩内傳考、金谿王仁圃謨有韓詩拾遺，韓學於是有專門矣。洪稚存亮吉稱邵學士所著足正伯厚之失，而補其遺。余觀其稿，蓋未成之書也。拾遺雖未經見，然遺書鈔中所刻内傳，尚多罣漏。兹編仍諸家之舊注，依毛詩編次，彙而録之，釐爲四卷。凡學韓者另編。附録間採近世説韓之言，疏於各條，顔曰韓詩内傳并薛君章句考，雖收蒐臻廣，漏略仍所不免。所採衆説，亦未必持平。而體例燦陳，引證明悉，較邵、王二家所著，未知優劣果何如也？道光元年春王正月，錢玫識。

韓詩遺説補一卷又補一卷 一册

清會稽陶方琦輯。又補山陽顧震福輯。吳縣王氏學禮齋鈔稿本。

方琦字子珍。光緒丙子進士。翰林院編修，湖南學政。徐世昌清儒學案附越縵學案，云「方琦平生博綜羣籍，汲汲於古，述造無間歲時。治易鄭注、詩魯故、爾雅漢注，又習大戴禮記。其治淮南王書，以推究經訓，蒐采許注，拾補高誘，再三屬草，矻矻十年，實事求是，有淮南許注異同詁、許君年表、漢孳室文鈔、駢文詩詞」。此韓詩遺説補未見著録，鈔稿本，爲金山高吹萬先生所藏。一九三五年一月借得傳鈔，並以顧震福輯本比校。顧蓋未見此本，故詳審殊不逮，然亦有溢出此本者若干條，别録附後爲又補。

今文詩，齊、魯、韓三家，韓詩最後亡，故宋以前書所引較多。清代輯逸者，武進臧庸韓詩遺説較馮登府、馬國翰爲聚實。陳喬樅韓詩遺詩考即本之而演贊。方琦據近出唐釋慧琳大藏音義、遼釋希麟續音義及日本新刻玉篇零部、隋杜臺卿玉燭寶典次第輯録，以補臧書，得一百五十餘條。於每條研考比附，必求其確係韓義。如大藏音義卷三十九引韓詩「四肢以應四時」，乃外傳語。卷三十引韓詩「槪林有深坑」，乃韓非子語。卷十四引韓詩「樞機制動之主」，乃周易韓康伯注。則剔除不使混淆，異於徒作鈔胥，漫無别擇者，具見苦心。自序謂讀書至老不能徧，古人不及見今人，蓋有味乎其言之也。余既印其鄭易馬氏學入乙亥叢編，而未及此種，誠有遺珠之憾。

周禮注疏四十二卷 十四册

明崇禎元年常熟毛晉汲古閣刊本。吳縣王欣夫臨長洲何焯、元和惠士奇、惠棟、吳江沈彤校。杭縣葉揆初先生藏周禮注疏精校本二，一爲婁縣吳芸閣臨沈沃田傳録惠半農、定宇父子校，定宇并録何義門校宋刊元修本，及李安谿語，又借盧雅雨余仁仲本校，有盧抱經案語。一爲吳江沈果堂手校，亦録義門校宋本，並附立夫案語。立夫不知何人。余於一九三六年夏借吳本并句讀傳録。半農用朱筆，定宇用緑筆。抱經亦朱筆而標名。越年四月竣事。一九三九年三月，又借沈本傳録，用墨筆。其何校有溢出於吳本者，用黄筆補之，至四月而畢。是萃數經師讀書心得於一編，果堂校又爲阮芸臺、孫仲容諸家所未見，誠經籍之奇珍也。案余仁仲萬卷堂本，雅雨進之内府，今故宫圖書館無之，不知流落何所，幸賴有此校本。半農、定宇考證語多不見於禮説、九經古義。定宇於賈疏頗致不滿，一則曰：「周禮疏不詳，賈公彦不及顔師古，惜當時不命師古爲之。」再則曰：「非博物者不得疏爾雅、周官，賈、邢皆非其人也。」果堂治周禮僅成禄田考，此可見其全。立夫語亦精，必當時同輩，惜不知其名。芸閣名昕，後改名敬輿，又改名樹本，又號銘茶。乾隆三十六年進士。由編修擢侍讀學士，充福建副考官。與弟孝顯號榷堂，時稱二難。曾從沃田借惠校書、詩、三禮、三傳、爾雅九經注疏，與弟共臨之。藏韓渌卿讀有用書齋。余於一九三三年秋，觀書韓氏，時十三經猶全，後韓氏書散，被書賈分售。揆初先生得此及公、穀二傳，爾雅四種。余借此自臨之，而以二傳屬友代臨，忽忽將三十年矣。又案卷中原有緑筆録阮氏校勘記，赭筆校「纂圖互注」本，則咸豐丁巳渌卿屬青浦沈誠燾所爲。夾籤署耆名者，婁縣張伊卿借校時所附也，今皆未録。伊卿曾徧校十三經，以貽其子聞遠先生錫恭，訖成經學大師。聞遠先生殁後，其書曾入滬市，囊慳無力得之。伊卿著有夬齋雜著，其中校本注疏各跋，最爲詳核云。

康熙丙戌得見内府宋版元修本，粗校一過。何焯。卷末。

右何焯跋。

唐石經校經。

宋本校經、注、疏。

余氏萬卷堂本校經、注、音義。以上卷首。

乙亥九月十五日校畢。俗冗牽率，心緒棼如，不知何所立命也。松崖。卷七末。

乙亥歲暮校，時四兒承𨁪病狂易，朝夕防護，心緒甚惡，而不輟業。然欒師以下，除夕迨新正始校畢。詩云「風雨如晦，雞鳴不已」，殆余之謂歟？松崖。卷二十七末。

陽月小雪後三日，鐙下比校訖。時昏鼓已踰晨戒矣。卷三十九末。

雅雨盧公得宋槧本經注周禮，將以進御。因裝潢之暇，校閲一過。書共十二卷，每卷一册。時乙亥十二月小除夕前一日。松崖。

右惠棟跋。

元和惠氏紅豆齋原本，乾隆庚辰季冬八日，借校于同里沈文有華書屋。

是書原本係元和惠氏點勘。紅筆，半農先生所閲。緑筆，則松崖徵君所加也。大約先録何義門先生所校内府宋板元修本，繼録余氏萬卷堂本，然經轉寫，其中錯譌往往而有，如經、注每段中連見之字，一注「萬本」，一脱不注，不注者，本係内府宋本，今脱萬卷堂字，則混于宋本矣。疏中時雜出「宋作某」三字。萬卷本無疏，校疏者内府宋本也。今雜出「宋作某」字樣，則其餘不注者反似又有别本。又有徐家本，校經、注。訂義本，校經、疏。互注本，校經、注、音義。并偶有稱建本者。校疏。卷首止載以宋本、萬卷本校，其餘諸本，不知何時所槧也。中有數條云「文弨案」云云者，今學士盧公所記。乾隆辛巳之春，余從沃田沈丈處借録，迄壬午冬季而竣。中間道塗歷碌，時讀時輟。校閱一過，了不記憶。安得紺碧大珠一顆，握以自照乎？庚寅上巳後一日，書于楚頌樓。吳昕記。以上卷首。

辛巳二月小寒食日丙夜校畢。

三月廿九日録筆再校。以上卷五末。

六月十二日燈下録畢，贅居碌碌，中輟四十餘日。心緒抑塞，寫校一過，殊不記憶爲可歎也。芸閣。卷九末。

七月初三日芸閣比校訖。卷十三末。

中元後一日芸閣比校訖。卷十七末。

中元後，養疴不見賓客，一粥一飯畢，即句度數翻以消煩。凡十一日竟此四卷。廿七日燈下記。時贅居髣髴山房。卷二十一末。

秋暑逼人，時疾間作，而讎校之工，仍不稍輟，又得史亭兄爲之講析疑義，知晨莫之資溉良多矣。八月初七日大鬶句度四卷畢。卷二十五末。

秋分日丙夜校畢，五卷共十八日。是夜南蘋細君校屈原賦九歌一卷。卷三十末。

壬午春，聖駕南巡，召試詞賦。自吳門至金陵，留滯者三月。秋復應布政司鄉試，再至金陵。道途奔走，是書久未卒業，日來始得續校。歲月如流，修名不立，展卷之次，感慨係之矣。立冬後六日丁亥，校畢漫志。芸閣。卷三十五末。

望後弔喪吴門，篷窗點筆，爲竟此册。十月癸丑，青溪道中。卷四十二末。

右吴昕跋。

周官禄田考補正三卷 一册

清太倉倪景曾撰。吴縣王氏學禮齋鈔稿本。

景曾字亦魯。監生。授徒虞山二十餘年，循循善誘，造就甚衆。專心經學，尤精疇人術，湛思布算，嘗徹夜不寐。錢大昕三統術衍最稱精善，恐學者未能通曉，推統術、紀術之積數，著爲圖説。又著周易虞氏義補、尚書疏釋、毛詩一得、六馬數考、漢書律厤志、均燬於兵火，惟此書及春秋集解幸存，事跡詳錢寶琛壬癸志稿文學傳。此書爲其弟子李升蘭據原稿夾籤輯録。咸豐辛酉王文村得諸殘帙中，仍以歸升蘭，蓋亦幾乎湮滅矣。

沈果堂撰周官禄田考，博考精思，心通源委。惠松崖序推爲自周禮既出，至今一千九百年，爲是學者無慮數百家，其在官禄，要未有能辨析整齊若是者。四庫總目著録，提要謂凡田、爵、禄之數，不見於經者，或求諸注；不見於注者，則據經起例。推闡旁通，補經所無，乃適如經之所有。其説精密淹通，於鄭、賈注疏以後，可云特出。周信之鄭堂讀書記亦云其「搜采之慎，會悟之妙，序次之宜，文辭之潔，莫不俱臻其極」。諸家推挹之者至矣。然果堂自序則曰：「經者聖人之心，一字之譌闕，聖心即纖微不著，無所從考，斯無如之何。既考而知之矣，而不爲補正，安乎？」又云：「異時有重刻此書者，據本數通覈而删正焉，斯完善矣。」其欿然不自足而望後人之爲補正，意亦殷矣。提要雖舉其牴牾者數條而未盡。曹叔彦師嘗謂周官有井田，有溝洫，有禄田，有采地，不相蒙也。沈氏胥天下之田而井之，於經乖。且胥天下之井田而禄之，不知采與禄之分。如此，則萬民九正之貢，公家所入幾何？設有軍旅及非常興作，經費於何取之哉？蓋其書甚難而非。景曾補正，多用布算推衍，補苴罅漏，使是書益臻美備，而鮮有駁難，爲功臣而不爲諍友。至於經義之是非，讀者可分别觀之。

升蘭名芝綬。昭文人。道光己亥舉人。居鄉與罟里瞿氏善，遂精於鑒别古籍，所藏甚富，有靜補齋書目，與趙次侯宗建齊名。葉菊裳先生藏書紀事詩所謂「經過趙、李小藏家」者也。果堂原本尚有沈德潛序、陳祖范等題詞，徐大椿書後，均待補。此本有王振聲、葉裕仁、陸繼煇序，李芝綬傳，徐洽義及孫同書跋。茲録王、葉兩序，以見授受源流。

昔年李升蘭嘗語余云，其師婁東倪亦魯先生，以沈果堂周官禄田考猶有未盡，爲之補正，欲刊而傳之。余不習此學，未暇請觀也。今年有書賈列肆於周涇口，販出城中殘帙。五月廿二日，余出弔於徐氏，歸塗過而閲之，得此書。黏簽密比，似升蘭手筆，其即受之其師者歟？念亦魯先生皓首窮經而不遇，此書猶未流布，人罕知之。恐遂湮没，因購而藏之。嗟乎，世亂如此，吾衰如此，安必其能守而勿失。升蘭方遠避海外，又未知何日能歸之也。因書其梗概於卷端，俾後人知之其勿漫以覆瓿哉。咸豐辛酉得是書之次日，文村王振聲志於長巷寓舍。

道光己丑，余始識亦魯先生於玉峯旅舍，闇然篤學君子也。先生常授經虞山，不得數數見。歿後蕭君雝客持先生三統術衍説來，爲鼠所傷，余請顧仁仲先生補之，仍爲雝客攜去。今遭兵燹，亡失矣。喆孫同書以及門李君升蘭所藏周官禄田考見示，爲補正者百餘條，然後沈氏書爲無遺憾。先生之潛心研究，大率如此，此其一斑也。病中以不及録副爲恨，謹誌數語歸之。光緒丁丑中秋，題於歸庵之南窗下，葉裕仁。

儀禮注疏十七卷 十二册

明崇禎九年常熟毛晉汲古閣刊本。佚名精校，並臨吳江沈彤、吳縣沈欽韓校。

此書圈點到底，墨筆校識極爲詳審，考證亦極精確。必出篤學之士而不留姓名，末闕數葉，或恐在所佚中。所據宋十行本、嘉靖本，參之朱子儀禮經傳通解、楊復儀禮圖、聶崇義三禮圖，並采通典、太平御覽、册府元龜諸書之言禮者。於近人則惠棟、沈大成、張惠言、劉台拱皆有引證。卷十一喪服引「朱校宋本禮記疏」一條，則長洲朱楷孔林所校宋黄唐刻七十卷本也，見余蕭客古經解鉤沈例。又録沈彤案語較多，沈欽韓次之。他如卷十四士虞禮有署「柳」案，卷十五特牲饋食禮有署「賓叔」校各一條，則丹徒柳興恩也。卷二士昏禮有署「叔雅」校一條，則不知爲何人。鄭翼案：揚州張安保號石樵，一字叔雅，即丙炎之父，嗜金石，工篆刻，藏書萬餘卷，皆手自校勘，有所得，輒録之。與包慎伯、許海秋同時交好。見吳昆田撰傳，不知是此人否？中於沈欽韓語，不舉姓名，而曰「小宛云」。與他引特殊，似與小宛爲同時摯友。全書墨弊紙渝，可見揣摩功深，而又蠹食幾不可觸手，然於吳中經學，薈萃甄綜，具有淵源，是可寶也。冠雲儀禮小疏惜非全書，此當與所校周禮合編之。小宛幼學堂文集有説禮者，識斷最精，而於儀禮無專著，玆條輯附後，以存吉光片羽。

卷一　士冠禮

遂以摯見於鄉大夫鄉先生。　案：鄉大夫、鄉先生，自禮記冠義釋文音作香，故儀禮傳本作鄉，無異議。盧氏紹弓謂當作卿大夫劉台拱輩宗之，張氏敦仁及吾鄉顧廣圻又力破之。案，如釋文讀爲是。

卷二　士昏禮

女從者畢袗玄纚笄被穎黼在其後。注女從者謂姪娣也。　案：士安得有姪娣，鄭過矣。

卷七　大射儀

卒射北面揖。注揖於當物之處，不南面者爲不背卿。疏按鄉射誘射卒南面揖者，彼尊東，或公或卿大夫，位同不別，故司射不特尊之。此大射辨尊卑，尊東，唯有天子命卿。其餘少卿及大夫皆賓西，故特尊之，不背之也。　案：賈以尊東有命，天子命卿，其餘小卿及大夫皆賓西，故特尊之。按若南揖，則所背者非獨卿，公與賓皆背之矣。此司射辛射而降，南面爲便。必北面，揖者告射於君與賓也。鄭注不背卿疑是君字之訛，而疏遽傅會之，當改正者也。

卷八　聘禮

官陳幣皮北首西上。　案：官陳幣斷句，依賈疏，然連續爲是。幣與皮，皆是所陳。賈不言「皮北首西上」之義，則彼亦祗是混過耳。

及竟張旜誓。注張旜謂使人維之。疏案：禮緯稽命徵云云云　案：注謂維已非張義，疏更傅會。

賓皮弁襲迎于外，門外不拜，帥大夫以入。注迎之不拜示將去不純爲主也。　案：亦以還玉是兩君之事，非己所專，故不拜。注未確。

君其以賜乎。　案：不文之極，此必是漢之經師攙雜之，若古人制作，不如是。

卷十　覲禮

天子賜舍。注賜舍猶致館也。所使者司空與。疏云所使者司空與者，聘禮使卿致館，此亦宜使卿知是司空非卿者，周禮以天、地、春、夏、秋、冬六卿無致館之事，司空主營城郭宫室，館亦宫室之事，故知所使者司空也。

案：疏云司空非卿，繆。

卷十一　喪服

大夫之庶子爲適昆弟，傳曰，何以期也，父子所不降，子亦不敢降也。注大夫雖尊，不敢降其適，重之也。適子爲庶昆弟，庶昆弟相爲亦如大夫爲之。　案：此最不近情。禮窮而變，故有待於後世也。

公妾，大夫之妾，爲其子。傳曰，何以期也，妾不得體君，爲其子得遂也。　案：此義總可疑。妾母得爲其子服期，妾子何以不得爲母服期？若言君之所不服，子亦不敢服、衆子君固不服矣，妾又何爲服之？且母子之恩，母爲子有服，而子于母無服，又非天理人情也。

大夫爲祖父母適孫爲士者。傳曰，何以期也，大夫不敢降其祖與適也。注不敢降其祖與適，則可降其旁親也。案：此何消説，君尚不降，何論大夫，此條疑是僞入。

女子子嫁者與未嫁者爲曾祖父母。傳曰，嫁者，其嫁於大夫者也。未嫁者，其成人而未嫁者也。何以服齊衰三月，不敢降其祖也。注言嫁於大夫者，明雖尊猶不降也。成人謂年二十已笄醴者也。此著不降明有所降。案：傳所云，謂如童子當室緦之例。禮，童子不緦，故女子子爲曾祖父母者，成人而言服。注謂將嫁者有所降，非。

大夫大夫之妻、大夫之子，公之昆弟，爲姑姊妹女子子嫁於大夫者。　案：未嫁先降旁親，此可疑者又其一。

諸侯之大夫爲天子。傳曰，何以繐衰也？諸侯之大夫，以時接見乎天子。注接猶會也。諸侯之大夫，以時會見於天子而服之。則其士庶民不服可知。　案：然則不接見者，不當有服乎？諸侯爲天子服斬，其臣不當從服乎？鄭于此等大經，亦隨聲附和，不急正其謬，何也？

公子爲其母，練冠、麻、麻衣、縓緣；　爲其妻，縓冠、葛絰帶、麻衣、縓緣。皆既葬除之。傳曰，何以不在五服之中也？君之所不服，子亦不敢服也。君之所爲服，子亦不敢不服也。　案：傳於此經了無發明，惟順口敷衍而已。即如此條，意義大有闡明，卻以複見語了之，後學從何取重？

卷十三　既夕

既正柩賓出，遂匠納車于階間。注其車之轝，狀如牀，中央有轅，前後出，設前後輅。轝上有四周，下則前後有軸，以輇爲輪。　案：如今北土四輪車，亦短，著于地而行。

卷十四　士虞禮

其他如饋食。注今此如饋食，則尸俎肵俎皆有肩臂，豈復用虞臂乎？其不然明矣。　案：上注已破肵俎之説爲誣，則此注不應復作肵俎，肵蓋折字之誤。

卷十五　特牲饋食禮

酢如主人儀。　案：酢仍當作醋。

儀禮今古文疏證一卷 一册

清新陽潘道根撰。吳縣王氏學禮齋鈔稿本。如臯任銘善手校並跋。

道根字確潛，一字晚香。布衣。五世祖康侯，明季諸生。甲申國變，慟欲自盡。顧念上有老母，遂被髮佯狂，往來田野間，或歌或哭，不知者羣目爲怪。迨母喪殮葬畢，闔户舉哀自經死。子孫皆潛居樂道，不求聞達，以布衣傳其家。道根幼穎異，縣令奇其才，召赴縣試，欲致之門下，拒不就。咸豐元年令又欲舉應孝廉方正，固辭之。生平覃研經史，於説文、音韻用力最精。晚年學宗程、朱，私淑鄉先賢顧亭林、朱柏廬二先生。家貧，藉醫自給，茅屋數椽，晏如也。歿後從祀朱柏廬先生祠，婁東葉裕仁爲之傳。著述甚富，及身皆未刊，遺稿零落。吾友趙君學南始爲刻晚香書札，王君嚴士爲輯隱求廬日記，於是世始知道根其人。其治經之作，余先得讀書識小録殘稿。此則借鈔於友人，中間脱誤甚多。時任君心叔方研治三禮之學，請其校正，附書長跋，於此書之得失言之詳矣。道根隱居鄉僻，求書不易，故於段玉裁、胡承珙、徐養源、宋世犖諸家書，咸所未知，僅據程際盛三禮今古文考爲之考證，所見既隘，自不能與段、胡諸賢相絜。然於荒江寂寞、貧病無聊之時，仍拳拳於斯，不自暇逸。讀自序又深自謙抑，以俟通儒之是正，亦有足多者。余欽其高風樸學，多收其遺墨，故并録此以藏焉。

自序

儀禮古之儀注，論語所謂執禮者是也。遭秦焚書，漢初高堂生傳士禮十七篇，後孔壁中出古文儀禮五十六篇，内十七篇與今文同，外多三十九篇。而古經出魯淹中者亦五十六篇，河間獻王得而獻之。當時無敢傳者，惟十七篇與高堂生所傳者不殊。當時以高堂生傳者號爲今文，謂寫以隸。孔壁出者號爲古文，謂寫以篆，而字有互異。鄭君注禮以今古文並之，若从今文，不从古文，即今文在經，闑閾之等，于注内疊出古文，槷蹷之屬是也。若从古文，不从今文，則古文在經，注内疊出今文，即士冠禮今文「格爲嘏」，喪服注今文無冠布纓之等是也。若二字俱合義者，如一之爲壹，辯之爲徧，則大小注俱疊，兩从之也。又有字義顯豁，不必注者，「質明行事」，古文作晳，不必注也。在鄭君當時，必有辨析折證之語，如鄭志一書者。惜乎相去千載，典籍淪亡，無以得其説，而厪厪雜出于他書，學者又尠能會而通之，賈氏義疏亦引而未伸。今夏同學張問月茂才以鄉先輩程冶亭侍御三禮今古文考見示。侍御之書，蓋但有其目，而考證無有，心以爲未慊。秋間卧病，瀏覽諸書，作爲此卷，學問弇陋，疑者闕之，以俟通儒。道光丁未十月望後一日，徐村老農潘道根書。

三禮多異文，就儀禮一經而論，今文古文異字，有古文本通而今不能推其説者，如閾之爲蹙，坫之爲襜，膻之爲膳是也。有字本相通，説文但从古文，漢人兼多隸體，如旅之爲臚，紒之爲結是也。有字形相似，傳寫因譌者，如袀之爲袗，酌之爲酌是也。有聲同叚借，絶無意誼者，如纁之爲熏，卻之爲綌是也。有師傳異文，不必相通者，如俟之爲立，異之爲辭，撻之爲銛是也。有古文今文互誤者，如止趾等字是也。根學問荒陋，家尠藏書，諸經厪粗涉涯略，三禮尤屬望洋，因冶亭侍御之目，潦草爲此。假我數年，更取周禮、禮記著爲一書，當亦備讀經之一得云。十一月三日，南窗下再書。

右潘道根儀禮今古文疏證一卷，余從學禮齋假讀，乃爲校其譌挩。蓋儀禮之學，莫明于鄭君，亦至鄭君而始晦。何以言之？自高堂生傳十七篇士禮，受之者十有三家，而二戴氏在學官。鄭君之世，戴氏方行而經記之注未嘗有所援據。又删記之事，俗師妄託，今四十九篇之中，惟問喪、祭義、祭統、冠義、昏義、鄉飲酒義、射義、燕義、聘義、喪服四制諸記，爲切合經文。其餘掇輯衆説，或有學非一師，義不同揆，並爲一談，無所指歸。如論喪服「三日不怠，三月不解，朞悲哀，三年憂」。爲甚當理矣，而三年問又取郇氏「至親朞斷」之説，以矛攻盾，學者滋惑矣。至于明堂陰陽，在百三十一篇外，吕氏月紀不符周統，後世割裂補苴，法度盡失，而鄭君無辨，是禮注出，而博士之説亡。以四十九篇爲小戴記，八十五篇爲大戴記，而禮記亦亡。一也。鄭君承衰亂之後，欲通今古異義，而實私主古學。且于儀禮雖不及三十九篇，而篇目次第一本别録，則亦古文説也。然孔壁故書，凡尚書、論語、孝經，安國所讀皆有其説，禮古經在河間獻王，獻王以之輯禮樂古事五百餘，尤不能無撢攻之人，鄭君有作，遂悉以掃除。二也。猶幸其于十七篇中古今字異同之際，一一標舉，頗能藉覘古訓，合乎説文而其去取從違之故，又復不可得詳，自賈氏之後，乃有段玉裁、胡承珙兼究義訓，曉達神指。晚有德清徐氏，因胡氏之例，爲今古文異同疏證，而不能過之，潘氏益後出，又不逮徐。鉛札亦最輕簡。乃于鄭注異字略不畢舉，如鄉射禮「適堂西」，今文曰「序西」。聘禮「至于階讓」，古文曰「三讓」。公食大夫禮「西面南上」，古文無「南上」。皆儒先爭端，所宜詳疏，而潘氏蓋闕。鄭注有讀爲假借之例，有校異正譌之例，胡、徐之書並加疏説，潘氏仍之。而喪服一經惟疏衰章云：「今文無冠布纓。」然别説異讀，斯篇爲多，潘書于此獨一切不道，亦未爲得著作之體。惟聘禮注古文「既」爲「餼」，胡氏、徐氏並以爲「日如其饔餼之數」之「餼」，今文宜爲「既」，而不顧其不合乎鄭君文例，潘氏獨能知其謂上文既致饔之既，雖其説未詳備，亦足以訂二氏之失。雖然四家之書爲能得鄭君之意，而補其所未及矣。余則尤惜夫西京之説之不能悉存，而區區數十百異字之不足以厭學者之望也。雖有吳澄、汪克寬諸人輯佚補亡之作，又不免于以記爲經，舍義求數，足以備一家之説，而難遂繼絶之功。世有覃精之士，通吳、汪、段、胡之書，以爲一循流泝源，使百代之下，于博士所習，淹中孔氏所出，即不能復其舊典，猶得據以略識本末，以明夫今學古學之不徒爲文字之異已也。其爲功又豈在鄭君下哉！庚辰仲夏，如皋任銘善跋。

禮記二十卷 五册

清乾隆四十八年武英殿仿宋刊本。長洲陳奐手校。

是書原本相傳爲宋岳珂所刊，古今無異辭。然每卷末有「相臺岳氏刻梓荆溪家塾」牌記。珂居嘉興金陀坊，何時遷居荆溪，皆熟視而不一考。近張君政烺謂相臺本羣經，乃元初義興岳氏據廖瑩中世綵堂本校正重刊。與岳珂無涉，引謝應芳龜巢集跋岳氏族譜，岳氏爲常之望族，岳王弟經略使之孫，自九江來居，子孫蕃衍。則岳氏自有遷常者，荆溪爲義興古名。元屬常州路，故稱荆溪家塾。鄭元祐僑吳集送岳山長序：「某嘗館於義興岳君德操長兄漢陽君之家，人言其完盛時，延致鉅儒，讎校羣經，鋟諸梓，號爲岳氏九經。」萬曆宜興縣志：「岳浚字仲遠，飛九世孫，積書萬卷，一時名士多游其門。」漢陽君與岳浚必一家眷屬，則相臺本之刻者，非浚莫屬。九經三傳沿革例亦據廖氏總例增補成之，與岳珂無關。其考至確。七百年隱覆，一旦豁然，詳中國版刻圖録目録。案明陶宗儀輟耕録云：「岳武穆王飛墓在杭棲霞嶺下。國初以來，墳漸傾圮。江州岳氏諱士迪者於王爲六世孫，與宜興州岳氏通譜。合力以起廢廟與寺復完美。」宜興岳氏之與岳王爲一家，又得一證。世綵堂刻書最爲精善，見周密癸辛雜識、志雅堂雜鈔所記，岳氏據以覆刻，且元之與宋時代相接，既無刻書序跋明志年月，而岳珂雅擅文事，著述斐然，則認爲宋岳珂刻，自無足異。至清高宗得其五經，建五經萃室藏之，而重爲覆刻。御題其首曰「宋版」，自是復孰敢疑之。今此禮記，内府舊藏久已亡佚。幸存覆本，不僅岳本得傳，而廖本面目亦得快覩。此刻書之功也。此本爲陳碩甫先生校讀本，卷一前有「嘉慶二十一年丙子春於吳氏山淵堂以五千錢置。陳奂記」墨書一行。每册封面均標篇目。其中朱筆校語，書於眉上，墨筆則别紙夾置，慮其歲久零落，特輯録附此。亦三百堂碎金也。卷一末有「光緒庚子秋九月，以銀錢六圓得諸陳碩甫先生之孫。莫棠記」朱書一行。

有「碩甫」朱文方印，「奂印」白文方印，「釋十三經字義室」白文大方印，「莫棠字楚生印」朱文小長方印，「獨山莫氏銅井文房藏書印」朱文長方印。

卷一曲禮上　奉席如橋衡。注：「横奉之，令左昂右低，如有首尾然，橋井上㮰槔衡上低昂。」　説苑反質篇

「衛有五丈夫俱負缶而入井灌韭，終日一區。鄧析過，下車爲教之曰：『爲機重其後，輕其前，命曰橋。終日溉韭，百區不倦。』」案橋訓井上桔槔，其義古矣。庚子九月朔，水北樓記。　又莊子天地篇「鑿木爲機，後重前輕，挈水若抽，數如泆湯。其名爲槔。槔一本作橋。丙午九月初五，觀馴齋記。

又曲禮下　豚曰腯肥。注「腯亦肥也」。　二腯字皆改腞。案，腞腯同字，禮記作腞，春秋傳作腯，謂異體而實同字也。若禮記亦作腯字，則鄭注不可通矣。郭注方言曰腯，腯肥充也。音突。亦作腞。釋文腯本亦作腞，是其證。今釋文腞誤作豚。

卷五月令　田鼠化爲鴽。注「鴽，母無」。　爾雅「鴽，鴾毋」。説文作雂，或作鴽，牟毋也。鄭注鴽母無牟之爲母，毋之爲無，並字異而音同也。釋文母音牟，是也。今本誤作毋，公食大夫禮注「鴽，無毋」更例誤矣。

又　季春行冬令，則寒氣時發，草木皆肅。注「肅謂枝葉縮栗」。　豳風正義引作「縮束」。

卷八郊特牲　天子大蜡八云云　奂案：八蜡，先嗇一也。司嗇，二也。百種，三也。農，四也。郵表畷，五也。禽獸，六也。坊，七也。水庸，八也。祭百種爲陳百穀而祭之，饗亦祭也。饗禽獸爲能除田害，故饗之，爲仁至義盡。鄭注數貓虎，不數禽獸。禽獸即貓虎也。蓋言蜡皆先言祭，云祭百種，則百種爲蜡之祭矣。云「土反其宅，水歸其壑，昆蟲毋作，草木歸其澤」，此四句乃總釋蜡祭之祝辭。鄭注乃不數百種而數昆蟲爲八蜡之一，則失其文義。且昆蟲爲田害之物，昆蟲祭則鼠豕何以不祭？而於事義又不可通矣。

卷九玉藻　山澤列而不賦。注「列之言遮列也」。　注遮列改迾遮。案，列者，迾之假借。説文曰：「迾，遮也。」此其義。西京賦「迾卒清候」李善引禮記注「迾，遮也」。注云列之言迾，謂經之列即古迾字，其義訓爲遮也。鄭注本如是，今本誤。

又　禪爲絅。　　案：禪、絅二字互倒，禪與褶對文，褶不禪也。「禪爲絅」三字當作「絅爲禪」，與「帛爲褶」，文法一律，上文「纊爲繭」，「緼爲袍」，文法亦同。鄭注中庸及詩箋，禮顈禪也。以絅爲禪。不言其物，其本未有誤也。説文「褧，檾也」檾麻屬，褧與絅同。許以麻則帛爲絲亦對。

又　君衣狐白裘，錦衣以裼之。注「凡裼衣，象裘色也。」　此裼字乃上字之誤。皮弁服上衣白與狐白裘同色，故注言錦衣有上衣者，知上衣象裘色也。聘禮注以皮弁鹿弭裘下注云「絞蒼黄之色」，則不與皮弁服上衣同。知鄭不以裼衣爲象裘色矣。正義本已誤。

又　見所尊者齊遬。　遬，籀文速字。説文云「疾也」。此遬爲肅之假借，齊遬即齊肅也。詩又假肅爲速，小星篇「肅肅宵征」，傳曰「肅肅疾皃」。是古肅、速通用也。甲申三月奐記。

明堂位　夏后氏之綢練，注：「爾雅説旌旗曰：『素錦綢杠纁白縿。』」　白當作帛。

卷十少儀　刀卻刃授穎削授拊。　周禮築氏：「爲削，長尺博寸，合六而成規。」注：「今之書刃。」

卷十二雜記下　納幣一束，束五兩，兩五尋。注「十个爲束，貴成數。兩兩者合其卷，是謂五兩。八尺曰尋，五兩五尋則每卷二丈也」。依召南疏，兩兩者合其卷，無者字。五兩五尋，五兩作一兩。

卷十四祭義　父母愛之嘉而弗忘。　嘉改喜。

又祭統　鋪筵設同几。注「同之言詷也。」　經字作詷，不易解曉，故鄭注釋詷爲同，此以同聲爲訓也。段先生曰：「此經注本如是，假令經本作同几，又何煩以詷釋之。」

卷十五仲尼燕居　子曰郊社之義所以仁鬼神也云云。説文曰：「仁，親也，親猶至也。」

又　如此則無以祖洽於衆也　豳風傳：「祖，爲也。」

卷十七緇衣　章善癉惡　僞尚書畢命篇「彰善癉惡」。

又　資冬祁寒。注「資當爲至，齊、魯之語聲之誤也。」奂案：祁，大也。大寒猶言寒之甚。詩曰「其祁孔有」，毛傳：「祁，大也。」郝懿行曰：「鄭以資屬下句，故讀爲至。實則怨資相屬，即怨咨也。下惟曰怨，無資字，句意已足。古書文字不拘，何必斤斤相比對也。」見爾雅義疏又一。

卷十八問喪　故發胸擊心爵踊。　爵讀爲雀。雀踊，踊之不甚者也。

又　家室之計衣服之具。　家室，謂棺槨也。

禮記參訂十六卷三册

清海寧陳鱣撰。吴縣王氏學禮齋鈔稿本。

陳澔之學，於朱子爲四傳，於黄勉齋爲三傳。然朱子、勉齋説禮，皆推服鄭注，考核精博。澔著禮記集説，乃苟訾鄭、孔，所引注、疏，多加割裂，附以曲解。謬種流傳，貽害非淺。朱彝尊經義考詆爲兔園册子，非過也。明永樂時胡廣等無識，修五經大全，以朱子之餘蔭，禮記以澔注爲主，而功令遂用以取士。至清代明知其爲鄉塾課册，足錮天下之耳目，乃仍而不廢。康熙二十六年江西巡撫安世鼎，雍正二年少詹事錢以塏且有疏請從祀孔廟之舉。雖乾隆時洪亮吉有禮記請改用鄭注之摺，而迄未允行。則以禮文奥賾，苟便初學。遂使鄭學晦微，荒經蔑古，數典忘祖，莫此爲甚。陳鱣謂「後之頒行學官，所謂始願不及此耳」。周中孚謂「獨得立於學官，四百餘年不改，此亦雲莊所未能料及者」。彭兆蓀謂「澔説之列於學官，此自胡廣諸人之陋，當亦非東匯所安耳」。猶爲恕詞。後來匡謬之作，在明已有江夏劉績塗去其什四，見何良俊四友齋叢説引張南園説，以爲其説良然。惜其書不傳。清方苞禮記析疑、江永禮記訓義擇言亦頗正其誤。而專著一書，加以糾彈者，則有納喇性德陳氏禮記集説補正，其書實出嘉定陸元輔。四庫總目提要許爲詳核。考提要於集説引其注學記「術有序」句，注檀弓「五十以伯仲」句，引書之誤，復援朱子注詩與孟子，蔡沈注書，以爲偶然筆誤，未足以累全書。則以既立學官，收入全書，不得不曲加回護。至補正則考訓詁名物僅十二三，而據義理推求者十六七。夫禮有義理，有制度。義理不能自見，而存於制度之中。安有空言義理，而可謂實事求是者哉！又頗采宋、元、明之論，於鄭注、孔疏亦時立異同，且愛博嗜奇，亦往往泛采異説。則其書亦未臻於純也。仲魚服膺漢儒之學，於應禮部試時，解「奉席如橋衡」句專從鄭注，而不用澔注「如橋之高，如衡之平」之説，爲主司所黜，然終不悔。讀鄭注撰此參訂十六卷，根據注疏，博徵羣書，大抵兩漢古義，爲補正之不及，而補正之誤，亦附正之。發隱糾誤，幾無完膚。其目不載海昌藝文志，僅一見於經籍跋文元本禮記集説跋，云「其經文之勝於今本，及不合古本，又其説之背於古者，具詳余所著禮記參訂」耳。其手稿藏吳興劉氏嘉業堂，亟借録其副。昔褚寅亮撰儀禮管見，專糾郝敬，與此書均大有功於經學。但郝氏雖專難鄭君，其傳未廣，爲害猶淺。不若集説之家弦户誦，深錮人心，則仲魚之功，當過寅亮。曾陳之曹叔彦師，師頗韙焉。

此稿書賈先以携示適園主人，索值昂，及再見，則卷中附籤約少其半。因未與議價。蓋飛凫人於書畫碑帖，往往割裂題跋，配以僞跡，化一爲二，以售其欺，此書亦猶是也。仲魚心血横遭分宰，殊可憤懣。此張君芹伯親告余者，特附識之。

漢世别本禮記長義一卷鄭氏原本禮記存義一卷 一册

清海州許桂林撰。吴縣王氏學禮齋鈔稿本。

桂林字同叔，號月南。嘉慶丙子舉人。深於經學，以著書爲事。道光元年卒，年四十三。清史稿儒林附柳興恩傳。徐世昌清儒學案附淵如學案。桂林於諸經咸有發明，著書四十餘種，百數十卷。已刊者春秋穀梁傳時月日書法釋例四卷、易確二十卷，未刊者有毛詩後箋八卷、春秋三傳地名考證六卷、漢世别本禮記長義四卷、大學中庸講義二卷、四書因論二卷、許氏説音十二卷、説文後解十卷、宣西通三卷、算牖四卷、味無味齋文集八卷、外集四卷、詩集二十六卷、外集八卷、駢體文四卷、壹籟齋詞一卷，稿多散佚。

此漢世别本禮記長義一卷已全，舊作四卷者誤。鄭氏原本禮記存義則諸目均失載。案劉向校書，必備衆本，見於各書録。又兼存别義，如韓非子、山海經、晏子有稱「一曰」者、「一云」者。顧千里謂爲向校語是也。鄭康成注禮箋詩，雖非專事校讎，而凡涉校讎者，多與向合符。如禮記注稱某或爲某，某或作某者，皆漢世高堂生以下諸家所傳别本。其義較長者，鄭君采附於注，固不必一以聲音通之也。桂林輯得一百三十二條，而各爲疏證。於檀弓「杜蕢洗而揚觶」注：「禮揚作媵，揚，舉也。媵，送也。揚近得之。」謂「此鄭君覺揚之義長，故雖著禮揚作媵，而特言『揚近得之』」。則其餘但稱或爲、或作者，可知其義多長也。是鄭君於備衆本，以存别義外，又所存之義，必較原義爲長，非漫無别擇也。」劉向校書，謹於編次，並存古本。如晏子書録云：「又有復重文辭頗異，不敢遺失，復列以爲一篇。又有頗不合經術，疑非晏子言，疑後世辨士所爲者，故亦不敢失，復以爲一篇。」其云復以爲一篇者，謂雖經校定編次，而原文有異，仍不敢廢，存待後人研核。此其謹也。鄭君於玉藻、樂記之衍文錯簡，詳著所見，而悉存其舊，猶向意也。乃後人以史記樂書所引次第，悉與鄭同，直謂鄭君依太史公書而定此文。桂林則謂「今樂書，蓋魏、晉之際學究所爲，非史記原文，並非褚少孫所補」。歷舉諸證，以明史記中所有樂記，乃後人依鄭君次第，而非鄭君依太史公次第，是鄭君並存古本，而後人并得由此以推史記樂書之僞也。鄭注三禮，於音韻訓詁，自段玉裁作周禮漢讀考，發明其例，後來胡承珙、徐養原諸家，益推而衍之。而於禮記則有陳喬樅、俞樾鄭讀考，樾又著異文箋，考之靡遺矣。至存别本、原本，專説其義，則桂林所創，固在陳、俞二家之前焉。抑亦可謂深通鄭學者已。

漢世別本禮記長義自序

安所得漢世別本禮記？據鄭君注所記言之也。鄭君注經，心思縝密，矩律謹嚴。有所謂聲之誤、字之誤者，又有所謂當爲、當作、讀如、讀爲者，皆通達精確，不同妄測。然著其所見，而不敢易經文。陸氏釋文直云「依注音某」，大非鄭君之本旨。遂使拾有涉音、臺有壺音，六書之真失矣。如檀弓之「公叔木」，鄭云木當爲朱，春秋作戍。此亦謂木當爲朱之誤文耳。而陸云：「木音式樹反，又音朱」，則是烏焉誤書爲馬，馬遂將有烏焉二音乎？至鄭注所云某或爲某者，如「宦學事師」，注：「學或爲御」，釋文云：「鄭此注爲見他本也。後放此。」此乃鄭君據所見別本附著以備采擇，深合多見而識之義。蓋鄭君當漢世高堂生、蕭奮、孟卿、后蒼、閭邱卿、聞人通漢、戴德、戴聖、慶普、徐良、橋仁、楊榮諸家傳業，其本多在，所見別本必多。其諸本皆同，而義無可取者，則爲聲之誤、字之誤、爲當爲、爲當作，其諸本皆同而義有可通者，則爲讀如，爲讀爲。夫諸本同者，猶著其誤，豈別本偶異，仍欲廣存以示博哉？蓋凡所謂某或爲某，某或作某者，附存於注，必其義之較長者也。鄭君深心所寄，而後之讀鄭注者，於此或未措意。桂林偶見及此，蓋荀子所謂眸而得之者，謹爲依次條舉，而略標其義之長者若干條，好學深思之君子，或有取於愚者之一得也夫。戊寅三月，海州許桂林記。

鄭氏原本禮記存義自序

前所舉而論列者一百三十二條，自「杜蕢自外來」、「杜蕢洗而揚觶」、「民多瘧疾」、「周田觀文王之德」外，皆明別本之義或較長，或可通。凡其兩音相同、兩義相近之易見者不贅説焉。鄭君精於三禮，周禮注多稱故書，儀禮注每記古今文，而禮記注所存別本異文義之長者尤夥。略引其緒，以貽來哲。撫墜簡之可尋，感前蹤之幾滅，益以知鄭君之學彌邃，而心彌細，有功於經甚大也。夫後之學者，孰若鄭君之精且博，然所注諸經，雖明見其誤，猶一無所改易，如玉藻、樂記之衍文錯簡，詳著所見，而悉存其舊。後人乃爲衍者删之，錯者移之，此後世賢者之果於自信，而非古君子所敢出也。竊嘗就玉藻、樂記鄭本所刻原文而熟復之，其間亦尚有可通，而未當盡爲删移者，附著於後，謂之存義。向使鄭本不存，誰復知古之經文如此者乎？學者習爲膚説，往往自謂光明坦易，而反譏鄭君注經好改經字，夫鄭君於經曷嘗改一字哉？竊謂聲音、點畫、章句、訓詁、正義，旁通周、秦以來所傳述，鄭君實集其成。鄙人則僅能見及其不敢易古經一字以待後之審定者，與其不敢没古人一解以俟後之采擇者耳。然此説出，而世之以鄭君爲好改經字者，亦可以默而息矣。海州許桂林記。

禮記鄭讀考四卷 一册

清曲阜孔廣牧撰。吳縣王氏學禮齋鈔稿本。

廣牧字笠塘，又字力堂。孔子七十代孫。以蔭官知縣。父繼鑅，字宥函。遷居清河。廣牧因得遍交江、淮諸名士。受業於寶應成孺，而與儀徵劉毓崧爲姻婭。致力於經，著述已刊者，禮記天算釋、先聖生卒年月日考、紅冰子詞，未刊者，此書及漢石經殘字證異。

自金壇段玉裁發明漢讀之例，作周禮漢讀考，於是作者紛起。鄭君爲漢儒宗，遍注三禮。專考鄭讀者數家，於禮記有陳喬樅、俞樾，與廣牧同術而不相聞。廣牧之於鄭讀也，博考羣書，通以訓詁音韻，惟是之求，不沾沾墨守鄭義，有疑者則明著之。自序云「或違記恉，不嫌駁難」是也。如曲禮上「以箕自鄉而扱之」。注，「扱，讀曰吸」。云：「説文手部：『扱，收也。从手及聲。』口部：『吸，内息也，从口及聲。』『以箕自鄉而扱之』是人以帚收糞，非箕自内糞，不得言吸。記文作扱不誤。鄭讀曰吸，恐非。」今案俞氏云：「段玉裁經韻樓集有某讀爲某互易説，謂『先用注説改經文，嗣又用已改之經文改注』。舉葅讀爲鉏，蟈讀爲蜮數條證之。愚謂此文扱讀曰吸，亦誤易也。此經本作以箕自向而吸之。鄭君以爲噓吸之義非所施於此，必是扱之假字，扱者收也。故注曰『吸，讀曰扱』，謂收糞時也，文義甚明。乃後人用鄭注改經文爲扱之，因又改注文爲『扱，讀曰吸』。」廣牧意同於俞，而俞説更暢。鄭注謂收糞時也。收正訓扱，若作吸，則欠密合矣。又「斂髮毋髢」注「髢，或爲肆」。云：「案或本是也。詩汝墳『伐其條肆』。毛傳『肆，餘也。』斂髮不可有所餘，故曰毋肆」。髢，説文作鬄，易聲。易聲也，肆髢，即鬄之重文，故肆誤爲髢。鄭依文爲訓云：『毋垂餘如髲。』如其説，則記文髢上當增一如字，而其義始明，殆非也。」今案俞氏云：「鄭此注云，髢，髲也。毋垂餘如髲也。然經云毋髢，不云毋如髢，則從或本作肆，而從釋文解作餘，謂收斂其髮，不使有餘，義亦得通。」廣牧亦同俞説，蓋髢之訓髲，髲亦髮爲之。既云斂髮，意似嫌複，作肆訓餘，所餘者指髮已足該之矣。他如「宦學事師」注「學或爲御」，引賈誼新書、漢書樓護傳、後漢書應劭傳、史游急就章、雁門太守行、淮南子時則訓高注，證漢人傳本並作「宦學」，與鄭本同。「某有負薪之憂」注「憂或爲疾」。引漢書公孫弘傳加有負薪之疾，證漢時自有作疾之本，駁臧琳經義雜記依釋文當作憂，或爲疚，憂與疚聲相近，疚作疾形近致謌之非。凡此探求古本，又爲陳、俞二氏所未及也。廣牧初欲爲禮記作疏，因記文浩博，難以兼舉，遂區分數類，將次第纂成，合爲一疏。不幸早逝，所著書多未卒業。禮記天算釋乃其先成者，見劉恭冕序。此亦其禮記疏之又一種也。首有其師成孺及自叙二篇。

序

大學、中庸，帝德王道之綱，非獨儒生之業也。而曲禮曰：「毋不敬」，爲雒、閩之先河，樂記曰：「人生而靜」，爲濂谿之嚆矢。漢書藝文志謂「七十子後學者所記」，信然。慨自戰國去籍，暴秦焚書，西京經師授受守缺護殘，聲音之錯迕，文字之異同，蓋亦有之。高密鄭君既發其恉趣，而復正其音讀，通其假借，雖宋大儒如考亭，蓋未嘗不心折焉。吾友力堂本金壇漢讀例，撰爲禮記鄭讀考四卷，甫卒業而遽殁。殁後十年，哲嗣顯弼出以相質，且丐一言弁其端。嗚呼！故人往矣，手澤依然。披覽之餘，輒潸然而不能自已。悲夫！悲夫！聖人之後，願學聖人，顯弼之志也。充其學若養，所造正未可量，斯又足爲力堂慰已。顯弼勉乎哉！寶應成孺。

自序

壬子之歲，從心巢師游，紬鐙攷古，頳雪諏經，體非不遺，心茅漸剃。授以戴禮，傳之鄭學，王史明堂之篇，觚編毫絡；后倉曲臺之記，翬排珠貫。夫禮者，洪寓之大經，邃古之介典，雕琢六情，藻繪三本。彼小篆大篆，僅屬細端，長言短言，詎涉宏體。然登高者必自階墀，行遠者先由館舍，是以高密鄭君纂述斯注，讀如讀若，通其聲借；當爲當作，正其文謌。牧不自揣，疏而證之，或違記恉，不嫌駁難。世所習聞，略而不論。於所不知，例從蓋闕。匪敢輒云篹箸，謹以録候刊剟云爾。

月令章句三卷 一册

漢陳留蔡邕撰。清吳縣曹元忠輯。手稿本。

月令一篇，在小戴記四十九篇中。鄭目録云：「本吕氏春秋十二月紀之首章也。以禮家好事鈔合之。」故陸氏經典釋文叙録引鄭玄云：「月令是吕不韋所撰。」晉陳邵周禮論序謂「月令與明堂位、樂記三篇皆馬融所足。」清儒戴震、錢大昕等多辨其非。蔡邕則謂月令周公所作，撰章句十二卷。見隋書經籍志。唐、宋以來，罕見著録。其逸文散見者，往往與鄭玄注逕庭，蓋邕治今文，玄治古文，自鄭學行而今文微。然則邕書雖殘，鉤沈彌亟。道光中元和蔡雲以中郎遠裔，慨然從事，偏攷經史，博采通人。凡章句之散在各書者，辨其異同，而裒集之。蒐輯精勤，討論詳審，世稱善本。然奇書秘册之後出者，猶不乏足以取資也。君直先生取隋杜臺卿玉燭寶典、原本北堂書鈔及他書爲舊輯所遺者，更爲此帙，所增不啻倍蓰。惜衹及季春，未爲完書。然循其例而綴補之，亦易爲力矣。先生爲學博綜，巍然通儒。余輯箋經室遺集，於後跋詳之。生平手稿、手校甚富，日寇陷蘇，藏書盡散於坊肆，求得若干種，今分著於録焉。

夏小正釋義十二卷 二册

清濰縣宋書升撰。吳縣王氏學禮齋鈔稿本。

書升字晉之，一字貞階，號旭齋。光緒壬辰進士。翰林院庶吉士。慮仕進奪著書日力，遂不赴散館。主講金泉書院，著有周易要義、論語義證、春秋分類考、周禮明堂考、二十四史正譌、詩文集等十餘種。晚年自焚之。又有孟氏易考證、尚書要義、詩略説附古韻微、五穀考、旭齋説經賸稿，付女夫高淑性。卒後多遭焚毀。今所見者，祇此書及丁錫田輯旭齋文鈔一卷。此書以十二月按月分卷，末附「雞始乳」逸文一條，似尚未編定。察其書，實爲注易而作，蓋書升之學，長於考據，不持漢、宋門户，洞明天文曆法，於易綴輯漢易諸家，折衷求是。繼乃上溯河、洛，中萃漢、宋，下采近儒毛、惠、張、焦諸家説，以捋其精而棄其粕。以毛、惠、張、焦諸家於易有摧陷廓清之功，顧再爲摧陷廓清之，非從天算著手不可。由是推衍中西算法，以考定古今黄赤道大距之變動，知夏禹元年，與竹書紀年合，又即其年考定夏小正諸星躔次，知「十月南門見」與「四月南門正」二「南門」，實爲庫樓外之南門星，此見於徐世昌清儒學案者也。胡綏之先生謂其説辨洪震煊夏小正疏義之惑，爲讀書得間。又於其書之精者條舉之，亦不諱其迂曲轇轕處，而總結爲「博采衆家，自下己意，考證之文，出以曉暢之筆，在小正諸書中殆所罕見」。見胡先生許廎學林是書跋。昔年葉揆初先生曾得手稿本，題曰「箋疏」，用臨清徐梧生歸樸堂鈔書紙。然余本亦從歸樸堂本傳鈔，葉先生借去核對，告余曰：「釋義當係初名，彼本中多改削處，爲後定本無疑。書升著述等身，而所存止此，精力所聚，而遺稿飄零，爲學者至可悲事。」因慫恿輯入紀年叢編以傳之，叢編自辛巳後，籌印維艱，遂用中輟。附記於此，以待後人。

春秋左傳注疏六十卷 二十册

明常熟毛晉汲古閣刻本。清吳縣江沅臨元和陳樹華、金壇段玉裁校。

乾隆三十三年戊子，陳冶泉借朱文游所藏唐石經及宋慶元庚申吳興沈中賓刻正義詳校於毛本上。嘉慶七年壬戌段茂堂借臨，並自校之，此本以朱筆録陳校，墨筆録段校。楷書極工緻而不具名。舊出陳碩甫家，陳有江子蘭臨段校十三經注疏，後入坊肆，分散出售。其公羊傳注疏爲葉郎園所得，則此爲子蘭手臨益信。慶元沈刻左傳正義爲宋刻最佳之本。阮雲臺謂田敏等所鏤，淳化元年所頒，皆最爲善本。而畢集於是。後此附以釋文之本，未有能及此者。冶泉資之以成春秋内傳考正，其本由朱文游歸金輔之，今不知所在。别一宋刻遞藏季滄葦、徐健庵者，由涵芬樓以入北京圖書館，爲海内孤帙。張菊生先生涵芬樓燼餘書録謂阮文達重刊注疏，嘗以此刻校勘左傳，而校勘記所載，頗有乖違。舉正義序及卷一六事爲例，因疑阮氏所見，多爲補版。其實阮氏並未親見沈刻，所據即段臨陳校，明載序中。今案六事中，卷一「大橈作甲子」，宋本「橈」作「撓」，而此不作「撓」，今亦不作「撓」。「自嫌彊大」，宋本「彊」作「疆」，而此不作「彊」，今亦不作「彊」。「以聖人盡聖窮神」，宋本「盡聖」作「盡性」，而此不作「盡性」，今亦不作「盡性」。然則阮記爲誤據。餘三條或亦校者之失，未必多爲補版。菊生先生又謂段臨陳校已不可復見，然則此雖臨校，恐世間亦無第二本矣。段氏爲冶泉墓志銘云：「君以乾隆恩蔭貢生，補授湖南武岡州州同。

公事詿誤回籍。家居十載，閉户著書。內外傳考正蓋成於此時也。君生雍正庚戌，享年七十有二。」蓋恩蔭爲乾隆元年事，三十三年已由州同罷職家居，時年三十九。亦即撰考正之始，三十五年初稿成而自序之。其後續有增補，余藏舊鈔稿本，眉上添注甚多，可見古人著書之勤，而此校爲其權輿也。段校多由考證得之，最爲精審。條末往往附識年月。

有「貞然」朱文圓印，「汪印士鐘」白文方印，「藝芸主人」朱文方印。

杜氏後序并淳化元年勘校官姓名，及慶元庚申吳興沈中賓重刻題跋一篇，依宋本鈔補于後。

戊子三月，借得朱君文游滋蘭堂藏本，及石經詳細手校，凡宋本有疑誤者，悉書於本字之旁，經、傳文兼從石經增正一二。七月三十日校畢。冶泉樹華記。

南宋翻刻北宋本，無陸氏音義，復以釋文并借得金梧亭、惠松厓兩先生從南宋本手校者，互勘一過，八月廿五日。以上陳跋

凡此等訂語在下方者，皆陳氏語也。陳作內外傳考正，極詳。陳任武岡州州牧，與藩司不合而罷官歸。乃作內外傳考正，淳化本當時所校也。淳化本在吳門朱文游許，後乃歸歙金殿撰榜許。壬戌四月記。

嘉慶壬戌借陳氏本臨校。

此宋淳化庚寅官本，慶元庚申摹刻者也。凡宋本佳處，此本盡有。凡今日所存宋本，未有能善於此者也。爲滋蘭堂朱丈文游物，陳君芳林於乾隆戊子借校一部。陳君既殁，嘉慶壬戌，余借諸令嗣，命長孫美中細意臨校，次子驊倅而終之。吾父有左傳之癖，此本當同吾父手寫本，子孫永遠寶愛。文游名奂，藏書最精，今皆散。左傳今在歙金

編修輔之家。芳林著春秋内外傳考證、宋庠補音考證，東原師甚重之。癸亥五月，段玉裁記。

春秋經傳集解考正七卷十二册

清元和陳樹華撰。舊鈔稿本。

樹華字芳林，號冶泉。乾隆元年恩貢。官湖南武岡州州同。冶泉性好春秋左氏傳，病俗本承譌，乃據開成石經、南宋慶元庚申吳興沈作賓刊正義、相臺岳氏刊集解，及元、明諸刻，并陸氏經典釋文、金鳳翔、惠棟校本互勘，撰考正若干卷。乾隆三十五年庚寅三月寫清而自序之。段玉裁録以授阮元，即嚴杰據以撰定校勘記者也。段氏之序校勘記曰：「元和陳芳林有左癖，既得善本，乃棄官杜門，遍考他經傳記、子史別集，與左氏經傳及注有異同可參考者，成春秋内傳考正一書，往者戴東原師、盧紹弓氏、金輔之氏、王懷祖氏皆服其該洽。」阮氏序亦謂樹華得有吳興沈作賓所刊春秋正義，因遍考諸書，撰成考正。所載同異，雖與正義本夐然不同，然亦間有可采。因以是書及其他各本授之嚴杰，精詳捃摭。翁方綱書其書後曰：「吳人陳芳林校定春秋傳六卷，余嘗俾胥鈔之，以是正於同年弓父盧學士。學士校讎之力最深，馳書報余曰：『中有開成石經作某，而上下同一文者，苦無拓本。子有之，盍以參驗之。』陳氏此書，用力全在開成之石，故約舉其不必然者爲此。」其書爲當時通儒所推重如此。自序未定卷數，尚留空格。蓋庚寅冶泉四十一歲，年力方壯，猶待增益。段氏撰冶泉墓志銘，并外傳考正爲五十一卷。翁氏鈔本又爲六卷，與此皆不合。必鈔者任意爲之。惟盧文弨依釋文分爲三十卷，最爲有據。當從之。案，自序稱蜀、宋石經年代較近，海内罕覩拓本。而論例第三條附注：「乾隆三十九年四月朔，蘆墟沈剛中示余蜀石經左傳六紙」云云，翁氏復初齋文集有跋蜀石經殘本云：「芳林精考内外傳，既著有成書，爲功經訓甚大，宜造物以神物畀之，雖寥寥殘字，何止球璧視之耶？」蓋即其本，由沈剛中所歸者。可見精神所至，異物隨之。亦可以聊慰著書寂寞矣。惟惜成書迄今將三百年，僅傳鈔本。涵芬樓輯印四部叢刊三編擬目，曾列盧氏校本，後亦不果印。而外傳考正、國語補音訂誤及詩集，則并鈔本亦絶，抑何不幸耶。兹附序例於後，俾治左氏傳者有考焉。

校定春秋經傳集解自序

樹華性好春秋左氏傳，研精覃思久矣。每見俗本承譌，文義益晦，心病之。因念漢石經遺字僅載於隸釋、東觀餘論、廣川書跋諸書，魏、晉石經俱已湮没，蜀、宋石經年代較近，海内罕覩拓本。唯唐開成石經歷千百歲劫火之餘，雖遭殘闕，巋然獨存，此殆有神靈呵護者。國初顧亭林先生著金石文字記，信劉昫唐書貶石經語，遂詳校易、書、詩、三禮、三傳、論語、爾雅，識其謬戾。孰謂所據摹本，迺羼入明嘉靖間西安王堯惠等補刻，正左傳誤字計九十餘條，唐刻誤者，實止數條。而石經與監本異同處，轉致疏漏，甚或以是爲非。朱竹垞先生弗察，全卷盡録經義考中，開成石經受誣多矣。竊懼其日就磨泐也，爰取春秋左氏傳校讀再三，復假得南宋慶元重雕淳化元年監本春秋正義、南宋相臺岳氏集解本，及架上元、明諸刻本，并舊本陸氏經典釋文，悉力互勘，凖古酌今，歸期至當，兼審定句讀，俾便誦習。字體放石經，通乎俗而不失古意。行欵則依岳本。釋文左氏音義六卷附於經傳集解三十卷後，庶不紊舊次。又慮人之習非勝是也，撰考正□卷，采異同，羅衆説，無關文字者略焉。明代刻本流傳最廣，間亦標舉其脱誤，使知釐正。疑似皆有根據。亭林先生云「讀九經，自考文始，考文自知音始」。至哉斯言！樹華幼承庭訓，獲侍嚴師，長大無成。端居卻埽，聊從事鉛槧，孜孜矻矻，繼晷焚膏。但冀少補藝林，即糾前修微失，識者諒必深鑒苦衷，恕其妄而教之耳。乾隆三十有五年庚寅春三月，吴郡陳樹華識於響山書屋。

論例

一、左氏傳本多古文，降爲篆隸今體，代有損益，勢難復古。若必以篆正楷，徒扞格而驚俗。愚謂講述字學，不得不嚴。施之經典，恐失於泥。蓋經典古字每多假借，且有許叔重説文所未收者，安可憑臆見槩斥耶？開成石經字體，楷法中猶存古意。至偏旁點畫，豈能盡是。今姑用以爲準，俾後有所稽。唯乖於音義者正之。如以「夲」爲「本」，「謚」爲「諡」，「巿」爲「市」之類。説文而外，并參考顧野王玉篇、張參五經文字、唐玄度九經字樣諸編。宋、元人説，亦采一二，竊師張司業「爲經不爲字」之意，識者鑒焉。

一、唐石經傳中，有避廟諱闕筆，及變從省文者，有用古文及籀文前後畫一者，有字失於勘正者，有本不誤爲後人妄改者，悉心斟酌，詳加釐定。其釋文及宋本間有古字本字可以正石經近本之失者，並爲校訂。此外經典注疏，暨子、史、説文徵引傳文，或字句不同，或記事各異，亦多采擇，以資稽考。唯古人偶誤者略之。其梅賾僞尚書古文，及刻本之譌者，則概置弗論，非漏也。

一、石經每行十字，其脱誤處有當時即勘正者；有初刻作某字、覆勘改從定本者，有失於勘補後人增正者；有刊去之字後又增入於旁者；有後人據他本旁增者；有後人據俗本妄加於旁及妄改本字者。石經脱誤，後經勘定處，往往九字一行，十一字一行，間有十二字一行者，有可考，有不可考。○唐人改刊，類多剷磨重刻。後人改刊，即加於本字之上，故尚可辨。妄改之字，雕鎸淺細，不致大損，此又石經之幸也。今就唐刻所有者，苟非衍文，一一增正，以補雕本之遺漏。其旁增即刊改，非唐人元刻，則詳加審定，説見考正中本句下。乾隆三十九年四月朔，盧墟沈剛中示余蜀石經左傳六紙，字體彷彿唐石經，結構稍欠遒逸。兼載杜注。傳文每行十四字，注雙行，疎密不能畫一，約十五六字。昭二年傳「夫子，君子也」下，「子」字起，至「而又何請焉」「而」字止。因知海内尚有存者，倘獲覩其全，則又畢生之厚幸焉。

一、石經凡經、傳二十、三十字、並作廿字、亦作卄。卅字，亦作丗。杜元凱後序並同。四十字仍不作卌。案蔡中郎寫石經已有廿、卅、卌之文，自是經典相承用此體，豈容蔑棄。亭林顧氏云：「案古詩之文多是四言，如『于三十里』、『三十維物』，皆四言也，當爲三十字。史記秦始皇刻石，如『廿有六年』、『維廿九年』、『卅有七年』，則當爲廿字、卅字，今改經文而爲廿、卅字，非矣。」此説最允。兹則於經、傳首書魯公年歲及卷數，依石經作廿字、卅字，傳文則否，庶兩得之。

一、亭林顧氏言「石經文公、宣公傳字更濫惡，而成、城字，皆闕末筆。穀梁襄、昭、定、哀卷，案：石經穀梁成公卷，唐刻尚存其半，宣公卷幾全屬朱梁補刻矣。昭、定、哀卷，皆是唐刻。儀禮士昏禮皆然。此爲朱梁所補刻。」案：文公卷，字甚遒勁有法。成、城字皆不闕筆，顧氏所考，誤。唯宣公卷，唐刻僅存三之一，其朱梁補刻者，「信」作「信」，全忠祖名信，唯宣三年「將不信敢徵蘭乎」，信字未闕筆，蓋書丹者偶忘避也。「成」、「城」字作「厉」、「坜」案全忠父名誠，則成、城乃嫌名。凡避唐諱，皆如前卷。不僅闕末筆也。字體多誤，筆法亦劣。然較諸明代王堯惠謬刻，似尚帶古趣。

一、經典中，如修、脩，於、于，唯、惟、維等字，雖相承通用，然亦有畫一者。如尚書用「惟」字、「于」字，毛詩用「維」字、「于」字。左傳「修」作「脩」，「唯」字凡涉語辭，俱从口，引詩、書本文，概作「惟」字。有應作口旁而誤从忄旁者，僖五年「惟德是依」、哀元年「闔廬惟能用其民」。有應作忄旁而誤从口旁者，昭廿八年「詩曰唯此文王」。哀十八年夏書曰：「官占唯能蔽志」。石經止此四處有異。宋、元、明諸刻本多同。至于、於兩字，前後雜出。鄭康成儀禮大射儀注云：「今本於爲于」既夕篇又云：「今文于爲於。」今一以石經爲準，庶猶近古。

一、石經洩、絏二字，乃泄、紲之變。五經文字云：「絏本文从世，缘廟諱偏旁，今經典準式例變。」玉篇云：「洩同泄。」釋文泄、洩、絏、紲互出。哀八年傳「王問於子洩」，釋文云：「子洩又作泄。」可知相承已久，非唐人寫經典，創造此字避諱也。今不便一一更正。唯釋文作泄洩，及宋本傳、注中有作泄紲，與釋文合者，則仍之。洛、雒，婁、屢，臧、藏等字放此。

一、石經如丕，鄭、高無丕，諸丕字，俱从不从十，與釋文刻本合，淳化本正義、岳本集解同。五經文字收丕、丕二字，云：「上説文，下石經，下見春秋傳。」若以丕字不見説文，而改作丕，反失之矣。他如「丕顯休命」、「生秦丕兹」，石經及諸刻本固仍作丕字也。唯石經昭三年「昧旦丕顯」，丕字後人妄加末筆。釋文及淳化本、岳本皆誤。又如句吳、句踐句字，唯定四年「越子勾踐禦之」、「勾踐患吳之整也」兩勾字，不从口，从厶。淳化本、岳本與石經合，益徵舊本之不苟。

一、昬字釋文作昏，石經作昏，岳本與石經同，餘本互出。説文云：「日冥也。从日氐省。氐者，下也。一曰民聲。」案毛居正六經正誤云：「昬作昏，誤」。戴侗六書故云：「唐本説文从民省，餘本説文从氏省。」晁説之曰：「因唐諱民，改爲氏也。」晁説得之。因覆檢説文，如敯字、崏字、蟁字，皆从民聲。蟁字注云：「蟁或从昬，以昬時出也。」是从昬之字不一。又案五經文字愍字注云：「緣廟諱偏旁準式，省从氏，凡泯昏之類，皆从氏。」據此，則晁説信而有徵矣。蓋説文曾經李陽冰刊定，本避唐諱，後人以意增注，徐鉉等輒仍之耳。緡之爲緍，亦然。今定作昬，於義諧聲爲長。

一、宋毛居正作六經正誤，蓋止正當時監本譌字，石經則毛氏未寓目也。書欠精審，其疏謬處，如昭七年「日我先君共王」，日字謂當作曰，以監本作日月之日爲誤。猶之石經成十七年「楚公子橐師襲舒庸」，顧亭林轉以明監本作「橐師」爲是，同一乖舛也。略考一端，餘詳考正。

一、杜預手定左傳，齊代猶存。班固真本漢書，梁時尚在。士生後世，考古興懷。王伯厚困學紀聞云：「雍熙中校九經，史館有宋臧榮緒、梁岑之敬所校左傳，諸儒引以爲證，孔維謂不可案據。杜鎬引正觀勑『以經籍訛舛，由五胡之亂，學士多南遷，中國經術浸微，今並以六朝舊本爲證』。持以詰維，維不能對。」原注：見談苑。案，杜氏注轉寫多脱誤，今據釋文及宋本并他書所徵引，詳加訂正。

一、晁公武石經考異無由得見，唐石經舊拓本，近來絶少。余所據石經，雖本朝拓本，凡嘉靖乙卯地震後，西安府學生員王堯惠等補刻之字，詳見趙子函石墨鐫華。盡行割棄，幸未爲所誤。得以正亭林顧氏之失。淳化元年監本正義，乃南宋慶元庚申吴興沈作賓重雕，婺州州學教授趙彦穮、鄉貢進士馮嗣祖分校者。經典釋文則通志堂所據之舊鈔本。已上三種，皆南濠朱氏奂滋蘭堂藏本。又於蔣氏元恭貯書樓借金氏鳳翔校本，並紅豆齋惠氏棟手校本，與岳本及元、明諸刻本互勘再過，海内不乏善本，當次第訪之。

一、此書專訂譌字，定句讀。而音義之失，亦間及之。凡杜注未純處，弗暇舉正。其先後失次及重複處，不可枚數。亭林顧氏所拈出，僅十分之一，茲則略加訂正，未及一一標識，轉滋蕪累。至采取諸家姓名，並所著書名，考正中已詳舉，不更贅列。

一、本朝廟諱御名，恪遵令甲，并放唐人寫經例，止闕末筆。

春秋公羊傳注疏二十八卷 十册

明崇禎七年常熟毛晉汲古閣刊本。吴縣王欣夫屬友臨清長洲何煌、元和惠棟、華亭沈大成、婁縣張爾耆校。

何小山曾以蜀大字本、宋鄂州官本，及唐石經本，宋、元以來各注疏本詳校，惠定宇全録。又據曹寅藏余仁仲本校，而自加案語，心得頗多。沈沃田又借惠本照臨，亦偶附己意。吴榷堂又録沈本。舊藏華亭韓淥卿讀有用書齋，張伊卿借讀時，取阮文達校勘記比對而補其遺，又自附校籤。今其本歸葉揆初先生。余向借得，屬友人過録而審閲之。此是書之源流也。何校用朱筆。惠校朱墨雜出。沈校用緑筆。張亦用緑筆，而每條標出校勘記。校籤亦朱墨雜出。阮文達校勘記所據，當爲定宇後定本，故時有溢出此本外者。

清儒自定宇出而漢學之幟始明。其説雖排斥宋儒，然如程、朱亦未嘗無節取。如桓公十一年傳「權者何？權者反於經，然後有善者也。」定宇謂「反經合道，權只是經。嫂溺援手，是反經也。程、朱與公羊之言本無悖。」又謂「程子曰：『權只是經，信哉！』」而他處則斥歐陽永叔爲不知禮，而昧於孔子正名之説。又謂「六一居士全是時文，遂以儀禮爲無用」。而於宣公五年冬傳「子公羊子曰：『其諸爲其雙雙而俱至者也。』」定宇取徐彥疏載舊説雙雙之鳥，一身二首云云，而證以關雎未嘗乘行而匹處，故詩取以爲興，而斥明呂坤駁儀禮士昏禮以爲夫婦不雙雙行禮，斥爲禮家之陋。而美朱子家禮夫婦雙雙行禮之善之説，爲「不通經而稱理學名儒，有明二百八十年，車載斗量，不值一笑耳。」其辭頗峻。他如僖公十年傳范注「禮：諸侯之子，八歲受之少傅」云云，徐疏謂藝文志文，今藝文志無其文。又二十八年春傳「刺之者何，殺之也。」徐疏引孟子云云，今孟子亦無其文，皆各標出，此又示人以輯逸之方也。壬申九月卅日，癸酉二月下澣松崖二跋，此本失録。從別本補得。

榷堂名孝顯，字季揚。乾隆四十六年進士。有才名，與兄昕時稱二難。

蜀本公羊校經、注三卷。

元板校疏。

宋槧官板校經、注全。

唐石經校經以上卷首。

借蜀本大字校此三卷，與鄂州學官書，最爲精善。惜無單本疏，校疏文脱譌也。康熙五十六年冬十月望日小山何煌記。

十月廿八日呵凍，復校蜀大字本、鄂州官本。以上卷三末。

十月廿七日官本覆校。卷十二末。

十月廿五日覆校。卷十四末。

康熙丁酉假同門李廣文秉成宋槧官本手校。再令張翼庭、倪穎仲各校一過，今以其手校本相勘，猶有漏落。三人僅敵一手，何秉成之絲髮如心也。書以識媿。己亥初夏，何仲友。

癸亥重校。

右何煌跋。

壬戌六月十八乙巳始，廿六日癸丑畢。

庚午三月初五戊申重閱。

壬申二月十七己酉復閱。松崖。

乾隆己未冬偶見曹通政寅所藏蜀本公羊于友人沈君騰友許，借以校六、七、八三卷未畢，適有閩中之行，輟筆而往。此書騰友嗣君鬻諸他氏，遂不見，悵然久之。今歲偶借小山何氏校本，與沈君略同，大喜過望。校畢兩卷，因書於後云。乾隆壬申九月卅日記，松崖。

壬申九月，得吳江沈君所藏小山何氏本校，僅五册。今歲春始獲何氏手校足本校正，遂成完璧。癸酉二月下澣又記，松崖。

有曹通政寅所藏宋本公羊，合何氏所校宋槧官本、蜀大字本、及元版注、疏，并參以石經，用朱墨別異。癸酉冬月，惠棟識。

朱墨别異者，今不能詳，大約鄂州官書經、注本最爲精善。

右惠棟跋。

墨朱筆，元和惠氏本。

緑筆，沃田沈氏校。

庚寅嘉平望日録畢。榷堂。

右吴孝顯跋。

惠校公羊注疏爲吴榷堂主政重録，朱墨筆一依惠氏。間有緑筆作成案者，則沃田沈氏所加。是書惠氏凡三四校，當自精審。然讀之猶有疑似之處，視他經爲疏，豈傳校者所脱漏耶？咸豐二年三月，伊卿張爾耆録畢書此。

十一月取阮芸臺相國元校勘記覆校一過，又訂正十之二三，並附齊召南、段玉裁、盧文弨、孫志祖、浦鏜、嚴杰諸家之説，以備參考。

右張爾耆跋。

春秋穀梁傳注疏二十卷 六册

明崇禎七年常熟毛晉汲古閣刊本。吴縣王欣夫臨清長洲何煌、元和惠棟、婁縣張爾耆校。

何小山據宋余仁仲萬卷堂刊經、注本殘存宣公以後六卷、李中麓藏舊鈔單疏本殘存卷六文公起至卷十二哀公止，及明刻經、傳本詳校，即阮氏校勘記序所稱「雖殘編斷簡」、「並希世之珍」者也。此爲惠定宇照録本，而自加案語則阮氏所未見。亦遞由沈沃田、吳榷堂以訖張伊卿，與公羊注疏同，但沈、吳並無增校。余亦借自葉揆初先生，屬友人對臨而審閲者。今余仁仲本全帙已有遵義黎氏古逸叢書本、四部叢刊以黎刻補宋刊前六卷，影印本單疏殘本有吳興劉氏嘉業堂刊本，所見非何、阮諸氏所及矣。鄭君六藝論云：「穀梁善於經」，起廢疾亦以穀梁爲近孔子。今於隱公元年傳「春秋貴義而不貴惠，信道而不信邪」云云，定宇謂「正論實左氏所不及。穀梁子真聖人之徒」。僖公八年傳言「夫人必以其氏姓」云云，定宇謂「穀梁子之書，有功於名教」。又於隱公元年傳「禮賵人之母則可」云云，定宇謂「大義曉然。先王父謂三傳惟穀梁氏知禮，信哉！半農先生曰：『聖人復起，不易斯言。』」是惠氏三世皆以穀梁爲義長，與鄭君合。此本無何、惠二家題識，當由傳者脱寫。伊卿一跋亦不署名。

此依元和惠氏本重録。案，芸臺相國校勘記有何煌跋云：「此卷先命奴子羅中郎用南監本逐字比校訖。」今取惠氏本與校勘記中所謂何校本者相勘，其訂正處悉合。是惠氏本出長洲何氏無疑也。間有一二脱落處，今以緑筆補之。南監本當是十行本，卷中所謂鈔本者，即單疏本也。

孝經集解一卷 一册

清南海桂文燦撰。王氏學禮齋鈔稿本。

文燦著述未盡刊，刊者傳本亦希。同治元年，其後人曾以所著進呈，故今故宮圖書館存鈔本。此爲屬館中執事者香山何君澄一傳鈔未刊稿之一也。

孝經自唐玄宗作注，元行沖疏之，列入十三經注疏，而隋書經籍志所列各家注悉廢。幸間有存於陸氏釋文、唐人諸經正義及他古書中。清儒尊尚鄭學，於高密遺著，搜集略備。孝經注有臧庸、嚴可均二輯。而合他注爲一編者，皓亭其始也。皓亭博采故書雅記，分條綴附，而自加案語。以闡發折衷之。謂「古文孝經見漢書藝文志，謂『孔安國作傳』。當無其事，殆猶書晉孔傳也。今但稱曰『孔傳』，以存其疑。又陸氏音義用鄭氏注，自注云：『相傳解爲鄭玄。』案康成孝經注陸澄辨以爲非，有十二驗。今考王氏困學紀聞、玉海引國史志謂注孝經鄭氏爲鄭小同。唐劉肅大唐新語又謂爲康成裔孫，所說不一，今但稱鄭氏。以紀其實」。至諸家古義之遺存，可以發明孔、曾之微旨者，則別輯集證，與此相輔而行。此書上海道德書局印作勸善之書，紙墨粗率，流行亦未廣。他日當與集證同重刊也。

孝經集證十卷 一册

清南海桂文燦撰。王氏學禮齋鈔稿本。

昔儀徵阮文達撰經郛，先屬閩縣陳壽祺擬條例，於各經皆薈萃經説，本末兼賅。上自周、秦，下訖隋、唐，網羅衆家，理大物博。漢、魏以前之籍，搜采尤勤，凡涉經義，一字不遺。其書浩汗，訖未有成。先將書、詩二經，删增校訂，成書詩古訓六卷刊行，近人楊樹達援其例成論語、老子二古義。論語又擴而爲疏證。一展卷而古義咸備，用力省而爲功鉅，其斯之謂歟？後漢書荀淑傳曰：「漢制，使天下誦孝經。」固爲人人必讀之書，雖文字簡易無難字，故無爲作音者，而大儒如孔安國、馬融、鄭衆、鄭玄十餘輩，均爲作注。見於隋書經籍志。自明皇注行而悉亡，其散見諸書者亦僅矣。皓亭既輯其有涉訓詁者爲集解，又以其發明大義者爲集證。自諸經子史以訖兩漢人説，無所不采。諸經低於經文一字，他書又低於諸經一字，全録原文，不參案斷。讀之眉目朗然，蓋一秉經郛定例，而可與書、詩、古訓並行者焉。嘗謂若得每經皆如其例，各事纂輯，則阮氏有志未逮者，其賴後人以成之不難矣。葉菊裳先生代汪鳴鑾序桂氏遺書，亦列是書，作四卷，分卷與此異。蓋進呈者與乞序者不但卷數有異，而種數亦不同。如序列未見各種，已有見於進呈本者，是其證。此亦從故宫所藏本傳鈔之未刊稿也。

鄭志三卷 一册

清光緒十年鮑廷爵後知不足齋重刻嘉定秦鑑汗筠齋本。吴縣王欣夫臨餘姚盧文弨、海寧吴騫、歸安丁杰、海寧陳鱣、金壇段玉裁、丹徒吴庠校。

鄭志今存三卷，出自舊人采輯。四庫著録。並有聚珍版印行。乾、嘉時，諸儒遞有校補、考證，或刊或未刊。至寶應成心巢，撰考證未竟。善化皮鹿門疏證出，而讀者稱便。此爲吴兔牀手校，並録盧抱經校。間有丁小雅、陳仲魚語，即拜經樓藏書題跋記著録之本。盧校據孔氏本、惠氏本、山西本，以校聚珍本。孔氏者，曲阜孔幼髯廣林也，輯有通德遺書。此則據其初刻之北海經學七録。惠氏爲吾吴惠定宇棟，其本未刊。山西本不詳。又段茂堂校用武虚谷本，亦有丁小雅語，與吴本所載不盡同，而臨難之第四節，小雅據詩樸棫正義所引補，則吴本所無也。吾友丹徒吴君眉孫先後借得，并臨於此本上，詳跋語。而移綴鈔補，并校聚珍本與此本之異，頗費心力。非僅作鈔胥而已。秦刻經錢氏昆季參校，最稱善本，而味其來源者尚不一而足。盧校則略無遺脱。段校引徵羣書，斷以己意，語尤精辟。惜成、皮二氏未之見也。鮑氏雖云覆刻，實則得秦刻原板重印，故校勘無譌。眉孫名庠。博學多通。手校羣籍，皆雅潔可傳。與余論學最契，一九四二年一月向借照録。聞其身後遺稿零落，無人收拾，是可憫也。

乾隆四十五年九月七日盧文弨閲于京師李倩邸舍。

甲辰春二月二十又二日，吴騫從檗齋學士案頭借臨。丁君小雅同觀。槎客。

乾隆四十九年閏三月陳鱣借閲于武原客舍。並從雅雨堂刻鄭司農集中魯禮禘祫義參校一過。

新豐鄉感化里人唐翰題藏。

乙亥三月初四日清明節臨校訖。吴庠記。

乙亥春，靜盦四弟借得吴兔牀臨校本，用朱筆臨校一過。丙子秋又借得段茂堂校本，用緑筆移寫其校語。吴校用内聚珍本，與此本行欵不同，兼有異文，因并校以存。段校用武虚谷本，與此本大同，故從略。吴校本闕臨難之第四節，段校本内有丁小雅校語，舉及此條，亟補録於後。甚矣書本貴多見也。兩校本皆名賢手筆，可割讓而索值頗昂，力不能購。吳本聞歸陳澄中，段本不知爲何人所得矣。辛巳正月廿五日重閲記。眉孫。

鄭氏經學考不分卷 一册

清巴陵杜貴墀撰。吳縣王氏學禮齋鈔稿本。

貴墀字仲丹。光緒乙亥舉人。主講校經書院，造就甚衆。著有典禮質疑、巴陵人物志、漢律輯證、讀書法彙、桐華閣文集詞鈔。

清代崇漢學，漢學中尤尊鄭康成，編年譜者有孫星衍、陳鱣、鄭珍等，輯佚書者有孔廣林、臧庸、袁鈞等，大都江、浙士。湘省晚有善化皮錫瑞、長沙王先謙，始標漢學之幟。而湘潭胡元儀、元常、元玉兄弟，巴陵杜貴墀，爲之羽翼。元儀撰北海三攷，貴墀撰鄭氏經學考，皆以康成爲歸者也。杜氏書專考康成學術源流，與諸家不同，仿佛鄭氏學案，於編年譜、輯佚書外，别創一類，尤有功於後學。其書分類考核，爲目十有五，曰鄭注羣經互異考，曰鄭氏異義考，曰鄭箋引易考，曰鄭箋引書考，曰鄭引公羊考，曰鄭引穀梁考，曰鄭與穀梁同義考，曰鄭引爾雅考，曰鄭注字義考，曰鄭注聲近考，曰鄭注省聲考，曰鄭注假借考，曰鄭君注記時未見毛詩考，曰孝經鄭注考，曰漢書注引鄭注考。其與諸家異義者附目凡三，曰鄭服異解考，曰許君解字與先後鄭經注異同考，曰王肅難鄭考。弟子劉肇隅得諸遺篋，爲校録序之。揭其大恉有五：

曰會通鄭注之前後互異，曰考證高密之師傳家法，曰據鄭君引經以考東漢古本，曰據鄭君解字以考古書音義，曰鉤考經史以辨鄭書真僞。余少時承曹叔彦師之教，以鄭君詩箋、禮注及諸佚書，依陳奂毛詩傳義類、朱駿聲説雅例，編成鄭雅一書，而加以疏證，亦鄭氏經學考之一也。乃置稿篋中，忽已頭白，未能朝夕編摩，早竟傳經之業，蓋與劉氏有同感焉。

序

鄭君集兩漢經學之大成，其書之傳者，詩箋、禮注外無完帙。自宋王伯厚創輯易注，近儒推其例而廣之，若袁陶軒鄭氏佚書、孔叢伯通德遺書、黄右原高密遺書考，可謂殫竭精力，囊括靡遺矣。惟其書專事采輯，抱守殘缺，而發明之功不能無待於來者。先師杜仲丹夫子研精鄭學，耄老逾篤。凡考鄭氏經學者十有五種。附考鄭學與諸儒異同者三種。肇隅謹發遺篋，校而讀之，而歎其用力之勤且久也。有會通鄭注之前後互異者：詩皇矣箋，類、禡皆爲師祭，而周禮訓類爲郊天，則本尚書歐陽遺説。禮典命注，天子之城十二里，而匠人注，九里爲天子之城。則兼采夏、殷古制。凡此或本疏説，或自加申釋，比類而觀，衆紛立解。不可强通者，存而不論，以示謹嚴。有考證高密之師傳家法者：注記時已見毛詩，不必專泥三家。春秋傳雖尊左氏，何嘗不引公、穀。蓋鄭君受學馬融之後，始注羣經，盡通百家之書，獨有千古。至輔嗣易行，而鄭氏易廢。河北諸儒，猶存絶業，薛和、董侯之徒，各述師説。得是書條而證之，宗傳賴以不墜。有據鄭君引經以考東漢古本者：腥、胜異字，兆、旐殊解，則所據周禮與許慎異。蠻夷、戎狄，名數兩歧，則所據爾雅與李巡異。他若聯合數語如詩時邁箋之引尚書，撮舉要義。如詩東山箋之引春秋傳，不必盡依原文，亦分别録存，以箸漢儒引經之例。有據鄭君解字以考古書音義者：稽古同天，訓詁特異，屈伸即信，假借可通。禹與雨以音近爲姓名，顓與申以聲同爲一姓。獻、莎本齊語之别，蕡、桴爲甶聲之譌。略舉數則，用覘梗概。有鈎考經史以辨鄭書真僞者：據儀禮士喪禮疏、後漢書劉瑜傳注而知鄭君有孝經注，據公羊昭十五年疏而知孝經有鄭偁注，與康成不同，惟漢書音義鄭君實無其書。可參考史、漢，直斷洪北江之誤會。此皆有功高密而爲後學導其先路者也。且夫學術不可强同，古今一轍。故凡與鄭異義者，不妨附録，以備參觀。服虔合鄭注以注左，所學同矣，而「西陸朝覿」，服以爲二月，鄭以爲四月，何耶？同時以經學名者，羣推叔重，而五經異義則與鄭異。説文全書更多歧出，幎、辟爲今故之異文，許從今而鄭從故。翜、帗爲許、鄭之異字，後鄭與先鄭又分。若王肅好與鄭難，不獨聖證論一書可考，然車舝解新昏爲褒姒，何如鄭稱賢女之安；尚書以祖伊爲忠臣，何怪鄭箋南山爲誤。分條連綴，得失俱存。即其持論之各殊，愈見詁經之不苟。然則觀附考三種，而鄭學高於漢、魏諸儒者益顯矣。方先師主校經講席，恒舉高密疑義與門人互相探討，肇隅不敏，幸厠請業之班，屢承提命。雖於鄭君生平之學行，著書之次第，説禮之義例，略有纂述，而通德門牆，未窺涯涘。今讀是書，益愴然如春風侍坐時，未能朝夕編摩，早竟傳經之業也。遺稿零亂，理董維艱。補遺訂誤，是在後賢。而發明鄭學之功，則袁、孔、黄諸君子不能不相推讓也。後有求鄭學以通經訓者，其知所師法哉！弟子劉肇隅謹序。

經典釋文三十卷十二册

清康熙間納蘭成德通志堂刊本。長洲陳奂手校。又臨金壇段玉裁、武進臧庸、元和顧之逵、吳縣江沅校並跋。

元朗釋文爲唐以前音詁之淵海，治經者鑽研無盡。顧清儒未見真宋刻，通志堂據葉林宗影宋鈔本重刻，仍多謬誤。抱經堂盧氏本，考證雖精，然與元朗原本究隔一塵。段茂堂借林宗鈔本，屬臧在東重校通志本，而又用毛詩、左傳宋刻本，周禮余仁仲本、岳本，禮記撫州本等所附音義參校，其讀書得間，識於眉端。所徵引自惠松崖、江艮庭、盧召弓、鈕匪石、顧抱沖、顧千里諸家語，無不精絶。江鐵君借臨一本，并附案語，以授弟子陳碩甫。此爲碩甫臨本，又加案語。於毛詩音義爲多，下籤至數十則。蓋爲所作毛詩音之資料。跋謂師師傳授，具徵淵源。則乾、嘉時經學之盛，何減兩漢。今真宋刻全本重見人間，所冀影印萬本，安得如茂堂、碩甫其人者爲之校訂。豈非學術之光哉。

顧安道有宋刻毛詩鄭箋，其所載音義特佳，足以證今本之誤。略識於上方，甲寅夏秋間事也。若膺。卷五毛詩音義首。

顧安道有宋刻毛詩傳箋，南宋光宗時刻也。其好處與岳本略同。其所載音義佳處，略書於此本上方。甲寅六月十九日，若膺氏。卷七毛詩音義末。

少牢禮，抰音決，今本乃作袂，音決。袂不當有決音，此葉鈔本之可貴也。儀禮嘉靖本、鍾人傑本，皆作抰。若膺。卷十儀禮音義後。

凡黑筆，用撫州公庫本校宋槧也。卷十一禮記音義首。

葉本禮記遠不如周禮儀禮。卷十四禮記音義後。

甲寅六月卅日。

七月初一日又以鈕非石校本補數事。以上卷十七春秋左氏音義後。

甲寅六月卅日依宋刊校，墨筆是。卷十八春秋左氏音義後。

顧抱沖有北宋刊春秋音義，抱沖既爲余以其善處書此本之上方矣。余仍借其校出本補注之，黑字是也。凡與葉鈔合者，用黑圈。凡抱沖以紅字書上方者，亦用黑圈。甲寅六月卅日，若膺氏。

凡不用黑圈者，皆不與葉鈔宋本同者也。以上卷二十春秋左氏音義後。

孝經音義竄改幾不成文理。

後學顧之逵借校一過，并附惠松厓語於上方。甲寅春日。以上卷二十五老子道德經音義後。

癸丑十一月十二日，臧庸堂爲巫山知縣段若膺先生校。葉林宗鈔本舊藏吳縣朱文游家，近歸同邑周漪塘。段先生往借是書，屬爲細校。又云：「寫本名銜在毛詩末，甚是。蓋此書係南宋本彙刊，故尚書、孝經等音義竄改最甚，全非陸氏之舊。而毛詩或本之北宋，有乾德、開寶間名銜，因仍之。如徐、盧兩刻，皆移於卷終，似全書皆本北宋矣。」余歎其論斷之精，遂識此以爲跋語。中間如周禮、儀禮最精，餘亦多佳者，自信漏落者頗少矣。時寓于金閶袁氏拜經閣。

甲寅春日，假得先生是書。改正之處，凡出於先生者，往往與松厓惠氏相合。惠氏校改苦略，亦有可備決擇者，附于上方。後學顧之逵記。

凡校宋本者，即遇大謬於理者，苟與今本有異，亦必抹今本之是而改宋本譌舛者於傍，此校宋本者之癖也。書惟斷之於理而已，豈必惟宋是遵哉！所貴乎宋本者，爲其是處非他本所及，即謬處亦顯然可見耳。兹本始逐字照改，後漸以意去宋本之非者不録，讀者亦以意會之可耳。己巳春正。鐵君江沅識。以上皆卷末。

釋文全册本出南宋葉鈔。段若膺師屬武進臧拜經手校。江鐵君師又過臧校。嘉慶庚午、辛未兩年，鐵君師館於奂家，奂因於制藝課餘，逐細照校。其葉鈔全用朱筆，若諸家勘語書於上方，用墨筆，而亦間用朱筆。師師傳授，具徵淵源，越幾四十年矣。今馬生釗又爲照校一過，歸至舊架，少壯讀書，私心鄉往。恒河猶昔，衰老將穨。竊恐先師之舊德易致遺忘也，遂補綴數語於册。道光二十九年冬十一月陳奂碩甫氏。

經典釋文三十卷 十册

清康熙納蘭成德通志堂刊本。武進費念慈臨長洲何煌、元和惠棟、金壇段玉裁、武進臧庸、吴縣江聲、鈕樹玉、袁廷檮、江沅、元和顧之逵、顧廣圻、長洲管慶祺校並跋。

陸氏釋文爲治經者必讀之書，故清儒多用力於此。吴中素稱藏書之府，宋刊殘卷及影宋全本尚存，其他宋槧諸經音義疊出，自惠松崖、段茂堂以來，諸校咸有依據，兼下己意。嗜學者兼采備録，彙爲一編，流傳吴中。涵芬樓燼餘書録著録某氏過葉菊裳、潘秩廷所傳各家校本，與此本同出管吉云本，惟此本無朱秋崖、孫淵如、黄蕘圃三家，而有江艮庭；爲費屺懷借録於管中季禮耕者。中季爲吉云慶祺子，吉云又號心梅，爲陳碩甫弟子，中季其再傳也。碩甫師友淵原記云：「慶祺嘗手校陸氏釋文。」當即指此。吉云又屬潘秩廷錫爵覆勘，秩廷又號邕侯，爲朗如維城子。經學皆有淵源，校勘莫不精絶。今觀兩家題跋，其治學之勤，好書之篤，如見白頭窗下，挑燈拈管時也。屺懷與曹叔彦師稱至交。師謂其嘗欲爲經典釋文疏證，曾見其與師札云：「釋文極浩博，非旦夕可就。僅過録校語，毫無心得。甚愧甚愧。」亦當即指是本。他所著有鄭志輯釋、公羊逸禮補遺等書，亦見與師札中。申季曾假館屺懷所，殁後屺懷經紀其喪，並爲輯操敉齋遺書，刻入南菁書院叢書，可謂無間存殁者矣。諸家題跋，茂堂、抱沖、鐵君已附前陳碩甫校本，兹不録。

有「錫山薛氏鴻儀堂藏書印」朱文方印，「鍥不舍齋著録」朱文長印，「琅邪」朱文長印，「念慈之印」白文方印，「屺懷」朱文方印。

臧庸堂校。初七日三鼓。卷二後。

十一日亥刻，是日同鈕匪石候江艮庭，江門人徐直卿來，適未值。卷六後。

十五日校半卷。十六日同學新進士左仲甫來，聚首竟。日□校畢。卷十後。

十八日段若膺明府招酌，辭之。校此卷。卷十一後。

十月廿八日以宋雕本校，凡與葉本同者不著。庸堂。卷十二後。

卷末校勘記式，墨筆録於左。與葉本同者不著。十一月二日。

禮記影宋本無大異，如投壺憮字亦仍誤憮，不如周禮、儀禮之精。二十一日。卷十四後。

十月廿七日以宋雕本校，其與葉本同者不復標出。有異者則著之。卷十六後。

宋本每葉十二行，行十九字，或二十字、廿一字不等。魚尾刻左氏音。一至六中，避宋諱甚嚴，嫌名俱避，今不盡著。

國子監崇文閣官書
借讀者必須愛護損壞闕失典掌者不許收受

廿八日借明經長洲顧安道家所藏汲古閣宋板一卷細對。鈔本乃葉林宗借絳雲樓所藏本影寫。強作解事也如此。千里。絳雲一炬後，原板不可得見。通志堂徐氏本，即從鈔本出。今得見鈔本已幸矣。而此卷毛子晉所藏，必與錢本同。當有全書，未知散失何所。取此以勘葉本，其合同者不著，其相異者則用黄色筆注之，以別紅色之爲寫本也。因自爲跋一首坿于宋本之後，而識其略於此。國子監戳記原本印於紙背，蓋宋時訂書用蝴蝶式，反正皆可翻閲，不似今之綫裝穿眼也。今既模録其記號，并識其後云。武進臧庸堂跋，時已三鼓矣。以上卷二十後。

癸丑十一月十二日，臧庸堂爲巫山知縣段若膺先生校。葉林宗鈔本，舊藏吴縣朱文游家，近歸同邑周漪塘。段先生往借是書，屬爲細校。又云：「寫本名銜在毛詩末，甚是。蓋此書係南宋本彙刊，故尚書、孝經等音義竄改最甚，全非陸氏之舊。而毛詩或本之北宋，有乾德、開寶間名銜，因仍之。如徐、盧兩刻，皆移於卷終，似全書皆本北宋矣。」余歎其論斷之精，遂識此以爲跋語。中間如周禮、儀禮最精，餘亦多佳者，自信漏落者頗少矣。時寓于金閶袁氏拜經閣。卷末。

右臧庸跋。

去冬有書賈持宋刻禮記釋文來，止有第二、第四兩卷，即乞臧在東校於此本。其書後爲顧抱沖所得，今向借到補校。第一、第三兩卷宋刻與葉鈔互有得失，其佳處亦不少。即如曲禮上挈、皐二字不從木旁，則勝於葉本矣。甲寅六月廿二日。袁廷檮識於五硯齋中。

宋刻雖分四卷，卻不著第一第二，其葉數則四卷統排長號。廿二日晚，校完此卷。以上卷十一後。

乾隆五十九年六月廿四日校畢。又愷氏。卷十三後。

顧抱沖又藏傳是樓所藏宋本春秋左氏釋文，包山鈕匪石借得，校於通志堂本。余即借鈕本臨校於此。以墨筆別之，此本先有臧君墨校字，二人筆跡可識也。甲寅八月十七日，袁廷檮校畢記。卷二十後。

右袁廷檮跋。

余嘗言近日此書有三厄，盧抱經重刻本，所考多誤。一厄也。段茂堂借葉鈔更校，屬其役於妄庸人，舛駁脱漏，均所不免。二厄也。阮雲臺辦一書曰「考證」，以不識一字之某人，臨段本爲據，踳駁錯誤，不計其數。三厄也。彼三種書行於天壤間一日，則陸氏之真面目晦盲否塞一日。計惟有購葉鈔元本，重加精雕，而雲霧庶幾一掃，其厄或可救也。余無其力，識於此以待愛惜古人者。澗蘋居士書。卷首。

武進臧庸堂在東氏用葉林宗影宋本校。元和顧廣圻臨。

近知此人好變亂黑白，當不足憑據，擬借元本一覆之。壬戌正月記。

右一卷何小山用元修本校，著下方黑筆是。以上卷一後。

壬戌八月，西湖孤山寓中續校。此毛詩三卷，用何夢華臨段本校語，仍以墨筆爲識。袁氏本所不全也。卷五首。

十一月在黎川湛華堂讀。中間瘧病大發，屢作屢撤，殊苦不貫穿也。澗薲記。

癸亥春正，重校宋本。宋本園有桃篇棘俗作𣚋，當以集韻證之。白華篇一音於驕反，可訂六經正誤之繆。皆一字抵千金矣。世間瞽人往往詆宋本不足重，呵佞宋者爲淺學。彼固未嘗究心於鉛華耳。澗薲又記。以上卷五後。

壬戌十一月九日黎川湛華堂重讀此卷一過。以毛居正六經正誤證之，葉鈔從宋時潭本出。澗薲居士記。卷六後。

嘉慶壬戌十月初九日，黎川湛華堂讀訖。澗薲記。卷七後。

甲寅春假顧抱沖所藏宋余仁仲刊本周禮附釋文校，所附釋文全載，其注中已具，則不復出。首卷鈔補十一葉，而秋官兩卷，全是鈔補，故未校。鈕樹玉。後十年，嘉慶甲子澗薲録。卷九後。

禮記釋文撫州公使庫本，通志堂曾翻雕單行，余近得之，惜無暇日借宋槧一校耳。千里識。

此及十三袁綬階校撫州公庫本，凡二卷。五月望日臨，以墨筆爲別。澗薲記。

宋槧覆校。千里。以上卷十一後。

墨筆是淳熙四年，於撫州公使庫刊禮記後釋文也。今藏小讀書堆。通志堂有單行翻本。澗薲記。

宋槧覆校補正如右。庚辰七月。千里。以上卷十四後。

春秋經典釋文六卷，南宋槧本，亦小讀書堆藏。其本乃附春秋經傳後者。鈕非石校一過如右，在乾隆甲寅年。澗蘋記。卷二十後。

公羊、穀梁異同絶少，必有不盡處。甲子五月記。卷二十二後。

廿一日補臨此三卷訖，澗蘋記。卷二十八後。

右顧廣圻跋。

丙午三月，坊人以校本釋文求售，而索值甚昂，余無以應也。乃未幾，而竟爲有力者購去□□□之，猶幸因裝訂之故，原書尚存賈人處。乃以番餅三枚□□□□□□十日付去，乃得窮八晝夜之力，照録一過。□□□□□□如之，爰書數語，亦以見貧士讀書□□□□□□□年四月八日，元和管慶祺書於體經堂。

此管吉云舊藏校臨常熟某家本，係臧、段、鈕、顧諸家所校。吉云云某家本不肯出，假此屬胡心耘倩人就校，其中有無譌脱，無從對勘。今年秋間，吉云假得澗蘋先生之孫河之所藏校本，用以勘對，詳略頗有不同。余於冬間，假河之本校臨，吉云因屬余校勘異同，並纂録其未備者。余因爲校録一通，改用青筆，以別於此本之原用朱、墨筆也。其河之本用朱筆者，則於字旁著一紅圈，校語則在其上。其與此本同者，則通加青圈云。咸豐丁巳臘月三日校畢。潘錫爵識。

同治戊辰閏月，莫友芝借觀此册，九日舟發胥門，臨一過於通志堂單刊撫本禮記釋文上下端，行及崑山而畢。

光緒丙戌假管君申季所藏臧在東用葉鈔對校本，并附段、鈕諸家之説，用朱墨筆過録一通，十日而畢。申季又藏一顧千里校本，爲潘眉生先生所臨，假讀之，則顧亦録臧本，並録段説，兼下己意。後又疑臧校不盡可據，欲見葉鈔重校，亦未果。臧跋謂葉鈔出於絳雲樓，未免臆斷，宜其啓澗薲之疑。而澗薲竟目臧爲不識一字之妄庸人，斯亦過矣。今據潘校對臨，凡出於河之所校，□本漏未録者，以紫筆補之。其兩本中校語，有不辨爲誰氏者，悉仍之。至中季所藏臧本，則吉云先生手録也。四月十五日戌刻，費念慈記。

錢遵王親見葉林宗影寫絳雲樓本，見述古堂讀書敏求記。臧説不誤。丁酉十一月，屺懷記。

敬齋經説六卷 二册

清無錫蔡德晉撰。吳縣王氏學禮齋鈔稿本。

德晉字宸錫。雍正四年舉人。乾隆二年，禮部尚書楊名時薦經明行修，授國子監學正，遷工部司務。清史稿儒林傳：「德晉嘗謂横渠以禮教人，最得孔門博約之旨。故其律身甚嚴。其論三禮多前人所未發。著禮經本義十七卷、禮傳本義二十卷、通禮五十卷。」四庫總目提要著録禮經本義十七卷，謂「皆引宋、元、明以來諸家之説，與注疏互相參證。大旨皆不戾於古，名物制度，考辨頗悉，亦間出新義」。秦蕙田味經窩日鈔自序：「少與同邑蔡宸錫德晉、吳大年鼎尊、彝鼎兄弟，爲讀經之會。各治一經，裒集先儒經解，遇疑難處，則博綜羣言，旁參確證，取異同錯出者考之，是非歧似者辨之，義理未發者説之，未可遽定者存之。每會以旬日，會則交相訂正，互爲録藏。」王昶蒲褐山房詩話：「宸錫精通三禮，嘗分門別類，以次相從，採掇鉤貫，凡五十餘册。功未竟而歿。秦文恭公少與同學，得其本而增修之，證以歷朝史事，補以宋、元諸儒之説。今所傳五禮通考，實據先生書爲藍本。今其書割裂之餘，無有存者。」案宸錫於三禮著述甚富，今惟禮經本義由四庫著録而僅存。通禮五十卷當爲讀經會時所纂集，亦即五禮通考之藍本，今通考雖引其説，而多經割裂。至此書則諸家皆未及，蓋佚已久。其書亦考證三禮爲多，如説宗廟、宫室、王畿、田賦、學制、正朔諸制度，凡舉一事，有圖有説，朗若列眉。惟其好出新義，亦如本義，故瑕瑜互見。惜稿闕未出。胡培翬著儀禮正義，未得如本義之引而中辨之。又如説關雎，謂「此蓋太姒歸于周之時，其妾媵與之偕行，見其有幽閒貞静之德，因不勝其欣喜樂從之心而作是詩也」。吴鼒評爲此論新奇創闢，不能無疑，附識異義數百言。此即秦氏所謂交相訂正者，可見昔人切磋之益。原稿題敬齋禮説，不分卷，板口有「景福樓」三字。藏瞿氏鐵琴銅劍樓。一九四零年秋從鳳起借録，以所説兼及易、書、詩，故重爲編次，而改題今名。

十三經異同條辨存九卷 二册又一册

清會稽魯學孟撰。舊鈔稿本。

學孟字泰巖。山陰縣志選舉稱乾隆五十四年己酉欽賜舉人，庚戌欽賜翰林院檢討。他無考。今存卷二書，卷三卷四詩，卷五卷六禮記，卷七春秋左、公、穀三傳，附卷八周禮、儀禮，卷九孝經、論語，卷十爾雅、孟子。每卷首有「男瀛南、瀛孔、瀛陸、瀛姚仝校」兩行，似録備付刊者。

其編次以周禮、儀禮退列三傳之後者，意遵五經之序，故不與禮記同列。其書名「異同條辨」者，旨在取凡有釋義不同，皆彙而論定其是非。故自羣經古注，下逮宋、元人説，咸在甄録，無門户之見。獨清人則僅偶及其鄉人毛奇齡、萬斯大而已。雖以亭林、百詩諸儒，絶無稱引，所見猶未廣。其所辨不言訓詁，故時有蹈虚之弊。而準情酌理，推見至隱，亦時有所獲。蓋其學雖非毛、萬之比，然孜孜兀兀，成此寸帙，有足多者。顧縣志藝文從未著録，知傳本久絶矣。余三十年前偶游書坊，見是書散葉未裝，一學徒正取以拭穢，亟奪視之，則首卷易類已失，餘九卷幸尚完，又重出數卷。即以廉值購之，裝爲二册，以重出者附焉。噫！古人心血毁滅於無識之手者，天壤間蓋無日無之。余生平閲肆，尤注意於此，然得拯救者千百之一二耳。願世之嗜書者，弗徒高談板本，侈視裝潢，其於斷爛叢殘中加之意焉，則庶幾保存文化之要圖也。

讀書瑣記一卷

清江陰鳳應韶撰。舊鈔本。

江陰縣志文苑「鳳應韶字德隆。歲貢生。幼孤貧，織竹爲業。嘗隔簾聽童子讀書聲，即能背誦。塾師異之，授以書，攻苦不輟。比入邑庠，博覽强記。三禮注、疏熟誦如流，説理具有心得。所著鳳氏經説、讀書瑣記、四書補考，先後梓行。復有五經辨證、儀禮提鉤、左傳杜注參事等書藏於家」。德隆此書，首刻於南匯吳省蘭藝海珠塵爲一卷。武進李兆洛又據三卷本刻於粤中，别題鳳氏經説，似未見吳刻。南海伍崇曜又據李本重刻入粤雅堂叢書，而跋謂其文與吳刻多微有異同，又闕入公門章圖説，疑門弟子傳録岐異，或中者略有更改。此舊鈔一卷，共文七篇，皆説禮之作。昔年得之書友郭君若祺，從南匯故家收來。核即吳刻底本，惟首闕六葉，編號自第七葉起，書名「讀書瑣記」四字後加，在書眉。入公門章圖説列卷末，而另爲起訖。是吳所據固非全稿，書名爲吳臆定。撰人據圖説補列，殘蝕故紙，不至棄擲，與李氏之表章鄉人，蓋同有功焉。全册墨筆圈點，並畫分段落。圖説旁列批注曰「提」，曰「蒙」，曰「剔」，曰「應」，悉用評時文之法，則直以經説而視爲經藝矣。李序謂其於四明萬氏、休寧戴氏、歙金氏諸先生所著書，不能遍見，而窮思獨造，所得殆不相讓。伍跋又舉例謂較之萬氏，要言不煩，而不如戴氏之精確。周中孚鄭堂讀書記謂叙述詳明，本末賅備，經説之可取者。鍾文烝乙閏録謂「於詩、禮頗有獨得。『即位』、『討賊』兩條，闗涉春秋便錯，古今説經者亦多有此病。春秋固未易言也。」要之德隆以僻居孤學，所得已多。王氏輯南菁書院經解未收，不免有遺珠之歎矣。

有「唐印天溥」白文方印，「臣模之印」白文方印，「梧生」朱文方印。

讀相臺五經隨筆四卷 二册

清海寧周廣業撰。吳縣王氏學禮齋鈔稿本。

首嘉慶九年王引之序，次十二年馬瑞辰序，次參訂姓氏仁和孫志祖等十人。卷一易、書，卷二詩，卷三春秋左氏傳，卷四禮記。末五十一年自跋。據錢泰吉海昌備志，有續筆一卷，此本無之。清乾隆時以秘府所藏相傳爲宋岳珂所刻五經，重墨之版。每卷後命儒臣各爲考證。耕崖晚遊京輦，快讀寶書，有所發明。效考證例成書四卷。寫定未刊，至子勳懋乞王、馬二公序之，而仍未授梓，祇傳鈔本。海昌備志云：「先生少通訓詁，辨音切，尤邃於經，著讀相臺五經隨筆四卷、續筆一卷。馬瑞辰稱前人所未道。」

案馬序歷舉是書之精確不移者數條，而於尚書作傳之孔安國，爲東晉孔愉之子字安國者，爲前人所未道，謂可備一説。今考本書於曰若稽古帝堯條下詳著之。大概據裴駰史記集解夏本紀。「又東至於醴」下載孔安國曰：「馬融、王肅皆以醴爲水名」，又魯世家「其在祖甲」下載孔安國曰：「王肅曰：『祖甲，湯孫太甲也。』」是安國明明自言本之馬融、王肅矣。此安國果西漢人，何以反述東漢馬融及魏王肅之説？證一。孔穎達泰誓正義曰：「李顒集注尚書，於僞泰誓篇每引孔安國曰，計安國必不爲彼僞書作傳，僞泰誓盡人所知，豈李顒反不知之？」證二。於是别求一孔安國者，於劉孝標注世説新語德行篇引續晉陽秋得之。續晉陽秋曰：「孔安國字安國，會稽山陰人。車騎愉第六子也。少而孤貧，能善樹節，以儒素見稱。歷侍中、太常、尚書左僕射，特進，卒。」晉書安國附見愉傳。安國注書，本傳及續晉陽秋雖未明載，但其從祖丹陽太守冲爲許攸所師事，受詩、書、禮、易及孝經、論語，見許攸傳。則孔氏之明於書乃其家學。而本傳亦稱其儒素顯，劉義慶復列之德行，是傳必出安國之手。其因出於晉末，李顒採用之。後閱數十年，至宋孝武、明、順之世，裴駰始再取以注史。自餘絶無傳焉。至齊姚方興獲其本，誤認爲西漢孔安國，遂妄造「古文傳」足之。又僞爲序傳，詭稱得諸大航頭。繁徵博引，清辨滔滔，幾八千言，誠爲創説，古所未聞。故馬序以毛西河易小帖謂子夏易傳爲杜子夏作相比也。後陳壽祺左海經辨亦引續晉陽秋與本傳，又引宋書禮志所載禘祫殷祭議，通典所載新安公主服問以爲亦通經學。馮登府十三經詁答問襲其説，雖是非尚有可商，而不知耕崖實先創之。

耕崖著作繁富，及身所刊，祇孟子四考、廣德州志等數種。幸有子克家，未刊各種，皆整理清寫，求序於名公。於是貴池劉氏刊意林注於聚學軒叢書，燕京大學刊蓬廬文鈔，吾友吳興周君子美刊四部寓眼録。余亦先後鈔得數種，今分別著於録。勳懋字虞嘉，號竹泉，道光壬午副貢。亦有著述。

王序

讀相臺五經隨筆，海寧周耕崖孝廉所記也。其書博取前人之説，稽合異同，以資多識。蓋惠氏定宇之亞矣。顧氏炎武據漢書以爲彖象傳附經，始于費直。戴吉士駁正之，曩嘗歎其精審。而是書所論實與戴氏不期而合。至其辨東晉古文尚書之譌，與閻、惠二徵君相爲表裏，有功經學甚偉。余因孝廉之嗣，得見孝廉之書，用附數語于簡末，以志傾慕之誠云。嘉慶九年四月朔日。高郵王引之序。

馬序

讀相臺五經隨筆，海寧周耕崖先生所著也。先生博學多聞，著述最富。余先子曾手録所著孟子四考以授，蓋嘗與先生訂交於都門矣。余不克見先生，得交先生之嗣竹泉，因受此書而讀之。其引翼奉傳庥中甲庚、性中仁義，證易先甲後甲，先庚後庚之義，與楊子太玄言庚斷甲、義斷仁也合。其論甫貢島夷皮服，當從鄭氏，古文作鳥夷，與大戴記五帝德「東長鳥夷羽民」合。其引鄭氏以毛公爲先師之說，證詩箋之義，足解博物志之疑。其引鄭氏注：「陔，夏」。注「陔之言戒」，與詩序「相戒以養」義合，足證束晳補亡之失。其引史記宋世家「襄公時正考父作商頌」，足證鄭氏禮注商爲宋詩之說。其餘博採舊聞，稽合同異，皆精確不移，不爲鑿空之論。至其辨東晉古文尚書傳之譌，尤與閻、惠兩徵君相發明。而以作傳之孔安國爲東晉孔愉之子字安國者，爲前人所未道。昔毛西河作易小帖，以漢志不載子夏易傳，史、漢儒林傳皆無子夏受易事，謂隋、唐志所載子夏傳爲杜子夏作。余按杜欽無受易事，因考漢儒林傳沛鄧彭祖字子夏，受易於五鹿充宗，疑子夏或出於彭祖。是亦與先生定安國爲東晉人者，可同備一說也。先生所著有意林校本、避名録、過夏録、目治偶鈔，凡十數卷，皆未得見而讀。此已足見先生淹博之學，其有功於經術者不少矣。嘉慶十二年四月二十六日桐城馬瑞辰序。

經字考二卷 一册

清婁縣朱大韶撰。尚書、禮記各一卷。吳縣王氏學禮齋鈔稿本。

虞欽服膺高郵王氏，其讀經以訓詁音韻通其義，旁證博引校其誤。此經字考即擬經義述聞而作，今存尚書、禮記二種，其餘恐未寫定。朱蘭坡曾見是稿。今小萬卷齋文稿卷六有與朱學博論尚書教胄子書即據是書所説，反覆討論數千言。

禮記王制「虞庠在國之西郊」自孫怡谷讀書脞録據北史劉芳傳，謂西字誤，當作四郊。顧千里爲張敦仁撰撫本禮記考異駁怡谷之誤。段茂堂則是孫非顧。議禮爭端遂起，各爲文千萬言，持不相下。其文載經韻樓集，以其皆義據深通，同時流輩難作左右袒。陳仲魚曾合編成册，題曰段顧校讎編以對朱陸異同辨者也。是不但爲考典制者之聚訟，亦爲言校勘者之懸案。後來治禮者如金誠齋求古録禮説，夏心伯學禮管釋、林薌谿三禮通釋、黄元同禮書通故、李蒓客越縵堂日記、皮鹿門經訓書院自課文，是段則非顧，是顧則非段，説者紛紛，終莫能定。虞欽亦博綜羣書，考之數千言。謂「段『四』顧『西』，兩家皆誤以虞庠爲小學耳。鄭注禮經箋詩，及駁異義云：『大學在郊。』至注禮記，則以大學在郊爲殷制，以虞庠爲小學在西郊。注書傳略説云：『四學者，東序、瞽宗、虞庠、及四郊之學。』又於虞庠外，别有四郊之學，一人之説，歧出如此，後人何所折衷，而讀鄭注者各主一説。劉芳等以祭義之四學，當四郊之小學。近之校經者，不貫穿全經，偶據單文，私心專輒以不誤爲誤，此經之禍也。要之，分王制、祭義讀之，經義本明白易曉，混而一之，觸處皆成荆棘。虞庠，大學也。在國之西郊。王制字自作西，不作四。四學，小學也，在公宫之左。祭義注自作四，不作西。以虞庠爲小學，在四郊。此鄭之誤，無庸爲鄭諱。鄭囊括諸經，前後豈無中失。禮經注及駁異義自有定論，而讀鄭書者知其一不知其二，自劉芳創爲異説，段、顧所爭，徒辭費耳。」是直謂王制、祭義經文皆不誤，而誤在鄭注，段、顧各執一偏。其説於諸家中爲獨創。

昔徐渭仁刻思適齋集，盡删論學制諸文，後人祇於經韻樓集附刻，得窺其大旨，而猶未備。余特廣搜以補其遺，曾請曹叔彦師、胡綏之丈、高閬仙、吴檢齋兩先生爲定斯獻，並博採諸家，以廣段顧校讎編。僅閬仙以舊作平議一篇見示，他皆謂斯事體大，荏冉未就。今檢書及此，節録其論而附記之。至其校勘之精審者，已約舉於尚書字詁、經典衍文脱文到誤考書録，兹不具。

經典衍文脱文到誤考不分卷 一册

清婁縣朱大韶撰。手稿本並跋。

此書體例亦似王氏經義述聞，但專類别，所考衍文、脱文、到誤三事，雖涉數經，所闕尚多。後益加增補，併入經字考中。婁縣續志藝文著録。其考衍文，如尚書湯誓「舍我穡事而割政夏」，據史記殷本紀衍「夏」字。鴻範「于其無好德」，據史記宋世家及集解引鄭尚書注，衍「德」字。禮記曲禮下篇「前有車騎則載飛鴻」，據爾雅釋天「錯革鳥曰旗」郭注，衍「飛」字。王制「布帛精麤不中數，幅廣狹不中量，不粥於市」，據家語刑政篇、地官肆師賈疏、後漢書杜篤傳章懷注、羣經音辨四，衍「幅」字。左傳僖廿九年傳「若不闕秦將焉取之」，據唐石經正義標起止，藝文類聚廿五衍「若」字、「將」字。襄廿九年傳「爲之歌鄭，曰：美哉其細已甚，民弗堪也是其先亡乎」，據史記吴世家、又集解引賈侍中曰、樂記鄭注、文選晉紀總論，衍「美哉」二字。共得書三條、禮記十五條、左傳十八條、孟子一條。其考脱文如堯典「汝作司徒敬敷五教」，據史記舜本紀、魏書鍾繇傳注、列女簡狄傳，今「敬敷五教」句，首脱「而」字。禮記曲禮上篇「行役以婦人」，據成十五年公羊傳何注、北史宇文述傳、白虎通致仕篇，今句末脱「從」字。檀弓下篇「銘，明旌也。以死者爲不可别，故以其旗識之」，據士喪禮今「識」下脱「識」字。樂記「其感人深，其移風易俗」，據漢書禮樂志，今句末脱「易」字。左傳桓六年傳「是以聖王先成民而後致力于神」據成十六年正義、益稷正義、大雅旱麓思齊正義，今「成」下脱「於」字。僖廿四年傳「身將隱，焉用文之，是求顯也」，據史記晉世家，今本脱疊「文之」二字。共得書二條，詩一條，禮記十一條，左傳十四條。其考到誤，如禮記月令「乃告舟備具於天子焉，天子始乘舟」，據吕氏春秋季春紀、淮南子時則訓，證當作「天子焉始乘舟」之到誤。明堂位「夏后氏之鼓足」，據商頌那傳及正義、周頌「有瞽」正義，初學記十六、玉海一百十七、經孟子考文證「鼓足」爲「足鼓」之到誤。共得書二條、禮記六條、爾雅一條、孟子二條。以上所考三例，王氏於讀書雜志淮南子序所舉校勘法已詳之。虞欽即推演以著述，實勝其説禮諸書。蓋説禮猶多違鄭義也。

既爲經字考一種矣，復檢衍文、脱文、到字而考之，其考證倍難於考一字，安得解事者爲之共商榷乎。

尚有毛傳翼一種，鄭讀考一種，毛公訓詁古質不能猝解，孔氏作正義，尊鄭而於毛傳轉略爲之羽翼焉。俗儒譏鄭好改字，不知鄭之改字，無一不有所本，無一不以形聲求之。俗儒不通古字古音病之。作鄭讀考，所以翼鄭也。其鄭解有未愜者，别見經字詁。

此書未及分卷，以讀書少未能徧覽，兼以善本更少，斷不能憑肊妄説，詒誤經典也。

述古堂經説六卷 一册

清慈谿馮一梅撰。吳縣王欣夫輯。吳縣王氏學禮齋鈔稿本。

一梅字夢香。光緒丙子舉人。歷主講各書院，任寧波辨志精舍輿地齋長三十年。余讀章太炎先生黄元同先生傳云：「弟子慈谿馮一梅、林頤山、丹徒陳慶年、元和案應作吳縣。曹元弼得其傳。」一梅裒然首列，始有意其人，顧獨求其書不得。後得其族孫昭適所撰傳云：「僑寓杭州，讀書詁經精舍，受知德清俞蔭甫先生。俞先生故名宿，先生事之久，一切經説、史義，往復辨難，恒得奥妙。其學經史而外，九流百氏靡不綜覽。講學不立門户，以實踐爲歸。研經之餘，尤喜治老子、黄帝内經、算術，多所心得。」并臚其著述有述古堂經説三十卷。知其兼師曲園，并其治學大略。今讀曲園所編詁經精舍各集，多載其文，因輯録成六卷。於全書雖僅十之二，而一梅之邃於經學已可概見。如建旗建旟建旐圖考、冕制考，則精於禮。制疾醫九藏考則熟於醫理。春秋吳越疆域考則長於輿地。他文亦均考釋詳確，根柢深厚。雖曰應課，而實著作才也。他所著有老子校勘記二卷、老子釋文校勘記一卷、内經校勘記四卷、詩十卷、譯學芻論一卷、續修龍游縣志稿五十卷，皆未刊。其已刊者，爲徐樹蘭編古越藏書樓書目二十卷，西方子明堂灸經校勘記一卷、銅人針灸經校勘記一卷。

鄉黨圖考十卷四册

清婺源江永撰。秀水王忠臨平湖顧廣譽手校本。

鄉黨一篇，爲禮經之支流。凡涉典章制度，必依據事實，非空言可演引。又糾紛錯雜，非精心考索不爲功。爲制舉業者，志在弋獲，憚於尋源。於是餖飣紕繆，貽誤後學。慎修貫通禮學，有憫於經義之久遭晦昧也，晚爲此書，雖云爲制義而設，而精詳確當，實禮家之典要。四庫總目提要謂其書考核最爲精密，其中若深衣、車制、及宫室制度，尤爲專門，非諸家之所及。錢大昕撰傳，舉深衣之制，及解「攝齊升堂」，以爲考稽精審。王昶撰墓志銘，亦以爲精心獨見，發古人所未發。朱珔鄉黨集釋序謂「江氏此書，其中制度名物訂正極詳而辨俗解以入门爲趨進。以升堂爲治朝之非，尤稱允當。」其爲通人所推如此。然提要亦舉其疎漏者若干條，謂研究未盡。後來諸儒於三禮之學研核益精，其足匡慎修所未及者，所在多有。是有待補而正之者矣。往讀葉裕仁所撰顧訪谿先生行狀，知有鄉黨圖考補正四卷，求諸其家不得。而得我族曾祖新甫公所臨校本，蓋即補正之初稿。其於前人所推服之宫室，深衣二考，疏釋尤詳。於宫室則録寶應成蓉鏡儀禮釋宫箋，於深衣則録錢塘伊樂堯深衣考而贊辨之。二君皆先生友也。成氏著述甚富，刻入南菁書院叢書及廣雅書局者，獨無此種，伊氏字遇羹，錢塘人。咸豐元年舉人。與邵懿辰同究漢、宋諸儒書，以通經名。所著多散佚不傳。杭州府志忠義有傳。此文尤爲吉光片羽，皆賴此以存。其他所補正，咸考證精審，雖非全豹，亦可窺其禮學之湛深。可與王鎏金鶚兩正義、李林松禮説並傳。新甫公初名忠，更名家鼎。諸生，光緒己亥重游泮宫。

有「太原王忠」、「籍隸秀州」白文二方印，「新父」朱文方印。

戴氏注論語二十卷　一册

清德清戴望撰。同治十年刊本。戴氏自校正增補，附德清俞樾校籤。

封面題「戴氏注論語二十卷釋文二卷」，係趙之謙手筆，今板歸嘉業堂劉氏，併入吳興叢書，封面已重刻，除去「釋文二卷」四字。余曾見子高與魏稼孫手札云：「拙著差已刻竣，惟釋文未畢。大約至三、四月間可以印行。」知確有釋文而未成，此本眉識，凡涉音義、句讀者皆是也。子高於字體校正，悉依説文，注文增補最多。亦有改作者。今劉本即字體尚未修改，無論增補改作。然則不得謂爲定稿。其改作者，如學而「君子務本，本立而道生」，注全抹去。改云「君子謂人君。務，力也。道謂仁義之等。孔子曰：『道興于仁，立于禮，理于義，定于信，成于智』，自無而有，曰生。」又「恭近於禮，遠恥辱也」，注抹去「恭則可避恥辱，故近於禮」十字，改云：「恭者，自拱持。孔子曰：『不信無後，不恭無禮。』」述而「游於藝」，注抹去「游讀如孝子游之之游」至「禮、樂不可斯須去身」四十二字，改云：「游，觀也，行也。一説六藝，六經也。孔子曰：『六藝於治，一也。禮以節人，樂以發和，書以道事，詩以達意，易以神化，春秋以道義。』」又「子之所慎齊戰疾」，注抹去「老子曰『兵者不祥之器，戰勝以喪禮處之』」十六字。改云「王者行師，重傷士卒，故不貴輕死。老子曰：『兵者不祥之器，不得已而用之。恬惔爲上。殺人衆多，以悲哀泣之，戰勝以喪禮處之。』」泰伯「恭而無禮則勞，慎而無禮則葸」，注抹去「葸畏懼貌」四字，改云「勞辱葸憂。」衛靈公「禮以行之」，注抹去「名位不同禮亦異數」八字，改云「韠，冕屬。戒立于廟堂之上，有司執事，無不敬者。斬衰裳苴絰，杖立于喪次，賓客弔唁，無不變者。被甲纓冑，立于桴鼓之間，士卒無不勇者。君子左右，無所不宜。」凡此增補者字如貫珠，纍纍於字裏行間。惜王先謙重刻入南菁書院叢書時，未得見此手稿也。至其書之評價，則張文虎舒藝室雜著深致不滿。而李慈銘越縵堂日記復王益吾書則謂「子高論語注怪誕謬悠，牽引公羊，拾劉中甫遺唾，支離益甚，且多掩舊注以爲己説，而没其名」。譚廷獻復堂日記則謂「子高大旨本之劉中受、宋于庭二家。余欲爲籑序，推本六藝之大，以論語爲微言之總龜。以大其書。」而於日記補録則云：「大段完善，尚尠精詣。」又云：「取之劉中受、宋于庭者大半間有鄙説。然皆不言所本，殆欲後世作疏耶？惟首題『戴氏注』可異也。」亦有微詞。章炳麟檢論則謂「德清戴望述公羊以贊論語爲有師法」。蓋毀譽參半焉。相傳子高與寶應劉恭冕同在金陵書局，對門而居。每論學不合，輒鬥毆。一日游孔廟，見十哲、朱子像，輒指大罵。歸數日而病死。夫子高狂士，行有過情，誠屬可議。而以朱子爲厲鬼作虐，豈其然乎？

其作宋學家言者洩憤之谈乎？清時理學家固有此毒口也。

學而有子曰禮之用和爲貴節「亦不可行也」，有俞樾校籤一條云：「漢石經無可字，可字衍文。『亦不行也」，與上「有所不行」兩文相應。有所不行，見禮不以和之不可也；亦不行也，見和不以禮之不可也。上文「先王之道斯爲美」，斯者，指禮而言。小大由之，有所不行，正是不和之故。而不明言者，因和爲貴，已見上文。且此句亦字彼此貫通，其義自見也。」説詳平議。今子高已依俞説去可字。附籤零落易失，故併録之。

此書字體訛誤尚多，如缺字誤從缶之比，均由刻工手滑之故，須逐一改之。

孟子音義二卷 一册

宋孫奭撰。清康熙間納蘭成德通志堂刊本。元和丁士涵手校。

孫奭音義歷見著録於郡齋讀書志、書録解題、通考、宋史藝文志、讀書敏求記、四庫全書總目提要、鄭堂讀書記，諸家論之詳矣。而刊本則宋以後始於納蘭氏通志堂，在經解全帙中，得之不易。稍後則黄氏士禮居覆宋蜀大字本。傳本不廣。丁氏士涵據黄本以校納蘭本，並補鈔篇叙及黄跋。黄本所貴者，在篇叙之存，即盧文弨抱經堂本亦未見也。

士涵字泳之。同治庚午舉人。官工部員外郎。受業於陳氏奂。奂師友淵源記云：「泳之嗜經籍，藏書亦富。熟讀周官經，而於考工記一名一物，時時走詢余。又習讀管子，成管子案若干卷。又專嗜説文，嘗編作義類。又兼涉劉成國釋名。徐中丞有壬，字君青。爲余素識。治西漢學，最精步算。下車伊始，訪問吳下通經之士，余以泳之對。」吳縣志列傳云：「士涵積書數十萬卷，閉門謝客。年六十餘，猶燈下著述不少衰。貴筑黄子壽聘爲學古堂山長，晉謁見拒。其高尚如此。著有管子釋文、集韻疏證。」曹師叔彦復禮堂述學詩卷十四云：「士涵閉户著書，不求聞達。博考羣書，殫精窮年，爲集韻疏證。光緒丁亥，貴筑黄公子壽開藩蘇省，甫下車，即訪雷甘杞先生、葉鞠裳前輩與先生及余。余與雷、葉兩君皆準士相見『先生異爵者請見』及鄉飲酒鄉大夫戒賓之禮相接，而先生竟如段干、泄柳，三顧未見。其節行之高，士林誦之。」章鈺四當齋集卷八，新陽汪先生墓表云：「咸、同以來，陳培之部郎倬、丁泳之孝廉士涵、與先師雷深之先生浚，均以通經學古，有『吳下三之』之譽。」案泳之先生經術湛深，而名不甚著，則以逃名樂隱，著述之未刊也。相傳先生數十年不下樓，專精於集韻一書，其稿余已得之，又得其重修唐韻考稿本。管子之説，頗見采於戴望管子校正。近鄉人某氏得其管子案殘稿，視爲枕中之秘。其他所著，究有幾種，并其目亦無考，較之雷深之著述全刊，陳培之雖止刊敂經筆記一種，而他稿尚存。「三之」之中，顯晦有異，故博徵記載，俾後來有考焉。

爾雅注疏十一卷 六册

清同治間覆刻汲古閣本。吳縣王欣夫屬友臨元和惠棟、華亭沈大成、金山王嘉曾校。

嘉業堂書庫有校本，佚其姓名，余審爲我鄉惠松崖校本。卷八有「成案」一條，沈沃田大成也。卷十有「嘉案」一條，王史亭嘉曾也。皆松江人。沃田與松崖爲至交，同在揚州鹽政幕。曾遍録惠校，自校則加名爲別。又每録陸氏音義於首，則此本凡音義皆沃田所增。史亭又從沃田本轉録。余藏姚春木臨惠校禮記注疏，亦有沈、王案語，蓋同出一源。此臨本又從王本出，題跋不署名，而校始於丁卯年，已提及邵二雲正義，則丁卯當爲嘉慶十二年。余輯松崖讀書記，因屬友照臨而審定之。

松崖撰九經古義不入爾雅者，則以爾雅出於秦、漢人作。此於釋詁「禧，告也」、「禧，福也」兩及之。曰：「古曰嘏，漢曰禧，祭而受福，祝告主人之辭曰禧。詳見漢書。爾雅乃秦、漢間諸儒之作，或云周公，妄也。」於釋山「霍山爲南嶽」，曰：「璲，綬也。霍山爲南嶽，綬起於秦，霍爲南嶽始於漢。爾雅本於漢儒，不必强爲之辯」是也。於郭注、邢疏均摘其疵，如釋詁「肈，謀也」，郭注「未詳」。識曰：「毛傳『肈，謀』，景純未見，載歷二九，其疏如此。甚矣著書之難。」又「倫、勩、邛、敕、勤、愉、庸、癉，勞也」邢疏皆謂「勞，苦也」云云。識曰：「全不成疏」是也。又證漢易之亡於晉，則於釋天「十月爲陽」注，郭已用俗傳之易知之。證僞尚書景純時猶未出，則於釋詁「元良，首也」注「良，未聞」，而不引「一人元良，萬國以貞」知之。證蒼頡篇郭時未亡，而亡於唐，則於釋親「父爲考，母爲妣」，注引謂賈、孔禮疏皆本之。證尸子郭時未亡，而亡於宋。則於釋天「蜺爲挈貳」；釋木「樅，松葉柏身」注皆引，而邢疏甚簡。謂尸子宋初尚存，道學先生所不喜，故削而投之，今不可得矣。其論宋儒之學，則於釋訓「子子孫孫引無極也」曰：「無極者，無窮也。周子曰無極而太極，此等文直不識字。」於釋地「西至於邠國」曰：「説文引爾雅『西至於汃國，西方極遠之國。』汃誤爲邠，聲之誤也。莫能改正。朱子遂以邠非絶遠，不信爾雅，故作詩傳皆不用，其汃讀爲八，亦非聲誤，乃後人妄改之耳。「宋儒講道學，説文、爾雅擯棄不復道矣。」亦確有所據，非横肆詆諆。至全書圈點，到底不懈。則惠校書皆然，可見其用心之專精也。

丁卯冬假寶訓堂手校爾雅本，是時適有計偕之行，因未校畢。己巳自京歸，秋日多暇，是書猶在案頭，亟爲卒業，爲之一快。相月二十四日誌。

硃筆丁卯年校，墨筆己巳年校。

圈點悉遵惠紅豆本，邵二雲爾雅正義尤當參觀。

丁卯十一月校畢。

當□擇善本鈔録一過。

爾雅參義六卷 二册

清丹陽姜兆錫撰。雍正十一年姜氏寅清樓刊本。無名氏校。

兆錫字上均。康熙庚午舉人。選授湖北蒲圻知縣。鄂爾泰薦充三禮館纂修官。著述甚富。四庫取其周易本義述藴等十五種，悉入存目。大抵排擊鄭、孔，勇於變古。由當時治經風氣不如後來之純，兆錫又率意著書，故雖多無益也。

首雍正三年鄂爾泰序，次爾雅注疏參義目録，今四庫小學類存目著録，題爾雅補注考。提要所舉釋詁、釋訓二條，其文悉在今本中。然則一書而二名也。兆錫嘗以所著九種題曰「九經補注」，謂補朱子所未注。館臣或據其總題名之，而未觀本書標目，可謂疏矣。嚴元照嘗爲此書書後云：「余取其爾雅所謂參義者讀之，真經之蝨也，爲之廢書太息。其於經文傳譌不能是正，更證成其繆。釋訓『怟怟，愛也。』怟从氏，説文、玉篇，怟皆訓愛。俗本怟誤从氐，姜據玉篇有怟字，訓悶。曲爲附會，不知玉篇怟怟别出。一訓愛，一訓悶，未嘗淆也。援引注疏，任意塗改，初不顧文義之窒，於景純所未詳者補之，盡臆説也。其所稱字書，不知何書，以之改經文糾郭注。又喜據朱子詩集傳以證雅訓，小學淪喪，至此極矣。」所論極是。舊有墨藍二筆校注，及夾籤甚多。於原注有勒帛及乙删處。然察其意在考古字之通假，欲别爲一書，而假此作底本耳。所引已及邵晉涵、郝懿行二家書，則當在嘉慶、道光間，惜末闕數葉，其姓名遂佚。一九四九年冬游護龍街書肆，此書因殘破已投入紙簏，余偶見有批校，亟以賤值得之。古人心血日在銷滅中，其獲拯救者幾何，可勝歎哉！

有「文正曾孫」白文長印，「劉喜海」白文方印，「燕庭」朱文方印，「燕庭藏書」朱文長方印。

爾雅義疏十九卷 八册

清棲霞郝懿行撰。道光庚戌沔陽陸建瀛木犀香館刊。金匱張步瀛手校並跋。

陳碩甫爲陸氏刊此書，全依王石臞定本，見於後跋。陳培之述其師言，謂「石臞勘定此書，時閱數稘。

原書所引經典，逐字逐句，檢取原文審正。」則是刻經兩賢手校，宜無舛誤。乃廉舟又校出顯誤者十百科，甚矣校書之難也。如卷二釋言「粲，餐也」，郝疏云：「説文云『餐，吞也。飧，餔也。』是二字義別，郭本作餐，釋文作飧，故云飧，本又作餐。字林作飧，云吞食，然吞是餐之訓，而以詁飧則非。詩緇衣釋文，亦云餐，飧也。此皆非矣。」校云：「爾雅、釋文飧，引字林云，水澆飯也。又引字林作飧，云吞食。是飧爲餐之異文，非即餐字。郝氏蓋誤合。」卷十四釋木「劉，劉杙」。郝疏云：「南方草木狀云：『劉樹，子大如李實。三月花，色仍連著實。』」校云：「『色仍』二字，當爲『已乃』之譌。下『祝，州木』據齊民要術引南方記曰：『州樹野生，三月花已，乃連著實』，句例正同，可證此三月當爲五月，亦涉彼文而誤。」卷十七釋鳥「與鵛鷋」，郝疏云：「釋文與樊、孫本作鸒。玉篇云，鸒鵛鷋。又云，鷋，鷋鳩也。鳩鷋，鳥喙蛇尾也。」校云：「鷋非鳩類，鳩並當作鴅。所引玉篇，各有譌奪，宜訂正。今本玉篇『鷋，大乎反。鷋，鳩也。鴅，乎官切。鴅鷋，鳥喙蛇尾也』。據鴅字注，則前鷋字注，鷋鳩必鴅鷋之譌。蓋倒其文而又譌其字耳。邵正義引玉篇『鷋，鴅也』，鴅字尚不誤。但鷋字不重，要爲肊改。廣韻二十六桓鴅字注云『鴅鷋鳥，鳥喙蛇尾也』。集韻、類篇皆云：『鴅鷋鳥名，鳥喙蛇尾』，則玉篇鴅字注：鴅鷋鳥，下顯奪一鳥字。當據以訂補。此鳥合鴅鷋二字爲名，邵二雲删一鷋字，則似玉篇以鴅釋鷋，而此鳥單呼爲鴅矣，失之。但廣韻、集韻、類篇三書鷋省作鵌，又當以爾雅及玉篇正之。鵌爲駼之異文，乃鳥鼠同穴之鳥名，所謂鴝駼者。爾雅釋文鷋音徒，駼音途。大德本附音，鷋、駼並音徒，非是。玉篇駼，大吾切。又弋居切，二字顯別。翟氏灝乃竟以鷋爲駼，牽連同穴之誼，皮傅此經與字，幾於陸佃新義之續矣。石經作與，又謂之何？」卷十九釋畜「騋牝，驪牝，玄駒，褭驂。」郝疏云：「釋文驪牡，又云孫注改上騋牝爲牡，讀與郭異。按：夏官廋人注，引爾雅作『騋牡，驪牡，玄駒，褭驂。』今本牡作牝，亦釋文作牡可證。然則孫注作騋牡與鄭同也。又鄭讀騋爲句，牡驪爲句，牝玄爲句。其檀弓注，亦引爾雅曰『騋，牝驪、牡玄，』孫讀當亦同之。此則『駒，褭驂』即謂騋驪之駒，别名褭驂耳。郭讀玄駒，與鄭異。」校云：「又字衍。案所引夏官廋人注數語，譌奪不可讀。當云引爾雅作『騋牡驪牡玄駒褭驂』，今本牡牝字互易，亦釋文作驪牝可證。其下引檀弓注云云，亦當云亦引爾雅曰『騋牡驪牝玄』，今本亦牡牝字互易者，皆後人據今爾雅改之也。其賈、孔疏中，牝牡皆如今爾雅，本不可據矣。幸有陸氏周禮釋文可證彼，釋文云：牡驪，茂后反；下，力知反(絶句)。此驪已上字之爲牡，的然者也。又云：牝玄，頻忍反(絶句)。此驪已下字之爲牝，亦的然者也。故郝氏取以證此經之爲驪牝矣。蓋騋牝、驪牡者，唐石經也。騋牝、驪牝者，郭本也。騋牡、驪牝者，鄭本也。騋牝驪牝句者，郭讀也。騋牡驪牝玄句者，鄭、孫讀也」。其校訂精細，剖析詳明，均類此。蓋可輯録成書，與石臞爾雅郝注刊誤並傳也。

乙卯九月二十日鐙下讀畢，因校汲古閣初印本爾雅疏而兼讀之。硜硜經生張步瀛記。卷一末。

丙辰二月廿一日讀畢，步瀛記。卷二末。

六月初九日校畢。時亢旱特甚，窗外有蕉兩本，有竹數竿，偶聞微雨三數點，即洒然以涼，惜又杲杲日出矣，硜硜經生記。卷六末。

柔兆執徐且月晦，讀竟。卷八末。

八月二十九日讀竟，瀛記。卷九末。

九月初五日校卷十畢。釋名髦丘之誼，與檀弓馬鬣封正合，而以爲望文生訓何也。瀛記。卷十末。

柔兆執徐玄月九日前一昔讀竟。硜硜經生記。卷十一末。

九月十四日校十二卷畢。硜硜經生記。卷十二末。

丙辰十月十一日讀畢。步瀛記。卷十三末。

丁巳正月廿七日讀竟。步瀛記。卷十四末。

丁巳二月二十八日校畢。張步瀛記。卷十五末。

丁巳四月十七日讀畢，步瀛記。幽蘭數莖，薔薇一架，微風自來，香與墨并，亦人生適意時也。山中此味，幸貴客不知，尚未攫去。卷十六末。

中秋下旬五日讀竟，時蝗又來吾鄉，于此月十七日到，幸穀已堅好，不甚爲灾。然歲已減十之二三矣。去年則八月五日已到也。瀛坿記。卷十七末。

八月晦，校畢「威夷」、「時桀」兩節，誼缺。凡缺者，仁和胡氏珽所刊足本並有之，皆所未安，删之是也。廉舟。卷十八末。

丁巳九月重陽前一日校畢。金匱張步瀛識。

以校仁和胡氏珽所刊足本，凡多於此本者，皆爲皮傅景響之説，殊有未安，删之當矣。其出于石臞先生無疑也。

但此本未毁，則尚據此本，胡本爲蛇足；此本已毁，胡本亦郝氏之功臣，固自不可少耳。瀛又識。以上卷十九末。

爾雅郭注義疏十九卷 八册

清棲霞郝懿行撰。咸豐六年聊城楊以增、仁和胡珽刊。吴縣沈寶謙手校並跋。元和丁士涵跋。

蘭皋此疏，在邵二雲正義之後，論者多左郝而右邵。蘭皋嘗與孫淵如書云：「爾雅正義一書足稱該博，猶未及乎研精。至其下卷尤多影響，蓋以故訓之倫，無難鉤稽搜討，至迺蟲魚之注，非夫耳聞目驗，未容置喙其間。少愛山澤，流觀魚鳥，旁涉蘇條，靡不覃研鑽極，積歲經年。故嘗自謂爾雅下卷之疏，幾欲追蹤元恪。陸農師之埤雅、羅端良之翼雅，蓋不足言。」則其自言得意者，在下卷。沔陽陸氏初刻，經石臞删節，當以陳碩甫之言爲信。蓋碩甫與石臞、蘭皋皆爲至交，親見其底本，自不容有誤。乃胡心耘見學海堂經解所刻，亦删節本，在陸刻前，又足本出於嚴厚民子鶴山家，遂創爲石臞、厚民兩岐之説。宋于廷不察，亦附和之。竊謂經解之刻，雖厚民主之，所據亦即石臞删節本，非有異也。蓋厚民雖績學，尚不足以任此。而石臞所著郝注刊誤，今羅振玉已刊入殷禮在斯堂叢書，可以息紛紛之喙矣。惟陸氏删節本刊於道光三十年庚戌，至咸豐三年癸丑，板即毁。楊、胡足本刊於咸豐六年丙辰，至十年庚申，板亦毁。二板之存，均不過三、四年，刷印又不多，故傳本皆希若星鳳。此爲吾吴沈濟之校藏本，其跋尾於刻書者及板片轉徙，所述最詳。濟之名寶謙，字六皆，自號平岐子。國子監生。曾得其海粟齋印存一册，有碩甫序。又得其所鐫石章三方，極佳。其姓氏應載印人傳，而世無知者。又有丁泳之跋，泳之别署一默道人，亦僅見是跋，且知與濟之爲姻婭云。

有「東吴沈氏」白文方印，「平畦子印」朱文長印。

郝蘭皐户部爾雅義疏，余家舊有二種。一種爲陸立夫制軍所刻，一種爲余友胡心耘所刻。傳聞陸刻爲高郵王氏删存本，胡刻爲郝氏原本。内弟丁泳之云，郝氏爾雅嘗一見之，其書甚煩重，則心耘所刻原本，尚非全文也。陸刻始出時，每部索價足紋銀六兩。板存金陵，所印無多，而金陵已失守，板燬於火，書本流傳亦寥寥矣。胡刻初成，刷印亦不多，其版存湯漱芳齋刻字店。店在蘇城古市巷，未幾聞板歸泰州某家。蓋河帥之刻未竟，心耘成全之，而又以其板轉售於人也。陸刻本亦湯晉苑所刻，晉苑者，湯漱芳齋刻字店主人也。余家陸刻，向嘗得之晉苑，胡刻得之心耘。晉苑爲人厚重端方。心耘精内典，一言一行，醇謹老成，近世所不多覯。每贈余書如大藏一覽、唯識論、法華、華嚴等經，裝訂皆美好，得未曾有。庚申之變，蘇城失，余家書籍亦與俱失，無一存者。聞晉苑陷於城，出城寓毘陵之蕩口。家故皖中，欲歸故鄉，未知今已得歸去否。心耘之在蘇也，家素封，多藏書，避難後流離失所。壬戌之春，余過蕩口，遇華林一，林一云心耘之避難，嘗寓於其家。欲爲治生計，後歸上洋，與書賈意不合，旋病死。適林一以此本見示，索值青蚨一千五百箇，即如數售之歸。嗚呼，粤人一炬，余家陳編數萬卷俱燬於火矣。鄉居寂寞，餬口維艱，乃猶作此書癡之舉，必欲羅而致之。心耘有知，當亦笑余之不知量矣。時同治元年壬戌春二月既望，東吴平畦子信筆直書爲之序。

憶余始游陳門時，親見石父夫子爲陸公删校郝疏，足本未嘗不見也。高君所得或即此。好事者將售利，或從而異。余治筦子，介心耘借某家宋本。心耘曰：「不刻而印六十部酬，某弗應也。將謂余書賈耶？」蓋心耘素以書與某相交易者。（下有「一默道人」、「泳之」兩朱文方印。）

倉頡篇補本續一卷 一册

吳縣曹元忠輯。手稿本。

自乾隆時孫淵如首輯倉頡篇，于是任子田、馬竹吾、陶子績、顧竹侯、曹君直、陳荄盦遞加增補。至一九一八年，有睢寧姬覺彌者，自稱綜七家所得，益其遺漏，以流沙墜簡所存，揚雄、杜林所説，及急就篇所用倉頡正字爲上卷，而以揚雄、杜林、張揖、郭璞之説此諸字者附焉。其餘諸書所引倉頡、三倉之字，并爲下卷。曰重輯倉頡篇。實出王國維之手，而嫁名駔胡臧獲，亦可哀矣。是爲最完善之本。先是君直先生于光緒丁亥、戊子間，據陶輯本鈎稽賸義，得五十許事，溥良刊入南菁札記，嗣後隨得隨補，又得三十許事，皆重輯本之外者。所徵不僅後出秘籍，如玉篇、佩觿、禮部韻略、爾雅翼諸書，皆學者所熟習，而諸家咸失于掇拾。從知載籍極博，耳目難周，自在細心熟審，披沙得金而已。方今奇秘日出，即如敦煌所出古籍，尚頗足資探討，以俟世之好學者。

訓纂解詁

桃笙，葦簟也。宋吳坰五總志，云訓詁。

鸕鷀，似鶂而黑。宋羅願爾雅翼十七。

痿痺，不能行也。倭願順和名類聚鈔二。

癥，瘕。同上。

齵齒，齒重生也。同上。

煌煌，光明也。宋蔡夢弼草堂詩箋廿三。

毋，其中有兩點，象人之孔，其中直通者。音無。禮部韻略四十五厚。

嫷，懈墮。唐吳彩鸞寫本切韻入聲三燭。

紉，紐也。唐吳彩鸞寫本切韻入聲十六屑。

右倉頡九條。

禰，亡國之臣。唐吳彩鸞寫本切韻去聲十四祭。

右示部倉頡一條。

珁，五色之石也。陳顧野王玉篇玉部引倉頡曰。

右玉部倉頡一條。

咄，啐也。宋吳曾能改齋漫録七。

右口部倉頡一條。

踬，畜足下也。和名類聚鈔七。

右足部倉頡一條。

簪，笄也。和名類聚鈔四。

箏，形似瑟而短，有十三絃。和名類聚鈔六。

右竹部倉頡二條。

⿰鼎于宋董逌廣川書跋三王子吳歙⿰鼎于云：「⿰鼎于見三倉，知爲鼎也。」

右于部一條。

械，揔名也。宋毛晃增修互注禮部韻略十六怪。

檢，法度也。禮部韻略五十琰引三倉解詁。

杬，音五官反。禮部韻略二十九換。案孫同。

右木部三倉三條。

種樹曰園，種菜曰圃。宋趙德麟侯鯖録四，云解詁。

右囗部倉頡一條。

⿰耒斮，音作。宋鄧名世古今姓氏書辨證十九鐸，云出倉頡史篇

⿰耒斮，地名。在蜀。亦作耤。出倉頡篇。唐吳彩鸞寫本切韻入聲三十鐸。

右耒部倉頡二條。

糯，米之黏也。和名類聚鈔九。

右米部倉頡一條。

四方上下曰宇，往古來今曰宙。禮部韻略九麌。

右宀部三倉一條。

寮，小室也。侯鯖録四。案，孫同。

右穴部倉頡一條。

疚，病也。唐吳彩鸞寫本切韻去聲四十九宥。

右疒部倉頡一條。

屔。宋郭忠恕佩觿上云：「三倉用屔作尼丘之丘」。

右丘部三倉一條。

屆尼，前後相次。唐吳彩鸞寫本切韻入聲二十八緝。案，今説文亦前後相次，在毳部下。

右尸部倉頡一條。

六畜所食曰薦。禮部韻略三十二霰。爾雅翼十八。

右廌部三倉一條。

獱似青狐，居水中食魚。爾雅翼二十一，云解詁。

右犬部三倉一條。

淖，昌若反，又徒力反，又奴教反。泥淖也。遼釋行均龍龕手鑑二水部。

右水部三倉一條。

鰒，似蛤。宋高似孫緯略九。

右魚部三倉一條。

蝸，小牛螺也。爾雅翼三十。

右虫部三倉一條。

埂，小坑也。玉篇土部引倉頡篇。

右土部倉頡一條。

町，田區也。和名類聚鈔一。案，孫同。

右田部倉頡一條。

鈇，斧也。禮部韻略十虞。

鐔，劍口。禮部韻略二十一侵。

右金部三倉二條。

因山谷爲牛馬圈，謂之阹。宋宋祁宋景文公筆記引蕭該漢書音義，見説郛。

右阜部三倉一條。

埤倉一卷

魏清河張揖撰。清會稽章宗源輯。海寧陳鱣補正。吳縣王氏學禮齋鈔稿本。

張揖埤倉二卷，著録於隋書經籍志，晉、梁訖北宋傳注、字部、類書、釋典，俱有引其文者。知其書亡於南宋時矣。清人好輯古逸書，於埤倉有任大椿、馬國翰、黄奭、顧震福，皆有刻本。而最先者當爲會稽章宗源。其稿爲陳仲魚所得，補治以成書。故自叙曰：「章逢之孝廉博覽羣書，集爲一卷。第隨各書采録，未及詳校。鱣始補治之，用説文部分編次，使讀者易於尋求也。」其書未刊，世無見者，僅著其目曰埤倉拾存於謝啟昆小學考、蔣志堅海寧藝文志耳。叙又云：「比來京師，幸得親炙於當世賢豪，有若邵二雲編修之於爾雅，王懷祖侍御之於廣雅，孫淵如編修之於倉頡篇，任子田禮部之於字林，具有成書。」是猶未見小學鉤沈，則創始之功當推章、陳。顧仲魚於所著簡莊綴文載此序，已改易數句，没去逢之原輯之跡，未免掠美之嫌矣。道光己酉章紫伯始得鈔本，首有趙撝叔書「魏錫曾得于鄞，趙之謙以漢碑易之」一行。眉並有增輯一條，轉展入貴池劉氏玉海堂。一九三五年一月，余從公魯借得録副。紫伯名綬銜，別號爪纑外史。歸安人。咸豐二年恩貢生。縣志稱其好聚書，熟於掌故，與之談鄉邦文獻，元元本本，如數家珍。同治間延修府志，訂誤補缺，矻矻不倦。能作蠅頭小楷，詩宗唐人，畫法山樵，著有磨兕堅室書畫録、詩集、筆記，蓋亦好古博雅之士。舊書有其印記者，多爲善本。

聲類一卷

魏李登撰。清會稽章宗源輯。海寧陳鱣補正。吳縣王氏學禮齋鈔稿本。

隋書經籍志：「聲類十卷。魏左校令李登撰。」又潘徽傳：「李登聲類始判清濁，纔分宫羽。」封演聞見記：「魏時有李登者，撰聲類十卷，凡一萬一千五百二十字。以五聲命字，不立諸部。」案較説文增多至二千一百六十七字。其書當亦亡於南宋。章逢之從羣書所引，采集得二百一十餘條。仲魚復補正之。因原本部分不可考見，姑依説文次第録爲一卷。不及原書五十分之一耳。見於自叙。以時核之，任大椿等所輯，皆出其後。其自叙考證甚精。謂其訓詁既有以補説文之遺，其音讀又足以正唐韻之謬。於是條舉件繫，孰爲訓詁之可據者，孰爲音讀之可據者，無不確當。惟載入簡莊綴文及小學考、海寧藝文志者，書名聲類拾存，序亦已改易數句，没去逢之原輯之跡。仲魚學問淵博，著作等身。且補正之功，亦足以傳。何靳此區區而貽後人之議耶？書眉有宋大樽校語一條，趙之謙校補三條。逢之所輯羣書，惟孫淵如所刻數種，均著其名，相傳馬國翰玉函山房輯佚書即據其稿，今觀此埤倉、聲類二書，抑何事之相似也。原與埤倉合訂，有章綬銜跋。

右埤倉、聲類兩種，久失傳。吾宗逢之先生從羣書中采録而成。陳仲魚先生復補正之，用説文部分編次，雖非全豹，然千餘年之絶緒，藉此稍見一斑，亦好古敏求之意也。惜仲魚先生殁後，遺書散佚，絶鮮傳鈔。是本得於晟舍閔椿生，與小學盦札記同裝二册，札記爲海昌布衣錢馥雜著之書，曾經同里陳、章兩君往復考證。故合併之，以誌聲應氣求之盛云。道光己酉九月廿五日燈下，瓜鱸外史。

纂要一卷 一册

梁蕭繹撰。清吳縣曹元忠輯。手稿本。

晉宋間爲「纂要」者三家：陸機纂要三卷，見兩唐志及太平御覽時序部引；戴逵纂要一卷，見隋書經籍志雜家，亦云顏延之撰；兩唐志著録，顏延之撰，六卷，改隸小學類。案：玉海引中興書目晉陸機要覽一卷，機自序云：「直省之暇，乃集要術三卷。上曰連璧，集其嘉名，取其連類。中曰述聞，寔予之所聞。下曰析名，乃搜同辨異也。」李淑邯鄲書目及御覽亦有引陸機要覽者，然則纂要爲要覽之誤也。顏延之所撰，文選懷舊賦注引作纂要解，則當爲解戴逵之書，而惜戴書已久佚。他所徵引，皆云梁元帝纂要。馬竹吾意謂顏書本一卷，元帝增之，故爲六卷。今任子田小學鉤沈、馬竹吾玉函山房輯佚書，均加搜輯，然任輯得十九事，省并複重，僅十二事。君直先生于光緒壬辰據以補輯合并，亦祇二十四事，附顏氏四條，刊入南菁札記。後又續爲增輯得若干條，雖殘鱗片甲，亦治訓詁者所不廢也。

梁元帝纂要：「天地四方曰六合，四方上下謂之宇，往古來今謂之宙。」宋高似孫緯略八。

纂要：「日光曰景。日景曰晷。日氣曰晛。日初出曰旭。日昕曰晞。日温曰照。在午曰亭午。在未曰昳。日晚曰旰。日將暮曰薄暮。」宋吳曾能改齋漫録六。

春曰青春、芳春、陽春、九春。晁具茨先生詩集注十四。

在午曰亭午，在未曰昳，日晚曰晡。錦繡萬花谷别集一。

春爲青陽、芳春、青春、三春、九春。天曰蒼，天風曰陽風、柔風、惠風。景曰媚景。時曰良時。辰曰良辰、嘉辰。

節曰華節、良節、嘉節、韶節、淑節。又别集三。

風曰炎風。節曰炎節。同上。

收曰白藏，亦曰收成，亦曰素節，亦曰三秋、九秋、素秋、高秋。同上。

冬曰元英，亦曰安寧，亦曰元冬。同上。

孟夏亦曰維夏。又前集三。

七月曰闌秋。同上。

纂要云：「雒陽亭長車前吹管也。」晉書輿服志中朝大駕鹵簿云：「次洛陽亭長九人，赤車駕一分，三道各吹正二人引」云云。

纂要云：「築土遏水，曰塘，亦謂之堤。」倭源順和名類聚鈔一。

漢當是梁誤。元帝纂要云：「戲起于秦、魏曼衍之戲，後乃有高絙、吞刀、履火、尋橦等也。」宋高承事物紀原九。

纂要云：「古者謂射的爲侯，以皮爲的爲鵠。」和名類聚鈔二。

纂要云：「獸網曰罘，麋網曰罠，兔網曰罝。」同上五。

纂要云：「篧以鐵施棹頭，因以取魚也。」同上五。

纂要云：「齊人以大槌爲椓擊。」同上五。

纂要云：「火木曰薪。」同上四。

纂要云：「斬而復生曰櫱。」同上十。

纂要云：「大枝曰幹，細枝曰條。」同上十。

纂要云：「兩頭枝相交陰，下曰樾。」同上十。

説文解字三十卷十册

明毛晉汲古閣刊本。清無名氏臨元和惠士奇、惠棟、吴縣胡士震、胡仲澐、錢塘胡重校。

往讀嘉興錢警石曝書雜記云：「秀水胡菊圃丈重精於説文，其所著書凡十種，金君孝柏爲刻説文字原韻表，菊圃嘗得惠半農、松厓父子，及惠氏同邑人胡竹厂孝廉士震與其子仲澐所校汲古閣本説文，其弟子沈茂才世枚以五色筆録於簡端。間附菊圃校語。今在吾友金岱峰衍宗處。余方借録。」因知吾鄉治許氏之學者有胡氏父子，問諸先輩，皆不知其人。遍查志乘，僅於選舉表乾隆壬午科舉人一見士震名，吴縣張瘦銅塤竹葉庵集卷十九，乾隆壬寅胡士震待詔表弟哀詩云：「中年中表已希存，話舊相逢每斷魂。雪案平生劬蝨簡，草堂今日冷魚墩。君老宅在轉魚墩。枯來心血誠難活，貧極官階且漫論，聞説黄、淮舟楫險，一棺容易到吴門。」而仲澐則終不可得，益歎士之矻矻窮年，而湮没無聞者多矣。其後偶於滬上書坊得此本，録者雖不具名，而即源出沈世枚本，爲之欣喜過望。惠氏父子手校説文在張海鵬惠氏讀説文記未刊以前，多傳録者。張刊所據，爲江艮庭所輯，署松厓名而不及半農。以此本校之，劣未得半。蓋江氏所見，爲後定本，而此本半農用黄筆，約四之三，松厓用緑筆，約四之一，分别釐然。則勝於刻本之混同爲一，且可覯惠氏家學淵源焉。竹厂語用墨筆，藍筆則胡氏父子語。錯雜莫辨，而菊圃用朱筆，又加補校，并糾其誤。胡氏父子徧引羣書所引説文以資校正，猶在鈕匪石、嚴鐵橋之先，而爲二家所未見。菊圃所訂，亦洵多善，披卷但見五色，繽紛眩目。誠爲治許書之寶筏，餘詳菊圃跋。自署錢塘，而謦石稱秀水，當爲錢塘籍而寓居秀水也。

有「小扶風館」隸書朱文長方印。

説文解字二惠氏校本，余假之金孝廉馥泉孝枏，馥泉假之汪孝廉筆山如淵，乃紅豆齋主人遺墨也。二胡氏校本，余假之馮編修鷺庭集梧，云購於京師琉璃廠市，亦其手蹟也。惠名士奇，號半農。其子名棟，字定宇，號松崖。世所共知。胡名士震字東標，號竹厂。乾隆壬午舉人。終翰林待詔。其子名仲漂。胡於惠爲同邑後進，然實未嘗見紅豆之書也。沈茂才書琳世枚從余問奇字，迺以五色筆録於簡端。緑筆圈點，依惠本。半農語别以黄，松崖語别以緑，藍筆圈點，依胡本。竹厂語以墨書之。其藍字則胡氏父子語，錯雜莫辨矣。余研朱細勘，間附己見，未免敝帚千金之誚。嘉慶三年重五日，錢塘胡重記於嘉興沈氏之經畬堂。

説文解字三十卷三册

清光緒丙戌吴縣朱記榮重刊孫氏平津館本。自臨黟縣汪文臺、獨山莫友芝校。

余得莫氏臨校本，以紙敝墨渝，於一九三零年夏，別臨此本，以備翻讀。以朱筆臨汪校，墨筆臨莫校。明年皖人士輯印安徽叢書，聘余爲編審委員，并徵未刊遺書。即舉是書以告，徐丈積餘言程鴻詔原本現藏其處，假歸對勘，兩本小有異同。莫本闕者數十條，據以補入，莫本卷十四有「程鴻詔曰」一條，而彼本反無之。因知亦出他手，非程氏真本。卒以條輯不易，未能付印。後又見張公東鳴珂手臨一本，介歸復旦大學圖書館。知外間尚有傳本，悉由程氏之功也。一九四四年秋，我友馬君夷初修訂所著説文六書疏證，曾來借閲，故卷末有其題識。

説文解字注三十卷附部目分韻一卷六書音韻表五卷 十二册

清金壇段玉裁撰。嘉慶戊辰段氏經韻樓原刊本。吳縣馮桂芬手校。

茂堂之注説文，爲文字之指歸，肄經之津筏。學者不可不讀。顧成書較晚，精力就衰，徵引不檢原書，往往有誤。同時鈕匪石即舉其與許書不合者六端，撰段氏説文注訂八卷以糾之。繼而徐氏承慶、王氏紹蘭則大肆抨擊，不無稍過。然於茂堂初無加損，而諸家反有蚍蜉撼樹之嫌。竊謂諸家若去其激切之辭氣，而商量邃密，以求其是，豈非儒者之雍容哉？

景亭先生之讀是書也，先定校例六條：一、補引書之卷數篇數及某年。一、據所引原書善本校對。一、以今有之書爲主，而不及古有今佚之書。一、校本文用二徐本及韻會等書。一、正所引經傳皆改從本經傳之字。一、節采鈕、徐諸家説之確者，而加以案語。於是段書之創痕畢見，書眉纍纍幾不能容。綜其所得，成説文段注考正十六卷。爲段氏功臣諍友，而不爲入室操戈。心平氣和，有異於徐、王之所爲。此即其研摩手校之本，後以授弟子管禮耕手寫清本者。初錢塘陳氏得經韻樓殘版，景亭爲謀補刻，即今保息局本，景亭代人序謂所撰考正極精審，慫恿附刻各卷末，許之。而引豬肝之嫌，自具資從事焉，而終不果刻。至一九□□年，故友高君吹萬始從其後裔得之，而集資印行，遺稿不至終晦，高君之功也。

説文解字注三十卷部目分韻一卷 二十一册

清金壇段玉裁撰。光緒七年海寧查燕緒木漸齋刊巾箱本。海寧許克勤手校。

海寧查翼甫壻於衍芬草堂蔣氏，家富藏書，寓蘇最久。此重刻説文段注爲巾箱本，以便携帶。勉甫用爲研讀之本，大都以原本玉篇、一切經音義、華嚴經音義及他書詳校異同。有所發明，則加案語。其長篇者，間附歲月。自光緒十三年丁亥以訖二十七年辛丑，共經十餘年。其丙申三月題永順試院者，當在江建霞湖南學幕。戊戌、庚子、辛丑均館宜興周氏之寓蘇宜多賓巷者。書眉方寸之間，細字密如蟻簇，蠹食一痕，損字即十數，讀之幾窮目力。寒士精神，可敬可佩。嘗歎富人有書不讀，上者供飾觀，下者飽蠹腹。若勉甫之得本即校，雖目眊腕脱而不辭，初不求精刻大本，可以爲後生鑒矣。海寧志稱勉甫尤精許氏説文，識者謂爲「五經無雙，今之叔重」。黄彭年贈言亦云「讀書心已細如髮，論事眼當高過頂」。讀此而益信所譽非過。此本原爲張仲仁先生一麐所藏，一九二八年秋曾從借録一本。及蘇城陷於日寇，心太平室藏書散失，祝心淵先生秉綱偶得於冷攤，已佚首册（目録及卷一）。知余有臨本，割愛見讓，俾能補完。貯之篋衍，忽忽將三十載。雖白璧微瑕，而勉甫心血不致終遭蠟車覆瓿之厄，不可謂非大幸也。

有「許克勤印」白文方印，「勉父」朱文方印，「許勉甫藏」白文長方印。

説文解字注三十卷部目分韻一卷六書音均表五卷 十六册

清金壇段玉裁撰。同治六年蘇城保息局補刊經韵樓本。吳縣王欣夫臨海寧許克勤校。

許校本余於一九二八年假自張仲仁先生，至明年夏臨畢。原本細字及蠹食不可辨處，均暫闕待補。及日寇陷蘇，仲仁先生藏書盡失，原本幸爲祝心淵先生所得，已佚去首册（目録及卷一）。知余先有臨本，因以見讓，俾成完帙，忽忽將三十年矣。中間又得勉甫光緒二十一年校小學彙函本，知其於許書所校，不止一本。而此本案語獨詳，可輯録成書。卷中紀年最後者爲光緒辛丑五月望，適爲余有生之日。而先得假録，後復歸余，既殘而獲補完，冥冥之中，一若有付託之意耶？是不可不條輯以存勉甫遺著之一。勉甫所讀書，無不密校。余先後得若干種，而以此爲卷帙最富。他或秘諸藏家，或毁於無識之手，一生心血，存者無幾，吁可悲已。

説文引經考不分卷 四册

清長洲程際盛撰。吳縣王氏學禮齋鈔本。

此爲余未得刻本前借同學佩諍宗兄藏本傳鈔者。昔吳興姚氏咫進齋多刻清儒許學書，此種亦在擬刻而未成，其後竟絶無道及之者。近百餘年刻耳，不審何以希見若此。此雖複本，亦可稍廣其傳。至其書之可重，諸家論之詳矣。王氏鳴盛曰：「説文一書，誠經學之津梁也。然而通其學者蓋亦少矣。唐李陽冰好駁許氏，吾無取焉。南唐二徐，學問不廣，多造空疎無據之談，抑亦未爲盡善。吳門程君東治究心書學，又能篤志窮經。以所作説文引經考就正於余。余嘉其援據確，剖析精，殆真能上追漢世古文家學，而爲許氏之功臣者。」王氏昶曰：「吾友程君東治以詞賦名吳下，生平私淑於惠徵君定宇，而以江君鱷濤爲執友，故於小學尤精，自説文下至玉篇、廣韻，靡不究其形、聲，尋其原委，躭思旁訊，用求古人六書之旨。因取許氏所引經文與今本同異者，集爲一册，使後學由是略見古訓之遺，厥功詎不偉歟？」程氏瑶田曰：「家東治氏博學好古，於學無所不窺，余宗之著才也。而又與余同舉於鄉，於是益相友善。近以所著説文引經考示余，余受而讀之曰：此治經之津梁也。説文之於字，雖不能全不謬於古義，而學有師傳。許氏與鄭氏同時，亦不能無齟齬，然皆不類後人爲鑿空影響之談。然則説經者，舍康成、叔重二人，欲望見古人之門仞，蓋亦難矣。而吾東治則盡取説文所引經之同異者，裒爲一書。有文同者，有文異者，有文異而義同者，亦有文異而義亦異者。由是言之，説文所載碎金片羽，古義爛然。治古文者，得是書而讀之，以論列羣經文字之是非，而考訂其得失，夫豈復有迷於所徑者哉。」夫二王與程皆一代碩儒，而推挹若是，則其書可知。其文又爲諸家集所不載，兹節其語爲提要，且以補前録之未及。

説文段注匡謬十五卷 四册

清元和徐承慶撰。嘉興張鳴珂手鈔本並跋。長洲潘鍾瑞手校並跋。錢塘張景祁手校。

承慶字夢祥，號謝山。乾隆丙午舉人。官汾州府知府。詳首宋翔鳳撰家傳。

説文之有段氏注，千古不磨之書也。然其好改古書，動呵淺人，讀者病諸。今讀其「鐂」字注云：「正劉爲劉，許君之志也。或疑其有忌諱而隱之，夫改字以惑天下後世，君子不出於此。」是段氏亦知改字之非，而何以躬自蹈之？則以古書傳訛，烏焉帝虎，觸處皆是，正賴後之博雅，能達其恉者糾之訂之。但必證諸他書無隔閡，不少雜以私見而後可。段氏患在才大而自信，故所改是者七八，而非者亦二三焉。同時若鈕匪石、王畹香及謝山皆著書以匡其不逮。而謝山立義堅，措詞峻，或疑其抨擊太過。如李蒓客越縵堂日記謂：「徐氏篤守許君家法，不薄視南唐二徐，義據確然，特爲謹嚴。凡所攻擊，皆中其疵。惟必分立名目，類求其短，且多加以惡謔毒譏，一若訐訟切齒之辭，此則吳縝糾繆、陳耀文正楊之餘習，著書者所宜深戒也。」案謝山於依他書改本字類云：「今檢厥全書，蹚其是而矯其非。如丨，作下上通也云云數十字，凡所更正，咸爲確當。」於依他書亂本書類云：「段氏依他書所訂，其可據者，如藍篆重出，改作濫，云據廣韻、集韻云云數十字，蓋傳寫説文者多非其人，致有錯誤，考索訂定，段氏之功亦足偁矣。」於乖於體例類云：「段氏所是正者如璣旡二篆，依解義，改从二比云云數十字，皆有義據，初非臆説，卓爾可偁。」於段氏注，是是非非，涇渭分明，固未嘗有意尋釁，一概抹煞。善乎于庭之言曰：「每與先生談次，陳所以改定前人者，恐其誤後人也，非有所睚眦也。前人之誤，亦見有所未及也，非必欲爲武斷也。故匡謬之作，心平而氣和，辭達而理舉，不獨爲前儒之諍友，亦後學之良師也。」必持此識，庶可讀謝山之書。顧獨其書爲後出，稿藏海寧許氏，載經兵燹，幸存於世。同治八年，公束借得，以精楷書之。越三年始成。爲寒松閣秘笈之一。又得潘麟生、張韻梅爲之精校，誠足偁善本矣。光緒時歸安姚覲元喜刻許學書，據别本付梓，而未及校勘，多留墨釘。其版後爲蘇城振新書社所得，草率付印，雖舛誤不可卒讀，而始得與鈕、王之書並行。若能依此本校正，或即用影印，斯爲美矣。又卷七云：「曾見江艮庭説文筆記十餘册，晚年專治尚書，因盡以貽若膺。而若膺尚書撰異譏其是古非今，又斥其似是而非。復云：『名爲重小學，而大爲小學之妖魔障礙；名爲尊説文，而非所以尊説文。』隱其姓名，亦指江君也。」又云：「憶乾隆癸丑歲，若膺曾言『薏苡已實』之説，與下象形二字最爲貫通，不知何時改爲『已意堅實』，見諸施行，亦未知其有所本否？」卷九云：「古文尚書撰異，以東晉古文之三十一篇，字字不可移易。錢辛楣言其爲僞古文訟冤。」皆世所未聞。從知謝山與江、段、錢，皆論學舊交。于庭撰傳亦云。蒓客以書中屢引錢少詹云，認爲是錢氏弟子者，非也。

每卷首末皆有譚廷獻名字印，則譚氏於壬申年，曾從公束假讀，見復堂日記卷二。每册書面爲邵陽魏彥手寫。麟生名鍾瑞，別字瘦羊。諸生。通小學。有香禪精舍全集。韻梅名景祁。同治十三年進士。皆公束老友也。

有「鍾瑞讀過」白文方印。

徐氏承慶説文解字注匡謬十五卷底稿，爲海寧許氏藏本。同治八年己巳冬日，余就江南提督李軍門聘掌書記，子頌同年訪余吳門，出諸行篋，相與商訂，因得借鈔。越三年壬申夏六月二十五日繕畢，計十四萬二千四百六十七字。嘉興張鳴珂記。

癸酉夏六月至閏月，郡後學長洲潘鍾瑞謹讀一過。

嘉興張君公束手鈔元和徐謝山所著説文段注匡謬一書，借而讀之。曰：嘻，是吾吳文獻也。今且無徵矣。余家閶門，宅後爲周五郎巷，相傳即徐忠節二株園故址。嚮有徐姓居之。咸豐庚申亂後，巷無一廛，遺老盡矣。近有自長沙郵書來者，曰徐叔明晸，以微秩需次楚南，咨訪族中勵存何人，迄無答其書者。叔明自偁其祖爲少鶴侍郎，父爲展成大令，與于廷太守所爲謝山先生家傳語合，特不知先生之後，今復何如，輒爲慨然。先生宦游日久，其子若孫又筮仕遠方，繼遭兵劫，音耗遂絶。里中後生小子無復知有徐謝山先生者。是書亦尠傳稿，乃不在故鄉，獨在海寧許氏，此亦如段氏遺書歸於仁和龔闇齋也。猶幸而未燬於火，尤爲慨然。至其書博通綜核，足與吾吳鈕氏匪石説文注訂並傳。鈕氏簡而精，徐氏辨以晳。雖其抉摘瑕隙，間有一二深曲之文，而大意平允，往往令人怡然以解。洵叔重之功臣，懋堂之諍友，而亦鼎臣、楚金之賢後起也。鍾瑞凡資薄植，無能窺測，獨惜此書未有刻本，如鈕氏説文考異稿藏其孫惟善處，亦無力梓行。求文獻之足徵，非後生小子責乎？循誦此編，中心嚮往。轉恨生晚，不獲親聞緒論，並詢先生於二株園支派何如也。同治十二年癸酉閏六月，郡後學長洲潘鍾瑞麟生謹跋。

説文解字韻譜補正不分卷 八册

清吴縣馮桂芬、江寧龔丙孫同撰。手稿本並跋。

存正稿二册，上平聲東部一至山部二十七。面題「手書韻譜」者一册，下平聲陽部一至銜部十六，上聲上董部一至産部廿四，上聲下銑部一至范部廿四，去聲上送部一至廢部十八，去聲下震部一至陷部卅一，入聲屋部一至業部十八。副稿二册，面題「子韋心血」者一册，校刻本二册。

咸豐間桂芬得古寫本韻譜十卷，與函海本不同，詫爲希世鴻寶。同治甲子手摹重雕，爲長序以發其本之善，并致歎於與江寧龔丙孫同撰校勘記之未成。此補正即校勘記之定名。柳商賢撰行狀，謂「得徐楚金説文韻譜影宋本，謂李舟切韻已亡，賴此存之。與同里顧瑞清、上元龔丙孫作校勘記，未卒業而有粤匪之難，稿失其半者也。」桂芬謂「徐楚金韻譜一書，據其兄鼎臣序，爲便於檢討而作，原無深意。今讀其書，説文本有之字，漏略至二百餘，本無而羼入者亦如之。又所謂聊存訓詁者，輒多乖於許義。考楚金所著繫傳，徵引頗爲該博，核之原書，往往牴牾不合。蓋專憑臆記許書，不加檢校，是其敝也。其爲韻譜當亦信手取切韻就所記許書雜録成卷，遂至於是。顧其書有絶可貴者，則以切韻亡而賴此以存，猶之唐韻亡而賴大徐説文以存也。」適顧千里孫清瑞河之館其家，與之商榷，取二徐本逐字校對，補其佚遺，正其踳駁，務使無一字出入。二徐之異同既具，亦兩韻之涯略斯存，庶幾便於檢討。上平聲二卷甫成，匆匆北行，未遑卒業。會丙孫避難來吳，隱居鄧尉，讀書多暇，屬其依例足成之。而丙孫旋卒，稿皆零落，不復能成。今觀其稿字密如蟻聚，考核之精，用心之細，真心血之所凝結。丙孫中年殂謝，不能成此鉅業，宜桂芬之感歎彌襟。幸有一傳可考其爲人，載顯志堂稿。兹志其略云：「丙孫字子韋，號祖望。上元案卷中署江寧。人。先世回回籍。父嗜古，多藏異書，丙孫偏讀之，善鉤稽異同。咸豐六年延校説文韻譜，頗樂之。自署聯於鄧尉寓廬曰：『日課惟楚金韻譜，石交有天監經幢。』其風節如此。善病，卒年三十三。」序已入顯志堂稿，今録其校例十五則，後欲續修其書者俾取法焉。

有「校邠廬」朱文長方印，檢校邠詩小經濟」朱文方印，「臣印桂芬」白文方印，「鄧尉山人」朱文方印。

校本凡例

一、韻譜今所見止四庫全書鈔本，李調元函海刻本。二本略同，鈔本誤書較多，今一以李本爲主，疑者仍之，顯然譌舛者徑改之。仍注明原本云云，以存其舊。

一、今校於篆文下大書韻譜原文，有重音者，本音下注又某韻，次音下注見某韻。仍皆用禮部韻略例，加八角格爲識別。

一、每一音之首，用廣韻、集韻例，加圈爲識別。

一、是書爲鉉命鍇作於南唐時，而成於鉉入宋承詔校定説文之後。蓋據鉉本編之，故有新坿字。亦間有異於鉉，同於鍇者。如辵部遛之重文作邎。頁部有頎及各部籀文居前，古文居後之類，特其偶也。今校引説文，以孫刻影宋鉉本爲主。其與鍇異者，注其下；至虚字增損，筆法小異，位次先後，概不箸。有關意義者間及之。虚字增損，如魚部魚名，鍇多作魚也。从某从某某亦聲，鍇輒作從某某亦聲，古文某，籀文某，鍇輒省某字或从某，鍇輒加作字之類，筆法小異。如从作從之類，位次先後更不勝枚舉。

一、是書以説文校之，誤羼者凡□百□□文，脱漏者凡□百□□文。今於其脱漏者依音檢部，附於各音之末。無此音者，附於部末。重文脱漏，隨文附見，並氐一格爲識別。誤羼者上方標「許無」字。「新修」十九文、「新附」、「鉉無」、「鍇無」、「張補」鍇本張次立補字。各標如之。惟鍇本新修字義皆張補，不復標。

一、字有唐韻、切韻不同音者，從切韻歸字，仍別存唐韻音。唐韻有兩音，切韻止一音者，亦從切韻歸字，仍別存唐韻重音。唐韻、切韻皆有兩音者，從本音歸字，而於次音下注「唐韻同」，唐韻止一音，切韻有兩音者，注「唐韻無此音。」

一、韻書次第不同，音亦參差。唐韻、切韻大同小異。今惟廣韻爲完帙，以較兩韻，異同已多，更不能舉玉篇、釋文各音，一一理董。至繫傳朱翺切音，集韻切音十異八九，孳乳浸多，等之自鄶矣。又附唐韻音於切韻之部，義亦未安。然舍此更無他法，閲者諒諸。

一、原本卷三分上下，餘不分，非體也。今依集韻分十卷，於卷五、六内，仍從原分之式，以存其舊。

一、鉉本説文叙，云以孫愐音切爲定。譜序云以切韻編之。後叙又云以李氏切韻爲正。是韻譜音不得謂非切韻，鉉本音不得謂非唐韻。二書久佚，賴此以存，今校竟稱切韻、唐韻以便識别。

一、新附字皆晚出，在許意，原有可通之字。今校必先求諸本書説解中，然後旁徵經典傳注，與鈕氏新附考義例稍異，閒亦采鈕氏説，誤羼字亦如之。

一、説文注已有數家，是編詳於形聲異同，略於名物象數；水道不説源流，艸木蟲魚不説形狀。惟爾雅、毛詩、方言之類，有爲許所本者著之。

一、引書略大題而詳小題，如周禮但舉官名，不言周禮。爾雅但言篇名，不言爾雅之類。又傳注所引，今佚各書必言某書引，不單舉原書。

一、駢字儘上一字，許書例也。

一、引傳注，最箸者，不綴姓。如三禮鄭注，文選李注之類。

一、引經注及釋文，有屢見者，儘最先者録其一，如易、書並見，則録易之類。

前偕龔生所爲校勘記，於三韻及今廣韻分合異同之處，一一疏通而證明之，頗費日力，今則編殘簡斷，精力益衰，整齊排比，望洋興歎矣。

説文古本考補證二卷 一册

清吳縣孫傳鳳撰。吳縣王氏學禮齋鈔稿本。

傳鳳字得之，號汶民。光緒己丑舉人。吾師曹叔彦先生撰傳曰：「君承家學，弱冠入學。好治經，尤精許學。工篆書。學使者歲科試，試經解，輒冠朋輩。瑞安黄漱蘭先生督學江蘇，先期試經學，君全卷篆書，榜發得首選。余笑謂君卷如江氏尚書集注音疏。君游幕四方，襄閲試卷，皆於士風學術有裨。家貧，惟以授徒供事畜。性孝友，與朋友交，切磋道德，辨章訓義，貌恭色温，矜平躁釋。學多心得，而不輕著書。班孟堅所謂齊、魯質行之儒，鄭君所謂慥慥守實，言行相應者，庶幾近之。」江標汶民遺文序曰：「孫丈得之經説，得吾吴惠氏傳派，標與丈同里閈，又同襄校於山左、粤東，朝夕相問難。見几案間書籍金石外，酒一尊而已，無他嗜也。然卒以酒傷。己丑舉孝廉，赴禮部試，終於京師。殘稿叢束，并遺櫬歸。數年來，思之輒怦然動也。丈尚著有夏小正校勘記、説文古本考補證、味經廬叢稿，惟小正校勘當時曾確見清稿，今檢遺篋無有也，亦可憐矣。」許克勤汶民叢稿序曰：「歲己卯余館蘇齊女門外，時得之亦館西匯，地甚邇，遂相識焉。君邃於經史小學，旁及金石掌故罔不通，得一疑誼相質難，必求其至當乃已。繼游齊、魯、粤東，勤劬不少懈。遇未見書，暇即手鈔之。間一歸，必視余談經誼及近儒著述，惓惓不已。」案得之先生經學爲惠松崖五傳弟子，當時與管申季禮耕、潘望侯錫爵、許勉甫克勤均爲吴中宿儒，著述惟江標爲刻汶民遺文，子宗弼刻汶民叢稿各一卷。宗弼號伯南。能世其學，篤厚君子也。與余爲忘年至交。一九二三年，余向借所藏手稿，均以朱筆密書眉端，移録爲二卷。

先是嘉興沈濤爲説文古本考，曾七易稿。李慈銘越縵堂日記謂：「其書采唐、宋人所引説文以證二徐本之誤，亦有謂二徐是而所引非者。采取極博，折衷詳慎。極有功於許書，學者不可不讀也。」且貽書潘祖蔭勸刻之，載越縵堂文集。案是書實出吾鄉汪獻玗手，獻玗字彦石，號月生。諸生。爲陳奐弟子。熟精説文。同治蘇州府志藝文，於獻玗著述列是書目。海寧楊禮榮春绿山房詩稿哭汪彦石詩，自注亦云「時爲沈匏廬觀察參訂説文古本考。」匏廬，濤字也。今觀其多引陳徵君説，亦一明證。然學問無窮，據得之所補證，尚數百十條。時猶未見唐釋慧琳一切經音義，及他海外所出古逸書，故未經寫定歟？至所引翟云升説文辨異，則世無刻本，其游魯时所鈔未見書也。楊守敬有重訂本，其序見晦明軒稿，不知視此本如何。

説文解字繫傳四十卷校勘記三卷 八册

南唐徐鍇撰。清道光十九年壽陽祁寯藻覆刻景宋鈔本。佚名手校并跋。又録錢塘梁同書、餘姚盧文弨、仁和孫志祖、德清許宗彦、海寧錢馥諸家校語。

是書朱筆統校，比勘極細，考證極博，書法亦秀逸。首跋不題姓名，每册有「曳月樓」「賃春亭」兩印，考張星鑑仰蕭樓文集有書曳月樓讀書圖後云：「錫山錢君揆初，官中書。家舊多藏書，故能鑒别善本。余在厰淀，每得書，必請君題識。」當即其人。偏查全書，惟卷八角部觵字一見「慶宗案」字樣。慶宗爲許宗彦未第時初名。卷十五壬部首，卷二十九叙「八曰隸書」，書眉兩見「周生云」，是亦所録諸家之一。至校者姓名，迄不可得。所録各家校語，據跋知「梁云」爲山舟、「盧云」爲召弓、「孫云」爲怡谷，他若「錢云」者，卷三十六通論血字，書眉見「錢廣伯云」，知爲海寧錢馥。又有「丁云」「翟云」者，以山舟同時流輩推之，當爲歸安丁小雅杰、仁和翟晴江灝，以無顯證，姑闕之。

識字爲治經之本，故説文爲士子必讀之書。清儒著述最多，而小徐繫傳祇有汪啓淑刻，敓誤非善本，不若大徐本之家有其書也。自祁氏景宋本出，讀者始覩小徐真面目。於是承培元之校勘記，王筠之校録，咸稱精核。猶惜諸家校本散在四方，未能會萃。孫平叔爲疆吏之好古者，其録諸家校，亦嘗有意於斯乎？若據以條録一通，庶與承、王之書鼎足，且梁、盧、孫、許、錢諸家之説，咸賴以傳，可不謂有功也哉？山舟，以善書法名，不知其深於小學。惟嚴元照悔菴學文有與山舟書，即論其校勘繫傳，推爲精列無比，蓋即指此。從知玉繩、履繩兄弟，家學有自。召弓校書最富，説文自必有精校本，而世不傳。怡谷校讎之學，其精密不下於召弓，而所刻讀書脞録外，未有爲之搜集者。周生説經之作，阮芸臺刻入學海堂經解。廣伯，布衣。精於校勘，爲盧召弓、阮芸臺、陳仲魚、吳兔牀諸人所推服。其弟子邵書稼輯小學盦遺書亦無説文。小雅、晴江均無説文撰著。

段若膺曰「此書音用反，其用切者，皆張次立所加入。故用鼎臣本之音切也」。又曰「汲古閣刻鼎臣本，初印者悉依宋本。其後毛斧季屢校，遂多剜改，失其本來矣。」道光丙午冬日，依大徐本校一過，不同處皆標識之。

丁未正月，從施君伯玉假得孫文靖爾準手校本，一一標識。孫本係鈔錢唐梁山舟侍講所校，中有引盧云者，餘姚盧學士文弨，孫云者，仁和孫侍御志祖也。

玉篇三十卷 三册

清康熙四十三年吳郡張士俊澤存堂覆宋刊本。吳縣王欣夫臨清金壇段玉裁、元和顧廣圻校。

張氏此刻，據朱竹垞序，謂是唐上元末孫强增字之本，目爲宋槧上元本。而瞿氏鐵琴銅劍樓書目著録一元刻本，稱「大廣益會」，即宋大中祥符六年，陳彭年等重修本。張刻删去卷首指南一種，又少重修之牒，餘悉與是本同。朱氏序謂即上元本，非也。證以此本段茂堂校，卷上土部塔字注「説文云，西域浮屠也」云：「説文無塔字，徐鉉始入新增，此乃南宋、元人增入語。」然則既有元人增入之可能，是不但非上元本且并非宋槧矣。

此爲茂堂校本，用朱筆，嘉慶丁巳顧千里借録，並自加案語，用墨筆。咸豐丁巳潘暨侯又併録之，段校多據説文、廣雅諸書，並多心得語。顧校時有所見不同，附案商榷。如卷中歹部殟，段云：「此野王不收，後人補之者。」顧則云：「未必然也。殆字何以亦在後？」木部桴，段改「枵」。顧云：「桴，隸變，改者非。如枵之爲桴。」米部巻注，潰米也。潰，段改「漬」，顧云：「潰是。」斯時學制之爭未興，故辭氣不如後來之激。顧雖録於丁巳，後來續有所得。其署年有乙丑、辛未、壬午，蓋歷時將二十年矣。是本原有舊校四條。一在卷上，辵部辵云：「儀禮鄭注不拾級而下曰辵。」一在卷中，沭注：今海州沭陽縣，云「唐以前無海州也。此則孫强等所增加也」。又水部洑注：水名。云「洑即蜀郡之水，□徼外者，前既出洑字，沿顔□之誤，當非黄門元本。」又巛部巛云「此即坤字也。古□百川如馴」。筆跡樸雅，如錢竹汀、王西莊一流，惜不知爲何人。且裝時被切損數字。

昔年見烏程張氏適園藏書志有段校廣韻、玉篇，心豔之。向芹伯請假，出示則李子仙福臨本也，時芹伯經營折閲，將售書以償，怱怱入箱，未能借録。後別從涵芬樓借臨廣韻。一九四一年二月，偶過冒疚齋先生，獲見潘邕侯臨本，賢郎效魯方事傳録，乃并有顧千里校。喜甚，遂亦借歸録之。越二十年，再見潘本於古籍書店，既成議矣，爲徐行可豪奪去。回憶往事，縷記於此。

段若膺先生閲本，嘉慶丁巳七月十六日借録。廣圻。

相隨三十餘年，手訂譌字極多，後之人將有取於此。嘉慶壬戌四月十四日，玉裁記於下津橋朝山墩之枝園。

竹汀云，廣韻卷首云，凡二萬六千一百九十四言。唐韻序乃云前後總加四萬二千三百八十三言，不應唐韻字轉倍廣韻，意兼注中字而言耳。玉裁謂孫愐「上陳天心」以上，愐自謂也。以下謂元青、吉成所增也。然則加四萬二千三百八十三言，元青、吉成所爲。雲谷雜記所謂廣唐韻，蓋即此與？愐所爲，以開元十三年爲限，元青、吉成所爲，成於天寶十載。疑本是二書，此序恐非愐原文也。俟更考之。丁卯十二月玉裁識。以上卷首。

是書爲段若膺先生手校本。有朱墨兩筆。卷首跋語兩通，首墨次朱，想先後所校，故以朱墨識別也。先生手校書甚夥，身後以白鏹三千金歸諸壻家龔闇齋觀察。先生有令似二人，伯氏安貧，依然儒素，仲氏與乃姊丈關部事，頗以多財著，并徙而他宅，不復守枝園舊宅矣。伯氏余與之蹤跡亦甚疎闊，今夏持先生墓志文過余，余亦遂往答之，遂及伊家事。始知楹書俄空，爲煙雲之散。詢以手澤，因出此廣韻相示，并許見借。暑天無暇，入秋來天氣漸涼，從事校勘，悉照校語臨之。中有朱墨圈及尖角在每字旁者，不知命意所在，姑於上平悉臨之，然卒茫乎未有知也，遂輟而不臨。先生於韻學甚精，著有成書。此必其所自爲記認之處，惜傳授無人，不能悉其綱領，唯就正譌之處，纖悉臨摹，已見校勘此書之精，無逾是本矣。時道光甲申秋閏七月十三日，古吳黄丕烈識。卷一末。

望後一日，覆勘一過。自二卷至五卷有校語及勘正處，悉録。大字及小字之○△，不盡臨矣。老蕘。卷五末。

惠松崖先生閲本，乾隆乙卯小門生顧廣圻録。原書附更定四聲稿，以別爲一書，故不具。閏月十二日敬識。

段若膺先生校尤精確，五月五日借讀，爰并録焉。廣圻又識。以上卷五末。

乙丑三月以集韻勘彼不載者，△其旁爲識。澗蘋。卷一首。

嘉慶乙丑三月重讀，時在邗江郡齋。廿四日，所居藝學軒五間拉然而壞，急走得免。此帙從瓦礫中取出，亦未破損，安知非神物護持耶？

嘉慶乙丑再讀，覺舊校多未安。廣圻又記。以上卷五末。

道光元年，歲在辛巳，用洪鈐庵殿撰所藏曹楝亭家宋小字本略校一過。千里記。卷四末。

小字本缺入聲，以他本節注文者補完。曹刻仍之，與此本大不同也。又記。卷五首。

道光辛巳再閲。千里。卷首序上。

附書宋槧本廣韻後

咸豐丁巳十一月，從先生之孤河之孝廉假得，因照一通。十一日校畢。潘錫爵仲尊甫記。

廣韻五卷 五册

清康熙四十三年吴郡張士俊澤存堂覆宋刻初印本。吴縣王欣夫臨元和惠棟、金壇段玉裁、元和顧廣圻、丁士涵校。

廣韻足本雖以顧亭林之博覽，亦未獲見。士俊首據宋本重刻傳世，爲後來小學昌明之創，其功葢與毛子晉重刻大徐校定説文等。此本爲緜紙最初印本，扉葉正中有「進呈御覽」飛龍朱文大圓印。右側有「吴漊張氏」朱文方印。雕印工緻，幾過原本。士俊字籲三。擁厚資，富收藏。所居曰水周林，又置别墅曰六浮閣於查山，竹垞爲之記；城内則獅子林，均擅山水竹石之勝。多交一時名士，竹垞、子晉來蘇，必寓於是。其刻是書也，竹垞爲之倡，子晉、稼堂假以書，樸村任其校，而其生平則邑志無傳，世鮮知者。

余於一九三四年秋從張菊生先生假黄蕘圃臨段茂堂校本，即著録於涵芬樓燼餘書録者。校語用墨筆，標識用朱筆。明年夏又從顧君公碩假丁泳之手校，并臨惠定宇、段茂堂、顧千里校本，用藍筆傳惠校，書於每葉下方；顧校書於上方；段校及與黄本同者，用緑筆，並圈識之；丁校則用紫筆。一編之中，五色燦然矣。案惠校多引史傳羣書，以補氏姓，似欲别成一書。段校參用羣書，時抒心得，無不確當。黄臨與丁臨兩本，互有異同，大都黃本爲詳，則丁本傳録在前。有題「沅案」者，江子蘭也；「福案」者，李子仙也；「士璣案」者，費在軒也；皆爲讀段校時附識。惟黃臨本於有朱墨圈及尖角在每字旁者，不知命意所在，故於上平以下輟臨。近王靜安謂段校字旁所加之尖角，乃以志字之從古韻他部轉入者，今六書音均表全書具在，學者能自得之。顧校用曹楝亭家宋小字本末册配以節注本者，亦即揚州詩局覆刻祖本，而與覆本時有不同，並多依此張刻改纂。附長跋以明宋刻源委。又用集韻、類篇互校，其確當不亞於段校。至丁校則多辨唐韻切紐，當爲所著重修唐韻考之底本。鄭氏文焯國朝未刊遺書目録謂段校廣韻、玉篇在丁泳之許者，知亦出傳録，非蕘圃所見原本也。嘗謂言文字聲韻之學，說文、廣韻並重。說文段注外，不下百餘家，而廣韻則吳客槎廣韻説外，寥寥鮮有，諸家校本，世又無傳。則此本者誠治野王書之珍珠船也。

有「家有賜書」朱文方印，「鄭印庭焕」白文方印，「一山」朱文方印，「滎陽藏書」朱文方印。

廣韻，句容裴生名玉字蘭珍物也。乾隆戊子余館於裴，此書郡張氏刻，足本也。而揚州詩局所刻，平上去皆足，入聲則節注，其兩節注之本又不相同。今年於洪鈐庵殿撰家獲見所收宋槧，有曹楝亭圖記者，第五册乃別配又一宋本，正揚州本之所自出。證以潘稼堂爲張氏作序，言「見宋鋟本於崑山徐相國家，借録以歸，張子士俊得舊刻於毛氏而闕其一帙，余乃畀以寫本。」雖潘未舉所闕何帙，然此無子晉、斧季圖記，決非一本。可知張、曹不同之故，及節注又不同之故，則見此而皆了然矣。長夏無事，粗讀一過，又知局刻校讎不精，多失宋槧佳處。即用去聲豔第五十五㮇同用，陷第五十七鑑同用，鑑第五十八釅第五十九梵同用，次序分合，猶存廣韻之舊。視張刻之依禮部韻略豔與㮇、釅同用，陷與鑑、梵同用，而移釅於陷、鑑前，改爲釅五十七，陷五十八，鑑五十九者迥勝。乃曹重刻時，反依張轉改，何歟？且其轉改，實在刻成之後，故於目録，僅爲釅、陷、鑑三大字鑿補，而小字任其牴牾。近時戴東原撰聲韻考，目之爲景祐。後塗改，不知出曹氏手，失在未及見此耳。戴所見世行三刻及明大版外，僅有盧侍講藏舊本，鈐庵家亦有之，即明大版及亭林本之所自出，節注之祖也，係元代坊版，遜宋槧遠甚，固宜然。則宋槧誠至寶矣。其餘曹依張改字處，殊復不少。不知張氏刻書好爲點竄，如玉篇，如羣經音辨以舊本勘之，往往失真，非獨廣韻也。安得傳是樓完本一旦再出，盡刊潘氏轉寫、張氏意改之誤，且更與此本添一重印證也。道光元年歲次辛巳，處暑後十日，元和顧千里記於環翠山房。

廣韻五卷 三册

清康熙四十三年吳郡張士俊澤存堂覆宋刊本。吳縣王欣夫臨清華亭沈大成校。

原本無校者姓名及題識，朱筆小楷，甚精。卷首有「丹鉛精舍」、「蟫盦」、「勞巽卿」、「勞格」諸印，以所見勞氏兄弟手跡驗之，則當屬巽卿。卷一第一條標「沈云」，相傳爲録沈沃田校。以所見沃田他校本驗之，其風格甚近似，中引棕亭金氏説，時代亦合。余於一九三六年四月，借友人藏本照臨之。所校約分五類。一曰補音切，三鍾，雝云：「又烏貢切。五經文字同甕。」六脂，比云：「又卑履切，音匕。比校也，類也，方也，例也，比切也。禮學記『比物醜類』。又普弭切，音諀，與庀同。治也，具也。周禮大胥『比樂官』。又毗至切，音避。親也，近也。周禮地官『五家爲比』、『三年則大比』。又必至切，音畀。近也，併也，密也。又兵媚切，音秘。比時也。禮祭義『比時具物』。又毗必切，音邲。比，次也；比，比也。今皆混讀。説文『二人爲从，反从爲比』。」十一模，吳云：「禮部韻略吳，胡化切。譁也。詩『不吳不敖』。」一曰校譌文。六脂，茨，「又姓，後漢有茨光。」云：「東觀漢記、水經注、齊民要術皆作茨充。」八肥，肥，「亦姓，左傳有肥義。」云：「肥義，六國趙武靈王貴臣，見史記趙世家，非春秋時人也。」二十三䰟，賁，「亦姓。古有勇士賁育。」云：「賁、育謂孟賁、夏育也，此謬矣。」二十六桓，縏，「番和縣名，在涼州。」云：「縏，禮内則『施縏袠』，疏袠刺也，以鍼刺袠而爲縏囊也。又前漢地理志番和，農都尉治，屬張掖郡。如淳曰『番音盤』。後漢郡國志『張掖郡番和，屬涼州刺史治』。是縏乃小囊，初無以縏名縣者。」一曰正俗訛。十一模，峬，「峬峭，好形皃。」云：「峬峭，今皆訛作波俏。」十三佳，喎，「口偏。」云：「物不正爲喎，今俗皆訛作歪，竟不知有此字矣。又白香山詩『錢塘蘇小小，人道是天斜』。自注：音歪。收入佳，或作夭。」十五灰，蚘，「人腹中長蟲。」云：「蚘今皆訛爲蛔。」二十五寒，胆，「胆，口脂澤，出證俗文」云：「胆，另一字。今皆訛爲肝膽之膽，以平聲讀矣。」二十六桓，痠，「痠，疼。」云：「痠疼之痠，今皆訛作酸。」一曰證吳語。一東，囱，「竈突」。云：「囱即今吳人所謂烟囱也。」五支，⿰歹皮，「開肉」云：「今吳人以開肉爲⿰歹皮，本此。」十五灰，⿰火追，「⿰火追，⿰火寻毛」。云：「今吳下以湯⿰火寻鳥獸毛曰⿰火追，本此。」一曰增姓氏。一東，弓云：「又複姓，後漢獨行傳

「建武二年，騎都尉弓里戍將兵平定北州」。」五支，知，云：「又姓，吴志趙達傳『嘗過知故，知故爲之具食』。」六脂，誰，云：「亦姓，漢書丙吉傳『吉謂舍人誰如』。」八微，歸，云：「左傳有齊歸，歸亦姓也。此闕。」十五灰，栝，云：「漢書律曆志『安陵栝育治終始』。姓也。」以上就卷一各舉數條，以著校例。勞氏兄弟校勘最精，其所臨亦絶不苟且。余舊藏六、七種，今皆失去。讀此爲之悵惘不已。卷首舊有「儀惠軒藏書」一印，不知何人。猶昔人「儀鄭」、「儀顧」名堂之意耶。

景宋鈔本集韻校勘記十卷 二册

清元和丁士涵撰。吴縣王氏學禮齋鈔稿本。

原不題作者姓名，舊傳長洲馬釗撰。今定爲元和丁士涵撰。釗字遠林。道光甲辰舉人。内閣中書。士涵字泳之。同治庚午舉人。工部員外郎。皆陳奂弟子。

丁度集韻不但爲音詁之總匯，並多存古書面目。如所引尚書爲衛包未改本，釋文爲開寳未改本。卷一平聲六脂遟注：「書『遟任有言』」，案：盤庚篇文也。此采自「未改」釋文，今本釋文：遲，直疑反，徐，持夷反。蓋自衛包改尚書之遟作遲，開寳中又改釋文，集韻據未改本。卷六上聲二十八獮淺注：「書『畜淺納日』，馬融讀。」案：丁所據釋文書作畜淺，此未經衛包改也。今本釋文作餞，依衛改。又三十小剿、剿注：「説文，絶也。引周書『天用剿絶其命』，或作剿。」案：周書當作夏書，見甘誓篇，許叔重據書作剿。

釋文曰「馬本作剿」，是。或作者，馬融本也。剿即剿之異體，今本經宋開寶改爲勦字，勦从力，訓勞，與剿剿从刀，絶不混同。丁不以勦與剿、剿爲同字同義，則其所見書未經改者也。又三十二晧禱注：「或作鳴㠀隝嶹隯鳥。」案：「書禹貢『鳥夷』馬、鄭如字。蔡氏傳以鳥爲㠀，至衞包徑改經爲㠀字。丁所據禹貢作『鳥夷』，釋文未徑删改，而鳥㠀同字，已非馬、鄭音讀」。皆是也。

其書有康熙四十五年曹寅揚州詩局據宋本重刻，世稱精善。後其板漫闕，嘉慶甲戌重修，顧千里已有校改。別有汲古閣景宋鈔本，每半葉十一行，每行三十一字，大字作二小字，亦有不止三十一字者，三十二、三多至五、六不等。爲周漪塘所藏。段茂堂始借以校曹本。於卷五十四賄：「此本以『梁、益謂履曰屧』六字綴於隧字注，曹本則無此六字，而空白二寸弱，蓋最初板當大書屧字，注『梁、益謂履曰屧』，正在曹本空白處耳。」謂曹本與此時有不同。今案卷一三鍾淞注：「水名。在吳。」此字併注，曹本均脱去。卷四二十一侵蕁，此字上曹本空二寸許，宋本不空，則無闕也。其他字之排列先後顛倒者又往往有之。因知與曹刻所據非一本，而景宋爲佳。湘潭袁漱六嘗欲重刊景宋本，屬遠林以曹本詳校。遠林精於音韻訓詁，碩甫曾詔以校集韻之方曰：「集韻總字具見類篇。先以類篇校集韻，再參諸釋文、音義、説文解字、廣韻、玉篇、博雅，則校讎之功過半矣。至於是非顛倒，瑕瑜錯雜，尤在好學深思，心知其意者也。」（見師友淵源記。）遠林一秉師説，故所校考證精密，以視同時瑞安方雪齋之攷正蓋詳略不侔矣。惟遠林歿於咸豐庚申，據碩甫序云，祇成五卷。又云「惜不及清理全韻」。是原止得半之功，而今則十卷完整，又何説耶？ 案此書余從丁泳之手寫本傳録，不題作者姓名。 鄉人傳説泳之廿年不下樓，手校集韻，則此當爲丁氏續成而寫定之本，故中有引馬釗説者數條，其明證也。 獨惜景宋集韻有此鉅著，而歷吳殎舫、袁漱六及劉翰怡丈，皆欲刊而未成。 今馬氏底本亦歸於余，宋刻全帙重見於世，安得據彼宋刻附此校記，景印以傳，於音韻之學，當非小補也。

韻補五卷 五册

宋武夷吳棫撰。 影鈔明許宗魯刻本。 清桐鄉沈炳垣手校並跋。

韻補宋時始刻於嘉禾，明許宗魯按吳中，時從都太僕所獲嘉禾舊刻，十僅存九。 又假楊儀部所藏參校，又屬校於皇甫生而重刊之。 見刻書序。 弘、正間，都穆、楊循吉、皇甫汸兄弟，皆吾吳藏書家。 嘉禾本已無全帙，天禄琳瑯後目、瞿氏鐵琴銅劍樓書目各有宋刻，而非此本。 故以許刻爲最善，傳本亦極罕。 莫友芝郘亭知見傳本書目、邵懿辰四庫簡明目録標注均有「小字古體明刊本」，而不知爲宗魯所刻，是亦未之見也。 此爲沈曉滄從宗魯本影鈔，其底本舊爲袁壽皆五硯樓藏，後入錢塘丁氏，見善本書室藏書志，卷五有「桐鄉沈潮曉滄校讀」一條可證。 惟其本許序末闕一葉，因皆未得刻者姓名。 丁志僅云明刊本而已。 實則序有云「魯嘗聞之」，云「許子曰」，姓名皆見。 又許刻各書皆用隸寫古籀，雖覺槎枒刺目，然在明本中自爲别體，固一見可識也。 曉滄所校，各據所引書，於闕文譌字多所是正。

其朱筆云「潮案」者，在嘉慶乙亥；墨筆改正者在咸豐甲寅，相隔已四十年。中附書簽一條，有銘云：「汝行則行，汝止則止。汝不止，讀萬卷，從玆始。暇日讀書，以此簽記葉數，因銘之。」下鈐「讀書有味如諫果」朱文方印。曉滄初名潮，後改名炳垣，字魚門。嘉慶庚午舉人。官江蘇海防同知。其校勘古籍爲錢警石所重。

有「纖簾先生四十九世孫」朱文方印，「曉滄涉覽」朱文方印，「祥止室藏書印」朱文長方印，「曉滄」朱文方印。

此書爲余嘉慶乙亥歲所鈔，並校其誤字。咸豐甲寅首春，時事多艱，迺命三孫善經檢理故籍，別爲收藏之所。復見此書，重爲翻閱，而前所校者間有誤會，並即正之。其曰「潮案」者，余時未改今名也。書此以識歲月。上元後三日，甑山老農炳垣書於郡城之祥止室。

切韻指掌圖校勘記一卷 一册

清昭文王振聲撰。舊鈔稿本。

振聲字寶之。道光十七年舉人。張星鑑仰蕭樓文集懷舊記云：「振聲精音韻之學。晚好桐城書，漸入宋儒。著歸文攷異、詩、古文稿若干卷。同治四年冬以疾卒，年六十七。學者稱文村先生。」

此書丁祖蔭常熟藝文志著録，無卷數。近上海圖書館藏王文村遺書稿本中有之，此爲定稿。曾見振聲答張仁卿書云：「見夫近世大儒，多講古韻，視等韻爲不足道。自亭林先生已蒙詳韻略等之譏，至抱經學士益多疏舛。阮文達校勘記置附釋音而不論，而此學愈晦。惘然思補諸儒之闕。」自述其研究韻學之恉如此。嘗以温公此圖，經之以母，而七音釐然各當。緯之以韻，而四聲四等粲然咸明。不煩調切審韻，但縱横觀之，而即得其字之音。斯誠彙聲音之全，而爲切韻之祖。後人或詭託邵子，附會律吕。或增删其母，合併其韻。紛紜繆盭，莫可究詰。而斯圖遂若滅若没，不大顯於世。因取宋、元刻及傳刻永樂大典本，參考羣籍，輒加是正，以成校勘記。其於韻學之精詣，悉具是書。説詳序例。案振聲久館同邑瞿氏，盡讀其藏書。偕婁東季錫疇同編鐵琴銅劍樓書目，而出於振聲者爲多。今瞿氏書目久已風行，其考訂詳審爲著録家之冠，而知振聲者鮮矣。余每見其校勘古籍，猶存抱經、千里之風，而遺著零落，悉未刊傳，爲可惜也。

自序

昊穹生民，形體既備，即具聲音。達之語言，傳之文字。天籟所發，宫商自諧。故音之合，而爲高岡元黄；聲之合，而爲崔嵬虺隤。聲音之合，而句瀆爲穀，勃鞮爲披。自古詩人文士，類無不通聲音，特未用爲翻切耳。夫翻切之法，上者爲切，下者爲韻。切即音之合，韻即聲之合，切韻即聲音之合。故翻切無他聲，與音二者之相合而已。然而聲音之道，良非一端，必先能分，然後能合。分其音則有七，牙、舌、脣、齒、喉、半舌、半齒是也。分其七音，而又各有清、濁之次；分其聲則有四，平、上、去、入是也。分其四聲，又各有輕重之等。夫惟分之無不分，然後合之，而清濁之次不紊，輕重之等不淆，而翻切成焉。夫翻切之興，爰始漢季，然則四聲七音之分，其來也遠矣。論者乃謂四聲始於沈約。夫約始以四聲論詩耳，謂詩必調四聲，律詩實萌芽於是，是則約之創論，四聲非其所創也。使前人不知四聲，孫炎、徐邈諸儒爲切，何以等韻不訛？況三百篇之韻，大都平仄相諧，人見其偶有不合，遂謂古不論四聲，乃若韻部之不合者多於四聲矣，亦得謂其無韻耶？論者又謂七音出於西域。儒者但知縱有四聲，不知横有七音。夫音之合，爲雙聲，六朝士夫習爲常語，下至郭家細婢，皆能通曉。若不知七音，何有雙聲？況三十六母皆中土之音，迥殊彼國婆羅門書，未經流布，早有翻切，若不知七音，憑何出切？夾漈大儒，乃爲斯語，何其妄也。夫自翻切既興，聲音之派别雖繁，而其條理亦日顯。江左諸儒，既類其聲爲二百六韻，後人又類其音爲三十六母。一縱一横，相需而成。遂相因而作，亦事理之所必至。顧篇、韻兩家，自顧野王、孫愐而後，代有成書，而罕言母等。直以母等既具於音紐之中，遂不復别出耳。神珙、守温之徒，遞有編著，體制粗具，未臻精密。且字母韻書，各自單行，出切引韻，學者猶茫然莫辨。至司馬温公預修篇、韻，討論之暇，定爲斯圖。經之以母，而七音釐然各當，緯之以韻，而四聲四等粲然咸明。不煩調切審韻，但縱横觀之，而即得其字之音，斯誠彙聲音之全而爲切韻之祖也。然而未有圖之前，人皆能知切韻，既有圖之後，言及切韻，往往如墮雲霧。其高者詭託邵子，附會律吕，自謂能通聲音之原。其妄者不知己之囿於方言，悍然增删其母，少至二十，多至七十二，合併其韻，既爲一百六，復至七十六，又或併四等爲二，加四聲爲五。字母之上，更有字父，且有字祖，紛紜繆盭，莫可究詰。而斯圖遂若滅若没，不大顯於世。故自孫季昭所見，已屬誤本，季昭又不通此學，妄引爲證，貽誤來學。嗚呼，斯圖之晦，蓋七百餘年矣。逮我朝作述相承，表章絶學，恭讀同文韻統，通中西之音，爲千古所未有。而音韻闡微，折衷古今翻切，定爲音和，以示法程。復出斯圖於永樂大典，久晦者乃一旦始顯焉。由是好古之家，留心購訪，而宋本出於吳門，元本出於吾邑，復傳刻永樂本行世。竊幸生逢明備，既皆得而讀之，顧見其轉寫脱誤，竄改失真，心嘗慊焉。不揆檮昧，參考羣籍，輒加是正，勒成校勘記一卷。凡所更定，務詳且慎。縱不敢謂盡復温公之舊，而一知半解，或亦不無小補。用敢叙其去取之意，並論諸家得失，且以明切韻之原，就正於當世之同志者。自餘衆例，具詳别簡。咸豐乙卯年九月，王振聲。

例言

一、切韻之書，以温公指掌圖爲最古。温公之書，以影寫紹定刊本爲最古。今校勘即據之。記中所出之字，皆是此本。此本鈔自吳門吳心甾所傳録，蓋出顧抱沖小讀書堆。錢竹汀日記鈔所謂毛鈔南宋本者也。首温公自序，次檢例，次總目，次二十圖，次董南一後序，末有温公四世從孫跋。云刻於紹定庚寅，其名則闕，前後皆有斷爛處。宋諱惟匡、朗、貞等尚闕筆，餘不盡然，蓋轉寫失之。

一、影元鈔本，吾邑陳氏稽瑞樓所藏，今歸瞿氏恬裕齋。無刊刻年月可考。審其行欵，是從元刻鈔出，且無邵氏所作檢圖例，益見猶是邵氏以前本。卷首有温公像，上有分書贊曰：「上無所傳，下無所授。天資粹美，暗合道妙。」其中頗有可采，而竄入極多，今悉列之注中，以訂正宋本，且糾其謬，俾無貽誤。

一、近所刊行，有墨海金壺本，此蓋出文瀾閣四庫全書，吾邑張若雲所傳刊，故稱張本。其詳已見提要。圖中有無名氏音釋，提要獨未之及，蓋以其不足論耳。此本與宋本略同，惟宋、元本皆不圈，無聲空格，如舌頭、齒頭之二三等，舌上、正齒之一四等，輕脣、半齒之一二四等，此則一概圈之。又皆統爲一卷，此則檢例别計葉數，圖自一至十爲卷一，自十一至二十爲卷二，後序置卷首，則與元本同。

一、邵氏所撰檢例，蓋惟張本所載檢圖之例，餘則宋、元本皆有之。邵氏謂「舊之檢例，全背圖旨，斷非文正所作」者，當即指此，張本并題邵光祖撰，蓋誤。惟三本所載，互有不同，元本既多於宋，張本又多於元，遞相附益，乖舛滋多。今以元本、張本所增，附録記中，且爲條辨，去其非而存其是焉。

一、邵氏謂檢例全背圖旨，然所載諸例，即是門法，亦未可盡廢。苟不知此，則執廣韻之切，以檢此圖，其齟齬不合者多矣。今記中仍引爲説，其有不備，則參以切韻指南所載玉鑰匙、元關歌訣以通切法之變。至如明釋真空貫珠集之類亦無取焉。夫切韻之有門法，猶三百篇之有叶韻。廣韻以後之音不合廣韻而求與之合，由是門法興焉。此如三百篇以後之韻，不合三百篇而求與之合，由是叶韻起焉。能知古音，則門法可不用，亦如能知古韻，正不必言叶韻耳。古音古韻，愚別有説，兹不多及。

一、邵氏謂圖據廣韻而作，亦不盡然。按一圖溪母、疑母，鱎字廣韻無此音，而集韻有之。四圖娘母，倜字不見廣韻，而集韻尤韻有此一紐，又廣韻肴韻、集韻作爻，一圖韻目正作爻。添韻，集韻作沾，五圖韻目正作沾。是據集韻矣，蓋温公因修集韻而作是圖，豈反專據廣韻耶？今遇字出集韻，但注所出，仍而不删。

一、釋文所載先儒音讀各異，宋後字書、韻書紛歧錯出，泛爲援引，適增轇轕。今引切韻，惟據廣韻、集韻；二書無異，則但稱廣韻，從省文也。

一、切韻有邵子之學，宗之者自成一家。他若增删字母，巧分門目，異端蠭起，悉屬外篇。惟韓道昭五音集韻最爲精核。餘則鄭樵七音略、無名氏四聲等子、劉鑑切韻指南，雖爲圖各異，而母等無改，均足與此書相發明，故今所引證，止此數家。

一、等有一定，即定於廣韻、集韻之切，考其切居何等，韻居何等，則屬何門法，或當憑切，或當憑韻，均可詳定。今以切韻之字，若見本書，即以本書爲證，詳注某圖，某母，某等。或本書未有及有而亦誤，則證以五音集韻等書，不敢稍參臆見。

一、記中摘論各圖之字，恐難檢尋元本。每葉首行之旁，必注一平、二平、三平、四平，上、去、入亦然。今仿其例，既冠以所屬之母，復横列一平等字，庶不難按圖以索。

一、每圖後所載韻目，圖中所列之字，悉繫於此，若網之有綱，裘之有領。元本脱誤最甚，宋本、張本亦多淆亂，若十六圖庚、耕與登、之互倒，十八圖列之、支兩韻於一等，皆誤之甚者，今不憚煩碎，悉爲辨正。

一、此書竄亂，已在宋時，如孫季昭示兒編論不字當讀逋骨切，以此書爲據。今按十九圖有不字，與季昭碑、彼、貝、不之言合。然十圖亦用此韻字，宋本獨無不字，是此書本無不字之迹，尚未盡泯也。考集韻、類篇皆温公所修，集韻收不字於勿韻，弗紐中没韻則不收，與廣韻同。類篇不，方久切，又重音四：風無切、方鳩切、方副切、分物切，皆無所謂逋骨切之音。七音略口轉口口圖，四聲等子蟹攝幫母，亦皆無之。惟韓道昭五音集韻收之没韻，云是拗立，且矜其妙。若此書已有，何名爲拗，何妙之有？他如澄、淋、禪三母之字，往往互混而淆其等者，觸目皆是。今悉據廣韻、集韻核其切韻之母、等，詳爲訂正，且疏其所以，庶不以專輒爲疑焉。

一、圖字有校勘者，仿阮刻十三經例，加一小圈於旁，餘則悉仍宋本之舊。

一、所引廣韻，有明内府本、顧亭林本、曹楝亭本、澤存堂本。集韻，有曹楝亭本、余仲林校宋本。五音集韻，有明成化本、明釋圓通本。七音略，明監本。四聲等子，文瀾閣傳録本。切韻指南，明釋圓通本、文淵閣傳録本、康熙字典本，按字典、等韻中所載切音指南雖書名圖次皆不同，然實一書也。其有互異，擇善而從，不能悉注。然亦不出此數本，故備載之，以便覆核。

一、宋本之當移、當改、當删、當補者，雖已詳於注中，猶恐檢尋不易，因别爲重訂本附於後。

一、邵氏謂字有應檢而不在圖者，則以在圖同母同音之字備用，而求其音。如第二圖無隆字，代以龍字之類。今按此正温公舉隅之法，亦以圖眼有限，不能兼載耳，未必以爲代也。然按韻采補，亦足佐助此書，因爲校其脱誤，録而存之。

一、此書非論文字，間引説文，祇以論音。其俗字已見廣韻、集韻者，即不盡改。

今韻正義十卷 十册

清元和陳倬撰。舊鈔稿本。

倬字培之。咸豐己未進士。户部郎中。陳奂師友淵源記云：「培之熟文選，能背誦。好明古人制度，余教之吉禘、時禘之辨，殷學、周學之分，路寢太廟與昭穆大廟不當合爲一制。遂作禘祫、宗廟、學校諸大典數篇。咸豐二年壬子，二場題『勿士行枚』行枚作行微解，從余疏説。主司沈朗亭兆霖知此説，獲儁焉。」胡玉縉户部陳先生傳云：「先生幼而岐嶷。甫二歲，識功白二字，屢試不訛。弱冠喜經術，後爲陳奂入室弟子。諸生時，肄業正誼、紫陽兩書院，吴廷琛、董國華、翁心存輩皆器之。舉咸豐壬子鄉試，己未成進士。籤分户部主事，升郎中。同治壬戌主講上海廣方言館。卒年五十七。著有斁經筆記已刊。又今韻正義、今有古無字、漢書人名表、文選筆記、蛛隱盦詩文集及雜記詞稿若干卷，藏於家。」徐世昌清儒學案附南園學案、吴縣志列傳，皆據胡傳删修。兹不録。

案培之經術受之陳碩甫，尤精於音韻訓詁。著作甚富，多未刊。此今韻正義十卷最爲完善。胡綏之先生謂其書就通行詩韻引説文、玉篇、廣韻諸書爲釋，詩韻無者，低一格，附每韻後。大致以説文爲許氏一家之學，非謂天下後世必以是爲繩尺。凡古今文異同，録此則置彼，不得謂不録者即爲俗字。足正近儒拘執説文以改經字之失。案其書旨，在便於學者識字之孰爲本義與孰爲通義。自序所謂「舉本義而制造之原明，舉通義而假借之理明」是也。餘詳序例。培之撰此書時，正官京朝。其跋郝懿行爾雅義疏有云：「蘭皋先生爲嘉慶己未進士，官户部。學等身而官不顯。余亦以咸豐己未通籍，相距周甲。浮沈農曹，官之不顯如之。而學殖荒落，五十無聞，書此不禁重有感云。」昔人郎潛著書，自甘淡泊。蘭皋、培之各成鉅著，同有功於經訓，不但科第仕宦之巧合而已。但郝書則刊本流傳，家有其書。此稿則湮没無聞，忽將百年，此則有幸不幸耳。培之曾爲吾外高祖棣華吴公所器重，而又爲吾外王父子實公寶恕受業師。先父又曾手臨其所校漢書。故余幼時即心儀之，曾印香影餘譜入庚辰叢編。此則以卷帙太鉅未果印。遺稿珍重，當謹藏以俟博雅好古者之刊傳也。

自敘

敘曰：韻之始也，有五聲無四聲。周彦倫著四聲切韻，先於隱侯。厥後載隋志者如張諒四聲韻林、劉善經四聲指歸、夏侯詠四聲韻略，今悉不傳。廣韻原本法言，至宋而雍熙間益之，祥符間復益之，不特非陸氏之舊，并非孫愐之舊矣。禮部韻略者，奇字僻韻，皆從芟薙，修之者亦非一家，專爲貢舉而設，即今韻之權輿也。江南毛晃、江北王文郁刊刻此書，互有增加。韻會兼收之，所載注釋，展轉遷流，莫可根究。是故今韻義釋，有本乎漢、魏以前古義者，有本乎隋、唐以來變義者，有本乎宋、元以後方俗沿用之義者。流傳既久，掍而同之，習焉不察。夫讀書必先識字，存於今者，義書以説文爲古，音書以廣韻爲先。不揣檮昧，旁搜典籍，博取通人之説。時閱十稔，稿經三易，依集韻例作今韻正義十卷，大旨以説文爲主，其説文所無之字及説文所有而今義不同者，兼考廣韻諸書以貫通之。庶舉本義而制造之原明，舉通義而假借之理明。以今韻爲限者，童蒙所習，不難引而信之，觸類而長之也。同治甲戌十有一月，元和陳倬。

例言

一、丁度集韻序例云：「字訓悉本許慎説文，慎所不載，則引他書爲解。」是編亦仿此意，凡説文所無之字，下一格書之。知者，考其本字，不知者蓋闕。

一、説文所有字，全載許氏本文，而二徐本亦不盡同。有大徐本有而小徐本無者。有小徐本有而大徐本無者。大徐本雜入新附字，小徐本經張次立改補，恐均失其舊。是編多從金壇段氏本，間采他本。若二徐異同，二書具在，不悉箸。

一、説文爲許氏一家之學。叔重當日勒成此書，所以發揮古義，勘正俗文，非謂天下後世必欲以是爲繩尺也。是以書、禮有古今文之異，詩有齊、魯、韓、毛之分。許君録此則置彼，不得謂不録者即爲俗字。推之史游急就、揚雄方言，皆在叔重之前，其字不盡爲許書所録，漢儒各守師承，無妨互存其是。必謂説文所無之字，即是俗書，拘矣。

一、字者孳乳浸多，許君於部首每云：「凡某之屬，皆从某。」原不禁後人造字也。即以東字論之，活東作蝀，東風作菄，依類製形，難更僕數。今悉略之，但就今韻詮釋。

一、六書，形聲字十居八九。如涷从東聲，形聲之易明者也。重从東聲，形聲之不易明者也。至省聲、亦聲，又爲形聲之變，更難明矣。是編欲令初學識字，故於字之本體特詳。

一、説文有兩義相同之字，而一見今韻，一不見今韻者。有今韻一字貫數義，而按諸説文義異而字即異者。有説文所載本義，今韻已廢。承乎廣韻者，有廣韻未變而變於今韻者。有説文祇一字，而今韻分爲數字者。注明各條下，以見殊塗同歸之理。

一、臚之與膚，常之與裳，帥之與帨，在説文爲一正文，一重文，本一字也。如此者，亦注明各條下，以見同源異派之理。

一、古合今分之字多，而亦有古分今合者，如拗字在巧韻當爲拗，在效韻當爲㑃，而今韻皆作拗。暴字在號韻，當作曓，在屋韻當作㬥，而今韻皆作暴。略舉二字以見例。

一、今字有變而失其本者，如尋从工口从又寸，彡其聲也。頻，水厓，人所賓坿也，从頁从涉作頻。雖曰從古，實爲駭俗。凡若斯類，學者宜知，悉於正義申詳之。

一、古無四聲，而有轉聲。伐者爲客，伐者爲主，此即後世分動、靜義，爲兩音之所本也。是編於一字有數音數義者，悉箸明於先見之韻下，以便剖别，並可考古今音之變。

一、是編一百六韻之字，悉遵禮部所頒詩韻，增入之字，悉遵韻府目録。惟今韻有韻異而字體亦因之異者，如幪、幏一字也，溲、浽一字也，茆、茒一字也，緌、緌一字也，猒、厭一字也，柎、柛一字也，剫、剫一字也，錞、鐓一字也，韅、韅一字也，崫、崛一字也，躄、躃一字也。異其韻，即異其字。至如虞韻之杅、杇，霽韻之螨、蠣，質韻之秫、朮，皆本爲一字，而分作二字。循習相傳，無關義理。若據是以爲分别，則妄作解人，不足當達者一哂矣。

一、韻府每字下先列音，次列義。次云又某韻，又某某切者，存異音也。其實所存異音，與今韻未盡符合。以東韻言之，如攻下云，又見冬韻。今韻冬無攻。籠下云又見冬、董韻。今韻冬無籠。禮部所頒詩韻刊正者，多鏟削之迹，猶可考見，而未盡刊去者，尚復不少。且韻府所稱某某切者，亦多異韻之字。禮部詩韻刊去尤略，其爲不符一也。惟韻府於入聲屑韻辥下㮚上載紲字，挩下括上又載紲字，係屬複出，禮部詩韻刊去第二紲字是矣。而下平聲陽韻脱箱字，上聲感韻脱紞、㮆二字，此則校讎之失，遺誤非淺，揭出之以諗讀者。

切韻啓蒙不分卷 一册

清上海李邦黻輯。吴縣王氏學禮齋鈔稿本。

邦黻字芎僧，號梯雲。同治諸生。吾友嚴載如昌堉海藻小傳云：「邦黻肄業敬業書院，從嘉善鍾文蒸遊，飫聞穀梁家緒論，故於春秋學爲最深。中年後研精三禮，尤好宋儒語録，躬行實踐。宅父母憂，欲綜貫古今爲喪禮纂一書，條例具而未成，引以爲恨。宣統元年徵孝廉方正，固辭不赴。著有春秋穀梁經比事二卷、爾雅釋宫、釋親二卷、文稿二卷、雜稿一卷、雜著一卷及此書。輯有唐玉川子春秋摘微、東萊博議集評。」案邦轂，林松孫，能傳家學者，春秋摘微刊入王先謙南菁書院叢書。

切韻之學爲童蒙所難曉，肙僧作是書以啟之。分目凡五，曰論切韻，曰論母音，曰論韻書，曰論清濁，曰論音呼；附等韻略解，分目凡二，曰雜録，曰餘論。大抵根據江永音學辨微、四聲切韻表二書，推演闡發，而參以汪曰楨、黄廷鑑二家之説。汪説見四聲切韻表補正，謂江書旁行斜上，縱求即得本母，横求即得本韻。其譌舛處，更經汪氏爲之補正，而後等韻之學大明於世。談切韻者，蔑以加於此矣。黄説附照曠閣本音學辨微，後謂江書已細入毫芒，黄氏復補所未備，於是母位之輕重粗細，不容少有出入。其有功於音學匪淺。至其教初學便捷之法，則先列江氏借韻轉切圖而爲之説曰：「先將見、溪至來、日，京、卿至靈，仍，堅、牽至連、然，合三十六字辨清字音，縱讀數十百徧。復將見、京、堅至日、仍、然三十六句，横讀數十百徧，然後隨舉一字，即有同類二字冲口而出。如切字則呼曰切清千，韻字則呼曰韻盈延，知切與清千同爲清母韻，與盈延同爲喻母矣。其餘每字所同呼出之二音，皆與此字同歸一母，所謂雙聲也。如字字能順口呼成三音，則上一字母位定矣。至下一字則疊韻，疊韻者，謂與所切之字同歸一韻也。假如德紅切東，紅東同韻，自可爲切。但古紅爲公，苦紅爲空，他紅爲通，何以定其爲東字也？蓋在德東位同，紅東聲同處辨之。其法見上一字爲德，便呼曰德丁顛東，若下一字曰孤，或是回，則呼曰德丁顛都，或德丁顛堆矣。他皆倣此。此事可令小童習之，竢其能隨口得音，再授以辨母位，辨開合、正副諸法。則無定之中，仍歸一定，必無誤切之音矣。」其舉例明晰，方法簡易，率皆類此。雖爲音學初階而作，蓋非深於音韻者不能也。

癸卯稿卷二

漢書一百二十卷十六册

清同治八年金陵書局刊本。秀水王祖詢臨武進張惠言、吴縣沈欽韓校。

先君生平熟精班書，此爲所留手澤之一。朱筆臨張皋文校，墨筆臨沈文起校。先是文起竭數十年精力成兩漢書疏證，卷帙浩繁，存稿待刊，别有校讀之本，係據陳少章臨葉石君校宋，並何義門、李安谿評，而自加案語，以贈許㒲舟。陳培之更從照臨，而又自增附識。吴中舊學，競相傳録。余别得數本，與此同出一源。培之又臨皋文手校，謂於書法、文法，多所致意，考證則略焉。皋文長於古文，其致意於書法、文法固宜，但余别得吴山子臨本，非無考證，且極精碻。此祇及圈點者，或所據本不同耳。中有朱筆細書，署名「瑩」者，爲叔祖父星卿公諱寶瑩，公晚官漣水知事，博學多通，尤精金石之學。先君中年謝世，著書未成。余求吴縣曹叔彦師元弼，俟官高穎生先生向瀛撰家傳，未克鎸石，而復禮堂文三集、還粹文集均未付梓，事跡可考者僅存吴縣志流寓一傳耳。

有「宋沂國公之後」朱文長方印，「臣詢長壽」白文方印，「王」字虎文押，「祖詢」白文方印。

既又從蔣子良給諫彬蔚許，借得武進張皐文先生惠言校本。張跋云：「余以甲寅秋點閲是書，未幾南還，此書留京師。越七年嘉慶庚申，于役遼左，迺得竟之。帝紀十二卷及列傳第一至三十八前所點也，爲朱、黄别異。表、志、列傳趙充國以下，後所點也，惟朱圈點而已。義例亦不能盡一。案張校于書法、文法多所致意，考證則略焉。今併其圈點録之。倬又識。

漢書正誤四卷二册

清常熟王峻撰。受業錢大昕校定。乾隆乙卯懷息草堂刻本。

峻字次山，號艮齋。雍正甲辰進士。江西道監察御史。在臺垣志氣嶽嶽，到官三日，劾罷都御史彭維新，稱其狠忮無學術。時論嚮之。退歸，修蘇州府志。清史稿有傳。余讀漢書，旁搜諸家考釋，於錢竹汀潛研堂文集見所序次山漢書正誤，推爲當駕三劉與吳之上，心向往之。顧求其書不得，考黄體芳江南徵書札、朱記榮國朝未刊遺書志略、鄭文焯南獻徵遺，雖列其目，而皆云未刊，故王先謙撰補注亦未採也。二十年前祁陽陳君澄中清華，方鋭意搜求宋、元刻，一日過談，偶及清刻而可與宋、元並論者有之乎？余測其必先有所獲而故言之。繼而徐曰：「漢書正誤，見之乎？」余躍然起索快讀，則又諉曰：「貯諸金庫秘篋，請俟異日。」未幾遽别去。前年閲肆，於架上見之，則陳君名印赫然在焉。亟抱歸，喜償夙願。

案次山此書，多最録何義門、陳少章師弟之説。取校義門讀書記，雖不及十一，而可補遺者如高帝紀十二年三月「吾以布衣提三尺取天下」。惠帝紀「外郎滿六歲二級」。文帝紀「七年六月，未央宮東闕罘罳災」。宣帝紀「戾太子孫」。「神爵元年震於珍物」。百官公卿表下「初元三年，衛尉許嘉爲左將軍，五年遷」。禮樂志「海内有姦，紛亂東北」。郊祀志上「湫淵，祠朝那」。「雍有日月參辰、南北斗、熒惑、太白、歲星、填星、辰星、二十八宿」。「使黄錘史寬舒受其方」。地理志上「南陵」。「沛郡，下蔡，夫差遷昭侯於此」。「魏郡内黄」。「箕禹貢維水北至昌都入海」。「會稽，毘陵，江在北，東入川。」「丹陽郡，丹陽，楚之先熊繹所封，十八世，文王徙郢」。藝文志「漢著記百九十卷」。「右兵權謀十三家，二百五十九篇」。「右兵技巧十三家，百九十九篇」。韓彭英盧吳傳「以義兵從思東歸之士，何不散」。荆燕吳傳「條侯將乘六乘傳，會兵滎陽。至雒陽見劇孟」。楚元王傳「晝冥晦」。酈陸朱劉叔孫傳「建迺求見孝惠幸臣閎籍孺」。萬石衛直周張傳「故爲流民法，以禁重賦」。「歲餘，不孰何綰」。賈誼傳「問於子服」，「惠王親兄子也」。賈鄒枚路傳「季子緩追免賊」。李廣蘇建傳「大將軍弗聽，令長史封書與廣之莫府」。「大將軍長史急責，廣之莫府上簿。廣曰：諸校尉無罪，迺吾自失道，吾今自上簿。至莫府，謂其麾下曰」。董仲舒傳「臨淵羡魚，不如蛛而結網」。蕭望之傳「書曰：戎狄荒服」。薛宣朱博傳「初，博以御史爲丞相」。酷吏傳「以避文法焉」。貨殖傳「答布」。「它果采千種」。「故師史能致十千萬」。「安陵杜氏」。佞幸傳「上即位，欲事伐胡，而嫣先習兵」。西域傳上「共禀漢使者」。外戚傳下「閔蕃華之不滋」。「皇太后詔大司馬莽丞相大司空曰」。「丞知是何等兒也」。「成結寵妾妒媚之誅」。叙傳下「税介免胄，禮義是創」。「助偃淮南數子之德」。「攸攸外寓閩、越、東甌」。共四十七條。蓋義門生平所批漢書不止一本，故所據各異也。至引少章説尤多。時少章兩漢訂誤未有刊本，賴此得存大略。自余得王蘭泉家鈔本，始印入丙子叢編，然取校此本所引，時有異佚，文繁不俱列。首有自序及乾隆丙戌陳弘謀、乾隆乙卯錢大昕二序。有「海寓袁氏傳經堂雲階書籍印」、「陳印清華」二印。

三國志六十五卷 八册

清同治九年金陵書局覆汲古閣刊本。吳縣曹元忠手校宋本並跋。

君直世丈先以朱筆校明鈔宋單注本，復以藍筆校景鈔宋大字本。二本皆傅氏雙鑑樓所藏，假之沅叔先生者也。明鈔宋單注本，九行，二十字。首題武帝紀第一，下云：魏書，又下云：國志一，次行題太祖。蓋小題在上，大題在下，尚是陳壽原書行欵。注音、引書及云事見某某者，多汲古閣本有，而單注本無。而文字佳處，則勝於汲古本。且知宋時國志之有單注，亦若諸經疏之有單疏本也。景鈔宋大字本，每半葉九行，十六字。從諸夏侯曹傳起，首題諸夏侯曹傳第九，下云：魏書，又下云：國志九，蓋亦小題在上，大題在下。其注中異文，多有同於單注本者。此二本皆爲前人治陳壽書所未見，可寶也。單注本，沅叔曾屬丈作跋，必已詳舉其勝處。余輯箋經室遺集，其稿已佚。至卷尾短跋，附記雜事，則以校書爲日課，因即爲日記，如盧抱經諸家，往往而然。必謹書宣統辛酉者，其實清亡已十年。赴無錫題主者，彼時風氣，富有之家，治喪必請遺老題主，而遺老亦藉禮金爲潤澤。丈精於醫術，晚年資以爲生，故有出診來問之云。楊馥堂爲吳中老書賈，設鳴琴室於懸橋巷，與江建霞、費屺懷、吳印臣等往來。傅沅叔游蘇，必從其獲佳籍。抱經校韓詩外傳，余曾得屈伯剛臨本，今失之矣。觀跋語，知丈之孜孜校勘，每至深夜，雖疾病不輟，足爲後生之師。因并疏其瑣事，以告讀是書者。

宣統辛酉正月辛未，晦。晴窗據江安傅沅叔同年藏本校。元忠。朱筆。卷二末。

宣統辛酉二月壬申，朔，晴。校此卷畢。元忠。朱筆。卷五末。

宣統辛酉二月甲戌，晴。夜挑鐙校此卷畢。元忠。朱筆。卷八末。

宣統辛酉二月乙亥，陰。校此卷畢。元忠。朱筆。

宣統辛酉三月己巳，元忠外王父馬淵林先生殉節日也。是日立夏，陰雨。校此卷畢。元忠。藍筆。以上卷十一末。

宣統辛酉二月丁丑，陰。校此卷畢。元忠。朱筆。卷十四末。

宣統辛酉二月戊寅，晴。余生日也。校此卷。元忠。朱筆。

宣統辛酉四月辛未，朔，晴。至無錫，爲高要馮誦芬題主。歸校此卷，困甚。元忠。藍筆。以上卷十七末。

宣統辛酉二月己卯，晴。鐙下校此卷。元忠。朱筆。

宣統辛酉四月癸酉，陰。余出診朱家園，所乘輿折杠，要脇微痛。校此卷即睡。元忠。藍筆。以上卷二十末。

宣統辛酉二月庚辰，晴。校此卷。元忠。朱筆。

宣統辛酉四月丙子，晴。脇傷少間，來問亦稀，因校此卷。元忠。藍筆。以上卷二十四末。

宣統辛酉二月癸未，是日春分。余左肩痛，校此卷，困甚。元忠。朱筆。

宣統辛酉四月丁丑，晴。校此卷。是日楊馥堂持北中寄購宋名臣奏議、通鑑總類殘本來，皆「中」書也。藍筆。以上卷二十七末。

宣統辛酉二月甲申，陰。肩痛未已，勉校此卷，明日當暫輟。元忠。朱筆。

宣統辛酉四月庚辰，晴。夜校此卷畢，元忠。是日西津以抱經學士所校韓詩外傳十卷見示，答書勸其速購。藍筆。以上卷三十末。

宣統辛酉二月丙戌，陰雨。校此卷。元忠。朱筆。卷三十七末。

宣統辛酉二月丁亥，坐雨竟一日夜。校此卷畢，始睡。已二鼓矣。朱筆。卷四十五末。

宣統辛酉三月乙巳，午後天陰。校此卷畢。元忠。朱筆。卷四十八末。

宣統辛酉三月丙午，晴。校此卷畢。元忠。朱筆。卷五十四末。

宣統辛酉三月丁未，晴。校此卷至三鼓畢。元忠。朱筆。卷六十五末。

三國志六十五卷八册

清光緒戊子上海蜚英館景印武英殿本。吴縣曹元忠手校宋本並跋。

此書據校者，一爲傅沅叔先生藏紹興間覆刻北宋監本殘本。每半葉十行，行十九字。僅存方技傳及烏丸鮮卑傳十八葉。方技傳自管輅傳「館陶令諸葛原遷新興太守」起，烏丸鮮卑傳至軻比能傳「以鼓節爲進退」止，用朱筆。一爲許博明藏南宋寧宗時刻巾箱本呂東萊標注本。每半葉十四行，行二十四字。標注者，疑即詳節原名。雖非全文，其善處多與殿本考證所稱宋本、北宋本合，用墨筆。君直丈均有長跋詳記之。載箋經室遺集。

案紹興本殘存無多，偶有異文而已。標注本所貴在多存裴注之音出於各本之外者。今本裴注有音，而經典釋文、研北雜志時引其佚文。丈所校明鈔宋單注本，於此往往刊削。從知東萊所據，猶爲北宋善本，後世所未見者。如魏志卷十五張既傳「賊七千餘騎逆拒軍於鸇陰口」，口下注有「鸇，之然反」四字。又賈逵傳「除澠池令」，令下注有「澠，神陵反」四字。卷十六蘇則傳「侍中傅巽搯則曰」，曰下注有「搯，苦洽反」四字。卷二十三杜襲傳「不爲蹊鼠發機」，鼠下注有「上音奚，小鼠也」六字。「不以莛撞起音」，莛下注有「唐丁反，草莖也」六字。蜀志卷十三李恢傳「庲降都督鄧方卒」，降下注有「庲音來」三字。又馬忠傳「敗績猇亭」，亭下注有「猇，許交反」四字。（案，疑即先主紀「於夷道猇亭駐營」注文，東萊先生移至此傳。）吴志卷二十韋曜傳「然其所志，不出一枰之上」，上下注有「枰音平」三字是也。又魏志卷十七張遼傳「教與護軍薛悌，署函邊曰」，曰下注有「函，書也」三字。卷二十二陳羣傳「真復表從子午道」，道下注有「子午道，漢平帝時王莽通之。秦紀曰：『子午，長安正南山名。』秦令谷，一名樊山，屬魏」。三十一字。蜀志卷二先主傳「袁公路豈憂國忘家者耶」？路下注有「術字也」三字。卷十二孟光傳「皆家户所有耳」，耳下注有「謂皆世子之常事也」八字。凡此又皆爲裴注之佚文。昔周季貺以藏書稱，究心國志，乃生平未見宋本。盧慎之先生撰集解，網羅極富。於丈所校諸宋本，概未之見。而丈又見松江韓氏所藏宋刻小字本，綜宋刻五、六種，撰有校記，惜其稿已不存。

博明名厚基，籍吳興而寓蘇城。家裕於財，慕其鄉嘉業堂劉氏、適園張氏之風，大力收書，築懷辛樓以貯之。後經變故，家業蕩然，卒以窮愁潦倒終。亦吳中藏書家之尾聲也。

有「君直手校」白文長方印。

三十年前，周季貺星詒嘗爲余言三國裴注有音，而各本往往敓佚。余以季老自言生平未見宋槧，僅據蕭常、郝經書校勘，以其所見猶宋本也云云。存此説而不論。去冬年家子許博明厚基以東萊先生標注三國志屬跋，余審爲宋寧宗時刻本。以校殿本，則裴注所敓佚之音，往往而有，亟録於各卷本文之端，竢傳沅叔增湘以單注本國志寄來時再校焉。單注國志，係景宋鈔本，沅叔得諸都門，今年面屬余跋者。宣統庚申二月壬辰，寒食。元忠鐙下寫記。

左昭十九年釋文引裴松之注魏志云：「古人謂藏爲去，見方技華佗傳。」又研北雜志云：「巢湖之巢，祖了切。見孫亮傳注。」

三國志補注四卷二册

清吳縣沈欽韓撰。吳縣王氏學禮齋鈔稿本。

小宛著作等身，家貧未刊。歿後不克葬者十年，寶山毛生甫爲言之上海郁泰峯，泰峯助以葬資，因將遺稿歸之。泰峯雖好古，喜刻書，亦未及刊而書散。後人得其稿，欽其博洽，多爲刊布。而據目未刊者，尚有三國志補注、水經注疏證二種。考幼學堂文集所載，三國志補注自序：「裴松之爲注也，意在補陳壽之褫脱斷爛，其語言去漢尚近，迄今彌遠，當時習爲固然，而今不可曉者甚夥。郡縣鎮戍之名，僅見於一時，名物訓詁之類，理絶於旁通，此松之所闕而不容不補者也。於是爲訓詁八卷、釋地理八卷，藏諸篋衍，以備遺忘。」今本止四卷，題訓詁二之一至二之四，所載皆補注故事，已全。意者，文字訓詁，當爲一之一至一之四，今與補地理八卷均佚矣。

清代治陳志者十餘家，近惟沔陽盧慎之先生弼撰集解六十五卷，網羅最備，考證最詳。所引沈欽韓説，係據後漢書疏證而未見此書，故頗有足補其闕者。就武帝、文帝兩紀言之：注曹瞞傳「造五色棒」，十二葉上。據古今注、鍾會傳、宋史儀衛注以解棒之有五色。注「民爲作謡言者免罷之」，十二葉下。據續漢志應劭言以解謡言，較集解引李賢説爲詳。注「其道乃與中黄太乙同」，二十七葉上。據真誥解中黄，據文子自然篇、陸佃鶡冠子注解太乙，較集解引潘眉説爲確。注「顧視同歲中」，七十八葉下。據武班碑、風俗通以證同歲爲同歲中舉孝廉。較集解引盧文弨説爲有據。正文「置旄頭」，一百六葉上。據文昌雜録引列異傳爲解，而集解引晉、宋二書禮志爲不瞭。以上武帝紀。注「犛牛之駁似虎，莠之幼似禾」，十六葉上。二語爲魏策魏文侯之辭。注「五色無主」，十九葉下。語出淮南子精神訓。注「石可破而不可奪堅，丹可磨而不可奪赤」。二十一葉下。二語，出吕氏春秋誠廉論，較集解引劉子爲早。注「顏闔辭魯幣而遠跡」。二十五葉上。事見莊子讓王篇，而集解引尚友録，謬。注「目未覩擊壤之戲」，二十六葉上。據藝文類聚引周處風土記。注「嬰兒未可託於高巢，餘糧未可以宿於田畝」。同上。據淮南子本經訓。注「葭莩未生庖厨」，同上。據任昉述異記。注「王母未獻白環，渠搜未見珍裘」。同上。均據宋書符瑞志。注「桑蔭未移而已陟帝位」，二十九葉上。據國策趙策。正文「棺但漆際會三過」，五十四葉下。據爾雅、廣雅、小爾雅釋「際」，詩箋、周禮弁師注釋「會」。正文「此詩人所謂汙澤也」，五十七葉下。據爾雅郭注、政和本草。注「雙戟爲坐鐵室」，七十三葉下。據韓非子内儲上。以上文帝紀。若是者不下數百條。我知盧先生若見之，必全採入集解也。

卷中附名浩者案語，知其從稿本迻録。亦有訂正：於三少帝紀「陳留王景元四年五年乙卯」條，有云：映江錢夫子云云，考潘祖蔭功順堂叢書刻小宛左傳補注爲徐養浩鈔本，此必一人而爲錢映江綺弟子，亦吾鄉人之學有本源者，惜已無考。

一九三六年夏，與吳瞿安表兄各以暑假返里，余携新得明刻沈璟紅渠記訪之，瞿安詫爲未見孤本。適案頭置是書，因乞互借讀之，未幾張仲清茂炯、孫伯南宗弼、張蟄公榮培相繼來，遂偕至市樓小飲，縱談至晚，始抱書而歸。仲清有鹽法志、艮廬詞，蟄公有惜餘春館詩詞集。伯南精於經、小學，謙謹不著書，故無傳焉。

三國志校勘記八卷 二册

清祥符周星詒撰。吳縣王氏學禮齋鈔稿本。

星詒字季貺，一字曼嘉，號已翁，一號窳翁。諸生。福建建寧府知府。收藏甚富，精於目録之學，四部甲乙，如別黑白。葉昌熾謂其所藏「甄擇甚精，皆秘册也。尤多前賢手録之本，及名家校本，朱黄爛然，各有題跋」。孫詒讓謂其「喜收藏異書，著録數萬卷，多宋、元舊槧，及乾、嘉諸老精校善本。三榮、郡齋，不足論也。手自理董，丹黄雜遝，精審絶倫。嘗與校讀，每伏案欽誦，以爲抱經、蕘圃不能專美也」。所論皆是。其著述已有印本者，爲窳櫎詩質、傳忠堂書目，余亦爲刊窳櫎日記鈔入乙亥叢編。而其生平精力所注，尤在陳壽國志，取舊刊本，佐以文選、治要、通鑑、通志等，及宋以前類書，逐字細校。又以蕭常、郝經兩家續後漢書，所據皆真宋本，勝義聯翩，爲諸校讎家屐齒所未到，寫定校勘記八卷。子紹寅字雲將附注，以就正於桐城蕭敬孚，惜未及付梓。故盧慎之先生撰集解未見，今以集解武帝紀校之，注「司馬彪續漢書：『由是鄉黨貴歎焉。』」五葉上，據集解本，下同。「貴」郝書注作「賛」。注「魏書『歷世長吏，無敢禁絶者』」，十四葉上。「敢」郝書作「能」。注「司馬彪九州春秋：『黄門常侍貴族滅矣。』」十五葉上。「貴」郝書作「真」。案與通鑑同。注「外有羣卿同欲之勢」，十五葉下。「勢」郝書作「援」。注「宮請説州中」，二十六葉上。「州中」下，郝書有「綱紀」二字。案與通鑑同。正文「諶頓首無二心」，四十一葉下。「頓首」下，郝書有「言」

字。正文「遼東殷馗」，五十一葉下，文紀作「內黃殷登」。正文「魂而有靈」，五十二葉下。「魂」郝書作「鬼」。正文「爲子整與譚結婚」，五十五葉下。案諸王傳作子整，此子字下當奪一子字。正文「故豫州刺史陰夔」，五十八葉下。「故」上郝書有「遣」字。案與何焯、趙一清、錢大昕說同。正文「吾當要與賢士大夫同定之」，六十五葉上。「當要」疑當作「要當」。注「魏書：『庶以疇答衆勞』」，六十五葉下。「疇」郝書作「酬」。正文「乃塹山堙谷五百餘里」，六十六葉下。疇傳注作九百餘里，似從九爲是。注「衛恒四體書勢序：『每書輒削焚其札。』」七十二葉上。「札」，郝書作「柎」，下文「而竊其札」，同。案與晉書衛恒傳同。注「皇甫謐逸士傳：『遥望漠北之救』」，七十三葉上。「漠」郝書作「河」。注「魏武故事：『此所不得爲也』」，八十一葉上。「所」下郝書有「以」字，「爲」上有「不」字。注「曹瞞傳：『公猶坐胡牀不起』」，八十三葉下。「公」下類聚七十引有「恚」字。正文「賊退距渭口」，八十三葉下。「退距」，文選檄吳將校部曲文注作「追距」。紹寅案，「循河而南，操已退，賊安肯退，作追爲是」。正文「賊必引守諸津」八十五葉下。「引」下郝書有「軍」字。注「虞溥江表傳『慮從光禄勳遷爲大夫』」，九十葉下。「大夫」上，郝書有「御史」二字。正文「羣后釋位」，九十葉下。「釋」文選作「失」。正文「君又翦之」，九十二葉上。類聚及郝書均作「君又討之，翦除其惡」。文選同，惟「惡」作「迹」。正文「君則致討」，九十二葉上。文選作「又賴君勳」。正文「張魯使弟衛與將楊昂等」，一百九葉上。「楊昂」馬超傳注作「楊帛」，又作「白楊」，阜傳作「昂」。注「獻帝傳：『竹使符第一至十』」，一百十六葉上。「十」上郝書有「第」字。注「世語：『伐濯龍祠而樹出血。』」一百廿六葉上。「而樹」疑當作「樹而」。皆較舊本爲義長，而諸家所未及。其外孫冒鶴亭先生廣生爲校字，并手録清本。余即借以傳録。據鶴亭先生光緒丁酉序，季貺時年已七十正，寓吳之鎮撫司前，前輩如章式之、曹君直、顧鶴逸諸先生，均接其緒論，蓋影響於吾吳學風者甚大也。

北史刊誤不分卷 一册

清佚名撰。手稿本。

清同治間曾國藩於江寧等處設書局五，校刊諸史，尤以金陵書局延聘通儒，極一時之選。首刊史記三家注，附張文虎所撰札記，世稱精博。後刻各種，不知何故皆闕。惟淮南書局刊隋書有薛壽等校記，浙江書局重刻岑氏懼盈齋本舊唐書有劉文淇等校勘記耳。

此北史刊誤一厚册，藍格稿本。不具撰人姓名。核其内容，知爲校金陵局覆汲古閣本，雖未見宋、元本，所據僅南監本及汲古原本，而參互考訂，所是正達二千三百餘條。如卷四，十一葉五行「追復故范陽王懌爲河間王」，校云：「河間當從魏書作清河。毛本、南本並誤。案，下五年有復河間王琛本封之文，是時河間王尚在，何得更以封懌？且既云追復，則是復其本封。懌本封清河，亦不作河間。此自寫官之失，非必延壽誤文也。」卷五，十五葉四行「内外戒嚴，百司悉依舊章，從容雅服，不得以務衫從事」。校云：「魏書戒嚴作解嚴，務衫作矛釤。案，此遷鄴之初，内外粗定，故詔令解嚴，未有兵事，不當云戒嚴也。

務衫未詳。衫，集韻音銛，刀名。此云既解嚴，則從容雅服，不得更佩帶刀矛也。魏書誼長。」卷六，六葉三行「時度律、仲遠軍次晉陽，爾朱兆會之」。校云：「晉陽，北齊作洛陽。洛陽本魏都，度律在朝，不當云軍次洛陽。兆本在晉陽，亦不當云兆會之，且神武起兵信都，方至殷州。信都今冀州，殷州治廣阿，今隆平。度律、仲遠、兆並禦神武，亦不當遠在晉陽、今太原。洛陽，今縣。與下敗兆於廣阿及攻鄴之文不相屬。北史、北齊並誤。案下爾朱兆傳云：『神武之克殷州也，兆與仲遠、度律約拒之。仲遠、度律次陽平，兆出井陘，屯廣阿。』仲遠傳亦作陽平。魏書兆傳云：『仲遠、度律次於陽平，兆出井陘，屯於廣阿。』陽平今莘縣，是時神武與兆持於廣阿，仲遠、度律方次陽平，遏神武攻鄴之路。兆傳云：『兆輕騎三百，來就仲遠』，則各軍一處可知。故度律、仲遠既還，神武乃敗兆於廣阿而攻鄴，其文始通。晉陽當從爾朱兆傳作陽平。」卷九，十一葉七行「魏帝詔封帝長子覺爲寧都郡公」，又八行「以封覺」。校云：「覺，毛本、南本並誤。北周作毓，與下本紀合，當從之。蓋毓爲明帝，文帝長子，大統十四年封寧都郡公，若覺，則孝閔帝，文帝三子，未有此封也。下孝閔元年紀有寧都公毓之文，亦其一證。」卷十二，十四葉十行「封皇帝衍爲鄴王，術爲郢王」。校云：「鄴，毛本、南本並作萊，本傳同。此從北周。然北周傳雖云『鄴王衍、郢王術』，而本紀又作術爲鄴王，衍爲郢王，並歧出不一。案，術爲郢王，各傳皆同，無可疑者。衍本靜帝名，王不當更名衍，衍、術形近，當從周紀。惟術、衍須互易，始與傳合耳。」卷二十二，三葉十九行「丹陽王太之」。校云：「太之疑有誤。案上叔孫建傳，『封丹陽王。宋將檀道濟、王仲德救滑臺，建與汝陰公道生拒擊之』。與此正合。

則太之當作叔孫建，各本皆誤。卷六十四，六葉十二行「宇文亮舉兵反，文立以數百騎襲孝寬營」。校云：「反，毛、南本並無。文立北周作反潛，案此還至豫州，亮始反，與上吳文立絶不相涉。文立二字蒙上而誤，且文、反又形近。今本不知文立之譌，而徑增一反字，若文立與亮同舉兵者，並不合，當從北周正。」卷八十二，十三葉四行「高祖改曰五行，及子孝文復作四時之舞」。校云：「高祖，毛原作始皇，此從南本。北周亦作始皇子，當從隋書作于。毛、南本並誤。案，漢書禮樂志，五行舞者，本周舞也。秦始皇二十六年更名曰五行也。四時舞者，孝文所作。北史正承此文，始皇本不誤，南本以于誤作子，遂謂『子孝文』，則上當作高祖，率臆改之，不思甚矣。」卷八十三，四葉十一行「前南兗州刺史羊蕭」，校云：「刺史當從南本作長史，與北齊合。蕭當從北齊作肅。北齊羊烈傳，肅爲兗州長史，入文林館撰書。北史羊祉傳，肅下亦云：『武平中，入文林館撰書。』毛、南本作蕭，並誤。」卷九十九，五葉二十二行「上令柱國馮昱屯乙弗泊，蘭州總管叱李，崇屯幽州，達奚長孺據周槃」。校云：「案此有脱文。隋書叱李下有『長叉守臨洮上柱國李』九字，隋文帝紀『叱李長叉爲蘭州總管』與傳合。北史叱列平傳李作列，而無爲蘭州總管，當以隋書爲正。且北史傳長叉終於涇州刺史，或其守臨洮後，便刺涇州耶？李崇傳正以『開皇三年除幽州總管，破突厥』，與此正合。當從隋書補正。孺當從南本作儒，與本傳合。毛原誤。」以上掇録數條，具見考證精審，亦錢竹汀、洪筠軒之亞。且知今局本雖曰重刊毛本，已有校改處。

案書局諸賢，有儀徵劉恭甫壽曾，孫詒讓撰恭甫墓表云：「其在書局，分校南、北史，則有校義集平之作。」而汪士鐸撰墓志銘，列其著作有南史校義集平而無北史。其書皆無傳本。以此稿之校勘謹嚴觀之，頗似劉氏家法。或出於恭甫之手。今劉氏三世合著之左傳舊注疏證既有印本，如他稿尚存，何時一出以證我之説乎？

大金國志四十卷三册

舊題金宇文懋昭撰。清嘉慶二年常熟席世臣掃葉山房刊本。崑山李傳元臨海寧查慎行校。世臣，乾隆丙午舉人。曾刊東都事略、南宋書、契丹國志、大金國志、元史類編，合爲宋遼金元别史。阮元爲之序，此其一也。大金國志，元刻未見，各家著録率舊鈔。此本亦據一舊鈔精校，多云「查改某」者，昔沈曉滄有查初白校舊鈔本，必從之出。校語有注「元注」或「元案」者。書面有「子培得此於廠肆，橘農攘之」墨筆一行。知校者爲新陽李傳元，傳元號橘農。光緒己丑進士。官至浙江按察使。與嘉興沈曾植友善，故云攘之子培也。傅沅叔先生藏園羣書題記有跋天一閣鈔本，謂取掃葉山房本校之，其不同者有五。今案，其一、謂經進書表及世系圖，刊本皆失載，其實不然。沅叔所據本，偶脱此二篇耳。餘皆與此據查校同。沅叔所未及者，如卷一天眷元年，「可求之被毒何哉？蓋去年冬，國主廢豫」云云，刊本脱首八字。卷十一皇統元年，「蓋欲丞相故也」，刊本「丞相」作「亟和」。卷十七，大定十二年八月，「皇太子允升立」，刊本全脱。卷二十五末「遂傳義宗入繼大統」，刊本「遂傳義宗」作「東海之難」。卷二十八韓玉傳,「目前何顔以見人世」,刊本八字缺。卷三十七,「大宋誓書及差康王出質應見在,並盡數遺還」,刊本作「應有逃叛盡數遺還」。卷三十九,「初興風土,其人勇悍好詐,貪婪殘忍」,刊本脱好詐以下六字。又「婚姻,父死則妻其母,兄死則妻其嫂」,刊本上文父母二字,誤屬於此,作「父母死則羣母,兄死則其嫂」。其他一二字之錯譌,尤不勝舉。凡云「查改」者,均出臆校,循文按理,多得其真。余舊有馬笏齋藏舊鈔本,惜已易米,不及與此一校異同也。

國語正義二十一卷 八册

清烏程董增齡撰。光緒庚辰會稽章壽康式訓堂刊本。

清人於羣經皆有新疏,國語爲春秋外傳,故治經者兼及焉。據張之洞書目答問,著録新疏有三家,曰洪亮吉、龔麗正、董斯垣。洪書云有旌德吕氏刻本,今絶未之見。龔、董二書則云未見傳本。麗正爲段茂堂壻,定盦父,果有成書,不容不刻。烏程諸董,乾隆時通經者有豐垣,今傳尚書大傳輯本、識小編諸書。稍後則有增齡,撰國語正義。不聞有「斯垣」,必由記憶之誤。是三家者,實無其書。惟增齡書僅存,至光緒間,始由章氏付梓以傳。案增齡字慶千。諸生。與徐新田爲中表,以學問相切磋。而遺書晚出,流傳又不廣,故論者罕及。惟譚仲儀復堂日記補録云:「規模平正,僅守通行本,所見稍隘。」章太炎先生檢論清儒篇一及之,亦無評斷,聊以備數而已。新田頑石廬文集未刊稿,有與慶千論此書云:「承示國語正義，疏解詳明，條流淹貫，深合體製，必傳無疑。惟略有可商者：既依注作疏，則注義不可輕駁。劉光伯規杜三百事，孔沖遠一一闢之，疏例固當如是。惟楊士勛穀梁疏頗糾范氏之失，然亦微文見意，不顯攻也。尊著攻詰韋注，詞氣有過峻處，似宜斟酌。又賈逵、孔晁等注，見於他書者，凡數十條，統須鈔納。有韋注暗用舊説者，有孔、晁同乎韋注者，亦或各有異同，須爲之疏通而證明之。又有他書引韋書而今本闕者，宜録之以備參考」云云。今讀慶千自序，於後説已如新田議，采掇諸家以補宏嗣之義矣。於前説則辨謂「竊意許叔重、鄭康成兩君爲漢儒宗主。自三國分疆，而儒學爲之一變。宏嗣生於江南擾攘之秋，抱闕守殘，視東漢諸儒，已非其時矣。其所解固援經義，而與許、鄭諸君有未翕合者，依文順釋，義有難安。況墨守一家之説，殊非實事求是之心。用是采擷諸經舊説，間下己意，非求爭勝於青藍，不敢面諛夫鹿馬。檢楊氏穀梁正義，間與范氏之注，語具抑揚，則知疏不破注之例，古人亦所不拘。今詮釋韋解之外，仍援許、鄭諸君舊詁，備載其後，以俟辨章。譬導水而窮其源，非落葉而離其根也。是説也，雖違唐人義疏之正軌，猶存許、鄭舊詁於不廢。」與新田各有所見，可互參焉。慶千又有規杜釋疑、論語雅言二書。新田皆爲作序，惜已失傳。

有「王仁俊」朱白文方印，「王氏籀鄦誃藏書記」朱文長印。

重集世本一卷校增重集世本一卷

清承德孫馮翼重集。錢塘汪遠孫校增。舊鈔本。長洲陳奂、吳縣曹元忠手校。

世本一書，亡於宋時，諸家考之詳矣。清人纂輯多家，始於金溪王謨，嘉慶三年刊入漢魏遺書鈔。嘉定錢大昭又有集本，陽湖孫星衍鈔以示其弟。馮翼復據諸書，補其未備，而似未見王本。嘉慶七年，刊入問經堂叢書，傳本不多，此即從之轉鈔，而陳碩甫復據御覽、書鈔、釋文等書，朱筆補校。後附校增，則爲汪小米遺著，僅及作篇，蓋未完之稿。碩甫亦爲補校，而君直先生又據事物紀原增補若干條，雖卷帙不及陳其泰增訂本，而多陳氏所未見。信哉，讀書之無盡也。碩甫假館小米家，交誼最篤。小米中年殂謝，碩甫既爲定國語三君注輯存、國語發正、漢書地理志校刊行。其未刊者，據師友淵原記，尚有三家詩考證、世本集證。此即集證之初稿歟？他多零星殘稿，亦悉爲整理。經典釋文補條例及隨筆，汪氏後人已刊入振綺堂叢書，而此本則世無知者。兼有碩甫、君直手跡，不益可重耶？

有「曾在三百堂陳氏處」朱文方印，「句吳曹氏收藏金石書畫之印」白文方印。

漢書藝文志：世本十五篇。班自注云：「古史官記黄帝以來訖春秋時諸侯大夫，蓋周末史氏所爲也。」劉向叙録中秘書以十五篇爲二卷。故隋經籍志有世本二卷，劉向撰。又有世本四卷，宋衷撰。蓋衷注也。唐藝文志有世本別録及宋均注世本七卷。崇文總目不載世本之本，云亡當在宋世。説詳陽湖孫星衍重集世本序。嘉定錢大昭嘗據書傳所引，集作、居、姓氏、王侯大夫譜四篇，此重集本也。然對讎參訂，俱不得其實。小米汪君校增於上方，祇有作篇。汪少洪曰：「此固吾兄用意之所在，不可妄廢之也。」屬爲録之，其中將孫重集本改正處不少，凡校增入者，悉以圜圂爲眉目。陳奐記。

甲申日記一卷

明王永章撰。崑山趙詒琛手鈔本。

題明内臣王永章著。蓋中官也。自崇禎十七年三月十六日至五月初一日，按日記載李自成入京至出京始末甚具。三月十八日，毅宗諭太子及永王、定王易服潛至内閣，命永章護送，十九日李軍入宫，永章被虜。五月初一日，太子回宫，永章在内預備。蓋此四十餘日，永章未離宫禁，故所記自較真實。中載吳襄繳進三桂家書，每書必惓惓於陳妾之安危，反多責其父之失算。其所以求太子者，亦以太子在宫，能知陳妾消息耳。故云但求陳妾、太子兩人送來，立刻降順。陳妾在太子前，其意可知。及廿五日，既得陳妾，遂悍然背盟矣。四月初六日，載自成檄三桂文一道，措辭極穢惡不堪。謝氏晚明史籍考僅據丁丙八千卷樓書目著録，未見其書。

崇禎遺録一卷

明大興王世德撰。崑山趙詒琛手鈔本。

題「草莽孤臣王世德著」。世德字克承，大興王崑繩源之父。居業堂文集卷十八先府君行實云：「常居禁中宿衛，朝侍立糾儀。」此録記殉國諸人條有「錦衣衛指揮王世德妻魏氏抱弱女同姪女投井死，婢妾同死者十七人」。即其自述也。世德久列禁衛，於毅宗一切措施，咸親歷見聞，「痛夫不肖之徒肆爲誹謗，舉亡國之咎歸之君，而淺見寡聞之士以爲信然，遂筆之書而傳於世。於是録其聞見，凡野史之僞者正之，遺者補之。名曰崇禎遺録」，而一序尤欷歔扼腕，痛切言之。案録中於野史之僞，皆明著之而不舉書名。述毅宗事，謂「上雞鳴而起，夜分不寐，焦勞成疾。宮中從無宴樂之事。近御宮人，皆正色臨之，一無戲言。田貴妃婉慧得上意，亦少進御，未幾被譴，退居啓祥宮。妃以憂死。後乃有爲永和宮詞以訕上者，比於李後主、唐明皇，造謗誣衊，横行無忌，天理絶矣」。又謂「此人又作琵琶行，有駕幸御熙宮之句，御熙宮，伶人所處，非離宮也。宮禁之制尚不詳，而敢於訕上，其誰欺？欺天乎？」皆指吴梅村也。梅村號詩史，然大抵得之傳説。又詩人往往好誇張粉飾，失其本真。如清涼山贊佛詩有據爲清世祖出家之證者，近孟心史已辨之。然則永和宮詞、琵琶行亦猶是也。豈可據以證史哉。惟於鄭鄤杖母事，謂「至毘陵，詢其鄉人，乃知黄道周爲鄤所愚。蓋鄤不孝名久著，道周過武進主鄤家，鄤謬爲孝謹，説母不去口。一日母忽邀道周至内，流涕言鄤至孝，爲外人所誣。喃喃數百言，激切動人。道周於是深信不疑，力爲稱譽。不知其母非母也，乳媪耳」云云。則猶沿當時傳説，至以野史爲之回護。清武進湯脩業有鄭峚陽寃獄辨，余已刊入甲戌叢編，吾鄉王仁俊有辨誣録四巨帙，曾見稿本。此案有定論矣。記崇禎二年五月朔日食，「時刻不驗，以侍郎徐光啓言，開設曆局，用西洋測法。永樂大典書成未刊，上命刻日食卷行世，今永樂大典刻本惟此」。案，大典之有刻本，惟見於此，惜今仍不傳。其他遺聞墜掌，頗多可采。如「枚卜閣臣，必焚香告天，置各官職名於玉瓶中，以金箸拈之」。案枋國重任，出之枚卜，十七年中所用至五十人，大都闒茸庸碌之輩，誤國殃民，其何足怪。又如「京營官軍，皆詭寄靡餉，無一人可用，蓋甲鬻於乙，乙鬻於丙，更易不知凡幾，而按籍稽名，多隆、萬以上人。故名雖軍，其實非市井游手，即勢家蒼頭，從無紀律」。案軍政腐朽至此，其何能衛國安民，一旦内外交釁，坐致滅亡。世德雖於毅宗極頌其功德，而明政不綱，亦不能爲之諱也。錢儀吉衎石齋記事續稿卷四，有是書跋。歷舉其得失，而謂「職在禁中，親所見聞，宜可據信。其於亡國舊君，悃欵忠愛之意，尤足尚焉」。傅氏藏園羣書題記續集傳鈔順德李仲約本，末附殉難忠臣録及逆賊奸臣録，此本無之。謝氏晚明史籍考據國學圖書館藏鈔本著録，蓋世無刊本。

南忠紀不分卷 一册

明無錫錢肅潤輯。吳縣王氏學禮齋鈔本。

肅潤字礎日，別號十峯主人。諸生。無錫縣志儒林傳：「肅潤幼從學於鄒期相，期相故攀龍弟子也。授以靜坐法，頗有得。補博士弟子員。鼎革後棄去，隱居教授。當事見其衣冠有異，執而笞之，折脛。肅潤笑曰：『夔一足，庸何傷？』因自號跛足生。名益高，四方學者尊爲東林老都講。年八十八卒於家。」今四庫存目著録其尚書體要、道南正學編。禁燬書目著録其文瀫初編，此書則僅吳興劉氏嘉業堂藏有鈔本，謝君剛主晚明史籍考據以著録，而余亦從其轉鈔者也。

是書記明南都覆亡殉國者自史可法以下一百三十三人事跡。分南都死事、在官死節、在家死節、起義死、出師死、出使死、在外死、被難死、從行死諸目，人爲小傳，附以論贊，故題曰南忠紀。自序云：「弘光變而在京死事者少，何者？將以有爲也。逮事不可爲，而或死於官，或死於家，或死於兵戎、牢犴之中，動以千計，嗚呼，明不可謂無人已。余不能死，見死者而心動焉。喟然曰『前事不彰，後死之咎也。故作是編』。」而自署曰「錫山後死錢肅潤礎日手輯」。雖成書已在順治七年庚寅，而其心事固歷歷如見。乃提要目爲「國朝人」，誣矣。今改題曰「明」，猶肅潤志也。書眉舊有商訂語，於中書龔廷祥傳云：「公至寓，承疇使人致靴笠箭衣，公得之大喜。乃以被所乘驢，騎而策之，盤旋庭中。都人來觀者，勉以忠孝，書正氣歌與之，筆落如雲。寓僧廬，坐臥衣冠不去。承疇亦未敢迫之。此聞之余澹生云然。」附識於舉人章簡傳云：「或云死於病，章已晉位巡撫矣。」「吾鄉周大啓爲長沙守，亦云被賊箭中死。」曰：「聞之余澹生曰。」案周大啓，長洲人，官湖南督學道僉事，甲申聞變，不食死。清謚節愍。見勝朝殉難諸臣傳，與此所載異。余澹生待考。

蠡湖異響記一卷

清元和戈清祺撰。崑山趙詒琛手鈔本。

清祺字申甫，諸生。是書記太平天國義軍克蘇城時，永昌徐少蘧歸義事。蠡湖者太湖濱永昌所在地，故以爲名。其文駢四儷六，附以詳注，記事之别體也。大概謂少蘧當地富室，初則練勇衛鄉，四方歸從。繼乃率衆起義，官忠殿前檢點，兼理民務，爵撫天侯。運糧濟軍，稍著功績。然首鼠兩端，潛通清虜，仗勢横行，魚肉鄉里。及火藥房失慎，眷屬資財悉付一炬。清祺曾奉清吏之命，於陽澄湖側團防，脅降不從，致焚其宅，乃未得保舉。視少蘧之貴顯，不無嫉忌。故作此文以洩憤。所記雖多誣衊之詞，然治太平天國史事者可參考也。此爲趙學南先生從王嚴士先生本傳鈔。有嚴士跋。

此記當作於咸豐季年，其時蘇城尚未克復也。少蘧不知何名，武庠生。行六，故人又以徐阿六呼之。父號蕙史，傳聞如此，不知是此二字否。以富甲一鄉。阿六以武斷雄鄉里，初集勇團練，保衛一方，勢盛則不免魚肉難民。余勒捐富室，潛通逆賊，陽助官軍，後爲僞慕王譚紹洸所殺，居然入祀昭忠祠。嗚呼如六者，真所謂面面多到者矣。余兒時即好此文，曾鈔録一通，稿已遺失久矣。今從友人處重借録之，爰識數語於後。甲寅清和月，崑山王德森識。

宋本韓柳二先生年譜八卷 二册

清雍正己酉揚州馬氏小玲瓏山館重刊宋本。

凡韓文類譜七卷，據南宋慶元中建安魏仲舉刊韓集五百家注，輯吕大防、程俱、洪興祖三家所撰譜記。柳先生年譜一卷，據宋槧柳集所附本，合刊之。每半葉八行，行十八字。每卷末有「雍正己酉八月小玲瓏山館依宋本校刊」篆書雙行木記。卷末有「吴郡李士芳鐫」一行。蓋出於吴門良工之手。綿紙精印，閲之爽心悦目。卷末各有雍正庚戌長洲陳景雲跋。景雲有韓柳集點勘，故跋文考據甚確。案，秋玉、佩兮兄弟，文采風流，照耀一世，各書記之多矣。而莫當於姚世鈺所撰叢書樓銘序。序云：「廣陵二馬君秋玉、佩兮，築别墅街南，有叢書樓焉。樓若干楹，書若干萬卷，其著録之富，丹鉛點勘之勤，視唐、宋藏書家如鄴侯李氏、宣獻宋氏、廬山李氏、石林葉氏，未知孰爲後先？若近代所稱天一閣、曠園、絳雲樓、千頃齋，以暨倦圃、傳是樓、曝書亭，正恐無所不及也。而二君奉母閒居，兄弟自相師友。定省餘暇，間出而與四方博雅君子稽經諏律焉。文字之契好，意懇言下，缺然若懼，恐類於誇多門靡者之所爲，而以不克體夫書之所以云之意爲己病。」余前藏一本爲紅泥邊紙印，得之馮氏校邠廬，視此當退居於乙。

有「丹徒法氏」、「法芝瑞印」、「嘉業堂」、「承幹心印」、「求恕居士」諸印。

廣卓異記二十卷 二册

宋宜黄樂史撰。清吴縣戴成手鈔本。王蒼虬據常熟錢曾述古堂鈔本校。

樂氏此書，四庫入傳記類存目。提要譏其「神怪無稽，頗爲蕪雜」，是矣。今據自序，謂「此書既成，不敢不進」。又謂「干冒宸扆，伏增憂越」。是曾以進呈矣。其中引各書，有五代史，案樂氏卒於景德四年，所見猶爲薛居正舊書。他如肅宗實録、令狐澄宣宗七十事、劉貺續説苑、李邕郭元振行狀、趙氏科名録、别説、蜀記、唐建中實録、青囊書、文章録、唐文宗實録、玄宗實録、李同説苑、荀氏譜、録異傳、唐年補録、登科記、神仙書諸書，今多失傳。不特所著總仙記得存大略而已。是未嘗不有裨於考證也。余年十五六，於歸錢塘許氏從姊家借得一舊鈔本，有「白堤錢聽默經眼記」朱印，塾師戴子裁夫子見而好之，爲手録一本見賜。惜舛誤無從是正。越二十餘年，先兄蔭嘉從劉君公魯借得聚學軒舊藏述古堂鈔本，研朱細校，始可誦讀。述古堂本見於藏書目，注「鈔」字。又著録於讀書敏求記。墨格，每半葉十三行，行二十字。板心下方有「述古堂」三字。有「虞山錢曾遵王藏書」長方印，又有「季印振宜」、「滄葦」、「放情山水之間」三印。書中匡字、恒字、桓字均闕末筆，當源出宋槧。子裁師名成，吳縣諸生。兄錫鈞以進士官大名知府，並以工時文名。師館吾家十餘載，余兄弟皆受業焉。

西使記校注一卷 一册

清吳縣曹元忠撰。手稿本。

元劉郁西使記，載在王惲玉堂嘉話。玉堂嘉話又載在秋澗先生大全集，後人各析出單行。故西使記四庫全書收入史部傳記類。提要祇謂郁，真定人。其仕履不可得詳。今傳世有古今説海本、學海類編本、學津討源本，君直先生校注此書，蓋繼蒙韃備録而作者，其體例悉同。據校各本，有玉堂嘉話本、古今説海本、四庫寫本、圖書集成本、邵遠平續宏簡録本。采注各本，則元史紀、傳外，如陶宗儀輟耕録、游志續編，耶律鑄雙溪醉隱集，李志常長春真人西游記，盛如梓庶齋老學叢談，劉祁歸潛志等若干種。於人、地名亦多以對音爲説，而攷核極細。如記首云：「壬子歲，皇弟旭烈統諸軍，奉詔西征，凡六年，拓境幾萬里。」元史以旭烈、旭烈兀爲兩人，見憲宗本紀。四庫提要亦辨其誤，惟旭烈作錫喇，旭烈兀作錫里庫，引世系表、郭侃傳證其爲一人。謂元史因明代所修，故譯音譌舛，一以爲錫喇，一以爲錫里庫，誤分二人。而憲宗紀二年書「錫喇蕘」，三年重書「錫里庫西征」，遂相承誤載也。先生又據輟耕録引柯九思河源圖志序亦云：「憲宗皇帝二年，命皇大弟旭烈帥諸部軍征西域，凡六年，闢封疆四萬里。」考八年戊午，上溯二年壬子，適得六年，皆與此記合。疑旭烈、旭烈兀本是一人，特史誤書「旭烈蕘」，於是乾隆中館臣校改旭烈作實拉，旭烈兀作錫里庫，遂真若兩人矣。是則明修元史固失矣，而清代校改亦未爲得也。是帙雖程功未畢，嘗見與繆藝風書云：「擬將校注西使記付刻」，則當時已有定稿。亦治奇渥温史所不可廢，以視王國維古行記校録本，詳略不侔，非可同年語矣。

華陽國志十二卷附補三州郡縣目録 四册

晉江源常璩撰。清光緒庚寅鄰水李徵庸悔過齋補刊廖寅題襟館本。吴縣王欣夫臨長洲何焯、元和顧廣圻校。

江寧鄧正闇年丈藏義門、千里校華陽國志兩本，著録於寒瘦山房鬻存善本書目，珍若球琳，詫謂「光燄上燭霄漢」者也。何校底本用明錢叔寶家鈔本，此爲其門人傳録於明吴琯古今逸史本。卷十上張寬贊有惠松崖校筆一條，並卷末手跋。顧校底本，用影鈔馮己蒼空居閣本。亦見義門手批錢本及吳方山本，參之各史及水經注、太平寰宇記等書，詳加訂正。始事於嘉慶癸亥，閱十年癸酉，爲廖寅付刊，即據此本。並爲撰補三州郡縣目録於末，校語大都采附本文下，亦有未盡者。而甲戌所校各條，已出刊成後，尤爲可貴。其他遇可疑處，輒朱抹其旁，以待考證。一九三九年秋，因葉揆初先生借讀寄滬。七月八日，余向葉先生轉借臨校。明日訪劉翰怡丈，適鄧丈因事來滬，遇之座上，暢談目録板本之學，精神尚佳。二十九日遇潘博山兄，驚知鄧丈於前日中風逝世。所假珍本，猶存案頭，展卷不勝悽感。後鄧丈遺書求售，因勸葉先生估價留之。今由卷盦歸上海圖書館。念千里校語，世不多見，特輯附於此，俾讀道將書者有所考焉。余所用之本，即廖刻原板，爲會稽陶濬宣所得，補刻其缺佚及漫漶者。南海令李鐵船徵庸與廖氏同邑，因以板歸之。並據太平御覽卷六十，補卷三越嶲郡下張翕佚文一條，附刊跋後。書面並有陶氏手跋以贈字君綽者。

有「會稽陶氏稷山樓藏書」白文方印。

華陽國志目録照錢叔寶所藏影宋鈔本録出。焯記。目録末。

華陽國志十二卷，初閱見其訛謬甚多，疑非善本。及以新刻對校，乃知後來妄加竄定，有使人笑來者。此本尚存舊刻之眞，而出於錢叔寶家，亦可信也。康熙己丑，焯記。

東漢趙邠卿撰三輔名臣哲士，自建武以來至桓、靈之際，皆爲韻語。晉摯仲任就而注之，謂之三輔決録注。常道將用其體撰華陽國志，於先賢士女，或分或合，每人皆有讚語。明人刻是書者，悉爲削去，殊失古意。余家有蜀刻，頗仍舊觀。是本從錢叔寶家鈔補，義門何丈爲之校正。他日當慫恿有力者梓而行之。戊辰十二月，松崖惠棟識。以上卷十二末。

嘉慶癸酉，再讀於江寧寓中。澗蘋記。卷一末。

癸酉五月江寧寓中再讀。又記。以上卷四末。

嘉慶癸亥一月校。澗薲記。

癸酉四月重讀。卷五末。

癸酉五月再讀於江寧寓中。卷七末。

癸酉三月再讀於江寧寓中。卷八末。

廿七日校。澗薲。

癸酉四月，再讀於江寧。以上卷九末。

癸酉五月再讀於江寧寓中。澗薲記。卷十下末。

十一月朔校。澗薲記。

此從常熟馮氏空居閣本影鈔者。馮本余收得，今歸袁綬階。又黄蕘圃有何義門手批錢磬室家本。從吾師張白華先生得之。行欵正同。聞吳方山有鈔本在某人處，想亦無異。後見之，果然。皆出於宋嘉泰刻本，故迥非俗本可比。余屢欲取史記以下各史及水經注、太平寰宇記等書，詳加訂正，重刻行世。忽忽無暇，展卷不勝日月逝矣之歎也。嘉慶癸亥十月廿一日，澗蘋居士燈下記。

閱十年癸酉，爲孫觀察校刊於江寧，凡事自有定數如此。又記。以上在卷十二末。

附顧廣圻校記

卷一　巴志

一葉後一行甄其寶利。　寶，錢本作貨。

三葉前一行誰能長生，不朽難獲。當有誤。　二句當倒。

三葉後八行蜀王弟苴當有侯字。私親於巴。　小注字乙去，私當作侯。

八葉後五行上谷太守陳宏。　谷，目録庸。

八葉後八行鰍郡掾枳謝、盛塞威、張御。　塞疑當作蹇。

十一葉前三行分後屬縣七。　句首當有巴郡二字。甲戌得此時已刊，不及增添校語矣。提行另起，今脱也，又誤連。三月再定。

十二葉前二行北水有銘書詞云。　詞，錢本作祠。

十二葉前七行其冠族有波、鉛、毌、謝、然、𢡟、楊、白、上官、程。　然温見目録，可證江州有然姓也。楊當作陽。

十二葉後三行楊宗符稱武隆。　楊宗見下文。

十二葉後八行漢時龔榮以俊才爲荆州刺史。　榮，當依目録作調，即上文所謂龔升侯也。甲戌四月得此條，不及追入。

十二葉後九行後有龔揚、趙敏以令德爲巴郡太守。　當衍巴字。　甲戌再校。

十二葉後十行在西州江。　當有誤。　當作江州西。　未是。

十七葉前三行桂陽太守李温等。　依目録訂之，當作然。　水經灊水注作李，疑李垤用水經注改然爲李也。甲戌四月，再讀得此條。　欣夫案，此條已乙去。　又案目録，桂陽太守然温，江州人。　又有桂陽太守李温，宕渠人。然則别是一人，但皆爲桂陽太守耳。　同日再記。　目録有然温，無李温，似脱落不完也。　欣夫案，此條已乙去。　丁小雅校目録然温，以爲巴志作李，向輕信之，遂致大謬。　近時人考訂，真貽誤不淺也。　昨刊此書已成，始借到丁校。大幸大幸。　初四日燈下記。

卷三　蜀志

二葉後六行未有謚列。　列當作别。

四葉前八行周愼王五年秋。　案表是年秦惠文王更元，九伐蜀，滅之。　秦本紀同。

四葉後二行周赧王元年秦惠王封子通國爲蜀侯。　六國表赧王二年，秦惠文王更元，十二公子繇通封蜀，本紀不載。

四葉後五行六年陳壯反，殺蜀侯通國。　秦遣庶長甘茂、張儀、司馬錯復蜀，誅陳壯。　四年，秦惠文王更元十四，蜀相殺蜀侯。　本紀同。　五年，秦武王元誅蜀相，本紀同。

五葉前七行今萬歲池是也。　也當作歲。

五葉前十行赧王十四年，蜀侯惲祭山川，獻饋於秦孝文王云云。　六國表：赧王十四年，秦昭王六年。此云孝文王，與六國表不合，疑是誤也。　六國表云：「蜀反，司馬錯往誅，蜀守煇定蜀。」秦本紀：「昭襄王六年，蜀侯煇反，司馬錯定蜀。」索隱引華陽國志但云「歸胙於王」，又云「王大怒」，不著何王，小司馬亦不言其有異同，疑今本非唐人所見之舊矣。　癸酉五月校。

六葉後三行立三水中。　三當衍。

七葉後八行元鼎二年立成都十八郭。　當作門，見蜀都賦及劉淵林注。　蜀都賦曰「闢二九之通門」也。劉淵林注云：「漢武帝元鼎二年，六城都十八門。」

十二葉後五行井有二當有誤。水。　井有二當作文井江。

十八葉後四行昔云世祖微時過江陽，有一子。　昔云，當倒。

十九葉前五行東接巴、蜀、當衍。樂城。　蜀當作郡，下同。

十九葉前五行南水當衍。通平夷鼈縣。　南水，當倒。

廿一葉前三行　以上闕。　拜越嶲太守，近者如雲。後蜀郡趙當衍此三字。温當作溫。亦著治績。　趙温不爲越嶲太守，後漢書可考。宋人所改甚妄。　甲戌二月。　欣夫案，拜越嶲上闕文，載太平御覽卷六十引華陽國志。陶濬宣據補於補刊廖本末。　文云：「張翕字子陽，巴郡人。爲平陰郡，布衣疏食，儉以化民。自乘二馬之官，久之一馬死，一馬病。翕曰吾將步行矣。夷、漢甚安其惠愛，在官十九年卒。（後漢書卬都夷傳作「在郡十七年卒」。）百姓號慕，送葬者千數。天子嗟歎，賜錢十萬，爲立祠堂。後太守數煩擾，夷人叛亂。翕子端（當作湍。）方察孝廉，天子起家拜越嶲太守，迎者如雲。」

廿三葉前六行渡瀘水，賓剛徼，白欣夫案，當作曰。摩沙夷。　水當作得。

廿三葉後一行通道寧州。　通道，當倒。

卷四　南中志

五葉前四行今天下泒分。　泒當作瓜。

五葉後四行定元部曲殺雍闓及士庶等。當衍二字。　士，王士也。士爲蠻夷所害，見輔臣贊注。

七葉後九行其速徵巫鬼。　速當作俗。

八葉後八行誠非狂夫所能干。　干上疑有闕字。

九葉後九行首尾三年。　三當作二。

十二葉前一行後有漢中張亮則、廣漢劉寵。　張亮則南鄭人。劉寵綿竹人。

十二葉前五行沮當衍。本有鹽井。　沮當作漢。

十二葉前十行晉元帝建興當作武。元年置。　元當作愍。

十四葉前一行合縣十三。　合有誤。校樣記。

十五葉後六行建武九當有誤。年省。　建武上當有闕，九錢本作元。

十七葉前三行故諸葛亮爲其國譜也。　國疑作圖，見前。

廿一葉前三行封前陵伯。　前改遷。

廿一葉前五行縣六十八。　河陽郡脱三縣，此未數爲李垩所誤也。

廿一葉前六行殺太守孫靖。　晉書陶璜傳靖作謂。

廿一葉前九行爨熊。　王素。　晉書陶璜傳熊作能，素作業。

廿二葉後九行允割其肝。　三國志注引，肝上有心字。

卷五　公孫述劉二牧志

一葉後一行遊精博志。　精當作情。

十葉前七行何誰爲失。　何改阿。

卷六　劉先主志

二葉前一行著馬柳柱。　馬柳柱，水經注亦有此語。

三葉後七行北就袁紹。　按此下當脱「公遣先主要擊術」云云。　按此下當有脱文，以三國志訂之，蓋脱「公遣先主督朱雲路招邀擊術」云云，故下文言以將行也。　癸酉再讀。

十二葉後九行士大夫各歸其主。　其，改求。

十六葉後八行宜扶信順以明至公。　扶，當作仗。

十六葉後九行還乎名號。　乎，當作干。　甲戌閏月得此，時已刊成，不能追入矣。

卷七　劉後主志

一葉後九行與蜀和報使聘歲通。　當重使字。

三葉前十行對曰。　對改詩。

五葉後二行丞相亮遣護軍陳式攻武都陰平。　式改戒，下三行同。

八葉後八行至湔山當衍。登當有觀字。坂。　湔，縣也。裴注可證，山字衍。癸酉九月。國志無山字、觀字。又校。

卷八　大同志

一葉前五行漢嘉杜府君。　漢嘉太守杜龔敬脩見後賢志。常寬傳同。

二葉後八行軍城比人當有誤。麂入營中。　比人，當作北有。

四葉前三行徒衆以千百數。　當衍百字。

五葉前五行所愛侍將也。　侍，錢本作待。

十葉前一行大没女弱爲生口。　當衍爲字。

十二葉前八行梓潼太守張演委倉庫走巴西巴西。按此複衍二字下文郡丞乃梓潼之郡丞不得重巴西也。　郡丞毛植五官襄班舉郡降特。　通鑑：「梓潼太守張演委城走巴西。句絶。丞毛植以郡降，蕩進攻博於葭萌。」最是也。載記：「博走葭萌，蕩進寇巴西。巴西郡丞毛植、五官襄珍以郡降蕩，進攻葭萌。」最非也。李垔依載記重有巴西二字，誤之甚者也。蓋博本在梓潼，及爲蕩所襲而敗退，故在葭萌也。於是張演因博敗棄梓潼而走巴西。故梓潼無太守，但有郡丞毛植以郡降也。蕩得梓潼郡城，於是進攻博於葭萌。其間蕩無進寇巴西之事，而毛植亦並非巴西之郡丞，通鑑不用載記，其考訂者精矣。昨校刊時已訂正此條，但未詳言之，故復著其説如此。甲戌四月十五日。

十三葉前四行大事以定。　以改已。

十三葉後十行傷爲主。當有誤。　傷下爲上有脱文耳。

十五葉前七行平西參軍涪陵徐輿。　徐輿字士權，見後杜弢書。

十六葉前五行留牙門張羅持城。　通鑑考異「羅尚留張羅守城」，載記作「羅持」今從華陽國志。

十八葉後四行尚子宇恚恨加登。　當衍加字。

廿一葉前五行頻怪異。　頻下當有有字。

廿一葉後六行宋岱不死。　宋當作宗。

廿一葉後十行又不以徐士權爲汶山太守而屯故如此。　徐士權者即前涪陵徐輿也。甲戌閏月讀。

卷九　李特雄期壽勢志

二葉前四行徐輿鎮南。　徐輿見上。

四葉前九行蕩第二子也。　二疑當作三，見下。

七葉前十行　班兄弟五人皆兵死。　琀、都、稚、班、玝。

卷十上　先賢士女總讚

蜀中士女

一葉前七行亦將分以秦、楚。　分當作介。

十葉前十行太守唯霸白宜往。　太守二字疑當在白字下。癸酉十月。

十一葉後九行幾死數年。　年當作十。

十二葉前七行事得情理。　情當作清，稚子奕奕注，有「遭其清理」之語，可爲證也。甲戌閏月時已刊成，不及增入矣。

卷十中　廣漢士女

六葉後三行　王商字文表，廣漢人也。　案目録，王堂，郪人。堂長子博，博子遵。王商，遵子。是當言郪人。甲戌正月再讀。

六葉後七行陳寶、盛先。　見目録。

六葉後八行趙敏。　目録未見。

六葉後十行劉寵。　第三卷作龐，目録作寵。

十葉後九行寬乃發閏臨私事。　臨當作贓。甲戌再讀，時已刊行，不及追改矣。并記。

十一葉前十行鮁雒縣。當有脱文。　鮁下當有之字。

十二葉前六行後丞相亮府辟。　句上疑脱邵字。

十三葉前五行勸先主因事誅之。　事當作是。

十六葉前十行當有能循禹之功。　循當作脩。

犍爲士女

十七葉後二行歷臺郎相。　相當衍。

十八葉後十行撫侍送故公。　當有誤，未詳。

十九葉前八行與侍中杜喬循行州郡。　杜喬下當有脱。

二十葉後六行忠清公亮。　公，三國志作欸，疑此誤。

廿二葉前三行平蜀後死。　蜀志翼傳注引曰：翼子微，篤志好學。官至廣漢太守，蓋此處有脱文也。癸酉校。

欣夫案，此條已後乙去。　又案，目録有。欣夫案，此條亦已乙去。　又案，所引壽良傳文也。五月再校。

廿四葉前三行太守巴郡弓楊哀之。　弓改龔，龔楊屢見。

廿四葉前五行同穴齊定。宇誤未詳，本或作窆。　定當作死。癸酉再校改。

卷十下　漢中士女

一葉前七行漢中與立祠。　與當作興。

六葉前十行初至有兄弟自相責引退。　兄弟下有脱文。

七葉後二行師言亢盡。　師當作帥。

梓潼士女

十六葉前六行漢伯肄業。　肄改肆。

二十葉前十行涪令雙勝出追。　雙，姓。見廣韻。

卷十一　後賢志

三葉前三行尚書三州都費立建熙。　都下補督字。

七葉前十行歷舊闕二字。　參軍、什邡、雒令。　舊闕，當爲長水二字。

七葉後八行忌友人廣漢段宗仲。　可訂目録及前蜀志中之誤。

七葉後九行袁邵爲主簿，與忌共理郡事。　袁邵下有脱文，郡誤改邵。

八葉後八行長子觀字巨忠。　忠當作仲。

十五葉前八行漢大司農任方後也。　方，是也。目録作昉，非。

十六葉前六行丁時興衰。　興，晉也。衰，蜀也。

十六葉後十行以故州將軍弔祭。　軍當有誤。

十七葉前一行縣收得盜賊　馬賊及發塚。御覽三十三引，有此五字在盜下。

二十葉前七行又濬性在忠烈。　又下當有脱文。

二十葉前十行有盜開城門下關者，法據大辟。　據當作處。

廿一葉後九行學中有可成進幾百人。　百字當衍。

廿三葉後六行國王中尉。　國王當倒，見前。

廿四葉前六行雖危逼。　當脱一字。

廿四葉前七行甚悼之。　當脱一字。

廿四葉後五行王國中尉。　此最是。

廿四葉後十行加員外散騎常侍。　裴松之三國志費詩傳注引孫盛蜀世譜曰：「詩子立，晉散騎常侍，自後益州諸費有名位者，多是詩之後也。」此傳云加員外散騎常侍，即是一人，而云父揖字君讓，巴西太守。大相違異，所未詳也。甲戌四月再讀。

廿五葉後二行意在河、泰、汝、潁。　泰改秦。

廿五葉前九行以選爲國王侍郎。　國王當倒，見前。

廿九葉前四行譔曰。　案，史通云：「班固曰讚，揚雄曰譔。」蓋道將既有士女贊，四言協韻，故此依蜀王本紀作譔，不當改譔爲讚也。餘卷仿此。癸酉五月校定。澗蘋記。

卷十二　梁益寧三州先漢以來士女目録

十三葉前三行汝南太守謁煥。　煥當作渙，廣韻：謁，又姓。風俗通云：漢有汝南太守謁渙。

十三葉後一行巴郡太守龔楊。　巴郡當作犍爲，見士女贊「韓姜自財，后族其冤」注。甲戌三月得此條。

十三葉後八行上庸太守陳宏。　宏與巴志互異。

廿九葉後十行武陵太守楊崇。　崇當作宗癸酉十月。

華陽國志十二卷附補三州郡縣目録六册

晉江源常璩撰。清嘉慶十九年鄰水廖寅題襟館刊本。吳縣王欣夫屬友臨清宜都楊守敬、江北陳遵默校。

華陽國志自廖氏重刊宋嘉泰李𡋯本出，爲顧千里所校，世推第一善本。然落葉猶未盡埽，故譚復堂日記謂校語不足盡信，待補正也。余見千里甲戌重校本，所是正復不少。其他可疑者，均以紅筆抹字旁作記以待考。其後顧尚之作校勘記，又補其遺。楊惺吾治輿地校讎，爲晚清一大家，其讀是書，兼用所長。旁證博引，參互求之。所得於二顧之外者，又將百科。且於千里誤校，每多訂正。校讎之業，固自無盡。先是，乾隆間綿州李調元刻入函海本，所據校者，有劉大昌、李一公、張佳胤、吴琯、何允中等本，皆明刻也。又引惠校者，蓋曾見惠定宇讀本，可謂博覽矣。其所是正，往往有勝廖本者，乃讀者多忽諸。陳季臯用藍筆悉録於廖本上，并以紅筆重校吴琯本，爲函海本所遺缺者，亦時下己意，并以墨筆録惺吾校，用力殊勤。其本在武昌徐氏彊學誃。此爲余寄本屬人傳録者。時已先獲見何義門及千里重校本。頗有志於校證道將書，忽忽未暇爲。今附惺吾校記於此，庶不没其用心。

據李調元函海覆宋本校，原有校語并迻録於眉。所云某本作某者是也。凡所據本與本書同者，概略之，以消煩文。

今以吴琯本重校，其爲函海本遺闕者，補注於耑。

據涵芬樓景印劉氏嘉業堂藏明錢叔寶鈔本校，一隔空丨相接「」闕文。卷中校語，皆出李垔，此本所云舊校也。

宜都楊守敬惺吾飛青閣藏廖本，曾據水經等書引校，暨以意平議者數十百事。今用墨筆迻録於眉。楊氏精水地，此書固其肄業所及。雖精鑒處不逮二顧，然於舉世不爲之會，前賢音跡，得之良難，與過而廢之，寧過而存之也。

己巳仲夏，陳遵默識。

附楊守敬校記

卷一　巴志

一葉前八行歷夏、殷、周。當作歷虞、夏、殷，脱虞字，衍周字。　上文既言禹置九州，自當即夏爲始，下逮職方，仍爲九州。故連周言之。周文云云又別提，序其分合，顧校非。

二葉後三行園有芳蒻香茗給客橙當衍。蕟。當即䔲，䔲即橙字。　何允中本蕟作葵，是。顧校非。

四葉前一行分其地爲一當衍。縣。　黄嘉惠本一作二。

九葉前五行結舫水居五百餘家，承三當作二，見水經注。江之會。　居下補者字，水經注舊本亦作三，趙、戴改二，是也。

十葉後六行征東中郎將安漢趙潁建議分巴爲二郡。　潁當作韙，以郡國志及宋州郡志校。

十一葉八行其郡東枳有明月硤、廣德嶼。　據水經注，當有雞鳴峽。

十一葉後二行劉先主初以江夏費瓘當作觀，見水經注。爲太守，領江州都督。　案蜀漢輔臣贊注，費觀字賓伯，爲巴郡太守、江州都督。

十二葉前五行至熟。　水經引作「夏至則熟」。

十二葉後三行楊宗符當作有。稱武隆。　今有楊宗墓闕。

十二葉後十行在西州江當有誤。三百里。　當是在江州西。

十五葉前七行芝性好弩，手自射猨，中之，猨子拔其箭。　鄧芝傳注引華陽國志作「猨拔其箭」。水經注作「猨自拔矢」，是也。裴注又引一條作「中猨母，其子拔箭」云云。此蓋校者合二條爲一。

十七葉後六行宕渠之斯伍。　黄本斯作廝。

卷二　漢中志

一葉前三行漢中郡本附庸國屬。當有脱。　沔水注「南鄭縣故褒之附庸也」。然則屬下脱褒字。

五葉後三行南鄭縣。　名勝志南鄭縣下引華陽國志「龍岡北臨漢水，南帶廉津者也。遜水承廉水下流，溉田之餘，東南流至古廉城側，舊傳范柏年宅在廉、遜之間，即此也」。范柏年，宋明帝時人，非常璩所得及。名勝志恐有續增。

六葉前三行魏興郡。　水經「沔水又東過魏興安陽縣南」。注引華陽國志「安陽故隸漢中，魏分漢中，立安陽郡，安陽隸焉」。當亦此間逸文。

六葉後十行縣有鄖鄉。當作鬫，見漢書地理志。　水經注「鄖鄉縣即長利之鄖鄉」。顧校非。

九葉前六行東入瀘。舊校云「瀘疑誤，當作漢」。今按當依漢書地理志作「東至中盧，入沔」。又水經沔水篇云「又東，過中盧縣東，維水自房陵縣維山東流注之」。亦其明證，舊校非也。漢亦沔也。舊校未爲非。

卷三　蜀志

五葉前七行今萬歲當作傾。池是也。　此水經志誤也。當作萬歲，寰宇記、方輿勝覽並作萬歲。

五葉前十行蜀侯惲祭山川。　惲，史記秦本紀作煇。

六葉後九行其崖嶄峻不可鑿，乃積薪燒之。　水經注作「李冰燒之」。

七葉前五行又識齊水脉。　水經注齊作察，是也。又上當有冰字。

八葉前一行二年，分牂柯置益州郡。按地理志元封二年開。據後汶山郡下作「元封四年」，水經亦同。

十葉前七行下石犀所潛淵中也。中，水經作上。

十葉前八行上當作亦。曰笮橋。上，水經作下。

十五葉前三行出龍骨云。寰宇記引云「玄武山一名三嵎山。其山六窟三起，出龍骨」。當是出龍骨以上脱文。

十六葉前八行彭祖家。當有誤。家當作冢。水經注「此地有彭冢」，言彭祖冢也。

十六葉後八行太守李嚴乃鑿天社山，尋江通車當衍。道，省橋三津。水經注無車字。

十七葉前八行西有熊耳。當有峽字，續漢志注引不誤。水經注引有峽字。

十九葉前七行過成瑞灘死。瑞，後漢書作湍。

二十葉前六行因。初學記廿七引「廣陽縣，山出青珠」。晉志「益州汶山郡有廣陽縣」。寰宇記茂州下引「岷山一曰汶焦山，安鄉山直上六里，岷嶺之最高者，遇大雪開泮，望見成岷山，一名鴻濛，即隴山之南首，故稱隴蜀也」。案自「岷山一名鴻濛」下疑樂氏續增。御覽四十四引「嚴道縣有邛崍山，山上凝冰夏結，迴曲九折，王陽去官之所」。又嚴道引華陽國志曰：「道至險，有長嶺、若棟、八渡之難。」後漢書西南夷傳注引作「有長貧、苦採、八度之難」。邛崍山本名邛莋，故邛人、莋人界也。史記孝文紀六年，正義引云「邛筰山，故邛人、筰人界也」云云。水經沫水篇注引華陽國志云云。續志蒙山下引有異同詳略。以此訂之，郡有青衣縣，不盡如晉志也。輿地廣記「蜀先主置漢嘉郡，領漢嘉、徙陽、嚴道、旄牛四縣」。無青衣。欣夫案，以上皆校補汶山郡下闕文。

廿一葉前三行後蜀郡趙當衍此三字。温當作湍。亦著治績。按，考後漢書邛都夷傳「永平，後太守巴郡張翕，政化清平，得夷人和。在郡十七年卒。安帝元初六年，天子以張翕有遺愛，乃拜其子湍爲太守。夷人懽喜，奉迎道路」。此以上所闕及僅存之原委也。宋人校刊，改竄全非。御覽六十引「張翕字子陽」云云一段，據此，張湍爲越巂太守，在闕葉中。下文「蜀郡趙温」是原文，非宋人校改。

廿二葉前二行南山出銅。續漢書志引「邛都河有唪巂山」，疑此有脱文。續漢志邛都下引云「河有蜯巂山，又有温水穴，冬夏常熱。」又引南中志云：「縣東南數里，有水名邛廣都河，從廣二十里，深百餘丈。有魚長一二丈，頭特大，遥視如戴釜狀。」後漢書西南夷傳引南中八郡志同。又後漢書西南夷傳「邛都夷者，武帝所開，以爲邛都縣。無幾而地陷爲汙澤，因名爲邛池，南人以爲邛河」。水經若水注説略同。此雖未明引華陽國志，然亦可定爲越巂首之文。後漢志注所引南中志皆不與此書南中志相應，當别一書也。

廿二葉後七行渡瀘得住當作堂。狼當作蜋，南中志作螂。縣。漢洗有作「堂狼」者。

廿三葉前五行筰筰當衍夷也。水經注引無筰字。

廿三葉前七行有鹽池。池續志注作坑。

廿三葉前八行漢末夷皆錮之。夷下續志注有等字。

廿三葉後二行中有石豬，子母數千頭。水經注「有石猪圻長谷中之王」云。

卷四　南中志

一葉後五行遂雄夷狄。狄，水經注作濮，是也。

一葉後七行今後漢書夜郎傳注引有竹字。王水是也。水經注亦有竹字。

十二葉後七行談指縣。　吳琯、何允中本有小注云「案，後漢書：談指縣出丹。注云，有不津江，江有瘴氣」。案，續志注所引南中志是南中八郡志，別一書，非此南中志也。

十四葉後二行今夷言無雍梁言馬也。　語有脱誤。水經作「今夷言雍無梁林梁夷言馬也」。亦難解。

十五葉前一行割建寧、當有之字。新定、興遷二縣。　案，晉建寧郡有新定，無興遷。

十五葉後七行建武九當有誤。年省。　九當作元。

十五葉後八行刺史王遜移朱提治郡南廣，太守李釗數破雄。　據上文云，王遜表李釗爲朱提太守，治南廣。此治郡二字當倒轉。

十九葉後十行其縣二別爲郡。　案，晉志「雲南領縣九」。此書只五縣，其縣二別爲郡，別爲河陽郡也。則所闕之二縣，蓋姑復、邪龍也。然與晉志不符。

二十葉前二行河陽縣。　領縣四，而所載只河陽一縣。

二十葉後一行宛舊脱此字，今補正。温縣　續漢志宛温下引南中志「縣北三百里，有盤江，廣數百步，深十餘丈。此江有毒氣」。

卷五　公孫述劉二牧志

二葉後九行荆邯説述曰云云。　公孫述傳説述自立者爲李熊。

三葉後九行述使妹壻延牙距宫。　寰宇記引作延岑。公孫述傳亦稱延岑字叔岑，或以字行。

四葉後六行費貽、任永、君業、馮信等閉門素隱。　君業二字當有誤。

六葉前一行焉恣饒之。　恣當作資。

六葉前六行焉意盛。　蜀志劉焉傳作「焉意漸盛」。

十一葉前一行敢逆戰。　御覽四百三十八引，戰下有乎字。

卷六　劉先主志

九葉前一行如何禁法。　法正傳作「如何禁止法正」，此脱正字。

九葉前三行正勸先主還之。　正傳無勸還孫夫人事。

十葉後二行先主遣將吴蘭、雷同入武都。　據先主傳，遣吴蘭、雷同在二十三年，破夏侯淵在廿四年。吴蘭、雷同之兵，所謂偏師也。此先主上當有初字。

十五葉前一行既復東行。　法正傳作「就復東行」，是也。

卷七　劉後主志

二葉後八行若無其耳。　以下句例之，當作「若其無耳」。宓本傳不誤。

三葉前十行對曰。　據下文是費詩獨對，則此當作「詩對曰」。

四葉後九行亮拔將西縣千餘家還漢中。　亮本傳「拔西縣千餘家還于漢中。」此將字衍。

十二葉前二行司農孟光衆責禕曰。　蜀書孟光傳衆下有中字，疑此脱。

十五葉前七行皓自黄門丞至今年爲奉車騎尉中常侍。　蜀書董允傳作「都尉」，是也。

十五葉後八行護軍蔣舒當作斌，見三國志。守漢城。　蔣琬、姜維兩傳並作斌。然後文開鍾會者，仍作蔣舒。姜維傳亦作蔣舒。據裴志引漢晉春秋蜀記則作舒爲是，顧校非。

十八葉後五行會、維則出同車，坐同席。　姜維傳作「會與維出則同轝，坐則同席」。此當則字在出下，下句又脱則字。

十八葉後七行教會誅北諸將　何允中、吳琯本北下有來字，是。姜維傳注引正有來字。

十八葉後八行還後主。　還後主三字不可通。維傳注引作「還復蜀祚」是也。

卷八　大同志

一葉前八行備諳諸故事。當作事故，按事句絶，讀故下屬也。　故事不誤，顧説非。

一葉後十行用故黄金督蜀郡，柳隱爲西河。　西河下當脱太守二字。

二葉後八行軍城比人。當有誤。　當作「軍比出」。

三葉前一行上自當作自上。覲下反上當作卜。之。按「自上覲下反卜之」七字爲一句。　水經注與此本同，但自上互倒耳。顧校非是。

五葉前八行別遣參軍李毅將軍由涪陵入。　將軍上有脱文。

八葉前九行爲軍祭酒。　祭上脱諮字。

九葉前七行相都令袁洽。　相都疑當作成都。晉書作「長史袁洽」。

九葉後七行王敦説尚曰云云。　載記作「王敦、辛冉並説尚曰：『特等流人，專爲盜賊，急宜梟除，可因會斬之。』尚不納」。此有脱誤。

九葉後九行欲討厥以自新。　載記作「欲滅厥以爲己功」，是也。

十二葉前八行梓潼太守張演委倉庫走巴西巴西。　按此複衍二字。下文郡丞乃梓潼之郡丞，不得重巴西也。郡丞毛植、五官襄班舉郡降特。　晉書載記「博走葭萌，蕩進寇巴西。郡丞毛植、五官襄珍以郡降蕩」。然則毛植是巴西郡丞，顧校非。

十二葉後一行征西許雄以陽沔之役。　征西下當脱將軍二字，以十六國春秋校。

十三葉前二行尚保太城。　太當作大。

十四葉前三行又時成伯戰於内。　又當衍。

十四葉後四行陳當有襲字。　皇可富貴之秋。　秋當作狀，下仍有脱文。

十六葉前三行知其傷死創也。　屠本十六國春秋作「知其創甚」。

十六葉前五行留牙門張羅持城。　載記作羅特，此上作持，下作特，岐出。又衍張字，後文守合水之張羅，非此人也。

卷十上　先賢士女總讚

十三葉前一行使使聘之。　御覽三十八引，上使字作高之二字。

卷十中　廣漢士女

十三葉前四行兼望。　望上當有失字。

卷十下　梓潼士女

十五葉前五行業徑入獄。御覽四百三十八，入作詣。

十五葉前六行名不可毁。御覽四百三十八，名下有可成二字。

十五葉前八行子翬逃匿不受。御覽四百三十八，翬作疊。

補華陽國志三州郡縣目録

五葉前五行廣漢郡屬縣八常志此郡止四縣，今據續志録八縣，何耶？

蒙韃備録校注一卷 一册

清吳縣曹元忠撰。清光緒辛丑吳縣曹氏箋經室刊本。訂補手稿並跋。

此書題宋棗陽孟珙著。四庫全書未收。王國維云：「宋史孟珙傳，珙未嘗使蒙古，疑别一人。據齊東野語卷十九嘉定寶璽條，定爲趙珙所撰，後人不知其姓。誤以爲孟珙耳。」所攷是也。分立國、韃主始起、國號年號、太子諸王、諸將功臣、任相、軍政馬政、糧食、征伐、官制、風俗、軍裝器械、奉使、祭祀、婦女、燕聚、舞樂十七目。雖寥寥短帙，而紀載諸事多足證補正史之舛漏。君直先生得泉唐汪氏振綺堂鈔本，取古今説海及宋人百家小説本校之，又廣徵羣書爲之注，一以聞喜裴氏父子三國志注、史記集解二書爲則。頗着意于對音，然不免牽强。後亦知所論對音不盡然，并續據朝野雜記、遺山文集等書修補之，其謙不自滿如此。此書傳本又有説郛本、歷代小史本，爲先生所未見。近王氏國維撰箋證亦未見先生此書也。首有翁同龢題贉，祥符周星詒、常熟張鴻兩序。

立國

一葉後一行所言視孟珙爲詳，（七字抹去改作。）與李心傳建炎以來朝野雜記韃靼欵塞同。惟朝野雜記云：「其國在元魏、齊、周之時稱物吉，至隋稱靺鞨。其地去長安東北六千里，東瀕海，離爲數十部。其黑水、白山等名，白山本臣高麗，唐滅高麗，其遺人并入渤海。惟黑水完疆。其居混同江之上者，曰女真，混同江即鴨緑水。乃黑水遺種也。其居陰山者，自號曰韃靼。韃靼之人，皆勇悍善戰。其近漢地者，謂之熟韃靼，尚能種穄秫，以平底瓦釜煮而食之。其遠者謂之生韃靼，止以射獵爲生，無器甲，矢惟骨鏃而已。蓋以地不生鐵故也。」其言尤爲詳備云。

三葉後一行諳版孛極烈大官人，孛極烈官人，其職曰忒毋，萬户；萌眼，千户；毛毛可，百人長；蒲里偃，牌子頭。孛極烈者，糾官也。猶中國言總管云。（改作。）諳版孛極烈大官人。孛極烈官人。其職曰忒毋，萬户。萌眼，千户。毛毛可，百人長。蒲里偃，牌子頭。索極烈者，糺官也，猶中國言總管云。萌眼亦作猛安，毛毛可亦作謀克，遺山先生文集龍虎上將軍朮虎公神道碑「猛安五人謀克十七人」是也。

韃主始起

四葉前六行則倒指而數幾青草。（下增。）朝野雜記亦云：不知歲月，以草青一度爲一歲，皆。（案，疑有脱佚。）

國號年號

五葉後八行蒙兀亦蒙古對音。（下增。）朝野雜記云：「又有蒙國者，在女真之東北，唐謂之蒙兀部，金人謂之蒙兀，亦謂之萌骨。人不炎食，夜中能視。以魚皮爲甲，可捍流矢。自紹興初始叛，都元帥宗弼用兵連年，原注：宗弼即兀朮，所謂四太子者。卒不能討，但分兵據守要害，反厚賂之。其酋亦僭稱祖元皇帝。」與此録「多與金帛和之」及「自稱太祖元囗皇帝」合，又

六葉後十行元忠按（下增。）朝野雜記云：「亦無文字，每調發軍馬，即結草爲約。使人傳達，急於星火。或破木爲契，上刻數劃，各收其半，遇發軍以木契合同爲驗。」又

十葉前四行然宋（下增。）羅大經鶴林玉露云：「金人徙汴，其臣張師顔者，作南遷録，載孫大鼎疏，備言遣檜間我，以就和好。於是檜之姦賊不臣其跡始彰矣。

又九行後增又按華岳字子西，爲武學生。韓平原用事時，嘗獻詩云：「漢地不埋王莽骨，唐天難庇禄山軀。」韓怒，羈管建寧，有詩號翠微集。見周密浩然齋雅談。又葉紹翁四朝聞見録亦云：「未第時，以言語爲韓氏所貶，寘建寧圜土中。投啓建守傅公伯誠，公憐之，命出入毋繫。又以抵觸李守伯珍，復寘圜土。有詩自號翠微南征集。韓誅，華放還，復籍於學。因擢第爲殿前司官屬。華鬱然不得志，有動摇大臣意。史當是彌遠。命殿前卒圍其屋，逮岳拽之赴京兆獄，岳竟杖死於東市。

太子諸王

十三葉六行後增又按，白厮卜即朝野雜記之白波厮。朝野雜記云：「所謂生韃靼者，又有黑、白者之別。今忒没真乃黑韃靼也。與白韃靼皆屬於金虜。金主璟之明昌元年，原注庚戌，本朝紹興元年。白韃靼王攝叔之弟，殺其兄而自立。攝叔之子白波厮方二歲。金人取歸其國，養之黑水千户家。原注，泰和七年，本朝開熙三年。春，攝叔至環州進貢，金乘其無備殺之。復立白波厮爲王，遣還國。始白波厮在黑水千户家，見其女悦之。至是欲娶爲妻。

璟不從，白波厮怨怒，叛歸黑韃靼。以此益强」云云。據此，知白波厮因金主不許其娶黑水千户女，致亡歸黑韃靼，故太祖即以二公主阿剌海妻之，情形最合。

諸將功臣

十四葉後十行後增又按朝野雜記云：「忒没真，夏人書來以爲特没真。撒没喝，山東人或以爲名摩猴羅，以爲名合謀理。未知孰是。」考撒没喝即此録之大葛相公，摩猴羅、合謀里即此録之没黑助。朝野雜記之花撲鹿所謂時忒没，真實强大，然但居其故地，而於燕、雲置行省，命其大臣撒没喝領之，所謂大帥國王者也。其大將曰花撲鹿，雖誤以撒没喝爲大帥國王，可知與花撲鹿各别，花撲鹿者，亦木華黎之對音。

十五葉後三行與此録合。（下增。）亦作戴孫，遺山文集東平行臺嚴公神道碑云：「郡王戴孫取彰德」是也。

十六葉後七行後增又按朝野雜記云：「韃靼忒没真留大酋撒没喝圍守燕京，自將所降楊伯遇、劉伯林漢軍四十六都統，同韃靼大軍分爲二路，攻取河北、河東、山東諸州郡。伯遇者，蔚州吏，伯林者，集寧海射士也。」則伯林外又有楊伯遇其人矣。撒没喝即大葛相公。

任相

十九葉前三行欽定三希堂石渠寶笈法帖元迺賢書。（十五字抹去，改作。）元迺賢金臺集。

又前四行主宫改作。宫主。　貌其清古上補其字。

又前六行元忠，按（下增。）左右司郎中隸行尚書省，遺山文集費縣令郭明府墓碑：「子嗣祖全爲行中書省左右司郎中」是也。又

糧食

二十二葉後八行後增又按朝野雜記云：「韃靼之境，東接臨潢府，西與夏國爲鄰，南拒靜川，北抵大人國。無城池屋宇，但爲氊帳，擇便利水草而居焉。無耕織，製皮爲裘，以牛羊爲糧，人皆狡獪，堅忍嗜殺。」與此録合。

征伐

二十五葉前二行皆與此録（下增。）及朝野雜記、女真南徙篇。

官制

二十七葉前二行阿骨打花押也。（下增。）又宋史輿服志「理宗端平元年，令孟珙等以兵從大元兵夾攻金人於蔡州，滅之。所獲亡金寶物，有臣下虎頭金牌三，銀牌八十四」。

又三行上是番書朕字。（增注。）朕字，契丹字作「𦙶」，見陶宗儀書史會要。

婦女

三十三葉後九行常熟張君鴻謂「罟姑」當作「顧姑」。忠謂張説是也。（十八字抹去。改作。）「罟姑」亦作「罛罟」。癸卯六月，識陝西駐防儀仲平學士於都門。談及蒙古索倫及我朝國語，因知是書但論對音亦不盡然，當重脩之。君直自識。

括地志一卷 一册

唐魏王泰撰。吳縣曹元忠輯。手稿本。

魏王泰括地志，新唐書藝文志著録五百五十卷，又序略五卷，通典、御覽、寰宇記等引亦稱为坤元録。舊書經籍志衹載序略五卷。其書久佚，至清孫淵如始輯八卷，雖于全書不足十之二，然古地志之僅存者，與元和郡縣圖志並重焉。惟孫氏謂其書大抵亡于宋南渡時，而玉海所引，據史記注善本，王應麟亦未見本書。竊謂胡三省通鑑注所引志文甚多，有出史記正義外者。王應麟通鑑地理通釋亦多引志文。胡、王並時，則其得見本書，似屬可能。其書或亡于元之中葉乎？孫輯未及通鑑注，故致疑耳。及得宗兄毓仙補輯本，攷得胡引亦出史記正義，知孫説爲有據。君直先生既據通鑑注及他書補孫輯未備，成書一卷，刊入南菁札記。後又徧搜故書雅記，條記紛繁，此其手稿也。自序云：「通鑑注引唐書地理志曰：『括地志，陜州河北縣本漢大陽縣。』雖引此者，未能定爲舊書、新書，要自唐志本此爲文，不知何時將括地志字删去。今案猶輿地紀勝荆湖南路寶慶府古跡云：『唐志引荆州記云：「縣中有余水，傍有屈原廟。」』今新、舊書地理志亦無其文，轉于續漢郡國志見之。則唐志引書，皆經删去，若非参互旁證，又安知地理志之本于括地志、荆州記哉？」此可知攷訂之精。至談鑰嘉泰吴興志，爲前賢未見秘籍，此于湖州下輯録多條。御覽、玉海所引，有爲孫輯所遺者，皆可見搜討之勤。然則輯録之學，非讀破萬卷心知其意者，又烏足以語此。

雍州

延壽觀在雍州雲陽縣西北八十一里，通天臺西八十步。宋黄伯思法帖刊誤下。

右雲陽

渭城在雍州東五十里。晁具茨先生詩集注七。

玉澗在長安玉山下。同上。

右鄠

雍州有白項泊。倭源順和名類聚鈔三引坤元録。

右

岐州

岐州有荷池泊。和名類聚鈔三引坤元録。

右

東都壽安縣洛水之側，有石墨山。山石盡墨，可以書疏。故以石墨名山。文房四譜五。

右壽安

絳州

自禹至太康，與唐、虞皆不易都城。史記周本紀正義。案，初輯據七脩類稿二引，末無城字。

右夏

嬀州

羮頡山在嬀州懷戎縣東南十五里。資暇録，見説郛賓退録八。

右懷戎

□州

蘇臺在姑蘇山上，一名胥臺，吴王闔廬築五年乃成，高見三百里。晁具茨先生詩集注十一。

右

湖州

西固談鑰吴興志四云：括地志所載西顧，乃作牢固之固。

長興二字意增。縣前大谿亦名箬谿，相同爲名也。吴興志五。

夏駕山三字意增。石鼓作金鼓鳴，亦爲零陵郡石鼓之類。吴興志四　又十八云：「石鼓作金鼓鳴，亦魏郡雲陽石鼓之類。」

右長興

德清市亭山陶器大甕，容三十石，小者二十石，名之曰礵。餘處無此大器也。吴興志十八。

右德清

何山亦曰金蓋山，晉何楷居此，習儒業。楷後爲吴興太守，改金蓋山爲何山。吴興志四。　又十四云：「金蓋山，何楷居此，脩儒業。楷後爲吴興太守，改蓋山爲何山。」

黄浦二字意增。亦名庚浦，即康浦也。左右有上康、下康邨，晉殷康爲太守，百姓避其名，改康爲庚。吴興志五　又十四云：「黄浦亦名庚浦，即康浦也。左右有上康邨，晉殷康爲太守。百姓避其名改康爲庚。」

烏程縣東一里，孫皓宅前有大社樹。吴興志六。

烏程縣南有吴太子和廟，初在州西山陵側，廟高一丈二尺，周圍二百一十步。耆老以其縣有文皇帝陵，又孫皓嘗封烏程侯。乃於今處别刱祠宇。吴興志十三。

烏程侯井在烏程縣東北，口圓徑一丈六尺，即吴孫皓爲烏程侯時井也。吴興志十九。

右烏程

郭林山在縣北十五里，晉郭文所隱也。文居山時，一日有虎至，張口向文，文視其咽中有横骨，爲探取之。後於所居口，獲一死鹿，蓋虎之報。吴興志四。

右武康

五山，二字意增。山有五峯。昔鄉民姚紾嘗於此山采樵，忽見二人弈棋，紾坐斧柯觀之，不覺其久。二人謂云：「汝可還去，汝家今日爲汝祥矣。」紾所坐之斧，其柯已爛。及還家，因入甕中隱身，謂家人云：「可七日勿開。」限日未至，家人開之，紾化爲白鶴飛向五山。吴興志四。又十七云：「安吉縣有五山。昔鄉人姚紾者采樵於山，遇仙。及還，自入甕中隱其身，謂家人曰：『可七日勿開。』期未至而家人開之，紾變爲白鶴飛去。」

仙人姚紾所居。陳國子博士虞寄報德碑云：「四鶴齊飛，五峯相映。」吴興志四。

苦峴山在縣西六十五里，高三千尺。吴興志云：「見括地志。」

柴山在縣西南一百二十里，高七百二十尺。吴興志云：「見括地志。」

南嶼山一名白水山。山上有湖，其水色白。吴興志四。

安吉銅山，吳未鄣山之銅，即此山也。吳興志二十。又四云：「吳未鄣山之銅，即此山也。」又安吉銅峴山下引同。

柴山，高七十三丈。明徐獻忠吳興掌故集十。

右安吉

□州

會稽山有石穴委曲，黄帝藏書於此，禹得之。宋蔡夢弼草堂詩箋二，引括略。

玉笥山，一名宛委山，即會稽山。在會稽縣東南十八里，吳越春秋云：「東南天柱，號曰宛委。赤帝左闕之填，承以文玉，覆以盤石。其書金簡青玉爲字，編以白銀，皆瑑其文。禹乃東巡，血白馬以祭。忽然而卧，夢見繡衣男子，自稱玄夷蒼水使者，却倚覆釜之山，東顧謂禹曰：『欲得我山神書者，齋於黄帝之岳，岩岩之下，三月季庚，登山發石。』禹乃登宛委之山，發石乃得金簡玉字。山中又有一穴，深不見底，謂之禹穴。司馬遷上會稽探禹穴是也。」杜工部詩箋。

右會稽

辰州

無時山在溆浦縣西北三百五十里。此山之下，蠻俗當吉慶之時，親族會集，歌舞於此。方輿勝覽三十引坤元録。

右溆浦

建州

建陽縣上百餘里，有仙人葬山。亦神仙所居之地。太平御覽四十七引坤元録。

武夷山澗東一巖，上有雞栖，即此是也。御覽四十七引建安記載魏王泰坤元録。

右建陽

邵武北有庸嶺，一名烏嶺。北隰中有大虵，爲將樂令李埏女所殺者。御覽四十七引魏王泰坤元録。

右邵武

政和，建州縣名。晁具茨先生詩集注六。

右政和

松谿，建州縣名。産茶。晁具茨先生詩集注六。

右松谿

廣州

蚺虵牙長六七寸，土人尤重之。云避不祥，利遠行。賣一枚值牛數頭。唐段公路北户録上。

右

輿地廣記二十八卷札記二卷四册

清光緒六年金陵書局重刻黄氏士禮居覆宋刊本。吳縣王欣夫臨元和顧廣圻校。

嘉慶壬申，蕘圃覆刻是書，所據爲朱竹垞舊藏。首闕二卷，而糢糊闕損處，有紅筆填寫者。目爲宋刻初本而朱校。别有季滄葦舊藏淳祐重修本，在顧抱沖所，不可復見。因借周香嚴臨校本，並著於所撰札記中。至庚辰夏秋間，千里借得兩宋刻，以校黄本，黄本仍多舛譌，以爲季本固爲重修，而朱本更爲翻刻重修本。於蕘圃頗致譏誚，詳思適齋集所載兩宋本跋。今朱本在北京圖書館，據刻工姓名，有蔡才、熊海等，南宋初年曾刻贛州本文選，確在淳祐重修之前，而千里反謂是翻刻重修本。如以兩本互勘，知其言絶非事實，此則蕘圃不誤而千里之失也。詳中國板刻圖録目録。

此即千里以朱、季兩本覆校者，於札記抨擊最力。既定校例五則，點勘幾無完膚。於序「衆而不能惑□地理之書」，札記引朱校，批云：「開卷第一條便無其事。」卷十三批云：「宋本皆極清楚，無朱校。不知與朱校何仇，必欲如此冤屈之。」卷二十四批云：「所稱朱校，大率子虚。今見真本，始知其誕妄乃爾。」卷二十六批云：「宋本清楚，並無朱校。此類竟不勝枚舉，知其必非無心偶誤矣。」卷三十二批云：「此後有宋本全無，亦無所謂朱校。細按之，蓋必用别本嫁名耳。作僞心勞日拙，其斯之謂歟？夏方米何苦聽其説謊。」類此者不下數十處，即千里跋朱本，所謂「顧汪閬源據此之真，顯彼之僞。每條每件，標而記之，繕録一帙，以便傳觀」者。此則千里校是而蕘圃之疏也。至斥爲妄人，辭氣過激，則已在絶交之後矣。千里二跋訂在首册前，察其語氣，及紙痕線縫，原當在札記序後，必首册本有跋文，失去，而移前充觀，故語或不瞭，有日無月也。一九三五年臘月，徐君行可知余留心黄、顧校本，自漢口寄到，索值奇昂，無力購得，因請録副而歸之。

別本覆校，即此刻之底本也。庚辰秋日，千里記。卷三首。

此夏方米手筆，故未有荒謬可笑之語。但抑抱沖所藏季滄葦本，而揚朱竹垞本，則妄人憑臆定此意見，夏不免隨之作計耳。思適居士漫書。

單看不覺其荒謬，借到底本一覆，其病萬端。甚矣下筆之難也。初二日，燈下又書。

第一例｜，此條並無朱校，乃別本所依託，而嫁爲此稱也。

第二例　此條本非朱校，有墨筆字如此，所稱無分別者，其嫁名一也。

第三例○，此條朱校也。但因其與別本同而後載之，則仍意在借名而已。

第四例△，此條實亦朱校，而反削去朱校之稱弗載者，因其與別本異，非借名之意所在故也。

第五例、，此條不涉朱校，即不涉別本也。以上札記序後。

輿地廣記二十八卷札記二卷 四册

清光緒六年金陵書局重刻黄氏士禮居覆宋刊本。吴縣王欣夫屬友臨元和顧廣圻校。

千里手校，余已照臨一本，又屬吴興友人徐君振之再臨此，以作副本，亦猶千里「以便傳觀」意也。千里所校，參以通典、通考、元和郡縣志、元豐九域志、太平寰宇記諸書，而復循文案理，推究其是非，所謂活校也。於季藏殘宋本闕葉，必注殘蝕，以紅筆鉤出。魚尾上「庚戌補刊」及字數，下方刻工姓名，均一一照摹。又所謂直校也。校勘者，必兼此二者，始爲盡其能事。亦惟如千里者，方克勝其任耳。余於補刻、字數及刻工姓名，止臨十八、十九兩卷。其餘以時促從略，固有媿於振之，抑振之又以黄本與此局刻對校，黄本誤字，經千里校正者，局本已多改正。頗疑局刻曾見顧校，惜無序跋説明其所據。今一一書於當行下方，以資參考。此又振之細心處。嘗謂清代金陵、江、浙諸書局，皆禮聘通人任校勘，所謂重刊某本者，往往勝於原本。乃以不著源委，讀者不察而漫視之，若此本是也。孰知久享盛名之士禮居本，乃出此通行局本下哉！書貴校讀，否則與耳食何異。記此以質諸善讀者。

歷代地理志韻編今釋二十卷皇朝輿地圖一卷皇朝輿地韻編二卷 四册

清武進李兆洛輯。上海蜚英館石印。海寧許克勤手校並跋。

古今地名疆域膠轕，檢書猥繁，讀史者病焉。申耆始以史志爲主，析其郡縣之名，以韻隸之，條其異同，釋以當時輿地，學者稱便。然編長纂雜，申耆亦自謂不能無舛譌漏奪。故李鴻章序指其於晉志疏略，未能參稽以求其是，雖謂皆得實地，於今釋仍多不合。李慈銘越縵堂日記亦指其西城、定州之失考，是有待於後人補正者正多也。

勉甫此校約分數端。一曰補遺。卷一東韻安東下，補「唐河北道上都護府，今遼東平襄城」。翁韻補「雞翁，唐縣。夷州義泉郡，今湖南靖州地」。勤案：「黔陽縣志，縣西四十里，有雞翁山，山形如雞。唐置縣，以此得名。則當在州北。靖州志云：「廢縣去羅家砦數里，則又在州南。」卷三巫韻，巫下補「唐州，今湖南沅州府黔陽縣治。據縣志引一統志補」。卷四溫韻宛溫下補「西漢縣，牂柯郡」。一曰考訂。卷一邦韻，「木邦，明司，雲南省。今雲南孟艮土府木邦司」。勤案：「一統輿圖無孟艮土府木邦司，蓋棄諸邊外矣。考其地，當在永昌府西南境外，噠哩江南百七十里，偏西十七度七分極二十三度二分。」卷三溪韻，「朗溪，唐縣，江南道敘州。今湖南黔陽縣地」。勤案：「黔陽縣志引大清一統志『黔陽西南四十里，有諸葛城，爲唐朗溪故城。』舊志謂在縣城內，誤。」卷四津韻，「臨津，南宋縣，南徐州義興郡。南齊縣，南徐州義興郡。今江蘇常州府宜興縣西北五十」。勤案：「新志：『晉置臨津，在郡西五十里，南臨溪蕩，津度設焉。今稱其地爲街里，爲土城。』案在縣西北。」卷五安韻「綏安，南宋縣，南徐州義興郡。南齊縣，南徐州義興郡。今江蘇常州府宜興縣西南八十」。勤案：「舊志以縣西南大賢嶺南弔橋村當之，或云在章山南，距縣七十里。皆非。宋綏安治在長城，舊城今浙江湖州府長興縣西南，地名四安者是。據宜荆新志正。」一曰正誤。卷一充韻充下「西漢縣，武陵郡。東漢縣，荆州武陵郡。晉縣，荆州天門郡。今湖南澧州安福縣西」。勤案：「漢充縣故城，汪士鐸水經注圖以爲即今桑植縣，與方輿紀要在慈利西二百四十里正合。李説未的。」卷四門韻，龍門下「唐縣，羈縻，劍南道長寧州。今四川敘州府長寧縣地」。勤案：「唐志是羅門，非龍門。」又「案，龍門縣，唐垂拱四年置，尋廢。在今湖南沅州府麻陽縣東二十里輕土坪。見縣志。」又有因字誤而誤隸者，卷一邛韻，「應有穀邛、涉邛、護邛，唐州，皆屬羈縻，隴右道。今『邛』皆誤作『卬』，故誤隸七陽卬韻下」。卷二思韻，「應有都思，唐縣，羈縻，嶺南道順州。今『思』誤作『恩』，故誤隸十三元恩韻下」。有因韻誤而誤隸者，卷二與韻，「平輿，西漢縣，汝南郡」。「案，當隸去聲六御」。卷五般韻「般，西漢縣，平原郡」。案「當隸平聲十三元」。一曰當删，卷二歸韻，歸下「唐縣。羈縻，關内道静邊府歸州」。案：「唐無此縣，當删。」卷四源韻，「洛源」。案：「唐志作洛原，應入原韻，此當删。」以上約舉數條，以見全書校例。卷中丙申紀年下，有云「沅州試院」、「靖州試院」者，時在元和江標湖南學幕也。海寧志稱勉甫於輿地之學，圖繪尤工。余嘗見所校水經注趙校本與此書，均足徵其深於輿地考據之學也。

是書馬君貞榆有校勘記。又有考異。兹特節取其説，附以他説，間參鄙見，爲之校正。庶幾羨奪魯魚，不致沿訛云爾。光緒癸巳孟秋之月中元前二日，海寧許克勤勉夫識。

吴郡圖經續記三卷 一册

宋蘇州朱長文撰。清同治癸酉江蘇書局刊本。王欣夫臨清長洲何焯、薄啓源校。

咸豐二年，仁和胡心耘珽得宋紹興四年孫佑刊本於汪氏藝芸書舍，以校張氏學津討源本，舉宋刻勝義四條，跋於後。并用活字印入琳琅秘室叢書，末附校勘記。此江蘇局本即據胡本重刻。其宋本後歸烏程蔣氏，今已摹刻入密韻樓叢書。上海涵芬樓藏一鈔本，爲薄自崑録義門校，且有吴免牀、陳仲魚校筆。一九三四年六月，余從張菊生先生借臨於此本上。涵芬樓燼餘書録著録，據免牀跋，作濮自崑，不詳其人。案自崑姓薄，名啟源。長洲人。（兔牀謂秀水濮自崑者，皆誤。）爲義門弟子。亦好校書，且多傳録其師校本。余舊有秋聲集，又於松江韓氏曾見數種，皆精。此書於義門校均冠以「先生曰」，然如卷下事志第八晉何求條識云：「樂圃文筆高雅，能傳我家三高之事，當採入世譜中。」不標「先生曰」，而明爲義門語。察其前後語氣，知悉爲義門校無疑。兔牀、仲魚及書録皆未及。

四庫提要極賞此書文章，謂「引徵博而敘述簡，文章爾雅，有古人之風」。義門所評，亦頗舉其佳處。今摹其有關考證者：卷上封域第一條「當商之末世，築城郭以自衛」。義門曰：「語無所據。」牧守條「光武時，有任延者，稱爲循吏。延字長孫，年十九爲會稽都尉」。義門曰：「光武時太守有第五倫伯魚，和帝時有張霸伯饒都尉，治錢塘，割浙東之半，與今吳郡無與。」卷中寺院第三條報恩寺：「吳赤烏中先主母吳夫人捨宅以建。」義門曰：「吳志紀、傳皆言建安七年吳夫人薨。虞喜志林則云在十二年，其去赤烏紀元，時凡三十餘年，安得有捨宅事，此謬妄之不攻自破者也。」山第十四條崑山：「在本縣西北，或曰在華亭，蓋割崑山之境以縣華亭故也。晉陸機與其弟雲生於華亭，以文爲世所貴，時人比之崑岡出玉，故此山得名。」義門曰：「陸士衡贈從兄車騎詩云：『髣髴谷水陽，踠變崑山陰。』則山之爲名久矣。文選注引吳地記云：『海鹽縣東北二百里，有長谷，昔陸遜、陸凱居此。谷東二十里有崑山，父祖葬焉。』則在華亭者得之。馬鞍山出白石，故亦冒崑山之名耳。」卷下往跡第一條：「長洲苑，吳故苑名」云云，義門曰：「此皆指廣陵之長洲澤，蓋誤引也。越絶書、吳越春秋自有走犬長洲之文。」園第第十條：「太元元年八月朔，大風拔吴高陵松柏。按，晉陽秋云：『惠帝元康中，吴令河東謝詢表爲孫氏二君墓，置守冢五人。』」義門曰：「書吴高陵，又有此表，則冢當在吴，但策傳乃云『還葬曲阿』，當是後遷也。」又續志云：「魏吴綱立孫堅廟於縣東北，孫策祠於縣南。」義門曰：「吴綱安得立孫堅之廟，此因郭頒世語而妄加僞造者也。世語綱事在諸葛誕傳注中。」又第十二條「綜字文緯。吴人。辟有道。歷御史大夫、尚書令、殿上三老。綜於東漢書無傳，見顧況所撰廟庭碑」。義門曰：「東都無御史大夫，至建安而曹操始復之。甚矣況之妄作！於時尚書令久次僅得出爲太守，職要而位微。況徒見六朝以下此官之尊，傅會漢制，則謬矣。三老、五更不常置，云殿上三老，尤可異也。」凡此皆足爲考吴郡掌故者之資。原有兔牀、仲魚識語，附録於左：

續吴郡圖經世間傳本絶少，而此本係秀水濮自崑先生手校，尤爲可寶。余三十年前嘗偕鮑渌飲遊吴中，購得之，珍藏至今。每一展卷，覺古香襲人，後世其善視之。嘉慶辛酉，兔牀騫記。

嘉慶十一年秋，勃海陳鱣借校一過。時寓中吴別業。

雲間志三卷續一卷 二册

宋楊潛撰。崑山趙詒琛手鈔本。

宋紹熙四年，楊潛所修雲間志三卷，宋史藝文志卷三，文淵閣書目卷十九，均著録。崇禎松江府志卷五十四，謂「華亭在唐附見吴地記，在宋附見嘉禾志。有耑志，自雲間志始。雖竭諸君之力，而事由草創，搜閲太疎」。然錢竹汀、孫淵如皆謂其體例繁簡得中。顧千里又謂元徐碩至元嘉禾志每條下所繫考證，以典核稱，而華亭一縣之考證，乃全取楊潛語。蓋宋、元地志存世無多，苟有裨文獻，莫非至寶。崇禎志之言，未爲定評。顧祇鈔本傳世，在若存若亡間。嘉慶甲戌，華亭沈綺雲得袁壽階鈔本，因屬孫淵如刻之白下。校者則顧千里，板藏古倪園，與梅花喜神譜、唐宋四婦人集同稱善本。余曾得初印一册，惜已亡失。此爲趙學南先生據沈刻手鈔，知峭帆樓中亦無之也。綺雲事跡略見藏書紀事詩。余於姚子芬處見一長卷，淵如篆書題蹟，改七薌畫，王惕夫題數十段。知綺雲室曹澧香爲惕夫繼室墨琴妹，且由惕夫作撮合山。故惕夫每至三泖，必加題于卷中。姻婭瑣瑣，歷數十年。學南刻峭帆樓、又滿樓、對樹書屋三叢書，又偕余合輯紀年叢編八集，咸推校勘如顧千里，余則謂鈔書如吳枚庵。歿後一孫愚騃，藏書盡散。余獨收其手鈔十餘種，以爲故人紀念云。

正德興寧志四卷 一册

明長洲祝允明撰。吳縣王氏學禮齋鈔本。

正德乙亥，希哲以舉人授廣東興寧縣知縣。得成化末邑人殷興所爲志殘本，經縣令余泰附益。病其編刻苟忽，欲爲重輯。丙子冬，臺省檄治通志，因以意授弟子員劉天錫等爲之，而於舟中芟除比聯，成書四卷。見是年十二月自序。阮元廣東通志藝文略著録，作五卷。下注：已佚。興寧地明屬惠州府，清改屬嘉應州，俗習少機巧。貧家男女無老少，同務耕穫樵蘇，戴笠徒跣，猶存質樸之風。邑之人材，首列天聖八年進士羅孟郊。孟郊善書，滌硯於池，池水盡黑，人稱之曰墨池。在縣南十里，爲邑中名跡。枝山文集有羅翰林墨池銘。五百年後又得善書者爲之志銘，豈其相契於無形者歟？手稿舊爲王敬美所藏，有其圖記。首葉有記葉數一行，題「崇禎辛巳十月十二日」而不具名，已在明末。黄蕘圃鈔本玉峯志跋云：「向時東城顧氏書未散時，書友錢聽默謂余曰『有祝允明手書志書一部在』。疑即指此。」而蕘圃以匡無憑證，僅筆跡相似之玉峯志當之，乃未見是書。且是書在清初曾入懷古書屋顧雨時書庫，顧氏藏書皆無鈐記，不有蕘圃言，固不可知也。後爲顧子山所得，與宋、元名跡同著録於過雲樓書畫記，並引祝氏集略與施聘之僉憲書云：「興寧志附上，聞後政頗有增益。或得命印一二本寄下。」則是志當時有刊本矣，惜無從得而校之。今查各家目録皆不載，惟永嘉楊嘉曝書隨筆有正德刻殘本存卷一一卷，今歸温州市圖書館。半葉八行，行十六字。字畫樸茂，洵爲善本。惟稍有異同，或彼係定稿。今全帙并所謂後政增益者均不可得矣。此爲三十年前借顧君公碩藏真跡照録，彼時固稱斷種秘本。今則顧君已將手稿捐獻，由蘇州市文物保管委員會影印，不但秘籍得傳，而希哲楷法亦同資欣賞矣。

塔爾巴哈台事宜四卷 四册

清宗室永保等編纂。舊鈔本。

塔爾巴哈台，今改塔城縣。建立於清乾隆三十一年。其地環山帶河，廣袤數千里，西北之雄鎮也。乾隆五十七年壬子，參贊永保始搜集案牘，彙纂事宜略節一册。嘉慶七年，纂修大清會典，查取該地事宜，於典禮有關者，參贊貢□據以增補，至嘉慶六年止，送館備查。十年，參贊興□又加增輯，改爲分類編次。十九年伊□，道光八年彦□，又兩次續修，以成今本，各見首叙。卷一分疆理、附山水。城垣、宫殿、壇廟、叙官、户口、田賦、錢法、關税。附金廠。卷二分雜賦、庫藏、倉庾、積貯、添設、俸餉、開設新疆、建立州縣、改設營制、兵防、歷次蠲卹。卷三分議處、議叙、議卹、軍政、薦舉、添建營房、船隻、公廨、倉厫、附監獄。軍器、水利、薪炭、匠役、貢馬、卡倫。卷四分軍台、貿易、屯田、官廠、牲畜、煤窑、柔遠、荒服。以皆直鈔案牘，不加文飾，故不曰志，而曰事宜。其地本屬荒徼，人跡罕至，爲朝士獲嚴譴充配之所。今日則輪軌四通，旦夕可達。工農發展，民生富裕。借古觀今，可以知國家建設之新猷矣。此爲道光時舊鈔，於參贊名皆僅舉上一字，知爲當時官本，未付梓。近人輯邊疆叢書續編，始油印以行。原藏曹氏箋經室，書簽猶爲君直先生手筆。黄陂陳毅曾從借讀，手札尚存。

有「句吴曹氏收藏金石書畫之印」白文方印。

水經注四十卷八册

清乾隆癸酉歙西黄晟槐蔭草堂刊本。吴縣王欣夫臨元和惠棟校，又□錕校。

惠定宇校閲本用明嘉靖十三年黄省曾刊。舊藏吳興蔣氏密韻樓，後入上海涵芬樓。一九三五年三月，余從張菊生先生借得，臨於此黄刻本上。

定宇所校，博取漢書地理志諸書，正其舛誤，又多以音詁通之。而統觀全書，謂於西北詳，東南略，吳中尤略，楚地頗詳。於江水三「江水又逕南平郡孱陵縣之樂鄉城北」，謂：「桑欽，後漢人，漢志引之。南平郡，吳置以爲南郡。太康元年改曰南平。則水經非欽撰歟？」是於四庫提要據涪水條中稱廣漢已爲廣魏，則決非漢時，又得一證。提要又據鐘水條中稱晉寧仍曰魏寧，則未及晉代，則尚未確。酈道元昧於小學，故注中多有未瞭。如汝水注：「秦并六國，衛最後滅。疑嘉是衛後，故氏子南而稱君也。」定宇謂：「孽子嘉，漢表作姬嘉，乃周後，非衛後也。古南、男通，故周語『鄭伯，南也』，謂伯爵而當男服。左傳作男。漢封姬嘉爲子男之君明矣。酈説非也。」睢水注：「杜預曰『梁國睢陽縣南，有横亭，今在睢陽城西南，世謂之光城。』蓋光、横聲相近習，傳之非也。」定宇謂「漢書横門讀爲光門。古韻通，不爲誤」。沂水注「左氏傳曰『莒、魯爭鄆，爲日多矣。』今城北鄆亭是也。京相璠曰『琅邪姑幕縣南四十里員亭，故魯鄆邑，世變其字』非也」。定宇謂「鄆，公羊作運，古運字讀爲云，與員同音」。如是讀書，方無隔閡。全書朱筆句讀甚精，而於穀水注中引晉宫室名曰後段，定宇謂「錯誤甚多，當稍校正方可點讀」。江水三注中引武昌記曰後段，定宇亦曰：「錯誤甚多。」温水注中引林邑記曰一段，定宇亦曰：「錯誤至此，邢子才日思誤書以爲適，恐當此亦復不適矣。」故皆闕未斷句。涵芬樓燼餘書録所謂「可見前人爲學之慎者」也。惜當時以借書期促，未及照臨。定宇此校，在全謝山、戴東原、趙東潛諸家書未出之前，有篳路襤褸之功。後來王益吾撰合校，蒐集最廣。未見及此，是可寶也。

黄晟本有舊人朱筆詳校，用力甚勤，至七卷而止。卷四末有「同治初元二月十三日至三月三日校竟」一行，下鈐「錕印」二字印，其人待考。黄晟字東曙，號曉峰。歙縣人。僑寓揚州，以鹽筴起家。高宗南巡，以辦差得道員。家有易園。曾與嘉定李灼同編至聖編年世紀二十四卷。四庫提要傳記類存目著録。又刻太平廣記諸書。縣志義行有傳。

水經注釋文十卷二册

清江寧汪士鐸撰。江寧蔣國榜、吴縣王欣夫同輯。吴縣王氏學禮齋鈔稿本。

水經注原四十卷，崇文書目載爲三十五卷，蓋宋已佚其五卷。今本乃後人離析以合原數者也。自明以來，惟朱謀㙔本盛行，而仍多舛謬。清儒治此書者，以全祖望、戴震、趙一清諸家爲始。全書刊本晚出，戴、趙公案，近始論定。戴校即武英殿聚珍板本，以校朱本，知朱本脱簡、錯簡有自數十字至四百餘字者，補其闕漏者二千一百二十八字，删其妄增者一千四百四十八字，正其臆改者三千七百一十五字，神明焕然，頓還舊觀。趙氏注釋，據唐六典注，稱桑欽所引天下之水百三十七，江、河在焉。今本所列，僅一百一十六水，佚去二十一水，因證以本注，雜采他籍，得滏、洺、滹沱、派、滋、伊、瀍、澗、洛、豐、涇、汭、渠、獲、洙、滁、日南、弱黑十八水，於瀔水下分瀔餘水。又考驗本經，知清漳水、濁漳水、大遼水、小遼水，皆原分爲二，共得二十一水。以足原數，均詳四庫總目提要。梅村熟精水地之學，於水經注用力尤深，所讀即據趙本，謂「豐水見渭水注中，禹貢雍州兩言渭、汭，猶言洛、汭耳。水經叙於渭水末，則汭亦不當補。滁水乃小水，不宜爲一篇」，正趙補之誤也。河水二「屈從其東南流入于渤海」。注「聞見之宗也」下「疑脱簡」。河水二「河水又南入葱嶺山」注「其水至安息」至「大國也」三行注「又西經四大塔北」至「浣石尚存」十九行餘宜在「逕于闐」之下，漢書西域傳之上。脱簡、錯簡，自數字至百數十字者又數十處，正戴校之疏也。全書案脈尋源，博考詳稽，與所撰水經注圖比而觀之，一經一緯，益爲分明。案梅村乙丙日記於乙卯二月記太平軍光復金陵時，留城未攜出著述目中，有水經注補注一種，注「未成」。又十一月避地績谿胡氏時記自城送出書目中，有水經注一種，皆即是本。蓋乙卯年尚屬創稿，故云未成。其後續加補治，定名曰釋文。全書眉頭行間，批注無隙地，而墨瀋字草，幾乎不可緦理。今歸吾友蔣君蘇盦國榜。蘇盦珍重鄉賢遺著，手輯數卷，後以見屬，勉爲卒業。而朱君五峯爲録清本，朱君時年七十餘矣，尚能作工楷，不可多得也。

堯峯山志六卷 二册

明古吳陳仁錫輯略。長洲張封考定。明崇禎戊寅刊本。

首崇禎戊寅張封序，次陳仁錫志序，次目録，卷一分山原、列山附。山名、名勝古蹟、古墓附。水觀、論石、品泉、物產。卷二分山寺、塔附。祖師。高僧附。偈附。卷三法語。卷四題詠。雜記附。卷五記序。跋附。卷六疏銘。贊附。

堯峯在橫山，西去吳縣治胥門四十里，與天平、靈巖、穹窿、楞伽相迤邐。舊傳堯時人民避水登此，故名。唐末慧禪師始建精舍，曰免水院。宋改曰壽聖寺。是山遂爲僧占。紺宇琳宮，代有興建。明代士大夫樂其幽靜，亦往往借地讀書，陳明卿其一也，始輯志略。封山中人也，復取陳志存者十之六，汰者十之四，考而益者，羣峯異名，旁及幽隱，古德機緣，并近代名公題志，爲是帙而刊之。蘇州府志藝文列其目，而書不經見。先兄蔭嘉曾獲殘本一册，存首三卷，訪之三十載不再得。及余觀書劉氏嘉業堂，忽見全帙，爲汪氏振綺堂舊物。亟假鈔補全，而劉本卷六第十頁以下亦闕，張序第六頁上半漏鈔，仍留微瑕，而劉本今且流入海外。區區一明刻山志，竟人間絶無僅有矣。其書雖曰山志，而實志梵剎爲多。至載彼教法語，別立一目，尤爲特異。其他如：宋僧顥暹禪師別號寶雲，曾鑿舊井，即號寶雲。山泉數道，暗度至井，四面珠懸而下，甘美視惠山泉，每兩輕惠泉五分，不品於陸羽，泉之隱君子也。洞庭七十二峯之間，多玲瓏怪石，富室羅致以潤色苑囿。堯峯之石，苔蘚剥蝕，如錦綺覆，如翡翠粧，石多贅附，有力者負之而趨，非若洞庭石之難致也。於是匠石爭睨焉。文湛持特築護石亭以保永存。此二事今雖老於蘇者，亦鮮知之。安得擺脱塵囂，對奇石，酌清泉，逍遥於山水間乎？讀此志，而不禁翛然神往矣。

兩京新記二卷 一册

唐韋述撰。吴縣曹元忠輯。手稿本。

韋述本良史才，舊唐書本傳稱其著書二百餘卷，今祇是書五卷之第三一卷存耳。舊寫本藏日本金澤文庫，彼國人刻入佚存叢書，咸豐中，南海伍氏又刻入粤雅堂叢書，始流傳于世。阮元四庫未收書目提要著之，引朱彝尊書熙寧長安志後云：「東西京記世無全書」，因謂竹垞所見，已非完本。日本天曝山人題後亦云「竹垞所見非完本，安知彼之所佚，非即我之所存乎？」竊謂竹垞所謂世無全書者，蓋僅見御覽、廣記等書所引殘文，非別有一本，故後世無聞。阮與天曝兩説均泥。君直先生搜集羣書所引謂其曰西京雜記、曰西京記、曰兩京記、曰唐兩京記者，實即兩京新記之異稱，乃「西京」則依宋敏求長安志，「東都」則依永樂大典所引河南志，編爲兩卷，刊入南菁札記。其後讀書有得，隨時校補，又得佚文若干條，並據長安志詳校佚存本之脱誤，今并佚文校記附録。惟原有錢謙益杜工部詩集箋注引數條，核之無出他書外者，知所據亦本御覽、廣記諸書，絳雲樓藏書雖富，非真有韋氏原本也，今從芟薙。昔從徐積餘先生乃昌觀隋大將軍昌樂公府司士行參軍張通妻陶墓志石刻，其名乃于佚存本東門之北慧日寺條見之。文云：「開皇六年立。本富商張通宅，捨而立寺。通妻陶氏，常於西市鬻飯，精而價賤。時人呼爲陶寺。」與志稱「懇志薰修，歸依正覺，莊嚴供養，其慧日寺者乎」相會。乃歎開元至今千餘年矣，獨其語言文字之流傳，尚賴是記得以攷證。誠如伍崇曜跋所云：「一鱗片甲，皆成五采。」爲攷唐京之要籍，而足補徐松唐兩京城坊攷之未及矣。

西京

宣政門内曰宣政殿。初成，每見數十騎馳突出入。高宗使巫祝劉門奴問其所以。鬼云：「我漢楚王戊太子，死葬於此。」門奴曰：「案漢書，戊與七國反，誅死。無後。焉得葬此？」鬼曰：「我當時入朝，以路遠不隨，後坐病死。天子於此葬我。漢書自遺誤耳。」門奴因宣詔，欲爲改葬，鬼曰：「出入誠不安，改葬幸甚。天子斂我玉魚一雙，幸勿奪之。」及發掘，玉魚宛然，棺柩略盡。太平御覽七百三十五引兩京記。錦繡萬花谷前集二十七引西京雜記云：「長安大明宮北，每夜見數騎游往其間。高宗使巫祝問其由，鬼云：『我是漢楚王茂太子，葬於此。』明日，因宣詔改葬，鬼喜曰：『我死時，天子斂我玉魚一雙，勿見奪也。』乃發掘，玉魚宛然，棺槨朽爛已盡。」元忠案：宋吳曾能改齋漫録六云：「王叔原又言，杜詩多用當時事，如云『玉魚蒙葬地』者。事見韋述兩京記。」

右西内

長安西城，有門三，中曰金光門。宋蔡夢弼草堂詩箋十三。

大明宮紫宸殿北曰蓬萊殿，其西曰還周殿。還周西北曰金鑾殿，殿旁坡名金鑾坡。晁具茨詩集注九。

蓬萊殿，紫宸北。草堂詩箋四　案以上二條與初輯玉海一百五十九略同。

右東内大明宮

開元二十年，築夾城，入芙蓉園。自大明宮夾亘羅城複道，經通化門觀以達興慶宮。次經春明延喜門，至曲江芙蓉園而外人不知也。芙蓉園在萬年縣東南十五里，本隋之離宮。草堂詩箋七引韋述西京雜記。

右朝堂

晉、宋以來，始置員外郎。宋高承事物紀原五引。韋述唐兩京記。

郎官盛寫壁記，以紀當廳前後、遷、除、出入，寖以成俗。唐封演聞見記五。宋王讜唐語林八。

尚書左省郎廳事後，有古冢。高宗、武后間，郎中屢有暴死者。聖曆中，有巫者見尚書郎鄭默冢，發之，得銘誌，符驗棺柩尚在，并有瓦木雜器。鄭氏子孫相率改葬。御覽七百三十五。

右尚書省

御史臺三字意增。臺門北開，以糺劾之司，主意於殺，故門北啓，以象陰殺。或曰俗傳開南門，不利大夫。事物紀原六引韋述唐兩京記。

右吏部

西京秘書省廳事前，有隕星石。隋自咸陽移置於此。少監王劭作瑞石頌以贊美之。錦繡萬花谷別集九。案與初輯引秘笈新書五同。

時以秘監爲宰相病坊，少監爲給事中、中書舍人病坊，秘書丞及著作佐郎爲監察御史病坊。言從職不任繁劇者，當改入此省。然其職在圖史，非復喧卑故存，好古君子厭趨競者亦求爲之。宋李上交近事會元二。案與初輯引廣記一百八十七略同。

右秘書省

京城街衢，有金吾曉暝傳呼，以禁夜行。惟正月十五日夜，敕許金吾弛禁，前後各一日。故中書侍郎蘇味道上元詩有曰「金吾不禁夜，玉漏莫相催」。草堂詩箋八。又洪邁容齋三筆一引云唐韋述兩京新記「正月十五日，敕金吾弛禁，前後各一日以看燈」。山谷外集注十五引略同。

街東西各五十四坊。宋趙彥衛雲麓漫鈔八。

右外郭城

永樂坊

永樂坊内古冢，六字據長安志意增。未知姓名。時人誤爲東方朔墓也。資暇録引，見説郛。

進業坊

西京外郭城朱雀街東第三橋，皇城之東第一街進業坊，隋無漏寺之基也。錦繡萬花谷後集二十六，又二十八，引「基也」作「故地」。武德初廢。正觀三十年，高宗在春宮時，報其母文德皇后，爲之祈福，即其地建寺，故名慈恩。南院臨黄渠，竹木森邃，爲京城之最。西院浮圖六級，高三百尺。永徽三年，沙門玄奘所立。浮圖内有梵本諸經數十匣。浮圖前東階，立太宗皇帝撰三藏聖教叙及高宗皇帝述聖記二碑，并褚遂良書。中和中，中書舍人李肇國史補：「進士既捷，列名於慈恩寺塔，謂之題名。」錦繡萬花谷後集二十八。草堂詩箋六。緯略五。

坊西南隅淨域寺，隋文帝開皇五年立。恭帝禪位，止於此寺，薨焉。長安志八下，引酉陽雜俎云：「此寺興造與韋述記不同。」則上所言爲西京記文。

朱雀街東第五街，皇城之東第三街，昇道坊龍華尼寺南，有流水屈曲，謂之曲江。此地在秦爲宜春苑，在漢爲樂游園。草堂詩箋六。　錦繡萬花谷別集二十四。　司馬相如弔秦二世文云「臨曲江之隑州」，蓋其所也。　草堂詩箋八。

宣帝神爵二年，起樂游苑。　關中記：「宣帝立廟曲江之北，因苑爲名，名曰樂游廟。即今昇道坊内餘地是也。」此地在秦爲宜春苑，在漢爲樂游苑。　苑在京兆萬年縣南八里。　三輔黄圖在杜陵西北。　草堂詩箋七。

東京

嘉慶坊

東都嘉慶坊有李樹，其實甘鮮，爲京都之美。故稱「嘉慶子」。　全芳備祖後集八。　案與初輯引事文類聚後集二十五略同。

龍門號雙闕，以與大内對峙，若天闕焉。　草堂詩箋一。　又二。　蔡條西清詩話。

佚存叢書本校記據宋敏求長安志校。刻本已正者不録。

修德坊長安志：「此興福寺在皇城西第一街、修德坊，而修德坊在朱雀街之第三街，即皇城西之第一街，街西從北第一曰修德坊。」

面文賀蘭敏之寫金明明作剛。經。

東東作南。曰輔興坊。

景雲二二作元。年。　及第九女昌宗宗作隆。公主。　昌宗宗作隆。爲玉真。

本工部尚書莘莘作畢。國公竇誕誕作琎。宅。 西出京城之間間作開。遠門。

西北隅本隋之慧慧作惠。雲寺，舊有舊有作有舊。佛殿，今現在今現在作「内」。有鄭法輪之書跋。之書跋作「畫」。

隋開皇二二作三。年。 使使作使。出寺額一百奪二十二字。於朝堂。

時陳臨賀王叔教教作敎。母與鄰居人人作又。捨宅以足之，其寺□□作方。漸營建也。

澄澄作證。空尼寺。

武太后改爲澄澄作證。空寺。

西北隅大崇福觀。志作昭成觀。

本楊士奪達字。宅。

本隋江陵總管清水水作海。公賀拔華華作業。宅。開皇七七作九。年爲□不空格。沙門法海捨宅，奏立爲寺。

本隋幽州總管燕榮榮作營宅。

高祖奪爲字。沙門曇獻所立。

古武侯大將軍陳國公竇機機作抗。立，西院中有木浮閣，閣作屠。機機作抗。弟璡，爲母成安公主立。高一百五十尺，尺作丈。皆伐機機作抗。園梨木充用焉。

十字街之西北。之西北作北之西。

開皇三三作二。年，文帝醫人周子祭祭作臻。所立。

長安富商王道賓賓作買。捨宅所立。

獻皇后奪獨孤氏三字。爲母紀國夫人崔氏所立也。

坊南街抵京城城作師。之東東作南。面。

右皇城之十三坊

東南隅千佛佛作福。寺

子順能驅使使作役。鬼神，受受作傳。諸符籙，預告隋文帝受受作膺。命之應。及即位，授授作拜。上開府、永安公、徐州刺史。

本開府儀同三司開府儀同三司作「侍中」。觀國公楊恭仁宅。

周宣帝天天作大。象二年立。立作置。

土中見金奪聚字。欲使使作取。便。奪没字。隋文奪帝字。曰，此朕之無之字。金城之化。化作兆。

本□□作在。門外道之東也。

太宗頓頓作領。兵於此。

十字街之南之南作南之。東，樂善奪尼字。寺。

尉遲迴迴作迴。孫大大作太。師，爲其祖所立焉。

因掘掘作撅。得甘泉七所。

開皇三三作二。年周奪靜帝皇后四字。平原公主所立。

初隋文奪帝于二字。此置醴泉監，以以作取。甘泉水供御，奪厨字。開皇十三三作二。年，廢監立寺焉。

西北隅北隅作門之南。祓祠。

皆沙門成法成法作法成。所造。

寺内有二浮閣閣作圖。

塔内有鄭法輪、田僧亮、楊契丹畫畫作書。跡。

隋開皇七七作五。年。

次南曰永遠遠作達。坊。志永達坊隸崇德坊之下。

坊南街抵京城之南。奪面字。

右朱雀街西奪第一街三字。九坊

景龍九年。九作元。

今爲户部尚書尹尹作唐。思貞所居。

隋開皇七年右衛大將軍開皇七年右衛大將軍九字無。駙馬都尉洵陽公洵陽公三字無。元孝矩矩作恭。捨宅立。

宅西隔西隔作南隅。街有邠王府。

右朱雀街西第二街九坊

街西從北第一□不空。循循作修。德坊。

本左左作右。領軍大將軍彭國公王君廓宅。貞觀八年太宗爲奪太字。穆皇后竇氏追福立。

恐□□□□□□□□空格作「竟虚文秏乃使諸子」八字。於南郊立第。　秀死後□宮。□宮作没官。

右皇城西之第二街之十一坊及西市

隋開皇二二作五。年沙門善告告作吉。所立。講堂□□作北。有古冢。

隋奪尚書二字。左僕射齊國公高熲宅。

隋開皇十二二作一。年。　其地本賀拔氏之别第。第作宅。

十字街之東之東作東之。北波斯胡寺。

南街東東作西。出。　大業中□。□作廢。

□□□當是先天寺三字。漢圜丘餘趾。光光作先。元年改爲光光作先。天寺。

東門之南，直長受受作壽。坊。志長壽坊隸懷遠坊之下。

西南隅裒裒作褒。義寺。

改名裒裒作褒。義寺。

周昌樂公主及駙馬都尉尉遲尉遲作王。安捨宅立。

□□作真。心尼寺。案、志「羣賢坊東門之南，真心尼寺。」隸居德坊之下。

宦者儀同奪三司二字。宋祥捨宅所立也。

今爲南陽縣縣作郡。主居之。

雍州牧楚公豆盧勣所立也□□。志不空格。

東北隅淨淨作清。虛觀。案志豐邑坊東北隅清虛觀，隸崇化坊之下。

隋文帝爲道士□呂□呂作呂師元所立。呂卻卻作辟。穀練氣，故以淨淨作清。虛爲名。爲名作「名之」。

東北隅會聖聖作昌。觀

街街作之。西□□作築。總持寺。

高一百三十仞。仞作尺。

十字街西之北辨才寺。案志「懷德坊街西之北，辨才寺」。隸羣賢坊之下。

本鄭鄭作□。孝王亮隋代舊宅。武德二年移移作徙。於此。

東南隅龍興寺。寺作觀。

邑人張緒市所所作之。立焉。焉作爲寺。

西南隅淨樂尼寺。案志「崇化坊西南隅淨樂尼寺」。隸懷德坊之下，崇化坊。

半已西大總持寺。案志「永樂坊半已西，大總持寺」。隸和平坊之下。

隋大業元元作三。年，初名奪大字禪定寺。制度與莊嚴奪寺正二字。同。

右皇城西第二街之十三

交州記一卷 一册

晉劉欣期撰。清吳縣曹元文輯。手稿本並跋。曹元忠訂補。

元文字叔明，爲君直先生弟。以羸疾早世，此其遺稿，先生手加訂補，以待刊行者。時先生肄業南菁書院，輯刊盛弘之荆州記。叔明亦輯此書，兄弟相師友，其嗜學之風可羨焉。

案晉人記交州者，三國志注引王隱交廣記，後漢書注、水經注引王範交廣二州記，御覽設官部引黄羲仲交廣二州記，又引黄恭交州記，類聚藝文部引苗恭交廣記。案是皆兼記廣州，亦有單稱交州記者。羲仲疑恭之字，「苗」爲黄之蝕文。其劉欣期交州記則多冠以姓名。左宣二年正義引作劉歆期者，欣、歆音近之誤也。清南海曾勉士釗始輯爲二卷，伍崇曜刊入嶺南遺書。譚玉生瑩代撰跋語，舉太平寰宇記一百七十一引「泥黎城，其城在定安縣東南。隔水七里，阿育王所遺塔講堂尚在，有采薪者時見金像」一條，爲勉士所偶遺，因歎纂輯之難。叔明未見曾輯本，而此條則已輯得。原本北堂書鈔，亦勉士未見。君直先生又從白孔六帖、蔡夢弼杜工部草堂詩箋、宋周去非嶺外代答、黎崱安南志略諸書訂補之，與曾輯雖增減互見，然居然改觀矣。觀叔明跋，爲身後之名，亟亟顧影如不及，幸得哲兄之助。而終未刊行者，則以載籍極博，耳目難周，深知纂輯不易，爲求美備，不能無待也。然則世之倉卒成書，徒供有識譏彈者，亦可以已矣。

劉欣期交州記，隋經籍志已不著録。顧志云：「齊時陸澄聚一百六十家之説，依其前後遠近，編而爲部，謂之地理書。任昉又增陸澄之書八十家，謂之地記，則交州記或在合并中矣。暇日就所見故書，抄撮成卷，將質諸伯兄君直先生一釐定焉。惜兄游學江陰，未能即歸。余自攖羸疾，旦夕莫保，亟亟顧影而爲此書者，冀他日發篋得之，必爲校刊行世，庶後人於殘蝨中猶知有元文其人，則元文爲不死也。戊子春暮曹元文。

陽羨風土記一卷校勘記一卷 一册

晉義興周處撰。民國大埔温廷敬校輯。吴縣王氏學禮齋鈔稿本。

廷敬字芷齋，號丹銘。清貢生。晚爲廣東通志館總纂，中央大學研究院導師。

首輯者自序，次晉書本傳，次正文：分地理十六條，歲時禮俗十七條，舟車二條，器服飲食六條，武技二條，物産二十二條。同條而各書所引，互有異同詳略，則審察文義，或删或補，必注其所據；然或過於繁贅，則於異同之别擇，訛舛之更正，别爲校勘記附後。所采北堂書鈔，則南海孔氏所刊原本及日本出玉燭寶典、敦煌出華林遍略，皆前人所未見。末以御覽六百四十七引王隱晉書、周處奏殺李忽，補嚴可均全晉文之遺，爲附録一。以題陸機撰之晉平西將軍周處碑録碑拓本，並依嚴輯區其舊文及添補爲附録二。

案是書久佚，世傳説郛、五朝小説兩本，殊疏略。嚴可均所輯未見。近惟金武祥粟香室叢書刻王謨輯本，附章宗源考證。武祥又補輯，並增校勘記。丹銘先生未見其書，雖各有詳略，譬如積薪，後來居上。是本較善，必然之理也。丹銘先生輯成於一九三二年孟夏，及一九□□年携稿來滬，余與訂忘年交。時挈幼孫柾顧寓舍，縱論古今學術甚暢，因請録副。並言有校補舊五代史，出邵二雲本外者，其稿在粤，約異日見借。未幾應汕頭修志之聘，一九五四年即終老於汕。年八十六。所撰已刊者，有洛誥新解、廣東通志列傳稿、明季潮州忠逸傳、大埔縣志、茶陽三家文鈔。未刊者有舊五代史校補、元和姓纂校補、經史金文證補、金文疑年表、趙德昌黎文録、鄭南升晦庵語録、潮州文徵、潮州詩萃、補讀書廬詩文集。輯佚者，此書外有崔寔四民月令、萬震南州異物志、涼州異物志附張澍輯本糾謬、晉劉琨集。今遺稿不可復問矣。是書搜輯之例已詳自序，兹志其交誼之略於此。

輯周處陽羨風土記序

周處風土記，隋志三卷，新、舊唐書俱作十卷。宋志不復著録。蓋亡於宋代也。然太平御覽、寰宇記、事類賦所引，多出於藝文類聚、北堂書鈔、初學記之外，輿地紀勝、歲時廣記所引，亦有出諸書之外。二書皆出南渡後，則疑當時私家或有存者，故得以徵引，抑其爲轉引他書而得，未可知也。自是除見類書徵引外，即不復聞有是書。明陶珽續説郛嘗輯爲一卷，然荒陋已甚，且不注轉引書名，令人無從徵實。其散見類書者，亦輾轉訛誤。書鈔所引尤多，不可讀。惟玉燭寶典所引歲時爲略具首尾。夫孝侯以武勇不羈之材，而折節向學，兼通經史文藝，所爲書駢麗彬雅，注釋詳明，雖在一隅，足以見當時之風俗遺事。而忠孝大節，炳於寰區，人尤以是重之。顧經六朝、唐、宋，將及千年而湮没。嚴氏所輯一卷未見，疑已佚。全晉文僅録其殘闕遺表一篇，寥寥百餘字，不足以見其文采，不滋可惜乎。今夏校録四民月令既畢，因更輯是書。就諸書所引，合其離析，正其謬誤。略以類次，而各標於下，以醒目而便覽。雖所輯不知視原書何如，然殘膏賸馥，足以沾丐。遺文軼事，藉資流傳。敦詩悦禮之度，於此略見一斑矣。又據史通補注篇所言，此書當名陽羨風土記，而自隋志以下，皆省去陽羨二字，諸類書亦然。或云周處風土記，或僅云風土記，遂令人無從知其爲一方之著作，兹并題其全名云。壬申孟夏，大埔温廷敬序。

大唐六典三十卷 十二册

舊鈔本。清桐鄉馮浩手校。

六典刻本始於宋紹興四年温州永嘉縣主簿詹域據州學教授張希亮校正本付梓。置版州學。今存殘本十六卷，分藏北京圖書館、南京博物館、北京大學圖書館。次則明吴縣王鏊於中秘得其書，手録以歸。謂世無刻本（然則所見當是鈔本），以授浙江按察使席書、李承勳。正德乙亥，鏊序而刻之。再次則嘉靖甲辰重刻王本，卷末有「嘉靖甲辰長至浙江按察司校録重刊」一行。此鈔即從其本出，桐鄉馮浩用刻本並案文義校正。又用兩唐書、通鑑諸書參校，硃墨紛然，間以條紙黏帖，末有「辛丑三月孟亭居士校一行」，辛丑當爲乾隆四十六年。

余年十八，喜於冷攤拾殘書。懸橋老書賈楊馥堂曾收歸安沈秉成耦園藏書，此册猶在架上，塵封盈寸，余斥三十金購之，家人與同輩咸譁然。越月由友人程君瞻廬爲介，受業於吴江金松岑師。執贄進謁，師顧座客曰：「是子即知購鈔本唐六典者。」頗蒙矜奬。距今忽忽四十五年矣。深愧老大無成，而摩挲故籍，猶如昨日，爰補記於尾。

大唐郊祀録十卷 二册

唐王涇撰。民國四年烏程張鈞衡適園刊本。吳縣王欣夫屬友臨歙縣吳承仕校。

此書新唐志、崇文總目、書録解題、通志、通考俱著録。玉海則作唐貞元郊祀録，至明猶載文淵閣書目，而清修四庫全書、阮雲臺四庫未收書目皆不載，僅偶傳鈔本而已。道光二十五年，金山錢氏始刊入指海十八集。謂舛錯不可卒讀，以愛日精廬鈔本、汪謝城、臧眉卿兩校本參之。至民國四年，吳興張氏又據何夢華鈔贈吳兔牀本，重刊入適園叢書第一集，亦謂訛舛特甚，頗費校讎。夫錢本出張嘯山手，張本出繆藝風手，而其本猶未能滿意，甚矣善本之難得也。

此爲故友吳君檢齋精校張刻本，據十三經注疏，史、漢志，兩唐書、開元禮、通典、三禮圖諸書，參互考訂，多於無文字處鉤稽而得，真爲善於活校者。全書不下數百處。於卷四冬至祀昊天上帝條「晉又正郊於南北」，案引裴秀、何楨、山濤等奏。又「維某年歲月朔日，子嗣天子臣某」，案引高堂隆、繆襲、秦靜等議。卷八夏至祭皇地祇條「一曰夏至，祭皇地祇于方丘」，案引王肅、辛毗、蔣濟等議。卷九薦饗太廟條「魏采周官爲七廟之制」，案引陳矯奏及明帝詔。皆不見史志及他書。卷八夏至祭皇地祇條「樂章，太府卿蕭愔撰」，案舊唐志以登歌一章爲褚亮作，降神、送神二章則云「太樂舊有此詞，不詳所起」。今據此文知爲蕭氏之詞。祭大社大稷條「樂章，左僕射房玄齡撰」。案除登歌一章外，迎神、送神兩章，舊志並云

「太樂舊有此詞，不詳所起」。今據此文，知爲房氏之詞。卷十饗先農條「樂章，太子洗馬郭瑜撰」。案舊志云「貞觀中褚亮等作」。又送神一章，志云「太樂舊有此詞，不詳所起」。均與此異，皆可補史志之闕誤。凡此蕴玉在璞，已千餘載。非檢齋之善，校又孰得而發之。周中孚鄭堂讀書記著録一寫本，卷一至卷三凡例二十條，此本爲二十一條，前有貞元九年涇上表，此本入卷一之首，不另起。無紀年，當爲又一本。不知其異同若何也。

四禮榷疑八卷 二册

清平湖顧廣譽撰。手稿本並跋。震澤陳壽熊校。婁縣姚椿跋。

四禮者，爲冠、昏、喪、祭也。訪谿先生本温公書儀、朱子家禮，參之大清通禮、徐氏讀禮通考、秦氏五禮通考，而寫定於道光二十九年五月。蓋蘄折衷禮意，而施諸人事。自序謂「禮，時爲大，一執古義，以概近今，容多格閡而難通」。固非期於歷久不變，況距今百十餘年，其爲已陳之芻狗昭昭矣。然學者欲考封建制度之變遷，自不可廢也。此稿爲門弟子繕録，而乙改添注之處，悉出手書。又經震澤陳獻青用藍筆圈識，並加籤商。卷一古婦人拜法條，籤云「周禮明言肅拜，而左傳止言肅。禮記又明言介者不拜，兩文正相錯。中鄭則費辭。朱子嘗引樂府『伸腰再拜跪』以證婦人拜之當跪。沈氏彤説肅拜，亦不從鄭。恐須更詳。淩氏廷堪引儀禮諸文，證成鄭義，雖似有據，然文有詳略，未可如是求也」。先生注云：「案此條極有理，當再考。」如此者凡若干條，可見友朋攻錯之樂。獻青名壽熊。著有讀易漢學私記、易説等書。眉端案，注景曾者，族祖夢仙公之名。同治丁卯舉人。刑部員外郎。熙者張欣木王熙也。同治丁卯舉人。太平縣訓導。均爲悔過齋弟子。先生三世館吾家，先王父仙根公既爲籌刻學詩詳説、悔過齋文集，餘稿續謀付梓。後朱記榮刻入槐廬叢書者，係據張聞遠先生傳鈔本，故俞蔭甫序、姚春木跋均失載。

藍筆評點，爲友人震澤陳君壽熊獻青手。陳號子松，深於經者，往歲吳江之陷，死於寇矣。辛酉十二月十一日識。

平湖顧訪谿先生，學博而行高。其生平所著書，必關涉乎世道之大，嘗以四禮榷疑八卷寄示，其書爲冠、昏、喪、祭四事，而先之以通論一卷，酌古今之中，無使過不及。信乎其爲有德之言也。夫禮以時爲貴，稍學古者能言之，而卒不能以折衷至當，則學不足以觀其通，識不足以定其是，其能以仰合乎古人之意與？先生於禮學精深如此，是必有以徵諸用者。今兹窮老著書，非夫斯文之未喪者與？椿於經學疎陋，諸禮尤甚。迺辱有所諈諉，輒書其厓略如此。惜乎不得逮君鄉陸清獻公及吾宗惜抱翁而一決其疑也。道光己酉仲冬八日婁姚椿跋。

隋經籍志考證十三卷 二册

清山陰章宗源撰。光緒三年湖北崇文書局刊本。常熟丁國鈞手校並跋。

宗源字逢之。乾隆丙午舉人。孫星衍五松園文集有傳。所撰隋經籍志考證今僅存史部十三卷。由錢警石借鈔得傳。崇文書局即用錢本付刊，楊惺吾謂「此書仿王伯厚漢藝文志考證而難倍之，其原書所有而不録者，當以無考證故。然如古史類，録荀悦漢紀而不録袁宏後漢紀。其原書不著録，據兩唐志、文選注及諸類書補入者甚多，然臣瓚後漢書乃遺之。亦所謂失於目睫之前者。其他不當删而删，當補而未補，亦有一書兩見而未訂正合併者，尤難縷舉」。良由非章氏定本，故致此參錯。李越縵謂「史部不載每篇敘録之文，而移地理、譜系、簿録三類本居末者爲第六、第七、第八，在舊事之前，或章氏有意改定，或稿本傳寫偶亂，皆不可知」。文芸閣謂「詳覈可觀。然書非定本，故遺漏尚多。余今就地理一類略補其目，如楊華徐州記、太平御覽四十二。西山記、初学記八。臨陵縣記、初学記地部。華山記、初学記五。四夷縣地記、御覽一百六十八。郭仲産秦州記、御覽一百六十七。郭仲産仇池記、御覽一百九十七。沅川記、潮州記、並見初学記八。南朝宫苑記，御覽一百九十六、一百九十七兩引之。皆其所遺也。其他考證尚有疏誤，不復覼縷」。然則雖曰考證隋經籍志，而有删、有補、有移易，非復原書，其體例殊可議，不如後來姚海槎書之純粹。至其書删補，亦多舛漏，楊氏已略舉其例。而一書兩見者，則丁秉衡先生此校，每與訂正。如卷六，西征記二卷，戴延之撰。云：「下有戴祚西征記，即此書。祚蓋其名。水經洛水注云『義熙中劉公西入長安。舟師所届，次于洛陽，命參軍戴延之』云云，是題此書之意。又下有宋武北征記，戴氏撰。亦即此書。」吴地記一卷，張勃撰。不著録。見唐志。云：「即張勃吴録中之地理志，唐志誤收。」吴郡臨海記，卷亡。不著録。云：「臨海係緣海之誤，即上吴郡緣海四縣記。」異物志一卷，後漢議郎楊孚撰。云：「即下之南裔異物志、交州異物志，三書實一書。」冀州記，卷亡。荀綽撰。不著録。云：「此實綽九州記中之一篇。」卷十三，琅玡王氏録，卷亡。不著録。云：「即何法盛晉中興書列傳之一篇。」其證譌，如卷一，梁書四十九卷。梁中書令謝吳撰。本一百卷。史通外篇曰梁書武帝時沈約與周興嗣、鮑行卿、謝昊隋志作吳相承撰録。已有百篇。值承聖淪没，並從焚蕩。唐志有謝昊、姚察梁書三十四卷，昊與姚察合著。恐唐志有誤。云：「案作吳者是，下有梁皇帝實録，亦中書郎謝吳撰。又謝宣城集有與謝洗馬吳聯句。至此所引史通在正史篇，其結銜則云祕書監謝昊，又史官篇云：『齊、梁二代，又置修史學士，陳氏因循，無所變革，若劉陟、謝昊、顧野王、許善心之類是也。』字亦作昊，與唐志合。」卷十一饋餉儀，卷亡。盧公範撰。不著録。太平御覽時序部引盧公範饋餉儀，又作盧公家範，則範字非人名。云：「御覽二十五引盧公範饋餉儀云云，原注：『盧公範者，盧懷慎之家法也。』」卷十三，高士傳二卷。虞槃佐撰。太平御覽人事部：「宗少文清心簡務，宋高祖聽其高談，曰：『不知體倦，乃覺心明。』此稱虞敬叔高士傳，文選蕭公行狀注：『何點常躡草屩，時乘柴車。』此作虞孝敬高士傳。」云：「御覽前列引書綱目，有盧盤佔高士傳一種，蓋即是書，人名因形近而誤。又四百七十四引虞考叔高士傳，當即槃佐號，所引即宗少文事，此作敬叔殆誤。虞孝敬乃著高僧傳者，選注所引，疑因書名及姓相類致誤，不足據信。」卷十三，周氏冥通記。一卷。云：「周名子良，字元龢。陶隱居之弟子也。見白雲霽道藏目録注。」類此者各若干條。他如章氏所補，殊有未盡，亦隨手增入，此則所著補晉書藝文志之緒餘也。昔章氏纂輯羣書，有謂被馬國翰所竊者，讀秉衡先生跋，知此校亦曾被人竊名，何先後如出一轍耶？

有「丁氏秉衡」朱文方印，「化鶴之裔」朱文方印。

章先生是書，余喜閲之。偶有所見，率于書眉行間，雜志數字，以便查檢，同人頗有假閲者。某君在省垣，自誇曾校治此書，出以示人，共相傾倒。不知即録余識語也。余不忍發其隱，後之見此本者，得勿轉疑由某君本傳録乎！一哂。秉衡識于注晉書室。癸巳冬孟。

讀書敏求記存二卷 一册

清常熟錢曾撰。雍正四年吳興趙孟升刊本。無名氏臨錢塘胡重、吳縣黄丕烈校。存第三、第四兩卷。

遵王此書，爲藏書家所尚。章式之先生集衆本爲之校證，詳盡美備，無可加已。此本爲先生所未見，惜闕前二卷，失校者姓名。核之校證所引胡重校，十九皆合，證諸末補沈炎、胡重二跋，知其朱筆即録胡校，蓋底本係用沈修本也。胡校曾見題詞本，刊本所佚各條已補入。今舉其與校證有出入者二事：一、嚴君平道德指歸論「嗟嗟公之傾倒于蘇至矣」。胡校於「嗟嗟」下，據題詞補「絳雲餘燼之後，公悉舉遺書相贈，可謂」十五字，校證無，而蘇作曾。案觀下文「未能副公仲宣題詞作「斯文」，校證亦未及。之托」句，則此段正相呼應，不當脱蘇字。雖可疑，然逕作「曾」，安有遵王自言其族曾祖之傾倒於彼哉？語氣亦不合，恐尚有脱譌處。一、邵氏見聞録，胡校題下有「陸其清有宋人鈔本」八字，邵豫亨梅花字字香，胡校題下有「蔣揚孫買書進王府」八字，校證引管庭芬原注亦有之，而皆認爲遵王語，遵王與其清時代不合，尚存疑；而蔣揚孫以作同時人口吻，故以爲非後人添注。今見是校，始知皆胡氏語。校證誤矣。校證亦引有黄蕘圃校本，以此墨筆核之，無者七八而有者二三，語氣亦異，知决非一本。讀敏求記可知述古堂藏書源流，讀此蕘圃校語，并可知士禮居藏書源流，雖劣存其半，附録之以爲究心版本學者參考焉。又有校字夾籤，則疑出莫楚生手。

有「獨山莫棠字楚生弟三」朱文長印，「莫棠楚生」朱文方印，「莫科莫祁莫棠之印」朱文長方印。

卷三

孔叢子七卷。　此書有元鈔本，今歸余家。

荀子二十卷。　呂夏卿重校本宋刻已得。今錢佃本亦得宋刻矣。

續顏氏家訓七卷。　向曾見此書殘宋刻本，後歸小讀書堆。

成玄英疏莊子二十卷。　余曾于骨董鋪中見傳録道藏本，聞爲蕭山李柯溪購去。

徐靈府注文子十二卷。　乙亥秋見宋刻本，其第十二卷鈔補，藏池上書堂蔣氏。

淮南鴻烈解二十一卷。　余家藏有宋刻，余友五柳陶君云：「此影宋本之殘者，曾得之，歸于山西宋孝廉。」

茅亭客話十卷。　余家藏亦尹家刊本。

湘山野録三卷，續録一卷。　余家藏有宋刻元人補鈔本。

羅璧識遺十卷。　癸酉秋，吳枚庵贈舊鈔本，余以此記中所載本校吳本多二條，錢本猶脱落也。錢本今歸蕭山某家。

鐵圍山叢談六卷。　此本余得諸海鹽家椒升處。

徐度卻埽編三卷。　癸酉冬，聞有宋刻歸平湖錢夢廬。　甲戌夏，借校宋刻於毛刻津逮本上，正誤字數十處，多自序一篇。

學齋佔畢四卷。　余家有舊鈔。

履齋示兒編二十三卷。　是書有宋刻本。見陸其清佳趣堂書目，爲曹秋岳侍郎所贈。余於宋汝和觀察家見之，實元刊精本也。今歸瀌溪坊蔣韻濤家。

賈思勰齊民要術十卷。　嘉靖本，從未見過。聞孫淵如觀察有門人洪殿撰鈔贈者，爲嘉靖本。然云不照舊行欵。

王氏農書十集。　余有明刻本。確云十集。

便民圖纂十六卷。　余藏有弘治鏤本，甚古雅。

神機制敵太白陰經十卷。　余藏是書，亦疑爲宋人鈔本。

五行類事占七卷。　余有朱竹垞所藏嘉靖時人鈔本。

乙巳占十卷。　余得一舊鈔本，係足本。

大定新編四卷。　余得一舊刻本，向來藏書家皆係鈔本。

外臺秘要四十卷。　余家藏有宋刻舊鈔補全者。

潔古老人醫學啟源三卷。　張訒庵得此本，余從之影鈔。

杜光庭了證歌一卷。　余獲一宋刻本玉函經，以生死歌訣分門，似即此書。

玄珠密語十七卷。　余獲一舊鈔本。

産科備要八卷。　余於都中得宋刻本，即淳熙甲辰歲刻於南康郡齋者。

瓊瑶真人鍼經三卷。　余獲一明刻專本。

永類鈐方二十二卷。　余家藏元刻精本。

劉涓子鬼遺方五卷。　此本余得諸朱文游家。

劉守真傷寒直格三卷、後集一卷、續集一卷、别集一卷。　余獲元刻精本。

夏文彦圖繪寶鑑五卷。　海寧吴槎客有明初刻本，余曾爲題識。○戊辰夏又於郡故家見一元本，三册，以洋銀錢十枚得之。

卷四

唐大詔令一百三十卷。　案宋宣獻公家子孫所編纂。尚有本朝大詔令二百四十卷，見文獻通考。明秘閣書目有宋詔令二十四册，即此書也。余於嘉慶壬申冬收得，闕目録上一册，中闕七十一至九十三，又一百六十七至一百七十七，存十九册。　復翁附記。

錢杲之離騷集傳一卷。　余從桐鄉金氏得宋刻本。

王右丞文集十卷。　余從五柳陶君得宋刻本，渠於京師購歸。

劉賓客文集三十卷，外集十卷。　余有影宋小字本外集。

石田先生文集十五卷。　余藏亦元刻。

沈雲卿集二卷。 柳大中本，今在余家。

李賀歌詩編四卷，集外詩一卷。 金刊本無集外詩，止四卷。

王建詩集十卷。 吳匏庵家鈔本，于小注留「當家」二字，余故斷其佳。

陳後山詩注十二卷。 五硯樓有殘宋本，第六卷。

楊仲弘詩集八集。 丁卯冬得此影鈔本，向聞元版在小讀書堆。

范德機詩集七卷。 余藏亦此刻。

王逢梧溪集七卷。 此本余得諸五硯樓。甲戌夏，書友易去。

張光弼詩集二卷。 甲戌春閏，得明正統刻二卷本。

玉臺新詠集十卷。 辛未冬得元刻本。

竇氏聯珠集一卷。 舊鈔，較宋本少一葉。

唐僧弘秀集十卷。 余家有不全宋刻本。

古今歲時雜詠四十六卷，目録二卷。 余家藏有藍格棉紙舊鈔本。○近又見有黑格竹紙精鈔本。

大雅集八卷。 五硯樓有精鈔本。余亦有舊鈔本。

歲寒堂詩話一卷。 張戒。○舊鈔本。

天一閣書目十卷 十册

清鄞縣范懋柱編。嘉慶十三年儀徵阮元文選樓刊本。烏程張鑑手校。

天一閣藏書於修四庫全書時進呈者六百二種，秘籍孤本，實尚夥頤。此張秋水校本，凡鮑淥飲以爲未見者，書首用墨圈。江鄭堂以爲七閣所無者，書首用朱圈。何夢華以爲可進呈者，書首用△識。合三家所選，得一百又六種。中有七閣已收而非足本者，有存目已收者，有阮氏已進呈者，秋水復檢閣書及存目所無者補加標識。史部如永樂聖政記三卷，孫淵如先生欲鈔此。續編年月集要二册，金石古文三卷。子部如仲景大法二卷，脈訣琮璜附方一卷，錢氏小兒直訣三卷，奇效良方二十册，授時曆算撮要一册，天元玉曆祥異賦七卷，天文秘苑占一卷，占候秘訣一册，天機子一卷，黄帝九鼎神丹經訣二十卷，水經藥法一卷，稚川真人校證術一卷，養性延命録二卷，錦身機要二卷，三洞珠囊十卷，藥石爾雅一卷，至命論一卷，按摩法一卷，孫淵如先生欲鈔。上清握中訣三卷。孫欲鈔。集部如謝靈運詩集二卷，孫氏欲鈔。唐太宗文皇帝集一卷，孫欲鈔。郎士元詩集三卷，薛許昌詩集十卷，班孟堅集一册，張平子集一册，樂府古題要解二卷，又得廿九種。然史部地理、職官二類，及集部所載四庫未收者尚多。其他則勘正書名及卷數，於子部新編姓氏遥華韻眉識云：「閣中及存目均無。雲臺夫子己巳春，曾從范氏鈔出。其中闕略甚多。丙子夏，鑑覆校貢書，因借吳門黄主事士禮居所藏天籟閣本補足。然黄本亦不全，善本之難如此。」據此，知是本爲佐阮氏編校奏進四庫未收書時，隨手札記以備查者。今未收書目提要中未列姓氏遥華韻。阮福跋，佐編校者，有淥飲、夢華而不及秋水。觀此可知當日修書故事。又於史部刑統三十卷眉識云：「鑑案，存目中有刑統賦二卷，係宋傅霖撰。」又云：「周顯德中竇儀作刑統，若是此書，則至寶也。」崇文總目六十五卷眉識云：「今閣本只二十卷，此當是足本，可寶也。」天一閣書屢經散失，刑統幸有吳興劉氏嘉業堂刊本。而崇文總目朱竹垞早已鈔出，雖云六十餘卷，乃其原第，其實不過一册。與晁、陳著録一卷者同。自紹興改定，去其序釋，所存書目而已。南宋時，原本已如星鳳。大典所存，亦不出晁、陳、通考之外。竹垞、堇浦、竹汀皆有跋詳之，秋水僅據目批注，而實未之考也。

小眠齋讀書日札二卷 一册

清錢塘汪沆撰。吳縣王氏學禮齋鈔稿本。

沆字西灝，號槐塘。諸生。乾隆時薦舉博學鴻詞。杭世駿詞科掌録云：「西灝少從樊榭厲君學，得其詩法。博極羣書。」梁同書名人尺牘小傳云：「西灝著有湛華軒雜録、小眠齋讀書日札、新安紀程、全閩采風録、蒙古氏族略、識小録、泉亭瑣事、汪氏文獻録。」杭州府志云：「沆早歲能詩，爲學博涉無津涯。與王曾祥、杭世駿、符之恒、張熷稱松里五子。修浙江通志及西湖志。舉博學鴻詞，廷試額溢報罷。游天津，客查氏水西莊。南北論詩者奉爲壇坫。」

案沆世居歙之槐塘里，遷杭後，不忘其舊，因以自號，並以名其詩稿。此書亦自題槐塘街人。當是時，杭郡才彦雲集，各以文章詩歌相唱和，收藏金石圖書相矜尚。沆雖不以藏書名，而所與游者如小山堂趙氏，瓶花齋吳氏，振綺堂汪氏，及揚州小玲瓏山館馬氏，一瓻往還無虚日。每讀一書，輒摘其要，以所讀先後爲次，故不分部類。而奇書秘帙，往往多有。今以首卷所載，核之四庫總目及存目，如錢謙益編義勇武安王集、金聲燕貽閣集猶可曰因忌諱不收，而如宋温陵陳志華客齋詩話、元徽州程復心四書章圖纂釋、明括蒼何鏜高奇往事、晉安徐𤊹閩畫記、海鹽李景孟皇明正音、僧可南靈源寺志、無名氏百戰奇法、代州王錀雁門勝蹟詩集、長洲祝允明琴心集、青溪童時明時務八事考、内鄉李蓘丹浦欵言、李暹西域番國志、無名氏廣慈編、江陰陳本燕子磯志、歸安茅元儀殘元世系考、蔡悉高帝大學實録、奉新閔奎翠橘堂箋臆、淮陽張天民淮城日記、漳州戴廷槐革節卮言、高郵王磐西樓樂府、鉛山費元禄甲秀園集、杭州顧汝學雙清堂集、新安程百二品茶要録補、豫章胡儼頤庵集、又胡祭酒續集、岐陽王李文忠後裔世恩録、吴江吴子洪全孝録、寧都賴曜金精風月、泰和郭子章綀忠貞事跡、姚弘誼樂府統宗、長洲夏錫祚雪鴻堂詩集、僧西來剡谿草、吴郡吴之驥詩説紀事、清秀水朱彝尊絶妙好詞今輯等四十餘種，皆爲四庫所未載，人間所希見。當時趙、汪諸氏，均以獻書得名，而沆家獨深秘未出，幸存此書，得窺其涯略耳。

玉海樓善本書目二卷 一册

瑞安孫師覺編。瑞安張揚手鈔並跋。

自來藏書家目録，大都侈陳宋、元，貴遠賤近。惟錢塘瞿世瑛清吟閣書目，則以鈔稿本、校本爲主。後爲丁丙所得，故其善本書室藏書志最稱美備。蓋讀書者之藏書，得一書，必精心考索，校核異同，以爲其著述之資，非徒錦贉玉躞，以壯觀瞻已也。瑞安孫氏自琴西、蕖田兄弟之文章，暨仲容之經術，皆卓然爲有清一代之後勁。玉海樓藏書之富，亦足爲浙東天一閣范氏之嗣響。今讀其目，精華尤在鈔稿本、校本，與清吟閣有過之無不及。鈔稿本如洪符孫禹貢地名集説、莊有可禮箋駁正、江永律吕新義、顧觀光列女傳、文子校勘記、錢培名中論札記、湯成烈永嘉縣志、徐松中興禮書、羅以智宋太學石經考、蔡中郎集舉正、金石綜例跋、宋翔鳳校新語、劉喜海嘉蔭簃泉譜、戴望校墨子、方成珪守孔約齋雜記、周天錫樗庵日鈔。而方成珪干常侍易注疏證、韓文箋正、姜準岐海瑣談，其鄉人已先後借出付印。校本自朱彝尊、盧文弨、孫星衍、鮑廷博、陳鱣、汪繼培、勞格、周星詒外，以羅以智、方成珪、戴望爲多。孫氏兄弟父子所校，殆遍四部。仲容一人達百數十種，爲之目眩神馳。往讀仲容札迻自序，知有經迻稿在書眉，即目中阮刻十三經注疏也。今在杭州大學圖書館，聞詩經部分已録有清本。昔年杭州開展覽會，曾見所校禮書通故，又從馬夷初先生借録攈古録金文校記。孫氏扃鑰甚秘，外人未易窺見，近聞書頗散失，不知尚得編集刊行否耶？此目爲老友張君宋廎手鈔見贈，跋述温邑近代藏書源流，足爲文獻之考。茲録於後。

吾鄉藏書，清道、咸間，有三家，項氏雁湖布衣之水仙亭、几山學博之株樹樓，黄氏仲弢提學之蔘荽閣，孫氏琴西太僕之玉海樓是也。項氏以集部稱，黄氏以精槧稱，孫氏則以校本稱，蓋皆有專尚焉。民元間，水仙亭之藏，悉歸楊丈莀林，餘流於滬上。而几山先生之藏，雖有存者，蟫蠹委棄，蓋非其舊矣。蔘荽之書，精者多留鄂寓。辛亥之役，半多散亡。餘則歸於温屬圖書館。楊嘉爲編「[illegible]」本目，僅略見其概耳。迨乎今日，惟孫氏之藏，自仲容徵君歿後，子孫固守，得以勿失。多年束閣，鼠傷蟲蝕，在所不免，然未至太甚。余所見周畏庵、方遜志等集，雖蒸黴不可觸手，蓋舊本破損而無可整理者也。今徵君之從孫演萬歸自首都，時過敝廬，論學談藝，與我獨契。數請觀玉海家藏書目，屢辭未就，豈以遵王枕秘，不輕易示人歟？顧余嗜痂性異，督促益力，終遂所願。按其目得宋、元、明、清本若干種，皆經太僕與弟渠田侍郎評點及徵君批校，則其所云善本者，殆項氏、黄氏所不能及者矣。近海内藏書，盛稱聊城楊氏、常熟瞿氏、江安傅氏、南潯劉氏，類皆以宋、元本著。夫書固以宋刻爲尚，而麻沙坊本，譌奪亦多。其視元、明爲下，固未盡然。若不旁稽羣籍，甲乙互勘，則精劣曷見，錯簡無別，此藏書之所以首重校本也。以太僕之雄文，徵君之樸學，精義所在，深裨實用。惜不得一一假讀，以徵其實耳。嘗病藏書之家，往往自詡秘籍，驚人耳目。或仿印而尊爲原刻，或析卷而指爲完編。此連江陳氏所以見疑後人，非無故也。演萬其必無是失，吾深望將其所藏，於旁行斜上，抉擇奥義，綜録成書。仿札迻之例，賡續其後。使人窺見太僕、徵君兩世學術之盛，如登其樓，讀其書，斯亦太僕藏書之意，不益善歟？覽此目者，亦有韙余言否乎。壬申冬月宋廣書。

二十八宿研齋珍藏書目不分卷 一册

吴縣王蒼虬編。王守藩手鈔並跋。嘉定秦綬章手寫序稿本。

二十八宿研者，先父所藏端谿上品，背有鸜鵒眼二十八，上應列宿，因以名其藏書之齋，而余兄弟讀書之所也。

余年六齡失恃，與仲兄蔭嘉同侍萱幃，發篋書攻讀，且併力購置。一九一八年兄大病初愈，養疴餘閒，擇善本若干種各爲簡明解題，編成此目，而族父菡香爲手鈔之。時兄年二十七，余年十八，兄自爲緣起，文極恣肆。略謂讀書必求善本，而宋刻元槧，天壤日少，價亦日昂，寒家薪火，時虞不給，奢願之不償焉，宜夫退事其次。曰校本，曰影宋本，曰初印本，何莫非讀書者之至寶耶？排編目次，名曰珍藏，已自珍之，聊以自娱。一書板刻，必載其詳，收藏次第，必溯其源。而精義微言，疏證異同，反屬缺如，示不敢以校讎自任，且簿録之正軌宜然也。又謂兄友其弟，弟友其兄，披讀既倦，掩卷而談，馳騁古今，荒漠無涯，莫不發於心而應於口，而莫之敢攖，南面王不可易也。今目中所載明刻若干種，猶爲余十四歲時，節餅餌之資，得之冷攤者。兄弟怡怡之樂，亦莫逾於此數年間。其後積書益富，足稱善本者十百於此，或轉徙得失，貧不能守，卒卒未暇簿録，不如此目之存，猶可供回憶也。秦佩鶴姑丈見而賞之，曾寵以弁言。菡香族父素擅文學，以作幕終。二文附録於左。

藏書家以古刻爲貴，顧宋槧既不可多得，則家刻如汲古閣本，校勘如士禮居藏本，皆藝林所矜賞。幸而得之，何啻拱璧。然則書匪一類，苟屬精雕，及經通人手校者，罔非秘笈之寶也。顧或束閣不觀，徒供蠹飽，或不再傳，子孫不能守，輒轉鬻以去，簡策有靈，亦當一慨已。內阮蒼虬君早孤，性敦敏，篤耆典籍。家有二十八宿研齋，尊公次歐大令藏書處也。所藏約數千卷，有鉅集，有孤本，尤有影鈔借録各種，哀然成帙。親加檢跋，楹書鄭重，手澤如新，與弟欣夫君共寶之。時或發篋而陳，展卷互讀，如機、雲之對屋，坡、潁之連牀焉。曩歲君杜門養痾，屏謝外事，惟圖書是遣，遂以其閒，手自編訂，成珍藏目録一册，并自爲記，以識緣起。讀其文沈酣奇恣，古趣盎然，因是以疏瀹性靈，陶鎔氣質，吾知其得力於書者固自有在。而君撝抑爲懷，不欲以藏書家自爲表襮，輒曰「吾非能讀書也，吾特借書以醫吾疾也」。夫枚乘七發，能起楚太子疾，讀杜少陵詩可以愈瘧，昔人不過假爲設詞，乃君身親歷之而有味乎。其言之以爲天下之良藥，莫書若也。其寢饋於書爲何如？噫，非善讀書人，烏能爲此語哉？抑余重有感焉。尊公文學夙優，書法得率更正宗，爲時推重。與星農公、惕安公竹林棣鄂，自相師友。博覽多識，皆以精鑒稱。光緒丙午歲，余借寓君家，嘗出眎楊濠叟所書令曾祖資政公墓志銘隸、楷二真本，屬爲題跋，亦一重翰墨緣也。十餘年來，迴溯前塵，輒重黄壚之愴。今君能讀父書，加之以述德誦芬，青箱世守，撫斯篇也，又不禁感慰交并也已。承索弁言，爰書數語而歸之，歲在己未中和節後二日，佩鶴秦綬章識於滬北寓廬。時年七十有一。

竹能醫俗，書能醫病，然皆非真能醫也，因讀書而卻病者，猶嗜竹以免俗耳。蓋觀於蒼虬姪之病體霍然而益悟矣。今春余游海門歸，適蒼虬以家藏萬卷之書，擷精華，去糟粕，孳孳矻矻，考據其詳，蒐輯成編，名之曰二十八宿研齋珍藏書目。分經史子集四部，冠以叢書，殿以樂府，凡六種若干卷。彬彬乎洵一大觀也。脱稿見眎，屬余過録。雖工拙在所不計，而文字久荒，閒多錯落，誠不值識者一哂，特蒼虬以讀書而喜占勿藥，余以録目而得窺全豹，不亦生平大快事哉！是烏可以不誌。歲在著雍敦牂夏仲，菡香氏王守藩跋於花橋水閣。

金石録三十卷 四册

宋東武趙明誠編著。清乾隆壬午德州盧見曾雅雨堂刊初印本。仁和趙坦手校宋本。魏錫曾手校。

坦字寬夫，號石侶，別號保甓居士。諸生。道光辛巳舉孝廉方正。少以經學受知於阮芸臺，入詁經精舍。王述庵、孫淵如、臧在東皆重之，曰：「此積學之士，今之世不易得也。」生平邃於經學，喜藏書，及古金石文字。嘗得古甓數十，多晉代文字，保之不釋，因以自號，並顔所居。與汪選樓家禧、陳扶雅善莊、芝階仲方交，稱莫逆，皆浙士之秀也。著有春秋異文箋十二卷（刊入學海堂經解），保甓齋文録二卷，餘未刊。

金石録傳世宋刊，祇存殘本十卷，自馮研祥以至潘鄭盦皆刊有「金石録十卷人家」小印，在藏書家負烜赫名，各家題識累累，備載滂喜齋藏書記。以盧雅雨之博雅，所刊僅據何義門校本，亦未之見。近始有得江寧甘氏津逮樓舊藏宋刊全帙者，張菊生先生鑒定爲又一宋刻，與十卷殘本不同。於題跋舉八證以明之。然核此趙寬夫手校十卷殘本，則殊不盡然。張云：「卷第十四漢陽朔塼字跋，洪頤煊引『尉府靈壁陽朔四年始造設已所有』十四字，甘本『四年』字下『始造』字上多『正朔』二字。」今案：十卷殘本，亦有「正朔」二字，與甘本合。洪引非。又云：「漢從事武梁碑跋，洪頤煊校引『故從事武掾，掾字綏宗，掾體德忠孝』十四字，謂『隸釋本上『掾』字不重，『綏宗』下無『掾』字，此本與碑合。甘本上『掾』字卻重，『掾』字下，更有『諱梁』二字，『綏宗』下亦有『掾』字。今案，十卷殘本與甘本皆合，洪校亦非。」又云：「卷第十六漢帝堯碑跋，沈濤校引『龍龜負銜校鈐』六字，謂盧本作『校鈐』。案隸釋碑文正作『鈐』。甘本固作『鈐』，但作『投鈐』不作『校鈐』。今案，十卷殘本正作『投鈐』，與甘本合。沈校非。」又云：「卷第十八，漢司空宗俱碑跋，汪喜孫校引『官秩姓名』四字，謂『官』誤作『呈』，甘本固作『官』，但『官秩』字下『名』字上，卻無『姓』字。

今案：十卷殘本亦作「官」，不誤，與甘本合。惟「官秩」下，卻有「姓」字，與甘本異。然以有者爲義長，則又勝於甘本者。」又云：「姚元之言本中『傅』字俱作『傳』，亦係刊刻之未精。案甘本卷第十六，漢淳于長夏承碑跋『太傅胡公歆其德美』云云，從無作『專』者，安有『傅』俱作『傳』之誤乎？今案，十卷殘本，亦均作『傳』，與甘本合。不知姚何所據。」十卷殘本藏潘氏，不輕示人。故菊生先生未得見，并未見傳校本。僅據滂喜齋藏書記所載各家題跋，以核兩本異同，或有出於傳鈔錄刻之誤者，故往往不可據信。則此校本之足貴可知矣。此本校勘不苟，雖行欵點畫之微，亦必照摹。遇清帝諱，必另行頂格，書作某帝廟諱。朱筆燦然悦目。又卷十四，漢國三老袁君碑，唐書宰相世系表云：「袁生元孫幹，封貴鄉侯」，墨筆云：「以遺爲貴，文字闕誤，傳寫者不復審爾。」漢張平子殘碑「亡友劉斯立以此本見寄」云云，墨筆云：「詳見集古録跋，此則趙球所未得者也。」案舊爲仁和魏稼孫所藏，此附識兩則，審是稼孫筆。章氏四當齋藏書目有章碩卿壽康臨寬夫校宋本。則此書曾入式訓堂可知。

有「趙坦之印」方印，「曾歸錫曾」朱文方印。

金石録三十卷

宋東武趙明誠撰。清乾隆壬午德州盧見曾雅雨堂刊初印本。平湖屈曦臨清長洲何焯、元和顧廣圻校並跋。

金石録於清代，傳本最古者，宋刻十卷外，鈔本有三：曰葉盛菉竹堂本，曰吳寬叢書堂本，曰錢穀手鈔本。康熙間何義門得葉鈔，及陸勅先傳錢本合校，最稱精善。盧雅雨據以付刻，並假丁龍泓、鮑渌飲校本覆審，而盧召弓爲疏其得失，加案語於下，宜於此書無遺憾矣。乃義門所見錢本既出陸傳，而雅雨所據何本又爲別本，書經再寫，不無轉譌。顧千里得見葉、錢兩真本於小讀書堆，又以覆校雅雨本，謂「葉鈔最善，錢叔寶手鈔者不能及」。時猶未見宋刻也。余有趙寬夫手校宋刻十卷本，核之知葉鈔即出宋刻，錢鈔當係別本，顧説蓋信。然亦有宋本與葉鈔歧異，而此未校出者。如卷十二齊侯盤銘「安邱縣民發地得二器」，宋本「邱」作「丘」。秦權銘「終而後始」，宋本「終」作「周」。卷十三齊鐘銘「蓋周天子所以命錫齊侯」，宋本「錫」作「賜」。卷十四漢麟鳳碑并記「安帝時，頻有麒麟鳳凰之瑞」，宋本「凰」作「皇」。漢費亭侯曹騰碑「東漢自安、順以來」，宋本「以」作「已」。漢平都侯相蔣君碑「元嘉二年三月甲子卒」。宋本「三月」模糊，似作「二月」，「甲子」似作「甲午」。卷十五漢韓明府孔子廟碑「相梪」，宋本作「祖柆」。漢吉成侯州輔碑「其題額云」，宋本「題額」作「額題」。漢州輔碑陰「雖當代顯人」，宋本「雖」作「而」。漢州輔墓石獸膊字「製作甚工」，宋本「製」作「制」。「特以見寄」，宋本「特」作「持」。漢孔宙碑陰「門生有鉅鹿廣宗捕巡」，宋本「巡」作「廵」。卷十六漢淳于長夏承碑「印綬典據」，宋本「綬」作「紱」。漢堂谿典嵩高山石闕銘，「今此銘乃熹平四年」，宋本「銘」作「文」。卷十七漢無極山碑「顔氏説初無所據」，宋本無「初」字。卷十九漢酸棗令劉熊碑注「下缺一字」，宋本「下」上有「孟」字，係正文，非注。四皓神位石刻「避地商山」，宋本「商」作

「南」。卷二十晉南鄉太守司馬整頌「統宛都」，宋本「宛」下空一格。晉彭祈碑陰「其濫如是」，宋本「是」作「此」。「太守皆自得署置僚佐」，宋本「自得」作「得自」。晉光禄勲向凱碑「顧所立何如爾」，宋本「何如」作「如何」。僞漢司徒劉雄碑「晉書載紀」，宋本「紀」作「記」。張平子碑「余嘗歎以爲如平子可謂豪傑之士」，宋本「爲」作「謂」；「罔不該羅」，宋本「罔」作「冈」。學生題名「遂寧董朗」，宋本「朗」字缺「月」内二筆，此校誤作「郎」。其他案語所稱别本、謝本作某，往往與葉、錢二鈔合，而合於葉鈔者尤多，知所據本，校尚未細。其何校誤者，千里每加駁正。如卷十六漢庌彰長斷碑「守廣平、夏曲陽令、庌彰長」，何云「『夏』當作『下』，傳寫誤爾」。千里云：「此義門誤也。隸續云『以夏爲下』。」卷十七漢冀州從事郭君碑「喪子失名」，何校：「名」改「明」。千里云：「此義門誤改也。隸續云『其文以失名爲失明』。」卷十八漢幽州刺史朱龜碑「而碑云蠻夷授手」，何云：「手疑作首。」千里云：「此義門誤也。碑作『手』見隸釋。」其盧氏案語，亦有駁正。如卷十一周姜敦銘「而吕氏考古圖訓作百，皆未詳」。案：「書畫譜作『考古圖訓作首』。」千里云：「百即首字。」卷十四漢祝長嚴訢碑「後爲丹陽陵陽丞」，案：「晉志丹楊縣下云：『丹楊山多赤柳』，故知當作『楊』無疑。漢、魏史亦多作『楊』字。」千里云：「隸續丹楊太守郭旻碑跋云：『東漢史皆作丹陽。』隸刻如費鳳嚴訢碑亦然。」卷十五漢丹陽太守郭旻碑「議郎呆」。案：「此某字，錢鈔作『果』，隸釋作『呆』。」千里云：「此『呆』字之壞，見隸續。」卷十八漢都鄉正街彈碑，案：「街彈之義，見周禮里宰注。」千里云：「此街彈義，詳隸釋。」其他無説者，則以朱筆勒之，而自加考證。如卷十一商雒鼎銘「或云十三月」，千里云：

「十三月見白虎通引尚書大傳。」卷十四漢國三老袁君碑「惟水經誤以『良』爲『梁』爾」。千里云：「梁、良古通用字。戰國策『大梁造商子境』，内篇作『大良造』。隸續嚴舉碑陰云『敬口賢梁』以『賢梁』爲『賢良』。李仲琁孔廟碑引禮記『梁木其摧』作『良木』。」卷十五漢丹陽太守郭旻碑「官疇官綬」，千里云：「『官』宋作『㠯』，隸體克字。」卷十八漢周公禮殿記「靈帝初平五年立」，千里云：「當作獻帝。」卷十九漢司空殘碑「余囘爾輔」。千里云：「『余囘爾輔』者尚書之『予違汝弼』。」卷十九戚伯著碑「委位捐爵」，千里云：「『爵』當依碑作『爾』，見隸釋及字源。『爾』者，『壐』字之省。洪文惠不釋，婁氏載於上聲紙韻爾字下，皆未然。」掇録數條，以見所校之精。又盧見曾序辨易安改嫁之誣，云「德夫殁時年四十六矣」。千里謂「據後序，德夫殁於建炎己酉，推撰序時五十二，爲紹興二年，元黓歲則己酉，四十九矣。此文方欲出脱易安，反減其年，亦憒憒之一端也」。亦爲考易安事跡者未及注意。

雅雨本附刻義門跋三則，尚脱卷二十後一跋。原本舊藏瞿氏鐵琴銅劍樓，老友屈君伯剛借以臨校。伯剛喜校書，極精美，而往往持以易米，余先後獲十餘種，今亦惟此與亭林金石文字記存矣。

有「雪涓夏氏曾藏」朱文長方印，「慎爾」白文方印，「眉生」朱文方印，「屈氏藏書」朱文方印，「是間手校」朱文腰圓印。

余讀文莊公後跋，以不得見隸釋爲恨。康熙己丑中秋，虞山錢楚殷以盛仲友所傳吳文定家本見遺。因取此書第十四卷會稽東部都尉路君闕銘以下至此卷范式碑，其説載在隸釋者互勘之。校正譌字十餘，如馮緄碑之屯騎校尉爲將軍，尤其不容不正者也。何焯記。卷二十末。

金石録葉文莊手鈔首尾兩頁本，康熙己丑何義門收得。中後有二跋者最善，至錢磬室鈔本，便稍有失真處。雅雨堂據何別本刊行，雖何跋有「真從葉書鈔録，脱誤至少」語，實不能然也。又其所稱錢本，非何親見，乃從陸勅先傳得，故並多訛。今悉用錢、葉真本細勘一過，以葉本爲主，而附錢本異同。葉本所有何校，亦頗與此出入，因并跋仍録焉。乾隆甲寅六月十日，顧廣圻記。

壬戌仲春，臨海虞瞿氏所藏顧澗薲手校本，其墨筆眉批係另手所書，乃義門校語也。案此爲屈跋。

竹雲題跋四卷虚舟題跋十卷補原三卷 四册

清金壇王澍撰。光緒十年山陰宋澤元懺花盦刊本。吴縣王欣夫據手稿校。

竹雲題跋，錢人龍以沈宗騫寫本刻於乾隆三十二年。四庫全書著録。虚舟題跋，陳焯先得後十卷，楊建亦屬宗騫書之，刻於三十六年。又四年，焯又得前三卷，建仍屬宗騫書之，目爲補原，刻於三十九年。未久板已散佚。五十三年温純惜其刻未久而旋失，終不得久行於世。乃重刊之，而傳本不多。宋澤元於光緒十年又據以重刊，即此本是也。提要於竹雲題跋云：「皆其臨摹古帖題跋，裒合成編。」周中孚鄭堂讀書記則并虚舟題跋及補原三編，謂皆就其所臨摹碑帖，作爲題跋以成書者。今核之，殊不盡然。如卷一宋搨蘭亭九字損本以下四篇，察其語氣，當爲題搨本者。近葉氏德輝郋園讀書志跋虚舟題跋亦云：

「此書體例與竹雲題跋微有異同。竹雲題跋乃裒合其臨摹碑帖之作，排次成書，此則專爲題跋所藏所見之碑帖」云云。無論虚舟題跋於已見竹雲本者，附列其目，兩書本無畫分體例之事，即如卷一晉王羲之頭眩方云：「余未覩元刻，僅從絳本臨模。」明豐坊所藏王羲之帖云：「今日早起，獨坐雨窗，精心臨仿一過。」類此者，不一而足，亦得謂之非臨摹耶？在館臣編纂時，隨意翻閱數葉，見沈歸愚序云云，遽下斷語，他書往往有之。周氏既承其譌，而葉氏志名「讀書」，何亦不察，而更爲之辭耶？又葉氏謂「虚舟題跋刻於乾隆五十二年，時四庫久已告成，故未採入」。又謂「虚舟題跋印本無多，即佚去前三卷，其中板片損失不能成書。故四庫全書總目祇收竹雲題跋而未收此書」。其語牴牾甚多。夫虚舟題跋，楊建刻本在乾隆三十九年前，時四庫尚未告成，祇以江蘇採進無之，則姑闕焉，並無可疑。楊建所刻後十卷，乃陳焯初得稿本，佚去前三卷，未聞印本亦佚去前三卷，至不能成書。況板片之損失，已在五十三年。此時則真爲四庫告成已久，何得糾纏爲一事？又謂「虚舟題跋間低一字，有『焯按』云云，則何義門先生評識也」。則題跋爲陳焯所得，明見朱辰應序，焯以竹雲本比校，凡竹雲已録者，附目有須説明者，則加按語，絶非評識。葉氏祇知義門名焯，而竟未一讀朱序及案語何耶？又於書名竹雲，引熙朝新語，以爲「此事他書未見，頗足以廣異聞」，而不知虚舟題跋卷十竹雲圖，自述甚詳，熙朝新語即本此而乃失諸目睫，皆其疏失之甚者。三十年前余得若霖手臨積書巖摹古帖真跡六十鉅册，用白宋箋雜臨碑帖約八百餘種。每種各附題跋，爲琅玡傳家之寶，而我學禮齋鎮庫物也。以校此二書，竹雲得五十五種，虚舟得四十二種，補原得一種。文字異處,以手稿爲義長。知刻本所據爲從若霖草稿鈔出,而實未見積書巖定本,故遺漏至多。欲事輯録,適治他業,遂一擱至今。至積書巖本,别詳書録。

唐昭陵陪葬名氏考一卷 一册

清侯官馮縉撰。吴縣王氏學禮齋鈔稿本。

縉字光敦,號笏畊。嘉慶戊午舉人。著有蘭話堂後金石存、甑甄秭米集及是書。首嘉慶二十四年陳壽祺序。縉於嘉慶二十一年重刻林侗昭陵石蹟考略,因取篋藏陪葬諸臣碑,並參之新舊唐書、唐會要、文獻通考、長安志、昭陵圖、讀禮通考、陝西通志諸書,作爲此考。壽祺稱「臚其同異,粲若列眉。自諸王以下,咸有所訂正。斯亦今之來齋者也」。昔宋敏求言陵廟圖記所載陪葬諸臣姓名差舛,恐未得其詳,或有不當陪葬者,更須參考乃善。然則陪葬名氏,在宋時固已疑莫能定,後來如范文光、周錫圭、林侗、孫星衍、王昶所考益精,而仍不免時有舛謬。至諸書沿誤及互異,亦多未及訂正。縉謂「諸王七人外,尚有太子承乾,而越王貞以謀逆死,不當陪葬。紀王慎雖與同謀,神龍初詔復官爵,則自當陪葬。」訂唐會要、文獻通考諸書之誤。妃嬪八人,文獻通考僅載七人,昭陵圖、讀禮通考僅載四人。宰相十三人,不録宇文士及、杜如晦。丞郎三品五十三人,兹考共有五十八人,除誤尚有五十七人。功臣大將軍以下六十四人,兹考共有八十人,除複誤尚有七十人。又若豆盧承業之即豆盧承基,後代避明皇諱也,而長安志分爲兩人；高士廉之與姚思廉，昭陵圖乃合爲一人；薩寶王贊普即吐番贊普；阿史那什鉢苾即突厥利可汗什鉢苾；新羅王女德貞即新羅樂浪郡王金貞德，均北闕石琢侍立。歸降諸番君長，不在陪葬諸臣之列，而讀禮通考統入功臣大將軍數内。今皆一一釐正，竟得二百人之數，勝於前人所考多矣。但昭陵諸碑，傳世者有二十八，而縉所得祇十九，即較之趙子函，尚缺其二，王蘭泉尚缺其三。宜其不如後來平湖孫三錫昭陵碑録之詳核。近則羅振玉更多見宋、明舊拓，其佚文往往可補從前著録之缺；又增近出程知節、越國太妃燕氏、房仁裕、周道務四碑；至宇文士及一碑，更求得海外影本；纂昭陵碑録三卷並補。於是瓌偉怪麗之文，不終歸於銷匿。正縉所想望而未得見者，今皆具焉。則自非此書所能比，斯亦時限之也。然孫、羅二氏雖稱浩博，乃均未見此書。而此書考得宇文士及，史明載其卒贈左衛大將軍、涼州都督，陪葬昭陵。而諸書咸未列入，今果遺碑重見，得其左證，可見其書亦不可廢矣。又惜陳序所稱林樾亭續考以質翁覃谿者，其稿不知尚在人間否耶？

漢石經殘字證異二卷 一册

清曲阜孔廣牧撰。吴縣王氏學禮齋鈔稿本。

廣牧禮記鄭讀考已見前録。熹平石經建立未盈一紀，遭董卓之亂，即被損廢。魏、晉、六朝，繼加殘毁，至唐貞觀初，魏徵始爲收集，已十不存一。宋人有得拓本者，洪适始據所藏著録於隸釋中，雖佚存無多，而研經博古者得取資焉。廣牧即據隸釋所載文字與他本有異者，條舉件繫，疏通證明。凡師授之殊，古今文之別，通假之歧，轉寫之訛，稽撰別白，衷於一是。劉毓崧稱其於盤庚「相時散民」之「散」，據説文引，當作「思」，「散」即「㪔」之變體，今文假「㪔」爲思。「女罔台民」之「台」，即「怠」之省，説文，怠从心台聲，故得假台爲之。無逸「毋兄」，曰：兄古音讀荒，故得與「皇」相假。「此厥不聖」之「聖」，「聖」、「聽」皆从壬得聲，亦得相假。山有蓲之「胡不日鼓瑟」，「何」、「胡」一聲之轉。隱公「始僭諸公放於此乎」，「放」、「昉」聲同假借。學而「意予之與」，「意」、「抑」一聲之轉，「意」古音讀如「億」，「予」、「與」通用。微子「置其杖而耘」，「置」爲「植」之省，「耘」假借作「芸」。皆謹嚴精審，治經字者不可少之書也。其子壽曾爲之序。

案清儒考石經者，自顧氏炎武以來，如萬氏斯大、杭氏世駿等不下十餘家。其於熹平石經摹刻拓本者，有翁氏方綱、張氏燕昌等。考訂文字者，有馮氏登府、瞿氏中溶等。今書中皆未見徵引，則本係未成之稿，此乃歿後其子印川所輯録者。然其考證明確，如毓崧所舉者，亦已見其精於訓詁，長於校讎，蓋純爲經學，而非僅金石學也。方今洛陽故址殘石大出，羅振玉、徐鴻寶等各有彙輯印本，好學深思之士，如有欲發揚漢學，偏爲考證者，則此書其爲先驅矣夫。

積古齋鐘鼎彝器欵識十卷 六册

清儀徵阮元撰。光緒五年華亭林長慶武昌重刊。本常熟楊沂孫手校。

專集彝器文字，摹勒成書者，始於宋薛尚功歷代鐘鼎彝器欵識、王厚之鐘鼎欵識，其後地不愛寶，代有所出。不有薈萃，何以傳久。芸臺是書，所以繼薛、王二書而作也。其所采集，間取薛、王所著録外，皆一時朋好及己所藏弆，悉依搨本照摹，蘄於纖豪不失。考證則屬之平湖朱椒堂爲弼，文字則屬之錢塘陳秋堂豫鍾。故不但其精善突過薛、王二氏，且於後來究古金文者，有創導之功。其書能辨識疑文，稽考古籍，國邑大夫之名，有可補經傳所未備者。偏旁篆籀之字，有可補説文所未及者。經義字學，探討無盡，故收入學海堂經解。於是人知尊重，不與骨董等視。華亭林氏長慶病原板漫漶，重刻草率，乃假楊氏守敬所藏原刻初印本覆雕。而楊濠叟據以校讀。濠叟熟精許學，且以善書馳稱。所作篆書，原本小篆，參以古籀，得者爭寶之。此書於阮氏釋文考證，訂誤糾謬，不下數十百事。與所著文字説解疑辨、文字索隱兩稿本相出入。中間有與吳清卿商榷語，清卿輩行稍後，其於金文考據，與叟同術而益精，固有得之於叟者。特以叟著述未刊，爲書名所掩，至世無知者。卷三虢叔大林鐘校，有「余見李眉生方伯處拓本」云云，旁有非昔注：「在沈仲復閣學處」一行。非昔爲趙宗建字，則是本曾爲舊山樓主人假讀也。

有「濠翁六十歲後讀」朱文長印，「濠叟」白文小長印，「吉羊止止室」朱文方印。

晉義熙銅鼓考一卷 一册

清甘泉羅士琳撰。鈔稿本。

道光間甘泉岑齊伯自海陵得一銅鼓，雕鏤精美。腹近口一周，有陰欵二十五字，似隸非隸。文曰：「義熙四年十月，虞廟官鼓，廣三尺五分，前鏠寧遠率行鎧曹付造。」茗香見之，因爲之考。舉凡銅鼓之形製施用，凡有關涉者，博采羣書，殊爲詳審。雖曰考晉鼓，實於晉前銅鼓史事，無所不晐。

案銅鼓之説，舊傳不一。有謂馬伏波者，有謂諸葛孔明者。後漢書馬援傳云：「援善别名馬，于交趾得駱越銅鼓，鑄爲馬式。」元和郡縣志云：「武侯浮牂江而下，以銅鼓散薶之，以厭蠻獠。」明史劉顯傳云：「得諸葛銅鼓九十三。」又云：「相傳諸葛亮以鼓鎮蠻，鼓失則蠻運終矣。」皆不云伏波、諸葛所鑄。至嶠南瑣記、赤雅始據傳説之誤而屬之伏波、諸葛。阮元廣陵詩事謂「銅鼓本造於黔、粤、傜、僮部落，蓋傜、僮之富者，造此鼓，遇警則敲以聚種類耳。伏波想亦得之於征蠻時，非自造也」。其説得之而未盡。茗香則謂古者蠻部恒於戰陣祭享宴會用之，徵諸梁書、玉海、寰宇記諸書而可信。至其欵識，所謂虞廟，當爲虞舜廟。輿地紀勝於廣南西路古蹟下載之，並云「傜、獠甚畏，不敢越其境」。則虞廟之有銅鼓宜矣。歷年久遠，官爲别鑄新鼓易之，亦事之常，故曰官鼓。以晉尺度之，廣三尺五分，正與口徑密合。前鏠者，説文「鏠，兵耑也。从金逢聲」。鋒蓋後人所省。晉愍帝建興初，詔左丞相帥所領精兵二十萬，徑造洛陽。復遣前鋒爲幽、并後駐。安帝時，以鎮北將軍劉牢之爲前鋒。是前鋒晉時有之。寧遠當是官名。通典寧遠將軍，晉置，唐因之。又冑曹、參軍各一人。東晉元帝，爲鎮大將軍，有鎧曹參軍，均與晉制符合。案銅鼓傳世有欵識者，考之記載，祇虞喜志林、輿地紀勝廣南西路高州景物上、嶠南瑣記三見。而惟志林所載，有建武紀年，惜久已失傳。此銅鼓有義熙紀年，是可珍也。後有許印林瀚題跋，因茗香於宋方孚若南海百韻詩小序引嶺表録異，文出删節，既據御覽所引補之，乃御覽亦非全文。印林又據四庫所輯永樂大典以補全之。欵題石卿，蓋商城楊鐸也。

石芝西堪金石題跋二卷金石叢話一卷 一册

清高密鄭文焯撰。吳縣王欣夫輯。王氏蛾術軒鈔稿本。

叔問以填詞與半塘、彊村諸老齊稱，而實於經學、小學、醫學及金石、書畫無所不通。其於金石，言考據如竹汀，論書法如覃谿，善賞鑒如叔未，兼以詞旨雋逸，如六朝人吐屬。四十年前所藏墨本，散在集寶齋。每種皆題識蟻簇，印記猩豔，不下千百。又有金石小品及蟯銅竹木集册，高盈數尺，琳琅滿目，歎爲觀止。余以寒窶，無力購置，則日懷鉛借鈔。賈人秘惜，恐貶售值，顧客登門，旋欲持去，於是情乞婉商，勉存百一。而集册高盈數尺者，被拆碎分裝單幅數百幀，驟獲厚利，轉瞬風流雲散。每歎叔問一生心血蕩然不可復聚，華陽王君復齋，雅同此心，其流入滬市者，亦捃録所見。余因合編爲題跋二卷。其集册筆語，則入叢話。惜叔問作字奇古，當時悤促從事，不暇校對，故譌文脱字，在所不免。然於散逸之餘，聊復慰情，勝無而已。續有所得，以作補遺可也。

癸卯稿卷三

楊子法言十三卷音義一卷 二册

清嘉慶廿三年，江都秦恩復石研齋覆刻宋治平監本。無名氏手校。秦刻所據宋本，後歸海源閣楊氏。庚午，楊藏散出，傅沅叔先生據以校此覆本，以桓、愼二字皆缺避，定爲南渡浙、杭重翻監本。又卷十三孝至篇所缺第三葉，此用何屺瞻校宋補入，而楊本儼然俱存。「荒荒」作「芒芒」，注亦同。注「道至微渺」作「微妙」，其義爲勝。因疑後得殘宋本缺葉，幸得補完，而墨板已不及追改。詳藏園羣書題記。然則宋刻同本，世間尚有存者，遇合抑何巧耶。爲讀此書者不可不知。至全書之研核，則吾鄉汪氏榮寶先有疏證，後更定爲義疏，及曹氏元忠、胡氏玉縉二序，闡發爲多。世有其書，學者稱便焉。此本秦序後舉誤各條，有朱筆批識。學行「以其所以養」。按：「衍下以字。」識云：「下以可存。李舊則無。」吾子「曰云姓孔而字仲尼」。按：「曰當作自。」識云：「按是。或曰去云，似亦通，惟較晦耳。」問神「名震于京師」。按：「震當作振，音義可證，此震字依温公集注所改，非其舊。」識云：「震亦通，然舊必爲振。震字温公依漢書改。」問明「巢父洗耳」。按：「洗當作灑，注同音義。及温公集注皆可證。」識云：「洗、灑通。」寡見「吾寡見人之好假者也」。按：「假當作假，下同，音義可證。此假字依温公集注所改，非其舊。」識云：「假爲正字，假則借矣。」凡若干條，老筆欹斜，必出績學之手，惜不具名耳。

韓非子二十卷 六册

清光緒元年浙江書局覆全椒吴鼒影宋乾道本。吴縣王欣夫臨元和惠棟校。

定宇手校底本，用萬曆十年常熟趙用賢刻本，先以馮己蒼校葉林宗道藏本、秦季公又玄齋本對過，而復自加案語。顧千里又臨惠校，並自校。又有王小梧渭、戈小蓮宙襄校。眉頭行間皆遍，即所撰識誤底稿。一九三四年六月，余專録惠校於此本。顧氏諸校有刻本在，故從略。

韓非、李斯同師荀卿而流爲法家，斯顯而非廢，爲秦治而焚書，後世皆歸罪於斯，而不知非苟得時，亦未有以異也。和氏云：秦孝公「以連什伍，設告坐之過，燔詩書而明法令。」定宇謂「商君已焚書矣」。喻老云：「王壽負書而行，見徐馮於周塗」云云。定宇謂「焚書之端始於此」。顯學云：「儒俠毋軍勞，顯而榮者則民不使，與象人同事也。」定宇亦謂「焚書之禍始於此」。凡此云云，皆焚書之理論根據，於此知非與斯固同術也。定宇於外儲説、六反、五蠹，斥之曰：「侮聖人而無忌憚者。」曰：「亡國之言。」曰：「戰國邪説。」曰：「一言喪邦。」此以儒家之見衡之，然而不能不曰「邇言可以曉愚俗」，曰「吾愛其文而訾其義」也。其詮釋字義，如八説云「書約而弟子辯」。定宇釋辯爲明，則千里正之曰：「惠先生誤，辯即訟也。」采擇詞藻，如説林下「三虱相與訟」，則沃田誌之曰：「虱訟可對鼠獄也。」所見惠校有沈大成附案者，均類此。故知亦沃田説，千里蓋未辨。他如參證易義，箴砭宋儒，亦與他校同。

九月十五、十六、十七三日借得葉林宗道藏本及秦季公又玄齋校本對過，孱守老人。

文毅此書從宋本校刻，舊校缺者，此皆有之，可謂善本。故馮己蒼校韓子兼用趙本。癸酉四月校畢書此。松崖。

司馬法古注三卷附音義一卷 一册

吳縣曹元忠撰。光緒甲午吳縣曹氏箋經室刊本。訂補手稿並跋。

古司馬法百五十五篇。劉氏七略、別録列兵家，班氏藝文志入禮家，隋經籍志三卷，稱齊將司馬穰苴撰。蓋後世以穰苴附其中，今所傳宋刻三卷五篇，自毛詩傳及兩漢人所引，皆見其中。其諸書所引，不見於五篇者，或疑爲穰苴之説。至司馬法之有古注，則在唐以前。李筌太白陰經軍令誓衆篇所引，混注入經，可以御覽所引爲證。杜牧孫子地形篇注亦連引注文。而有姓氏可見者，御覽引「長兵以衛，短兵以守」及「迭戰則久，皆戰則强」兩注，皆稱「李氏曰」。文選鍾士季檄蜀文注引仁本篇「古者以仁爲本，以義治之之謂正。曹操曰」云云皆是。隋、唐時孫子往往竄入司馬法中，故有引司馬法而實爲孫子文者。今孫子兵法十家會注有魏武及唐李筌，疑李氏即筌。魏武、李筌並注司馬法者，則以同爲兵家言也。清孫星衍既重刻宋本，仍多脱佚傳譌，張澍輯本亦不備。光緒時黄以周主講南菁書院，以輯校司馬法命題，并撰軍禮司馬法攷證。諸高才咸有纂述。君直先生此書，即作於是時。而黄氏序以刊行。其書用孫刻本，附校異文於節下，而彙輯御覽、羣書治要引古注分屬之。別爲音義，以著各本異同。周星詒稱謂收耆美備，編次有法者也。昔孫氏欲與顧千里商榷作音義附後，見於自序而未成。得此可彌其憾矣。此爲戊戌、己亥遞加訂補，以備重刊者。朱墨燦然，益見精密。余輯印箋經室遺集，曾輯先生已刊未刊及訂補各種爲箋經室叢書，列目徵刻，荏苒迄今無應者。茲援廣雅疏證補正、説文通訓定聲補正例，附列訂補各條於後，俾覽者得參攷焉。

音義案：刻本作小字，增補作大字，删乙加方匡。

仁本弟一

以義治之之謂正。　太平御覽作「古者以義理之謂之正」，皆傳寫舛誤，「理」避唐諱改。

內得愛焉。　注，「利加於人」。治要「人」作「民」，下「敵人」同。蓋避唐諱改。

所以兼愛民也。　御覽時序部引司馬法曰：「春不東征，秋不西伐，月食班師，所以省戰也。」注云：「謂春不伐生，秋不伐熟。夫兵，陰象也。月辰則陰毁，故息戰也。」當是仁本篇逸文。

故國雖大。　楚辭七諫初放篇，王逸章句引「國雖强大，忘戰必危」。宋本意林引「國雖大戰，必亡。天下雖平，天下亦危」。視今本均有增損，蓋以意爲之。

天下雖安。治要、御覽、原本北堂書鈔「安」作「平」。史記、漢書主父偃傳引「國雖大，好戰必亡。天下雖平，忘戰必危。天下既平，天子大愷。春蒐秋獮，諸侯春振旅，秋治兵，所以不忘戰也」。亦作「平」，而漢書辛慶忌傳引作「天下雖安，忘戰必危」。劉子閱武篇引「國家雖大，好戰則亡。天下雖安，忘戰必危」。與今本同。說苑指武篇引「國雖大，好戰必亡。天下雖安，亡戰必危」。「忘戰」作「亡」，因「必亡」而誤。

興甲兵以討不義。晉書刑法志引司馬法至與此文互相發明。案，今本似有敓文。據御覽刑法部引「先王之治，從天之道，設地之宜，乃作五刑，以禁居民僻。乃興甲兵，以討不義。制瑞節以通使，巡狩省方，以會諸侯、考不同，正禮，月正時歷。（注：考不同者，正法度齊於天子法度也。正禮者，上下之禮也。月正時歷者，月正朔名也。時歷時氣正，月相應也。）名文章車服，（注：名曰爵稱；文章車服所著顯有德，異尊卑；使不踰制度也。天子法度，不從命爲亂常法也。）比德逆天之時，（注：比，背德不行也。逆者，順其生殺之序也。）凡徵師於諸侯，征之；不會朝廷聘，則劉。（注：劉，殺也。諸侯背叛不會朝廷聘，則殺之。）廢貢職擅稱兵相侵削，廢天子之命，則黜。（注：不從王者法度則征其罪而黜之也。）改歷史衣服文章，易禮變刑，則放。（注：不奉王法，則放之遠方。）娶同姓，以妾爲妻，則變太子。專罪大夫，擅立闕，絶邦交，則幽。（注：幽繫。）慢神省哀，奪民之時，重税粟畜，貨重則罰，暴虐自佚，宮室過度，官婦過數，則削地損爵」。知晉書刑法志引司馬法：「或起甲兵，以征不義，廢貢職，則討。（即廢貢職至則黜。）不朝會則誅。（即不會朝廷聘則劉，廷字疑衍。）亂嫡庶則縶。（即以妾爲妻至則幽，妻下「則」字疑衍。變太子云云，當合以妾爲妻讀也。）變禮刑則放。」（即改歷至易禮變刑則放。）改歷云云，對上文正禮、月正時歷、名文章車服而言。言不奉天子法度，故謂比德，比當是北字之誤，北古背字也。

然後冢宰徵師于諸侯。　宋陳傅良歷代兵制云：「更以周禮司馬法參考，王有四方之事，則冢宰徵師于諸侯，曰『某國爲不道，征之。以某年月日，師至于某國』。小宰掌其戎具，虎賁氏奉書，以牙璋發之，則畿兵不輕出也。與羣書考索引司馬法：王有四方之事，則冢宰命師于諸侯，小宰掌其戎具，虎賁氏以牙璋發之，畿兵不出也。」今本似有敓文。

注：造就也。就造于先祖廟也。　下「造」字當是「告」之誤。

無暴神祇節　「土功」，集傳集注作「上功」，誤也。

天子之義弟二

古者國容不入軍節　宋本意林引作「古者國容不入軍，軍容不入國。國容入軍，則軍亂。軍容入國，則國亂」。下接「順命上賞，犯令上戮」。蓋亦以意節省。

古者逐奔不遠，縱綏不及。　文選任彥昇奏彈曹景宗注引「將軍死綏」，注：「綏，卻也。有前一尺，無卻一寸。」似此注即魏武帝所作。觀魏志武帝紀引「將軍死綏」，裴注引魏書云：「綏，卻也。有前一尺，無卻一寸。」愛日齋叢鈔引三國志、司馬法「將軍死綏」注：「王沈魏書云：『綏，卻也。有前一尺，無卻一寸。』」知元時國志注魏書上有「王沈」二字。王沈魏書所引，當亦魏武帝令，而與司馬法注同，故知爲魏武帝注。

有虞氏戒於國中。　文心雕龍檄移篇云：「昔有虞氏戒於國，夏后初誓於軍，殷誓軍門之外，周將交刃而誓之。」與今本異，蓋檃括司馬法文。

殷戮於市。　御覽治道部作「殷戮於市，周賞於朝。勸君子，懼小人也」。資産部作「殺戮於市，威不善也。用賞於朝，戮於市。勸君子，懼小人也」。「殺」、「用」乃「殷」、「周」之誤，餘同。

旂，夏后氏玄首，人之執也。玉海引司馬法「天子之義，旂，夏后氏玄首，人之執也。殷白，天子之義也。周黄，帝之道也」。（注：旌首，有鈴曰旂。）

章夏后氏節 御覽作「章，夏以日月上明也。殷以虎上威也。周以龍上文也」。周禮春官巾車疏引「夏以日月上明，殷以虎上威，周以龍上文」。宋高承事物紀原采章部引周禮巾車疏：「司馬法『章，夏以日月上明，商以虎上威，周以龍上文』。高承所見周禮疏有章字，殷作商者，宋避諱改，與玉海引天子之義章「夏后氏以日月象一作上。明也，商以虎尚一作上。威也，周以龍尚一作上。文也」（注：章，畫飾也。）同。尚皆作上。

古者國容不入軍，軍容不入國。説苑指武篇引「國容不入軍，軍容不入國」。與漢書胡建傳引合。文選顔延年三月三日曲水詩序注云云。

賞不踰時。漢書翟義傳：「司馬法不云乎：『賞不踰時。』欲民速覩爲善之利也。」陳湯傳：「司馬法曰：『軍賞不踰月，』欲民速得爲善之利也。蓋急武功，重用人也。」劉向所言，當是古義。惟時作月，與後漢書班超傳：「司馬法曰：『賞不踰月』，欲人速覩爲善之利也。」又魏志武帝紀注：孔衍漢魏春秋引「賞不逾日，欲民速覩爲善之利也」。踰作逾，時作日。孫子計篇「賞罰孰明」，張預注：當賞者雖仇怨必録，當罰者雖父子不舍。司馬法曰：「賞不逾時，罰不遷列。」中論賞罰篇引「『賞罰不踰時』，欲使民速見善惡之報也」，蓋皆以意增損。

戍軍三年不興。武備志「三年不興」作「不典」，讀如「藉」。蓋取孫子作戰篇「役不再藉」及文選孫子荆爲石仲容與孫皓書注引六韜「太公謂武王曰：『聖人興兵，爲天下除暴去賊，非利之也。故役不再藉，一舉而畢』」之義。

定爵弟三

弓矢禦，殳矛守，戈戟助。　考工疏云：「此言攻國之兵欲短，則弓矢是也。守國之兵欲長，則殳矛是也。攻國守國，皆有戈戟，以助弓矢殳矛，以其戈戟長短處中故也。」

用衆弟五

則遠裹而闕之。　王莽傳：「嚴尤又曰：『「歸師勿遏，圍城爲之闕」可如兵法，使得逸出。』」（注：此兵法之言也。遏，遮也。闕，不合也。）

凡戰背風節　原本北堂書鈔引：「凡戰，背風，背高，高險。」（注：背風，從天氣；背高，從地勢也。凡戰宜天氣勝地氣也。）與陳禹謨異。

凡戰衆寡以觀其變節　北堂書鈔引至與今本同。原本書鈔引：「凡戰，靜而觀其怠，動而觀其疑。因其病，攻其怠，擊其疑。」（注曰：敵靜而不動，視吏士，知其懈怠者不也。示敵而利以不敢進者疑也。則可先知兵，以卒暴擊也。雖法文及注皆有錯落，究視陳本爲善。蓋陳禹謨據今本法文改竄，失其舊。又首句御覽作：「凡戰，寬而觀其處。」

甲午春，是書脱稿，匆匆付寫官後即鏤板行世，自謂粗竟其緒。洎乙未春明下第，旋客虞山，旅居多暇，一再補校，知是書脱漏甚夥，深悔當時孟浪，貽笑作者，他時再當重刻，學問之無窮如此。雖然，是書既出，凡通人達士，俱經過眼，亦無糾我繆者，斯學之微又如此。戊戌七月望，留滯都門，自識於西甎寓齋。

己亥十二月四夕，大雪。燈下重校一過。補御覽治道部一條。閲畢，已三鼓矣。君直識。

淮南鴻烈解二十一卷 六册

明刊本。清武進顧明手校。儀徵貴徵跋。

明字子述，號子明。道光辛巳舉人。道光武陽合志附臧琳傳「與臧在東友善，在東爲介見於盧召弓，得受業焉。抱經堂、拜經堂所刻書，子明多與參校之列」。盧門高弟，以臧、顧並稱。龔定庵常州高材篇送丁若士云：「外公門下賓客盛，謂金壇段先生。始見臧在東。顧子述。來哀哀。」鈕匪石日記鈔云：「壬子二月廿九日，次常州，候顧先生。名明，字子述，號尚志。顧著高誘戰國策、竹書紀年二種，未見。」在東拜經文集與王伯申書言曾入伯申河南學幕。知其多交通人，并富撰述，因未付梓，遂至姓名翳如，不能與在東比烈。即如此校本，不有貴徵題識，又孰知出於其手耶？

此校徵引羣書，考證極細。所據道藏本，有出莊逵吉刻本外者。原道訓「放準循繩」，校云：「循，藏本作修。今案莊本仍作循。」「釣射鸘鷞之謂樂乎」，校云：「藏本無謂字。今案莊本有謂字。」俶真訓「猶蚊蝱之一過也」，校云：「藏本脱蝱字。今案莊本不脱。」案語有同莊説者，原道訓射者扜烏號之弓條、海外賓服條、木處榛巢條、行柔而剛用弱而强條、猶錞之與刃條、物穆無窮條、終身運枯形于連嶁列埒之門條，俶真訓蚑行喙息條、擢掞挺挏條、孟門終隆之山不能禁條、太行石澗飛狐句望之險條、引楯萬物條、百事之莖葉條梓條、遼巢彭濞而爲雨條、通於無圻條、然而不免於偪身條、夫歷陽之都一夕反而爲湖條，天文訓宇宙生氣氣有漢垠條、西方曰昊天條、東南爲常羊之維條、指寅則萬物演條、無射入無厭也條、秋分蔈定條、東井三十條、十二歲一康條、壬子趙也條，皆是。莊刻出錢獻之手，所據係校道藏本，頗疑曾見此初校本，而校文偶有遺漏，案語即採用之。莊、顧同鄉，即以所校爲寶劍之贈，亦事所恒有。

其他與後賢所校闇合者，亦往往而有。原道訓「而大與宇宙之總」，校云：「與字疑於字。」「執道要之柄而游於無窮之地」，校云：「文子地下有也字。」「與授萬物而無所前後」，校云：「與授，文子作稟受。」「味者甘立而五味亭矣」，校云：「亭，文子作定。」天文訓「則欲行柔惠濕涼」，校云：「涼，御覽作良」，皆與俞樾説同。原道訓「扶摇抮抱，羊角而上」，校云：「抮抱，當从廣雅作軫軳，云轉戾也。」與洪頤煊説同。「勁策利鍛」，校云：「疑當作利錣，修務訓有策錣語。」與劉績、王念孫説同。俶真訓「其所居神者臺簡以游太清」，校云：「説文握，古文作𡂿，與臺形近，此應作𡂿。」與錢坫説同。天文訓「麒麟鬬而日月食」，校云：「御覽引許慎注云：『麒麟，大角獸』，故與日月同符。」與陶方琦説同。「以勝擊殺」，校云：「似當作以制。」與王引之説同。略舉首三卷爲例，可見所校之精。全書勝義，不下五六百條，當別輯爲一書，以供世之治淮南王書者。

貴徵字仲符，號一堂。儀徵人。乾隆己酉進士。官至道員。有安事齋古文存稿一卷、詩録四卷、詞録二卷。阮元序之，謂：「文章壯麗，詞宏而力健，學博而識高，所爲詩一用韓、蘇韻，如鞚生馬蹴踏於山磧中，而彎弓奪矟，巧力兼到。」道光儀徵縣志有傳。

有「循陔樂志之軒」朱文橢圓印，「貴徵私印」白文方印，「仲符貴徵」白文長方印，「芝房經眼」朱文小長方印。

此編在京邸時屬顧子明校勘，仲符識。隸書，在扉葉。

中論二卷 一册

漢徐幹撰。明萬曆二十年何允中刊本。清儀徵張錫瑜手校並跋。

錫瑜字石夫。道光二十四年副貢。見儀徵縣志選舉表。所著史記功比説，廣雅書局有刊本。

中論六卷本，已不傳。今惟宋紹興二十八年石邦哲校本，分爲二卷。至治二年，錢塘仇遠得之，明年，平原陸友跋之。至正間付刊，斯爲最古。明弘治間，吳縣學生黄紋重刻，吳人韓壽椿繕録，有都穆跋。故亦稱都本，嘉靖間青州又重刻之，卷首有「四明薛晨子熙校正」一行。又嘉靖四十四年杜思刻本，以至萬曆十年胡維新兩京遺編本，同出一源。清錢培名小萬卷樓據羣書治要，補復三年喪、制役二篇，並附札記，遂爲此書最善之本。此用胡本校，並補録舊序，及石邦哲、陸友跋。兩本互有短長，以意參之，多所是正。雖所見舊本不多，而筆畫不苟，自是讀書者之校書也。

有「張石夫藏書印」朱文方印。

右一叙兩題記，據萬曆壬午胡維新刻兩京遺編本補録，並校一過。胡本多譌敚，尚遜此本。其有一二可參證者，悉記於上方。咸豐六年歲次丙辰，冬十月乙酉朔九日癸巳，儀徵張錫瑜伯石甫校訖記。

陳確庵先生日記八卷 二册

清太倉陳瑚撰。濂谿後人周南録。崑山趙詒琛手鈔稿本並跋。

卷一、卷二，起明崇禎十年丁丑，至十二年己卯。卷三，起十三年庚辰，至十四年辛巳。卷四，起十五年壬午，至清順治三年丙戌。卷五，爲五年戊子。卷六，爲十二年乙未。卷七，起十三年丙申，至十六年己亥。卷八爲康熙十一年壬子。中闕十餘年，當是周南所見手稿已佚。

確庵治程、朱之學，與陸桴亭相切礴，有經世之志，與諸友講學不輟。康熙初舉隱逸，固辭。著有聖學入門書諸書，清史稿有傳。此書摘録其日常言行，凡天文、地理、兵農、禮樂，旁及奇門六壬之書，無不研究。於鄉邦利弊，如荒政、治水、周急、社倉，無不策畫，而尤重於格致、誠意、正心、修身、齊家、治平，唐鏡海學案小識謂：「其語語切近，處處鞭辟近裏，不襲明季講學家窠臼。」其功夫悉可於此日記見之。惟其論廿一史浩繁難看，即看一二過亦無益，欲編爲四大部，以政、事、人、文別之，而廿一史可束之高閣。又謂「吾輩今日書籍已備，不必復有所作。但須將漢、唐、宋以來諸書，删訂一番，而斷之以己意，便是明道」。又謂：「當今宜聘禮積學大儒，將天下各州邑書籍大加考訂，存其切實而明當者，餘當悉用李斯之法，付諸祝融，厥功不小。」此則猶是理學家不讀書之餘習，束之高閣之不足，進而議删訂矣。議删訂之不足，竟公然主焚書矣。誠迂論腐談也。又頗溺於風水、占夢之説，均其弊也。他如致身録之作，據吴江朱長孺云，爲史仲彬後人名「史爛眼」者僞撰。其子與長孺同進學，猶得見其人，故知之爲最確。滁州修築子城水竇，見其下石上有尉遲敬德監造數字。可補史傳之闕。一二瑣事，亦足以備遺聞。惜三百餘年未有爲之刊行，至一九二六年，故友王慧言保諶主太倉圖書館事，始據常熟李氏藏本付梓，而以此本溢出之四十七條補入焉。

今年春晤太倉李崇侯於滬上徐家匯實業學堂，出示此書，因借而録之。乙卯三月十六日，崑山趙詒琛識於正義舊宅。

訂譌雜録十卷 二册

清青浦胡鳴玉撰。乾隆四年原刊本。崇明施維藩臨海寧陳鱣校。獨山莫棠跋。

鳴玉字廷佩。恩貢生。殫見洽聞，工詩賦。雍正十二年詔舉博學鴻詞，巡撫高其倬、學政張廷璐薦之。乾隆元年召試，以店疾發，報罷。既歸，弟子日進，領袖騷壇者三十年。生平精讎校，人有以詩文集質者，必瘁慮覃思，正其譌誤無諱，長洲沈德潛稱爲古道。所著有三傳傾液、二國搴芳、道南取琰、行飯厖言、耕餘偶輯諸書，晚歲以書序被誣，家人懼，焚不傳。惟訂譌雜録已行世，尚存。見青浦縣志文苑傳。案：書序被誣事，指鳴玉曾序華亭蔡顯宵行雜識及閒漁閒閒録。案發，鳴玉幾被牽累，詳故宫博物院輯印清代文字獄檔。

此書據嗚玉乾隆四年自跋，編成僅五閲月，急付梨棗，未暇點勘精詳。至二十三年，迺補綴印行，並乞沈德潛序之。傳本仍希，今所行皆陳氏湖海樓叢書覆刻本。劉氏嘉業堂有原刻經陳仲魚校閲者，一九三四年冬，乞其司書老友施君韻秋照録於此本上。仲魚讀書最細，有校語數條，如卷五張翰條「唐人詩無以張翰作寒音者」。舉少陵、香山、義山詩爲例。仲魚又爲舉太白詩「八月枚乘筆，三吴張翰杯」爲證。卷六爛漫條謂「字書無熳字，止合作爛漫」。仲魚舉淮南子覽冥訓「夏桀之時，主闇晦而不明，道瀾漫而不修」。高誘註：「仁義道不復修飾，故曰瀾漫。」「瀾漫二字，並从水」。又一介行李條謂「一介音箇。泰誓『如有一介臣』大學引作『一个臣』，則一介行李，應讀一个行李無疑」。仲魚又舉家字、嘉字古人俱讀若姑，則介字亦得讀若箇爲證。又處州條，「王勉夫曰聞見録謂德宗立，議改括州」云云。仲魚謂「括州當作栝州，从木，取栝蒼山多栝柏也。此从手，作括，並非」。卷十雜字音義條「暴音僕，日乾也。又顯示也。與暴虐、侵暴、暴殄等音迥别。今人用暴露、暴白，誤呼庖去聲」。仲魚謂「説文暴、㬥有别」。又「脞，坐上聲，叢脞煩碎也。書『元首叢脞哉』俗讀挫，非」。仲魚謂「睉，从目。説文睉，目小也。書皋陶謨疏引鄭注：『叢睉總聚小小之事，以亂大政。』與説文合。俗从月作脞，非」。則又爲訂譌之訂譌矣。

有「獨山莫氏銅井文房之印」朱文方印，「獨山莫祥芝圖書記」朱文方印，「銅井文房」白文方印。

湖海樓嘉慶十八年重刊此書，即謂傳本希少，原刻可貴矣。獨山莫棠。

三餘摭録三卷 一册

清海寧周廣業撰。男勲常校録。吴縣王氏學禮齋鈔稿本。

是書中有注「以上辛巳年稿」至「以上丙戌年稿」，後又有數葉，則當爲丁亥年稿。蓋耕崖於乾隆二十六年至三十二年之作，而勲常從遺稿校録者。勲常字紀君，號藺江。諸生。耕崖次子。工詩，著有種松莊偶存，見海昌藝文志。

耕崖自序目治偶鈔云：「余性嗜書，家乏藏弆，都從人借觀。慮其遺忘，偶得即疏記之。間亦標識書名，時用省覽。」是書亦猶是也。其考證審而引證博，殊有益於多聞。如辨浙江之濤與曲江之濤迥然各判，曲江自在廣陵，古無有以曲江當浙江者。以駁元錢惟善鄉試羅刹江賦獨據枚乘七發廣陵曲江立説之非。考晉書羊祜傳，蔡邕有孫名襲，世説新語注蔡克别傳邕又有孫名睦，有孫則其有子明矣。晉書景獻羊皇后傳「母爲邕女」，然則邕女又不止文姬一人。以訂世傳中郎無子之誤。據江淹獄中上建平王景素書，有全用李陵語。淹在劉宋初，何由得取齊、梁間語，即昭明强所不知，亦不應以時作入選。謂李陵書當出自三國或晉人，正劉知幾謂是齊、梁文士擬作之失。他如俚語舊俗，日用名物，下至婦女之弓足、穿耳諸瑣事，無不溯源竟委，確鑿可據，而博雅如夢谿筆談。與所著過夏雜録、循陔纂聞同爲雜家之上乘，而清談之淵藪也。稿藏劉氏嘉業堂。余與循陔纂聞同屬朱君五峯傳鈔之。

循陔纂聞五卷 三册

清海寧周廣業撰。門人沈俊、王星羅録。男勳常重録。吴縣王氏學禮齋鈔稿本。

首嘉慶二十五年武進趙懷玉序，末道光二年男勳常跋。

是書記讀書所得，并雜考故事，與三餘摭録同。考卷三宋會稽六陵考後丁酉冬日跋稱「余於丁亥歲作宋六陵考」，則始於乾隆三十二年，正上接三餘摭録。又有甲辰八月再跋則止於四十九年，適下接四部寓眼録。蓋耕崖生平無一日廢書，讀一書無不記其要，積久成帙，其博綜遂不可及。四部寓眼録書後云：「嘗謂書之於人，猶飲食然。一日不得飲食則饑，一日不得書則俗，甚者心放逸無所歸，否亦冥冥無所覺悟，其害蓋甚於饑。顧得書矣，無擇恒奇而刻繕動有紛歧，閲繳限以時日，抹改手生胝，諷念口流涎，昕夕孜孜，掩卷盡失，非不欲審諦，力限之也。古云愚夫千慮，必有一得，雖偶見瞥覩，每書大意不可不知，因撮録之。」是書卷二亦引李琰之言曰：「吾好讀書，非求身後之名，但廣見聞耳。心之所願，是以孜孜搜討，欲罷不能，豈爲聲名勞七尺也。蘇黄門曰：『人生逐日胸次須出一好議論。若飽食暖衣，惟利欲是念，何自别於禽獸？』」皆其自言讀書著書之宗旨也。中如考元楊璉真伽發諸陵事，於諸家年月之差池，參與收葬之人數，其詳覈出黄百家、全祖望之上。杜甲守紹興葺越王勾踐祠，附祀者十一人，於范蠡、文種外，九人之姓氏里居均不可知。今爲博徵羣書，一一得之，以補越蔭録之闕。其文皆可入集，筆記云乎哉！雜考如圜碁相傳堯造以教丹朱，皮襲美辨其非，至漢馬融作圜碁賦、班固作碁旨，講求始精。象碁始於周武帝，武帝作象經，見隋書經籍志；王褒注之，見北周書褒傳。庾信集有進象經表及象戲賦。轎，古稱肩輿，始見於漢書嚴助傳云：「輿轎而隃嶺。」傘一作繖，即古之蓋，古今注黃帝始作華蓋，太公始作曲蓋，周禮輦車有羽蓋，均詳其制度及歷代嬗變之故。他皆類此，雖瑣細，亦考古者所宜知也。趙氏序頗得是書之要領，而亦有生齋文集不載。海昌藝文志例附著諸家序跋，亦闕。

趙序

隋書經籍志云：「雜者，兼儒、墨之道，通衆家之意。蓋出史官之職也。放者爲之，不求其本，材少而多學，言非而博，是以雜錯漫羡而無所指歸。」蓋言雜述之非易易也。又云：「小説者，街談巷語之説也。傳載輿人之誦，詩美詢于芻蕘，故道聽塗説，靡不畢紀。」子曰『雖小道必有可觀』。蓋言小説之亦有取爾也。晉張華撰張公雜記一卷，雜記十一卷，宋徐益壽撰紀聞二卷，梁沈約撰俗説三卷、雜説二卷、袖中記二卷，類雜家言也。梁顧約撰瑣語一卷，殷芸撰小説十卷，伏棰撰邇説一卷，類小説家言也。後世乃合而一之，非復隋經籍志之舊矣。然要其指歸有在，體例固不足限也。海寧周君耕崖砥尚素業，所著循陔纂聞五卷，上引墳典，旁援子集，下及稗官家説，參錯異同，研覈詳審，殆所謂擇言必雅者歟？剖釋經義，釐訂史謬，又採雜史傳記中之可以旁引曲證者，一一書之，殆所謂博取而約守者歟？其持論平允，諷刺深長，不泥於古，不背於今，殆所謂語若衡平且無戾時俗者歟？披其篇章，衆説備列；攬其意趣，途轍分循；反覆尋玩，津涯靡測；殆所謂宗旨宏遠，難得其要領者歟？綜此數長，以追媲張華、顧協諸君，駸駸乎欲突過前人矣。哲兄致堂與余己亥同歲，而君兄弟皆未及見。迨官山左，始識長君虞嘉，近過海寧，復識次君紀君，皆能讀父書，紹其家學。因從紀君許得讀遺書，此其一斑也。君所著孟子四考已見賞於名公卿，久傳海内。其校注馬氏意林，亦於三十年前讀於鮑氏知不足齋。此外，未刻者尚有讀相臺五經隨筆、讀易纂略、季漢官爵考、經史避名彙考、兩浙地志録、寧志餘聞、動植小志、三餘摭録、目治偶鈔、四部寓眼録及文集八卷，詩集二十六卷，可謂富矣。今就所見循陔纂聞聊綴數言，以志悦服。而在君之著述，則猶吉光片羽耳，不可即此以例其餘哉。嘉慶二十五年立秋日，武進趙懷玉力疾拜序。時年七十有四。

釋龜二卷 一册

清昭文張金吾撰。王氏學禮齋鈔稿本。

龜爲四靈之一，古者天子有寶龜，諸侯有守龜，以國寶視之。而周禮太卜以邦事作龜之八命，凡國之大事，莫不卜以決吉凶。蓋龜之爲重若是。然歲月悠遠，其制莫詳。月霄於治經之暇，博採書傳，綴輯舊聞，成釋龜二卷，分目十二，各冠以序。曰釋名。曰釋體附色。曰釋登附攻。曰釋藏。曰釋釁附祓。曰釋命。曰釋作附鑽。曰釋卜。曰釋兆。曰釋繇。曰釋占。曰釋易。然後三代卜法之遺，得以復存。其書成於嘉慶庚辰，吴江郭麐序之。至光緒以後，殷墟藏龜大出，數千年後得覩遺物。於貞卜之法，據實而詳言之，有王國維、羅振玉諸家書，自非月霄所及。然月霄於舉世不爲之時，獨勤勤於此，凡古書之有涉於龜者，羅舉無遺，不啻爲王、羅二氏驅夫先路，爲考據家所不廢。惜其未付剞劂氏，世人莫得而見也。

稿藏瞿氏鐵琴銅劍樓，此本從之傳鈔者。

絲纚積聞不分卷 一册

清昭文張金吾撰。王氏學禮齋鈔稿本。

首有言朝楫、張鐸二序。不分卷，中有附簽，光字、基字皆闕筆，避家諱也。案愛日精廬文稿，有月霄自序，云釐爲四卷，此失載。知猶爲未定手稿。書稱「絲纚積聞」者，取西京雜記「五絲爲纚，倍纚爲升，倍升爲絨，倍絨爲紀，倍紀爲緵，倍緵爲襚」之義。蓋爲札記讀書考據所得，言自少至多，自微至著，以蛾子時術自勉也。月霄之言曰：「讀書有不得其説者，不敢以輕心掉之，不敢以臆見斷之，不敢以附會無稽之説雜之。運之以精思，佐之以載籍，反覆推究，實事求是，要歸於至當而止。」又曰：「學問無窮，而人之心思亦無窮。今日見爲是者，安知異日不更見爲非耶？今日驚爲創獲者，安知異日不又驚爲陳言耶？録而存之，以俟日後之論定，且以驗學問之日進否也。」卷中每言聞之師曰云云，不事掠美。又以名題「金吾」，徵之古，得四説。盧標，「愛日」，考之書，得三解。亦見賅博。宜其師張鐸謂十問不能一答，十疑不能一決。而其外舅言朝楫乃勉以制科之學，猶牽於世俗之見。月霄藏書滿家，著述等身，較之掇巍科登玉堂者，其得失何如哉？三十年前與瞿君鳳起訂倦圃流通之約，余既借與愛日精廬文稿，君亦報余此書及釋龜二種，月霄遺書，世間又獲多存一本矣。

日餘筆記一卷 一册

清元和陳倬撰。清稿本並跋。

是書皆記讀書所得，體同斆經筆記，但此爲雜考耳。考説文𧯠、䜵二字云：「説文𧯠、䜵下兩言豆，皆籩豆之豆，非菽豆之豆也。今驗藥中大豆黄卷，即是豆所爲，非别有一種，不得爲豆屬。若䜵下之豆飴，當作飴豆。説文黦下云讀若飴䜵字，此可證豆部本作飴豆，飴䜵猶飴豆也。飴豆謂盛飴之豆也，𧯠猶棬也，䜵猶盌也，皆謂豆類。此言用器，不當以菽豆解之。而疑字爲漢製。若是漢時字，則部首豆下當兼載菽豆一義矣。凡從豆者四字：䔲、𧯠、䜵、𢍏，皆謂器也。辨段玉裁注：𧯠，即本草經之大豆黄卷，䜵，豆飴爲芽，豆煎爲飴。二字蓋出漢製之誤。考皇侃論語義疏，於公冶長章引論釋公冶長解禽語一事云：「邢昺疏亦云舊説冶長解禽語，故繫之縲絏。以其不經，全不取也。楊慎云：『世傳公冶長通鳥語，未見所出。』焦竑駁之云：『冶長辨鳥雀語，具論語疏，豈用修未之見耶？』崇文總目、國史經籍志並載皇侃論語疏十卷。據此，知宋、明時，皇疏未嘗佚也。」駁孫志祖讀書脞録謂皇疏自南宋時已佚，故朱子亦未之見之誤。鄭翼案：焦竑駁楊慎語見焦氏筆乘，而四庫提要於焦氏國史經籍志則曰：其書叢鈔舊目，無所考核，不論存亡，率爾濫載。古來目録，惟是書最不足憑，往往貽誤後生。其譎詞炫世，又甚楊慎之丹鉛録云云，是則明之兩狀頭皆有可議，而國史經籍志之不可據亦可概見。至於崇文總目修自北宋，故後儒謂邢昺義疏多本皇氏，焦竑所言止稱義疏，疑指邢疏而非皇疏，審如是，則孫志祖之説未可厚非。且清儒所見多類此，固不獨孫氏一人云然也。考太平御覽器物部九引孫子云「何世之無才？何才之無施？良匠提斤斧造山林，梁棟阿衡之材，櫨柱楣椽之朴，森然陳於目前，大厦之器具矣」。文選左思詠史詩李善注引同，云選注、御覽引書之例，荀卿書稱孫卿子，孫武書稱孫子，漢書藝文志兵權謀家孫子兵法八十二篇，今但傳孫子十三篇，則佚者不少，此當是孫武書佚文，正王念孫讀書雜志據以補入荀子之非，馬國翰玉函山房輯佚書載入孫綽子之更非，皆證據明確，卓然可信。他如説文「衻」，即今俗以皮傅裘之「衻」。説文「尥」，今俗謂兩足相交，讀若高字重脣音。集韻「銑鋧，小鑿也」。蓋金錐之類。小説家謂之鑭，陳書蕭摩訶傳「摩訶遥擲銑鋧」，即此物。集韻三十四果麽紐有「没」字，云「不知而問曰拾没。」案今俗作什麽。釋名「鼻塞曰鼽」，御覽引作「鼻塞曰齆」，今俗謂鼻不通曰齆。漢時已有此稱。論衡云鼻不知臰爲齆。此皆深明小學，貫通古今。綜觀全書，雖祇一百六條，而於考訂古書，勝義紛綸。亦惠棟松崖筆記、陳祖范掌録之類。李慈銘越縵堂日記謂欬經筆記頗有心得，極爲精確。此書亦猶是也。胡綏之先生撰傳未列此目，當爲所未見。

有「臣陳倬印」白文方印，「培之」朱文方印。

昔董季直言讀書以三餘，謂冬爲歲餘，夜爲日餘，陰雨爲時餘也。十載長安，奔走郎署。朔風砭肌，濁泥没骭，祁寒暑雨，迫無暇時。乃若永夜寂寥，一星燈火，搜敝篋，聯古歡，開卷有得，祇一餘耳。積所得，編之曰日餘筆記。元和陳倬。

荷香館瑣言不分卷 一册

清常熟丁國鈞撰。手稿本。上元宗舜年、常熟丁祖蔭校。

國鈞字秉衡。貢生。學使龍湛霖保舉經學。儀徵訓導。

此書余於一九三六年據文藝雜志所印，輯入丙子叢編。後得此手稿，核之頗有異同。此爲後定。如良臣、柳如是寒柳詞、胡刻文選之誤、西俗婚配、借吉、安親王挽閻潛邱詩各條，稿本均注删去，而多小棺中人一條，印本諒以荒誕而被節。而印本有李世忠、中國天主教民數、周景王無射鐘至隋乃毁、叙利亞國字、漢時竹簡書、湯文正遺事、兒誕石各條，又爲稿本所無。至稿本增補者，不一而足，擇録於此。明太祖御製皇陵碑條云：「此碑通體用韻，粗枝大葉，英氣逼人。且叙側微時事，絶不諱飾。趙甌北謂必非臣下代言，是也。近人詆其鄙俚，等諸元代詔令，過矣。野獲編言鳳陽府皇陵衛祠祭署，奉祀一員，祀丞二員，以劉、汪、趙三姓之後世襲。蓋劉、汪即繼祖及文之裔也，惟趙姓不可考。」李高陽遺事條云：「龐劬庵中丞言穆宗病亟時，先召李文正，後召沈文定。諭沈謂遺詔已付李師傅，沈出詢之，文正唯唯。及大漸後，文正忽不認有遺詔云。龐爲文定婿，此事親聞之文定者。」明萬曆時刻字價條云：「蔡澄雞窗叢話言明時刻工極賤。何東海云：刻一部古注十三經，費僅百餘金。」成容若安麓村兩家條云：「葉菊裳藏書紀事詩以麓村爲天津人，而辨周芸皐内自訟齋集『麓村，朝鮮人，隨貢使入都』云云爲荒誕。案吴荷屋辛丑消夏録，宋徽宗白鷹圖、龔子敬自書詩卷皆有朝鮮人『安岐之印』，趙子固自書詩卷亦有朝鮮人『安儀周書畫之章』一印，然則麓村實籍朝鮮，芸皋所言不謬。至吾邑孫子瀟天真閣集中宋宮團扇歌指麓村爲賈似道門客，則真荒誕矣。」曾文正詞條云：「宗子岱曰：『杜小舫丈撰詞話，載文正詞數闋。』此書未刻，藝風有鈔本，余曾節録之。」鄭翼案：杜小舫詞話見詞話叢編，所載文正詞數首，似游戲之作。吴道子畫水之譌條云：「周櫟園書影謂『柏林寺道子畫水真跡，在佛殿後楔短壁上，波濤洶湧，仰視之，目爲之眩。殿後壁上水爲後人摹寫』云云，是道子真跡國初尚存，今未知無恙否？」江督請開復翁中堂原官摺條云：「宗耿吾太守曰『忠敏先屬舜年擬一稿，慮語太切實，時南皮當國。又屬樊山別撰。文中乃有譏貶之詞，忠敏復屬舜年刪潤兩稿，合成此文。」烏龍潭魚條云：「國初丁鴻飛烏龍潭竹枝詞有『一匝潭邊三里多』句，則潭之廣大可知。今只存二三畝，直無魚利之可言，殆爲人堙塞侵佔。余在江南圖書館時，屢至潭側閑步，訪鴻飛之心太平庵，土人無知其遺址者。薛廬或即其地歟？潭旁有放生池，相傳爲顔魯公遺跡，實則魯公放生池在今淮清橋至笪橋一帶潭側之池，明人所爲，詳甘熙白下瑣言。」永樂大典殘本條云：「萬曆甲午，南祭酒陸可教請刻永樂大典，分頒巡方御史各任一種，校刊彙存，分貯兩雍，以成一代盛事，當時議允，終未頒行。」柳河東墨跡條云：「前在譚仲修先生處，見一楹聯云：『花底斂衿依鶴步，歌中住拍讓鶯啼』。句既俊麗，字亦婉媚，題李三隨無塵書，蓋明末汴京名妓也。」松禪相國論書絶句條云：「相國湯夫人名松，早卒。相國晚年得『松禪』玉印章一方，意有感觸，因以自號。」宋曾極秦淮詩條云：「丁家水閣，明末丁繼之宅，錢東澗諸老，都寓居之。」文昌祠條云：「元刻三教搜神大全中有梓潼帝君一則，詳載其事跡封號，末言帝君奉玉帝旨，佐南斗注生，故求嗣者多禱焉。恰未及職掌科名一語。」明末物價條云「國初李杲堂散懷七律結句云：『最喜歲收真有穀，市中五石一千錢。』」雖一鱗片爪，亦有裨掌故。憶余受教於先生，有知己之感，故搜其遺著而傳之。乃中有潘文勤事一條，觸怒其族裔某，遂生嫌隙，實並無詆毀語也。一時師友頗爲余不平。亦刊書一小掌故，聊復記之。

有「丁押」朱文長方印，「秉衡」朱文方印，「丁氏秉衡」朱文方印。

己未春二月，宗舜年校讀一過。

己未夏五，弟初我謹校。

焦氏易林四卷 三册

清廣文堂覆刻常熟毛晉汲古閣本。元和陳倬手校並跋。

培之此校，訂正文字外，於孰爲易說，孰爲書說，孰爲詩說，孰爲三家說，孰爲春秋說，孰爲左傳說，孰爲論語說，孰爲漢事，孰爲漢地，一一標舉於每條首。其可與古義相證者，亦識於書眉。於詩說多引徐璈詩經廣詁說，亦間及戴東原、王石臞、臧在東諸家說。其與古義相證者，如小畜第九師「周公所祝，襄適荆、楚。」云：「此用金縢義。周公適楚與墨子合。」泰之第十一剥「干叔隕命，殷破其家。」云：「比干，紂之叔，此一證。」豫之第十六豫「冰將泮散，鳴雁雍雍，丁男長女，可以會同，生育賢人。」云：「此與小正『綏多士女』在二月者合。鄭箋同。」復之第二十四履「霜降歸嫁，夫以爲合。」云：「此文同荀子霜降逆女之說。」頤之第二十七解「箕仁入室，政衰弊極，抱其彝器，奔於他國。」云：「此以抱器奔周爲箕子。」大過之第二十八決「旁多小星，三五在東。早夜晨行，勞苦無功。」云：「以『嘒彼』爲行役之詩，此同韓詩外傳義。」遯之第三十三渙「雲夢苑囿，萬物蕃熾。」云：「此雲夢連文之一證。」家人之第三十七損「剛柔相呼，二姓爲家。霜降既同，惠我以仁。」云：「此亦荀子霜降逆女義。」萃之第四十五漸「喬木無息，漢女難得」。云：「此即韓詩鄭交甫事，無息是解不可休息。審是，則韓不作思。」各條皆是。其於刻本不及黃氏士禮居刻，校本不見翟云升校略者，則以時客都門，行篋未備，此僅隨手掇拾，而具見根柢。且可見昔人讀書之勤，雖征途旅邸，亦不自暇逸也。

同治乙丑三月初六日讀此卷竟。有與古義相證者，識於上方。時攜眷寓都門鄉館。陳倬識。卷一末。

初七、八兩日閲此卷竟。卷二末。

十三日閲數頁，十四日閲此卷畢。卷三末。

丙寅季春望日閲畢記。卷四末。

法書要録十卷 三册

唐河東張彦遠集。明常熟毛晉汲古閣刊本。吳縣王欣夫臨清長洲何焯校。

義門校此，先用内府所藏宋槧陳思書苑菁華所載者，繼得吳岫所藏萬曆前鈔本統校。又據譚公度藏鈔本、朱長文墨池編參之，知汲古閣本脱譌累累，非善本也。四庫提要稱：「是編集古人論書之語，起於東漢，迄乎元和，皆具録原文。」又稱其書「採摭繁富，漢以來佚文緒論，多賴以存。」今案，獨不録晉衛恒四體書勢，不解其故。義門謂：「意者晉書不易致耶？三世相門，圖書滿家，又無是理。」然則採摭猶有未備，提要非也。

義門於校字外，兼及考訂史事，評論書法。卷一宋羊欣采古來能書人名：「鍾書有三體……二曰章程書，傳秘書，教小學者也。」曰：「如五經文字、九經字樣，則章程書也。鍾公此體，則出於鴻都石經。」卷二梁中書侍郎虞龢論書表「新渝惠侯」，曰：「宋武帝中弟長沙王道憐第三子羲宗，字伯奴，封新渝縣侯，卒於南兖州刺史，謚曰惠。」又「羲之所書紫紙，多是少年臨川時迹。」曰：「晉中興書羲之自會稽王友改授臨川太守，今晉書不載。」又「高祖後得以賜王武剛。」曰：「剛乃岡字之誤。王導以討華軼功封武岡侯，子協襲爵。協無子，以弟劭子謐爲嗣。武帝爲布衣，謐即奇貴之，故得此賜。世説中正謂謐爲王武岡。」梁庾元威論書：「所學正書，宜以殷鈞、范懷約爲主，方正有紀，脩短合度。」曰：「二語便近唐初風氣，永師千文正如此矣。」卷三唐武平一徐氏法書記：「至高宗又勑馮承素、諸葛貞搨樂毅論及雜帖數本，賜長孫無忌等六人。」曰：「褚河南搨本樂毅論記中，但言承素；所賜六人，則房、高、侯、魏皆歿於貞觀中，非高宗審矣。」又：「題曰特健樂，云是虜語。」曰：「樂，鈔作藥。三藐毋馱是印縫，特健藥是題字，今造僞蹟者，或作特健藥三字印，蓋滅裂也。」又：「然人謂虞得其筋，褚得其肉，歐得其骨，當矣。」曰：「似乎褚得其筋，然下云『歐、虞爲鷹隼』，則非傳寫誤也。要之，虞書今正、行皆無舊跡可尋矣。」卷六述書賦下：「惠文靡倦，博好敦勸」云云，注：「岐王元範，追册惠文太子，開元皇帝弟。時天府圖書爲張昌宗竊換。張氏誅後，歸薛稷，稷殁爲王所得。初不聞奏，後慮焉，乃盡焚之。」曰：「此一劫，人罕知之者。」卷七張懷瓘書斷上八分云：「故知隸不能生八分矣，本謂之楷書。」曰：「按此，則八分通得楷書之名。隸書與今之真書爲近。自唐以後謂分爲隸，謂真爲楷，皆昧書之源流也。」卷八張懷瓘書斷中神品云：「蔡邕父棱，徐州刺史。」曰：「按邕父棱未嘗仕，徐州刺史四字衍。」又：「魏鍾繇父迪，黨錮不仕。」曰：「按三國志注中採先賢行狀，繇乃迪之孫。」又：「索靖，張伯英之離孫。」曰：「未詳。晉書本傳無其事。」又蕭子良云：「毋丘興碑是其遺跡也。」曰：「按謂毋丘興碑是幼安跡，殆不然。興卒時，與幼安不相接。儉既夷滅，晉代又無緣復立興碑也。」讀書精細，不得蒙紙尾之誚。義門跋稱書畫譜局者，即御定佩文齋書畫譜，編定於康熙四十七年戊子，此丙戌，爲前二年。據跋，知所校書苑菁華爲心友筆，余當時未及細審。譚公度者名應徵，常熟人。與兄公亮應明，均以嗜書見稱於錢牧齋。葉氏藏書紀事詩著之，而徵事殊略。讀此知與義門亦素交，附著朱伯原語，足爲藏書而不讀書者戒。余於一九三五年從張菊生先生假録，記此以補涵芬樓燼餘書録之未及。

他卷止校一過，唯此賦再校。焯記。卷六述書賦末。

康熙丙戌冬十一月，從書畫譜局中借得内府宋槧陳思書苑菁華，適心友在都下，就所載者略校一過。焯記。

適復得萬曆以前舊鈔本，乃吳岫方山所藏，因手校一過。其中改正，非止一二處。且知陳思所編書苑菁華雖出宋槧，終是市人，不得爲善本也。第十卷錯謬尤甚，復脱去數帖，亦有本不可通曉者，因以譚公度所藏墨池編鈔本參校之。朱伯原謂：「所録書語，類多脱誤不倫，未得善本盡爲刊正，亦闕疑之義。」則此書在宋東都時已難讀。況去之又五百餘年耶？伯原又云：「彦遠之跡存於山谷之碑陰，筆畫疏慢。能藏而不能學，乃好事之大弊。」又云：「彦遠博學有文詞，乾符中至大理卿。」因并附識，以貽他年之讀者。越明年丁亥上元節假，焯又記於語古小齋。

梅村筆記二卷 一册

清古吳釋明理撰。崑山趙詒琛手鈔本。

明理字恒性，姓欽氏，名允恭。先世宜也吉多，西南徼長也。宋靖康間修汴京歲事，值金兵，不得返，遂留中國。扈蹕南渡，仕至開府儀同平章事。理宗朝追理前功，賜欽姓。謚忠毅。至第七世萬一者，爲遷吳始祖。明末有名楫字遠猶者，與徐俟齋、鄭桐庵友善，最有名。明理其族裔也。明理居崑山之正義鎮。性穎敏，好吟詠，尤精醫術。中歲棄而學佛，受戒於獅林寺道林上人。是時吳中居士如潘榕皐奕雋、韓旭亭是升，方外則澄谷、性宗、杲堂三上人，皆以詩歌爲提倡，名盛一時。明理與相唱酬討論，暇則筆記之，多最録同時人所作，名公如錢湘舲、王夢樓，下及山林隱逸，市井畸流。亦時附以己作。雖曰筆記，實同詩話。其叙先世人物，爲有用文獻。潘榕臯序之，謂：「語録詩話，互見於篇。微言雋旨，耐人咀詠。」惟於自作詩，多附他人評贊，又首列「潘榕臯先生鑒定」一行，末附高翔麟等十五人題詞，迹近標榜，猶明人風習，是遁跡空門，而好名之念似未勘破。所録諸家，格調亦鮮高超，例以以詩存人，則尚可見其秉性之厚。首有嘉慶十六年武進劉逢慶撰梅村上人傳。曾見嘉慶原刊本，楷書甚精，作者並列有「星溪趙芝彰吉較」一行，又有潘奕雋、董鍊金二序，高翔麟、韓是升、彭希鄭等十五人題詞，此本已佚。

畫扇齋叢録不分卷 一册

清吳縣程銘敬撰。手稿本。吳縣顧廷龍跋。

畫扇齋叢録者，我鄉程氏銘敬輯録歸安嚴久能姬人香修故事，及同時諸名流題贈詩詞，彙爲一編者也。香修姓張氏，初名秋月，字幼憐，又名少張。祁門人。幼媵於無錫嵇相國家，久能爲相國孫靜園之婿。靜園宦豫章，久能挈眷往游，相遇於湖口石鐘山舟中。逋髮鬖鬖，聰慧解事，尤喜誦唐人詩。嘉慶壬戌，年十九，久能謀於嵇，納爲小星焉。吳興高蘋洲有松圓老人作金箋水墨扇頭，畫蕭仁祖詩意，拒霜數叢，蔭以疏柳，小舟旁岸有美人把團扇看月。其景物宛然初遇香修時秋江載月之圖。因索得，以畫扇名齋，作阿嬌金屋。一時交友爭投以詩詞歌賦，或作畫，或製印。久能曾編爲簪花集。越年甲子正月，忽失歡於大婦。香修不勝怨抑，懨懨卧病，久能挈之避地湖州石家村，作畫扇齋秋怨詞紀之。久能於所校之書，或尺牘之尾，必並鈐香修名印，曰：「他日余名氏不即晦滅，庶亦有人知香修者耳。」所鈔宋本夷堅志，每卷末記香修事最詳，則在嘉慶癸亥、甲子間也。楊蘋翁峴云，久能娶於嵇相國家。入學後，文恭公迫令省試，久能無如何，草草入闈，三場題滿江紅詞一闋於卷，被帖至公堂。曹君直元忠云，坊間小説所行三笑姻緣，鋪張唐伯虎點秋香，即指久能事。此又久能遺事之足記者。銘敬字以庵，號憶雲。吴縣人。光緒甲午舉人。官浙江知縣。卷中有所撰嚴久能暨姬人香修遺事述一篇，鋪叙周詳，佳搆也。

有「銘敬」白文方印。

嚴氏久能清才博雅，著述斐然。而戒香熏修，競傳好事。績學風流，並足千古。余特重其學問淹貫，慮久湮没，因有年譜之作。而程君憶雲，哀豔傷逝，先有叢録之輯。寓意不同，表章則一。其録採摭甚富，夷堅志瑣記一篇，識香修事爲多，皆署月日，可以日記視之。世無刊本，傳鈔亦鮮。余訪求有年，不獲一遇，吾友王君欣夫博覽多聞，以此相叩，承出是録見假，遂傳一本，以實年譜。所録朋儕集部倡和題詠十九家，余有五家未得寓目，其網羅至廣。憶雲爲葉緣督高弟，自撰嚴氏暨姬人遺事述，最爲詳核，勝於許傳、錢録多矣。廿九年十月顧廷龍記。

曹子建集存六卷二册

明嘉靖二十一年吴下郭雲鵬刊本。清長洲王韜手跋。

曹集自文獻通考著録十卷，今傳世常熟瞿氏所藏宋本，及四庫提要所稱嘉定六年本，亦均十卷。是後所刻皆同。隋志三十卷，及唐志、陳氏書録二十卷本，不復存矣。此嘉靖郭雲鵬刻本，每半葉九行，行十七字。殘存卷一至六，六卷。賈人割去首徐伯虯序、第二葉及卷六後目録，以僞作宋刻。案，瞿藏宋本今影印入續古逸叢書，每半葉八行，行十五字。以校此本，卷四無述行賦，卷五無七步詩。明銅活字本，今亦影印入四部叢刊，行欵與此正同，文字亦無大異。據丁氏善本書室藏書志著録，本有嘉靖壬寅雲鵬跋，稱「按曹集十卷，吴中舊有活字印本」云云，知此刻即重刻活字本，而於卷四增述行賦、卷六增七步詩二篇，所以皆列諸卷末。或乃以其字跡端凝，疑出覆宋者，非也。此本用黄紙刷印，闊紋而堅緻，驟視之，儼然宋本。宜王遯叟之誤認矣。丁氏藏書志謂雲鵬字萬程。閩清人。嘉靖己未進士。官刑部主事。胡綏之先生四庫總目提要補正，於雲鵬所刻歐陽遺粹云：「考明題名碑，嘉靖乙未有郭萬程，福清人。己未無郭雲鵬，且與吳下不合，殆别一人。案雲鵬字萬程，吳人，見本書徐伯虬序。萬程字子長，又字孟白。雲鵬閩清人。見明詩綜、明詩紀事，自是兩人，而名字偶合。丁氏因誤爲一人，又乙未進士，誤爲己未。所刻古書甚多，皆善。惜志乘失載。」

有「弢園王氏真賞」朱文方印，「遯叟鑑藏書籍」白文長方印，「淞隱廬」朱文方印，「甫里佚民」白文方印。

此當是宋刻殘本，可寶也。歸安陸存齋觀察藏有正德本，周氏星詒藏有天啓槧本。曾以兩本並校，周氏謂不若天啓本之善。未知校此本何如？惜浙、閩相隔，不及假觀也。光緒乙酉花朝後一日，甫里王韜燈下識，時年五十有八。

徐興公藏有明覆蘭雪堂活字本，不知此本又何如？觀其字畫，的係宋版，可寶也。乙酉仲夏，天南遯叟再閲一過。

讀韓記疑十卷存三册

清嘉興王元啓撰。嘉慶五年刻本。平湖顧廣譽評校。

余弱冠時於楹書中得此，爲先王父受業師顧訪谿先生手校本。惜佚首二卷一册。後又得鄧嶰筠讀本，喜皆出名人手校。觀訪谿先生所糾正者，有文無詩，然則雖謂之全帙無不可。案卷中凡精要者，用朱墨筆圈識之。其商酌處，書於眉端，大致辨别文義。蓋訪谿先生長於古文，治韓文尤深，故於惺齋疏失處，所説皆是，可謂諍友。今條録於後。其悔過齋文集與計二田書曰：「惺齋所著讀韓記疑殊有卓見，雖未敢遽謂盡當，然有資於讀韓氏之書者不少矣。」所評極是。惺齋著有惺齋先生雜著十二種、祇平居士集均先有刊本。又有漢書地理志辨證、孫可之集正譌、補漢兵志正譌、讀韓附録四種，稿本未刊。亦見悔過齋文續集。其讀古人文多爲記疑，此外讀歐記疑刻於汪大鈞食舊德齋叢書，震川文集余有沈曉滄録本。訪谿先生曾見楊龜山集，其他若揚子，若陶，若老泉、子固、荆公、豫章各家，世間或尚有存者，冀他日遇之。

原性。 此篇舊列原道之後，今按，性者，天命之本然，道者，人事之當然。先性後道，自子思子作中庸，序次早定，公亦敬承其意，編書者不得其解，率意顛倒，致成此誤。如蘇洵六經論，先禮後易，今亦爲後人倒亂，皆編書者之過也。嘉應楊仲興曰：「安谿李文貞公嘗有此論。」竊幸前輩已有先得我心者，今輒意爲更定如後。（譽案：原本先道後性，蓋亦性不可得聞之意。不當臆易。）

對禹問。 「禹以傳子爲慮後世。」 慮後世，慮字，亦當作憂，承上「憂後世爭之之亂」爲言。又對或人「堯、舜不憂後世」之詰。通身血脈貫通。今本因下文「禹之慮也」一慮字，并此句亦誤爲慮，不知下文慮字自承上「慮民也深」一句言之。（譽案：上文云「禹之慮民也深」，又云「無其人慮其患而不傳者禹也」，下文亦云「禹之慮也則深矣」，知此作慮非誤。況承堯以傳舜爲憂，後世亦復易慮爲憂，古人有此重疊文法乎？）

雜説。 「善醫善計者，謂之天秩與之，易曰：『視履考祥。』」 此十七字當定爲衍文，删去。（周、秦諸子往往有此種句法，不當删去。）

讀荀子。 「王易王，霸易霸也。」 此二語乃後人妄意添入，爲上易行二字作注，其實大違公意云云。（案此非公晚年論，不妨其有此二語也。)(王此說亦可存參。)

讀鶡冠子。「學問篇一壺千金。」按學貴善取益，公自言讀書惟在其意義所歸，末學專求名數，固與掎摭糞壤無殊，柳宗元、王安石輩復以掊擊前人示異，亦爲不善取益云云。(柳州之辨諸子，具有別裁，未可非也。)

師說。「固先乎君。」此固字可省。(固字未見可省，凡先儒傳文句字，雖偶可省，亦不當以臆見删之，此即變亂古書之漸也。余見王氏手批楊龜山先生集自序，文至篇終，增竄幾及十之一二。其妄甚矣。此書特爲矜慎，然猶時露一斑，殊不可從。)

本政。此文初疑是公少作，既讀外集上賈滑州書，公年二十二，其文辭高脱已能如是，知必無此闕塞晦滯之音。竊意此公門下士以所業進質于公，溷入公稿，李漢不加簡別，遂并録之。今宜删去爲是。蓋李漢手定公集，惟卷十早次太原詩及卷十二此文，可以的然決其非公作也。(太屬臆斷。)

張中丞傳後序。「欲將以有爲也。」欲、將，朱子疑衍一字。愚謂將以二字，從原道篇誤入，併當删去。止存欲字。(霽雲未定之詞，欲、將二字極肖語氣，衍一字者非，併删者尤非。降者將以有爲，降猶未定，故云欲。)

答李翺。此書前半篇分三節，先言入京無以養家。次言入京無以自贍。末言入京且無徒友。後半篇言托身藩幕爲不得已，亦分三節。首節以力不足、勢不便二語提綱，次言留徐爲病而求息，是困不能飛之意。末言去此有餓死之患，則雖能飛，亦須少待。皆閱歷真至語，讀之使人愴然。(「亦分三節」以下，似不可從。)

「城中居人」。人字絶句，人讀作民。(絶句非，作民亦不必然。)

祭柳子厚文。「非我知子。」公所取于柳者爲其工于辭耳。其素行實非公取，故不敢自附知己。(句法俯仰作態，行文當爾，非有意不自附知己也。）

貞曜先生墓誌。「生先生。」但書卒地，不書卒日。（篇首「己亥」非耶？）

沈下賢文集十二卷 一册

唐吴興沈亞之撰。舊影鈔本。清華陽王秉恩題識。

三十年前王雪澄家書散在坊肆，見此書根題影鈔本字樣，因購置，備與所藏小草齋鈔本一校異同，卒卒未果。末有録清宋顧樂夢曉樓隨筆一則，審係雪澄筆。其文云：「昔人謂其工於情語，善窈窕之思。觀集中秦夢記、異夢録、湘中怨詞等信矣。然頗類傳奇小説，姚鉉概未之録，無亦以其誕謾不經耶？至以滄口李同捷之誅，朝廷與柏耆牽連同貶，實以兩河諸將之僭，姑謫罰以悦其心耳。而晁公武遽以爲亞之狂躁，輔耆爲惡，愚矣哉！吾讀下賢上鄭使君書而竊悲之矣。」於亞之之貶謫深原之。其議論爲前人所未及，亦讀下賢集所當參考者也。

顧樂字玉才，昭文人。所著夢曉樓隨筆，刻入小石山房叢書。

唐皮日休文藪十卷 二册

唐襄陽皮日休撰。明萬曆戊申吴門許自昌刊。常熟錢龍惕手校。

首柳開序，次自序，次目録，次卷一，第二行題「唐皮日休襲美著」，第三行題「明許自昌玄佑校」。以下各卷，均無此二行。末正德庚辰袁表跋。文藪未聞有宋、元本。據表跋云：「偶見舍弟褧摹本，盡讀而奇之。遂同諸弟袠、袞勘校鋟棗。」是所據係鈔本，爲文藪第一刻。許自昌即重刻袁本。丁氏善本書室藏書志著録許本云：「萬曆戊申，吴門許自昌於袁氏獲宋版文藪，刻之家塾，并爲小引。」此本小引已佚，不知許、丁孰誤也。

卷中朱筆校字，於卷一著、校姓名二行均乙去，所據必善本。有錢龍惕二印，即其手校無疑。龍惕字夕公，四十後易名賁，字弗乘，又號無聞子。明諸生。爲牧齋從孫。常昭合志云：「龍惕詩宗温李。」藝文志有玉溪生詩箋三卷，大兖集五卷，夕公詩選一卷。玉溪詩箋，吴江朱長孺曾采其説。大兖集今殘存二卷，中多與牧齋、遵王、及錢湘靈、馮鈍吟諸人唱和之作。有書巢記云：「余生而拙朴，于人世榮利，以及樗蒲、陸博、玩好之具，一無所好，而獨鍾嗜好于書，銖銖而積之，其與鳥之捋荼蓄租有以異乎？」蓋亦熏習其家風，而嗜書若命者。其手校殊不多見。愛日精廬藏書志、鐵琴銅劍樓書目明鈔唐詩極玄集有弗乘題跋。雖張月霄、瞿子雍亦不知邑中藏書家有龍惕其人也。自昌字孟宏。家居甫里，有梅花墅藏書。又刻李、杜集及唐甫里先生文集行世，葉菊裳先生藏書紀事詩有許元溥而遺其父自昌，於錢氏羣從搜羅最備，而獨無龍惕，均當補遺。

有「錢印龍惕」白文方印，「夕公」朱文方印。

鉅鹿東觀集十卷 二册

宋陝州魏野撰。清宣統甲寅貴池劉世珩玉海堂覆刻宋天聖本。吴縣王蒼虬據洞庭翁栻手鈔本校。

此書爲一九二二年僚壻劉遜夫詒慎所贈。遜夫爲聚卿猶子。工於詩，著有龍慧堂集。一九三四年，先兄蔭嘉借鄧正闇年丈藏翁又張手鈔七卷本詳校。宋刻勝處已詳劉氏刻書跋。惟劉據首薛田天聖元年序，誤爲刊於北宋仁宗初，實則爲南渡紹定元年陸游幼子子遹嚴陵郡齋刊本。故游字缺筆，並見新定續志。翁本著録於寒瘦山房鬻存書目，逸第四、五、六三卷，而統排以滅其跡，故序次分卷，與宋刻稍異。四庫所據本同出一源。首薛序「依稀舊日」下有「奈伊人之既往，而流風之如在」二句，卷三前第五行後，有題「白鷴并序」一行，卷九後第四行後有題「疑山石泉并引」一行，卷十前第九行後有題「解城條山并引」一行，宋本皆無。他處亦有勝宋本處。信乎舊鈔之不可廢也。宋本由武進費念慈家歸玉海堂。昔晤劉君公魯，云其先人於一九一八年秋携此與宋蜀大字本孔子家語、元貞本論語注疏、元本草堂雅集，寓浦口之大安棧，不戒於火。此帙適有友人借閲，幸免灰燼。餘亦皆先有影刊本，世間孤本，得存虎賁於不絶，是誠覆刻之不容已也。世乃有矜秘不一示人，卒歸湮滅者。欲不謂與古人爲讎，得乎！今宋本由潘氏寶禮堂捐入北京圖書館。先兄謂已化劫灰者誤也。

鉅鹿東觀集近世無有刻本，迂齋金亦陶夫子家藏有鈔本，計七卷，余因得借以手録之。康熙丙寅十一月，洞庭東山翁栻又張識。

洞庭山翁又張鈔本，心嚮已久。曩讀黄蕘圃題記，知有江月松風集。及讀羣碧樓書目，知有鉅鹿東觀集，名鈔劇跡，咸碩果之僅存者。錢集遠在朱君翼盦所，無從索觀。乃叩鄧年伯懇借魏集，年伯宏奬後進，慨然許諾。沐手拜讀，心神俱爽。三百年來，紙墨如新，未嘗一入俗手，始克精整如斯。今宋槧已化劫灰，金鈔亦不見著録，舉世古本，舍此奚屬。亟以劉氏翻宋刻傳校一過，纖悉異同，一仍其舊。庶時時展覽，恍對名鈔。且永以識年伯惠愛之深。至於書經傳鈔，易滋違異，雖以汲古毛氏影寫之精，所未能免，殊不足病。即此翻版中，顯然訛字，亦有三四處，苟無別本對勘，何從定其是非，區區傳校之意，固在彼而不在此也。甲戌立夏日，棘人王蒼虬識。

白石道人詩説一卷白石道人詩集一卷附集外詩諸賢酬贈詩

宋鄱陽姜夔撰。清乾隆二十四年厲烏山房重刊宋書棚本。開化戴敦元手批。江山劉履芬跋。

詩集末有「臨安府棚北大街陳氏書籍鋪刊行」長方牌記。「乾隆二十四年六月厲烏山房重鐫」一行，不知爲誰氏。棚本不見諸家著録。同治十年桂林倪鴻書合諸本重刊，亦未見此本。

戴金谿用朱墨圈識，墨筆眉評。首有「金谿居士讀本」一行，又有白石年譜半葉，雖寥寥數條，似欲倡意爲之者。集外詩十六首，爲刻者所輯。三高祠、於越亭和王秘書、遊水樂洞、菖蒲、有送五首，金谿均鉤去，不知何故。別據歸田詩話增「小山不能雲，大山半爲天」，愛日齋叢鈔增「屋角紅梅樹，花前白石生。」

兩斷句。又吳履齋題暗香疎影詞後用潘德久贈白石韻一首，則補諸賢酬贈集之遺。金谿於道、咸間以鉅公而提倡風雅，其戴簡恪遺集詩詞，亦不媿作者。觀此知與白石尤有深契。濃圈密點，幾於每首嗟賞。彥清以循吏而擅文學，富藏書。其古紅梅閣遺集久爲藝林所重，茲書有二賢手跡，彌可珍也。

有「莎廳課經」白文長方印，「彥清珍秘」白文方印。

此本得自都門，審爲鄉先達戴簡恪公手蹟，珍弆行篋，復録副本，以資諷誦。同治甲子夏五，江山劉履芬記於袁江營次。

松雪遺稿一卷 一册

元吳興趙孟頫撰。清崑山蕭龍江輯。舊鈔稿本。

子昂松雪齋集十卷、外集一卷，歿後二十年，花谿沈璜得其稿爲付刊，槧印極精。鄭元慶湖録經籍考據張超然云：「有明何大成補遺四十二篇，詩十九，跋二十三，尤爲美備。」其書雖未見，而子昂集外佚篇之多可知。此遺稿爲康熙時崑山蕭龍江輯。爲詩五首、贊二篇、引一篇、小簡三篇、題跋二十六篇，皆十卷本所不載者。雖皆零星隨意之作，其所論有可取者。如論宋人書云：「李西臺去唐未遠，猶有唐人餘風。歐陽公書居然見文章之氣。蔡端明書如周南后妃，容德兼備。蘇子美書如古之任俠，氣直無前。東坡書如老熊畫游，百獸畏服。黄門書視伯氏不無小媿耶？秦少游書如水邊游女，顧影自媚。薛道祖書如王、謝家子弟，有風流之習。黄長睿書如山澤之癯，骨體清澈。李博士書如五陵貴游，非不秀整，正自不免于俗。黄太史書如高人勝士，望之令人驚歎。米老書如游龍躍淵，駿馬得銜，矯然拔秀，誠不可攀也。」論畫云：「作畫貴有古意。若無古意，雖工無益。今人但知用筆纖細，傅色濃豔，便以爲能。殊不知古意既虧，百病横生，豈可觀也。吾所作畫，似乎簡率，然識者知其近古，故以爲佳。此可爲知者道，不爲不知者説也。」子昂書畫，爲有元一代冠，所論自中肯綮。他如宋人寫本史記十帙，稱爲「筆法精勁，校讎不苟，自當在宋代諸刊本上」。與子昂自書漢書，均世間劇跡。鄭子封編唐詩六十卷，無力版行，爲作募刊引。此事明代多有，而子昂已開其端。皆可爲書林佳話。惜每篇不注出處，脱文譌字，無從校正。意者多據真跡耶？末有「康熙戊戌閏八月初八日，寫于渡頭王氏家塾，計拾翻」一行，知是從手稿傳録。

龍江字穎達，榜姓王，崑山人。上海籍。康熙庚子舉人，雍正丁未中明通榜。需次兵部武庫司，未任卒。崑新兩縣續修合志周櫺傳云：「龍江亦家甫里，爲陸龜蒙詠龜巢故居。舊有志而佚。龍江網羅散失，輯有甫里文獻行世。」同治蘇州府志藝文、吴中故實傳記有王龍江甫里文獻十二卷，著其榜姓，是書則皆不著録。

附目

詩　乘月過西郊渡　奉題晉齋小稿　題竹石圖　題巨然畫　題李伯時馬

玉山璞稿一卷

元崑山顧瑛撰。崑山趙詒琛手鈔，並録常熟黄廷鑑校。

此册共詩四十七首，文二首。附華亭殷奎故武略將軍錢塘縣男顧府君墓志銘一篇。遊永安湖詩注以後諸詩，俱出朱性甫先生手鈔。鐵網珊瑚四部集末失題二首，亦云在珊瑚木難集中，玉鸞傳雜次於中，自製墓志銘在末，蓋出自後人掇拾而未加詮次。學南亦從瞿氏藏黄琴六校鈔本傳鈔者。案殷奎墓志銘云有玉山璞稿二十卷。毛氏汲古閣輯玉山名勝集中詩爲玉山草堂集二卷、集外詩一卷。今四庫著録玉山璞稿一卷本，阮氏四庫未收書目提要著録二卷本，鮑以文又别輯玉山逸稿四卷，續補一卷，附録一卷。

此本一卷中,無步虛詞、小詞、拜石壇記,則又非四庫著録之本,遑論二十卷之舊哉。既引據朱性甫書,疑出清乾隆時人所輯。

仲瑛輕財喜事,以意氣自豪,風流儒雅,百世所仰。乃以淮張兵起,流離吳興,金石圖書,多遭散失。至正戊戌自志有「當今兵革四起,白骨成邱,家無餘糧,野有饑莩。雖欲保首領以没,未知天定如何耳」之言,其憂思若不可終日。又以子元臣仕於奇渥温氏,明興隨例遷臨濠,鬱鬱以卒。與昔日玉山雅集,更唱迭和,判若天淵。人之遭遇,豈可預料哉? 噫!

耕學齋詩集十卷 二册

明汝陽袁華撰。崑山趙詒琛手鈔本。

題汝陽袁華子英著。河東吕昭克明編。卷一騷;卷二古樂府;卷三、卷四,五言古詩;卷五、卷六,七言古詩;卷七,五言律詩;卷八、卷九,七言律詩;卷十,五言、七言絶句及集句。首末無序跋。四庫總目所收爲十二卷本,諸家書目多同,與此非出一源。又有可傳集一卷,則爲楊維楨所删定,非全帙也。

子英爲鐵崖弟子,與張憲並稱。錢謙益列朝詩集、朱彝尊明詩綜均選其作。提要於可傳集評其詩,謂「大都典雅有法,一掃元季纖穠之習,而開明初春容之派」。所論甚允。今案,古樂府神似鐵崖,能傳師門衣鉢。中與顧仲瑛唱和之作最多。則子英久客玉山草堂,爲編玉山紀游者也。卷四次韻顧玉山感懷有云：「念子築杭城，土石躬自負。城高石易盡，鞭箠無所取。書來知近況，黧面龜兩手。新穀幸登場，日夜探杵臼，悉供役夫養，老稚曷糊口？安得海宇清，闗塞志戰守，歸耕對兒女，畜雞豢肥牡。」疑爲至正間張士誠歸元，大城武林，仲瑛以豪富勒與其役，幾至破家。詩不編年，遂不得確徵。提要據詩中紀年，惟癸丑正月風雨中偶成一首案此有二首。作於洪武六年。餘皆在順帝至正中，今卷四自錢塘附漕舟汎海至石墩時至正乙亥嘉平廿三日，案至正無乙亥，當係傳寫之誤。其詩多與一時名流酬酢及題畫之作。則又考元季掌故者所取資矣。

陸心源皕宋樓藏書志於編者吕昭謂其仕履無考。案昭亦崑山人。洪武辛未以薦授徐州訓導，改浦城縣丞。永樂甲申陞沁州知州，所至有惠政。乾隆崑山新陽合志卓行有傳。

韓山人詩集不分卷續集不分卷 二册

明吴郡韓奕撰。崑山趙詒琛手鈔本。

二集皆分體，不分卷，續集末附詞。首有姚廣孝序，末有吴郡梁用行、淮南蔣用文跋。附王賓撰壽藏記，趙友同撰行狀。永樂七年，奕弟夷輯梓續集，首有趙友同序，附蜀郡王彝蒙齋記。永樂九年子有孫輯梓。學南從黃蕘圃藏原刊本傳録，并附蕘圃三跋。詫爲明初人集之至善者也。朱竹垞明詩綜稱有蒙齋集，非此本。四庫總目存目著録，無續集。

提要稱其古體傷於淺率，近體尚稍得宋人格律。蓋公望當以人傳詩，所重不在是也。錢牧齋列朝詩集小傳云：「奕生於元文宗時。少目眚，筮得蒙卦，知目眇不可療。遂扁其室曰蒙齋，絶意仕進。與王賓友善，皆隱於醫。建文初姚善守吳，造請之。公望不逾中門，於布簾内答曰『不在』。一日伺賓在，掩入其室，公望走楞伽山，善隨至，則泛小舟入太湖。善太息曰：『韓先生所謂名可得聞，身不可得而見也。』國初吳中高士，以賓與公望爲稱首。」竹垞静志居詩話云：「明初，吳中高士三人，一爲長洲王賓仲光，一爲崑山王履安道，其一則公望也。三人皆隱於醫，仲光詩多俚率，安道游華山作詩一百五十首，然無足録者。必以公望爲巨擘焉。」是皆高其爲人。公望與俞友立貞木同學舊友，唱酬甚多。五古載哭俞友立，而五律有送俞友立，七律有懷俞友立諸作。閲之至覺乖剌，則分體之不如編年。行狀謂：「公望初未有子，有弟夷始生，父命育以爲後，因名詒孫。撫視教養，備盡慈愛。人見者，不知非其出也。後夷爲太醫院御醫，成祖始爲改字，以正昭穆。」在封建宗法時代，而有以弟爲後之事，雖有父命，而公望携入京，中途遇雪有懷詩，儼然以父自居，殊可怪異。然遺詩卒賴以刊傳，則夷亦不負教養者矣。惟乞序於姚少師，以公望之高蹈，恐非其志。公望又有易牙遺意二卷，四庫譜録類存目箸之。提要以公望高士，未必訾心刀俎若此，或好事者僞撰託名。則行狀所列著述，明有是書，且託名者亦何事於此隱逸逃名者哉？其説武斷甚矣。

蕘圃三跋已載繆荃孫等輯藏書題識，其續集跋，前人所未見也。

丁卯秋七月，五柳主人以舊影鈔本韓山人詩續集見示，因補鈔此册所缺第廿三葉，亦一奇遇也。復翁。

斗山詩集一卷附録

明宣城楊貞撰。崑山趙詒琛手鈔本。

貞字彦恒，號可庵，亦曰吟窩老癡，其晚號也。永樂、成化時處士。是書首南京刑部尚書張瑄撰行狀，次先處士瑣事紀略九則，附録爲同時贈和之作。詩以五七言律爲多，蓋出後人掇拾者，平平無甚警策。成化迄今將五百年，區區寸帙，猶幸得存，則端賴藏書家之傳鈔不絶耳。

歸震川先生全集三十卷別集十卷補刊八卷十六册

明崑山歸有光撰全集、別集，清康熙十四年曾孫玄恭刊本。補刊，康熙四十三年黄平王槱刊本。桐鄉沈炳垣臨長洲尤侗、尤珍、尤世求三世，嘉興王元啟批校並跋。

震川集先有復古堂、常熟、崑山三本，文既不備，校又多誤。恒軒據家藏舊鈔，參之各本，別編全集三十卷，別集十卷。頗著考訂從違之語於篇末。如徐晞正統間尚書也，而誤爲畫史之徐熙。少傅言貴溪夏文愍公也，而訛言爲賢。錢德洪，緒山先生也，而訛洪爲宏。劉向之先紅侯，則訛爲紅陽侯。昭義節度使劉稹，則訛爲劉楨。叙建文朝事，則自靖難兵起至入金川門，甲子皆訛。引用漢書成語，倒置數句，至不可讀。皆依據國史古書，遂改本文，於康熙十年集資付刊，未及成而卒。姪玠繼其業，至十四年而畢。今四庫總目著録即此本，而以崑山本入存目。康熙四十三年黄平王㯶知崑山縣事，從嘉定張漢瞻雲章得未刊稿本，爲玄恭欲見而未得者，編爲八卷，曰補刊震川先生集，則四庫所未收也。提要謂汪琬堯峯文集有與莊書二篇，反覆論其改竄之非，至著爲歸文辨誣以攻之。是莊所輯亦未爲盡善。案堯峯所攻者有三：一爲辨上徐閣老書，「閣下」作「閤下」之非。一爲辨書張貞女死事「攟其金梭」之「梭」當作「梳」。一爲辨何氏墓碑一題二文之誤。今玄恭遺集有答書二通，於何氏墓碑自認偶失檢點，而餘二條皆予駁斥，但詞氣激烈，殊覺過當。提要未究兩造之詞，而遽斥玄恭所輯爲未盡善，此論未公。又堯峯文集有重訂歸先生文集考異序，是堯峯書名考異，不曰辨誣，故玄恭與周漢紹書有「僕之考異駁已成」云云也。鈍翁類稿祇有歸詩考異一卷，是文集考異已無傳。提要皆失考。又存目提要於崑山本，謂「相傳子寧改竄父書，有光見夢於賈人童姓」云云，其説蓋本之錢牧齋列朝詩集丁集。案崑山本末附翁良瑜祭文曰：「瑜也賈人，敢曰知公」云云，繼述震川見夢事。恒軒再答堯峯書亦曰「先從祖之改壞太僕文，見於翁書賈之祭文」，故於康熙本所附列朝詩集徑改童作翁也。至當時書賈，實有童子鳴其人，能詩，多交文學士，震川亦曾作序贈之。牧齋蓋誤記無疑。乃提要不據本書所附祭文之鑿鑿可信者，既爲失之目睫，而葉氏德輝郎園讀書志又以翁童聲同，章童形近，曲加附會何耶？

此本經沈曉滄以朱墨筆臨尤西堂三世評，詳跋語。又以緑筆臨王惺齋案。尤評多論文章，王案偶有考訂。如於堯峯所揭三事，「攟其金梭」之梭，謂「所攟者必係搔頭，或跳脱之屬，非櫛髮之梳，亦非織帨之梭也，梭如何可折？」何氏墓碑謂「何氏先塋碑亦有二首，所謂題同而文不同者，當兩存之。今集中以後銘續前序，合兩爲一，大非。」其説與堯峯不同。又上王都御史書云：「當從鈔本增入『昨在京師』至『非相欺也』七十四字，删去『有光』至『謗議』三十字。」上總制書云：「此書蓋代唐道虔作者，至於水利圖考，或道虔亦有是作，或公意在得行其言，即以己作嫁之道虔，亦無不可。」送吳縣令張侯序云：「此序蓋代張自新作，讀公張自新傳可見，若他人則又不足以當此。」陸思軒壽序云：「不説明今天子三字，則所謂祝者將誰祝耶？常熟本意求古勁，適見偎俳。當從鈔本爲是。」凡此皆與玄恭持爭議，亦堯峯考異之儔也。惜至十三卷而止，恐所録猶未全。惺齋讀韓記疑最精，讀歐記疑亦有刊本，餘若此書者，猶待輯録。

有「織簾先生四十九世孫」朱文方印，「桐鄉沈炳垣印」朱文長方印，「紉研山房沈氏藏書印」朱文方印。

道光丁亥秋，後學沈炳垣校讀於吳門寓館之祥止室。

道光丙午莫春，書賈蔣恕齋來海上，携有震川先生集，閲之知爲海昌故友許心梅所藏。其集中評點，迺長洲尤艮齋先生暨其子介峯、孫昭嗣手筆。目録後有小識云：「篇中圈點最大，字有丰神者，先大父筆也。圈小而圓，字正而微有絲者，先父筆也。圈小而有角，及墨筆皆昭嗣筆也。讀者詳之。丁巳孟夏亦東居士書。」又第一卷首葉注：「先大父艮齋公手筆。先父介峯公加評。古吳尤世輔讀。」凡三行。余向有震川集，遂假録一過，然細審之，艮齋翁手跡顯而易見。其圈小而圓，及圈有角仿佛相似，不復能識别，且墨筆評點亦少。因以朱筆録艮齋翁所評，餘則概以墨筆，而識其緣起如此。余考蘇州郡邑志，艮齋即西堂老人侗；子珍，官右贊善，有滄湄詩鈔、介峯劄記。又考朱太史曝書亭集尤先生墓志銘載孫男一人，世求。歲貢生。考授知縣。以能詩聞。而不列世輔名。許君考處士尤世輔字慕庭，號嶽巖。卒於乾隆五十一年丙午，年七十一歲。余爲推算生年，當在康熙五十五年丙申，而艮齋翁卒於康熙四十三年甲申，是時處士尚未生，故墓志不載。今以世求名義詳參之，則昭嗣當爲世求，而世輔乃其弟，小識紀年丁巳，意是乾隆二年，所署亦東居士或者昭嗣别字，未可知也。惟是評點一書，遞經三世，則其兢兢焉傳守先澤，久而勿墜，令人生愛敬之心焉。許君没未十年，聞舊所藏書已散失殆盡，以視尤氏之子孫，其賢不肖相去爲何如也，録竟不能無慨於中云。時孟夏廿又七日，桐鄉沈炳垣書於上海官齋。

淩忠清公詩文集六卷 二册

明烏程淩義渠撰。永曆間刊本。

首弟義康撰傳，卷一至四詩，卷五、六文，末附殉節遺筆。義渠殉甲申之難，弘光時追贈刑部尚書，謚忠清。順治間通謚爲忠介。此刻稱忠清者，承義渠志也。宜正其名爲永曆刊本。四庫總目則逕改爲淩忠介集矣。提要稱爲其友徐汧門人姜垓所校定。則僅據卷五首題名，而未覩卷一題閩漳黄景昉閲，卷二題會稽倪元璐閲，卷三題同里閔及申閲，卷四題竟陵譚元禮閲，卷六題新安金聲閲，校者皆其子姪。遂一若全集皆爲徐、姜校定矣。提要又稱中間不載奏疏一門，編次時亦不免有所脱遺，則朱彝尊靜志居詩話明云：「臨難之頃，從容就義。惟悉取平生撰述焚之。」是奏疏當在被焚之中，其子姪編遺集時，掇拾叢殘，非脱遺可知。此皆提要之疏也。然亦幸其未列奏疏，而免禁毀之禍。今卷六賀王大司成光復晉宮詹序、閔母臧夫人墓志銘已有剷版及墨釘處，所以避時忌也。朱彝尊明詩綜、陳濟生天啟崇禎兩朝遺詩小傳皆稱著有使岷稿，蓋未見此刻本。嚴九能有書淩忠介公辭父書後云：「於鄉先輩詩集中録得之。」即此所附殉節遺筆。然則九能亦未見此刻也。北京圖書館善本書目著録，後附凌桐窗遺詩一卷，此本所無，猶爲初印。

知希菴稿四卷 四册

明武進惲厥初撰。舊鈔稿本。杭縣葉景葵、吳縣顧廷龍跋。

第一册題卷一，詩，分體，有目録。末題己丑十一月初九日，爲順治六年，當爲自定。距九年卒，祇三年耳。第二、第三册題卷二、卷三，雜文。第四册不題卷數，詩，編年。始崇禎癸酉，至辛巳。據紀年，第一册爲從政時作，第四册爲歸田後作。惲氏家乘載厥初行述，著有知希菴稿、素園草，皆未刻。惲棨森鄉試硃卷履歷：「十世祖厥初著有知希菴稿、征軺草、素園草、歸舟草，纂入古今圖書集成。」考道光武陽合志名宦傳，言有考槃集而藝文不載，光緒志則傳、志皆不載。志餘藝文有素園集，注存字，而皆不著知希菴稿之目。考槃集實爲厥初祖紹芳所著，刊於崇禎五年，爲厥初校刊，而非自著。道光志誤也。

厥初字伯生，號衷白。萬曆三十二年進士。官至陝西布政使。福王時召爲光禄寺卿，詳惲敬大雲山房文集衷白先生家傳。崇禎二年清兵自遵化入寇，京師戒嚴。厥初督鎮筸兵三千人勤王。是時各省兵大集，糧不繼，沿途多逗撓。厥初獨先至，且贏三月糧。兵部尚書梁廷棟許爲大將才。稿有師發武陵詩云：「海內勤王師漸集，論功誰是霍嫖姚？」蓋隱然自負也。又有榆塞曲十五首，今録其四云：「醉把吳鉤看，秋風塞草齊。君王非樂戰，烽火正遼西。」「秣馬燕關外，西風觱栗吹。捐軀自吾分，羞殺羽林兒。」「不登長白山，不敢入榆關。相送親朋去，休凋壯士顏。」「寧遠河邊沙，開原城上月。一埽羶虜塵，歸來報金闕。」以漢、魏樂府之體，發同仇敵愾之懷。其他「建虜」、「東夷」字屢見稿中，所以終清代不敢刊行。即牧齋列朝詩集、竹垞明詩綜亦不録其一字。不知何以反得收入古今圖書集成？詩文最後紀年爲崇禎十五年壬午，其後甲申明亡，福王稱帝，必多慷慨悲涼之作。或在素園草中而今不可見矣。厥初與本初、日初爲從兄弟，南田其從子。三人均以藝事馳名，而厥初獨有取於老子「知我者希則我貴」，以知希名其居。誠哉知之者希矣。此稿又在若存若亡中，撰初先生曾借録副本，有心哉！

己卯新正承欣夫老友惠借，莊誦一過。此稿未見著録，衷白先生與文文肅同鄉舉，敂齋新得文肅甓史手稿一册，爲未第時消夏之作，似亦未見著録。亂離瘼矣，頻見異書，斯亦不幸之幸也。後學葉景葵記。

惲衷白先生知希菴稿鈔本四册，第一册爲詩稿，分體編年，前附目録，書名下題曰「卷一自編目録」。第二、三册文稿，開卷於書名下均題卷二、卷三，第四册亦詩，不分類。卷首留有餘地，未題書名，殆爲未定之稿。或爲詩文原各二卷，偶有誤題，或爲詩一卷、文二卷、詩補遺一卷，皆未可知。各家著録，未記卷數，無從證明。忠貞謀國，情見乎詞。著述遭忌未刊，傳本遂不廣。欣夫先生獲此鈔本，至可珍異。葉丈撰初既命胥傳録，復屬校字，因獲展誦。

婦弟潘君景鄭所藏惲遜菴文稿，間有手筆數篇，似亦未經刊行者。遜菴與衷白爲從兄弟，今兩集得並録副，他日倘能同謀印行，發潛闡幽，亦藝林快事。欣夫先生其有意乎？率題數語，以識眼福。匑誃顧廷龍記。

梅檀閣詩集不分卷 一册

明崑山馬萬撰。崑山趙詒琛手鈔本並跋。

吳門補乘：「萬字士延。甫里人。性不諧俗，貧而介。詩古文辭並臻妙品。移家槎上，歲祲，邑令佘敏憐其貧，餽以粟，弗受。卒窮餓死。」甫里志：「萬有梅檀閣集、西山拾翠、虎阜芳踪填詞行世。」案萬爲有明遺民，卒在清康熙間。首秋興一百韻，題「歲在閼逢」，云：「生自神宗末，曾聞穆廟前。」歷叙太祖開國至末季，當爲甲申明亡後作。里居與管鴻、戴穎昉、僧慶祉、許定賁及弟虬五人結社交善，作五子篇。鴻字公遠。見賞於陳眉公。穎昉字濤侯，冏得之子。慶祉爲蒼雪法師上足。定賁字人華，虬字竹隱，皆玄祐孫。後惟竹隱官稍顯，餘皆高隱者流。又與金耿庵、王煙客、嘉定侯氏昆季相唱和。其寒夜與繆氏姊言别有云：「三旬不食苦日長，九月無衣賴秋熱。」其奇貧可想。而詩卻風華，無寒乞相。秋夜孝酌同竹隱過飲人華兼閱鄙製樂府云：「高吟但捉青絲拂，醉墨誰題白練裙。早促移燈因顧曲，纔當把酒更論文。」蓋即指所作西山拾翠、虎阜芳踪，當爲散曲之類。同治蘇州府志、吳縣志藝文均據甫里志著録，而略去填詞二字，遂若爲梅檀閣集之子目。後來搜集樂府亡書者，無從依據矣。此爲趙學南先生借馬楣軒藏原稿録出，删去其字跡潦草及殘闕者，而分體編次，然頗有以排律誤入五七古，當重加釐正。

己未仲冬，崑山馬君楣軒出示此册，云：「從前人得原稿録出者。其原稿今亦歸余，字跡潦草，頗不易識。此録本特取其清晰可辨者，故非全本也。」因亟借録一副本，中有字句殘闕者，又删去若干首。二十餘日始寫畢，於是崑人著作又多一種矣。崑山趙詒琛識於蘇城寓廬。

拙庵詩稿一卷

清婁東龔挺撰。崑山趙詒琛手鈔並跋。

挺字無競。明安節先生名詡字大章之裔。安節著有野古集，族姪紱著有安節先生年譜，挺均刻以行世。四庫提要已著録。學南好表章鄉賢，既重刻安節遺書，復假是稿本手録之，跋謂「詩非所長，且不免村學氣」，蓋以其能表揚祖德，流傳古籍而存之。案其詩雖質樸無華，亦有可以觀康熙盛時民生疾苦者，鵓鴣鴣六首云：「鵓鴣鴣苦，南山北山何所妥？人説天高任我飛，到處張羅無一可。鵓鴣鴣苦。一。鵓鴣鴣苦，讀書窗下得其所。昔日文章可療飢，今日文章絶煙火。鵓鴣鴣苦。二。鵓鴣鴣苦，田舍竹林容得我。勤耕力作米粒多，火急官糧粒粒數，鵓鴣鴣苦。三。鵓鴣鴣苦，隨身薄藝當家伙。三百六十生活多，盡捉當官繫韁鎖。鵓鴣鴣苦。四。鵓鴣鴣苦，經營之家少淒楚，千山萬水獲利多。到處關河有狼虎。鵓鴣鴣苦。五。鵓鴣鴣苦，豐草長林身可躲，官府飛符斬伐忙，無枝可棲恐砧俎。鵓鴣鴣苦。六。」又康熙初年州令横征辱士時有謡曰要讀書看作儒噫讀書昔稱最高至令人動色相誡哀哉因成口號志慨云：「周士貴，秦士賤。天降割，人爭厭。饞口張，酸肉啖。盆覆日，天難見。」讀此而彼歌功頌德，粉飾太平者，將何以説！集有憶陳確庵作，可考其交游。

拙菴曾刻安節先生年譜及野古集，表揚祖德，流傳古籍，則其人殊可欽敬也。今年託太倉友人李頌侯向其裔孫寶琳借得拙菴詩稿，録一副本。詩非其所長，且不免村學氣，聊以存之云爾。辛酉二月二十七日，崑山趙詒琛識。

鶴臞詩集五卷 一册

清吳東周同谷撰。崑山趙詒琛手鈔本並跋。

首康熙庚申盛傳敏序，次十一草自序，次崑山志游寓傳。卷一爲十一草，卷二、三爲玉沙集上下，卷四、五爲素聲集上下。

同谷字翰西，號鶴臞。先世自常熟遷崑山。年十三，補諸生，負用世志。傳言福王時謁史可法於揚州，論列時事，可法稱其諳練。案集中辛酉臘月病中自遣云：「我年五十二，筋骨漸拘攣。」推之則當生於崇禎四年辛未，至弘光時，同谷年僅十五六，未必能諳練時事。傳乃溢美之辭。常熟藝文志謂入史文正幕，益非事實。惟乾隆崑山新陽合志隱逸傳稱撫於史可法，差爲可信。明亡隱淪不出，溷跡黄姑、婁塘間，感慨無聊之況，一寓於詩。所著霜猿集四卷，皆記兩京四鎮遺事，淒愴蘊結，令人不堪卒讀。刻入虞山叢刊。此則僅傳鈔本，中如雒陽歌二首、潼關行、長平公主歌、雒妃怨、憶舊二首、八哀詩、汴梁行三首、謝豹啼諸作，皆述南明逸事，得諸親歷。詩中有史，不爲徒作。他作亦感慨悲涼，不忘故國。晚歲習靜於知止山房道院，蓋以逸民終其身也。他著有古陣圖説、松廬集、同谷集，均不傳。

道光己丑，亡友譚蓮如邦泰以周先生鶴臞詩集見借，時余居南村，買紙録之。中有遺漏處，聞吳先生止狷有家藏刻本，借之未至也。甲午年，吳中友人張淡娱光熊借去鈔録，爲之裝池。至辛丑年秋，余館漢浦陸氏，友人方小湘步瀛以前輩周奕舫韓舄所録本見示，因爲校補，并鈔其兩序如右。歲月浸尋，倏已十載。而余漢浦之寓，又將去矣。未知明年又在何處。客窗寥寂，屬筆記之。時十月廿七日，晚香居士潘道根識。時年五十有四。

壬子春初，世亂年荒，賦閒無藉，僑寓吳門，憂心如醉。時同鄉吳君翰城龍章亦以失館無聊，往還晨夕。出馬君楣軒所録鶴臞集見示，客窗多暇，爰録一過，藉以遣悶。馬君蓋借潘晚香先生手鈔本以照録者也。桑海變遷，烽煙迭警，我與翰城同處危城，作此生活，不亦迂乎。録畢識此。崑山王德森，時年五十有七。

己未中秋，向王嚴士先生借得鈔本鶴臞詩集，即録一册藏之。崑山趙詒琛識。

東畬草廬稿不分卷 一册

清崑山盛琰撰。趙詒琛手鈔本並跋。

琰字玉臣。清順治時人。此僅順治七年庚寅一歲所作，達二百五十餘首，則其全稿當極富。中如偶經野處見有逃亡空屋云：「蠲除頻有令，民竄去何方。」又云：「樂土知何處，他鄉豈故鄉。」蓋自清人入關，江南賦役百倍他省，而蘇、松尤重，名目繁多，朘削無藝。大約舊賦未清，新餉又近。人民橫遭鞭扑，無所告訴。於是弱者轉死溝壑，强者挺走四方。至順治辛丑奏銷案起，罹罪者至萬餘人，軒然大獄。庚寅尚前十餘年，而已有棄鄉流亡者，其酷虐可知已。其往來最密者爲同縣王喆生，喆生字素巖。康熙壬戌進士。翰林院編修。爲朱柏廬高弟。家有半枝園，擅花木之勝。喆生徜徉其中，蕭然物外。琰半枝看梅詩所謂「長與人世疏，安居山水窟。賞心極逍遥，勝情復超越。願言謝塵俗，真隱樂高揭」者也。詩多訪友看花之作，潘晚香已録數首入崑山詩存，蓋幸而未遭鼠齧蟲蝕也。

是卷爲玉臣先生庚寅年作，後二年壬辰，而先生歿矣。素巖半枝看梅有：「十載尋春瀼水濱，花時常與最閒人。今年不見花前客，縱見花開亦愴神。」爲先生作也。道光丁亥，根借讀此卷於吳止狷先生所，爲寫數首入詩存，稿本今已刊行而止狷丈已作古人。追録是卷，不勝歎息。屈指流光已閱二十三年，根亦年六十二矣。己酉三月七日雨窗，潘道根識。

己未夏六月，從潘晚香先生手録本鈔一副本，趙詒琛學南識於蘇城寓廬。

漁洋山人精華録箋注十二卷補一卷 七册

清中吳金榮箋注。徐淮纂輯。乾隆鳳翽堂刊。自臨元和惠棟評校。□康甫臨大興翁方綱評。

此爲定宇金注訂訛之底稿。全書塗抹幾徧，糾誤不下數百籤，刻本衹及什一耳。金氏於凡例雖言

「近體中注兼采徐龍友，乙卯秋於友人處得惠定宇注本，録之以補未逮」。實則出之剽竊，定宇歷舉其藏證，確然無可遁避。凡例又言「開雕後時有弋獲，不便增入卷內，而惠注復不能捐愛，爰補注總附於後」。實則自八卷至十一卷，先已付雕，止見徐注，未見惠注，故頗疎略，內補刻者皆惠注也。蓋金氏病在不讀書，所注悉出稗販，又妄加篡改，如卷六漫興十首，末首「食肉爾何人」，注引許慎説文解字云云，今説文無此事，見説苑善説篇，此當采自雜書中，説苑訛作「説文」，遂添許慎解字四字。又如朱璧揭鉢圖注：「許慎説文解字：鈒，鋋也。俗呼小矛爲鈒。即今闌戟。」末二句，説文本無。和吳孟舉種菜注：「許慎説文解字：蕫，禦濕菜也。初生如列指狀。」末句説文亦無。是其於許氏書未曾一見，遑言其他。故於愁霖行注以「尚書考」爲書名，「靈耀」爲人名，不知「考靈耀」爲尚書緯篇名，乃析之为二。送吳天葦歸中條山，注引延篤漢書音義云云。不知延篤未嘗撰漢書音義，漢書注所引，乃延篤戰國策音義，顏氏家訓亦引之。而漫興十首，注引「黄氏遠游略」，更不知其書係定宇見書賈携近人手録，載馬鷁子事，索筆記之。此人姓黄，忘其名，嘗游隴、蜀，故以遠游名之，乃惠注託名。於秦中凱歌，注又引之，而加案字，既非真有其書，將何從案耶？其於地理又全不知曉，落筆便錯，至音韻訓詁，則更非所知矣。定宇每云「豈有此理」，又云「先打四十」，非過也。特金氏書刊印精美，傳本較廣，世多珍之，不有此本，孰知其紕繆至此哉！又定宇於瀼西謁少陵先生祠識云：「凡一書有賓主之别，如左邱明之春秋，汲郡之古文，於魯於魏皆稱我，於他處皆稱國，此賓主法也。是集於漁洋稱公，稱山人，稱先生，猶魯、魏之稱我也。於他人稱名，稱字，稱別字，猶左、汲之稱國也。此雖謁少陵祠詩，當稱少陵不當稱公，稱公則賓主無別矣。」於供奉某君歸吳門索詩識云：「往歲徐君龍友在嶺南，篋中携精華近體注本，每向余索宣和畫譜一覽，未及借而徐已物故。其後余注精華録，凡有謬訛須宣和畫譜改正者，仍爲名徐注，以志故劍之意。」此詩宣和畫譜二則，皆改正之筆。凡此各條，又可見定宇作訓纂之例。

原本爲中表潘君省安承謀。彦均室所藏，省安爲三松老人之裔，收藏甚富，三十年前向借傳録，後有賈人以定宇訓纂手稿求售，惜價昂，未能與此爲侶。謹録其夾附之修揚州城時稟帖稿於此，以存掌故。是本舊有朱筆臨翁覃谿評語，核與繆藝風煙畫東堂小品所刻不同，别輯存之。

有「望益軒讀書記」、「康甫手校」、「退翁館穀所得」諸印。

漁洋山人精華録評一卷 一册

清大興翁方綱評。王氏蛾術軒鈔本。

余先得漁洋山人精華録，有舊人朱筆臨覃谿評，愛其議論平允，輯録之。後見江陰金湘生粟香隨筆中亦録之，多首末三跋，遂補録焉。取與繆荃孫煙畫東堂小品所刻復初齋王漁洋詩評核之，截然不同，彼本跋題丁未十一月中，又有題戊申正月者，是評於乾隆五十二、三年。此則甘泉宫長生瓦歌評云：「此瓦詩册，吉人曾孫琮携至羊城，余與陸耳山翦燭同賦長歌，今卅有四年矣。」案復初齋詩集，在卷七，編年爲乾隆三十五年庚寅，越卅有四年當爲嘉慶八年癸亥。又元祐黨籍碑評云：「四十年前在坤一齋中共賦此題」云云，案詩集在卷五，編年爲乾隆三十四年己丑，以四十年推之，則當在嘉慶十四年己巳以後。跋稱中秋者，不知何年，蓋距繆刻本已三十餘年。識見愈高，詩律愈細，故所評亦愈詳。漁洋尚神韻，覃谿尚肌理，漁洋於金石考核不甚注意，覃谿則最熟精於此。兩家之不同如此，然覃谿未嘗菲薄漁洋，故跋云：「拙著小石帆亭著録六卷，皆以發明漁洋論詩之旨。」又云：「豈敢似外間輕論漁洋者乎？」善乎陸廷樞序復初齋詩集云：「自漁洋先生取嚴滄浪以禪喻詩，謂詩有别才非關學也，於是格調流於空疏，神韻淪於寥闃矣。吾友覃谿蓋純乎以學爲詩者歟？」又云：「博學嗜古之士，往往輒譏漁洋，以爲利趨妍好耳，而覃谿獨不敢貶漁洋。其於帶經、石帆之書，竊附於著録之列。蓋其虚懷，師仰前輩又如此。」得此説庶可以讀此評矣。跋稱可亭先生者，大庾戴均元蓮士也。從知當時讀漁洋詩者，多重覃谿評，故所評不止一本也。

硯谿先生遺稿二卷 一册

清吴縣惠周惕撰。孫男棟編。吴縣王氏學禮齋鈔本。

此余從紅豆齋鈔本傳録，印入庚辰叢編之底本也。初，余年二十餘，慕惠氏四世傳經之風，欲爲編年譜，以志向往。乃遍徵硯谿志傳及家譜，事實殊略，均不載其生卒年，爲之廢然。及此書印行後，見孫殿起販書偶記記有一本，并附半農所撰行狀，定宇所撰遺事。書市流轉，無法蹤跡。今編書録，偶憶北方書籍多入北京圖書館書庫。姑函問趙君斐雲萬里，未幾果將二文鈔寄，爲之狂喜。即鈔附此帙之後。老紅豆之遺事，今始獲其詳云。硯谿籍貫各家所載不同，據題名、館選録當作吳縣，至定宇始由吳江縣學生員歸籍元和，世稱元和惠氏者，據定宇而言也。顧南雅蒓思無邪室遺集有硯谿先生傳，附載一事云：「先大夫嘗云有聲當甲申鼎革時，匿居於鄉，不復教子讀書。硯谿先生十五六歲，適縣丞催租至，辟之不避，詣之語無狀。丞笞之，先生問人云，彼何人，敢笞我！人曰，官也。問何以得官？曰，讀書得之。先生於是折節問字。丞姓周，故改周惕。成名後，拜周丞爲師。曰：『非公不致此也。』後余述之徐少鶴，少鶴云，艮庭先生亦嘗云爾。少鶴受業於江艮庭，艮庭受業於定宇先生，此事當不誣。」案行狀，年九歲，通九經章句。則幼時非不讀書，何至愚騃不識官人，且初名恕，其壻於徐時猶未改，見徐晟存友札小引，在十五、六時，無周惕之名可知。其名周惕者，自取義於周易乾「夕惕若寅」，故字曰元龍，名字相應。俗語不實，流爲丹青，恐南雅爲誤信。特此事爲世所未聞，故并附識而糾正之。

先府君行狀

公諱周惕，字元龍，姓惠氏，其先以謚爲姓。始祖諱元祐，宋靖康末，以文林閣學士扈蹕南渡，卜居湖州大全港。九傳至孟彝公諱倫，明嘉靖中遷于吳之東清邨，遂爲吳人。曾大考諱洪，大考諱萬方，皆隱居弗仕。考諱有聲，通經教授爲名儒。見明政方亂，遂不就鄉舉，終於歲貢生云。公以前明崇禎十四年正月十八日生于東渚舊宅。宅南有谿，方而窪，形如硯凹谿，故公自號硯谿。後移居葑門，宅有紅豆樹，故又自號紅豆主人。既壯，補邑諸生。乙卯，鄉副榜。戊午，以博學宏詞徵，丁外艱，不起。庚午鄉試，中第十。辛未會試，中第六。殿試二甲第七。選翰林院庶吉士，散館，外調左授順天府密雲縣知縣，加二級。丙子，同考試官。未滿秩，卒於官舍。時康熙三十六年閏三月二十八日也。公少開敏殊常，九歲，通九經章句。年十餘，暗記三史。爲古文，議論英穎。常讀蜀志，慕闞壯繆之爲人，因作闞公論，塾師歎爲奇才。十三學賦詩，天然去雕飾，最善五言，往往有傑句，傳誦一時。世所稱陽山草堂集者，公少作也。既冠，阨于貧，懲曰「我屈首受書者十年已，盍徙業乎？」於是去爲府吏，遲頓不及事。去試弁，孱無拳勇。又去爲廢居，數折閱不售。凡業三徙而三窮，喟曰：「命也，亦天也！天可回乎？命可造乎？」遂棄去。益發憤讀書，閉門十年不出。凡河、洛之學，關、閩之傳，陰陽消長之度，躔次疆理之説，禮樂律歷之數，無不寤疑辨惑，鉤深詣微。至於井田、封建之規，郊祀、百官之制，食貨、兵刑、河渠、溝洫利害之源，亦皆攷之詳，論之篤。由是學益邃，道益明，而文章益有根柢，充然成德爲通儒矣。既壯，出試有司。郡守甯公，學使虞公見公文，歎曰賈、董才也。丁巳，遊國學，當是時，朝廷方詳延天下之士，士皆挾册負素，雲會京師。公與諸儒學相高，名相甲乙，而獨不能取容當世。故卒以齟齬窮。庚申夏，公歸自北，循江以南，踰石頭，越鵲尾，轉白茆灣，折而北，絶淮浮泗，泝河入濟。一留齊，三至燕，再過曹、魯，折而東出句章，入於粤，並海上乃還。計其程，水浮陸走，蓋不下數萬里，凡歷十有二年，而公之窮益甚。先是試於鄉，爲主司勞公所知，已得解首，而主司某呵其文爲大怪，遂見斥。後以博學宏詞徵，丁外艱，不起。中間困於場屋垂二十年。回視向之挾册負素者，或登金門蹈玉陛，已至達官已。獨公之窮猶如故，人咸搤腕攢額，代爲公恨歎。而公笑曰：「吾窮固宜。」蓋其恬憺如此。丁卯春，公歸自東，結廬於葑谿南、清谿北，名其居曰紅豆齋，坐卧其中，囂然而樂。以爲達則見之功業，窮則託之文章。於是畢力著書，爲千古事。而公亦自此倦遊已。庚午春，宋公駿業邀之北行，公不許。强之不可，曰：「我窮於世久已，豈堪以五十之年更向朱門乞食耶？」而宋公數從臾公行，太孺人又以爲言曰：「我在也，爾不爲菽水計乎？」公奉母命，遂行。是秋得受知於主司王公，魁順天鄉薦。遂連掇高第，選入翰林。識者以爲且將寖用，而公未幾以國書不通曉，外調矣。後二年，授密雲縣知縣，後一年而卒。嗚呼公少而貧，壯而遊，艾而仕。蓋五十有七年而阨於貧，困於遊，躓於仕，屯邅否塞，卒窮以死。天乎命耶？天不可回，而命不可造耶？不肖孤痛其曷已耶？痛其曷已耶？方公之外調也，人或誚公曰：「以君之才，固當持牘橐筆，從華蓋，侍輦轂，備顧問者也。今既不得，則當拂衣而去。著書立言，藏之名山，傳之同好，使後世得讀硯溪先生文集，不猶愈於作選人而爲俗吏乎？且行龔、黄之政，不如行曾、閔之孝。君有親在，何不乞歸而猶戀戀于此乎？」公歎曰：「我之所以不歸者，豈戀一官哉！蓋爲親屈也。我聞家貧親老者，不擇官而仕。任重道遠者，不擇地而息。我安敢擇官而仕哉？」因賦詩以見志曰：「不才當聖世，敢計授何官。從此辭清秩，頻年已素餐。且留青紱在，得奉板輿安，縱使栖卑邑，襟情也自寬。」既就選，得密雲，人又沮之。而公遂往，蓋喜得寸禄以養親，不敢擇官而仕者，此其志也。公素好經濟學，明於天下利病，而密雲當孔道，煩費騷然，公一切與民休息，而去其不便者以安之。縣舊計丁輸錢，丁亡而名著籍，吏按籍，督其輸。代輸者至破産，而吏獲侵牟。公除其籍乃免，并免丁錢加耗千緡。又運車斂費，悉取民辦，而治有蒙古祼居，數以貲用擾民，民以故重困。公奏記上官，民之斂費得還，并給蒙古貲用，別爲立屋以居，而民不擾。蓋公之已試于事者如此，此未足以見公之學也。公之學不博見，而略見於吏治者凡十有二條。一曰修廢學。二曰開河渠。三曰立保伍。四曰課種樹。五曰寬徭役。六曰省共張。七曰時發斂。八曰議積儲。其外四條，即前所已行者。其八條摘抉利病，言約指明，上官亦頗採用，而其文在硯谿集中，故不著。獨著其目云。若夫學之兼内外，該古今，蓄而未施，施而未竟者，則公蓋嘗言之矣。其言曰：「學有僞有迂，有曲有俗，有襍有博，有醇有通，若賈逵之傅會圖讖，劉歆之顛倒五經，是爲僞。王夷甫之談黃、老，房次律之法春秋，是爲迂。公孫之希世用事，孔扶之與俗浮沈，非曲歟？朔、皐之持論不根，張、王之淫靡不急，非俗歟？夏侯之破碎大道，賈山之涉獵爲儒，非襍歟？至如康成之辭，訓質而繁，穎達之正義，詳而冗，則可謂之博矣。未可謂之醇也。揚雄之覃思渾天，張衡之候風地動，則可謂之醇矣，未可謂之通也。賈長沙之匡建，劉中壘之忠精，魏玄成之剴切帝心，陸敬輿之識陳時病，其言足以救世，其道足以輔君，斯可謂之通矣。」公之自任蓋如此，則其學爲何如哉？而公之自任豈止於一邑而已哉！有識者所以恨其學之未施，施之未竟，纔入翰林，旋死外劇。不肖孤尤創巨而痛殷也。公所著易傳二卷，春秋問五卷，三禮問六卷，詩説三卷。而詩説先行于世，山薑田公雯、堯峰汪公琬序之，所謂潛思遠引，左右逢源；疏通證明，咸有依據；博而不蕪，辨而不詭者，蓋寔録也。下闕。孤子士奇泣血稽顙謹述。

硯谿公遺事六條

公初名恕，字而行。後改今名。世居吳縣東渚郵。康熙初移居葑門之香水谿。宅近東禪寺，寺有紅豆樹，相傳白鴿禪師所種。雪香春放，朱實秋垂，爲菴羅勝地。後樹忽老朽，根始萌芽，公取一枝，樹之階前，生意婆娑，楚楚可愛。以爲海内稱「紅豆」者，惟虞山拂水莊暨婁東奉常園耳。今香水一枝繼出，可與錢、王鼎足而三，誠藝林佳話。因自號紅豆主人。屬僧目存目存名睿，從公學詩，畫稱妙品。繪紅豆新居圖，題詩五絶于上。又賦紅豆詞十首，和者自王石年矸、汪鈍菴琬、朱竹垞彝尊、田山薑雯、查初白慎行、魏禹平坤、吳孟舉之振已下凡二百餘家。四方名士過吳門，必停帆伏軾，問紅豆主人，今六十年來，鐵幹霜皮，有參天之勢矣。

公性友愛。同産五人，食必同器，寢必連牀。庶弟昌聞坐法繫獄，罪至不測。公力爲營救，久之得釋。同母弟敬哉早喪，幼子季玉尚在孩抱，公與徐太宜人親自撫育之，勝于己出。既長，不帥教，公怒，折蔆將笞之。念弟之早喪也，投蔆于地，對之流涕嗚咽，而終無所問。季玉後自折節，卒爲善士。同里徐孝廉枋，字昭法，前明高士。爲諸生時，與曾王父樸菴公同食廩餼，文望相埒，意氣相得，因相與定交，爲斷金之友。崇禎末，昭法先生依隱曾王父舊廬。時公方總角，昭法先生一見即目爲偉器。稍長，公以通家子從之質疑問難，以故甫弱冠，即以古文詞名世。有陽山草堂集若干卷，昭法先生爲序而刻之。序載居易堂集。後三十年，公手定詩文，頗自悔少作，遂削去不留。至今稿本不傳，惜哉。

惠氏經學，權輿於曾王父。曾王父當前明之季，隱居著書，以九經教授鄉里，門人日進。公少開敏，弱冠爲通人，每侍膝前，曾王父猶令背誦九經，一字或訛，必予之杖，其嚴如此。著述等身，亂後散佚。公傳其學，因著詩說、易傳、春秋問、三禮問諸書。而詩說先行，秀水朱竹垞撰經義攷，採其書，著于録。其易傳、春秋問、三禮問，公悉口授大義，命先君書之。其後先君述兩世之學，著易說、春秋說、禮說、大學說數十卷。初曾王父極推漢學，以爲漢人去古未遠，論說各有師承，後儒所不能及。當時學者皆未之信，故其書藏於篋衍，未嘗問世。及遭亂遷徙，遂亡其書。既老，不復著述，以其說口授公，公授之先君，由是雅言古訓，遂明于世。

公詩凡三變，少時純法盛唐，最工五言。雄偉沈麗，俯視一切。寧都曾青藜燦。選過日集，嘗摘國初諸名人詩及公詩數十聯，列之卷首，以爲名句，并采其詩入集中，皆少作也。後從汪鈍菴先生遊，間出入宋、元諸家，得其風韻。晚年詩益平粹，神韻天然，直入襄陽之室矣。初，明末名士徐禎起先生晟。公外舅也，雅重公才，以爲海内無雙。每聞公來，輒與談藝，河傾燈灺，娓娓不倦。嘗謂公曰：「君才十倍苕文，曷爲北面稱弟子？」其傾倒如此。苕文，鈍菴字也。

公少好學，家居誦讀，坐立不輟。既壯，阨于貧，因遍歷齊、魯、衛、趙諸邦，南至越，北抵燕。交遊滿天下，皆當代名流。所至握髮倒屣，相與商榷古今，討論風雅。及倦遊歸隱，結茅數椽，積書其中。日與門人子弟講經學，著書爲千古事。四方來學者益衆。王父貌清而癯，有寢處山澤間儀，見者疑爲列仙。與人交沈摯篤實，性温雅，有醖藉，不以辭長勝人，對之者以爲如飲醇醪，如坐春風也。

孫男棟百拜謹識。

東江詩鈔十二卷 三册

清太倉唐孫華撰。受業陸師編。崑山趙詒琛手鈔本並跋。

孫華字實君，別號東江，晚稱息廬老人。康熙戊辰進士。選陝西朝邑令，調吏部考功，典試浙江。見顧陳垿所撰傳。明珠爲康熙朝宰執，有才子二，曰性德容若，曰揆敘愷功；皆天姿英發，又妙選賓師，以資熏習。容若有顧梁汾、吴漢槎，愷功有查初白、姜西溟及東江。東江初爲徐健庵所禮重，入洞庭書局，預修一統志。入京，明珠延爲愷功師，以詩文與諸賓客唱和。愷功述其緒論曰：「學問性靈，不可闕一。有學問以發攄性靈，有性靈以融冶學問。而詩可庶幾也。俗下小生，膏唇拭舌，妄談詩文，不知誦習八家，剽竊字句，不可謂之古文也。爛熟唐詩，摹倣聲調，不可謂之詩也。必也原本經史，貫串百家，融液變化，以我法御之，而不膠成轍，斯可以爲詩文矣。」最爲根本之論。故沈德潛稱其論詩，謂「詩必有爲而作，每與史事相表裏。故其詩不趨高超，尊崇質實，皆其言有物者」。鄭方坤謂「其所作，舉平日學問之所積，沈浸穠郁而盡發之於詩。文質相宜，正變迭奏。軒軒霞舉，其標置在少陵、義山之間。而尤與玉局爲近」。張維屏國朝詩人徵略舉其閒居寫懷、滕王閣、鷹坊歌，則其詩有本事，有論斷，不僅絺章飾句而已。原有康熙刊本，傳世甚希。學南愛而手鈔之。

東江詩鈔十二卷，太倉唐孫華著。癸丑之春，借繆氏東倉書庫藏本，使女兒亞蘭鈔之。至六月，遭兵燹遺失。今冬借得王培孫鈔本自鈔之，兩月而畢。時亞蘭患瘵症，臥牀不起已半載矣。感念往事，悲傷病女，不禁老淚沾巾也。甲寅除夕，崑山趙詒琛識。

乙未亭詩集六卷 一册

清長洲徐昂發撰。崑山趙詒琛手鈔本並跋。

昂發字大臨。世居崑山之真義，遷長洲。康熙庚辰進士。授編修，江西學政。所著畏壘筆記、畏壘山人詩集，四庫總目入存目。此爲大臨少作，據韓慕廬序云：「比領鄉薦，贄行卷者皆以文，大臨之文故殊，顧曰：「吾獨有詩」云云。是爲鄉舉後刻爲行卷者。大臨之詩，提要謂「五言古體大抵刻峭清新，一往駿利，有透空碎遠之音，而下手太快，亦頗乏渟蓄深厚，則思鋭而才狹之故也」。頗致貶詞。此韓慕廬序則謂「大臨之詩，蓋筋力於漢、魏以來，不沾沾於規橅唐而亦無意於矯之。要其志趣自高，如朱子所謂洗滌腸胃間葷血脂膏，而芳潤易入也」。沈歸愚國朝詩别裁小傳亦謂：「五言古從杜陵出，近體得力樊南而能自出面目。同時談藝名士，無與儷者。」鄭方坤國朝名家詩鈔小傳謂「宫詞百首，徧播旗亭酒社間」。其爲時人推重又如此。今宫詞即編入末卷，寫故明宫掖雜事，風華芊緜，何亞花蕊王珪之於蜀、宋。後有汪鈍翁諸家題詞，蓋久被詞林所賞。要之其作規橅西崑，驚才絶豔，未易多得，不當以提要所言而輕議之也。余舊有康熙間桂森堂原刻本，槧印極精，此本則以學南手鈔爲重也。

乙未亭詩集僅見鈔本四卷，是不全本也。今向吴縣蔣季和太史借得原刻本六卷，録一副本，藏諸篋笥，不勝快慰欣幸之至。已未六月，趙詒琛識。

畏壘山人文集四卷 二册

清長洲徐昂發撰。常熟周大輔鴿峯草堂鈔本。墨格，板心有「鴿峯草堂藏書」六字。

存頌、論説、策問、序引四十五篇。首吉安王氏讀書管見、三山林氏尚書集解、會稽吴氏定正洪範、三種孝經、陸氏經典釋文、山陰傅氏夏小正戴氏傳注叙録六篇，案均爲代納蘭性德作，今載通志堂經解各書首。經解爲徐健庵代編，大臨曾客健庵所，蓋參與是役者也。他文亦多代人之作，其注韓宗伯者，長洲韓慕廬也。注司寇公者，即徐健庵也。大臨説經，於宋、元諸家能持其平。平北頌、皇帝駐蹕狼居胥山頌典麗矞煌，爲臺閣鉅製。他文亦端凝醇厚，不失矩度。惜其碑傳諸作已佚。府志藝文及各家書目均不載，疑後人得其殘稿而録存者，故編次參差，譌字不少。近吳中文獻小叢書即據從此本傳鈔者付印，而烏焉帝虎，益不勝掃矣。大輔號左季。虞山人，而久客於外。故友丁初我曾識其人，好傳鈔未刊秘籍，亦有心爲古人續命者。

有「鴿峯草堂」朱文圓印，「虞山周左季辛亥以後寫書記」朱文長方印，「古人以鬻假爲不孝」白文方印，「大輔私印」白文方印，「周左季」朱文方印，「壬申行年」朱文格方印。

石帆軒詩集十一卷 一册

清崑山徐駿撰。趙詒琛手鈔本。

駿字觀卿。康熙癸巳進士。選庶吉士。尚書乾學少子。乾隆崑新合志謂駿以狂傲爲人中傷，坐謗訕死。清人入據中原，故明遺老，共謀興復，不得已而寄其憤慨於詩篇。至康、雍、乾三朝，文字之獄屢興，往往瓜蔓牽連，累及無辜。誅戮之慘，震古未聞。觀卿家世簪纓，身又早達於新朝，宜無所歉。何爲作詩譏諷，至陷大逆。蓋健庵雖居高位，鄉評素劣，益以觀卿恃才傲物，取嫉於人，遂羅織以入之罪也？此集首有康熙庚寅叔果亭序，知爲壬午鄉舉，至庚寅秋，計偕詣闕之作。距癸巳釋褐前三歲。果亭謂其「古詩尤遒邁，自詩品所載，迄於有唐初、盛名家，門庭燎然。頗能道短長」。益勗之以修詞之道及長慶、元和、慶曆間風格。今讀其詩，瑤環瑜珥，風度翩翩，而避吏行、逃荒行、官伐木諸作，亦能知民間疾苦，有異於膏粱紈袴之徒。不幸盛年摧折，後之選詩者至不敢抉擇其英華。另續集二卷，具有刊本，亦在若存若亡之數。噫！

撫雲集九卷 二册

清常熟錢良擇撰。崑山趙詒琛手鈔本並跋。

良擇字玉友，號木庵。監生。原目十卷，其第十卷爲詠史詩一百首。據末雍正庚戌嚴亨爵跋，謂已散失，并查初白序亦未就。案木庵手書原稿藏章式之先生處，并有查初白題詩真跡，均稱九卷。張蘭思曾與刻本校核無異，並借瞿氏鐵琴銅劍樓藏鈔本補康熙丁亥自序一篇，知木庵手定實爲九卷，非有遺失。嚴跋蓋誤。見四當齋藏書目。

木庵性倜儻，與人交必出肺腑，意所不可，盡言招過，弗顧也。弱冠游京師，即負詩名，爲諸公貴人所賞。隨大吏出使海外，又同朝貴使塞外絶域，迄無所遇。木庵無幾微不自得，而一意於詩。從祖陸燦序其詩，謂「時依牧齋之門以揚聲者，以夭冶爲温柔，以堆砌爲敦厚。木庵發軔，不無染指其間。其後思顧仲恭之言，遂進而求之韓、杜，更進而求之風、騷、漢、魏、陶、謝，更進而求之左、國、馬、班，涵泳濂、洛、關、閩之學，尤好南華、楞嚴，而悉以供其詩」。此其作之之旨也。今集中論詩之語曰：「諸君備衆美，騷、雅不同律。鏜鞳振金聲，繽紛霏玉屑。敏捷競鬥奇，鈍澀我獨劣。而亦有微長，面目必己出。削肥務爲瘦，汏溽著其潔，識者或取焉，激賞頗過實。」又曰：「詩不祖風、騷，譬諸無父兒。詩不本漢、魏，譬諸無根枝。詩不法三唐，譬諸弟無師。過此則靡矣，瑕瑜互是非。」與陸燦説相會，尤以面目必己出，不肯蹈襲前人，爲其特色。故沈德潛選國朝詩別裁，評爲「感激豪宕，不主故常」。乃王應奎海虞詩苑雖不非沈説，而謂其「古體規昌黎，近體橅昭諫，率震而矜之」。然如米氏作字，衹知險絶爲工，而糾糾自雄，去鍾情王態遠矣」。蓋猶未爲深知木庵之詩者，竊謂木庵一生轗軻，於人情世態，能以曲筆達之，而無不合於人意之所欲出，其蒼辣之氣，尤非易及。後來吾蘇江弢叔詩，與之頗似。至首擬古樂府一卷，木庵謂「唐人新樂府皆詠時事，今若詠時事，而美刺顯然，非庶人不議之義」。故皆膚廓平庸，所謂假骨董者是也。蓋木庵懲於當時文字之獄而復不忍删棄，於全集不無贅疣之嫌。原刻世不多見，學南手鈔兩部，其拳拳於古人，可爲至矣。詳自跋。

虞山錢木庵撫雲集刻於雍正間，流傳絶少。去年春夏間，吾友虞山丁君秉衡慨然見借，刊刻甚精，亟使女兒亟蘭繕録一部，而原刻將寄還未發，適遭南兵攻擊製造局，地方秩序大亂，倉皇避難，未及攜出，遂與新築峭帆樓七楹，同歸灰燼。亂後遷居正義舊宅，而好書之念未嘗或忘。今年秋至滬，向王君培孫借得此詩鈔本，亟亟繕録二部。以一部自藏。一部歸諸丁君。讀嚴氏後序，甚惜第十卷之散失，以爲天必盡損敗闕，使之破壞而後已。豈料二百年後，刻本已僅見，丁君惠借傳鈔，欲使世間多一副本，意至善也。乃并舊本而失之，是不特天之欲盡損敗闕，使之破壞而已，直欲絶其流傳，使後世不復見木庵詩而後快也。今幸培孫藏有鈔本，因得傳録兩部，詳校一過。時天氣寒冷，手僵腕痛，又若天之不欲余鈔是詩也。何天之厄詩人至於斯極也。不禁爲之三歎。甲寅冬十月二十九日，崑山趙詒琛識。

冬心先生集四卷 一册

清錢塘金農撰。雍正癸丑刻初印本。

首雍正十一年十月自序。次廣陵高翔寫四十七歲小像，蒲州鄱仲益題。每半葉十行，行十八字。每卷末有「雍正癸丑十月開雕于廣陵般若庵」篆書雙行木記。卷四末葉有「吳郡鄧弘文仿宋本字畫録寫」一行，書口有刻工姓名，卷一曰姜林伯，卷二曰孟子衡、張登榮，卷三曰穆泗傳、穆弘圖，卷四曰姜鵬九、耿相臣。葉德輝郎園讀書志謂冬心手書入木者，大誤。全帙紙瑩如玉，墨光如漆，爲清代刻本中至精之品。徐康前塵夢影録云：「舊藏冬心翁著作最備。其自序一卷用宋紙，方、程古墨，輕煤研印。每半頁四行，行二十餘或十餘字。丁鈍丁手書精刻。古香古色，不下宋槧。雖在燈下，讀之墨采亦奕奕動人。餘如三體詩畫竹、畫梅、畫馬，自寫真、畫佛共題記五種，皆以宋紅筋羅文箋研印。詩集續集硯銘用宣紙古墨刷印，皆墨箋作護面，狹籤條。」江標案云：「標亦見冬心翁用宋紙印所著書，神似真宋，所差者墨色稍光亮耳。」讀之每爲神往，求之四十年未遇。前年劉翰怡丈以此册見讓，如獲至寶，雖嘗鼎一臠，亦足以饜所欲。

案冬心詩名爲藝事所掩，袁枚論詩絶句，於冬心云：「一縷清絲裊碧空，半飛天外半隨風。盤餐別有江瑶柱，不在尋常食譜中。」四庫總目存目提要謂「冬心書畫皆以奇逸自喜，詩亦如之」。所評最得其真。隨園詩話云：「余愛誦金壽門『故人笑比庭中樹，一日秋風一日疏』之句。杭堇浦先生曰：『此句本唐人高蟾「君恩秋後葉，一日一回疏」。不足爲壽門奇。壽門佳句如「佛煙聚處都成塔，林雨吹來半雜花」，詠苔云：「細雨偏三月，無人又一年」，乃真獨造。』」惟此册刊于雍正癸丑，時年四十七。其弟子羅聘編續集，至其卒，三十年中所得乃僅二卷，蓋其棄佚者多矣。故丁丙又有拾遺之輯也。余篋藏歙石硯，紫檀蓋鎸天篤山人康燾寫百硯翁五十四歲小像。硯左刻隸書「稽留山民畫梅第二硯」一行，右刻七絶一首云：「紙窗竹屋亦堪誇，筆硯精良處士家。農有薄田百廿畝，春來偏種好梅花。」又隸書立幅題云：「丙午夏六月，游安國寺，休憇清端公讀書樓，賦呈萊公大中丞七絶二首。其哲昆尹泉西曹見而愛之，屬余重録一番，以黏屋壁。惜乎中書君老矣，殊不稱詩也。」詩云：「青山含潤晚雲涼，主管清光選佛場。一自先生讀書後，巖花磵草墨痕香。　祖席揚芬儒域通，遺經相繼有清風。垂腰佩得金魚貴，又是中朝鶴髮翁。」其詩皆可補諸刻之佚。

翰怡丈于一九六三年三月廿三日逝世，壽八十二。余挽以一聯云：「嘉業舊名堂，三千卷梨棗精雕，應垂不朽。瑯嬛今返駕，四十年金蘭雅契，忍溯前塵。」今展此册有「翰怡心賞」印，益不勝覩物懷舊之感矣。

一瓢齋詩存六卷抱珠軒詩存六卷吾以吾鳴集鈔一卷舊雨集一卷舊雨二集一卷二册

清吳縣薛雪撰。崑山趙詒琛手鈔本。

雪字生白，自號一瓢。以善醫名。清史稿藝術附葉桂傳。蘇州府志、吳縣志藝文列其著作，有埽葉山房詩存六卷，注，一作吾以吾鳴集。今吾以吾鳴集鈔祇一卷。餘均藝文所失載。首有薛生白先生集總目，余於劉氏嘉業堂見乾隆刊斫桂山房詩存六卷，然則總目亦未全也。李桓耆獻類徵引阮元江蘇詩事：「生白學詩於葉横山，宗法特工。尤精岐黄，活人甚夥，世稱名醫，與葉天士齊名。丙辰鴻博，生白曾與薦舉，今鮮有知爲詩人者，蓋以醫掩耳。贈汪山樵有『曾共金門獻賦時，而今兩鬢各成絲』之句，其明證也。」清史稿亦謂「乾隆初舉鴻博，未遇」。案斫桂山房詩存有辭元和李明府聘應博學宏詞書幣代啓十六韻，沈巖詩序謂「今詔徵宏詞，一瓢與余並論薦，一瓢以母夫人春秋逾八十辭」。是生白於鴻博雖薦而未應，無所謂獻賦金門，亦無所謂不遇也。然則贈汪詩何所指？據吾以吾鳴集鈔效杜工部同谷七歌注有云：「聖祖南巡，試内廷供奉於蘇州郡學，雪年尚少，亦預盛典。」當謂此，證阮氏爲誤。葉德輝郎園讀書志謂「生白薦舉，諸家記録未見，當無其事」。則更爲失考矣。

生白爲横山門人，所著詩話，一宗其旨。而自作則沈歸愚一瓢齋詩存序評爲「綺麗者本飛卿，雋鑱荒幻者本昌谷。平易者本樂天、東坡，而最上者又闖入盛唐壼奧」。袁簡齋隨園詩話謂「先生曰：『我之醫，即君之詩，純以神行。所謂人居室中，我來天外者也。』然先生詩亦正不凡，如夜別汪山樵云：『客中憐客去，燒燭送歸橈，把手各無語，寒江正落潮。異鄉難跋涉，舊業有漁樵。切莫依人慣，家貧子尚嬌。』嘲陶令云：『又向門前栽五柳，風來依舊折腰支。』詠漢高云：『恰笑手提三尺劍，斬蛇容易割雞難。』偶成云：『窗添墨譜搖新竹，几印連環按覆盂。』」爲一時所推如此。生白又工書善畫，旁及走馬射生，投壺擊劍，無所不能，洵稱多才。相傳生白爲人放誕風雅，偶遇異僧，身挂一瓢，鐫七字曰「喫盡天下無敵手」，生白奇之，邀至家共飲，以瓢注酒，容一斤。僧盡三十六瓢，生白僅一瓢。遂以自號，世安有此人，疑傳者之過。又傳生白與葉天士桂不相能，自名所居掃葉莊以寓意。案生白又名所居曰「斫桂山房」，亦同此意。此則非特染文人相輕之習，更進而爲同行嫉妒矣，居心抑何褊窄乃爾。如非流俗附會，又何解於其師葉橫山哉？舊雨集爲乾隆辛未五月十四日，招集舊交於水南居，子弟亦侍，各賦一詩。最長者爲葉定湖，年八十五，最少者爲袁簡齋，年三十六。二集爲招集水南居賞荷。亦可見當日吳門文酒讌集之盛。

經韻樓集十二卷儀禮漢讀考一卷 四册

清金壇段玉裁撰。段氏家刻初印本。長洲陳奐、吳興沈□□校讀。卷五校漢書地理志注，末附江沅語，知全書爲子蘭編訂。又經龔闇齋、定庵父子校字，宜無譌訛矣。

乃周中孚鄭堂讀書記摘其與錢辛楣學士書論粢字一題，其文全不似書體。又如記洞過水一篇，其文全與戴集中記洞過水一篇隻字不易，此二者乃舛誤之大者。今陳碩甫、沈復庭又爲是正若干處，信乎校書如埽落葉。又惜鄭堂所作札記以呈閶齋者，今不可見也。茂堂論校讎之業最精，末二卷皆爲攻駁顧千里禮記考異、文選考異二書而作。其論周代學制，並附千里書，各有依據，旗鼓相當，氣盛而詞鋭。陳仲魚題爲段顧校讎編以對朱陸異同辨者也。余曾録此所附各篇，並他文輯入思適齋集補遺，以彌徐渭仁刻本之闕。至二家是非，世多論者，竊謂茂堂根柢槃深，又考據精詳，議論宏通。若略其意氣激切之言，而吸其校勘精密之方，與千里文合觀之，固示人以讀古書不二法門，學者所宜潛心焉。碩甫爲段門高弟，於斯編之揣摩審矣。碩甫師友淵源記於江沅記云：「若膺師箸經韻樓文集未定本，切屬弗借予人，奂私心選録，加小圈以爲記。若膺師曰：『子蘭何復借予人耶？』師猝無以應，唯曰『我館陳，徒好讀書，或者是』。若膺師指示圈記，迺曰：『果是陳徒，陳徒讀書種子也。吾將往見之。』」此雖非圈記之本，而有校正之處。復庭名□□。吳興人。清末歷佐大幕，所藏多清代漢學家言，而校讀甚勤。所得輒寫赫蹏夾入，蓋愛惜佳槧，不欲點污也。

有「曾在三百堂陳氏處」朱文方印。

小酉山房原集八卷 四册

清武進莊復旦撰。稿本。

復旦字植三，號澤珊，一號槐軒。生於乾隆丁丑，卒於嘉慶甲戌。乾隆甲辰南巡，召試，賜舉人。授内閣中書，協辦侍讀，充文淵閣校理，方略館纂修，揀發雲南同知，借通判，歷任維西、緬寧通判，歷署趙州、石屏州知州，開化同知，開化府知府。著有小西山房詩稿，見武進莊氏家譜。武陽合志藝文、小西山房集，注存。張惟驤清代毘陵書目據之，不云有刊本。吾友其族裔通百則云未刊。此稿本簽題小西山房原集而卷中則題聊寄集。首道光九年周藹聯序，則應其子逢慶將付雕而作。略謂：「復旦不善治生，而性好客。文酒之會無虛日，交友賙給之者，輒以賙人。自弱冠走京師，至服官滇省，貧至不能自存。其間又有運銅之役，川途萬數千里，挈家累自隨。乞米之帖往往不免，迺其詩無牢騷結轖之音，而有翛然自得之趣。讀者可以想見其襟期與其出處之蹤跡。」藹聯并爲删其應酬牽率之作什之二三，今卷中題上有朱圈者，當即藹聯所選存。復旦早歲納交於趙味辛、洪稚存，入京依其妻父，又入妻兄劉檀橋山西學幕。至汴梁有上畢弇山中丞一百韻。己酉，再入京，直中書省。丙辰，改官滇南，自是十餘年均不出滇省。至甲子五月，奉差運銅北上，歷川、鄂、蘇、魯，至丙寅夏，始達京師。此其詩中行跡之可考者。而其詩雕繪山川之奇險，發抒羈旅之情懷，尤以後二卷運銅之役，佳搆爲多。其上百菊谿、初頤園諸長排律，及僚友祖餞之作，雖亦見功力，應從芟薙。

有「澤珊」白文、「復旦」朱文二方印。

戴東原集十二卷附札記二册

清休寧戴震撰。乾隆五十六年段玉裁經韻樓刊初印本。元和顧廣圻手校。獨山莫棠、江寧鄧邦述跋。

東原集初刻十卷，爲孔葓谷所編，以入戴氏遺書。乾隆五十六年段茂堂據臧在東、顧子述增編十二卷本重刊之。翌年爲札記附卷末，即此本是也。此爲最初印本，每卷結銜題「四庫館纂修翰林院編修戴震撰」。案東原以修書，特命以舉人一體會試。列三甲，授庶吉士。此稱編修，最爲鉅謬。又全集重以意類分次，所增二十七篇外，孔本閩中師友淵源考序等四篇，反致遺漏，後印本「編修」字雖已剜改，而遺篇仍未補入。不知其故。此本十二卷末又有「金壇段玉裁手輯。武進顧昌參訂。武進臧禮堂正字」三行及「乾隆五十六年六月□□□日」一行，後印本亦剜去。禮堂爲在東弟，則昌當爲子述弟，其朱墨校改，審係顧千里手跡，於首段序「編爲十二卷，精校重刊，略以意類分次其先後，不分體，如他文集者」廿六字旁加墨叉。蓋不以其編體爲然。卷五原象篇末，段氏附識「嘗分析數十章」六字旁，加墨勒。札記中亦多加墨叉者，知此校當在論學交惡以後。余又藏所校孫志祖文選考異亦然。蓋論學之釁，啓自怡谷讀書脞録也。先兄蔭嘉得自莫氏銅井文房，及余得陳碩甫校經韻樓集，因以見貽。戴、段兩集，各獲名校，殊可欣喜。

有「獨山莫氏銅井文房藏書印」朱文長方印，「獨山莫氏所藏」朱文方印，「莫棠字楚生印」朱文長方印。

此段刻戴集最早印本，其結銜譌作「編修」，尚未改正。然殊不明其何以致誤也。塗乙校改處，不著何人。玩其筆致，殆亦同時老輩。其校固有以意爲者，亦似別有據者，孔本余無，無從質證。姑記以俟考之。案此莫棠手跋。

東原集凡兩刊本，微波榭刻戴氏遺書當在前，文只十卷。經韻樓刻則分十二卷，文增二十七首，而亦闕四首。此本爲經韻最初印本。校筆則顧千里據微波榭本讎對者也。余亦收二本，經韻樓本爲貝簡香藏籍，前所結銜，已改「編修」爲「庶吉士」。十二卷後，此本有金壇段玉裁手輯。武進顧昌參訂。武進臧禮堂正字」三行。又「乾隆五十六年六月　日」一行，皆爲千墨庵本所無。微波榭本則張石洲又據經韻本對校，惜只一卷，乃未校畢之書。而前有盧召弓序，成於乾隆四十三年，即東原卒之次年也。所異者後刻增輯，致文多於前，誠無足怪，而何以復遺四首？今謂同時刻本可不必讎校，乃知殊大不然。於此見千里得書即校爲不可及。宜蔭嘉之寶視而珍祕也。癸酉盛暑，羣碧讀記。

艮庭小慧一卷 與恒星説合册

清吳縣江聲撰。乾隆時江氏近市居刊本。

明、清兩代以八股文取士，其體代聖人立言，摹擬維肖。其格嚴於起承轉合，以鍊其聲光氣韻。且揣摹風氣，以投時尚。故非耗精疲神於此者，未易求工。其旨固在束縛士子之心志，而誘導之以利禄之塗者也。然一二高明之士，固鄙不屑爲，亦有爲之以取功名，得即芻狗視之者。艮庭尚書專家，一代經師，以布衣終，宜不屑爲之，乃刻此八篇以傳，何爲哉？今觀其書，每篇各記作年，自乾隆丙子以訖乙卯。艮庭生於康熙六十年辛丑，則爲三十六歲至七十五歲。計此四十年中，所作必夥，此特見其一斑而已。文末附注根據經義，辨正字體，猶爲經師本色。而於齊人歸女樂季桓子受之篇自記，謂：「歸，鄭本作饋，蓋古文或以歸爲饋，即作歸字，其義實爲饋。文執泥歸字，而以饋字作幡，不合經恉，且似不識字矣。何爲其然，蓋時藝也。何必以識字繩之？」合其書名小慧觀之，知其以文爲戲，聊同博弈云耳。而孫淵如不察，移書譏之曰：「足下老矣，始學作四書文，過於好事。此猶經生作吏，恐人議其迂闊，轉以折節阿諛爲長，弟深非之。」見孫淵如外集答江處士聲書。夫三十六歲未爲老，志不在於功名，何謂折節阿諛？且淵如撰艮庭傳謂授徒爲養，當時之所謂徒，固以科舉爲鵠矣。艮庭之徒，雖有號博古之顧千里，亦有取高第之徐頲若，不授以賣藝文，則孰願爲其徒，而亦將孰以養其親哉？淵如本以四書文獲高第，既得而鄙視之，與艮庭適反。然而未達艮庭之恉也。其匍匐一篇，踠馬足於蟻封之上，不脱不粘，恰到好處。即論藝事，亦爲獨絶。他文均經義紛綸，氣息醇厚，終異於俗子所爲。今八股之廢將七十年，士子不可復覩，存之以當柴窑片瓦可也。

嚴心書屋文稿不分卷附艮友翰墨 一册

清崑山吕廷章撰。趙詒琛手鈔本並跋。

廷章字德焕，號孚三。諸生。乾隆崑山新陽合志入好義傳，謂：「廷章性孝友，受業朱孝定用純之門。追隨二十餘年，極盡誠敬。師歿，哀其遺集刊行於世。并建祠馬鞍山麓，捐田致祭。邑中如社倉、育嬰堂，無不捐資佽助。年七十一卒。」案柏廬服膺洛、閩之學，與顧亭林同邑齊名。所著家訓一編，家傳户誦。廷章親承指授，拳拳弗忘，並爲料理身後，刊刻遺書，誠可謂篤於風義者矣。其上柏廬夫子四書，於讀書躬行二者，講論綦詳。柏廬之教以「尚名，鮮實，勤始，懈後」八字訓誡同人，以「浮思易傷神志，聚談極害功程」十二字告勉初學。廷章即持以自勉設教。然所論有真實處，亦有拘迂處。至如紀聞、命壁孫名記諸作，迷信於夢寐因果之説，此尤流敝之大者，集猶存之者，則當時輯録者徒重其遺著而識見限之也。其劉葳傳，知葳爲公旦名曙之少子，公旦殉義，室陳遁入空門，居崑之勝蓮庵。葳亦柏廬弟子，入婁庠。子登泰工書畫，切切於祖考遺文，暨殉節始末，並授梓以表光烈，刊資悉出硯田。余前得舊鈔節必居稿，不知先有刊本，且由此知公旦之有後。學南鈔此以存鄉獻，有足多也。

瑩幢吟草一卷

清崑山周蕙田撰。趙詒琛手鈔稿本。

蕙田字蓉裳。諸生。乾隆四十九年甲辰館於菉谿程氏，時與友人唱和。學使嘉善謝金圃墉歲試蘇、太，拔取蕙田詩古第一，感激知遇，始録存是年至五十二年丁未四年之作爲瑩幢吟草。瑩幢者，所居後壓有幢如玉之瑩，故名。至嘉慶十五年庚午，館於甫里嚴氏，取舊稿重録之。此猶其早歲之作，古體如黄太常子澄墓，近體如七夕禁體十首、梅花和高青邱韻九首，尚見功夫，而院試諸作亦列入，筆亦清緻。要異於尋章摘句，老死墨卷者流。所以學南不辭手鈔存之也。

頑石廬文集四卷　一册

清德清徐養原撰。王氏學禮齋鈔稿本。

此爲余未得嘉業堂藏本之前，屬友人將頑石廬經説、律吕臆説二書已刻外雜文五十二篇鈔出，編爲四卷，擬與他經師文集若干種合刊者也。新田學有根柢，考訂精密，幾於篇篇可傳。其著述已成書而未見者，一曰急就篇考異。據説文以書此篇，一點一畫不敢有出入。諸本惟皇象所書，尚爲近古，顔本已多謁字。今擇其合於説文者從之，其不合者改之，别爲考異以著其説。一曰僮篇。前人集古文，專取其異乎篆文者，以矜其奥博。今集古文，專取其同乎篆文者，以見其沿革。大抵獨體爲字，文則點畫形勢，古篆不同字則偏旁離合，本不甚相遠。止戈、皿蟲今猶古也。惟不知假借，孳乳寖多，是小篆之失耳。惜説文以篆爲主，故於古籀但能證其異，不能證其同。今録説文，參以薛尚功之書，復分析其體，共若干字，略存梗概。一曰織錦迴文詩。是詩有至道宫中本，見桑氏迴文類聚，明僧起宗讀法，實出於此，而諱所自來，頗嫌掠美。然廣慧所傳，衹詳設色，得起宗分圖析類，讀法乃明。二者相須不可偏廢。今取廣慧讀法，附録起宗書後，並略爲考證，以便觀覽。三書之目，不載志傳及邑志藝文，幸存序跋，得知大略。嚴九能手鈔儀禮要義，新田曾借爲阮文達校注疏，其異文散見於校勘記中。今讀其跋，列舉今本誤文之顯然者，又有脱去數十字者若干處，益可見其本之善。烏程董慶千增齡著國語正義，章氏式訓堂刊之。又有規杜釋義、論語雅言，新田皆爲之序，而知者鮮矣。餘詳十卷本書録。

見堂文鈔五卷二册

清嘉興丁子復撰。道光九年刊本。

子復字小鶴，號見堂。貢生。阮雲臺纂經籍籑詁，集一時方聞之士，子復與焉。海寧查氏刻沈炳震新舊唐書合鈔，設局蘇州拙政園，延子復任校勘。原稿佚安禄山傳，子復橅仿補之，因借書助校，得觀黄氏百宋一廛、貝氏千墨庵所藏。又佐歸安徐氏選録二十四家文鈔，與今文偶見，皆刊板行世。自著楊園先生年譜合訂、見堂詩鈔。此爲子復殁後，猶子莶生所刊。錢儀吉衎石齋記事續稿卷五有是集序云：「吾郡近數十年能古文辭者，人皆曰見堂丁君。君好義理之學，故其言循本以出，貌樸而意箸，即常言近事中，可以見其心之所存大者遠者。」案子復學宗楊園，文追震川。集中諸作，辭氣冲夷淡潔，超然塵壒之表。海鹽吳元音、秀水徐善、平湖蔣元諸傳志，均爲鄉賢表微。吳江王錫闡、吳縣袁廷檮、鉛山蔣士銓、嘉興李集諸傳志，皆一代學者，可補諸家碑傳集之遺。至哭朱梓廬先生辭云：「帝采遺書四庫編録命下，浙江大開書局，衆舉先生校讎，專屬糾勘繆譌，補緝斷續。朝先雞唱，夜忘漏促。蓄念表微，苦心揚榷。」知浙江采集遺書，總録之編，休度與有勞焉。錢警石朱梓廬先生八十壽詩自注：「壬辰，由嵊縣教諭徵入杭州書局，凡數年。浙江采集遺書，先生總其成。」卷三書跋四十篇，訂譌補遺，語皆明通，尤見學有本源。惟光緒府志列傳引沈愛蓮詩話云：「跋徐氏二十四家文鈔，持論精當者，今不見集内。」則莁生跋固謂京師傳寫，與此互有異同，知其遺佚尚多也。首有山陽汪廷珍、吳興徐熊飛二序。

澄觀集四卷 四册

清嘉興錢儀吉撰。手稿本。

往與金籛孫先生兆蕃論詩，及所稱秀水派者，先生曰：「朱竹垞包孕漢、魏，陶鎔唐、宋，門廡甚大。而秀水派之宗，當推錢籜石。籜石爲大家，其族子衎石爲名家。衎石詩旨在深與靜。論梅都官詩有句云：『入物皆飲羽，無風自鳴琴。』飲羽以言其深，鳴琴以言其靜，深猶可以意而得，靜不可以學而幾。他人晚年詩必益蒼老高古，而衎石乃轉爲密栗平實，且不廢采藻。」深致歎服。先生既得衎石齋晚年詩稿，刊入檇李叢書，又出未刻鈔本曰北郭集、澄觀集者見示曰：「若能續授諸梓乎？」余欣然借歸録副，越數載己丑，偶於吳市得此手稿本，案署年爲嘉慶十四年己巳至十九年甲戌六年之作。衎石二十七至三十二歲也。衎石以戊辰第進士，己巳由吳入京供職，多與屠琴塢、劉芙初、董琴南輩相唱和，功力深穩，已不可及。而朱墨塗改，猶可尋推敲鍛鍊之跡，示人以作詩法門。新鄉詩一百韻，縷述先世遺愛，委微曲折，言之如畫。代書上餘齋先生六律，家常瑣屑，祥和安雅，皆讀之有餘味。而清流山懷古、嵇山弔嵇中散、宋開封石經禮記殘本、洪忠宣公手植柏圖歌、申屠嘉印、余忠宣元珀護心鏡歌諸作，尤慷慨淋漓，允稱集中之冠。又抹去六首，可見删汰之嚴，惜先生已老病逡巡不及見矣。是年十月，余招同吳縣汪旭初東、常熟楊潛庵廙、江寧蔣蘇龕國榜、上海嚴載如昌堉、嘉興朱大可奇、潮安鄭雪耘翼、九江吕貞白傳元、潮陽陳蒙安運彰於滬西抱蜀廬作放翁生日，酒後出觀，各題名於後云。

有「抱留評來先拜石」朱文方印，「自强不息」白文方印，「成事於慎」朱文方印。

北郭集四卷澄觀集四卷 一册

清嘉興錢儀吉撰。王氏學禮齋鈔稿本。

嘉興金籛孫先生生平最服膺衎石詩，搜羅已刻未刻者幾備。此二種則未刻者也，一九四一年秋，借余録副，且勸付梓。案衎石閩游集爲幼年從宦入閩至嘉慶六年前所作。此北郭集爲七年至十二年之作。此澄觀集爲十四年至十九年之作。定廬集爲二十四年至道光九年之作。刻楮集爲十年至十二年之作。旅逸小稿爲十二年出都至十三年之作。衎石齋晚年詩稿爲十六年至二十四年又二十六年之作。所闕者爲嘉慶十三年，又二十年至二十三年，道光十四年至十五年，又二十五年，及二十七年以後之作。籛老又從北京友人所，知有足本全集，增詩逾倍，欲借鈔，會殂謝未果。然則衎石齋詩完帙，尚存世間也。北郭集自序述所受父師之教，皆至理名言。引元遺山論文，喻以國手下棊著著有著落，蓋深有鑒於蹈空之弊，故左隨園而右二樵，不爲當時風氣所囿。所作實能副其所言。至如穀賈謡、任邱行、墾田行諸作，尤能揭發民隱，言婉而諷切，有少陵、香山遺風。澄觀集余已得其手稿，别著録。兹不具。

愛日精廬文稿六卷二册

清昭文張金吾撰。王氏學禮齋鈔稿本。常熟瞿熙邦校。

當嘉、道間，虞山藏書家稱陳子準、張月霄，而月霄撰述之富，非子準所能望。其愛日精廬藏書志，顧千里謂：「某書必列某本舊新之優劣，鈔刻之異同，展卷具在，若指諸掌。其開聚書之門徑也歟？備載各家之序跋，原委粲然。復略叙校讎考證訓詁，簿録彙萃之所得，各發解題，其標讀書之脈絡也歟？」蓋藏而能讀，其體例最善，後人著録，咸奉爲規臬。其他已刻各種，世多有之，而未刻巨帙詒經堂續經解燬於日寇之劫火。十七史經説有傳鈔本，而文稿獨未見於著録，世無知者。傅藏園先生得一殘本，詫爲秘笈，入雙鑑樓藏書續記，并附目録，希虞士之好古者刊布之。及余登嘉業堂見此定稿六卷，首有道光己亥同里趙允懷序，知將以付梓者。亟録副藏之，前三卷皆經説，附史論。後三卷爲雜文，釋晃、釋弁、釋六服三篇，薈萃衆説，源委畢具。詩説各篇，融會漢、宋，務求其是，可窺其經學一斑。他文則情文相生，俯仰惻愴，得熙甫之神，當與其師黃琴六第六弦谿文鈔並稱二妙。余尤愛其藏書貴流通之論。跋稽瑞云：「子準嘗曰：『書貴緘秘，不緘秘則流布廣，而視之必輕。使是書由我而輕，我之罪實甚。』金吾則曰：『書貴通假，不通假則扃鐍固，而傳本易絶。使是書由我而絶，我之罪更甚。』」於跋影宋本北山小集更申之曰：「嘗見藏書家得一宋、元舊籍，輒思秘之帳中，噫，此何説也。古之人，讀書稽古，萃一生之心思才力，以成一書，難矣。萃一生之心思才力以成一書，而經七、八百年，幾經兵火，舊槧如新，抑又難矣。愛古者，碎金片石，斷塼剩瓦，猶且公之同好，互相激賞。況書籍爲作者精神所寄，靈爽所憑者歟？得之者，其亦思古人成書之難何如，流傳之難何如，今既幸爲己有，冥冥中鄭重付托，大望後之人廣爲傳布又何如？乃謬爲愛護，秘不示人，甚無謂也。」此藏書家當奉爲座右銘者也。吾友瞿君鳳起能守月霄之志者也，見其鄉人遺著，則大喜，携去傳録。並爲借雙鑑樓殘本，校讀一過，朱筆是也。又補入宋槧經典釋文殘本跋一篇，豈止還書一瓻已哉！獨惜嘉業堂刻書數千卷，未及此種。世事茫茫，不知何時遇好古者得如藏園所期耶？

卷一　釋冕　釋弁　釋六服

卷二　六宗説　麟之趾説　相鼠説　碩人説　木瓜説　黍離説　揚之水説　緇衣説　伐檀説　無衣説　蒹葭説　衡門説　菁菁者莪説　殷人貴富説

卷三　康誥解　觀頤自求口實解　貴黍賤稷解　周禮王日一舉鼎十有二與玉藻天子日食少牢不同解　季冬

始漁解　圜丘名禘解　公羊禘大于祫解　象箸解　昏禮世俗用馬鞍解　詩天命玄鳥不得作玄鳥氏解　周禮共祭祀之好羞不得作嗜好之物辨　祭地衣服同祭天辨　裼衣上不更有襲衣辨　經德秉哲論　盧子幹論　張平子論

卷四　公羊測義序　虞鄉續記序　蘭苕集序　絲繡積聞序　廣釋名序　釋龜序　愛日精廬藏書志序　愛日精廬藏書志又序　金文最序　宋蜀大字本月令跋　宋槧經典釋文殘本跋　三禮疑義跋　影寫元元統刊本國朝名臣事略跋　影宋本營造法式跋　稽瑞跋　影寫宋刊本北山小集跋　明修撰張止庵先生待漏圖跋　荻洲張公蒲江政績圖跋　自書金剛經跋

卷五　覆褚仙根問禘郊宗祖書　上朱虹舫先生書　上受業師黄琴六先生論古文書　覆陳子準論五經博士書　與鹿樵從兄求呈進金文書　與周松靄乞代求孫子瀟先生撰亡妻季孺人家傳書　慰郭古于悼亡書　詒經堂記　重建傳望樓記　武康訪東野井記

卷六　先府君家傳　先太孺人家傳　叔父若雲府君家傳　陳子準別傳　傅錫書傳　自贊　亡室季孺人真贊

定盦初集三卷餘集附少作一卷 一册

清仁和龔自珍撰。道光癸未自刻本。

扉葉「定盦初集」四篆書。首目録，其未刻者注於下方，末行有「以上都四十六篇，大都九十又八篇」一行。次正文，篇各爲起訖，有圈點，末多附自記及諸家評語。版口魚尾上題定盦文集，中卷數下，題初集二字。葉數未刻，或留墨釘，餘集同。惟中題附少作一卷，後附定盦初集總目兩葉。末題「道光癸未六月定盦記之」。時爲定盦三十二歲，即吳昌綬撰年譜所稱「此集爲先生自刻，今流傳本絶少」。故平景孫霞外攟屑記之特詳，近吾友王君佩諍徧搜各本重爲編校，首列其目。於太倉王中堂奏疏書後、與徽州府志局纂修諸子書、武進莊公神道碑銘、農宗、西域置行省議、擬進上蒙古圖志表文、蒙古聲類表序、水僊華賦篇末自記，及諸家評語，有所補正，而脱漏尚多，如寫神思銘，江鐵君曰：「熨而不舍十六字絶妙，餘常語耳。」魏默深曰：「定盦於古人之書，無所不讀，於當世之務，無所不究。發爲文章，周情孔思，昭昭乎揭日月而行也。顧其發端引緒者如是，是不可測。」平均篇，江鐵君曰：「五百年之中，有能讀此文者，猶旦暮也。」邵陽魏默深曰：「聖於文者其體禿，其情鶩，其味悶，不可思也，矧可喙也？」乙丙之際箸議第六篇，歙江晉三曰：「渾渾之氣，沉沉之才，淵淵之光。」又第七篇，蘄水陳氏沆曰：「經之奧義，史之總論。」又第九篇，涇包氏曰：「法華之古，華嚴之心。」又第十八篇，江鐵君曰：「君父且有所不取，防恣睢也。哭死，存恩私也。畏鬼，凜幽獨也。士以文章聞，敦怨誹也。不祥之大，衰世囿於心術見聞，宜云爾也。龔子之言，大旨謂聖人不務吉祥之名，而求聞不吉祥之事，以求吉祥之實。」釋風，江鐵君曰：「身亦生煩惱，煩惱亦生身。身與煩惱，如稱兩頭。低昂時等。」邵陽魏氏曰：「道家者之言亦本義也，勝叔重之説。」黄山銘，江鐵君曰：「名山消得奇文。」哀忍之華，東鄉吳氏曰：「其於屈原賦二十五篇，貌全不似，而神味乃與之相上下。凡貌之似者，神恒背而馳也。」「定盦之文，俛視百家。其論事者齊乎管。其言理者齊乎荀。其言情者齊乎屈、宋。然猶病其列於子，未進於經也。及讀至平均篇、農宗、五經大義終始論各篇，則庶幾七十子所述，二戴所録之流亞矣乎。」徐尚書代言集序，江鐵君曰：「其光燭天，其力鎮地，孟堅之文也。」武進莊公神道碑，邵陽魏氏源曰：「斯足以當奇文大文之目矣。」農宗，邵陽魏氏曰：「此義古今所未發，此法若國家初造之年，則亦易行。」桂林汪氏能肅曰：「此非井田法也。而什之五六是。猶孟子之言，非周初法也，而十之五六是。」海門先嗇陳君祠堂碑文，昌平王氏蘐齡曰：「字青石赤，鬼神所爲。」與人箋一，邵陽魏氏曰：「定庵語余，實不見天下有二源之水，二本之木。此語言文字中打成一片境地也。」家塾策問一道，江鐵君曰：「與段氏十五篇注合看，此綱目也。」陳碩甫所著書序，邵陽魏氏曰：「空談性理，非學也。乃樸學之士，矯空疏之弊太過。又謂學盡於是，是古有六書九數，而無天人性命也。此云天人性命之學，從小學入手。小學者，實兼禮經十七篇、曲禮、内則、少儀、弟子職與六書、九書而言。此儒者家法，本末體用備具，千古可息爭端矣。此文恐是古今一關鍵。」宜黄謝氏曰：「他文家多言煉氣，此文乃是煉息。鬱鬱舒舒，綿綿浩浩，可以知息矣。」答人求墓銘書，邵陽魏氏曰：「修詞立其誠，凡事則求古人之意，無所苟而已矣。」蒙古水地志序，程兵部曰：「以委爲綱，是奇作。」五經大義終始論，昌平王氏蘐齡曰：「其於内聖外王之全體大用，悦諸心而研諸慮，久久忽然奮命楮墨，五經之文，浩乎若決江河而注諸海也。至於其所驅使，皆晚周、秦、漢古奥義，當爲之正義一卷，以俟來者。」江鐵君曰：「其文如雲霞在天，天女之衣，光采奇異。形而爲金枝玉葉，散而爲五色鸞鳳。無一寸一節可以逼視。」莊卿山曰：「昔人云高山深林，龍虎變化，一躍千里。山何以高，畜積之而高也，林何以深，醞釀之而深也。何謂釀，何謂積，六經之文，周之情，孔之思也。有此等文而龔子之文信無敵於漢以來天下。」擬上今方言表，劉禮部曰：「此書成，是百世以俟考文之聖者也。」戒將歸文，江鐵君曰：「空大宙之依傍，乃張皇其一塵。」發大心文，「癸未夏，余編初集二百二十篇竟，其正集九十又八篇，以此文竟。過是以往語言文字，爲定盦二集。自記。」明良論一，元和李氏鋭曰：「四篇立言見本末。每篇又各有本末。庶幾夫古之不朽者。」王仲瞿曰：「此論尚非通盤籌劃之文。」明良論三，王氏曇曰：「此亦欠補義。」「戀其籍謂仕籍，仕則著籍，勿誤解。」諸家皆一時碩彦，於定盦文能揭其旨趣，非膚泛之譽。而曹籀本盡删之，謬矣。兹録之以供讀者之參考。又目中未刻文五十二篇，後人既補二十二篇，而目外之文，雖單詞片語，莫非虬龍之鱗爪，流覽所及，附録於此。

定庵集外文

題錢塘陳裴之澄懷堂詩鈔瀟湘夜雨篇後

孟楷名滿江左，一時諸大老，激賞備至。余欲更譽孟楷，不足爲孟楷重，徒見余喜複沓附和而已。兹於名作如林中，獨賞是篇，凄切心脾。又聞蟬絶句，清絶塵表，此定庵一時意見，不能服諸評者之心。要亦如戴金溪觀察手録流螢詞兩章歎賞欲絶。李繡子太史以白秋海棠詩爲神來之筆，遂呼爲「陳海棠」也。澄懷堂詩鈔。

跋泰山刻石殘字

欲將舊藏本瑯琊石刻同裝於册，偏覓篋中不可得。知又爲魏默深竊去，默深行將南來，季氏有言曰「盜不遠矣」。書此自懲，萬勿令此一類朋友入齋中，悚然識之，時癸未冬至也。定。

其盜去十三行，尚未寄來，恨甚恨甚。思適齋集補遺。

徵刻説文攷異啟

謹啟者，許氏之學，至我朝而最明。金壇段楙堂先生集厥大成，其書既布海内矣。吴縣鈕君樹玉，段先生畏友也。亦有説文攷異一書，段書體大思精，猝不易讀。鈕君則專究異同，句櫛字比，自玉篇以下，及宋、元人各著述而止，凡引許書異處，無不采摭而折衷之。實爲不可廢之作，不先讀鈕書而讀段書，猶不梯而登樓，不筏而濟海也。家貧不能刊，成書且二十年，尚扃篋中，同人咸所歎息。兹自珍已爲校刊兩卷，凡有志六書之學者，量爲捐貲，助剞劂，俾觀厥成。則不獨鈕君拜其賜，抑所以嘉惠儒林不少矣。吴鼒、陳鴻壽、龔自珍同啟。龔自珍撰文。刻本。

題濮栩生飛文館圖

道光七年初夏，持洛神賦九行，過栩生仁兄飛文館，乞其裝池。因出此軸見視，命書數語，以志蹤迹。軸中諸君，皆余舊相識也。牽連記。仁龢龔自珍定盦。裴景福壯陶閣書畫録。

曲阜令章武王君妻程孺人墓志

曲阜令王君大淮，自珍庚午齊年友也。其妻程孺人既卒之明年，其子鴻以喪至自曲阜，葬於蘇州府吴縣結字阡。葬有日矣，狀其里閥顛末及平生訓詞，示鄉黨朋友。自珍讀其言，有之曰：「讀書猶難延世澤，况廢學乎？明理猶不知世務，況任情乎？讀書所以修身，今每以名譽爲先；交友所以勵學，今每以聲氣爲重。」自珍作曰：「孺人之言，粹然古儒家言也。」又有之曰：「治己儉，雖貧胡恥？治事勤，雖勞實逸。惜無用之筆墨，薄不義之富貴。」自珍又作曰：「前之言，於九流屬儒者。後之言，兼道家法家矣。前之言，巽言；後之言，謖然法語之言矣。」又有言曰：「爲子難，爲獨子更難。爲宦家子不易，爲貧宦家子更不易。」自珍讀至是，百感交集，涕霑袍，盡然有動於中而不復能定其爲何氏之言。於是濡筆而書，以爲其阡之志。按狀：程氏系出徽州。孺人考士泉，鄉人稱古源先生，始遷蘇州，妣宋氏，皆早卒。與仲姊居依舅氏存活。煢煢在疚，痌瘝備至，故身恒疢疾。其歸王也，逮事二姑，嫡曰陳，生曰薛。陳和易而薛嚴肅，孺人兩得其意。夫弟曰大堉，幼失怙恃，撫字之，歿身如一日。子鴻與大堉同學，衣之未嘗不言絲布之艱也。飫之未嘗不言粒粟之難也。平生動循禮經，不崇奉釋氏，而闇合於人天十善之訓，固無悖乎釋氏之本旨矣。子一，鴻。孫一，延年。舅氏宋君曰豫，孺人所自鞠也。宜附書。仁和龔自珍撰文，道州何紹基書并篆蓋。拓本。

與張南山書

自珍二十年所接學士大夫，心所敬慕者十數子。識我先生晚，先生于平生師友中，才之健似顧千里，情之深似李中者，氣之淳古似姚敬堂，見聞之殫洽似程春廬。僂指自語，何幸復獲交此人。手書至，若以僕爲可語者，雒誦不厭，襲而藏之，與諸師友手墨，置一篋中，以旌子孫。藉知近狀安善，改掣江西，距家益近。世兄英英頎頎，譚次書味安詳，又知其工雜體文，善倚聲，不愧驥子。詩人徵略一書，讀之大熹，竟命筆伸紙作一序文。惟拙書欹斜不能莊繕一通，聊用稿本寄左右。承詢述作，近居京師，一切無狀。昌黎所謂「聰明不及于前時，道德日負其初心」，二語足以盡之。文集尚未寫定，此時無可言者。惟將來寫出，有一事欲與古人爭勝，平生無一封與人論文書也。自負之狂言，幸爲先生發之。聞阮尚書云，有林伯桐者，美才也，而又樸學，其述作若何？乞示知。其窮達又若何也？順承動定，不宣。弟龔自珍三頓頭四千里外南山先生史席。時辛卯九月望。

魏君源猶居吳門，其所著詩古微，頗悔少年未定之論，聞不復示人。弟已遷居爛麵胡同北頭路東，惠書勿誤。

張維屏花甲閒談卷六。

孔憲彝對嶽樓詩録跋

古體渾厚，得力昌黎、昌谷。居多近體，風旨清深，當位置于隨州、樊川之間。仁和龔自珍。本書首。

南有堂集跋

王穉登南有堂集四册，未見梓本，此其手稿。壬寅元日起至除夕亡兒之戚詩止，未過第二歲。名則四册，乃壬寅一歲之詩文，平生之一鱗甲也。其富如此，詩接武徐昌穀、高叔嗣無媿色。文亦完密有意度，此集不流傳，惜哉！如有肯梓行之者，即不分詩文排比，一則存其本真，二則唐賢笠澤有此例也。默深以爲何如？道光辛丑，距此集成之二百四十年。仁和後學龔自珍盥手識於揚州魏默深舍人之寓園。

如珍因壬寅一集，推廣蒐輯，則穉登書畫跋及題畫詩，平生所遇，不過數數。亦足補滄溟之涓流也。當録十數事寄默深。珍又識。繆荃孫藝風藏書記卷七。

跋段氏説文注

自丙子冬十月起，辛巳春二月止，或加朱墨，或加朱，或加墨，或朱墨未加，目治不手治也。間有年月注之，共讀三周矣。其誤字則以紫筆識之。外孫自珍。

段借之樞，又在聲音。未有聲不類而可段借者也。故王氏懷祖、伯申説經，皆以聲説之是也。自珍撰段氏説文發凡一卷，凡十五則，儗附刻於此序之後。藝風藏書續記卷一。

文村先生遺稿不分卷二册

清昭文王振聲撰。舊鈔稿本。

二十年前聞有虞賈捆載舊書來滬者，亟往訪之於逆旅，乃北賈及顧客盈室，所携已悉售去。視其目多秘籍，知出自王文村家。及客散，索餕餘於枕畔，得文村所著切韻指掌圖校勘記及此遺稿二種，抱書而歸，慰情勝無而已。此稿爲黑格精鈔，散裝一疊。末有「同治六年歲在丁卯中秋後一日，是卷録畢，慕初手誌」一行。又草訂一册，封面有批注，末葉有「文村先生遺稿序、傳記、跋、略、贊等，東虞氏書輯」一行。慕初與東虞氏不知是否一人。同治六年，則距文村之歿才二年。蓋當日有爲之輯録備刊者，後知葉揆初先生亦得遺文若干篇，曾相約互鈔一本，卒卒未果。葉先生所藏今在上海圖書館。

吾鄉張緯餘星鑑謂文村精音韻之學，晚好桐城書，漸入宋儒。今稿中如馮默庵手寫復古編跋、舊鈔羣經音辨跋、平津館重刊宋本説文跋、音學辨微跋、重刊四聲切韻表跋均可見其深於小學。序、記、傳、贊諸作，則宗法桐城，而淵古之氣盎然。至書跋各篇，於目録校勘尤爲原原本本。文村盡讀瞿氏鐵琴銅劍樓藏書，並佐編書目，蓄藴蓄既富，自不同尋常。此又緯餘之所未及也。今附目於此，世有好事者，其合葉本統編付印，亦顯微闡幽之要圖也。

遁甲解　馬蘅香詩序　遲月樓吟草序　重建燕支墩經幢記　戴節母王太君事略　書農孝廉李君象贊　跋活

字本金石三例　書鈔本邵北虞先生文稿後　跋宋遺民録　程永昌七十壽序　湘汀翁傳　跋律音義　跋正德本岑嘉州詩集　外科選要序　郭銀塘詩集序　金保三春水船圖册跋以上黑格散裝本。　中吳紀聞跋　鮑鈔千頃堂書目跋　青虚山房集跋　舊鈔本圖畫考跋　瘞鶴銘跋　叙古千文跋　龍龕手鑑跋　仲長統論跋　寒山堂金石林時地考跋　馮默庵手寫復古編跋　經進四庫遺書目録跋　宋本吕氏家塾讀詩記跋　詩集傳音釋跋　跋宋拓褚河南書公孫卜兒傳贊　周官禄田考補正跋　殘本宋刻詩集傳跋　元刻直音旁訓毛詩句解跋　千頃堂書目跋　程朱二先生周易傳義跋　班馬字類補遺跋　舊鈔本羣經音義跋　宋槧殘本經典釋文跋　朱子年譜跋　歐陽率更書化度寺故僧邕禪師舍利塔銘跋　平津館重刻宋本説文跋　書城武本廟堂碑後　音學辨微跋　重刊四聲切韻表跋　校成化重刊本晦庵詩文鈔跋　樂賓堂序記書後　校舊鈔本剡源集跋　漢魏六朝百名家集題辭跋　校皇甫持正集跋　桂馥續三十五舉跋　再續三十五舉跋　王陽明字册跋　趙曼華三峯寺志跋　題張仁卿松竹樓文鈔　書麟角集後　南濠居士文跋跋　事文類聚翰墨全書跋　宋刻大字本宋文鑑跋　曹娥碑跋　朱竹垞評杜跋　傳奇彙考跋　舊鈔本孫百川文集跋　容陽紀游録跋　舊鈔本柳待制集跋　揭文安公文跋　吳音奇字跋　舊鈔本急就本跋　黄公字説跋　孫宣公律音義跋　影宋鈔本重續千字文跋　家虞英詩集跋　上陳太守何刺史論收漕事宜書　答姚屺瞻茂才　答吳修來學博　致楊濱石翰講　答張仁卿學博　復徐尊葵廣文　答鮑經南茂才　復張仁卿　答某以上草訂本。

晚香詩鈔六卷二册

清新陽潘道根撰。崑山趙詒琛手鈔稿本。

確溍隱居讀書，以醫自給。日與野老田夫種花鋤菜，悠然物外。其自述詩云：「平生畏要人，遇之引身避。客或談名利，鼾鼾隱几睡。」其高風可想。因之著書甚多，而世無知者。殁後數十年，其鄉人王嚴士、趙學南、馬眉軒始稍稍獲其遺稿而傳播之。此詩鈔六卷，爲學南從確溍日記中輯録者。確溍治學兼采漢、宋，已於讀書識小録書録詳之。詩其餘事，取徑陶、韋，蕭疏澹雅。綜其足跡，不出江鄉百里之間，初與鄉人王椒畦、顧邵庵、吴止狷游，晚交鎮洋葉涵谿、太倉季崧耘、王研雲，皆一時績學曠懷之士。笙磬相投，唱酬無間。其閒居詠懷云：「置我敢希獨行傳，觀人已廣絶交書。」頗得其真。其徐村老農文鈔手稿四册，舊亦在學南處，後不知流落何所。遺著飄零，見而復没，良可唏已。

辛臼簃詩讔三卷 一册

清長洲葉昌熾撰。民國癸亥刊本。吴縣王欣夫録歸安朱祖謀、江陰夏孫桐、仁和葉景葵、長洲王季烈、烏程劉承幹、吴江費樹蔚、湘潭翁廉、豐潤張志潛、元和顧彦聰、杭縣沈祖緜十家箋識。

此書作者原題「今日爛柯叟當年鬻髦生」，案即葉菊裳先生之隱名。蓋以詩多譏刺時人，故不列真姓名。本名春明觀物篇，後更曰詩讔者，以七言律體，隱紀清末甲午、戊戌、庚子諸朝政也。先生久官京朝，蒿目時艱。長言永歎，有小弁詩人之旨。至其運典之工，隸事之切，猶其餘事。惜時移事往，加以詞旨隱晦，讀者多已不瞭其本事。於是朱古微諸老各據所知，加以箋釋。諸老或身遇之，或目擊之，相隔祇三四十年，已多不可知。或所見各異，逞言久遠。先生書曰詩讔，自題又有射覆迷藏之喻，固不求人知。然元遺山論李義山云：「詩家總愛西崑好，獨恨無人作鄭箋。」於是後之箋注義山詩者，於當時朝局變遷，牛、李恩怨，各加猜測附會，安能得義山之心哉？固不如同時之闡發，其確切可信，十猶八九。便於後學，則此箋識又曷可少哉。十人者，世多知名。張志潛號仲炤，張佩綸之嗣；顧彦聰號聰孫，爲皞民肇熙嗣，均熟於京朝掌故。今惟沈瓞民先生碩果僅存矣。一九四三年春，余從單束笙先生鎮借本傳録。友人蔣君蘇龕又轉録之，故有「蘇龕經眼」印。

菊裳侍講丈所爲辛臼簃詩讔，於遜清光緒一朝甲午、戊戌、庚子數大政，摭拾聞見，出以廋詞。而臺省脞談，中外瑣事，亦附及焉。此帙行世後，余嘗與龐子芝符略有考訂。又十年而單子束笙從書肆得此册，以首葉有顧子聰孫題字，謂余手贈，乃更授余，屬爲加墨。余齋中舊批本已失，惟就所憶雜書於眉。銷精善忘，於侍講作意，當否不可知。聰孫及古微侍郎丈所詮，亦已十得五六。古翁蓋從聰孫借讀，雖不著姓名，而字盡可認也。惟丞相、緡軺二章，古翁微誤，輒爲改注。張子仲炤過余，見之亦簽出數處。仲炤固熟於京華舊事者。味侍講詩，似多爲事後追記，且有歸田後删改增補，觀緣督廬日記可知。然指陳時局，臧否人物，未脱當時風氣。玉堂清切，罕窺機秘。俗語不實，流爲丹青。知人論世，難乎其難。然而芬芳悱惻，忠愛流溢，絶非中唐詩人詠事之佻纖，亦非周秦行紀、碧雲騢之妄忮，則天下後世所共信。卷尾四詩，不啻自跋，以俳優詩體，斷爛朝報自嘲，其未欲居詩史也明甚。余與侍講不數見，而侍講頗許余出處大節，見之日記中，雖未能盡得余心，而與古翁見愛正同，展卷悵然。念兩翁遭際既甚可悲，聰孫吾黨之秀，亦墓有宿草矣。余與束笙俛仰人間，頗有南城十九不如之歎，貞元朝士，零落殆盡，而大定、明昌之故事，微遺山誰與傳之者，此又余兩人所當共勉者也。此册留余几案間，久欲考定其全，卒卒未得暇。歲事已闌，避客蕭寺，綴此數十行以還束笙。王子君九方居憂在里，其夙昔親炙侍講之日多，且嘗爲詩讔序，必多識微旨，束笙可更與商略，按索而盡得之則善矣。時在共和紀元之二十四年一月，内憂外患，國且不國，使侍講見之，不知悲憤奚似？余亦何心爲故國哀耶！吴江後學費樹蔚謹跋。

余於甲戌仲春，偶在景德路大華書肆檢閱叢殘，得菊裳侍講丈辛臼簃詩讔一册，係顧子聰孫舊藏。有朱古微侍郎暨聰孫眉批若干條。卷首有聰孫書「甲子中元韋齋手贈」數字，屈指適届十年。爰携是册，往訪費子韋齋請其複加訂補，是年除夕，韋齋以原書送還，補批十之五六，附以長跋，竝由張子仲炤補注數則。乙亥歲初，余詣韋齋略談，因誦其元日口占兩律詩云：「一笑俟清吾更耐，四并舉頌爾休癡。窮存骨格錐猶立，衰到顛毛鏡不欺。蠟泪未乾茶鼎沸，鳥聲何喜樹窩危。影堂再拜生無忝，傳語諸雛約略知。」「京國夢華垂老盡，兒時風味得春多。大晴入市增蕭瑟，孤冷逢人但唯阿。海外金銀流不返，江東租税困如何。腐儒積痗箋天訴，未要長生受折磨。」詞意蕭颯，頗爲訝異。旋聞其赴杭養疴，二月下旬返蘇，遽於三月初六中風逝世。執友長别，良深腹痛。余挽以聯語云：「溯夢華賸録，屢换枯棋，歸來澤畔行吟，正則哀時餘涕泪；展詩讔新箋，竟成絶筆，回憶元辰感賦，祝宗祈死太凄涼。」爰詳叙韋齋簽注是書之原委，並録存元旦口占兩律以寓感逝之意云。旋將此册送請王君九同年暨夏閏枝太史簽注數則，均於書中分别注明。已卯仲秋吴縣單鎮識於滬上寓廬。

菊裳侍講丈晚年曾館余齋，幾及兩年。晨夕晤談，不知所謂辛臼簃詩讔者，洎丈謝世後，王君九學部以刻本見貽，因得披讀。今年秋於冒鶴亭京卿案上獲見此本，乃朱文直公及夏閏枝太守、顧聰孫農部、費仲深太守、張仲炤學部、翁銅士刺史諸公詮注者。京卿謂余是單束笙部郎所藏，子盍補其所不及乎？攜歸尋繹，自媿學識淺陋，早衰善忘，於諸公無能爲役，第詮注中稍有與事跡出入者，聊糾正一二。恃諸公皆舊識，或存或亡，氣誼無間，部郎亦嘗奉手，必能諒余之陋，而京卿更當有以裁之。塵露山海，所勿恤矣。己卯冬至日，承幹。

玉山紀遊一卷

明汝陽袁華類編。崑山趙詒琛手鈔本，並録常熟黄廷鑑校。又趙詒翼手校。

昔王貽上家濟南，於歷山、鵲華之勝若無覩，而獨嗜吾吴漁洋山，至以自號，何耶？豈不以吴中山水雖非奇峯絶巘，而蕭疎淡遠，藴藉韶秀，有契於詩人墨客之懷哉？玉山紀遊者，崑山顧仲瑛率賓客徉徊於崑山、天平、靈巖、虎阜、吴江、錫山、上方、觀音之間，皆不出吴門百里内，遠者惟一及西子湖耳。子英類編其唱和之什，以成斯帙，四庫提要所謂山水清音，琴尊佳興，一時文采風流，千載下尚如將見之也。余生長吴下，此皆熟游之地，而數百年來風氣嬗變，讀此編每慨想安得仲瑛其人而從之遊哉？此亦學南從瞿氏藏本手鈔，而仲宣爲之校勘者。勞季言批瞿氏書目，謂明刻名勝集此編亦列其中，乃後人鈔出别行。今刻本不可見，各家書目著録皆鈔本，四庫全書珍本初集始付印以傳。

文選筆記六卷四册

清元和陳倬撰。手稿本。吳縣胡玉縉校。

培之爲陳奐入室弟子。奐於師友淵源記稱其熟文選，能背誦。培之序張星鑑仰蕭樓文集云：「余少愛蕭選，手校數過，遭亂失之。自來京師，分輯選注三十卷，正汪氏理學權輿之失，别有讀選筆記，尚未成書。」今分輯選注不可見，而讀選筆記易名曰文選筆記者，僅有存稿。胡玉縉户部陳先生傳云：「其書專據李善注，引文選各文以校本書，間及他考證，於汪師韓、孫志祖、余蕭客、張雲璈、朱珔、梁章鉅外，别闢一徑而義較精。」

案書中以李注所引校本文者十之七，他考證十之三。又多訂胡克家考異之誤，如西都賦「耀威靈而講武事」，云：「靈字後人妄加。善注不釋靈，是本無靈字也。東京賦注、關中詩注引此賦皆作『曜威而講武事』，閑居賦注引此作『耀皇威而講武事』是其證矣。班固傳作『耀威而講事』，亦無靈字。」東都賦「目中夏而布德」，云：「後漢書同。辨亡論下注引作『自中夏以布德』，作自之義爲長。」西京賦「促中堂之陿坐」，云：「謝瞻九日從宋公戲馬臺集送孔令詩注引作『促中堂之密坐』，於義爲長。」此以注校正文例也。西京賦「若夫游鷮高翬」薛注「翬，翬飛也」。云：「西征賦注引薛注作『翬，飛也』。陽給事誄注引薛注作『翬，猶飛也』，皆不重翬字。又「奮長袖之颯纚」，薛注「颯纚，長貌也」。云：「西都賦注引薛注『颯纚，長袖貌也」，此注脱袖字，當據西都賦注補。」又「焉知傾阤」，云：「詠懷詩注、古詩十九首注，並引薛綜西京賦注云：『安，焉也。』美女篇注引薛注『安，猶焉也』。」疑薛本作「安知傾阤」。「安，焉也」爲此句之注，善本作焉，遂删薛注。又「仰不睹炎帝、帝魁之美」，善注引孝經鉤命訣曰：「佳已感龍生帝魁」，鄭玄曰：「佳已，帝魁之母。魁，神名。」云：「薛注云『炎帝，神農後也。』帝魁，神農名，並古之君號，以此推之，則鄭注神名，當作神農名。」此以注校注文例也。蓋昔人以選注校古籍者多矣，而即以選注校本書，於是孰爲薛綜本，孰爲李善本，孰爲「五臣」本，咸自瞭然，此前人所未及也。西京賦「睢盱拔扈」善注引毛詩曰「無然畔援」，鄭玄曰：「畔援各本誤換，今正。猶拔扈。」拔與跋古字通。胡校云：「注，拔，疑跋之誤。正文作拔，下云拔與跋古字通，似善引箋作跋。」案：「胡説非也。賦本作跋，善引箋作拔，故釋之云，拔與跋古字通。爲袁紹檄豫州注、廣絶交論注、竟陵王行狀注引此賦皆作『睢盱跋扈』是其證。」東京賦「區宇乂寧」，薛注云：「天地之内稱寓。」胡氏校云：「何校宇改寓，此薛注宇作寓，下文『威振八寓』、『德寓天覆』，正文皆作寓，善此無注，詳在彼也。」案：「胡説非也。薛本果作區寓，則善釋寓字當在此節，今『威振八寓』，善注引説文曰：『寓，籀文宇字。』『德寓天覆』，善注云：『寓與宇同』，此句不釋寓字，蓋賦本作『區宇』，薛、李本一也。薛注天地之内稱寓，當亦本作宇字，而後人改之。樂游苑應詔詩注、辯奪禮啓注、辨命論注、石闕銘注、郭林宗碑文注引此賦皆作『區宇乂寧』，無有作寓者，此其明證矣。」又「動中得趣」，薛注：「趣，意也。」胡校云：「趣當作趨，袁本、茶陵本注中此字皆作趨，蓋『五臣』作趣而亂之。」案：「胡説非也。贈秀才入軍詩注引薛綜東各本誤作西，今正。京賦云：『趣，猶意也。』即是此句之注。是薛本作趣，疑『五臣』作趨，胡氏反以尤本爲誤，傎矣。」此訂胡校之誤也。胡本考異出顧千里手，最爲精密，而百密一疏，仍往往有之。凡所舉正，不下百十科。北征賦「覩牛羊之下來」條，登樓賦「懼匏瓜之徒懸兮」條，蕪城賦「壇羅虺蜮」條，離騷經「説操築於傅巖兮，武丁用而不疑」條，均已收入斅經筆記，故原稿著云「另録」。

此寫清手稿綏之先生爲之校補排比，亦時附案語，朱墨徧於行間。洵可與汪、孫、余、張、朱、梁諸家書同稱選學鉅著矣。霸縣高閬仙先生步瀛以數十年精力撰文選李注義疏，煌煌鉅帙，業已寫定。余納交少晚，知有此書，來乞假讀，深歎考據之精，用功之勤，欲采入所著書中，并許撰序。乃旋歸道山，忽忽未果。余欲印入紀年叢編，以古字别體，鉛字多闕而止。一書之傳，蓋若是其難也。

有「陳倬印」白文方印，「培之」朱文方印。

玉山名勝集不分卷外集不分卷三册

元崑山顧瑛編。崑山趙詒琛手鈔本並跋。趙詒翼手校。

玉山名勝集，據何義門跋，謂明萬曆時有兩刻本，一爲張萱刻八卷本，一爲有楊循吉題四卷本，流傳均甚寡。四庫著録八卷，疑出張本，四卷本昔年曾在丁君初我處匆匆一見，未審内容。查各家著録，大都爲傳鈔本。瞿氏藏書目有兩本，一爲朱野航本，一爲張青父本，雖同稱二卷，而序次不同。此本係從青父本出，而不分卷，青父本舊藏愛日精廬，黄琴六曾借以校新鈔本，作跋一篇，詳其異同，並屬張月霄録附青父本後，以見舊帙之足珍。故今青父本有琴六跋。學南遽定瞿藏即新鈔，而惜青父本之不可見，蓋未檢瞿目而致誤也。案首有至正十年黄溍序，十一年李祁序，蓋瑛之會萃成卷，始於此兩年。而唱和之作，亦莫盛於此兩年。其後十六年丙申，淮張兵亂，避地吴興，及還故鄉，而文讌稍衰。至春暉樓賞芍藥，分韻賦詩，已爲二十年庚子，距黄溍序十年矣。此十年中，隨時輯録，又不免有遺漏。如絳雪亭，馬晉丙申跋，謂：「兵入草堂，圖史散佚，玉山歸而獲此卷於池中，完而可讀者，惟前詩五首耳。自張師允至王叔正之作，皆於名勝集中重録，而今本張師允以下仍闕，不知何故。」從知名勝集別有完本。又讀書舍，鄭元祐記後有海虞人伯氏識云：「余寫玉山名勝集已畢，偶閲鄭明德先生僑吴集第十卷有此篇，在芝雲堂記之後，因舊鈔本殘闕，喜而補入之。」則又有爲後來鈔者所補，凡此可以知今傳諸本各異之故矣。其外集出於瞿藏又一鈔本，分訂二册。故書目稱二卷，今不分卷，讀者可弗疑也。詒翼字仲宣，學南從兄。有正儀鎮志稿，已著録。

玉山名勝集向無刻本，月霄從其小阮家藏國初人校本繕録。其書自玉山草堂起至寒翠所，二十八題爲一册，每題各有起訖，不分卷數。外集二卷爲一册，與四庫總目九卷本者不合。今秋月霄又從郡中藏書家購得明初鈔本，有張氏丑印記，紙色字畫，古氣盎然，詫爲希有。蒙君即以新鈔見贈，而以舊本屬校。細勘一過，迺知新鈔本頗多殘闕，如首題玉山草堂篇末不完，脱鄭元祐、陳基二詩。可詩亭周砥後序，中脱一行。芝雲堂篇中脱一葉，闕陸仁、鄭元祐、顧敬、秦約、張可久、昂吉、黄玠七人詩。湖光山色樓篇脱岳榆一詩。淡香亭張皞詩脱末二句十字。絳雪亭陸仁詩下脱張渥一詩。其餘一、二字脱衍誤謬者甚多。皆可據舊本一一校補。書分上、下二卷，自玉山草堂至金粟影五題爲上卷，自書畫舫至漁莊二十三題爲下卷。當是玉山主人元本如是。後來傳録，意爲分合，故寖失其真也。此書非得舊本，即明知脱誤，奚從校補。而舊本不取新鈔相勘，其佳處亦未悉出，一經讎對，舊本之善益顯，而新鈔之謬悉刊，兩無遺憾矣。爰詳著其得失於篇末，并書一則貽月霄，俾録於藏本之後，以見舊帙之洵足珍重云。惟所得張氏舊本，祇正集二册，其外集二册，亦係近鈔，互有得失，故不具論。時道光癸未十月之朔，拙經叟黄廷鑑校訖識。

顧氏玉山名勝集，張丑校本。藏常熟瞿氏鐵琴銅劍樓。吾友方還唯一録出，介邱君蔭甫示余。每半頁十一行，每行二十一字。不分卷次。此書向無刻本，故魯魚亥豕，觸目皆是。張丑所校，用朱筆注於旁，似亦有舛譌，未能據爲定本。末有黄廷鑑一跋，知是書張氏愛日精廬從其小阮家藏國初人校本繕録，後又得明初鈔本有張氏丑印記，屬黄廷鑑校勘，而即以新鈔本贈黄。今瞿氏所藏，蓋即新鈔本也。特不知所謂明鈔本，有張氏丑印記者，今不知尚存否。余家居上海卅年，去夏遭亂，所藏書七十餘箱與新築峭帆樓同付一炬，不得已退居正義舊宅。正義即爲顧氏玉山草堂舊址，迄今數百年，而遺跡已邈焉不可復尋。余日在荒煙蔓草間，徘徊躑躅，遐思古人，近傷遭遇，而是書適至，愛書痼癖，又勃焉興焉。即日手自鈔録，未及兩月即已蕆事，凡黄跋所記脱詩，一一補入，朱字旁注，擇其可通者録之，不復著明。又請從兄仲宣校閲一過，摘出誤字二百餘處。録於書眉，暇時展閲，豈特爲怡情適性之助，亦足爲一鄉掌故之保存也。甲寅三月清明日，趙詒琛識。

三先生詩集三卷 一册

明南峯林廷𤩽選。弘治十六年龍山葉滋手鈔本。

三家者，華亭張弼、新會陳獻章、江浦莊昶，人各一卷。廷𤩽，弘治三年進士。八年出知永嘉，選定付梓。鄭翼案：林廷𤩽字公器。廣東吴川人。受業白沙。弘治庚戌進士。出宰永嘉，遷建昌同知，終蘇州同知。嚴革織造陋規，大甦民困。生平究心理學，於功名富貴淡如也。詳見廣東通志人物傳及浙江通志名宦傳。是書不見於通志藝文略，得此足補其闕。首弘治乙卯引，末有鈔者龍山葉滋題識兩行。鈐印皆明人。越今四百六十年，白皮紙墨色如新，可珍也。

白沙、定山二集，四庫皆著録。東海則入存目，有文無詩。三家詩皆以擊壤爲宗，牧齋論白沙，謂借詩講學，間作科諢帽脚桶，有類語録。論定山謂多用道學語入詩，如所謂「太極圈兒先生帽子」、「一壺陶靖節，兩首邵堯夫」者，流傳藝苑，用爲口實。而於東海則論其書而略其詩，或因所見不多。此集載其壽日偶成云：「乙巳二月又八日，我生六十一回春。從前事業皆非也，慚愧稱觴慶壽人。」淺率俚俗，正學擊壤而得其粗者。竹垞之論則謂「白沙源出柴桑。東海律體全學劍南。惟定山爲純宗擊壤，墮入惡道」。最爲確當。今讀此選，間有清新之句發人神智者，詩壇中自王梵志、寒山、拾得後，不妨存此一派也。廷𤩽此選，以白沙爲其鄉人，特致推重。東海、定山則因白沙之友而附及之。據引，當時已有刊本。葉滋時僅後八年，即爲手鈔。或擬刊未成，故世已絶無傳本耶？

有「洛陽訪才子□江領□□□番□□早何如此地春」白文方印，「閑園真賞」白文方印，「姚印英林」白文方印，「純夫」朱文小方印。

三先生詩引

三先生，名滿天下。故夫士慕先生之風者，咸欲得先生之詩，誦而傳之。自余領丁酉鄉薦，兩至禮部，皆不利。歸舟中，每鬱鬱弗自得，偶聞並舟有誦先生詩者，心爲之一快。輒手録之，恒以不得全帙爲恨。迨庚戌登進士第，歸省南旋，次吉安，太守顧公出永豐刻本示余，持以北上試左部。政暇日，粉署諸公論及先生詩，余以此本爲券，不圖爲葉公假去竟莫之返。壬子余出知永嘉，初二年新政繁劇，未遑及此。幸兹政頗通，乘餘遍求城中，乃得前本，遂壽梓以傳。噫，過此以往，雖百葉，公吾其無慮矣。矧三先生之詩豈止於此哉？先生之名，豈止於詩哉？先生之實，德高節重，豈止於名哉？將有春秋筆録於傳。余非秉筆者，故弗敢大書，不一書。三先生，白沙余鄉先生也。詩聞於余者多，敢讀若干首；東海若干首，定山若干首，又得於樂清進士周時正者也，因併録之。時弘治乙卯夏四月之吉，南峯後學林廷瓛識。

時大明弘治十六年癸亥太歲四月，龍山葉滋鈔寫。

明延平二王遺集不分卷 一册

明南安鄭成功及子經撰。舊鈔本。

成功豐功偉烈，昭垂史册。至今人猶咨嗟歎息，以爲不世之豪傑，而乃兼能文事。此册存成功詩廿一首，經詩三十八首，諭五首。末有東魯遯叟跋。述得書經過甚詳。蓋清廷於故老文字之有民族思想者，猜忌尤甚，人民懼禍，率拉雜摧燒之。幸賴其五夜竊鈔，得不絶如綫。其諭令，别得諸「東海夫子」。又云吕氏已爲灰燼，諭毁滅，疑其爲石門吕留良。叟之冒險保此，悲憫之情，躍然紙上。惜不得其真姓名。成功早歲曾受業於錢牧齋，牧齋稱其詩格調清越，不染俗氛。瞿稼軒亦稱其瞻矚高邁，必爲偉器。今讀其復台云：「開闢荆榛逐荷夷，十年始克復先基。田横尚有三千客，茹苦間關不忍離。」出師討滿自瓜州至金陵云：「縞素臨江誓滅胡，雄師十萬氣吞吴，試看天塹投鞭渡，不信中原不姓朱。」浩浩落落，真是英雄氣概。經詩如遥祭孝陵口占云：「故國河山在，孝陵秋草深。寒雲自來去，遥望更傷心。」滿酋使來有不登岸不易服之説憤而賦之云：「王氣中原盡，衣冠海外留。雄圖終未已，日夕整戈矛。」亦能踵美。至滿州宮詞三十首，各有詳注。多述宮闈穢惡之行，則在當時以敵愾爲快，而或有傳者之過，祇可作野史之參考而已。諭令五篇，知成功既卒，弟襲有通敵謀簒之事，中原之大讎未復，而蕭牆之内訌已起。此又讀史者爲之扼腕歎息者也。三百年來流傳絶秘，謝君剛主作晚明史籍考，初稿絶未聞見，至鄭西諦玄覽堂叢書，始以張芙川家鈔本影印，亦可見二王忠義之氣，終奮發於百世之下也。

二家詩選二卷 一册

清濟南王士禛選。舊鈔本。

二家者。明吳郡徐禎卿、祥符高叔嗣也。四庫總目著録。首士禛序，次附録，皆輯各家詩評。每種又悉録原序，字體如聖教序，工妙絶倫，必出能書者手，惜不具名。王弇洲藝苑巵言謂「昌穀之於詩也，黄鵠之於鳥，瓊瑶之於石，松桂之於木也。子業空谷之幽蘭，崇庭之鼎彝也」，王敬美藝圃擷餘亦謂「徐能以高韻勝，有蟬蜕軒舉之風。高能以深情勝，有秋閨愁婦之態。更千百年，李、何尚有廢興，二君必無絶響」。其以徐、高並論，蓋始於弇洲兄弟，漁洋從而各擷其菁英，以爲此册。序云：「李、何崛起中州，吴有昌穀徐氏爲之羽翼，相與力追古作，一變宣正以來流易之習。明音之盛，遂與開元、大曆同風。洎嘉靖之初，後生英儁，稍稍厭棄先矩，去而規橅初唐。于時作者頗有數家，例乏神解。惟高子業繼起大梁，自寫胸情，掃絶依傍」云云。一時如牧齋、竹垞於二家，咸傾倒無異辭。案昌穀、子業雖均受知於李獻吉，而昌穀標格清妍，擒詞婉約，江左風流，故自在也。子業亦以清新婉約爲宗，與獻吉分别淄、澠，漁洋獨標二家之作，不使絶響，敬美之言驗矣。惟二家皆有才無禄，早赴修文。否則所詣當不止此，斯又天限之也。此出吾鄉陸鳳石家，鳳石不以收藏名，而家有賜書。余曾得其宋余仁仲萬卷堂刊周禮鄭氏注，久已易米，僅此猶存篋衍耳。

有「邵幾之印」白文方印，「深研」朱文方印，「鳳石」朱文方印，「小懷鷗舫」朱文方格印，「小懷鷗舫所藏金石書籍印」朱文長方印。

浙江薦舉博學鴻詞試帖不分卷 一册

清雍正十二年刊本。

首浙江薦舉博學鴻詞姓氏履歷，爲嚴遂成、厲鶚、周玉章、杭世駿、沈炳謙、齊召南、張懋建、周長發、汪沆、周琰十人，以所試等第先後爲序。次試題。雍正十二年九月初十日爲正試，十四日爲補試，十三年正月十九日爲續試。分列各題沈炳謙應補試，周長發、汪沆、周琰應續試。次各人試帖。每卷前有閲卷者批一頁，爲總督部院兼理巡撫鹽政事兵部右侍郎兼都察院右副都御史程；提督學院禮科掌印給事中帥；承宣布政使司布政使張；三人爲上蔡程元章、奉新帥念祖、桐城張若震也，如後來鄉會試硃卷之式。

案乾隆丙辰制科，旁求至四年之久。此爲元章於甲寅年預試諸士之卷，其制與康熙己未不同。據全祖望公車徵士小録，元章薦舉最多，達十八人。錢載、萬光泰等皆與焉。此無其名者，蓋所刻祇試列前十名者也。近人孟森論己未、丙辰兩制科，謂「己未惟恐不得人，丙辰惟恐不限制。己未來者多有欲辭不得，丙辰皆渴望科名之人。己未爲上之所求，丙辰爲下之所急。己未有隨意敷衍，冀避指摘，以不入彀爲幸，而偏不使脱羈絆者。丙辰皆工爲頌禱，鼓吹承平而已。蓋一爲消弭鼎革後避世之心，一爲驅使士人爲國家妝點門面，乃士有冀幸於國家。不可以同年語也」。其言極是。即就此册諸文觀之，皆鋪陳詞藻，一意頌揚，謂之鴻詞猶可，博學則未也。當時薦舉二百六十七人，據公車徵士小録及杭世駿詞科掌録、李富孫鶴徵後録所載，至今知名者不足什一，餘具湮没無聞。獨此册所列十人，若杭世駿、齊召南、厲鶚、沈炳謙之經術詞章，不僅爲是科之眉目，亦爲清代第一流人物，固未可概爲抹煞。案宋紹興十八年與寶祐四年兩題名録以有朱熹、文天祥而爲人所重，流傳至今。然則此册其亦以有杭、齊諸氏而傳歟？又不僅爲掌故之資而已。錢塘丁丙藏書最富，尤留心鄉邦文獻，其八千卷樓書目祇録鈔本，則刻本之不可見也久矣。傅沅叔先生藏園羣書題記亦有是書，多末附周大樞文四首。於應試制度，考之綦詳，並謂當時固已風行，今日乃爲稀觀。然則讀者幸勿以故紙視之。

東喦草堂評訂唐詩鼓吹十卷 五册

清吳門朱三錫撰。康熙戊辰懷恩堂刊本。徐暹臨長洲何焯評校。

據首徐乾學序，知三錫字天忱，以諸生官陝西知縣。於案牘之餘，取郝天挺、廖文炳注解，虞山錢、王諸人參校本，凡注題注人未詳者，悉從史傳查考補備。引書引人舛謬者，皆有標舉駁正。至於每篇之中起伏照應，引興托喻，皆體會發明，句解聯釋，使作者之心靈呼之欲出。

案唐詩鼓吹本不著編輯者姓名，據趙子昂序，傳爲元遺山選次。錢牧齋已疑之，謂當是遺山巾箱篋衍，吟賞紀録，好事者重公之名，繕寫流傳。四庫提要亦謂卷四宋邕詩，實出曹唐集中；卷八胡宿詩，並見文恭集中，實爲宋詩誤入；是遺山不當若此之謬也。今考顧嗣立元詩選三集載金曹之謙題唐詩鼓吹云：「不經詩老遺山手，誰解披沙揀得金？」似當時已有疑非遺山所選，故有此解釋之辭。何義門於卷六王初延平天慶觀詩曰：「東都事略：宋真宗大中祥符二年（案應作元年），天書大中祥符三篇降，大赦改元，以降書日爲天慶節，詔天下置天慶觀，然則王初當爲宋祥符後人。」於卷九譚用之曰：「用之可謂不通一竅，不識一字矣。此集所録，比他家爲最多，有以知其非出自遺山也。」均可證其多經後人附益，非遺山之舊矣。卷一首題「程湘衡先生評用墨筆，何義門先生評用朱筆。乙未三月過」。下鈐「徐暹」、「蘭坡」二印。湘衡及暹其人待考。統觀兩家評，知何、程同時友好，互有商討。如卷三陸龜蒙，程云：「魯望詩捃摭飣餖，塵坌滿目，都無可採。其人頗多涉獵，而罕通文義。其徵引故實，割截零綴，譬如天吳紫鳳，顛倒短褐，了不可觀。」何云：「皮、陸近體最爲拙裂，不特無詩情，併字句皆信手門湊，使人笑來。湘衡力排之，余深用擊賞。」他處於程評之合者，以朱加點。卷九司空圖退棲詩：「支遁何妨亦愛鷹」句，程云：「屺瞻以見無禮于君者如鷹鸇之逐鳥雀也，説愛鷹句極當」皆可證。又何所評底本，即用此刻。如卷六王初下朱注「并州人，王仲舒之長子」。何云：「有延平天慶觀詩，自是宋祥符後人，詎可附會仲舒子耶。」鄭翼案：王初有天慶觀詩，疑爲祥符後人云云，語見直齋書録解題，而清修全唐詩亦有王初詩，並誤爲唐人。又可證。余又有陳少章録本而何又加評者，核之互有詳略。大概陳本有而此佚者十之二三，此本有而陳佚者十之七八。蓋何評不止一本，此當爲晚年所續定。至偶有程、何錯見，及何、陳錯見者，則録者之誤也。原爲星農叔祖遺篋，書面題字猶其手跡。

中晚唐詩叩彈集十二卷續集三卷四册

清錫山杜詔、秀水杜庭珠集。康熙甲申采山堂刊本。秀水王寶瑩手評。四庫存目著録。

案明高棅唐詩品彙詳初、盛，而略中、晚。中、晚則詳貞元以前，而略元和以後。又所選以渾成含蓄爲宗。二杜此選，則不及元和以上，惟以才調風情爲主，蓋隱以補品彙所未及。又資考索於顧梁汾、嚴滄漁選本而略加評注。初集祗三十餘人，嫌未足以盡風氣之變，又得二百六十五首，别爲續集三卷，盛行於時。袁枚隨園詩話謂：「杜紫綸先生選唐人叩彈集，專尚中晚，學者從兹入手，可免粗硬槎枒之病，而宗法少陵、山谷者意頗輕之。」今如卷十崔珏詩，庭珠謂詩極旖旎，惜不多選。其有贈二首，而潘四農則謂「珏此詩如『煙分頂上三層緑』一聯及『雖然不似』云云，次首『心迷曉夢』兩聯，粗鄙之態至矣。寫美人至此，亦屬文章一厄。而近之選唐詩者，猶謂崔珏詩極旖旎，惜不多見。人之好惡不同乃至是。」深致不滿。是其選猶未臻純粹，不無可議。此爲星農叔祖朱筆手評，并輯録諸家評語而間加駁正。如李賀李憑箜篌引「空山凝雲淡不流」句，何義門從宋本改山作白，曰「空白謂天也」。駁曰：「仍以作山爲是，作白則十成死句矣。」温庭筠河中陪帥遊亭「人過橋心倒影來」句，何義門加勒，駁云：「人過橋亭確有此景。歐西畫法均寓此意。可謂寫難狀之景。」皆是。續集下黄滔下引山陽丁默存中丞云云，則爲宣統元年十月至三年五月，丁寶銓巡撫山西時，叔祖正官交城知縣，爲其屬下。公餘談藝，偶録於此。藉可知評點即作於是時也。詔字紫綸，著有雲川閣集，四庫入存目。庭珠字詒穀，禮部尚書臻子。康熙乙酉南巡，以太學生獻詩，官萬泉縣知縣。

古詩源十四卷 六册

清長洲沈德潛選。康熙己亥竹嘯軒刊本。周之楨臨山陽潘德輿手評並跋。

康、乾時吴下詩壇推歸愚爲宗盟。所選古詩源、唐詩别裁幾家置一編，而古詩源尤爲讀者所重，至今翻刻不絶。此爲潘四農詳評，以爲家塾讀本。四農於嘉、道時與孔宥涵、魯通甫以詩鳴江、淮間。而四農尤善持論，有養一齋詩話，其評此本，擇其尤佳者，雙圈識之，别爲千秋絶調集。歸愚於例言謂：「晉人子夜歌、齊梁讀曲等歌，俚語俱趣，拙語俱巧，自是詩中别調。然雅音既遠，鄭、衛雜興，君子弗尚也。愚於唐詩選本中，不收西崑、香奩諸體，亦是此意。」四農則謂：「齊、梁子夜、讀曲有極近風雅者，一概削去，殊嫌過當。於唐不取温、李，并不取元、白，好惡偏矣。」歸愚極推康樂，謂「陶詩合下自然，不可及處在真，在厚。謝詩追琢而返於自然，不可及處在新，在俊。千古並稱，厥有由夫。」四農則謂：「康樂詩與延之等耳。雖謝鍊意，顔鍊詞，故有上下之差。而語重氣梗，一篇之中，摘其警句一二，餘則皆可抹却。以此爲千古大宗，吾所不解。」歸愚論玄暉，謂「康樂每板拙，玄暉多新俊。然詩品終在康樂下，能清不能厚也」。四農則謂：「玄暉詩實出康樂之上。其清氣靈光，照耀紙墨，豈似康樂徒以鍊句爲能哉？分明康樂不及玄暉之清，人却言玄暉不逮康樂之厚。矮人觀場，依口學舌，可笑也。」兩人所見之不同如此。馮煦蒿盦隨筆云：「繆小山前輩之在史館也，以山陽潘德輿氏入文苑，而山陽魯一同、南清河吳昆田附焉。總裁某公不知有四農先生，而疑爲粤之主海山仙館者，削去之。小山莫敢争也。先生樸學惇行，連蹇以終，而身後之名復爲大腹賈所誤，信乎其窮也。禮卿曰：『先生説詩，使阮、謝諸公幾無立足之地，今日之事，所以報也。』」其言雖出戲謔，而意則謂四農所論爲刻。竊謂四農之論實爲明通，不當以古人而偏袒也。阮、謝似當作顔、謝。其他於名篇秀句，濃圈密點，提挈分析，金針度與，使學詩者心領神會，獲益匪淺。

有「周之楨印」白文方印，「小停雲館」朱文方印。

確士選詩，專取規格，而略才情，故不盡適人意。然較馮氏詩紀則已醇，較鍾氏詩歸則已正。故據爲善本者亦多，僕就此點勘，又益以詩歸中之明顯有味者，則大段清美矣。小兒輩以爲讀本，尚非歧途妄騁者比，姑藏之篋中，以示我子弟。嘉慶辛未十一月，四農潘德輿識。

六朝文絜四卷 二册

清海昌許槤評選。朱鈞參校。道光五年享金寶石齋精刊初印本。

槤字叔夏，號珊林。道光癸巳進士。徐州府知府。珊林校刻書，寫印楮墨，無不精美。此書工楷如歐陽率更。評語圈識用硃色套印，扉葉及自序以漢隸書之。神采奕奕，如讀古碑。綿紙極初印，尤爲精中之精。故向爲收藏家所珍，幾與古刻等視。六朝小品文選本，先有彭兆蓀南北朝文鈔，與此如驂之靳。此有評論於作者精神筆法，多所啓發，尤便初學。德化黎經誥又爲箋注重刻，故頗風行，彭選遂微。此册有「朱鈞校讀」印，猶爲自藏之本。後歸吾鄉潘遵祁，三十年前，得之潘氏。朱鈞號筱漚，博雅好古。官蘇州府知府。咸豐間太平軍光復蘇城，死事。清史稿有傳。珊林序云：「今年春晤朱君筱漚，筱漚喜欲狂，亟鳩工鋟版，閲七月蕆事。」然則實爲筱漚所刻，而珊林監其事耳。今皆目爲許刻者誤也。

有「朱鈞校讀」、「西圃藏書」、「香雪草堂」諸印。

乍浦集詠鈔三卷附録一卷

清平湖沈筠編。日本横山卷舒公鈔録。崑山趙詒琛手鈔並跋。

乍浦屬浙之平湖縣，爲海口重鎮。去海半里，東援金山，西衞海鹽，内捍平湖，浙西之門户也。自鴉片之戰起，英人於道光二十年六月陷定海，各海口俱戒嚴。二十四日，英船一艘駛乍浦，發礮傷多人。尋退去。二十二年四月九日，英船二十四艘復來犯，水師副都統長喜、同知韋逢甲等死之，遂陷。以其地鐵板沙不利輪船，於十九日縱火登舟去。自天妃宫起，延燒數里。雖淪陷僅十日，而創傷甚鉅。里人沈筠徵集當時紀事諸作，爲乍浦集詠十六卷，其中表彰忠烈及夷兵騷擾之狀，讀之令人可歌可泣。日本横山卷舒公得刊本，選存三卷，而别以無名氏定海失陷詩及題粤秀山房詩爲附録，謂其闡幽顯微，有勝於史乘，嘉永二年游焉吟社刊行之。序文稱「洋夷擾亂」，諸家題詞有稱「夷寇」、「蠻夷」、「妖鱷」、「英夷」者，均作内辭，一若忘其自明以來，日本亦屢來竄犯者何耶？學南於王君培孫處見之，喜其足爲殷鑒而資警惕，特手鈔之。案，平湖縣志文苑傳：「筠字實甫，號浪仙。食貧勵節。少嗜學，晚歲敦重名教，凡忠義節烈之事及耆舊詩文，殫心采輯，今賴以存者，皆筠表揚之功也。著有乳水流芳録一卷、瑶池冰雪編一卷、壬寅乍浦殉難録一卷、龍湫嗣音集十二卷、守經堂詩集十六卷，俱刊行。」而此種則别著録於藝文。黄金臺評其守經堂詩集曰：「感事傷時之作，層見疊出，可稱詩史。」又評其滄海珠編未刊稿曰：「百年文獻，竟屬布衣。千古詞章，永存壽木。」均可移評此書也。羅以智恬養齋文鈔沈實甫詩序述高伯平之言曰：「客歲有李游擊招伯平偕至乍浦任。伯平見帳下一小校，察其貌文，心異之，他日蹤跡之，得所爲詩。詰之再三，吐顛末：素讀書，窘於生計，有營胥貸之錢，無以償也。胥迫之隸兵籍，以所得餉歸胥。窘益甚，愈無可爲計。陷坎壈亦有年。伯平爲嘆息者累日。卒言於游擊君，脱其籍。游擊君招入慰勞之曰：『爾詩人也。』命之坐。伯平時與之縱論，遂肆力於詩。」叙其遭遇頗詭奇，爲附識之。

戊午孟冬，在上海王君培孫處，觀其所藏書。得此一册，借而録之。己未正月趙詒琛識。

國朝各家詩鈔不分卷十四册

清吴縣潘介繁選。海寧王鴻朗評。嘉興徐鑾跋。吴縣潘鍾瑞題識。稿本。

介繁字椒坡。咸豐壬子舉人。官湖北同知。爲三松老人曾孫。有桐西書屋收藏甚富。著曉夢春紅詞。鴻朗字笈甫。諸生。嘗客湖北、山東。旋隨李鴻藻赴滇，治案牘。善寫鍾馗。介繁爲刊鍾馗畫記一卷。鑾字金坡。同治庚午舉人。官湖北沔陽知州。鍾瑞字麟生。諸生。介繁族兄。著香禪精舍全集。

是選自錢謙益至李乘時共八十七人。皆隨手鈔録，以備循覽。而於瓶水齋、兩當軒所選獨多，可知其宗旨所在。多采前人及朋儕未刊稿，如長洲吴廷楨南村詩鈔、平南彭昱堯致翼堂詩鈔、大竹王懷曾王魯之詩録、王懷孟王小雲詩鈔、烏程高錫蕃朱藤老屋詩鈔、吴縣張源達學爲福齋詩鈔、陽湖董貽清偶存詩鈔、海寧王鴻朗王笈甫先生詩鈔、溧陽濮文昶椿餘詩鈔、都昌李乘時妙香齋詩鈔，而長洲蔣夔以詩鳴乾、嘉間，王昶湖海詩傳録之曰：「夔字希甫。元和人。諸生。有青荃詩集。」然其書不傳。吴縣志藝文雖著録，竟失其名，僅曰蔣某。此選其棄餘稿，而鴻朗識云：「此集向無刻本。鴻朗於市上偶得叢殘草稿，愛而購之。坡公借觀，選録若干首，而青荃之詩遂傳於世。精光騰上，固不可掩也。」是皆昔人嘔心之作，幸不隨風流雲散，介繁掇拾之功也。鴻朗於各家評論，語多中肯，并附遺聞。其評樊榭詩云：「樊榭詩如藐姑仙子，冰雪肌膚，不啖人間煙火。生平學問淹博，又熟於宋、金、遼、元掌故，冷雋之典，摇筆自來，作者初不自知也。後生效颦，餖飣刺掇，號爲浙派，誠堪嗤笑。鮑覺生侍郎又謂『樊榭叛秀水，而浙詩壞』。此則妄爲高論。未嘗於朱、厲兩家細考源流。夫言爲心聲，各如其面。雖父子兄弟不能强同，秀水未聞自立疆界，驅兩浙詩人而君之，何名爲叛乎？」不持宗派之見，其論最正。評仲瞿詩云：「咸豐辛酉，有人辟兵天台山絶頂，遇一道士留之宿，炊松子飯之，與論今古，博辨縱横。臨行贈一扇，署名於後，則仲瞿也。此扇鴻朗曾見之，書似張文敏，而超拔不羈。内一行字宛轉作五圈，尤爲俶詭，飛仙踪跡，尚在人間，真不可以常理測矣。」其事雖未必可信，然仲瞿奇士，不妨有此異聞。可與錢泳履園叢話乾嘉詩壇點將録小傳所載同觀。至其自作詩，自謂生平不解摹擬，偶一展閲，鬚眉面目亦復如在鏡中。今讀之，筆健詞雅，得力浣花。豪豬歎、鄉團謡、三費局、道旁丐、酆都保正歎諸作，深得風人之旨。且可補海昌藝文志。鑾跋用藍筆，蓋時正分校鄂省秋闈。皆可見一時同僚賞析之樂，有異於俗吏之所爲者。鍾瑞則後來借讀，附識歲月而已。昔年吴縣修志，來徵資料。今藝文所載，即是本也。書面揭櫫及目録，爲介繁子志萬所書。有「江城薄宦」、「桐西書屋」、「澂懷」、「觀道」、「鄧尉山樵」諸印。

乙亥秋闈，偕椒坡先生同司分校，先生目如巖電，數日畢事。而僕竭蹷後塵，幾有「汗流籍、湜走且僵」之勢。事竣，杯酒談心，出此册見眎，蓋數年來敦盤詩酒，朋舊讌游之作，先生所腹存而手集者，讀之美不勝收。昔人謂流傳人一二斷句，比之埋胔掩骼，功德不小。雖諸君洸洸大集，自有傳本，而先生念舊之殷，憐才之篤，可以想見。僕平生所見，如吾鄉陸眉生侍御、褚二梅孝廉、家蘭史弟解元，其才氣可與集中相伯仲，惜過目旋忘，未經録一副本。兹讀此册，殊滋愧耳。九月朔嘉興金坡弟徐鑾謹跋。

蘇州竹枝詞一卷續蘇州竹枝詞一卷蘇州新竹枝詞一卷

崑山趙詒琛手鈔本並跋。

第一種題崑山瓶園子撰。首有朱儷紫序，及康熙六十一年自序。分豔蘇州三十二首，説蘇州二十六首，咄蘇州十五首。各冠引子一首。附蘇州時興語十二首。末有維揚僧靜緣、婁東趙可、雲間孫卓如、題松陵豈匏子續草六首。瓶園子不知其姓名，序云「耕硯吳門，爲歲已久」。則當爲館塾師。續蘇州竹枝詞，題湖上看雲僧宗信撰。共十二首。序稱「信本西湖野衲，東土傭僧」，然詞多涉於閨幨，疑僧爲託名。蘇州新竹枝詞，崑山王德森撰。德森字嚴士。貢生。官訓導。精於醫，晚寓吳門，著作甚富。已刻有歲寒詩文稿等。此共三十二首，作於一九一九年。蘇州習俗奢靡，士女均好逸惡勞。風土節物，閭巷瑣事，多足資諷刺者。讀此一帙，而二百年之嬗變，歷歷在目，可爲編風俗志之取材。蘇州時興語尤有助於研究方言者。蘇人多嗜茶酒，瓶園子於第一首云：「十家點綴三茶室，一里參差數酒樓。」此風至今始革。瓶園子與維揚僧所作，乃歎吳下風俗之奢靡，笑之而欲挽之也。其詞若刻，其意良厚。至看雲僧之十二首，皆言吳中四時風華之景，實開國承平之氣象，較之民不聊生之世，不知生之可樂，而死之可悲者，相去遠矣。況吳人好遊，自古已然，不足爲蘇人病。可病者乃在今人，故余又作新竹枝詞以附之，不自覺其詞之俚也。玉峯寒叟録畢記。

去年冬在舊書肆，得瓶園子蘇州竹枝詞鈔本一册，以示老友王君嚴士，嚴士讀而好之，亟録副本。並撰新竹枝詞三十首，皆蘇州今日事實也。余既録瓶園子竹枝詞，又録嚴士竹枝詞附於後。蘇州風氣日變，再隔十年，未知若何情形也。爲之一歎。己未元旦，崑山趙詒琛書於蘇城寓廬。

逸老堂詩話二卷 一册

明長洲俞弁撰。崑山趙詒琛手鈔本並跋。

原本不著撰人姓名。首自序，題「嘉靖丁未五月望日戊申老人」。盧抱經、黄蕘圃均據卷中稱祝枝山序其父約齋漫録二十卷云「俞君寬父，吳之耆儒也」云云，知爲寬父之子，而仍不得其名。繆藝風以傳鈔本載所著藏書記，及此本繆衡甫、趙學南兩跋皆然。至民國五年丁仲祜輯印歷代詩話續編，始考得爲俞弁子容所撰。而傅沅叔藏園羣書題記續集載民國二十七年戊寅跋，猶云其名一時無可踪跡，則以未見丁書故也。嘗疑子容名父之子，與唐子畏、朱子儋諸名流交好，枝山文集非僻書，何諸家置而不考耶？案枝山約齋漫録序明云「其子弁，字子容。鳳毛蘭種，尤益親余」云云，讀此可以爽然矣。子容長於醫，吳縣志入藝術傳，日本丹波元胤中國醫籍考載其所著脈證方要、醫藏目録二種。四庫總目雜家類存目有山樵暇語十卷，今涵芬樓秘笈印行。葉菊裳藏書紀事詩與柳大中僉並列，詳其藏書佚事。沅叔先生跋采摭遺聞，並謂記柳大中一則，可補入書林清話。其自記一則略云：「書叙指南近年爲人竊去。余惋惜累日，飲食不能下咽，乃爲詩以志吾感云：『四十年前録此書，任渠癡笑宋人愚。追思跋語渾如夢，安得驪龍頷下珠。』指南，任德儉著。其後有俞貞木先生題跋。貞木家貧，一日絶糧，廢簪珥衣服，僅存是册。蓋惜青氊舊物故也。余今六旬矣，不知更復見此書否？是我幸也。」其嗜書之篤如此。又云：「余友唐解元子畏，每酒酣，喜謳劉后村詩云『黄童白叟往來忙，負鼓盲翁正作場。身後是非誰管得，滿村聽説蔡中郎』。

鄭翼案：「滿村聽説蔡中郎」詩爲放翁小舟游近村四首之一，其首句作「斜陽古道趙家莊」，相傳以爲劉后村者非是。俞曲園小浮梅閒話引此作陸務觀詩是也。

子畏匪好此詩，但自寓感慨云。」則今傳三笑姻緣彈詞之故事，疑當時已有演唱者。皆爲沅叔先生所未及。盧跋載抱經堂文集，黄跋余輯入蕘圃藏書題識續録，繆朝荃跋所考不確，今皆不録。

逸老堂詩話明人寫本，有求古居主人跋，即士禮居黄蕘翁也。先君於粵匪亂時得之，前數年江陰繆筱珊先生借録一本，曾載入其所著藏書記中，又鈔示盧抱經一跋，壬子，令兒子經中録一副本，贈從兄仲宣。癸丑夏六月遭亂，所有藏書數萬卷，一旦盡失。而是書原本亦遭劫灰，於是從兄自鈔一本，而以副本歸余。即寄太倉繆蘅甫、李惠農兩先生閱看，蓋二君亦好讀未見書者也。蘅甫又加一跋寄還，今秋無事，重鈔一本，裝訂成帙。此書幸江陰繆公傳録一本，及余録贈從兄副本，獲存於世。惟著書人俞某，各家題跋均未能考得，殊爲憾事。蘅甫疑即俞廷棟其人者，必非是也。惠農云與張亨父、陸安甫皆相識，是當於張、陸著作中求之。又崑山尚有俞姓者，余均不相識，倘得因緣，檢閲譜牒，或能得其祖孫三代之名字。而蘅甫又以爲此書嚮藏嚴、盧二家，嗣爲黄氏所得，恐亦未確。疑盧、嚴所藏，别一本，非即蕘翁所見本也。甲寅中秋，崑山趙詒琛録畢識。

百緣語業一卷 一册

清新安朱昂撰。乾隆戊戌長洲程世銓刊本。

首乾隆丁亥王鳴盛序，次己丑杭世駿序，次戊戌王思鱸序，次目録，末程世銓跋。昂字德基，號適庭，又號秋潭。休寧人，寓居長洲。監生。其養雲亭集，王鳴盛刻入吴中十子詩鈔。緑陰槐夏詞，王昶采入國朝詞綜。此爲填沁園春詞百闋，分爲十部，部各十調，曰性部。曰相部。曰地部。曰水部。曰火部。曰風部。曰空部。曰有部。曰迷部。曰悟部。皆描繪閨閣情態。蓋自宋劉過、元邵亨貞以迄清朱彝尊、厲鶚多不過十餘首，從未有拈題出意，鏤空繪虚，若是之工麗微妙者。百緣者，大藏有百緣經，清源居士詮之，以爲恭敬莊嚴三寶，受大福報，生天得道，及慳貪作惡，墮餓鬼等種種善惡因果，凡一百緣。適庭所以名此書者，蓋以爲色即是空，空即是色，有得於水花鏡月之旨，而游戲之餘，作此狡獪，豈非以錦心繡口之才，而得釧動花飛之悟耶？吴翌鳳懷舊集曾謂：「適庭工長短句，嘗填沁園春百闋，曰百緣詞，鏤空繪影，幾與小長蘆檢討爭衡，讀者皆服其精。」翌鳳工於詞者，其評如是。然刻畫雖工，殊嫌纖屑，分部亦屬無謂。昔山谷詞多口孽，而黄龍晦堂禪師以木樨香接引之，適庭雖欲以横陳嚼蠟自解，終不畏泥犂拔舌耶？此爲其外孫壻程世銓所刻，雕鏤極精，傳世甚罕。世銓字叔平，號念鞠。長洲人。好藏書，葉氏藏書紀事詩卷六載之。

梅苑十卷 二册

宋黄大輿編。刊本。吴縣曹元忠手校，又臨長洲何煌、元和戈載校並跋。吴縣金彰畫梅石三葉。

大輿此編，君直先生據清波雜志、碧雞漫志定爲經南宋書棚踵事增之，傳世宋刻皆然。原書久已斷種，此即其精校之本。盡取花庵詞選、花草粹編、草堂詩餘、欽定詞譜、詞綜等，及各家詞集參互詳校，一字無遺。又録何小山校宋，戈小蓮意校，而附以所見。開卷朱墨爛然，用功深矣。一九一九年武進李祖年聖譯樓重刊，即據此作校勘記，而君直先生序之。見箋經室遺集卷八，李刊今亦不多見。上册首末，下册首，均有吴縣金彰所畫墨筆梅石三葉。彰號心蘭，以繪事名吴中。著有瞎牛盦詩鈔，張鳴珂談藝瑣録稱其工山水，又善墨梅，疏枝密蕊，自以爲得冬心先生遺意者也。昔黄蕘圃得宋本離騷集傳，有方蘭坻畫蘭，翁覃谿藏宋本施注蘇詩，亦有諸家畫東坡小像，及顧南雅金梅花，均稱書林名跡。今以梅苑而冠以墨梅，益爲名校生色，雅人韵事，故自不凡。

有「君直手校」白文長方印，「曹倉」白文長方印，「肇敏行成曰直」朱文方格長方印，「句吴曹氏收藏金石書畫之印」白文方印，「云瓿」朱文小印，「君直長壽」白文方印，「唐天馬鏡室」白文方印。

戊戌中秋前四日，長毋相忘室主轉貽，時將出都門。君直識於西甎寓廬。

是書據清波雜志凡四百餘闋，今本闕九十六首，尚得四百十二首。據目録凡五百八首，豈周煇所見已非足本與？當再考之。庚□二月三夕雨，徹夜不成寐，書此。云瓿。

載萬所爲詞，名樂府廣變風，見碧雞漫志。今厘於花草粹編得虞美人一闋云：「世間離恨何時了，不爲英雄少。楚歌聲起霸圖休，玉帳佳人血淚滿東流。葛荒葵老蕪城暮，玉貌知何處？至今芳草解婆娑，只有當時魂魄未消磨。」録之以示岳觀、岳咨。庚子二月八日，云瓿唐天馬鏡室志。

又案虞美人詞，亦見碧雞漫志，惟「霸圖休」下只「一似水東流」五字。漫志又引載萬更漏子云：「憐宋玉，許王昌，東西鄰短牆」，惜皆非全曲。

辛丑三月廿又八夕，叚程憶雲同年所藏曹楝亭本對校一過，覺曹本殊遜此也。以目録夾注「原作某」校之，知此本即出楝亭，而多校改處，曹本封面稱「楝亭藏本揚州詩局重刊」。因附記卷端。廿有九日，云瓿。

道光己酉八月四日閲一過，有可疑之處，以意校之，即注於上，他日當將見於刻本者覆勘，或可再正其誤也。戈載識。

癸丑四月，余館華亭韓氏讀有用書齋，見楝亭叢刻兩部，皆有梅苑，一用朱墨筆校，不著姓名。以法書考、琴史校語所署小山仲子斷之，則何義門先生之弟煌也。一用墨筆校於書眉，每條下皆署戈載校，并有跋語，則順卿先生也。亟渡兩家所校於此本，凡三日而畢。是月望夕，元忠燈下書。

云謠讀曲記一卷淩波讀曲記一卷 二册

清吴縣曹元忠撰。手稿本。

題云謠讀曲記者一册，共七十三則。又另紙夾附五則。題淩波讀曲記者一册，共二十一則。云謠爲初稿，淩波爲重定清稿，而未録畢。其書大抵於歷代詞曲作攷證、校勘、輯佚，工夫邃密，不同於他詞話之徒作品評空論。如曾端伯樂府雅詞載排偏八関，即王明清玉照新志所云馮燕傳，見之麗情集唐賈耽守太原時事也。元祐中曾文肅帥并門，感歎其義風，自製水調歌頭以亞大曲者。并録太平廣記豪俠門沈亞之馮燕傳，以爲即後世傳奇所濫觴。據大明集禮樂歌篇所載元樂曲長春柳等，及也可、唐兀、畏吾兒諸曲聲律字譜，以補舊、新兩元史禮樂志之所闕。無錫侯文燦名家詞集於李後主蒐采極博，然尚有遺漏，更據花草粹編、嘯餘譜、尊前集等補得六首。宋徽宗原有御集百卷，見大觀録，所載高宗撰徽廟御集序雖已失傳，而其詞間有存者，爲掇輯成一卷，已刻入彊村叢書中。其校勘則多據宋人所選詞總集，及諸家筆記，參之石刻、書畫録。如補蜀王與花蕊夫人避暑摩訶池上賦洞仙歌之原作全文。補黄大輿梅苑之佚詞等，不僅在文字之異同而已。其爲吴重熹、石蓮庵校刻樂章集，作校勘記，附輯屯田佚詞。於絳都春上元一関附説，謂「顧、陳草堂詩餘皆作丁仙現，其人無考。今更考之避暑録話，嘗稱崇寧初大樂闕徵調，有獻議請補者，併以命教坊、宴樂同爲之。大使丁仙現云：『音已久亡，非樂工所能爲，不可以意妄增，徒爲後人笑」，云云。是丁仙現是北宋教坊大使，此詞宴樂必嘗歌之。白石鷓鴣天元夕云『舊情惟有絳都詞』是也。草堂詩餘以傳自丁仙現，遂以屬之耳。據苕溪漁隱叢話，自是屯田詞也。」時吳刻已行世，未及載入。而蒐羅清人佚詞，如王仲瞿刻「綠蕪彫盡臺城路」印章，旁刻臺城路憶青溪舊事云：「誰家門外青溪水，春風未吹楊柳。畫閣雲歸，紅樓雨霽，當日闌干垂手。飄零以後，這花冷衣寒，那人消受。恁地冰魂，屋邊窗下笑相負。空餘春夢一刹，是羅浮好處，留也曾久。月落山空，雞鳴夜靜。惟有雲牀風牖，銀箋未朽。賸幾許詩篇，外孫齏臼。博得今宵，寂寥偏中酒。」欵云：「己酉五月，虞花王仲瞿製辭并篆。」今煙霞萬古樓集無詩餘，相傳念奴嬌斷句有「一幅紅裙，包裹了十二萬年青史」。知其非不能詞，特不傳耳。此其吉光片羽也。多羅貝勒奕繪姬顧春題王叔明山水卷一詩一詞。詩云：「山上飛泉接斗杓，白雲隔斷路條條。青山青到無青處，聽取松聲過短橋。」其詞風入松已載東海漁歌，而詩則無傳，亦自清麗可誦。君直先生晚年得宋趙子固淩波圖卷，喜其高潔，有洽素懷。因名所居曰淩波榭，即以題其詞及讀曲記云。

甲辰稿卷一

闕里石刻孝經論語大學中庸不分卷八册

清金匱錢泳仿漢熹平石經寫，嘉慶十九年刻石。同治十三年補刻。墨拓本。

梅谿此刻始於嘉慶七年，成於十九年，以漢隸書之，字徑寸餘。每半葉五行，行八字。胡源、褚逢春梅谿先生年譜於嘉慶十八年云：「先是先生隸書孝經、論語、大學、中庸各爲刻石。因論語字多未完。至是，阮芸臺侍郎爲漕運總督，設法致銀四百兩刻成之，暫置揚州府學明倫堂。」於道光元年云：「始將所刻孝經、論語、大學、中庸，共計一百二十八石，從揚州移至蘇州郡學，立於明倫堂後敬一亭。揚州阮相國元、南城曾中丞燠皆有題記。」錢泰吉曝書雜記云：「梅谿嘗仿熹平石經寫論語、孝經、大學、中庸章句，文字謹遵聖祖仁皇帝、高宗純皇帝欽定本。初欲勒石於闕里，題曰『闕里石刻』，今在蘇州府學敬一亭。凡一百二十四石。」今案孝經末有「闕里石刻」篆書四字，及「大清嘉慶七年歲在壬戌春二月，國子監生錢泳仿漢熹平石經體書敬寫孝經、論語、並禮記大學、中庸舊文，勒石闕里。刻始於是年三月，至十九年甲子冬十月告成，謹識」。隸書五行。論語後有嘉慶七年阮元闕里石刻孝經論語後記，中庸後有嘉慶九年曾煥記。全書後又有嘉慶十九年阮元記。並附校讀刻石人姓名。道光元年錢泳自記。同治十三年應寶時、包桂生跋。蓋梅谿於嘉慶六年由芸臺捐俸刻孝經，又自刻論語，以費鉅不繼，至十三篇而止。九年賓谷轉運揚州，續刻大學、中庸。十九年兩淮巡鹽阿克當阿又續完論語後七篇，皆芸臺之力也。梅谿自書而自鐫之，故精妙絶倫，共一百二十四石。年譜「八」係誤字。初擬載往曲阜，故顔曰闕里石刻，留置揚郡學宫者七年。至二十五年請之巡撫陳桂生，移於蘇州府學敬一亭。經咸豐庚申兵燹，石毁過半。同治十三年訓導包桂生請於布政司使應寶時，補刻完成，嵌置於紫陽書院講堂，此即其時所拓也。

阮記雖有與並世通人商酌字畫之説，然仍多可議者。馮登府石經閣文集有與梅谿兩書，皆論此刻。其論論語謂「其斟酌字畫，不爲板本所沿譌，尤見考古之精。然如「佾」作「⿱八月」，本是「佾」省，漢人借以爲隱佚之佚。「八⿱八月」字未知所據何本。「敉之而無憾」，「憾」作「感」，感即憾，左成二年「朝夕釋憾」唐石經作「感」是也。此文感字據何本？孟「之反」作「子反」，「斗筲」作「⿱艹捎」，「遇諸塗」作「涂」，「借人乘之」作「耤」，「和而不同」作「龢」，「悾悾而不信」作「空」，「師愈」作「瘉」，又作「俞」，「億則屢中」作「婁」，若此之類，有原文可述否？其本之説文、釋文、漢、唐石經者是矣，尚有所遺。説文之可從者，如「份」字云：「文質備也，」引「文質份份」，又於「彬」字下云：「古文份」兼存古今文。似宜从份等六條。釋文之可從者，如：「居之無倦」作「卷」。案古當作「劵」，「券」是「劵」之譌。説文：「劵，勞也。」臣鉉云：「今俗作倦」，倦是俗字，宜从劵。無倦之倦同等二條。漢石經之可從者，如子貢作「贛」。説文：「贛，賜也。」「貢，獻功也。」兩文義異。古人名字相配，端木名賜，正宜作贛等四條。唐石經之可從者，如：漆雕作「彫」，説文：「雕，鷻也。與鵰同。」「彫，琢文也。」義本殊。皇本及陸氏並作彫，作雕誤也等二條。其論孝經謂不當以司馬貞一言遂删去閨門一章。仲尼居，釋文引云：「靜而思道也。」案古文本作「仲尼閒居」，傳以靜訓閒，故陸氏云然。此可見唐本尚有閒字。今宜據以補入。其論大學謂今用朱子所取以更定之舊本爲宗，不若從注疏本爲古。至「緡蠻」之「緡」本作「緍」。从昏者，唐人避民字諱而作，當改正之。「人之其所親愛而辟焉」五「辟」字唐石經皆作「譬」。案，鄭注「譬猶喻也」。知漢時本作「譬」。「實能容之」之「實」，公羊引秦誓作「是」。案寔本訓是，實訓有。二字雖同，作「寔」爲古。「聽訟吾猶人也」，釋文作「吾聽訟猶人也」。論語作「聽訟吾猶人也」。今相紊爲一。考此注，「聖人之聽訟與人同耳」，此吾字在上之證，宜從陸氏改正。蓋柳東邃於經學，又偏考歷代石經，故所言皆是。惜石已刊成，不能琢改也。」

梅谿曾於乾隆五十年乙巳摹刻明人雙鉤本漢石經殘字，爲翁覃谿、王蘭泉所珍賞，由是知名。今洛陽原石殘片發現，考之多不應，人以爲梅谿僞作。然乾隆乙巳梅谿年僅二十七，未必有此作僞之學識。或謂明人好作僞，梅谿亦受其紿耳。夫世無蔡邕、邯鄲淳，固不能無闕失疵議，然若梅谿者亦可謂好事者已。

周易輯注箋疏五卷學易就正草不分卷附附録 九册

清慈谿林兆豐撰。手稿本。

兆豐字玉如。歲貢生。徐世昌清儒學案卷二百三，據潘衍桐緝雅堂詩話謂「兆豐好學深思，潛心經術。所撰隸經賸義，爲王祭酒先謙刻入皇清經解續編，中有周公稱王説，力扶鄭學，於王肅説譏其淺陋，持論甚正」云。所述甚略，並不及其深於易學。隸經賸義，余別有考，詳其子頤山所著經述稿本書録。

此稿首列題詞，書名「輯注箋疏」者，取用王弼注寥寥，故博采子夏傳而下，自漢迄今説易之家，以佐成之。王注、孔疏、鄭注、程傳、本義，本書例不舉名，以人所常習也。他家之注，則皆舉其姓名。諸家説有未安，則兆豐爲之箋以易之，間或舉名，必中隔他人之語，以此識別之。注與箋內有用古書及襲前人成説未表明者，則更爲疏以證明之。蓋仿惠定宇周易述自注自疏例也。卷爲一册，册百餘葉。第四册至下經益卦止，第五册標目爲卷七，爲文言傳，卷中塗乙增改，當係初稿。題學易就正草者三册，不分卷，考即周易輯注箋疏之清稿，但係選鈔條文，止於繫辭傳上。蓋當時全書或尚未完成，或有待修改，先要删手録，以質當代，故題曰就正草也。末一册爲雜録宋、元人易説，未加詮次者。案全書編次，大象傳依沈起元周易孔義集説本，析出自爲一傳，而以上繫解七爻，下繫解十一爻，移附於文言傳後，至彖傳上下、小象傳上下，則仍依注疏本，附上下經；序卦、雜卦依古本併入説卦，合爲一傳。慮有議其變亂古書，則舉胡一桂纂疏云：「夫子大象，自釋一卦兩體之象，與卦爻之辭絶不相關。」毛氏璞曰其初本異卷，當自爲一類。然則沈氏亦有所本，非其憑臆刱作矣。又困學紀聞引程沙隨之言曰『乾、坤，易之門，文言於乾四致意焉。坤則一而已。舉乾、坤之義，則他卦可知。上繫解七爻，下繫解十一爻，大略類文言，學者可以三隅反」。」然則以此十八爻移附於文言之後，實本程氏，亦非憑臆刱作矣。王弼以清談説易，爲世詬病。兆豐此書，則專宗王氏，謂弼生當魏世，值漢末經師説易衆家雜糅，弼厭之久矣。故上取韓嬰、丁寬之書，下及薛、虞之記，淵源子夏，起而廓清之。苟非淵源有自，得所據依，豈能卓然自信如此。既廓清矣，則衆家雜糅，盡歸排擯，而枝辭曲説，不足爲易書之障，易之元旨出矣。因是尋繹孔義，還孔子説易之舊觀。然積習已久，復古爲難，不有弼書起而廓清，則子夏家法，前漢師承，盡歸湮没，而後之説易者迷而不復，真終古塞門矣。並歷舉前漢師説，不失子夏家法以證弼之注易亦猶行古之道，非刱作也。舉斯二條。其著書之恉可見，惜其書未完，雖有子爲一代大師，亦未能如江鄭堂之補惠氏周易述耳。

題辭自疏不録

三易掌於大卜，連山、歸藏無徵，而周易以萃四聖作述獲傳。然易有聖人道四，以言者尚辭，以動者尚變，制器者尚象，卜筮者尚占，以故儒者之書，術家咸得託焉。其見於春秋内外傳，或出儒者微言，或沿術家傅會，家尚其學，鮮所折衷，微十翼之作，則羲之畫文，周之辭，無由窺見其藴，而枝辭曲説，將有不可窮詰者，易其終古塞門乎。漢室重興，易書散佚，經師遺訓，存者寥寥，獨其季世作者輩行尚閩梗概，但揆厥旨趣，率皆未逞尋繹孔義。去取羣言，兼收並録，益以支蔓，遂使朱紫混淆，涇渭同流。獨魏世王弼竊取韓嬰丁寬之書，薛、虞之記，淵源子夏，用能起而廓清，闢彼榛蕪，還其本始，厥功偉矣。雖其人昧於詁訓，間尚玄宗，要無關其宏旨也。易學可宗，無踰於此。兆豐自執經之言，流覽所資，竊獨好此。私采子夏而下，自漢迄今説易之家，凡異於弼注者，參會義藴，酌定訓辭，補其闕略，正厥紕繆。其於四聖之學，或亦有裨萬一。顧世儒不察，類斷斷以漢師承是爭。詎知漢之師承，本不如是，而乃互體不足，遂及升降，説卦無稽，益以逸象，五行納甲，卦氣爻辰，所在皆是，黨於多岐，從而汩之，以視絜静精微之教何如也。

古文尚書鄭氏注箋釋四十卷敘録一卷逸文一卷

吳縣曹元弼撰。清稿本。

余年二十，從復禮師受經，爲述羣經傳授源流。謂尚書自濟南伏生後，兩漢今古文大師蔚起，至鄭康成而其義大備。鄭君於各經皆先通今文，後注古文。易主費氏而别注易緯、乾鑿度等篇，則孟、京之義，荀、虞所自出者皆包之。書主孔壁古文説而别注書大傳，則歐陽、夏侯所受伏生大義皆包之。故易注與荀、虞不相謀而適相成。書注於歐、夏，存其是而去其非。其論堯舉舜，歷試二十年，薦之於天，使攝天子事。堯崩，三年喪畢，舜讓丹朱，天下諸侯盡歸之，乃即位。舜先放鯀而後舉禹。禹治水功成，乃流三凶，於是賓于四門，四門穆穆，皆堯時事。文王戡黎伐崇，雖受天命，猶爲殷祈天永命，卒得須暇五年。武王即位，四年觀兵，六年乃伐紂。初無大祥觀兵之事。周公居東與東征異時事，多方與多士異時作。皆依據書序、大傳、史記，而别擇史文之參差，確乎得事理之當。禹貢贊辨漢地理志，洪範五行推闡伏傳，參酌班志，其窮理盡性，深通治道之言，散見各篇。皆足羽翼聖經，垂範來世，守死善道，集漢經師之成。自王肅作僞，六朝時與鄭書並行，陸德明、孔穎達徇俗失正，以僞孔安國傳爲主，而鄭學寖微，至宋遂亡。吳棫、朱熹始質言古文孔傳之僞，王應麟始蒐采羣書，輯鄭注遺文。至清而其學大興。若胡渭、閻若璩、惠棟、王鳴盛、江聲、段玉裁、孫星衍、陳壽祺、喬樅父子以逮王先謙、皮錫瑞等，各抒所得，著述繁富，懿歟盛哉！時師正憂患注易，未遑他及。至一九四一年四月，始取前人所集鄭注並酌取諸家之説，辨章古訓，會通典禮，討論時世，句詮字釋，章分節解，目存心歷，尋繹其語脈，發皇其精神，爲之箋釋。務使文從字順，一覽而悟。日與金君智銓、嚴君鹿苹兀然對坐，口授筆録，雖目瞑意倦，寒暑無間。至一九五一年，歷十一年而始成。時年八十五矣。先是師所著書，隨草隨刊，書成而刊亦成。晚遇艱屯，饔飧不繼，無暇於削氏。及稿成，以余受業門下數十年，得聞緒論，親見辛苦。因以相授，使謀傳世，於序中言之殷殷，屬望深矣。敢不敬謹護持，以待時機。自序詳述書學源流，長達萬言。兹録其條例若干則，亦可窺其全書大恉云。

條例

一、典謨誓誥之文，古但稱書。孔子删定，以其爲古聖帝明王，繼天立極，道濟天下，奠安萬世之訓，尊而命之曰尚書。説文序云：「孔子書六經。」又云：「魯恭王壞孔子宅，而得尚書。」則尚書二字，孔子所題，自是七十子迄於漢初，皆稱尚書，伏生大傳、歐陽、大、小夏侯經題皆同。伏生書本周末古文，漢初出壁藏殘帙，教於齊、魯，又授鼂錯。始易以隸書，取通俗易曉。至孔壁書出，皆蝌蚪古文，世人不識。孔安國以伏生書讀之，逐字比勘，辨章同異，考正差忒，亦以隸寫之。而文句既不盡同，立説因之有異，別號爲古文尚書，以授學者。遞傳至於後漢杜、衛、賈、馬。題目皆同古文，既別起家法，因謂伏學，爲今文家。鄭君初從張恭祖受古文尚書，後博通古今文家説，擇精語詳，以注古文，此書標題古文尚書，遵鄭本也。

一、經二十八篇，序一篇，伏生壁藏所得。漢四百年列於學官，孔安國以校孔壁本，自都尉朝、司馬遷以後，至東京馬、鄭，而學者傳習益盛。太誓一篇後得博士讀説入伏書中。孔君亦以校古文。此授受源流，明白可據。詳見史記、兩漢儒林傳及漢書藝文志。至東晉時，晚出古文孔傳行世，而伏生今文，歐、夏以來所傳孔安國真古文，馬、鄭所注本皆亡。幸經二十八篇，除太誓。序一篇，尚存於梅賾書中。其於今文及馬、鄭字句篇次不同者，據釋文、正義等書，尚一一可考見，今據以爲本，而詳悉辨證之。詳當篇及述學詩注。

一、經文字句，一依唐石經，參以釋文、注、疏善本。

一、鄭本異文，確見釋文、正義等古籍焯然無疑者，從鄭本，而以僞孔本及他家異文著於箋。餘悉依見列學官本，經文至重不敢輕改。

一、太誓篇，諸家采輯大傳、史記各書第録成章，參錯不齊。今諦審文義，擇善從之。

一、鄭君雖據古文作注，而訓義實兼包今古文各家，如易主費氏而兼綜孟、京，詩主毛氏而博采三家。所謂囊括大典，網羅衆家也。書之大義，伏生已舉，子國起家，不過如伏書之補注，非相違而相成。其餘諸家，源遠未分，漢師遺説，多見傳記、史志，潛心推索，皆可得其分合異同之由。今悉采入箋，以補鄭注之闕。孰爲今文，孰爲古文，孰爲本義，孰爲別説，與鄭義孰同孰異，當文即注明，而釋語中更申詳之。

一、鄭注融會大傳、史記，折中精當，而遭世喪亂，學者傳寫不免乖舛，有與本意大相剌謬者。如「殛鯀于羽山」之注是也。有各疏所引不同，合校細推，乃可得其本真者，如「日中星鳥」之注是也。今皆反覆考詳，以正千載積誤。

一、鄭注各家輯本詳畧不同。以孫氏古文尚書馬鄭注、袁氏鄭氏佚書爲最備。今據以爲本，損益別裁之意，當文注明。

一、箋中采輯古義，約分十一類。一、傳記引書，孔門微言大義也。一、諸子引書，雖不盡純，亦信多善。今斟酌取之。一、爾雅詁訓，所謂「古文讀應爾雅，故解古今語而可知也」。一、説文所偁孔壁古文、棘下生，或以今文易古文，許君存其本字也。一、書大傳，今文之祖，歐陽、夏侯所撰定伏生説也。一、史記太史公從子國問，故所受古文説亦多當時學官今文義。一、禹貢采漢書地理志、洪範采五行志，今古文舊訓備載其中。一、漢代詔令奏議，引書推説，義理深美，文章爾雅，足裨補經義。一、馬氏注與鄭義相輔。一、五經異義、書緯、鄭志、各經注涉書義者。一、漢石經殘文，各書及漢板所見異文，博觀約取，著於篇。

一、書亡於秦，明於漢，亂於魏、晉間，至宋吳才老、朱子，始辨梅賾書增多之篇，爲非真古文。至明梅鷟、國朝閻百詩、惠定宇而疏通證明，確鑿無疑，經純廟折中論定，而真古文二十八篇，序一篇，與伏生所傳同。武帝末所得太誓，漢代立學，今古文家並傳之者。至江艮庭始創通大義，段懋堂、王西莊研精訓詁，考詳制度，孫淵如網羅放失舊聞，陳恭甫父子更增廣之，如重規疊矩，相得益彰。西莊釋禹貢，及焦里堂，多足補胡朏明所未逮，近皮、王二家亦頗有可采者。今削繁增簡，存是去非，貫以數十年積思所得釋之。孫書言富理博，而文字脱誤至多，余爲一一校正，其間大純小疵，亦讚而辨之，別爲尚書今古文注疏校補，與此書竝行。

一、孟子言頌其詩，讀其書，知其人，論其世。孟子論堯、舜、禹、益、湯、伊尹、文、武、周公之事，皆融貫經文，本孔子微言大義爲知人論世之準。則推論事理，深得古聖人之心，足以垂教萬世。伏傳孔説，史記皆祖述之，而鄭君尤善折衷。孟子又言「説詩者，以意逆志」是爲得之。「盡信書，則不如無書，」非不信書也，亦如説詩當以意逆志，而不可盡泥其辭。故血流漂杵之言，非窮兵黷武者所得藉口。若保赤子之言，非愛無差等者所得藉口。凡治書之要有二，一精考訓詁，一詳繹辭意。訓詁之學，江、王、段、孫諸先生既宣之矣，愚因其成訓，沈潛反覆，以求每篇辭意，得其上下、分合、前後，自相表裏，反正相生，語氣斷續，神恉所在。篇分數章，章分數節，條理分明，脈絡貫通，有欲增減顛倒而不可得者。昔人苦儀禮難讀，張稷若先生作儀禮鄭注句讀，分節詳明。而此經不復以難讀廢，學者亦苦殷盤、周誥等篇難讀，由吾説求之，當亦開心明目，皎如繹如，因其辭以得其志。好之樂之，不知其倦。尚友千載，所謂君子樂道堯、舜之道者，庶幾於是遇之。

一、古文有逸十六篇，鄭注時引其文，雖以絶無師説，不敢爲解，原文當附存所注各篇後。魏、晉以來，學者苟趨簡約，不復存録，遂亡。

一、逸篇亡篇之文，諸書所引，有篇名者，依孫氏，附各篇序下；其無篇名者，依江氏，總列序後。

一、東晉古文經純廟確定其僞，然以傳記諸子所引，亡逸之文，蒐采幾備。此外裒集古書，精理名言亦多，仍列學官，所謂與其過而去之也，寧過而存之。王氏疑皇甫謐所爲，焦氏疑當時隱士所爲，沈果堂、阮文達皆謂其不可廢。學者不爲古人所愚，而兼得古人之益，辨僞得真，而取善無方，斯爲善讀書者，附論於此。

一、漢代今古文家尚書，多以篇爲卷。述學詩詳論之。鄭君當亦然，釋文敘録，稱鄭注九卷，不知如何合并，今箋釋文多分爲四十卷，加敘録一卷，逸文一卷，凡四十二卷。

詩序一卷 一册

明常熟毛晉汲古閣刻津逮秘書本。清元和惠棟手校。

子晉刻書之富，遍及四部。嗣得胡孝轅所刻諸雜書殘板，併向所刻之零種，合爲津逮秘書，以餉海内，得之者珍爲善本。此詩序一卷爲第一種，又經惠松崖手閲，邢風柏舟有識語一條。蠧損處均手加填補，可見讀書不苟。考周香嚴琴清閣書目手稿，爲當時批價出售者，有「惠半農、松崖批津逮秘書一百三十一册，四十二兩」，蓋即此本。昔賢於大部叢刻，往往全部評校，所見有涵芬樓之盧抱經手校古今逸史，舊藏有張訒庵手校漢魏叢書，不僅服古人用力之精勤，而又能持之以恒。况此爲惠氏兩代所讀書，不尤可寶耶？憶三十年前偶游來青閣，有老嫗携書求售，解袱則爲津逮秘書之首函，主人以非全帙謝之。余瞥見有惠氏及陶文毅藏章，因屬主人爲代收，並欲問其後各函。主人謂既得其首，其後必續來。若問之，反使居奇。乃閲時既久，此嫗終不再來，悔之莫及矣。觀文毅各印，必在撫吴時得諸周氏者，載歷三湘，仍歸吴下，不可謂非書緣也。

有「惠棟之印」白文方印，「定宇」朱文方印，「長沙陶澍」白文方印，「賜書樓陶氏之記」朱文長方印，「小淹陶氏」朱文方印。

詩外傳十卷 一册

明常熟毛晉汲古閣刻津逮秘書本。清元和惠棟手校。

汪容甫荀卿子通論謂「韓詩之存者，外傳而已。其引荀卿子以説詩者四十有四，由是言之，韓詩，荀卿子之别子也」。此特據其明引荀子語者言之耳。其不著荀子而實取之，或稍變其文者所在多有。松崖此校爲一一標出之，則容甫所未及，且益足證韓詩之亦源於荀子也。他如同於董子、大傳、吕覽諸書者，亦加標識，以會其通。又如卷二「傳曰：『雩而雨者，何也。曰，無何也，猶不雩而雨也。』」松崖謂漢儒皆祖公羊。又「商容嘗執羽龠憑於馬徒，欲以伐紂而不能，遂去伏於太行」云云，松崖謂「康成以商容爲商禮樂之官，不見古文故也。韓太傅豈嘗見古文耶？」卷三「傳曰：『易簡而天下之理得矣。』詩曰：『政有夷之行，子孫保之。』」松崖謂「夷，易也。謂佼易之道。康成解詩亦引易爲證」。卷八「越王勾踐使廉稽獻民於荆王」。松崖謂「曲禮獻民虜者操右袂，然則猶獻捷也。春秋『齊侯來獻戎捷』，捷一作菽，音之誤也」。凡此皆有考據，而校正脱譌尤多。皆趙懷玉、周廷寀校刊時所未見。

末有陶文毅小象大方印徑約二寸，方面長髯，手執一卷。右題「印心石屋主人」，左題「而眉龐而髯長，仙心儒素而佛腸，手此一卷，舄奕書香」。皆篆書。蓋昉自陳仲魚。仲魚藏書小象，與「得此書，費辛苦，後之人，其鑒我」。兩印並鈐。此則銘象合而爲一。所見又有陸存齋、袁寒雲所藏宋、元本，亦鈐有小象印而無銘；曹墨琴女史楕圓小象印，則書畫卷中偶一用之。皆爲藏書掌故，亦印林佳話也。

又有「惠棟之印」白文方印，「定宇」朱文方印，「長沙陶氏」白文方印，「賜書樓陶氏之印」朱文長方印。

毛詩草木鳥獸蟲魚疏廣要二卷 二册

吳吳郡陸璣撰。明常熟毛晉注。清元和惠棟手校。

四庫總目提要著録二卷，實則卷分上下爲四卷。原題「唐吳郡陸璣元恪撰」。蓋援陳振孫之言，謂其書引爾雅郭璞注，當在郭後，未必吳人。提要駁云：「夫唐代之書，隋志烏能著録。且書中所引爾雅注僅及犍爲、文學、樊光，實無一字涉及郭璞，不知陳氏何以云然。其辨璣之非唐人，是矣。而謂無一字涉及郭璞而疑陳氏之説，則尚考之未審。故友吳檢齋承仕云：「案李匡乂資暇集曰『陸璣草木疏稱，郭璞云緑竹，王芻也。今呼爲白脚蘋。』陳振孫所見與唐本同，毛晉撰廣要，或删去此文，致與唐、宋人所言不相應。清儒爲提要者，止見明人删改之書，遂云無一字涉及郭璞，其實不爾。然則唐人所見，已非陸璣原本，近代所見，則又非陳振孫當時本也。提要之誤，較然可知。」其言甚是，但云今本郭璞語爲毛氏删去，則尚有可商。毛序雖有删其蕪穢語，末跋亦引陳氏説，則正當存郭注以堅所持唐人之證。況明刻又有漢魏叢書、續百川學海、鹽邑志林、唐宋叢書諸刻本，豈毛氏一手所可盡删耶？蓋是書之經竄改也久矣，固不必定其出自誰手。焦里堂謂「陸疏太約，爲後人掇拾之本。呂東萊所引陸疏，言毛詩授受與此大異，知掇拾者未見讀書記也」。其言最爲近是。此書經惠松崖讀過，雖着墨不多，自是可珍。陳繼儒太平清話云：「鈔本書如古帖，不必全帙，皆是斷珪殘璧。」我於校本亦如是云。

有「惠棟之印」白文方印，「定宇」朱文方印，「長沙陶澍」白文方印，「賜書樓陶氏之記」朱文長方印，「印心石屋」白文方印，「印心石屋主人小象」大方印。

附釋音毛詩注疏四十卷 二十册

清嘉慶二十年江西南昌府學刊本。無名氏臨元和惠士奇、惠棟校。

惠氏父子讀本毛詩，係用北監板，此不署姓名者，以朱藍兩色度於阮刻本上。卷終有乙酉紀年，當爲光緒十一年。卷中有沈大成、王嘉曾案，則當出沈沃田傳本。於卷十二之三小宛箋：「行小人之道，責高明之功，終不可得。」定宇云：「漢明、章二帝，皆通經，此章傳箋，皆大寶箴也。宋儒棄之，別爲異説，所謂小儒破碎大道者。吾故曰，宋儒之禍，甚於秦灰。」有朱筆乙宋儒以下二十八字，批曰：「非也。」余別藏姚椿臨惠校禮記注疏，惠於王制篇有云：「胸馳臆斷，目空千古，宋儒之禍，等於秦灰。」而春木於條末大書「此論非」三字。此亦其比。然則原本或有春木筆，與禮記同出一源歟？至卷四之一至卷八之二，皆無校筆，當係原本所闕。而全書圈點塗乙，具有精義。摘附陳長發毛詩稽古編較多，蓋有契於其書也。唐人義疏於典章制度有不能明者，則不加强説，固闕疑之旨，而定宇好加駁斥，如邶、鄘、衛譜：「自紂城而北，謂之邶」云云，正義云「此無文也」。定宇云：「孔仲達不能疏，輒曰無文，非也。康成於經傳無明文者，必作蓋爲疑詞，此等皆據舊典，定非臆説，今已不可考矣。」柏舟「髧彼兩髦」，傳：「髦者，髮至眉。」正義云：「髮至眉亦無文。」定宇云：「毛公時書今不可見矣，康成生於東漢之去，尚不得見漢初之書，況孔仲達又在千歲之後乎？既不能疏，輒曰無文，是啟後人之惑。」又定宇篤守漢儒，而於宋儒則往往隨意牽入，横施抨擊。如卷耳「嗟我懷人，寘彼周行」。傳：「寘，周之列位。」正義云：「襄十五年傳引詩曰」云云。定宇云：「毛傳本春秋左氏而朱子棄之，以左氏不足信也。王安石亦言三傳俱不足信，與朱子同。當時惡之者，遂作斷爛朝報之語，以謗春秋。宋儒不好古，三傳棄如土。」卷阿「有卷者阿，飄風自南」。箋：「大陵曰阿」云云。定宇云：「存此説兼可勸勉人君，朱子盡删之，則三百篇皆風雲月露之詞矣。雖有民彝物則，亦何補於家國乎！」與宋儒之禍甚於秦灰之説，均未免持之稍過，或謂矯枉者必過其正。有明一代，汩没於宋、元理學，空談無實。及惠氏出而漢學大昌，定宇實主持一時風氣，則漢、宋涇渭，自不能不嚴加區別者也。全書條釋余已輯成四卷，編入松崖讀書記，於諸經注疏中爲最富，阮氏撰校勘記亦未見也。

詩説三卷

清東吳惠周惕撰。康熙惠氏紅豆齋刻本。

朱氏經義考、四庫總目提要均著録。每半葉十一行，行二十二字。每卷末有「小門生王薛岐謹録」一行。楷法秀逸，鎸刻精絶，更勝研谿詩文集。薛岐籍長洲，吾鄉有此人，而惜志乘無考。首田雯序，稱其旨本於小序，其論采於六經，旁搜博取，疏通證據，雖一字一句，必求所自，而考其義類，晰其是非，蓋有漢儒之博，而非附會；有宋儒之醇，而非膠執。庶幾得詩人之意，而爲孔子所深許。汪琬序稱「惠子元龍好爲淹博之學，其於諸經也，潛思遠引，左右采獲。久之而怳若有悟，間出己意，爲之疏通證明，無不悉有依據，非如專門之家，守其師説而不變者也。其所著詩説先成，多所發明，雖未知與孔子删詩之意果合與否，然博而不蕪，質而不俚，善辨而不詭於正，亦可謂毛、鄭之功臣，夾漈、紫陽之諍子矣」。均極致推重。惟四庫總目提要，雖舉其勝義，亦駁其「頌兼美刺，義通於誦」及證以國策「禮無歸寧」之文之非。案禮無歸寧之説，又見研谿答薛孝穆書，自詡爲創見，立説頗辨，援引甚博，而提要未及。則此刻不附答薛及吴超士書，而别入文集，故未之見。至吴志忠重刻，始析出附後。惠氏四世傳經，有聲著述已無傳，研谿僅成此種，至半農而始博，定宇而始精。於此可考其學術之源流焉。舊與文集合訂一册，傅沅叔先生所贈。

毛詩正義惠氏校本録存不分卷 一册

清元和惠士奇、惠棟撰。長洲葉昌熾輯。手鈔本並跋。

菊裳先生據吾鄉貞豐里陶氏所藏定宇父子手校明北監本，擇録其校語之精者成一册。緣督廬日記鈔光緒七年辛巳三月初八日云：「從陶仲平叚得毛詩惠半農父子校本，録于别紙。」又十一日云：「録毛詩校本訖，計三十餘紙。」即此本也。是本經兩世研誦，幾至墨弊紙渝，故卷七之三至卷八之二三卷，斷爛重裝，每葉上半截皆闕，無校筆。余别得無名氏臨惠校注疏全本，係出自沈沃田、王史亭本者，則并卷四之一至卷八之二皆無校筆，意又爲沈、王本殘蝕。今自卷四之一至卷七之二各卷，反得據此補闕。且此雖出於擇録，而往往有出於全本校筆之外者，則定宇老學不倦，必爲沃田假讀以後所增，所見惠校多有之，不足疑也。菊裳先生跋，謂「所校極尊小序，謂在毛前，而絲衣一條云：『康成謂序在毛前，恐未必然。』先後矛盾，蓋非一人手筆」。今案定宇於常棣序云：「康成以序，子夏所爲，親受聖人，宋儒生於千載之後，獨譏其非而斥之，則吾豈敢。」又云：「康成以詩序爲子夏所爲，而後人謂衛宏撰。先君謂衛敬仲詩序亡來久矣，非今詩序也。」又於南陔序云：「鄭樵云：『詩序至魏黄初時始行』，斷以爲衛宏作。棟謂衛宏作詩序，鄭康成注禮時不容不見，何待箋詩時始見之也。鄭樵之武斷如此。蓋毛詩與詩序並傳，三家皆未之見。毛詩與左傳、周禮皆爲古學，故至後漢始行。蔡邕、李尤、服虔皆引詩序也。是惠氏父子於小序皆主子夏所作，而斥鄭樵臆説，非不同也。」

昔年余徧求惠校本，輯松崖讀書記，曾從江蘇第二圖書館館長陶小沚惟坻乞借是書，未幾小沚物故，載經喪亂，其本遂不知流落何所矣。

陶君仲平示余毛詩惠氏校本，都十六册，明北監版。詩譜敘前朱印二，曰「惠士奇印」，曰「半農」，孔氏正義敘前朱印二，曰「惠棟之印」，曰「定宇」。校用朱、藍、墨三筆，因即段歸，擇其精者録於别紙，其中墨筆居十之九，筆跡略有十餘處不同。統觀所校，極尊小序，謂在毛前。而絲衣一條云：「康成謂序在毛前，恐未必然。」先後矛盾，蓋非一人手筆。藍筆僅皇矣篇中一條及改正數字。朱筆字跡與藍同，藍云「棟案」則二筆皆出定宇先生可知。是書既爲惠氏世藏，當是半農先生以墨筆校於前，而定宇先生復以朱藍賡於後，或又羼入後人墨筆，未可知也。今不能明，惟於逐條之下，注明某色筆以示區别。全書圈點塗乙，具有精義，惜不及對臨一本，請俟異日。辛巳季春長洲葉昌熾記。

詩古音三卷 一册

清益都楊峒撰。吳縣王氏學禮齋鈔稿本。

是書先有舊校吟梅書屋鈔本，已著録。此則别鈔以備校印者。光緒山東通志列傳：「峒淹貫經史，工古文辭，韻學尤精。周嘉猷令益都時，爲齊乘考證，草創未就，病革以屬峒。峒乃參訂卒業，其喪葬用儒禮，學者尤稱之。著有毛詩古音、律服考古録諸書。」藝文著録：「毛詩古音三卷，引益都縣志云：「光緒初年，昌樂閻湘蕙於李文藻家故書中搜得之。存青州同善堂。」書巖事跡可考者止此，而是書之不至湮没亦幸矣。趙之謙先刻書巖賸稿，存文祇十餘篇，李祖年令益都，刻律服考古録。爲周嘉猷所訂之齊乘考證，乾隆時刊本。胡綏之先生謂其本最善，而不知其出於峒。此書祇傳鈔本，他日或有刻之者。趙氏之跋書巖賸稿云：「魏鹺尹錫曾嘗言爲前人蒐拾殘賸文字，比掩骼埋胔。余謂欲人弗見，令萬馬蹴平，世多有矣。異時當節衣縮食刊行，庶有封樹置防護。」葉菊裳先生於藏書紀事詩深慨是言，曰：「痛哉斯言，爲書續命，先哲有靈，實共鑒之。最録於此，以告世之能愛惜古人者。」案掩骼埋胔之説，李穆堂已言之。余謂所見猶局於一人之私，若以文化遺産論，前人辛勤一世，瀝血嘔肝，成此寸帙，所以承先而啟後者，功必有在。愛惜者，自當擇其精華，表章刊布，以助文化之發揚，民智之進展，兼以不負作者之苦心，俾名垂後世。嗚呼世之如書巖者多矣。安所得愛惜而有力者盡刊之耶？蓋不能無厚望者也。

毛鄭詩考正續一卷 一册

清慈谿林兆豐撰。手稿本。

兆豐有周易輯注箋疏，已著録。是書稱毛鄭詩考正續者，意爲續戴東原書也。實則各抒讀詩所得，無所謂續。始關雎，止有女同車，亦未完成。采集各家之説，解義則陳啟源，訓詁則段玉裁，二家之説爲多；於鳥獸蟲魚草木則陸璣疏、邵晉涵爾雅正義外，以李時珍本草綱目爲詳。意在徵實，不泥於文字。自加案語，亦能會通詩旨，不沾沾於考訂。

兆豐經學雖不及其子頤山之精深，然尚不失平實，末附學易筆記一則、學詩筆記五則，其説商頌長發「相土烈烈，海外有截」。又「韋、顧既伐，昆吾、夏桀」。小雅出車「王命南仲，往城于方」、「赫赫南仲，玁狁于襄」。「赫赫南仲，薄伐西戎」。皇矣五章至八章各條，均據今本竹書紀年爲證，今本竹書紀年之非汲冢原本，朱右曾竹書紀年存真，王國維古本竹書紀年疏證、今本竹書紀年疏證諸書言之詳矣。兆豐獨謂「紀年出於晉代汲冢，先儒惟以太甲殺伊尹事議其與經傳違異，然無害其宏旨也。近世有疑是書爲宋以後人僞託，非晉時所得之本者，徒以今本書起黃帝而晉史及隋經籍志云『起夏、殷、周三代』爲不協耳。不知史記注引和嶠云『紀年起黃帝』。與今本正合。嶠亦校録竹書之人，而其言如是，是當時所據之本，原有不同。蓋紀年在汲冢同出諸書中，最稱明了。故晉世校録諸臣，於是書各有論著，則亦未免有所補綴增續其間，且其校録非出一時一手，遂使所行之本，未能畫一。觀穆天子傳亦竹書之一，而今世所存之本，字多脱落，惟紀年特完。又書中自黃帝至帝嚳不紀甲子，顯與全書體例殊别。隋書經籍志有紀年異同一卷是其證。至若晉書有夏年多殷之語，在昔人本謂夏年多，殷年少，與諸傳記所紀夏、殷之年異，非謂殷年少於夏也。此灼然無可致疑者。以世多不察，敢於輕議古書，故辨其犖犖大者，願與好古之士共信之」。其言頗辨，附録於此，以供治竹書紀年者之參考。

周禮學不分卷 六册

吳縣胡玉縉撰。手稿本。

玉縉字許廎，號綏之。元和人。清末元和併入吳縣，遂籍吳縣。光緒辛卯舉人。舉經濟特科。清光緒乙巳，學部建分科大學於德勝門。宣統庚戌二月，以工程未竣，先就馬神廟大學預備科舊址開學。張之洞保薦先生任周禮學教員。此其所編講義，故用大學堂講義稿紅格稿紙。

先生經學邃深，尤熟精三禮，得定海黄元同之傳，因仿陳澧東塾讀書記體例，分類研究。先擬敘目，其分目三十有四，曰名義、源流、綱要、會通、周易證經、尚書證經、逸周書證經、毛詩證經、儀禮證經、禮記證經、大戴禮證經、左傳證經、國語證經、公羊傳證經、穀梁傳證經、孝經證經、論語證經、孟子證經、爾雅證經、鄭注之善、鄭注之失、鄭注與古周禮説平議、鄭注與各家佚注平議、鄭注與儀禮注平議、鄭注與禮記注平議、鄭注與古文尚書注平議、鄭注與詩箋平議、鄭注與論語注平議、鄭注與周易注平議、説文引經平議、故書段徐諸家平議、賈疏之善、賈疏之失、敘目。全書發凡起例，宏綱畢舉。大致繁徵博引，而折衷於元同之禮書通故，援説文稱賈侍中例，書中省稱「師説」。時象山陳伯弢漢章在弟子之列，其禮書通故識語自序所謂：「太學諸經師多南菁書院弟子，講經皆宗是書，稱曰『黄教諭説』而不名者也。」惜僅至尚書證經第六「司勳」而止，然三十四條目每條本皆可獨成一書，如綱要一目，即逹二百葉。若别裁著録，初無害於書之未完，其敘目已印入許廎學林，先生晚歲自平回蘇，曾以整理校刊著述見託。殁後其家人以兩鉅束來，而藏書悉散，其他遺稿零落不少，今就所藏，分别著録，以期他日付印，俾完宿諾云爾。

儀禮注疏五十卷十册

民國八年己未吴興劉承幹嘉業堂重刊陽城張敦仁本。吴縣王欣夫臨清金壇段玉裁、元和顧廣圻、武進臧庸、吴縣周錫瓚校並跋。

三十年前余於存古齋書坊得陽湖周孟輿所藏香嚴手校汲古閣儀禮注疏，全書朱筆燦爛。案跋語，嘉慶十一年丙寅臨顧千里校宋刊單疏本，十二年丁卯又臨段茂堂校本，段氏於乾隆五十八年癸丑以李如圭集釋本、鍾人傑本及張淳識誤、金曰追正譌校正其後，讀書有得，隨注於眉端，多引其師戴東原説，亦時及江艮庭、錢辛楣、程易田。其紀年有戊申、甲寅、乙卯、丙辰、丁巳、辛酉、壬戌、甲子，蓋始自乾隆五十三年，以迄嘉慶九年，歷十餘年之久。嘉慶五年庚申，顧千里假讀，附簽數十條，又有臧鏞堂案，則不誌歲月。一書而經數經師之研摩，誠甲部之瓌寶。宋單疏本已有道光庚寅汪氏藝芸書舍覆刊，張刻亦即據以配嚴州單注本，而諸家校語，則世所未見。爰於一九四六年之夏，假旋里居時，照臨於此劉刻本上，時如皋任君心叔銘善方治禮經，聞而假讀。覆謂「茂堂儀禮漢讀考刊本僅存一卷，此即其全書之底稿，可推衍纂輯以成完書」。余亦謂千里欲作之單疏識誤，於此可見其辜較。然則兩家未成之遺著，皆可於此探之，誠治禮者之金鍼也。今周本已失，幸存此副。段校繁富，望心叔能成其業，特條録顧校於此。孟輿名世澂，騰虎子。以諸生保舉知縣，胡綏之先生曾爲撰傳，原本有其題識。

癸丑五月以東原先生校定儀禮集釋本經注校此經注，又得鍾人傑經注，亦善本也。十二日。卷六末。

癸丑七月，以聚珍版集釋本及鍾人傑本校。卷十三末。

鄉射禮大射儀，永樂大典内集釋已亡。卷十八末。

癸丑八月，以集釋本、鍾本及識誤、正譌校定，茂堂。卷四十一末。

癸丑九月十九日恂校完，於經注譌字十得其八九矣。我子孫其寶之。玉裁。

偏觀諸本，集釋最善，岳本次之，沈冠雲氏所謂嘉靖本者，即明刻岳本也，嘉靖本與嚴州本同，非岳本也。仲漣。九月廿日又書。以上卷五十末。

嘉慶庚申元和顧廣圻覆校於經注，云宋本者，張忠甫所謂嚴本是也。以覲禮載大旆定之，餘亦合。七月十三日記。

嘉慶丙寅冬日，從黃氏士禮居假得顧澗薲所校宋刊單疏儀禮本照臨，香嚴周錫瓚識。

顧校於段茂堂玉裁先生本上，余於嘉慶丁卯假歸照臨。仲漣記。以上皆在卷五十末。

顧廣圻校記

卷一　士冠禮第一。「主人玄冠、朝服、緇帶、素韠，即位于門東西面。」疏：彼以韠爲總目，而云君朱、大夫素、士爵韋，是韠色不同。　廣圻案：此韋字衍，宋本已誤。

卷三　記冠義。疏：冠義者，記子冠中之義也。段玉裁曰：「十字疑是注，子冠當作冠子。」　廣圻案：此買自疏冠義二字，非有鄭注。

卷四　士昏禮第二。「昏禮下達，納采用鴈」。疏：男父先遣媒氏女氏之家，通辭往來。　廣圻案：之字當在女氏上，宋本已誤。

「期初昏，陳三鼎于寢門外」。疏：鄭以省文，故兼下紒幂總叠之故云皆也。　廣圻案：紒幂，疑是除鼏之誤。

卷五　「媵侍于户外，呼則聞」。注：今文侍作待。　廣圻案：經當作「待于户外」，注當作「今文待作侍」。

宋鄭注本亦誤，唯單疏本不誤。

卷六　「弟稱其兄」。　廣圻案：宋本疏標經文，弟下有則字。

卷八　鄉飲酒禮第四。　「鄉飲酒之禮，主人就先生而謀賓介。」疏：云賓介，處士賢者。　廣圻案：當重一者字，詳校有。

卷十　「衆受酬者受自左」。注：今文「無衆酬者」。　廣圻案：疑當云「今文無受酬者」，受字誤爲衆耳。

卷十三　鄉射禮第五。　「主人取俎還授弟子。」疏：以東授主人侍者。　廣圻案：當重者字。「獲者之俎，折脊脅肺臑」。疏：即經所云者，故臑在肺下。　戴震曰：大射注引此文無臑字。當是因本注而衍。　廣圻案：依此疏，則經有臑字。大射注鄉折俎未聞節賈疏引此經亦有臑字，而鄭注無者蓋脱耳。又獲者至祭酒節賈疏引亦有。

卷十四　燕禮第六。　「不拜酒。不告旨」。段曰：「此下依通解補「不殺。注無俎故也。」」宋本無，鍾本亦無，嘉本同。　廣圻案：此不當有。

卷十五　「受賜爵者，以爵就席坐。公卒爵，然後飲。」疏：但先君受爵。　廣圻案：此當云但先君虛爵，宋本疏已誤受。

卷十七　大射第七。　「遂比三耦」。疏：不言面者，以下云面故決之。　廣圻案：當作下云西面，宋本已誤。

卷十八　主人執虛爵奠于節。注：今文觶爲觚，公答拜，無再拜。　廣圻案：疑衍末拜字。

卷二十　聘禮第八。　「公升二等」。疏：此文出齊語晏子辭。　廣圻案：語字當衍。

卷二十二「士介朝服，北面再拜稽首受」。疏：云由東面受從者。　廣圻案：當重者字。

卷二十三「禮玉束帛乘皮」。注：亦言玉璧可知也。疏：云亦言玉璧可知也者，上文聘賓行享之時，束帛加璧，束錦加琮，今報享物，亦有璧琮致之，故云亦言玉璧。可知此玉則琮也。以其經言玉，故以玉言之。　廣圻案：注「亦言玉」三字爲一句，亦者，亦圭言玉也。賈疏全誤。

「乃入陳幣于朝」。注：待之如夕幣。段曰：待之如夕幣，未詳。　廣圻案：待之，句絶。夕幣在上文。如者，如卿大夫在幕東，西面北上，及後北首西上，加其奉于左後上。

疏：降於賓者，以其上介無郊贈幣。　廣圻案：贈當作勞，依金氏正譌。

卷二十五　公食大夫禮第九。「上介出請入告」。注：問所以來事。段曰：以字衍。　廣圻案：以即爲，陸作爲，賈作以。

「宰夫東西坐，啓簋會，各卻于其西。」注：亦一一合卻之各當其簋之西。疏：云亦一一合卻之者，卻者仰也。簋，蓋有六，兩兩皆相重而仰之，謂之卻合，故云一一卻合之，各當其簋之西爲兩處。　段曰：按疏作卻合，李如圭本注文作合卻。　廣圻案：宋本注合卻。

卷二十六「其他皆如公食大夫之禮」。疏：云其他，謂豆數俎體陳設，皆不異上陳，但禮異者。　段曰：案疏云字者，則本有注。「其他謂豆數俎體陳設皆不異上陳但禮異」十七字可知。　廣圻案：依單疏本標起止，似無此鄭注。

卷二十七　覲禮第十。「乃右肉袒于廟門之東。乃入門右北面立告聽事」。注：凡以禮事者，左袒入。更從右者，臣益純也。告聽事者，告王以國所用爲罪之事也。易曰「折其右肱無咎」。段曰：金氏曰追正譌云：依疏則「易曰」八字在臣益純也之下。 廣圻案：依單疏本標起止，似不當移。

「偏駕不入王門」。注：駕之與王同，謂之偏駕。不入王門，乘墨車以朝是也。段曰：李重偏字。案，當重偏駕二字。 廣圻案：宋本無此，不當有。

卷二十九 喪服第十一。「布總箭笄髽，衰三年」。注：凡服上曰衰，下曰裳。 段改衰爲衣。 廣圻案：依賈是衰字。

卷三十 「傳曰：世父叔父何以期也」。注：爲姑姊妹在室，亦如之。 段曰：李鍾本姑下有姊妹字。戴云：據下昆弟下注爲「姊妹在室亦如之」，則此不應有明矣。 廣圻案：此有者是。姑姊妹者，謂姑姊姑妹也。與下注姊妹不涉。 段曰：顧説非也。姑則姑矣，何必著姊妹字。不必引左傳、列女傳。鄭君作注，不爲修飾也。

卷三十一 「爲舊君君之母妻」。疏：若云舊臣，言謂舊君爲之。 廣圻案：言當作嫌。

卷三十九 既夕禮第十三。「東方之饌，四豆，脾析蜱醢，葵菹蠃醢」。注：脾讀爲雞脾肶之脾。疏：云脾讀爲雞脾肶之脾者，鄭讀之。欲見此脾雖與脾腎之脾同，正謂百葉名爲脾析，故讀音從雞脾肶之脾，時俗有此語，故讀從之也。 段曰：按肶當作膍，从此。故尺之反。脾膍即説文之膍胵，字異而音義同。內則注奥，脾膍也。皆謂胃。 廣圻案：宋本正从此。單疏本已誤肶。

「滅燎執燭，俠輅北面」。疏：輅西者，炤徹祖奠，輅東者，炤葬奠之饌。故注云炤徹與葬奠也。 段曰：此脱祖奠二字，據經上文及疏知之。 廣圻案：此不脱。毛本疏誤葬爲祖，不云徹祖奠而云徹，據下經單本疏誤脱徹字。

卷四十一　「設棜于東堂下」。注：角觶，四木柶，二素勺，爲夕進醴酒，兼饌之也。　廣圻案：依疏，疑此素勺二字亦衍文。

卷四十二　士虞禮第十四。　「記：虞，沐浴不櫛」。注沐浴者將祭，自絜清。今文曰沐浴。　段改沐浴作浴沐。曰：按古文浴沐。今文沐浴。後同。戴删經沐字，非。　廣圻案：此條以阮氏校勘記古文沐浴，今文浴沐之説爲長。

卷四十三　「主人入」。疏：啓牖鄉是親之事。　廣圻案：親當作祝。

卷四十九　有司徹第十七。　廣圻案：徹字宋無，單有。依單疏本是也。

鄉射禮「士鹿中，翿旌以獲」，單行本無疏。或賈本無。燕禮亦無經「不殺」注「無俎故也」之疏。不知當日經注與李如圭本同否也。北宋本、鄭注本亦無此經注。大射禮缺注處，單行本有疏，共四節。通解載之，采入嘉定金曰追正譌。末一節則其所未有也。特牲饋食禮所引鄭目録單行本，亦不完善。

此顧澗蘋覆段茂堂先生札，今摘録備考。

禮經漢讀考十七卷 二册

酉陽陳光煦撰。吳縣王氏學禮齋鈔本。

光煦字斗園。清舉人。民國元年曾榷税於山東館陶，後任山東師範學堂教習。餘未詳。光煦隨宦燕薊，師授儀禮，光緒二年丙子入成都尊經書院肄業。從王壬秋習公羊，兼治穀、左師説，春秋三傳胥以説通。又習禮經，見段茂堂儀禮漢讀考僅成一卷，尚待後者續成，讀鄉飲酒諸禮，觀其儀節及序榭豫之文，因悟漢儒治經通假之指。於十九年癸巳輯成是書，其士冠禮一篇，仍段氏體例，下以己意補之。趙氏藩謂「辨析今古文之同異，博取羣經故訓以爲左證。闕疑存信，精當不苟。於鄭注時有推勘，匪第足以糾段已」。翁氏同龢謂「掊禮經之異文，區六書之聲類，合符復析，釋滯解疑，繼武金壇，洵無愧色」。今案其書大致據胡培翬正義爲本，故考儀禮漢讀者，段氏外衹引胡氏承珙儀禮古今文疏義，而徐氏養原儀禮今古文異同疏證、宋氏世犖儀禮古今文疏證均未之及。惟壬秋説經主於創通大義，而此書則於訓詁名物考證細密，尚不失段書規模。有清一代漢學極盛，阮、王兩經解薈萃名著，乃獨無一蜀士，得此可彌其缺。清末曾進呈，其本今在故宫圖書館，余即從之傳鈔，後獲一宣統時石印本，及民國元年刊春秋三傳會義十二卷，知其著述甚富，惜傳布不廣耳。

禮記注疏六十三卷 三十册

清乾隆六十年乙卯長白和珅覆宋刻本。婁縣姚椿臨元和惠棟校並跋。

此和刻禮記注疏，係據書賈錢聽默以南宋劉叔剛本過臨松崖校紹熙三年兩浙東路茶鹽司刊七十卷本之僞本上木，詳見陳仲魚經籍跋文，今七十卷宋本已有南海潘氏寶禮堂覆刊。核之錢臨惠校每有不符。蓋當時書賈以舊本塗乙稱爲「惠校」，及鏤板，又不附惠校於後，而僅刻其一跋。然其所依究係劉叔剛本，如三十五卷十行本「若帚席上」，此帚作埽。五十五卷十行本「有國家」，此無家字，「章善」此作「章義」。又閩監本所闕，一皆完具，尚可取耳。見曾勉士面城樓集是書跋。然嘉慶三年和家籍没，版即散亡，印本流傳甚少，在仲魚時已然，今則更爲難得矣。松崖父子手校十三經注疏，多用毛氏汲古閣本，後來過録者亦皆用汲本。今傳世者大都出自沈沃田，王史亭即從沃田借校，而姚春木又出史亭本，惟此改用和刻，故文字之異無多，而松崖又以明刻校過，識語數百條，皆考訂精密。亦有題「嘉曾案」、「椿案」者，則皆過録時所增也。

松崖治學服膺漢儒，於宋儒每有不滿之辭。如於王制云：「南宋人不好古，以内外兩傳爲不可信，痛詆康成引兩傳解周官。不知左傳乃東周之信史，以東周證周官，猶之以南宋證北宋也，有何不可？如以兩傳爲不可信，則先秦無可信之書矣。胸馳臆斷，目空千古，宋儒之禍，等於秦灰。」而春木則尊崇宋儒，因持異議，於此條末大書「此論非」三字。又如於月令云：「天王將鑄無射，謂之非鐘可乎？蔡氏章句遠勝康成。康成不通明堂之義，故注月令最劣。」於祭法云：「王肅之語極是，而其書竟不傳，甚矣傳之難也。康成名最盛，六代宗之，興於唐，幾亡於宋。傳至今者，唐人之力居多。然阨於晉，易、書、論語注皆不傳矣。唐人正義易獨宗王，漢學盡廢，此專守一家之陋也。」則松崖於鄭學未嘗墨守，且兼取與鄭爲難之王肅矣，與後來江艮庭、王西莊不同。又如於祭統孔悝鼎銘云：「鄘惡陋劣，敢作禮記注，排詆先儒，不識句讀，以『辟之勤大命』爲句，不辭甚矣，醉生夢死，哀哉！」於儒行「麤而翹之」云：「古招字音翹，陳澔讀翹爲招，其謬如此。故先君謂之妄男子。」則皆指陳澔禮記集説而發，惡之深，故不覺言之嚴也。間有粘簽，係後人據別本所補，必松崖於沃田借讀後所得。首附春木致雲槎手札一通，則資以核對筆跡者。

原爲忘年交上元宗子戴先生舜年所藏。宗氏自湘文觀察源瀚既以收藏名，子戴益擴而大之，晚歲僑寓吳門，與莫楚生、鄧正闇等上下相討論，余時接其緒餘。乃身歿未幾，藏書即散在坊肆，余適居困乏，且不忍見老友之遺物飄零，不欲問津，故所得僅此種，以其爲松崖校也。

有「斂身正坐緩視微吟虛心玩味切己省察」朱文方印，「環秀堂姚」朱文方印。

明刻有經注字數本，粗校一過，此本似從蜀石經來，善本也。癸酉六月，松崖。

戊子初夏從老友沈沃田借得吳門惠氏校本，因託諸同人轉寫之，王嘉曾。　此校汲古閣本。案，此六字爲春木附注。

企晉，吳舍人泰來也。其子紹昱，乾隆末官部曹。此書或於其時入權要宅與？

或云宋本禮記注疏板在衍聖公家，未知即此書否？　案以上皆姚春木書於惠棟跋之眉。

三禮鄭注考三卷 二册

清長洲程際盛撰。嘉慶原刻本。吳縣王氏學禮齋鈔配本。

東冶有説文引經考，已著於録。此爲周禮故書考、儀禮古文今文考、禮記古訓考各一卷。首自序，次乾隆五十六年偃師武億序。是書傳本甚希，南陵徐積餘先生僅得周禮一種，重刊入積學齋叢書。余見故宫圖書館有儀禮、禮記鈔本，即傳鈔之。後獲周禮原刊，始拼合焉。

東冶有慨今人於周禮第知旁訓、節訓；儀禮襲先儒説，謂多誤難讀；禮記惟宗陳澔集説。鄭注三禮，束書不讀，荒經蔑古，莫甚於此。以爲周禮有數本，劉向未校之前，或在山巖石室，爲古文；考校後，爲今文；古今文不同。鄭據今文作注，每云故書作某。又杜子春、先鄭讀音有各異者。儀禮，高堂生傳十七篇爲今文，武帝末得亡儀禮五十六篇，其字皆篆書，爲古文，與高堂生所傳者同而字多不同，鄭注每云古文作某，今文作某。禮記出自羣儒，有字同義異，字同音異。鄭注咸爲引證。蓋三禮互異，諸儒各記所聞，不可强合。康成或以今文易之，仍載古文、古音，不輕易一字，以爲古經不可改。於是輯此三編，學者由識字、審音以知其義，亦讀經之一助。其説具自序。武氏稱其欲以示今學者悟所從入，而於其中鉤稽推抉，自爲證明。周中孚鄭堂讀書記亦稱其「極得治經之體。學者由古文漸而致于古訓，足以扶翼鄭學」。張星鑑仰蕭樓文集書是書後：「段氏著周禮漢讀考、儀禮漢讀考，於讀若某、讀爲某之下爲之疏證。程先生僅能摘鄭注，不能疏證鄭説，其學雖稍遜段氏，而其讀經之法，已與段氏心心相印矣。又考程、段兩家書，段氏漢讀考作序於乾隆癸丑，程氏三禮考成於辛亥之前，想先生著書時，段氏書尚未出也。」今案其書詳於輯録，而略於疏證，固非後來段玉裁、胡承珙、徐養原諸家之比。然東冶在舉世莫爲之時，先見及此，且其旨在糾俗儒之謬，使知漢注甚古，後人莫曉，輒肆譏評，多見其不知量，是亦可謂有功經學者矣。武氏序歷舉金石文字，以明通假之用，亦足以啓發讀古書之方。授堂文鈔未收，故知之者鮮。

三禮鄭注引漢制度考證不分卷三册

清慈谿林頤山撰。手稿本。

頤山有經述已著録。漢叔孫通作禮器制度，猶在周禮未出以前，而身爲秦博士，得見先秦舊籍，所采古禮，悉與周禮暗合。故周禮鄭注引用獨多。他若蕭何漢律、揚子方言等書，足與禮器制度相發明者，亦無不備引以釋周禮。蓋行遠自邇，登高自卑，周世去今久遠，不依據漢制度，烏足以知周禮制度所留遺。至宋王伯厚撰漢制考，附玉海之後，纂輯周禮、儀禮、禮記、毛詩、尚書、論語、孟子、國語、公羊、説文、趙、許、鄭、韋、何、僞孔舊注引漢制度，而鄭注居四分之三；鄭注引漢制度，而周禮獨居三分之二。其所以較羣經尤詳備者，鄭君傳經，以周禮爲宗旨，故雖羣經中類與周禮不合，乃是諸侯與天子制度不同，及夏、殷舊制，桓、文霸制。則凡以漢制況周制，爲鄭注考證緣由，宜先從事於周禮。唐賈公彦疏、清惠士奇禮説、孔廣森禮學巵言，言之猶嫌不詳，頤山更徧及三禮，爲博采羣書，疏通證明，於周禮草創粗具，密行細字，乙注塗改，備見簡練揣摩之功。考之南菁書院續經解所刻經述，凡釋周禮者全出於此，即以其父兆豐署名之隸經賸義中，周公稱王説亦采自天官序，惟王建國注、周公居攝作周禮云云考證。蓋其時未及成書，乃裁取其篇幅較長者，别著題目，於篇首補列數行，改成單篇經解以付刻耳。然所裁取者，僅十之一二而已，今遺稿零落，轉賴此已刻之一二，可見其書之浩博無涯。章太炎先生稱其得定海黄氏之傳者，讀此書也益信。

五禮通考二百六十二卷 七十三册

清金匱秦蕙田撰。稿本。休寧戴震、嘉定王鳴盛、錢大昕等手校。

味經少時與同里顧棟高、吴鼎、吴鼒、龔燦、蔡德晉諸人爲讀經會，於禮考訂辨正，必求其是。筆録存之，成經説百餘卷。及官禮部侍郎，即據此及蔡德晉書爲藍本，撰五禮通考以廣徐乾學讀禮通考之未及。博諮當時通儒，助之成書者，有金匱吴鼎、德州盧見曾、嘉定錢大昕、王鳴盛、休寧戴震、仁和沈廷芳、吴江顧我鈞。其吉禮屬吴氏、盧氏、顧氏。嘉禮屬錢氏者，昏、饗、燕、鄉飲酒、學諸禮，及體國經野、設官分職兩大類；屬王氏者，射、巡、狩；屬戴氏者，觀象授時一大類。賓禮全屬錢氏。軍禮全屬王氏。凶禮屬錢氏、沈氏、吴氏、盧氏。統校全書，則屬諸山陽吴氏玉縉焉。

青浦王昶亦預參校，而卷中未分注名氏。其蒲褐山房詩話云：「五禮通考稟自來諸儒聚訟之説，爲之疏通解駁，又附以歷朝史志，使後來者折衷損益，可以坐言而起行，其有功於經義良不尠也。」盧文弨跋是書云：「其書包絡天地，括囊人事，縷析物情，探制作之本旨，究變遷之得失。義未安，雖昔賢之論不輕徇。理苟當，即豪末之善亦必録。窮經者得以息紛紜之訟，處事者得以定畫一之準。大矣哉，古今之精英盡萃於此矣！洵懸諸日月不刊之書也。」後來曾國藩最推重是書，並居味經於聖哲之列，位次顧亭林。而序孫芝房芻論，惜其稍缺食貨。汪之昌青學齋集論五禮通考各門得失，謂有編次未當者，有立名未洽者，有參之體例不合者，有準之凡例宜省者等若干條。然章炳麟檢論清儒云：「五禮通考窮盡二千餘年度法欲自比通典，憙以世俗正古禮，雖博識，固不知量也。」則不僅注意于分類編次耳。

此爲當時清寫原稿。朱砂印格，中縫刻有「五禮通考卷」五字。全書較刻本爲少，當係初定本。味經與顧棟高書所云「今所託校讎者，惟淮陰吳山夫一人。幸粗稿俱已就理，而鈔胥僅有三人，不能多寫。」即指是本。楷法工整，圈點到底，本爲味經一人具名。方觀承、宋宗元後來出資付刻，故每卷并列其名，而兩家案語悉出後增，寫於書眉，或粘附夾簽。惟諸家校筆皆不署名，相傳戴震校者，用象牙圈極工整。錢大昕校者，書法甚佳。但有一事可疑，凡儀禮中「冪」字皆校改作「幕」。錢氏精於小學，不知何以有此筆誤。王鳴盛校筆則塗抹狼藉矣。其中必再有出自他手者，俟善鑒者審定焉。

宗元字魯儒，號慤庭，別號梅花鐵石主人。元和人。乾隆三年舉人，由知縣官至光禄少卿。其人蓋能吏，用財甚奢，與總督方觀承爲婚姻。其甥彭紹升撰葬記，不言其有經學。王昶蒲褐山房詩話謂其與觀承共出貲刻此書，則所附案語，悉出他手可知。宗元特附名驥尾而已。葬記又謂其網師園居，濬池叠石，臺榭崇麗，集諸文士箋詩譜聲韻，襞績故事，成書滿篋。蓋指所纂巾經纂、識字略、網師園唐詩箋，今尚有傳本。

五禮通考二百六十二卷八十册

清金匱秦蕙田撰。乾隆十八年秦氏味經窩精刊，最初印本。金匱秦蕙田、餘姚盧文弨、桐城姚鼐手校。嘉興張廷濟手跋。

此白綿紙最初印五禮通考，卷中朱筆，據張叔未審定爲味經自校。又有朱墨兩色筆，並附簽者，據卷五十七内墨筆夾簽，有「文弨案」云云推之，則皆抱經校也。卷九十一内眉端朱筆有「鼐謂」云云推之，則皆姬傳校也。舊粘校簽日久往往脱落，莫郘亭得此書後用墨筆移識書眉，憑筆跡可驗。卷一百九十七末有光緒乙亥八月五日賀緒蕃朱筆記云「此本較後定本少附戴氏震勾股割圜記五十三葉」一條，案抱經曾跋是書，推爲懸諸日月不刊者，集中又有復味經校勘五禮通考各條書，述味經語，有「雖已刊刻完竣，未即行世，恐其中或有參錯不及細檢處，須及今改訂爲善」云云。其署年爲甲申，此校當與同時，爲乾隆二十九年。至姬傳之校此書，於集中雖無可徵，然姬傳與戴、錢諸老皆同年輩，又同旅京，得參校訂，自所宜然。其著録一見於莫氏郘亭知見傳本書目卷二，云：「郘亭有秦文恭朱校初印樣本，絶佳。是張廷濟叔未舊藏」。再見於葉昌熾緣督廬日記鈔卷十六丁巳五月初一日記，云：「於翰怡齋偏觀影山草堂出售羣籍，皆本朝初印精本，五禮通考、讀禮通考上方有朱筆校勘，後有張叔未跋，云是文恭手蹟。紙白於玉，墨光如漆。字體仿歐陽信本，鬚眉畢現，奕奕有神。閲之心開目朗，令人不忍觸手，真書中尤物也。索千元不爲奢。」張、莫、葉三氏皆號一代精鑒，乃皆失舉盧、姚手校，何耶？清初刊本之絶精者，皆用所謂軟體字，以内府刊本爲多。至如此鉅帙，刊印咸臻上乘，極爲罕見，況又爲諸名家所手校。宜菊裳先生之贊歎欲絶。余舊藏原稿本，經戴東原、王西莊、錢竹汀諸家手校。嘗詡爲經苑至寶。一九五五年春爲翰怡丈滬寓藏書作介，歸復旦大學圖書館，特留此見貽，俾合連城雙璧。

有「莫友芝圖書印」朱文長方印，「莫印彝孫」朱文方印，「莫印繩孫」白文方印，「吳興劉氏嘉業堂藏書印」朱文方印，「柳蓉村經眼印」白文方印，「博古齋藏善本書籍」朱文方印。

此書審是初印底本。卷中朱字相傳出文恭公手書。道光丁酉春中，得諸武林。七十老者張廷濟叔未識。

三代宫室制度釋一卷 一册

清慈谿林頤山撰。手稿本。

頤山嘗謂宫室之制，莫重於明堂。其兼有世室重屋之名者，周禮考工記匠人夏后氏世室，殷人重屋，周人明堂。注：「世室者，宗廟也。」「重屋者，王宫正堂，若大寢也。」「明堂者，明政教之堂。」此三者或舉宗廟，或舉王寢，或舉明堂，互言之以明其同制。宋書禮志：「周書云：清廟明堂路寢同制。鄭玄注，禮義生於斯。」然則鄭義依周書作雒解，止以宫廟路寢與明堂同制，而靈臺、辟雍不得與明堂混矣。乃文選東京賦注引三輔黄圖「大司徒馬宫奏」，隋書牛宏傳引馬宫、王肅説，合明堂、辟雍、太學爲一處。左文二年傳正義引左氏舊説，及賈逵、盧植、蔡邕、服虔等説，合祖廟、明堂爲一處。詩大雅靈臺正義引蔡邕月令章句、盧植禮記注、潁子容春秋釋例，又賈逵、服虔注左傳，皆合靈臺、辟雍、祖廟、明堂爲一處。皆非鄭義。至初學記明堂引「尸子：黄帝曰合宫，有虞氏曰總章，殷人曰陽館，周人曰明堂」。虞舜以前，書闕有間，闕所不知可耳。於是力持鄭義，成釋夏世室、釋殷重屋、釋周明堂上下、釋宗廟路寢明堂丈尺不同、釋宗廟路寢同制六篇，而扉葉題「經傳鄭義通釋」，題首標「宫室類」三字，意欲偏釋周代禮制，若其師黄以周禮書通故，而創始於宫室歟？兹爲改題今名以符實。古稱議禮如聚訟，又稱禮是鄭學，然則治禮者，舍鄭君之説則徒滋其紛紛耳。頤山治禮確守鄭氏，讀其所著經述可見。此六篇者，尤陳義堅卓，引證浩博，可謂善於説禮，殆屬草在後，故未編入經述也。

大戴禮記十三卷 一册

舊鈔本。佚名臨清休寧戴震校定本。

此爲照盧氏雅雨堂本所鈔而録戴東原手校定本。首葉有「此本乾隆庚辰刊於京師。東原戴氏於辛巳歲校定。余借謄一過。時壬辰九月」一行，不具名，僅右角有「昭熿謹藏」一印，似爲曲阜孔氏之書。

案雅雨本，集抱經、東原兩家所校，有東原乾隆二十二年丁丑記，而雅雨刻於二十五年庚辰。此又爲東原於二十六年辛巳所覆校，壬辰則爲三十七年，已越十年矣。於目録上自著校例云：「凡舊刻各本合校及摭引是書明顯可據者，取以訂正，墨書其字於旁，硃塗之。凡取他書覈訂者，硃書其字於旁，硃塗之。凡審知字形字聲轉寫致譌，無從取證者，硃書於旁，黄塗之。」至四十二年丁酉武英殿聚珍版叢書又據原校本刊行。此七年中續有增校，故今以兩本核對，聚珍本已什九采入，亦有所遺者，如卷三保傅「士傳民語」，校云：「上似脱大夫進謀四字，觀賈誼疏及本注可見。」卷五曾子制言中「日孜孜上仁」，校云：「日孜孜上，原本無注。案上似當作上達解，仁似當作人。」曾子制言下「夫有世義者哉」，校云：「世似當作仁。」「吾不見孜孜而與來而改者矣」，校云：「來似當作求。」曾子天圓「截十二管以宗八音之上下清濁」，校云：「宗字似當作定，觀注可見。」案今本從永樂大典作察。卷六衛將軍文子「問于子貢曰」，注：「衛之相也。」校云：「注四字似衍。」「文都其富哉」，注「仲由亦於政事」。校云：「注亦似當作長。」案今本作優。卷七勸學「孔子曰：野哉，君子不可以不學」，校云：「野哉似當作甚哉。」案今本據説苑訂作鯉，删哉字。卷八盛德「凡民之爲姦邪竊盜歴法妄行者」，校云：「歴一本作靡，似是」。「揖朝出其南門」，注：「太僕太右」。校云：「太右二字似有誤。」卷十文王官人「雖欲故之」，校云：「故似當作改。」「人有多隱其情」，校云：「有似當在多字之下，非衍文也。」案今本從方本，删。「曰位志者也」，校云：「位志者也，似當作僞志者也，原注誤。」「八曰取接給而廣中者」，注：「接給謂應所問而勤。」校云：「接給，注似誤。蓋接給即捷給也。」卷十一小辨「日不可得」，校云：「日似衍文。」少間「許魏以客事天子」，注：「許魏不在五代，蓋時小代也。客事天子，謂忍而事之也。」校云：「注絶不可解。」卷十二朝事「歸脤以教諸侯之福」，校云：「教疑當作致，今改交，似非。」案今本仍作交。「投壺受斗五升」，校云：「受斗，一本作受豆，似是」。卷十三公冠「公冠四加玄冕」，注：「四當爲三，玄當爲衮之誤。」校云：「案儀禮士冠禮疏云『大戴禮公冠篇公冠四加者，緇、布、皮弁、爵弁，後加玄冕。天子亦四加後當衮冕矣。此注誤也。」本命「禮經三百」，注：「禮經統於心也。」校云：「注禮經似當作經禮，下又脱一也字。」「朞而練，毁不滅性，不以死傷生。喪不過三年，苴衰不補」，注：「異於吉無飾也。」校云：「注似非經意。」「不百里而犇喪」，注：「言及日故經成見星。」校云：「注經成見星，成似當作戒。經如字，今改經似誤。」案今本仍作經。易本命「子曰：夫易之生人」，注：「然禮易之説雖殊而會歸。」校云：「注會歸似當作同歸。」「息土之人美」，注：「息土謂沃口之田。」校云：「口似應作膏，不食者不死而神，」注：「申於道者則神而常存也。」校云：「注申似應作深。」凡數十條。又此本東原臆校處往往與方本永樂大典本同，聚珍本已各據注明。可見其用力精勤，深得古書神恉。

有「昭熿謹藏」白文方印，「石菴」朱文方印，「彝臣所藏」朱文方印。

穀梁注疏校勘記十二卷穀梁釋文校勘記一卷 一册

清儀徵阮元撰。嘉慶戊辰刊本。昭文王振聲手校。

阮氏此書屬之元和李尚之。引據各本，經注爲宋余仁仲萬卷堂刊殘本，單疏爲鈔宋殘本，注疏爲元本及明南監本，皆據何小山手校。後宋本、單疏本、南監本皆入瞿氏鐵琴銅劍樓。文村爲瞿氏定書目，因得遍取以覆勘校勘記，即此本是也。

宋本自宣公以下，雖殘存祇六卷，而其與閩、監、毛本同者，小山失校已六七十處，其全失校者，宣公十有二年經曰「其事敗也」。余本事敗作敗事，何失校。十有六年，注「宣榭，宣王之榭」阮記、何校本下榭字作謝。今案下榭，余本亦作榭，十行本獨此字作謝，何校蓋即出此，記乃作榭，豈所見是修板耶？十有八年經「歸父還自晉」。「還者，事未畢也」。阮記：「石經、閩、監、毛本晉下衍『至檉遂奔齊』五字。案釋文：『至檉』在『捐殯之使』下，足證五字爲衍文。」今案：石經不衍，余本同此。蓋脱一字耳。襄公六年經「非立異姓以莅祭祀」。阮記：「十行本非字空缺，閩、監、毛本無非字。石經、余本有。何煌云：非字疑衍。」今案：十行原板本不空，正作非字。何校此無非字，疑衍句。十有一年注「凡萬有五千人」。阮記：「閩、監、毛本同。何校本凡下有七字，宋本同。」今案：余本、十行本皆無七字。不知宋本何指。何校但云凡下當有七字，不言宋本，疑「宋本同」三字是衍文。又注「京城北鄭地」，余本「地」誤「者」，何失校。又經「楚人執鄭行人良宵」，余本同。石經、毛本作霄。二十三年注「而后言次」。阮記：「閩、監、毛本同。何校本后作後。」今案：何校即余本原板，十行本，後不作后。二十有七年經「織絇邯鄲」有疏一段，何校但不言出何本，豈元本耶？昭公二年注「至河有疾乃復」，余本脱有疾二字。八年注「擇宮」，余本同，毛本作澤。十有三年注「以至身死國滅」。余本同。毛本誤致。蓋校書極繁瑣，不能無疏失。阮氏十三經校勘記集一時博學通儒爲之，固爲空前之作，然補苴罅漏，猶尚有待。故若此經柳賓叔以校毛本，亦補正若干條（見穀梁大義述）。至全書則汪文臺補之於前，江蘇書局繼之而未完。林晉霞有目無書。至文村補正一書，其目雖著常熟藝文志，而遺稿零落。余於一九三九年得此册，越歲葉揆初先生出示左傳、公羊兩種定稿，考訂精確，知此爲其著書之樸。不知尚有他種存世否也。文村學行見切韻校勘記書録。

穀梁大義述不分卷 一册

清鎮江柳興恩撰。光緒壬午德化李盛鐸木犀軒重雕本。吳縣曹元忠手跋。

穀梁絶學，治之者鮮。賓叔創通大義，作爲此書，阮芸臺、陳蘭甫序之，皆深致推服。李越縵日記於「春秋託始於隱」説，則斥爲誣妄悖誕，傷教害義，所見之不同如此。惜其書猶多闕略，此刻不分卷，共四十九葉，以較南菁書院經解所刻三十卷本，述日月例九十一，僅存其六；述禮僅存隱公三條，桓公一條；異文僅存隱、桓二公；師説僅存劉逢禄廢疾申何；經師僅至胥君安；長編僅存尚書、史記；相去懸殊。案蘭甫序稱：「賓叔與澧同年舉鄉試，因求其書，得寄示所刻一帙。讀之歎其精博，今年與賓叔遇於京師，遂定交焉。復得贈一帙，較昔所刻倍之，其説益精博，其未刻者尚多也。」然則賓叔此書，雖終未完成，而已先有兩刻。李氏據以重雕者，必其第一刻，故簡略至此，與越縵所見本同。及南菁本出，而此刻可廢，故未收入其木犀軒叢書，而印本亦流傳遂希。余以其有君直先生手跋，特收藏之。跋於春秋復讎之義有所闡發，其時去甲午之㸚未遠，蓋有爲而言也。至賓叔原闕者，胡綏之先生已爲補完，以贈弟子張慰祖，世多知之。

有「唐天馬鏡室」白文方印，「句吳曹氏收藏金石書畫之印」白文方印。

是書往屬丹徒包曉村明經購之淮南書局，知先生欲爲正義而未成，此特長編耳。且長編亦未竟也。然其論春秋託始於隱，謂隱於惠公爲賊子，於周室爲亂臣。微言大義，不絕如綫，不意先生綿此墜緒也。余嘗謂齊襄復九世之讎，公羊稱之，非予齊襄也，九世之讎，且復矧父讎乎，予齊襄所以非魯莊，而又深冀魯莊子孫能復其祖父之讎，故曰雖百世可也。屬辭比事，春秋教也。公羊古義，似乎在是，惜不能起九京而質之。己亥十一月，元忠唐天馬竟室志。

孝經義疏補九卷卷首一卷 六册

清儀徵阮福撰。道光十四年刊本。

福字賜卿，一字喜齋。元子。官宜昌知府。賜卿承家學，並受業於江鄭堂、淩曉樓之門，博雅好古。道光九年從宦滇池，奉父命撰孝經義疏，以曾子十篇中凡可以發明孝經，可以見孔、曾授受大義者，分補於各章各句之下，先以討論條記，刊入學海堂經解。其後續有增補，以明皇注、陸德明音義、元行沖疏、邢昺校併爲一編，於音義、元疏後各下己意，故曰義疏補，分爲九卷，并疏陸氏注解傳述人及舊序，爲卷首一卷，重刊於滇，此本是也。見末弟孔厚跋。曾列入文選樓叢書而傳本絶少。余初得是書，徐積餘丈詫爲生平未見。蓋邊地所刊，雖甚粗率，或板未携歸，未經續印也。

孝經鄭注，自來説者不一。惠定宇校陸氏釋文，主爲鄭小同。賜卿雖未見惠説而所見亦同。並據唐劉肅大唐新語所引序文「僕避難南城山，棲遲巖石之下。念昔先人餘暇，述夫子之志，而著孝經」。肅斷之曰：蓋康成裔孫所作也。謂裔孫之言，實爲可據，所謂僕者，自謂也。先人者，指小同也。若以爲指康成，則陸澄案此誤，説見下。十二驗已明非康成，若云益恩，則益恩無經術，然則非小同而誰？所謂避難者，當是小同之子孫避難在魏、晉之間，劉肅惑於十道志，以此序「避難南城山」，即康成避難徐州，則猶以注孝經者爲康成矣。然鄭注之當爲康成，嚴可均輯本自序辨之，陳蘭甫東塾讀書記申之，潘毅遠孝經鄭注解疏序又舉十五證。諸家輯本，悉屬康成，已成定案。賜卿時猶未及此也。至如立十二驗以駁注之非康成者，是劉知幾之説。唐會要有明文，乃誤屬諸陸澄。新唐書藝文志明皇又有孝經制旨一卷，邢疏於庶人、三才、聖治、廣要道四章皆引之，而祇舉庶人、聖治兩章。孝經分章，漢代已有。正義謂皇侃標天子至庶人章名，未嘗言皇始分章，而反引漢書匡衡傳以爲分章非自皇侃始。説文之居即今踞耳，凥則今之居也，而謂居即閒居。天子章注「君行博愛廣敬之道」，疏：「博愛，此依魏注也。」爲隋鉅鹿魏貞克注也。明明見於序，疏乃歷舉釋文魏人之注孝經者而仍不知爲誰。作公羊疏之徐彦據所稱引及解釋，嚴鐵橋疑爲北齊人，而乃定爲晚唐人。凡此皆爲鍾子勤訂補所糾。又所引古書往往錯誤脱衍，至校勘記不過鈔寫之勞，非難事也，亦舛誤甚多，且有遺去者。其草率成書可知。故子勤謂其蕪贅太多，疏謬亦所不免。吾師曹叔彦先生亦謂未甚宏深，固遠非後來皮鹿門、潘毅遠二家之比也。

有「清俸買書手自校子孫讀之知聖教鬻及借人爲不孝」隸書朱文大方印。

孝經義疏補訂補一卷 一册

清嘉善鍾文烝撰。吴縣王欣夫輯并手鈔本。

三十年前有人以子勤手批阮本求售。余見其有補、有訂，字密如蟻，實大有功於阮氏書，因并唐人寫經册以鉅值得之。越月知爲吴興張氏藏書之被胠篋者，曾著録於適園藏書志。張氏追之急，於是售者來懇取贖，因約以三日。時不得阮本，乃匆匆條録成此册。後識張君芹伯乃熊，談及此事，檢篋中無有，不知又流落何所。幸有此録本，子勤精力不至終没。然則傳録又烏可少哉。

阮氏承其父文達之學，專精孝經，先爲孝經義疏刊入學海堂經解，爲條説而非疏體。後復爲此用明皇注、陸德明音義、元行沖疏、邢昺校，而後下己意，故曰補也。吾師曹叔彦先生稱其雖未甚宏深，而援引古書甚多。教學子列入講習書目，自著孝經學、孝經校釋亦屢引其説。子勤尋阮説之誤遺者，如開宗明義章，阮云：「漢書匡衡傳引大雅曰：『無念爾祖，聿修厥德』，孔子著之孝經首章，據此則孝經分章，漢時已有，非自皇侃始。」「今案：漢時已分章，何但言乎，不分章則不得言十八章矣。正義謂皇侃標天子至庶人章名，未嘗言皇始分章也。阮氏動輒誤會。」天子章，正義曰：「此依魏注也。」阮云：「唐陸德明經典釋文内注解傳述人，注孝經者，有魏散騎常侍蘇林、魏吏部尚書何晏、魏光禄勲劉邵，惟此三人是魏時人。未知此魏注爲誰？　大約皇侃爲義疏時所見魏人之本也。」「今案：魏注者，隋鉅鹿魏貞克注也。明明見於序、疏，何阮氏舛誤如此。」士章，阮云「徐彦乃晚唐人，彼見之疏尚是元行沖疏也。明皇注此條，已不用鄭注，而元疏仍存鄭説。自是唐以前人不肯多棄古義，邢昺見其不與注相應而删之，所謂校定者即此等處。可見宋校定反不如唐疏矣。」「今案：阮云云者皆非也。公羊疏不知何時人所作，董逌藏書志以爲徐彦，徐彦亦不知何許人。其疏所引書凡百三十餘種，最晚者乃爲晉郭璞、宋庾蔚之，餘皆漢、魏書。所稱公羊正本皆陸德明所未見，篇首解司空掾云：若今三府掾。則陳、隋已無此官制。又其書多設問答，體例亦不與唐人諸義疏相同。故嚴鐵橋輩疑爲北齊人所作，必非唐人也。定四年疏所稱孝經疏乃晉、宋間人舊疏，抑或即皇侃疏歟？」凡此皆訂阮説之誤。又如釋文孝經注解傳述人别有閨門一章，至後漢馬融亦作古文孝經傳而世不傳。阮氏祇引孝經提要文，而於孔傳之僞，與分章之故，皆無説。「今案：古文孝經孔安國傳，梁、陳間人所撰也。釋文作於陳代，而『仲尼居』下引『静而思道』一語。又正義稱隋秘書學士王孝逸於京市陳人處買得一本，知陳以前有此僞撰本矣。至經文二十二章，司馬貞并疑之。按貞所見之古文經，即今司馬光指解本之古文經。今本云『仲尼閒居』，而説文引古文『仲尼凥』，解之曰『凥謂閒居』。又引『祭則鬼享之』，又引『哭不偯』皆與今之古文經不合。又藝文志所稱古文字讀之異，桓譚新論所計古文字數，及其異於今文之數，於司馬光本皆無所驗。是則司馬光本之古文經非即班氏、許氏所據之古文經，貞之所議，似非無稽。然據藝文志師古注引「劉向云：庶人章分爲二，曾子敢問章分爲三，又多一章，凡二十二章，」則今之古文經分出之三章，增多之一章，固悉本漢時之舊。以是知今之古文經不必全仍舊本，要亦無甚懸殊也。夫子孝經自以十八章者爲正本，其二十二章者爲别本，分出之三章，猶古論分堯曰爲二，有兩子張也。增多之一章，猶齊論有問王、知道，多於古論、魯論二篇也。劉向校書已定爲十八章，後人不當有異議。」諫爭章音義「則身離於令名」，阮氏據石臺開成石經及上下文，定身下當有不字，「今釋文偶脱。而辨之未有證佐。「今案：釋文標經無不字，傳寫脱去耳。洪旌賢、顧千里、臧在東因謂經文本無不字。唐本誤衍。遂使平正通達之經文，失其語意，與上下文不相類矣。凡經典中離散、離去之離，釋文每音力智反，何諸君竟不記耶？晉傅咸爲七經詩，王羲之寫，見於左氏昭二十六年傳正義。王伯厚謂藝文類聚、初學記尚載其六，皆四言。今考其六詩，皆集本經句爲之，其孝經詩曰：「立身行道，始於事親。上下無怨，不敢惡人。孝無終始，不離其身。三者備矣，以臨其民。以孝事君，不離令名。進思盡忠，不義則爭。匡救其惡，災害不生。孝弟之至，通於神明。」是知不離之文，晉以前本皆然。釋文傳寫脱一字，猶聖治章「續莫大焉」、作「續焉大焉」，亦是傳寫誤一字也。臧氏不據諸侯章釋文訂正此章釋文，而反欲并不離其身之文，亦去不字，是非顛倒，文義不順矣。」凡此皆補阮説之遺，其他增删乙改，不下數百處，若依此重寫一本，則阮氏書當焕然改觀。末附論朱子古文孝經刊誤，併論説若干條，載入乙閏録。末有名印齡者題詩在子勤校讀之前，並附録之。

阮氏家法以平實精詳爲主，所補大致皆好，而蕪蔓太多，疎謬亦所不免。今略爲删而改之，又補之於上方，庶幾其盡善矣。余甚珍此書，欲目之爲「孝經義海」。咸豐癸丑夏六月鍾文烝記。

書既多誤，刻手亦極劣。然頗難得。

曾記徐份愈親疾，又聞王漸解人爭。端知至聖神通大，一卷書含天地情。印齡敬題。道光丁未歲秋七月，得此書於杭城吴山上書肆。

孝經集注不分卷 一册

吴縣曹元弼撰。清稿本。

昔余侍師禮堂，教以羣經大義，於孝經一編尤反覆言之。既撰孝經學、孝經鄭氏注箋釋、孝經校釋，文累十餘萬言，刊以行世。洎晚歲撰古文尚書鄭氏義箋釋成，目疾益甚，日惟默誦羣經以資玩索。而以孝經經文如乾坤簡易，至明且清，而訓詁旨趣，要待指説。舊注精深者難示初學，淺近者無當經旨。舊日論撰可語成人通學，難以誥教小子。乃删繁就簡，約之又約，存十之二三，取足明經義大略而止。放朱子注四書之法，集高密鄭子以下百家之注，并自著之書，融合爲一辭，名曰孝經集注。務使教者易講，學者易明，以比紫陽，備家塾課讀之本。癸未十月望日書成，序以待刊。蓋較之丁晏孝經徵文、述注二書，爲恢彍矣。此爲金君智銓手寫，字大如錢，並加標識，便於誦讀。

爾雅鄭注三卷 一册

宋莆田鄭樵撰。明常熟毛晉汲古閣刻津逮秘書本。清元和惠棟手校。

松崖手批經籍，多詆斥宋儒，雖不無門户之見，然亦宋儒立説之有隙可抵也。若鄭漁仲者，學尚博通，於解經考據固多疏失，宜松崖之嚴加糾彈。如此書自序首云：「大道失而後有六經，六經失而後有爾雅，爾雅失而後有箋注。」松崖云：「開口便入二氏。六經失而後有爾雅，爾雅失而後有箋注，此妄庸子之言也。俗人尊鄭樵之書，吾所不解。」釋詁：「翦，勤也。」注：「未詳。」松崖云：「爾雅所以通六經之訓。詩『實始翦商』，勤，商也。文王率六州之衆，奉勤于商。翦商，與服事同義。鄭樵不通爾雅而輒貶之。吾視鄭樵蒙蒙，若未視之狗也。」又：「鴻，代也。」注：「代，更代也。鴻雁知寒暑之更代。」松崖云：「鴻與洪通。『乃洪大誥』，謂周公代成王誥也。鄭樵不通古尚書。」釋親：「女子謂晜弟之子爲姪。」注：「左傳曰：『姪從其姑』，今男子謂晜弟之子亦然。據古人謂兄弟之子，其男子爲子，其女子爲姪，故姪之字從女，此本義也。後人訛則通謂姪。」松崖云：「姪，其從姑，此男子也，從嫁娣姪，此女子也。皆對姑言。鄭樵謂男子爲子，不通。左傳『以其兄之子妻南容』，不云姪。謂我姑者，吾謂之姪。鄭樵不讀儀禮。」其言皆中漁仲之失，而辭氣不免稍過。然其於漁仲雖薄其人，斥其學，而仍細讀其書。松崖治易最精，蓋純乎漢儒之學。然我見其手批通志堂刻宋人易類書數種，皆詳校而别白其是非，於以知其詆斥宋儒者，必先於宋儒書潛心研討而後出之，非徒逞意氣也。後之所謂漢學者，先存一漢、宋疆界之見，屏不一觀，而漫加非駁，是安得謂知漢學者哉。亦安能知松崖者哉。

有「惠棟之印」白文方印，「定宇」朱文方印，「賜書樓陶氏之記」朱文長方印。

爾雅補注四卷 四册

清海寧周春撰。乾隆時周氏刊本。

春字芚兮，號松靄，晚號黍谷居士。乾隆甲戌進士。授岑谿知縣。松靄著作甚富，以十三經音略爲最鉅，餘多未刊。此書首有乾隆庚辰齊召南序，又不具年王鳴盛序，殆爲松靄少作。楷體，刊印頗精。管庭芬、蔣學堅海昌藝文志列松靄著述，獨無此種，僅於爾雅廣注下附見，誤爲一書。且不言有西莊序，可證其未見是刻。故丁丙善本書室藏書志、繆荃孫藝風藏書續記亦皆以寫本著録。繆本且有「乾隆丁未五月十二日盧抱經閲」一行，已後刊本將三十年，葉德輝且以重刻入觀古堂叢書矣。

松靄自謂「幼時讀爾雅惟知景純，後見夾漈注，多補前人所未備，復好之。郭博而鄭精，是書無餘藴矣。因旁及諸家之説，彙爲一編，頗以管見參之，聊備遺忘，并祛未寤云爾」。是其書意在繼夾漈而作，故多援引王厚齋、羅鄂州、陸農師諸家説，不純用漢詁。又往往直引姜上均説，上均所著爾雅參義，排擊鄭、孔，勇於變古。即四庫小學類存目改題之爾雅補注，其書實不足取。西莊序云：「余謂此書之美，補注二字未足以盡之。以是名書，是爲實浮於名。夫自有十三經注疏，而後之用力於經者，言疏足以見注，言注不足以包疏。爲寄語芚兮，鄙見竊思以『廣疏』易此名可乎？」松靄因用其言增訂爲三十卷，改名廣注而未及刊行。海昌藝文志據之，以刊本上四卷爲未完，遂略不著録。實則西莊明云「言疏足以見注，言注不足以包疏」。松靄既用其言，何以又易爲廣注，疑出傳寫之譌，而管、蔣遂以與此爲一書矣。然必以有廣疏之作，故此刊流行甚希。廣疏卒不可見，亦賴此以見松靄爾雅學之涯略也。

有「退庵曾讀」白文方印，「讀天上書友天下士」白文方印，「天風硯齋」朱文方印，「復初九庵」白文方印，「吳興劉氏嘉業堂藏書印」朱文方印。

經典釋文附録三卷 一册

清海康陳昌齊撰。吳縣王氏學禮齋鈔本。

漢儒傳經，各有師承。今文古文，字多互異。或同其聲而異其字，或異其形而同其義。若不明於聲音之源，通假之例，固未能通貫，然今本既行，古本遂廢。幸有陸德明經典釋文一書，詳載音義，并附所見各本異字，後人得以探討，誠稽古者之秘籍也。觀樓因仿其意，凡注、疏、史、漢、説文諸書所引經傳與今所傳本異而未爲陸氏所採者，録之爲經典釋文附録。乾隆甲辰稿燬於火，嗣於官事之暇，重輯易、書、詩各一卷，此本是也。而傳本極罕，道光庚子番禺張南山維屏輯經字異同四十八卷，雖以鄉人而實未之見。

今以二本比覈，張書全採釋文而增益之，雖各有詳略，然如開卷周易乾卦，張書除引釋文各本外，祇及「亢龍有悔。亢，説文作忼」一條，而此書則增「飛龍。史武帝紀作蜚」。「元者，善之長也。善，左傳襄九年作體」。「嘉會足以合禮。會，左傳襄九年作德」。「確乎其不可拔。確，爾雅疏作硈，苦角切」四條，則其書之足重可知。後來考經傳異文者，如趙坦之春秋三傳異文箋、李富孫之七經異文釋、程際盛、柳榮宗、承培元諸家之説文引經考、皮錫瑞之漢碑引經考、繆佑孫之漢書引經異文録證等羣起有作，轉益精密，而觀樓在乾隆時已創爲之爲尤難矣。錢塘汪遠孫亦嘗欲撰經典釋文補而未成，其條例刻在振綺堂叢書，可參讀焉。

羣經冠服圖考三卷 三册

清晉安黄世發撰。鈔稿本。歙縣吴承仕、武昌徐恕手校。

此稿余於一九三八年已印入戊寅叢編，彼時檢書粗疏，於通志、府志祇及列傳門，因不得其人。後又得所著春臺贅筆，再檢陳衍新修通志選舉門，始知世發字弱中。乾隆癸卯舉人。江西平南知縣。自序題：乾隆四十七年壬寅，書于寧陽雲龍書院。知著是書時，正主講於斯也。閩士之知崇漢學，實始於朱珪督學時創設讀書社，以龔景瀚、林喬蔭、梁上國等爲眉目。世發參與其間，著述未刊，故以謝章鋌之博聞，尚不知其人。

世發謂古服制度與宫室同，不先條貫，則禮文所記，讀之茫無端緒，又何從而知先王制作等差之意哉。因仿宋李如圭釋宫例，以考冠服。有提綱，有分注，爲大類三：曰元服，曰衷服，曰雜服。小類十有八，屬於元服者曰冕、弁、冠，凡三。屬於衷服者曰衣章、朝服、玄端服、深衣、長衣、中衣、褎物，凡七。屬於雜服者曰裳、韍韠、帶、佩、笏、舄、幅、裼襲凡八。每類之後，可圖者圖之。惟雜服類之幅，目有而考佚，或傳鈔誤奪。所引經注正文多以意略言之。衣章類冕服之後，當詳説弁服，今闕而不言。又於弁服用事，或詳或略，皆不解何意。他如考冕，謂衡、笄自屬兩物，衡通稱笄，笄不稱衡，衡以繫紘，笄以懸瑱，則舊無此義。金鶚説瑱之紞懸於笄，近之。然不謂衡外别有笄也。考弁謂天子日視朝，春夏受贄，燕同姓云云，皆言皮弁之用，而於冕服之用則闕而不言。亦屬非體。考冠謂古文製字象形，冕字从冃，明是四方之物。弁字从厶，漢書謂合手之形，明是上鋭下廣者，冠字从冖，亦係冠梁之象。其製各不相混，亦隨其所用之物以爲名，則从冃，二其飾也，明是四方之形。語甚鄙倍。又弁象抃手之形，文出釋名。此云漢書，疑寫者之誤。又以冠从冖，爲冠梁之形，似絶不解小學者。考朝服謂皆正幅二尺有二寸，袂屬幅，大夫以上侈袂，凡三尺三寸，袪尺八寸，士之袂二尺二寸，袪二寸。則衣裳製作之法，本於喪服記，是爲禮服通制。此乃專指朝服而言，亦不可解。凡此皆爲吴承仕所糾，則世發自云客居闕書，故經疏雜糅，有失類例，自不能與後來任大椿、黄以周諸書比，然大體可取。除此數條外，亦無甚错挩，誠便於治禮學者。原稿藏劉氏嘉業堂，吾友徐行可恕傳抄，並訂其誤字。余付印時，趙學南先生詒琛又加粘簽。

有「徐恕定」朱文方印,「从誃閒業」、「彊誃眼學」、「彊誃點勘」朱文三長方印。

羣經補證十八卷 四册

清南海桂文燦撰。吴縣王氏學禮齋鈔稿本。杭縣馬敘倫手校。

皓亭邃深經學,著述極富。家刻桂氏經學叢書外,遺稿尚多,羣經補證一書,叢書虚列其目,祇六卷。葉菊裳代汪郎亭序桂氏遺書所未見,故文中無論列,而故宫所藏進呈本獨有之。其卷統排爲經學叢書卷四十三至六十,每卷題「舉人揀選知縣臣桂文燦謹纂」。每條皆云「臣文燦謹案」,蓋進呈本之體制宜然也。余昔年屬友傳鈔,後識其嗣南屏先生坫,云家藏稿本,惟此已闕。欲借鈔,因余擬輯入紀年叢編而止,叢編係集資所印,選材不得不瞻徇衆好,此書卷帙較鉅,又屬樸學,遂因循未果。

案目爲周易十條,尚書十三條,詩二十八條,周禮十四條,儀禮二條,禮記二十四條,春秋左氏傳一百四十條,春秋公羊傳一條,論語八條,孟子五條,孝經三條,爾雅六條,説文解字十三條,廣雅三條。每立一説,皆博綜羣書,通以音韻訓詁。於詩、禮不泥鄭,於左氏傳必規杜,蓋其學實事而求是,博涉而多通。其於蘭甫先生猶鄭門之有臨孝存,菊裳先生序已言之。其書又見於李蒓客越縵堂日記詩箋禮注異義考下云:「詩箋禮注異義考意在申明鄭學而寥寥數紙,詞旨拙澀,遠不及其羣經補證。」則蒓客於此書曾審讀而心折可知已。余謂自高郵王氏父子出,大闢説經塗徑,如俞氏樾之羣經平議、徐氏灝之通介堂經説咸能繼緒。皓亭此書其在俞、徐伯仲之間乎？末册爲卷十五至十八，因末卷爲論説文，馬夷初先生方撰説文六書疏證，假讀以備采摭。及還書，則眉上有詳校三十一條，於説文言部誤文條，皓亭云：「讀古書者原不得輕以爲誤，然確有訛誤，不必曲爲之説也。説文言部『𧫷，論訟也。傳曰誻誻，孔子容。从言各聲。』『誾，和悦而諍也。从言門聲。』案孔子容三字，當在和悦而諍也之下。論語鄉黨記孔子『與下大夫言，誾誾如也』是也。二篆相厠，其爲誤文無可疑也。又下『䜀，可惡之辭，从言矣聲。一曰誒然』。春秋傳曰：『誒誒出出。』『譆，痛也。从言喜聲。』案左氏傳言譆譆出出，不作誒誒，或『叫於宋太廟，譆譆出出』乃將火之辭，亦非可惡之辭，則『春秋傳曰誒誒出出』八字，當在『痛也』之下，不知何時誤倒在上，遂妄改譆譆作誒誒耳。二篆亦相厠，其爲誤亦無可疑也。乃或據誒誒誤文，欲以改左氏傳，不亦傎乎。」夷初謂「其説極是，蓋清儒治説文者衆矣，皆未見及此，誠有功於許氏書」。而古文孝經條皓亭云：「説文解字敘云：『其稱易，孟氏；書，孔氏；詩，毛氏；禮，周官；春秋，左氏；論語、孝經皆古文也。』則是許氏所引『仲尼居』，作『仲尼尻』，『哭不哀』作『哭不悠』當是壁中真古文。」夷初則謂：「自叙其稱以下廿六字，實非許文，蓋吕忱所加，今本説文實説文、字林和合之本，而後人刊去字林又不能盡，至叙中竄亂更無以明之矣。許治古文孝經，惟見許沖上表，而後漢書本傳不箸，疑亦吕忱羼入」，至其他引甲文、金文以證其誤者，不一而足，又皓亭所未能及也。惜當時未將全書借與，故所校僅四之一耳。後有刊是書者，當以校語附每條下，亦於讀者有助也。

經述四卷四册

清慈谿林頤山撰。手稿本。

頤山字晉霞。光緒壬辰進士。江蘇補用知縣。曾爲南菁書院山長,佐王先謙輯刻經解續編。宣統初徵爲禮學館編纂。所著書又有羣經音疏補證、水經注箋疏,稿均不傳。章太炎先生撰黄元同傳,稱弟子得其傳者,有慈谿馮一梅、林頤山。而徐世昌清儒學案則列入俞蔭父曲園學案,蓋其時俞主詁經精舍,黄主南菁書院,一時高才往往兼應兩處經古課,故俞、黄皆爲其師。綜晉霞之學,堅確精密,尤與黄氏爲近。此經述四卷,爲其手定稿,前三卷已刊入經解續編,末卷則别題隸經賸義,而以其父兆豐名刻入,不有此稿,固無以證之。兆豐篤厚嗜學,所著周易輯注箋疏、毛鄭詩考正續均未完成,其稿亦爲余得。晉霞憫其父之畢世辛勤,而姓氏不彰,乃假此一卷書得厠著作之林,固昔時孝子之用心也。清臧琳之經義雜記其書初出,人即疑之。方東樹漢學商兑謂其玄孫鏞堂所攙亂。阮元亦因之幾出琳於儒林傳,致鏞堂斷斷爭辨,見拜經堂文集與阮書。至葉德輝郎園讀書志則直稱其書全與乾、嘉諸儒所著書相類,與鏞堂自撰拜經日記體例如出一手,則謂鏞堂歸美於其先人所作,亦無不可。余又見舊鈔紀氏唐韻考,其署名及序文赫然爲紀昀,今曰紀容舒者,亦歸美其先人也。古來類此者不鮮,固不當與篡竊他人之作同議。至高郵王氏父子所著書,伯申之言多出石臞,遺稿發見,昭然可覩。伯申之學非不能自著書,則以王事敦迫，不如石臞之優游林下，得從容校理，而石臞必分其餘光，固出於舐犢之愛，且伯申書名述聞，自言得諸庭訓，初無掠美之心也。因讀經述而推論及之。

經述續稿不分卷九册

清慈谿林頤山撰。手稿本。

頤山有經述已著録。此手稿九册，十九皆説經之文。中如釋井田、釋衽、釋師儒、釋家、釋笑、釋紖緣、土圭測土深考、孔壁古文説、中興之中釋文音張仲丁仲二反説、將蒲姑解、屋漏解、以魁柎之解等篇，已分别刻入經述及署其父兆豐名之隸經賸義，間有朱標已刻者，謂刻入詁經精舍、南菁書院兩文集，其餘約四五百篇，皆未刻稿也。凡一篇之成，有易稿至四五次者，紊若亂絲，細入豪芒，幾非目力可及，用功之精勤，令人欽服。題上加朱圍者，似爲選定之作，擬先付鈔清，其簇簇蟻聚，不可爬梳者，祇可留示後人。近有刊其文集一册者，余未得見，不知亦有一二編入否。

三十年前滬上來青閣從慈谿收得頤山父子叢稿盈尺，并有密校十三經注疏、水經注等，索值至千金，余見之徘徊展誦，不忍釋手，而歲暮囊空，徒呼負負。未幾注疏、水經均售去，而此破爛叢殘無問津者，書友奢望稍殺，又鑒余好之篤，乃貶價至三百金，不得已告貸於友人，抱書而歸，旁人之竊笑不顧也。今編書録，分類著録，竊喜頤山一生心血，不至散佚，不可謂非幸矣。

羣經傳授源流考不分卷二册

清慈谿林頤山撰。手稿本。

頤山有經述已著録，述羣經傳授源流者，始於漢書藝文志及儒林傳，詳於唐陸德明經典釋文序録，至清畢沅又用旁行斜上之法，爲通經、傳經二表，洪亮吉亦爲之。洪居畢幕，疑畢書即洪代作。陸書有亡友吴君檢齋疏證，最稱晐備。但陸所未及而旁見他書者，例不增附。畢書雖便檢查，而不載各家事跡，皆著書之體宜然。讀者猶有憾焉。此書依畢書著其一傳至若干傳，而改爲直行。依吴疏陸書，詳其傳授源流，並據羣書碑板增補之，合二書之長於一編。而每經分列家派，尤爲精審。如於易分孔子古文易以下五十五家，分别今文、古文，各以所治之學類屬，下逮南北朝，每經皆然。惜至左氏春秋止，然所闕不過三之一，而木石基礎已具，後有好學者不難循其例而補成之也。案語題授經名者，意如石臞之作改題伯申之類歟？原無書名，今據内容補。

瑞伯經解改稿不分卷一册

清海寧許克勤撰。手稿本。

清代書院之制有二，一則專試八比文、試帖詩，爲取科第之資。一則專課經解、古學，爲培著作之材。

有志之士，多就後者，故一代碩學半出學海堂、詁經精舍、南菁書院。勉甫以諸生課徒自給，不歆世俗之榮，而惟經訓是樂。兼應南菁、辨志、正誼各書院課，説經硜硜，屢列前茅。其授徒先以識文字、通經義，大異於時之塾師所爲。此十八篇者，光緒壬辰歲爲其弟子字瑞伯者所改窗課，中如説文引書異同考，佔三十四葉，可獨成一書。每篇皆乙注塗改，絲毫不苟，可見其用心之細，負責之嚴。雖不足稱著述，然距今七十餘年，學制屢變，此等叢殘之稿，幸未投溷，過而存之，蓋亦物以人重之意也夫。

文字説解疑辨不分卷附文字索隱四册

清常熟楊沂孫撰。手稿本。

此濠叟治許氏説文札記手稿也。余先從海上來青閣得文字索隱一册。越十餘載，又於蘇市得文字説解疑辨三册。兩本對核，知索隱爲疑辨之初稿。析而復合，爲之良慰。

濠叟以篆書名於藝苑，所作根據小篆，時參雜古籀，略可覘其非墨守洨長一家之學者，觀此書而益信。於「易」下云：「東漢諸儒，無不習讖。説經必引用之，賈、鄭大儒猶然。此通人之蔽也。許氏『日月爲易』及干支諸説，皆取緯書，非六書本義，是當更正删薙，以祛數千年小學之惑。」於「甲」下云：「許氏泥於干支之名，牽於讖緯之説，類列於末。後學循之，遂致借義。讖義著而本形本義亡。通人不敢非，古篆無可考，惜哉。説解之繆，而文字之玷也。沂生於千百年之後，欲糾而確之，不獲與茂堂、貫山諸先哲同時，誰其責我？」是其於許君之引用讖緯，深致非議。於他處多引據彝器文字爲説，而輒云「許氏望文爲説」，「許氏望文生聲，又或改隸他部以符己説」。所謂疑辨者，於許書有所疑，爲辨而正之也。雖自比於段、王，與貫山差近，茂堂則尚非其倫。而動以淺人爲呵斥，則又襲自茂堂。大凡嘉、道以來，治許書者喜援彝器文字。莊葆琛、龔自珍輩不免穿鑿武斷，至後來吴大澂創解新義，漸軌於正。濠叟介厠其間，時有心得，勝於莊、龔而影響夫吴氏者也。索隱稿首數葉，每行於板匡上方楷書某字，下槧彝器各體類列之。知吴氏説文古籀補，濠叟蓋先已創爲之。曾見舊拓散氏槃銘，濠叟與吴氏各有考釋，交相引重。吴氏年輩稍後，其有所受之可徵。祇以叟書未刊，遺稿晚出，人無知者。吾友丁君初我纂常熟藝文志亦未著録。別有文字説解問譌，云補段、王二氏之未備，其即是書之異稱歟？尚有他稿及校讀書數尺，悉歸謝君光甫。今已不可問矣。

有「老吃」白文方印，「詠春」朱文方印。

集韻十卷十册

日本天保九年（當我咸豐六年）覆清康熙丙戌曹寅楝亭刊本。吴縣王欣夫手臨金壇段玉裁、吴縣袁廷檮、鈕樹玉、烏程凌樹屏、日照許瀚、旌德吕賢基、吕錦文、貴筑黄彭年、元和丁士涵、海寧許克勤校跋。

此本自段玉裁至吕賢基父子，爲黄彭年集校本。咸豐庚申莫友芝借録，畢第一卷，命子繩孫續成之。

藏吴興劉氏嘉業堂，一九三三年從翰怡丈借臨。先是從張仲仁先生一麐借丁士涵手校以贈許克勤之本，并許校數十條别紙札記，夾置他書中。一九六四年二月檢得，即謄入卷中足成十家。

景祐集韻，元、明兩代皆無刊本。至清康熙時朱竹垞始從毛斧季得傳鈔本，屬曹楝亭刊之。蓋是書之不絶如線久矣。惟朱本未免筆畫小譌，校者又未能精審。乾隆甲寅三月，段茂堂從周香嚴借毛氏影宋鈔本校曹刻，脱誤累累，補正不下數百處，最稱善本。一時學者多從傳録，而袁壽階於是年六月，即首從録副。重陽前一日鈕匪石又從袁本轉録。道光三十年五月，黄子壽從陳元禄借臨之，悉用朱筆，標姓名爲别。此第一本也。烏程淩緘亭邃於小學，著有五經文字異同考，世不甚知。其手校集韻，藏旌德吕鶴田家。鶴田承其父雲里飛鵬家學，於集韻用功極深。子壽棠又續加校補。許印林亦附校籤，於第三卷中尤多。子壽於咸豐元年十一月從吕氏借録，悉用墨筆，亦標姓名爲别。此第二本也。諸家於傳録時，又各附增校，卷九第二十葉，有汪竹香校一條，下有匪石案語，則又出諸家外。至余録丁、許校，已爲第三本矣。友人陳君澄中有周香嚴臨段校本，亦經郘亭父子彙録諸家校，較此更多陳慶鏞、汪遠孫、嚴杰、馬釗、錢泰吉、唐仁壽諸家。一九三五年冬，葉揆初先生假讀，曾共鑒賞，惜未及補入此書中。然郘亭父子於此繁若繭絲，朱墨雜遝，不辭勞瘁，手録兩本，其傳古之功亦偉矣。昔瑞安方雪齋撰集韻考正，僅得段茂堂、嚴厚民、汪小米、陳頌南四家，孫仲容刊入永嘉叢書。其跋欲據羅鏡泉、馬遠林諸校以補其遺。今余所得方、孫二家未見校本不下二十餘家，而此本與麗絅堂兄弟合校本，尤爲雙玨之聯，可以傲前賢矣。惟學殖荒落，未能纂集，以續方氏之書爲媿耳。緘亭名樹屏，字保釐。乾隆四年進士。嘉興府教授。學問該博，能文。善課士，月旦之評，不爽毫黍。禾中好學者，多請業焉。詩多才情奔放之作，著有瓠息齋集，見光緒湖州府志。鶴田名賢基。道光乙未進士。工部左侍郎。謚文節。子壽棠，名錦文，字絅齋，號簡卿，一號畫堂。咸豐壬子進士。翰林院侍讀。著有文選古字通補訓。餘皆習知，不悉著。

宋本三十五葉，每葉二十二行，末葉十二行。甲寅三月借周漪塘所藏毛鈔宋本校。十六日段玉裁記。

凡照影宋本改者，書於本字本身旁側。凡以意正者。書於本行上下方。亦有照宋改本字，仍恐模糊而書於上下方者。若膺氏。

是年六月，袁廷檮借段本録。初一日校此一卷。

重陽前一日借録一卷畢，是日微雨。吴門樹玉。

道光三十年五月黄彭年借陳元禄藏袁校本。廿一日校此一卷。

癸未二月初七日校畢。凡是正二十二處。瓠息主人凌樹屏識。

凌校藏旌德吕侍郎家。侍郎及哲嗣晝堂孝廉並有增校，今假録不復識别，統云「吕校」。仍録凌識語於後。其與段、鈕二校同者，不重出。咸豐元年十一月十八日黄彭年記。

咸豐己未歲杪出都，挾此經保定，假得黄子壽編修手鈔段、袁、鈕、吕、凌諸校本，並至趙州依陳息凡刺史度歲。庚申正月十日肇功，迻寫畢第一卷。莫友芝記。以上卷一末。

宋本四十三葉，末葉六行。

九月十二日三鼓録畢。樹玉。

咸豐元年六月初六日彭年重校録。

二月十一日校畢，凡是正四十處。瓠息主人識。

咸豐元年十一月十八日，黄彭年重録。

咸豐十年歲次庚申立春日，莫繩孫奉嚴命過録。以上卷二末。

宋本卅五葉，末葉十四行。

九月十八日録畢，樹玉。是日大雨。

咸豐元年六月十七日，黄彭年重録畢。

二月十四日校畢，是正凡四十一處。瓠息主人識。

吕校本夾籤書校語，據壽棠云是照許君瀚所校。今題「許校」別之。其與段、鈕重者，亦不録也。十八日，彭年録畢記。

咸豐十年歲次庚申，正月十五日，莫繩孫重録畢。以上卷三末。

宋本三十六葉，末葉十九行。

九月廿日録畢。樹玉。

八月二十八日校録。彭年。

二月十六日校畢，凡是正二十二處。十五青内涔字，集均誤收，非由傳刻之誤也。瓠息主人識。

元年十一月十八日，黄彭年重録畢。

咸豐十年正月十六日，莫繩孫重録。以上卷四末。

宋本三十九葉，末葉三行。

九月廿二日録畢。樹玉。

八月二十九日，黄彭年重校録。

二十九日校畢，凡是正五十三處。瓠息主人識。

咸豐元年十一月十九日録畢。彭年。

咸豐十年正月十六日戌刻，莫繩孫重録。以上卷五末。

宋本四十一葉，末葉十三行。

九月廿四日樹玉録畢，是日雨。

閏八月初一日黄彭年重校録。

二月二十四日校畢，凡是正六十三處。瓠息主人識。

元年十一月十九日録畢。彭年。

咸豐十年正月十七日，莫繩孫重録畢。以上卷六末。

宋本五十三葉，末葉六行。

九月廿七日樹玉録畢。是日晴。

閏八月初三日，黄彭年重校録。

入夏暑汗，停校。八月望後校起，九月初四日畢。凡是正五十七處，内饐、餲誤合。放、放誤分，皆作均者，本誤也。瓠息主人識。

元年十一月十九日録畢。彭年。

咸豐十年正月十七日酉刻，莫繩孫重録畢。以上卷七末。

宋本三十四葉，末四行。

九月廿七，樹玉録畢。

閏八月初四日，彭年重録畢。

九月初十日校畢。凡是正九十六處，補字二處。瓠息主人識。

元年十一月十九日録畢。彭年。

十年正月十八日酉刻，繩孫重録。以上卷八末。

宋本四十二葉，末五行。

十月初三日，樹玉録畢於山中。

閏八月初六日，黄彭年重校録。

十月望校訖。凡是正一百五十一處。樹屏識。

元年十一月二十日録畢。彭年。

咸豐十年正月二十一日，莫繩孫重録畢。以上卷九末。

宋本三十八葉，第三十七葉滿，第三十八葉無字。凡宋本、今本並誤者，書其字於上下方。

段茂堂先生假得周漪塘先生所藏毛子晉影宋本集韻校録於曹本上。袁君又愷從段校本録下，余復從袁録下者録之。凡丹筆俱依原校，偶有管見，以墨筆别之。然誤處仍有，終莫能盡刊耳。時乾隆五十九年十月六日，樹玉録畢，並書此於洞庭山中。

咸豐元年閏八月初九日，從鈕樹玉校録本重録畢并記。黄彭年。

十月二十七日校訖。凡是正一百八十六處。瓠息主人識。

元年十一月二十日録畢。與段、鈕二校同，及已見爲誤校者不録。彭年。

此書誤處仍多，信如鈕云莫能盡刊也。

咸豐十年正月二十日戌刻，莫繩孫重録於趙州試院西廳。

集韻十卷十册

清康熙丙戌曹寅楝亭刊。嘉慶甲戌補刊本。常熟龐鴻文、龐鴻書手校宋本，並臨長洲汪道謙、吴縣余蕭客、常熟吴卓信、昭文席淏、王振聲、仁和韓泰華校跋。

鴻文字絅堂。光緒丙子進士。通政司副使。鴻書字劬庵，號酈亭。光緒庚辰進士。貴州巡撫。著有讀水經注小識、補元和郡縣志、四十七鎮圖説。鴻文、鴻書祖大堃深於音韻之學，著音學五書。父鍾璐，道光丁未一甲三名進士。刑部尚書。謚文恪。鴻文兄弟仰承家學，亦治音韻。同治辛未十一月，鴻文據宋槧本校卷一，鴻書校卷二、卷三，鴻文又校卷四、卷五至八語，鴻書接校，十二月鴻文校卷六、卷七、卷八，至四十禡，鴻書接校卷九、卷十畢。詳見每卷題識。均用藍筆。殘年風雪中，兄弟以合校古書爲樂。卷九、七十二葉有墨籤一條云：「『絜朿』翁改作『絜束』，與重刊本同。」案相傳宋槧集韻在翁叔平同龢家，則此所據宋槧，必爲叔平所藏無疑。又以朱筆臨乾隆七年汪道謙校宋本。其他均據趙宗德録本。趙本有二，一爲余蕭客、吴卓信、席淏、王振聲校本，余據宋本與汲古閣影鈔者，微有不同，當爲又一本。吴卓信從張氏愛日精廬藏本假録，而自加案語。吴録又有詳、略二本，詳本爲席淏所臨，大半係席所補。王振聲合諸校於一本，亦時下己意，均用緑筆。一爲韓泰華校本，韓見汲古閣影宋鈔本，即周錫瓚舊藏而段玉裁借校者，以價昂未得，邀友照校，今用紫筆。夾籤有黄筆、朱筆者，均不具名。朱筆有「錢校」云云，亦不知爲誰。全書五色燦爛，細入毫芒。皆前人所未見，真至寶也。龐氏藏書失於倭寇之陷城，余得此於滬上來青閣書肆。時亡友龐君次淮樹階適亦避地來滬，君，鴻文之嗣也。余携此示之，君方學佛，得失無縈於懷，惟歎聚散無常，而慶物得其所。且言有精校十三經注疏，祈其未淪劫火而已。道謙者，長元和三邑諸生譜，雍正六年，長洲有其人。乾隆丁卯重刊姜紹書韻石齋筆談。淏原名存涴，字子巽。嘉慶諸生。宗德與宗建號次侯者爲兄弟行。余、吴、王、韓諸先生，世多知之。

有「漢陽葉氏藏書」朱文長方印，「琴川龐氏讀均軒記」朱文長方印。

同治辛未十一月龐鴻文校宋槧本，自十二日至望日校畢。卷一末。

辛未十一月鴻書校宋槧，十日至十二日畢。卷二末。

辛未十一月鴻書校宋槧，五日至九日畢。卷三末。

同治辛未十一月鴻文校宋槧，五日至九日畢。卷四末。

辛未十一月鴻文校宋槧，十日、十一日校至八語，十四日鴻書接校，十五日畢。卷五末。

辛未十二月鴻文校宋槧，自十六至十八日畢。卷六末。

辛未十二月七日鴻文校宋槧，十二日畢。卷七末。

辛未十二月十四、十五兩日鴻文校宋槧，至四十禡。十八日鴻書接校畢。卷八末。

辛未十二月鴻書校宋槧，七日至十二日畢。卷九末。

辛未十二月鴻書校宋槧，十二日至十七日畢。卷十末。

集韻自宋景祐後，別無鏤板。此書乃摹宋板開雕者，點畫差訛，殆不可計。今書中譌謬處，並依宋刻用朱書改正。字體變化如浮雲，庶幾免此恨矣。春三月得此書後，於友人處借得宋商邱先生家鈔本依宋板摹寫者，與此無異，善本也。藏之，但不知校讎者爲何人耳。乾隆七年十月朔，汪道謙書。

中間訛處，有以管見參考者，則下注「可事」二字以別之，不敢以膚受末學，與從前校讎者之精研相混也。謙又識于可事堂之北軒。

張月霄新得曹楝亭刊本集韻，係余仲林蕭客用宋本所校者，頗爲盡善。余因假歸，亦以所藏曹氏本臨之。間有愚管，則加案字，不混入也。始事於九月十三日，告竟於二十七日，凡竭十五日之力云。時爲嘉慶二十四年，歲在己卯，寒知老人吳卓信記。

愛日精廬藏書志云：「此本余氏仲林據宋刊本手校，改正脱誤頗多，筆畫小異，亦一一標出。有的係誤字，而標某疑某者，想宋本原誤，不欲輕改耳。」可見余氏之謹慎不苟矣。每卷首俱有「蕭客」、「仲林」兩印。

此吳立峯先生臨余仲林氏校宋本也。先生所臨，有兩本。此本向藏張子楨樹本處，張得之陳子準撰家。陳爲先生高足，其授受蓋有自也。彼本今歸龐珉圃，珉圃得之席湨所藏，蓋先生初臨本，較此本爲詳。今以緑筆補録之，但所補録字非盡先生原臨。按席有記云：「道光丙戌十一月復得原校本，覆校一過。凡吳丈失校者，悉爲增入。字視原臨稍低，有疑而未釋者，記於下方。」蓋太半係席補，詳其文義，顯多原誤，蓋有先生所不取者，今備録之，正以見先生去取之意，而宋本面目亦可仿佛也。又彼本改字頗多，如从奇之字並改立首爲大，然亦改之不盡，其爲脱漏，或宋本如是，皆不可知。今可改者改之，不可改則記於下方。要以無闕宏旨，不悉從也。月霄張君藏書志一則，并附録於前，以誌此書所自云。咸豐初元閏月廿日，文村居士記於東皋老屋。

道光乙未，得見汲古毛氏影宋鈔集韻十册，每頁二十二行，每行二十三格。板心長當今尺七寸二分，闊當今尺五寸强。首鈐「希世之珍」小印，真希世之珍也。因索價太昂，與之百金猶不肯售，急邀數友以楝亭本分校之，竭兩晝夜之功，其中頗不能精審，然已迥勝楝亭刻本矣。武林韓泰華小亭氏識。

集韻一書，元、明兩朝别無刊本，故傳世極少。康熙丙戌楝亭曹氏始刻之於揚州，不知當時所據何本，舛落極多。咸豐辛亥於友人處假得吳立峯先生臨余仲林校宋本，即屬王文村丈用硃筆臨校一過，改正頗多，而脱誤仍有。

同治辛未九月洪洞董研樵觀察因仁和朱脩伯宗丞來假余所藏本，遂亦得假研樵所臨校本，係本韓小亭觀察據汲古閣影宋鈔本所校者，中與余氏所校互有異同，似所據另一宋槧。復用黄筆校一過，其與余校異者，即注於旁，同者亦注於原校之下。刊刻姓名，附記下方，略存宋本面目。而余校之未盡者，曹本之脱落者，於兹略備，洵可寶也。段茂堂先生原跋語一則附録於左，欣夫案，段跋已見前，兹不録。以誌此書之所自云。同治辛未十月初七日，琴川趙宗德識。

更定四聲稿不分卷五册

清元和惠棟撰。吳縣朱邦衡手鈔本。

定宇所著書目，各家所撰傳記及府志藝文，所録甚備，顧獨不及四聲更定稿，僅一見於顧千里手校廣韻跋。蓋久付若存若亡之數矣。昔年偶得朱秋崖手鈔殘本，存第一、二、三、四及八共五册。爲平聲東、冬、鍾、江、支、脂、之、魚、虞、齊、佳、灰、先、蕭、肴、豪十三部，上聲麌、薺、蟹、賄、軫、吻、阮、旱、潸、銑、篠、小、巧、晧、哿、馬、養、梗、迥、有、寑、感、琰、豏二十三部，去、入聲全闕。平聲有二本，略見異同。間有「聲案」云者，江艮庭也。「楷案」云者，朱孔林也。「衡案」云者，即秋崖名邦衡也。秋崖受業於余古農蕭客，爲定宇再傳弟子，故稱小門人。生平手録惠氏書最多。此稿亦賴以幸存。

尋其體製，大抵本之字書、傳注，以定廣韻訓説；本之音義、叚借、讀若，以别四聲部居。雖草創初具，未爲成書，隸俗譌體，異部重出，往往而有，韻目淆并，尤未知所準。然譬之崑岡之璞，礌然不同於他石，剖而琢之，居然見寶。乃重付清寫，而乞校於任君心叔。心叔爲舉其勝義，如以説文「訩，説也」。解詩「以究王訩」。據周禮「師帥執提」，韓非子「疇騎三千」，證六國以前已有單騎。以周易「洗心」爲韓康伯取道家説所改。據公羊解詁引尚書「歸格於禰祖」，證藝祖爲禰字叚借。據爾雅「翦，勤也」，以斥鄭箋「翦商」爲翦滅商人之非。以説文「饗，鄉人飲酒也」，證鄉飲酒即古之饗禮，非有亡失。皆足以爲九經古義補苴羽翼，則信乎是書之可寶也。念千里既及見之，則全帙之傳，或尚在人間，不知何日發見，以惠學子，企余望之矣。

舊爲顧竹泉藏書。太倉州志雜記：「竹泉名錫麒，父某，以胥吏起家，擁資鉅萬。竹泉頗好書籍，喜與士大夫游。清初遺民竟陵胡承諾繹志一書，武進李申耆得其稿，以語常熟許伯堅，許以告竹泉，慨捐鉅資校刊，並繫以序。時道光十七年也。」表章是書之功，當以竹泉爲首。又見其藏書首有一大方印，正書九行曰：「昔司馬温公藏書甚富，所讀之書，終身如新。今人讀書，恒隨手抛置，甚非古人遺意也。夫佳書難得易失，稍一殘缺，修補甚難。每見一書，或有損壞，輒憤惋浩歎不已，數年以來，蒐羅略備，卷帙頗精。伏望觀是書者，宜珍護。即後之藏其書者，亦當諒愚意之拳拳也。謏聞齋主人記。」其所藏後悉歸涵芬樓，多著於書録而不詳其生平，今爲補志之。

有「竹泉珍秘圖籍」、「謏聞齋」白文兩方印。

汗簡三卷略敘目録一卷 一册

清康熙癸未錢塘汪立名一隅草堂刊本。吴縣曹元忠手跋。

此即四庫著録本，亦即刻本之最早者。每卷分一、二，并略敘目録，實爲七卷。朱竹垞喜勸人刻小學書，若曹寅、若張士俊、若立名皆是。此即據曝書亭藏舊鈔本付梓。摹印極精，世稱善本。鄭子尹據此作箋正，於郭氏所集字多所發明。别有馮舒手鈔本，校此本，可補正者甚夥，又在此本之上。見瞿氏鐵琴銅劍樓書目。今亦有四部叢刊影印本。四庫總目提要謂此本乃李建中得之秘府，大中祥符五年李直方得之建中。案本書李直方後序：「近聞秘府新本，乃集賢李公衎修。公名建中。公素居外任，藁草秘於巾箱中。大中祥符四年罷西京留臺，歸闕，果以此書示余」云云。則秘府所藏，即建中所書以獻者，與玉壺清話諸書所載同。李氏所得摹寫者，乃其藁草，所述甚明。提要誤也。周中孚鄭堂讀書記謂「宋志作汗簡集七卷，集字或誤衍」。案玉壺清話亦言李建中手寫汗簡集，則或本有集字，非誤衍。又謂「後漢書吴祐傳注云：『以火炙簡令汗，取其青易書，復不蠹，謂之殺青，亦謂汗簡。』蓋取諸此」。此本亦附載吴祐傳語，有注「見劉向别録」五字，則此條爲别録佚文。所本在范書之前，周説猶未諦。首有君直先生四跋，於李建中書汗簡事，初得於沈周石田集，繼得於陶宗儀書史會要，三得於僧文瑩玉壺清話。夫數典不忘其祖，爲考據家所重，故讀書不可不多。然本書天禧二年李直方後序已有此説，四庫提要謂玉壺清話提要著録作玉壺野史，即此書。作於元豐中，則此又前六十餘年，當爲記載之朔。惜今不得其本一校之也。有「吉云」白文方印，「管印慶祺」白文方印，「句吳曹氏收藏金石書畫之印」白文方印，「曹富貴」白文方印。

戊戌夏，操羖齋遺書爲隴西轉售於無錫書賈華蘭亭。華本市井細民，只解稗販小説爲業，得南園及余外祖馬淵林先生校本，輒以賤值貨去。迨余自都下南歸，跡之已不可復得，殊堪痛惜。此册爲表弟馬伯龍所得，因以遺余。庚子夏日重裝書此。元忠。

石田題郭忠恕畫云：「李西臺嘗録其汗簡集以獻，皆科斗文字。詩云：『蒼壁長松有仙骨，斯人好在白雲鄉。西臺汗簡今零落，科斗春深水满塘。』」壬寅八月，檢石田集録於卷端。

陶南村書史會要：「李建中字德中。其先京兆人。官至司封員外郎，工部郎中。嘗爲殿中丞，掌西京留司御史臺，至今謂之李西臺。喜篆籀艸隸八分，於真行尤精。作科斗書郭忠恕汗簡集以獻，頗見褒美。」白石翁詩本此。甲辰七月既望，凌波書，時齒痛甚劇。

玉壺清話云：「李留臺建中以書學名家，手寫忠恕翰字恐誤。簡集以進，皆科斗文字。」玉霄真逸又本此，是歲蜡除。

甲辰稿卷二

漢書一百卷二十册

清同治八年金陵書局刊。清程炳泰臨元和惠士奇、惠棟、吴縣沈欽韓校並跋。

惠氏父子評校漢書用北監本，有劉攽、宋祁諸家注釋。吴中舊學多傳録本。所見皆用金陵局翻汲古閣本。汲本從南監本出，不但文字有小異，且無劉、宋等注，故傳者往往棄劉、宋等注評校不録。惟是本凡惠氏有評校語，或加圈識者，悉另紙録出，粘附其中，最爲精密。師古注昔人謂乾没其諸父游秦之業，徵之司馬貞史記索隱所引游秦説而信。錢竹汀又謂其依東晉蔡謨本，而稍采他書附益之。蓋其書借助他人，非盡己出。然服虔、應劭以來數十家注，幸賴以傳，功亦非細。至其違誤舛漏，自不能免。故在宋世三劉、吴仁傑等已多糾舉。善乎王益吾之言曰：「自顔監注行，而班書義顯，卓然號爲功臣。然未發明者固多，而句讀譌誤，解釋踳駁之處，亦迭見焉。良由是書義藴弘深，通貫匪易。昔在東漢之世，朝廷求爲其學者，以馬季長一代大儒，尚命伏閣下從孟堅女弟曹大家受讀，即其難可知矣。今松崖乃與杜預並論，曰：『亂左傳者杜預，亂漢書者顔籀。故左傳扶賈、服，漢書用古注。一經一史，淆亂已久，他日當爲兩書删注，以存古義詔後學耳。』語似稍過。蕭敬孚因謂此等論説，皆好爲大言，好爲僻論。幸其所言未踐，使其用畢生之力，能爲兩書古注，果能羣廢杜、顏兩家之書，而行惠氏之書乎？」蓋松崖純乎漢學，不但於宋人嚴加詆斥，即唐人亦不免訕議。嘗讀其注疏校本，於孔穎達、賈公彦亦然。松崖批周禮注疏云：「周禮疏不詳。賈公彦不及顏師古，惜當時不命師古爲之」，則又左賈而右顏。門户之分，實始於此書。面題「諸史會最稿」五字，其漢事會最孫淵如孫氏祠堂書目著録，六册。江建霞靈鶼閣叢書曾刻其人物志殘稿。昔年於北京東方文化學會見鈔本□□册，皆抄撮漢事原文，與此校訂語不同，或此爲會最中之一部分，尚待匯合歟？嘗見錢警石年谱，於道光二十五年云：「夏日與仁和勞季言格遇於吳山書肆，季言嘗見惠半農學士松厓徵君所校漢書，曾仿後漢書補注摘録成卷。今勞本不可見，余亦據此本輯入松崖讀書記。惠校原書在張氏適園時，曾經寓目。半農、松崖父子朱墨可辨，録者不察，混而爲一矣。卷中朱筆，係録沈文起校，與先君録本無異。炳泰之籍貫字號皆不詳，故友孫君伯南識其人，亦恃館穀爲生者。

此先王父百歲堂藏書也。硃筆爲先君閲本，墨筆及注乃棟参也。余家世通漢學，嘗謂亂左傳者杜預，亂漢書者顏籀，故左傳扶賈、服，漢書用古注。一經一史，淆亂已久，他日當爲兩書删注，以存古義詔後學耳。松崖棟識。

惠氏原評本，係北監本，有劉攽、宋祁諸家注釋，遇有惠氏批評圈點者，附録於下。並以()別之，以見原評本所無，識者鑒之。光緒四年季春上浣八日，後學程炳泰識。

汲本都從南監本，原評有「南監作某字」，今以汲本過，只有以「北監作某字」反言明之。

季漢官爵考三卷 一册

清海寧周廣業撰。武昌徐恕桐風高鈔稿本。海寧張宗祥題封面。

此爲老友徐君行可次女公子據北京圖書館藏稿本傳鈔。書品闊大，縱市尺一尺二寸五分，横八寸二分。單欄，墨綫中又有小匡，縱五寸五分，横三寸八分。文字在小匡中，四圍空白，不知何意。余少作補三國兵志，行可見之，因以此册見贈。

案馬、班撰史，説者謂莫要於志、表，范書無志，以劉昭補注、司馬彪志入之。承祚撰國志而志、表均闕，讀者有遺憾焉。而獨於武侯傳録楊戲季漢輔臣贊，蓋予蜀以正統。錢竹汀又歷舉諸證以實之，與習鑿齒漢晉春秋以蜀爲正，魏爲篡，其旨從同。其後晦庵纂通鑑綱目，有所受之矣。嗣是而蕭常、郝經、謝陛各有撰述，以繼范書，而志、表迄未及，則以書闕有間，網羅考核之不易也。清人起而補之，於職官有洪飴孫之表，易本烺之記，或刊或未，猶三國並列，而莫先於耕厓。此書承習蕭、郝、謝之作，成於乾隆末，藏稿未出，世莫之知。耕厓謂：「驟車見辱，盡室東遷，三馬同槽，相承篡據。後之稽官制者，惟知採諸魏氏，而於季漢反不之及。即有好古之士，亦罕見稱引，斯憾事焉。至於分苴作輔，裂土酬庸，尤先後炳在史册，徵文考獻者概從疏略。典章湮鬱，于兹且千餘年矣。爰取蜀志、華陽國志諸書所載，參考傳記，闕疑補佚，依仿續志、宋志、通考之成例，作季漢官職考二卷，封爵考一卷，凡建設始末，秩禄冠服已詳馬、班諸表，司馬續志及應有之員無因考見者，概不復紀。遇有異同，間爲詮注。」蓋於以上續彪志無媿也。至其考訂之確，纂述之勤，諸家序之已詳。槎客文不載愚谷文存，惟於蕭、郝二書，彼所未見，今則刻入郁氏宜稼堂叢書。諸文併録以備考。其手稿舊在沈子培所，見海日樓題跋。惟誤以耕崖作松靄耳。

有「桐風高緍尌綖録之書」朱文長印，「徐恕」白文方印，「殿研」白文方印，「弜誃閒業」朱文長方印，「廣業甄微」白文方印，「南州高蹈海岱清風」白文方印，「必遵修舊文而不穿鑿」朱文長方印。

粤稽漢賈誼有五曹官制，王隆有漢官解詁，蔡質有典職儀式，應劭有官名秩簿，其述官制詳矣。馬、班有諸侯王、功臣王子、外戚、恩澤侯表。宋熊方有續漢書表，其載封爵亦詳矣。自是而降，惟季漢獨闕焉。耕厓根據國志，旁引他書，仿通考之成例，作季漢官職、封爵二考。信乎繼豐城廣居子之後，可以「補史」顔其齋者也。耕厓博雅嗜書，多所撰述，兹特其一斑耳。采輯富而考核精，已足令人傾倒，由是而及諸史，詎可量乎？他日續有考正，當更序之。松靄叔氏春拜書。

昔宋周平園序蕭常續後漢書曰：「陳壽身爲蜀人，於劉氏君臣不能無憾。著三國志，帝魏而指蜀、吴爲主，設心已偏。故凡於當時祫祭、高祖以下昭穆制度，皆略而勿書。其死未幾，習鑿齒爲漢晉春秋，起光武迄晉愍帝，以蜀爲正，魏爲篡，謂漢之亡僅一二年，則已爲晉。炎興之名，天實命之。」其意蓋以蕭氏之書，足矯陳氏之失。不知壽書外雖帝魏，陰實予蜀。訾之者徒見其文，而未嘗知其心也。今國志既直繼班、范二書之後，所惜假馬之名未正，且但有紀傳，而無表志，使季漢一代典章制度，舉無可考，後之讀史者，終不無遺憾。顧蕭氏之書不可得見，他若謝翔之季漢表、郝經之續後漢書等，世亦罕傳。明萬曆中天都謝陛少連特破十數年之功，作季漢書，自謂尊漢帝蜀，紹明尊周宗魯之法，視陳壽志，不過增孝獻數十年事蹟，升昭烈、後主於本紀，降魏、吴於外傳，復增載記、雜傳二門而已。至於志、表，仍闕焉。昔范蔚宗爲後漢書，無表、志，梁劉昭爲補彪志，宋熊方爲補年表。三國志、晉漢春秋無志，沈約修宋書諸志并前代所闕者補之。姚思廉梁、陳二書，李百藥北齊書，令狐德棻周書皆無志，而唐于志寧、李淳風等别纂五代史志，詔編第入隋書。蓋表志之重也如此。少連既改國志爲季漢書，而表、志仍然不立，豈非一大闕典歟？吾友周君耕厓博雅多聞，尤熟於史事。所著季漢官職、封爵二考，余受而讀之，歎其學之博，而識之宏。雖謂之考，而實可以補志之闕，非具良史之才者，未見覯也。昔四明萬季野徵君嘗爲歷代史表，其漢季方鎮表及漢大事表、將相大臣年表、諸王世表等，並極詳覈。若更合以耕厓之二考，真所謂人異志同，世殊事合。雖踵熊、劉之遺志，而追班、馬於千載之上可也。豈特崇統黜僞之功而已哉？耕厓著書滿家，此雖其一鱗片甲，而有裨於史者甚大，故不揣固陋，爲述其梗概如此。時乾隆四十有七年龍集壬申中秋前一日，兔床弟吴騫拜題。

陳承祚三國志予蜀正統，竹垞翁嘗論之。史文不顯，習彦威漢晉春秋標識豁然矣。此朱子通鑑所本，而謝少連季漢書所由作也。書闕志表，耕厓周君著職官、封爵二考，並載其人，仿宋志也。體兼乎表，夫史推志難，表亦難，三國地理，晨夕改屬，職官因剏，以時尊統。于蜀必志與表兼之，晉、宋志志前代，單及於魏。王伯厚三國形勢考，於其時地理得大略矣，未及詳悉，職官則未有濫觴者。得是考，使人於蜀漢官爵，燭照數計。非燗熟三國事，而博觀其間，無此綜核也。然則地理之分合，考蜀而附録魏、吴，非君孰經緯之？乾隆乙巳冬，同學愚弟蔣師爚拜跋。

東晉南北朝輿地表年表十卷首末各一卷州郡表不分卷郡縣沿革表不分卷六册

清嘉定徐文范撰。手稿本。

每册縱二三·八公分，横二三·八公分，墨綫横行。版心上刻「東晉南北朝輿地表」，下刻「杏雨書齋藂圃日抄」兩行。年表兩册，卷末原附綴言，今闕。州郡表一册，郡縣沿革表三册，均不分卷。郡縣表封面標「御」、「書」、「數」字，前三册封面已破損，其爲「禮」、「樂」、「射」字可推知，此其原次也。自訂凡例，題乾隆己酉冬十一月既望，年表卷後附記録稿年月，自乾隆己酉嘉平六日始，至庚戌四月二十日止。蓋乞序於錢竹汀後自寫清稿。郡縣沿革表自序題：「嘉慶八年六月二十日，時年七十。」已爲晚年續撰。是年即逝世。故總目所列世系圖表附各國疆域上下二卷，均未及録出，其稿遂佚。卷中附有墨筆夾籤，朱筆、藍筆校字，審係重録時指示寫官者。用心甚細，惜不具名。夾附從練川名人畫像摹仲圃遺像，似當時曾擬付梓。今有光緒二十四年廣雅書局刊，二十五史補編、叢書集成皆據此，係陽湖吴翊寅所校。於總目州郡表下注：「稿本羼入郡縣沿革表後」，今殊不然，於行欵及校改處亦不相應。州郡表前有二十一州似提綱者二葉，刊本所無。知粤刻吴校係據别一鈔本，未見此手稿。張氏適園藏書志著録一鈔本，有錢儀吉印，是世間有副本存也。

嘉慶嘉定縣志云：「文范字仲圃，號虹坡。監生。居錢門塘，潛心史學，尤精地理。撰次東晉南北朝輿地年表及僑置郡縣二表，經緯分明，於交爭疆埸陷復之迹，瞭如指掌。同時陽湖洪亮吉撰東晉南北朝疆域志，世稱精核，文范書實較勝之。王鳴盛、錢大昕俱深相推服。年七十卒。本書王鳴盛序云：「地理之難知，莫甚於割據之亂世。漢末天下三分，陳壽不作表、志，茲事已難研究。晉一統裁二十三年，當惠帝太安二年，而僭僞並起。自是以後，羣雄雲擾，閲一百三十七年，直至劉宋文帝元嘉十六年，而北方諸國始盡併於元魏，自是爲南北朝矣。魏衰，高氏、宇文氏相繼與南朝鼎峙，天下再三分。直至隋文帝開皇九年始合爲一。自太安二年至此凡二百八十七年，區宇分裂，未有甚於此時者也。故地理爲最難明。」又云：「是表以年爲經，以國爲緯，旁行書之。而又以晉初所分之二十州爲其緯中之緯，下至隋煬帝置州至郡而止。追補千數百年前之志，抑何博且精也。」錢大昕序云：「上溯太安，下訖大業，年經國緯，表而次之。先辨實土，附以僑治。其間分裂合并，參互錯綜，志有滲漏，則采紀傳以證成之。」又云：「仲圃生於千載之後，乃能鉤稽載籍，究其離合，分剖毫釐，窮極幻眇。雖身歷其時，目覩其地者，亦無以過。非有絶人之識，用心專而爲日久，安能爲古人之所難爲也哉？」王、錢皆不輕許人者，今觀其所稱述，則其書編撰之難而成就之偉可知。仲圃以一寒士孜孜矻矻著書，没世不求聞達，而其書於身殁後將百年，終得大顯於世。觀此手稿，如接其一鐙熒然，伏案攻苦時也。

乾隆己酉嘉平六日，文范録。年表卷二末。

己酉除夕，文范手録。又卷四末。

乾隆庚戌正月十三日，文范手録。又卷五末。

庚戌正月二十八日，文范手録。又卷六末。

庚戌二月下浣四日，文范手録。又卷八末。

庚戌四月二十日，文范手録。又卷十末。

三朝北盟會編存一百七十二卷十七册

清吴縣袁廷檮貞節堂鈔本。手校並跋。嘉定錢大昕、吴縣黄丕烈、仁和龔橙手識。藍格。每半葉十行，行二十一字。左闌下方有「貞節堂袁氏鈔」六字。壽階以朱墨筆手校，始乾隆五十六年辛亥四月十日，有稱甌亭本者，吴城瓶花齋也。有稱鮑本者，鮑廷博知不足齋也。是爲集衆本會校者。卷二百十九第二葉上二月二日癸丑張俊薨條有校籤云：「二月當作七月，攷繫年要録，七月壬子朔。」審係錢竹汀手跡，蓋即竹汀日記鈔所載之本。線縫中時有校籤誤被訂入者，不知何人，當與壽階爲同時。原裝二十四册，後歸黄氏士禮居，蕘圃以朱筆標記每册書面，時已祇存十八册，見題識。嗣爲龔孝珙所得，核實其所闕爲卷七至十六，卷四十六至七十六，卷一百九十六至二百零二，卷二百廿八至二百三十八，别書一籤粘附。至卷一百十三首末缺數葉，則係原缺。及入莫氏銅井文房，楚生書簽亦云十八册。一九三三年莫氏書散，其書目亦注明十八册，有跋。乃又缺第十五一册，爲卷一百八十六至二百零五。仲兄蔭嘉曾遍檢未得，賈人以殘册不甚重視，遂爲余得。

案是書向祇鈔本流傳，繡谷亭熏習録謂吾鄉龔雨田侍御舊藏宋槧本者，今不可見。涵芬樓燼餘書録著録兩本，一爲明何子宣躋德樓藏本，其行欵避諱猶存宋槧面目。一爲鮑以文手校，據吴甌亭本及汪本校正，芟補多至數千百字，取對前本，多屬相合者，與此袁校同出一源，惟彼本失録甌亭題跋。至清光緒四年，紹興始有活字印本，仲兄曾以此本校之，脱誤累累，未爲善本。然則此雖殘帙，猶自足重，況多存名賢手跡哉？

有「貞節堂圖書印」朱文方印，「又愷手校」朱文方印，「大雪僵卧之後人」朱文方印，「耕學爲業」白文方印，「獨山莫祥芝圖書記」朱文方印，「莫枏印」白文方印，「莫萚圖書之印」白文長方印，「莫棠之章」方印。

按夢莘字商老。臨江人。入宋儒林傳。是編起政和七年，終紹興三十二年，一時事蹟，登載靡遺，可補正史之闕。名曰「北盟」，蓋深有慨乎契丹之不可棄，女貞之不可親，自撤藩籬，誰爲捍蔽？及乎戎馬踐郊，危如壓卵，言和言戰，訖無定論。青城之禍，海上之盟奚在哉？至紹興則無所謂盟矣。因人心之感發，將帥之忠勇，直抵黄龍，夫豈虚語！而匿怨忍恥，一和再和，直至海陵自斃而始得偏安。此又作者所隱痛而不敢明言，姑託標題以示微旨歟？世無印本，傳鈔日久，脱落淆亂，不僅魯魚帝虎之憾，而編内所引羣書，存者又十不得三四，無從是正。其有散見文集、説部、志乘中者，悉行校勘，庶稱善本云。乾隆己未冬日吴城記。

辛亥四月十日校。目録末。

四月十二日校第一至第三卷。卷三末。

四月十三日清晨校。卷四末。

四月十四日燈下校。卷五末。

端午前一日校十六、十七卷。卷十七末。

十一月朔校二卷。卷十九末。

初二、初三，更校此一卷。卷二十末。

端陽日晨起校兩卷。卷二十二末。

五月十四日校。卷二十三末。

五月望校廿四卷至廿六卷。是日風雨寒冽。卷二十六末。

十一月初三日校三卷。卷二十九末。

五月十五日燈下校兩卷。卷一百七十五末。

五月拾陸日校三卷畢，日方午。卷一百七十九末。

十六日午後校兩卷。卷一百八十一末。

辛亥長至日校。梅雨。二十日麥價騰貴，是日始晴。卷一百八十二末。

七月初三日晨起校兩卷。卷一百八十五末。（以上袁廷檮手識。）

此袁氏貞節堂鈔本，原廿四册，今闕，祇存十八册。會當補之。第一册書面。（以上黄丕烈手識。）

遼小史一卷金小史八卷 一册

明吳郡楊循吉敘。崑山趙詒琛手鈔並跋。

遼小史首有萬曆己酉錢允治序，金小史有循吉自序。據錢序，萬曆時徐元輝重刻，而允治預竄乙之役。今刻本不可見，錢塘丁氏八千卷樓有清吟閣瞿氏鈔本，此即從之出。又以朱筆校勘，正誤補脱，庶幾可讀。近遼海叢書首刊是二種，亦據傳鈔本，而所見金小史首脱楊氏自序，不知有意删之否。他亦脱誤累累，可以此本正之。

首題敘而不稱撰，則以敘述舊文，名從其實。夫以遼史一百十六卷而節成一卷，金史一百三十五卷，雖稍益，亦不過八卷，毋乃太簡乎。及讀允治序，知循吉因元修宋、遼、金三史，正閏不分，楊維楨有正統論，循吉本之有作。所以稱小史者，别於宋之爲正統也。亦猶紫陽修通鑑綱目之遺意乎？然則其書固非以史實爲重，而循吉自序直抒感慨，曰：「當時士大夫，號爲横經講道者何限，然自視君父歲捐數十萬，以拜跪事人如無也。其亦何顔？」曰：「自古夷狄安識有禮義，所畏者戰耳。今日曰儲糧，明日曰練兵，持重一語，特爲宋家君臣之彰蔽。至於壞盡社稷而不知也，豈不痛哉？」則深中南宋之積弊。蓋士大夫好議論以苛責於人，與選懦畏懼，惟求苟安者，皆致敗亡之道。其書於金多穢辭，故清修四庫全書，擯之於禁毁目中。

清吟閣瞿氏者，錢塘瞿世瑛也。丁丙杭郡詩三輯：「世瑛字良玉，號穎山。先世自休寧遷杭業鹾，遂家焉。家雖素封，跡若寒素。性不飲酒，旁無姬侍。手鈔罕見古書以爲日課，積數十年成幾千册。金石書畫靡不考索，築清吟閣以儲之。校刊東萊博議、帝王經世圖譜、陽春白雪，世稱善本。」其清吟閣書目多名人手稿、手校。今刻入吳昌綬松鄰叢書。

有「昆山趙詒琛號學南印」白文方印，「趙學南劫後藏書」朱文方印。

遼小史一卷，金小史八卷，南京圖書館藏清吟閣瞿氏鈔本。甲寅冬，吾友湯君濟蒼録一副本。余亟假以歸，朝夕鈔寫，未一月而畢，仍裝一册。惜書中闕文及亥豕不可勝數，無從校正。他日查正史，或能補正一二也。乙卯二月初二日，昆山趙詒琛識於正義舊宅北樓。

戊午夏五月，又向湯君濟蒼借得校本過録，此書可稱完善矣。詒琛又記。

楚之檮杌二卷 二册

清大興傅以禮輯。江安傅氏長春室鈔本。江安傅增湘手校。

是書彙輯記吳三桂事蹟諸秘笈爲一編。上卷冠以國史逆臣傳，次以闕名吳三桂紀略、吳逆始末記、蒼弁山樵吳逆取亡録、侶雲道人轉菴孫旭平吳録、闕名平滇始末各一卷。下卷爲南昌劉健庭聞録六卷。除國史逆臣傳外，每種均有以禮長跋，考證極詳。晚明史籍考均著録。其中吳三桂紀略、吳逆取亡録、平滇始末三種均世無刊本。平吳録雖有甲申朝市小記本，而係節録，余爲别出，印入辛巳叢編。吳三桂紀略首稱「余宰江川，本縣學諭金大印隸平西旂下，自遼東貢生選授。熟諳明季遼藩事，余樂與談」云云。又稱「江川前知縣李某，永平人。親見三桂告示」云云，則作者曾官江川知縣。考道光澂江府志有「李偉然，盧龍人。康熙二年任江川知縣」。盧龍屬直隸永平府，所謂李某者必爲其人。三桂於康熙六年封平西親王，以此推之，此書必爲二十年世璠敗後知縣事者所著。惜志於江川教諭順治後多失考，不得金大印之任期作旁證耳。吴逆始末記多及陳沅事，而以禮跋，言道光時太倉王后山幕游雲南，訪圓圓出家所終之三聖菴，得碑記及遺像，爲諸書所未載。吴逆取亡録題蒼弁山樵撰。蒼弁山在湖州，僅知其浙産，當時身在兵間，所記較真，故不敢著姓名以賈禍也。清人説薈、説庫兩本有同治九年漚磯釣叟跋。所論甚詳允，此本所無。平吴録爲歸安孫旭撰。旭字子旦，號轉菴，别署侶雲道人。康熙丙午武舉人。以招降功，議敘道員，官至按察副使。後爲僧，號元證，又作懸證，事蹟具南潯鎮志方外傳。平滇始末自序稱「余吏滇，知逆藩吴三桂倡亂盪滅事頗詳」云云，蓋亦親歷見聞者。庭聞録爲南昌劉健撰。健字汝素。據自序乃述其父崑之言。傅跋稱崑官雲南同知。三桂反，脅降不屈，戍之瘴地。清兵平滇得復職。謝氏晚明史籍考亦謂戍之騰衝。胡思敬刻入豫章叢書，有魏元曠跋，考得崑字西來。順治十六年進士。官雲南同知。脅之降，不屈，削髮遁居寶台山。著有梓材集。所言不同。證以自序「先中憲公己未入寶台山避兵」，則未嘗被戍。傅、謝説誤。他如吴逆始末記之三桂見桂王屈膝，平吴録之趙蝦采買吴伶。平滇始末之馬寶畏懦僨事，皆較他記載爲詳。考三桂遺事者，於此十得八九矣。朱筆爲沅叔先生手校。一九四一年與忠節事實同見貽者。

辛巳五月十七日，藏園手校訖。平滇始末末。

辛巳五月十七日，藏園老人燈右校竟。庭聞録末。

逭盧雜記一卷 一册

清阜陽程恩培撰。吴縣王氏抱蜀廬鈔稿本。

我友潘君聖一，家貧嗜書，暇常徘徊冷攤，抱殘守闕，時得奇秘。一日獲此紅格鈔本一疊，尚未訂册，而自序並首葉已闕。據垢幢居士跋，知書名逭盧雜記，作者程姓。其名字籍貫均不可考。携至桂芳閣茶室，王嚴士、趙學南、丁初我、吴瞿安均謂所記晚清宫廷秘事，有足爲讀史者參考，余因乞録副。一九四九年七月，劉丈翰怡過訪寒齋，於案頭見之，詫爲秘帙，余指跋尾「乙丑孟秋之月垢幢居士跋」十一字爲歸安朱古微祖謀所書，筆跡確然。以丈熟於清代掌故，乞考作者姓名，因携去。數日，貽書相告曰：「作者姓名，考得爲程恩培。恩培字紹周。安徽阜陽人。爲長江水師提督程壯勤公文炳字從周之子。當值内廷時，官户部主事。後改浙江候補道。曾署杭嘉湖道。辛亥後復爲杭州關監督。當癸丑、甲寅間在滬，時弟曾與往復。未久即赴杭關監督任，數年後即故，年未六十也。」又云：「查戊戌年搢紳録，户部主事程姓無二人，證以朱古微跋『幼承門蔭，備官農曹』二語，其爲恩培無疑。」並慫恿付印。數年積疑，一旦豁然。案記中所述恩培以户部主事供内廷，曾歷任水師學堂委員，水操學堂監操員，海軍衙門船政股章京，電燈公所管理員，故出入禁内，事皆目覩，記載翔實，不參議論，古微許爲「語無妄飾，義取傳信」是也。其記光緒丙申二月，内監寇來福奏請爲帝建儲，以違例正法。記太后宫總管李蓮英，帝宫總管陰劉皆爲太后所信任。而陰劉實爲帝左右設謀離間，戊戌之變，實基於此。記甲午之役，廷寄問李鴻章兵力如何，李直言事前略無籌備，海陸軍均不堪一戰。而端王、長麟、英年、張蔭桓等在朝房鼓掌喧笑，謂「李少荃草雞了」。幸災樂禍，見於詞色。均非外間所得知。又記甲午十月，太后萬壽之鋪張奢侈，則恩培時承辦頤和園裝置電燈事務，每晚均入直也。記戊戌之變，遇難諸人，時有投書乞救者並爲設謀避入義大利使館，皆某而不名，則有所避忌也。所記以此二事爲最詳。其他如太后之陰刻，德宗之躁急，廷臣之庸弱，内監之諂媚，均歷歷如繪，而演戲、膳食、珍奇等事，無不足以覘風尚而資談助。

海寧查昇及子昌洵奏稿底本 一册

清海寧查昇、查昌洵手寫本。

此查聲山父子楷書奏稿底本，合裝一册。聲山以翰林入直南書房，官至少詹事，終身爲文學侍從之臣。經國施政，非所宜言。故此奏衹作感激恩遇之言。其云「一春卧病，毫無鉛槧之微勞」者，謂與纂修佩文韻府因病得休也。又云「臣自受職以來，從無大臣之薦揚，盡出皇恩之拔擢。臣之孤立無助，久在聖明洞鑒中矣。臣之性命，皆皇上之所保全，臣之家口皆皇上之所養活。臣雖鉥心嘔肺，奚能仰贊高深；粉骨碎身，未足少酬萬一」云云，作乞憐哀鳴狀，疑當時必因故得譴，藉表忠誠。考方望谿所撰墓表謂：

「時論皆曰南書房，爭地也。未有共事此間，而不生猜嫌懷媢嫉者。而聲山推挽後進無嫉心，然終爲爭者所困。」奏稿所云，當即指此，惜望谿言之不詳。後附康熙四十五年四月十四日御批「知道了」。越歲而聲山即謝世矣。蓋在專制淫威之下，爲臣子者，惟有降心抑志，自穢以求苟全。稍一不慎，即如其從父嗣庭於雍正朝典試江西忽搆奇禍，全家被逮。鄭翼案：先正事略云：「時中貴人有氣燄者昕夕銜命至，君接之無加禮，人服其高」云云，當與此事有關。聲山幸已前卒，得免於難。可不懼哉！昌洵，字且村。爲聲山次子。墓表載「承蔭知廣東長寧縣」。此奏爲康熙四十九年任校録佩文韻府，教習貢生時議敘謝恩，並求仍於修書處效力行走。其銓次長寧，當即其時。越聲山之卒已三載矣。楷法工雅，頗有父風。

頃閲嘉興沈銘彝孟廬札記卷七云：「仁和家椒園先生廷芳贈公東隅大令諱元滄，嘗從宮詹於京師賜第。時適奉旨令諸詞臣分纂佩文韻府，特命宮詹先編東韻，以爲程式。宮詹親承指授，并檢閲中秘書數百種，凡可備採掇者，詔許携歸私邸，以資攷核。贈公乃偕宮詹次子且村大令昌洵共佐編纂，匝月竣事。先録首韻清本進呈。聖祖覽而稱善，詢有無佐理之人，宮詹據實以對，即命公總其事，大令充武英殿纂修。未及告成，宮詹已積勞病逝。上素稔其居官勤慎，家甚清貧，特賜祭葬。大令感戴聖恩優渥，服闋後即詣闕廷陳謝，蒙恩仍留書局。書成叙勞，特授廣東長寧縣知縣。僻處萬山，雲氣蒸鬱，未久即感受瘴癘，方乞病回籍，適荷天心眷注，且追念宮詹舊勞，垂詢廷臣三次，張文和、勵文恭兩公代奏瘴鄉患病狀。特旨內召，未至京遽卒。」所載頗詳，特節録於此以資參考。

有「曾經黎慎獨子鑒定真蹟」朱文長印。

新刻古列女傳七卷續一卷 二册

明萬曆丙午新都黄嘉育刻。繪圖本。

首萬曆丙午孟春月新都黄嘉育懷英父刻書序、汪其濶仲觀父書。次嘉祐八年王回序、次曾鞏序。圖各占半葉，字作楷體。案宋刻有圖本，嘉慶間顧之逵小讀書堆重刻。其圖相傳爲顧凱之作，而核諸圖中服飾，與古不符，必後人所僞，故削而未刻。道光時儀徵阮氏欲存宋刻之真，仍併圖重刻之。讀此黄嘉育序，亦論及刻圖之當否，設爲問答語，其意若謂刻圖之旨，在使讀者於傳中所謂母儀賢明等，觀圖而影響益深，則收功益大，初非斤斤於一器一物之必合於古。如黄氏説，頗得適時之通，而顧、阮二氏反爲書生泥古之見也。黄氏徽賈，家擅雕鐫，計非爲傳道，即爲謀利，固亦莫善於斯，俾人愛玩其圖畫，而利市三倍可卜。並時諸小説傳奇，莫不精益求精，燦然爲版刻之光。有非顧、阮二氏所能慮及者矣。葉德輝極言此本之佳，謂字體有晉人鍾、王遺意，其圖畫似出仇十洲一派人手筆，而其刻本仍本天水舊槧。而孫星衍祠堂書目内編、平津館鑑藏書籍記及郎園讀書志著録者，均闕黄序。四部叢刊即用此刻影印，亦闕其序，遂味其刻書之人。而此則幸而存，不尤可貴哉。自我友鄭君西諦提創版畫，收書者成爲一時風氣。此約殘三之一，不免美玉之瑕，余猶以重值購諸來青閣，他日當假本影補之。

列女傳校勘記一卷

清金山顧觀光撰。吳縣王氏學禮齋鈔稿本。

劉向列女傳自顧之逵小讀書堆、阮元文選樓先後重刊宋建安余氏本，而顧廣圻撰考證，王圓照撰補注，梁端撰校注，讀者可嘆觀止矣。尚之繼諸家之後，博徵羣書，校譌補脱，所得乃駸駸過之。其引初學記、太平御覽諸類書，史記三家、文選李善諸家注，固無遺矣。而引朱子儀禮經傳通解則前人屐齒所未到也。朱子所見爲宋代善本，與諸書引，同者固多，其獨得出諸書外者，尤爲可貴。如卷三仁智傳魏曲沃負「詩云：『關關雎鳩，在河之洲，窈窕淑女，君子好逑。』言后妃説樂君子之德，無不思得淑女，以配君子。和諧，又不淫其色，慎固幽深，若雎鳩之有别焉，然後可以風化天下也。夫雎鳩之鳥，猶未嘗見其乘居而匹處也。鳥獸尚然，而況於人君乎？故夫婦有别，則父子親。父子親，則君臣敬。君臣敬，則朝廷正。朝廷正，則王化成。君臣、父子、夫婦，三者天下之大綱紀也。三者治則治，三者亂則亂。此關雎之詩首重人道之始於此也。」此段自「詩云」至末，一百五十一字，並依通解補正。原本删節，僅存六十一字，字句又多不同，蓋經妄人竄改。他自一二字以至一、二十字者不具數，皆爲諸家所未經校出者。中有引段茂堂、顧千里、盧紹弓、丁小山、孫淵如、梁耀北諸家説，則大都從顧、王、梁三書轉引。孫詒讓札迻校列女傳下所據本，列此書。玉海堂書目有手校鈔本，他未之見。此從故友姚君石子光。借所藏手稿傳録。原與靈樞經、周髀算經、文子、吴越春秋四種校勘記合訂一册。四種已刊入守山閣叢書及武陵山人遺書，惟此種爲未刊，秘籍可珍也。

忠節故實二卷 二册

清大興傅以禮輯。江安傅氏長春室鈔本。江安傅增湘手校。

是書搜集記臺灣鄭氏史事彙編之。以黄宗羲賜姓始末、闕名鄭成功傳爲上卷，郁永河鄭氏逸事、夏琳閩海紀録爲下卷。因清廷曾謚成功曰忠節，故名曰忠節故實。以禮原本藏雙鑑樓，此爲沅叔先生傳鈔并手校以見贈者。

賜姓始末乃梨洲行朝録中之一種，世多别出單行。鄭成功傳，梨洲遺書與賜姓始末並列。謝氏國楨晚明史籍考謂「梨洲卒於康熙二十餘年，此傳所記，在三十年之後，明爲後人編輯遺書時所誤」。别據日本刊明季遂志録，定爲閩海鄒居仲撰。此目原注闕名，蓋其謹也。鄭氏逸事著者郁永河，字滄浪。仁和人。稗海紀遊彙刊作僞鄭逸事，晚明史籍考謂「永河熟於鄭氏史事，著稗海紀遊、海上紀略、僞鄭逸事、番境補遺四書，此其一也」。今僅存此種，别有采硫日記刊入粤雅堂叢書，伍崇曜亦不詳其何人。蓋嘗往來臺灣，目覩鄭氏存亡者。閩海紀録爲泉南夏琳元斌纂，姪秉謨汝皋校。爲綱目體，分年紀載甚詳。近有臺灣連雅堂據傳鈔本排印，題海記輯要，分爲三卷，即是書也。所異者此本始自康熙元年壬寅，即永曆十六年六月，世子經發喪嗣位，迄康熙二十二年癸亥，即永曆三十七年閏六月，鄭克塽降清。而彼本據晚明史籍考，始於順治二年乙酉，唐王聿鍵立於福州，書名輯要，顧反早於此十二年，意者傳本各異，而此亦非全帙歟？此書首識語爲華延年室題跋失載佚文。

臺南舊有開山王廟，乃土人祀明故藩賜姓成功。同治癸酉，奉檄佐郡，夙仰英風，躬詣瞻禮。越歲，沈文肅督部葆楨奉命巡視臺灣。因彼都人士之請，以故藩開拓巖疆，效忠勝國，我聖祖嘗稱爲明室遺臣。奏請褒贈。得旨，春秋致祭，賜謚忠節。不揣弇陋，仰體兩朝獎忠之典，就見聞所及，剌取諸書所載事蹟，彙成一編，爲忠節故實，用備史乘采擇。考故藩唐王初封忠孝伯，桂王加威遠侯、漳國公、延平王。末造復晉潮王。會明社旋屋，已亦身殲，其事遂不甚著。僅見魯春秋、閩海紀録兩書，故表出之。光緒己卯中元，大興傅以禮節子識。

覺羅柯爾崑傳 一册

清襄城李來章撰。海寧查昇手書。

首題「參贊大臣、護軍統領、兼佐領、世襲拖沙喇哈番、光禄大夫覺羅公傳」。末題「年家眷晚生襄城李來章拜撰。日講、起居注、詹事府詹事、海寧查昇謹書」。每半葉五行，行二十字。

柯爾崑字璇甫。本建州靈椿里人。努爾哈赤時歸滿洲，爲阿顔覺羅氏，隸正藍旗。清史稿有傳，作科爾崑。案，柯爾崑爲滿洲入關時武臣之矯健者，曾與擊李自成、張獻忠，並進兵略定川、湘、黔、滇。傳敘述頗詳，增於史傳數倍。舊有孟喬芳行述，與柯爾崑同爲漢人，事敵而爲敵鷹犬者。此册查昇工楷書，以名人翰墨爲可寶也。惟文中如「前鋒參領白爾赫被創落馬」，赫下當脱「圖」字；「而受惜士卒」，「受」當作「愛」；「手自蹈公」，「蹈」當作「啗」；「功赤弗及」，「赤」當作「亦」。則顯然筆誤。

來章字禮山，康熙十四年乙卯舉人。官兵部主事。學於魏象樞、孫奇逢、李顒，爲廣東連山知縣。清史稿文苑有傳。四庫總目地理類存目著録連陽八排風土記八卷，即其官連山時所作。又别集類存目著録禮山園文集八卷，提要謂「摹倣歐、曾，頗爲近似。以作意點綴求姿，故或失之微縟。中如李氏紫雲山莊記、辛公子傳諸篇，規摹古人，亦覺墨痕未化。謂之不失典型則可矣」。蓋提要於存目之書，例作貶詞也。

昇字仲韋，號聲山。康熙十三年戊辰進士。官詹事府詹事。清史稿文苑附查慎行傳。方苞爲撰墓表。此册及馬如龍墓志銘、陳奕禧書昇父母墓志銘等，皆爲其族裔所藏，由陳君從周作介，歸於余。有「查昇之印」白文方印，「聲山翰墨」朱文方印。

綏德馬如龍墓志銘 一册

清丹徒張玉書撰。海寧查昇手書。

馬如龍字見五。陝西綏德州人。康熙十一年壬子舉人。官至都察院右副都御史、江西巡撫。清史稿有傳。與此文對勘，互有詳略。文云「時逆藩煽亂，餘黨蔓延於綏」。稱逆藩餘黨而不名，史則作「陝西提督王輔臣據寧羌叛」。文云「及朝廷命大帥至」，稱大帥而不名，史則作「平逆將軍畢力克圖」。文云「陞户部江西司員外郎」而不敘其所由，史則謂「十九年，以察出民隱地敘勞」。文云：「以薦榷北新關，洗手將事，宿弊盡革。秩將滿，會天大寒，公下令弛關禁，稽察之外，不收錙銖。於是商民往來無税者一月，謳吟之聲，徹於南北。」而史則略之。他如又守杭時，以爭寃獄，與當事有隙，其後卻其餽遺。官江西時，屬吏畏其威德，不敢縱恣。諸事皆文詳而史略。大致史即本此文而删削之。

玉書字素存。順治九年辛丑進士。官至文華殿大學士，謚文貞。清史稿有傳。四庫總目著録張文貞集十二卷。提要謂「大抵皆春容典雅，渢渢乎盛世之音」。查昇以工書名，此志楷書精絶，神光四射。經鉤摹刻石，字旁硃痕宛然。篆蓋者婁東錢晉錫，今未裝入册。舊經翁方綱、查瑩收藏。瑩字暎山。原籍海寧，爲聲山曾孫，且村孫。遷山東海豐。乾隆三十一年丙戌進士。官至監察御史。多蓄名跡善本。姚衡寒秀草堂筆記興福寺碑跋云：「查暎山侍御家世素封，收藏宏富。其嗣小山觀察，於道光癸未歲，以虧公帑逮繫。所藏書畫圖籍，一時散落。余得其宋槧宋拓極多。」然則能珍藏其先世遺墨爲可尚也。

有「蘇齋墨緣」朱文方印，「查瑩」龍虎白文方印，「暎山珍藏」朱文方印，「鐵」字朱文圓印，「榮壽之章」白文方印，「簡菴審定」朱文長方印，「固始張氏鏡菡榭印」白文長方印。

海寧查嗣琪暨配丁太君墓志銘 一册

清海寧沈珩撰。陳奕禧手書并跋。

此海寧查昇父母墓志銘兩通合册。撰文之沈珩，書丹之陳奕禧，皆其同鄉姻婭，而篆額之沈廷文則爲昇戊辰同年榜首。今篆額未裝入册。

珩字昭子，號耿巖。康熙甲辰會元，翰林院編修，薦舉博學宏詞，纂修明史。趙士麟撰傳，謂其生平素懔繩檢，日閉門息機，以窮經研理爲務。先後講學，惟欲學者於日用事物間求致知力行之要，闡明濂、洛、關、閩之傳。纂修著述，雄文大篇，爲一代大手筆。著述甚多，四庫總目存目著録其耿巖文選，則謂「其文平易近人，大抵規仿廬陵，而尚未能入室」。

奕禧字子文，號香泉。貢生。官南安府知府。以工書入直。雍正十一年，世宗以其書勒石爲夢墨樓帖十卷。四庫提要存目著録其金石遺文録十卷，謂「其書後載自書諸碑，蓋用宋曾宏父載鳳墅帖於石刻鋪敘卷尾之意」。不知此二志亦載入否。

昇父名嗣琪，字肇五，號石丈。師事蕺山，於山陰受微過、隱過、顯過之格，與同志陳乾初、潮生、許欲爾，爲省過之會。日書月史，事事期歸實踐。隱居不仕，爲鄉里善人。亦工書。子昇蓋有所受之。丁太君相夫教子，爲良妻賢母，皆以子昇之文學才望，得一代名流爲之傳述。兩志筆法肥瘠不同，而神采奕奕，爲經意之作，殊不多遘。

首有「昇澹遠堂珍藏」題簽，末有奕禧附記。

有「查瑩」龍虎白文方印，「暎山父印」朱文方印，「暎山珍藏」朱文方印，「固始張氏鏡菡榭印」朱白文長方印各一，「蔄盦珍弆」朱文方印。

余與聲山太史爲内戚，而年相若也。幼時見聲山書體遒上，得其家學，歎爲不可及。及長，結爲文翰之會，互相砥礪。未幾各以飢驅出門，散而之於四方。戊午，余猥就下吏。戊辰，則聲山登館閣矣。至甲戌，余自外吏得移郎曹，中間相隔十五年，始握手敘離别，道艱難，而情益厚也。丙子夏既，爲聲山書其太母丁孺人墓誌。辛巳秋，復書封公銘文，皆昭子内兄之筆，而書則盡出余手。竊附其名德懿行以傳，攗拓無法，何聲山輒於同里是求耶？然余斯亦幸矣。聲山今被九重之知，方將大其功業，肆爲文章，縱横其書法以恢弘先緒，余則有馮唐、顔駟之感。遂略敘其遇合，他日使兩家子孫見之，亦足徵查、陳之舊事云。七月十二日，陳奕禧附記。

復姓紀事一卷 一册

明上元黄周星撰。吴縣王氏學禮齋鈔本。

余於一九三六年以明徐復祚家兒私語印入丙子叢編。表兄吴瞿安見之，謂有黄九煙復姓紀事，事多相類，出示夏爲堂刻本，因借録之。首有崇禎十七年十月二十六日復姓疏，仲冬作紀事洋洋六千餘言。

時明祚已亡於三月，福王於四月改元弘光，所謂聖旨欽准者，當屬弘光，而猶系以崇禎者，其依翌年改元之舊例歟？大致謂楚之巨族周姓多顯宦，擁厚資。至名一鵬者，妻徐體弱不宜男，而性悍。一鵬納涂氏姬，徐控之官，族人利其多財，亦助徐攻。於是一鵬不得已挾涂還金陵以避之。適與黄比鄰。黄固寒素而以多子爲累。兩家内眷本相得，黄母戲以腹孕相贈，涂乃僞有娠以待之，所舉即九煙也。事雖秘而外間殊藉藉。一鵬舉孝廉，而仕途蹭蹬，因放情於聲色，又納四姬，先後舉九男。帷薄不修，禮防蕩然。羣姬諸子，均嫉視九煙，凌之無不至。時九煙已析爨，侍涂還楚。又以應試再至金陵，爲覓下帷地，偕友走城東，入憇道旁一人家。有一老者數數至其前目攝之，彼此均不知其爲父子也。蓋黄連喪其子，九煙既爲他人後，又别久不相識。夫婦每涕泣，今遇之實因貌如其長子，聊以慰情，故治具以欵之。越日，九煙感其意，具柬致殷勤。黄閲柬大驚，仍隱而不言。爲置舍於左近，晨夕致酒脯焉。而周之羣姬諸子，遂蜂起發難，以九煙欲歸宗爲口實。九煙始恍然，圖報一鵬撫養之恩，然後歸侍父母。會一鵬病而返鄉，九煙往省視，未幾逝世。則以又一嗣續爭産事，掀然起大波。九煙舌敝穎秃，爲措置之。事甫定，而所嗣子又夭。羣垂涎其財，又有有力者持之，事益不可爲。九煙乃舍而返金陵，時既以庚辰進士銓户部浙江清吏司主事。案會典：凡官吏人等，有年幼過房乞養，欲復本姓者，具奏改正准復。乃疏請於朝，於原姓名上加黄姓，周氏既有多子，嗣續無虞，而黄亦胤祚得延，交有利焉。其經歷曲折離奇，出人意表，似小説傳奇。而刻劃詳盡，最足暴露封建家庭制度之腐朽真相，亦治社會史者不可少之資料也。

謹庭老人自訂年譜一卷 一册

清吳縣陸恭撰。吳縣王氏學禮齋鈔稿本。

恭字孟莊，號謹庭。乾隆庚子舉人。先世朱姓，九世祖孟以舅氏姓遊庠，因世爲陸氏。祖觀潛曾輯其從祖朱野航詩文稿，今四庫所録本也。婦祖顧可潛以富收藏名。謹庭亦精于鑒古，法書名畫，漢鼎秦碑，過眼輒辨時代。一時名流碩彦喜翰墨者，如翁覃谿、王夢樓無不傾倒之。家有松下清齋，其貯藏處也。年六十四，以年譜初稿乞題於覃谿，覃谿適得唐易卦鑑，其銘曰：「卦數盈，氣清明。歲月成，日初升。樂長生，慶太平。子孫亨福禄。」乃手拓以爲壽。卒於嘉慶二十三年戊寅，壽七十八。是譜係其自訂，自應試入京外，鄉居爲多。所叙述於睦姻敦族，和氣藹然。間及所藏所見精品書畫，如歐陽文忠公書集古録，朱文公論語集註草稿，鮮于太常書杜詩、趙文敏千文、又李太白廬山觀瀑圖、元人寫諸葛武侯遺像并贊、文衡山蘭竹石卷、鄭所南畫蘭，書籍如吳匏庵手鈔米襄陽硯史、蘇注道德經、朱野航手鈔珊瑚詩稿、野航雜鈔，朱竹垞手校徐炯五代史補注、何義門評文選、四子書講義、前、後漢書、水經注及詩文手稿。而碑帖劇跡尤多，如宋拓石鼓文、夏承碑、隋啓法寺碑、越州石氏黄庭樂毅像贊、曹娥十三行五種，虞恭公碑、宋游丞相家藏蘭亭、九成宮醴泉銘、化度寺碑、柳州羅池廟碑、碧玉版十三行、南唐昇元帖、大字麻姑仙壇記、論坐帖、元拓唐張司直元靜先生碑、潁上黄庭、鮮于府君志銘，均略附考據源流，然於所藏猶未及什一。毛慶臻一亭考古雜記云：「郡城陸氏家世書香，簪纓累葉。謹庭表伯秘閣多藏，精鑒冠一時。翰墨古器，皆親自檢點，不厭觀賞。然遇俗客，輒揮斥不少貸，自大雅云亡，而星馳雨驟，浸爲貿利之場。所藏楊補之畫梅卷，僅二尺許，題詩數家，而名重，至數百金爭購之。又趙子固畫蘭，亦三尺許，有題詩，而價亦百金，弗敢望也。元楊竹西照，有倪雲林補景題詩，此卷由浙入吴，亦百餘金，今仍歸浙。後乃得雲林小照立幅，頗不昂，即師子林景，王繹畫，有張伯雨題贊，極精雅。余珍如拱璧」云。述松下清齋聚散之由，有足感也。

張氏適園藏書志著録潘碩庭志萬鈔本。余則借鈔於潘儉廬先生睦先。蓋潘氏其壻家，故多有藏本也。首附潘奕雋撰墓志銘，翁方綱題詞。

史記法語八卷 二册

宋鄱陽洪邁編。舊影鈔宋淳熙十二年婺州刊本。

此影宋精鈔本，每半葉十行，行十八字。卷末有「淳熙十二年二月刊于婺州」一行，筆畫端整，絲毫不苟。宋刻舊藏毛氏汲古閣。此本雖無印記，疑出毛氏所鈔。四庫總目入史鈔類存目，亦即此本。

南宋重詞科，士大夫多節録古書，以備修詞之用。景盧所纂輯者，自經子至漢書皆曰「法語」，自後漢至唐書皆曰「精語」。後人重其名，遂付之梓。提要於南朝史精語所録宋書志在列傳之後，與劉知幾史通言合，今本已移次於紀、傳之間。景盧所據，猶從古本，可資考證。謂「惟此一節足取」。然則既據古本，必有與今本異者，館臣特未嘗細核耳。即如此書，嘉興丁氏子復曾與通行本史記對勘，文字頗有異同。如五帝紀「所表見多不虛」，「多」本或作「皆」，「固難爲淺見寡聞者道也」，本或無「者」字。周本紀「爲兒時仡如巨人之志」，「仡」本或作「屹」。秦始皇紀「阿房宫未成，成當更擇令名名之」，「當」本或作「欲」。項羽紀「奉白璧一雙，再拜獻大王足下；玉斗一雙，再拜獻大將軍足下」，下「獻」字本或作「奉」。「爲諸君快戰」，「快」本或作「决」。禮書「禮至備請文俱盡，其次請文代勝，其下復請以歸太一」，注云：「請」，古「情」字。「禮」，本或作「故」，「請」皆作「情」。曆書「秭鳺先滜」，「鳺」，本或作「鴂」。天官書「五升米頃」，「升」本或作「斗」。平準書「姦或盜摩錢裏取鋊」，「鋊」，或作「鎔」。「諸官益雜置多」，「雜」，本或作「新」。「欲留留處」，本或作「欲留之處」。「無異云」，本或作「無異故云」。吴世家「太伯作吴」，本或無此文。楚世家「乃復國陳」，本或作「陳國」。趙世家「吏民皆安爲趙，不樂爲秦」，「樂」本或作「欲」。「有城市邑十七，願再拜獻之趙」，「獻」本或作「入」。孔子世家「所刺譏皆中諸侯之病」，「病」本或作「疾」。陳涉世家「卒中往往語，皆指目勝」，本或無「勝」字。蕭何世家「奉送錢三」，本或作「送奉」。曹參世家「齊故諸儒以百數，言人人殊」，本或「故」下有「俗」字。「擇郡國吏木訥于文辭」，「訥」本或作「詘」。韓非傳「口吃不能通釋」，「通」本或作「道」。仲尼弟子列傳「子貢交日疎于上」，「上」本或作「主」。商君傳「傍車而趨，此一物不具，君乘不出」，「乘」本或作「固」。蘇秦傳「初蘇秦之燕，貸人百錢爲資本」，或無「人」字。張儀傳「左挈人頭，右挈生虜」，下「挈」，本或作「挾」。「奉祭祀之日新」，本或無「祭」字。「信儀于秦厚矣，王之託儀于秦也」，本或作「亦厚矣，王之託儀于秦也」。王翦傳「相而不信人」，注音麄，本或作「怚」。騶衍傳「側行撇席」，本或作「徹」。虞卿傳「從母言之是爲賢母，從妻言是亦不免爲妬妻」，「亦」，本或作「必」。信陵君傳「公子數往請朱亥故不復謝」，本或作「往數」。鄒陽傳「剖心析肝相信」，「析」本或作「折」。蒙恬傳「除其宦籍」，「宦」本或作「官」。陳餘傳「生平數聞耳、餘賢」，本或作「張耳、陳餘」。韓信傳「非信無可與計事者」，「可」本或作「所」。魏相傳「或有不劍者」，「者」本或作「耆」。叔孫通傳「乘廟道上行」，本或「廟」上有「宗」字。袁盎傳「陛下竟爲以天下之大，弗能容有殺弟名」，本或「名」上有「之」字。「君能日飲毋何」，「何」本或作「苛」。「之棓生所問占」，本或作「掊」。張釋之傳「久宦減仲之產不遂」，「宦」本或作「官」。「此人親驚吾馬，馬賴柔和」，本或作「吾馬賴柔和」。馮唐傳「賞賜决于外，不從中覆也」，「覆」本或作「擾」。周仁傳「上具獄事，有可卻卻之，不可者不得已爲涕泣面而封之」，本或「面」上有「對」字。倉公傳「暨從王之廁」，本或作「暨奉劍從王之側」。司馬相如傳「仰攀橑以捫天」，「以」本或作「而」。「淮南干遮」，「干」本或作「于」。「列仙之儒」，本或作「傳」。「圄騶虞之珍羣」，「圄」本或作「囿」。游俠傳「所過輒造主人家」，「造」本或作「告」。貨殖傳「荅布皮革千石」，「荅」本或作「榻」。其佳處有出諸宋本上者，是在善擇耳。自來治史者皆未之及，然則推之景盧所編各種，無用之用，豈止一節而已哉。

有「江山劉履芬觀」朱文長方印。

吳越春秋十卷六册

元山陰徐天祐音注。明萬曆丙戌武林馮念祖卧龍山房覆刻元大德十年丙午紹興路儒學刊本。每半葉八行，行十七字。白口單闌。首徐天祐序，次目録，目録後有「萬曆丙戌之秋，武林馮念祖重梓於卧龍山房」十八字牌記。卷末有「大德十年歲在丙午三月音注□越六月書成刊板十二月畢工□前文林郎國子監書庫官徐天祐音注□紹興路儒學學録留堅□紹興路儒學學正陳昺伯□紹興路儒學教授梁相□正議大夫紹興路總管提調學校官劉克昌」共七行。皆存元刻之舊。四庫所據本首序失名，遂不知撰人。留堅誤留壂，當據别一翻本。

案萬姓統譜：「徐天祐字受之。山陰人。鄭翼案：「徐天祐亦見兩浙名賢録，今按宋詩紀事據紹興志作徐天祜，以其字受之推之，似天祜是也。陸心源宋史翼有補傳。」各家目録亦作天祜。景定三年進士。父耜，知惠州。天祐初以父任爲將仕郎，銓試詞賦第一，注歸安尉。地近事煩，試以吏事，衆皆驚服。及第進士，爲大州教授，日與諸生講經義，聽者感發。德祐二年，以國子監書庫官召，不赴。宋亡，退歸城南，杜門讀書。與人交終始不變。四方學者至越，必進謁。天祐高冠大帶，議論卓卓，見者咸以爲儀型。」此書成於大德十年，正其退歸城南杜門讀書時也。刻者馮念祖，待考。念祖又刻越絶書，亦覆大德本。見提要及葉德輝郎園讀書志。又有武林馮紹祖觀妙齋所刻楚辭亦佳，疑爲兄弟行。案晉書楊方傳「方字公回。爲郡鈴下威儀。公事之暇輒讀五經，内史諸葛恢奇之，待以門人之禮。嘗遣方爲文，以示賀循，循遂称方於京師。王導辟爲掾，轉安東太守，遷司徒參軍事。方自以地寒，求補遠郡，閒居著述者積年。著五經鉤沈，更撰吳越春秋并雜文筆，皆行於世」。王芑孫據此，謂：「吳越春秋一書當爲晉楊方所更撰。而世以歸之趙煜者，獨據隋志及馬貴與經籍考耳。今是書參錯小説家言，其文筆不類漢人，或竟出楊方之手。煜書傳不傳未可知。晉史明言方書行世，晉史修於唐，則唐世尚存，安知非即是書而後人誤題爲趙作耶？」其言爲前人所未及，録以備考。

偶讀一過，亦有點畫之誤。如卷五第十五葉下「賴天降哀」，哀當作「衷」。卷九第三葉上「知其智盡實」，盡下誤奪「其」字。卷十第七葉上「泱可否之議」，泱當作「決」。第十葉下「道見鼃張復而怒」，復當作「腹」。第十一葉「越君於江南」，君當作「軍」。第十二葉下「於夜半使左軍涉江鳴鼓中水以待吳發」，左軍下當有右軍二字，或左下有右字。今元刻本徐積餘丈已摹刻於隨庵叢書，當取以一對。此本摹寫鐫刻，印刷紙張，均極工緻。尤可貴者，能存元刻面目而不加竄亂，在晚明刻書中所罕有。昔顧亭林云：「聞之先人，自嘉靖以前，書之鋟本雖不精工，而其所不能通之處，注之曰疑。今之鋟本加精，而疑者不復注，且徑改之矣。」音學五書序。又云：「萬曆間人多好改竄古書，人心之邪，風氣之變，自此而始。」又云：「山東人刻金石録，於李易安後序『紹興二年玄黓歲壯月朔』，不知壯月之出於爾雅八月爲壯月，而改爲『牡丹』。

萬曆以來所刻之書，多牡丹之類也。」皆見日知録。近人往往據此説，以評泊板本，竊謂以時代分刻書之優劣，不過得其大判而已。平生所見嘉靖前刻，未嘗無陋劣，而萬曆時刻如此書者，安得不以善本目之？是在讀者之精於鑒別，不當作膠柱之見耳。此書卷中有彭芸楣朱印纍纍，視之不異宋、元，斯可稱真賞者已。有「芸楣藏書」白文方印，「南昌彭氏」朱文方印，「知聖道齋藏書」朱文長方印，「遇讀者善」白文方印。

乾隆府廳州縣圖志五十卷 十六册

清陽湖洪亮吉撰。嘉慶癸亥洪氏卷葹閣刊本。江寧汪士鐸手校。

李蒓客越縵堂日記論是書，謂「力矯前人地志鋪張華藻之失。自沿革、里貫、四歫八到、山川、城鎮、驛保以外，概從闊略，可稱簡要。然輿地之書，人物可略，形勝不可略。至風俗之純駁，山水之奇正，皆當最其都凡，潤以雅語。斯稱學人之著述，異于檔册之鈔胥，何得壹意埽除，悉從刊落？且所志沿革，亦多彼此失顧，時見柢梧；歷代州縣之名脱載尤多，山川城鎮，古今雜出。其所取舍，體例皆未畫一。每省之首，各冠以圖，僅見大意。既多疏略，又不計里畫方，故無所折衷。蓋其書成於未第客遊之時，不無草草。通籍以後，又未暇審訂校刊耳」。王芑孫洪稚存集序謂「所爲駢體文，今世第一。蓋君辭章實足以高天下，誤隨風會，作地理考證之學，世莫辨其疏密」。芑孫不喜考據，而此言足中洪氏之失。他如章學誠文史通義、張宗泰魯巖所學集、沈家本枕碧樓偶存稿、胡玉縉許廎經籍題跋，皆議其失。是其書久不滿於通人之口矣。然觀稚存自序云：「大一統之書，内三館所繪祕圖，則流傳匪易，鴻編則家有爲難。非尋檃括之方，懼啓津涯之歎。」其言著書之旨甚明，故直鈔乾隆所修大清一統志而仍不全不備。梅村病其簡略太甚，爲之隨手增補，眉頭行間，老筆紛披，幾不能容。又别紙繪圖，夾置卷中，可見其用力之勤。考乙卯日記，記著作稿之陷城未携出者，有乾隆府廳州縣圖志補録一種，注云「未成」，蓋即是書，幸逃劫火，亦見其精神之不可磨滅也。嘗謂乾、嘉時，常州學者孫、洪並稱，實則洪不如孫，所著四史發伏，疏謬實多。補三國疆域志，余季豫謂其未見華陽國志，率爾操觚，貽誤後學。故後來謝鍾英補正幾倍原書。然四史發伏本爲少作，故及身未刊。補三國疆域志等，在兵爭紛亂之時，一地而朝暮異屬，僑置無定，欲加考訂，其事甚難，當推其創始之功。而此書則綜括要删，以便讀者。至補苴罅漏，責在後賢。梅村論學，以學史爲第一，學地輿爲第二。所著書亦以此二者爲要。宜於此書最所留心，遺稿零落，未盡刊布。此書又以陷失兵火中，未能修補完成爲可惜耳。

吾友蔣君蘇盦國榜搜羅鄉邦文獻甚富，刊有金陵叢書。梅村此書，及精校趙一清水經注釋皆所珍祕。一九六四年六月，適余初度，持以爲贈。真如百朋之錫，歡喜贊歎，謹著於録。

有「汪印士鐸」白文方印，「悔翁」朱文方印。

水經注釋四十卷附録二卷水經注箋刊誤十二卷 二十册

清仁和趙一清撰。乾隆五十九年甲寅趙氏小山堂刊本。江寧汪士鐸手校並跋。

四庫提要此書著録無附録。又水經注箋刊誤無水經注箋四字，提要亦未説明，一若誠夫自刊其書之誤者，疏矣。此汪梅村墨筆精校，卷一眉端題「水經注釋文江寧汪士鐸學」，蓋所著書稿本也。汪梅村先生文集再答甘建侯書：「邵爾雅、趙水經、國策、説文、廣韻、算書、上方，皆有所謂，然皆不成篇幅耳。」乙丙日記於乙卯二月記太平軍光復金陵時留城未携出著述目中，有水經注補注一種，注「未成」。又十一月避地績谿胡氏時，記自城送出書目中，有水經注一種，皆即指此。其釋文雖非定稿，余於一九四一年就蔣君蘇盦原輯，補訂成書。梅村之成業，在水經注補圖，而此書足爲參考。一九六四年五月，余初度之辰，蘇盦併梅村手校洪稚存乾隆府廳州縣圖志持以爲壽。故人情重，銘感無已。

誠夫此書之精核者，提要謂「證以本注，雜採他籍，得滏、洛等二十一水，合諸今本一百十六水，與唐六典注，稱桑欽所引天下之水百三十七江河在焉之數合」。梅村則謂：「今本所載，僅一百二十四水，若并江以南至日南郡二十水同數之，則多於六典所載七水。若不數此七水，則又少十三水。趙氏補漯水目録，然漯水原附見河水中，不勞作目也。又補滏、洛、滹沱、派、滋、洛、豐、溼、汭、弱、黑、滁十二水，併漯水以足一百三十七之數。然豐水見渭水注中，禹貢雍州兩言渭汭，猶言洛汭耳。水經敘於渭水末，則汭亦不當補也。按水經沮水經注皆云東入於洛，渭水經亦云洛水入焉，則宜有洛水篇。渭水注有涇水入，則宜有涇水篇。巨馬河注云：『又南，右會滹沱河枯溝。』又云：『南入於滹沱，而同歸於海也。』沽水注『清、淇、漳、洹、滱、易、涞、濡、沽、滹沱同歸於海』。鮑邱水注：『鮑邱水又東合泉州渠口故瀆，上承滹沱水。』於泉州縣下又云：『南極滹沱。』淇水注云：『清河至泉州縣北，入滹沱。』濁漳水，經云：『又東北至昌亭，與滹沱河會。』易水注：『東至文安縣，與滹沱會。』清河篇末又屢言滹沱，則宜有滹沱篇。濁漳水注：『漳水又北，湓水入焉。』太平御覽有引佚文。則宜有湓水篇。溺水、黑水皆宜自爲篇。溺水，説文：『自張掖、删丹西至酒泉、合黎，餘波入於流沙，從水弱聲。桑欽所説。』可證原有溺水篇也。派水，説文：『自入於海。』宜爲一篇。滋水雖入滹沱，而所行者遠，亦宜爲一篇。水經沔水注中敘北江甚略，滁水乃小水，不宜爲一篇。則趙氏所言十三水，除豐、汭、滁三水，惟十水耳。」於趙氏所補，有是有非，書闕有間，自不必强爲傅合。是跋今載文集，爲要删録於此。水經注箋刊誤卷一，首批云：「此後片言隻字，不過筆訛，無關得失，而爲書之多與原書埒，不知亦有覲之者否？ 門客徒餔啜以溷公子，公子無識以災梨棗。復廣其行列，以侈篇軸之多。惜不見焚祖龍之炬也。」案誠夫，名父之子，嗜學好客。觀全謝山鮚埼亭集與誠夫論水經注諸帖子，往復辨難，洞見癥結。知其用功深矣。即有門客討論，朋友相益，亦事之常，何至假手門客，一若書非己出。梅村即不欲觀，置之可也，何至詆爲無識，恨不得祖龍一炬。或謂梅村所云公子，指刊是書之德元、履元等，則誠夫自序明云：「箋有繆盭，則削而投之，所遺漏則補之，别爲刊誤。」定非德元等所爲，可知梅村於是爲失言矣。舊藏謝山致誠夫一札，亦言水經注事。兹附録之。

有「汪印士鐸」白文方印，「悔翁」朱文方印，「蔣字虎文」、「蘇盦珍藏」朱文兩方印。

北魏地形志鈔坿上方，咸豐五年，江寧難民汪士鐸記於績谿八都花潭老屋。第一册書面。

大亂之世，羅書極難。攜多書幾同懷璧，難以遠遁。且所之每苦無一鴟之假，而魏收志乃讀此書者所宜知，故雖目眵不能視，猶鈔之全卷，以貽後人。咸豐十年十月二十一日，悔翁。

咸豐十年十一月復閲。以上卷一首。

附全謝山致趙東潛函

弟粤游于前歲仲冬，得病幾死，綿延一載，幸得歸里。而左手病風，雙目盡昏，耳聾齒落，百種殘廢，不復能支拄。然思膏肓之疾，終無毫髮痊，可奄奄待盡。每念東潛，恨不得一見，恐從此無相見之期也。接手教，知近在三百里之内，急思相赴，而連日正在展墓，須得月杪方略有閑時，奈何，奈何！寶慶四明志恐急切無售主，榮陽昆仲近日非從前光景，不必與語。或别爲東潛圖之。宣墨久不得其人，念東潛客中或在急需，只得質衣三千文奉上。弟若略可出門，當于三月盡抵杭，不知東潛能相待否？水經急欲以稿本相質，非東潛亦無可語此者。但弟將死之人，不知能遂此志否？相隔遠甚，令祖母大故，弟未得一展素車之痛，幸惟原之格外也。東潛世長先生。祖望頓首。

尊公墓志稿本弟處已失，幸寄我。否則存一本于六令叔處。

水經注疏證四十卷四册

清吳縣沈欽韓撰。吳縣王氏學禮齋鈔稿本。

前人治酈氏書者，無慮數十家，而以朱謀㙔、戴震、趙一清三家爲勝。然朱箋猶未能循其條貫，整齊修飾，以裨學者。戴校則專以今書易舊文，以胸臆改僻義。趙釋暗於目睫，每致巨謬；又善爲深文，引書多蕪雜，皆其蔽也。欽韓稍後起，以爲酈氏所述山水，于今可指者猶十得五六，奇聞逸事，他書可稽者，則十得七八。其春秋、戰國、秦、漢郡縣，訖南北幅員，以今考之，且十得八九，皆前人所未暇及。乃綜覽羣籍，其山川郡縣，得陵谷變遷之繇，歷代割度之制，證以專門名家之書，同張守節引括地志之例，終取信於清一統志成疏證四十卷。中以今之地望，準向之水道，支流入大川，大川又爲支流。古通今塞，昔在今徙，散碎呱雜，皆可提挈。寫定於道光元年七月，序而藏之。余藏欽韓與許兆熊尺牘，時正撰述此書。有曰：「水經注經杜佑、李吉甫盡情排擊，宋、元以來，遂日晦没。明時稍稍流布，鍾、譚之徒大都耽玩文采，以爲獨得妙趣，爲簡牘鈔括之用。惟欝儀氏爲箋，廓清摧陷，比於披草萊，立城邑之功矣。然水經注仍不可讀者，以水道脉落，支分條割，古今異名，或有或無，學者目不知史、漢爲何物，況能盡通六代之史及山經地志乎？此其流行而能通之者，絶無僅有也。國初則胡渭、閻若璩、黄儀稍有得於此，即紛然以輿地名家，初未有發明於酈氏也。趙一清之爲此注釋，其考訂甚勤，蒐采甚富。然毛舉細故，務欲掎摭其短，而夸奇徵奥，乃短於目睫之視，翻爲謬論，供人撫掌，亦不可枚舉。而讀是書者益泛濫炫耀而無可憑。欽韓惜之久矣，聊因足下之請，取元和志、寰宇記以下，至本朝一統志以證郡縣之沿革，山川之顯晦。而秦、漢以來諸子百家正史稗乘爲酈氏所采取者，亦悉訂其得失，撮其本末。名曰水經注疏證。學者於方輿之大，往往不知東西南北，今但以某縣即古之某鄉某邑，水道從横曲直，亦可想前人藏此秘而不肯宣，要亦憚其煩重而莫能竟耳。足下清閒時讀之，又能爲韓别録一通，如漢書疏證之例，本可單行也。」又曰：「欽韓度於今夏攷證水經注可畢，爲己爲人，均有所益。交游寥落，出門安所向？文史自娱，不知飢寒之切身也。」其説可與自序相參而更詳。且知是書之作，出自兆熊之請，故備録之。獨惜欽韓窮愁著書，百數十年來，稿秘不出，雖以王先謙、楊守敬之專門名家，亦未之見，不幾付諸湮没，是大可哀焉。欽韓身後，上海郁松年助以葬資，遺稿悉歸之。莫友芝寓滬多見郁氏藏書，當時必從之借鈔。其本在劉氏嘉業堂，余以鄉賢遺著，世間秘帙，亟斥鉅金録副，多傳一本，庶幾免於刀兵水火之厄乎。

水經注釋文四十卷 二册

清江寧汪士鐸撰。江寧蔣國榜鈔輯。吴縣王欣夫校訂。鈔稿本。

梅村此書手稿及輯本，已見前録。此爲蘇盦原輯本，而余爲校訂者，依趙注本舊第，故亦爲四十卷。

一九六四年五月併手稿見貺。梅村家貧力學，觀其自述，幼時曾從縫人、餅師習業，終成碩儒，著作等身，多已刊行。其撰南北史補志表期僅期月，精力過人，非所能及。其稿經亂散失，定遠方氏得其半，刊於淮南書局，餘半歸南陵徐氏積學齋，今已刊入廿五史補編。惜藝文志已纂他人之名。是書跋署咸豐十年，梅村年將六十，在流離瑣尾之中，猶撰述不輟。墨弊紙渝，揣摩功深。胡林翼序先生水經注圖云：「據仁和趙氏本水經注爲之疏櫛，釋以今地及列史諸家文集有可附屬連綴者，率爲補輯。」當即指此。祇以注力於水經注補圖而未及寫定，故世無知者。蘇盦網羅鄉獻，輯印金陵叢書，巍然鉅帙，得此稍晚，未及列入，每以爲憾。詳見首跋。蘇盦事母純孝，篤於師友之誼。工詩古文詞，闇然潛修，不求聞達，有道者也。曾爲馮夢華、李審言、李梅庵、陳仁先、黄公渚諸先生刊詩文集，若問以自製詩文，則笑而不言，其謙德尤不可及。今并録投詩於後，以見我兩人交誼。

有「蘇盦居士」朱文、「愼修書屋」白文二方印。

鄉先生汪悔翁水經注釋文以原藏者深秘晚出，憾未及收入金陵叢書。即按原書細字夾行，時見自識語如後，水經注釋附録及北魏地形志手鈔下，均有自記年月題記。翁治此書，後於趙、戴二氏，允如己言者外，悉皆不録。復爬羅梳櫛，發所未發。論者謂於山川、阨塞、陂澤、水利，釋以今地，尤特詳盡。又刊有水經注補圖，導後來宜都楊氏先河。惜舊年并翁漫漶殘稿多種，舉歸故鄉盋山圖書館藏弆，今僅守此故籍。尤感所識老學，孜孜不倦，處境方之趙、戴二氏，其身世慘舒，判若天淵。片言隻字，得存其跡，以稔後人。至此初輯，掉以輕易，鈔胥復譌脱迭出，實難爲役。石交得欣夫先生，碩學專家，重荷顧惜，自庚辰至辛巳，任爲校訂，第爲十卷。既踰年月，撫今倏又二紀，仍希繼與審定，俾獲寫清本，以圖刊行，無任懸感。待盡之年，猶跂余望之矣。癸卯仲冬望前，蘇龕蔣國榜謹識。時年七十有一。

抱蜀先生撰違有年，渴念。五月十五日，君適六秩有四初度，雨中於復旦大學高齋奉諧，清譚忘倦，迴車趁韻，寫資拊掌。

不假邯鄲枕，閱人判何世。所懷素心人，夙夕縈夢寐。抱璞肩斯文，傾倒合帥事。梅雨勇可追，儻諾喜把臂。示疾容小休，上藥令嗣寄。百城尚擬擁，銷憂豁蒙蔽。校讎軍令嚴，微管業擅繼。松崖兼顧、黄，遺書輯勿替，旁涉金沙翁，鄉先生汪梅村居寧金沙井。脉水譎功細。不厭要論定，傳否漫預計。積蘊茹頓吐，相印不遐棄。樸學殿在昔，育才樂無藝。一椽徑未荒，蜀葵憑檻麗。講舍溯舊蹤，古樟撫偉異。標枝庇野鹿，濃蔭廣布地。美材罹劫灰，圖存枉雪涕。絃誦闃無聲，器界等幻翳。頹齡重自嗟，匏繫久如贅。甘坐陽里疾，萬有奚芥蔕。安時共忘天，金石壽永契。

水經注箋疏存一卷附初稿一卷二册

清慈谿林頤山撰。手稿本。

頤山有經述已著録。此存第一卷爲河水一，尚未畢，寫清定本一册，又初稿一册。注「箋曰」者，采明朱謀㙔水經注箋語。「疏曰」者，頤山自疏語。博采羣書，及全、趙、戴諸家説，而校誤訂疑，折衷闡發，殊爲精密。於戴校亦時貢其疑，如注引物理論曰：「河色黄者，衆川之流，蓋濁之也。」戴云：「此十六字當是注内小注，故雜在所引爾雅間。」頤山謂：「據類聚、六帖、御覽引物理論，並有『百里一小曲，千里一曲一直」十一字，乃物理論承用爾雅文，則知注節爾雅文以免重複，即趙校刊誤所謂裁取之妙也。戴校恐非。」又注引括地圖曰：「馮夷恒乘雲車，駕二龍。」戴云：「此十三字亦注内小注，故雜在所引山海經間。」頤山謂：「海内北經本有冰夷人面乘兩龍句，注因括地圖叙馮夷事較詳，因别引括地圖十字，節海内北經七字，以免重複，即趙校所謂裁取之妙也。若以注引括地圖爲注中注，其將以海内北經冰夷人面乘兩龍句爲經中注乎？且河水又出於陽紆陵門之山，注變海内北經文以叙河水所出，非引海内北經原文也。漢、魏、六朝所注書，從未聞有注中注者，全、戴、趙校並有此説，竊所未詳。」案俞樾九九消夏録云：「全謝山稱其先世所聞水經一書，注中之注，本以雙行夾寫，今皆作大字，是以混淆莫辨。於是趙一清用其説，辨别其注中之注，以大字小字分寫之，成水經注釋。然此可爲讀水經注之善本，若竟以爲古水經注之真本，恐亦未必然也。」是注中有注之説，創自謝山，曲園亦不信也。頤山於此書用力甚深。余别得其手稿數册，細字如蟻，均摘録有關資料，而十九皆用朱筆抹去，蓋既經采用，作此標記。又見局刻本，亦眉頭行間，朱墨皆徧，悉迻寫羣書，尚未整理者。觀此清本，又考叢稿有静齋詩稿序云：「今年春見頤所著水經注箋疏贉稿一卷，乃遭癸未之變，灰燼所餘者。爰作七古一章，以亟爲續補相勸勉」云云，知確既成書，而惜爲六丁所收，僅殘存一卷耳。故徐世昌清儒學案於頤山傢據家述所纂，亦云「有水經注箋疏稿，不傳」也。全書若存，雖不知視楊氏守敬疏證何如，然必可並傳無疑。清本有名雲駿者校籤，不知何人。頤山又嘗謂戴東原校聚珍本，正河水等篇錯簡，而水經注始可讀。汪梅村作圖，又訂正穀水等十二篇錯簡，其例則昉自陳蘭甫，改訂温水據趙氏注釋本，摘録條次，凡遇十二篇中有準以今地望不合者，或就本篇先後移置，或與他篇彼此互易。然錯簡在本篇，傳寫沿訛，猶有説也，若舍本篇而取之他篇，則强經注以就我，又復兩相遷就，轉成爲不古不今之水道，言乎治酈學，似嫌未盡。且訂正十二篇中，漸江水錯簡不之及，不準今地望而爲之圖，乃據漸江水本篇，依朱箋舊本條次，先後以合地望，以補汪書之闕，作漸江水篇錯簡考。今箋疏殘稿漸江水篇已佚，而是文訂正水經注之脱誤，其功實不亞於戴、汪二氏，余於他殘稿中檢得，亟録附於此。

水經注漸江水篇錯簡考

漸江水出三天子都。

山海經謂之浙江也。地理志云：「水出丹陽黟縣南蠻中，案漢志，丹陽郡黟。即今安徽徽州府黟縣治。漸江水出黄山，在今黟縣西北。北逕其縣，此下節「南有博山」至「遯跡此山」一百八字。浙江又北，逕歙縣東，案漢志，丹陽郡歙。即今安徽徽州府歙縣治。與一小谿合，水出縣東北翁山，此叙江北來會之水也。小谿即今績谿，出歙縣東北。西逕故城南，又西南入浙江。今績谿水入江，亦在歙縣西南。浙江又東逕遂安縣南。此下節「谿廣二百步」至「又改從今名」三十七字。案谿，即下所云絶谿也。晉志，新安郡遂安。在今浙江嚴州府遂安縣西。今謂之新安江。浙江又左，合絶谿，谿水出始新縣西。此叙江北來會之水也。晉志，新安郡始新。在今嚴州府亯安縣西。絶谿或即今東谿，出亯安縣東。東逕縣故城南，爲東西長谿。此下節「谿有四十七瀨」至「谿水東注浙江改曰新安郡」九十七字。案此兼叙江南来會之水也。西谿即今武强谿，出高安縣西。浙江又東北，逕建德縣南。此下節「縣北有烏山」至「而能致雲雨」三十五字。案晉志，吴郡建德。即今嚴州府建德縣治。浙江又東逕壽昌縣南。此下節「自建德至此」至「數年不勝卒」四十三字。案晉志，吴郡壽昌。在今嚴州府壽昌縣西。以酈注地望準之，似當在壽昌縣東北。浙江水又北逕新城縣，宋志，吴郡新城。即今杭州府新城縣治。桐谿注之。水出吴興郡於潛縣北天目山。此下節「山極高峻」至「爲縣之西谿」五十六字。案此叙江北来會之水也。晉志，吴興郡於潛。即今杭州府於潛縣治。天目山在今於潛縣西北。谿水又東南與紫谿合。此下節「水出縣西百丈山」至「名曰樓林」一百二十六字。案紫谿即今藻谿，出於潛縣南。紫谿東南流，逕桐廬縣東，爲桐谿。此下節「孫權藉谿之名」至「蓋陵所游也」八十四字。案晉志：吴郡桐廬。即今嚴州府桐廬縣治。今謂之桐谿水。桐廬谿又東北，逕新城縣入浙江。此下節「故富春也」至「復立爲縣」十八字。案今謂之富陽江。浙江又東北入富陽縣。此下節「故富春也」至「東分爲湖浦」十八字。案晉志，吴郡富陽。即今杭州府富陽縣治。浙江又東北，逕富春縣南。此下節「縣故王莽之誅歲也」至「山上有孫權父冢」六十八字。案漢志，會稽郡富春。即晉志富陽。

北過餘杭，東入于海。漢志，會稽郡餘杭。即今杭州府餘杭縣治。據酈注，浙江又東，逕餘杭故縣南，新縣北。則今餘杭縣治，乃是故縣，非今縣也。

浙江逕縣左，合餘干大谿，朱箋，孫云疑作餘杭。案，此叙江北来會之水也，餘杭大谿，今謂之安谿。江北即臨安縣界。此下節「水北對郭文宅」至「以爲難爲亭長」九十四字。晉志，吴興郡臨安。即今杭州府臨安縣治。浙江又東逕餘杭故縣南，新縣北。此下節「秦始皇南游會稽」至「郭文自陸渾遷居也」六十八字。浙江又東，逕烏傷縣北。

此下節「王莽改曰烏孝」至「又名其縣曰烏傷矣」七十七字。案，唐志，江南道婺州浦陽。即今金華府浦江縣治。當酈注時，浦陽猶未置縣，其縣北濱江之地猶爲烏傷所屬故也。漢志，會稽郡烏傷。即今金華府義烏縣治。浙江又東北流至錢塘縣，穀水入焉。此叙江南來會之水也。穀水入浙江，即今之蘭谿，其上流爲信安江。唐志，江南道婺州蘭谿。即今金華府蘭谿縣治。酈注本漢志，蘭谿猶未置縣。其縣北濱江之地不屬於富春，而屬於錢塘故也。漢志會稽郡錢塘，在今杭州府錢塘縣西。又案漢志，建德、桐廬亦未置縣。水源西出太末縣，此下節「縣是越之西部」至「今則同龜縣矣」六十五字。案漢志：會稽郡太末，穀水東北至錢唐入江。漢太末縣，即今衢州府龍游縣治。穀水即今金谿，出衢州府開化縣北。晉志東陽郡信安，在今衢州府西安縣境。唐志：江南道衢州西安。即今西安縣治。又常山，即今衢州府常山縣治。宋志：兩浙路衢州開化。即今開化縣治。漢志，西安、常山、開化猶未置縣，其地皆屬太末。故云穀水出太末也。當酈注時，太末之西，已置信安，今仍云太末者，其北境爲太末所屬故也。穀水又東，定陽谿水注之，此錯簡也。朱箋原本定陽谿入穀水，在永康谿入穀水之後，準以今地望，移置於此。上承信安縣之蘇姥布，此下節「縣本新安縣」至「無復向時比矣」一百四十四字。晉志，東陽郡信安，即今衢州西安縣境。定陽谿即今小龍谿，出西安縣西南。其水分納衆流，混波東逝，逕定陽縣。此下節「夾岸緣谿」至「尤深人情」四十三字。晉志東陽郡定陽，在今衢州常山縣東南。縣，漢獻帝分信安立，谿亦取名焉。定陽谿入穀水，即今小龍谿；入金谿，亦名信安江。朱箋原本下有「谿水又連逕長山縣北」云云四十二字，當是永康谿入穀水之錯簡，今移置於後。谿水又東，入于穀水。今小龍谿入金谿在西安縣西，不得遠至金華縣境也。益知「谿水又連逕長山縣北」云云，爲永康谿入穀水之錯簡矣。穀水又東，逕長山縣南，晉志東陽郡長山，即今金華府金華縣治。穀水逕其西南，今謂之蘭谿。與永康谿水合。此下節「縣西東陽郡治也」至「字亦因改」六十三字。谿水南出永康縣。此下節「縣赤烏中」至「故野人呼龜曰元緒」一百八十字。晉志東陽郡永康，即今金華府永康縣治。永康谿即今航慈谿，在今永康縣北。朱箋原本下有「其水飛湍北注」云云十三字，亦錯簡也。今移置於後。又東，逕烏傷縣之雲黄山，此下節「山下臨谿水」至「高一百許丈」十六字。漢志會稽郡烏傷，即今金華府義烏縣治。雲黄山在義烏縣南，今航慈谿，西逕雲黄山。又與吳寧谿水合，水出吳寧縣。晉志東陽郡吳寧，在今金華府東陽縣東。吳寧谿即今東陽江，出東陽縣東北。下逕烏傷縣入穀，謂之烏傷谿水。此下節「閩中有徐登者」至「故難救矣」一百十九字。吳寧谿合永康谿入穀水，又謂穀水爲烏傷谿水，今謂之婺港。谿水又連逕長山縣北，此下節「北對高山」至「後人立廟於山下」三十三字。今婺港逕金華縣南。其水飛湍，北注至縣南門，入穀水。酈注既不以婺港爲穀水而謂之烏傷谿水，故至長山縣南門，入穀水，今謂之蘭谿。穀水又東逕錢塘縣而左，入浙江。故地理志曰：「穀水自太末東北，至錢塘入浙江」是也。穀水即今蘭谿。其入江，在今金華府蘭谿縣北。漢時蘭谿猶未置縣。故得爲錢塘所屬，詳前「穀水入焉」下。浙江又東，逕靈隱山，此下節「山在四山之中」至「或因以稽留爲山號」五十二字。案，靈隱山在今錢塘縣西。山下有錢塘故縣，浙江逕其南。此下節「王莽更名之曰泉亭」至「湖取名焉」一百二十四字。縣有武林山，武林水所出也。闞駰云，「山出錢水，東入海」。吳地記言：「縣唯浙江，今無此水。」此下節「縣東有定、己諸山」至「故道餘杭之西津也」二百三十三字。案此叙浙江經流入海之口，即水經所云「北過餘杭東入于海」者也。今錢塘江入海在鱉子門，即指此矣。自此以下，皆叙江北、江南來會之水。浙江又東，逕禦兒鄉。浙江又東，逕柴辟南，浙江北合詔息湖。此下節「湖本名阼湖」至「故有詔息之名也」二十字。案，此叙江北來會之水也。浙江又東，合臨平湖。此下節「異苑曰」至「焚焚如丹」一百八十二字。案，此叙江北來會之水也。臨平湖在今杭州府海寧州西。湖水上通浦陽江，下注浙江，名曰東江。行旅所從以出浙江也。沔水注，「浙江自臨平湖南通浦陽江北注」。又云：「湖水上通浦陽江者，浙江濤水，晝夜再來。來應時刻。臨平湖當濤來之時，乘濤勢絶江水而上，通浦陽也。」又云：「下注浙江，名曰東江者，臨平湖當濤回之時，亦得絶江水而下注東江。」注引説文等書疊言江水至山陰爲浙江。則漢時浙江入海，舊有二道，一爲今錢塘江入海，在鱉子門。一爲今蕭山、會稽二縣界錢清、白鶴浦之類，其入海在三江閘，即注所稱爲東江是也。後世居民苦江潮之斥鹵，乃於江干築隄，海口造閘，而舊跡幾不可知矣。浙江又逕固陵城北。浙江又東逕祖塘，又逕永興縣南，又逕會稽山陰縣。此下節「有苦竹里」至「言勾踐封范蠡子之邑也」十八字。隋志會稽郡會稽。即今紹興府會稽縣治。當酈注時，猶未置會稽縣。其地皆屬於山陰。漢山陰縣即今紹興府山陰縣治。浙江又東與蘭谿合。此下節「湖南有天柱山」至「基陛尚存」八十九字。案蘭谿亦曰蘭渚，在今紹興府治西南。浙江又逕王允常冢北。此下節「冢在木客村」至「不欲遂上」七十二字。浙江又東北，得長湖口。此下節「湖廣五里」至「水流逕通」一千四百十七字。案長湖即今鏡湖。浙江又北，逕山陰縣西。此下節「西門外」至「即浙江也」二百十八字。案，即今紹興府治西。許慎、晉灼並言江水至山陰爲浙江，此下節「江之西岸」至「爲此也」二十三字。浙江又東北逕重山西，此下節「大夫文種之所葬也」至「會稽其一焉」一百三十七字。案重山亦曰種山，在今紹興府治北。朱箋原本下有「浙江東逕禦兒鄉」云云三百三十九字，亦錯簡也。今移置於後。浙江又東，注于海。故山海經曰：「浙江在其東，在閩西北入海。」韋昭以松江、浙江、浦陽江爲三江。此三十六字在篇末，亦錯簡也。今移置於此，案東江入海，即今三江閘在紹興府治北。又東合浦陽江。此叙江南來會之水也。江水又導源烏傷縣，漢志，會稽郡烏傷。即今金華府義烏縣治。浦江水出今浦江縣西。宋志兩浙路婺州浦江，即今金華府浦江縣治。當酈注時，浦江猶未置縣。其地爲烏傷所屬，故云然。又東逕諸暨縣，漢志，會稽郡諸暨。即今紹興府諸暨縣治。與洩谿合。此下節「谿廣數丈」至「土人號爲洩也」七十九字。案，洩谿即今五洩谿，出諸暨縣西。江水又東，逕諸暨縣南。此下節「縣臨對江流」至「秋冬涸淺」七十字。又東北逕永興東，與浙江合，謂之浦陽江。此十六字在篇末，亦錯簡也。今移置於此。案漢志，會稽郡餘暨。寰宇記：江南東道越州蕭山縣下，吴大帝改爲永興，在今紹興府蕭山縣西。江水又東南逕剡縣。此又叙浦陽江入海之道也。亦曰上虞江。漢志，會稽郡剡。在今紹興府嵊縣西南。案，上虞江即今曹娥江。發源剡谿。依酈注例，逕當改作「出」，云江水又東南，出剡縣。與白石山水會。此下節「山上有瀑布」至「下注浦陽江」十五字。浦陽江水又東流南屈，又東迴北轉，逕剡縣東。此下節「王莽之盡忠也」至「浮崄四注」一百七十六字。浦陽江又東逕石橋，此下節「廣八丈」至「使聞其聲」七十字。江水北逕嵊山，此下節「山下有亭」至「沙渚平静」十七字。浦陽江又東北，逕始寧縣嶀山之成功嶠。此下節「嶠壁立□江」至「事備謝康樂山居記」一百七十字。案晉志，會稽郡始寧，在今紹興府上虞縣西南五十里。浦陽江自嶀山東北逕太康湖。此下節「車騎將軍」至「故知冢已八百年矣」一百六十一字。浦陽江又東北，逕始寧縣西。此下節「上虞之南鄉也」至「討孫恩所築也」一百二十四字。江水又東，逕上虞縣南，此下節「至王莽之會稽也」至「得復不責」九十六字。案，漢志，會稽郡上虞。在今紹興府上虞縣西北。亦謂是水爲上虞江。此下節「縣之東郭外」至「注於胥江」三百九十一字。案上虞江今謂之曹娥江。上虞江東逕周市而注永興，晉志，會稽郡永興。在今紹興府蕭山縣西。案今自山陰縣東關至蕭山縣西興，或即上虞江注永興之故道。地理志曰：「縣有仇亭。柯水東入海。」仇亭在縣之東北一十里，江北柯水，疑即江也。漢志「會稽郡上虞有仇亭，柯水東入海」。酈注疑柯水即上虞江，其入海即今曹娥江之海口。浙江又東逕禦兒鄉。此下節「萬善歷曰」至「越北鄙在嘉興」九十三字。案，此叙谷水會浙江入海之道也。沔水注：「谷水出吴小湖，逕由卷縣故城下，谷水又東南逕嘉興縣城西。谷水又東南逕鹽官縣故城南。谷水於縣出爲散浦，以通巨海。」今此注以爲谷水亦通名浙江。故別叙之耳。禦兒鄉在今嘉興縣西南。浙江又東逕柴辟南。此下節「舊吴、楚之戰地矣」至「是也」三十六字。案，柴辟在今嘉興縣西南。浙江又逕固陵城北。此下節「昔范蠡築城於浙江之濱」至「今之西陵也」二十四字。案，此叙東江至山陰入海之道也。固陵即今西興，在蕭山縣西。浙江又東逕祖塘，此下節「謂之祖瀆」至「下注浙江」九十四字。案，祖瀆在今蕭山縣西。又逕永興縣南。此下節「縣在會稽東北」至「縣濱浙江」五十六字。案，晉志：會稽郡永興。在今蕭山縣西。地理志又云：「縣有蕭山，潘水所出。東入海。」又疑是浦陽江之別名也。自外無水以應之。漢志，「會稽郡餘暨，蕭山，潘水所出」。吴改餘暨爲永興，已詳於前。酈注叙上虞江周帀，注永興故兼及潘水。

横山志略六卷 二册

清吴縣顧嘉譽編輯。乾隆十三年戊辰香雪巢刊本。

吴縣志列傳采木瀆小志云：「嘉譽字來章。寓横山下二十年，所居曰澗西草堂，凡游覽所及，多有記載。成横山志略六卷。史官徐葆光序。」案小志即取材於此書，而尚簡略。卷三第宅云：「澗西草堂，余寓居也。在青龍澗西，楊无咎有記。」卷四冢墓云：「澗西居士顧嘉譽生壙在白雲塢，室周氏先葬，楊繩武撰志銘。子道行、媳安氏祔，葉啓祥撰志銘。」首又有雍正庚戌沈德潛、乾隆戊辰萬卓二序，可補其闕。卷一目録，本志、水道、橋梁、坊表、村莊、土産，卷二古蹟、寺院、道觀，卷三目録，祠廟、第宅、園亭，卷四塚墓、人物，卷五人物，卷六災祥、奇事、雜記、雜著。凡例之次，附精圖五葉。每卷題「寓山顧嘉譽編輯，諸同學參訂」。卷六末題「歲在著雍執徐清和月告竣，及門朱宏昌用成助梓，朱琳崑源參訂。姑蘇陳聖如刊刻」。板心有「香雪巢藏」四字。半葉九行，行二十字。字體工楷，刊印甚精。横山在郡城之西南，方廣四十餘里。東則茶磨、楞伽、吴山，南則寶華、陸墓、王登、長旗嶺、七子墩，西則堯峯、霎霴嶺、昇猶山、紫石山、胥臺山，北則民山、九龍塢、薦福山、福壽山、翔鳳岡。其山密邇城居，故營冢墓者纍纍，同於北邙。自古迄今，廢興不一，名賢邱隴，改爲市井幽窟者比比。嘉譽寓山既久，目擊者多，盡然傷之。於是矢願搜羅，悉心闡發，故於冢墓一門所記特詳。如晉之張翰、石崇、潘岳，陳之顧野王，唐之李光弼，宋之鄭戩、王棫，元之鄭元祐，明之俞貞木、杜瓊、文林、都穆、袁袠、皇甫汸、張鳳翼、王穀祥、王寵、申時行、周用、周天球、陸治，清之何焯，劉獻廷等墓，皆在其地。千餘年來發邱摸金，牛羊蹴踐，已多失其址。例如劉獻廷墓，注「門人黄曰瑚誌墓」，其文已不可見，至使後來全謝山等有疑年之惑。人物如宋之范成大，明之顧璘、顧璟兄弟等尚矣，而清則有如汪琬、葉燮之文學，照耀一代，而堯峯山莊、已畦諸勝蹟，早已鞠爲茂草，尤令人披卷興懷者也。則嘉譽此書所記，雖祇一隅，而吴郡山川人物之盛，於斯可覩已。

有「吴興劉氏嘉業堂藏書印」朱文方印。

洞書二卷 一册

清烏程張鑑撰。吳縣王氏學禮齋鈔稿本。

據目，每卷分上中下，實爲六卷。卷上之上爲原湖第一，詮岫第二，徵符第三，縹緲峯南東支、圖經岦緯第四，卷上之中爲縹緲峯東支、圖經史逸第五，縹緲峯南西支、圖經珠賚第六，縹緲峯西支、圖經星占第七，卷上之下爲縹緲峯北支、圖經蛾據第八，龍簡第九，石壂第十，卷下之上爲宅譜第十一，卷下之中爲仙系第十二上，仙系第十二下，梵乘第十三，卷下之下爲石供第十四，土風第十五，抒素第十六，共十六篇。烏程張秋水所作我吳洞庭西山之志也。其書徧徵故書雅記，加以考證。亦不廢搜奇志異，以爲山靈生色。文章則風華韶秀，規橅道元水經注。於山志中可稱傑構。其曰洞書者，雜緯河圖絳象言：「太湖中洞庭山林屋洞天，即禹藏真文之所，一名包山。吳王闔廬登包山之上，命龍威上人入包山，得書一卷，凡一百七十四字。」蓋義取於此。抒素一篇，則仿不韋春秋、子雲法言、王符潛夫論，依史、漢義例，以明書之頭訖也。秋水於道光初載，作客林屋，文云：「值主人乃句漏之苗，積書五六萬卷，坐我於消夏灣之南樓。其樓背山面水，當楸桐負日，桂筍尋波，游眺之暇，閒窺典籍，頫首湖天，斐然有思。用是紬其貯藏，參以近録，以成是書。」其主人蓋即石墨篇所載，於黄冠屋壁搜得宋天禧五年建靈祐觀碑之葛香士也。香士名祚增。直隸州州同。工吟詠，善八法。藏書處曰澂波皓月樓，秋水曾爲作記，嚴鐵橋又爲題林屋藏書圖者，葉氏藏書紀事詩卷六著之而失其名。當時唱予和汝，賓主相得。秋水著述多屬稿於此。據自述，有左傳杜劉規過讞六卷、西夏紀事三十六卷、墨妙亭碑目考三卷、喪服古注輯存二卷、楚辭釋文十七卷、秝統歲實消長表三卷、天元借根一得二卷、六書寤言四卷、海運芻説四卷、兩宋畫院志四卷、烏臺詩案廣證六卷、上林子虚賦郭注輯存二卷、嵇氏聖賢高士傳存真一卷、東南半壁紀事三十卷、十五經叢録五十卷、秋水文叢二十四卷。今衹西夏紀事、墨妙亭碑目考、烏臺詩案廣證及秋水文叢改題冬青館集者有刊本。又曾於亡友張君芹伯處見蠅鬚館詩話稿本，知其亡佚未刊者多矣。此册借之吳君眉孫，字跡拙劣而有秋水印記，當出自學徒録副者。録之以俟山中好古者之刊傳焉。

鈔幣論一卷 一册

清海昌許楣撰。道光二十六年許氏古均閣刊本。

楣字金門，號辛木。道光癸巳會元。户部主事。爲珊林槤之季弟。道光朝銀之耗於鴉片煙土者，歲累數千萬，漏卮不塞，國用日竭。於是吾鄉王亮生鎏倡行鈔幣，著錢幣芻言，列舉行鈔之大利有二十二。一時士大夫盡然從之。即有心不爲然者，亦無以難之。辛木獨起而條駁之，著鈔幣論。首通論，言鈔法源流，當世利病。次鈔利條論，仍其利之名，而著其不利之實。次造鈔條論，次行鈔條論，刺取原議，各以類聚，次第詰難。而禁銅與鑄大錢條論從焉。次雜論，略舉宋、金、元、明事一二，指陳其謬，而以元之孤鈔，爲積欺與愚使然，其行鈔與宋、金有終始而無絶續。陳其泰以爲上下千古之識。其意有未盡，珊林復繫以案語，並爲之序而刊行焉。爲談清代經濟史之重要資料。至其孰是孰非，則猶待論定也。惟印本絶少，讀者未易得見。古均閣所刊書無不精妙，此本墨黝紙瑩，與他刊相似，並有圈點。首兄槤序，末海鹽陳其泰跋。

三儒從祀録四卷 四册

吴縣曹元忠撰。鈔稿本。

三儒者，崑山顧炎武、衡陽王夫之、餘姚黄宗羲也。光緒三十四年從祀文廟。君直先生輯録有關文件，以成是書。首吾師復禮先生宣統三年序。卷一爲諭旨，覆奏。卷二爲説帖上，卷三爲説帖下，卷四爲擬奏，及光緒二年以來前後條奏，光緒三十三年正月二十八日奏。篇末間有附識。先是，奏請三儒從祀文廟者，船山則有光緒二年署禮部侍郎郭嵩燾奏，二十年湖北學政孔祥霖奏。梨洲、亭林則有光緒十年江西學政陳寶琛奏，均由禮部議駁。至光緒三十三年正月二十八日，御史趙啓霖奏請三儒一併從祀文廟，奉旨發交禮部議奏。由郎中吴國鏞擬稿。文甚冗蔓。主船山亭林從祀，而梨洲仍在駁斥。及送内閣會稿，大學士世續、張之洞、外務部尚書袁世凱不同意而未上。時禮部尚書爲溥良，君直先生座師也。更屬先生擬稿，即此首列之禮部奏條，舉三儒學問出處之要，既詳且核。擬將亭林從祀，而船山、梨洲則俟裁示。蓋因前歷次之駁議，而故作婉辭也。故事，凡從祀文廟，由大學士九卿國子監會同禮部議奏。此次會稿之先，大學士孫家鼐對船山、梨洲之從祀持異議，欲易稿。溥良拒以稿經博採衆議而成，如別有所見，盍另摺言之。故是奏無大學士領銜。而家鼐獨上一奏，大致謂孟子告齊宣王語，可施於諸侯，不可以例天子。宗羲固不當從祀。即王夫之所著各書，每以墨□空闕多至數十百處，跡近誹謗本朝，亦不得在從祀之列。農工商部左侍郎沈雲霈和之，議幾寢。蓋僉以梨洲明夷待訪録原君、原臣二篇爲集矢之的也。至三十四年，禮部奏請仿照會議政務章程，移會各衙門，對三儒從祀應准應駁之處，開具説帖送部核議。而送到説帖二十六件，其主船山、梨洲、亭林並准從祀者，十居其九。及覆奏上，遂于九月初二日奉旨允准。蓋議禮雖古稱聚訟，而是非當聽諸公論，即大學士亦不能獨違衆議也。説帖之持異議者，有理藩院内閣中書王在宣，禮部郎中齡昌，法部主事梁廣照。大都一孔之見，而王在宣尤爲荒謬，至謂「原奏援湯、陸二公爲例，竊謂二公學術純粹以精，三子則擇不精，語不詳。何湯、陸之敢望？各家著述具在，可覆案也」云云。先君次歐公于光緒辛卯作三大儒頌，南海潘衍桐刊入兩浙校士録。余幼讀而心識之。及從金松岑師游，日詔以三儒之學術思想，而益嚮往之。師有三儒學案，稿已佚。今讀此書于三儒之説，臚舉而詳釋之，實可作學案讀，不僅存晚清議禮一大掌故也。胡綏之先生時官學部，亦有説帖一通，存許廎遺集。胡思敬亦有議一篇，存退廬文集。此未收，疑稿未送部，或後作，當據補于末。

紅豆齋時術録一卷 一册

清東吳惠士奇撰。吳縣王氏學禮齋鈔本。

此種亦借李印泉本傳鈔。而以姚石子藏原刻本校過。存文十二篇。首題卷一者，意初刻僅此，而尚欲續刻。除《樂》、《訛言》、《爲人後》三篇外，大都論宋史人物。謂：「寇準勸真宗下親征之詔，以爲我示之以怯，彼將退而復來。則兩河數動，而人心揺，不若速幸澶淵以鎮之，則人心固，卒成澶淵之績。可謂謀國忠，臨事勇，有名臣風烈。」謂：「王安石行熙寧之法，非法之不可行，特安石非行法之人。一時切直敢言者斥逐殆盡，安石既處孤立之地，而欲以剛果持之，其能有濟乎？」謂：「熙、豐之政，青苗、市易罷之是也。若夫雇役、保甲、將兵及西戎之議，行之熙、豐則爲四害，行之元祐則爲四利。驟而更張之，則爲四害；徐而損益之，則爲四利。司馬光疾惡剛而圖治鋭，又不克久於其任，故天下利害未及周知，而一切紛更之。」謂：「女真，虎狼也，不可以仁義服，不可以口舌爭。啗之以利則搏，示之以怯則驕，臨之以威則懾。今高宗既不能直趨河北而擣其穴，又不能駐蹕應天以遏其衝。乃反君臣戴頭，竄身吳、越。聘問以通之，卑辭以下之，故金人自此益輕宋。」其末《防海》、《荒政》二篇，議古而能通之於今，亦不爲苟作。統觀全書，宜入史部史評類。末附楊超曾撰《半農墓志銘》，從他處鈔入，非原書所有也。

四庫全書總目提要補正不分卷四庫未收書目提要補正不分卷三十七册

吳縣胡玉縉撰。王欣夫輯。手稿本。

乾隆時修四庫全書總目提要，妙選海内碩學，分任編纂，而紀曉嵐總其成。至今推爲綜覈古今學術之鉅著。然學海無涯，載籍極博，宗旨既有所偏倚，議論不能無駁雜。凡所闕漏乖誤，自有待於補正。祇因書係欽定，遂無敢置喙。至陸存齋著正紀二卷，而俞曲園亟致書勸止，其書遂不傳。然是非之公，終不能默。往往散見於諸家文集筆記藏書志中，及鼎革之後，顧忌斯解，胡綏之先生始博採羣書，折衷己意，用力數十年，爲之補正。積稿穰穰，未遑董理。易簀之前，遺命以校輯刊傳之任見委。閱時十載，爲分類編訂，共三十六册。附四庫未收書目提要補正一册。案四庫所收書計三千四百五十七種，存目計六千七百六十六種，兩共一萬餘種。此書有補正者達四之一，用力之勤，前所未有。然一人之精神有限，耳目難周。如七閣原本所冠提要，皆館臣原纂，與彙刻本經紀氏潤色者，大有差池。其時文淵、文溯兩本皆在京師，未能取以對核。又如四庫本重行鈔録，而悉去其序跋。盧慎之先生曾云館臣撰提要時，大都取材於原書序跋，故删去以湮其跡。今亦未能各取原本序跋以發其覆。又如許印林攀古小廬文有讀書附識，孫仲容温州經籍志引提要所附駁正，考證精核，皆未採摭。而宋歐陽澈歐陽修撰集，引丁丙善本書室藏書志轉引朱子語録，謂盬城八月中大雪，是日正值澈死時。羅願鄂州小集引宋史羅汝楫傳謂願拜岳飛祠，遽卒於像前。皆事涉迷信。朱翌灊山集引丁氏藏書志所舉翌懶軒詩云：「經年不濯子春足，半月纔梳叔夜頭。」以爲佳句，凡此則本係未定之稿，芟薙宜有未盡。曾見先生與曹根蓀書，謂此事雖有五百年之壽命，亦不能盡。又嘗詔余云：「吾之爲此，惟俛焉日有孳孳，得寸則寸，得尺則尺而已。」然則讀者當服其蒐採之博，爲益之鉅，即小有疏失，無關大體。他日或有好事者，再作補正之補正可也。

四庫全書總目提要補正六十卷四庫未收書目提要補正二卷 二十册

吳縣胡玉縉撰。王欣夫輯。王氏抱蜀廬鈔稿本。

綏之先生遺命以手稿付託傳世焉。家人外，祇函告其摯友盧慎之先生。邑有某人者，好收前人稿本而錮藏之。及胡書散出，求遺稿不得，而聞在余處，則大憾。遂騰謗謂余掠奪而乾没之。傳至北京，汪君孟舒聞之，孟舒曾爲綏之先生作雪夜校書圖，多一時名流題詠，卷留彼處，即據傳聞識卷末，而措詞甚嚴。不知者皆咎余。一日再乞題於慎之先生，先生見之則大詫，俱以本末告孟舒，而致函謂非速刊印無以解羣惑。先是謀刊資於諸友好，既得數百元存銀行。值時局變化，惡幣貶值，數百元悉化烏有。於是又有謂余借此斂財者，負謗負疚，與日俱深。至一九五八年，始先以許廎學林交中華書局出版，誹謗漸息。一九六四年，此書又續出，以百萬言之鉅著，往日固無法籌刊資，今則国家倡明文化，得大量印行。綏之先生一生精力既不致湮没，余亦得完諾責，又得整理費以償前捐資人，且分助其後嗣。一舉而有四得，此誠當永矢勿諼者矣。此清寫本爲整理時倩吴興朱君五峯手鈔者。朱君名景增。清諸生。久館其鄉劉氏，擅楷書。劉氏錦藻續清文獻通考清稿，均出其手鈔。此時年已七十餘，而如此巨帙，到底不懈。朱筆標點，則出吾友潮安鄭君雪耘，並附案語若干條，皆精確。二君者皆綏之先生身後知己，不可不附記之。

校胡綏老四庫提要補正成賦此紀之　鄭　翼雪耘

四庫徵遺書，述作羅百氏。大典如散錢，繩貫獲綱紀。所嗟穜族嫌，芟薙嚴抽燬。大獄興文字，銖鋤及既死。右文乃若斯，功罪不相抵。提要領羣書，揭櫫示大旨，豈無涉紕繆，王言孰敢指。爾來二百年，學人日輩起，鴻篇與奥論，義藴足相啓。胡老漢經師，淹貫湛書史，發憤裒羣言，補苴歸一是，間亦正其譌，論多中肯綮。更續未收書，犟經相繼美。爲卷幾盈百，積稿高隱几，遺命溯彌留，盡付年家子。謂王君欣夫。傳世基一諾，仔肩亦大矣。時人或不察，流言恣譏詆。謂君肆豪奪，淹没私諸已。豈知勤眘集，經歲費排比，鳩金謀刊布，幣值忽頽靡，遭時方杌隉，兹事廢然止。辛苦抱遺編，樂與相終始。何幸告銷兵，晨曦燦霞綺，甄採及幽光，珍重終付梓。積念忽焉伸，蒙垢一朝洗，高誼重酧知，息壤乃在彼。參校謬見屬，鉤稽辨魚豕，殘字補石經，斷碑徵爵里。末學慙寡聞，望洋徒測蠡。棃棗樂觀成，芸香郁蘭芷。餘書行續出，拭目一以俟。

徵選山左明詩採訪書目一卷　一册

清德州盧見曾編。乾隆盧氏雅雨堂刊本。

昔漁洋山人嘗欲輯海右六郡明代作者五十家，萃擷菁華，都爲一集。斯志未遂，僅載所擬洪、永以來五十家姓氏於香祖筆記。雅雨以鄉後進已成國朝山左詩鈔，繼起圖完其業，乃撰啓一通，附漁洋擬選五十家書目，并續開六郡採訪名人書目，好寫精雕，訂册分徵。時正官兩淮鹽運使，人才物力，兩皆充沛，宜有成書。而此單册早視同筌蹄，傳世遂希。余搜求三惠遺著，見定宇致王臞庵尺牘，有言客揚州時代雅雨撰徵選啓一篇。偶與傅沅叔先生言之，先生即以此册寄贈。其文作駢體，與松崖文鈔中募修玉林禪院啓風格相似，出於定宇手筆無疑，即據補文鈔。案，搜輯地方詩文，以補志乘所不及，使後人有所稽考，文獻足徵，其功用爲最大。清代從事於斯者，不乏其人。近如金籛孫先生輯再續檇李詩繫，余家原籍秀水，先代所作，多經收入。已具稿，今在上海圖書館。獨蘇州會城，人文最盛，反不如下邑吳江、崑山、常熟之皆有輯本。金松岑師晚歲頗有志於「吳郡詩徵」之輯，曾發凡起例，命助搜集。斯事體大，而人才、物力迥不如前，亦如漁洋之有志未遂，不知他日亦有好事如雅雨者之繼起否也。

有「夊香館藏書」朱文長方印。

南海伍氏所刻書跋十卷 四册

清南海譚瑩撰。吳縣王欣夫輯。鈔稿本。

粵之豪商伍紫垣、崇曜父子，家擁厚資，即所稱十三行主之一。能以餘資刻古書，聘譚玉生任編校。

玉生故博學，精校勘。先後爲刻粤雅堂叢書一百八十種，皆博採海内罕見秘籍。又嶺南遺書五十九種，粤十三家集，楚庭耆舊遺詩，皆粤中文獻，又别刻王象之輿地紀勝、張金吾金文最，共千餘卷。其粤雅堂叢書卷帙之鉅，世與鮑氏知不足齋、錢氏守山閣並稱，其尤足重者，每種有跋尾，皆玉生代作。於一書之源流優劣，考證評騭，出以秀美之筆，華實並茂。陳蘭甫稱爲「君之淹博略見於此」者也。余暇日最喜讀之，爲便繙帋，鈔出之。仿金山錢氏家刻書目，而稍變其例，統以四部編次。其見於學海堂文集者附録焉。案其所據底本之見跋文者，如吴枚菴鈔輯秘籍叢函，秦敦夫石研齋叢刻、詞學叢書，秦照岩汗筠齋叢書，日本天瀑山人佚存叢書，皆全部刻入，蓋皆當時粤中難得之書。鈔本則多出曾晃士、黄石溪、黄香石、及玉生自藏，亦有不著所自者。惜未刊稿本不多見。而阮芸臺、翁覃溪、姚秋農、程春海所著獨多，則以諸公皆曾官於粤者也。至如奉天録跋稱「顧徵君廣圻」，則千里爲諸生，未嘗被徵召。中吴紀聞跋不知「妙道人」爲何許人，則爲吾吴吴有堂志忠之别字。宋季三朝政要跋不知「通介叟」爲何許人，則知不足齋鮑渌飲别字也。江、浙藏書家，固不能責粤人以必知其詳。至玉生事跡，有陳蘭甫内閣中書銜韶州府學教授譚君墓碣銘，載東塾集。

鐵琴銅劍樓藏書目録二十四卷　十册

清常熟瞿鏞撰。光緒二十四年家刻本。吴縣王欣夫臨仁和勞格校。常熟丁國鈞、杭縣葉景葵跋。

晚清海内藏書稱瞿、楊、丁、陸四大家，而瞿氏鐵琴銅劍樓實裒然居首。自蔭棠以至吾友鳳起，歷五世不替。世德之長，范氏天一閣外所未有。宋于庭謂瞿氏所藏，「皆出於耕養之餘，成其學業之孅，所由辛苦而致之，斯能緜遠而有之」。其言允矣。顧范氏之書，扃鑰惟恐不堅，防範惟恐不密，一任蠹食塵封，子孫欲一觀而不得者矣。然終盜竊零落，精華盡竭。孰若瞿氏之書，父子兄弟整理討論，以之爲樂。又通懷樂善，不自吝惜。遇嗜古篤學之士，盡出所藏，恣其觀覽。適館授餐，賓至如歸。晚近景印之術大明，又悉出所藏宋、元珍本，化身千百，以惠藝林。卒乃貢之國家，公之天下，其爲功於文化者何如。余年十九，客游虞山，識丁秉衡先生，告余瞿氏藏書之美富，並出所録勞季言手校書目見示，遂傳録一過。余之略知目録板本之學，丁先生此書實有以啓之。後瞿氏書以避兵移滬寓，余亦執教於聖約翰大學，識良士、鳳起橋梓，朝夕過從，得盡窺帳秘。而於此目尤服其考訂精確，誦習不釋，竊謂此目若爲直齋書録解題，則勞校其隨齋批注也。特條録批注於此，以諗讀者。至是書之精審，胡綏之先生許廎經籍題跋已詳論之，茲不復及。

附勞格批注

卷五

春秋名號歸一圖二卷。宋刊本。 （案此附集解以行。）

春秋經解十五卷。舊鈔本。 相沿傳録有輯序及周麟之序已失。 （案，通志堂刊本記有邵序、周跋。）

古文春秋左傳十二卷。鈔本。（案此實惠徵君棟輯本，託名伯厚耳。）

卷六

論語鄭氏注二卷。鈔本。（案此亦惠徵君棟輯本。鮑渌飲曾刊之，板式與叢書同，卻罕見。）

卷七

埤雅二十卷。明刊本。前有宣和七年佃子旦序。（案，旦序時刊本亦有。）

卷九

續宋編年資治通鑑十八卷。元刊本。（案此即宋史全文之前半部，德清許周生先生鑑止水齋集跋甚詳。）

皇宋十朝綱要二十五卷。舊鈔本。陳平甫皇朝編年備要引用書目亦列之，惟敘銜爲左史，與㙛官秩不合。豈文簡子㢕嘗領實録事，故採纂成編。後槀本流傳，㢕、㙛字形相近，遂誤以爲㙛作耶？（案臆説，文肅著此書，正官起居郎。鄭翼案：李㙛著作甚富，十朝綱要其一也。並見直齋書録解題。）

宋史全文續資治通鑑三十六卷附宋季朝事實二卷。元刊本。案元刊改明刊　似三十六卷爲元人重刻宋本。其實靖康以前。（案，「似三」至「其實」十四字節去。）

玉牒初草二卷。鈔本。（案此從後村先生大全集鈔出，五十卷本亦載。）

貞觀政要十卷。明刊本。陳氏書録云：「新、舊書列傳，兢未嘗爲此官，而書亦不記歲月。」（案當在開元八年之後，十年之前。）

奉天録四卷。舊鈔本。（案此大興徐星伯先生從永樂大典中録出。）

唐大詔令集一百三十卷。舊鈔本。潛研錢氏謂此書敬宗寶曆元年南郊赦文有「亞獻嘉王運，賜物一百匹」之語，知唐書十一宗諸子傳，及德宗紀俱書嘉王運薨於貞元十七年之譌。（案，詔令之足以證史者甚多，何必引此。）

石林奏議十五卷。影鈔宋本。其目按職守編次，始應天尹，終福建路安撫使，皆過江後之作。（案，應天在欽宗朝。）

卷十

魏鄭公諫録五卷。鈔本。淳熙己亥，吳興李某得本於陳叔進舍人。（案李某疑即李彦穎。）

高士傳三卷。明刊本。（案，此書可删，黄刻與列女傳合刻，又續仙傳止一卷。）

元統元年進士題名録一卷。鈔本。原本録後附試策，多斷爛處，而忠宣一篇差可讀，殆有神物護持者與？（案，忠宣策見本集。）

國朝名臣事略十五卷。元刊本。案元統止癸酉、甲戌二年，乙亥乃至元元年。書林不知改元，而誤記耳。（案改元在三年十一月，此廿七字删去）

成都氏族譜一卷。鈔本。（案，此從全蜀藝文志鈔出。）

吳越備史四卷。舊鈔本。舊有錢氏年號、世系圖、諸王子弟官爵封謚表，已佚。（案，亦非足本。圖表乃明人所作。二十字删。）

東國史略六卷。舊鈔本。（案，此明萬曆間刊本。）

卷十一

歷代宮殿名一卷。舊鈔本。卷首有「張鼎文印」「宣和中秘」二朱記。（案，「宣和中秘」印，僞。）

輿地紀勝二百卷。影鈔宋本。楊升庵跋岣嶁碑有引此書云：「禹碑在岣嶁峯，又傳在衡山縣雲密峯。昔樵人曾見之，自後無有見者。宋嘉定中蜀士因樵夫引至其所，以紙打其碑七十二字，刻於夔門觀中，後俱亡。」今覈此本，衡山碑記門有岣嶁碑，注惟載韓文公詩，而無升庵所引語，則是書所存已多殘闕，非復完帙矣。（案，楊説不甚可據。）

嘉定鎮江志二十二卷。鈔本。（案，錢唐嚴厚民先生杰言此及至順志，俱從永樂大典中録出。）

淳祐臨安志六卷。鈔殘本。（案，嘉慶朝仁和胡學士書農敬與編全唐文，於永樂大典中又輯出十六門，惟寺院最詳。）

吳中舊事一卷。舊鈔本。（案，此友仁從他書採輯者。）

景定嚴州新定續志十卷。鈔本。（案，尚存宋刊首三卷）。

卷十二

秘書監志十一卷。舊鈔本。（案，監字衍。）

卷十三

荀子二十卷。校宋本。盧氏校刻本，每自用己意，舉以相核，不盡同也。（案，盧學士校，謝氏墉刻本。）

新書十卷。明刊本。陸相爲長沙太守。（案，改相字爲良弼。）

鹽鐵論十卷。明刊本。雲間張氏注本，改爲十二卷。（案，張名之象）

五臣音注楊子法言十卷。校宋本。新安方山人亦以李軌單注本校。（案，嘉慶間，嘉定李賡雲刻盧抱經學士校本，盧得之嚴道甫，題跋甚詳。亦見抱經堂集十，似非方所校。此有盧印，當即所見之本。）

申鑒五卷。明刊本。此黄省曾注，不足存。

張子語録三卷後録二卷。宋刊本。不題名。（案，應作「不題編輯名氏」。卷末有「後學天台吳堅刊於福建漕治」二行。敦字闕筆，光宗後刻本也。案，吳堅德祐中宰相，此當刊於理宗朝。查三山志漕臣題名年月。）

龜山先生語録四卷後録二卷。宋刊本。卷首有「毛褒之印」、「奏叔」二朱記。（案，褒當是表字。）

武經七書。影鈔宋本。是書爲宋時合刻，不題纂輯姓氏。（案，是朱服。）

神機制敵太白陰經十卷。舊鈔本。末有六行云：「秘閣楷書臣羅士良寫，御書祗候臣錢承灝勘入，内黄門臣張永和、宋允中監入，内内侍高班内品臣譚元吉、趙誠信監。」與錢氏敏求記合。按表尾聯銜六人，爲唐永泰時内府臣，遵王未見前葉，據以爲宋朝内府鈔本，非也。（案，此宋時官制，錢説是。内府臣加府字，更不通。）

卷十四

商子五卷。舊鈔本。（案，曾見嚴鐵橋校孫馮翼本，云據秦酉岩本。）

韓非子二十卷。校宋本。顧澗蘋氏先假得惠徵君臨馮己蒼校本，屬友人王小梧渭録於是本。（案，馮校見羣書拾補。）

刑統賦解二卷。舊鈔本。題元左宣德郎律學博士傅霖撰。案是書已見晁氏讀書志，則題爲元人者非。

（案，左宣德郎是南渡高、孝朝官制。）

史載之方二卷。影鈔宋本。惟據復翁跋，稱宋稗類鈔載眉州朱師古得異疾，趨郡謁史載之。（案，宋稗類鈔當改夷堅志。又案，西臺集十一與劉朝散尺牘「卭守史載之」云云，可引。）

卷十五

乾象通鑑一百卷。舊鈔本。宋李季撰。（案，李即秦檜十客之一，官宣州通判。見老學庵筆記。）

五曹算經。影鈔宋本。（案，宋本在丹鉛精舍，王弇州藏本。）

易林四卷。校宋本。惟曇谷嘗語陸敕先云：宋本有全注，未及舉録。絳雲一炬，而其書不傳爲憾。（案，此書當尚在，見徐、季兩家書目。）

京氏易傳三卷。明刊本。（案，疑是范氏天一閣二十種奇書刊本。）

法帖音釋刊誤一卷。鈔本。宋參知政事陳與義奉敕校正劉次莊所撰官帖釋文。（案，簡齋宋史不云參知政事。）鄭翼案：陳與義紹興七年拜參知政事，八年免。見宋史本傳，及宰輔表。勞氏或偶失檢。

卷十六

習學記言五十卷。舊鈔本。宋嘉定間弟子孫之宏囑越帥江某刻於郡齋。（案，江某改汪綱。）

續談助五卷。影鈔宋本。宋晁伯宇撰，伯宇字鎖庭。（案，名載之。「鎖庭」乃「鎖廳」之誤。）鄭翼案：晁氏讀書志封丘集云：「世父封丘府君諱某字伯宇。鎖廳中進士第。」蓋宋制有官人應試曰鎖廳試也。後人誤宇爲字，遂作「字鎖庭〔廳〕」，或更誤伯宇爲世父之稱。其誤蓋起於尚友録一類坊本，而中國人名辭典因之作百宇字鎖庭」，尤令人絶倒。

珩璜新論一卷。舊鈔本。玉關山人，諸朱字。（案，刻本作闕，譌。蓋闕字也。）

巖下放言三卷。舊鈔本。（案，丹鉛精舍藏文衡山鈔本，亦有脱誤。）

丞相魏公譚訓十卷。舊鈔本。宋蘇象先撰，并序。（案魏公於理宗朝追謚正簡，見後村集。）此書作於公歿後四十年，追憶遺訓，分類輯成，以備觀省。（案，蘇訓直爲改訂，見放翁集）

卷十七

紀纂淵海一百九十五卷。宋刊本。（案，不足存。）

因話録六卷。舊鈔本。唐趙璘撰。趙爲唐室名臣。（案，趙官僅至郎官郡守，何以知爲名臣？）鄭巽案：提要云「璘爲德宗時宰相宗儒之從孫」。此云名臣者，或因此宰相二字而忽略其全文也。（又案，璘事跡詳見拙著郎官石柱題名考。）

續世説新語十卷。明刊本。（案是僞本，可删。）

大唐傳載一卷。舊鈔本。繹書名，當出唐人所撰。自序云：「八年夏南行，極嶺嶠。暇日瀧舟，傳其所聞而載之。」或是元和八年耳。（案，見新志，元和當是太和。）

雲仙雜記十卷。明刊本。崑山菉竹堂葉氏得舊本，倩友人俞質夫寫而刻之。（案，丹鉛有之，與清異録同刻。）

儒林公議一卷。舊鈔本。後有嘉靖庚戌季夏雁里子柄一跋。（案，以禪月集印證之，當是秦柄也。）

卷十八

華陽陶隱居内傳三卷。舊鈔本。舊題薛蘿子賈嵩撰。其下卷載及宣和封誥，則嵩乃宋時人也。（案，嵩，唐人。見拙著郎官石柱題名補。）鄭翼案：賈嵩亦見全唐詩。

卷十九

離騷集傳一卷。宋刊本。（案，即鮑刻本之原。）

蔡中郎文集十卷。明活字本。目後有「正德乙亥春三月錫山蘭雪堂華堅允剛活字銅版印行」二行。（案，華本有二本，似即一版，而有先後之異。一有「錫山」二字圓印。）

陸士衡文集十卷。校宋本。（案，改作明正德刊本。）

陸士龍文集十卷。校宋本。（案，改作明正德刊本。）

支道林集一卷。明刊本。（案，朱述之言此集從廣弘明集中録出。）

陶淵明集二册。宋刊本。（案，改作明刊校宋本。）

鮑氏集十卷。影鈔宋本。（案，羣書拾補以毛氏影宋校明本。丹鉛有影宋本，行欵相同，亦蕘圃物。以對拾補，反與明本多合，似一刻而有初刻重修之異。信乎書本之不易勘也。）

江文通文集八卷。校元本。據跋末工告訖功語，乃從元刻傳鈔，非元鈔也。敏求亦誤。

毘陵集二十卷。舊鈔本。（案，趙味辛校本尤誤，須重校。補遺誤收。）

陸宣公集二十二卷。校宋本。舊爲錢求赤藏書。以宋刻本校過。（案，錢氏宋本，後藏知不足齋，爲歸安嚴修能先生所得，後錢少詹爲其先人志墓，以此爲潤筆。）

皇甫持正集六卷。舊鈔本。（案，丹鉛有趙清常鈔閣本。）

歐陽行周文集十卷。校本。（案，此集有正德慎獨齋刊本。又有嘉靖本。）

白氏諷諫一卷。明刊本。（案，羣書拾補中有諷諫校本，不知與此書何如？）

文泉子集六卷。舊鈔本。此明吳馡編輯本。（案，詳黄梨洲思舊録。）

甫里集二十卷。明刊本。（案，成化本佳，此萬曆本，與文藪合刊。不足存。）

黄御史集十卷。明刊本。（案，正德本佳，記末闕一文，目尚存。楊洪序尚摹宋本開版，萬曆、天啓本不足存。）

廣成集十二卷。舊鈔本。（案，是道藏八種本。）

卷二十

林和靖詩集四卷。明刊本。（案，羣書拾補中校本，最好。）

雪竇頌古集一卷拈古一卷瀑泉集一卷祖英集二卷。宋刊本。舊爲泰興季氏藏書。（案，季目無此書。）

南豐曾先生文粹十卷。明刊本。不著編輯姓氏。（案，明何椒邱云：「永樂初，李文毅公爲庶吉士，讀書中秘閣，日記數篇，休沐日輒録之，今書坊所刊南豐文粹是也。」則此刻出於李時勉。）

嘉祐新集十六卷。校宋本。宋蘇明允集，宋時有二本，一名嘉祐集，一名嘉祐新集。（案，嘉祐新集，向藏錢唐闞氏，今歸海寧唐氏。聞有徐氏、季氏印章，兩家書目載之。）

淮海先生文集二十六卷。宋刊殘本。（案，曾見知不足齋明刊本，行欵依約相似，似覆宋刊本。後有晁説之跋，有季滄葦印。惟少後集及詞，聞後歸吳門吳殅舫侍郎。）

謝幼槃文集十卷。舊鈔本。（案，鮑氏知不足齋鈔本，今歸錢唐瞿氏。）

卷二十一

北山小集四十卷。影鈔宋本。黄氏百宋一廛嘗得宋刻本，後歸汪氏，今歸邑中龐氏。（案，宋本初爲天蓋樓物。）

栟櫚先生文集二十五卷。舊鈔本。（案，鄧廷楨據正德本重刊。）

陵陽先生集四卷。舊鈔本。（案，後集一卷，今佚。）

南陵孫尚書大全文集七十卷。舊鈔本。（案，南下脱蘭字，此即周序所云誤入翟忠惠文之本。）

莆陽知稼翁文集十二卷。影鈔宋本。天啓間裔孫某得内府本，刻於衡州者。卷分上下，即此本也。（案，版心分上下，卷第仍是十二。）

羅鄂州小集五卷附鄂州遺文一卷。明刊本。（案明刊本，餘杭章氏有之。）

斷腸集注十卷後集一卷。舊鈔本。（案，曾見鈔本，有小象。）

友林乙藁一卷。影鈔宋本。（案，錢唐汪氏有重刊宋本。）

柴秋堂詩集三卷。舊鈔本。此本爲至正間其從子季武所輯。（案，此從柴氏四隱集鈔，乃其十一世孫復貞所輯，非季武本也。提要亦兩收，卻不仍作元本。）

仁山金先生集四卷。舊鈔校本。（案，餘杭章氏有舊刻本。）

卷二十二

月屋漫稿四卷。舊鈔本。（案，明刊四卷，近鈔本并作一卷。中間有删去詩篇，實即一本。）

履素齋稿一卷。鈔本。（案，此從元詩選中鈔出。）

松雪齋文集十卷外集一卷。元刊本。（案，上海曹氏刻本，脱誤改竄，不足據。）

魯齋遺書六卷。元刊本。今本牧庵集無之，此又可證牧庵文佚去者多也。（案，牧庵集足本尚存。）

漢泉曹文貞公詩集十卷。元刊本。（案，缺序二首。）

貢文靖公雲林詩集六卷。明刊本。（案，十卷本好。）

揭文安公集十卷。舊鈔校本。廣州沈氏所刻，題曰「揭文粹」，即此本也。（案，文粹止五十七首。）

存復齋集十卷。明刊本。（案，錢唐瞿氏有鈔本，續集一卷。）

蛻庵詩四卷。明刊本。（案，今所傳五卷本，係後人從選元人詩諸書中增入，又未詳備。渌飲先生有補輯本，今歸錢唐瞿氏。）

栲栳山人詩集三卷。鈔本。（案，乾隆間，餘杭張廷枚從岑氏後人得。本有□□所作行狀付刻，詳抱經堂集。）

玉山璞稿二卷。舊鈔本。汲古毛氏所刻玉山草堂集皆摭拾玉山名勝集中仲瑛詩刻之，故與此本不同。（案，鮑刻集可案。）

鐵崖漫稿五卷。舊鈔本。（案，止四卷，故卷三、卷四有跋。末一卷，初名鐵崖先生文集，故與四卷本有重出者，曾見席玉照藏鈔本。）

鐵崖先生賦一卷。舊鈔本。（案，此從元賦青雲梯鈔出。）

卷二十三

玉臺新詠十卷。明刊本。吴郡葉裕又從馮定遠藏宋本校過。（案，趙氏重刻，書估往往去其跋，充宋刻。）（又案，葉字祖仁，號枝指生，林宗子也。）

竇氏聯珠集一册。宋刊本。此即義門所得之葉氏藏本。（案，記中有一條，義門校本失校。）

古文苑二十一卷。宋刊本。（案，孫刻本顧氏序跋中云所見章注，係宋本。）

新雕聖宋文海五卷。宋刊殘本。（案，青浦王述庵侍郎有菉竹堂鈔足本。）

赤城集十八卷。明刊本。其間如陳篔窗、吴荆溪皆南宋古文作手，其集不傳，猶賴是書攷見厓略。（案，篔窗集從大典鈔出。）

衆妙集一卷。舊鈔本。卷後有無名氏題識云：「嘉靖丙申臘月晦日，宋本摹書。時寓繡石堂。」（案，疑是姚咨跋。）

西漢文鑑二十一卷東漢文鑑二十卷。明刊本。（案，有慎獨齋本，不足貴。）

段氏二妙集五卷。舊鈔本。原書八卷，今存卷一至卷五。（案，足本尚存。）

玉山紀遊一卷。鈔本。（案，明刻名勝集，此編亦列其中，乃後人鈔出別行。）

卷二十四

文心雕龍十卷。舊鈔本。（案，刊刻原委，敏求記詳之。）

草堂詩話二卷。舊鈔本。（案，道光中山陰杜氏據宋本重刊。宋本有脱葉，杜氏不審，連綴刻之，又有訛字。）

東山詞一卷。宋刊殘本。直齋書録有東山寓聲樂府三卷，殆别一本也。（案，直齋所據，乃長沙書肆百家詞本。又案，今亦園所刻即此本，稍易其次第。又案，又有以鈔本賀方回詞二卷本，與此本多少不同。）

樵歌三卷。舊鈔本。（案，今本從吳訥名賢詞本鈔出。）

于湖先生長短句五卷拾遺一卷。影鈔宋本。（案，直齋所據是長沙百家詞本。毛氏初刻，當即長沙本。兩本不當合行，猶鮑氏刻張子野詞，不當以兩本合編也。鮑編張詞，亦園本脱去一首。）

陽春白雪八卷外集一卷。舊鈔本。直齋書録作五卷。（案，書録所云五卷本，人名不同，當别一書。且趙在直齋後。又案，集中不經見之詞甚多，且如□□□□諸人，他選本俱無采録其詞者。）

新刊張小山北曲聯樂府三卷外集一卷。舊鈔本。明李中麓嘗搜采其作，刻成二卷，曰小山小令。此汲古毛氏從元刻本傳録，前有海粟馮子振、燕山高栻題詞二闋。（案，李刻所有，而元刻所無者十餘首。又案，題詞，所見汪氏振綺堂鈔本無之，疑斧季從太平樂府鈔入。）

朝野新聲太平樂府八卷。元刊本。舊爲朱竹垞藏本，而中如貫酸齋、關漢卿、姚牧庵諸人，詞綜俱未録入。（案，此小令何得入詞綜耶。）

中原音韻一卷。元刊本。（案，曾見明刊本，與坊本不同，後有小令一册，惜忽忽未及詳校。）

江南圖書館購藏浙江丁氏書中，有鈔本瞿氏恬裕齋書目，舊爲勞季言所藏者。書眉校語極精要，審知季言先生手筆，因悉迻録之。惜瞿氏刻此目時，未見季言校語，不及改正耳。季言卒於粤逆亂時。同治乙卯歲。其所得鈔本瞿目，大約在咸豐之初。今以照刊本，則字句皆同，誤處仍誤。瞿目刊於光緒三年，曾延葉菊裳諸君重加審訂，然後付梓，乃竟未易一字，真不可解也，辛亥三月秉衡記於江南圖書館。

勞氏手校本，存江南圖書館閲覽室。當時未經提出歸入善本書中。

讀有用書齋善本書目不分卷一册

清婁縣韓應陛藏。吴縣王氏學禮齋鈔本。王蒼虬、王欣夫批注。

應陛字對虞，號緑卿。道光甲辰舉人。内閣中書。從同邑姚春木游，爲文古質簡奥，著有讀有用書齋雜著，長於天算之學，與南匯張嘯山、金山顧尚之校刻幾何原本。生平好藏書，時吴縣黄蕘圃設滂喜園書籍鋪於玄妙觀，斥售所藏宋、元舊槧。緑卿所得爲多，必手加題識於書衣。玉軸牙籤，名鈔舊刻，積十餘萬卷。咸豐庚申，大半毁於兵火。其隨身幸存者猶數萬卷，如殘宋刻大字本禮記、宋刻宋印戰國策高誘注、宋熙寧刻荀子，皆世間孤本，爲蕘圃百宋一廛賦中物。餘亦多錢叔寶、姚舜咨、陸師道、金耿庵、何義門小山兄弟、惠松崖、鮑渌飲、黄蕘圃、吴牧庵、顧千里等鈔校本，皆驚人秘笈，具載目中。同時湘潭袁漱六芳瑛作守松江，收書與相埒。袁氏載書歸湘而韓書子孫謹守，世無知者，故葉氏藏書紀事詩不載。洎孫子穀於民國初從學於曹君直丈，請丈爲編書目，於是稍稍聞於世，繆筱珊爲撰華亭韓氏藏書記者也。一九二九年冬，韓氏有售書意，其目入集寶齋主人孫伯淵手，余從借録此本。一九三三年春借高吹萬先生鈔本校一過。是年六月，偕鄒君百耐至松，由韓氏戚守山閣後人錢君選青之介，往觀焉，皆鈔校本，其宋、元本藏海上金城銀行庫中，即偕至滬徧觀之。時炎暑逼人，汗流如注，余又兼録黄、顧題跋，雖憊甚而興彌盛。至冬十二月一日，在滬賃屋出售，日出十餘種，各標價，鄒君經紀之。余偕葉遐庵、張芹伯、陳澄中、吴湖颿、蔣穀孫、潘博山及平賈某日往觀焉。澄中首以萬金得熙寧本荀子，諸君咸興會飈舉，於是標價益高。一小册必數百金，猶競購不下，晨到稍遲即向隅，余以措大徒呼負負耳。大致宋槧多歸澄中，黄跋本多歸芹伯，穀孫所得悉歸潘明訓，平賈所得悉歸周叔弢，餘不過一二畸零而已。每日歸寓，必以所見，證之此目，知脱誤甚多，且有目所不載者，并以所聞及標價隨手加注。返蘇携示仲兄蔭嘉，兄又以所知者補注之。今日覽之，當時情景猶顯顯如在目前。雖瑣屑，足爲他日談書林掌故者之資也。

四庫未收書目提要續編二十四卷 七册

吴縣胡玉縉撰。後學王欣夫輯。手稿本。

乾隆時修四庫全書提要，當時所見古書，尚有未盡。阮芸臺得一百七十五種，復撰四庫未收書目提要二卷。然二書皆集合衆手，時復限迫，舛譌漏脱，自所難免。如傅節子所舉傷寒明理論已入四庫，策學統宗則列存目，而阮書皆重出者是也。綬之先生既各爲補正，又於阮氏未收者，仿其體各撰提要一篇，已成若干種。遺稿零亂，余爲董理清寫，並補撰人仕履，定爲二十四卷。較阮書幾倍蓰之。先是光緒十五年，王懿榮曾奏請增修四庫全書。三十四年章梫又奏請之。惟章所陳，係請繙譯西籍，爲預備立憲起見，重在吸取域外新知，以識東西洋之政要。乾隆時詔輯四庫全書則重在區别流派，辨章學術，宗旨攸分，未能强合。先生則謂「四庫未修之書，自阮氏進呈外，迄今又越百數十年，有市舶泛來前代流傳海外之書，又有乾隆以後通材碩學精審校勘，網羅散佚之書。或先得者殘，而重收者足；或沿襲者誤，而改正者精。其他，羣經則别爲義疏，諸史則各有補苴。以及天文、算術、輿地、方志、政書、奏議、詩文别集，類皆日新月盛，卓然成家。當先行遵照乾隆時成案，增修四庫全書，於以整齊百氏，示厥指歸，爲國粹之保存者在此」。官學部時，曾以此意擬摺陳奏，而事不果行。乃於平日讀書有得，私自擬稿。時錢塘丁氏藏書初歸江南圖書館，先生在江督端方幕，得縱閲之，多所取資。是書凡四庫應有而失收者，如宋杜諤春秋會義二十六卷、宋史炤資治通鑑釋文三十卷、明沈德符萬曆野獲編三十卷。提要已引而不載者，如清錢馭冬官補亡□卷、明朱雲金石韻府五卷、宋葛立方歸愚集十卷、明吳訥編晦庵先生文鈔六卷、詩鈔一卷、宋陳普石堂全集□卷、鄭起菊山清儁集□卷、楊維楨鐵崖文集□卷。而四庫所收非足本者尤多，如宋朱熹詩集傳八卷，原二十卷。元王元杰春秋讞議九卷，原十二卷。史伯璿四書管窺八卷，原三十六卷。梁顧野王玉篇原本殘卷。元辛文房唐才子傳八卷，原十卷。宋陳元靚歲時廣記四卷，原四十二卷。明朱睦㮮授經圖不分卷，原二十卷。吳道南文華大訓箴解三卷，原六卷。宋宋慈提刑洗冤集録二卷，原五卷。急救仙方六卷，原十一卷。元薩里彌實瑞竹堂經驗方五卷，原十五卷。重刻安驥集三卷，原五卷。李治敬齋古今黈八卷，原十二卷。宋江少虞皇宋事實類苑六十三卷，原七十八卷。唐駱賓王文集四卷，原十卷。羅隱昭諫集八卷，原十四卷，補遺一卷。宋鄧肅栟櫚集十六卷，原二十五卷。孫覿鴻慶居士集四十卷，原七十卷。胡澹庵先生文集六卷，原三十二卷。朱淑真斷腸集二卷，原九卷，後集七卷。曾丰撙齋先生緣督集二十卷，原三十六卷。方大琮鐵庵文集三十七卷，原四十五卷。劉克莊後村集五十卷，原一百九十六卷。元黃溍金華黃先生文集十卷，原四十三卷。黃鎮成秋聲集四卷，原八卷。余闕青陽先生文集四卷，原九卷，附二卷。薩都剌雁門集三卷、集外詩一卷，原八卷。丁鶴年集一卷，原四卷。明太祖御製文集二十卷，原三十卷。朱右白雲稿五卷，原十一卷。錢宰臨安集六卷，原十卷。劉璟易齋集二卷，原五卷，補一卷。欣夫案：原十卷，此係殘本，誤。柯潛竹岩詩文集二卷，原十二卷。史鑑西村先生集八卷，原二十八卷。費宏費文憲集選要七卷，原二十卷。常倫常評事集一卷，原四卷，又二卷。元吳宏道中州啓劄二卷，原四卷。先生皆得而著録之。其撰著一以乾隆修書以前爲斷，搜奇剔隱，功過阮氏遠矣。

許廎經籍題跋二十卷 八册

吳縣胡玉縉撰。後學王欣夫輯。手稿本。

四庫全書總目提要考訂異同，别白得失，劉向校理秘文以後未嘗有也。而古籍秘藏，尚未盡出，後來鴻製，益臻美備，繼斯有作，有待後人。周氏中孚嘗有志於此矣，所撰鄭堂讀書記則兼及四庫所已收，不免重儓，多摭序跋之陳言，嫌少心得。較諸何元錫輩之代纂阮書，根柢自厚，而究非戴震、邵晉涵之倫。民國十四年邵瑞彭創議續編，而日本在我國所設之東方文化學會且將退還庚款懸資徵稿，寧非我士大夫之恥歟？綏之先生兩渡東瀛，曾窺其對我文化侵掠之隱，先於光緒戊申，建言續修四庫提要，徵書不用即退，而著述於原書之舛譌闕漏，則偏徵羣書以補正之，於阮氏四庫未收書目提要亦如之。而更取海外傳播，中土既佚者，後儒采輯，校勘精審者，及當時各省漏未進呈，遺稿刊版在後者，更續阮氏之書而倍蓰之。惟旨在增修原書，悉遵成案，不録生存人著述。實則其時學者輩出，羣經則别爲義疏，諸史則各有補苴，其他各類咸日新無已，不有薈萃闡發，寧非遺憾。於是凡乾隆修書後之著述，别編爲許廎經籍題跋，實即提要之續。然其事有倍難者，有清一代經學、史學、文學、雜學，門類不同，成書繁富，各有專精。每撰一篇，必於全書熟復數過，掔其菁華，博采羣言，辨其是非，然後能發抒己見，折衷至當，而免鈔胥之誚。覩於每下條議，斷制謹嚴，雖若易易，而孰知其用心至苦。故若段玉裁説文解字注，先生孯誦將六十年，而手稿僅存一目，其文仍闕。則其慎重不苟可知已。此二百餘篇者，在有清一代之藝文，猶爲一勺之水，而辨言舉要，洞澈源委，竊謂雖使戴、邵復生，不是過也。先生嘗言乾隆以後，名儒纂述之稿本，未及付刊者甚多，黄體芳任江蘇學政，札飭各屬采訪遺書，不下數百種。一省如此，他省可知。及今增修全書，此類或鈔或刊，庶足以發幽光而免遺佚。其言尤爲切要。今編中僅録溧陽狄子奇周易推、昭文張金吾十七史經説數種，則以稿本多秘在藏家，未易多見，後之人所當加之意也。

當湖葛氏守先閣善本書目一卷 一册

平湖葛嗣浵藏。吴縣王欣夫輯。王氏蛾術軒鈔稿本。

當湖葛氏守先閣藏書目稿本，今存史部三册，子部、集部各二册，而佚經部一册，爲稚威先生所屬草，而其嗣書徵所珍貯者也。

葛氏以藏書名海内久矣。一九三七年日寇陷城，守先閣與居宅同付一炬。聞者皆驚歎，謂與海上涵芬樓之焚，俱爲東南文獻之浩劫。書徵痛心於祖若父累世之積聚，燬之於一旦，曾繪圖徵詩，以志敵愾之仇。余爲題二絶句歸之，顧未見其目録也。去歲偶過其居，出此見示，謂惜首册未取出，致非全帙。卷中朱墨筆則出自金籛孫、屈伯剛二君。客座展閲，未盡一二。嗣兩家聯爲姻婭，而書徵謝世。今由子婦維寰携閲，蓋又不勝人琴之感焉。

今案其目，不侈陳宋、元，而惟求實用，尤以方志二千數百種爲鉅觀。昔聞張菊生先生言涵芬樓大力收購時，凡遇重本，悉以歸之，故其富相埒。又有清一代鄉會試墨卷一大厨，浙省尤備。於文獻所關甚鉅，則並不入目。據目所録，一則糾正提要之舛誤也。如今古輿地圖爲明明州沈鳳舉撰。四庫所據本以有指斥語，故割截表序，顛倒先後。存目提要遂不知其姓名及卷數。類編標注文公，經濟文衡爲宋馬季機編，有淳祐辛亥黄晷序可徵，而存目提要誤爲舊本題宋滕珙編，或又題明馬季機編。鄭翼案：提要存目據千頃堂目作馬季機，未言爲明人。一則注意鄉邦之著述也。凡遇平湖人所著書，必附載其字號仕履，於集部並特立鄉先哲集爲一類，多足補縣志藝文所未及。陸君清澄撰平湖經籍志，十九取資於斯。此則於簿録中見敬恭桑梓之意，他如秘籍遺稿，不自矜惜，以傳布爲樂。如盛楓嘉禾徵獻録，則金鑊孫刻入檇李叢書。沈鳳舉今古輿地圖，則張詠霓有四明叢書集外影印本。彭貽孫茗齋集，則張菊生參補印入四部叢刊三編。而吴騫唐開成石經考異，朱桂孫、稻孫竹垞府君行述，盧生甫東湖乘，余據以印入紀年叢編者，亦源出於斯。俾古人心血不亡於祝融之厄，此又流通古書雅懷之不可及也。余循覽之餘，將目中善本別編一册，其書雖不可復見，而有繆藝風守先閣藏書目序及錢孫守先閣藏書記二文在，則葛氏之藏，足與韓氏金鱷山房、錢氏味夢軒、胡氏小重山館並傳不朽矣。

嘉業藏書樓鈔本書目四卷續編四卷二册

吴興劉承幹藏。吴縣王氏學禮齋鈔稿本。

吴興劉氏嘉業堂藏書之富，甲於宇内。余曾兩登其樓縱觀之，若涉大海，茫無津涯。其藏書志先後延繆筱珊、董綬金纂輯，歷數十年未成，亦以善本之充溢，考證之非易也。幸其宋、元刊，輯有書影，明刊亦有一簡目印行，可窺豹一斑。嘗語其典守者施君韻秋，曷不分類輯目，若鈔本，若校本，若方志，若叢書，若清人集，既程功較易，而閲覽亦便。施君韙之，此鈔本目即從余之議。至他類則未遑。繼以世事變幻，書樓常在風雨飄揺之中，而施君旋殁，功遂中輟。今觀此目，大都得自盧氏抱經樓、朱氏結一廬、莫氏郘亭、繆氏東倉書庫、繆氏藝風堂，他凡舊家遺藏，坊賈新收，秘籍孤本，精華畢萃，若衆流之歸海。其烜赫鉅帙，如徐松所輯宋會要、中興禮書、明歷朝實録、查繼佐罪惟録、王惟儉宋史記、談遷國榷、萬斯同明史稿、翁方綱四庫總目提要及諸經附記、永樂大典四十二册，案周慶雲潯雅，劉氏所藏大典共八十七册，並列卷目。是此目猶未全。固藏書家所共知，而未知者尚不可屈指數。主人好刻書，擇其尤秘者付之梓，而遺珠尚多。余偶從傳鈔一二，以絀於資，不能多得。方欲緩圖之，而不料轉瞬之間，散若雲煙。俯仰今昔，蓋有不勝其慨歎者。雖然文化遺産，當公之於世，非一人所得而私，主人本以流布爲懷，人有借印者，慨然無吝惜。若宋會要、罪惟録，世人已得共覩，願後之得其書者，繼其志，則其書雖散而猶勝不散也。

寶鼎精舍藏甎目録一卷拓本題識一卷古甎文考略一卷 一册

清烏程王歔撰。吴縣王氏學禮齋鈔稿本。

歔字侶鷗，號二樵。監生。與同里奚疑齊名。有城南二布衣之目。不治生産，客游以老。工吟詠，有小竹里館詩稿。

二樵性嗜古，游道場山得寶鼎三年甎，喜甚，以名所居，並拓徵題詠。遂一意以搜甎爲事，蹀躞於荒阡斷隴間，得兩漢以來有文字者凡九十三品。始西漢建元元年，案先後排次，而無年號者附焉，爲藏甎目録一卷。輯拓本所題，得翁方綱、倪稻孫、周中孚、嚴元照、徐球、倪倬、施國祁、温奮翔、劉喜海、趙之琛、徐林、趙坦、趙魏、阮亨、宋葆淳十五家，其文多爲諸家集所不載，爲題識一卷。又自爲考證，自史事、年月、書法、制作，無不詳審，爲古甎文考略。惜僅存建元、元平、元康、甘露、永平、建康、永康七甎。所據丁彦臣梅花草堂鈔本，尚非完帙也。甎埴於金石爲附庸，宋洪文惠隸續始著於録。清王昶金石萃編、孫星衍寰宇訪碑録亦兼載焉。至馮登府、陳璜等始有專書。其文字雖屬寥寥，然年號月日，可以參訂諸史；所出之地，可以借證方志；所署之人，可以探討氏族；偏旁點畫，可以通悟小學。以視吉金樂石，其爲用固未嘗因小大而限隔也。就此諸家題識，亦有可得而言者。紀元月日，每有錯互。如「漢永康二年歲在戊申吳作甎」。案東漢桓帝延熹十年丁未，改元永康，是年十二月帝崩。戊申爲靈帝建寧元年。

此文猶稱二年者，倪稻孫以爲甎埴豫施，未能即毁。此一説也。「晉永嘉七年八月十五日高甎」，案通鑑永嘉至六年止，而此云七年者，劉聰之陷洛陽，在永嘉五年辛未，至癸酉二月，懷帝始遇害。四月，愍帝即位，改元建興，則是癸酉四月以前，乃永嘉之七年也。通鑑之例，一年有兩元者，從其後者書之。故癸酉書建興元年也。而此甎造於八月，愍已改元，而仍曰永嘉者，嚴元照以爲其時中原俶擾，南北梗塞，吴興距洛陽二千里而遥，改號四月，猶未及知，揆之事勢，宜有然者。此又一説也。文字通借，或有異釋。如「晉吴興東遷𡥈潘瑾造甎」，施國祁釋𡥈爲學校之學，兩晉時州縣未聞立學，惟范寧傳「爲餘杭令，於縣興學校，養生徒」。事在孝武帝寧康初年。潘瑾氏名雖不見史傳，而東遷與餘杭同屬吴興，相去不百里，想瑾令東遷時，當必聞風慕傚，一仿范氏規制，創闢黌舍，可補郡志之遺。嚴元照、趙坦則均釋爲孝之借字，嚴有跋載悔庵學文卷六，正施氏第二跋，斥爲撰造欺人，不可不辨者。知此一字之異釋，曾起兩家之爭論。今卷中不載嚴氏此跋，則施氏之辨爲無根，且孰從考兩家之是非哉？余案，證以吴興所出古甎，皆爲墟墓間物，則此未必爲建學所造。案説文子部：「𡥈，放也。从子爻聲。」黄以周經説釋𡥈云：「孝與𡥈音義不同，經傳中多混用之。」歷引諸文以證𡥈並譌孝。今考孔宙碑「祗傅五敎」教字左半作𡥈，是漢時已有从篆體，並非借字。孝者，孝子之簡省，蓋出自埏埴之工，脱譌多有，未可以碑碣相繩。嚴、趙釋爲義長。他如考地理則今道場山麓爲晉之東遷縣，由甎之出土地址可知。今烏程縣南四十里有茅山，其名已見於元康七年甎。辨文字則永嘉之爲永加，大元之爲泰元，此通借也。鼎之爲[illegible]，二之爲[illegible]，馬之从火，萬之从𡶶，此異體也。若此者又不可悉數，邇來地不愛寶，異品疊出，世有具二樵之癖者，繼是而編集之，則後來當傲前人矣。張士元嘉樹山房集有是書序，當據補。

山東金石志稿不分卷十四册

清益都孫文楷、濰縣高鴻裁同撰。手稿本。

文楷字模山。同治癸酉舉人。鴻裁字翰生。諸生。是書每册第一葉題編纂者姓氏，金類二册，題「揀選知縣益都孫文楷纂」。石類十二册，題「候選同知濰縣高鴻裁纂」。書名旁粘一紅簽，當爲分修通志之稿以呈政於總纂者。金類自商迄元，著録三百四十七種。首欽頒闕里周笵銅器十事，尊時王也。末附古泉、古印，有山左地名者則載之，示謹嚴也。每種先釋文，次考證，必詳采自何書，兼及今藏何所。如魚鼎、立戈觶等數十事，則均出文楷自藏。石類自秦迄元著録二千八百九十二種，原文以繁冗不録，而必著其所鐫年月，與今在何地。次則考證。宣統元年提學使湘潭羅正鈞設金石保存所於省垣圖書館，所收碑碣，均已入録。故有光緒季年出土之漢延熹六年孤子臨封墓石刻、熹平五年沇州刺史薛季像碑等數十事。如嘉祥新出畫象十石，光緒三十四年，爲日本人盗取，運過濟南，正鈞截留之。河清二年薛戩姬造象記，光緒間英人在城西南闢誉建博物院，掘土得之，即置院内。葢外人於我古文物眈視既久，吉金貞珉，私運海外者不絶，此二石之仍留中土爲差强人意。

考民國四年印孫葆田所纂山東通志，其編纂職銜中高鴻裁列分校，孫文楷列青州府采訪，均非纂修金石志者。所有金石志與此絶然不同，金類二卷，有考證者僅九十九種。石類四卷，有考證者僅三百二十九種。其餘空列目録，且分府編次，石類全文，或録或否，例殊不純。而考證多載書法、轉徙等膚談，遠不及此稿之完整精密，不知當時何故棄而不用。自嘉慶中阮芸臺撰山左金石志，搜羅美富，其後地不愛寶，續有所出。張朗齋曜巡撫山東，嘗欲倩繆筱珊續纂，未果。今得此稿，庶可補阮書之未及矣。一九三九年歲暮於海上來青閣書坊見之，索鉅值。旁皇數日，卒舉債得之。

文楷清史稿忠義有傳，云「潛心著述，尤精金石之學。以收藏貧其家」。亦不書其曾與纂金石志之役，記其著述有老學齋文集二卷、今吾吟草四卷、稽厂古印箋四卷、古錢譜等書。

甲辰稿卷三

孔子家語十卷 二册

明毛氏汲古閣刊。吴縣王欣夫校明吴縣陸治手鈔本。並臨元和惠棟校。

毛子晉得北宋板王肅注家語，卷二第十六葉已前已蠹蝕，後又於錫山酒家得一本，補全付刊。故汲古閣刻世稱善本。然鐵琴銅劍樓書目有陳子準録毛斧季校宋本，其校改注字脱落顛倒者，自卷首至卷二十六葉以前爲多，蓋初得宋本即刻，其闕者，仍參通行本。追續得全本，不及追改，是善哉猶有憾。至劉聚卿姻丈獲毛氏北宋本而覆刊之，爲家語第一善本。明代諸刊，皆非所及。嘉靖間吾吴陸包山所刻，子晉斥爲其病在顛倒者，世不經見。而此爲其七十時手寫，至刻本已重加考訂，多所改易，自不若此本之稍存其真也。包山爲文衡山弟子，全書蠅頭細書，經意之作。又有惠定宇手校，王西莊手跋，益爲可寶。王肅僞撰家語以攻鄭君，明人猶未能瞭，故王守谿序據藝文志顔師古注「非今所有家語也」語，而謂漢初人紊之，戴聖又紊之，謬矣。中如王言解依大戴禮，而肅加改定。刑政篇，肅據王制增損。冠頌篇，肅據戴禮增損等，定宇既各得其根據，先發其凡。至孫怡谷疏證出，而贓證盡得，其案遂定。遞藏金亦陶春草閒房、李柯谿小李山房，皆有印記。後歸杭縣葉揆初先生，一九三六年五月，余從借歸，以校汲古本。舊有史可法印，疑後人所加。

余之知學也晚，而得此編尤晚。考定甫成，而年已七十矣。而復難於親書，又一年而後書成。余豈老而忘倦，愚而好自用哉！念聖典之幸存者重，望述作於將來者深也。故并爲一帙，以備遺忘，致慎焉爾。後之得斯編者，其慎保之。嘉靖甲子季冬，後學陸治識。

余初考定王注，惟正其傳寫之訛謬，其文雖有繁而不要者，皆仍其舊。及登梓之時，重加考訂，間有不合經傳，而義不相蒙，及辭之繁衍者，據而易之。則此本之所未備也。觀者又當以刻本爲正，後丙寅九月，陸治重題。

此陸包山先生名治，字叔平。所手録也。録成於前明嘉靖甲子，及今乾隆壬辰，凡二百有九年。余始得而重加裝褙完好。披讀之下，知爲王肅注足本，未經删削者。包山以七十之年，猶手自蠅頭細書，先哲之好學如此。其中批評圈點，皆亡友惠松崖筆，名棟，字定宇。尤堪玩味。余子孫其永永寶之毋失，西莊王鳴盛識於金閶洞涇家塾，時中元日。

讀後跋，則包山曾有刻本，余未之知。癸巳五月廿八日又識。

荀子校語一卷 一册

清長洲陳奐撰。舊鈔稿本。

經典釋文敘録敘毛詩源流曰：「一云子夏傳曾申，申傳魏人李克，克傳魯人孟仲子，孟仲子傳根牟子，根牟子傳趙人孫卿子，孫卿子傳魯人大毛公。」其述較徐整「子夏四傳而及毛公」爲諦。蓋本諸陸璣毛詩草木鳥獸蟲魚疏。然則治毛詩者，可尋荀子，以得其師説；釋荀子者，可據詩傳以通其訓詁。唐楊倞作注，未達此旨，故往往多誤。碩甫精研毛詩，所撰傳疏，固經苑不刊之鉅製。餘力校荀子，即據傳詁以正楊倞之失。而荀義遂豁然昭明。如修身篇「齊明而不竭，聖人也」，據小雅毛傳「齊，正也。齊明，正明也。正明，質明也」。以正楊注「齊謂無偏頗也」之非。榮辱篇「陋者，俄之僩也」，據衛風傳「僩，寬大也」。以正楊注改僩爲憪，訓爲猛之失。議兵篇「詩曰：『武王載發，有虔秉鉞，如火烈烈，則莫我敢遏』」，據毛傳「虔，固也」。「曷，害也」。「遏與曷同」。以正楊注訓虔爲敬，訓遏爲止之非。正名篇「詩曰『顒顒卬卬』」，據毛傳「顒顒，温貌。卬卬，盛貌」。以正楊注本鄭箋「體貌則顒顒然，敬順志氣則卬卬然高朗」之非。又「色不及傭而可以養目，聲不及傭而可以養耳」，據小雅傳「傭，均也」。以正楊注「傭作之人」之失。君子篇「論知所貴，則知所養矣」。據周頌毛傳「養，取也」。以正楊注「養謂自奉養」之失。賦篇「修潔之爲親，而雜汙之爲狄」。據大雅毛傳「狄，遠也」。以正楊注「狄爲夷狄」之失。大略篇「迷者不問路，溺者不問遂」，據大雅傳「隧，道也。遂與隧同」。以正楊注泥於溺水爲説之失。凡此皆依據毛傳，既徵師説，又得正義。他如求之文字通假，證之前後文義，校誤詮釋，幾於無條不精。故王石臞撰讀書雜志，於荀子中正論篇「不能以撥弓曲矢中」，解蔽篇「墨云」，正名篇「工宰」，君子篇「知所養」，大略篇「害靡國家」各條，均取其説。而榮辱篇「陋者俄且僩也」，王制篇「審詩商」，彊國篇「賁潰」，賦篇「修潔之爲親而雜汙之爲狄」，大略篇「虛之」各條，均同其説。我知王益吾撰集解時若見之，必全部采入也。

所附書簽四字，審係丁泳之筆。泳之名士涵，爲碩甫高弟。當時鈔存師門未刊著述，或不僅此種，而存此一簽，亦可證傳授之緒云。

勸學

假舟檝者非能水也而絶江河。　奐案：廣雅曰：「絶，渡也。」

修身

勇膽猛戾。　膽當是贍之誤。孟子公孫丑篇：「力不贍也。」趙注云「贍，足也」。爾雅曰：「戾，至也。」勇贍，言足於勇猛，戾，猶猛極也。

莫神一好。　一好，言一於好也。一與壹同。舊注一好謂「好善不怒惡也」。失之。

雖困四夷。　廣雅曰：「困，極也。」「雖困四夷，人莫不貴。」言極至四夷，莫不尊貴也。「雖困四夷，人莫不任。」言極至四夷，莫不倚任也。兩言「雖困四夷」，與兩言「雖達四方」，句義相同。

故學曰遲彼止而待我。　注「遲，待也」。奐案：遲者，今之駐字。小雅南有嘉魚篇「烝然罩罩」。箋云：「烝，塵也。塵然，猶言久如也。言南方水中有善魚，人將久如而俱罩之遲之也。喻天下有賢者在位之人，將久如而竝求致之於朝，亦遲之也。遲之者，謂至誠也。」又「烝然來思」箋云：「我將久如而來遲之也。」釋文「遲，直冀反」。此數遲字，與荀子遲字訓待之義正合。

齊明而不竭聖人也。　奐案：齊讀如字。小雅毛傳曰：「齊，正也。齊明，正明也。正明，質明也。」中庸曰：「齊明盛服，以承祭祀。」猶云質明而始行事也。士冠禮「質明行事」。鄭注云：「質，正也。」説文作哲明，皆謂平明也。不竭，無止息也。云齊明而不竭，聖人也。言平明而起，學不竭，便是聖人。與上文其爲人也多暇日者，意正相反。孟子曰：「雞鳴而起，孳孳爲善，舜之徒也。」文義相同。舊注「齊，謂無偏頗也，不竭不窮也」。語頗迂曲。

端愨順弟。　弟，易也。易，平易也。下文云「險賊而不弟焉」，不弟，不易也。

不苟

見閉則敬而齊。　齊，正也。舊注「敬而齊，謂自齊整而不怨也」。失之。

夫此順命以慎其獨者。　慎，誠也。禮記大學篇言慎獨必本誠意。中庸篇言慎獨即是誠身。禮器篇言慎獨，鄭注云：「少其性物，致誠愨。」是慎皆誠也。

榮辱

我甚醜之。　醜，惡也。不苟篇醜同。

陋者俄且僩也。　僩者，陋之反，猶通者，塞之反；知者，愚之反。衛風傳云：「僩，寬大也。」寬大與鄙陋正相反而成義。毛正用荀説。舊注改僩爲憪，訓爲猛，似失之。修身篇「多聞曰博，少聞曰淺，多見曰閑，少見曰陋」。閑與陋對文，閑亦當讀爲僩。

不知不足。　不知足也。下不字爲語助，古人有此句例。舊注「剩不字」，非。

節用御欲。　御，古禦字。邶風傳曰：「御，禦也。」

其温厚矣。　温讀爲蕴，蕴厚，積厚也。

非十二子

爲茲厚於後世。　茲讀爲滋，滋厚，益厚也。

多言而類。　類，善也。舊注「類於禮義」，失之。

弟佗其冠。　小雅傳曰：「佗，加也。」弟讀爲夷，平也。

齊其顔色。　齊，亦正也。

仲尼

文王載百里地而天下一。　奂案：載，始也。言文王王業始百里地。舊注「所載之地不過百里」，失之。

儒效

而能揜迹於文武。　奂案：揜與奄同，迹與蹟同。毛傳曰：「奄，同也。蹟，道也。」揜迹於文武，言與文武之道同也。

變埶次序節然也。　節然，即截然。

魯之粥牛馬者不豫賈，必蚤正以待之者也。　奂案：周禮司市「平肆展成奠」賈，鄭注云：「平肆，平賣物者之行列，使之正也。展之言整也。成，平也，會平成市物者也。奠讀爲定，整勑會者，使定物賈，防誑豫也。蓋防誑豫，防其誑人而大物賈也。」即此不豫賈之義也。云不豫賈，必蚤正以待之者，言不大物賈，又必早正其物賈以待粥者也。皆指粥牛馬者言之，舊注言「仲尼必先正其身以待物」，失之。

比周而譽俞少。　角弓傳譽作黨，譽疑字誤。

積靡使然也　奂案：積靡，積絫也。下同。詩周頌傳曰：「靡，絫也」，是其義。舊注訓「靡爲順」，失之。

王制

反側之民。　何人斯傳曰「反側，不正直也」。

司馬知師旅甲兵乘白之數。　白當是田字之誤。

審詩商。　奂案：商謂章之假借字。詩商猶云樂章耳。書費誓「我商賚女」，釋文云：「商，徐音章。」漢書律曆志云：「商之爲言章也。」又劉歆鐘曆書云：「商者，章也。」皆商、章聲通之證，舊注「詩商，當爲誅賞，字體及聲之誤」。又「或曰商謂商聲，哀思之音」。皆失之。　欣夫案：王氏念孫荀子雜志卷三此條下注陳説同，又有「又云詩章，雅也。淫聲，夷俗邪音也。審之禁之，使不亂也」二十一字，疑亦陳説。

王霸

擽然扶持心國且若是其固也。　奂案：擽然扶持，堅固之皃。爾雅釋言曰「硞，鞏也」。釋詁曰「鞏，固也」。郭注云：「硞然，堅固。」硞，釋文「苦角反」。邢疏「苦學反」。其字从告，告聲。樂聲相近，則擽然。猶硞然也。舊注「擽然，落石貌。落然如石之固」。失之。又案：依舊注其字本作礫，説文：「礫，小石也。」楊正比傅偏旁作解耳。今字誤作擽，説文手部無擽。

臣下曉然皆知其可要也。　鄭風傳：「要，成也。」

有侈離之德則必滅。　奂案：侈離，連文得義。侈，亦離也。爾雅曰：「誃，離也。」穀梁僖四年傳曰：「於是哆然外齊侯也。」邵氏晉涵曰：「哆然，離柀之皃。」侈、誃、哆同。舊注「侈，奢侈」。失之。

君道

論德而定次。　　正論篇「圖德而定次」，又「論德而定次」。

議兵

詩曰：武王載發，有虔秉鉞。如火烈烈，則莫我敢遏。　奂案：遏與曷同。毛詩傳曰：「虔，固也。曷，害也。」曰固，荀子所謂若盤石然也。曰害，荀子所謂自賊其父母也。毛公作訓，正用師説。舊注訓虔爲敬，訓遏爲止，恐非。

詩曰：淑人君子，其儀不忒。　奂案：玩上文語意，其下當有「其儀不忒，正是四國」二句，今奪之也。儀即義也。故尸鳩篇儀皆爲義。

彊國

比周賁潰。　賁讀爲奔。

正論

不能以撥弓曲矢中。　奂案：中下奪微字言，欣夫案：王引無言字。「撥弓曲矢不能中微」，與下文「辟馬毀輿不能致遠」句法相同。儒效篇曰：「輿固馬選矣，而不能以致遠，一日而千里，則非造父也。弓調矢直矣，而不能以射遠中微，則非羿也。」王霸篇曰：「人主欲得善射，射遠中微，則莫若羿、蠭門矣。欲得善馭及速致遠，則莫若王良、造父矣。」君道篇云：「人主欲得善射，射遠中微者，欲得善馭，及速致遠者。」議兵篇曰：「弓矢不調，則羿不能以中微。六馬不和，則造父不能以致遠。」皆中微與致遠作對文。中下有微字，欣夫案：五字王引奪。可證小雅毛傳曰：「殪，壹發而死，言能中微而制大也。」語本荀子。

樂論

審誅賞。　奐案：誅賞當作詩商，説詳王制篇。

解蔽

倚其所私。　倚，依也。

長用伊尹。　長猶常也，下「長用呂望」同。

故口可劫而使墨云。　墨與默同，説文默讀若墨。欣夫案：王引作「墨與默同。楚辭九章『孔靜幽默』，史記屈原傳作墨，商君傳『殷紂墨墨以亡』」。

則湛濁在下而清明在上。　説文：「湛，没也。」古沈没字作湛。

正名

心也者道之工宰也。　工，官也。官宰，猶言主宰也。欣夫案：王引無也字。有注：「廣雅，官，主君也」六字。解蔽篇曰：「心者，形之君也，而神明之主也。出令而無所受令。」是其義。舊注「工能成物，宰能主物」。失之。

詩曰：顒顒卬卬。　奐案：顒顒者，無奮矜之容，無伐德之色也。卬卬者，有兼聽之明，有兼覆之厚也。毛傳曰：「顒顒，温貌。卬卬，盛貌。」正本師説。箋云：「體貌則顒顒然敬順，志氣則卬卬然高朗」。楊注本箋語，不若從毛義爲優。

色不及佣而可以養目，聲不及佣而可以養耳。　奐案：佣，均也。均者，偏也，皆也。言色雖不及均視，然而可以養目。聲雖不及均聽，然而可以養耳。與下文云：「無萬物之美，可以養樂；無埶列之位，可以養名。」同其句法。舊注以爲傭作之人。失之遠矣。小雅傳曰：「傭，均也。」

性惡

枸木必將待檃栝烝矯然後直。　烝，疑當作柔。勸學篇曰：「木直中繩，輮以爲輪，其曲中規，雖有槁暴，不復挺者，輮使之然也。」輮與柔同。

君子

靡使然也。　奂案：靡，累也。累，積也。下同。儒效篇曰：「積靡使然也。」義與此同。舊注失之。

論知所貴則知所養矣。　奂案：養，取也。知所養，知所取法也。周頌毛傳云「養，取也」。是養有取義，舊注「養謂自奉養」，失之。

成相

辨治上下，貴賤有等，明君臣。　奂案：辨治當作治辨，辨別也。易曰：「君子以辨上下定民志。」榮辱篇曰：「修正治辨矣，而亦欲人之善己也。」儒效篇曰：「分不亂於上，能不窮於下，治辨之極也。」王霸篇曰：「出若入若，天下莫不平均，莫不治辨。」議兵篇曰：「禮者，治辨之極也。」正論篇曰：「上宣明則下治辨矣。」又曰：「治辨則易一。」禮論篇曰：「君者治辨之主也。」皆作治辨之證。

賦

曾不崇日。　猶云曾不崇朝耳。崇，終也。舊注「崇，充也」。失之。

修潔之爲親而雜汙之爲狄者邪。 奐案：狄，古逖字。大雅毛傳曰：「狄，遠也。」言修潔之爲親近，雜汙之爲疏遠也。舊注「狄爲夷狄」。失之。

印印兮天下之咸蹇也。 奐案：蹇疑當爲塞，塞，充實也。下文「大而不塞」，「不可爲固塞」。印印，充實之貌。大雅毛傳曰：「印印，盛皃。」義亦相同。

大略

仁非其里而虛之。 虛乃處之誤。下文曰「君子處仁以義」。論語曰：「里仁爲美」，「擇不處仁」。

迷者不問路，溺者不問遂。 路遂，皆道也，言迷溺之人不問道而行也。大雅傳曰「隧，道也」。遂與隧同。舊注泥於溺水爲說。失之。

利夫秋豪，害靡國家。 奐案：靡，累也。言所利在秋豪，而其害累及國家者也。此與儒效篇靡字，皆當訓累。舊注皆失之。

唯唯而亡者誹也。 齊風傳曰：「唯唯出入不制，誹之言非也。」誹與出入不制義相近，惟與唯同。

管子二十四卷 四册

明正德、嘉靖間刊本。

白文無注本管子，每半葉十行，行二十一字。白口單邊，皮紙印。卷一至卷二十初印本，卷二十二至卷二十四配以後印本，尚闕卷二十一一卷。此本刊刻時代，諸家所説不同，有以爲宋刻者，戴望管子校正所云宋本，往往有不合於紹興浙本及蔡氏墨寶堂本，而獨合於此本者是也。有以爲元刻者，日本安井衡管子纂詁凡例：「昌平學有一本，無注及序目。首載管仲傳，脱誤頗多，而其粹者勝今本遠矣。檢板式字樣，蓋元板」是也。有以爲元、明間刻者，莫友芝宋元本經眼録「管子無注本，半葉十行，行二十一字，似元、明間刻」是也。有以爲道藏本者，沈曾植海日樓題跋「莫氏經眼録有此本。邵亭定爲元、明間刻，亦爲朧統語耳。頃見楊惺吾所藏道藏本韓非子，匡闌行字，與此一同，乃知此是道藏本」是也。有以爲明正德、嘉靖間刻者，傅增湘雙鑑樓善本書目「管子二十四卷，明正、嘉間刊本，十行，二十一字」是也。別有安正書堂翻刻本，末卷末有「太歲癸巳孟春，安正書堂重刊」十二字木牌墨記。今藏上海圖書館，冒廣生跋，以癸巳爲嘉靖或萬曆。顧廷龍明板本圖録逕定爲嘉靖。案戴氏校本甚雜糅，有以朱東光本爲宋本者，他亦不足據信。安井與莫氏云蓋、云似，皆作疑辭。安井於其書中稱引改作古本，與莫氏所謂元、明間者，皆所持不堅。沈氏所謂道藏韓非子今未見，然此書中無道藏字號，未得塙證。余嘗統校諸本，則當以傅氏指爲正、嘉間刻者爲最真。蓋係據劉績補注本悉去其注而專刻白文者也。績爲弘治三年庚戌進士。其管子補注原刻無刻書年月，即向誤爲元代刻本者。依其別著淮南子補注刻於弘治十四年辛酉，或爲同時所刻。萬曆己卯朱東光中立四子集本即翻劉本。今以三本合勘，其奪誤無不相同。如心術下篇「節怒莫若樂」句，劉本誤奪節字，而補刊於上文注末，此本因單刻白文，誤以節字爲注而削去不載，使文義不完，尤爲塙證。蓋正嘉間劉本盛行，故即據之也。沈氏所見韓非子匡闌行字皆同，知所翻不僅管子一種，但所據不必皆出道藏耳。至安正書堂本，若以爲嘉靖十二年癸巳，則距正、嘉間甚近，且其板已有後印，可見傳本尚多，似無需重刊。惟萬曆七年之己卯，歷時已七八十載，最爲合理，從而可知牌記所謂重刊者，即重刊此正、嘉刻本亦尋得其源矣。推究及此，似皆爲前人所未及，爲之一快。安正書堂爲書林劉宗器，刻書甚多，所見自弘治以訖萬曆末禩，蓋世其業者。

管子二十四卷 六册

唐臨菑房玄齡注釋。廬泉劉績增注。明臨川朱東光輯訂。寧陽張登雲参補。休寧吳子玉緡校。

明萬曆己卯朱東光刊中立四子集本。

每集板心上方有中立四子集五字，中立者，大明一統志卷七：「洪武三年，改中立府定爲中都。七年，改爲鳳陽府。」四子者，以老子在亳，莊子在濠梁，管子在潁，淮南子在壽春，皆中都所轄地也。有鳳陽府通判蜀瀘李太和萬曆己卯跋，略云：「中都刺長張君攀龍求得高注本於郭工部相奎，得房注本於王博士鳳翎，遂彙爲中都四子集。值兵憲朱公以文武才輝備兵潁上，譚劍之暇，即緡郡書以説，而尤注心四子。張君進是集，遂手爲裁訂，以授之梓。余承乏郡佐，略加參考，而與徽吳生子玉校證，遂刻之郡齋。」據此，得詳其刻書淵源及年月。

四庫總目提要子部雜家類存目著録，并謂「其書刊板頗拙，校讎亦略。又於古注之後，時時妄有附益，殆類續貂，遂全失古本之面目，書帕本之最下者也」。今案其説有然有不然，書中最爲鉅謬者，以盧泉劉績與臨菑房玄齡並列，而以唐字冠之，竟以劉績爲唐人。郭子章不察，於題詞亦云「唐房氏有注，劉績爲之補。自宋人削去，鮮有刻本」。尤奇者，後己卯三年壬午，趙用賢刻管子，於凡例中亦承其誤。於是坊刻或題爲宋人，近人更有目爲遼開泰時吏部尚書劉績者矣。一誤再誤，幾至不可究詰。

往嘗綜輯劉績事跡得若干事。明過庭訓本朝分省人物考卷七十六：「劉績，字用熙。江夏人。幼聰明不羈，貫穿羣籍，尤精於考究，負一時物望。弘治庚戌進士。歷吏部員外，補鎮江知府。所著有禮記正訓、盧泉詩文集。」清王廷楨同治江夏縣志卷六文苑：「劉績字用熙。弘治庚戌進士。博治經史，與李獻吉齊名，相友善。歷吏部員外，出知鎮江府。著有禮記正訓、太玄注、盧泉詩文集。以才名攖忌，晚年避跡岳陽。」又於卷二古跡：「劉盧泉讀書臺，在鹿泉山。」明何良俊四友齋叢説卷二：「張南園曰：『余爲稽勳員外時，江夏劉主事績以陳澔禮記集説塗去什四，因與之議，其説良是。後孫九峯知之，謂余曰：「陳説朝廷已頒降天下，不可以劉言改易語人也。」余遂棄之，今追思其言，誠有補陳之不足，正陳之舛誤者。只緣劉狂誕自高，又制行不檢，任情放言。不久遂出守鎮江府，仍不率矩度，遂去官。而其説禮之善，人不及知，而余亦遂忘之矣。』」朱彝尊經義考卷一百三十七載其喪服傳解自序有云：「績承乏吏部，弘治甲子太皇太后喪，因倡古反吉，玄端爲凶衰服制，無漢以後附會説。大臣從之。尋守鎮江，治官三月即歸。杜門成初志，内外徵不起。」又卷一百四十四禮記正訓自序有云：「弘治甲子遷鎮江，遂奏歸成初志。僻居十三年，得以考訂其謬，而爲説。」又卷一百六十五：「三禮圖自序有云：『既注易以究其原，又注禮以極其詳。顧力於他經不暇，故作此圖以總之。』」其著述除上述外，明朱睦㮮萬卷堂書目有六樂圖二卷，春秋左傳類解二十卷。清黄虞稷千頃堂書目有補注管子二十四卷。經義考又有周易正訓、大學集注。丁丙善本書室藏書志卷十八有淮南子補注二十八卷。雖不盡傳，可謂宏富矣。王念孫讀書雜志管子序：「自唐尹知章作注，已據譌誤之本，强爲解釋，動輒抵牾。明劉氏績頗有糾正，並最録其説若干條。」是其學於明人中最爲篤實，其書又頗爲通人所許。

此既以劉本爲據，或不無竄亂，然底本既勝，亦不至大相剌謬。故戴望多據以訂正沿誤，盧靖復據以景印入湖北先正遺書。提要詆爲書帕本之最下者，蓋未嘗細覈。此本鐫刻樸質，棉紙初印，開卷驟視，古色古香，一似成化、弘治間刻，亦不如提要所謂刊板頗拙。故在清初即爲樂善堂所珍藏也。

有「明善堂覽書畫印記」白文長方印，「明善堂珍藏書畫印記」朱文長方印，「字景暘號山漁」朱文方印。

管子二十四卷八册

明萬曆十年壬午吳郡趙用賢刊本。

白紙初印。每半葉九行，行十九字。白口單闌，上方作雙闌，中載評案語。板心下方間有刻工姓名。

末卷末有「吳郡顧櫰書。顧時中、章掖、顧植、劉廷惠、何承德、章扞、顧賢、何承業、吳丙初、顧文，邑人吕廉仝刻」。佔半葉。蓋當時寫刻均選良工，故頗不苟。四庫總目著録即是本。趙用賢序云：「余行求古善本，庶幾遇之者幾二十年，始得之友人秦汝立氏。其大章僅完整，而句字復多舛錯，乃爲正其脱誤者逾三萬言，而闕其疑不可考者尚十之二。」是其本頗非宋刻之舊矣。然凡例云：「近刻舛錯，每每至不可句，今據宋本校定。」又云：「今悉從宋本刊定，不敢輕加更易。」又云：「近板數家，皆承訛襲謬，雜亂支離。今按宋本更正比次，無下數千百餘處。」又若一依宋本無敢出入者，其言牴牾不相應。汝立名柱。無錫人。家有繡石書堂，以藏書名。其有宋本管子固無疑，但以今傳浙刻及蔡氏墨寶堂兩宋本校之，異處仍不少，而此本於重令篇，可補浙刻本所闕一葉，計正文四百四十五字，注文二百六十二字爲獨勝。丁丙善本書室藏書志謂此本即出浙本，其言而信，則所異處爲用賢所臆改耶？惜明人刻書於所據底本多言之不詳，又於校改處不注明，而好竄亂，喜評點。雖用賢猶不免焉。凡例有云：「管子注出房玄齡，或云出唐國子博士尹知章。其訛謬穿鑿，日鈔論之甚詳矣。盧泉劉氏績間爲補定，簡明貫穿，多所發明。第宋本俱不載。」夫劉績爲明弘治三年進士，其刊補注約在弘治、成化間，其言安得載於宋本？因知用賢實未見劉氏書原刻，所見乃萬曆己卯朱東光中立四子集本耳。故承其誤而不知。明人多粗疏，所以來後人之譏也。

有「大潙胡氏菉蔭山房珍藏」朱文長方印。

管子二十四卷 三册

明萬曆壬午吳郡趙用賢刊。丹徒吳庠臨清武進張惠言評點。長洲陳奐校宋蔡潛道墨寶堂本並跋。

管子傳世有蔡潛道墨寶堂與浙刻兩宋本，皆在南宋初，而非出一源。浙本今有覆刻及影印本，世習見之。蔡本流入東瀛，所傳各家手校本耳。余所見陸敕先、顧千里、陳碩甫諸家校本，亦互有詳略。則校書如掃落葉，自昔而然也。

嘗絜兩本之短長，蔡本勝於浙本者，如權修篇「是以臣有弑其君，子有弑其父者矣」，兩弑字皆不作殺。七法篇「審於地圖」，圖不作啚。（説文以啚爲鄙嗇字。）樞言篇「霸主積于將士」不作「將戰士」。將士，將軍之士也。後漢光武帝紀「於是大饗將士，班勞策勳」，將士，將帥士卒也。重令篇「凡右國之重器」，右不作君，右、有同聲通用，有國者之重器，莫如令也。「賓胥無爲西士」，士不作土。小匡篇「五鄉一帥五」，不作三五，鄉萬家，家出一人，爲萬人也。下文云：「五鄉一帥，故萬人一軍，五鄉之帥率之。」大司徒曰：「凡起徒役，無過家一人。」管子與周官合。「旦昔從事於此」，旦不作且。「甲不解纍」，纍不作壘。「握粟而筮者屢中」，筮不作筮。「堙而不税」，堙不作壥。詩伐檀釋文廛本亦作堙。集韻廛亦作堙。「教之大成」不脱之字。「以遂文、武之迹於天下」，迹不作近，霸形篇「宋已取杞，狄已拔邢、衞矣」，杞不作相。「令其人有喪雌雄」，雌不作雌。霸言篇「舉大事用天心」，心不作道。案，詳注語亦當是心。戒篇「必則朋乎」，朋不作明。「今夫堅刀雖堅」誤爲堅，而刀不作刁，下同。刁俗刀字。制分篇「乘瑕則神」，瑕不作瑕。君臣上篇「其大者有侵偪弒上之禍」，弒不作殺。四稱篇「君若有愛則臣服之」，愛不作憂。案，愛猶好也。牧民篇「君好之則臣服之」即其證也。「倨敖不恭」，倨不作涺。侈靡篇「愛氣之潛然而衰」，衰不作哀。形勢解篇「主不易其則」，則不作利。版法解篇「踈遠微賤者，無所告愬則下饒」，饒不作蟯。「事失稱量則事不工」，上事字不脱。「故曰備長存乎任賢」，任不作在。明法解篇「貴臣不得蔽其賤」，不脱其字。「有權衡之稱者，不可欺以輕重」，者不作若。「專任法而不自舉焉」，不脱而字。山權數篇「民之能樹瓜瓠葷菜百果蕃育者」，果下無使字。育不作衰。山至數篇「君人之生，弟兄十人」。生不作主。揆度篇「市東西南北度五十里」。不脱市字。「爲馬四百匹」。匹不作四。國准篇「乘天固」。固不作國。輕重甲篇「不資者得振」。資不作簪。「夫妻服簟」。簟不作簞。「次日薄芋」。芋不作芋。輕重丁篇「天下高亦高」。不脱天字。「未沐之時」。沐不作休。「敢問齊方千幾何里」。千不作于。輕重戊篇「什至而金三千斤」。千不作十。

其不如浙本者，如形勢篇「小廉不脩於國，而求百姓之行大廉，不可得也」。下脱「凡牧民者至不可得也」四十字。幼官篇「行行冬政耗」，上行字下脱「春政華」三字。兵法篇「無設無形焉」下脱「無不可以成也」并注三十二字。小匡篇「少而習焉」，下脱「其心安焉」四字。侈靡篇「潭根之毋伐」，下脱「固事之毋入」句并注二十字。「事道然後可以言名，然後可以承致詐」。脱「言名然後可以」六字。其他脱衍錯互及形近之誤，更多不勝舉。是迴非浙本之比，遑論其殘失七卷耶？然昔人校讎如戴子高等，往往兩本雜糅，不分皂白，故特分別言之。

此本原爲陳碩甫校贈福州陳蘭鄰者，所作辨誤六十餘則，惜未録入。莫郘亭從戴子高借得，命子彝孫以朱筆照臨於此張皋文讀本上。張氏用藍筆，所重在文章，故考據不多。故友吳君眉孫又重臨之，悉詳跋語。底本爲汪季青舊藏，亦可珍。眉孫熟於目録、校勘之學，遇余即談黄、顧諸家師承源流，娓娓不倦。晚歲貧病，藏書多以易米。余得此於來青閣書坊，披卷如與故人晤對也。

有「摛藻堂藏書印」白文方印，「平陽季子收藏圖書」朱文方印，「潤州吳庠眉孫藏書」朱文長方印。

北宋管子向藏黄蕘翁家，舊缺自十三卷之十九卷，影鈔補足。蕘翁殁，其書盡歸汪君閬源家。己丑九月，王懷祖先生屬鈔，乃向汪氏借録。奂對勘之餘，作辨誤一卷，與雜志複者削之，得六十餘則。因自過録於明刻劉績本。明刻錯誤極多，乃知宋本之足貴。今爲蘭鄰先生之屬，録於此本，其誤希少，蓋此本亦胎於善本者矣。甲午三月陳奂校記。

同治丁卯初春，郘亭眲叟假讀德清戴望子高所藏陳碩甫先生以宋蔡道潛本校明趙刻本。命兒子彝孫於家本墨筆録一過。

此萬曆壬午趙氏刊，明本之最善者。近張皋聞先生讀過，丙寅仲秋收之虞山，兼有韓非子，爲友人分去。明年假得陳碩甫校宋，命彝兒過録於卷中。重裝記，郘亭。

藍筆移録張皋聞先生評點本。乙亥秋九，眉孫記。

陳碩甫以宋蔡潛道本校明趙用賢刻本，後歸戴子高。同治丁卯春，莫郘亭從子高借讀時，命長公子伯邕過校一本。民國乙亥秋九，余從郘亭長孫經農借讀，案頭適有趙本，以朱筆移校一過，並影寫楊忱序、張嵲跋及碩甫校記三通，重裝記。眉孫。

管子二十四卷 六册

清光緒二年浙江書局覆刻明吴郡趙用賢本。吴縣王欣夫臨校宋蔡潛道墨寶堂本，又録元和惠棟、顧廣圻校並跋。

瞿氏鐵琴銅劍樓藏顧千里手校南宋紹興壬申瞿源蔡潛道墨寶堂刊管子共兩本，其一底本用劉績補注本，校宋則臨自陸敕先，並自加案語。弟子職有丁未七月紀年，當爲乾隆五十二年。其一底本用趙用賢刻，並録惠松崖疏證語於上方，自案則列下方。有嘉慶丁巳十二月跋。蔡本即闕卷十三至十九者，海内孤帙，故昔人多據校明刻。一九三四年夏日，余居憂無俚，向鳳起借兩本，統校於此浙局本上，以墨筆校宋，以朱筆録松崖語，而千里語亦用墨筆。此出於趙本者也。敕先校省重複不録，而專録千里語，用藍筆。此出於劉本者也。大約千里語，墨筆居四之一，藍筆居四之三，則校閲有先後，考證有詳略也。舊注爲尹知章，而刻本皆誤題房玄齡，昔人辨之詳矣。千里又得一證，於卷二十二山至數篇「則必積委幣」注

「各於縣州軍蓄積錢幣」云云，「宋本此言軍，則知非房玄齡注。今各本則皆依下文『於是縣州里受公錢』句，改軍作里，而其跡泯矣」。松崖語有羼入華亭沈沃田語者，如大匡篇「蒙孫博於教」，云：「小匡篇作曹孫宿。」四稱篇「不蘄亡已」，云：「蘄與祈同。」白心篇「其輕如羽」，云：「德輶如毛。」五行篇「䐈婦不銷弃」，云：「玉篇，䐈，或孕字。」勢篇「因而爲當」，云：「當，越語作常。」地員篇「凡彼草物有十二衰」，云：「衰，古差字。見九章算術。」弟子職篇「左酒右醬」，云：「醬，依鄭注禮記當作漿。又鄭注公食大夫禮亦引作漿。」又「唯嗛之視」，云：「賈公彥曰：『師飲酒之時，弟子來往周旋，唯酒尊不滿者，視之更益。』」又「暮食復禮」，云：「白虎通云：『諸侯之飽，卿大夫再飯，尊卑之義也。』」又「問所何趾」，云：「疋，足也。問足何所趾也。曲禮云『請衽何趾』。」又云：「貝部云：『貾讀若所』，楚辭糈，亦音所。是胥有所音。」乘馬數篇「謂農夫曰幣之在子者以爲穀而廩之州里」云云。云：「此社倉之法」海王篇「其餘輕重皆准此而行」，云：「准此字始此。」山至數篇「大夫幽」，云：「荀子曰：『公侯失禮則幽。』」輕重甲篇「若此則士爭前戰爲顔行」，云：「顔行亦見漢書嚴助傳。」又「請以令高杠柴池」，云：「柴池即差池。」輕重乙篇「夫歲有四秋，而分有四時」，云：「四時皆名秋。」輕重丁篇「尺者萬泉」，云：「泉與錢同。」皆是。必沃田借讀時所加，千里不辨，統以爲松崖語，而未區別。及余得沃田手校本然後審知之。今松崖語已輯入松崖讀書記，千里語輯附於此。至局刻經黄以周、馮一梅諸大師所校，多有據宋本改正者，非悉趙本之舊矣。

殘宋槧本管子缺十三至十九，凡七卷。嘉慶丁巳十二月校。廣圻記。在校趙本後。

顧廣圻校記

卷一　牧民第一

右士經。　廣圻案：疑作十一經。

毋曰不同國。　國作邦，乃合韻。

形勢第二

鴻鵠鏘鏘。　鏘鏘，解作將將。

飛蓬之間。　飛，解作蜚。

犧牲圭璧。　圭，解作珪。

訾食者不肥體。　廣圻案：類篇食部引管子作饕。

而猿猱飲焉。　解作猱猨。

故曰伐矜好專。　廣圻案：故曰二字當衍。

莫知其釋之。釋宋作澤。　澤，解作舍。

藏之無形。　之下解有而字。

其功逆天者天違之。違宋作圍。　解作違，下「天之所違」同。

烏鳥之狡。　鳥解作集。　廣圻案：書多以佼爲交。

獨王之國。　王，解作壬。　廣圻案：壬即任字。

權修第三

舟車飾，臺榭廣，則賦斂厚矣。　廣圻案：謝字是也。　欣夫案：宋本作榭，劉績本作謝。

立政第四

其在里尉及于州長。　廣圻案：脱「其在里尉」四字。　欣夫案：劉本無此四字，故顧校如此。

不敢畜連乘車。　連同輦。

期而致。　廣圻案：致即至字。

上不加勉而民自盡竭，俗之所期也。　廣圻案：竭字别爲一句，而脱其上文。

乘馬第五

農耕及雪釋。　廣圻案：大戴禮夏小正作雪澤。

士聞見博學意察而不爲君臣者。　廣圻案：上疑有脱文。

卷二　版法第七

置不能圖。　置，解作寡。

用力苦則勞。　句末解有矣字。

倚革邪化。　倚，解作奇。

悦在施有。　廣圻案：當作四説在愛施，見後解。

卷三　幼官第八　廣圻案：此篇多錯簡譌字。

人物則皇。尊賢授德則帝。服忠用信則王。選士利械則霸。廣圻案：皇帝、王霸連文。兵法篇。方外必得文威武官習勝之務時因勝之終無方勝之幾行義勝之理名實勝之急時分勝之事察伐勝之行備具勝之原無象勝之。廣圻案：之字皆當作定，勝字皆當句絶。

幼官圖第九

西本

西副

南本　中本　北本　廣圻案：管子元圖如此，故轉寫遂成今本之次弟。

南副　中副　北副

東本

東副

五輔第十

下愈覆鷙而不聽從。廣圻案：此借覆爲愎。

敦懞純固。廣圻案：國語作敦厖。

卷四　宙合第十一

其處大也大究。此究乃窕之誤。

適善備也僊也。廣圻案：僊即遷。

減盡也。　古咸、減同音通用。咸，皆也。故訓爲盡。

必有巨獲。　廣圻案：即矩矱，惠本有。欣夫案：惠松崖校云：巨獲即矩矱也。

爵尊則肅。　則，宋作即。廣圻案：即、則古同字。

故曰欲而無謀。　故曰二字賸。

樞言第十二

以卑爲卑，卑不可得。　廣圻案：此下有脱。

應適莫如後。　廣圻案：適即敵字。

卷五　八觀第十三

則道有損瘠矣。　廣圻案：損當作捐。

行於其民與不行於其民。　廣圻案：此下有闕。

財厚博惠以私親於民者。　廣圻案：下有脱文。

法禁第十四

卷七　大匡第十八

召忽曰不可。宋無不字。　廣圻案：可即不可。此以可爲叵之證。管子多古字，每爲淺人改去。

魯侯脅之。　廣圻案：脅即揝字。

九年，公孫無知虐於雍廩。　廣圻案：此春秋魯桓公九年。

朝之爭禄相刺，裚領而刎頸者不絶。　廣圻案：類篇衣部引「裚領刎頸」。集韻十二齊。

管仲對曰：以臣則不。　廣圻案：不即否字。

告國子曰：工賈出入不應父兄。　廣圻案：依上文此當是高子。

卷八　中匡第十九

公曰：民辦軍事矣則可乎。　廣圻案：此上當有脱文。

小匡第二十

此耒耜穀芨，注：芨音捶。　廣圻案：國語，耞芟。音捶，蓋字作芰，紙韻内有此字，從莈省。

綱山於有牢。　廣圻案：綱當作緺。

衞人出旅於曹。　廣圻案：毛作漕，此同左傳、國語。

公子開方爲人巧轉而兑利。　廣圻案：兑即鋭字，見荀子、韓詩外傳。

卷九　霸形第二十二

水深滅垝。　廣圻案：垝即危。

霸言第二十三

夫一言而壽國。　廣圻案：國字句絶。

諸侯皆令。　廣圻案：令當作合。

夫先王之爭天下也以方心。　廣圻案：當是方正之誤。

問第二十四

戈戟之緊。　緊，疑作繄，戟衣也。

卷十一　君臣下第三十一

官心中。　廣圻案：中即忠字。

小稱第三十二

治身之節者惠也，注：懷智之人然後理身節故曰惠。　依注，則惠同慧。

務爲不久。　廣圻案：爲即僞字。

公曰：嗟茲乎。　廣圻案：茲，借字。嗞，正字。見説文口部。

四稱第三十三

收聚以忠而大富之。　廣圻案：富字韻。

卷十二　侈靡第三十五

雕橑然後爨之。　橑當是燎，庭燎大燭也。爨，然也。

卷十四　水地第三十九

秦之水泔最而稽，注：謂秦水絶甘而味停留　注是甘。

五行第四十一

毋傅速。　廣圻案：速即麤字。

然則羽卵者不段，毛胎者不牘。　廣圻案：段當作段，段即瑕字。牘即贖字。

卷十六　内業第四十九

不可呼以聲而可迎以音。　廣圻案：此音疑亦意之誤，如後「音以先言」之比。

能摶乎，能一乎，能無卜筮而知吉凶乎？　能止乎，能已乎，能勿求諸人而得之已乎？　廣圻案：吉凶誤倒。一，吉韻，止已，已韻。　又案：重見心術下，作「而自得之於已乎」。

卷十七　七臣七主第五十二

不舙則國勢失。　舙同啎，啎逆也。逆兼迎、岠二義，故不舙爲不相迎合也。

卷十八　入國第五十四

必知其食飲飢寒身之膌胜而哀憐之。　胜，猶瘠也。

卷十九　地員第五十八

凡聽徵如負猪豕覺而駭。　猪，小豕也。

其種大樛杞細樛杞。　郭氏山海經傳曰：「管子説地所宜，云其穜穋秬黑黍皆禾類也。」郭，木樛杞，皆从禾。

堅而不骼。　骼同垎，土乾也。

弟子職第五十九

居句如矩。　居句，讀爲攷工記之倨句，謂侈斂之度也。　如矩謂一執新燭，一執將盡之燭，相交正方如矩也。攷工記於磬氏曰「倨句一矩有半」。　於韗氏云「倨句磬折」。　此即一矩有半也。　於冶氏云「倨句外博」，此侈於一矩而不及一矩有半也。於匠人云「句於矩」，此斂於矩而不及一矩也。管子云居句如矩，則正方也。凡倨句連文，猶言大小，析言則如鉤爪倨牙是也。丁未七月。

卷二十　形勢解第六十四

主有天道以禦其民。　廣圻案：禦即御字。

卷二十一　乘馬數第六十九

郡縣上臾之壤守之若干。　廣圻案：臾即腴字。

卷二十二　海王第七十二

行服連軺輂者。　廣圻案：輂，劉績本作葷是也。

山至數第七十六

則必積委幣，注：各於州縣里蓄積錢幣。　注，里改軍。　廣圻案：此言軍，非房玄齡注之證。

故伏尸滿衍。　廣圻案：衍，管子道字如此。

卷二十三　揆度第七十八

若從親戚之仇。　廣圻案：親戚，父母也。見史記攷異。

飢寒凍餓必起於糞土。　廣圻案：起當作赴。

輕重甲第八十

釜鏂之數。　廣圻案：鏂即區字。

勿使赴於溝瀆之中。　廣圻案：赴即仆字。

請以令高杠柴池。　廣圻案：柴池見上林賦。

卷二十四　輕重丁第八十三

請使大夫初飭。　廣圻案：初當作衸，此與呂覽悔過同誤。

君請式璧而聘之。　式讀當爲飾字之假借。此條可入聘禮注。

輕重己第八十五

耜耒耨，懷鉊鈶，乂櫌權，渠繉綵，所以御春夏之事也。　末章云穫渠當脅軥，必是一物，而字譌異。

管子二十四卷 四册

明萬曆中新安吳勉學刊二十子本。清華亭沈大成手校，並臨元和惠棟校並跋。

乾隆三十三年戊子，沃田、定宇同客廣陵，因借定宇讀本，用朱筆照録於此本。始於正月初四日，畢於二十七日。管子文古奥難讀，全帙圈點極清析。吳本無注，此或節録數語；定宇語則冠「惠徵君曰」，自案則加「大成案」。惠語明於訓詁通假，間有參證易理，取勘顧千里録本，則此本無者數十條，必定宇於戊子後讀書所得增入者。至如於山至數篇云：「此篇經秦焚書，潛畜人間。自漢興，晁、賈、桑、耿諸子猶有言其術者。其後絶少尋覽，無人注解，或編斷簡蠹，或傳訛寫繆，年代綿遠，詳正莫由。今且梗概粗知，固難得搜閲其文字。凡願古人之書，蓋願發明新意，隨時制事，其道無窮。而況機權之術，千變萬化，若一一模楷，則同刻舟膠柱耳。它皆類此。蓋讀古人書貴能參以活用，此誠粹然通儒之言。而顧本以無關校勘，割棄未載，殊有買櫝還珠之嫌。沃田自校，則多附音切，或追原語始，或取證方俗，與所校他書同貫，當時必附載惠本，故千里不辨，往往誤仞惠語而并録之。詳臨顧校本書録。舊爲華亭張允垂所藏，允垂字柳泉。嘉慶辛酉拔貢。杭州府知府。子爾耆，字夬齋。諸生。爲聞遠徵君錫恭之祖若父，亦淵源有自矣。

乾隆戊子新正，沃田老人沈大成校於廣陵之學福齋。時年六十有九。

借紅豆、惠氏本。

有「夏印昌潢」白文方印，「珊心」朱文聯珠印，「鹿樵」白文長方印，「張允垂藏書印」朱文長方印，「爾耆珍藏」朱文長方印。

管子二十四卷 四册

清光緒中覆刻宋本。吴縣王欣夫手校宋蔡潛道墨寶堂本、明趙用賢本。

瞿氏鐵琴銅劍樓藏宋刊管子最爲善本，光緒時邑人張瑛影鈔，以屬抱芳閣書坊覆刻。余昔聞之故友丁君初我，因無刻書年月及序跋，故或竟以爲瞿氏所刊，誤也。瞿氏宋本時代，説者多據楊忱甲申序推測，黄蕘圃、莫郘亭、王茀卿皆謂南宋初，是矣而未能與甲申密合，於是瞿子雍定爲隆興二年甲申。近郭沫若定爲元世祖至元二十年甲申，由於信楊序甲申爲刻書之年，并不知其爲何人，遂模糊影響，無一不誤。

案王安石臨川先生文集卷九十三大理寺丞楊君墓志銘：「君諱忱，字明叔，數舉進士不中。積官至朝奉郎行大理寺丞，通判河中府事，飛騎尉，以嘉祐七年四月辛巳卒於河南，享年三十九。父諱偕，翰林侍讀學士，以尚書工部侍郎致仕。娶丁氏，清河縣君。尚書左丞度之女。」又宋史卷三百列傳第五十九：「楊偕字次公。坊州中部人。子忱、慥皆有儁才。」歐陽修歐陽文忠公文集卷二十九翰林侍讀學士右諫議大夫楊公墓志銘：「公疾革，出其兵論一篇，示其子忱、慥，而授以言曰」云云。司馬光涑水紀聞卷九并記其好色嗜利，不修操檢事甚詳。鄭翼案：楊忱即景略之父，景略與東坡同時，嘗知蘇州。蘇頌撰墓志，述其家世甚悉。見蘇魏公集。是其人非不可考，並可推知序之甲申，當爲慶曆四年，蓋南宋初刻書所存舊序，故文中與新刻事絶無關涉。而檢刻工姓名如牛實、史祥、昌旼、乙成、金昇等，與紹興兩浙西路刊臨川先生文集、兩浙東路刊禮記正義、衢州刊三國魏志多同，定爲紹興浙刻本無疑。其本先列劉向敍録，後接管子卷第一，題唐司空房玄齡注，再列第一卷篇目，以次而入正文。曹君直世丈謂當是唐卷子本舊式，故取校同時蔡潛源墨寶堂本爲獨善，遑論其他。惜戴子高撰校正，曾經借校，而乃與蔡本往往互譌，又多誤以朱東光本爲宋本，則以宋、朱形近，火棗兒糕，令人目眯。余校管子，讀戴氏書，病其貽誤後學，有校而不正之歎。因據各本覆校，令復原來面目，先將陳碩甫校蔡本、趙用賢刻初印本詳校此本，蔡本之脱衍錯互，此本多不誤，勝於此本者，不過數十科。趙本異同較多，然與其自序所謂「正其脱誤者三萬言」者懸殊，且疑趙本多出臆改，惟重令篇，此本脱去一葉，計正文四百四十五字，注文二百六十二字，而趙本獨完。知其得於秦汝立者爲又一宋刻善本。惟此本出於影鈔，上木多一轉手，便多一錯誤，今四部叢刊已將宋刻原本影印，不差毫釐，而此本形近之誤，又所在多有，張瑛所校，殊嫌疏略，此則我儕讀書之福，足傲前賢矣。

管子校語一卷一册

清吳縣王仁俊撰。傳鈔稿本。

仁俊字扞鄭。光緒壬辰進士。黄州府知府。生平著述閎富，多未刊。余治管子，胡綏之先生曾告扞鄭先生有詳校於覆宋本上，書無隙地。一九三五年冬，張君宋廎從傳校本摘其案語爲一册寄贈，疑其猶非全帙，而勝義紛綸，多出諸家校本之外。如權修篇「賞罰信於其所見，雖其所不見，其敢爲之乎」。案：「爲當作違，荀子臣道『君子不爲也』。注：『爲或作違。』尹注：『不敢爲非』，正文並無非字，增字以解之矣。」乘馬篇「士聞見博學意察而不爲君臣者與功而不與分焉」。案：「君臣者，當作羣臣者。」又「民之生也，辟則愚，閉則類」。案：「當作『閉則愚，辟則類』。俞謂闢即辟字是也。禮記『獨學而無友則孤陋而寡聞』，即閉則愚之説也。易『出門交有功』，即辟則類之説也。此二語與今世界物競之義尤通。俞引論語、老子爲證，恐非。」七法篇「欲正天下，財不蓋天下，不能正天下」。案：「正，征也。孟子征之爲言正也。此節正字皆爲征。」又「雷電之戰者，士不齊也。水旱之功者，野不收耕不獲也」。案：「士不齊者，士丕齊也。不、丕古通。野不收，耕不獲，二不字亦當作丕。」法法篇「則是上妾予也」。案：「妾乃妄譌。」又「蹈白刄受矢后」。案：「當作矢石，誤作后者，涉下然后而誤。」小匡篇「請爲關内之侯，而桓公不使也」。案：「爾雅『使，從也』。墨子非命上『天鬼不使』。王念孫曰：『猶上文言上帝不順耳。』」又「人君唯優與不敏爲不可」。案：「優、僾草書易混，優即優柔之優，注『倭隨不斷』可證。」君臣上篇「文翃不以私論」。案：「文翃，即文章刻畫也。史記李斯本傳獄中上書曰：『更刻畫、平斗斛、度量文章，布之天下。』」君臣下篇「亂至則虐，騰至則北」。案：「至皆訓極。」又「止詐拘姦」。案：「拘之言鉤也。」小稱篇「既官職美道」。案：「官職當作言識。」侈靡篇「故賤粟米而如敬珠玉，好禮樂而如賤事業，本之始也」。案：「正文當作『賤粟米而敬金玉，末之始也。好禮樂而賤事業，本之始也』。本末對文，本之始，末之始，二句又對文，故下曰『均之始也』。」又「親戚可以時大也」。案：「大疑作失，言衣服不可違而親戚可失。」又「則臣有依駟之祿」。案：「依駟當作旅駟。旅，衆也。」心術上篇「此言不得過實，實不得延名」。案：「此字衍，言即名之誤，延即遇之誤。」又「姑形以形」。案：「此句誤，當作以物□形。」心術下篇「行者，正之義也」。案：「當作『形者，正之儀也』，故下曰『形不正則民不服』，形皆誤爲行，義即儀之省，承上『形不正者德不來』

句而釋之。」又「體乎大方視乎大明」。案兩平字皆當爲必，注文甚明。七臣七主篇「多兑道以爲上」。案：「兑道當是侻通二字、通猶之人不守法，故重賦斂也。」禁藏篇「能適衣服」。案：「適亦節也。」韓子揚權「欲爲其地，必適其賜」。吕覽重己「故聖人必先適欲」高注：「『適猶節也。』」揆度篇「當壯者遣之邊戍」，案：「當壯，丁壯也。墨子非樂『上將必使當年』。晏子外篇『當年不能究其理』。吕覽愛類『士有當年而不耕者，女有當年而不績者』。淮南齊俗『丈夫丁壯而不耕，婦女當年而不織』。」輕重丁篇「挾彈懷九」。案：「九當爲丸之譌。其下輕重戊『丁壯者胡丸操彈居』。説文『彈，行丸也』。潛夫論浮侈篇『懷丸挾彈，攘手遨遊』。」以上略舉一隅，以概其全。於封禪篇有云：「俟以王本史記校之，皆同。編稿時宜采史記注證此。」據此，知猶爲長編未定之稿。闕鐸爲傳略，羅列所著未刊書目，有管子訓纂，蓋即指此。雖屬吉光片羽，宜可珍也。

商君書五卷 一册

清光緒二年浙江書局據西吴嚴萬里本校刊。吴縣胡玉縉手校並跋。

商君書世推嚴萬里校正者爲善本，自浙局重刊而流行遂廣。萬里即歸安嚴鐵橋可均，以避仇入宛平籍，改名萬里而字叔卿。舉嘉慶庚申鄉試，始歸本籍，復初名。此編校正於乾隆五十八年，時鐵橋爲三十二歲。乃孫仲容誤以萬里、可均爲二人，朱少濱已糾之。自少濱商君書解詁出，薈萃衆説，讀者不煩他求矣。

此册爲綏之先生光緒二十八年壬寅校本，據意林諸書，著其異文。俞氏平議從其訂正而自下簽識，多爲解詁所未及。例如更法第一「據法而治者，吏習而民安」。解詁據長短經引作「緣法而理」。不知史記亦作緣。去彊第四「國好力日以難攻，國好言日以易攻」。解詁從俞校，改兩日字作曰，引説民篇爲證，不知兩日字當爲者字之爛文。農戰篇「國好力者以難攻，以難攻者必興。好辯者以易攻，以易攻者必危」。亦可證。又「勇以死」解詁據各本改以作民，不知説民篇「怯民勇，勇民死。國無敵者必王」亦可證。又「舉力以成勇，戰戰以成知謀」，解詁無校，不知兩成字並盛之省。靳令篇「國以功授官予爵，此謂以盛知謀，以盛勇戰。以盛知謀，以盛勇戰，其國必無敵」可證。説民第五「國好力日以難攻，國好言日以易攻」，解詁據各本改兩日字作曰，不知俞説亦同，且當爲者字之爛文，與去彊篇同。他日重訂解詁，必有可采取者。

有「元和胡氏玉縉所藏」朱文長印。

俞氏平議不知所據何本，其所校訂往往與此本合。余剌其足以訂正者録之。壬寅。

靈樞經校勘記一卷

清金山顧觀光撰。吴縣王氏學禮齋鈔本。

漢劉子政校書天禄閣，必以方技屬之李柱國者，以醫術關係至重，有所乖謬，貽誤非淺，故必任以專家。後之習醫者，於古醫經文字簡奥，既不曉古人轉注假借之法，輒望文生義，以意改竄。句讀之不能通，而强言訓詁，議論愈多，經旨愈晦，而爲害亦愈甚。世無李柱國，彌可爲斯道憂矣。金山錢熙祚既刻守山閣叢書，又别刻内經素問、靈樞二經，其於靈樞也，取甲乙經與是書互相考校，參以諸書所引，擇善而從，仍一一注明於本句之下，以存其舊。其諸家誤讀誤改之處，概置弗論。非特不勝辨，抑亦不足辨耳。助其事者實爲顧氏觀光。觀光博極羣書，兼通醫理，今之李柱國庶幾其人。此册即其所作校記，今假熙祚名刻附本書者也。及書刻成，而熙祚卒。觀光更悉心研推，不憚再三，再爲校勘記一卷，增附書後。而靈樞始得一善本，嘗謂清代叢書之刻，功績最鉅。任其事者，必得通儒碩學，若士禮居則顧廣圻、夏文燾，粤雅堂則譚瑩，聚學軒則蕭穆，而此書則張文虎及觀光，皆始終不懈，嘉惠無窮。張之洞謂刻叢書者，可決其五百年中必不泯滅，是於人於己皆有益也。然苟非其人，惟名利是求，草率從事，貽誤後學者，固不得與於斯。

紅藕花軒泉品存八卷 四册

清歷城馬國翰撰。玉函山房原刊本。

國翰字竹吾。道光壬辰進士。隴州知州。生平輯古佚書至五百八十餘種，各冠以叙録。即有名之玉函山房輯佚書。雖有傳爲出自章宗源者，然終無顯證。觀其所著目耕帖，説經硜硜，自非昧於此道者。此泉品爲其緒餘。今存自卷二至卷九，凡八卷。卷二爲周正品、列國刀品、布品。卷三爲秦正品、附品、漢正品、後漢正品。卷四爲漢附品、後漢附品。卷五爲三國蜀品、吳品、魏品、晉正品、附品。南朝宋正品、齊正品、梁正品、附品、陳正品。卷六爲北朝後魏正品、齊正品、後周正品、北朝附品、隋正品、附品。卷七爲唐正品、附品、五代後梁正品、後唐正品、後晉正品、後漢正品、後周正品、五代附品。卷八宋正品上、卷九宋正品下、附品。每泉皆橅圖形，并附考證，相傳刊未成而板燬，故雖此殘本亦不易得。光緒山東通志藝文亦以殘本著録。復旦大學圖書館有鈔本，不分卷。此所闕卷一之上古品，卷十之遼、金、元、明品皆在焉。則全書當爲十卷，此闕首末兩卷耳。乃李佐賢續泉匯，首集歷代著録補遺，於此書云「不繪圖。卷一古幣。卷二周、秦泉。卷三至卷八漢至明泉。卷九無考及外國泉古幣。亦遵路史洪志之説，歷代泉復多懸擬，無確據」。與此不同，蓋亦未見刊本也。案其考漢以前泉幣，説多穿鑿。漢以後則引證殊博，多據張崇懿錢志新編、初尚齡吉金所見録，而瞿中溶續泉志、劉喜海嘉蔭簃論錢絶句、謝氏春草堂錢式圖，皆世無刊本。然之後古泉復出，愈出愈多，而譜録者蔚爲大宗。大凡古泉之學，後來居上。但前人重考證，而鑒别多不真。後人精鑒别而考證又太疏耳。若言板本，則此刻堪稱秘籍也。

淮南子正誤十二卷 二册

清海康陳昌齊撰。吳縣王氏學禮齋鈔本。

此從我鄉孫得之先生傳鳳手鈔本傳鈔。孫本後亦歸余，已見前録。觀樓爲王石臞所推服，著述雖刻而不甚傳，故知之者鮮。所校淮南子，石臞采其精者入讀書雜志，如俶真訓「今夫善射者有義表之度，如工匠有規矩之數，如讀爲而。此皆所得以至於妙」。觀樓曰：「所得上脱有字。高注『有所得儀表規矩之巧也』，是其證。」時則訓「以治日月之行，律今本此下有高注云，律，度也。治陰陽之氣，節四時之度」。觀樓曰：「律下本無治字，律陰陽之氣，與上下相對爲文，讀者誤以律字上屬爲句，則陰陽之氣四字文不成義，故又加治字耳。高注『律，度也』三字本在『律陰陽之氣』下，傳寫誤在律字之下，陰陽之上，隔斷上下文義，遂致讀者之惑。」主術訓「無以異於執彈而來鳥，捭棁而狎犬也」。觀樓曰：「説山篇作『執彈而招鳥，揮棁而呼狗』。則捭字當爲揮字之譌。説文『揮，奮也』。」齊俗訓「見雨則裘不用，升堂則蓑不御。此代爲常者也」。觀樓曰：「常當爲帝字之誤也。太平御覽服章部十一引此已誤。代爲帝，謂裘與蓑迭爲主也。説林篇曰：『旱歲之土龍，疾疫之芻靈，是時爲帝者也。』莊子徐無鬼篇曰：『堇也，桔梗也，雞廱也，豕零也，是時爲帝者也。』義並與此同。」各條均爲今本所無，又其他各條均較今本爲詳，文繁不具録。因知曾勉士輩所刊非定本，故并非石臞所據本也。其引石臞校數十條，如覽冥訓「攻城濫殺，覆高爲安」。石臞曰：「爲讀當如譌。俶真訓云：『休於天鈞而不譌』，注：『敗也。』列子黄帝篇云：『肌骨無譌。』」精神訓「且惟無我而物無不備者乎」。石臞曰：「惟疑作雖。」本經訓「兵革羽旄金鼓斧鉞所以飾怒也」。石臞曰：「羽旄二字蓋因上文而誤。」齊俗訓「有虞氏之祀，其社用土」，石臞曰：「土讀當爲杜。」又「殷人之禮，其社用石」。石臞曰：「石讀當爲柘。」道應訓「詹子曰：『不能自勝則從之，從之神無怨乎。』」石臞曰：

「怨讀爲苑，病也。」氾論訓「訾行者不容於衆」。石臞曰：「訾行，小行也。管子形勢篇：『訾讆之人勿與任大。』」要略訓、俶真訓「窮逐終始之化，嬴垺有無之精」。石臞曰：「垺當作埒，埒與捋通。爾雅『强醜捋』。郭注云『以脚自摩捋』，蓋訓捋爲摩，與此注同。」各條皆爲讀書雜志所不載。其已載者，往往易爲伯申名，可證實皆石臞所作也。譚廷獻復堂日記續録，光緒二十三年五月卅日，記「鄒景叔以陳昌齊觀察淮南正誤許克勤録本三册示我。無多精確語，往往論韻亦有牽合處」。蓋未能細讀，故漫云爾。不足爲此書定評。許録本亦必出自孫録本，許、孫固論學至交也。

淮南鴻烈解舉正不分卷 一册

清仁和譚獻撰。吳縣王氏學禮齋鈔稿本。

復堂勤治淮南王書，屢見於所著日記。先得陳碩甫校宋本，視爲至寶。光緒十四年從劉子庚借影宋寫本，及其父彦清手校莊刻本，並録惠松崖、盧召弓、梁曜北、孫淵如、顧千里諸家校語，莊刻所據藏本，實非其舊。顧校乃真藏本，所舉御覽亦未盡，可謂粗觕，始有重刻之志。至十八年閏六月初三日，撰淮南釋文，始事羅書件繫，日盡一卷，或兩日一卷，至七月廿八日畢。以音義略而異同詳，乃易名舉正，謂許、高二家注本唐以後殽并，宋蘇頌叙論二十一篇，題下有因以題篇語者爲高誘注，蓋原道、俶真、天文、墬形、時則、覽冥、精神、本經、主術、氾論、説山、説林、脩務也。八篇許注，蓋繆稱、齊俗、道應、詮言、兵略、人間、泰族、要略也。而十三篇注中，往往羼入許義。凡稱一曰云云者，多係許注。疑涿郡采洨長先正之言，高郵王氏以爲後人所加。陶子縝撰淮南許注異同詁曾共往復商略，心知其意，亦要删散入。後見易實甫淮南許注鉤沈，專舉慧琳衆經音義與陶輯相出入，欲補入而未果。蓋成書已在晚歲，故不遑修訂歟？稿藏未出，世無知者，僅略見於復堂日記續録而已。一九四一年春，從高欣木先生處見清稿本，亟借録之。復堂文章淵古，有得於此書者爲多。其見於日記者，曰：「校淮南天文訓。讀書雜志雖言之成理，究有輕改本書處。錢溉亭補注絶似未見雜志者。」曰：「校淮南墬形訓。竊以爲淮南類書之鼻祖也。」曰：「閲淮南時則、覽冥、精神三篇。文如古篆漢隸，中鋒渾健。董生、相如庶鼎足耶？又閲本經、主術二篇，其言甚粹。」曰：「校淮南兵略訓，誠孫、吳之精旨也。」曰：「讀淮南氾論訓。淮南文字樸屬與微至有分，邃密與宏深亦異。」曰：「讀淮南説山、説林，美言之所叢也。」曰：「讀淮南脩務訓、泰族訓，粹然明德親民之言。」其評騭均當，特眘録於此，或有助於讀淮南文者。

論衡三十卷十册

明萬曆中何允中刻廣漢魏叢書本。清仁和孫志祖手校並録餘姚盧文弨、錢塘梁玉繩校。又蕭山王宗炎手校並録臨海洪震煊校。

論衡善本，余所見有宋乾道丁亥洪适蓬萊閣刊，用延祐五、六年牘背紙印，尚是元修元印，存卷二十六至末五卷，與日本島田翰古文舊書考稱其國秘府宋本適可牉合，爲曹君直世丈舊藏。自藏張紹仁據士禮居所藏宋板校程榮漢魏叢書者，已有明修及損爛處，廿年前失去，今已流至海外矣。明刻自通津草堂以次，累害篇咸佚去四百字，此何允中本更爲下乘。清代校勘之業大盛，諸子皆有新刊，而論衡獨闕如，學者欲得一善本也難矣。此爲孫怡谷用朱筆精校，未見宋、元本而悉用他書參校，或推前後文臆校。全録盧抱經及梁處素語，冠以盧云、梁云。王縠塍又用墨筆精校，所見有與盧、孫不同者，則贊辨之。間有「震煊」案語，不辨樧堂自書，抑縠塍轉録。惜佚去卷二十至二十五，然全書校正者已七八百條，萃五專家之業於一編，雖謂論衡至善之本，誰曰不宜。考丁丙善本書室藏書志著録抱經校本云：「以墨筆録孫志祖、梁玉繩校語。於卷眉末記云：『乾隆五十八年八月二十八日，七十七翁盧文弨細校竟，次年甲寅重細校，五月十九日訖功。』是當時與怡谷通假互録之本，且可考得此本所校之年，怡谷亦五十七矣。丁氏書歸南京國學圖書館，又經兵亂轉徙，頗有散失。此書若存，則所闕六卷之校，猶可補完。惟縠塍校本不知尚在天壤否耳。

怡谷之學，頗爲顧千里所抨擊，詳余文選考異書録，然正以千里抨彈之嚴，而反使菁華突出，益見其美。烏可執一偏之見，而是丹非素哉！余先見怡谷精校淮南子於骨董商錢某處，居爲奇貨，議價不成，念之不能釋。會又遇此，誓在必得，至斥半年館穀易之，人咸笑余爲書癡，寧受之不辭也。

有「志祖校過」白文方印，「臣陳寶烘」朱文方格印。

人物志三卷 三册

魏邯鄲劉邵撰。涼敦煌劉昞注。明嘉靖己丑上海顧定芳刊。清獨山莫棠手跋。

首阮逸序，末文寬夫跋。次宋庠、劉邵、劉昞二傳删要，次顧定芳跋。每半葉八行，行十六字。白口，單闌。白皮紙初印。據定芳跋，嘉靖己丑借陸儼山藏鈔本鏤板。宋諱闕筆，當源出宋槧，今世無宋本，自以此刻爲朔。王三省、胡維新、梁夢龍諸刻皆從此出。四部叢刊影印梁本，明有隆慶六年鄭旻跋，而揭櫫爲「景印明正德刊本」，誤矣。定芳字世安。上海人。明世宗時召拜御醫。陸楫編古今説海校書名氏，有東川顧定芳世安，太學生。出藏書二十卷。子從禮、從德、從義，均富收藏，有名於時。

案是書自隋書經籍志以下皆著録於名家，四庫總目提要云：「所言究悉物情而精覈近理，視尹文之説，兼陳黄、老、申、韓、公孫龍之説，惟析堅白同異者，迥乎不同。蓋其學雖近乎名家，其理則弗乖於儒者也。」然文廷式純常子枝語謂「流業篇分十二流，而以爲皆人臣之任，主德不預焉。主德者，聰明平淡，總達衆材而不以事自任者也，此道家之旨。八觀篇本之大戴禮、老子、莊子諸書，而敷暢其説。蓋提要猶未推其本也」。又謂「材能篇『公刻之政，宜於糾姦，以之治邊，則失衆。』蓋治邊而用糾姦之法，則人且爲敵用矣。孔才此言，深通邊事。」又云：「『伎倆之政，宜於治富，以之治貧，則勞而下困』，劉昞注云：『易貨改鑄，民失業矣。』按二劉先生於貧困之朝，目見言利之臣，煩擾無益，故所言深中事情。」案皆讀書得間，前人所未言。

有「獨山莫氏銅井文房之印」朱文方印，「獨山莫氏銅井文房」朱文長方印，「莫棠所藏」朱文方印，「莫棠字楚生印」朱文長方印，「獨山莫氏銅井文房藏書印」朱文長方印。

夫人賦材之理妙，觀采之法難，是故孔、孟猶慎之。後世愛惡偏用，毁譽之習興，是非淆雜，依似之僞作而弊日滋矣。魏劉常侍邵有感而著人物志，凡十二篇，窮思極微，出入情性，推原度量，體形品目，隱顯悉舉，萬世人物本真，若妍媸對鑑，毫髮莫遁焉。宋阮逸嘉其書而序傳之，今無善本矣。定芳獲覩鈔本于儼山伯氏，請録較鏤，以廣修身知人之意，如阮氏所冀望云。嘉靖己丑秋九月既望，上海後學顧定芳謹識。

乙卯九月據胡維新本校七謬、效難兩篇。胡本闕百許字，均空而未刻，此獨完整。胡本有王三省後序，不知何時人也。初僧。

丁巳十一月，得王刻本，乃知胡出於王，而王又據此本也。

新論正誤一卷 一册

清海康陳昌齊撰。吴縣王氏學禮齋鈔本。

是書各家書目皆作劉子，而程榮、何鏜所刻漢魏叢書作新論者，蓋誤改從桓譚之書名也。殊好篇「五詇」、「六誙」，何本脱詇、誙二字，與此本同，知觀樓所據即何本也。至作者姓名，所主不一。四庫總目提要獨排衆説，而謂「或袁孝政採掇諸子之言，自爲此書，而自注之。」盧抱經則以爲「此書豐腴秀整，而注極淺陋，書中用典故處，孝政尚不能備知，況能爲如是之文乎」。孫仲容據審名篇「愚谷」、「智叟」，袁注不知其出説苑政理篇，亦謂「此書所用故實，注多不能得其根柢，或疑此書即袁孝政僞作，殆不然」。皆隱駁提要。王蘭泉斷爲明人僞撰。周鄭堂亦非之。善乎嚴鐵橋曰：「劉子言治國修身之道，有大醇無小疵。」鄭堂亦曰：「劉子確是唐以前古書，特南北混一之際，其書偶佚，至唐代復出耳。」然則屬之北齊劉晝自無可疑，惟宋、明舊刊流傳不多，以抱經之博覽，所校僅據道藏及程、何兩本而已。觀棲則循文推核，悉由意校。如崇學篇之「自焠其掌」，思慎篇之「當作思順又非遠於廣澤」，鄙名篇之「漢后夜遁」，因顯篇之「若有所因而至託附篇之以夫鳥獸蟲卉之智」，通塞篇之「萬仞之捷」，命相篇之「后來而産是子」，妄瑕篇之「小節中而大節屈也」，適才篇之「非無激楚之音，又美其摯而有別也」，文武篇之「而文、武遞爲雄雌」，傷讒篇之「宣惡出於情妬」，和性篇之「董安于性緩」，隨時篇之「而禿嫗以之挂杖」，貪愛篇之「多藏必厚亡」，類感篇之「雌鳴於下風而化成形」，正賞篇之「由於美惡混揉」，又「宋人得燕石以爲美玉」，激通篇之「衝飆之激則折木」，又「終建西施之績」，言苑篇之「故簪珥英華而焚灰枯朽」諸條，皆與抱經校合。以其合者之精確，從而可知其他之足正沿誤，能得作者之意矣。與所校淮南子雖詳略不侔，可並傳焉。

磈礧二卷 四册

舊題唐瑯琊顔清臣撰。明鈔本。

是書分上下兩篇。各分子目二十，上篇曰：相命、死生、血氣、因緣、遇合、志向、好惡、窮達、變化、安危、貴學、明察、情慾、言語、愚癡、忠義、崇信、廉潔、恩惠、寬弘。下篇曰：真僞、利害、恥辱、感激、毀譽、虚幻、交游、政令、施予、名利、臣節、諫爭、高逸、貪欲、驕滿、鄙吝、將帥、鬼神、老佛、感遇。首顔真卿手帖一通，末方孝孺跋。考唐、宋二史藝文志及各家書目均不著録。據真卿手帖：「往真卿在郡時，獲有故史二卷，號曰『魂礧』，不識作者姓名，其言良投鄙衷，真卿藏之三十年矣。辱君侯良厚，乏以爲酬，録此歸之」云云。則本無作者姓名。至方孝孺跋云：「近獲書二卷，不知作者姓名，而首有魯公簡，豈即魯公所作耶？就中觀之，如臣節、諫爭等篇，非魯公忠肝義膽之夫，他弗能也。魯公諱而不名，豈揚雄所謂彫蟲小技，壯夫不爲者耶」云云，遂徑題爲真卿所撰。今考其書，仿顔氏家訓，而立論駁雜，文筆孱弱。變化篇有「近吴中有一人焉」云云，决非出自唐人可知。其首雖力闢相命之説，而仍篤信夫因緣報應。而末感遇篇載芻靈子倚松之歌，與處子之歎辭，其文獨與全書不類。殆若法言、論衡之自敘，察其人乃一辈遁離俗，自比滄浪漁父不得志於時者之所爲。案之魯公身世遭遇，迥乎不合。魯公有家教三卷，載秘書省續四庫書目，原注：「已闕。」此必明人影射僞作，并僞顔帖、方跋以欺世耳。四十年前余得於馮氏校邠廬，今并僞顔帖方跋録之，以俟考訂焉。有「不夜于氏」、「小謨觴仙館」二印。爲文登于昌進，字湘山。官至淮海道，著有舊雨軒賸稿。昌進以治河稱，好舊本書，久居袁浦，時士禮居藏書散，昌進與河督楊以增競購之。宋刊梅花喜神譜爲昌進所得。弟昌遂字漢卿亦好古。

有「石研齋秦氏印」朱文長方印，「秦伯敦父」、「秦印恩復」白文二方印，「戴芝農收藏書畫印」朱文長印，「三退樓寓公」、「吴雲平齋曾讀過」白文二方印，「校邠廬藏書印」朱文長印，「臣植」、「培之」白文龍文二方印。

真卿叩頭叩頭。真卿年來卧疾癱痛，弛嬾日甚，貧困益深，日夕唯啜飦飲泉，姻亞朋儔，一切謝去，甘爲野民，不復望入仕籍中也。蒙君侯宏音下慰，勤懇兼並。故真卿何如，頻辱良厚。頌感之餘，莫知所云。往真卿在郡時，獲有故史二卷，號曰「䰟礧」，不識作者姓名，其言良投鄙衷。真卿藏之三十年矣，辱君侯良厚，乏以爲酬，録此歸之，唯寶藏笥中，勿可尋常也。真卿叩頭叩頭。

敘曰：昔太史公作史，以五百運而自任，及遭李陵厄苦而修書，故歷敘先聖之書，謂發憤而作。是乎非乎，信也太史無書，殁而草木腐矣。他如老聃、莊周、關令尹、列禦寇、管仲、晏嬰、申不害、淮南安各成一家之説，傳今數千歲。然古謂立言爲不朽之一者，信矣。故君子立言，可不貴乎。余不文，宿有書癖，自舞象年及今，雖屢遭顛厄，而未嘗一日廢弛也。凡積書之家，靡不丐貸録鈔。有售者未嘗不捐薪米以酬。居數歲來，四方之書故亦稍稍至矣。近獲書二卷，不知作者姓名，而首有魯公簡，豈即魯公所作耶？就中觀之，如臣節、諫爭等篇，非魯公忠肝義膽之夫，他弗能也。魯公諱而不名，豈揚雄所謂彫蟲小技，壯夫不爲者耶？是在博者辨之耳。余心服其言，雅好其文，因題數語於末。遜志方孝孺。

困學紀聞二十卷十六册

清乾隆戊午揚州馬曰璐叢書樓刊本。元和顧廣圻、長洲顧至、程世銓手校。

是書合千里、于山、念鞠三家手校，朱墨紛然。先兄隂嘉曾詳檢而次叙之。一、乾隆五十二年丁未，顧千里年二十二，得元刊六、七、八三卷校，始以朱筆，録何義門評語於芙蓉江館，詳卷八後跋。二、乾隆五十七年壬子，千里年二十七，八月重寓齊女門之順宜堂，句讀是帙。詳卷末跋。三、乾隆五十八年癸丑七月，顧于山以墨筆校元刊，并全録錢竹汀校本於順宜堂。詳逐卷及卷末跋。四、同年八月廿一日至九月十一日，于山以朱筆臨何評，至卷五止。詳逐卷跋。五、同年重陽至九月廿六日，程念鞠朱筆續臨何評於卷十八、十九、二十，詳逐卷跋。六、同年霜降前一日至大雪，顧于山臨何評於卷九、十、十一，凡三卷。詳逐卷跋。七、乾隆五十九年甲寅孟冬，千里年二十九，朱筆補臨義門評語，自卷十二至卷十七，凡六卷，始成完書。上距丁未，首尾八年。詳卷十七跋。案于山名至。長元吴三邑諸生譜，乾隆二十九年科試，長洲有顧玉臺(注，改名至)。黄蕘圃跋汪水雲詩、湖山類稿均及其人。湖山類稿并有于山跋，則與蕘圃爲友，亦嗜書者。葉菊裳先生藏書紀事詩與顧雨時、聽玉祖孫同列，今查碧鳳坊顧氏族譜，無其人。蓋同姓而不宗，葉先生誤也。程念鞠名世銓，又字叔平。家富藏書，與千里同師張白華思孝，亦見藏書紀事詩。三人者，蓋年相若，正焠掌功深時，其合校是書有以哉！于山、千里跋皆稱順宜堂，觀卷首祇有「念鞠」印記，疑堂屬念鞠，而于山、千里皆假館於彼歟？一書而萃三藏書家手跡，又得義門、竹汀校語，可謂無上善本矣。

有「程」字朱文方印，「叔平」朱文小方印，「程世銓」又「叔平父」朱白文方印，「元和程生」朱文方印。

癸丑八月二十一日至校。卷二末。

八月廿二日校録。卷四末。

癸丑九月十一日校録。卷五末。

六、七、八三卷，元慶元路刊本，校本有薄鷗臨何義門評語，并録之。乾隆五十二年歲次丁未，時在芙蓉江館，澗蘋。卷八末。

癸丑霜降前一日，至録。卷九末。

癸丑霜降，至録。卷十末。

癸丑大雪，至校録。卷十一末。

甲寅孟冬補録義門評語，自十二卷至此，凡六卷，始爲蕆事。首尾八年矣。澗蘋記。卷十七末。

癸丑重陽念鞠程世銓校。卷十八末。

十三日念鞠程世銓校。卷十九末。

壬子八月重寓齊女門之順宜堂，句讀是帙。澗蘋。

孫厚孫、寧孫校正。

慶元路儒學學正胡禾監刊。

元板卷末有此二行，戊申十月己丑朔，竹汀記。

癸丑七月，録竹汀先生校本於順宜堂。于山顧至。以上卷二十末。

困學紀聞注二十卷 十六册

清餘姚翁元圻輯。咸豐元年小嫏嬛山館刊本。海寧許克勤手校。

鳳西此注，李蒓客譏爲全是譜録，略無心得。見越縵堂日記。然蒐采廣博，殊便學者，與黄汝成日知録集釋同爲饋貧之糧。而厚齋、亭林之學亦藉以闡發，終爲不可廢之書也。

此本字小印劣，而勉甫校讀頗細，凡遇字有模糊，紙有闕損，必精加填補。每卷條文，統爲編號，以便檢查。其有考證，則細書眉上，乃勉甫校書之家法。如卷一易召平董公四皓魯兩生之流條，注於四皓，引史記留侯世家。勉甫又補以黎庶昌刻原本玉篇、碑下引三輔舊事「漢惠帝爲四皓作碑，在其隱處」。又介于石古文作砎條，注引釋文「古文作砎。鄭古八反，云『謂磨砎也』。馬作扴，云『觸小石聲』」。勉甫謂：「説文手部有扴字。錢大昕謂即介于石之介，而扴篆下，並不引易。竊謂介，篆當作硍。石部硍云：『厲石也。』與鄭作砎義合。且硍篆下引春秋傳鄭公孫硍字子石，疑即本介于石之義。砎當即硍之古文。卷二書説文引虞書曰仁閔覆下條，注何本作「仁覆閔下」。勉甫據其友孫君留丹云：「按何本爲是，與玉篇、廣韻合。」又左氏傳夏有觀扈條「啓有五觀」，勉甫補注曰：「逸周書嘗麥解曰：『其在殷當作夏。之五子，忘伯禹之命，假國無正，用胥興作亂，遂凶厥國。皇天哀禹，賜以彭壽，克正夏略。』五子即五觀也。」卷三詩鄭志十一卷條「詩七月正義『吳志孫皓問月令季夏火星中』，注『吳亡於孫皓，在晉武帝太康元年庚子五年甲辰，皓死于洛陽，時年四十二。當生于後漢主延熙六年癸亥，距康成之卒四十年』」。勉甫據吳志本傳「皓立時年二十三，改元元興歲次甲申，則生於延熙五年壬戌，年四十三，距康成之卒當爲四十二年。翁注尚誤」。又詩緯含神霧條「汎歷樞曰：『辰在天門，出入聽候』」，勉甫謂「詩疏作候聽，後漢書郎顗傳同。此文及注皆互倒，不可從」。雖屬鱗爪，具見用心。鄭翼案：翁注困學紀聞間有錯誤，或未詳盡者。余嘗摘記之，如卷六左氏引劉義叟長曆，翁注謂義叟字莊輿，恕之子。此誤劉義叟仲更爲劉義仲壯輿也。同卷厚齋引鄧名世語，翁注謂名世栟櫚集無此文，不知此爲鄧名世古今姓氏書辨證自序中語，誤以爲鄧肅栟櫚集，則毫不相涉也。卷十八評詩厚齋引宋正甫一聯，翁注謂真西山嘗跋其詩，不注何人，蓋十駕齋養新録亦云不知何人。翼按，正甫即南昌宋自適，宋詩紀事作字正父，亦采自西山跋語，又見於戴復古石屏集、張世南游宦紀聞。首有光緒七年辛巳自識云：「此書共十六本，七夕後一日購於察院場森寶堂。索值一洋，予與十三經注疏一百六十本及十三經策案共洋十枚，又錢五百文。」勉甫恃館穀及書院膏火爲生，於此可見寒士得書之不易，且可考當時之書價也。

有「許克勤印」白文方印，「勉父」朱文方印。

續考古編十卷 一册

宋新安程大昌撰。吳縣王氏學禮齋鈔本。常熟瞿熙邦手校並跋。

程氏此書，惟見於直齋書録解題，清修四庫全書不著録，是失傳久矣。瞿氏鐵琴銅劍樓藏書目録有何義門藏舊鈔本。傅沅叔先生先從徐梧生家得一明鈔殘本，後從瞿本補全，詑爲生平所未見。並審定其源出宋槧，且知程氏之意，前編主於訂經，續編主於考史，合之斯爲兩美。詳見藏園羣書題記。余於一九三九年夏乞瞿君鳳起傳鈔其家藏本。鳳起復據傅本用朱筆勘之，益臻完善。案卷三權知舉條，王曙，曙字作「英宗廟諱」。卷八温公通鑑曆用爾雅歲名及今官文書改一二字爲壹貳字條，閼逢困敦，敦字作「御名同音」，其源出於宋是已。但其分卷自卷一至卷五，又卷六至卷十，皆連寫不斷，似原爲卷子寫本，而非槧本面目。此則沅叔先生所未及也。卷九朕心朕德惟乃知條，原文全闕，留空白數行，又下條條目亦闕，今據傅本補得。原文云：「管、蔡挾武庚叛，正坐不知周公之心，故疑其將爲不利，豈惟管、蔡，雖朝廷亦自不之知也。鴟鴞之詩是也。惟康叔能知成王心德，故付以全衞以其所而信之也。」又補下條目云：「不見可欲，使心不亂。」凡一書異本，必有可取處，烏可以殘本而忽之哉？原有王芑孫題識，影摹於首。

有「鐵琴銅劍樓傳鈔本」朱文長方印，「鳳起手校」朱文方印。

程氏考古編追述當時職志緣起，足爲後據。歐公所謂勿浪書者是也。嘉慶乙亥五月借讀，惕甫識。

程氏續考古編，余家舊藏明鈔本，嘗以江安傅氏藏鈔殘本校讀一過，頗多是正。欣夫道兄屬爲録副，因併舊校過録就正。己卯仲夏，常熟瞿熙邦。

日知録札記一卷 一册

清常熟丁國鈞撰。鈔稿本。武昌徐恕手校。

亭林爲日知録成，閻若璩即爲補正若干條，載潛邱劄記，然於亭林書之明體達用，博大精深，固無害也。後之學者，家置一編，信之篤於是研之深，而博證旁引，正誤糾繆亦漸多。每見前人校本，戢戢眉端，所得雖有深淺，黄潛夫後惜無督輯成編者，蓋學問之道無窮，亦亭林所樂於有此者也。余既印秉衡先生荷香館瑣言入丙子叢編，徐君行可見之，謂有先生手校日知録在。因乞借讀，則録其校語爲一卷見寄。蓋先生雖無意爲書，然每下一簽，必證據分明，而不專事駁擊。亭林復生，亦當頷首。其在儉卿校正、曲園小箋之間乎？余尤愛其校史諸條，如「史記高帝紀『韓信説漢王曰：「項羽王諸侯之有功者，而王獨居南鄭，是遷也。軍吏士卒皆山東之人也，日夜跂而望歸，及其鋒而用之，可以有大功」』云云。此數語，亦見韓王信傳，而淮陰傳初無是言也。故徐廣於高帝紀注曰：『韓王信，非淮陰侯信。』至班固誤以韓王信爲淮陰侯信因增入蕭何追信事，而以此數語爲淮陰之言，乃於韓王信傳仍載此數語，是一言而屬之兩人，班氏之誤也。而日知録卷二十六史記條謂韓王信説漢王語乃淮陰侯韓信語也，以同姓名而誤。反以史記爲誤，何哉？」又「漢書陳遵傳『祖父遂字長子。宣帝微時與有故，相隨博戲，數負進』。師古曰『進者，會禮之財也，謂博所賭也，解在高紀。一説進，勝也。帝博而勝，故遂有所負』。此二説解進字不同，而要之遂負帝，非帝負遂。故璽書曰『官尊禄厚，可以償博進矣。妻君寧時在旁，知狀』。蓋戲爲索債之詞，故引君寧爲證，見非空言也。遂謝曰：『事在元平元年赦令前。』明其已更赦令，雖有宿負，當蒙恩免也。荀悦乃云『帝數負遂』。此與漢書正相矛盾，夫遂負帝，則可引赦令自解，帝負遂，而遂引赦令以解，則失尊卑之分矣。此事仍以漢書爲長，若進字犯史皇孫諱，師古已釋之矣。而同卷荀悦漢紀條謂『上微時，與游戲博弈，數負遂』。沿荀紀之誤而不知正，何哉？」如此類者不下數十條。先生固精於校史，一承嘉定錢氏、王氏、餘姚盧氏、錢塘梁氏家法。繆荃孫序晉書校文云：「字句之異同，以各本參校之。事實之乖謬，以本書互證之，再引他書折衷之」云云。此雖校日知録，正與其校史之例合。惜欲注晉書，稿未成，有校文改名校證五卷，並補藝文志四卷、補遺一卷在。他著述稿皆零落，此一卷書所當亟謀傳世者也。

有「弜誃閒業」朱文長方印。

竹垞道古録二卷 一册

清秀水朱彝尊述。吴縣王氏學禮齋鈔稿本。

竹垞此書，祇見瞿世瑛清吟閣書目，作四卷。注：「手鈔。」不知與此異同如何。别有瀛洲道古録，見李富孫校經廎文集，乃紀翰苑掌故，與此非一書。昔年見此書舊鈔本於劉氏嘉業堂，亟傳鈔之。

案其書皆雜考四部書，不加類次，偶有重出。如卷上春秋佐助期武露布文露沈條，前後兩見。勾欄之名條既引古今注，卷下又引王建宫詞。當爲一條。是必據手稿迻録，尚未編定者。其説於明人張自烈、楊慎、王世貞、胡應麟以逮清朱鶴齡之注李，仇兆鰲之注杜，倪璠之注庾，吴任臣之注山海經，多所訂正。而於楚辭亦多糾王逸、洪興祖之誤，雖屬瑣瑣，莫非珠玉。其有涉目録者，如衛元嵩周易元包、王伯厚據館閣書目爲唐人。今案楊楫序北史藝術傳定爲後周人。漢藝文志京氏段嘉十二篇，師古曰：「嘉即京房所從受易者。」今按儒林傳，嘉爲京之門人，又段當作殷，字譌也。春秋指掌圖世以爲東坡作，今案自序及宋史定爲南宋初侯蒙作。唐藝文志李氏三傳同異例，開元中左威衛録事參軍失名，今案唐書宰相世系表知是李克。相貝經楊慎以爲漢嚴助作，今案藝文類聚，相貝經朱仲受之於琴高，嚴助爲會稽太守，仲遺助以徑寸之貝，并致此文於助。則經非助作也。經籍考有葛仙翁胞息術一卷，晁氏曰：「仙翁，葛洪也。」今案列仙傳：「葛玄，道號葛仙翁」，以洪爲仙翁，非是。唐施肩吾鍾吕傳道記，胡應麟謂肩吾晚唐詩人，素不聞其有道術。今案經籍考西山集引晁氏説，黄伯思跋施真人集，則肩吾世傳爲仙，胡説非也。又如漢書揚雄傳「兖鋋瘢者」，如淳注云云，孟康注云云，師古曰：「據如孟氏之説」云云，案此如淳與孟康之説，故曰如、孟，非謂當如其説也。師古誤讀，臣佖亦沿誤。又甘泉賦「列辛雉於林薄」，服虔注曰：「即辛夷。」雉、夷聲相近也。案本草別録：「新雉木，味苦，香，温。可作沐藥。實如桃。」雄賦或用此也。又「翠玉樹之青葱」，師古曰：「集衆寶爲之。」而左思不曉其義，以爲非本土所出。案三輔黄圖甘泉宫北有槐樹，今謂玉樹，則子雲所賦者即槐樹也。又武五子傳「張富昌爲題侯」，孟康曰「縣名」。晉灼曰「地理志無」。案地理志清河郡有𨛬題縣，孟氏謂縣名，即此。郊祀志「天子獨與奉車子侯上泰山」。通雅曰「奉車者，官名也。子侯者，小侯也。霍去病之子。仙傳誤爲車子侯，曰扶風人」。案霍去病傳：「元狩六年薨。子嬗嗣，字子侯。上愛之，幸其壯而將之，爲奉車都尉，從封泰山而薨。」則子侯乃霍嬗字，豈得以小侯解之。翟方進傳「輔湛没，火守舍」。張晏注：「輔湛没不見，則天下之兵銷。」案荆州占曰：「輔星欲小明，小明則相明。」春秋緯曰：「輔星没，天子佐銷」，則注中「天下兵銷」乃是「天子佐銷」之訛。晉書「帝至于湖，陰察敦營壘而還」。案于湖在當塗西南，陰察者，微察之也。温庭筠誤逗晉書，作湖陰曲，王安石姑孰早梅詩「大梁春費寶刀催，不似湖陰有早梅」又從温誤。其考史多爲前人所未及，誠爲説部佳書，惜四庫總目失收也。

炳燭齋隨筆一卷 一册

明常熟顧大韶撰。江安傅氏長春室鈔本。傅增湘手校並長跋。又常熟瞿熙邦校。

余讀錢木庵撫雲集，見錢湘靈序稱：「時依牧齋之門以揚聲者，以夭冶爲温柔，以堆砌爲敦厚。木庵發軔，不無染指其間。其後思顧仲恭之言，遂進而求之韓、杜，更進而求之風、騷、漢、魏、陶、謝，更進而求之左、國、馬、班，涵泳濂、洛、關、閩之學，尤好南華、楞嚴，而悉以供其詩，此其作之之旨也。」知牧齋主一時壇坫，其鄉人已有與持異趣者。今讀是書，有爲牧齋子解論語「亞飯干適楚」句，而獨無論詩語。至云

「佛教未行之先，其早爲前驅者，惟莊子而已。佛教既行之後，其相爲表裏者，惟莊子而已」。故卷中時引古德語爲説，解莊者且數十條，是木庵之好南華、楞嚴亦仲恭教也。其解左傳「是四國者專足畏也」，云：「上文但言大城陳、蔡、不羹，解者遂以四字爲三字之誤。讀賈誼新書有『大城陳、蔡、葉與不羹』等語，始知四字實未嘗誤也。左傳偶遺葉字耳。先是楚靈王遷許於城父，葉爲空邑，徙方城外以實之，因大城葉。見左傳昭公九年。」解史記高帝本紀「五年，高祖與項羽決勝垓下，淮陰侯將三十萬自當之，孔將軍居左，費將軍居右，皇帝在後。絳侯、柴將軍在皇帝後。淮陰先合，不利，卻。孔將軍、費將軍縱楚兵不利，淮陰復乘之，大敗垓下」。云：「觀此則項羽之敗，全是淮陰侯力，而淮陰用兵全副伎倆，亦於此戰見之也。班固略而不書，蓋以淮陰罪誅，有意抹殺其功。」如此者，可謂讀書得間。於張横渠西銘，謂「其意甚莽，其辭甚鹵，以覆瓿可也」。於朱子之解經，謂「好排舊説，至於字義亦不本爾雅、説文。雖曰不妄，我不信也」。如此者，詆排未免過當。至於斥湯武曰弑君篡國，尊釋氏爲西海聖人，此尤爲當時士大夫所不敢出諸口者。總之其書讀書具識斷，筆舌亦爽利。雖瑕瑜互見，可存者多。修四庫時見之，自必收録。餘詳傳沅叔先生跋，余輯紀年叢編，先生出不經見之書相假，此其一也。鳳起以鄉人著述，借歸録副，適有得康熙原刻本者，爲校一過。淡朱筆是沅叔先生爲序辛巳叢編，其稿同時寄到，今附訂於末，以免零落。

炳燭齋隨筆一卷，明顧大韶撰。大韶字仲恭。常熟人。太僕卿大章之弟也，兄弟孿生。大章起甲科，致通顯，罹閹禍，以忠烈著聞。大韶老於諸生，浮湛里巷，然以好學深思見稱名輩。少治詩義，專門名家，鍾惺定爲本朝第一。長益肆力學問，六經諸史，百家內典之書，靡不賅覽，而於詩經、三禮尤所沈研鑽極。晚歲焚棄其稿，自定爲二十三篇，今世所行仲恭文集初刻是也。卒後錢牧齋爲之傳，推許備至。所撰竹籤傳、後蝨賦，爲采入傳中。其詞旨恢詭，多藉以摩切當世，蓋衰晚病廢，憤慨不平而作也。此書爲博涉羣書時，隨筆考辨。所記説經者居其半，如論詩，言伐木之詩，乃答上篇棠棣之意。言鴛鴦于飛二章，乃一反一正，皆據小序以糾朱注之非。論周禮最多，如地官之原隰，臝物。小司徒之上、中、下地，鄉師、鄉老、州長之名秩。春官大宗伯之天產，地產。春官之世婦，夏官馬質之旬內外，司爟之出火、內火。冬官之量豆、甒案，以及匠人營國，皆援據經傳，考古徵今，以訂注疏之失。持説精碻不易。卷末論莊子至五十則，疑爲讀莊札記坿録者。大韶推崇莊子，嘗謂道家之書，莫妙於莊子，又謂佛教未行之先，莊子早爲前驅，佛教既行之後，莊子相爲表裏，以篤嗜之深，推闡時得新解。第其他疵類甚多，如言讀五經而不講理學，不通三教，是貧兒數寶之學。謂孟子不脱文人氣習，只是齒牙鬆快。謂橫渠之西銘其意甚莽，其詞甚鹵，可以覆瓿。其詞詭激，似揚李卓吾之餘波者。又如辨俗語之爲王八，辨少艾之爲男風，謂淫祀五郎神之冒稱五通，謂鬼畜鬼獄引及康王泥馬，冥司拷鬼之事，皆可已而不已，未免自穢其書。至於以天主教爲即古之祆祠，引西溪叢語爲證。此由明季歐化初東，情事暌隔，又不足責矣。按錢氏傳中云：「大韶晚歲欲將十三經、諸子墜言滯義，標舉數則，勒成一書。竊比於程大昌演繁露、王伯厚困學紀聞之列。」即指此書。今觀篇中論列，瑕瑜不免互見。視程、王二氏，不如遠甚。以學無師承，而嗜奇鶩博，故氣矜詞駁，終不脱明人習氣也。此書爲曲阜顏氏磨墨亭舊寫本，後歸於順德李若農師。余從師之文孫勁莽許獲見之，勁莽屬爲題識，爰披閲數四，得其梗概，粗爲評騭以歸之。歲在戊寅四月，江安傅增湘識於瓊島北岸之抱素書屋。

松崖讀書記二十二卷附更定四聲稿四卷增輯松崖文鈔二卷十四册

清元和惠棟撰。吳縣王欣夫輯稿本。

首吳縣曹元弼、錢塘張爾田序。次凡例。次目録。卷一至卷二京氏易傳、李氏易傳、周易義海撮要。卷三至卷六毛詩、韓詩外傳。卷七周禮。卷八禮記、大戴禮記。卷九春秋公羊傳、春秋穀梁傳。卷十爾雅鄭氏注、爾雅、經典釋文、廣韻、熊氏經説。卷十一至卷十四漢書。卷十五後漢書。卷十六逸周書、穆天子傳、水經注。卷十七管子、孔子家語。卷十八荀子。卷十九吕氏春秋。卷二十韓非子、春秋繁露。卷二十一淮南子、論衡、蔡中郎集。卷二十二漁洋山人精華録箋注。而以更定四聲稿殘稿四卷、增輯松崖文鈔二卷附焉。

余幼讀書家塾，發楹書得後漢書補注，題元和縣學生員惠棟撰。心識之。長而受經於曹叔彦師，知定宇以生員而爲一代漢學之宗，并熟聞惠氏四世傳經之事。乃遍求其書讀之，不足，則益求其手校善本。於時南北藏書家常以秘籍相假，而閲肆搜求，亦頗有得。喜其於校勘文字外，多獨抒心得，零璣碎璧，俛拾即是。於是仿張海鵬刻惠氏讀説文記之例，每種案條輯録，彙爲一編。一九三八年五月，寫定擬刊。其於人事變遷，垂成而中輟者屢矣。夫定宇説經之書，久已刊行，故讀者於是編，多以史、子兩部爲勝。其於經部，溢出於左傳補注、九經古義者，雖以張孟劬先生之博通，亦有棄瀋餕餘之疑。今案定宇生於康熙三十六年丁丑，卒於乾隆二十三年戊寅，年六十二。貸園叢書本左傳補注自序題戊戌冬，則爲康熙五十七年。時定宇祇二十二歲，而序云「傳之子孫」。九經古義自序亦云「吾子孫其世傳之」。又云「顧念諸兒尚幼」。考惠氏家譜，定宇長子嘉學，雍正五年丁未生。次子嘉緒，雍正七年己酉生。三子嘉德無生年。四子嘉柎，雍正十三年乙卯生。五子嘉萼，乾隆四年己未生。則康熙戊戌定宇實未有子，與自序所言皆不應，其誤決矣。今於蘇州文物管理委員會見有周易古義手稿一册，序題乙卯，爲雍正十三年，則其時長子九歲，次子七歲，定宇蓋甫三十有九，半農尚健在，故序又云：「長聞庭訓」，核之無不適合。左傳補注、九經古義同時編定，則其後二十餘年，讀書所得，識於眉端者，正晚年論定之説，所入既深，益爲可珍，豈棄瀋餕餘之比乎？所見張夬齋臨左傳注疏較刻本補注增至數倍；葉菊裳臨毛詩注疏亦較沈沃田臨本爲多，皆由此故。但未經手定，榛楛雜糅，自未能免。此則非輯録者所得擅加去取者也。獨不解定宇著述多經弟子江艮庭等編録，而此二書者又經戴東原校定，李素伯付梓，皆不取最後足本，意者稿藏於家未出耶？然則是書之存，其足重又非義門讀書記、援鶉堂筆記之所可同語矣。近歲又見春秋左氏傳、山海經、老子、莊子諸校本，當再博訪以輯續編。所附二種，別著録。

曹敘

我吳學風，自亭林顧先生身通六藝，抱春秋經世之志，以繼往開來。經師人師，接踵蔚興。三百年來鴻儒鉅製，闡明絶學，詁釋經史，統系相傳，直追兩漢師承，而尤以婺源江氏、吾吳惠氏爲羣儒宗。兩先生皆兼通五經，博極羣書。而慎修先生尤精於禮、松崖先生尤精於易，慎修先生之學授休寧戴氏震、歙金氏榜。戴氏以其學授金壇段氏玉裁，段氏以文字聲音訓詁之學授吴江氏沅，以及長洲陳氏奂。金氏以其學授武進張氏惠言，而張氏又深於易。江氏鄉後進旌德姚氏配中亦精易學。松崖先生之學，授吴江氏聲，傳子及孫。沅以及陳氏奂又皆授業於段氏，由是兩家師承合一，相得益彰。及陳氏再傳而得管氏禮耕，以授余從兄君直，而余亦時時從管先生問，故二家師説，源遠流長，歷久弗替如此。余不揆檮昧，治經數十年，於禮由江氏之傳，以達鄭君神恉。於易由惠氏之傳，以究鄭、荀、虞三家微言，庶幾窺元意而整不齊。數十年來從吾遊者，英儒贍聞，好古敦道之士，蓋不乏人。而優游漸漬，專久而美，篤守經業如性命肌膚之不可移，尤莫如同邑王大隆欣夫。欣夫初從都講金松岑受學，松岑以爲讀書真種，令就余治禮，余見其氣度温雅，初覿即器異之。用功篤而耽道深，既熟精禮經，遂博貫羣籍。好蒐羅天下放失舊聞，顯微闡幽，探賾索隱。聞故家有宋、元精槧經本及先士校本，輒輾轉求借録，日夜點勘，未嘗廢倦。二十餘年學業益精博，四方賢士皆樂與之遊，樂假以書。於是手校故書雅記益多，而於惠先生評校本搜訪尤勤，凡所傳録至三十餘種之多，蔚然爲藝林大觀。夫目録校勘，爲讀書入門要義，乾、嘉以後，校勘之學日益精密，實自惠先生啟其途徑，示之準繩。蓋先生博綜玄覽，潛研深造，於書無所不窺，深洞六書之本原，羣經之假借，與夫漢、魏人用字之例，六朝、唐人經本異同之所從出，蜀、宋以來版刻相承之源流。又上紹樸庵、研谿、天牧三先生之家學，當雍正、乾隆秘書盡出之時，優游玩索，樂道忘劬。故其校讎之詳，引證之塙，審斷之精，爲不可及也。先生殁後，零文墜簡，散布海内，學者得吉光片羽，珍若球圖。今欣夫捃摭薈萃，若是其富，青青子衿，由此可識讀古書之法，豈非册府之龜鑑，學海之津梁乎？余少見先生所校周易集解，正譌補脱，乙衍改錯，如撥雲霧而見青天，非易學至深者不能。既而友教四方，見先生所校他書，其上方論説，多與易相表裏，乃知先生所以博考羣書，皆以證明易義。千山宗岱，萬壑歸海，讀書雖多，用志不分，博學詳説，以反説約。故其周易述引據極博，語詳擇精。先生説易之精義，余作易箋釋備論之，欣夫亦熟聞之，今既輯成松崖讀書記，由枝流而歸本源，易道既明，而六藝要旨亦一以貫之。識大識小，同條共理，是書也其將爲升五鳳樓之階，乘千里馬之策也夫。龍集辛巳秋七月，復禮老人曹元弼敘。

張敘

有考據學，有漢學。正音讀，通訓詁，考制度，辨名物，此考據學也。守師説，明家法，實事求是，以蘄契夫先聖之微言，七十子後學之大義，此漢學也。鄭康成自述其説經之例云：「箋詩宗毛爲主，如有不同，即下己意。」蓋必有所主，而後謂之漢學。無所主而但下己意，則考據學而已矣。朱子嘗敘論、孟精義，以正音讀，通訓詁，考制度，辨名物爲漢儒功，而曰：「學者苟不先涉其流，則亦何能用力於此？」夫漢儒固未有不正音讀，通訓詁，考制度，辨名物者，而即以正音讀，通訓詁，考制度，辨名物，爲漢儒之特長，則猶之乎外也。三百年來學者病宋、明性理之空陋，始競尚考據家言。正音讀，通訓詁，考制度，辨名物，標其名曰漢學，亦既家有其書，人傳其業矣。而求其真有符夫漢學之實者，則吾必首推定宇惠先生。雖考據學之先河，顧亭林、閻百詩不得與焉。何也？則以漢儒之師説，漢儒治學之家法，至先生而始明也。先生最有功於諸經者，厥惟創通漢易，其他著述亦皆稱是。生平經説刊行已久，而筆語脞記，丹鉛點勘之書，多未最録。後來盧召弓、阮雲臺校理羣籍，往往引先生説，則其散落在人間者，比之滄海一漚而已。吳縣王君欣夫，博聞通敏，鋭志流略，尤篤嗜先生之學。竭數年之力，搜訪於藏書家，條分件繫，成松崖讀書記若干種若干卷，雖其中或有與後人從同者，亦有先生未定之論尚待參考者，而殘膏賸馥，霑溉方來，實非淺鮮。

蓋先生讀書既多，而又當承平之時，異書孤槧，所見所聞亦較易，此區區者在先生視之，或且以爲棄瀋，爲餕餘，而在今日承學者得之，皆瓌寶也。不讀先生經説，不知先生之學由大而精。不讀此書，又安知先生之學由精而博。昔何義門既殁，其所批校之書，得蔣維鈞輯之而始傳。先生之學又非義門比，而欣夫掇拾於叢殘灰燼之餘，其爲功且倍難於蔣氏。余老矣，不勞采獲，得坐觀先生之學之賅備，夙昔景仰之志，至是爲之一慰。然則欣夫矻矻之勤，與夫服膺前輩之篤，又豈可望之今之人哉。欣夫遠來徵文，貞疾彌年，暫輟呻吟書之。己卯十月，遯堪老人張爾田敘。

輯例

一、是書仿常熟張氏海鵬借月山房叢書所刻惠氏讀説文記例，據先生校讀羣書，或傳録本，案條輯録。先采列原文，或注、或音義、或疏。次空一格，録案語。其或原文過長，不能全録者，則標起訖，或加云云字，以省繁重。

一、所見先生校讀之書，往往先有先生父半農先生評注，而先生再加校閲者，大概半農先生多用朱筆，先生多用墨筆，然亦有爲例不純，朱墨錯出者。原本尚可據字跡辨認，傳録本則易致混淆。故間有前後不符，彼此歧異者，亦有前見或誤，後加訂正，於此已改，而於彼未及者。可見前賢讀書之精進，今既無從分析，衹可兩存之，總之爲惠氏一家之學也。

一、原書多據唐、蜀石經，宋、元善本，校正譌字。在當日爲罕見秘笈，而今已多有影印，世所習見。且其重要者，阮元、盧文弨、黄丕烈、顧廣圻所刻書，後附校勘記，亦多徵引，故茲不具録。

一、原書於句讀批抹，具有精義，足資啟發。本欲仿歸、方評點史記例詳著之。因瑣碎過甚，卷帙太鉅，又傳録本或有未録句讀批抹者，故不能一一詳之也。

一、凡所據傳録本，多出一時學者之手。故詳審與手跡無異。每種小題下，必注據某某録本，以明淵源所自。録者間有案語，則附録於當條下。

一、先生羣經注疏校閲本，雖多已采入所著九經古義，但九經古義爲早歲所編定，晚年續有心得，皆隨手箋記於書眉，實爲精詣所在。又九經古義經戴東原删訂，今所條録悉如原本，正可見先正讀書之法，若以君子不示人以璞語爲繩則，非輯此編之旨也。

一、先生所著更定四聲稿、志、傳、藝文均不載，其目僅一見於顧廣圻傳録先生所校廣韻跋中。今得朱邦衡手鈔殘本五册，吉光片羽，彌足珍貴。特重爲案韻排比，録成四卷，爲附刊之一。

一、先生文鈔，今所傳貴池劉氏聚學軒叢書二卷本，係出新陽趙元益所鈔輯，桐城蕭穆所增補。其未刻遺文，今又輯得若干篇，爲增輯松崖文鈔二卷，爲附刊之二。

一、兹編所輯，僅據所藏及所見者，隨得隨録。但書囊無底，見聞弇陋，挂漏尚多。望海内藏書家惠然假讀，再輯續編。

一、是編之輯，時歷十年，所據各本，除自藏外，多假之同好執友，如常熟瞿氏啟甲、熙邦父子鐵琴銅劍樓，江安傅氏增湘雙鑑樓，杭縣葉氏景葵卷盦，吴興劉氏承幹嘉業堂，常熟丁氏祖蔭緗素樓、上元鄧氏邦述羣碧樓，吴縣潘氏承謀彦均室，至德周氏暹自莊嚴堪，貴池劉氏之泗玉海堂，吴縣顧氏則奂過雲樓，及江蘇國學圖書館、上海涵芬樓。用志卷首，以示不諼。

一九三八年五月王欣夫識。

讀書雜志八十二卷餘編二卷二十册

清高郵王念孫撰。嘉慶、道光間王氏原刻本。清元和陳倬手校。

培之篤好高郵王氏之學，曾見其所讀子、史，必全録讀書雜志於眉端，且不止一部，間以贈其弟子，用力可謂勤矣。此即於校録時偶有所得，隨手批注。如管子卷五明立寵設六句條，謂當移在無事條前。卷六正人無求之條，虚無無形，本作虚而無形，謂「嵇康雜詩注引作『虚而無形』，俗本文選脱而字。」又故曰奚率求條，謂當移人皆欲知而莫索之其所以知彼也條前。又不得過實條謂當移務其應所以成之條前。卷九人主道條謂「道下應補備字」。荀子卷一絶江河條，文選海賦注引此，正作「絶江海」，謂「海賦注所引是。下文『無以成江海』，江作河非，引此句也。」又積善成德而神明自得聖心備焉條，張子房詩注引此，亦作備，謂「張子房詩注引大戴禮，不引荀子，此未知所據」。又出入不遠條，謂文選登樓賦注、月賦注、勵志詩注、陶徵士誄注，並引荀子，皆作出入不遠。又不姑好交也條，或引榮辱篇「豢之而俞瘠者交也」云云，謂「引榮辱篇者謂郝氏補注」。卷二若夫譎德而定次量能而授官條，或據君道篇云云，謂「據君道篇者，謂洪氏頤煊」。又檢式條，文選演連珠注引蒼頡篇云「檢，法度也」。謂文選劉琨答盧湛詩注、典論注，皆引蒼頡篇此句。卷三乘白條，或謂白爲伺之譌，謂「此謂郝氏也」。又塞備條，謂當移乘白條前。卷八簪以爲父條，謂「此條楊注上當加箴、賦二字，方與上文一律」。補遺何世之無才何才之無施云云條，謂「此條御覽引作孫子，文選注亦作孫子，今孫子十三篇無之。漢藝文志兵權謀家孫子兵法八十二篇，則遺佚之文不少。兩書所引，不稱孫卿子，疑未必是荀子佚文也。二書之例，引荀書者稱孫卿子，引孫武書者稱孫子」。淮南子卷十四亡乎萬物之中條，莊本改亡爲存，正與此義相反。謂「莊本作亡」。卷十九帽憑條，愲恲與帽憑聲近而義同，謂「帽誤當改愲」。凡若此類，於校正敘次與刻誤者，雖所關不大，可供重刻時改正。至石臞駁正同輩之説，皆或而不名者，可見存心之厚。多引文選注者，培之於選學尤熟精也。

蘇齋筆記八卷二册

清大興翁方綱撰。宣統二年庚戌北洋官報印書局影印手稿本。

是書卷一易、書、詩。卷二春秋、三禮。卷三大學、中庸、論語、孟子、孝經、治經。卷四爾雅、説文、字學。卷五正史。卷六史、子。卷七文集、駁歐陽説易。卷八文集、時文。每卷首葉有甲戌、乙亥覆校題識。卷一首條有云：「愚治經劄記，已積成卷，今就其必宜撮舉者，或劄記所不能附入者，偶筆一二焉。」案覃谿自訂翁氏家事記略：「嘉慶九年甲子馬蘭峪守陵時，分寫諸經條記，得易附記等十二種。」而此書則不著於録，是必甲子後續撰，而甲戌、乙亥爲年八十二，距戊寅之卒，僅三年。是係晚歲定稿，而與附記各種相參互者也。

覃谿經術本疏，而好攻駁時賢（見陳左海致覃谿書），今讀是書，多得其證。自言其生平治學之旨曾私記座隅曰：「博綜馬、鄭，勿畔程、朱。」然於禮記則云：「鄭康成於禮最精，然其以禘爲祭天，則無根之説也。」於孝經則云：「後世學者於朱子諸經傳説，偶有異同，輒紛紜好生歧説。而獨孝經刊誤爲朱子著述之累，莫有敢糾正者。」是其於鄭、朱亦未嘗博綜而勿畔也。他如於惠棟周易述，一則曰：「文理不通，謬妄至於此極。」再則曰：「其書嗜異炫博，吾學侶所當見而髮指者。」抑何深讎若此。於閻若璩古文尚書疏證，一則曰：「逞其口角，全無儒者慎言氣象。」再則曰：「愚欲舉所當駁者，一一正之，作訂閻一編以示後學。既而又思轉笑此輩無識，今不值得如此作也。」今觀其書，附記尚不能望毛西河後塵，此其爲遁辭也。於金榜禮箋則曰：「金榜者，其人曾官翰林修撰，而敢於創此臆説，凡在藝林者，皆宜痛闢之。」則以榜主康成禘以祭天之説而發也。於張惠言儀禮圖則曰：「近日江南後生，有撰禮圖者，不載經文而其圖極詳，真若處處件件嘗得諸目見者，此則不可援楊信齋之圖以藉口矣。」不言姓名而曰江南後生，蓋輕蔑之詞也。又以惠棟、戴震之兼言性命也，曰：「獨所惡者，近日精心考證之家，必不肯讓宋儒，而欲自出己見，以名著述。如惠棟於易述之後，附及言中、言性諸條。近日戴震亦精考證，而必侈言性命之理，以自名其家，此則大不可也。與其似此等高談理學，轉不如撰格言，撰勸善文之有補矣。」夫考據家而談理學，何以必斥爲大不可，殆以爲理學乃濂、洛、關、閩所占有，仍是勿畔程、朱之意耳。然則若象山、陽明將又何説以處之，所見亦隘矣。他如朱彝尊、臧琳、錢大昕、段玉裁等，幾幾無一不加以詆諆。則後來方東樹之漢學商兑，不啻爲此書推波助瀾耳。卷五以下，始多平正通達之論，而於金石尤爲當行。所記瑣事，如

「梁崔靈恩三禮義宗，朱氏經義考云：『佚』。昔聞臨川李氏家有舊寫本，不知其卷次。及余視學江西，託臨川學官於李氏家訪之，不獲」。「盧抱經亦作補正數卷」。覃谿曾合杜預、程公説、顧棟高、陳厚耀之朔閏，「通列立表，編爲六卷，以備詳考」。「嘗見朱子手稿顔淵篇集注一卷，晁氏曰『不憂不懼』句至『以友輔仁』，中間塗改甚多。王文恪鏊所藏」。覃谿於「三十年前嘗撰六書測源草稿四卷，手寫尚未訖功」。「李燾長編當時稱其手稿至千有餘卷，今從永樂大典校録尚得五百二十卷。昔在史館，與程魚門校訂之暇，就胥史所寫，存一副稿，已至盈架之富」。「王述庵撰金石萃編載率更化度寺碑，盡依僞本妄作之字句，而識其文不工，此何賴乎撰述爲耶？」「一工時文則不工於爲詩，朱竹垞入翰林後，猶未嘗爲時文，辛酉典江南鄉試，始學習此事」。「方望谿少時嘗學作五言古詩，請益於竹垞。竹垞曰『以子之才，幸勿學此，若學作詩，其名必敗』。望谿亦遂聽從其言，終身不爲詩」。凡此皆足資多聞。

此本用朱墨套印。考其印記，知手稿初藏葉志詵平安館，後歸景樸孫小如庵，再歸龔心銘。又有譚復堂印。則知借讀時所加。昔在劉氏嘉業堂見平安館鈔殘帙，共存四卷。卷四、卷七與此同，溢出卷九，詩。至唐李商隱。卷十七，戒酒、戒火煙、戒殺生、戒夜飲、戒侈靡、敬惜字紙。知原稿在葉氏時當爲全帙，而今已劣存其半，傳本尤希，不見於公私書目，雖近印，列之善本也宜。

羣書札記十六卷 六册

清上虞朱亦棟撰。光緒四年武林竹簡齋重刊本。吳縣王欣夫屬友華亭封章炟臨吳縣胡玉縉校。

亦棟原名芹，字獻公。乾隆乙酉副貢，戊子舉人。平陽訓導。見上虞縣志。此書及十三經札記原刊本均極罕見。光緒四年武林書店竹簡齋重刊之，而屬慈谿馮一梅序其首，今賴以傳。譚廷獻復堂日記：「閱上虞朱芹十三經羣書札記，往往以切音求古言，亦自有見。惜其讀書不少，而違別擇，昧源流耳。碧山爲錢曉徵弟子，恐未爲高足。」李慈銘越縵堂日記：「閱朱亦棟羣書札記。亦棟亦名芹。嘉慶時諸生。書凡十卷，雜考古義，頗有心得。於近時孔衆仲之詩聲類，詆之甚力，蓋於古今聲韻亦能參互而知其原，故往往中孔氏之病。惟讀書未多，時有村塾陋語。據其凡例言，所著尚有十三經札記，已先刊行。是亦吾越好古之士，而學者罕知，深可歎也。其書刻於歿後，編次無法，且多誤字。」案譚、李二氏所評，以李説爲允。所見當爲原刻，首凡例猶存，其云十卷，或爲不全本。至譚氏所見，則已爲重刻，以書贉題「古虞朱碧山先生著」，故稱其字曰碧山，但曰爲錢曉徵弟子，則不知何據。其書與曉徵不類，亦絶無稱引師説。按其年輩，祇稍後於曉徵耳。至李氏謂嘉慶時諸生，乃不知志乘明載乾隆時舉人。以李氏之熟於掌故，且其鄉人，而尚不知其人，則士之兀兀一生，欲留姓名於身後，誠有幸不幸也。李氏謂其編次無法者，蓋指一題而多有前後互見，或再三見，未爲合併，亦不注明。引書時有脱衍錯亂，未取原書勘對，至不可屬讀。在作者，讀書有得，隨時札記，原無所嫌。而題爲及門諸子校字者，何疎陋乃爾？李氏又謂「雜考古義，頗有心得」是矣。然亦有蹈襲前人者，如卷三杜詩五雲高太甲條，襲困學紀聞。卷十一蘇東坡詠雪詩柳絮才高不道鹽條襲藝苑雌黄。卷十六西谿叢語段成式酉陽雜俎有諾皐記條襲能改齋漫録是也。

綬之先生爲學博涉，無書不讀。於此書統校一過，並采可資參考者録之眉上，其見他書而不及徧録者，則注其書名與卷數。自加案語，無不精確。老輩讀書，一字不肯放過者如此。其本爲潘君景鄭所得，一九六四年七月，余贈以綬之丈四庫總目提要補正印本，得許借讀，因屬封君耐公照臨之。獨念綬之先生生平手校羣書，悉已散失，所望續有所見，擷其精要，以補許廎學林之遺。

讀書證疑六卷 一册

清嘉定陳詩庭撰。吴縣王氏學禮齋鈔本。

詩庭字令華，一字蓮夫，號妙士。嘉慶己未進士。是書爲易一條、書七條、詩二十五條、周禮五條、儀禮一條、禮記十一條、夏小正一條、左傳六條、公羊兩條、國語二條、論語二條、孟子五條、四書一條、爾雅二十條、廣雅五條、説文五十條、説文繫傳四條、唐韻正一條、潛研堂答問一條、史記十七條、漢書一條、莊子一條、列子一條、淮南子四條、文選三條。各書均未分類，諒依屬稿先後爲次，而讀之殊不便。其有詳略互見者，亦並列而附案説明。然如卷一説文籀字條，即卷五同條之前半，應删而未删，亦無案語。凡此皆體例之可議者。令子聘侯亦經學名家，不知何以有此疏失。光緒時海寧許溎祥據其父楗所藏許學秘本，彙刻許學叢刊，其二集中有妙士讀説文證疑一種，即從是書中摘出。然是書所載説文並繫傳共五十四條，許刻祇四十三條，且誤入禮樂記呻其佔畢，書梓材至於屬婦二條。開卷第一枅字條即失載，而序次亦不同，知許氏僅得傳鈔殘本，未見原書也。

妙士曾接錢竹汀，通六書之學，謂六書之始，依類象形，形聲相益，而聲亦有義，聲同義同，聲近義近，文字聲音訓詁一以貫之。故凡所討論，均精審詳確。又有與同里吴客槎夌雲、福州陳恭甫壽祺、梁曼叔運昌商榷之語，尤見合志同方之雅。蓋嘉定錢氏一門羣從皆熏習家風，各事著述，鄉人化之。若瞿木夫中溶、李許齋賡芸及客槎、妙士莫不研經撢史，蔚成學派。而妙士有子克家，得世其業，尤爲難得。惜其書雖刻而不傳，余昔年從徐丈積餘借得原刻，亟傳録之，蓋直以稿本視之，欲效甘泉鄉人爲臧氏經義雜記編目之例，重爲印傳。家貧客授，荏苒未果，良可慨也。

蒙廬日記不分卷 十一册

清秀水沈景修撰。手稿本。

起自同治十年辛未六月，訖於光緒十二年丙戌十一月。中闕同治十一年壬申十一月至十二年癸酉十一月，又光緒二年丙子六月至三年丁丑七月，又四年戊寅五月至五年己卯十一月，又九年癸未正月至十年甲申二月，凡四册。紅格，板口有「井華館手鈔本」六字。

景修字汲民，又字寒柯，號蒙叔。同治辛酉拔貢。分水教諭。家居吴江之盛澤鎮。擅吟詠，工書法。著有蒙廬詩五卷，井華詞二卷。譚復堂評其詩云：「情志之詩，窈以曲。游觀之詩，舂以愉。酬贈之詩，敦篤而不陳。哀怨之詩，悽悱而不痺。」評其詞云：「若游佳山水，一邱一壑，咫尺而千里。若聆古琴瑟，變宫變徵，出風而入雅。」蓋今詩詞刻本爲復堂所審定。詩集中又有論國朝人詩絶句百首，論國朝人書絶句七十二首，尤爲傑作。蓋蒙廬三折肱於斯道，故皆言之有物，不同浮泛。今日記中多載所作篇什，他則跌宕文酒，品評書畫，翛然物外。於家庭戚友間，尤恩義綢繆，可見秉性獨厚。素有昌陽之癖，白石清泉，羅列滿室。著蒲石贊若干首，皆清勁可誦。近游惟杭州、寧波，時一至焉，餘則里居爲多。與余從祖夢仙、景曾。同治丁卯舉人。刑部員外郎。仲仙、景賢。同治癸亥進士。廣東按察使。振之、藻墀。同治癸酉舉人。内閣中書。詠仙、景祁，諸生。德清教諭。雪汀偉棨，補用知府。追贈光禄寺卿。諸公交往尤密，蓋同爲平湖顧訪谿先生門下士也。至於日必操翰，了筆墨債，大有踏穿鐵門限之風。蓋素工書法，得楊少師韭花帖真傳。至今雖片楮猶爲人重。況此煌煌鉅册，逸蕩俊秀，挹之若有餘韻，不尤可寶耶？蒲石贊爲集所不載，附録於此。

蒲石贊

騰蛟峯。大宣州石。 井華館第一石。 瘦蛟騰空，天然險怪，呼曰石丈，老顛下拜。

小米山。將樂石。 井華館第二石。 聚米爲山，將軍定策。煮石成糧，仙家服食。安得幻作千百飯顆山，天下之民無菜色。

晴巒疊翠。應石。　井華館第三石。　水樂洞中，石韻清越。空翠撲人，衣袂皆濕。

山鶯峯。崑石。　井華館第四石。　壁立兮上鋭下豐，頂蔥鬱兮不童，蒲寮子曰：「此縮本北高峯也。」

紫霞洞天。井華館第五石。　萬古混沌，開一綫天。此支機之石也。移來鑿空之張騫。

鐵艖。黑靈壁石。　井華館第六石。　象形則舟，辨韻則球。而何以入水不能浮？

如意峯。砂結。　井華館第七石。　不如意事常八九，我有愧于石友。

紫雲。小紫靈壁。　井華館第八石。　上清紫霞仙人府，一朵鬘雲，天風吹墮。

白玉屏。小崑山。　井華館第九石。　一片峨眉雪，飛來落几席。亦平遠。亦崱屴，雲林畫中有此筆。

石壁。立峯英石。　井華館第十石。　如列笏，如植圭。惟其立脚定，故高而不危。

紫雲槎。此靈壁。　建標之霞耶？　貫月之槎耶？　赤松子之家耶？

華頂積雪。大崑石。　太華積雪，萬古不消。儗其畫境，石田、石濤。

眠羊峯。砂結。　恒河沙淵，則凝如松。老結茯苓，是殆得造物之精靈，不然何無初平之叱，而忽成此形也。

蟾蜍。砂結。　月中之精，是名詹諸。清淚一滴，硯田不枯。

朵雲。小英石。　如芝之秀，如雲之綯，其質硜兮其色黝。庶幾出入米顛袖。

卧馬磯。黄砂石。　色赭而黄，勢凹而凸。上平如掌下如壁，噫吁嚱，我于海舶中曾見此險怪離奇之山骨。

老人峯。應石。　聳寸碧斧，劈成蒼古之色。傴僂其形，上應飛昴之星精，與丈訂交兮延遐齡。

盤陀。浮石。黄砂石。　一拳之石，不琢不雕。置之盆池，如芥舟浮于堂坳。

頑石。　人頑則陋，石頑則壽。石不能言，尚可人也；人言無味，亦可憎也。

貝葉峯。砂結。　貝葉之文，石壁深刻，何處飛來，西天竺國。

遠嶂凝煙。應石。　石不全美，略具縐瘦。衆人皆曰陋，吾獨取其樸而堅，足以葆其壽。

乙閏録不分卷 一册

清嘉善鍾文烝撰。吴縣王氏學禮齋鈔稿本。

子勤，穀梁大師，補注一編外，他著未見。此爲筆記其讀書所得，於同治四年乙丑閏夏編集成書，故以爲名。亦猶俞正燮癸巳類稿之比也。尋卷中易簡與變易不易無二音條附注，知創稿於廿一歲。子勤生嘉慶二十三年戊寅，此時當道光十八年戊戌。又史通惑經篇妄肆指斥自比論衡之問孔申左篇條，附注乙丑十二月，則時年四十八。當爲自編，斷手於此。以下自己巳至丁丑各條，疑出其弟子沈穀成善登續纂。蓋子勤即殁於是年。其雅言妙義，盡萃於是矣。穀成曾以稿本示譚復堂，今復堂日記補録於光緒十五年七月廿日，謂「乙閏録出入儒釋，决隄壞藩，吾不欲觀」者是也。今案子勤精研漢學，亦頗涉宋、明義理之説，旁及釋、道。於己巳以後，所論儒釋相通之理尤多。如云：「一部春秋乃極不平等，極着相之書也。而吾以爲與佛書同旨，此其妙不可以筆達，不可以言説。無已，則請舉論語二句曰：『有若無，實若虚』。」又云：「文字之教，至於春秋而變態盡矣。不立文字之教，至於妙法蓮華經而全體昭矣。此乃兩土聖人暮年之手書，最後之大會，皆殷勤慎重，久而後出之。」類此者幾於連篇累牘，言之不倦，宜復堂之驚怖其言，若河漢之無極也。他如於十翼則謂：「雅言但陳四術，竊取唯作春秋，其諸門弟子親承聖意而附益成書。蓋商瞿之倫所爲，以證成歐陽永叔之疑。」於孝經則謂：「史記弟子傳於曾子云：『孔子以爲能通孝道，故授之業，作孝經。』此非謂孔子作孝經以授之，謂授之業而使之作也。兩漢舊説，竟以孝經爲夫子自作者，非。」於古文尚書則謂：「孟子盡心篇：『王曰，無畏寧爾也，非敵百姓也。若崩厥角稽首。』今書泰誓則作罔，或『無畏寧執非敵百姓懍懍若崩厥角』，此蓋當時所得舊本，文字半存半滅，□□「無畏寧□□非敵百姓□若崩厥角」其文當是如此，稽首二字，或是孟子訓詁語。僞作者偶失檢孟子。而以意填補，致斯剌謬耳。是東晉書二十五篇以爲真本，固非；以爲全僞，亦非。」於周禮則謂：「觀其經緯正大，布置縝密，則非六國陰謀之書，及末世瀆亂不驗之書也。然若竟謂爲周公作，亦無明據。而制度又多不類。夫盟詛不及三王，春秋之大義也。七十子相傳之言，必不得誤。周禮屢見盟詛之文，則其書必出於盟詛盛行以後。孝武時出於山巖屋壁，冬官既闕，而地官夏官秋官中皆有闕文，人所知也。其中又有采集傳記附益之者，人未及覺也。河間獻王、毛生之倫，皆習於古者，意尚博通，學無師法，采集附益，事當有之，學者既知其不可廢，又知其爲晚周之改作，而雜以傳記之文焉，則羣疑庶可釋哉。」於論語則謂：「集解采孔安國注最多，近人因漢志無其書，疑其爲僞。何氏何爲用僞本哉？余以爲孔注最古，皆有所受，於太宰問子貢云，或吳或宋，未可分也。證以左傳、列子仲尼篇、韓非子説林上，則孔兼兩説爲得。」於古之學者章云：「爲己履道而行之，爲人徒能言之。」於好信不好學章云：「父子不知相爲隱之輩，孔義皆承舊訓。」又堯曰章説周親仁人民食喪祭，並與古文尚書傳異，而説「予小子履」則云：「墨子引湯誓，其辭若此，知書傳之爲僞，亦可知論語注之爲真矣。」而於穀梁則謂「春秋之義，可上可下，可東可西，所以關、閩俱難之。張子謂非理明義精者未可學，朱子謂終不能自信於心，故未嘗敢措一辭。余一以穀梁爲斷，而後春秋可得而言。」又謂：「梅鷟作尚書考異，確有見東晉古文之僞，而閻若璩、惠棟輩乃從而大明之。陳第作毛詩古音考，確有見古音不同今音，本非叶韻，而顧炎武、江永、戴震、段玉裁、孔廣森、王念孫、江有誥輩乃從而大明之。道術之興，有開必先，斯二人雖章句之儒，抑豪傑之士矣。蒙之於穀梁，其能爲梅、陳乎，未乎？當俟後賢論定。」蓋穀梁絶學，子勤竭三十年之力，治之成績卓然，故亦頗自喜也。又言爲學之宗云：「北海鄭公，乃尚閎通，九百年而生朱晦翁，乃精折衷。今日治經，宜從事鄭君、朱子之書，而師其意，又導源兩漢專門之學，以求其朔，庶幾其寡過。」又云：「高郵王氏父子讀古書，必使文義平正，無格礙，此實朱子嫡派也。朱子但以理斷之，王氏父子則又多識古字，多習古訓，而所見善本又極多，故辨同異，訂譌缺，小大精粗，六通四闢，悉悉皆有證據。謂其集小學訓詁之大成，斯不虚矣。」而頗斥常州莊、劉之學，謂「劉中受説公羊數種，甚是可笑。論語述何更可笑。」大詆阮刻經解鹵莽之至，謂「莊葆琛之徒皆治小學，鄙意無取焉。莊自爲口號曰：『慣看模黏字，耑攻穿鑿文。』」其他名論法語，多有益身心，雖嫌駁雜而其菁華亦不可没。復堂偶舉一端，遽不欲觀，斯論未公。亦由復堂服膺常州學派，與子勤取徑各異也。至其論時政，主停互市，輟釐捐，罷造機器，剗除罌粟花種，又以設廣方言館、船廠、製造局、出洋局、招商局輪船，爲受西夷之害。中惟輟釐捐，剗除罌粟花種二事爲是，餘皆迂腐不達時務之見，則當分別觀之也。原稿爲沈穀成舊藏，歸佩諍宗兄，余向借録副，忽忽將四十年矣。

古之著書者，雖言有醇疵，皆充實不可以已者也。可已而不已，舒元輿之所以悲剡谿藤矣。余專治穀梁學外？此未嘗敢復爲書，千慮一得，亦不足記。乙丑閏夏，始雜記之，因題之曰乙閏録。嘉善鍾文烝。

復禮堂日記不分卷

吳縣曹元弼撰。手稿本。

先師手書日記，余整理遺稿所得者曰懿齋日記，曰倚廬紀痛，皆光緒二十一年乙未所記，時師年二十九，上年會試中式，以目疾未應廷試，用内閣中書旋里。七月、十月兩赴金陵，謁江督張香濤之洞、座師黄漱蘭體芳，一時交游如柯巽庵逢時、王晉卿樹枏、梁星海鼎芬、蒯禮卿光典等。十二月丁外艱，回家居喪。所記别爲倚廬紀痛。曰明發廬日記，爲二十二年丙申所記，亦居喪中。曰不遠復齋日記、曰潛聖齋日記皆二十三年丁酉所記。二月朔，鄂督張香濤電汪柳門鳴鑾促師赴鄂。六日啓程，十四日至武昌，掌教兩湖書院。三月廿五日開館，交游如王雪丞秉恩、陳善餘慶年、馬季立貞榆、陳孝堅宗穎等，舊游如梁星海、蒯禮卿，同鄉則王幹臣仁俊、汪荃臺鳳瀛皆在。曰篤信齋日記，二十四年戊戌至二十五年己亥所記。曰日知後録、曰尋孔顔樂齋日記，皆三十年乙巳所記。曰丙午學記、曰禮堂寫經記，皆三十二年丙午所記。曰禮堂温故録、曰復禮堂日記，皆三十四年戊申所記。是數年皆在家編十三經學，曰復禮堂日記、曰清夜焚香録，皆宣統元年己酉所記，後半涉二年庚戌。曰無忝録、曰希聖潛天室存養記、曰定隱廬日記、曰復禮堂日記、曰明剛自毖齋學志、曰復學堂日記，皆二年庚戌所記。曰復禮堂日記、曰孔思堂日志，皆三年辛亥所記。是數年皆總教江蘇存古學堂。曰復禮堂日記，一九一四年夏正甲寅所記。曰復禮堂俟命録、曰復禮堂日記，爲一九四八年夏正戊子至一九五三年夏正癸巳所記。是數年皆閉户著書。案之年歷，所失者多矣。就存者核之，亦頗淩亂。凡讀書有得，則記；著書有暇，則記；故所闕或數日至數月，亦有一册而僅書一二葉者，列目雖繁，綜録之不過兩册。我師爲學推服陳蘭甫之漢、宋兼采，嘗與張聞遠書曰：「多讀書，以見諸實行，實爲弟痛下箴砭。自得此語後，弟書日記，不敢有一事稍略以自欺其心。」故所記皆爲自治身心，繩過糾愆，鞭策極嚴。

往讀王壬秋湘綺樓日記，於民國五年五月廿五日云：「曹元弼來。皇皇欲有求，所謂不知世事。余亦樂得喫洞庭枇杷，山東杏子耳。匆匆去。」面質之師，師謂與壬秋素昧平生，學術出處，兩皆異趣，其言不知何自而來。案師生平踪跡從未至湘。或謂壬秋鄉人或有同姓名者。然有洞庭枇杷語，閲者易致混淆，爲附白於此，以曉後世。

北堂立言記不分卷 一册

吴縣曹元弼撰。手稿本。

我師幼時體弱多病，倍得倪太夫人之愛憐。太夫人鍾儀郝法，教子有方。光緒十五年己丑九月棄養，時我師二十三歲，追述嘉言懿行，爲北堂立言記，以備付梓。故以兩兄元恒、福元名並列。太夫人之教我師曰：「汝既治經學，不屑以流俗自居，當深自勗勵，言行相顧。毋見節於昭昭，墮行於冥冥，經學其貌，而流俗其心也。」他所言皆爲封建時代禮教之極則，立身之準繩。當清末葉，我蘇舊族門庭雍睦，家法謹嚴，首推譙國。與夫我師道德文章，蔚爲儒宗者，蓋有所自矣。中如言孤寡之情一則云：「夫死子幼，執志靡它。追念先亡，心如斬割。欲從赴黄泉，則藐諸孤怙恃俱失，欲强延殘喘，則未亡人同穴何期。諸姑娣姒有心者，猶懷憫恤，無良者遂肆憑陵。疾病不敢出言，恐人謂我依託也。哭泣不敢出聲，恐人謂我怨懟也。資用乏絶而不敢告父母，恐兄弟之生心。勞苦倦極而不敢語尊嫜，恐先後之掉謦。知痛癢者惟心，共甘苦者惟影。奴婢作炎凉之態，觸緒生悲。旁觀來非笑之詞，吞聲飲恨。甚或高堂垂暮，貧病交侵。嘗藥刲肱，莫達呼天之路。馨羞潔膳，難爲無米之炊。九死餘生，三族莫問。又或天道無常，殺人無藝，門衰祚薄，奪我佳兒。擁衾枕而號先靈，鬼燐不耀。撫襁褓而呼阿者，塊肉何存。猶爲宗祀之謀，遂舉爲後之禮。而違天行道，慘禍重罹。鴟鴞毁巢，既無完卵。果贏負子，又入殤宫。此情也，凡有血氣，莫不聞之心摧，見之涕隕」云云。於舊社會婦女之受壓迫束縛，窮苦無告，幾於一字一淚。其志有哀焉，其言有文焉。爲録於此，或可爲治社會史者之參考歟。

辨俗編不分卷六册

吳縣胡玉縉撰。手稿本。

禮之爲物，古稱經禮三百，曲禮三千，自三禮鄭注，孔、賈二疏，以逮歷代禮書，轉益加詳，至徐健庵氏讀禮通考，秦樹澧氏五禮通考，而浩乎若淵海，然剌繆可議，繁瑣無當，亦彌甚焉。嘗謂制禮者，當揆之時勢而合，反之人情而安。泥古者非，徇俗者亦非。陸氏隴其讀禮志疑曾謂「有禮俗，有俗禮。禮俗不可變，俗禮則不可徇」。猶拘攎之見也。當光緒戊申，清廷設禮學館，修訂通禮。綏之先生膺任纂修，屢上書總裁議體例，多通達之論。而如議改日月救護禮，議廢文昌崇祀等，頗能於陳腐處，加以革新，爲時所稱道，乃不終其局而去。通禮亦未見流傳。此辨俗編六册，當爲其修禮時所輯録，大凡於古今載籍，有關冠昏喪祭之言，足以箴砭世俗流行之禮者，分類劄録，而加以案斷，於喪祭二者尤備，故曰辨俗編。中所舉多爲余居鄉時耳目所觸而滋惑不解者，不料前賢已有駁斥，而世俗因循，漫不加察，且亦未有薈萃成編，以昭炯戒者。此編條舉件繫，議論有極明通處，有尚拘執處。在今日政體改革，固宜拉雜摧燒，去之務盡。而在二十世紀初期，可收覺世牖民之效，未嘗無進步意義。況其爲研究封建制度不可少之資料也哉。因重爲整理而裝訂之。

茹荼軒日記不分卷二十六册

清婁縣張錫恭撰。手稿本。

第一、第二册，始光緒二十六年庚子正月至十二月。第三册，二十七年辛丑正月至七月，題困衡録。十月至十二月，題蹇反録。時皆在湖北兩湖書院任教而有喪明之痛。第四册，二十八年壬寅八月至十月，題端憂録，而署名曰「東江眇鰥」，蓋上年秋悼亡，自鄂歸里，後館姚之烜家課徒所記。第五册，二十九年癸卯正月至十二月，仍有題端憂録者，時亦里居。第六册，三十一年乙巳正月至五月，用松江府中學堂格紙，時濮梓泉聘任教習也。以上皆紅格原裝。其後二十册，自光緒三十一年乙巳六月九日至一九二三年癸亥十二月，中間無闕。惟戊申年題炳燭録，皆用素紙無格，則其甥封衡甫所編訂并附目於首。三十四年戊申應禮部禮學館纂修之徵至京師。至宣統三年辛亥清亡後返里，以殷頑自居。故壬子以後，仍以宣統紀年。

昔侍復禮曹師，每稱先生學無旁騖，沈研鑽極，專久而美。讀此日記而益信。每日讀書定有規程。其於庚子四月二十三日記云：「約計起至卧十六小時。接見諸生上講堂共三小時，課兒、喫飯兩小時，閒事一小時，此外十小時分四等，三小時論語課程，三小時周禮課程，兩小時讀宋史，二小時讀讀禮通考。

即從明日爲始。放假之日，温故，作家書。」壬寅八月初一日記云：「課徒之暇，晨治代數備旨。午前治大學，午後治周禮，莫則流覽尚書集注音疏。常事不記。」丙午九月十三日記云：「少不努力，老大傷悲。以炳燭之明，爲桑榆之救。每日分爲四分，一論語、二三禮、三左傳、四算數，斃而後已，請自今日爲始。」後又定有正課、餘課，鍥而不舍，自繩極嚴。大致四書、三禮爲終身之業，幾於數十年無一日廢，發明心得，悉著於篇。其草喪服鄭氏學也，始於庚戌六月二十二日，繼又續撰喪禮鄭氏學，所有條記，悉已分類歸納。所附詩文，衡甫亦已輯出刊行，而其他札記尚數十萬言，於經義多所闡明。卷中夾附馬季立貞榆評周禮田制征役鄭義述云：「田制征役，皆治國之大經，亦周官之疑義，乃能精勘鄭君注，使周公致太平之旨，昭若發曚。國朝三禮之學，婺源而後，又在雲間矣。」可執以概其餘，較臧庸拜經日記有過之無不及。其潛心篤學，讀之令人肅然起敬。他如記在琉璃廠翰文齋見儀禮經傳通解，禦兒呂氏本，爲盧抱經讀本。句讀悉用朱點，發聲皆識藍圈，自始至終，一筆不苟，間有案語，補脱正訛。乾隆庚戌以授淩次仲，次仲是年與洪稚存共成進士。二人共讀案語甚多，恐與抱經校混，皆别紙粘上，洪以朱，淩以墨。有「皜庵珍藏」小方印，則此三經師合校善本，今不知何在。記程魚門致姚姬傳尺牘云：「足下在南見子田，宜以危言勸之。人寧可終身不著作，不可有一語得罪聖賢，鬼責人非，且聯翩至矣。弟與東原二十年同年至好，其死也哭之痛，其歸也又必爲力籌之，然獨惜其末年所見如此，翻自爲其博學之累，可歎也。」蓋鍼東原作孟子字義疏證以非毁程、朱之過。至常事雖曰不記，亦偶有一二。如掌教兩湖書院時，日進諸生而殷殷教誨之。弟子中陳毅田、吳炤、盧弼，皆有著作，爲傳人。如「戊申八月廿五日，弔孫仲容先生。」時仲容應禮學館總纂之聘，赴京而卒也。與曹君直丈、復禮師爲昆弟交，過蘇必訪之，作長談。錢復初先生撰先生元配劉孺人墓志銘，爲待烹生文集未載佚文，皆可徵先生之交游。至其學行之詳，則見復禮師撰純儒張聞遠徵君傳。

意林五卷附補遺 二册

清光緒三年湖北崇文書局覆昭文張海鵬照曠閣刊本。吳縣曹元忠手校並跋。

意林一書，未見宋、元刻本。四庫總目提要據江蘇所進明嘉靖廖自顯本著録。有武英殿聚珍板本，海鵬復據館閣諸公校定底本，又從説郛得佚文七種爲補遺附末，刻入墨海金壺。崇文書局又覆刻之。余有吳卓信校明嘉靖黄鳳儀本，在廖本前。又有劉庠據文選李善注參校本，則爲唐人所見諸子古本，斯皆善矣。此本經君直先生據洪邁容齋隨筆所引各條校之，夫容齋隨筆非僻書，於范子以據校，如「其志汎汎」云：「案容齋續筆作『沈沈』。」「不可同利也」，云「案容齋續筆『不可』下有『與』字。」祇存兩條，遺漏尚多。如「其先晉國公子也」晉國下有「之」字。「形狀似不及人」，形狀作「狀貌」。「見微而知著」無「而」字。「其形浩浩」，無此句。「諸侯因所利者七國」，無此句。「范蠡請見越王」，請下有「其」字。皆見續筆。至三筆，則更所未知，於胡非子「勇有五等」云：「案舊無此四字，从容齋續筆補。」今其文乃明見於三筆。他如「析兕豹」「析」作「折」，「傅熊羆」「傅」作「搏」，「赴深泉」「泉」作「淵」。「登高陟危」作「登高危之上」。「此陶缶之勇也」「缶」作「岳」。「昔齊桓公以魯爲南境」無「昔」字「桓」作「威」。鄭翼案：泉作淵，疑避唐諱所改，而後人復爲淵。齊桓之作齊威，南宋避欽宗諱，故洪邁云然。他書常見之。「魯公憂之」無「公」字。「三日不食」至「布衣柔履之人」無此四十字。「一怒卻萬乘之師」「卻」作「而劫」，皆見三筆。雖所關不大，或有爲洪氏以意節去者，然舉其一二而遺其他，非校書之法。人謂官書校勘粗疏，館臣誠不得辭其咎。而君直先生校書之細，不放過一字，是後生所當則效者也。

有「曹印元忠」白文方印，「君直手痕」朱文方印。

據容齋續筆意林條云：「他所引書如胡非子、隨巢子、纏子、王孫子、公孫尼子、阮子正部、姚信士緯、殷興通語、牟子、周生烈子、秦菁子、梅子、任奕子、魏朗子、唐滂子、鄒子、孫氏成敗志、蔣子、譙子、鍾子、張儼默記、裴氏新言、袁氏正論、蘇子、陸子、張顯析言、干子、顧子、諸葛子、陳子要言、符子諸書。」非惟與此本不同，即歸安嚴氏意林闕目亦未能全合矣。惜洪氏但就宋時不傳者言之，未録其全目也。宣統甲寅九月，元忠。

穆天子傳補注六卷 二册

清棲霞郝懿行撰。光緒三十四年戊申秀水金蓉鏡潛廬刊本。又一册，吳縣王氏寫刻樣本。

蘭皋有山海經箋疏，博取類書，及宋以前人所引，以正傳本之譌，極爲精確。此書同爲郭璞注，故類及之，爲例亦正同。而引山海經郭注，互證尤多。但山海經箋疏自序謂「箋以補注，疏以證經」。今不曰箋疏，而曰補注者，殆程功及半，尚未寫定，故不與山海經同刊歟？尋補注所據校者，祇明道藏本，蓋所見猶鷇。昔周星詒云，此書元刊失傳，別無善本。實則明鈔元至正本、袁壽階校景宋鈔本、黄蕘圃彙校本及諸舊鈔猶多存者。並時治是書者，有孫氏平津館刊洪頤煊校本、五經歲徧齋刊翟灝校本及檀萃注疏本，蘭皋皆未引及。蓋閉門著書，各不相謀，不如我輩今日得參互考訂，擷取諸家之長也。昔嚴可均曾告蘭皋：「山海經内道里計算不同，有直行者，有旁通者，有曲繞者，故里數參差互異。即如南次二經之句餘、會稽，中間豈容一千五百里，恐皆從經首之柜山起算也。若推是而言，諸山里數或多有合，但須按全經一一計之。」蘭皋嘗欲本其説繪諸尺幅而未果，而朱一新無邪堂答問亦云：「穆天子傳人多疑其荒忽，而道里風俗，證以今之地望，大致皆合。」歷舉巨蒐即禹貢之渠搜諸條爲證，謂地猶可考，非齊諧志怪之比也。蓋此二書者實爲古地理要籍，而簿録家列之小説家者誤矣。故友常熟鄒介修純福精於疇人術，告我是書所述山川道里，一一可稽，以古證今，無不密合。曾著書逾寸，其稿聞藏常熟圖書館。雖不知視丁謙穆天子傳地理考證如何，然爲蘭皋所願爲則無疑。

此書於光緒戊寅金蓉鏡得蘭皋手稿刊於湖南，故間有其案語，惟刊印均粗率而流傳甚少。余欲重刊入學禮齋叢書，已寫樣校定矣，以費無所出而止。

説聽四卷二册

明長洲陸延枝撰。明萬曆辛卯刊本。

首嘉靖丙辰四月自序。末萬曆辛卯秋甥王禹聲跋。卷三首行下方有「煙霞小説八」五字，板口下間有刻工名。

吴縣志孝義傳：延枝字貽孫。粲子。事父最孝，粲歿未殯，適堂中火發，將及棺，延枝擗踊籲天，躍入焰中，人拽之出，棺竟無恙。行己甚峻，不可以非義干。無錫華察爲粲同年生，主順天鄉試，曾授旨延枝，不應。粲門人來按吴，欲以二百金爲壽，邀延枝通意，峻辭曰：「奈何累家大人清德。」生平養孤寡，重然諾。一時與王敬臣並稱篤行云。大抵本褚亨奭姑蘇名賢後紀。惟後紀又云：「尤習知國朝典故，客有訊及者，洒洒談如貫珠。獨坐小樓，置萬卷其中，日手一編不釋，且置白糖一盂，熱酒一樽於座隅，且披且飲，以終其身。户外事漠如也。」是亦好學高尚之士。案此書題吴郡鴻鵠山人陸延枝撰。王跋稱「舅氏胥屏先生古心古行，讀書之外，舉無他好。今老矣，猶旦暮手一編不置。他所論撰甚多，此特其一臠」云，可補志傳之闕。今所傳祇此一種。清修四庫全書未收。父粲字子餘。明史有傳。著述甚富，四庫著録左傳附注等四種，而少作庚巳編，蒐奇括異，爲稗官家言。傳本亦希，修四庫時所未見。是編即繼其父書而作，與其叔天池山人名采字子元之冶城客論相類。王跋又稱其「即一談一詠，而先輩風流才□原闕。逸致具焉。其間宏且鉅者，直可補正史之亡，而裨掌故之闕者也。」周中孚鄭堂讀書記亦稱是編記朝野軼聞瑣事，頗可以資考論。雖間有及於神怪，而視其父粲所作庚巳編純記不經之事者，殆爲過之。今檢所述，雖多神仙怪異之説，然言必有徵，不尚虚構。如云「又聞顧東橋言」，云「文安王公爲先君子言此」，云「右二事組熙族孫某爲世父思寧翁言者」，云「姜夢賓先生爲延枝談珍事，且云聞諸劉宗廉倖，與都南濠所記略有不同」，皆是也。中如記太祖奇文皇材略非常，第懷易世之慮，欲豫爲之所。懿文太子請爲東嶽降香，因察燕動静。有人密報燕邸，文皇稱疾，並與書太子。太子竟不忍言。及太子薨，太祖因劉三吾諫立皇孫建文，諸王皆會殿門，燕王徑前拍建文背，太祖見之，大聲責讓，建文叩頭爲解。可見懿文父子皆選懦優柔，遂成奪門之禍。又記黄泰泉云，建文更姓名曰楊應能。後被思恩州知州岑瑛捉解赴京。薛院判已言建文卒，謚爲「天下大法師」，且出其供狀示余，云録之秦宦官家。秦言是建文手筆。供狀云：「皇親朱允炆年六十四歲。耳聾疾。係太祖高皇帝長皇孫。説初治天下不得太平。戊寅年，公皇崩駕，允炆於閏五月十六日登基。管四年天下。壬午年，有叔王金川門來，允炆從水關走出，爲僧三十九年。至今年老耳聾，難以度日。思想公皇墳墓，在九龍山紫金地上，年久無人拜掃。前去思恩州借士夫三名，不想州官有護國之心，將允炆捉赴總兵官處，解赴京來。允炆不從實供，難辨真假，供狀是實」。自來言建文事者，異説紛紛。谷應泰明史紀事本末所紀略同，而謂僧實楊應祥，得此可作參證。他如記徐武功、吳文定、陸式齋、文温州諸人遺事，亦多可取。又記蕭山來子禹言孫汝權乃宋朝名進士，玉蓮則王十朋之女也。十朋劾史浩八罪，乃汝權嗾之。理宗雖不聽，而史氏子姓怨兩人刺骨，遂作荆釵記誣之。以玉蓮爲十朋妻，而汝權有奪配事，其實不根之謗也。案高士奇天禄識餘本堅瓠丁集，説與此同，而此又在前。又記其父粲言，丘文莊公之少也，其父爲求婚於土官黎氏，黎誚之曰：「是兒豈吾快婿耶？」不許。公遂作鍾情麗集，言黎女失身辜輅，或云「辜輅」廣人呼狗之音。他日黎得之，以百金囑書坊毀刻，而其本已遍傳矣。天池山人著有院本數種，延枝當亦熟習於斯者，所言可爲研究傳奇者之資料。其甥王禹聲，字文溪。鏊曾孫。萬曆己丑進士，官承天知府。曾揭疏領税事太監陳奉誣民謀逆，王塗鍪舟園初稿有家傳詳之。

此與庚已編均刻入煙霞小説。此書黄蕘圃曾得一本，首尾葉皆不全，僅於卷中有「先君録入庚已編矣」語，知爲陸粲子而已。且言「近時此書不甚廣布，故無可鈔補。」其跋見蕘圃藏書題識、涵芬樓燼餘書録。昔年先兄蔭嘉得煙霞小説於來青閣書坊。而獨闕此種。其後此種續出，爲謝君光甫捷足先得，以此爲蕘圃所矜尚焉。浼書友楊君壽祺來商，轉讓以成全帙。余兄弟則持理當以寡附多，且我所得在先，議未洽。越歲無意中配得此種，大喜。以有蠹食待補，別庋他所。一九五□年售書北京圖書館，倉卒檢此未得。而圖書館已有黄跋本可配，此帙因仍留敝篋，兹編書録，特附記之。

有「武陵顧氏藏本」朱文方印。

文子校勘記一卷

清金山顧觀光撰。吳縣王氏學禮齋鈔稿本。

金山錢熙祚刻守山閣叢書校勘最精，每附校勘記及逸文，皆張嘯山、顧尚之所作，尤有益於學者。此文子校勘記即尚之所作，以錢名刻入叢書者，今與錢刻比勘，偶或互有增損。然此附逸文，錢刻無之，則疑此爲後定之稿。而孫詒讓撰札迻，於文子並列錢刻及此記，謂「此書全剽竊淮南子僞作，詳錢跋及顧記」，如不知錢顧同爲一書者，何耶？案尚之謂「取文子反覆尋繹，知其以淮南子割裂補湊而成，不論指意之合於老氏與否，而並以爲老子之言。至一節之中，文氣斷續，一行之内，語意背馳，疏謬若此，亦可謂不善作僞者矣。」於是取淮南子參互校之，與王石臞之以文子校淮南子正相反而相成。如精誠篇「故匠人智爲不以能以時閉不知閉也故必杜而後開」校云：「誤謬至不可句。道應訓引愼子曰：『匠人知爲門能以門所以不知門也故必杜然後能門』亦似有誤字。今愼子僅存五篇，不可考矣。但淮南既稱愼子，則此四句斷非老氏之言，益信文子爲後人僞撰，淮南不及見也。」又「是以明照海内，名立後世，智絡天地，察分秋毫，稱譽華語，至今不休」。校云：「文子既爲老子弟子，則與南榮趎同時，安得云『名立後世』，又安得云『至今不休』。可見文子取淮南，非淮南取文子也。」凡此確定文子之竊淮南而終致此牴牾也。又「老子曰精神越於外」。校云：「此下道應訓説白公事，作僞者以白公在老氏後，特爲融去。」又「人君好色」。校云：「主術訓本指頃襄，作僞者以頃襄在老氏後，特爲融去。」又「老子曰言有宗」。校云：「此下道應訓説淳于髡事，作僞者以淳于髡在老氏後，特爲融去。不知淮南本用吕氏春秋離謂篇文，安可妄改。」又「此謂名可强立也」。校云：「此下脩務訓有『功可强成』一段，引申包胥復楚事，作僞者以申包胥在文子後而删之，然與發端二句不相應矣。」凡此確證文子之竊淮南而欲泯此罅隙也。是不但正文字之訛，而兼明作僞之辨。譚獻復堂日記續録稱爲「逐節根尋，悉發其覆」者也。惟未見常熟瞿氏所藏宋本，故猶有未審處。如精誠篇「聖人不降席而匡天下，情甚於譟呼」。校云：「譟字依文瀾閣本。」案錢刻作梟。宋本作嘄。説文口部云「嘄，聲嘄嘄也。」譟即嘄之俗，又與叫同。繆稱訓云「故舜不降席而天下治，桀、紂不下陛而天下亂，蓋情甚於叫呼也」。即僞託者所本。今本作梟，即譟之壞字。閣本作譟，乃校者臆改，不當據校。九守篇「天有四時五行九曜」，校云：「御覽三百六十三曜作解，與精神訓合。」案宋本作解，正與淮南書、御覽合，不煩他舉。皆爲孫詒讓所糾正也。逸文六條。可補錢刻，特附録於此。

文子逸文

騰蛇無足而騰。文選吴都賦注。

殊方偏國，夫惟道善貸且成。文選謝靈運還舊園詩注。

孔子教於洙、泗之上。書鈔八十三。

養魚于沸鑊之中，棲鳥于炎鑪之上，雖欲其生養，理失矣。御覽七百五十七。

見象之牙，知大於牛。事類賦注二十。

罰無度則戮而無威，賞無度則費而無恩。長短經是非篇。

莊子十卷四册

清光緒二年浙江書局覆刻明世德堂本。吴縣王欣夫屬友華亭封章烜臨清元和惠棟、華亭沈大成校本。

昔侍曹叔彦師，曾謂「莊子之學源出子夏，其書多與易義相表裏。如云『乘天地之正，而御六氣之辯。』辯讀爲變。乘雲氣，御飛龍，即『時乘六龍以御天』之義。又云『其神凝，使物不疵厲而年穀熟，』蓋指元而言，此卜子微言，與商子同受聖人者。」今讀此定宇校本，凡與易義攸涉者，均標識而闡發之。師治易宗惠氏，宜其所見之略同也。至其詮釋訓詁，精義尤多。選録數則，以資隅反。逍遥游「湯之問棘也是已」云：「棘即夏革也。列子有夏革，古文革、棘通，列子注『夏革字子棘』。」「宋人有善爲不龜手之藥者」注：「其藥能令手不拘坼。音義依字宜作跔，周書云『天寒足跔』是也。」云：「跔今本周書作躅，誤。」齊物論「厲風濟則衆竅爲虚」云：「濟與霽同，皆訓爲止。」「故自無適有以至於三」云：「適讀爲敵，一者無敵之道，無敵即一也。」「夫道未始有封」，云：「封，封畛。讀爲彌封之封，失之。」人間世「若唯無詔，王公必將乘人而鬭其捷」。音義「詔，崔本作詻，音額。」云：「逆擊曰詻」。云：「崔本是也，其義非也。詻，古噩字，與諤通，唯猶諾也，噩猶諤也。若但唯而諤諤之詞，則王公必乘人而角辯。漢書之太歲在酉曰作詻，注云爾雅作作噩。漢殽阮君神祠碑亦以詻爲噩。說文引傳云：詻詻，孔子容。詻詻，猶噩噩也。墨子云：君必有弗弗之臣，上有詻詻之下。」德充符「魯有兀者叔山無趾，踵見仲尼」。注「踵，頻也」。云：「古顰字從涉從頁，水瀕之頻，矉蹙之頻，皆作頻。詩『池之竭兮，不云自頻』，水瀕之頻也。易『頻復厲无咎』，矉蹙之頻也。後漢別作濱字，而以頻爲頻頻之頻，自廣雅始。說文、字林皆無此字。」大宗師「陰陽之氣有沴」。云：「沴，古文癘。見書大傳。」「今一犯人之形」。云：「犯，古文範。」「且女夢爲鳥而厲乎天」。云：「厲與戾通。」馬蹄「雖有義臺路寢」。音義義徐音儀，崔本同。云：「古文儀作義，義臺即淮南子所謂容臺，皆習禮肄儀之處。」在宥「禍及止蟲」。云：「止蟲即豸蟲也。豸音止，春秋傳云『庶有豸乎。』豸訓止，同物同音。」天地「其名爲槔」。云：「曲禮『奉席如橋衡』，古橋與槔通，皆从木，以喬皋得聲。」天運「故曰至貴國爵并焉，至富國財并焉，至願名譽并焉，是以道不渝」。注「并者，除弃之謂也」。云：「并非訓除，當讀如素問『陰陽并』之并，言孝在仁內，仁道大，孝不足以言之。猶至貴而國爵在內，至富、至願亦然。區區者不足以言之也。」繕性「寄之其來不可圉」。云：「圉古禦字。管子書以圉爲禦。」達生「以瓦注者巧」三句，云：「注，淮南子作鈺，高誘注頗詳，亦不可解。棟案：『六書索隱曰：注，置物器中。覆射，謂之注。今賭博曰一注、二注，又曰孤注，是也。』」呂氏春秋作「設梓慶削木爲鐻。」云：「鐻即簴，司馬云似夾鐘，鑿矣。」山木「目之所不宜處不給視」。云：「給與及通。」知北游「生者，喑醷物也」。云：「內經人身有譩譆穴，言人按之，則作聲。故名譩。内經作醷，音同。然則唷醷猶譩譆，有聲之物也。無聲曰唷，有聲曰醷。」庚桑楚「不可内於靈臺」。云：「案靈臺者有持則臺當作𡔷，説文『𡔷，持也。古握字。』淮南子曰：『𡔷無所鑒；　謂之狂生。』靈𡔷誤爲靈臺，猶詩九臭古澤字。誤爲九皋。」「與物且者」。音義「物且，且，始也」。云：「且，古文祖字。鐘鼎篆皆如此。徐廣云『今文尚書：「黎民祖飢。」祖，始也。』」徐無鬼「廢一於堂，廢一於室」。云：「古以廢爲置。春秋傳云『廢六關』，謂置關取税。公羊傳云『廢其有聲者』，皆訓置。」讓王「君固愁身傷生，以憂戚不得也」。云：「呂覽云『愁身傷生以憂之臧，不得也』。子華子名臧，此脱之字，臧誤爲戚」。漁父「延緣葦間」，云：「延緣即夤緣，夤讀爲延，古音也。易曰『君子終日乾乾，夕惕若夤』。夤音延，與乾協。俗誤爲厲，屬下句，失之甚矣。」「天下沐甚雨」，音義「崔本甚作湛，音淫」。云：「左傳『甚雨及之』，當是淫雨。古文省湛作甚。」

凡此兼用朱墨二筆。至沃田附案，則多取證後人名字，及詩歌用詞，又掇字作對偶，及考呉語之源，與音義訓詁所涉者鮮。據題識，知爲乾隆廿一年同客揚州盧雅雨鹺使署所借録。故友華亭封君衡甫舊藏張柳泉臨世德堂本，因屬其哲嗣耐公照録於此翻刻本上，以俟輯入松崖讀書記。

乾隆丙子中冬借紅豆齋本録其音義，則以陸氏釋文校正。小寒日大雪，雲間沈大成。墨筆。

乾隆丙 子歲暮，大雪累日，借紅豆齋本校讀於廣陵客舍。沈大成記。

中國歷代書目題跋叢書

王欣夫 撰
鮑正鵠 徐鵬 整理

蛾術軒篋存善本書錄

下

甲辰稿卷四

蔡中郎集十卷外紀一卷外集四卷傳表一卷六册

清光緒庚寅番禺陶氏愛廬覆刻聊城楊氏海源閣本。吴縣王欣夫屬友臨錢塘羅以智校本。

昔年徐君行可寄示海源閣本蔡中郎集，録有舊校極精審而不具名。案頭適有陶氏覆刻本，因屬友轉臨之。越年見羅鏡泉蔡中郎集舉正鈔本，核之知即鏡泉所校底本。案丁氏善本書室藏書志亦有鏡泉校本，不注何刻，觀所載目次，知即楊本，並載鏡泉手識。疑此校即出於彼，而失録其識語耳。但有疑不能明者，舉正有鏡泉咸豐四年甲寅仲冬自序云：「余友高伯平爲楊至堂河帥新刊蔡中郎集，示余屬復加校勘。」丁志所載鏡泉咸豐九年己未陽月手識，乃云「聞聊城楊氏新刊本最爲完善精審，當向高伯平索之，一證同異。」夫在四年既據楊本作舉正，何以至九年反若未見楊本而待索取？且丁志著録者，明明即楊本，與識語牴牾。此可疑者一也。楊本所據爲黄蕘圃、顧千里據葉氏樸學齋鈔本，錫山華氏活字本，校萬曆徐成庵本，其以嘉靖喬氏本、汪士賢本、張溥本、康熙陳留劉氏本校者乃出高伯平，明載序例，何以羅識亦云悉據以上各本勘其異同耶？且考此校與舉正鈔本亦並無取勘各本之處，若非高校即出羅手，則不免有掠美之嫌。此可疑者二也。或曰丁志著録之本，係他人據鏡泉手校過録於楊本上，故語有剌謬。然鏡泉名雖不甚著，其手校手稿，丁氏所藏多矣，不容不識其筆跡，且明有「武林羅氏以智鏡泉甫」印，又不容僞加。此可疑者三也。反覆思之，姑得一説焉：鏡泉之校蔡集，博考旁證，非咄嗟可辦。乃楊書刊成於咸豐三年五月（見高伯平跋），而翌年舉正已成，何其速耶，意其成書，當以九年春後爲信，序之倒題四年者，蓋預爲楊氏刊附集末之地。於是可知伯平之校，鏡泉或曾參與其事，而已未之明年庚申，鏡泉謝世，杭城亦陷於太平軍戰事，遺稿飄零，遂不果付梓耶？今更以舉正比勘，此當係初稿，舉正則已改訂排比之定稿。然有可補定稿之遺者，如附刊舊序有案語三條，范書列傳有考證三十三條，又輯中郎遺事十六條，不有此本，遂不可見。孰謂書有定稿而校本可廢哉？近見鹽山賈恩紱手稿，直録千里又一校本而無所發明，與此有上下牀之别，若見此本，雖不作可也。餘詳舉正書録而附其所佚於此。

歐本原叙

漢蔡中郎傳，邕博學辭章，爲靈紀、十意及雜文凡百四篇，傳于世。廣圻案：本傳云「所著詩、賦、碑、誄、銘、讃、連珠、箴、弔、論議、獨斷、勸學、釋誨、叙樂、女訓、篆勢、祝文、章表、書記，凡百四篇。」唐志「集十五卷」，或其次第即如是歟？

姜伯淮碑，稱建安二年卒。劉鎮南碑，建安十三年薨，太和二年葬。廣圻案：所論劉表建安十三年薨，是矣。姜肱自以熹平二年卒，今本碑誤作建安。歐據之爲説，不詳考後漢書，何其疏也。

平陽歐靜識之叙。　文獻通考載陳氏曰作歐陽靜，未詳孰是。

後漢書列傳

蔡邕字伯喈，陳留圉人也。　太平御覽三百六十，又三百九十六，人事部三十七引語林曰：「張衡死，蔡邕母氏始懷孕。此二子才貌甚相類，時人云邕是衡之後身。」案張衡傳「永和四年卒。」中郎生已七歲矣。

六世祖勳，好黄老，平帝時爲郿令。　案勳之歷官，與祖攜碑不合。此云平帝時，碑作哀帝。此云爲郿令，碑作郿長。

與鮑宣、卓茂等同不仕新室。　卓茂傳：「初茂與同縣孔休、陳留蔡邕、安衆劉宣、楚國龔勝、上黨鮑宣六人，同志不仕。王莽時，並名重當時。」

母常滯病三年。　太平御覽五百十三宗親部三引先賢行狀曰：「蔡伯喈母，袁曜卿之姑女。」案三國魏志：「袁渙字曜卿。陳郡扶樂人。」晉書渙作焕。

與叔父從弟同居，三世不分財。　夏馥傳有「同縣高氏、蔡氏，並皆富殖」之語。

少博學，師事太傅胡廣。好辭章、數術、天文，妙操音律。　北堂書鈔九十八蔡邕別傳：「與李則游學，時在弱冠。始共讀左氏傳，性通敏兼人，舉一反三。」

釋誨　子惟悼哉。　予，汲古本誤作子。

建寧三年辟司徒橋玄府。　靈帝本紀：建寧四年三月，司空橋玄爲司徒。七月，免。袁紀則書「四年三月，太尉劉寵、司空橋玄以災異策罷」。與范書大異。橋玄本傳，建寧三年遷司空，轉司徒。又案袁紀於五年正月稱蔡邕爲司徒掾，與續志引謝承書同。

文學多謬。　學當作字，范書本多誤作學。

熹平四年，乃與五官中郎將堂谿典、光禄大夫楊賜、諫議大夫馬日磾、議郎張馴、韓説、太史令單颺等，奏求正定六經文字。　楊賜、張馴、韓説、單颺並有傳，日磾附馬融傳。　章懷注引三輔決録注云：「日磾字翁叔。」堂谿典無傳。邕本傳章懷注：「堂谿，姓也。先賢行狀曰：『典字子度。潁川人。』」延篤傳作唐谿典。　章懷注：「先賢行狀曰：『典字季度。爲西鄂長。』風俗通曰：『吳夫槩王奔楚，封堂谿，因以爲氏。』典爲五官中郎將。唐與堂同也。」東觀漢記：「熹平四年，使中郎將堂谿典請雨，因上言復崇高山爲嵩高山。」金石録有堂谿典嵩高山石闕銘。　水經注本有作「高堂谿」者，誤文無足置辨也。　宦者曹騰傳有「潁川堂谿趙典」，誤衍趙字。　張馴傳亦云「共奏定六經文字」，而本紀及儒林、宦者盧植諸傳，俱云五經。

邕乃自書册于碑。　太平御覽五百八十九文部五引是傳，册作丹，而脱書字。　鄭巽案：書册隷釋亦作書丹。其觀視及摹寫者，車乘日千餘兩。　水經穀水注摹寫作筆寫。

竝待制鴻都門下。　宋劉氏攽曰：「此卷内詔字多改作制字，待詔作待制是也。」又言「『誥羣臣各言政要』，亦本是詔字，蓋武太后諱照，此時悉回避詔字。後人既已改還本字，尚有遺者故爾。」

邕上封事曰：　政有苛暴，則狼虎食人。　范書本皆作虎狼。　宜所施行七事：三事。郎中張文　東觀餘論載石經公羊殘碑末，有「郎中臣張文」，當即是人。

五事：　孔子以爲「致遠則泥」。　本傳注：「此邕以爲孔子之言，當別有所據也」。　案前書藝文志引孔子曰云云，宋王氏應麟曰：「蔡蓋因志之誤也。」

七事：　伏見前一切以宣陵孝子者爲太子舍人。　劉氏攽曰：「案文，多一者字。」

恒思皇后祖載之時。　劉氏攽曰：「恒思皇后，案恒當作桓，謂桓帝后也。」

宜披露失得，指陳政要。　文選任彥升天監三年策秀才文注：「後漢書：『詔問蔡邕，宜披露得失，指陳政要。』」

光禄勳偉璋。　他本多作偉璋，汲古閣本作姓璋，注云：「姓，姓也。璋，名也。漢有姓偉。」

又與將作大匠楊球有隙。　楊當作陽，下同。范書本多誤作楊。

與家屬髡鉗徙朔方，不得以赦令除。　文選任彥升天監三年策秀才文注引，朔方下不字上，亦有詔字。

其鄰人有以酒食召邕者云云。　事載華嶠漢書，藝文類聚四十四樂部四、九十七蟲豸部並引之。

比往而酒以酣焉。　酒，閣本、浙本、汪本皆作主。藝文類聚亦作酒。

我向鼓琴。　鼓琴，注本作鼓弦，藝文類聚同。

補侍御史，又轉侍書御史，遷尚書。三日之間，周歷三臺。　袁紹傳注引晉書、文選陳孔璋爲袁紹檄豫州注引應劭漢官儀曰：「漢官，尚書爲中臺，御史爲憲臺，謁者爲外臺，是爲三臺。」初學記職官部亦引之。續百官志：「符節令爲符節臺率。」案此又在三臺之外，據中郎本傳，僅歷二臺，何得有三臺之稱？　姚鼐云：疑補下脱「謁者遷」三字。

邕曰：「太公輔周，受命翦商，故特爲其號。今明公威德，誠爲巍巍，然比之尚父，愚意以爲未可。宜須關東平定，車駕還反舊京，然後議之。」　三國魏志董卓傳注引獻帝紀：「邕曰：『昔武王受命，太公爲師，輔佐周室，以伐無道。是以天下尊之，稱爲尚父。今公之功德，誠爲巍巍，宜須關東悉定，車駕東還，然後議之。』」袁紀同，師上有太字。

邕對曰：「地動者陰盛侵陽，臣下踰制之所致也。前春郊天，公奉引車駕，乘金華青蓋，爪畫兩轓，遠近以爲非宜。」卓于是改乘皁蓋車。　三國魏志董卓傳注引獻帝紀：「邕對曰：『地動陰盛，大臣踰制之所致也。公乘青蓋車，遠近以爲非宜。』卓從之，更乘金華皁蓋車也。」袁紀同。動作震。太平御覽八百八十咎徵部七引漢獻帝春秋曰：「初平二年，地震。董卓問蔡邕，邕曰：『天爲陽，故轉運於上，地爲陰，故安靖於下。而震，是失其性，以陰而陽也。明公車不當青蓋，宜改之以應變。』卓改爲緑蓋」。

然卓多自佷用。　劉氏攽曰：「案文，當云『卓佷，多自用』。」

殊不意言之而歎，　即收付廷尉治罪。　太平御覽六百四十六刑部十二引是傳，不意作不懌，治罪作考竟其罪。

邕陳辭謝，乞黥首刖足，繼成漢史。　三國魏志董卓傳注引謝承漢書：「邕謝允曰：『雖以不忠，猶識大義。古今安危，耳所厭聞，口所常玩，豈當背國而向卓也。狂瞽之詞，謬出患入，願黥首爲刑，以繼漢史。』」　王允傳：「丁彦思、蔡伯喈但以董公親厚，並尚從坐。」北齊顔氏之推論有古文人，多陷輕薄，有「蔡伯喈同惡受誅」之語。

兗州、陳留間皆畫像而頌焉。　蔡邕別傳：「東國宗敬邕，不言名，咸稱蔡君。兗州、陳留並圖畫形像，而頌之曰：『文同三閭，孝齊曾騫。』」間，殿本作聞。

勸學。經籍志：「勸學一卷。」

遺事

三國魏志王粲傳：「獻帝西遷，粲徙長安，左中郎將蔡邕見而奇之。時邕才學顯著，貴重朝廷。常車騎填巷，賓客盈坐。聞粲在門，倒屣迎之。粲至，年既幼弱，容狀短小，一座盡驚。邕曰：『此王公孫也，有異才，吾不如也。吾家書籍文章，盡當與之。』」

又云：「陳留阮瑀，字元瑜。少受學於蔡邕。」

孔融傳：「與蔡邕素善。邕卒後，有虎賁士，貌類於邕。融每酒酣，引與同坐曰：『雖無老成人，且有典刑。』」

三國吴志顧雍傳：「蔡伯喈從朔方還，嘗避怨於吴。雍從學琴書。」注引江表傳曰：「雍從伯喈學，專一清靜，敏而易教。伯喈貴異之，謂曰：『卿必成致，今以吾名與卿。』故雍與伯喈同名由此也。」太平御覽五百七十七亦引之。

後漢書王延壽傳：「少游魯國，作靈光殿賦。後蔡邕亦造此賦，未成，及見延壽所爲，甚奇之，遂輟翰而已。」

抱朴子：「盧生問曰：『蔡伯喈、張平子才足著書，正恐言遠旨深，世見不解，故不著也。』」

水經穀水注：「昔在漢世，洛陽宫殿門題，多是大篆，言是蔡邕諸子。」

文選孔文舉薦禰衡表注引典略曰：「路粹字文蔚。少學於蔡邕。」並見三國魏志王粲傳注。

琴曲譜録：「游春、緑水、幽居、坐愁、秋思。此五曲，蔡邕昔入青谿訪鬼谷先生，所居山東，常有人游，因成游春；南有緑澗，因成緑水；中即先生所居，深邃，因成幽居；北即高巖峻極，猿馬多哀，因成坐愁；西即秋風蕭騷而生灝思，因成秋思焉。」

十六引同。

北堂書鈔一百引李克起居戒云：「中興，蔡伯喈長於爲碑。」

太平御覽三百六十引語林曰：「張衡之初死，蔡邕母始孕，此二人才貌相類，時人云邕是衡之後身。」又三百九十六引同。

又五百七十七引後漢書：「蔡邕字伯喈。陳留人。性沈審，心好琴道。以嘉平元年入清谿訪鬼谷先生所居，山五曲，曲有幽居靈跡。每一曲制一弄，三年曲成，出呈馬融、王允、董卓等異之。」

又六百四十四刑法部十引語林曰：「嵇中散夜彈琴，忽有一鬼著械來，歎其手指曰：『君一弦不調。』中散與琴調之，聲更清婉。問其名，不對，疑是蔡伯喈。伯喈將亡，亦被桎梏。」

又七百五十引孫暢之述畫曰：「漢靈帝詔蔡邕圖赤泉侯楊喜五世將相形像于省中。又詔邕爲讚，仍令自書之。邕文、畫、書，于時獨擅，可謂備三美矣。」

又八百八十三神鬼部三引齊諧記曰：「廣陵王瓊之爲信安令。在縣忽有一鬼自稱姓蔡名伯喈。或復談議，誦詩書，知古今，靡所不諳。問是昔蔡邕否？答云：『非也，與之同姓耳。』問此伯喈今何在？云：『在天上，或下作仙人，飛來去，受福甚快，非復疇昔也。』」

輿地紀勝蔡伯喈讀書臺注：「按建康志載，境有蔡伯喈讀書臺。吳顧雍傳云：『邕亡命江海，遠迹吳會。』抱朴子云：『伯喈到江東得論衡』，則伯喈讀書于此，理或有之。王荆公詩云：『墓尋蔡墩西，獨覺秋尚早。』公所稱蔡墩，恐即蔡讀書臺也。」

蔡中郎集舉正二卷附佚文 一册

清錢塘羅以智撰。吳縣王氏學禮齋鈔稿本。

以智字子敎，號鏡泉。道光乙酉拔貢。慈谿教諭。生平著述極富，海昌羊復禮刊其七十二候表，錢塘丁丙刊其新門散記，近杭縣葉揆初先生景葵印其恬養齋文鈔。未刊者，丁氏有歷代紀年彙考正編、文廟從祀賢儒表、趙清獻公年譜、宋詩紀事補遺、詩苑雅談，瑞安孫氏有宋太學石經考、金石綜例跋及此書，余有恬養齋詩集以贈揆初先生。其他見於杭州藝文志、兩浙輶軒續録者不悉數。

此册原爲上元朱桂模傳鈔海寧唐仁壽本，唐即假諸孫詒讓所藏也。二十年前，杭縣楊君見心復避寇來滬，余訪諸寓廬，時其先世豐華堂藏書已歸清華大學，手頭僅殘帙數尺。偶檢及此，即假歸傳録。案中郎集宋刊不傳，明刊以萬曆間徐子器十卷附外紀一卷本爲最佳。聊城楊以增得顧廣圻、黄丕烈合校本，所據爲葉氏樸學齋所藏舊鈔本、錫山華氏活字本，乃屬秀水高均儒以徐本爲主，合嘉靖間殺祤喬氏六卷本、新安汪氏八卷本、太倉張氏二卷本、清康熙中陳留劉氏依喬本六卷增刊有補遺本，擇善而從，並以顧、黄校文注當句下，其各本文出徐本外者，别編外集四卷，附以後漢書本傳、青浦王氏所纂年表，都十六卷，刊成於咸豐三年，雖不能復宋本之舊，而逈非行世各本所逮矣。高氏以示以智，屬復加校勘，以智舊有校本，用北堂書鈔、藝文類聚、初學記、太平御覽、文選、古文苑、宋人諸書所引參證，又録得盧文弨、嚴可均、勞格諸家校，及袁廷檮、陳鱣臨顧廣圻兩校本，與高所據本不同。既得楊本，於是擇其未及者，更參互考訂。於經之今古文異同，史之年月日舛譌，推勘尤細，仿宋方崧卿校韓集例，爲蔡中郎集舉正二卷。咸豐四年仲冬，書成而序之。惜楊氏未及刊附集後。據朱桂模跋，以智謝世，適值亂離，諸子皆遇難，遺稿遂無人問及。吁，可悲矣。首序不載恬養齋文鈔，末附佚文，可補楊本之闕，兹録附於此，冀他日有愛其書而刊傳之者。桂模字崇嶧，緒曾子。緒曾撰曹子建集考異亦應以增而作，其考證之精，與此相埒。漢、魏兩鉅集得此可無遺憾矣。

東漢人文集傳於今日，惟蔡中郎集爲著。原本久佚，輯自宋時，今僅存明刊本，宋本已不可復見矣。余友高伯平爲楊至堂河帥新刊中郎集，以顧千里所校爲主，參之各本，擇善而從。徵其同異而兼存之，析其是非而嚴辨之，二千餘年沿譌襲謬，一旦俾有定本，中郎有知，當無遺憾。刊既成，示余屬復加校勘。前輩盧抱經、嚴鐵橋兩家有校本，余並得見之。盧氏以宋本校，所改字多與鈔本同，嚴氏別爲編次，仍多譌謬，不足稱定本。勞季言爲言吳中吳厚齋名時中者，曾有校本，余求之不可得。季言自有校本，又藏有袁壽階過録千里校本。余又曾見陳仲魚過録千里校本，兩本亦有異同，新刊本中有未之采列者，伯平所謂顧校尚有別本，是也。竊謂宋本惜不得見，據廣川書跋圀典、容齋隨筆餘糧觀之，宋本獨不誤。又據后村詩話觀之，宋本必勝今本，各本自以鈔本爲最善，雖行草書易致誤，細繹其疑似處，尚可會悟宋本之彷彿。活字本次之。他本亦各有較勝處。但各本皆不免以今人文義相臆改，兼之鈔刻傳譌，第就集本互勘，猶不足以得廬山面目。余因取兩漢書而下，所見諸書中有與中郎文相關者，博證旁通，求其確據，不僅斷斷於字句間臆測而擬議之，庶免師心自用之誚。凡得若干條，録爲兩卷，命曰蔡中郎集舉正，仿宋方崧卿校韓集例也。外集采自張本，各篇見諸何書，悉爲尋注。遺文如文選注所引陳球碑、劉寬碑，按其文在隸釋後碑中；陳球前碑，通志略亦以爲中郎文，劉寬前碑藝文類聚繫之桓麟。又文選注所引度侯碑，按其文在外集荊州刺史庾侯碑中，庾爲度字之誤明矣。隸釋度尚碑別是一碑，兩碑文故不載入。又斷篇如朔方上論渾天書、筆論、女訓諸篇，又斷句如顏氏家訓、文選注、藝文類聚、北堂書鈔、初學記、太平御覽諸書所引，俱采綴焉。質之伯平，未審於校勘之旨爲有當否？咸豐四年甲寅仲冬之月，羅以智識。

佚文

漢故太尉陳公之碑隸釋篆額。鄭樵通志金石略：蔡邕文并書。在徐州。歐陽棐集古録不著書撰人名氏。

君諱球字伯真有虞氏之後也當周盛德有虞遏父爲陶下闕公生公子完適齊爲桓公公正其後强大遂有齊土楚漢之下闕官生乇有令名廣漢太守公既慕世業不隊前軌孝友秖穆下闕典誥微言睢頌情指憲發綱統莫不守其條貫綜其倫理采下闕換東城門候虔恭職司夙夜匪懈遷繁陽令寬以闕二字温而下闕不闕遺跡邈而不闕喪母去官服除辟司徒府拜侍御史下闕陸粱荊揚州郡闕弱莫能禁御太尉楊秉舉公下闕帥後闕二字弱闕三字難一闕而平詔書闕五字十萬州下闕公發遣家屬辟闕二字難公赫下闕有言者斬乃悉闕人民老弱闕共闕三字材爲大弧下闕攻前闕遇之弘衆而遁全郡保闕六字拜子男下闕作大匠孝桓晏駕闕四字躬親功下闕喬玄表公爲河南闕惟明克闕公闕遂作司空通導水泉稼嗇繁阜陰陽下闕致仕賜榮而退復拜永樂少府光和下闕而不撓雖有周之申甫漢优之匡翟下闕知公之明德其辭曰

於顯明德峻喆闕二字亹闕丕度伊下闕。隸釋云：「大凡碑碣率與史傳牴牾，球之二碑，獨繁陽事迹不同，所書零陵平賊事，雖石破文闕，其存者皆與傳合。至廷尉永樂時，則一詞不措，故熹平之議、光和之謀咸無焉。殆有所畏而然也。左傳「虞閼父爲周陶正」，而此作遏父。陳敬仲至齊爲工正，掌百工之官也。而此作公正。大尉橋公，而此作喬，皆借用也。」碑以「隊」爲「墜」、「嵒」爲「稽」、「弘」爲「引」字。

漢故太尉陳公之碑篆額後碑。太平御覽五百八十九引述征記下漢城西北漢太尉陳琳墓有三碑，又有陳寔碑文，並蔡邕所作。

君諱球字伯真廣漢太守之元子也蓋周存六代媯滿繼虞建國于陳遷完徂齊實爲陳氏公下闕公自營州來宅海淮世躭典籍兼通勤誨振裘褐即徵聘答宰司荷顯貢者繼世而傳焉至公下闕剛寡欲闕龤惠和高明柔克甘味道藝强學博物凡墳素遺訓聖賢立言掏情極微無闕不究下闕除郎中尚書符節郎恒陵園令換中東城門候繁陽令養老長孤救災匡困化惡以善擾逆以下闕幸厥澤鴻醇則百姓敬之如神祇愛之如慈親矣暨于考績遭繼母憂礼紀向闕羣公爭招遂下闕拜侍御史爾時蠻闕賊胡闌李研等蜂賑蛾動剥落荆揚出陟命將輙有奔北之困太尉楊下闕公嚴闕曲陳爲鸞爲闕兵揚霆激朞月獻捷有詔厚賜榮書歎述續遇畔兵朱蓋等建闕三牧二守零陵之宜初闕阻闕土地平夷編木爲城舊有過寇未嘗能亢蓋等望下闕以爲闕二字入便就館穀公慨然抑留妻子以鎮民心擐甲登埤親陣吏士身當鋒下闕圍城至乎旬有六日傷熖稍逸仍隨馘截威震南夷功光王室詔拜子爲郎下闕優闕二字勞事列闕二字遷魏郡太守徵拜將作大匠會孝桓皇帝崩實掌梓宮闕事身安茶下闕南陽太守父病去官居家半年弘授廷尉八議寔闕二字無辜民乃遷衛尉遂佗司空闕土闕二字濟可黜否闕盈致仕復拜廷尉進登太常三祀咸闕二字時西戎衣王選能闕二字朝下闕舉荒干戈斯戢闕三字黜又拜永樂少府年六十有二光和下闕執法三應符守八佗鄉闕二字任相闕慎在宰割闕二字茂惡樹闕爲志下闕特立闕二字顧秉心兹隆天命弗闕嗚呼哀哉闕是凡我困矇洒掃之下闕廓闕虛愍將闕稚泣涕漣如惟闕衣朽實在傳紀乃

相闕三字勳績銘闕立石下闕六字臨萬國降玆闕旣爰作民牧遠鎮南闕近撫闕服文選陸士衡贈顧交阯公真詩注引蔡邕陳球碑曰：「遠鎮南夷，近撫侯服。」又潘安仁金谷集詩注引蔡邕陳琳碑曰：「遠鎮南裔。」「琳」爲「球」字之譌。芟闕五字凶罣虐字播思下闕升大鹿沛乎如川礮闕猶嶽休休之志天闕爲之墮我梁下闕勿思是用鑽勒永闕萬基隸釋云：「隸法有所謂省文者，如「爵」之爲「时」、「鶴」之爲「隺」是也。經傳多書「蟻」爲「蛾」，似亦是省文。左傳「蛾析」，戴記「蛾子時術」，列子「未聚禽獸虫蛾」，皇帝紀「淳化鳥獸虫蛾」，元帝紀「白蛾羣飛蔽日」，長楊賦「扶服蛾服」，皆讀「蛾」爲「蟻」。」隸釋仲秋下句碑有「蛾附」之句。此云「蜂聚蛾動」，亦蟻省也。「弘」即「引」字。

劉寬後碑中平某年。黄伯思東觀餘論云，碑在洛陽尉射圃中，蔡中郎書。

上闕四字文饒弘農華陽人也厥祖出自闕三字臣王侯相相繼遭漢中微失其爵土闕五字世祖復阼仍有顯位光輔王室公之考作司徒于安闕三字勳績昭乎前朝公㠯嵩高之門好謙儉之操布衣糲食涉履寒苦周覽五經汜篤尚書闕三字微潛隱講誨世之榮利不滑其守州郡禮招王公並辟皆不詘志大將軍辟舉闕第拜闕三字遷梁令喪舊君去官博士徵三府辟皆又不到司隸校尉察茂材大尉闕三字有道徵闕五字長史侍中延熹八年地震爲異聖朝咨問公㠯對㦸嘉儻克厭帝心引拜尚書出闕五字謐靜雖龍左納言山甫喉舌無㠯尚焉遷東海相南陽太守公之闕性也栗而能闕五字弘裕凱弟無競伊人及其涖官統政推是心也㠯御萬事故闕民見德義而興行闕三字讓而不爭政不肅而威宣教不舒而德洽帝將入學選定講闕三字舉公宜參誨闕五字拜大中大夫勸講于光華之内遷侍中屯騎校尉宗正光禄勳大尉股肱元首宣闕七字臣工允勑帝載粤熹寢疾遜位復拜光禄大夫衛尉大尉闕二字交會獨引其咎闕五字拜永樂少府光禄勳先是時妖民張角造爲邪孽逆節有萌公闕四字聞罪誅未闕五字用首謀先覩封逯鄉侯食邑六百户春秋六十有六㠯中平闕年

闕月丁卯薨闕六字張良錫帝嘆悼贈目車騎將軍印綬位特進賵𧯗含斂闕備闕禮有加復遣五闕七字曰昭烈侯詔帝休命宜宣無窮庸器銘勒若古有訓門生郭異等闕公永慕闕七字紼無目慰懷洵涕述高乃共刊石建碑式序鴻烈其辭曰

上闕八字祗慕祖武允迪秊道厥秊如何耽此箕謨用闕聖主納諸軌度統闕三事闕九字文選曹子建王仲宣誄注引蔡邕劉寬碑曰「統艾三事，以清王塗也」。又王仲寶褚淵碑文注亦引此二句，無「也」字。行雨布海隅緝熙羣生賴祚降命秊融民闕悠慕生榮亡哀厥聲載路

門生隸川段苞京兆闕二字河内李照等共所興立

朔方上論渾天書宋書二十三天文志一。

論天體者三家，宣夜之學，絶無師法。周髀實數具存，考驗天狀，多所違失。惟渾天僅得其情，今史官所用銅儀則其法也。立八尺圓體，而具天地之形，以正黄道，占察發斂，以行日月，以步五緯，精微深妙，百世不易之道也。官有器而無本書，前志亦闕而不論。晉書天文志引「宣夜之學」至「前志亦闕」止，僅得作「近得」「候臺」二字在史官下。本欲寢伏儀下，思惟微意，按度成數，以著篇章。臯惡無狀，投畀有北，灰滅雨絶，勢路無由。宜問羣臣，下及巖穴，知渾天之意，使述其意。

筆論墨池編。

書者，散也。欲書先散懷抱，任情恣性，然後書之。若綰閒務，雖中山兔毫不能佳也。先默坐靜思，隨意取擬，言不出口，心不再思，沉密若對人君，則無不善矣。字體形勢，若坐若行，若飛若動，若往若來，若卧若起，若愁若喜，若春夏秋冬，若鳥啄形，若蟲食木，若利刀戈，若彊弓矢，若水火，若樹雲，若日月，縱横有象，可謂書矣。書苑精華亦

載是文，惟起數語相同。下云：「若迫於事，雖中山兔不能佳也。夫書先密坐靜思，隨意所適，言不出口，氣不盈息，沈密神彩，如對至尊，則無不善矣。爲書之體，須入其形，若坐若行，若飛若動，若往若來，若卧若起，若愁若喜，若蟲食木葉，若利劍長戈，若强弓硬矢，若水火，若雲霧，若日月，縱横有可象者，方得謂之書矣。」

女訓梅氏鼎祚東漢文紀。

禮，女始行服纁。纁，絳也。絳，正色也。紅紫不以爲褻服，緗緑不以爲上服。縉貴厚而色尚深，爲其堅紉也。太平御覽八百十四布帛部一引，作「蔡邕女誡。」「絳，正色也。」絳作上。湘緑句無服字。

舅姑若命之鼓琴，必正坐操琴而奏曲。若問曲名，則捨琴興，對曰某曲。北堂書鈔一百九樂部五引蔡邕女訓至「則捨琴而對」止。坐若近，則琴聲必聞。若遠，左右必有贊其言者。凡鼓小曲，五終則止。大曲三終則止。無數變，曲無多少，尊者之聽未厭，不敢早止。若顧望視他，則曲終而後止，亦無中曲而止也。琴必常調尊者之前，不更調張私室。若近舅姑，則不敢鼓。獨居絶遠，聲音不聞，鼓之可也。鼓琴之夜，有姊妹之宴，則可也。太平御覽五百七十七樂部十五引是段，無中曲句，作「亦爲終曲而止也」。

加以思謀深長，達於從政。文選潘安仁馬汧督誄注引蔡邕趙歷碑。

孝友盡于閨庭。文選王仲寶褚淵碑文注引蔡邕何休碑。

辭述川流，文章雲浮。同上。

遡矣高蹤，孰能剋兹。文選傅長虞贈何劭王濟詩注引蔡邕遠陽碑。

呱呱孤嗣，含衷長慟。文選曹子建王仲宣誄注引蔡邕袁成碑。

于茲德聲，發聞遐邇。文選張茂先勵志詩注引蔡邕袁喬碑。案晉有袁喬，爲山松之父。

景命不延，遭此顛沛。文選袁彦伯三國名臣序贊注引蔡邕楊復碑。

文學之徒，擁書抱籍，自遠而至。稟采豐華，斟酌洪流者，雍雍焉，誾誾焉。北堂書鈔九十六藝文部二，引蔡邕楊復碑。

哀此骼骴，寛體孤魂，遭水爲泥，逢風成塵。殮以時服，葬以洛濱。北堂書鈔三十九政術部十三，引潁川太守王立義葬流民蔡邕頌云。

邕退省金龜紫紱之飾，非臣庸體之所能當也。北堂書鈔一百三十一儀飾部二，引漢末雜事詔賜陳留蔡邕金龜紫紱上表云。

四年正月朔，日體微傷，羣臣服赤幘，赴宫門之中，無救，乃各罷歸。天有大異，隱而不宣求御過，是已事之甚者。後漢書十八五行志六，引蔡邕上書。

大官令職役煩碎，非文雅所使也。北堂書鈔五十五設官部七，引蔡邕書云，俗本煩誤作斯。

相公金印緑綬，位在公上，所以殊異休烈，羣臣莫得而齊也。北堂書鈔百三十一儀飾部二，引蔡邕雜章。

枉屈麟鸞，奉計王室。北堂書鈔四十政術部十四，引蔡邕與故郡將子橋伯尉書云，計一作法。

侍中執事相見無期，惟是筆跡可以當面。初學記二十一文部，引蔡邕曰，跡一作疏。又文選陸士衡謝平原内史表注引蔡邕書曰「惟是筆跡可以當面」。

人無貴賤，道在則尊。文選閑居賦注引蔡邕勸學篇。

螾無爪牙，輭弱不便。穿穴洞地，食塵飲泉。藝文類聚六地部，引蔡邕勸學。

瞻彼頑薄，執性不固。心游目蕩，意與手互。太平御覽四百九十，引蔡邕勸學。

木以繩直，金以淬剛。必須砥礪，就其鋒鍔。太平御覽七百六十七雜物部二，引蔡邕勸學。

明珠不瑩，焉發其光？寶玉不琢，不成珪璋。太平御覽八百三珍寶部二，引蔡邕勸學。

世祖追修前業，採讖緯之文，曰太子樂府，曰黄門鼓吹。北堂書鈔九十六藝文部二，引蔡邕叙樂。

中宵夜而歎息。文選曹子建美女篇詩注引蔡邕霖雨賦。

瞻元雲之晻晻，懸雨之森森。文選張景陽雜詩注引蔡邕霖雨賦。

庶小善之有益。文選謝朓拜中書記室辭隨王箋注引蔡邕元表賦。

思在口而爲簧。北堂書鈔一百十樂部十，引蔡邕賦。

暮宿河南悵望。文選江文通雜體詩休上人别怨注引蔡邕詩序，又任彦昇爲范尚書讓吏部封侯第一表所引同。

暮宿河南悵望，天陰雨雪滂滂。文選謝玄暉新亭渚别范零陵詩注引蔡邕初平詩。

暮宿何悵望。文選謝玄暉酬王晉安詩注引蔡邕詩曰。

是編藏唐生嘉登篋中，蓋端甫先生假孫氏仲容本而録者。猶憶道光丁酉年，先君奉大吏檄分校浙闈，得一卷，詫爲名宿，呈薦未售，惋惜累日。徹棘而羅君來謁，遂以老友視之。迨咸豐庚申，浙中不靖，先君捐館，而羅君消息亦無從過問。光緒戊寅，唐生爲余轉詢濮彝齋處，知羅君僅有一孫，青氈故物，未識能世守否？余遂亟録是篇，冀廣流傳。春暮病幾不起，冬初始愈。今補鈔十餘頁，而願甫畢。是亦不幸中之一幸也。光緒己卯春仲，上元朱桂模崇嶧甫跋。

附　綸致濮彝齋信云：「羅鏡泉者，羅曉岩之從兄也。劫前作古，遺有五子。省城失守，時大、二、三、四皆被戕，惟第五子字冰卿者出危城。有人遇於江干，形容枯槁，奄奄一息。以後即不知蹤迹。大約亦入劫簿矣。惟次子有後，然亦只一人，與曉翁同居城内之下林司後，光景平平。昨見曉翁詢其顛末，故能知其詳如此。」

蘇文忠公詩合注五十卷二十四册

清桐鄉馮應榴撰。嘉慶二十四年己卯馮氏踵息齋刊本。秀水王祖詢臨河間紀昀評。卷首兩册未入目，爲序例、志傳、辨訂、年譜、舊序等。星實自序在乾隆癸丑，而刊成已在嘉慶己卯。此又爲同治庚午孫寶圻修補之本。先父次歐公以朱筆臨紀曉嵐評，約在光緒中葉，時紀評已有粤东朱墨套印本行世。注蘇詩者夥矣，今傳者，宋有王龜齡、施德初，清有查初白三家。王本長於徵引故實，施本長於臧否人倫，查本長於考證地理。錢竹汀序稱「星實能彙三家之長，而於古典之沿譌者正之，唱酬之失考者補之，輿圖之名同實異者覈之。立言愈慎，考古愈精。是書出而讀蘇詩者可以得所折衷。」蓋星實父孟亭浩注李義山詩，弟庭鷺集梧注杜樊川詩，父子兄弟皆勤於纂述，熏染討論，自益精密，而星實此書卷帙最富爲難能焉。但東坡腹笥浩博，所用典實，仍有爲諸注所未詳者。郭麐靈芬館詩話云：「李憲仲哀詞『死者誰不窾』，用柳子厚天説『窾暮以送死』，注失引。次韻蔣穎叔觀燈詩『便因行樂令投甲，不用防秋更打冰」，用北史斛律光傳：「文宣時，周人常懼齊兵之西度，恒以冬月中河椎冰。後朝政漸紊，齊人椎冰，懼周兵之逼。」注亦未引。故後來沈小宛又作補注也。」顧並時有仁和王見大文誥者，於元刊王狀元集百家注本、宋刊施、顧注本及影鈔本都未目覩，但據此書所采，翦截移易，又於南行集及他集互見詩、補編詩，恣意删削，爲蘇詩編注集成以求勝。陰據之而陽盩之，欲掩星實發明之功，寶圻於新修補序慨乎言之。今考王本亦刻於嘉慶己卯，或先見稿本，其事與金榮漁洋精華録箋注之剽竊惠定宇訓纂極相類，皆爲著書公案。竊觀近來坊行名家詩注，多以剽竊爲能，繁富爲貴，刻期而成，以邀名利。鹵莽滅裂，又遠不如金、王二氏。其能簡煉揣摩，實事求是者罕矣。是亦文德學風之憂也。曉嵐所評各書，大都提要鈎玄，啓發神智。錢警石曝書雜記謂其評蘇詩視初白較嚴，凡涉禪悦語，及風議太峭激處，咸乙之。學詩者之圭臬也。往嘗與張孟劬先生爾田論學，告余曰：「曉嵐評義山詩多曲解囈語，而以評蘇詩所得爲多。」蓋李、蘇立意措辭，隱顯之不同也。今蘇詩幾於家置一編，而馮注、紀評實爲二美之并，先父臨此本以藏家塾教後人，良有以也。

有「臣詢私印」白文方印，「以學愈愚」朱文方印，「秀水王祖詢印」白文長方印，「蟫廬藏書」朱文方印。

圭齋文集補遺十卷 二册

元劉陽歐陽玄撰。吳縣王欣夫輯。稿本。

歐陽原功圭齋文集據揭傒斯序，其門人王師模所輯者四十四卷，宋濂序其孫佑持所輯者二十四卷，皆不傳。明成化七年，其宗孫銘鏞所輯者十五卷，附録一卷，即四庫全書所收本，今涵芬樓四部叢刊覆印原刻。王西莊謂不過辛卯至丁酉七年中所作，時圭齋年已七十九至八十五者也。乾隆十三年十五世孫啓遠補輯若干篇，重刻十六卷本，今已罕傳。道光十五年裔孫杰榮刻本，增補二十篇。二十六年新化鄧顯鶴刻本，增補八篇。仁和勞格又輯得四十八篇，目載所著讀書雜識。然諸家皆未見前人所輯，故多複出。余流覽所及，爲諸家所遺者，得詩十題，文二十四篇。友人海寧趙君萬里亦輯得十九篇。以今通行四部叢刊本，遂彙録編次爲補遺十卷。惟勞輯有五篇不注出處，尚未鈔得。河防記載元史河渠志非全文，故不録。案危素撰原功行狀，謂「凡宗廟朝廷，雄文大册，播告萬方，國所用制詔，多出公手。海内名山大川，釋老之宫，王公貴人墓隧碑銘，得公文字爲榮」。並載原功所草制詔玉册文外，如曲阜先聖廟碑、先聖兖國公廟碑、居庸關過街塔碑，今其文僅存。他如故相和寧忠獻王脱脱神道碑、成宗御殿碑、故相冀寧忠宣王帖木達實神道碑、選格序、河平之碑、金字藏經序、新建壽元忠國寺碑、三皇廟新置雅樂記，悉皆不傳。逌論宋濂所稱百餘册之舊觀，即王師模與佑持所輯之本亦已渺不可得，然則原功文之傳者，不過什百之一二而已。今即其存者觀之，類有關於一代之典制史實，不但文章爾雅，上規六一居士，卓然與虞、姚諸公媲美已也。他日深山古冢，地志秘籍，必有可資采摭增益者，其以此爲嚆矢也可。

丹邱生集五卷附録一卷 一册

元仙居柯九思撰。清江陰繆荃孫、吳縣曹元忠輯。光緒戊申武昌柯逢時息園仿宋刊本。曹元忠、王欣夫校補。

案光緒仙居志藝文著録丹邱集三卷，邑人王魏勝編輯。有咸豐九年自序。志云卷一題跋雜文，卷二皆題畫詩，卷三題畫及宫詞雜作。其詩較顧氏元詩選多九首，又詞五首，其本今未見。其後繆筱珊借錢塘丁氏元人十二家集中敬仲詩合諸草堂雅集、元詩選輯成二卷。光緒壬寅君直先生補輯爲五卷，并事蹟一卷，而柯遜庵爲付梓。及印成，君直先生續有所獲，即手書於眉端，蓋初時三月成書，不無遺漏。余旁搜方志，及諸家書畫録，又得詩文若干首。於是敬仲遺著，庶幾十得八九。惟明張泰階寶繪録贋鼎居多，他家著録亦或不免，今不暇識别。昔米元章寶晉英光集多被張青父以吳中贋跡亂真，姑引以解嘲可也。

至敬仲生卒年月，諸家説多異。元徐顯稗史集傳謂卒於至正癸未十月，年五十四。顧俠君元詩選小序謂卒於至正乙巳。錢竹汀疑年録據張昶吳中人物志，謂生於皇慶元年壬子，卒於至正二十五年乙巳，年亦五十四。而注云「當考」，蓋猶疑未能決。君直先生跋據倪雲林、顧仲瑛詩文，考得卒在順帝至正十二年，而不能定其存年若干。遜庵跋據寶繪録、式古堂畫考，紀年最後至至正二十四年甲辰，因疑兩書支幹有誤刻。或俠君之云卒於乙巳者，爲收藏家作佐證，仍未能確定其生卒。今案諸家説當以徐説爲可信。徐與敬仲同時交好，敬仲於至正癸未十月壬寅夜夢，倩徐筮之，乙巳、丙午敬仲均出游，辛亥丙夜暴得風疾，越六日丁巳卒。年五十四。所記歷歷如繪，不當有誤。且考郁逢慶續書畫題跋記卷八載虞雍公誅蚊賦虞伯生書，敬仲題詩有「惟庚寅吾以降」印，庚寅爲元世祖至元二十七年，距順帝至正三年癸未，正得五十四歲。俠君、竹汀、君直三先生皆未見稗史集傳，故出於推測，遜庵已附刻徐文於後，而仍不敢斷其是非者，則以未得生年之確據也。然則敬仲所題，有癸未以後支幹者，均僞跡無疑。此可爲書畫賞鑒家之參考者也。

麗情集一卷　一册

清武進惲格撰。吴縣王氏學禮齋鈔稿本。

題「江南恨人壽平子著」。曰麗情集者，皆香奩體。七言絶句爲蔣生沐輯，甌香館集所不載。蔣輯凡例謂其「詩卷墨跡，於戊申己酉署江上紀愁詩，於甲寅署江上詩意。當日或有手定編年分集之本」。觀此益信。每首皆有評注及圈識。計詠美人讀書圖十首，爲莫夫人索題。次和美人讀書圖十首云：「余友雲卿案頭有謝文侯所畫美人讀書圖，山陰王大家題絶句十章，雲卿屬和。」次題吟紅女史小影六首云：「吟紅女史者，越江之怨女也。閔喪亂，傷流隸，憂勞感憤，鬱結無所俚賴，盡託之於詩，曰『吟紅』，故稱爲吟紅女史。或言『吟紅』者，蓋取杜鵑血之義也。」次題靜女横琴圖四首。案其詩似皆爲吟紅而作。故詠美人讀書圖末首云：「腸斷吟紅故苑塵，落花猶哭杜鵑春。歌殘欲碎珊瑚管，千載憐才有幾人。」評注云：「作者本旨，今觀首句即點出吟紅二字，與下題吟紅小影合。」題吟紅小影末首云：「袖裏新詩芳草煙，越江吟過落花天。聲聲都作啼鵑聽，血染春風十九年。」評注云：「亂後十九年矣，亦正合蘇武雪窖事。」其所云亂後，必指明、清易代，後十九年爲康熙元年。南田生於明崇禎癸酉，作此詩時年正三十，當時必有本事而今不可考矣。雲卿者松江莫是龍也。莫夫人即雲卿室。甌香館集有贈莫大雲卿五律，又與雲卿及王丹麓、毛稚黄等會聚之作六七見；又有飛龍曲、題謝文侯扇贈潘子詩，則莫、謝皆與南田素交，故詩後附注及之。附注又有論詩一則云：「絶句惟唐人擅場，至供奉、龍標，其至妙者矣，後之作者不能復加焉。其在有明，則惟歷下，大抵如風弦激響，妙出天然，非可以刻意求工而得也。間者淹泊湖山，寥蕭一室，於淒風黯雨之際，輒取供奉、龍標諸作揣摩之，得意忘言，有斐然之志」云云。自言其瓣香所在，故詩亦如之。鄒訏士謂「南田絶句脱然畦封，直與龍標諸賢白戰於變風境上而莫之雌雄者」，爲得其旨趣矣。原稿有「避塢」、「備五」二朱文小長方印，「完德之印」白文方印。一九三三年一月，見於常買家，索值奇昂，從商借手録之。舊有鈔本南田題跋二册，爲顧壽曾、李鴻裔遞藏，多出蔣輯之外。惜未及録出而失去，爲附記於此。

曝書亭集外文一卷 一册

清秀水朱彝尊撰。吴縣王欣夫輯。王氏學禮齋鈔稿本。

前人詩文集多有後人爲之補遺者，雖出於愛惜古人，亦當分别觀之。竊以爲其集出於手訂者，其斟酌去取，自有權衡。即有集所未載，自由於删汰不欲存，不必爲補遺。出於後人輯録者，則在散佚零亂之餘，莫非崑岡片玉，當時既未見，正賴爲之拾遺補闕。蓋手訂集所不存者厥有數端：文字有忌諱，一也。牽率於酬應，二也。他人所代作，三也。若必補遺，適足以暴其短。而後人輯録，則不盡然。忌諱或限於一時，酬應有足證交游，惟代作殊難别白。然既署其名，即存之可也，惟弗誤以他人之作闌入耳。曝書亭集爲竹垞晚歲所手訂付刊，宜若不必爲補遺。乃有嘉慶時五世孫墨林合諸馮雲伯所輯詩文詞爲曝書亭集外稿八卷，光緒時翁之潤刊曝書亭詞拾遺三卷，則以竹垞之文采風流，爲後生所仰慕，雖得片楮，猶不忍恝置之也。然蕭穆言其堯母廟碑文爲湯斌所作，見潛庵先生集中，而墨林誤收。則輯録亦難言之矣。蕭氏於跋阮文達公茗柯文編序謂：「其文不見揅經室集中，其識議精卓，文亦高潔可誦。蓋刊集時偶遺之，非他人代筆，亦非棄不欲存也。」不知此文實爲仁和汪家禧代作，明載東里生爐餘集。余嘗於友人處見竹垞手稿一册，存僉事李公畫像記等四篇，爲曝書亭集及集外稿所不載，而决非録他人之作，亟假録之。僉事李公者，明德州李允貞也，應其次子名濤者所請。濤字述脩，康熙十五年進士。谷園詩序者，山陰胡茨村介祉也。雲松老人傳爲安邱張繼倫，擅書畫，富收藏，其子貞與竹垞同薦博學宏詞。程孺人墓志銘即李濤之室，雖不紀年，大都皆出於晚歲。又於霍邱裴景福壯陶閣書畫録卷十六得佚文三篇，合爲一册。雖非竹垞意，亦猶景仰其文采風流，而區區自附於鄉後進之意，其與梨洲、亭林、稼堂諸家集外文並傳可也。

僉事李公畫像記　谷園詩序　雲松老人傳　程孺人墓志銘　又題感蝗賦　書李義山詩集後　書黄山谷試李展筆真跡卷

研谿先生詩集七卷文集不分卷三册

清東吳惠周惕撰。康熙時惠氏紅豆齋刊本。

詩分六集：曰北征集，一卷。曰崢嶸集，二卷。曰東中集，曰紅豆集，曰囈語集，曰謫居集，各一卷。每卷末有「小門生長洲王薛岐謹録一行」，楷書精絶，可與林吉人寫漁洋精華録、堯峯文鈔，黄子鴻寫漁洋續集，張敏求寫曝書亭集媲美。文集不分卷，篇自起訖。審其筆意，亦薛岐所寫。中如答薛孝穆書、答吳超士二書，於葉之中縫有「詩説附録」四字，而葉數則仍與前後統排，後吳志忠重刻詩説，已别出附末。首末無序跋，不著刻書年月。據半農撰行狀，研谿殁於康熙三十六年，所附著述目無之，此必研谿殁後，半農掇拾遺稿，交門人王薛岐書以付梓，則當在康熙後期。北征集爲入京時作，按行狀當在康熙十六年丁巳以後數年，時與傅青主、李天生、陳其年相唱和。崢嶸集爲二十一年壬戌，依田山薑於德州，附入都及出都詩。東中集爲游浙東之作。紅豆集爲在里之作。囈語集爲三十年辛未舉進士，至三十三年甲戌外調之作。謫居集爲知密雲縣事時作。此二集中，多客納蘭愷功處，與唐實君、查夏重、姜西溟、查聲山、湯西崖諸人相唱和，注追録以後諸詩，當爲補遺。至其少作陽山草堂集今已不可見矣。研谿以經術名世，而詩爲所掩。其師汪堯峯、王漁洋固皆詩壇宗匠，研谿得其衣鉢，故自不凡。定宇撰研谿公遺事，有云：「公詩凡三變，少時純法盛唐，最工五言，雄偉沈麗，俯視一切。後從汪鈍庵先生游，間出入宋、元諸家，得其風韻。晚年詩益平粹，神韻天然，直入襄陽之室矣。故沈歸愚評爲『詩格每兼唐、宋，然皆自出新意，風神轉佳，不似他人摭拾宋人字面以爲能事也。』生平邃於經學，貫穿融洽。亦不第以詩家品目之。顧其集傳本極鮮，此初印本二册，爲舅氏吳問潮所賜，藏之三十年。及得定宇所輯研谿先生遺稿，印入庚辰叢編，於末跋引吳志忠「刻本書法儁逸精好」之語，致慨於文集之不可復遇。傅沅叔先生見之，遂以所藏本鄭重寄贈。詩文始得璧合，爲之喜而不眠。附志得書因緣於此。舅氏名曾濤，爲外王父子實公次子，官浙江知縣。

詩集有「盛氏朝彦藏書印信」白文長方印，「子子孫孫永寶守之」朱文長方印。文集有「名余曰焕鼎兮」白文方印，「字余曰寶臣」朱文方印。

采蓴集一卷南中集一卷 一册

東吳惠士奇撰。吳縣王氏學禮齋鈔本。

騰衝李印泉先生根源寓吳時，提倡三惠之學，修葺冢墓，網羅著述，從其後裔借録此二集，余又從之轉録。惟亥豕多誤，復借故友姚君石子所藏原刊本校正之。

研谿、半農皆以經學名，詩其餘事，而沈歸愚評半農，謂「詩近唐人，以自然爲宗，視研谿先生，家學各有所得」。今讀采蕁集爲洞庭紀游之作，田家行、牧童詞、簇蠶詞、樵客行則有香山諷諭遺意。唐宫詞、宣和宫詞、清麗芊緜，可與徐大臨明宫詞媲美。南中集爲粤游之作，其除夕寫懷有云：「緬維遭喪日，事遠尚可追。先君昔遭謫，家細不得隨。二載密雲尹，溘然遂長違。時余行未至，伯兄適南歸，飯含未及視，安用有子爲。一棺尚寄止，僻在城南陲，遥憶今夜奠，紙錢風吹灰。」案研谿卒於康熙三十六年丁丑，而半農中四十七年戊子鄉舉，己丑聯捷，至庚子督學廣東。今集中多羈旅愁苦之句，合而觀之，知其時研谿尚在殯宫，而半農飢驅至粤，必在戊子以前，與後來以輶軒使者再度來粤，意境迥然不同。然則此二集者，皆半農早歲之作。據楊超曾撰墓志，尚有歸耕集一卷、人海集四卷，惜今不可見矣。

戚藩殿試策 一册

手寫本。

首葉履歷，書「應殿試舉人臣戚藩，年叁拾捌歲。係江南常州府江陰縣人。由縣學廩膳生員應壬午年鄉試，中式。由舉人應順治玖年會試，中式。今應殿試」云云。案壬午爲明崇禎十五年，以前朝，故不書年號。是年爲順治十二年乙未，中史大成榜三甲一百八十八名進士。惟所粘浮簽殘存「擬第扒」二字又半，第三字顯爲拾之上半。常例簽擬名次，即係所中名次，不知何以降至一百八十八名。藩字价人。以進士官安定知縣。縣本山瘠，又值旱蝗。藩多方撫卹流徙復業，捐公費，節驛役，以抵民逋賦，其催科不假胥役，但以官符付里正，賦咸辦。暇則課諸生肄業，人文爲之一變。尋以事去，不名一錢。爲人硜介專靜，不事浮競。制藝與熊、劉齊名。康熙間寓十方庵無疾卒。祀安定名宦祠。詳江陰縣志鄉賢傳，是亦一循吏也。首有「禮部之印」大官印，末有「印卷官禮部儀制清吏司郎中臣王天鑑」大長方印。印卷官一人，惟順治時制爲然。康、乾時則三人，嘉、道後則二人也。清代歷科試卷，均藏内閣大庫。宣統元年修庫屋，派人檢理，遂漸散落。其名賢碩學數百卷，悉歸寶應劉氏食舊德齋。此及沈彤、曹仁虎數卷，則歸吳縣曹氏箋經室，曹氏書散，余於廢紙中檢得購歸。

試卷之入著録見於直齋書録解題吕文靖試卷，今亦援以入録。

鄂敏翰林院庶吉士散館試卷 一册

手寫本。

鄂敏，西林覺羅氏。滿洲鑲藍旗人。爲大學士鄂爾泰從子。雍正八年進士。改庶吉士，授編修。官湖北布政使時，命更名鄂樂舜。歷官甘肅、浙江、安徽、山東巡撫。爲浙江按察使富勒渾密劾在浙時貪墨事，逮京，使自盡。先是其兄鄂昌官至甘肅巡撫，以胡中藻詩案使自盡，相距未一年，兄弟開府，門第赫奕，一瞬間均不得其終。事跡附具清史稿鄂昌傳。清制，散館，漢文題目初用五言排律八韻，或十韻，及論一篇，或時文一篇。雍正元年，用詩、賦、時文、論四題。乾隆初從任蘭枝、方苞請，專試一賦、一詩。後沿爲例。鄂敏爲雍正八年進士，則散館當在十一年，正用詩、賦、時文、論四題時，文題爲夫子之道忠恕而已矣，論題爲勤政論，賦題爲求賢賦，詩題爲賦得萬物靜觀皆自得。次在二甲，得授翰林院編修。其姓名書於卷背右角之上，折疊彌封，越今二百三十一年，印識宛然。藉以見當時科舉制度之程式云。

韓彦曾翰林院庶吉士散館試卷 一册

手寫本。

昔錢竹汀志長洲韓補瓢之墓云：「吳中文獻之家，首推雲東韓氏。二百年來，文采風流，照映藝林。振振公姓，人各有集，非徒以膏粱華腴炫世俗也。」可知其門第之盛，人文之蔚，與彭、宋、潘爲吳中四鉅族，迄至清亡。此爲慕廬之孫名彦曾者散館試卷。彦曾，字瀝芳。祖菼，即慕廬。以康熙癸丑會、狀，官至禮部尚書，謚文懿。父孝基，康熙庚辰進士。翰林院編修。彦曾，雍正八年庚戌三甲進士，十一年散館。官至司經局洗馬。蓋已三世蜚聲翰苑矣。散館試題及卷式均詳前鄂敏試卷書録。今科舉之廢將七十年，留此試卷，可作文獻之徵存觀。

沈彤博學鴻詞試卷 一册

手寫本。

乾隆元年丙辰九月廿六日，御試博學鴻詞於保和殿。第一場五六天地之中合賦，山雞舞鏡詩七言長律十二韻，黄鐘萬事根本論。第二場經解一、史論一、諸家所記略同。惟李集敬堂隨筆謂分二場考試，首場經史發難，覘其抱負；越日次場詩、賦、論、應制，觀其詞藻，並准給燭。證以冠雲此卷，首葉標「第一場」，則敬堂誤也。冠雲以廩生，由内閣學士吴駃所薦，當時全謝山、杭大宗同膺薦舉。結埼亭集云：「冠雲爲人醇篤，盋洗中吴名士之習。讀書以窮經爲事，貫穿前人之異同，而求其至。是其爲文章，不務鮮華，獨抒心得。顧黯淡自修，世無知之者。而冠雲亦不甚求知於世。應薦入京，方侍郎望溪、李侍郎穆堂皆稱之。平生有所述作，最矜慎，不輕下筆，幾幾有含毫腐穎之風。余以爲非場屋之材，果以奏賦至夜半，不及成詩而出。」詞科掌録云：「沈冠雲潛心經學，長於古文，拙於有韻之詞，不終試事。」夫康、乾兩朝開博學鴻詞科，各有其用意，以詞章取士，未必能得天下真才。康熙之彭孫遹、乾隆之劉綸，裒然舉首者，皆以詞藻見長。而一時博學篤行之士，或列下等，或未入選。冠雲熟精三禮，爲樸學之宗，詞章本非所長。其見擯也固宜。然大廷一日之榮，孰與夫儒林千秋之業，於冠雲初何損益哉！此冠雲奏賦未終之卷，賦以「敬授人時聖人所先」爲韻，而誤以先韻次第四韻；「包天文地地理而繫繇」句，誤複地字；「遞闡微而發覆」句前誤奪一句。同時沈確士僅失寫題中字，以不合格不遇。則冠雲即全卷完成，其不遇也必矣。乃數百年後，視此殘卷，愛惜珍藏，則又物以人重。今附録原作，匪敢曝前賢之闕失，聊以存制科之掌故云爾。

五六天地之中合賦以「敬授人時聖人所先」爲韻。

惟天地之成能，曰陽動而陰静。惟聖人之觀察，一俯仰而必敬。垂象者，昭其象數，效法者，通其性命。獨陽不生，獨陰不成，道以比而相合。天生數五，地成數六，數以中而得正。原夫易興三古，道開宇宙，則河圖、洛書以畫卦，包天文地［地］理而繫繇。緬羲、文與周、孔，若面稽而手授。遡闡微而發覆。百千皆合，罔紛繁而弗窮；五六爲中，無樞要而不究。蓋太極之理本乎天，而八卦之象昭乎人。見天地之心者，知畫前之有易，明天地之數者，與神物以前民。自一而三而五而七而九者，奇數之極，自二而四而六而八而十者，偶數之純。惟陽陰之相得，有比合而必均。五中乎天，統一三七九而居其要；六中乎地，貫二四六八而比其倫。蓋總天地五十有五之數，于以成變化而行鬼神，況乎授時定朔，帝王所先。統乾坤之全策，當日數于期年。劉歆以作三統，號通易而知天；一行以作大衍，與並美而爭賢。蓋自古迎日而推策，恒通乎易數而無愆。懿夫天地之中合，實民物之咸資。元氣彌綸于九有，太和洋溢于四時。冉冉兮山澤之氣，通禽魚安樂；殷殷兮雷霆之聲，動草木葳蕤。雨暘燠寒風之徵時若，水火金木土之功允釐。斯必宰之者天，成之者聖。輔治者足以燮理陰陽，分職者足以斂集福慶。然後能迓天地之中和，撫五辰而育萬姓也。我皇上御極以來，至仁如天，大知如神。所寶惟賢，所愛惟人。聰明之運，似日月之臨，而容光必照，惠澤之流，若氣候之至，而蔀屋皆春。斯蓋執中以爲權，主敬以作所，體乾坤易簡之撰，秉陰陽變化之矩。故振民與育德，咸日新而時敘。無不合兆姓之隱微而致其和。而民乃如耕鑿于中天，而不虞祁寒與暑雨……

吳溶博學鴻詞試卷 一册

手寫本。

此吳溶應乾隆元年博學鴻詞第二場試卷。爲經解、史論各一篇。時年四十。武進陽湖合志選舉：「乾隆朝吳溶。監生。保舉博學鴻詞。」李富孫鶴徵後録：「與試未用者，有吳溶字□□。江南陽湖人。監生。由工部侍郎王鈞薦舉。」所載甚略，且不知其字。案沈德潛年譜：「雍正十三年四月，余偕同郡倪稼咸、武進吳恂士入都。乾隆元年九月，御試保和殿」云云。考後録所載吳姓者凡六人，而籍隸常州者，祇溶一人。武進、陽湖，前人往往互稱。然則恂士必爲溶字無疑。夫當時得膺薦舉者，必負時望，而溶乃默無所聞，幾致湮没。幸有後録，得留姓名而已。其史論至「草茅微賤，何敢效芻蕘之獻，以瀆天聽」而止，文未完篇，此其所以與試而不用歟？康熙朝試博學鴻詞，卷不彌封，此卷則首數葉摺疊紙釘，並蓋以彌封關防，一如進士殿試卷。又爲前後定制之不同也。

曹仁虎殿試策 一册

手寫本。

此嘉定曹仁虎應乾隆二十六年殿試，取中第二甲五十八名對策。仁虎字來應，别號習庵。官至翰林院侍講學士。清史稿文苑有傳。錢大昕撰墓志，王昶撰墓表。少時肄業紫陽書院，院長沈德潛選其所作，與王鳴盛、吴泰來、王昶、黄文蓮、趙文哲、錢大昕爲七子詩選。錢大昕稱其「在禁林，每遇大禮，高文典册，多出其手。館閣代言之文，院長輒委屬草，皆典重清切，宜古宜今」。王昶謂：「定例各宫殿門對聯撰自翰林，乾隆癸未、甲申間，多出仁虎，置之盛唐詩内，皆絶妙好詞也。」

石笥山房集外文一卷附顯考穉威府君年譜紀略 一册

清山陰胡天游撰。吴縣王氏學禮齋鈔稿本。

穉威抱才不遇，其所爲詩文實奇崛簡古，不可方物。余嘗讀其石笥山房集而好之。此集外文一卷，不具輯者姓名。觀春秋夏正序附注「見公所著春秋夏正卷端」，與樊仙叔翁書附注「以下五篇見族兄藕香先生手鈔本」，則當爲穉威後人所輯録。其明忠臣黄將軍傳（黄名奂。曾隸楊嗣昌、史可法部下。）末有自記，謂「處處虚提勁轉，但覺變化，不見敍事之跡。此僕自負敵太史公」者，則爲穉威得意之作，集中不應遺之。與樊仙叔翁書雖爲家常箇牘，亦有名言可采，如云：「自覺每病一番，輒增一番見解。尤於生死關頭，較有得力處，謂非造物假之鍛鍊成就者不可，以是益思兢兢，徹底打成箇鐵漢子。」云：「比來人情刻薄，如少陵所云『當面輸心背面笑』者往往而是。欲求始終如一，愛才若渴者，竟不得四五人。故嘗歎古人以聲氣標榜爲下。近日來即求一真聲氣人都不可得。」絮絮如老嫗語，而周念山杵鍼集敘則但覺赤文緑字，斑駮陸離，幾幾不可句讀，不媿奇文之稱。所附年譜紀略，爲子元琢所述。

春秋夏正敘　周念山杵鍼集敘　與樊仙叔翁書五通　明忠臣黃將軍傳　祀文昌帝君文

思適齋集十八卷四册

清元和顧千里撰。道光己酉上海徐渭仁春暉堂刊，初印本。吳縣王欣夫手校。舊有上海王慶勳跋。澗薲遺集，其孫河之所編。吳縣馮景亭序之。見顯志堂集。徐紫珊從楊芸士得本付刊，因黃蕘圃一言，删去與段茂堂論學制書并與劉金門吳山尊論校全唐文書，皆辭氣激烈，恐獲罪於人也。而又失於校勘，亥豕滿目。李蒓客跋述河之言，深致不滿。後來文學山房重刊本，其謁彌甚。余嘗讀而惋惜之，曾於瞿氏鐵琴銅劍樓借一鈔本，雖訛字亦多，而可正刻本之誤者不少。又遍查已刻各書序跋詳校，知集本不盡據定稿，遇有澗薲手稿必對勘之。故友趙君學南編澗薲年譜，於澗薲校刻各書歲月多不著，蓋僅據此爲藍本，今爲一一補著之，全集遂焕然改觀。其删去各篇，益以他文，爲補遺二卷。書跋未刻者最多，統編爲四卷。先後刻入黃顧遺書。後有續得，復將全書統編，爲增訂思適齋集二十卷。余於澗薲之學，可謂盡心也已。紫珊之刊是書，讀者多致詆諆，謂刻如不刻。余請爲下一轉語曰，刻終勝於不刻。刻本雖多誤，猶得據他書校正。若當時不刻，則不與筆記同付灰滅耶？夫刻書亦難矣，茂堂爲碩儒，金門爲顯宦，澗蘋以一諸生反脣相譏，語太激切，誠有致怨招尤之懼。蕘圃出於愛友之忱，其言未可厚非。昔蔣君蘇盦刻其師馮夢華蒿盦隨筆，中有涉及張香濤幕友趙鳳昌事，其子大興問罪之師，卒由魏家驊之調解，劈板數葉然後已。余印丁秉衡先生荷香館瑣言，記潘鄭盦家事，亦被誣於其族裔某君。皆爲代人受過。蓋時代相接，恩怨易生，不如在今日，而增訂全集，儘可無所顧忌，網羅不遺，以供治學者之參考也。然則若芸士、紫珊者，功終不可没。至校勘疎失，究爲末事耳。舊有海上酒民題識，考係上海王慶勳之别號。慶勳字叔彝。道光諸生。署嚴州府知府。選輯同人詩稿爲氣求、可作二集。著有詒安堂初稿，見嚴君載如輯海藻。跋云「竭三日之力手讎甫竟。」實未校一字也。

道光庚戌，余刊可作集竣工，適紫珊徐丈以此卷屬校，爰竭三日之力，手讎甫竟。閲之字字皆有根柢，誠可寶也。海上酒民并志。

石經閣文集八卷外集四卷集外文二卷壓線集二卷 四册

清嘉興馮登府撰。外集王欣夫輯，集外文忻寶華輯。吴縣王氏學禮齋鈔稿本。

柳東文集爲道、咸間刻本之至難得者。金籛孫先生留心鄉邦文獻，南北訪求數十年，僅乃得之。後於平湖葛氏傳樸堂亦見一本。乃互有遺佚，金本有而葛本無者九篇，而葛本可補金本者至二十六篇。籛孫先生别爲鈔出而跋之。余從借録，並將葛本之二十六篇，按類補入於目録，加點以爲識别。籛孫先生又有柳東手稿一册，皆未刻佚文。偶與姚君石子談及，言亦有鈔本兩册，遂欣然借歸，一册題集外文者二卷，爲同里忻寶華輯。一册題壓線集者亦二卷，多代人酬應之作，亦間有自作，及應入文集者，乃别出之。與手稿并録爲四卷，而題之曰外集。於是柳東之文庶幾爲備矣。柳東邃於經學，於三家詩、歷代石經，最爲專門，兼擅古文詩詞。生平服膺鄉先竹垞老人，搜集其手跡，並修葺其遺址，至爲勤至。故其爲文風神秀逸，與曝書亭爲近。晚交宜興吴仲倫，又漸染桐城文法，今集中諸篇，往往附仲倫評語。駢體亦殊雅潔，諸賦尤得六朝氣韻。集中金石跋獨占二卷，朱記榮已單刻入槐廬叢書。今合外集、集外文尚可得一卷。天一閣書藏記書天一閣事，馬君二槎藏書記有關藏書掌故，孫爾準、胡克家、陳用光、周中孚、郭麐、方履籛、吴修、端木國瑚、張吉安諸傳志，爲輯碑傳集者所未見。後有續檇李叢書者，其必以是首登梨棗也歟？

曩在舊都琉璃廠文英閣書肆，購得海寧張氏藏書，乞傅沅叔爲平其值。余收得檇李先正著述若干種，石經閣文集其一也，易以銀幣二十四，亦沅叔爲判價。道、咸間刻書印行不多，而遭亂板燬，值乃奇昂，此亦其例。吴伯宛借觀甚喜，力勸付刻，因循未果。南歸數年，詠莪亦得一帙，出以示余，篇目有異同，余藏本所有，詠莪本所無者，凡九篇。詠莪本所有，余藏本所無者凡二十六篇。集爲閣主人手定，乃兩本參差若是，孰先孰後，孰爲定本，今已不可知。互相借鈔，詠莪通兩本合鈔，所缺者隨類次入。余則草草迻録，别爲一帙，既不可謂爲集外文，又不可目爲補遺，姑題爲别本，而記其緣起。甲戌春日安樂鄉人識。

詠莪所借鈔者，衲被録序、張夢廬閩游草序、閩詞鈔序、送吕月滄歸桂林序、以上卷一。荷花池荷花記、天一閣書藏記、先墓記、以上卷三。重建鄞縣大堂及二堂川堂儀門碑、重建鄞江橋記、以上卷四。凡九篇，附記其目，俾讀者具知兩本異同。安樂鄉人再識。

恬養齋文鈔十卷 一册

清錢塘羅以智撰。吴縣王氏學禮齋鈔本。

四十年前，周閑范湖草堂藏書，散在吴市。同學佩諍宗兄得未訂文稿一疊，無作者姓氏。余見其中多考據文，從之借讀，乃考得爲羅鏡泉所作。鏡泉名以智，而齋名恬養，取「以恬養智」四字分用之，固可不煩思索。一經道破，相與撫掌稱快。此即當時傳録者。後其稿歸杭縣葉揆初先生，已據以印入合衆圖書館叢書。余又從杭肆得詩集首五卷，亦贈揆老作璧合矣。

鏡泉肄業詁經精舍，學有根柢，著述甚富，而多未刊行。詳蔡中郎集舉正書録。此集中如詁經説謂「漢儒之功在詁經，而詁經之學有三益：曰能識字，曰能明理，曰能致用。詁經之學之不易者，亦有三弊：曰好異説，曰立門户，曰疏考證。欲祛其弊以求益，無他，以經詁經而已。」可見其爲學之指，惟於言能致用爲稍泥。陽明門人純駁論，於陽明之學爲世詬病，多由於末流之弊，剖析殊確。越王祠祔祀十一臣考，補乾隆十三年越州守杜甲越蔭録，於范蠡、文種外九人之姓氏里居，較周廣業循陔纂聞考訂爲詳。

余尤愛其金石書籍題跋，考證明確，文章茂雅。有竹垞、竹汀之風。惟本係散帙未裝，其全否未可知。撰初先生既得集外文十五篇，爲補遺一卷，而如所著蔡中郎集舉正有自序，丁丙善本書室藏書志有校本蔡中郎集跋，慈谿縣志有重修尊經閣記，皆尚待拾補。知鏡泉文字之散佚多矣。

二項先生詩一卷 一册

清錢塘項廷綬、廷紀同撰。手稿本。

廷綬字芝生，爲蓮生兄，亦工詩。蓮生所作憶雲詞，爲清代一巨手。譚復堂、朱彊邨極稱之。許邁孫榆園刊本並輯其詩附後。潘衍桐兩浙輶軒續録謂其感懷四律，凄咽之音，不堪卒讀。即此可概其詩，亦可概其遇者也。惟蓮生嘗語人曰：「吾詞可與時賢角，詩不足存。」故所得寥寥，蓋當時所傳已罕。一九四五年冬偶得此册，載芝生古近體五首，蓮生古近體七首，皆道光甲午年作。書於仿古箋以贈「白英」者。蓮生詩亦復清麗，得湖山之氣，雖爲緒餘，皆邁孫所未見。詩以人存，録之以俟他日重刻憶雲詞者之補遺。廷紀爲蓮生初名，改鴻祚字子彦。道光壬辰舉人。

有「錢塘項氏珍藏」朱文方印。

詠柳花

澹澹風吹細細飄，禪心對此覺無聊。吳姬酒熟香難覓，謝女詩成雪未消。怪底顛狂易沾惹，是誰憑藉亦扶摇。

春來多少離人淚，一夜浮萍綠過橋。

燕巢

比鄰鶯語隔垂楊，笑爾年年去住忙。四壁青泥芳草濕，一襟紅雨落花香。可憐家室猶陶穴，何苦經營傍畫堂。未忍當門書戊己，暫時相對話炎涼。

烏衣巷口夕陽低，早早歸來路莫迷。傳舍光陰過兩社，秦宮身世總雙栖。秋風破屋遺荒壘，夜月空梁落故泥。門户難持心計短，百勞相憶各東西。

遣悶

飛光與我兩蹉跎，寒食清明夢裏過。欲老是鄉那有此，便彊人意竟如何。小桃著雨紅情減，新絮隨風白緒多。未要天花攬禪悦，冷吟閒殺病維摩。

偕家兄游南湖慧雲寺

梅花香到寺門前，十畝春陰護水田。古佛尚依歌舞地，斷碑猶説紹熙年。北城新第應非昔，南渡功臣幾自全。早結勝因差有意，故宮臺榭渺荒煙。

偕芝生家兄出鳳山門散步，至勝果寺小憩，用家兄原韻

步屧春風信往還，江城回首夕陽間。花開南宋宮前路，雲放西興雨後山。隔水聞鐘知寺近，到門看竹羨僧閒。由來弔古增惆悵，不是巑岏未許攀。

以十餘錢買蘭數十莖手種之，率成此詩

幽蘭如處士，託生離塵樊。一朝引聲氣，束帛徵丘園。牽率到城市，坐滋羣議煩。小儒既耳食，儕之荃與蓀。持此一瓣香，招彼三閭魂。里兒更瞶瞶，好尚失本原。百金買一幹，觀者常填門。品題論形似，蕭艾徒聲吞。餘者便委棄，不復能攀援，舉以畀貧子，不足易一飱。而我取其廉，種之老瓦盆，光風日披拂，入室春温温。因兹悟物理，固蔕宜深根。反常衆所驚，守素德乃尊。何如老巖穴，榮落隨乾坤。作詩當問訊，諒哉同心言。

巢經巢詩補遺一卷 一册

清遵義鄭珍撰。吴縣王欣夫輯。吴縣王氏蛾術軒鈔本。

子尹詩文集以一九一四年貴陽陳夔龍花近樓彙刊，最爲足本。其後集截至咸豐十一年辛酉，而子尹卒於同治三年甲子九月，此最後三年之作闕焉。莫楚生謂同治初，子尹既没，同郡唐鄂生炯方治兵於重安江，寓書伯更覓子尹晚歲遺稿。伯更遂以手稿本付之。嗣鄂生託某氏仍還伯更，行至甕安，舍於逆旅，失之。遂不可蹤迹。後趙幼漁在望山堂字簏中，得手寫零篇數十首，爲遺詩一卷，陳氏即據以附刻，則以爲子尹晚歲詩，不復存人間矣。頃見一活字排印本巢經巢遺稿四卷，首有光緒三十年唐炯序，板口下方有「貴州文通書局印」一行，以對後集本，前三卷多同，惟卷二、卷三各有佚詩四首，卷四有九題載遺詩外，悉爲陳本所無，蓋即莫氏言伯更寄鄂生之本，而鄂生付印者。子尹詩得此乃全。所不解者，活字本早於陳刻十一年，陳氏爲子尹鄉人，又得莫楚生、王雪澄之助爲蒐討，乃均未知有此。意者貴陽僻遠，外間罕有傳本歟？今陳本通行，此數十首者，世或未見，因録爲一册，以補其遺。子尹詩堅凝密栗，讀之如味諫果。莫子偲評爲「盤盤之氣，熊熊之光，瀏灕頓挫，不主故常」。而此數十首者，正其出入兵火之際，困頓勞苦，爲人生所難堪。讀閏八紀事、還山、埋書諸什，雖杜陵、東野復生，亦當引爲同調。而遺稿飄零，終未湮没，其爲子尹精神所致，誰曰不然。又見一九三二年金陵盧前飲虹簃刻巢經巢逸詩一册，即據唐本輯出者。蓋已先我爲之，今傳本亦不多見。

詩契齋駢體文鈔存三卷賸餘稿三卷 三册

清吴縣許玉瑑撰。吴縣王氏學禮齋鈔稿本。賸餘稿，舊鈔稿本。吴縣吴蔭培、胡玉縉手校並跋。玉瑑原名賡颺，字起上，號鶴巢。同治甲子舉人，刑部郎中。父兆熊，世稱夤舟先生，與沈欽韓友善。鶴巢受業馮桂芬之門，久官京師，一時朝士多倒屣。晚與端木埰、王鵬運相酬唱。著有詩契齋詩詞稿，已刊行。駢體文稿六卷，爲胡綏之丈所輯校，則藏稿未刊。丈乃鶴巢壻也。一九四零年始選五十九篇付梓人，是年七月丈即世，藏書悉散。余檢得卷一殘稿及賸餘稿各一册，存文三十八篇，賸餘稿皆删去代作及酬應之文。經吴穎芝及綏之二丈手校，并附總目題識後。孔君陟岵亦得第二、三兩卷底稿一册，存文二十一篇。始知丈交中街路馬姓刻字店承刻，先刻成二、三兩卷送校，故底稿得留在家，急往馬姓店尋問，則閲時已久，其店主作古，店已收歇。已刻三卷，板片斯以爲薪矣。原稿遂失，爲之嗟歎不已。乃借孔君本録副，并賸餘稿藏之，庶得窺豹一斑。鶴巢於駢體功力深厚，自是一時作手。平步青霞外攟屑於劉恭甫司馬文條稱：「甲子榜頗多才士，四六以許鶴巢中翰爲首」者也。其白虎通疏證序爲代句容陳立作，即今冠刻本及載句溪雜著者。其叙述經學源流，而運以妃青儷白之詞，向以爲可匹孔廣森戴氏遺書序，爲經師之傑作，不意出自鶴巢。又楊協卿楹書隅録序，四印齋影鈔元刻蘇辛詞序，原目均失收，然則尚有遺珠歟？穎芝名蔭培。光緒庚寅一甲第三名進士。廣東知府。今附三卷殘目，并綴之丈跋，以貽留心吴郡文獻者。

卷一目　愁賦　後愁賦　擬劉貢父秋懷賦　擬劉彦和文心雕龍神思篇　三國論　守在四夷論

卷二目　張緯餘仰蕭樓文話序　姚西農吴市集序　盧儷蘭焦尾閣遺集序　曹孝子閩歸集序　送吴清卿撫粤序　以六正五齋琴譜序代沈仲復　管小異側室加笄序　陳靈茇印稿序　劉默園先生遺稿序　座主平景孫師棟山樵隱圖序

卷三目　曾叔巖山莊課讀圖後序　四印齋姜張合刻詞序　陳菱舫詩集序　陳培之香影餘譜序　吴紉之聊生草詩序　蔣魯南花影吟房遺集序　曹紫荃詩詞序　鄒詠春青霞仙館駢體文集序　況夔笙校補斷腸詞序　宋氏兩世節烈詩序　徐烈女殉難詩序代

嗚呼！外舅許先生捐館三十年矣。癸丑，潘君仲午輩爲刊其詩五卷。乙卯，緡又刊詞六卷，本擬續刊文集，以他故中止。先生之歿也，時顧丈皞民署福建臺灣布政使，得耗，即貽書緡將遺稿蒐葺編録寄刊。大致詩有手定編本，而中闕數年。文僅諸生時所撰，有清本。餘叢殘特甚，首尾完具者，字跡又多涂改。先生門人王君心竹願任繕寫，緡爲校勘。閲五、六月之久，得十九厚册，約四十卷左右。顧丈屢書敦促，遂付郵遞。而未及寫校者尚十之二、三。未幾臺灣割界日本，顧丈亦内渡，詢之，則但言不忍卒讀而已。不數年，顧又去世，索之哲嗣聰生，稱徧覓不得，而潘刻係由顧屬葉君鞠裳選刊者，當即緡所寄之本。旋聞支丈處有先生稿，恐亦由顧交去，或支借閲，惜無從向取。心竹乃重爲搜録，並請況夔笙、曹根孫、吴穎芝諸丈校閲，如緡所刊詞及此集寫本是也。集又承曹丈編次，未敢更易。刊詞菁華未盡，此集雖多遺漏，然泰半壽序，可不存，中如先、後愁賦、金陵殉難記諸篇，皆臨殁時諄屬徐君子丹須刻者，幸尚在此。則可稍慰先生於地下者耳。癸亥四月，壻胡玉縉記。時年六十有五。

許庼遺集十六卷

吴縣胡玉縉撰。王欣夫輯。手稿本。

初，余據先生手稿所存及他處所見者，仿鮚埼亭、潛研堂例，編成許庼遺集三十二卷，清寫待刊。選其專論學術爲許庼學林二十卷，一九五七年交中華書局印行。他尚百五十餘篇并詩，重編爲十六卷。其卷一至七，以事分類，卷一冠以三賦者，仿昭明文選，而繼以崇祀諸儒議，於趙岐、劉因、王夫之、黄宗羲、顧炎武，則擬准，湛若水、達海則擬駁，所以標爲學之宗尚焉。卷二論德宗升祔及攝政王監國諸禮節，其事皆古所罕有，能斟酌古今，以會其通。卷三論修大清通禮，時爲禮學館纂修，同館有過於泥古者，先生謂當先認清題目，爲修「通禮」，而非修「三禮」。議「救護」應出軍禮入凶禮，尤爲宏通。卷四則議立憲、論學務，時官學部員外郎，均提綱挈領，能見其大。卷五擬學制，考試留學生、設立存古學堂、薦舉博學鴻詞、經濟特科、增修四庫全書，其事或屬學部，或與學部有聯。卷六爲任興化教諭時文告，而附以蘇、杭、甬鐵路借欵事摺，呈各一。以上皆作於清代。卷七諸作，則已入民國。先生以宏儒碩學，久居京師，國家有大典禮，往往咨詢，亦或時發讜論，以備采擇。因類敘之，自此以下，以體分類。卷八分辨、考、説、書。卷九記。卷十送、贈、壽、會諸序。卷十一書序。卷十二題記。卷十三書後、書跋。卷十四傳、贊、墓表、墓志銘。卷十五、六詩。

葉揆初先生嘗評先生文，謂「精於四當，邃於箋經，博極羣書，語有斷制，非但以著述爲長者。此老真不凡才也。」又謂「稿中卓卓可傳者，如德宗升祔大禮議及説帖，趙岐准從祀説帖，劉因准從祀説帖，魏源元史新編識語，三國志集解序，均能讀破萬卷，擇精語詳，近代無此作手。辨鄭注明堂位天子謂周公之謬一篇，作於禮學館，計其時當爲攝政王而發。丁未年所草蘇、杭、甬鐵路廢約兩摺，不知爲代何人作，其事之是非曲直當另議，而文筆雄健無倫，固是傑作。」所論於先生文，可謂獨具深識。余嘗謂先生早歲專力治經，卓然經師。繼乃博覽羣書，不薄今人。兩渡東瀛，所見益廣。每發議論，洞澈古今，明通切實。惟深於古者能不泥古，達於今者能不趨今。豈與夫媛媛姝姝守一先生之言者並論哉？時代遷移，雖或於今不合，然在光、宣之間，實爲通儒。此集諸作，後之考文獻論學術者，知必有取焉。

箋經室賦録二卷一册

清吳縣曹元忠撰。王欣夫輯。吳縣王氏學禮齋鈔稿本。

自唐代試士以律賦、排律詩，清代沿之，八股文外，亦兼試之。於是書院、館閣，均立爲課程，不乏佳作。自科舉廢而與八股文同視爲已陳芻狗，無復留心者矣。曹丈君直雅擅詞章，早歲用力於律賦，曾寫定若干篇。余輯箋經室遺集，以應試之作，故未列入。又於南菁書院試卷選存若干篇，合爲賦録上下卷，别存之。所作取材殊廣，自經史詩詞，無所不具，如石壁九經賦、漆書古文尚書賦，則湛深經術，埽盡浮華。稷下學士賦、金馬門賦、夔爲太常賦、横舍賦，則考據詞章，合爲一手。李青蓮侍從宜春苑奉詔賦、聽鶯歌賦、蘇子瞻補蜀宫避暑洞仙歌賦，一則鏤金錯采，自饒穠麗。一則箏語零星，琴絲悽咽。又賦前多有小序，引徵考據，博雅詳明，可見學問。不徒以雕章琢句爲工者，又烏可以小技視之哉？南菁之作，大都經繆藝風評閲，時藝風爲詞章掌教也。餘亦多綴師友評語，無不推服傾倒，讀之覺吳穀人、顧耕石輩猶局於詞章家言也。

箋經室餘稿不分卷二册

清吳縣曹元忠撰。王欣夫輯。如皋冒廣生手校。王氏學禮齋鈔稿本。

此爲余輯君直先生遺集删餘之稿。當時去取綦嚴，凡涉應酬、空洞、忌諱及殘缺、訛謬者，均不入選。疚齋先生曾與商榷，故眉上間有其筆語。君直先生曾編清學部圖書館善本書目，今以繆荃孫名，印入古學彙刊。又欲撰韓氏讀有用書齋藏書志，兩書殘稿，祇記板式行欵，無所發明，不當入集。或乃據爲集外佚文者，非也。中惟與繆藝風師書廿五通，多論刻書校書等事，頗多佚聞。他日擬再搜集致他人書，合編爲箋經室尺牘，別有劄記數則，無所附麗，姑録於此。

翰墨大全時令門載周公謹春夜感懷三首，云：「中夜浩然生遠思，西欲入秦北走燕。雞鳴鐘動寂無事，依舊南窗聽雨眠。」「風吹柳花入春水，上下青天行白雲。忽驚衆芳遽如許，望拜醲酒留東君。」「不知天地幾萬劫，我生聊寓百年間。百年未盡且一笑，日飲白酒看青山。」極超曠，亦極沈鬱，蠟屐集中佳製也。長吟淒諷，乃覺偷生後死之感先生與我聞之。

在都時，傅沅叔以新購勞季言鈔校唐、宋各家詞本見示，内金奩集中有張志和漁父詞十五首，未暇考也。比歲南歸，彊村從吳印臣處得傳鈔本，以此詞爲疑。余按直齋書録解題總集類有元貞子漁歌碑傳集録一卷，云：「元貞子漁歌，世止傳誦其西塞山前一章而已。嘗得其一時倡和諸賢之辭，各五章，及南卓、柳宗元所賦，通若干章，因以顔魯公碑述、唐書本傳，以至近世用其詞入樂府者，集爲一編，以備吳興故事。」然則漁父詞本有五首，陳振孫猶得傳本已。鄭翼曰：今傳張志和漁父詞凡五首，見全唐詩。

明陳霆渚山堂詞話載劉改之沁園春云：「緑鬢朱顔，玉帶金魚，神仙畫圖。把擎天柱石，定留緑野，濟川舟楫，間艤西湖。天欲安劉，公歸重趙，許大功勳誰得如？平章看，道人如伊呂，世似唐虞。　不須別作規模。但收拾人材多用儒。況自昔軍中，膽能寒虜，如今胸次，氣欲吞吳。紫府真人，黑頭元宰，收斂神功寂若無。歸來好，正芝香棗熟，鶴瘦松臞。」此詞題云代壽韓平原云云，以舊鈔本校之，起調玉帶金魚爲誤倒，其餘門倚作間艤，元勲作功勳，別樣作別作，收攬作收拾，而今作如今，紫香作紫府，寂似作寂若，皆較鈔本爲善。而鈔本平章下空字，渚山堂詞話作道，尤足以補闕云。

苕谿漁隱叢話後集載東坡西江月「世事一場大夢」詞云：聚蘭集載此詞，注曰：寄子由。又載減字木蘭花「鄭莊好客」詞云：聚蘭集載此詞，乃東坡贈潤守許仲塗，且以「鄭容落籍、高瑩從良」爲句首。聚蘭集當考。

舊傳相國寺有十絶，余考本朝名畫人氏云：明皇敕車道政依于闐國傳像畫北方毘沙門天王爲八絶，見袁文甕牖閒評。

復禮堂文二集八卷三集六卷七册

吳縣曹元弼撰。吳縣王氏抱蜀廬鈔稿本。

我師復禮堂文集十卷刻本，斷自丁巳十月，其後於治經之暇，續有所作，隨時付梓，分爲八卷。僅有紅樣本，未及校印，而板旋散失。洎歸道山，余爲收拾遺稿，又得若干篇，依前例編録成三集六卷。我師一生專力於經，所爲文亦以發明經義爲多。卷中如易正論九篇、禮大義十二篇，蓋於周易鄭氏義箋釋、周易集解補正、周易學、禮經校釋、禮經學外，沈潛反覆，擷其精要，以示後學，亦爲諸書之提綱。其自著各書序跋外，如太倉王祖畬春秋經傳考釋、長洲王頌蔚周禮義疏殘稿及余所輯惠棟松崖讀書記諸文，皆經學鉅著未刊稿本。已刊各家碑傳外，如吴縣吴蔭培，南陵徐乃昌、吴興劉錦藻、承幹父子，伯兄元恒及我父次歐公諸文，皆國之耆獻，士林矜式。又如跋華嚴經、法華經、聖諭廣訓等亦不無過而存之者。謹恭録清本，藏諸蟗篋，以俟夫後世之採輯焉。

復禮堂詩集八卷四册

吴縣曹元弼撰。王欣夫輯。吴縣王氏抱蜀廬鈔稿本。

我師壯歲專力治經，未遑作韻語。自辛亥後，稍稍爲之，自謂少不能詩，際此世亂年衰，百事俱廢，强復爲之，自顧失笑，聊用破涕。故其詩有云「小雅嗟皆廢，何情更説詩。用心無用地，消悶道消時」也。時相與唱和者，葉菊裳昌熾，鄒芸巢福保，朱古微祖謀，秦佩鶴綬章，惲季文炳孫，及仲兄遂翰福元，從兄君直元忠。今葉氏緣督廬日記癸丑、乙卯間多附載其詩。並云：「得遂翰一緘，詩四章，與叔彦又各次前韻兩律，索再和。兩公興真不淺，欲勇者賈余餘勇，羯鼓一催，雙葩先放，如鄙人者，枯枝顦顇，望而卻步。惟有退避三舍已耳。」又云：「叔彦携七律一首見贈，過情之譽：室有奇書，門無俗客。讀之已不無慙汗。至以鄒、孟、蜀、嚴爲況，則更芒刺在背矣。」其被推重如此，惟遺稿零落，歿後余蒐集所得，自庚戌至癸巳，録成八卷。其中以五七言律居多，大致運用經典而不腐，工於對仗而不纖。時作韓冬郎體，譬之老樹著花，自然嫵媚。求之經師，難得此境。生平最愛蘭梅，時時借以託興，每當春日，一室奇葩，芳潔絶俗。余曾呈句云「萬梅花擁一經神」，師笑而頷之。又多疊韻，至十餘，喜用上下平全韻，可見精力充沛。晚歲感懷傷逝，不無蕭瑟之音。至絶筆詩云：「蘆中窮士是耶非，百病交侵百願違。秋柳蟬聲知欲蜕，東風燕子問何歸。豈因飯顆吟詩瘦，空仰西河得道肥。淒絶牀前明月色，淚痕雙照泣牛衣。」終於一九五三年九月遘龍蛇之厄。嗚呼傷已。今與復禮堂文二、三兩集同裝庋藏，以待他日之徵遺獻者。

復禮堂書牘二卷 一册

吳縣曹元弼撰。王欣夫輯。吳縣王氏抱蜀廬鈔稿本。

我師與人書牘不留稿，散在四方，不易蒐集。生前執友婁縣張聞遠先生錫恭所藏數十通，展轉歸余。又向封君耐公借得致其尊公衡甫先生文權者，合鈔爲卷上，而以歷年寄大隆者鈔爲卷下。雖僅六十餘通，於師之立身行己，道德文章，可窺一斑。師與張先生相契至深，同以聖賢之道自任，嘗稱「沈潛道德，獨精三禮，篤學力行，足爲人倫師表，莫如張先生。」時正纂喪服鄭氏學，師以舊撰禮經校釋爲質，張先生爲校其脱誤。如宗婦節「亨者」校曰云云，謂毛本於「尸卒食」上有圈，當云尸卒食節，以正校釋，但依嚴本及張刻注、疏有注間之即以爲節之誤。少牢饔定節疏「魚腊爨在廟門外東南」、「魚腊爨在其南」，謂在廟門上脱「亞之又特牲記云牲爨」九字，以正校釋之誤。按之士虞、特牲兩經及本疏，脗合無間。有司士節謂上司士所設于豕鼎之西，謂司士當爲雍人，按之上注，言之甚明。受爵節注「位不繼于主人」云云，據特牲經以正校釋駁疏之誤。皆爲師所深服，引以改正。大隆受業禮堂，諸經大義，多出口授。自客滬上，見周廣業讀相臺五經隨筆稿本，謂尚書傳之作，係東晉孔愉之子字安國者，非漢之孔安國。馬瑞辰序之，亦謂易子夏傳，係鄧彭祖所爲，辨證極博。喜其新奇，偶以函聞。師覆云：「尚書僞傳序，明託之子安國。周氏無容不察。其立説之意，豈以爲孔愉之子既襲前人之名以爲字，因僞撰其書耶？果爾，未免纖巧臆説矣。且皇甫謐在西晉時已用僞古文，故先儒以此爲王肅作，或以爲即謐所爲，未必過信子愉之子也。子夏傳或以爲出韓太傅，或以爲出丁將軍，皆無確據。觀其文義，但較勝王世將輩，尚不逮九家。蓋非出漢人筆，大抵經注作述源流，乾、嘉諸老考證已極詳備，道、咸間儒者，往往探索孤證，似是而非。馬、周二家在當時皆爲樸學無弊，而馬尤勝於周。全稿中當並多精確之文，不能以此二條概之」。其他多言著書刻書事，以及垂教之殷，期望之切，言之靄然。恩義綢繆，視同骨肉。迺寢門之慟，倏逾十年，披卷雒誦，如親謦咳，不自覺其汍瀾沾襟已。

鄭文焯順天鄉試硃卷 一册

原寫本。

叔問於光緒乙亥中式舉人。此卷雖無紀年，可知爲同治某科順天鄉試第一場之落卷。叔問爲漢軍籍。例應北闈試也。卷凡四書文三篇，首題爲子曰放於利而行多怨子曰能以禮讓爲國乎何有不能以禮讓爲國如禮何。次題爲不誠無物。三題爲所以動心忍性曾益其所不能。詩題爲賦得雲補蒼山缺處齊。皆硃筆謄録，黄筆對讀，並點句勾股。藍筆爲同考官點閲，並附評語夾籤。卷面鈐「第一場漢軍玖肆玖□□二字模糊不辨。房」及彌封官、謄録官、對讀官、外收掌官、内收掌官全銜條記。惟内收掌官用藍色，餘均用硃。其與外省不同者，内收掌官有二人。各官皆以各部主事充任，非用本省知縣。每葉騎縫處有彌封官、監臨官關防，文字已模糊莫辨。卷末有謄録所、對讀所、外收掌、彌封所關防凡四。舊例同考官於未薦之卷，主考官於薦而未中之卷，須略加批語，皆曰落卷。榜後由落卷公所管理，聽憑士子領還。粘簽寫明籍貫姓名，簽之騎縫，蓋用落卷公所小戳。此卷於卷面墨筆大書「正白漢包衣鄭文焯」數字，其制稍異矣。

文選理學權輿八卷補一卷三册

清錢塘汪師韓撰。補，仁和孫志祖撰。嘉慶戊午石門顧修讀畫齋刊，初印本。元和顧廣圻手校，貴池劉慎詒手跋。

清代文選之學，余仲林音義、紀聞兩書，及韓門此書，尚屬草創。此書又爲未成之稿，宜其不能與後來梁章鉅旁證、朱珔集釋、胡培系箋證並論。然李蒓客越縵堂日記猶許爲篤信謹守，實事求是。其書曰理學權輿者，據自序：「杜詩曰：『熟精文選理』，舊唐書列『文選學』於儒林傳。如將窮選理，通選學也，其以是爲權輿可乎？」其言頗謙抑。原目分撰人、書目、舊注、訂誤、補闕、辨論、未詳、評論八門，而末附質疑，今評論、質疑皆未備。怡谷爲補輯評論一卷，而別撰文選考異、選注補正以補質疑，具見首序。此本經顧千里朱墨筆評校，卷二下有墨筆「廣圻案」一條，末題「己巳三月十八日燈下得此」。案是時正爲胡果泉撰文選考異，知以此作參考也。卷一撰人，本按時代編列，而千里斥爲「每代中前後雜亂無序，何以著書草率乃爾。如晉代不分東西，嵇康當爲魏人而入晉，但知晉書有傳，不知自在陳壽志。虞羲隋志在齊，而今列在梁，尤誤之甚者。」卷二上，下注「引羣書目録」，亦分類按時編列，千里亦加補訂。補者如經傳，鄭康成詩譜後補詩義疏，見鸕鷀賦注引。史類，陸翽鄴中記後補青令傳，見思元賦注引。人物別傳，鍾離意別傳後補荀粲列傳，見遊天台山賦注（今本列作別）。譜牒，濟陰卞録後補何法盛晉書，胡録見勸進表注引，何法盛桓玄録見桓公九井作注引。雜術藝，周髀後補正曆，見洛神賦、月賦注引（隋志四卷，晉太常劉智撰）。琴操後補楊雄琴情英，見苦寒詩注引。賦，傅毅羽扇賦後補傅毅琴賦，見長笛賦注引。傅玄琴賦序見擬四愁詩注引。魏文帝柳賦後補曹植述行賦，見弔魏武帝文注引。曹植還都賦後補曹植擬九詠，見頭陀寺碑注引。傅玄北征賦後補傅玄正都賦，見五等論注引。碑，蔡邕度尚碑後補蔡邕袁喬碑，見勵志詩注引。蔡邕陳寔碑見北使洛詩注引。詔、表、牋、啟，秦零陵令上書後補張超牋，見六代論注引。雜文，補孫楚客主言，見石闕銘注引。（毛本誤作楚辭，故無知之者。袁、茶陵、宋皆不誤也。）舊注補，江賦注引舊説訂者，正史，何之元梁典，隋書經籍志梁典三十卷，陳始興王諮議何之元撰。誤次梁吳均後。雜史，趙曄吳越春秋，應詔詩注引吳越記即此。史類，道學傳，案擬休上人注引道學傳曰：「夏禹撰真靈之玄要」云云。地理，何法盛陳郡録，此條大誤（郡下脱謝字耳）。和王著作八公山詩注引羣謝録亦誤。諸子，高氏孫卿子注，文賦注在袁、茶陵所無中，可疑。鄧展子，難蜀父老注有誤。應劭淮南子注，長楊賦注「應劭曰淮南子云」誤，落曰字，衍注字耳。詩，謝靈運詩自注，入華子崗詩注「靈運自注」云云，謂山居賦自注，此以爲詩自注，恐誤。賦，孫卿雲賦，此條有誤，引見解嘲注者，其文在佹詩。魏文帝哀己賦，案此必有誤，似魏文甄后作耳。夏侯稚權景福殿賦，志祖案：何校增權字，見安陸昭王碑注。今案夏侯惠在淵傳，又劉劭傳，字稚權，見裴注引文章敘録。景福殿賦作侯權，失夏字，碑注作夏侯稚，偶改稚作權。戴延之西征賦，此當誤，必西征記也。陳少章云：賦當作記，最是。案有蔡邕女王彪之二賦，未詳何題。王彪之賦，「於是乎體統而詠之」，引見王文憲集序，疑是賦賦，而今本少一字。誄、哀辭，曹府君陳寔誄，按陳太邱碑，太守南陽曹府君命官作誄曰云云，是中平年潁川太守，今乃列於子建誄後，大誤。詔、表、牋、啟，杜業奏事見羽獵賦注，當作杜延年奏書。田巴與馮衍書見陸機長歌行注，當作上黨太守田邑與馮衍書。劉騊駼與李子堅書，今考定騊駼當作陶陶，爲順陽令時書也。序，蔡邕詩序，見讓吏部封侯表注，案江文通擬休上人詩注引蔡邕詩序曰：暮宿河南悵望。詩序者，詩題也。其擬謝法曹詩注引謝靈運詩序曰：於南山往北山經湖中。又序曰：南樓中望所遲客。皆謝詩題，觀之可曉然矣。他如蔡邕正論應列論，今誤列子類。李充翰林論應列論，今誤複列總集、雜文二類。潘岳爲賈謐贈陸機詩、謝瞻送王撫軍詩皆在選中，而詩類又皆誤列。卷五選注未詳，徐尚翟景帶佗條，賈誼過秦論注皆曰未詳。今案史記索隱亦曰「徐尚未詳」，漢書無注。案戰國秦策一「泠向謂秦王曰」，高誘注：泠姓，向名也，秦臣也。又韓策二「泠向謂韓咎」，泠即泠字，泠向與此徐尚形相近，戰國有泠向，無徐尚，恐一人之誤耳。皆考證精確，爲舉其例於此。舊爲僚壻貴池劉遜甫慎詒所藏，首有其宣統元年題識。謂不知何人筆，蓋未細考也。

有「龍慧過眼」白文方印。

文選李注補正四卷 一册

清仁和孫志祖撰。嘉慶戊午石門顧修讀畫齋刊。初印本。元和顧廣圻手校。貴池劉慎詒手跋。

怡谷此書，王蘭泉稱爲詳核。李蒓客稱爲古義湛然，精覈不苟。而千里此校，則惡譃毒譏，體無完膚，與所校考異同。於序後大書「毫不足觀」四字，概與抹煞。考書中校語，署年者有嘉慶十三年戊辰，十四年己巳，道光十年庚寅。千里爲胡果泉校刻文選及撰考異，刻成在己巳，則戊辰、己巳正爲撰考異時，故取此書作參考。乃庚寅之去戊辰已二十三年，千里年亦六十五矣。然仍研摩不輟，其果毫不足觀，何如此之不憚煩耶？以千里吹求之深，糾繩之嚴，全書約佔十之三、四，然則其餘六、七正可見其考覈之精，無可非議。怡谷著書之精華，反因之而彰明。於怡谷何損哉！若能研究是非，平心討論，自附諍友，豈非交得其益。惜千里不知出此，而徒事囂囂爲。晚年輯朱子語，爲遯翁苦口，其亦知所反歟？卷一海賦「北灑天墟」條，顧云：「案袁本此注云：『北陸天墟，音區。』茶陵本同。最是。何未得其解。余近訂正之，在新撰考異。」今案胡刻考異無此條。云新撰者，必在已巳刻成之後。其所得必多，惜今已不傳。校語文字較長者，眉端不能容，別書赫蹏夾入。慮其歲久零落，且皆實事求是，非以呵斥爲工者，今條録於後，爲治選學之參證。貴池劉慎詒跋。

有「龍慧過眼」白文方印。

甘泉賦「冠倫魁能。」正曰：「按漢書以魁字絶句，故應劭注曰：『冠其羣倫魁桀也。』李注止載應説，更無別解，屬讀亦當不異。然能字屬上句自勝。」　今案：孫氏前一説是也。考袁本自「迺搜求索偶」，下至「陽靈之宫」三十二字，通爲一節。茶陵本同。可見舊屬讀者，文選、漢書皆魁字斷句，初無異也。尤延之文選始改其分節，讀用、能字連上文，而函字別起爲下文，其説從三劉校漢書出，絶非文選之舊，毛本沿之耳。孫氏後一説，乃惑於毛本也。前作考異遺失此。庚寅。

上林賦「留落胥邪」注，郭璞曰留未詳。補曰：「許云留落即吴都賦扶留也，藤每絡石而生，故扶留亦名留落耳。落即絡字，下胥邪、仁頻、并閭，皆一物，不應留落獨分爲二。或以爾雅劉杙當之，亦非。留落、胥邪、仁頻、并閭，皆南方草木，以類相次。」　廣圻謂留，即吴都賦「楠榴之木」也。張載注：「南留，木之盤結者，其盤節文尤好，可以作器。建安所出，最大長也。」扶留列於草，不得當此。戊辰七月。　南榴一本複名，此單名留，究以爾雅劉通用留，爲長。扶留亦複名，亦名留落，杜撰之説，斷不可從。他賦如此句法者不少。

思玄賦「倚招搖攝提以低徊劉流兮。」注：「劉流，繚繞也。」補曰：「金云：『劉流猶樛流也。』甘泉賦『覽樛流于高光兮』。晉灼注：『樛流猶繚繞。』」　案各本劉字皆誤也。劉从刀者，玉篇、廣韻與戮同，非此之用，當作劉。劉字从丩，袁、茶陵正文下有「渠幽」二字，五臣音也。善必別有音在注中，今已失之。故讀者不察耳。集韻二十幽，居虯切，載丩、劉二字，云「丩或作劉，渠幽切」。又載劉字云：「劉流，環繞也。」即本五臣濟注。可見字之不从刀，據以訂正。劉流，疊韻字也。後漢書亦作劉，當是後人以誤本文選改之。

古意詶長史溉登琅邪城詩「上谷拒樓蘭」。補曰：「顧炎武日知録云：上谷在居庸之北，而樓蘭爲西域之國，在玉門關外，即此一句之中，文理已自不通。其不切琅邪城，又無論也。」　案：顧説是也。翰注：「上谷，郡名。近樓蘭之國。」

又贈丁儀王粲「從軍度函谷，驅馬過西京。」注：「魏志曰：『建安二十年，公西征張魯。』」正曰：「何云：『魏志曰：「建安二十三年秋月，治兵，遂西征劉備。九月至長安。」此其事也。征魯未嘗至長安，自陳倉以出散關也。注誤。』又云：『注以王粲傳建安二十一年從征吳，二十二年春道病卒，故以爲征張魯。按文帝書：「徐、陳、應、劉，一時俱逝。」獨不言粲，則粲亡在二十二年後矣。』」　案何所説皆非也。本書魏文帝與吳質書，善注引典略：「二十二年」。書云：「二月三日丕白」。粲卒在正月廿四日，相去不一旬，未必知粲亦逝，故不之及也。非可因而爲虚擬之辭。粲卒之年，本傳有明文，與魏武紀廿一年十月征吳，廿二年春正月在道吻合。粲卒之日，本書王仲宣誄亦有明文。可知義門虚擬之非矣。其所云「公自陳倉以出散關」乃紀書公征魯之路。此詩函谷、西京，是丁儀、王粲實至長安，無妨爲別軍所由之路，不必書於紀也。倘如義門所駁而移之，是粲非二十一年道卒，直至二十二年秋七月猶無恙，始有是詩。則魏志本傳、誄文，無一可通矣。不若善注爲是也。音義案：文帝書，但叙疫死親故，粲既征吳，道卒，不復與鄴下疾疫，故不及粲，非本傳與帝書牴牾。余蕭客所駁最是。此書既用音義，何以反不取耶？

贈何劭王濟「二離揚清暉」，注：「漢書曰『長麗前掞光耀明』，臣瓚曰『長離，靈鳥也。二離，日月也』。」正曰：「按，注既以二離爲日月，則漢書注便可不引，應删。」案「二離，日月也」一句，非善注，二離與上雙鸞一例，觀善注，鸞、離，喻王、何也，本無兩解。古今黈所見已誤衍，其引琅嬛記更非李意，與上鸞迥非一例，不難知也。

七發「幾滿大宅。」注：「大宅未詳。」補曰：「音義云：『梁邱子黄庭經注曰：「面爲靈宅，一名大宅，以眉、目、口之所居，故爲宅。」徐氏鯤云：「梁注黄庭，本作一名尺宅，非大宅也。當引後漢書馮衍顯志賦『游精神於大宅兮』，章懷注云：『大宅謂天地。』」廣圻謂：宅者，頊之假借。説文：「頊顱，首骨也。」廣雅：「頊顱，謂之髑髏。」玉篇頊顱下引廣雅，又説文云：「髑髏，頂也。」故枚言陽氣於眉宇之間，上滿大宅。李偶未及，余、徐所説皆失之遠甚。

毛詩序「先王之所以教。」注：「先王，指太王、王季、文王也。」正曰：「案鄭箋云：『先王斥太王、王季。』二南美文王之化，而歸本於先王之教，不應先王内并數文王。」案：此與孔氏正義本不同也。考鄭鄉射禮注云：「昔太王、王季、文王始居岐山之陽，躬行召南之教，以成王業。」亦有文王，不與孔氏正義本箋同，賈公彦所謂兼言是也。故鄉飲酒禮疏引鄭注鄉射曰：彼兼言文王者，欲見文王未受命以前，亦得召南之化，此不兼言文王者，據文王徙豐受命之後，專行周南之教云云，最爲明晰。李善所見箋，有「文王也」三字，合禮鄭注、賈疏觀之，兼言曉然。

過秦論：「於是秦人拱手而取西河之外。」補曰：「史記志疑曰：『案秦惠文王八年，魏入河西地於秦孝公，時安得至西河之外乎？』商君傳有「魏惠王割河西地獻秦以和」之語，並誤。案西河之外，據魏言之也。吕氏春秋長見云：「吳起治西河之外，王錯譖之於魏武侯。」此「西河之外」四字之確證。又見觀表。下文云：「有聞西河畢入秦」，即西河之外入秦，與賈生言拱手而取者，一事也。

又「翟景」注「未詳」。補曰：「史記志疑曰：『翟景疑是趙策翟章。』」　廣圻謂：翟景者，魏策之翟强也。景、强聲相近，策云：「魏王之所恃者，齊、楚也，所用者，樓庳、翟强也。」然則翟强魏臣，趙策「翟章從梁來」，未知即一人否？

東京賦「日月會於龍狵。」　案：説文無狵、䝐字。廣韻五十候作䝐，今楚語「龍䝐」，韋注：「䝐，龍尾也」，亦作「狵」。考此賦薛注「䝐，尾也」。與廣雅「豚，臀也」義同。其字右尨爲龍之變體，左當从豕得聲。今从豕，傳寫失之。

欣夫案：此條與孫書無所屬，姑附此。

往年識李審言於金陵，囑余治文選學，並李善注。因倩書估覓文選善本，又凡前賢著述涉於選學者，訪收多種。惜一行作吏，奔走鮮暇，未獲卒業。書此志愧，且記良友他山之助。案此劉慎詒宣統元年三月跋。

文選考異四卷三册

清仁和孫志祖撰。漢州張祥齡受經堂叢書本。吳縣王欣夫臨元和顧廣圻評校並跋。

一九二八年冬余友堉貴池劉瑑夫遺書散出，購得讀畫齋初印本文選理學權輿三册，文選李注補正一册，審係顧千里手校。中央揚州玉書堂書坊書單一紙，有「批校文選五册，價十六元」。則原有文選考異一册。三種本全，乃遍尋不得，不知遺落何所，深爲惋惜。後數年於坊間觀獨山莫氏銅井文房藏書，忽見無名氏臨顧校考異一册，大喜過望，持不釋手。賈人因疑爲千里真跡，索值殊昂，力不能得，則商請持歸録副。猝求讀畫齋原本不得，得此翻刻本，竭一宵之力照臨之。三種之分而復合，爲之躊躕滿志。

觀千里朱墨二筆於怡谷盡情譏彈，咄咄逼人。如西都賦繚以周牆條云：「不知文選，又不知繫傳。此之謂俗學。命夫！」惇誨故老條云：「不知文選，又不知後漢。火棗兒糕，是名俗學。」東都賦正予樂條云：「孫侍御荒陋過於五臣。」西京賦妖蠱豔夫夏姬條云：「『音也，必善音。』今六臣本割裂入正文下，尤延之刪去，皆非。侍御烏足以知此！」吴都賦重葩殗葉條云：「然則文選有十一人注也！不通極矣。」長殺短兵條云：「『廣韻箋』，何書也？大奇！好鈔音義，而不知其不可據也。」魏都賦隔踰奕世條云：「全不曉韻，如何讀選？」銜書來訊條云：「全不曉字。」西征賦況於卿士乎條云：「胡説之極。」於是孟秋爰謝條云：「五臣妄言之，侍御妄聽之。」江賦鳩鶩鷗鴃條云：「此人不讀李注，又不知有五臣，怪哉其選學也！」又云：「忽近圖遠，甫田之詩所以作，近時人多犯此病。我輩當戒之。」思玄賦寶蕭艾於重笥兮條云：「按瑶字是珤字之誤，宋刻珤，亦見舉正。孫氏據誤字駁善，其失甚矣。」長門賦委參差以槺梁條云：「好引繫傳以示博，竟不知細讀注。此等著書，吾所不解。」神女賦其夜王寢條云：「今考得五臣本與善本王、玉字相反，自來所説，沈存中、姚令威大旨已得，但欠細分析。如侍御者，夢囈而已。」五君詠立議迕流俗條云：「尤本、六臣本並同。觀善『流議』有注，可見非誤。孫氏志祖俗與議互换，不知何據，其誤實甚矣。」又云：「謬絶千古，併善注亦不寓目。」贈陸機出爲吴王郎中令羽儀儲宮條云：「『乃漸上京』，入洛也。『乃儀儲宫』，爲太子洗馬也。每句一事，於兩乃字别之。善是，五臣非。與宋本何涉？而曰義門過信耶？唯汲古閣誤用五臣改善，義門據宋本校之耳。侍御模糊多此類矣。」晚登三山澄江淨如練條云：「此等書均不足引，侍御欲據之，豈不謬哉！」名都篇我歸宴平樂條云：「生謂侍御不讀毛詩奇矣。世間妄人，方借此公頭銜恐嚇秀才，尤屬夢夢。」結客少年塲行日中市朝滿車馬若川流條云：「也算，本可笑。」李少卿與蘇武詩悢悢不能辭條云：「五臣悢悢，善悢悢，自有明文，何以不察。豈侍御未蓄六臣文選耶？」左太沖雜詩披軒臨前庭條云：「大謬不然。善注：『軒，長廊之窗也。』那得改作衣字耶？」張景陽雜詩有滰與南岑條云：「全勦襲陳少章，欺世無知者耳。」東皇太一吉日兮辰良條云：「凡李注例，但取義同，不拘語倒。如引子孫，注，孫子。引蠻荆，注，荆蠻。引瑟琴，注，琴瑟。隨舉可證。引辰良，注，良辰，亦其例。蜀都賦等自作良辰，九歌自作辰良。侍御讀李注不熟，遂據誤本，矜獨得之秘耳。如此著書，恐夢谿筆談笑人！」山鬼風颯颯兮木蕭蕭條云：「全不曉韻故耳。」七命縈嫯爲之搟摽條云：「太不識字。」陳情表是以區區不能廢遠條云：「蜀志注引耳。今華陽國志無，道聽塗説，豈不可笑。」讓宣城郡公表增一職已黷朝經條云：「胡説！」上書吳王六齊望於吕后條云：「此之謂杜撰。」獄中上書白圭顯於中山條云：「家中既少文選，何必作考異。」上蕭太傅敁昉敁條云：「顛倒見。」辭隋王牋抽揚小善條云：「音義不説晉書，侍御便不知道矣。」難蜀父老聲稱浹乎來兹條云：「史記于、漢書于、顔師古曰：『于兹，猶言今兹也。』觀於此，知侍御不學過於歐九也。漢高祖功臣頌韶濩錯音條云：「真不識字。」恩倖傳論胡廣累世農夫條云：「此大不然，休文時，謝承等書俱在，安知不據成文？ 即以范史言，亦未有廣非累世農夫之證何？ 此等最不妥，侍御偏有取焉。 此古人所以有珠櫝之歎也。」述韓英彭盧吳傳信惟餓隸條云：「何足與辨。」過秦論遁逃而不敢進條云：「善從遁逃，明文在西征賦注。 顏從逡遁，惜侍御未足以語此矣。」運命論以遊于羣雄條云：「舉正無此條，出音義，音義尚未如此舛錯。 少章寃枉難申，奈何？」齊竟陵文宣王行狀捬擗天倫條云：「此與『仰惟國典』對文，所改妄甚，謬甚。 上句『俛遵遺託』，俛者，僶俛字也。侍御誤認俛爲俯，故議改此。」祭顏光禄文義窮羲彖條云：「到底胡説。」以上雖所言皆是，而措詞過刻，怡谷李注補正自序謂仿吳師道校國策之例，千里譏爲擬不於倫，莫此爲甚。 而此書跋，乃謂「懸諸國門，詎爲不刊」。 不所擬更非其倫耶？ 千里此跋書於嘉慶九年甲子，距怡谷卒於六年辛酉不久，雖未知兆釁所由，而横肆毒詈於身後，豈非厚德之累。 嗟乎，千里校勘之業，卓然千秋，而其褊衷利口，猶爲人憎惡，況學問不如千里者乎？ 特備録於此，以資後人之鑒戒也。

甲子十一月，粗閲一過，既鮮精深，亦未閎富。 就其所及，仍饒疵纇。 懸諸國門，詎爲不刊乎？ 澗薲居士記，時在巢湖舟次。

東都賦「正予樂」。 困學紀聞云：「東都賦『正予樂』，文選善注，亦引『大予』，五臣乃解爲正樂，今本作雅樂，誤。」志祖案：後漢書固傳作予，然章帝紀亦有作登歌，正雅樂之語，則五臣未爲失也。 今案困學紀聞最爲確論。 孫氏之説，考諸章帝紀首，永平十八年十二月癸巳，有司奏言：「孝明皇帝作登歌，正予樂。」章懷不注正予樂，因已詳見上明帝紀永平三年，故不須複見也。今各本皆是予，無作雅者，未知孫氏何所據而以爲五臣有本也。

酬從弟惠連「悟對無厭歇」。何云：「悟疑作晤。」志祖案：説文繫傳日部晤字，引此句，正作晤，歇作倦。案：謝惠連泛湖歸出樓中翫月詩「悟言不知罷」注引「晤，對也。悟與晤同。」又謝靈運之郡初發都詩「永絶賞心悟」注引「晤，對也」。案與此詩無注，皆前後互見耳。

移書讓太常博士「孔安國獻之」，荀悦漢紀作「孔安國家獻之」，似得其實。史記云：安國爲臨淮太守，早卒。固不得與巫蠱之事矣。漢書藝文志及文選偶脱去家字耳。若書序云：「會國有巫蠱事。」疑出後人僞撰也。案：孫氏之説，全從閻若璩古文尚書疏證第二卷來。然漢書與文選同作「天漢之後，孔安國獻之。」未可皆云脱，而竟用漢紀增一家字也。又考漢紀非載歆此移，不妨荀悦自云「孔安國家獻之」耳，當各依其舊。

解嘲「譬若江湖之崖，渤海之島」。漢書崖作雀，島作鳥。沈休文和謝宣城詩「將隨渤澥去」，善注亦從漢書本。然於義，文選爲長。謝玄暉拜中軍記室牋注引解嘲作「江湖之魚，渤海之鳥。」　今案：李善文選正與顔注解嘲「或作」本同。王氏念孫引經義雜記曰：「此言江湖之厓，勃解之島，其地廣闊，故雁鳧飛集，不足形其多少。或改厓作雀，師古不能定，因謂其義兩通也。」沈休文詩、謝玄暉牋兩注所引，與本書此篇不合，皆後人所改。

郭有道碑文「以建寧二年正月乙亥卒」，按水經汾水注作「建寧四年正月丁亥」；趙氏一清曰「漢隸字源載此碑，作乙亥，文選同。」後漢書靈帝紀建寧四年正月甲子，是有乙亥，無丁亥。注文誤。案：後漢書本傳建寧元年云云，明年春卒於家。時年四十二。章懷注引謝承書「泰以建寧二年正月卒。」惠氏棟補注曰：「郭有道碑云：「建寧二年正月乙亥卒。」謝承書亦云。水經注獨云四年正月丁亥，疑誤。」今案泰卒於二年無疑，唯考通鑑劉羲叟長歷，是年正月甲辰朔，無乙亥，則乙亥二字當仍有誤，難以定也。又案：劉羲叟長歷二年正月甲辰朔，無乙亥。二月癸酉朔，乙亥在二月三日。四年正月壬戌朔，乙亥在正月十四日。丁亥在正月廿六日。孫志祖全錯。

今說文水部：温水出犍爲云云，从水昷聲。皿部：昷，仁也。从皿以食囚也，官溥説李此注，所引即皿部文，而字从水，疑下有昷與温通而脫去，但說文如日部、火部、金部皆用温，或善亦以温水字與昷、仁字不別也。欣夫案：

自此下三條，於本書無所屬，姑附此。

出師表

謹案，此有誤也。裴松之蜀志出師表此二句無注，至曹操欲用孔明者，孔明非諸葛孔明也。潁川胡昭字孔明，附魏志管寧傳，迥非一人明甚。抱朴子逸民篇引此語，今本改「乃心欲用胡孔明」，胡作乎，其誤正同。

禄里弟子

案，袁、茶陵、尤三本，禄字皆同。惟毛本作甪，今考作禄者，善所引靈運山居圖原文也。作甪者，五臣翰注也。毛本既以五臣改善，又用俗字，甚誤。郭忠恕佩觿辨證曰：「按資暇云：『漢四皓，其一號角里，角音禄，今多以覺音呼，乖也。是以魏子及孔氏銘記、荀氏漢紀慮將來之誤，直書禄里，可得而明，然則山居圖所謂直書禄里者也。史記索隱亦云：「孔安國秘記作禄里。」皆其證。集韻「一屋，角，盧谷切。漢四皓有角里先生。」索隱曰：「角里先生，河南軹人。」五臣作角，不同。則別有所出，若甪，唐初所無，又後來俗體。正如王震澤刻史記索隱角里字有三，皆不誤。而汲古閣刻單行索隱盡改爲甪，誤與此同。

吳郡文編序例目録不分卷四册

清長洲顧沅輯。吳縣王氏學禮齋鈔稿本。

沅字澧蘭，號湘舟，又號滄浪漁父。官布政司經歷。博雅好古，一時無二。尤留心桑梓文獻，既精刻吳郡名賢圖傳贊，又編輯吳郡文編二百四十六卷，訂八十册。分志序十卷，隄防三卷，山水遊記九卷，水利十卷，賦役十卷，橋梁坊巷四卷，公廨十卷，學校十七卷，壇廟二十卷，僧寺十五卷，道院二卷，第宅園林十九卷，列傳十七卷，政績四卷，記事四卷，贈送十卷，慶輓五卷，行狀五卷，冢墓二卷，墓碑十二卷，墓志碣二十二卷，書序十卷，集序十四卷，書畫金石四卷，雜文四卷，賦四卷，共二十六類。始事於道光甲申秋，録成於丁亥春。首有涇朱洊、吳縣石韞玉、長樂梁章鉅、同里董國華四家序。原書卷帙繁重，僅傳稿本。湘舟後裔失而復得，詳王同愈跋。此則專録其序例目録，以爲談獻之助。先是，采輯吳郡文字者，有宋鄭虎臣之吳都文粹，明錢穀之續吳都文粹，清吳偉業之吳郡文獻。僅鄭書近始刊行，吳書尤秘，稿藏黄氏士禮居。湘舟依據三家而擴充之，博采羣書，旁及金石書畫，增多至三倍餘，洋洋乎三吳文獻之淵海也。然卒以費鉅，無法刊行。今其稿由其裔顧君翼東捐獻江蘇文物保管會，以公諸世矣。翼東，浩臣哲嗣，同愈外孫也。余嘗建議，錢書已刊入四庫全書珍本，則去其鄭、錢所已有者，而補輯道光七年後至宣統三年，以完一代之文而印行之。方今事尚集體，羣策羣力，吳中老輩自優爲之，知他日必有贊同吾言者。末附涇潘錫恩撰湘舟小傳。翼東言其幼時，搜得石刻於後園，始拓墨傳世。故葉菊裳撰藏書紀事詩時猶以不詳湘舟遺事爲耿耿也。

吳郡文編例言

一、采輯吳郡文字，始於宋鄭虎臣氏之吳郡文粹。其書上溯漢、唐，迄於宋代。然南渡以後，所録無多。至明錢穀氏父子續吳都文粹，補録自宋南渡暨有元一代，下逮明之中葉而止。其後吳偉業氏則彙兩家之書，益以隆、萬及末季之文，名曰吳郡文獻。我朝文治之隆，超越前古。吳郡尤爲人文之藪。二百年來，鴻篇鉅制，足以輝映河山，而增重棗梓者，指不勝屈。惜尚無裒輯之人，不揣固陋，廣爲捃摭，繼三書之後，以識昭代文獻之盛。

一、是編以鄭氏、錢氏、吳氏三書爲底本，復采蘇、太兩屬府、州、縣志及名勝小志，歷代以來諸大家文集，并旁搜金石書畫，悉爲甄録，以補三家之未備。

一、文章總集，自梁昭明文選詩文並收，後姚鉉唐文粹、吕祖謙宋文鑑、蘇天爵元文類、程敏政明文衡遂悉承其例，而吳都文粹、續吳都文粹、吳郡文獻三書，亦皆因之。考其時采風類記、百城煙水兩書尚未出也。今吳郡歷代詩篇已備見兩書中，故不復載。

一、文章以體製分門，亦始於昭明文選，是編卷帙浩繁，若仍以文體分門，恐一時難於繙閲。兹稍參志乘之例，取事類編次，俾展卷了然。

一、吳郡爲天下名區，其文字見於古今載籍者，浩如煙海。一時購訪難備，兹就見聞所及者録之。挂一漏萬，自所不免，擬俟續編。

一、是編所收之文，必有關於鄉邦利病，名賢事跡，始行采入。若駢四儷六之文，繪聲鏤影之作，徒擅詞華，無裨故實者，概從舍旃。惟賦於文字中最爲近古，不可不備一體，亦衹擇其可資考證者，如名勝、物産、懷古諸類，他不泛收。

一、黄丈蕘圃藏書之富，甲於吳中。如吳郡文獻一書，係舊鈔罕傳之本，不吝慨借，以佐成巨觀。前輩高誼，謹志弗諼。

一、留意鄉邦文獻，郡中則有張君恂哉、蔣君篆香、松陵趙君子鶴、婁東張君借堂、練川章君小岩，皆助余搜訪，叨益良多。

一、文粹十卷、續文粹五十六卷、文獻三十册，去其重複，共得一千餘篇。是編所收，又增多三倍，統計四千餘篇。分卷二百四十六。其目，首志序、次隄防、山水遊記、水利、賦役、橋梁坊巷、公廨、學校、壇廟、僧寺、道院、第宅園林、列傳、政績、記事、贈送、慶輓、行狀、冢墓、墓碑、墓志碣、書序、集序、書畫金石、雜文、賦，凡二十六類，而總名之曰文編云。

一、古來文字流傳久遠，或屢經翻刻，或數易傳鈔，每苦亥豕魯魚。即如吳都文粹一書，皆係寫本，謬訛不勝枚舉。是編篇帙既繁，又半得之鈔本，恐不免相因之誤，惟博雅君子是正焉。

一、編文次序，既分二十六類，每類仍以七屬，照康熙盧志之例，各按縣分。再次時代，如隄防、山水等類，一題而代有紀載者，衹將本題之文，以别先後，使閲者易於繙取。

一、是書創始於甲申之秋，録成於丁亥之春，凡三閲寒暑而告成，奈篇葉繁重，一時剞劂維艱。尚有望於有力者爲之流通焉。

吳郡文編，長洲顧湘舟先生手輯。都二百六十四卷，裝八十鉅册。册百餘頁，頁二十二行，行二十三四字不等。綜其數當不下四百萬言。於鄭、錢、吳三家外，多至三倍，備哉粲爛，洵三吳文獻之淵海哉！書成於道光七年，以卷帙繁重，剞劂有待。而當時搜訪甄采，傳録校勘之勤，與夫舟車廩厨，燈火筆札之煩，時歷三載之久，更費浩穰，幸而成書，力亦殫已。越三十四年，咸豐庚申，赭冠陷省垣，時先生已歸道山。先生生嘉慶四年，卒咸豐元年。嗣孫康如茂才年尚幼，蒼黄避地，金石圖書之屬，委而去之。同治癸亥冬，蘇城克復，豐順丁公日昌入城安撫，即馳赴先生園第，甫橋西街辟疆園蓋耳先生名，欲藉以一探琅嬛也。於是藝海樓之孑遺，悉爲持靜齋之珍秘。其漂散在外者，尚不知凡幾。傳鈔秘本爲仁和朱氏所收居多，見結一廬書目。比康如歸，知敝廬無恙，翳惟丁公之力，遂亦不復他及。而先生之藏弆，既無簿録可稽，即遺著亦鮮有能舉之者。又越五十餘年，先生曾孫浩臣，余女夫也。以余粗知藝海故事，飫聞而心慕之，慨然思拾先人之墜緒，闢宅之西偏爲藝海小築以見志。荒攤冷市，不懈勤求。所得部帙，如賜硯堂叢書、元妙觀志等。鼎彝之屬，勵於某家購獲商祖癸角一器。歲戊午，孫君伯南於上海南洋中學校長王培孫許，獲覩是編，煌煌鉅著，動色相告。浩臣驚喜欲狂，遽割五百金購歸，庋之藝海小築，曰：「庶幾不虚此築已，他長物可有無爾。」屬爲記其得書始末，余謂斯書完璧來歸，殆有先靈呵護。雖然，古人不云乎，以秘惜爲藏，孰若以傳布爲藏，故倦圃有流通古書之約，竹垞有徵刻秘籍之文。況先人精力之所萃乎？余甚望浩臣之削衣損膳，力謀梓行，以綿先人未墜之緒也。浩臣勉乎哉！己未仲春，栩緣老人王同愈跋，時年六十有五。

道咸諸賢致潘功甫尺牘一卷 一册

吴縣王氏學禮齋鈔稿本。

存陳文述、潘奕雋、劉喜海、汪喜孫、鄧傳密、吴廷琛、吴鍾駿、姚椿、顧承、劉瀚各一通，陳奐二通，江湜、楊文蓀各三通，石韞玉四通。原裝一册。余年十五六，賈人并徐枋俟齋、陳焯湘管齋兩牙章同攜示，時讀書家塾，囊無餘資，摩挲不釋手，草録一過，留信宿而還之。一九三三年仲春，檢出重付清寫。功甫以宰相家兒，退居樂善，多交貧士而拯助之。詩文皆雋潔可傳。此十四人者，皆名流宿儒，縞紵投契，可見一斑。劉燕庭欲與汪閬源家締姻，挽功甫作蹇脩。汪孟慈謀爲顧南雅編刻遺集，曾訪顧千里於楓橋，沿堤求之不得，據陳雪峯謂，家在來鳳橋東浜，詢之功甫，欲爲會合之緣。江弢叔初持所業請見，爲閽人所拒，致函詰質。後旅京華，自通悃忱，才人潦倒，駢體工雅，讀之令人回腸盪氣。陳碩甫爲友人欲於西谿一帶效區田法，向乞所著區田書、勸農説，亦農業史之資料。顧醉經高尚絶俗，不交非類，卒窮餓而死。曾向功甫告貸，而鈐以「八十五老人」一印，知臻上壽。劉瀚一函，則爲新建裘文達恭勤之孫子，孤兒寡婦，八口投親不遇，繫舟胥門，斷炊兩日，乞爲援手，從知西華葛帔，古今同慨。凡斯佚事，足資談助。功甫名曾沂，别字小浮山人。吴縣人。嘉慶丙子舉人。内閣中書。大學士世恩長子。著有東津館文集、功甫小集。事跡詳馮桂芬撰墓志銘。原本今不知流落何許，幸存此抄本耳。

復禮堂朋舊書牘録存不分卷四册

吴縣王欣夫輯。王氏抱蜀廬鈔稿本。

往聞人言，翁松禪作尺牘，有一字不慊意，即揉而投之簏。蓋侈有千秋之想，故不苟焉如此。然彼以其書法耳，況商量舊學者哉？余曾見段茂堂與劉端臨尺牘數十通，皆爲劉盼遂輯段王學所未采，其合諸家爲一函者，如陳碩甫、俞曲園、張公束、繆筱珊各十餘册，爲論學術談掌故之總匯，而各人之真性情亦躍然紙上，令人低回仰慕，讀之不忍釋手。先師夙敦風誼，於朋好所投尺牘，必謹藏之。自歸道山，家人視爲廢紙，頗有散失。及余收拾遺稿，得一束於墻角。沈君勤廬又於冷攤購得若干家，承其見惠，於是整理排比，自俞曲園以次，得六十五家。少或一簡，多至數十，辜較不下五六百通。皆在位通人，處逸大儒。雖屬殘餘，已爲大觀。其中如張聞遠、葉菊裳、江建霞、梁節庵、馬季立、唐蔚芝皆以經術道義相切磋，各存數十牘，餘亦無一作酬應浮泛語。别録爲四册。比之陳、俞所集，不相上下，而無親族子弟家常瑣屑之言，則選存較陳氏爲更嚴焉。

清真集二卷附補遺一册

清光緒庚子據高密鄭文焯校仿宋刊本。吴縣曹元忠、如皋冒廣生手校並跋。

此本無刻書年月，據叔問校後録要，題光緒上章困敦之年，姑作庚子所刊，實則已入民國矣。叔問遍引諸書，訂律正字，附每闋後，極精審。雖不知視淳熙官本如何，已遠出陳元龍、毛子晉各本上，當爲清真詞第一善本。然刻成後，叔問又有覆校，朱墨殆遍。此爲君直先生據嘯餘譜、景定建康志用朱筆校之。昔年疚齋先生向余借讀，又據全芳備祖用墨筆校之，皆叔問所未及也。君直先生校勘文字外，其批注有可入詞話者，如滿庭芳夏日溧水無想山作，云：「潁川語小云：『作詞於滿庭芳換頭處，第二字當押韻。如秦少游云：「銷魂。當此際」，周美成云：「年年。如社燕」，魂、年，韻也。』按此陳叔方爲陳瑩中『家山何處近』，舒信道『豐年時節好』言之。實則南、北宋詞家，除陳、舒外，固皆押韻也。」於大酺春雨「樂廣清羸」，鄭校：「樂廣，元本作衛玠。」云：「樂府指迷云：『清真詞多要兩人名對使，亦不可學。』他如宴清都云：『庾信愁多，江淹恨極。』西平樂云：『東陵晦迹，彭澤歸來。』大酺云：『蘭成憔悴，衛玠清羸。』過秦樓云『才減江淹，情傷荀倩』之類是也。據沈義父所見本，則樂廣當作衛玠。」於青玉案「良夜燈光簇如豆」，云：「山谷琴趣憶帝京私情云『銀燭生花如紅豆。占好事，而今有。人醉曲屏深，借寶琴，輕拈手。一陣白蘋風，故滅燭，教相就。花帶雨，冰肌香透。恨啼鳥，轆轤聲曉，岸柳微涼吹殘酒。斷腸時，至今依舊。鏡中銷瘦。那人知後。怕夯你來僝僽。』此似改山谷詞爲之。」慶春宮「夜深簧暖笙清」，鄭校：「簧，汲古作篁，誤。从元本。」云：「嘯餘譜篁作簧。齊東野語云：『美成樂府亦有「簧暖笙清」之語。』可知草窗所見本是作簧字。且述『吳郡王及平原郡王家，自十月旦至二月終日，給焙笙炭五十斤，用錦熏籠藉笙於上，復以四和香熏之。蓋笙簧必用高麗銅爲之，艶以緑蠟。簧暖則字正而聲清越，故必須焙而後可」。足與此詞相證。」　於滿江紅「蝶粉蜂黄都褪了」，云：「鶴林玉露：『楊東山言，道藏云「蝶交則粉退，蜂交則黄退」。周美成詞云「蝶粉蜂黄渾退了」，正用此也。而説者以爲宮妝，且以退爲褪，誤矣。』按，楊長孺所言甚非，清真本意，惟都字作渾，據本似勝。」　於西河金陵懷古「傷心東望淮水」，鄭校：「傷，汲古作賞。元本及草堂本並同。今從花庵。望，草堂本作畔。」云：「耆舊續聞云『周美成西河詞「賞心東畔淮水」，今作傷心』。似花庵詞選所據本亦未必善。」　於浣溪紗慢「櫻筍新蔬果」，鄭校：「苕溪漁隱引此詞云：『「水竹舊院落」下句舊本作「鶯引新雛過」。若櫻筍句，與上有何干涉？』其所稱舊本未詳所據，但詞例有對起，上下句義自能融會。坿記以存異證云。耆舊續聞云：『古詞「水竹舊院落，櫻筍新蔬果」。』叢話乃云『鶯引新雛過』，而以櫻筍爲非。陳鵠在宋寧宗時，去胡仔不遠，苟有舊本，亦必見之，何致以叢話爲言，恐『鶯引新雛過』句不足據也。」皆是。

又補輯逸詞三闋，並録於此。

燭影摇紅

芳臉勻紅，黛眉巧畫宮妝淺。風流天付與精神，全在嬌波眼。早是縈心可慣。向尊前，頻頻顧眄。幾回相見，見了還休，爭如不見。　燭影摇紅，夜闌飲散春宵短。當時誰會唱陽關，離恨天涯遠。爭奈雨收雲散。凭闌干，東風淚滿。海棠開後，燕子來時，黄昏深院。　能改齋漫録稱「增損王都尉憶故人詞」。

如夢令

池上春歸何處，滿目殘花飛絮。孤館悄無人，夢斷月隄歸路。無緒。無緒。簾外五更風雨。嘯餘譜作宋周邦彦。

滴滴金

梅花漏洩春消息。柳絲長，草芽碧。不覺星霜鬢白，念時光堪惜。　蘭堂把酒思佳客。黛眉顰，愁春色。音書千里相疎隔，見了方端的。京本通俗小説引。

宋葛剛正三續千文「闌干徧倚」，注引周美成詞「空低立，盡日闌干倚徧」。爲此本所無。

又詞旨詞眼，出「籠燈燃月」，注清真，亦此本所無。

近人校清真詞獨不及全芳備祖，此書收美成作九首，爲補校於卷。疚齋。

白石道人歌曲攷證一卷 一册

清吳縣曹毓秀撰。手稿本。安吉吳俊卿手篆題贉。

毓秀字實甫，號春洲。諸生。此書審其筆跡，實爲其子君直先生元忠所撰，係歸美其親者。首有光緒庚子吳倉石篆書題贉，蓋創稿於是年也。白石詞，家弦户誦，尚未有爲作注者。其小序多言曲律，兼及掌故。此書繁徵博引，務致詳審，於白石交游出處，尤所注意。其攷證曲調者，霓裳中序第一自序：「丙午歲，留長沙，登祝融，因得其祀神之曲，曰黄帝鹽、蘇合香」云云，案吳曾能改齋漫録云：「又案張芸叟南遷録，載其以元豐中至衡山謁嶽祠，有樂工六十四人隷祠下。每歲立夏之日致祠；潭州通判與縣官備三獻，奏曲侑神。初曰蘇合香，次曰黄帝鹽，終曰四朵子。三曲皆開元中所降也，至今不廢。器用音調，與今不同。然其曲甚長，自四更始奏，至旦方罷。祠官頗以爲勞，多從殺滅」云云。然則白石所見黄帝鹽、蘇合香皆唐樂府遺聲。故沈作喆寓簡云：「衡山南嶽祠宫舊多遺跡。徽宗政和間新作燕樂，搜訪古曲遺聲，聞宫廟有唐時樂曲，自昔秘藏，詔使上之，得黄帝鹽、荔支香二譜。黄帝鹽本交趾來獻，其聲古樸，棄不用；而荔支香音節韶美，遂入燕樂施用。」是黄帝鹽、蘇合香外，又有荔支香一曲。荔支香，宋時入燕樂，故碧雞漫志云：「今歇指、大石兩調，皆有近拍也。」自序又云：「又於樂工故書中，得商調霓裳曲十八闋，皆虚譜無辭。案沈氏樂律霓裳道調，此乃商調。白樂天詩云：『散序六闋』，此特兩闋。未知孰是。」考霓裳羽衣曲，實爲黄鐘商調。故碧雞漫志載杜佑理道要訣云：「天寶十三載，改諸樂名。中使輔璆琳宣進，旨，會於太常寺刊石。内黄鐘商婆羅門曲爲霓裳羽衣曲。」案明皇改婆羅門爲霓裳羽衣曲，屬黄鐘商云，時號越調，即今之越調。據碧雞漫志所言，與劉壎隱居通議引唐杜□□□□訣載唐諸樂名「黄鐘商，時號越調」合。所引唐杜□□□訣，以碧雞漫志證之，蓋即杜佑理道要訣。杜佑明言改黄鐘商婆羅門曲爲霓裳羽衣曲，則霓裳實爲黄鐘商調。沈括夢溪筆談樂律云：「或謂今燕部有獻仙音曲，乃其遺聲。然霓裳本謂之道調法曲，今獻仙音乃小石調耳，未知孰是。」觀沈括以獻仙音爲小石調，即知霓裳爲道調之説，亦非篤論。有白石法曲獻仙音注：「俗名大石調」可證。至俗名大石調下，又注「黄鐘商」三字，即張炎詞源所謂「黄鐘商，俗名大石調」。蓋宋時之黄鐘商，即大石調，唐時之黄鐘商，即越調。惟霓裳羽衣曲與法曲獻仙音同爲黄鐘商，故或疑獻仙音爲霓裳遺聲耳。　其校正奪誤者：白石與稼軒雅故，集中故多次韻之作。以元大德廣信本稼軒長短句攷之，如永遇樂北固樓次稼軒韻，稼軒作京口北固亭懷古；漢宮春次韻稼軒，稼軒作會稽秋風亭觀雨；又次韻稼軒蓬萊閣，稼軒作會稽蓬萊閣懷古，知白石詞題次韻稼軒蓬萊閣者，蒙上闋次韻稼軒會稽秋風亭省「會稽」二字。自南村寫本敚「會稽秋風亭」五字，致詞中「秦碑越殿」及「南尋李白」等語不得其解，而下闋蓬萊閣亦不知何地，宜於次韻稼軒下據稼軒長短句補「會稽秋風亭」五字方合。秋風亭者，稼軒帥浙東時作，張鎡南湖集漢宮春序云：「稼軒帥浙東作秋風亭，以長短句寄余」是也。　其詮述淵源者：白石於北宋諸賢，瓣香清真，觀法曲獻仙音注云：「黄鐘商俗名大石。」清真集有「蟬咽涼柯」一闋，注云「大石」是也。玲瓏四犯注云：「此曲雙調，世別有大石調一曲。」清真集有「穠李夭桃」一闋，注云「大石」是也。徵招自序云：「此一曲乃余昔所製舊曲，正宮齊天樂慢前兩拍是徵調，故足成之。」清真集齊天樂有「緑蕪彫盡臺城路」一闋，注云：「正宮」是也。由此知白石於清真用力最深。以上略舉數則，以概其餘。嘗見君直先生與繆藝風書云：「澄懷録如後日檢得，尚祈見假，賜寄吳中。緣家君製白石道人歌曲考證，欲一見是書，始付刊耳。」是當日曾欲刊行而未果。君直先生於兩宋人詞，用力亦最深。朱氏彊村叢書多經其校正，余曾獲其手校宋人詞數十種，無不廣羅善本，推勘入細。其專力一家如此書者，兼具校勘攷證之功，雖似未成，實爲前所未有。吾友夏君臞禪承燾以二十年之力，著姜白石詞編年箋校刊行之，惜得此稍晚，不及供其采摭也。

蘅夢樓詞三卷 一册

清吴江郭麐撰。手稿本。吴江徐達源題識。

頻伽靈芬館全集刻蘅夢詞二卷，皆嘉慶丙辰前作。浮眉樓詞二卷，爲丙辰後作。以校此手寫墨格清本，前二卷即蘅夢詞，但此多樓字。後一卷即浮眉樓詞卷一之前半，蓋尚未鈔畢。三卷中刻本未載者二十二闋，當爲最後删定。頻伽詞纏緜悱惻，爲清代中葉一作手。其所删棄，如零珠碎玉，後人當拾而寶之。書面及卷一首有徐山民達源題識兩則，並與其室吴珊珊瓊仙共讀，即卷中洞仙歌爲吴珊珊夫人題扇者也。當乾、嘉間，吴下多才女，其並得嘉偶者，如王惕夫之與曹墨琴，孫子瀟之與席佩蘭，陳竹士之與金纖纖，及山民之與珊珊。而纖纖、珊珊均有才無命，殍華早謝。頻伽樗園消夏録卷下：「吾鄉閨秀能詩者，宜秋夫人而外，有吴珊珊瓊仙、袁柔仙淑芳，珊珊爲徐君山民之配，刻意爲詩，閨房中自相師友，嘗持一册見示。清麗之詞，入其家玉臺集中亦當不媿。余尤愛其病中絶句云：『隔墻蓮漏響珊珊，一縷爐煙到午殘。鈴語緑窗風不定，梨花吹雪作春寒。』」今讀寫韻樓集，佳構尚多，頻伽蓋未見其全。

有「寫韻樓」白文方印、「徐印達源」及「吴珊珊」白文兩小方印。

蘿壑詞二卷 一册

清江夏陳慶溥撰。吳縣王氏學禮齋鈔稿本。

慶溥字心泉。道光己酉舉人。江蘇候補道。爲兩江總督鑾子，需次江蘇，即移家寓蘇。此稿本首題江陰蔣春霖鹿潭訂。吳縣曹毓英紫荃校。蓋當日備刊之底本。余友潘君聖一偶得之冷攤，因從借録。心泉蘇寓在閶門外之水月亭，距寒山寺不數步。輒與戈順卿載及孫月坡麟趾、闞海雲達源買舟載酒，問水尋芳，得一新詞，即付絃管，極一時之盛。室人湯湘荃亦工倚聲，與錢塘吳蘋香善。著有蕉硯詞，與心泉唱和，有雙荃閣聯吟詞。而自來選家均未之及。

絶妙好詞旁證一卷 一册

清高密鄭文焯撰。手稿本。

弁陽翁生於宋末，所編南宋名詞，始於張孝祥，終於仇遠，凡百三十二家。當時僅有寫本流傳，故世無宋刊。康熙間嘉善柯南陔崇樸得虞山錢氏秘本，始校訂鏤板。平湖高江村士奇又有清吟堂重訂本。乃有小瓶廬刻本者，封葉内有「宋本重栞」四字，恐不可據信。迨查蓮坡爲仁、厲樊榭鶚箋出，而柯、高兩刻遂不復見。叔問考原雅樂，夙長校訂。以南宋高製，美盡是編，而絳雲傳鈔，實多譌奪。樊榭箋録，音譜未詳。遂博稽羣籍，爲之旁證。雖僅二十餘條，幾於無條不精。又采及歸安嚴九能元照、鎮海姚梅伯燮兩校本。九能邃於經學，所著柯家山館詞，朱彊村列爲名家，而稱爲「餘事作詞人」者也。梅伯亦長於聲律，著有今樂考證，兹所載兩家校文，雖僅鱗爪，彌可珍惜。舊爲故友丁初我所藏。有「虞山丁初我收藏書籍」朱文方印。初我藏書極富，而守美人黥面之戒，多無印記，此偶有之，亦可見其特加重視矣。

清詞鈔索引一卷補國朝詞綜補目録一卷二册

索引番禺葉恭綽編。目録閩縣林葆恒編。民國三十二年油印本。

有清一代文學極盛，至辛亥革命，光復舊物。於是有編總結式之專集者，詩則徐氏世昌之清詩匯，劉氏承幹之清詩萃，詞則葉氏之清詞鈔，林氏之補國朝詞綜補，皆巍然鉅帙，祗徐氏書已刊，葉氏書屢議印行而未果。當葉氏、林氏之事纂輯焉，各印人名目録，偏徵遺佚，至選材審例，謬引余相商榷，此即所貽備查之本。兩家宗旨，可得而言。葉書從朱彊邨議，旨在以詞存人，故遴選較嚴。綜有清一代，不足二千人，故書名清詞鈔。林書則旨在以人存詞，凡已見王昶、黄燮清、丁紹儀諸家所已采者不録，猶得三千六百餘家，兼及生存，爲例較寬。仍以國朝標名者，蓋林氏以殷頑自居，覈之名實，殊爲不合。然其搜羅之廣，足以表微闡幽，與葉書各有所長，不可偏廢。今兩書既刊行無日，則此索引與目録皆足供治文學史者之參考。此等書雖當時贈人，然鮮知愛惜保存者，又烏可以其近時油印而慢棄之哉？ 嘗見近人編善本書目，凡明代坊刻，近時惡鈔，雖短書小册，必登簿録，有不暇審其内容與爲用若何，則不如此等書之傳本希，而爲用廣。且時代進步，所謂善本者，又烏可以鈔、刻限之。今以油印入善本目，雖謂自隗始可也。

未編年稿卷一

書疑辨證存四卷 一册

清上海黄烈撰。手稿本。

存堯典至微子，分四卷，周書二卷闕。原不著作者姓名，並無序例。封面有唐尊瑋題「徐辛茶先生書疑辨證原稿。南匯張筱珊先生審定。丁巳孟春詠茗珍藏」二行。今考爲上海黄烈撰，唐説殆誤。案嘉慶上海縣志無徐辛茶其人，而人物有「黄烈字右方，號一齋。高行鎮人。父中松著詩疑辨證。烈昔歲博覽羣籍，肆力大家文。屢以第一見賞于曹、劉、彭諸學使。肄業紫陽書院，彭尚書啓豐極賞之。時方博采遺書，彭屬烈編纂焉。烈尤以治經爲傳世業，覃精研思，歷寒暑五十餘不倦。王光禄鳴盛致書云：『兄可作中流砥柱，得朋之慶，不獨在我兩人，亦斯道之幸也。』所著見藝文。子元吉，字廷翰。廩生。克世其學。有詩經遵義十卷」。又藝文：「書疑辨證六卷、詩傳拾遺三十卷，並烈撰。詩疑辨證六卷，其父中松撰。」案語云：「詩疑辨證爲烈校定。遵義則烈元本，曾進呈。以著者生存，未收。」案黄氏三世經學，各有著作，中松詩疑辨證著録於四庫全書。烈之江蘇採集遺書總録，即彭啓豐所屬編纂者，亦曾見鈔本。亡友高吹萬先生藏詩經類最富（今在復旦大學圖書館），詩疑辨證有舊鈔本。主於考訂名物，折衷諸説，與宋王柏書無涉，與此體例悉同。此書引及胡渭、蔡德晉説，時代亦合。詩經遵義有手稿本，附松郡文獻一册，條首出「烈案」二字，當爲黄烈手稿，非其子元吉，而遇「我朝」及「國朝」皆提行，用紙皆連史，蓋亦録備進呈者。參互觀之，始恍然有得，蓋黄氏經學以烈爲中堅，故志獨詳之。其編採進遺書目也，初欲以自著入之，及詩經遵義以生存不收，於是以詩疑辨證，改用其父中松名。藝文案語謂爲烈校定，已露其端緒。昔人歸美其先，例亦多矣。不然何書、詩兩種，體例、卷數若一轍耶？至詩經遵義，烈之手稿尚存，本無可疑，乃纂志者，於人物則屬之元吉，藝文案語又言烈元本，曾進呈，何先後乖迕乃爾。惟唐跋既言南匯張筱珊審定，又謂得之松江老輩仇竹屏、顧香遠等，然則傳爲徐辛茶著者，或亦有致謅之由，故仍附唐跋於後以待考。唐字詠茗，號難齋，漕河涇人。光緒諸生。見吾友嚴君載如海藻。上海顧君景炎，留心鄉邦文獻。爲舉曹暎高行竹枝詞詠人物黄烈云：「經解雲間第一人，不修邊幅率天真。謝家庭内芝蘭茂，跨竈兒郎亦絶塵。」以烈爲第一人而不數中松者，其意可知。川沙志亦著録此書，作黄中松撰。知當時本欲書、詩二種並進呈，故亦題其父名。又可作借證。然則余推黄烈所著之説爲不謬。至徐辛茶，名拱辰，別號淞南老農。亦著書疑辨證八卷，雖見民國五年上海續志，而唐氏參予脩輯，當即據其説或別有存稿，而決非此本。喜其可正志乘之誤，爲附志之。

吾邑徐辛茶先生博覽經、史、子、集，生平復肆力於尚書，著有書疑辨證四卷，余於光緒甲申孟春，聞諸松江仇竹屏、顧香遠兩太史、陳杏孫、吴佩紳兩孝廉，皆曰考據詳明，而又斷以婉言警語。光陰迅速已三十餘年矣。今偶得之，全書合計八十篇，爰付鉛印，以廣流傳，而資後學。庶可慰徐公於九原焉。民國六年二月。後學唐尊瑋誌。

詩考異補二卷 一册

清元和嚴蔚輯。乾隆四十九年二酉齋刊本。

蔚字豹人。原題「東吳」，實籍元和。有石墨考異稿本已箸録。此書首王鳴盛行書、江聲篆書兩序。每葉板心下方有二酉齋三字，其藏書所也。自毛詩傳而三家詩久佚，宋王厚齋始采羣書中引用韓詩、魯詩、齊詩，與毛詩異者，并他家異文及逸詩，作詩考，用心甚勤，而尚多挂漏。康熙間常熟嚴思菴虞惇撰讀詩質疑四十六卷，内考異一卷，蓋廣王氏之意而爲之者。豹人爲思菴族曾孫，讀書時見有厚齋所未收，思菴所失録者録出之。每詩列思菴原輯，而按次補入，於條首加白文補字爲別。間亦自附案語，如谷風「匍匐救之」，思菴據家語作「扶服救之」，豹人則謂「家語爲王肅僞造，思菴公所采外，尚有數條概不敢録入」。如無將大車「祇自疷兮」，顧氏詩本音：「宋劉彝曰：『疷當作痻，病也。』唐人避太宗諱，凡字從民字者，皆省而爲氏，今人書昬作昏，猶其遺法也。」豹人則謂「疷，劉彝臆改疷以韻塵，説文無痻字，其説不可從」。凡此均足糾前人之誤。輯古佚書之業，自厚齋開之，至吾吳惠氏、余氏師弟，而其業始弘，豹人承其緒，多交一時方聞碩彥。今所傳此書外，又有左傳賈服注，均爲學者所重。雖後來踵事者所得益富，而終亦不可廢也，惟傳本甚希，三十年前賈人從其家得未裝散片十許部，余與仲兄蔭嘉各得其一，餘則散在坊肆，始稍流通云。

逸禮大義論六卷 一册

清歙汪宗沂撰。吴縣王氏學禮齋鈔稿本。崑山趙詒琛、吴縣王欣夫手校。

禮古經逸三十九篇，無師説，博士畏難不肯立。鄭康成注禮亦未及，遂多亡逸。宋王應麟始事纂輯，載困學紀聞，雖寥寥片言，如斷圭碎璧，至爲可寶。元吴澄繼之爲儀禮逸經八篇，汪克寬及清丁晏又擴充之，皆不無疏失。仲伊晚出，乃綜集經、傳、諸子注疏言及逸禮者，以五禮爲綱，繫以後論。竭十餘年之力，爲逸禮大義論一編。屬吉禮者六：曰吉禮郊祭篇，天子大社篇，明堂之祀篇，逸禮宗法篇，禘于太廟篇，逸中霤禮篇。屬凶禮者五：曰大浸之禮篇，大夫以上喪禮篇，釋禫之禮篇，三年三十六月之喪篇，逸葬禮篇。屬軍禮者三：以師田，行陳，法制，分上中下。屬賓禮者四：曰天子巡狩禮篇，王居明堂禮篇，學禮篇，官禮篇。屬嘉禮者一，曰大夫以上昏禮篇。附通言五禮者，一曰周人明堂月令篇凡得十九篇。後論則折衷古今，論定是非。如大浸之禮篇謂「荒政無善策，備荒爲上策。不興水利，而徒迫民之盡力以耕耘，無益也。水害去，則水利興，莫若盡力於溝洫」。其言爲以農爲本，發展生産之要道也。逸軍禮於師田篇謂「古者寓兵於農，選擇其可供調撥者，登之軍籍。登軍籍者，必教戰」。則全民皆兵，訓練有素之説也。於法制篇謂「兵之制勝全在後勁，必恃火器，鋭氣一衰，其能久乎。窮礮彈之力，能穿土石，不能殲效死勿去之守兵，則大礮不足畏也。器因時爲利鈍，不足恃也。恃器者必敗」。則勝敗不決於武器，而決於人之義也。至大夫以上昏禮篇謂「周有天下，卜世三十，計七百餘年，中無母后臨朝之事，國祚永久。秦始潰其防，漢、宋迭沿爲恒例。其不賢而誤國家者無論矣，其賢者亦不過巽順苟安，及身而止，身没而患起。乃若陽外陰内之爲常經，而尊卑之爲定分，固不可易也。秦之末世重寺人，以芊太后臨朝，資使令，寺人亦陰人也。陰勝陽衰，而尚冀天下之治平，豈可得哉？」其言蓋指斥慈禧之專政，李蓮英之寵倖，陳古刺今，辭嚴而義正，風采峻厲，可謂不畏强禦。豈與夫章句小儒，沾沾於抱殘守闕而已哉。其書於光緒季年進呈，今在故宫圖書館，余向傳鈔，又從章式之丈所藏手稿，校其誤脱，並補首末兩序。大夫以上昏禮篇後論一節，則進呈本以避忌已删去，印入己卯叢編時，學南更爲覆校，粘籤是也。胡綏之丈見之，謂昔年曾於琉璃廠見袁爽秋刻紅印樣本，今檢漸西村舍叢書中無之，蓋刻而未傳，不知與此異同若何。

喪禮鄭氏學四十四卷附通禮案語一卷 三十五册

清婁縣張錫恭撰。清稿本。吳縣王欣夫手校。

錫恭字聞遠。光緒戊子舉人。戊申徵爲禮學館纂修。先生踐履篤實，學養兼修。精治三禮之學，得定海黄元同之傳。以爲漢代經師家法不同，而莫純於高密鄭君，宋代理學宗派不同，而莫正於新安朱子。其説禮一皆以鄭義爲宗，學無旁騖。沈研鑽極，專久而美，晚年乃論次爲禮經鄭氏學，先成喪服鄭氏學十六卷。自注、疏胡氏正義以及古今説禮服之書，蒐采無遺，校勘異文，剖别異義，至精至當，弗明弗措。自周禮二戴記以及各經涉喪服者，囊括網羅，轉相證明，細入毫芒，昭示日月。立言平心易氣，實事求是，不苟異同。吾師復禮曹先生最爲推服，撰序備論其大義。劉翰怡丈刊入求恕齋叢書，校勘者則曹君直丈也。又爲喪禮鄭氏學，取士喪禮、既夕禮、士虞禮暨禮記中説喪服、喪禮等篇，條舉衆説而折衷之，立義精當，爲例謹嚴，一如喪服鄭氏學。至一九二二年秋而削稿始就，越二歲歸道山，遺稿藏其甥封君衡甫所。一九三六年吾師金松岑先生主持國學會，議刊前賢遺書，以廣其傳。僉謂先生禮學專家，喪服尤爲絶學，是書卷帙既鉅，慮有散佚，宜亟謀刊布，與喪服鄭氏學並行。乃撰啓籌貲，促衡甫清寫定稿，於吴中付梓，而余與汪君柏年任校字之役。此即衡甫所寄寫本，當時旨在速成，寫完一册，即付郵筒，故不無譌脱之處。余復遍查徵引原書，一一校正，黽勉從事，不敢言勞。詎知士喪禮、既夕禮、士虞禮三篇甫成，而日寇内犯，貲亦不繼，世變倉卒，終未能續成全書。既刊者亦版片零落，同付毁壞，僅存此稿本，藏諸篋中。於是知著述之傳否，蓋有幸不幸也，吁，可傷已。清修通禮，先生任凶禮一門，案語一卷，附於此。後聞復禮師言，當時全書已寫有定本，呈總裁閩縣陳弢庵，未及付刊，後余訪之弢庵嗣君幾士，云遍尋未得，恐已付水火不可知之劫。他著茹荼軒文集、續集、禮經大義、炳燭隨筆均已刊行。其茹荼軒日記手稿，亦歸於余，别見書録。

喪禮鄭氏學十卷 十册

清婁縣張錫恭撰。一九三六年中國國學會刊，藍印樣本。

中國國學會之成立，蓋始自平旦學社。一九二四年夏，張仲仁、李印泉及吾師金松岑三先生創設學社，延聘通人，每逢日曜，假觀前青年會禮堂，公開講學。以時在黎明，故號曰平旦。聽講者暑假還鄉學子外，邑之耆宿，亦多拄杖來臨。時章太炎先生寓蘇，亦贊成之，遂擴而成學會。主持其事者實爲松岑師。會員有建議刊布前賢遺著，以廣流傳者，僉以聞遠先生此書爲禮學鉅著，一代絶業，有功經術，而卷帙繁重，非衆擎莫舉。于是撰啓募資，推曹復禮師爲首，題名發起者若而人。余及汪君柏年任校字。出納則由學會會計掌之。高君吹萬以鄉人，勸募最力，達二千金。徐君行可適遭母喪，所得賻儀，悉作刊資，亦千餘金。葉君揆初、郭君輔庭各五百金，約得五六千金。板式則依劉氏求恕齋叢書，備他日與喪服鄭氏學合印。刊工則由爲復禮師刻書之蘇人陳海泉任之。爲求速成，分其半交施君韻秋在南潯開板，時正刊四明叢書也。余羅列羣書，細心勘對，朝夕不遑。詎知甫成士喪禮、既夕禮、士虞禮三篇，而日寇來犯，刊工星散。松岑師亦避地赴滬，事遂中頓。其後雖屢謀續成，而人事乖迕，無從措手。其在蘇板片，寄存於塔倪巷寶積禪寺，忽傳駐兵已有斯以爲薪者，亟設法搶救，移交滄浪亭圖書館，在南潯者亦並貯焉。乃主者不甚措意，捆置廊下，任其日曝雨淋，後復屢經遷徙，零落浥爛，不可復問矣。當時僅印藍樣本三分，呈復禮、松岑二師外，自留一分。暨二師逝世，皆從師母乞得，則不知何故，各闕一册，疑陳海泉並未送去，至完者祇此一部而已。先是集議時，余力主用活字排印，費省而功速，乃多以爲經學鉅著，校勘宜審，無事促迫，且可與劉刊合併，故均主刊木。停工時，集資尚餘五百金，余建議全書雖未成，而儀禮部分已告一段落，可先印數十部以傳。又多謂此書終須刻成，不妨緩圖，不料世變蒼黄，時機一失，不可復追。僅留此孤本，他日作書林珍秘耳。

春秋内傳古注輯存不分卷三册

清元和嚴蔚輯。乾隆丁未二酉齋刊本。

當乾隆五十年，王西莊爲豹人序詩考異補，殷殷屬望其補輯左傳古注。越二年，果成此書。再請序於西莊，西莊謂「詩有毛、鄭巋然在，所搜羅厥功差小，若此編繼絶表微，功視詩尤偉矣。豹人之輯是本也，原欲定從服氏，服注殘闕，故不得不兼取賈逵，賈注又殘闕，故不得不兼取劉歆、鄭興及興子衆，而諸注又不全，不得不旁取以益之。掇拾鳩聚，遂至數家。竹頭木屑，船釘秤星，裝合輻凑，眉目井井。字裏行間，苦心如見」。見於西莊序者如此，而自爲例言九條，言之尤審。又謂杜預爲左氏蟊賊，無所逃罪。有左傳杜注摘繆，博取注疏各本對校，有汲古閣春秋疏補正。國語韋昭注外，亦古注盡亡，有春秋外傳古注輯存，知其於春秋内外傳用功深矣，惜皆未見傳本。一九三五年春，余讀書瞿氏鐵琴銅劍樓，有舊鈔題宋王應麟輯古文春秋左傳十二卷，勞季言謂實出惠定宇而託名者。取對是本，大致無異。惟彼本有引御覽數十條，此本無之，亦如宋于庭輯論語鄭注，全同惠本，或閉户造車，不謀而合。或於鄉先未刊遺著，不無假借，均未可知。近日本重澤俊郎左傳賈服注攟逸，合是本及余蕭客古經解鉤沈、王謨漢魏遺書鈔、袁鈞鄭氏佚書、洪亮吉左傳詁、李貽德左傳賈服注輯述、馬國翰玉函山房輯佚書、黄奭漢學堂叢書、沈豫左傳服注存九家之書爲一編，共得一千六百餘條，並增輯一百七十餘條，可謂富矣。然刻本未及孔廣林通德遺書，稿本未見劉文淇春秋左氏傳舊注疏證。方今山潛冢秘，時有發見，校輯之事，靡有底止。然則豹人輯録之勤，烏可以不如後出之詳而廢諸？此卷中間有朱墨筆校字，當出樸學士手，惜不著姓名。

正學堂春秋左氏學叢刻六種十册

清順德馬貞榆編撰。光緒己亥、辛丑間湖北存古學堂刊。朱印本。華陽王文燾手跋。

貞榆有孔子世家家塾讀本手稿，已見書録。生平於左氏春秋學撢揅最深，此爲分教兩湖書院時所編撰講義，一、晉杜預春秋釋例，據孫氏岱南閣本重刊；一、明傅遜左傳屬事首卷及後叙，據日本覆本重刊；一、清馬驌繹史中之春秋列國表；一、清陳厚耀春秋世族譜，前增唐、虞、夏、商、周譜系圖，春秋諸國疆域圖，王朝列國興廢，後補列女及重名，皆原本所無；一、清鄒伯奇春秋經傳日月考。曆算之學，古不如今，此編足補杜氏長曆之失；一、貞榆自撰讀左傳法，存四册，各發一端，示學者以門徑，學者可由兹升堂入室。前有讀法一卷，綱舉目張，分門别類，學者可各擇性之所近而習焉。六種皆朱印樣本，王文燾彙集重裝，而題以今名。考前五種雖有校訂補綴之功，世尚有之，惟貞榆自著之讀左傳法雖未完成，則已爲孤本秘籍。中附貞榆致其時兩湖書院提調王秉恩一札云：「拙編左傳課程，其晉景爭霸内，有戰于邲地圖，楚文滅申、鄧内，有晉以申呂禦北方圖。皆貞榆精心研討之作，中國經書有戰圖者，始見於此。若將一部通鑑戰事，以此法行之，則兵學一部極好教科書也。凡言輿地，有古有今，言古輿地宜坿入經史，言今輿地宜附入兵農，此今日學務宜改革者也。若單言輿地，按圖索驥，則令人滯；不附兵農，則游騎無歸，亦令人浮。」蓋貞榆兼精輿地之學，淹貫精詳，曾校李兆洛歷代地理韻編。讀春秋者於輿地尤要，故所言不啻自爲其書提要也。

箴膏肓評一卷發墨守評一卷 一册

清南海桂文燦撰。子桂坫手鈔稿本。

隋志何休左氏膏肓十卷、穀梁廢疾三卷、公羊墨守十四卷，通志同。舊唐書志鄭玄箴膏肓、起廢疾，卷數同隋志，而發墨守祇存二卷。崇文總目又少一卷，而陳氏書録解題所載本，闕宣、定、哀三公。蓋自宋以來，漸就放佚。今傳本稱王伯厚輯者，乃惠棟等託名，非其實也。皓亭於道光二十五年治鄭氏學，所見余蕭客古經解鉤沈、王謨漢魏遺書鈔本耳，復於羣經傳記，掇拾編輯，箴膏肓得三十二條，發墨守得七條，起廢疾得若干條。又病武進劉逢禄專治公羊之學，所著發墨守評、箴膏肓評、穀梁廢疾申何，皆左何右鄭，嚚嚚紛辨，非平心之論。乃復考三傳之得失，綜二家之異同，各爲評一卷，以求其是，無所偏袒。桂氏經學叢書虚列其目，實藏稿未刊。前年令嗣南屏先生整理遺稿，已失起廢疾評一卷，乃手寫發墨守評及箴膏肓評首二葉，並倩人續完，自香港寄贈。案，皓亭先生著書時，孔廣林通德遺書、袁鈞高密遺書均未出，故詳略互見，後皮錫瑞撰疏證亦未見是稿，故所采未及。惟劉氏書，世所通行，其謬誤實多，「膏肓」、「墨守」，亟宜箴發，固未若此書之胸無適莫一得其平也。則雖闕其一，庸何傷乎。

鄉黨正義十四卷 二册

清吳縣王鎏撰。道光辛丑藝海堂刊本。

鎏初名仲鎏，字子兼，一字亮生，晚自號荷盤山人。諸生。

論語中鄉黨一篇，皇疏謂明孔子教訓在於鄉黨之時也。朱子集注引楊氏云：「聖人之所謂道者，不離乎日用之間也。故夫子之平日一動一静，門人皆審視而詳記之。是心慕孔子者，當秉其教而體之身，非徒託空言而已。」顧所涉禮文極繁瑣，雖注者多家，或未能舉其要，或不免涉於誤。惟江慎修鄉黨圖考爲善本，援據精詳，實有功於經學。然較前人注疏，猶有偏執己見之處，且其體近類書，與本文不相比附。其後金誠齋、李心庵又專釋禮制，略於進退容止，讀者皆不能無憾。亮生此作，備載何晏集解、於皇侃義疏、邢昺疏、朱熹集注，則删其要，而後列正義以暢發之。題曰删補，謙不敢稱著作，分卷十四，凡十餘萬言。援引分析，考據詳核，無書不讀，無義不搜，可謂博學而詳説之矣。陳石士見之，其意旨頗相合，促其推而爲論語、孟子正義，必能過焦里堂而饜學者之心。顧亮生饑驅碌碌，晚隱於書肆而未暇也。他著有四書地理考十四卷，蜑舟園文初稿一卷，傳本均希，余先後求得之。此則爲道州何氏舊藏，書跟題字，猶蝯叟筆也。

論語皇疏考證十卷 一册

清南海桂文燦撰。吳縣王氏學禮齋鈔稿本。

梁皇侃論語義疏，著於隋書經籍志、經典釋文、宋國史志、中興書目、郡齋讀書志、遂初堂書目，至陳振孫書録解題始闕不載。朱子集注亦未徵引。陳蘭甫東塾讀書記謂朱子與尤延之友善，蓋未借閲歟？知亡失當在南宋時，乾隆中浙人汪翼滄得日本寬延庚午根本伯修氏刊本，鮑以文刊入知不足齋叢書，四庫全書著録，其書始顯。提要於經文徵諸文獻通考所引石經，讀書敏求記所引高麗古本，疏文徵諸余蕭客古經解鉤沈，據以爲信。惟云「彼國遞相傳寫，偶然譌舛或有之，亦未嘗有所竄易」。孫怡谷讀書脞録所見略同，而舉述而篇「子行三軍則誰與」，釋文云「皇音餘」，今義疏仍讀如字。「子温而厲」，釋文云「皇本作君子」，今義疏仍作子，與陸德明所見本異二條爲疑。李蒓客越縵堂日記則謂「釋文引皇本共五條，其三條如『曾是以爲孝乎』，皇云：『曾，嘗也。』『子疾，子路請禱』，皇本作『子疾病』。德行以下，皇别爲一章。『又患不知也』俗本作『患已不知人也』，今皇本正同，俗本則似非全僞」。陳蘭甫又謂今世所傳皇疏不盡真，並舉子行三軍則誰與條。蓋皇疏殘闕，而足利人妄補之。諸家於皇疏之真僞，已有定論。

皓亭肄業學海堂，課題有皇侃論語義疏跋與鄒伯奇、章鳳翰等各有所作，載學海堂文三集。後復研讀，以爲軼事舊聞，多資考訂，文字異同，多可遵從。且徵引遺説至數十家，博采兼收，網羅富有。洵何氏之功臣，而後學之津梁。於是證其所長，考其所短，平心以求其是，不敢存墨守之見，擴而成此考證十卷。於孫氏所疑，辨之云：「與之仍讀如字，蓋疏家例不違注。此本釋孔氏注，亦唯當與己俱句故云然，而音餘之義，當爲皇氏一己之説。陸氏別有所本以著其先後，故各有異同。『子溫而厲』據下子張篇君子有三變章，義疏則本作君子，此爲脱漏之明證，與阮氏校勘記説同，皆足益堅後人之信。惟皇侃深於禮學，自有本源。今禮記、孝經疏所引皇氏説俱在可證。而此疏多引六朝人虛玄之語，謬於經旨，而略於禮制，反不如邢昺疏據此而損益之。説禮多依據禮記疏，有廓清之功。則足利人既有妄補，即不能無妄删，或非全出皇氏原本乎？而其所據各家注釋，於漢、魏以來遺説，蒐采甚備，爲是經之功臣。」皓亭能別白是非，申證舊説，亦皇氏之功臣已。

余從故宫圖書館傳鈔清末進呈本，印入庚辰叢編，又見海寧吳兔牀論語義疏參訂稿本，亡友吳檢齋曾據日本所傳舊鈔十種，詳爲比勘，成校理若干卷，已有定稿，他日如有彙刊之者，庶讀皇疏之一助乎。汪翼滄名鵬。仁和人。嘗泛海往來浪華島，購古本孝經、七經孟子考文及此書，流傳中土，後歿於舟中。

杭州府志義行有傳。

廣雅疏證十卷

清高郵王念孫撰。嘉慶元年王氏原刊本。吴縣王欣夫臨王念孫、王引之增訂手校。

石臞疏證廣雅，爲千秋絶業，又經伯申之參訂，宜無復遺憾。然學問無窮，讀書難遍，豈無漏略舛誤，故於所不知，付諸蓋闕，往往注曰「未詳」，猶郭璞之注爾雅。於是王士濂有拾遺，王樹枏有補疏，俞樾又專據釋詁一篇爲拾遺，雖所得有淺深，皆足爲讀王氏書之參考。初不知石臞自有增訂重校之本。蓋疏證刊成於嘉慶元年，距石臞之殁道光十二年，此三十七年間，鍥而不舍，隨時修訂。其本初歸淮安黄海長，已佚去末二册。黄氏條録四百餘科，爲補正一卷，於光緒庚子刊以行世，而傳本罕見。余即據以臨於刊本上，以便研習。大致每條義證增多删少，博涉兼通，益臻邃密，讀之豁然開朗，怡然理順。於舊所未詳，亦補證一二。與諸家異同，可得而言，如釋言「免，隤也」。王士濂謂「本書卷四『免，脱也』。卷二『隤，壞也』。隤之言壞，猶免之言脱，義並通」。王樹枏謂「免與俛通，俛然猶隤然，免然、隤然，皆謂俯順之誼」。石臞則謂「免當爲臽，臽，古陷字也。説文本作臽，隸或作臽，與免字上半相似，因譌而爲免，今通作陷。玉篇『陷，隤也』。廣韻『陷，入地隤也』，是陷與隤同義」。又「酌，漱也」。王士濂謂「酌當爲酌字之誤也。説文『漱，盪口也』。『酌，少少飲也』。玉篇『酌，少飲也，酳同』。漢書賈山傳『執爵而酳』。顔注：『酳，少少飲酒，謂食已而蕩口也。』蓋合説文酌、漱二字之訓而釋之」。王樹枏謂「酌與汋同，詩酌序釋文：『酌，本作汋。』説文：『汋，激水聲也。』文選左太沖招隱詩：『石泉漱瓊瑶。』李注：『漱猶蕩也。』蕩與激同義」。石臞訓義同王士濂，而引士昏禮「酌酳主人」。「鄭注『酳，漱也。酳之言演也，安也。漱所以絜口，且演安其所食。酳與酌同』。此酌訓爲漱之明證」。義尤周密。又貳，肰也。王士濂謂「貳與膩通，説文：『膩，上肥也。』肰，犬肉。肰當爲腴，形近之譌，腴、膩聲近而義同」。王樹枏謂「貳爲⿰扌貳之借字，本書『⿰扌貳，當也』。淮南原道篇『因物之相然也』。高注『然，猶宜也』。宜與當同誼」。石臞則謂「公羊春秋莊二十三年『公會齊侯，盟於扈』。何注莊公有汙貳之行，是貳訓爲汙也，非訓貳爲然也。此云貳然也，蓋誤會傳意」。又「箋，云也」。王士濂謂「箋云，即箋注也。云與曰音別義同。凡經史，曰通作云，是以箋爲云也」。王樹枏無釋。石臞則謂諸書無訓箋爲云者，云疑志字之誤。説文『箋，表識書也』。識與志，古字通。草書云字作⿱二小，志字作⿱士小，二形相近而誤」。舉此四條，讀者可究其孰得孰失。羅振玉殷禮在斯堂叢書又有足本，後有重刻疏證者，可據以校改，或附於後，如能訪得末二册尤善。曾見俞正燮校改癸巳類稿，朱駿聲校改説文通訓定聲，得此而三。觀於斯，知生也有涯而學無止境，可不自勉乎哉。

經傳釋詞續編二卷 二册

清惠安孫經世撰。道光癸卯原刊本。

經世有讀經校語，已見書録。高郵王伯申承其父石臞之學，謂「古今異語，别國方言，類多助語之文，凡其散見經傳者，皆可比例而知，觸類長之。於是取九經三傳及周、秦、西漢之書，凡助語之文，徧爲搜討，分字編次，爲經傳釋詞十卷，凡百六十字。前人所未及者補之，誤解者正之，其易曉者則略而不論」。錢錫之重刊入守山閣叢書。綜其例類，大略有六：曰常語，曰語助，曰歎詞，曰發聲，曰通用，曰别義。又其釋詞之法亦有六：有舉同文以互證者，有舉兩文以比例者，有因互文而知其同訓者，有即别本以見例者，有因古注以互推者，有采後人所引以相證者。旁通曲盡，皆卓有依據。好學深思之士，得是書而益推明之，其於經義尟至於詰鞫難通也哉。惟古書極博，目難遍及，伯申創其始，固有待後賢補其遺。於是經世有續編之作，其書分卷爲二，舉字凡二十二，較王書爲少。據其壻陳金城所撰行略云：「釋詞附録八卷，較其原書倍之。」然則刻本僅四之一，固非完帙歟？姑就首數字言之，如「而」字，王氏所舉凡九例，今則增：詞之轉也，反言之詞也，又然之詞也，辨異之詞也，猶或也，猶寧也，猶其也，猶且也，猶詞也，或爲句絶之詞，九例。「如」字，王氏所舉凡十三例，今則增：猶或也，猶爲也，如何也，何如也，四例。「若」字，王氏所舉凡二十一例，今則增：發語詞也，猶苟也，如故之詞，猶焉也，概舉之詞，猶且也，猶當也，猶抑也，八例。又别增「必」、「縱」、「能」、「未」諸條，皆一秉王書舊例。王書原有者，更爲廣徵博引，可謂淵博也矣。其師陳恭甫嘗稱發疑正讀，多可爲章句之助，如此讀古書，無不迎刃而解。爲寄其書與伯申，伯申亦稱「研究經文，綜核傳注，申先儒之異義，闢晚近之臆説，非好學深思，實事求是者不能辦」。

原刻與惕齋經説、讀經校語合爲惕齋遺書，惜流傳極鮮，我鄉蔣香生宦閩得之，將刊入心矩齋叢書，未成而卒。文學山房書賈得其殘板印行之。嘗謂王氏書前雖有劉淇助詞辨略，而後來居上，其後推其例者益廣，且益精。然如俞樾之古書疑義舉例、吳昌瑩之經詞衍釋，皆未見是書，雷同難免，精光久閟，終得大行，每爲是書慶幸云。

讀説文段氏注記三十卷補遺一卷十四册

吳縣胡玉縉撰。手稿本。

茂堂之注説文也，自謂「注此書，爲讀鄭之階級。讀此注而知許、鄭之異，亦知許、鄭之同，而知天下之字無不異，而知天下之字無不同。其要在以經注許，以鄭注許，而尤要在以許注許」（見與劉端臨書）。故王石臞序其書曰：「於許氏之説正義、借義，知其典要，觀其會通。而引經與今本異者，不以本字廢借字，不以借字易本字。揆諸經義，例以本書，若合符節，而訓詁之道大明，訓詁聲音明，而小學明，而經學明。蓋千七百年來無此作矣。」其墓志銘又申之曰：「其根氏經傳以説古義者，如虞書『至于岱宗，柴』。詩『祝祭于鬃』，此説字之本義也。商書『無有作敀』，周書『布重莫席』此説假借此字之義也。有根氏經傳以説古形者，如周易『百穀草木麗于地』説蘼從草麗之義。『豐其屋』説豐從宀豐之意。『突如其來』，如説𠫓從倒子之意。『先庚三百』説庸從庚之意是也。有根氏經傳以説古音者，如㲋讀若『施罟濊瀸』」；弇讀若『予違女弼』是也。」然則是書也，所以爲經傳先秦諸古書之鈐鍵，不讀説文段氏注，不能通古書之不能通，不遍讀古書，亦不能證段氏之所以通。其博大精微，探討無盡者在此，固非僅僅於辨點畫之正俗，察篆隸之繁省而已。必知此而後可讀段氏注也。顧其書浩博無涯，不能無專輒滲漏，且勇於自信，故並時糾彈者紛起。錢竹汀日記鈔即謂「讀段若膺説文解字。讀第一本，其用心極勤，然亦有自信太過者，如艸部刪去芹字，併菦與芹爲一。⿱艹稜字，⿱艹稜訓毒草，蓩訓卷耳。今却以毒草屬蓩而刪⿱艹稜。又疑示部之禫，艸部之蘦，爲後人增入。又謂上諱不當有篆文，皆未可信」。首加駁議。初王畹香紹蘭允爲籌刻而未果。茂堂切責之，凌厲揮斥，至令人無所措手足。嚴九能貽書諍之（見悔菴學文）。畹香銜之，因作説文段注訂補以抨擊。徐謝山承慶云：「憶乾隆癸丑歲，若膺曾言薏苡已實之説，與下象形二字最爲通貫，不知何時改爲已意堅實，見諸施行，亦未知其有所本否。」知曾親與討論。今觀説文段注匡謬，李蒓客以爲惡譃毒譏，一若訐訟切齒之辭者，疑亦有所激而爲也。惟鈕匪石樹玉説文段注訂稍爲平實，諸家所得，雖有足使茂堂俯首者，然以著述爲報復之矢，終非儒者雅度。

綏之先生讀段氏注數十年，本之以讀先秦諸古書，并博采諸家説，申其是而駁其誤。大約申者七，而駁者三。措辭溫和，既無奪席之心，又釋囂矜之氣，庶幾實事求是者也。惟段注凡所引據，不注篇卷，讀者病諸。先生爲一一查明，則馮景亭説文段注考正已先爲之。寶應朱詮甫説文形聲疏證手稿未刊，先生全部采録，俾勿散佚。而丁仲祜説文詁林已入附録。彼時二書均未印行，先生固無從知之也。余既案次編訂，別寫清本，分爲三十卷，後又於易簀前叢稿内得若干條，别爲補遺一卷，蓋先生於是書畢生以之矣。

南海桂氏經學叢書七種附二種目外二種十三册

清南海桂文燦撰。咸豐七年丁巳至光緒二十二年丙申遞刊本。

總目十三種，附二種。已刊者易大義補一卷、禹貢川澤考二卷、毛詩釋地六卷、詩箋禮注異義考一卷、周禮今釋六卷、孝經集解一卷、孟子趙注考證一卷、附潛心堂文集十二卷止刻一卷、又目外弟子職解詁一卷、子桂壇晦木軒稿一卷。未刊者箴膏肓評、起廢疾評、發墨守評各一卷、論語皇疏考證十卷、孝經集證四卷、羣經補證六卷、附經學博采録十二卷。首綸音奏疏，國史儒林傳、錢塘汪鳴鸞序。

皓亭爲陳蘭甫入室弟子。其學兼尊漢、宋，無門户之見。著述甚富，儒林傳所載又有朱子述鄭録二卷、四書集注箋四卷、周禮通釋六卷、子思子集解一卷、重輯江氏論語集解二卷、毛詩傳假借考一卷、毛詩鄭讀考一卷、詩古今文注二卷、春秋左傳集注一卷、春秋列國疆域圖一卷、羣經輿地表一卷、廣東圖説九十二卷、四海記一卷、海國表一卷、掌故紀聞二卷、周髀算經考一卷、説文部首句讀一卷、奏疏四卷、牧令芻言二卷、疑獄紀聞一卷、海防要覽二卷。所刊各種，以毛詩釋地、周禮今釋二書，學古通今，最爲有用。今讀三百篇而不知周京與列國地望，則茫然於其風化之所施，山川之相距。釋以今地，則按圖索驥，朗若列眉。周官一書列代咸本之以增損，釋以今制，可以見因革所由。二書皆蘭甫所嘗欲爲而皓亭得其指授者。當皓亭著書時，朱亮甫詩地理徵稿秘未出，而孫仲容周禮政要後此且數十年。今朱、孫二書，世咸知之，而此獨不顯，則刊印較遲而傳布不廣也。此書陸續付刊，彙成全帙者極鮮。哲嗣南屏先生言家亦無之。今叢書綜録所載，亦非足本。余於十年前偶獲於錢塘吴氏，蓋絅齋先生士鑑所藏也。雖近刻，其可忽諸？

有「九鐘山房藏書」朱文長方印，「泉唐吴氏元尚齋藏書記」白文方印。

吴郡志五十卷 六册

宋吴郡范成大撰。明常熟毛晉汲古閣刊。初印本。

每卷後有「同郡後學毛晉訂正重刊于虞山汲古閣」篆書兩行。據跋蓋得牧齋所藏宋刊，仍多殘闕，如牧守題名卷尾脱一二葉，又書中空文未刊自一、二字至十餘字者，展卷有之。然毛氏重雕後，板經久毁。黄琴六爲張若雲校刻時，已歎爲罕覯。此爲當時初印本，尤爲可珍。瞿氏鐵琴銅劍樓書目著録一宋本，云「毛氏刻本脱佚處，如第十一卷末二葉牧守題名吴淵下脱去鄭霖、余晦、余天任、趙與峕、趙汝歷、趙與簋六人，與簋雖複出，其敘受官年月不同。書刻於紹定初，乃牧守題名又列淳祐、寶祐到任諸人，當是後人遞有增加，非原本矣」。錢錫之重刊校勘記亦云：「范志止紹熙三年，汪續至紹定二年，而此卷題名訖於淳祐、寶祐，不知何人所補。」案紹定原刻板片，至明末猶存學宫韋刺史祠，見毛氏跋；然則牧守題名之有淳祐、寶祐，當由彼時學官所增補。胡綏之先生謂是汪泰亨所補，蓋讀趙汝談序未審，并知今傳宋本，已非紹定初印矣。張若雲重刻毛本，身歿後從子金吾始得殘宋本及士禮居校宋本，屬黄琴六爲覆校，并取松陵集、文苑英華、諸家文集是正。及錢錫之重刊張本，又取毛刻本、士禮居校宋本、文瀾閣本、鄭虎臣吳都文粹訂正。近歲吳興張石銘始得宋刻全本，影摹入擇是居叢書，從知宋刻猶不能無誤，而諸家之勤勤校勘，誠有功於石湖書也。

元和柳商賢論蘇州志書先後得失，謂「地志所以備掌故雜事，苟無與勸懲，例不應書。吳郡志好剌取小說神仙鬼怪荒誕之説，以悦俗目。後來志書踵而增盛，此非小失」。所論亦是。

此本爲吾鄉惠松崖、陸樹蘭遞藏，後入吾曹叔彦師復禮堂，三百年來流轉不出吳門。樹蘭名僎。父沆字靖伯，號冰篁。所居曰東皋草堂，吳門藏書世家。丁丙善本書室藏書志，錢叔寶校明刊宋史，有僎跋云：「先君子冰篁先生曰：『余家於康熙初得於崑山葉氏，又傳數世，至嘉慶甲子，先君子重加裝訂。』」曰人靜嘉堂秘籍志，叢書堂鈔本韓内翰别集，僎跋云：「叢書堂鈔本，汲古主人加校勘而附以跋，乾隆甲寅先君子得於白門書肆。」羅振常善本書所見録，宋刊入注附音司馬温公資治通鑑綱目，僎跋云：「道光四年甲申十月，吳門陸沆得於百宋一廛黄蕘圃處。」是其父子蒐羅珍秘，正在乾、嘉、道，吳下藏書之風極盛時，乃獨閴寂無聞。蕘圃、千里題跋，未嘗一及。葉菊裳先生藏書紀事詩以顯微闡幽爲旨，亦所未載。吳長元三邑諸生譜並無其人，或曾改名歟？累世愛博嗜古，僅藉此破書數册，得留姓名，至可唏已。

有「紅豆齋收藏」白文長方印，「惠棟之印」白文方印，「字曰定宇」朱文方印，「吳門陸僎私印」朱文長方印，「吳門陸僎一字樹蘭之印」白文方印，「曾在陸樹蘭處」朱文長方印，「曹印元弼」白文方印。

三略彙編十二卷 四册

清上海毛祥麟撰。吳縣王氏蛾術軒鈔稿本。

祥麟字瑞文，一字對山。其先籍吳縣洞庭東山，曾祖某遷居上海。年十三，患瘵疾，家人禁不使讀，閱四年病愈，遂不復入試。工詩，善畫，旁通醫術，皆有神悟。著述甚富。此書外又有墨餘録、格言、史乘探珠、事親一得、增注達生、醫話、詩話、畫話等，惟墨餘録刊行，見鄞董沛正誼堂文集兩浙候補鹽大使毛君墓碣銘。

此書首有同治辛未婁縣姚光發序，次同治丙寅自序。三略者，卷一、卷二爲海疆記略上，記道光庚子焚禁鴉片之役，卷三、卷四爲海疆記略下，記咸豐八年英、法入寇之役，卷五爲會匪記略，記小刀會劉麗川據上海事，卷六至卷十一爲粤逆記略，記太平天國起義始末，并采金陵癸甲摭談及樗園退叟盾鼻隨聞録中所載瑣事爲卷十二終焉。其海疆、粤逆二略，大都采官文書，參以所見聞，并載當時所訂辱國條約全文。會匪一略則皆身所經歷，委曲詳盡。姚光發稱其縷載海疆、粤寇事，端緒固繁，而起訖相貫，其間言簡事明，詳略適中，信非深於史學者不辦。董沛亦稱是編功罪明確，足以補吏牘所未備。蓋三役祥麟皆親遇之。英寇之陷上海，祥麟曾同郁松年等共商守城之策。劉麗川之起義，祥麟又力勸松年離城。及事敗，巡撫許乃釗至松年家，責其在城濟「匪」，聲色俱厲，勒令捐銀二十萬兩，飭交道、縣修學宫各衙署及一切善後事。又載縣令袁祖悳被殺，徐渭仁爲收殮，及劉麗川之遇難，巡撫又令其認明首級屬實。蓋並時兩收藏家皆與此事有關，則惟見是書。三十年前，來青閣收得稿本，余方與議價，而姚君石子至，有欲得色。主人楊君壽祺折衷，以書歸石子，而先借余録副，余以海疆、粤變事，記載多有，而記小刀會者爲希見，乃屬朱君五峯節鈔第五一卷。及石子逝世，藏書捐入上海圖書館，又屬封君耐公補鈔成完帙，故行欵不一，還念書肆縱談，秘籍通借，猶前日事。而石子墓草已宿，爲之悵然。

爬疥漫録一卷 一册

清吳縣貝青喬撰。吳縣王氏學禮齋鈔稿本。王欣夫手校。

青喬字子木，别號木居士。諸生。工詩，著有半行庵詩存稿。林則徐禁煙之役，阨於琦善，至削職遣戍。許敵割地，償煙價，撤守備，於是由粤而閩，由閩而浙，關隘盡失，乃簡奕經爲揚威將軍，進兵浙江。青喬投効軍幕，曾入寧波城探夷情，監造火器，領鄉勇赴前敵，幫辦文案。撰咄咄吟二卷，敘述兵事，曲折翔實可信，不愧詩史，爲世傳誦。此爬疥漫録則爲咸豐五年六月，僑寄徽州，記太平天國義軍戰績，及清官吏恇怯擾攘狀，皆數年中身所親歷，而人所共證者。拉雜無諱，追溯自咸豐二年義軍初起，以訖五年九月離徽他適。以皖省爲主，而鈎聯牽涉全局，如初徽郡有花燈蠱之利，知府達秀設場樹幟，大書「奉旨義練局」，公然鬨賭無忌，聚衆勒捐，以代召募，號曰花勇。漸擴而用以保衛應戰，敗事殃民，爲害甚烈。青喬謂「官吏朘民，將領擾民，民忿而起，動輒盈萬。名曰土寇，實皆子民。隨撲隨熾，而終不熄」。蓋得其實。並附述事詩九章：曰征勦、曰防堵、曰徵調、曰收復、曰團練、曰捐輸、曰援納、曰保舉、曰賜卹。文筆既雅潔，詩篇又大似白傳新樂府。至曾國藩藉湘鄉而作長沙，丁憂家居而作褫職家居，則其時國藩聲威猶未顯赫，故涉筆偶誤。惟深咎時相之伴食養癰，至禍家國，此書之不敢付刊，恐得罪鉅室歟？書名「爬疥」者，因時左趾疹起，爬之作癢，疤綻膿流，滋蔓徧體，在爬疥之餘，漫記所聞。蓋仿自宋車若水之脚氣集。近金蓉鏡亦有痰氣集，然終嫌有失雅馴，閱之令人生憎惡心。末附答林少穆書，蓋召其入幕者。一九四零年秋，手稿入來青閣書店，索值奇昂，乃借歸傳録，並略校誤字。

聖哲文獻考十六卷 十六册

清吳縣張青選輯。龍阜書屋清稿本。

青選字萬一。首咸豐四年吳縣吳嘉洤序，次自序，次例言，次廟圖，次位次，次目録。卷一宸翰儀注，卷二禮器，卷三樂舞，卷四聖蹟上，卷五聖蹟下，歷代尊崇典禮，卷六四配十二哲，卷七東廡一，卷八東廡二，卷九東廡三，卷十西廡一，卷十一西廡二，卷十二西廡三，卷十三崇聖祠，卷十四附録諸賢儒生卒年表，卷十五闕里世職、闕里祭儀、闕里廟林，卷十六孟跡、孟廟。歷代崇奉孔子，前後典制，損益沿襲，惝怳莫憑。至清代諸家記載先後傳布，青選猶嫌未備，更博采分類，考核詳明，並輔以圖繪。其聖賢象則本顧沅聖廟祀典圖考。樂舞、祭器諸圖，則本三禮圖、闕里志諸書。位次則本清會典。至事蹟則以闕里所藏聖蹟圖一百二十幅中采其七十一幅，專以左氏爲本，而參以他傳紀之確有可據者，前後悉爲訂正。他如降五老、奏天樂之類事屬不經者，則存其圖，而辨其謬。蓋雖出纂輯，而抉擇至慎，圖繪亦精心摹勒。考闕里文獻者，後來居上矣。青選事跡無考，吳序稱肄業張生萬一，則當爲書院肄業生，尚未獲青一衿，而能從事著述，可謂好學者矣。

嘉淦字清如。道光戊戌進士。户部員外郎。著有儀宋堂文集。

入蜀記一卷 一册

清寶山李保泰撰。舊鈔稿本。

保泰字景三，號齋生。乾隆庚子進士。國子監博士。乾隆庚子秋，宛平查禮以四川按察使入覲，擢布政使。時保泰以三甲進士朝考取第八名。故事，進士改庶常者，必朝考入選，乃分部學習，以員數較多，仍歸元班銓選。乃應禮之聘，從之入蜀，故有「顧瞻蓬萊，臨風引去」之語。

記自重陽後一日，由京啟程，歷直隸、山西、河南、陝西以達四川新都，已十一月初六日。沿塗訪古探奇，刻畫山水，筆致疏秀，亦摹水經注、永州八記。雖風塵鞅掌，而游覽欣賞，胸襟彌暢，可與放翁之作相媲美。今則翔機汽輧，瞬息千里，三峽蠶叢，失其險阻，不復詠蜀道難矣。中記廣元縣之千佛崖佛像，因石疏鑿，大小高下，實不止於千。唐劍南道節度韋抗所作。石壁立江岸，了無寸土，往時架梁空際，險絶無比。壁上元人題名甚多。跋云抗時欲作道，恐人憚勞，因借佛以設教，今其旁寬二丈餘，實抗大功德也。記度昭化縣朝天、牛頭二山，「應差者每輿撥夫四名。崎嶇升降，頗得其力。詢之，皆鄉民之受役者。往來有守候之煩，道里有跋涉之苦。危崖巉石，劣不容足。而又飲食無時，陰晴莫定，出入豺虎之窟，差排牛驢之列。甚乃豪奴悍僕，鞭箠使之，車子輿人，呵詈及之。有老人年六十七矣，尚供此役。嗚呼！天生此險，天哀斯民，孰非吾兄弟之顛連而無告者乎！」蓋昔時行旅孔道，仕宦者朝夕至，至則行李與馬，悉責供役於小民。於是爲民者衣食不遑，終身勞瘁若牛馬。唐孫樵書何易于謂易于爲益昌令，刺史泛舟春游，索民挽舟。易于即自腰笏引舟。刺史驚問狀，易于曰：「方春百姓不耕即蠶，隙不可奪。易于爲屬令，當其無事，可以充役。」刺史跳出舟，偕騎還去。嗚呼！後之爲令者，方將重困之以漁利，孰能愛民如易于乎？爲上者方揚揚自得，以爲當然，孰能如刺史之知慙而跳去乎？保泰所記，蓋猶孫樵之用心乎？讀邵淵耀所撰保泰家傳，知入幕未久，以簿書錢穀，雅非所好，自請改就揚州府學教授而去。余年十四，讀馮氏集梧刻惠棟後漢書補注有保泰序，後於冷攤遇此，因購存之。惜所著嗇生居詩文集三十卷，不知尚存於世否也。

筠清館金文五卷 五册

清南海吳榮光撰。光緒間宜都楊守敬重刊道光壬寅原本。潮陽陳運彰臨元和江標校。

此書原名筠清館金石録，所載皆積古齋鐘鼎欵識、金石萃編未收者，分爲二類，曰欵識，曰碑碣。碑碣浩瀚，先成欵識五卷，故書口猶作筠清館金石。其考釋，則屬之龔定庵、陳頌南二人，故文字有簡古、平易之殊，考釋有先後歧異之舛。

今案釋文多懸解，時亦不免穿鑿。孫仲容古籀拾遺匡正甚多。近楊遇夫亦謂往往有力求新異，不顧文義之失，足導學者之迷途。然亦舉其勝義。其釋字者，如卷二齊侯仲罍釋「銉」爲「肆」，卷三蘇公敦釋「𩰫」爲「朝」皆是。其訓讀者，如卷三太師虘豆讀「邵洛」爲「昭格」，𡣕豆讀「奄」爲「郱」，大嗣工簠讀「嗣工」爲「司空」，鄂侯敦讀「𨜒」爲「鄂」，卷四大鼎讀「攼」爲「扞」，冏鼎讀「𪗔」爲「盞」，歸父盤晉姬鬲讀「忌」、「㠱」爲「己」，皆與文義密合。此爲江建霞校本，用朱墨二色。其於考釋，不題定庵説，而文字簡古者，逕定爲定庵説，而識於眉端，增至百十事。又於周中月望鼎考釋，據「今録彝器文，以干支紀月者凡三」二語定爲全書俱定庵説。然則頌南所作蓋鮮矣。同學王佩諍已將署明定庵説者，編入文集。若見此更可增益不少。又録吳窓齋考釋，今多不見窓齋集古録，吉光片羽，亦足珍重。跋題光緒丙戌、丁亥，時在汪柳門廣東學幕，征途況瘁，閲卷煩累，猶能游心古文字學，其勤學可佩。

亡友陳蒙庵名運彰，爲況夔笙先生弟子，金石填詞均得其傳。又多接朱彊村、吳倉石諸老輩，風度瀟灑似六朝人。此册臨摹甚工，昔以見貽者。

有「陳運彰讀書記」朱文長印，「潮陽陳運彰校訂金石文字記」白文方印。

筠清館金文五卷，光緒丙戌七月得於廣州，八月朔十一日三鼓，署於惠州舟次。

續谿程蒲孫丈云，吳荷屋中丞此書釋語，半爲仁和龔定公所撰掩已名者。定公己亥雜詩注云：「某布政屬撰吉金欵識，爲書十二卷。」即此本也。按今存書五卷，則删去者尚多。夜燈無事，讀全書見有文筆似定公者，皆注出之。合之注明定公説者幾倍之焉。爰記書衣，以補定公佚文。元和江標記。

光緒十三年丁亥二月二十二日，舟過羚羊峽，讀此五卷，略加瑣語。山色空濛，細雨濕篷背，明窗寂靜，正好與古人析疑也。閱畢書此，將抵肇慶城外矣。元和江標記。

六月朔四日，吳愙齋丈出示在琿春所撰鐘鼎彝器釋文考，爰取此書所取之文，補録考證於上方，皆黑筆。朔六日，師鄦記於廣南節署。倚裝匆匆，時將歸里門矣。

靈鶼閣藏吳氏原刻本，有江氏朱墨筆校記，後歸武進盛氏，今爲愚齋圖書館藏書。乙酉正月，從館假得，過録於此。二月初四日畢業，運彰記。

此楊惺吾覆刻本，吳氏原刻已漫漶多斷爛，江氏手校本即已如此矣。三月廿九日蒙父。

妄盦金石集拓不分卷四册

潭州馬棪集。原拓本。丹徒姚訓祺題詞。陳延韡手跋。

棪字鷗盟，號伯良。按其題識，曾榷税如皋，寄居邗上。蓋近數十年人。是册皆其手集金石塼木凡有文字者小品拓本。并殷墟甲骨、敦煌殘簡共數百種，隨得隨粘，不復詮次。其中不乏奇逸之品今已失傳者。於存古之功甚鉅。又分游塞北、天南所得，各爲一册。以搜羅墨本，爲紀游之集，其例雖創，而實可取。如塞北册中，周白人泉刀，秦趙高小鉢，西夏文官印三紐，金大定二十三年鄧厚買地券；天南册中越王壇塼，建安二年趙宏光買地券，黄腸木題字，及漢、魏、六朝諸塼文，皆爲前人所未見而具地方特色者。又如建安二年畫像塼，一人擫笛，一人跪一足作舞態，又三人各手持一器，可考戲劇之原始。乙丑八月，揚州毁舊城，所得六塼之一，文曰「曾再遇與十一娘歡好」九字，此類事跡，紀於塼文，奇絶。疑爲壓勝之用。西湖雷峯塔頂塼畫無量壽佛一軀，下題「乙亥秋八月中供養西關塼塔，吴越國王錢俶造」。佛像衣紋奇古，如元人亂柴描，可謂五代書畫奇跡。「東坡讀書堂記」朱文方印（趙次閑曾爲繪讀書堂圖，湯雨生等題詠者）。明洪武鐵塘券，首「鐵塘券」三字，文云「大明洪武二年春三月黔寧王擒倭奴山邱將，倭王供賓鐵五萬億贖罪。劉基上疏以賓鐵纜塘，胥口長二十一里，鎮太湖崎嶇之脊，吴、楚萬年千古安寧。名曰『蘇門纜』。奉旨，洪武三年四月初八日祭鼎，欽賜司度廟住僧大棵，著主裁一切事務，限三萬六千工，至十年告成」。此則爲吴門修塘掌故，可藉補志乘。此金石之所以可貴也。其他名品尚多，不悉著。

右雜金石塼骨甲及唐人寫經一二百品，雖不必有絶瑰異者，然展卷如置身五代以前。劉子政序戰國策云：「亦可喜皆可觀」，正堪移贈。嘗怪貪人籠取財貨，至於無藝，而賢者之於書畫金石，亦必欲得舉世無上之珍。由達人視之，正不應爾。夫人之力分有限，而物之層級無窮。苟隨緣而取之，適己而玩之，是物與我交游於無盡之域也。簞瓢未嘗不樂，而猗頓或終日長愁。其要在爲物轉不爲物轉而已。而況數十百年後，此諸原物漸多湮佚，則此時所視爲習見者，或且一紙而千金，良貴在身君子所以遯世無悶也。伯良先生懷素抱璞，獨憙古拓，蒐葺得此，可云至勤。閲竟爲之歡喜讚歎，因書數語，供先生之一莞然。壬戌冬至，風日晴美，曉窗書。延韡。

周秦漢金文集存不分卷 一册

不著編集者名。原拓本。

共收周、秦、漢金文拓墨七十九種。余與潭州馬棪安盦金石集拓同得，疑亦棪所集也。其中半爲濰縣陳簠齋物，有印記可證。簠齋在咸同間收藏三代彝器最富，拓墨精妙，一時無兩，得者寶之。惜不自著書，幸多著録於吴氏愙齋集古録，猶得考其大略。此雖僅得數十器，皆墨光如漆，神采奕奕，且有已流海外不可復得者。又有鈐南陵徐乃昌藏器者，有注程齡孫藏者。案積餘丈所藏，編有隨盦吉金圖，王靜安序之。其書蓋仿考古圖、宣和博古圖録例，成於一九一八年，而迄未印行。間嘗問之，則知全書繁重，將分類付印，然亦祇成藏鏡、藏鉤二類而已。至三代彝器，未暇爲也，稿亦無存，則此所收亦可窺豹一斑。程齡孫者，後以程霖生著，徽州富商，寓滬最久。懸金收三代器數百事，簠齋之十鐘聞亦歸之。後所營失敗，一時盡散，亦有流至海外者。此載數器，固不及其什一耳。昔宋劉原父爲先秦古器記自序云：「禮家明其制度，小學正其文字，譜牒次其世謚」，於古器之學，可謂得其要領。顧自來著録者，出自梨棗，多摹勒失真。自傳拓之法行，而始如覩真跡，然拓本不可多得。則珂羅版影印如上虞羅氏三代吉金文存者，不但毫髮無差，亦洋洋大觀已。近來郡國山川，日有所出，彙而印之，以續羅氏書，益於制度、文字、世謚加之意焉，斯能盡考古之功也夫。

行人司重刻書目不分卷 一册

明東萊徐圖等編。吳縣王氏學禮齋傳鈔明萬曆壬寅刊本。

首前行人司行人賀燦然序，次萬曆壬寅東萊徐圖序，次凡例五則，次敘分部。蜀郡曾守身編敘典部第一，臨淄王震孟編敘經部第二，蜀郡周達編敘史部第三，晉陽張國儒編敘子部第四，蜀郡程嘉賓編敘文部第五，晉寧翟師雄編敘雜部第六。諸人皆官行人也。次正文，典部典故一類，經部分經類、説經類、儒學類。史部分正史、稗史、雜記、著類、奏議類、地理類。子部分諸子類、道類、釋類、兵家類。文部分類書類、古文類、古文集類、國朝文集類、古詩集類、國朝詩集類。雜部分書畫類、方技類。末左司副洛中任弘道、右司副盥官吳中偉兩跋。案徐圖字君猷，又字明宇。掖縣人。萬曆癸未進士。初授武進知縣，擢御史，視鹽兩淮。終養起，調行人司正，陞户部郎中。武進陽湖合志名宦有傳，謂圖操守廉潔，治才明敏。明史職官志：「行人司，司正一人，正七品。左右司副各一人，從七品。行人三十七人，正八品。職專捧節奉使之事。凡頒行詔敕，册封宗室，撫御諸蕃，徵聘賢才，與夫賞賜、慰問、賑濟、軍旅、祭祀，咸敘差焉。」而圖序稱「署中著爲令，凡乘使車，事竣報命，無不購書數種爲公贄，贄即留署中。蓋歷幾時、幾何人，異書畢集，儼然鄴架」。陳繼儒太平清話亦稱：「行人司有例，其以事奉差復命者，納書數部於庫。秘閣而外，差可讀者此耳。」蓋行人司署之有藏書，其制舊矣。當行人奉命出使，羅致四方文籍，歸則獻之，以爲採風問俗之資，固良法美意。乃有視爲故事，隨便塞責，迫入都門，始購致一二。而典者又漫不經心，雜亂無次。或徒供陳列，塵封不拂；或久假不歸，任其散佚。至黄怡堂爲行人正，始編目一編，梓行備查。圖之兹編，則又繼黄而作。所列凡例，於收掌、登記、借書、采購諸條，規畫詳明，當爲後世圖書館之濫觴，不可謂非有心者矣。惟分類殊簡陋，前無所承，獨創新例，如儒學之入經部，猶可曰明代尊儒之故；而子部九流，獨出兵家；類書列入文部，改總集類之文曰古文類，而詩則仍冠古詩集類，及國朝詩集類；以書畫、方技别立雜部；皆屬可議。其分任編次者六人，人各一類，稿凡三易，宜能精詳矣。乃既無著書者姓名，又不列卷數，遑言版刻。令讀者展閲，茫然不解衮衮諸公何苟且乃爾。昔人於内閣書目有賈人簿籍之譏，此亦相同。目中惟地理類秘籍較多，次則國朝詩文集類，餘亦皆習見者。昔黄蕘圃得明刻兩漢紀，有「行人司藏書記」，則所藏尚有存者，亦猶内閣藏書之鈐以「廣運之寶」可作參考。故此目絳雲樓書目載之，余又以其爲我國圖書館史之先河，所用當在此而不在彼，故借鈔北京圖書館藏明萬曆刊本，印入己卯叢編，亦曰藉存一掌故而已。

覵庵書跋一卷 一册

清常熟陸貽典撰。吳縣王欣夫輯。王氏蛾術軒鈔稿本。

明末虞山以藏書甲海内，牧齋以貴，子晉以富，四方珍籍皆不脛而走絳雲樓、汲古閣兩家。而錢氏羣從子弟，及諸馮、諸葉等左右輔翼之，猗歟盛哉。敕先以牧齋爲師，而毛斧季則其壻也，若馮、若葉皆縞紵交，得一奇秘，通假無虚日。所見既廣，尤長於校勘，故今傳敕先手校本，無不精絶，人爭寶之。惟諸家藏書，偏嗜宋槧，曹秋岳絳雲樓書目題詞云：「所收必宋、元板，不取近人所刻及鈔本。」錢遵王述古堂藏書自序云：「生平所嗜，宋槧本爲最。馮定遠每戲予曰：『昔人佞佛，子佞宋乎？』」而滎陽悔道人汲古閣主人小傳則云：「性嗜卷軸，榜於門曰：『有以宋槧本至者，門内主人計葉酬錢，每葉出二佰。』」於是開後世賞鑒家藏書之風。敕先則謂：「古今書籍，宋板不必盡是，時刻不必盡非。然較是非以爲常，宋刻之非者居二三，時刻之是者無六七，則寧從其舊也。」（見手校宋本管子跋。）謂「凡宋板書，未嘗無脱誤處。然往往正得十之七八。有謂宋刊一字無譌者，可爲一粲也」。（見手校宋本陸士龍文集跋。）又於所校唐文粹云：「以宋板校之，新本或有脱誤處，當非寫刻之謬，意古本如是，猶未没其實也。用校此本，去其不可通者十一二，識其可從者十七八，以備另有一適之義。後之覽者，庶毋謂余刻舟、買櫝也。」斯真校勘家之名論，開後世讀書者藏書之先者歟？其校管子跋云：「時賦役倥偬，愁悶填胸。當研硃點筆時，大似弈秋詼弈，一心以爲鴻鵠之將至。」鈔本中原音韵跋云：「追呼倥偬中，理此雅事，可發一胡盧也。」其時皆在康熙五年丙午，正奏銷案起，敕先蓋亦以多田爲累者。至其生平事跡，葉菊裳先生藏書紀事詩蒐羅已不能詳，藉此一二卷帙，得留姓名於後世，亦可以不負當日螢窗雪案，勤劬一世矣。

義門書跋一卷

清長洲何焯撰。吳縣王欣夫輯。王氏學禮齋鈔稿本。

昔全謝山嘗譏義門爲批尾之學。蓋指其評校諸書，余竊不以爲然。義門爲學極博，無書不讀。生長吳、會文獻之邦，久遊京師，多交通人，自内府以逮私家藏書，無不過目。得舊本必研朱握管，詳校其異同，孰宋孰元，不憚再三。有所考訂議論，則書於眉上，并識其藏弆傳授源流。歲月分明，並附題跋。往往有一書先後歷數十年而不已者。開卷但覺朱墨紛披，光耀奪目，至其書法之工麗，猶爲餘事。生平不著一書，而其説散見於各書中，不下數百萬言，雖號稱專家者，或不能過。蓋一埽前明之粗疏，而導夫吳學之先路者也。後來若惠定宇、顧千里、黄蕘圃等勘正古籍，一承其例。而著述之盛，亦由評校積累而成，則凡治學者舉不能出其範圍，批尾又何玷於學問哉？義門生平手校書殆將數百種，蔣維鈞於乾隆時輯義門讀書記僅得十八種，今存手跡及弟子後賢傳録者十不三四，其散失者多矣。余得蔣氏未見者若干種，擬輯續記。乃先捋其題跋爲一編，惟所見不廣，采摭無多。諸家藏書志所載，往往衹及首尾，其中間及每卷末則遺之，此則須求得原書補之。比年古籍羣集於南北圖書館，此所未録者不少，迄因衰病，未能從事。老友陳君乃乾亦有志於此，借去録副，將益其未備而印行之，則此册者雖爲弁髦，亦所欣然也。

小山書跋一卷

清長洲何煌撰。吳縣王欣夫輯。王氏學禮齋鈔稿本。

煌字小山，號心友。或署仲子、廬江生、耐中。爲義門弟，同好校勘古書。讀義門家書及題跋，時時及之，其友愛之情，躍然紙上。顧世不甚知，及阮元十三經校勘記，於公羊、穀梁二傳，皆取小山校本，始稍稍聞於世。葉菊裳先生乃其鄉人，網羅藏書家故實爲紀事詩，祇附名義門後。至吳丈穎芝始爲撰傳，即吳縣志所據，然亦甚簡略。案小山校勘之精，一如義門。凡得一秘本，必互相傳校，雖南北睽隔，無間焉。義門於卷中考訂議論，隨筆雜下。小山則較謹嚴，多見宋、元槧，有今已斷種，賴以流傳者。今據所見書跋，亦輯成一卷，與義門題跋並行焉。其跋鈞磯立談，評汲古閣、曝書亭兩家鈔本，頗右毛而左朱，謂即此兩家本之善惡立辨，凡秀水新鈔皆此比。然於閑閑老人滏水文集跋又云：「朱本實勝毛本。」則一書之優劣，必經細心校勘然後知，未可概加可否。且知新鈔之不如舊本也。於跋春秋穀梁傳云：「此卷先命奴子羅巾郎用南監本逐字比校訖」，則昔人稱汲古閣入門童僕盡鈔書，固未聞校書也。聞之丁秉衡先生，洪琴西所刻書，先命一老兵逐字對校，計字酬資。蓋惟不識一丁者，可以無漏，通人則易滑過。小山亦猶此意歟？他如曹倦圃殁後，將舊鈔宋、元板書五百册質於高江村，朱竹垞倍其值而有之。又蔣揚孫下第滯京，貧窶不振，出宋板書三百册求售。吉水李氏聞而攘之，索值不得，揚孫幾不能還。後其子孫用以媚巡撫，查夏仲在彼修省志，從巡撫乞得殘編數十本，以演繁露贈馬寒中。均爲書林掌故。其演繁露殘存十卷宋刻大字本，曾爲余有，今景印入續古逸叢書中。於此可知其藏弆源流，且深惡夫巧取豪奪之可恥也。

嘉業堂羣書序跋不分卷四册

吴興劉承幹撰。吴縣王欣夫輯。王氏蛾術軒鈔稿本。

當明之季，常熟毛子晉藏書最富，今祇傳汲古閣秘本書目一册，係當日售與季滄葦之底帳，於所藏未及什一。而所刻四部書數千卷，則沾溉士林，厥功最偉。劉文翰怡亦收書於易代之際，藏書志雖積稿盈尺，僅什存二三，而刻書數千卷，實足與毛氏媲美。方咸、同間，松江錢氏守山閣所刻書，得張嘯山、顧尚之主之，南海伍氏粤雅堂所刻書，得譚玉生主之，世又以嘉業堂與爲鼎足。夫錢、伍二家之書，其尤懿者，在每書之跋尾，於學術之探討，掌故之敍述，提要鈎玄，皆確有根據。劉氏所刊書，所與商榷討論者，皆海内通人，其學識不在張、顧、譚諸氏下。然則集衆長於一編，我不知視錢、伍二氏孰爲後先也。丈有文稿，寓蘇時以日寇來犯，倉皇出走失之。每語及輒歎息。余因謂盍不先將刻書題跋鈔集之。時丈意與闌珊，頷之而已。余先鈔輯伍氏所刻書跋，與錢氏家刻書目同置案頭，時時繙閲。遂决意鈔輯嘉業堂書跋，俾鼎足並觀。第一册爲嘉業堂叢書跋，第二册爲吴興叢書跋，第三册爲求恕齋叢書、留餘草堂叢書、希古樓金石叢書、影宋四史跋，第四册爲其他序跋，而嘉業堂藏書記八十自述附焉。都二百餘篇，鈔成而距丈之謝世，忽忽裘葛再易矣。所刻諸書，大都稿本秘册，有益實用。亦有徇人之請者，如景宋本三國志，董康云：「原本實係元刻，今以配史、漢成四史，不得不假宋之名。」王紹蘭段注説文訂補有胡適棻刻足本，兹誤據海昌許氏節鈔本。希古樓金石萃編本爲續青浦王氏書，隨編隨刻，至漢而中止，迺以已刻者加序行世。宋元本書景選擇未精，有以明覆本誤入者。塘棲朱氏結一廬叢書戴子高所著各種，購得舊板，分類併入，故無題跋。又如嘉業堂叢書中之漫塘文集、吴興叢書中之權齋老人筆記、夢花亭駢體文集，求恕齋叢書中之天問閣文集各種，則本未加跋，非漏鈔也。昔登嘉業藏書樓，見稿本、鈔本十大橱，爲世間未見，而亟須刊行者，不啻十倍於斯。丈有感於一人之精力不能盡傳，既以宋會要交北京圖書館、罪惟録交商務印書館印行，則恣人録副，以廣其傳。故樓中橐筆之士，往來不絶，其一志爲古人續命，而無絲毫秘惜之心，求之古今藏書家，實罕其偶。迺載閱滄桑，藏書盡散，惟此嘉業堂所刊書數千卷，常在宇宙間，爲學者所重視，不朽之業，其在斯乎！

論衡三十卷五册

明晉陵劉光斗評。虎林馬元、施莊參評。閻光表訂。天啟丙寅閻氏凝香閣刊本。

劉光斗字暉吉。武進人。天啟五年進士。入清官工部郎中。武進陽湖縣志卷二十二宦績有傳，稱其初爲紹興府推官，多雪冤獄。時海寇劉香横海上，巡撫知其能，檄光斗討平之。攝會稽、諸暨，海潮壞岸，築石塘圩岸衞之。擢御史，彈劾不避權貴。是其人本一能吏。及清兵南下，豫王擇人安撫，以光斗安撫常州，民皆安輯。時撫蘇州不得人，幾致變。賴光斗周護得全。經略洪承疇疏薦可大用，格於吏議，左遷行人。順治辛卯，典廣西鄉試，卒於道。施莊字庸夫。錢塘人。杭州府志卷一百四十四文苑有傳。稱其居紫陽山，少貧，力學。性穎異，爲諸生，試輒高等。布政使吴某雅重之，延以上坐。衣大布衣，着高齒屐，踞客座高談今古，燭見跋不使去。因謂人曰：「施生貧，我周恤其家，弗使知也。」設館鳳山之陽，户外履恒滿，里巷號爲「施氏學」。蓋亦明末所謂山人者流歟？馬元字尊生。閻光表字子儀。其事跡待考。首劉光斗序，謂：「武林閻子子儀者，散黄金以收書，窮白日而問字。唐、虞以下，元、明以上，牙籤萬軸，鄴架同觀。檢之果得論衡善本，蓋宋進士楊文昌所刻本也，余所評閲，不無紕漏，因并付子儀氏，託以精加校勘」云云，知閻亦藏書之家。此據宋楊文昌本重刻，淵源有自，不爲苟作。雖所評弇陋，不出明末批尾家習氣，而其本尚屬可取，何自來著録家皆略之耶？又有天啟丙寅孟秋朔閻光表刻書序，時光斗甫成進士，已薄負時名，惜其晚節之不終也。有元和鄒福保題識。

日知録三十二卷 八册

清崑山顧炎武撰。康熙乙亥吴江潘耒遂初堂刊本。寶山毛嶽生手校。

余初得是書，見其用元刻分類本，校其異同，凡元刻所有各條，題下注元字，於修改之處，必詳識之；兼采何義門校，又遇引書之脱誤，必據元書以正之。博采閻百詩、全謝山、錢竹汀諸家説，而自案各條，議論卓越，考證縝密，功力湛深，不在閻、全、錢諸老之下。小楷圈點，亦工整無匹。乃遍查全帙，竟不留一姓名，疑在裝訂時爲無識者割棄，然决其必出嘉、道間碩學之手，每爲撫卷歎息不置。頃以黄汝成集釋本對讀，乃恍然知爲寶山毛生甫手校，即爲黄氏纂集釋之初本。案李中耆年譜，黄氏之纂集釋，雖李主之，實出自吴山子、毛生甫二人之手。今以集釋本首數卷覈之，如卷一校語三十一條，載入江永、錢大昕、雷學淇各一條，楊宁四條，汝成六條。卷二校語二十九條，載入閻若璩二條，沈彤四條，錢大昕三條，楊宁二條，全祖望、孫星衍各一條，汝成七條。卷三校語二十八條，載入惠士奇、陳啓源、江永、嚴虞惇、雷學淇、楊宁各一條，全祖望二條，錢大昭四條，汝成亦四條。卷四校語五十條，載入閻若璩十條，楊宁七條，沈彤五條，全祖望、錢大昕、左暄各二條，惠棟、江永、桂馥、臧琳、孫星衍各一條，汝成十三條。各卷皆以汝成獨多，諸家説多標舉姓氏，而沈彤、楊宁及汝成則否。據自序，沈、楊皆見元校本，從之。過録姓氏，或在所略，不免與自案混淆。然自案意或未盡，刻本更引仲補充之，是諸家説皆爲汝成所採集，跡象宛然。又取山子竹書紀年、生甫惜抱軒書録兩手校本比勘，紀年筆姿疏放，殊不相類，而此與書録字跡謹嚴，雖有中晚年之别，其圈點筆鋒，無不符合，亦開卷瞭然。蓋生甫代汝成纂集釋，即以平日撢研所得，舉以爲贈，此其底本，後更博采廣搜，增益所未及，又合以山子之説，故較之全書，此僅什一而已。然爲集釋所不採者，皆獨抒心得。如卷一朱子周易本義條云：「『天一地二』節，本在『子曰夫易何爲者也』之上，程子移於『盜之招也』之下。『天數五』節本在『大衍』節後，朱子移之於前。其餘諸經爲宋人所亂者多矣。詆訐漢儒而未減宋人，論未平允。」既雨既處條云：「如此説經，不減孔疏。」損其疾使遄有喜第二條云：「以經解經，四通八達，如此可謂通經。」困德之辨也條云：「解辨字妙。」易逆數也條云：「先生不信康節先天之學，其識高於元、明諸儒遠矣。」孔子論易條：「希夷之圖，康節之書，道家之易也。」云：「卓論。」「夫子所以思得見夫有恒也，有恒然後可以無大過。」云：「精識。」卷二三江條云：「三江當以康成、東坡之説爲確。」惟元祀十有二月條「世變愈下，而柩前即位爲後代之通禮矣」。云：「其詞深痛。」泰誓條云：「世讎，言乃祖乃父罹其凶虐，非并其先世而讎之。」顧命條「自此以上，記成王顧命登遐之事，自此以下，記明年正月上日，康王即位朝諸侯之事也」。云：「此論足發千古之蒙。」古文尚書第二條云：「左氏傳文公十八年季文子引慎徽五典，稱虞書，安得謂之有夏書無虞書乎？」豐熙僞尚書條云：「經學之明，明于漢、唐；經學之亡，亡于趙宋。不易之論也。」如此類者，或以疏不破注，或以義涉空論，故皆在刪棄。又全書圈點皆極有意致，足資啓發。然則在生甫雖爲著書之樸，在讀者仍不失爲指南之針也。數年積疑，一旦得其主名，爲之豁然稱快。

日知録三十二卷十二册

清崑山顧炎武撰。康熙乙亥吳江潘耒遂初堂刊本。□遠香臨太原閻若璩評校。

三十年前，常熟王振聲家書散出，余從得此校本，初疑出振聲手而筆跡不類，末卷末有題「遠香按」者，不知其何人。更考其評校，大致與潛邱劄記中補正合，始知係名遠香者臨百詩評校。百詩所據初刻本，故凡初刻所有，悉加句讀，而於條目下加圈以爲别。卷二豐熙僞尚書條、卷二十一九州第二條、閻評引文與潘刻不同。卷五三年之喪條，閻云：「婦爲舅姑三年，吴幼清亦嘗辨之，見服制詳考序，甚佳。」今潘刻已采列吴序於末，則或爲亭林得閻説而修補。卷三大原條，閻云「尔疋：『廣平曰原。』公羊：『上平曰原。』書傳：『大而高平者曰大原。』春秋説題辭：『高平曰大原。』平涼一帶皆可有大原之名。千畝必在畿内，蓋藉田之地，不應渡河而東，卜地於西河之介休也。」卷十馬政條「析因夷隩」，閻云：「尚書。」卷十五期功喪去官條「晉陶潛作歸去來辭自序曰：『尋程氏妹喪於武林，情在駿奔，自免去職。』」閻云：「朱竹垞亦稱此謂古人風俗之厚。」卷二十一説文長箋第七條「萬曆間人，看書不看首尾，只看中間兩三行。凡夫著書之人乃猶如此」。閻云：「殊堪噴飯矣。然明學之陋，大率類此。若凡夫則一時紀載不詳，等之複壁，尚未減耳。」卷二十六新唐書末條「柳宗元貞符乃希恩飾罪之文，與相如之封禪頌異矣。載之尤爲無識」。閻云：「且柳州貞符靡弱不足觀，余曾於續文選中詳玩之。」以上各條，爲劄記所不載。劄記編次錯亂，又可依此本正之。至卷二三江條引全謝山説，卷三詩有入樂不入樂之分條「古未有詩而不入樂者，泰之謬語耳」云云，按之亦全説。卷七孟子外篇條，閻説末綴翟晴江四書攷異，則當爲録者所羼入。亭林爲日知録，百詩首爲補正，而辭氣有時不無過峻。讀百詩南雷黄氏哀辭曰：「當髪未燥時，即愛從海内讀書者游。博而能精，上下五百年，縱横一萬里，僅僅得三人焉，曰錢牧齋宗伯也，顧亭林處士也，及先生而三。」又與戴唐器書云：「弟極推服黄先生，與牧齋、寧人鼎峙，何嘗有第四人？何嘗限於百年以内人物？然愛而知其惡，憎而知其善。天下後世，有人不敢欺，亦不能自欺，本性也。」然則百詩固惟是之求，初無好勝之心。知此而後可讀此評。昔嘉定黄汝成撰集釋，所引百詩説，據元校本，而不用劄記本。是閻氏元校本世有流傳，此當與之同源，但核諸集釋，往往有失引者，是所見又在此本之下。雖出傳録，彌可珍焉。

日知録正誤不分卷 一册

吴縣胡玉縉撰。手稿本。

亭林日知録初出，閻百詩即爲之補正。後刊定本，多從其説，於是書之博大精微，固無少損。故承學嗜古之士，莫不人手一編。鑽研之餘，各有撰述。嘉定黄潛夫始博采諸家爲之集釋，讀者稱便。乃刊行未久，又有刊誤之作。斯事固無止境，然集釋於推衍補證之説爲多，間有訂正，未有專著一書，以糾其誤者。或謂以亭林之博學多通，領袖儒林，是書又爲其經意之作，何仍存疵纇，豈反不若後賢乎？蓋古今學術升降，制度演變，千頭萬緒，非一人耳目所能周，豈竟毫無疏失。拾遺補闕，正賴輔翼，我知在亭林，必樂於有此而不以爲忤也。潛夫成書，在道光間，其所未刊及後出之書，固無從采集，至散在羣書，或偶一見之，尤掇拾非易。

綏之先生讀書之餘，隨付掌録，并申己意，専正其誤，得八十事，萃衆説之長於一編。顧先生此作，不載章式之先生雪夜校書圖題詞所舉之目，則以羣籍如海，所見未遍，斯事亦無止境，尚未定稿，留待異日增益耳。余亦嗜讀日知録，所得各家校訂之本，多爲潛夫及先生所未見，他日有爲集釋之補者，知必有取於斯也。

五石瓠六卷風人詩話一卷 一册

明貴池劉𢿜撰。吴縣王氏學禮齋鈔稿本。

原本著者題貴池劉𢿜。考貴池縣志，知即明徵君劉城字伯宗之長子名廷鑾者。廷字爲兄弟分派所同，故此書署欵祇著其名，而鑾字又變體書之。其字德輿，一字輿父，號梅根。恩貢生。考授州同。未出仕。師事吴次尾應箕，得其傳。縣志文苑有傳，藝文又著有梅根集二卷、春秋義疏四十卷、唐池上詩人八卷、詩顛八卷、建文遜國之際月表二卷、又尚書年曆、春秋日曆、明詩爾雅、貴池掌故、池州文選、九華散録諸書若干卷。劉世珩輯貴池先哲遺書，列其目於待訪中。洎殺青甫竟，始獲建文遜國之際年表附刻於後，其他未見傳本，而此書之目則并不載。嘉慶時楊復吉輯昭代叢書，始刻之。後跋僅考得其占籍貴池，字曰輿父而已。蓋名祇一字，字又變體，遂致迷離莫辨，而所刻僅六十六則，詩話僅二十則，又經吴江吴榷嫌其雜而寡要芟汰之本。

江安傅沅叔先生丙子春遊吳，得一寫本，通一百九十二則，校刻本溢出兩倍而贏，知即吳氏芟汰之原本。越四年庚辰，知余有叢編之刊，特加長跋，屬爲傳播。今讀其書，談掌故，紀時政，述黨社，多足裨助史乘，且詳載孫北海藏書畫碑帖目録，尤可貴。詩話所載明季遺事，亦他書所未詳，惟其紀災異各事，不免涉於迂瑣。於是知吳氏所刪未爲允愜。陳詩輯皖雅，網羅放佚甚勤，於戀詩，僅於陳竑秀山志録曉謁昭明祠一首。今此書卷三有湯文瓊傳一篇，似爲文集所羼入者，則又梅根集中之鱗爪，爲他日輯皖文者所取資矣。書名五石瓠者，義取莊子逍遥遊篇：「惠子謂莊子曰：『魏王貽我大瓠之種，我樹之成，而實五石。以盛水漿，其堅不能自舉也；剖之以爲瓢，則瓠落無所容。非不呺然大也，吾爲其無用而掊之。』」蓋謙言其書之無用也。

梵麓山房筆記六卷 一册

清吳縣王汝玉撰。吳縣王氏學禮齋鈔本。

輯齋此書，余既跋之，並印入己卯叢編矣。　今偶翻閱一過，補其可述者於此。　吳江董夢蘭兆熊輯有南宋文萃、明代遺民録、樊榭詩注，皆未刊。其樊榭詩注稿本舊在費韋齋丈樹蔚許，劉翰怡丈刻樊榭年譜，曾借以增補數事，惜當時未并付梓。今韋齋丈久謝賓客，其稿不復可問。吳江徐淡人堂初喜爲詩，既而留意漢學，遂不復作。余得其所著韓詩述手稿，若無此記，將不知其人。烏程王二樵勴以收藏古磚得名，此記其曾寓蘇垣及作幕山左，並工詩。張研樵培敦書畫俱學文待詔，名重吳下。間作律詩，亦可採。其如畫樓詩鈔，裔孫仲清先生茂炯鈔示，余爲印傳之。陳竹士基題韞齋伴棋華館詩有「我似孤山林處士，妻棋已了一生緣」句，蓋追念金、王兩夫人。金即詩人纖纖女士，余藏其墓志銘，爲袁子才撰文，王夢樓書丹。汪月生獻玗爲節安徵君廷楷仲子，節安詩稿未刊，先兄韶九得之，後爲人乾没。昔郭頻伽最喜作圖，廣徵題詠，韞齋亦有此癖。余曾見一二。張叔未題周子絜募葬徐俟齋并爲其寡媳孤孫饘粥地疏卷今藏余友蔣蘇盦處，題者甚衆，爲羅雪堂撰俟齋年譜所未見。毛一亭慶臻好書畫金石，性頗怪僻，人以「毛癡」目之。余見其所著一亭考古雜記鑒别甚精，議論亦正。劉梁壑泳之，舊號彦沖，工畫，能入宋人之室，今一幀之值，往往數百金。詩筆亦冷峭，詩集亦有爲刊印者。余有其用釘頭所刻小石章，爲其友朱稚莘作，雖偶然游戲，亦工雅絶倫，則世無知者。舒鐵雲倣東林點將録爲詩壇點將録，因游戲之筆，不免略肆雌黄，故未著姓氏。原本在葉調生處，葉郎園按目遍求各集，尚有未得者。潘朗如維城以古學受知於姚文僖公，其論語古注集箋得令子梅生錫爵校刊傳，而不知其工律賦，梅生亦付刻，今未見。清初遺老張次民光緯有息廬賸稿，中多學佛語，其姓氏僅見於彭二林測海集及淨土聖賢録中，則不如崑山潘子晉得六世孫道根之摹象徵題，奇節得彰。蔡在谷丙餘集發曹操塚紀聞一篇，事在康熙辛卯，似未必真，然可見人心之快，今古同然。法時帆致王惕夫札，以梁山舟、姚姬傳爲比，而言惕夫於世有三忌，可見交誼深摯。畢秋帆生前未嘗至靈巖山館而身後則葬於上沙。余先塋在其左，近每往祭埽，則頹垣殘瓦，久無存矣。韞齋詩云：「登臨易醒繁華夢，一杵疏鐘冷夕陽。」可深慨也。閨閣能詩，每多假借。一稱未亡，往往焚棄筆硯，實乏捉刀人也。其真能出自己手者，如常熟歸佩珊、錢塘汪小韞、元和高湘筠外，不能多見。高爲朱酉生室，其詩稿余得之，別見書録。其他清辭麗句，遺聞瑣事，不勝枚舉。

荔村隨筆一卷 一册

清南海譚宗浚撰。江安傅氏攈三異齋鈔本。傅增湘手校。

叔裕以鼎甲久官京朝，多聞故事，隨筆記載，雖一卷書而往往爲人所未知。惟每涉機祥怪異，不脱夷堅志、閲微草堂筆記窠臼，此其所短也。傅沅叔先生從其後人所藏手稿鈔出，並以朱筆校其脱譌見寄，余已綴跋印入辛巳叢編矣。其中記科場事本有三則，其一則云：「道光某科會試，三場策問内有循吏一條，述唐循吏第五訪，誤作第五倫，而第一問經學亦誤，以鄭康成、陸德明時代倒置，舉場譁然。潘芸閣總督錫恩時任副憲，據以入奏。時總裁則吴縣潘文恭公也。時人爲之語曰『第五倫混充第五訪；潘錫恩奏參潘世恩』。」時余印丁秉衡先生荷香館瑣言有記潘鄭庵家事，代人受過。因將此條删去，以省口舌。沅叔先生見之大不爲然。謂「卷中所記諸公，時代猶近，孰無子孫，安得人人而諱之。且所記既爲事實，自有作者負責，彼即仗勢，又奈我何。」余深媿其言，今補識於此，以志余過。

許廎隨筆八卷 八册

吴縣胡玉縉撰。手稿本。

古人讀書有所得，即隨筆記之。他日有專著一書者，則分類歸入之。其餘則彙存之以爲筆記等書。今子部雜家類，雜考雜説之屬，皆是也。此胡綏之先生讀書隨筆，有曰大清云云者，有記「黄興門」者，蓋屬稿始自清末，以訖民國，非一時之作。所載亦非一類，有考證經籍文字者，往往正金壇段氏、高郵王氏之誤，而漢書各條，多足補正長沙王氏補注本。有記述史事典制者，鉤稽輯録，務存其真。逸聞瑣事，可備考核，間亦發爲議論。有關涉校讎、板本、輯佚者，多以音訓形義通之，不斤斤於佞宋。增輯緗素雜記佚文並校記，悉載全文。有評隲古今韻語者，或爲詩話，或爲摘句。既具知人論世之識，復揭研章鍊句之要。約舉四端，可概其餘。五侯之鯖，莫非珍膳，而如論劇秦美新非揚雄作，即後來改作書後以入許廎學林者。雖未言爲劉棻所造，而可備一説。記丁黼、武億皆前後兩見，當删其一。譏章實齋之不學，任肊妄説，與李慈銘持論略同。惜所著駁議一書，遺稿已失。吕氏春秋引子華子，所輯尚未備。至太息於宋刊單疏之僅存儀禮、穀梁、爾雅三種，則其時周易、尚書、毛詩、禮記、公羊諸單疏，尚未覆印也。於晉書屬望能仿五代史補注之例，以輯佚諸家，散注其下。則其時吴士鑑、劉承幹之晉書斠注尚未刊行也。談遷國榷疑爲散佚不傳，則今藏書家尚有鈔本，近又由商務印書館印以傳世，先生所不及見也。凡此如經先生最後定稿，知必在修訂之列矣。余於校理時别得散稿一疊，體例略同，并附入之。

章安雜説一卷 一册

清會稽趙之謙撰。吴縣王氏學禮齋鈔稿本。王蒼虬手校並跋。

孫吴時，分漢之章安縣置羅陽縣，其名屢易。至唐高宗後，始改曰瑞安，撝叔於咸豐十一年五月，客瑞安縣署，至秋去閩。隨筆所記，因題曰章安雜説。手稿一册，集寶齋主人孫君伯淵得之維揚，爲仲兄蔭嘉所見，時適新獲「義記」金錢一枚，據此所載，知爲金錢會義軍所鑄，因商借歸，限以一夕。余發奮手録一通，其後原稿兄以重價得之，更爲手校挩誤。其記金錢會起義時，在籍鉅紳孫琴西、渠田兄弟辦團練，號曰白布會，專横冒濫，頗致非議。其後平陽張啓煊留辦捐事，民不堪命。温士前後有集四書文兩篇，喜笑怒罵，揶揄諷刺，悉如己出，可稱絶妙。不僅多可徵信之史料而已。撝叔故工書畫，所論有極精者，如「包慎伯曾見南唐拓本東方先生畫贊、洛神賦，筆筆皆同漢隸，然則近世所傳二王書可知矣。重二王書，始唐太宗。今太宗御書碑俱在，以印世上二王書，無少異。謂太宗書即二王可也。要知當日太宗重二王，羣臣戴太宗，樵勒之事，成於迎合。遂令數百年書家尊爲祖者，先失却本來面目，而後人千萬眼孔，竟受此一片塵沙所眯，甚足惜也。此論實千載萬世莫敢出口者，姑妄言之」。案近郭沫若先生曾有辨蘭亭序真僞之文，并引趙魏、李文田諸家説。今撝叔則謂世傳二王書皆爲唐臣迎合太宗之作，不僅蘭亭序，蓋亦先見及此。又「書家有最高境，古今二人耳。三歲稚子，績學大儒，皆有必具神秀。故書以不學書、不能書者爲最上。夏、商鼎彝，秦、漢碑碣，齊、魏造像，瓦當塼記，未必皆高密、比干、李斯、蔡邕手筆，而古穆渾樸，不可度減，非能以臨摹規仿爲之，斯真第一乘妙義。後世學愈精，去古愈遠。一豎，曰『吾顔也、柳也』。一横，曰『吾蘇也、米也』。且未必似之，便似，亦因人成事而已」。其立論甚卓。然見今之人，又以臨摹規仿鼎彝瓦塼爲能，於是矯揉造作，春蚓秋蛇，所謂古穆渾樸之氣，變而爲惡俗，斯又不善學之過也。他如論張孚敬，記花木，録奇方，附詩文，以至評紅樓夢，無不語妙天下。至如謂「甌中最不足觀者，則文人之稱爲詩伯、書家者，不必問其藝，令彼立前，或開口，便當嘔清水三斗。此非身到其地者不能知也」。則騏驥伏櫪，其忼爽不平之氣，必有激而發，讀者分别觀之可也。

自客章安，得識江弢叔湜於永嘉，上下論議，互有棄取，簡札既多，筆墨遂費。因隨所得録之，且及書牘，題曰雜説，志無所不有也。辛酉五月八日會稽趙之謙。

右悲盦手稿真跡本，紅格。約五十葉。封面更題咸豐年月，有趙氏朱記五、「趙之謙」、「悲盦」二、「我欲不傷悲不得已」、「苟全性命」。沈氏朱記一、「韵初審定」。後附文殊經跋一篇，集寶孫君得自維揚，詫爲奇跡，不以示人。偶爲余所覩，百端懇借，一夕爲限。欣夫弟草草傳一副本，茲復以重值購歸，始加勘正百餘字。殆無舛訛，原稿塗抹增損不可辨處，皆從缺疑。世間尚無第三本也。癸酉十一月二十六日，殷泉王蒼虬記。

石林居士建康集八卷附補遺又兩鎮建康紀年略一卷 二册

宋吳縣葉夢得撰。附清裔孫葉廷琯輯撰。道光二十四年吳中後裔校正重刊。

經籍志：石林集百卷。宋刻已不傳，祇有建康集八卷，鈔本，爲石林後鎮建康時之作。直齋書録解題著録爲十卷，與今本不合。廷琯謂「前後兩鎮建康，後既有集，則前雖爲時未久，亦必有集。以所見景定建康志中褒忠廟記、名臣言行録續集中改葬楊忠襄公祭文，皆屬前鎮時事。而是集第三卷有書唐李氏告後一目、第四卷有掩骼記一篇，細考年月，二文亦皆作於前鎮時。然則當時應前後兩集合編，前集不知何時散失，僅僅留遺一二在後集中。而陳氏著書録解題時、應猶及見兩集合本。故十卷之數，自非虚語。」其言近是。

是編據二十二世孫啓祥鈔宋本，又借寶山李穆卿、杭州汪氏振綺堂兩鈔本，校正付刻。有所疑誤，附加案語，續有勘正，則蓋以朱戳，殊見謹慎。惟卷三闕文七篇，諸本皆同，後得他本補全，而版亦旋毁於兵火，此猶未補前初印本也。石林事跡，不得其詳，因援滕元發撰孫威敏征南録爲一人敘記一事始末之例，爰就景定建康志年表參之史傳，證以所作詩文，輯爲兩鎮紀年略一卷附入，而以褒忠廟記、改葬楊忠襄公祭文作於後鎮時者爲補遺。此法極善，獨惜跋稱此外更蒐得逸詩、逸文十餘首，擬别輯爲石林逸稿者，未見刊行耳。

風懷鏡四卷 八册

清山陰俞國琛纂。嘉慶丁丑刊本。

國琛字銘石，號杏林。是書原分四帙，於書口上方標「齊心耦意」四字，而自題云：「隨手排成四卷。」書則本分爲四卷，首嘉慶丙子趙大奎序次，嘉慶丁丑自序，次凡例二十則，次諸家題詞。卷一，風懷二百韻，加批注於每句之側，末呂善報、馮淳、馮富春三跋。卷二，風懷二百韻楊謙注，末諸家續題詞。卷三，選録曝書亭集中有關詩詞文等，末續跋。卷四，靜志居琴趣，末自題。全書上闌均有批注，似高頭講章。

相傳竹垞晚歲手定曝書亭集，彷徨三日，謂寧不食兩廡特豚，卒存風懷二百韻。乾隆時鄉人楊謙撰詩注，執此以爲竹垞盜小姨之據。於是四庫全書提要謂「風懷二百韻詩及靜志居琴趣長短句，皆流宕豔冶，不止陶潛之賦閒情，自穢其書，併爲刊除」。疑亦惑於楊謙之説，不然文人涉筆於花柳，昔人集中往往而有，何獨於竹垞甚之，雖不明言其盜小姨，而意可知也。後來方東樹於書林揚觶抨擊漢學諸儒，竟摭竹垞此詩爲得罪名教，「譬之蕩姬佚女，以色藝冠一時，而不可以禮法繩之，使後世學者制行不檢，皆以竹垞爲口實，以爲竹垞且爾，吾何疚焉。則是聖人六經特爲淫蕩輕儇之護身符也」。其論極嚴峻，而竹垞之寃且不白。國琛病楊説之貽誤後學，乃逐字逐句體會，考其來歷，始知是詩爲琵琶妓王三姑作也。三姑於明末避兵，隨其假母姊妹行，自山東流寓嘉興，與竹垞居同里，生同庚，兩小無猜，早擅竹馬青梅之雅。迨後年各長成，交相傾慕，中間人事參差，情悰秘密。名士風流，小德出入，詩家結習，綺語彌工。其起八韻「樂府傳西曲」，所習之業也。「佳人自北方」，所生之地也。「問年愁豕誤」，隱天干之己。「降日叶蛇祥」，隱地支之巳，己巳，所生之年也。「巧笑元名壽，姸娥合喚嫦」，言其美也。「次三蔣侯妹」，行三也。「第一漢宫嬙」，指其姓王，且起下句「琵琶也鐵撥，嫺諸調雲璈」，按八琅皆言琵琶也。「琴能師賀若」言其技能。「字解辨凡將」言其識字。「弱絮吟偏敏」，言其能詩。「鸞箋擘最强」，言其善書。「居連朱雀巷，里是碧雞坊」。兩人居住本近也。已將王三姑之世業、祖籍、寄籍、年歲、行次、姓氏、技藝、才情，一總敘明。若果爲小姨，則詩中孀字、倡字等類，俱不吻合。而楊注於「並載五湖航」、「問年愁豕誤」、「次三蔣侯妹」、「蛾眉新出繭」、「萑苻勢忽猖」、「兵傳迫海疆」、「崇朝舍上庠」等句，或改字，或曲解，以湊合其盜小姨之罪案。國琛一一博考詳證，爬羅剔抉以駁之，可謂用心也深矣。夫盜姨，醜行也，以恒情論，苟有不可對人之事，自諱不暇，孰敢明目張膽，遍告鄉鄰，以爲得意者耶？況以竹垞之學之望，而竟病狂喪心，妄將盜姨劣跡，形諸詩章，普告天下後世，縱不自愛，亦斷不至自污若此。則國琛所辨，較爲合理，惟必謂琵琶妓王三姑，猶嫌未舉所出。汪曰楨玉鑑堂詩集有題風懷二百韻後，其序云：「相傳晚年編集，不肯删此詩，有寧不食兩廡特豚語。楊氏謙注曝書亭集因是遂有妻妹之疑。夫六一簸錢，出於仇口。若楊氏者何爲也哉？後有作風懷鏡者，力爲辨誣，其意良善。乃必實指爲妓女王三姑，無徵不信，此又癡人説夢矣。余考先生江湖載酒集有自題詞集解佩令云：『老去填詞，一半是空中傳恨，幾曾圍燕釵蟬鬢。』然則先生固已自解之，後人紛紛辨論，皆隔膜語耳。」其説最爲明通。世傳又有竹垞以黄金、鼠裘，私賄錢遵王侍史，竊鈔讀書敏求記，絶妙好詞之説，雖曰雅賺，究屬遺行。近章式之先生力辨其誣，蓋盛名之下，謗亦隨之，或得之風傳，以資談助，可不懼哉。

竹垞原稿舊藏楊幼雲處，塗改凡數十聯，其與刊本異者，如「留仙扆盡皺」，今作「盡摺」。「歸寧先下霤」，今作「輕帆」之類，尚有數十字。其「虚牖李當當」句下原有「愛惜雖齊契，嫌猜尚兩忘。嬉游貪下九，禮數罷勝常」。四語，亦佳句，以韻複删去。原題爲靜志詩，與詩餘八十七首，同編一卷，見文廷式純常子枝語，則國琛所未知也。

有「山陰傅氏」白文方印，「灌園藏書」朱文方印，「傅」朱文圓印，「懷祖印信」白文方印，「星查長壽」白文方印，「山陰傅華夢齋收藏經籍金石書畫印記」白文方印。

通志堂集二十卷十册

清納蘭性德撰。康熙三十年原刊，初印本。

首徐乾學、嚴繩孫二序，卷一賦，卷二至五古今體詩，卷六至九詞，卷十至十二經解序，卷十三至十四文，卷十五至十八渌水亭雜識，卷十九至二十誌銘哀挽之作。四庫存目著録十八卷，附録二卷。鄭堂讀書記因之，蓋以誌銘哀挽之作，理應别出也。據目，詞共三百首，後人重刻，溢出二十三首者，出於輯補。

卷十二，據目，經解序二十一首，經解書後二首。今序實衹十六首，至衛氏禮記集説序目止爲第十九葉，下接「乾道中嘗刊于京口者」云云，係詩序而非禮序，而爲第二十葉，一似無闕，上海圖書館藏本亦同。别有一鈔本，則闕文咸在。衛氏禮記集説序後爲東巖周禮訂義序、儀禮集説序、永嘉蔡氏論語集説序、建安蔡氏孟子集疏序、書成氏毛詩指説後，而末葉應爲二十五，此本刊去一五字，强爲銜接。但此係初印本，板片不應有漶爛殘損，或當時有意去之，則疑不能明矣。容若師徐健菴，爲輯刊通志堂九經解，自是不朽盛業。四庫總目提要首載乾隆五十年上諭，健菴因此書得嚴譴，波及容若。謂容若幼年薄植，濫竊文譽，則輯刊古書之出于師友賓客之手者比比也。奚獨以責容若，即其禮記集説補正之出陸翼王，世皆知之，亦初於容若奚損？容若之特長，固在填詞。取傳燈録「今蒙指授入處，如魚飲水，冷煖自知」，因名其詞曰飲水，蓋於此道用力綦深。顧梁汾嘗謂容若門第才華，直越晏小山而上之，可謂知言也矣。雜識皆雜論經史，兼及異聞，謂「花間之詞如古玉器，貴重而不適用；宋詞適用而少貴重；李後主兼有其美，更饒煙水迷離之致」。謂「詞雖蘇、辛並稱，而辛實勝蘇。蘇詩傷學，詞傷才」。及與梁藥亭選詞一書，皆其論詞之卮言，且可識其所宗尚。其好客出自天性，拯救吳漢槎一事，世已藉藉稱道。而陳康祺郎潛三筆謂「姜西溟嘗語望溪三事，一曰：『吾始至京，明氏之子成德延至其家，甚忠敬。一日進曰：『吾父信我不若信吾家某人，指安三，明珠寵僕也。先生一與爲禮，所欲無不可得者。』吾怒而斥曰：『始吾以子爲佳公子，今得子矣。』即日卷書裝，遂與絶。」今集中與西溟唱和投贈之作甚多。讀附録西溟祭文，歷敘交誼，幾於言哀入痛，何嘗有告絶之事乎？ 則其言殊不足信。 其詞後人轉刻者不一，而伍氏粤雅堂叢書則并詩集刊之，然所據爲袁枚、張祥河本，知未見原刊。 此爲原刊初印，殊可珍重。

有「劉承幹字貞一號翰怡」白文方印，「吴興劉氏嘉業堂藏書印」朱文方印。

香圃詩鈔六卷 一册

清長洲張霔撰。 康熙時刊本。

卷一、二古體詩，卷三、四今體詩，卷五詩餘，卷六賦。 首有宋實穎、蔡方炳、朱彝尊、馮武、曹基、徐昂發、顧嗣立、張芳、張大受九序。 詩餘首有蔡方炳、王雲錦、錢名世三題。 賦前有陳鵬年、張雲章二序。 好寫精雕，神采奕奕，展玩不忍釋手。

案霔字錦含，又字香圃。 諸生。 父松齋，工吟詠，富著述。 所輯采風類記尤極典核，霔其季子也。 家與顧嗣立秀野園爲鄰。 嗣立好賓客，往來皆海内碩彦，過者輒聞隔垣霔讀書聲，淵淵動金石，咸敬而愛之。 歲丙戌，中丞于公采觀吴風，制藝外兼試詞章。 拔霔爲多士冠，月課亦如之。 既而制使邵公檄試兩江之士，復冠其曹，於是詩名藉藉，踵松齋而起矣。 編此集時，年力方壯，序跋者皆父執，故多奬勵語。 其詩評則宋實穎謂「幽峭似摩詰，爽朗似嘉州。 空明澹沲，有韋蘇州、白香山之致，非一味妃青儷白，求工拙於字句間者」。 徐昂發謂「其詩才鋒踸厲，思致清婉，意杼軸於香山、眉山間，而自發英爽」。 其詞評則蔡方炳謂「情境兼勝，獨得詩餘三味。朱檢討竹垞雄據詞壇，横絶一世，每於張子歎賞不置」。錢名世謂「長調小令，鎔鑄兩宋，合之三影、樂笑二集，氣體酷似。可謂不墜其家學矣」。其賦評則陳鵬年謂「體物瀏亮，辭義炳然。本乎道，師乎聖，體乎經，酌乎雅，大者罩天地之表，細者入纖毫之内，焕乎有文，蔚爾鱗集。揚雄曰：『詩人之賦麗以則，詞人之賦麗以淫』，則斯編也，其殆詩人之賦乎。」可見是集之精心結撰，故能得諸老之欣賞如此。顧刊本至希，幾於湮没。郡邑志皆不載，亟摭拾大略，以待後之操選政者。

有「香圃」朱文長方印，「張霨之印」、「錦含」兩朱文方印。

易畫軒詩録八卷 二册

清崑山王學浩撰。道光甲午刊本。

學浩字孟養，别號椒畦。乾隆丙午舉人。文學之餘，游藝繪事，山水宗王原祁，花卉遠法徐熙，不規規於形似，而别饒蕭灑出塵之致。名所居軒曰易畫者，周芸皋内自訟齋文鈔有椒畦傳，以建屋易畫之匠工，爲風雅中人。厥後其子爲名諸生。此卷首所附石琢堂撰傳則謂嘗爲人作畫十幅，其人即爲築精舍三楹以報之。不言其爲匠工，且作畫之先後亦異。惟張緯餘仰蕭樓文集書王椒畦山水幅後所記最詳，略云：「嘉慶戊寅，椒畦館於余家，適外舅許餐霞先生引匠工朱玉江來改作屋舍。朱玉江者，吳門大匠也，出入富貴家。朱見先生執禮甚恭。先生曰：『吾家山南老屋，欲添書室數椽，可往相度。』翌日，朱往，先生試以小技，命造茶爐，頃刻即就。置之當風，不扇而火自發，適合煎茶用。先生喜其手藝之工。不半月屋成，與之工價，不受，曰『願得先生畫足矣。』遂作畫十幅償之，因顔其屋曰易畫軒。自後朱匠往來吾崑，有力之家，無不如志，皆先生賜也。」今詩録卷六新構落成詩有云：「吴門朱君匠氏豪，手揮百萬輕如毛。忽然嗜痂到我畫，愁我屋小心鬱陶。癸未四月之十日，遂領羣工來我室，易舊翻新轉手間，頓令阨塞開心顔。」與緯餘所述略同。緯餘父曾問學於椒畦，又與其後嗣交稔，所言必可信。芸皐得之傳聞，不免有所裝點矣。惟緯餘又云易畫軒詩録於身後刊板，今亦無存，故述其事在嘉慶戊寅，與落成詩實道光癸未，誤前六年。向知緯餘業書，尤留心鄉邦文獻，其生距刊板甚近，已云無存，并可證其未見是書。宜趙君學南亟亟借鈔於王君嚴士。余家舊有未裝殘片，因於一九三一年春借趙本補鈔完帙，未幾常熟丁君初我亦以鉅價收一本，携至桂芳閣茗座，共出相賞。一時遂有鈔刻四本，蓋余方有志於薈萃畫人詩集也。其後又獲椒畦爲阮芸臺畫積古齋、琅嬛仙館兩圖横幅。芸臺爲鄉榜同年，圖則筆墨疏秀，爲經意作，今猶懸諸壁間。

林文忠公手札八卷 八册

清侯官林則徐撰。光緒十五年己丑歸安姚覲元寒秀草堂摹刻。墨拓本。

皆則徐宦粤時與巡撫怡良手札，計使粤帖三十五通，督粤帖一百二十一通，去官帖二十六通，末附伊江一帖，則在戌所答歸安姚雪逸衡者。衡爲文田第五子，時參怡良幕，掌牋奏，所與則徐往還函牘，悉出其手。因從怡良乞得原札，裝潢藏於家。至光緒十五年衡子覲元罷粵藩，僑蘇，出而摹勒於版，拓數十本分貽至友，今已難得。綜其所述，蓋與禁煙事相始終。近印道光十九年至二十一年日記，可作參證。彼所不及者，此則委曲詳之。觀其於軍政倥偬之際，往復商議，必出手裁，雖小節不遺，盡瘁國事，惟力是視。及與同袍之團結合作，沆瀣無間，至今讀之猶覺凛凛有生氣。嗚呼，鴉片之爲害也烈矣，竟至士子帶之入場，毫無忌憚。則徐心切痌瘝，毅然以禁煙自任，舉凡條教布置，無不悉心籌畫，謂「既不能禁其出，則只得稽其入。總之非峻法不能革頽風，而更以速辦多辦爲要」。及至英夷抗繳煙土，有入侵之勢，而官吏則「在關牐者，惟知關牐爲要，在前山者，惟知前山爲要。推之香山、虎門，無不皆然。彼一人管一處，但以此處爲急，他俱不問」。則徐則謂「處處皆吾之五臟六腑，安能舍此顧彼」。而「披堅執鋭之人，無非豫存棄甲曳兵之想，此間惡習，陷溺已深」。則徐則主「必得斬一二人以徇於軍，方可稍截其流」。暨後獅子洋之操，「若以紀律繩之，未必盡合，然爭先向往之概，似亦足張吾軍」。而水師將弁經其「連朝剴諭，迭用柔剛」，已「有慷慨激昂之氣」。蓋以爲措置之方，實關大局於一身，「榮辱禍福早不敢計，只求無傷國體，可儆後來，即微軀頂踵捐糜，亦所不惜」。乃方事之亟，廷寄忽有重在鎮靜之諭，則徐謂「我欲靜而彼不靜，則亦勢難坐鎮」。敵有欲窺虎門之言，鴟張如此，豈尚可以姑容，然奸回用事，强加以莫須有之罪。則徐謂「各國之有無憤恨，與英國之有無公文，難瞞粵東億萬耳目，似不必深辨，若有心寘之重罪，即辨亦無益也」。又謂「不敢不懍天威，亦不敢認罪戾，惟事之本末，誠不得不明白上陳耳」。未幾遂交部議處，而以琦善繼其任。怡良先示以密件，「不禁俯首至地，繼之以泣」，蓋傷國事之敗壞，小人之傾陷也。及琦善至，與英使密議撤臺搆和，則徐謂「白旗已挂，礮聲自可暫停。然後患政在五六日間耳。頃聞吩咐鎮遠等台，不得將瞭望人露面，真是奉令惟謹矣。此時向商，愈成枘鑿」。斯時「各營軍心聞已大散」，而事遂糜爛不可爲矣。他如言「滋圃當事急時，雖患心跳，仍移住砲臺」。又云：「緩兵之計全屬滋圃，可歎可歎！」滋圃爲關天培字，一欽其以國事爲重，一歎其被誣陷之冤。又如英夷之在闗閙滋事時，香山令吳公小棠思樹，我外曾王父也，其守城調度，極盡勞瘁，可補他記載之不詳。此一百八十二通者，藴藏史料正多，而又書翰工妙，耐人尋味。爰擷其要略著於篇。

璗舟園初稿一卷 一册

清吳縣王璗撰。道光甲午刊本。

亮生深經學而又學文於族兄愓甫，有經濟才，故其文閎暢而沈雄，淵雅而精鍊，爲新城陳石士所稱道。而震澤張淵父撰傳，謂是稿中如釋性，辨董子「性猶禾，善猶米，禾非米，性非善」之失。答鵾鶡問發明聖人當日悔過心事。禘説考上下條舉衆説而折之以經，後有論禘禮者，殆無以復過。海運議主和糴。畿輔水利議謂宜仿南方築圩蓄水，及參用古人溝澮法，確然可見諸施行。其尤得意者，有錢幣芻言，謂三代以下，惟鈔法可以富國富民，救井田之窮。文長，别行。卷中有富教論、與友人論鈔幣書可窺其概。同時海寧許辛木持異議，著鈔幣論相駁難，皆爲我國經濟學史之重要資料。他文末多附張淵甫、顧南雅、錢心壺、吴仲倫、汪石心諸家評，可見友朋切磋之益。而文加圈點，刻復粗率，似制藝稿。則亮生固寒士，得此已非易，故僅存一卷而已。後又續刻一卷，今未見。壑舟園者，爲其先世文恪公洞庭東山之邸第，三十年前余曾往游，樹石房廊，猶明初舊物，今則鞠爲茂草矣。

潛心堂文集八卷附晦木軒稿一卷 五册

清南海桂文燦撰。附子桂壇撰。鈔稿本。

皓亭未刊著述，余所得各種，已分别著於録。此文集亦南屏先生自香港鈔寄者也。案葉昌熾代汪鳴鑾撰桂氏經學叢書序，稱有經説六卷、文集八卷，叢書則虚列其目爲十二卷，而所刻僅一卷。今故宫圖書館書目著録進呈本無之。此本前四卷爲經説，後四卷爲雜文，則當係重編定稿，故與葉序異也。皓亭經術淵深，前已敘述。同治元年十二月進書，上諭有潛心古訓之語，故以潛心名堂。集中所載論辨考證，多有功經誼。其示同學諸子云：「治經之等差，有經學，有注學，有疏學，有應試之經學。何謂經學，誦法聖言，躬行實踐是也。何謂注學？賢爲聖譯，精研傳注，以明聖道是也。何謂疏學？博考夫聲音訓詁，名物制度，明傳注即以明經。阮文達公所謂『或習經傳，尋義疏于宋、齊是也。』見學海堂集序。至于應試之經學，凡鄉會試以及學使考試經解皆是。此則班孟堅所謂經術苟明，其取金紫如拾芥者也。」然則清代漢學諸家所爲，皆注、疏、應試之經學而已。真經學，或須轉讓與宋儒之治身心者。皓亭剖析甚明，蓋猶其師陳蘭甫不薄程、朱，漢、宋兼采之恉也。皓亭於治經外，尤留心時務經濟。同治二年曾應詔陳言，頗得體要。其時當邊裔多故，粤疆瀕海，尤稱繁劇，於是議洋貨加税，議官鑄銀錢，與王子槐論鈔法，與徐彝舟論茶課，而尤以海防議三篇及後記，籌畫周詳，謀深慮遠。至記善者、徐廣縉、葉名琛之庸懦誤國，則咨嗟太息，讀之猶有餘痛。他如蒹葭簃雅集圖記、莫愁湖雅集圖記，皆在同治十年。潘祖蔭、張之洞提倡於北，曾國藩主持於南，一時方聞碩彦畢集，藉覘南北學風人才之盛，可作談掌故之資。

壇字周山，一字杏帷。皓亭長子。光緒己卯舉人。早卒。南海縣志孝義有傳。文集曾有刊本，今已難得。

潛心堂文集目録

卷一 釋士 釋宙 釋郭 釋祊 釋鏄 釋量上下 釋鼓 釋蘜 釋條

卷二 三監解 兔罝解 以雅以南以籥不僭解 周禮授田解 儀禮宅者解 五材解 爾雅解 古文尚書辨 文王稱王辨 邶風雄雉匏有苦葉正義解 彼都人士篇孔疏辨 爾雅五嶽辨

卷三 流沙考 大學小學考 裼襲考 韋弁裳芾考 五藏屬五行考 深衣裳考 唐棣常棣考 黑水赤水考

火山考　雷電考　宗法考　大夫士庶廟祠考　作主考　題主考　古今喪服異同考　卜葬考　明器考　吉服不宜入喪家考　糧罐考　守牧得自置吏考

卷四　螢有三種説　禮不下庶人説　元辰説　亥有二首六身説　穀梁善於經説　萬舞説　説文古籀説　中國爲地面證説　説火

卷五　周禮論　海防議一　又二　又三　海防議後記　洋貨加税議　官鑄銀錢議

卷六　張學録遺書序　度支輯略序　樸學山房文集序　易大義補自序　禹貢川澤考自序　詩箋禮注異義考自序　三疾評自序　子思子集解自序　論語皇疏考證自序　孝經集解自序　羣經補證自序　説文部首句讀自序重輯江氏論語集解自序　朱子述鄭録自序　四海記自序　先塋圖志序

卷七　讀易乾鑿度　讀媒氏職文　跋毛詩南宋鮑氏單經本　史記孟荀列傳書後　跋説文解字　跋周髀算經又二　又三　經典釋文敍録書後　顧亭林郡縣議書後　跋詩書古訓　疇人傳蔣友仁傳書後　跋江氏鄉黨圖考程氏九穀考書後　説長白山書後　晉永嘉建興塼字拓本跋

卷八　覆王子槐侍郎書　覆鄭小谷書　覆徐彝舟書　示同學諸子　晉廣州儒林從事黄君傳　陶雲門傳　虞子馨傳　漸齋太府君事略　仲兄菊農事略　記孫國培馬有惠　書何龔兩京卿事　記徐廣縉　祭共冢文　祭亡妻陳孺人文　蒹葭簃雅集圖記　莫愁湖雅集圖記　送鍾雲卿廉使引疾返里序　送郭筠仙中丞内召序　送郭筠仙侍郎出使英國序　書法安和約後　書吳柳堂吏部請豫定將來大統遺摺後　桂母陶太君墓表

昭明文選李善注拾遺二卷補編一卷文選臆言一卷補編一卷 二册

清上虞王煦撰。補編上虞錢世敘輯。吴縣王氏蛾術軒鈔稿本。

煦字汾原。乾隆己亥舉人。甘肅通渭知縣。著有小爾雅疏、説文五翼。世敘字蓉塘，咸豐庚申進士。福建龍溪知縣。著有説文略例等三種，已著録。汾原以文選李善注自注所未詳者，不下百條。又有應注而不注者，有舍本書不注而旁引他書者，俱乖體例。於是博綜舊籍，詳其所未詳者，約得十之一，其應注不注，與舍本書不注旁引他書者，悉爲訂正。至五臣注久爲士林所訶，然如披沙礫，時或見金，有足以補李所未及者，亦爲摘録。初名文選七箋，後易今名。定稿於道光十年庚寅。稿藏於家，至咸豐六年丙辰蓉塘爲其孫小籛校讎，欲壽梓。以手稿與定稿互校，諦其文義類箋疏者爲拾遺，類評論者爲臆言，其未采各條，别各輯補編，即此本是也。然仍未見刊行，殆亦未果。其稿本祇李越縵一見之，載日記中。此本則藏復旦大學圖書館，因從借録。有癸巳六月羅振玉墨筆校，删汰極嚴。案汾原所引善注，核與毛氏汲古閣本胡氏景宋本，往往大異，不審所據何刻，必係竄亂之坊本，徵引及正字通等陋書，皆屬可議。然如南都賦「視人用遷」，善未注所出，汾原謂尚書盤庚「視民利用遷」，唐人避國諱，民皆作人，與孫怡谷説同。吴都賦「東風」，劉注：「東風，草也。出九真。」善無注，汾原謂廣韻引廣州記云：「東風，陸地生。莖赤。和肉作羹，味如酪，香似蘭。」引吴都賦云云，與何義門説同。汾原未見兩家書，而與之闇合。他如訂舊注之疏，辨五臣之舛，可采者多。惟補編所列，本爲删餘，蓉塘過而存之，羅氏則謂無甚精義，可不刻。當以羅説爲是。汾原又有國語釋文一種，曾於蟫隱廬書目見有刻本，亟往購，已售去。留心五十年，迄不復見。今獲此未見書，補余所望，良可欣慰。

鄉先正汾原王先生初撰文選七箋二卷，既迺易爲李善注拾遺二卷，又賸言一卷，手録而藏之於家，訖今二十餘稔矣。文孫吾友小籛明經將舉先生遺書刻以惠世，出此稿畀敘校讎，敘受而讀之，歎其精深該博，訂舊注之疏，薛綜、劉淵林諸舊注悉訂正。辨五臣之舛，吕延濟、劉良五臣注，辨正尤確當。補李氏之所未備，洵選學指南也。第七箋與拾遺、賸言互校未采者，尚存六十餘條，雖屬删削之餘，而片辭隻語，俱有根據，固非可置而不録者。爰商之小籛，葺爲補編一卷，諦其文義，類箋疏者，爲拾遺，類評論者，爲賸言，排纂而附於後，庶於先生遺説無所闕佚云。丙辰仲秋，後學錢世敘謹識。

未編年稿卷二

周易説略四卷四册

清濟陽張爾岐撰。康熙己亥泰山徐志定真合齋磁活字本。

首扉葉闌上横列「泰山磁版」四字。次刻書序，題「康熙己亥四月泰山後學徐志定書於七十二峯之真合齋」。次正文。有匡闌無直綫格。徐序云：「戊戌冬，偶創磁刊，堅緻勝木，因亟爲次第校正。逾己亥春而易先成，既喜其書之不終於藏，而人與俱傳，且并樂此刻之堪以歷遠久也，遂爲一言以識之。」案志定字壽民。磁版之製，當沿自宋畢昇泥活字之遺法，但泥質柔脆，多印易致糢糊。煅煉成磁，堅緻勝木，自見進步。今觀是書墨瀋而色淡，究不及雕木之清朗。故徐氏創造以後，未能推廣，後人亦未有知之者。友人謝剛主藏紹興金植不下帶編云：「康熙五十六年，泰安州人能煅膠成泥字，爲活字版。」即指此磁版，又稿本未刊，人無見者。但據此知其爲活字版而已。所印此書及蒿菴閒話外，未聞有他種。一九三零年余得於海上書坊，友人傳觀，咸詫爲版本中未發之秘。嗣知日本亦有一本，與宋、元槧同珍。而近年北京圖書館版本展覽目録及中國版本圖録均未著録。然私臆時隔二百餘年，海内諒尚有存者，未必竟成孤本。今則南北圖書館并閒話各有所獲，爲治版本學者所重視矣。

稷若友顧亭林，亭林於廣師曰：「獨精三禮，卓然經師，吾不如張稷若。」故其儀禮鄭注句讀屢經覆刻，傳誦士林，而此書雖著録於四庫總目提要存目，世鮮知者。據自序：「余自四十讀易，每病俗説之陋，而本義又不易讀。乃本其説，稍爲敷衍，名曰説略，以便童蒙。」故提要謂篤守朱子之學，因作此書，以發明本義之旨。考蒿菴集有周易程傳節録、邵子節録兩序，曰：「朱子極推程傳，其爲本義則不多取傳説，以其説理雖精，或非經義，固不得强徇也。然朱子極推之意，正不在解經。即非經義，不害其精於理。近日學易者主本義，間及傳，亦采其合於本義者耳。讀程仍以朱律程，而程學微矣。」又曰：「康節先生之學主於數。觀物篇天道、物理、人事、經術，先生之自得者，實具於此。」其曰「以便童蒙」者，則稷若之謙也。又有老子説略，未見傳本。

周易漢讀考三卷四册

清蘄水郭階撰。同治甲子自刊本。

階字子貞。入資，官至淮揚海道。父沛霖，以進士官淮揚兵備道兼署兩淮鹽運使司。與江、淮諸學者交。階幼即從學於儀徵劉毓崧，授以李鼎祚周易集解及清儒惠棟、張惠言、焦循諸家書，故尤喜研易。嘗謂欲求古義者，宜先考漢讀之異同，蓋小學指歸，即微言大義所在。於是綜録馬季長、鄭康成、荀慈明、宋仲子、陸公紀、虞仲翔、姚德祐七家之音讀，條舉件繫，博采參稽，仿段氏周禮漢讀考例，成書三卷。首有丁晏、劉毓崧、劉貴曾序，張文虎、楊峴、莫友芝、劉恭冕、王大經、羅惇衍題識。其説之有關大義者，如於需讀爲秀，戒其躁進，可以明待時而動之義焉。榮讀爲營，戒其貪禄，可以明抱道自重之義焉。矢得讀爲失得，戒其附麗，可以明安命不惑之義焉。一握讀爲一屋，戒其詭隨，可以明特立不懼之義焉。由是觸類引申，顧名思義，庶幾乎讀書識字之能事，爲劉毓崧所稱。其考據精確者，如據爻辰消息卦氣之例，謂鄭康成詩箋「嫌于無陽」，與易注「嫌于无陽」之説不同，易注成於晚歲，當以易注爲正。據蒙卦「上艮爲虎，互坤爲文」，謂彪蒙之彪，取虎文彪炳爲義。據泰卦上體，爲坤逸象，坤爲包、爲康、爲虚，謂包荒之荒，當讀爲康，而訓爲虚。據説文，祀訓爲祭，無已謂祀，字由巳得聲。蓋時祭一周則歲且更始，商人謂年爲祀，取時祭終訖之義。是祀字取義於巳，以證損初九爻辭祀事通作巳事。可謂融會貫通，有功經術，亦爲劉壽曾所舉。

案階幼遭父死定遠之難，奔走流離，嗣復歷管隄工、海運、鹽榷、水利諸差，長於吏治而非經生。此書首載毓崧履讀爲禮之説，又多引通義堂文集、筆記，考據精密，與其他所著不類，頗疑爲毓崧代作，或多所改纂。毓崧倚硯田爲食，生平撰述多爲人役，如舊唐書、輿地紀勝校勘記則題甘泉岑建功，古謡諺則題秀水杜文瀾，世多知之，此書蓋亦猶是也。本列入春暉雜稿中，以其有助於讀易者，傳本不多，爰别出之。

尚書大傳考纂三卷附附録補遺源委備考 一册

清吳興董豐垣撰。乾隆間董氏槐古齋刊本。

豐垣字曁之，號菊町。乾隆辛未進士。官扶溝知縣。父熜，字謂瑄，一字訥夫。諸生。曹秋岳之外孫。雍正甲寅薦博學鴻詞。教授鄉里。有經師人師之目。弟子私謚端文先生。著有蛾子時術小記、南江詩文集。豐垣幼習庭訓，貫穿六經，析疑辨誤，闡及精微。所著此書外，又有竹書紀年辨證、識小録。案尚書大傳，宋時已無完本。董斯張答潘曾紘簡云：「姚士粦言禾中有鈔本尚書大傳、盛弘之荊州記，俱厄於孺子手。」明人之言未必可信。至清代始有輯録，四庫著録盧見曾四卷本。又存目著録孫之騄三卷本，其刊行皆在乾隆中葉。盧本在雅雨堂叢書中，嚴可均鐵橋漫稿對王氏問，謂是惠松崖輯録，其底本尚在吳中。此豐垣父熜序在乾隆三年，後識在九年，亦曾據孫輯補録數條，據盧本入備考。案其從事於斯，蓋後於孫而前於盧，乃四庫獨不著録。故翁方綱欲求而未得。後來陳壽祺重輯，所見孫、盧二本外，又益以孔廣林本，皮錫瑞撰疏證，即以陳本爲據，而此董輯本率皆未見。僅孫星衍祠堂書目外編、周中孚鄭堂讀書記有之，嚴元照蕙櫋雜記亦及之。雖有刊本，何若是之晦耶？觀沈彤序稱：「於注家異説，能折其中。纂此書垂十年，所考皆確。」曾見惠棟與彤手札，亦稱許之。而孫志祖則謂「沿訛踵謬，時所不免。有以泛舉書傳爲伏傳者，有以孔氏書傳爲伏傳者，有以禹大傳爲伏傳者；甚至詩生民疏述毛傳『堯見天因邰而生后稷」因之；監本誤刻五章傳爲五帝傳，周禮大司樂疏引尚書傳説云：『非知之艱，行之惟艱。』監本誤『傅』爲『傳』，『説』爲『詩』，並據以補伏生大傳，可笑也」。然亦不能不稱爲蒐輯更富，用心可謂勤矣。大凡蒐輯之學，浩博無涯，後來居上。即如陳氏所輯，於孫、盧諸家，皆有訂譌，最稱善本。今則奇書疊出，仍有陳氏所未見者，尚可拾遺補闕。然則豐垣蒐輯之勤，雖有小疵，曷可没哉。至志祖又謂「不直稱尚書大傳，而題之曰考纂，蓋言慎也」。則今本扉葉及首行皆直稱尚書大傳，而第二行乃題「董豐垣考纂」，或志祖所見非刻本歟？此本間有闕葉，皆工楷鈔補，可見昔人已甚重其書。

有「楊印召鋍」白文方印，「莢沂」朱文方印，「楊峴信記」白文方印，「季仇」朱文方印。

附釋音周禮注疏四十二卷 二十册

宋刊明正德修補本。

每半葉大字十行，行十七字。小字二十行，行二十三字。卷第一，第二、三行有「朝散大夫行太學博士弘文館學士臣賈公彦等奉敕撰」，第四行有「國子博士兼太子中允贈齊州刺史吳縣開國男臣陸德明釋文」一行。自卷第二以下至四十二卷只第一行標題附釋音周禮注疏卷第字樣，第二行中題「鄭氏注」，下題「賈公彦疏」，第三行即爲經文。卷首有賈公彦序文，首行標題周禮正義序五字，二、三行上低二格題「唐朝散大夫行太學博士弘文館學士臣賈公彦等奉敕撰」字樣，序文字稍大，每半葉九行，行十五字。凡八葉，次篇標題序周禮廢興文一篇。每半葉十行，行十六字。凡五葉。每葉上下黑口，補葉皆白口。魚尾上有「正德六年刊」、「正德十二年刊」、「懷浙胡校」等字樣。下方有刻工姓名，即岳氏九經三傳沿革例所謂建本有音釋注疏，今世所稱宋刊十行本注疏，阮元據以覆刻於南昌府學者也。惟日本森立之經籍訪古志，謂爲元大德四年刻十三經之一。蕭穆驗其字畫規格及紙色，亦定爲元代坊間仿宋刻。今北京圖書館善本書目依之，以「元刊明修」著録。案阮氏周禮注疏校勘記謂此本補刻者，極惡劣。凡閩、監、毛本所不誤者，補刻多誤。然阮本雖曰重刻，亦不能無誤。故錢泰吉曝書雜記云：「南昌刊板時，原校諸君已散亡，刊者意在速成，不免小有舛誤。當檢單刻十三經校勘記并覓舊本審核。」後瞿鏞鐵琴銅劍樓藏書目録於周易兼義、尚書注疏均據十行本以補正，阮刻於是書亦當同。然則，雖係坊刻，有足重者。學者若以有阮刻在，不復措意，安可謂善讀者哉？余酷嗜宋、元槧本，先後所得如余仁仲萬卷堂本禮記鄭注、嚴州小字本通鑑紀事本末、大字本演繁露等三十餘種，均以貧不能守，隨得隨失。夙持美人黥面之戒，不加印記。至今散在四方，他日不復可考。今篋中惟此本爲碩果之僅存矣。

舊爲孫潛夫、嚴豹人所遞藏，潛夫名潛，見葉氏藏書紀事詩卷四，惟所載甚略，且不詳其籍貫。余考得潛夫又字凱之，别字瀼頂道人。句容人。詳載藏書紀事詩補正稿本。豹人名蔚。長洲人。爲學博綜，有詩考異補、春秋内傳古注輯存，見賞於江艮庭、王西莊、錢竹汀諸老，家有二酉齋，藏善本極富，則藏書紀事詩所失載。

有「孫灊之印」、「灊夫」白文二方印，「嚴蔚私印」白文方印，「東吴嚴蔚所藏」白文長方印。

禮經大義一卷 一册

吴縣曹元弼撰。弟子王欣夫輯。王氏蛾術軒鈔稿本。

吾師年十九，問學於定海黄元同先生，言治學當以家法爲主，先生正之曰：「治經當以經爲主。」師由是不敢以株守舊説爲遵家法。務由注以通經，不强經以就傳。深推諸家離合異同之故，歸於案之經而合，問之心而安。久之，乃益知鄭義之不可輕議。説字宗許，説經宗鄭，説理宗朱，非徒沿襲舊説，必求實得於心。元同先生力挽時失，李越縵以高密干城許之。師夙治禮經，熟讀其文，灊研其義。鄭注、賈疏，背誦如流。年二十一，禮經校釋創稿，年二十七剞劂告成，播在學林，遂負經師人師重望。後又綜其心得，區類爲禮經學。歲庚申，余從受業。師病目甚劇，於儀文度數，千條萬緒，猶能冥目指陳，不爽毫忽。癸亥、甲子間，唐蔚芝先生於無錫創辦國學專修館，選高才生吴其昌、唐蘭、王蘧常等七人月至蘇城受教。退則各就口授筆録，但多忽促未審。自喪服至特牲五篇，始先自撰大義，以便講誦。後乃續將士冠至覲禮十篇，少牢、有司二篇，重加論次，合成完書，而自序之。由博返約，言簡旨遠，誠禮學之鈐鍵也。殁後，檢點遺稿，闕士昏、士相見、鄉飲酒、少牢饋食、有司徹五篇，懼再佚散，亟繕寫清本，以資世之考封建制度者。

大戴記夏小正解詁一卷 一册

清南城王聘珍撰。長洲葉昌熾手鈔本。吳縣王蒼虬手跋。

夏小正爲大戴禮記第四十七篇，隋書經籍志又别出其目，自是二本並行，不相蹈襲。宋傅崧卿得其外兄闕澮所藏小正，即隋、唐以來相承專行之舊本，錯簡誤字，既爲是正，遂旨隱義，不可盡通，輒取大戴改易闕字，後之專治小正者多本之。而統治大戴若孔𢖍軒、王實齋則又以戴本爲主。此册即從實齋大戴禮記解詁中鈔出别行者。實齋名聘珍，字貞吾。乾隆己酉拔貢。爲翁覃谿所賞，又爲阮雲臺、謝藴山參訂古籍。其治經確守後鄭之學，積三十餘年之力，撰大戴禮記解詁一編，自謂專依爾雅、説文及兩漢經師訓詁，以釋字義。於古訓之習聞者，不復標明出處。稍涉隱奥，必載原書，亦復多引經傳，證成其義。舊説有可採者，則加「盧注云」，以别之。至於禮典之辨，器數之詳，壹以先師康成緒論爲主，以禮本鄭氏專門之學也。故雲臺稱其義精語潔，確守漢法，多所發明，爲孔𢖍軒諸家所未及。焦里堂列其書爲三十二讀書贊之一，其爲時賢所推重如此。顧其書刻於身歿後三十年，咸豐辛亥。至光緒癸巳，盱江書院重刻，均世鮮傳本。學海堂、南菁書院兩經解皆不收。李蒓客復王益吾書亦謂未見。故菊裳先生特爲手鈔之，惟闕目録下解題一則。先生楷法小歐陽，此爲中年所書，工整絶倫。先兄得之馮氏校邠廬。一九三零年秋又得實齋殘存手稿二册，有翁覃谿、桂未谷校籤手跡。夏小正篇尚全，疑即此鈔所自出，惜已失去，不得與此並藏焉。

孝經注疏九卷附音義二册

宋邢昺校。清嘉慶、道光間長洲汪士鐘藝芸書舍覆宋刊本。南陵徐乃昌手跋。

阮元孝經注疏校勘記，引據各本目録，有正德本孝經注疏九卷，云是本刊于明正德六年，每半葉十行，行十七字。注疏每格雙行，行廿三字。經文下載注，不標注字。正義冠大疏字於上，每葉之末，上題篇識。皆元泰定間刊本舊式，唯錯字甚多，今校正義無别本可據，記中所稱此本者，即據是刻而言。案所稱與此覆刊本，大都相符，惟每葉之末，上題篇識，此本無之。所舉錯字，不但其稱此本者一皆無誤，即閩本、監本、毛本之是者，此本亦皆不誤。又往往與文苑英華等書所引者合。丁丙善本書室藏書志於閩本云：「宋十行本，修至明正德間，殘闕最多。原葉僅留一二。」知阮記所云正德本，即修補宋十行本。因原葉無多，故逕稱之曰正德本。又知每葉之末，上題篇識者，係正德所修，蓋據泰定三年刻本，當時已不見宋刻。泰定本今藏北京圖書館，當可覆案。是阮氏撰校勘記，不但未見宋刊未修本，并未見泰定本，故所刻，於十三經注疏中爲最下。此覆宋本字大悦目，無一修改，惟首末無序跋，不知刻於何時。邵懿辰四庫簡明目録標注有姑蘇汪氏翻正德本。莫友芝郘亭知見傳本書目則作張氏，惟徐積餘丈識爲顧千里爲汪閬源校刻，驗之鎸刻印刷，與儀禮疏正同，自可無疑。張鈞衡適園藏書志云：「藝芸精刻，自序亦未見宋本，以正德本拓大刻之。」今此本雖失序，然核與阮記所據正德本不同，則所據當爲宋刊原板，至末附音義，更前人未有言及者。千里爲閬源校刻儀禮疏、詩説、雞峯普濟方，世多知之，而獨此書則罕聞。余閲肆五十年，亦僅此一遇。意者出於千里晚歲所校，自病風後，遂擱置不傳。行世者僅當時印樣數部，竟成絶無僅有之秘籍，宜積餘丈得之歡喜無量也。

有「積學齋徐乃昌藏書」楷書朱文長印。

此顧思適爲汪閬源校刻，末附音義，與黄蕘圃刻本有異。前後無序跋，傳本極尠。庚午正月八日游蘇，訪書來青閣得之，懽喜無量。徐乃昌。

惕齋經説四卷 四册

清惠安孫經世撰。道光癸卯刊本。

經世字濟侯，號惕齋。道光十一年辛卯優貢。肄業鼇峰書院，山長陳恭甫一見大奇之，曰：「如此學識，當與江慎修、戴東原、段茂堂相伯仲。」郵寄其書於高郵王伯申，伯申跋之曰：「研究經文，綜核傳注，申先儒之異義，闢晚近之臆説。非好學深思，實事求是者不能辦。」蕭山王南陔撫閩，拔取於多士中。晉江陳頌南則其弟子也。道光庚寅，新城陳石士督學福建，奇賞之。屬校定薛子韻説文答問疏證。期滿，攜之入都，壬辰五月，得疾歿於旅邸，年祇五十。其壻陳金城爲收拾遺稿，並撰行略。壬寅，金城乞助於愓齋同門友蘇廷玉，爲刊經説四卷、讀經校語二卷、經傳釋詞續編二卷，曰愓齋遺書。他所著有小學輯記、近思録附注、性理輯義、四書集解、周易本義發明、春秋例辨，皆治宋儒之學；十三經正讀定本、詩韻訂、夏小正集説、爾雅音疏、孝經説、説文會通、釋文辨證、韻學溯源則治漢儒之學，以卷帙繁重，未及同刊。惜哉！

愓齋之言曰：「不通經學，無以爲理學，不明訓詁，無以通經，不知聲音文字之原，無以明訓詁意義。此天下之公言已。形聲訓詁，古者小學所有事，今賢人君子窮日力於是，紛綸六籍，若涉大川，或者舟楫之事頗具，而卒迷於津厓焉。師説之不傳，古道之不易復如此，其可慨也。」又曰：「凡治經者，必當體之身心，用之家國。嘗欲編定經義，纂集古今之言學、言治者以證明之，曰通經略。」故其著書不名一家，以宋儒義理之説，體之於身，而超然心契其微。又深探訓詁聲音文字之原，而求之於經，能明其大義。近代閩儒推恭甫、頌南，而愓齋實居承先啓後之間，卒以遺書不彰，聲名闇然。徐世昌清儒學案附左海學案，所述甚略，爲補識之。此經説大都爲家塾講授，及鼇峰院課之作。其詮釋經義，勘正文字，純守漢儒家法，可以闚其經學之精深。惜傳本甚希，其遺書近編叢書綜録失收，祇經傳釋詞續編蔣鳳藻易名經傳釋詞補，重刻入心矩齋叢書而工未完。許頌鼎等録此編所載涉説文者曰説文説，刊入許學叢刻，且誤其名曰「孫濟世」矣。

資治通鑑二百九十四卷 八十册

明嘉靖甲辰河汾孔天胤依宋刊。初印本。

題「朝散大夫右諫議大夫權御史中丞充理檢使上護軍賜紫金魚袋臣司馬光奉敕編集」。前有進通鑑表及嘉靖甲辰提督浙江學校按察副使河汾孔天胤題詞。略云：從唐太史家宋版文字雕繕，用布學宫。杭郡太守陳一貫總其綋要，仁和令程良、錢塘令龔雲從、縣丞周璉、歸安學諭浦南金、錢塘學諭張鳴鶴、仁和學諭梁木、桐鄉學諭謝明德、武康學訓鄔縉、錢塘學訓林公惠、秀才王文祥、邵文珮、李東瀛、錢昕、鈕經、李敬孫等分爲校理。每半葉十行，每行二十字。白口單闌，白皮紙初印。陸心源儀顧堂續跋有是本跋：「據以校元刊胡三省注本，胡注本脱誤甚多，知此所據唐荆川家宋本，皆與宋紹興監本同，當與宋本同觀。惟中間每多剜改雙行，及縮密痕跡，恐初刊時亦以胡注本繕刻，後得唐氏宋本重爲校補，故不免有剜改痕跡耳。」章鈺胡刻通鑑正文校宋記略述謂：「此本與各宋本異同多相應，間有佳處出各宋本之外。又有胡注本云誤，而此本不誤者。疑即據胡説改正，不敢遽信爲全出宋本。胡注本卷二百二十三之三十六葉十二行有二空格，孔本同之。檢宋紹興二年浙東茶鹽公使庫十二行本，涵芬樓影宋十一行本，空格乃『滅絶』二字，頗疑孔刊版時，或闕此卷之宋本，即用胡注本補刊。同葉十四行安隱之隱，作穩，當係用胡説改正文也。」兩説可相輔，而章説尤諦。章所據本有「江西提學副使徐官書嘉靖四十五年發貯本道」

楷書大長印，而二百六十卷之十六葉，二百六十一卷之十二葉，均係補鈔，且用刻成空版，中縫刻有通鑑卷數，因謂嘉靖乙巳刻成，至四十五年丙寅，僅二十一年，爲時未久，何以已有闕葉？能刻空葉，何不影刻補全？此事之不可解者。今檢此本二百六十卷之十六葉，儼然原刻。惟二百六十一卷之十二葉亦闕，補以刻成，空板可知尚在。丙寅以前之初印本，恐板片繁重，易致散失，故又閲廿二年，至萬曆丙戌蘇濬又重修之，見平湖葛氏守先閣書目及北京圖書館善本書目。

天胤字汝錫，又號管涔山人。嘉靖壬辰第二人及第。授陝西提學僉事，歷浙江右布政。有文谷集四十四卷。其詩選入錢謙益列朝詩集、朱彝尊明詩綜、陳田明詩紀事。又刻通鑑考異，亦據唐荊川家宋本，三十年前於上海中國書店見之，亦有楊芸士藏印，蓋即此本分散者。時正處窘鄉，未能配合，徒呼負負。他所刻西京雜記、唐詩紀事等，均稱善本。此爲先君所遺楹書，兒時常所摩挲展誦，當效陳澧以「傳鑑」名堂。及年十八，從金松岑師讀，仿王夫之讀通鑑論撰文百篇。二十，丁秉衡先生授以校史之法以校通鑑，并整理族兄毓仙校本，蒐討羣書，於日月、職官、地理尤加意焉，妄欲希蹤江藩通鑑訓纂、吳蘭庭讀通鑑筆記、丁溶通鑑考辨，鑽研逾廿年，所校正不下千條，祇以學海無涯，讀書不多，遷延未能寫定，而忽忽老至，重撫斯編，尚欲奮炳燭餘光，庶幾於涓埃之益河嶽乎。

有「海寧楊芸士藏書之印」朱文方印。

郘亭日記一卷 一册

清獨山莫友芝撰。吳縣王氏抱蜀廬鈔稿本。

始於咸豐十一年正月初一日，迄於五月二十八日。子偲初在望江度歲，二十日投胡林翼於太湖軍次，即留入幕。二月二十九日林翼命往鄂城校新纂讀史兵略，并檢點箴言書院藏書。三月十三日抵武昌，居撫署之多桂園。時太平天國大軍沿江而下，勢甚盛，鄂、皖、豫各省連克名城，林翼與李續宜、彭玉麟等窮於應付。子偲身在軍幕，多交名彦，於當時情事，見聞自真。如夷船游弋長江，林翼之恇怯無措，曾國荃隱微深至，國藩之偏私不明；皆託以微辭，記載極詳。當與趙烈文日記同爲太平天國珍貴史料。間及談藝考古，如言嘉定朱右曾未刻之春秋左傳服氏解誼、漢書地理志注、春暉堂詩文集均未遺落，（余曾鈔得其文集，他著述終未訪得，不知尚存世間否。）言道光廿一、二年間在南昌北郭外，田夫耕出東吳時墓二，中塼及銘，並有分書黃武四年字銘，石高尺許，廣六、七寸，銘凡百餘字，記有「黃武□年□月九江男子周維新客死于豫章之郡」之語，銘石歸望江倪蓮舫良耀家。案其石後又由倪入貴池劉氏聚學軒，公魯曾以拓本屬題，今不知歸誰氏。言蘇州東山寺重建，掘出晉永和年間王□非珣即珉。保母墓塼，尋毀。陽湖劉廉方秀才嘵峯曾得拓本。是當爲吳郡石刻傳世最古者，可補郡志之遺。言包世臣論書，謂顔家廟出雁塔聖教，平原象贊乃拓王本，八闕齋出瘞鶴銘，句曲李先生碑出瑯玡臺，如錐畫沙，工爲形似，然知之者或罕矣。則可與其所著藝舟雙楫相參會。凡此皆有涉掌故，足資多聞。

宋歷科狀元録八卷 二册

明崑山朱希召輯。嘉靖辛酉子景元刊本。

希召，字懋化，號木峯。崑山人。題睢陽者，著郡望也。官貴州都司都事。父文，字天昭，號遽菴。成化甲辰進士。官湖廣按察副使。兄希周，字懋中，號玉峯。弘治丙辰狀元。官南京吏部尚書。贈太子少保，謚恭靖。明史有傳。首嘉靖辛酉王穀祥序，謂希召俊才宏識，著名當時。歷仕不久，乞歸林樾。博綜遠討，數年而成是書。蓋承父兄之蔭，門閥顯赫，而能恬退自適，以著書爲樂者。子景元之付刊，距成書已四十年矣。此本首葉有「翰林院印」大官印，中夾一籤，書「存目」二字。知乾隆修四庫全書時，曾經采進。今檢提要及存目皆不收，必初擬入存目，纂修者録稿時失之。自來修吳郡縣地志者，於藝文亦不著録，辛苦著書，并一名亦不存，可謂不幸矣。宋代狀元，始於太祖建隆元年庚申之楊礪，迄於度宗咸淳十年甲戌之王龍澤，共得一百十八人。以人爲目，史有傳者則首列之，再博采傳記以益之，多載國家之褒寵，先世之培植，兆形於先至，言驗於如響。制科詩文之屬，亦間附之。又綜一百十八人中，大拜者得十人，執政者得十五人，封侯者得一人，任節度使者得二人，任尚書者得十四人，任侍郎者得九人，年少者得二十一人，於一代科舉大典，采摭亦云備矣。然中以文章忠節著者，若宋郊、張九成、張孝祥、王十朋、文天祥等，屈指不過十人。餘雖鰲頭獨占，衣錦稱榮，曾幾何時，聲名寂寂，有不能舉其姓氏者。吳郡文化自昔稱盛，以有清一代言，狀元一百十二人，蘇州府屬得二十四人，會城三邑，獨得十六人。故俗以狀元爲蘇州産物。兒時每見綽楔巍然，扁額燦然，過者輒咨嗟歎羨。科舉之廢，訖今已六十餘年，距宋則七百餘年，昔之取士大典，耳熟能詳者，已不復爲人所知。則若此録者，雖屬已陳芻狗，不猶愈於文獻之無徵耶，豈特刊本單行，詡册府秘籍而已。

有「翰林院印」大官印，「秀野草堂藏書印」朱文方印，「顧印嗣立」白文方印，「俠君」朱文方印，「璜川吳氏收藏圖書」朱文方印。

存友札小引一卷 一册

明長洲徐晟撰。吳縣王氏學禮齋鈔本。

晟字禎起，又字曾銘，一字損之，别號秦臺樵史。明諸生。同治蘇州府志稱其博學工文，鼎革時年甫壯，即棄諸生，從父樹丕隱居。家貧，授徒養親垂四十年。康熙癸亥，父殁，禎起亦六十六矣。哀毁得疾，營葬甫畢而卒。著有陶園删定詩集十二卷、文集十卷、詞一卷皆未見，惟此書僅有傳鈔。他所著續名賢小記，近涵芬樓秘笈據吳枚菴鈔本景印而已。魏冰叔嘗謂禎起吳門隱君子，其詩頓挫沈鬱，幾與古人方駕，即使辭有未工，必不稍有矯飾，以自害其性情。朱竹垞静志居詩話亦謂「禎起交情真摯，悃愊無華，詩皆自道性情，雖以陶園自稱，不盡規橅栗里」云云。其爲通人所稱許如此。嘗讀徐俟齋居易堂集，有與禎起書。俟齋先隴有盜樹之禍，禎起獨仗義而起，聲罪致討，使姦徒屈伏。俟齋至欲破入城之例，登門致謝。可見其風義過人，有足尚者。

此書爲集故交筆札，裝成數卷，各系小引，分志友、尚友、文節、憶心四篇。其所識皆一時名德畸士，亦有隱逸肥遯，姓字不彰者。於名節道藝，性情言論，各附簡述，筆致風華秀逸，大似世説新語。間加月旦之評，亦嚴而不阿。如於姚文初宗典云：「晚節不勁，似兩截人。」於閻古古爾梅云：「好譚氣節，有名，所謂畫地作餅，不可噉也。」於陳皇士濟生云：「好博施，往往名浮其實。」於章太邱美云：「詩翰斐然，稱一時名家，講學則未之信也。」於朱雲子隗云：「選明詩平論，名甚損。」於王雙白廷璧云：「最有城府，好變亂黑白，大言欺人。」於陳其年維崧云：「是狼藉花酒中人。」亦有遺聞墜掌，不見他書者，不僅蕘圃所舉惠研谿原名恕一事。如馮開之賓本虞山之農，從書舶得書自學，錢牧齋叩以經史，悉皆諳記，大奇之。延爲諸孫師，柳如是亦嘗問奇字焉。如馬天游嘉鐫刻碑版客也，然腹中大有春秋，亦具鱗甲。阿翁雲逵號「馬癡」，不肯鐫魏忠賢逆祠碑，安民之流亞也。至如於劉四明文台云：「居葑門外竹墩，當雞頭（案即芡實之俗稱。）初出時，招致愚父子歡宴竟日，竹墩芡白亦甚佳，於甑上蒸熟食之，其甘如薺。」於計元卿時乘云：「常致黿脯，亦水族一異味。」則爲嗜鄉味者所樂聞也。

原爲袁氏五硯樓鈔本，有黃蕘圃手跋。每篇末有禎起子名垓者附識。中於朱集璜、陸世鑰兩條，闕字以方匡代之，當是鈔時有所避忌。余於一九四零年冬借鈔於張芹伯，越歲印入辛巳叢編，庶與續名賢小記並傳焉。

平圃雜記一卷 一册

清上海張宸撰。江安傅氏雙鑑樓鈔本。傅增湘手校並跋。

此江安傅氏鈔本，沅叔先生從道州何氏鈔本平圃遺稿中鈔出，並附中書述、督捕述各一篇，以朱筆手校，一九四零年春自北寄贈。余又據金山錢氏鈔本，補逸文三則，印入庚辰叢編。

青瑣蘆浦莊遺稿，有詩無文，汪堯峯序之。又文集三十卷，龔定盦序之。今曰平圃遺稿者，祇文十四卷。出其女夫金定所輯。故陳援庵謂每混入他人之作。上海縣志謂青瑣官中書舍人時，詞臣擬撰端敬皇后祭文，三奏草俱未稱旨。最後以屬之，章帝覽而泫然稱善，今俱載記中。其名句有「渺兹五夜之箴，永巷之聞何日？去我十臣之佐，邑姜之後誰人？」蓋善於獻譽者。後以覆欽天監楊光先疏事罷官，則當在作記後。惟首條記許青嶼爲湯若望某書作序，爲楊光先所指摘，與若望同罷官。青瑣與青嶼至交，而於光先頗有貶斥，故其論疏左湯而右楊。至康熙九年，南懷仁等呈告楊光先依附鼇拜，捏詞陷人。若望得昭雪，許纘曾等復職。見東華録。纘曾即青嶼，斯時不知青瑣亦同獲復職否？已不可考。又縣志及王豫江蘇詩徵引荻汀録，皆謂青瑣疏請撤駐防兵二千四百并巡海章京，以甦民困。是不但以文學馳譽，且有幹濟才。故魏默深録其文入經世文編也。是書所記，皆其官中書時，目覩宮廷諸事，翔實可信。如世祖福臨之患痘而死，飾終典禮繁縟奢侈，委曲詳盡，皆諸書所不載。中書述爲官中書四載，凡所擬制草、敕書、祭文、祝版等，多襲用舊文，敷衍塞責，而徒費禄米，養冗員。因議并省。督捕述爲官兵部職方司督捕主事，僅十日，所見治旗下男婦逃亡者，鞭之，黥之，以三木刑之，重者至論死，於法爲加厲，因議罷廢。皆有卓識。青琱工於詩文，堯峯論其詩云：「祭酒吳梅村先生推青琱長歌數千言，太息其不可及。」定盦論其文云：「文章出於陳子龍、吳偉業之間。」今詩既不傳，而文亦無刊之者。沅叔先生從何氏傳鈔之本，余爲作介歸嚴君載如，慫恿刊行亦未果。

有「臧園繕寫」白文方印，「食字齋」朱文方印。

自平圃遺稿中鈔出，原本爲何子貞家藏，向未刊行也。藏園記。

石柱記箋釋五卷 一册

清歸安鄭元慶撰。康熙壬午刊本。

元慶字芷畦。事跡詳全祖望撰窆石志。著述甚富，其目詳小谷口著述緣起。及身所刻，祇此書及代傅澤洪纂行水金鑑。近劉丈翰怡爲刻禮記集説、湖録經籍考入吳興叢書。此書首有張希良、朱彝尊、鄭開極、蔣國祥等序及自序兩篇。每卷前有審定人，後有校字人姓名。自序謂商之同好，咸鼓舞開雕，匝月而竣。蓋其人皆出資助刻者也。楷書精雅，允稱善本。四庫史部地理類著録，而傳本甚希。道光庚戌南海伍氏重刻入粤雅堂叢書。

案石柱記者，唐顔魯公撰，記吳興山川陵墓古跡古器，并書之石。但其石久佚，芷畦從竹垞得宋槧本，而闕德清、武康二縣事跡。竹垞摭他書補完，芷畦遂據之作箋釋，博徵故書雅記，有引竹垞及胡朏明之説，亦復自抒所得，誠爲徵文考獻者所不廢。中如唐、宋以來之歲貢、租賦，詳載其名目數量，以見爲民上者之剥削無藝，顧渚之茶，卞山之石，地有名産，而民困益重。於太湖水利，有關民生，尤致拳拳，則芷畦固熟於治水者也。先是芷畦修府志一百二十卷，後更名湖録。大約憑史不憑志，循理不循情，如沈約弑其君，舊志尊爲名賢之冠，春秋血食；沈文叔一門忠孝，舊志削而不書，並表出之。近世有兩烈婦，一王姓，夫亡棄孀姑、襁褓，自溺死。一孫姓，夫亡，孑然一身，不食七日死。獨爲孫作傳，一時賢王者多方陳請，不少回，於是衆譁然，議論蜂起。其書遂不果梓。今讀此書，知猶不僅於此，夫在康熙時，治號清明，湖州府地稱富庶，而芷畦之述農民生計云：「湖民最苦，四體焦瘁，終歲不休。無産者雇倩受值，盡心殫力，謂之長工。夏秋農忙，短假應事，謂之忙工。收穫之際，公私責償，而場遽空者，十恒七八。婦人事蠶，夏初餵葉，晝夜毋怠。三眠之後，繭白如山。下繭繅絲，辛勤備至。至於貿絲，而終身無得一繭者，殆將遍於村落矣。」府志百二十卷，類此記載，必將倍蓰，則彼兼并之家，安富尊榮，坐享其成者，安得不愠怒於中，羣起併力以沮之耶？今此編得行，亦可窺其持正不阿，關心民瘼，豈徒區區以考古爲能哉？

維西見聞紀一卷 一册

清安陸余慶遠撰。吳縣王欣夫手鈔本。

慶遠字璟度。維西爲雲南省西北門户，清屬麗江府，治今屬迪慶藏族自治州。乾隆己丑，慶遠兄某判麗江，從居廨舍。訪諸土官，并所親歷，頗識其建設沿革之由，天時土宇風俗之詳，退而記之。首乾隆庚寅七月自序，於維西自明以來變遷，言之綦詳。次例言。次分爲四類：曰氣候，其屬凡五，爲近城、其宗喇普、康普葉枝、奔子闌、阿墩子。曰道路，其屬凡四，爲栗地坪、白鋩山、梭石、溜筒江。曰夷人，其屬凡十，爲麽些、古宗、那馬、巴苴、栗粟、怒子、黄教喇嘛、紅教喇嘛、諆勒孤喇嘛、善知識喇嘛。曰物器，其屬凡廿二，爲青稞、珠葠、佛掌葠、雪茶、小桃紅、藏桃、紅嘴鴉、松根豹、飛鼠、人髏甏、人髏飲器、人骨笳、皮爐、餛飩、猿柵、熊夾、藥矢、地弩、竹筆、鐵章、紫膠、口琴。其於夷人一類，詳記其各族當地風俗習尚，大率其民性質樸，而習勤苦，尊奉宗教，深信輪迴轉世之説。慶遠自謂不襲不飾，不略不遺，不如省志之語多附會，事不確實。爲研究少數民族及宗教之重要史料。邊遠紀載，向少流傳。此書文字典雅，非徒事鈔掇，不失爲志乘之佳作。張海鵬刻入藝海珠塵，而所傳不廣。余見沈氏粹芬閣藏舊鈔本，特傳鈔之。慶遠兄判維西者，序不著名。考王昶湖海詩傳：「余慶長字元亭。安陸人。乾隆十五年舉人。官至成都府同知。有壬癸詩稿。」蒲褐山房詩話云：「元亭生長楚中，獨嗜陳季立、顧亭林之學。爲人淵靜閒止，薄宦川、滇，非其好也。隨余雲南、江西幕中十餘年，極稱同志。又爲余撰銅政考八卷。」春融堂集又爲撰墓志銘。蓋即其人，是能兄弟競爽者。

惜抱軒書録四卷 一册

清桐城姚鼐撰。光緒己卯桐城徐宗亮重刊本。吳縣王欣夫臨寶山毛嶽生點校。

惜抱所纂四庫全書提要稿，道光十二年其從孫石甫屬毛生甫、李申耆校正誤脱而刊行之，曰惜抱軒書録，所得僅八十八篇。惜抱與翁覃谿同任編纂，翁稿今存者將千篇，則知惜抱所闕多矣。越三年生甫再游石甫淮南官舍，石甫子字星垣者，從問文章義法。生甫因評騭一本示之，詳後跋。然僅加圈點，及校正筆畫之訛而已，並無評語。蓋桐城古文家所重者在此也。此光緒己卯徐宗亮重刊本，誤字多已改正，故祇臨其圈識。

羅汝懷緑漪山房文集卷二十一與曾國藩書云：「姚比部之論學也，謂必兼義理、詞章、考證，故惜抱集中不乏考證之文。而復患矜尚漢學者之蔑棄宋儒，故爲危厲之辭，以爲非毁程、朱之必至絶嗣。其説頗近陰騭之談。然其時所與遊如袁子才頗議程、朱而不事漢學，孔撝約、錢獻之輩專事漢學而不毁程、朱。然則比部所言亦何指乎？殆爲四庫纂修而發，其意亦見於尺牘中。蓋提要一書，於理學不無微辭，雖不顯議紫陽，而於各書中時引昔人指摘之語，比部大不爲然，而又不顯議提要，則借漢學以抒其憤。究之戴爲漢學，紀非漢學。可知比部亦但惡非毁程、朱之人耳。今引申比部之説而揚其波，至謂漢學不知世有義理，大決廉恥之防。此與孫侍講之時事壞於漢學，同一不察也。」胡思敬退廬文集卷六跋翁蘇齋手纂四庫全書提要稿本云：「乾隆四庫館纂修之役，紀文達實總其成，排斥宋儒，以伸一己之見，同流輩多不然其言，姚姬傳詆之尤力。」又云：「李梅庵藏有惜抱手札數通。其一札與胡雒君云：『昨始得四庫全書目録閲之，議論大不公平。鼐在京師，尚不見紀曉嵐猖獗如此之甚，觀此直無忌憚矣。』」讀此可知姬傳於紀曉嵐主纂提要之不滿。而此書録與提要比觀，姬傳尊崇程、朱之語，多經改易，則其證驗也。生甫序稱：「纂修者詆訕宋、元來諸儒講述，極庳隘謬盭，可盡廢。先生頗與辨白，世雖異同，亦終無以屈先生。文達特時損益其所上序論，令與他篇體製類焉。先生以既見采用，置弗編次。然其書實無害爲私家著録也。」所論最允。蓋四部浩瀚，提要出自衆手，議論宗指，勢不能畫一，曉嵐重漢學而詆宋儒，誠見其偏，然欲整齊其體製，自不能無所增删。不如各有私家著録，以存其真，使學者得參考焉。南江、惜抱、秋室已有刊本，覃谿則草稿尚存，雖或殘闕，猶愈於亡佚不傳，而轉惜諸家之無復存矣。

道光十二年，石甫翁權常郡之武進，仲夏嶽生客幕中，爲定是書寫本舛脱，尋石甫屬李申耆先生校刊於江陰。今讀之尚有誤字，信矣校書之難也。先生學識粹實通貫，論、序善者既俱深簡，窮極要眇，餘亦不失雅正。鼐曾作序，文極不工。然竊謂少得先生恉也。刻成時，得十餘本，皆爲學者索去。比遊石甫淮南監掣官舍，長君星垣時從問文章義法，用索此本，敬評騭示之。文章之道無他也，學問充於中，而後理道達於外。資之深，則修詞誠也。昔我有先正，其言明且清，星垣益勉之而已。十五年三月嶽生識。

蕘圃藏書題識十卷補遺一卷蕘圃刻書題識一卷附補遺十册

清吴縣黄丕烈撰。江陰繆荃孫、長洲章鈺、仁和吴昌綬同校輯。民國己未刊本。吴縣王欣夫手校並跋。

輯刻蕘圃書跋，創自潘鄭庵，而繆筱珊繼之，今刻入江標靈鶼閣叢書、鄧實古學彙刊者是也。此則筱珊又偕章式之、吴印臣併前三本，更增輯一百八十餘種及刻書題識合編，刊於一九一九年，爲黄跋足本。初印分連泗、賽連兩種紙，交上海商務印書館發兑。未葉有售書牌記。時余游虞山，丁秉衡先生爲代購此賽連紙印本，並言繆氏有售版意，慫恿余得之。未幾繆、丁二先生先後謝世，版歸吴興張氏適園，曾印數十部，用機製紙，并去其牌記。今傳本亦罕。

余幼聞士禮居藏書之風，得此酷愛之，時以他書所載校讀，乃脱譌纍纍。如稿本天下郡國利病書脱譌至五百八十餘字。宋刊歷代紀年脱譌七十五字。宋刊廣成先生玉函經脱譌三百三十餘字。宋刊醫説脱譌七十六字。明刊注解章泉澗泉二先生選唐詩脱譌二百十八字。其尤甚者，至一書漏刻之跋，不勝枚舉。知尚未爲善本，因勸芹伯重爲校補，卒卒未暇焉。余又先後補所未備，刻續録、再續録，暨近得共一百七十餘種，統爲蕘圃書跋合編，定稿已八載，尚未能印出。此册常置案頭，歷數十春秋。芹伯、鳳起各有校筆，又録宗子岱先生校，朱墨狼藉，不復可辨。亦可見余好之篤也。昔四庫提要於錢遵王讀書敏求記，謂之賞鑒家。洪稚存北江詩話月旦藏書家，亦以蕘圃爲賞鑒家。案兩家皆酷好宋槧，遵王自序述古堂藏書目引馮定遠之言曰：「昔人佞佛，子佞宋刻乎？」蕘圃亦因以佞宋主人自號。書跋於板本之授受源流，繕刻異同，見聞既博，辨别尤精，亦兩家所同。遵王敏求記已成，秘諸篋衍，至有竹垞私以黄金、鼠裘賺鈔之傳説。蕘圃則百宋一廛賦自注而刊布之，或當時多指名相借，未遂所願，故有吝不通借之誚。然若阮雲臺、孫淵如、張古餘輩所刻書，段茂堂、錢竹汀、陳仲魚輩所校書，固多借自蕘圃。蓋非其人則不借，正所以愛惜古書之道也。且所貴乎宋槧者，非如古玉名瓷，徒供玩賞。蕘圃跋影宋戰國策云：「書以最先者爲佳」，信不誣也。蓋一經傳刻，必增亥豕之譌，故宋槧可尚，然亦不輕元、明。跋大德本後漢書云：「如建安劉元起刊於家塾敬室本，又有一大字，皆名爲宋而實則不及元、明刊本。何以明之？蓋所從出本異也。」是也。又能兼重校本，跋校宋本禮記鄭注云：「此一校再校者，余之視此一若寶玉大弓之歸哉。」是也。故其題跋頗列元、明刻，尤多鈔校本，惟善本之是求，無淄、澠於胸中，豈徒局於佞宋而已。竊謂治板本學者，於是書不可不研精而熟讀也。餘詳合編序例。

浙江磚録四卷 二册

清嘉興馮登府輯。道光十六年鄞鄭淳校刊本。

扉葉隸書，書名署勾吳錢泳。首新城陳用光、儀徵阮亨等序及自序，並附凡例十二則，次臨海洪頤煊書磚録後，次自書磚録後，次摹刻石經閣八磚脱本，次總目，卷一漢、三國、吳，卷二晉、宋、齊、梁、陳、隋，卷三無年代，卷四無年代，無字有紋，題詠、拾遺，今本末無題詠、拾遺，不知本未刻，抑偶失之。洪頤煊謂：「宋書禮志：『漢以後，天下送死奢靡，多作石室、石獸、碑、銘等物。建安十年魏武帝以天下雕弊，下令不得厚葬，并禁立碑。晉武帝咸寧四年，又詔曰：「石獸碑表既私褒美，興長虚僞，傷財害人，莫大於此。一禁斷之。其犯者，雖會赦令，皆當毀壞。」』故晉世葬者，僅於墓磚上紀年月而已。齊、梁以後此禁漸弛。」馮氏從之，亦謂六朝功令，禁立墓碑，僅於墓磚書姓氏官秩，紀營葬歲月，故磚文傳世獨多。案魏、晉未嘗無碑，如水經注、隸釋所載，不能枚舉。南史宋裴松之以世立私碑，有乖事實。上言以爲立碑者，爲朝議所許，然後聽之。據此，知裴松之以前，多有擅立私碑者，則不必如洪、馮之説。今墓磚傳世之所以多於碑刻者，則以立碑究屬犯禁，且所費亦鉅也。金石家以其可助考據，亦多采録。洪文惠有磚録二卷，當爲纂輯專書之始，惜其久佚。清乾、嘉以來，地不愛寶，所出漸多，尤以浙之仁和、海鹽、武康、臨海、四明諸邑，皆兩漢、六朝舊物，馮氏乃徧訪墨本，按年編次，既録其文，復加考證，而以自藏八磚摹刻冠首。助其采訪者，臨海洪頤煊、嘉定瞿中溶、桐城吳廷康、烏程周聯奎、陽湖吕佺孫、西湖僧達受，皆一時方聞博雅士，故其書最稱精博。惟卷四載「吳興東遷孚潘瑾造」一磚，出於湖州道場山墟墓間，王獻寶鼎精舍藏磚題識載施國祁釋孚爲學，謂潘瑾建學所造。嚴元照則釋爲孝，一字之異釋，兩家曾起爭論。余以嚴釋於義爲長，詳彼書録。今馮氏雖未見施、嚴兩家之説，而亦釋爲學，謂鄉塾通稱，潘瑾當是東遷學官。案墓磚之稱孝子某某者，江鄰幾雜志云：「王逵知越州，修城，卒暴民至發墓磚，錢公甫作倅，視磚文有永和年號，亦有孝子姓名者。」今傳世有「晉建興二年，太歲在甲子八月，孝子秦賜」篆書。磚，「永和十年八月三十日，孝子余儉」篆書。磚，宋「大宋元嘉廿□年太歲在戊寅廿三日□□□之靈梆孝子道乞、道與、道□兄弟三人以其年冬十月建作」磚，三磚皆出臨海。馮氏於永和磚，亦云稱孝子，當是已葬而修墓之磚。蓋當時風尚如此，然則此磚本亦當作「吳興東遷孝子潘瑾造」，埏埴之工苟趨省便，年號歲月尚多舛訛，此之脱一子字，安足爲奇。至建學造磚，殊罕其比。特此書未摹原文，逕改孝作學，遂泯其跡，後人直無從疑之矣。又例言「其出他省者不録」，今漢光和磚云：「出陝西」，其偶誤入者歟？舊爲姚公蓼藏書。咫進齋姚觀元子也。

有「慰祖之印」、「歸安姚氏」朱文兩方印。

寰宇貞石圖考不分卷 五鉅册

清秀水王寶瑩撰。手稿本。上虞羅振玉、長洲章鈺等手跋。

昔錢梅谿縮刻漢、唐碑數十種，萬廉山選刻漢碑百種於端硯背。得其拓本者，均珍視之。然終以名手難得，摹勒非易，故所成不多，且亦不能無毫髮之差。其他刊木者更不足論。自攝影石印法行，豐碑鉅碣，甚至室内不能展閲者，可縮至盈尺，雖字細於粟，清晰可辨，而精神不爽。錢、萬復起，當亦歎爲神工。楊星吾首選歷代碑碣精華若干種，於日本付縮印爲寰宇貞石圖，皆用整幅初拓，文字往往多於後拓本。又可審其形製，便於儲藏，誠爲傳古之妙法也。

叔祖星卿公深於金石考訂之學，曾重刻許槤古均閣雙鉤宋拓漢夏承碑、嚴可均鐵橋金石跋諸書，於重刻鐵橋金石跋序曾言自著有寰宇貞石圖考，而頻年宦游在外，不能問其詳。余弱冠之年，忽遇其稿於常賣家，驚喜欲絶，亟斥鉅資贖歸。其稿以楊圖裝爲鉅册，於四周録諸家考釋，而後下以己意。於文字、官制、地理所考尤詳，全遵錢竹汀、武虚谷家法。細字如蟻，不下數十萬。所不解者，諸家題識皆爲嘉興姚鈍丁名家聲者作，惟姚自跋有「與星卿廣文同事考訂」一語。實則姚氏並無一字，意者與姚有深契，故作寶馬明珠之贈，或並署姚名，欲借其力以付梓，古有其例，斯不足異。乃乞審定於章式之先生。跋歎題補安者，余表字也。星卿公一字星農。廩貢生。光緒中爲黄巖訓導。故姚跋稱廣文，後任山西交縣知縣。入民國終於江蘇漣水縣任所。是册題者有陽湖汪洵、石門胡鑊等十餘家，今録附羅叔言及式之先生二跋於後。

金石之學，圖象爲其一耑，肇於鄱陽洪氏，至牛空山而規模略具。楊星吾大令在東瀛，將中邦石墨，以泰西寫真法爲之縮小，其精緻遠過前賢。星翁爲玉言，其初志欲將王蘭泉、孫伯淵諸君子所著録之碑，悉數印出，限於貲力，竟不果成，殊爲遺憾。今者鈍丁先生得楊氏本，爲之裝整，每碑取各家考證，一一甄録，精整可佩。方今貞珉嘉刻，日出不窮，其出王、孫諸家之外，又將數千百通。異日者鈍翁若盡取篋衍所藏，悉付諸景印，以續楊氏之作，則其存古之功豈不更在著録考釋之上。謹著圖説，並以質之鈍公以爲何如？辛丑七月，上虞羅振玉跋于海上學稼樓。

宜都楊惺吾於同、光朝鋭意流傳古刻，其刊行者如望堂金石各種，皆雙鉤本，模勒雖精，終不免有疑似之處。此寰宇貞石圖三百餘種，則皆用整張，以泰西法印出，即小見大，不爽毫髮。較萬廉山百漢硯碑之刻，尤爲真確可據。此裝本五鉅册，爲吾年家星卿王先生遺物。排比審慎，固不待言，所尤難者，舉歐陽以來，及國朝諸老題記歌詠之作，分别録入，間加箋記，足資印證。密行細楷，累數萬言，私謂惺吾印行而後，如此研説玩索者，海内決無第二人矣。惟卷端以姚鈍丁署名，未審何故。鈺於光緒中葉後，因先生從子夢齡、次歐諸君得從先生譚藝有年，所見先生書跡，及今存遺札，並几對勘，實無豪芒不符之處。意者先生與姚有深契，不惜以精力所聚之品，爲明珠寶刀之贈邪？桑海之交，轉歸他姓。次歐令子補安以鉅金贖得，乞鈺一言以爲徵信。既念二十年前故鄉朋舊賞析之樂，如夢如幻。先生所藏石墨在津所見者一巨篋。夢齡長物亦流轉都市，爲骨董家所居奇。獨此册歸諸補安，冥冥中若以付託之任屬之者。補安忠信學禮，稱其家兒。吾知珍重護持，必有出他品萬萬者。墨池世業，爲之誦歎不置。壬戌閏夏暑雨，長洲章鈺記于天津聽鸝𨂀舍。

管子臆斷不分卷 四册

杭縣沈祖緜撰。吴江任傳薪參訂。手稿本。

瓞民先生邃於音韻訓詁之學，又承其尊公竹礽先生之緒，精熟緯書及五行大義，於管子一書，纂述庭聞，闡發隱義，而不局於訓詁之末，爲戴子高後一大著作。以爲周世學術，肇興於周公、太公。周公以儒，孔子繼之，是爲魯學。太公以道，管子繼之，是爲齊學。明體莫備於魯學，致用莫備於齊學。餘子皆支裔爾。是故讀管子者，絶不能以儒家先入之言爲之評斷。管子道家也，亦法家也。孔子之治民，曰：「民可使由之，不可使知之。」管子則云：「夫民別而聽之則愚，合而聽之則聖。」厥語至精，故其用民之術，實高出於儒家。論語「父爲子隱，子爲父隱」，儒家之理也。其父攘羊，而子證之，法家之法也。明乎此，而知齊、魯之學不可相混。故本書中屢引太公、伊尹之言，所以明齊學之由來。孔子曰：「齊一變至於魯」，亦言二國教化之不同。又以爲「管子之政治莫大於文武分治及軍政統一兩端。此皆詳見於小匡篇中，顧戴望以下，無分辨之者」。案篇中制五家爲軌，軌有長。十軌爲里，里有司。四里爲連，連有長。十連爲鄉，鄉有良人。五鄉一帥。此文政之區域也。制五家爲軌，軌有長，六軌爲邑，邑有司。十邑爲卒，卒有長。十卒爲鄉，鄉有良人。三鄉爲屬，屬有大夫。多據王校。此武政之區域也。而總之曰武政聽屬，文政聽鄉，各保而聽。其平時文武分治之組織如此。至軍事時，則征兵制度寓於行政區域中。五家爲軌，五人爲伍，軌長率之。十軌爲里，五十人爲小戎，里有司率之。四里爲連，二百人爲卒，連長率之。十連爲鄉，二千人爲旅，鄉良人率之。五鄉一帥，萬人爲一軍，五鄉之帥率之。三分齊國以爲三軍，共有教士三萬人焉。其戰時文武合治之組織又如此。其言綱舉目張，能見其大，又非戴氏諸君所及矣。他如幼官、地員、四時、五行等篇，昔賢所忽略，而研求未精，未敢輕易置喙者，咸一一爲之爬疏剔决。或立表以明之，此則尤爲專門之學，非音韻、訓詁所能通者也。

舅氏任味知先生受業門下，手鈔成帙。又以讎勘所得，或申或補，偶亦有所糾駁，批識眉端，不下數百條，猶見治學篤實之風。余昔治管子，舅氏持此爲贈，且曰：「如有所見，勿憚商榷。」虛懷若谷，靄然言表。今舅氏墓草已宿，披讀遺書，能毋黯然。舅氏爲外王父安徽鳳潁六泗道蘭生公幼子。清末於同里鎮創辦麗則女學，開風氣之先。曾游歷德意志考察政學，晚乃折節讀書，窮力校勘。年差弱於瓞民先生，而事之至敬，言必稱師，人謂如段茂堂之於戴東原。瓞民先生老壽健在，寓蘇之德壽村，著作甚富。故友屈百剛爲序此書，陳叔通先生見之，因爲介於郭沫若先生，郭先生管子集解甫出板，以未獲先覩爲憾，遂并他稿收歸中國科學院云。

積書巖摹古帖不分卷六十册

清金壇王澍手書稿本並跋。元和江標手跋。

澍字若霖，又字篛林，號虛舟。康熙壬辰進士。官吏部員外郎。王步青撰墓志銘，謂「書法一時獨步，自汪退谷、何義門諸名家，率推先之。每退食之暇，揮灑淋漓，優游文讌，若當世事一無所關心」。又謂「既假還，書益工。遠近士夫家，榜於庭，鐫於石，必求君書。以金幣請無虛日。所著有淳化閣帖考正十二卷、二十種蘭亭、十二種千文，積書巖帖六十册，集書家之大成，此則世之所豔稱者」。案虛舟以善書名一代，吳修昭代名人尺牘小傳謂「書入宰更之室，篆書法李斯，爲一代作手」。包世臣藝舟雙楫列其行書於能品。至今獲其片紙，猶珍若球琳。此帖皇皇六十鉅册。首篆書「積書巖摹古帖」六大字，次敍、銘，次所臨摹法帖碑板，自周、秦迄唐、宋，至八百三十四種，附臨諸家題跋不計。自撰題跋二百八十種，一種而再三跋者不計。書則四體俱備，大小兼有，跋則考據鑒賞，並擅其長。載虛舟、竹雲兩題跋者不過十之二而已，又可與淳化閣帖考正相參證。據十七帖跋云：「取恥菴王孫所贈白宋箋精摹一本」，知全帙皆用白宋箋，蓋其積數十年精力所聚者，尤爲可貴。其中豐碑如石鼓文、西嶽華山廟碑、曹全碑、婁壽碑、城隍廟記等，均臨全文。顔真卿送裴將軍詩後題：「雍正二年王師掃蕩青海，獻俘太和門，喜而臨此，并繫以贊二十一韻。」米芾燕然山銘後題：「雍正二年春間聞王師大破青海，喜而欲狂，乘興臨之。」則兼紀時事，蓋皆爲雍正間退歸無錫時精心所作。人書俱老，正功候成熟。宜其開卷光芒四射，真人間至寶。觀自題，意頗鄭重，本爲琅玡世傳之寶，虛舟子稻孫娶無錫華希閔女，因藏華氏。江建霞爲華翼綸甥，故得而題之。其後華氏兄弟析産，持不相下，遂各析其半，故友周左寬德裕於一九二七年爲余作介，得其前半。越年有華生某來肄業聖約翰大學，亦以所守之半歸我，索值頗奢，室人爲典質釵珥助成之。昔魯公論坐書稿七紙，汴宋時在長安安師文家，兄弟析産，以前四紙作一分，後三紙及鹿脯帖作一分，遂離爲二。黄山谷從師文借得後三紙，於是仍合爲一。古今事有相類者，喜其延津復合，遂爲我學禮齋中鎮庫之寶。後閲石渠寶笈續編載南書房亦有積書巖帖六十册，必非僞跡，疑不能明。意者虛舟此帖，既爲世所豔稱，有欲以此獻媚者，效飛鳧人故技，析其半以進呈，是亦理所或有。故此本唐有顏、柳、褚，而獨無歐，宋有蘇、米、蔡，而獨無黃，尚待訪諸故宮一勘異同耳。

有「天官大夫」、「澍」白文兩方印，「虛舟」朱文長方印。

積書巖摹古帖

僕自十歲時學拈筆，便喜模古。每得古帖一兩行，精心模勒，必求甚似乃已。嘗效唐人雙鉤蘭亭，對日照之，無筆痕墨跡，至今尚有數十本在人間也。中年衣食於奔走，不得時時繼學，然中心藏之，無刻廢離。自入京師，淹留一十四載，以紙素索書者踵交於門，不喜自運，多以古帖酬之。性好汲古，頗負鑒別聲。四方友朋凡以名跡佳搨至者，必以詒余，力不能蓄，輒句摸之。多蓄古紙，歸裝無別儲，惟古搨三十種，舊紙數百番而已。歸來杜門掩關，塵事都盡。乃日取所蓄紙臨摹古人，有不當意，即便廢去。四年以來，所臨凡幾千紙，上自周、秦，迄於唐、宋，凡篆、隸、章草、正、行無所不具。臨已即付從事孫龍裝之，題曰積書巖摹古帖，以示兒子稻孫，永爲楷則。余貧薄無田宅可遺兒子，以此畀作生業，他日成長，能學父書，可守之。即不能，猶可作活計。擇於斯二者，一任兒子，老夫復何有焉。雍正七年歲在己酉，秋又七月癸酉朔，越十有四日丙戌，裝既成，恭壽老人書并篆，又系以銘：

以微密心，赴微密訣。抗志汲古，爬羅剔抉。鍾、王、虞、褚，駱驛應節。篆、隸、草、章，如指奔列。豈曰能工，庶無悖戾。聯爲巨軸，聊自怡説，授之稻兒，用啓扃鐍。

恭壽老人書法得唐人規矩，尤善鑒別書幅，余嘗讀虛舟、竹雲兩題跋，爲之神往。華邃秋舅氏荔雨軒中，藏王維江皋會遇圖卷，獨有老人一跋，審定真跡。余嘗得潁上蘭亭，有老人跋語，即録入竹雲題跋中者。老人篆書亦入唐室，蓋以昭陵諸刻爲界限，不敢上窺六朝，何論秦、漢。此臨古六十大册，爲華九如表兄所藏，無體不備，大觀哉！近世石墨印行甚盛，安得巨手爲之影摹，以供衆好。光緒庚寅十月，建霞江標記於黄歇浦舟次。

竹雲題跋四卷虚舟題跋十卷補原三卷十二册

清金壇王澍撰。竹雲題跋，乾隆丁亥苕上錢人龍畫雲閣精刻。虚舟題跋，乾隆戊申吴興温純墨妙樓重刻乾隆辛卯聞川楊建本。吴縣潘志萬題識。

竹雲題跋著録四庫，而虚舟題跋則遺。毛慶臻一亭雜記云：「竹雲題跋甚精於碑帖，詳核未見有舛誤處，故繆文子每推服之，然鑒畫則非所長也。」余得若霖積書巖摹古帖真跡六十册，取校宋澤元懺花盦重刊竹雲、虚舟兩題跋而求錢氏、楊氏初刻不可得。一九五六年春，偶得此於滬上書坊。雖虚舟題跋已爲重刻，而不失先正典型，況又爲吾家鏤香閣舊物。二書皆爲沈芥舟手書，吴郡王景桓鐫字。筆畫鋒芒，精神焕發，真佳槧也。温刻已少差矣。據錢人龍跋竹雲題跋，原文出自傳寫，間有疑處，無從校讎，而深惜積書巖臨摹古跡藏本之不傳。陳焯跋則謂竹雲題跋出自中丞雅公本，傳寫不無亥豕之訛。虚舟題跋則松江李松廬從若霖子稻孫手校本録得，是皆未見若霖手跡，故余以校積書巖帖計臨古八百三十四種，跋尾二百八十種，刻本所收僅十二耳。知稻孫校録，所闕尚多也。録見積書巖摹古帖及校宋氏刻本兩書録。

芥舟名宗騫，字熙遠。烏程人。諸生。著有芥舟學畫編。蔣寶齡墨林今話云：「芥舟早歲能書畫，補弟子員後，益肆力焉。其畫山水、人物傳神，無不精妙。小楷、章草，及盈丈大字，皆具古人神致魄力。嘗見賞於曹地山、錢辛楣諸巨公。余有其手鐫『知不足』三字石章，極古雅。」知其又擅篆刻。

人龍，字壽泉。楊建字笠山，號竹坡。閩川人。海鹽張芑堂好鶴，效明朱野航募驢故事，倩芥舟作圖，沈歸愚撰疏，竹坡築易鶴軒應之。壽泉暨梁山舟等均爲題詠。其裔利叔曾屬戴醇士補繪易鶴軒圖，并録諸家題識，其册今歸於余。

温純字一齋，烏程人。梁同書撰傳云：「書法臨摹晉、唐諸家，尤工篆刻。所居曰墨妙樓，藏弆名人墨迹，精拓碑版，及金石圖書，閒窗静對，與古人爲徒。」

陳焯字映之。烏程人。貢生。官鎮海訓導。亦富收藏，每册朱印累累，可見前人之珍視。竹雲題跋舊爲黄鈞字次歐、顧至字於山所藏。於山有與顧千里同校困學紀聞，見書録，後藏潘氏桐西書屋、先伯父惕安公鏤香閣。

有「長洲顧至」白文方印，「於山所藏」朱文長方印，「至」朱文方印，「黄鈞」朱白文方印，「次歐」朱文方印，「均濤閣」朱文長方印，「小學齋」朱文小長方印，「潘氏桐西書屋之印」朱文長方印，「介繁」朱文，「潘椒坡」朱白文二方印，「己卯潘大」白文方印，「還硯草堂」白文方印，「漢瓦尊室」朱文長印，「茱坡藏書」朱文方印，「潘椒坡圖書印」朱文長印，「潘印志萬」白文方印，「留盦」朱文方印，「碩庭藏書記」朱文長印，「惕安校閲」朱文方印，「愓庵」朱文腰圓印，「愓安藏書」朱文方印，「王愓庵讀書記」白文方印，「愓安珍賞」朱文方印。

讀書偶筆二十卷 八册

清婺源董桂新撰。同治丙寅賜硯堂刊本。

桂新字茂文，號柳江。嘉慶壬戌進士。是書分卷一周易、卷二卷三尚書、卷四毛詩、卷五春秋左傳、卷六左傳國語、卷七公羊穀梁、卷八周禮、卷九儀禮、卷十卷十一禮記、卷十二論語、卷十三論語孝經、卷十四孟子、卷十五孟子爾雅、卷十六諸子考史、卷十七卷十八考史、卷十九卷二十雜録。卷一首有嘉慶丁巳中春自識云：「余頗好觀書，凡經史諸子百家，偶有所得，輒因而筆之，蓋四五年於兹矣。」案桂新生於乾隆三十八年癸巳，卒於嘉慶九年甲子，年三十二。則丁巳爲年二十五耳，屬草又在前四五年，其著書甚早。同治五年丙寅，子彦成始刊於江右，距成書已六十九年矣。附未刻書目，尚有讀書續筆、三筆各六卷，毛詩多識録十六卷、爾雅古注合存二十卷、孟子生卒年月考辨證一卷、易圖駁議一卷、埤雅物異記言八卷。民國初，胡樸安韞玉得其遺稿，爲撰傳表彰之。金松岑師更參之徽州府志、婺源縣志，與績谿胡秉虔同傳，入皖志列傳稿。桂新學行始漸爲人知，惟均謂讀書偶筆稿藏於家，又誤作「隨筆」，是未知有刊本，爲罕傳可珍矣。桂新爲學詳而不鑿，平實而不偏，考繁賾異同之致，而會厥指歸，不立漢、宋門户。説經而外，又參稽經籍子史中有關方輿、國典、吏治、民風者，莫不實事求是，折衷至當，不沾沾於文字考據，其體與黄氏日鈔、日知録相近。讀此一編，可見其劬學好古，惜天之不永其年耳。往年與樸安相過從，曾借其所藏爾雅古注合存稿本讀之，雖不如臧庸、嚴可均、陳鱣諸家之備，而桂新輯録在前，創始者固難爲功也。此書首有同鄉何廷謙序。末子彦成跋。

巖下放言三卷 一册

宋吴縣葉夢得撰。清道光二十六年裔孫鍾、虔元據裔孫廷琯校本重刊。

石林此書刊本不多見，稗海中刻鄭景望蒙齋筆談二卷，以此書之卷下爲上卷，卷中爲下卷，全文不易，而獨無卷上。四庫提要已歷舉書中所言，證爲石林之作，無可疑矣。調生既得舊鈔本，取蒙齋筆談校勘，於卷下孔子與子貢子夏言詩條「至於顔子乃曰：『回非佐我者也』」，按宗譜，先生父諱助，故引論語此句，改文以避之，又得一確證。四庫館纂修者未見其宗譜，故尚未舉及此也。卷中李文饒平泉草木記條「後讀五代史，至張全義監軍，與其孫延古爭醒酒石事，全義殺之，延古可謂克家之子矣。然以與監軍，則違其戒，守其戒，則或因之以至於殺人，一石亦何足言。使文饒而先悟此，豈直無以累後人，亦當自免其身矣」。調生按：「五代史張全義傳載此事甚明。全義監軍，嘗得李德裕平泉醒酒石，延古因託全義求之。監軍忿然曰，自黄巢亂後，洛陽園宅無復能守，豈獨平泉一石哉？全義嘗在巢賊中，以爲譏己，因大怒，奏笞殺監軍者，所謂因之以至於殺人也。筆談誤以全義殺之句爲延古爭石被殺，改殺人作殺身，遂與史文剌謬。此本猶作人字，足徵舊鈔之善。」蓋人與身一字之誤，而主客易位，其義絶異。此舊本之可貴而校者用心之當入細也。調生又取明鍾人傑唐宋叢書中所刻石林四筆者補逸文三條，巖下放言善本當莫過於此矣。瞿氏鐵琴銅劍樓藏書目録載是書舊鈔本云：「仁和胡心耘嘗攜葉君調生所得漢陽葉氏家藏本以示，校正甚多。其第七條「豫之義不在豫文也」句下尚有「爾雅，猶如麂，而善登木避人。已去猶疑，而再登，則有猶義。左氏謂爲可以已之辭是矣。而猶之義不在猶文也」四十二字，别本多脱，惟漢陽本爲全。今案漢陽葉氏者，葉志詵平安館也。今刻本亦脱此四十二字，是調生所校漢陽本，當在刻成以後。至葉奂彬重刻，係據調生所校底本，而極言庚申版毁，印本之不易得。此册爲獨山莫楚生所藏，封面篆書題字，猶其手跡也。

有「銅井文房」白文方印，「莫棠楚生父印」朱文長方印，「獨山莫氏圖書」朱文長方印。

避暑録話二卷 四册

宋吴縣葉夢得撰。清道光二十五年裔孫鍾據裔孫廷琯校本重刊。

石林是書，舊傳惟商氏稗海、毛氏津逮秘書、張氏學津討原三本，駁誤略相等。道光間，葉調生據惠定宇校録吴方山本、黄蕘圃所録孫潛夫校鈔本、瓜涇徐氏荷葉裝舊鈔本，又博考羣籍，爲梾花龕校定本。

其族人鍾字安山者，於二十五年據以重刊，世稱善本。刻成旋遭兵燹，版毀，今印本希若星鳳。惟明項德棻宛委堂所刻四卷本，皆未之見。長沙葉奂彬原籍吳縣，爲石林後系，遍刻石林遺書，於是書亦據郴花盦本覆刻。後雖得宛委堂本，未及校補。至一九一九年春，夏劍丞先生始以宛委堂刻爲底本，而采附調生校語，今涵芬樓印本是也。據跋，所采調生校，係用觀古堂覆本，然則亦未見道光刊。宛委堂本最善，惠、黄、徐三校多與同者，當出一源。但仍多漏略，調生更取他書參之，如卷上張平子作歸田賦「俯釣長流」，各刻本、鈔本作「俯瞰清流」，今依文選原文。卷下莊子言蹈水有道曰：「與齊俱入」，各本齊皆誤濟。按陸德明釋文引司馬彪注云：「齊，回水如磨齊也」，蓋與臍同。自古夷狄亂華條，結句「禄山、元昊」各刻本鈔本昊皆作海。按元海身未被弑，不可與禄山並言，且此敘於禄山後，應作昊爲是。劉原甫廷試第二，各刻本、黄鈔本，二皆作三。按原甫登第，實第二。漢末五斗米道條「然孫恩入會稽，其子凝之爲内史」，各刻本、黄鈔本皆以孫恩作盧循，内史作太守，今據晉書王羲之附傳改正。凡此諸條，宛委堂本固皆不誤，無須雜引他書以訂正，爲夏氏所舉。然於此一則，可知校書之必多備衆本，一則旁證博考，正示人以活校之法也。卷上歐陽氏子孫奉釋氏甚衆條「所謂顓華嚴者本之高第」，第當作弟。夢子瞻亦好言神仙條，夢當作蘇。此則明係誤刻而未及校改。甚矣校書之如埽落葉也。舊爲吾吳潘介祉、山陰傅懷祖遞藏，介祉原名念慈，字叔潤，號玉荀。諸生。議敘員外郎。與兄介繁字椒坡者同好藏書，多善本。懷祖字星槎，寓吳最久，著有灌園文稿，子豫利，一名芉，字叔和。能守其業。

有「古吳潘介祉叔潤氏收藏印記」朱文方印，「叔潤藏書」朱文方印，「古吳潘念慈收藏印記」朱文方印，「潘叔潤圖書記」朱文長方印，「潘印介祉」白文方印，「玉荀」朱文方印，「山陰傅氏」白文方印，「灌園藏書」朱文方印，「傅」字朱文圓印，「懷祖印信」白文方印，「星查長壽」白文方印，「五湖長私印」白文方印，「傅印豫利」白文方印，「叔和」朱文方印，「愛日齋藏書印」白文長方印，「傅華之印」白文方印，「叔和」朱文方印，「山陰傅華收藏圖書」朱文長方印，「山陰傅華蓼齋收藏經籍金石書畫印記」朱文方印。

志雅堂雜鈔二卷 一册

宋吳興周密撰。清乾隆、嘉慶間仁和余集手寫刊本。

公謹此書，說郛及四庫本作一卷，學海類編作十卷，此刻及得月簃、粵雅堂兩叢書均作二卷，不過分卷偶異耳。余秋室手寫付梓，每半葉十行，行二十字，無序跋。祇末有摹刻「余氏」二字葫蘆印。所據本，間有脱字，則留空闕，偶有雙行附識語，殊見謹飭。秋室乾隆丙戌進士。翰林院侍讀。故工書，似松雪翁。佳槧不可多得，故得月簃粵雅堂重刻時，皆未見也。又寫刻元好問續夷堅志，亦罕傳本。卷中所記，皆爲訪書求畫，與一時名士如鮮于樞、趙孟頫等相往來，與雲煙過眼録同。袁栫謂草窗以賞鑒游名公間者是也。吾友夏臞禪承燾撰草窗年譜，據卷上記趙孟議家長生螺云：「余既載之野語矣」，謂「此書當成於齊東野語之後」。卷下記己丑七月二十五日及閏十月二十一日訪王子慶爲全編紀年之始，或即着手於至元二十六年，然則卷上之「乙丑閏十一月二十一日至王子慶家見一鏡」，卷下「乙丑六月二十一日同伯幾訪喬仲山運判觀畫」三條，爲咸淳元年事，當係追記。惟趙翼陔餘叢考稱：「草窗於賈似道曾否造膝雖不可考，然癸辛雜識内凡及似道者，無不寓迴護之意，且立論多爲似道訟寃，想平日亦嘗受似道之盼睞故耳。區區感恩知己之私，本欲爲所附者彌縫掩覆，而不知欲蓋彌彰，并自露其攀附之迹。」則大不然。譚瑩代伍崇曜跋，據此書「江上奏功」、「祭器銘刻」、「奇奇集」三條駁之。李慈銘又據「論道學」一條，謂趙不樂成人之美。臞禪又徵之齊東野語卷十六多藏之戒條載其籍没之富，卷十七咸淳三事條載襄陽失守時，優待學舍以邀士譽。又景定行公田條、景定彗星條比公田流毒爲隋鑿汴渠。卷十八長生酒條記其報私怨，尤以卷十二賈相壽詞條譏時人壽詞爲諂詞囈語。卷十五龜谿二女貴條并記其母之醜行，此豈感恩知己者所敢言？而胡應麟詩藪五亦謂草窗嘗爲賈似道客，悦生堂法書名畫悉見之，不知何據。後人幾與廖瑩中狎客並論，不其誣歟？凡此有關草窗志事，故附辯之。

艮峯日記一卷 一册

清蒙古倭仁撰。吳縣王氏抱蜀廬鈔稿本。

艮峯此記，自四月初四日起至十七日止，而不題年。考十一日記云：「聞芝齡師凶耗。」芝齡爲山陽李宗昉字。梅曾亮撰宗昉墓碑云：「卒於道光二十六年。」則此記作於是年可知。據清史稿本傳，艮峯於道光二十四年任大理寺卿，至二十六年尚未遷調。故十四日記云：「刑部會審」，蓋以大理寺卿，與刑部堂官會審案件也。艮峯與曾國藩、李棠階、何桂珍、吳廷棟、竇垿等以講求宋儒理學自許，日記亦不免浮膚之論。有朱琦識語，頗見攻錯。琦字伯韓，臨桂人。道光十五年進士。官御史。亦學宗程、朱，著有怡志堂集，清史稿有傳。末有周昺潢跋，其人待考。

脩閒居士日記不分卷附潛園隨筆三十八册

清秀水王偉楨撰。手稿本。

王父仙根公手書日記，曰趨庭日記七册，起光緒四年戊寅元旦，訖六年庚辰正月廿四日。吾家自同治三年，王父奉曾王父敬齋公由盛澤鎮遷居蘇城鈕家巷，割舊顧氏鳳池園之半，擅花木之勝，奉親養志。本生曾王父支下亦聚居焉。先是，曾王父日有所爲，必書之筆記。至是年已篤老，傳家於王父，繼志述事，亦記於册，曰苫次日記一册，起六年庚辰二月十二日，訖八月廿四日。曰廬次日記一册，起八月廿五日，訖歲終。曰廬墓日記一册，起七年辛巳元旦，訖六月晦日。曰廬側日記二册，起八月朔，訖八年壬午六月晦，皆居曾王父喪時所記。自視含以訖脩墓，必恭必敬。曰西湖遊記一册，起壬午七月朔，訖歲終。是年七月挈大伯父及先父赴杭秋試，試畢即歸。題曰游記，實家居爲多。曰潛園日記五册，始九年癸未元旦，訖十一年乙酉七月廿七日，皆家居時記。曰遊杭日記一册，起乙酉七月廿八日，訖十二年丙戌二月晦，乙酉秋仍率子姪赴杭秋試，試畢即歸，亦家居爲多。曰潛園日記六册，起丙戌三月朔，訖十五年己丑十月晦，皆家居所記。曰衣德遷居一册，起己丑十一月朔，訖十六年庚寅六月晦。吾家遷蘇已二十七年，丁齒日繁，所居漸不能容。王父乃别卜新宅於西花橋巷，外王父吴公子實寳恕顔其堂曰衣德，於十二月朔日遷入焉。曰衣德日記二册，起庚戌七月朔，訖十九年壬辰五月晦。曰消暑日記一册，起壬辰六月朔，訖二十年癸巳二月晦。曰潛園日記一册，起癸巳三月朔，訖十一月望。曰圍爐日記一册，起癸巳十一月十六日，訖二十一年甲午七月晦。曰望霓日記一册，起甲午八月朔，訖二十二年乙未五月晦。曰追暑日記一册，起乙未閏五月朔，訖二十三年丙申八月望。曰有秋日記一册，起丙申八月十六日，訖二十四年丁酉三月晦。曰脩閒日記二册，起丁酉四月朔，訖二十五年戊戌二月晦。曰長春日記一册，起戊戌三月朔，訖五月初五日。王父即於是月十四日即世，年五十有九。曰潛園隨筆一册，爲戊戌正月閲陸文衡嗇菴筆記，欲效其分類，以補日記所未及，立爲第一册，僅十餘則，蓋未成書也。王父於咸豐八年戊午，以輸饟，得賞舉人、内閣中書。惟素無宦情，不樂就職，家居奉親，一門孝友，睦婣任卹，惟力是視。隱於貨殖，家稱饒給，而儉約自持，不違儒素。所與交游，多一時鉅人長德，下至販夫走卒，亦莫不加之恩義。葉菊裳先生昌熾稱爲「宅心寬厚，聖門之所謂善人也。造詣不言而躬行，漢世之所謂長者也」。日記三十八册，歷時二十一年，雖皆布帛菽粟之言，而自戒以儆後者，無不親切核要，兼可以覘一時吴門風俗，士夫燕游之略。王父素工書，菊裳先生譽爲如潛虬幽媚，姿態横生。此三十八册者，雖若不經意，而可以徵所譽之不虛。至其畸行懺德，有菊裳先生奇觚廎文集所載墓志銘在。吳江鈕麗江齡善寫真，館我家久，所貌王父極肖似，於他帙中得之，謹裝於首。

蟫廬日記不分卷 四册

清秀水王祖詢撰。手稿本。

曾王父敬齋公、王父仙根公各有日記數十册，一生之言行咸萃焉。我父繼之，不幸年僅中壽，齎志而歿。不肖纔七齡，遺書零落。及長，得題望雲廬日記者一册，起光緒二十五年己亥十月朔，訖二十六年庚子七月十九日，時距王父之喪，甫期又四月。家務紛繁，亟待料理，殊有盤根錯節之勞。曰受福富昌鏡室日記者二册，其一册起三十一年乙巳六月朔，訖三十二年丙午正月十八日。又一册，即重録上册，續記至閏四月晦。先是我父以辛卯優貢，壬辰朝考用知縣，故於乙巳六月廿一日赴京謁選，未遇。於九月十四日抵家，十一月大伯父惕安公祖錫迎養大母於福建將樂縣任所，我父侍送至滬，即再赴京。至翌年閏四月，均寄居滎陽姑母家。時表兄潘省安承謀官舍人，在京也。中於乙巳十一月十七日，有記云：「購日本刀即倭刀是也。給隆兒佩玩，望其他日殺賊立功。」余原名大隆，時年僅五齡，距今忽忽一周甲，老大無成，有負期望，讀之不覺愧汗無地。曰二十八宿研齋日記一册，起丙午五月朔，訖三十三年丁未正月十日，仍在京候選。六月廿三日選授湖北通城縣知縣。七月廿六日抵家，十月三日赴鄂報到。謁鄂督張之洞，面諭先赴日本考察政學，十二月初五日抵家，丁未春料理東渡，有東瀛考察日記。曾繕清本呈督署，而原稿竟失。是年秋初赴任，整裝待發，忽沾時疫，竟至不起。嗚呼痛哉。所記雖多爲日常酬應，然於整官常，創新政，興女學，重體育，蓋三致意焉。間亦載及遺聞逸事，有資掌故。如山東巡撫毓賢伏法時，自挽聯三。一曰：「臣罪當誅，臣志無它，念小子生死光明，不似終沈三字獄；君恩我負，君憂誰解，願諸公轉旋補救，切須早慰兩宫心。」一曰：「報國盡孤忠，那惜這一腔熱血；持身全大節，只落得兩袖清風。」一曰：「臣死國，妻妾死臣，誰曰不宜？最堪憐老母九旬，嬌女七齡，耄稚難全，未免致傷慈孝治；我殺人，朝廷殺我，夫復何憾，所自歎奉君廿載，服官三省，涓埃無補，空嗟有負聖明恩。」蓋毓之妻妾預約同殉，後一妻二妾，送其臨刑後服藥自盡。故聯語云然也。至張之洞鄂省所製聯，如銀幣局云：「楚國以爲寶；天用莫如龍。」黄鶴樓云：「昔賢整頓乾坤，締造皆從江、漢起；今日交通文軌，登臨不覺亞、歐遥。」織布局云：「布衣興國；藍縷開疆。」貢院門額云：「惟楚有才。」則他人筆記間有載及者。先父事跡，吳縣志流寓有傳，甚略。吳縣曹叔彦師元弼、侯官高穎生先生向瀛皆爲撰傳，惜未付刊。

世説新語三卷 六册

明萬曆己酉周氏博古堂重刊嘉靖乙未袁褧嘉趣堂本。

周氏博古堂疑是明時書賈，此書於袁序末綴「時萬曆己酉春周氏博古堂刊序畢」十四字，殊爲非體。

袁本雙闌，此已改作單闌，或爲省工計。目録末高氏緯略一則，後下方有「毛氏金亭」四字，當爲刻工，位次亦不妥。四庫總目提要云：「自明以來，世俗所行凡二本，一爲王世貞所刊，注文多所節删，殊乖其舊。一爲袁褧所刊，蓋即從陸游本翻雕者，雖板已頑敝，猶屬完書。」是四庫著録，即袁刻本。袁刻板片，後歸同邑王氏，於序目後增刊「得板重印」一行，故有刓敝之本。從知袁本風行歷時八十餘年，自有重刻之需要。故孫星衍平津館鑒藏書籍記及孫氏祠堂書目内編、繆荃孫藝風藏書記、葉德輝郎園讀書志均以此著録。蓋袁刻傳世已罕，得此不啻虎賁之與中郎也。惟袁本鐫刻精美，賈人往往去首序及牌記，僞作宋本。丁秉衡先生云：「辛亥初夏，揚估邱姓得一宋本，由震在廷介紹與鐵寶臣將軍，據云尚是宋時印本，極精。後晤繆藝風，言鐵所得乃袁刻初印本耳。賈人善眩有如此者。」真宋本今惟日本有之，曾付影印，吾國流傳不多。秦曼青、吳眉孫欲爲摹刻而未成。此本昔年見於來青閣，因首爲妄人移置「劉須溪先生注世説新語」補扉葉，書跟亦據以誤書，主人遂不重視，以廉值得之。與鐵寶臣之以重值得贋鼎事適相反，亦可喜也。有「韞輝齋圖書記」朱文長方印，「賨米齋藏」、「槐蔭堂藏」、「西郇讀書」白文三方印，「李文漢印」朱文方印，「西郇小隱」、「趣冷人間之軒所存」朱文二長方印。

嵇中散集十卷 一册

上海涵芬樓景印明嘉靖乙酉吳縣黄省曾南星精舍刊本。吳縣王欣夫據明長洲吳寬叢書堂鈔本校。

匏庵叢書堂鈔本，源出宋槧，中有朱墨校字，末有黄蕘圃三跋。今藏北京圖書館。一九三一年十月訪徐積餘姻丈於圖南里滬寓，見有據校黄省曾刻本者，因借歸傳録。近時魯迅於嵇集校勘最精，亦據吳鈔校黄刻，云：「舊校不知是否真出匏庵手。要之蓋不止一人，先有墨校，增删最多，且嘗滅盡原文，至不可辨；所據又僅刻本，並取彼之譌奪，以改舊鈔。後又有朱校二次，亦據刻本，凡先所幸免之字，輒復塗改，使悉從同。蓋經朱墨三校，而舊鈔之長且泯絶矣。」案匏庵卒於弘治十七年甲子，下距嘉靖乙酉黄刻二十一年，安得預據刻本以校，其出於後人之手明矣。原有無名氏庚子六月記於顧南原之味道軒一跋，時在康熙五十九年，已稱匏庵親手改定，蕘圃亦謂匏庵手自讎校，皆屬影響之談，得魯迅之説而大明。是吳鈔優處在存宋槧面目，反因有校而減色。若僅據傳校本，固不能明晰若是也。

所見叢書堂鈔本，多有匏庵手書首數葉，字作東坡體，精湛奪目。余昔從韓氏讀有用書齋得其手鈔陸士龍集亦然，後以貧不能久留，以歸張芹伯。惜當時未經校出，俾與此並存典午兩名集。讀蕘圃跋，記汪伯子其人，知浙籍而寄居吳門，厥號念貽。惠松崖曾館其家，朱秋崖乃其妻姪，亦好古之士。案錢警石記兩漢書校本附李敬堂跋何義門校本後漢書云：聞吳門汪君念貽盡得義門書塾善本，蓋先生門人沈丈冠雲下榻汪氏所留遺也。余嘗見松崖與伯子尺牘數通，皆言借書事。又有一通致沈果堂者，時松崖薦舉經學入京應試，商請果堂庖代館事，並知伯子亦爲其字，而名則不可考矣。

陶淵明集十卷四册

明嘉靖二十七年戊申應山傅鳳翱九江郡齋覆宋刊本。

首梁昭明太子統序，次傳，次總論，次目録，末附録靖節先生誄、北齊陽休之序録、宋朝宋丞相私記、書靖節先生集後。末有「治平三年五月望日思悦書。紹興十年十一月書」兩行，每半葉九行，行十八字。白口。板心下有刻工姓名。詩文句下略有箋釋，間采東坡、山谷、趙泉山、韓子蒼、湯東澗、張縯、胡仔諸人之論，附於詩文後。每卷末有「詩若干字，注若干字」兩行。殷、敬、徵、真、竟皆闕筆。原有晉陵華雲序，九江府知府王廷幹跋，今佚去。蓋書賈取以僞作宋槧者。案華序云：「嘉靖戊申，大中丞傅印臺刻於九江郡齋。」今考江西通志職官：「傅鳳翱字德輝。湖廣應山人。嘉靖癸未進士。巡撫江西右僉都御史。嘉靖二十五年任。」蓋即其人。稱印臺者，猶稱柏臺、銀臺，非其字也。戊申爲二十七年，翌年繼其任者則爲張時轍矣。邵章增訂四庫簡明目録標注誤爲跋者王廷幹所刊。序又言「取宋蔣氏本翻雕」。案郡齋讀書志陶集十卷者，北齊陽休之編，休之本出宋庠家，此本有陽休之序録及宋庠記，其源可考。末有治平、紹興題記兩行，則爲紹興重刊治平本亦可知。今蔣氏本不可見，有此覆本，無異蔣本猶存。明刊陶集甚夥，當推此爲甲。惜傳本亦希，偶見藏書家著録耳。據印記，歷藏明海鹽鄭曉、履準父子凝雲樓，清張惟赤涉園，海寧陳鱣向山閣，惟鄭曉父子不載葉氏藏書紀事詩，案曉字窒甫，號淡泉。嘉靖癸未進士，官至刑部尚書，贈太子少保，謚端簡，明史有傳。履準字叔平，曉次子，以蔭歷順天治中，擢南刑部郎中。其藏印皆甚鉅，凝雲樓一印，幾及三寸，開卷赫然照目。

先君次歐公有宋槧陶集，光緒末以知縣籤選湖北，時南皮張之洞督鄂，欲招入幕府，相與譚藝甚樂，先君因以爲贈，别製香楠櫝，而留其舊櫝於家。余兄弟欲别求一宋本，數十年不可得，僅得此覆宋本，因將先君舊題籤粘於册首，敬鈐名印，而仍以舊櫝盛之，非敢以魚目混珠，觀者弗疑焉。

有「淡泉」朱文長方印，「大司寇章」朱文大方印，「凝雲深處清暇奇觀」朱文大長方印，「海瀕逸民平泉鄭履準凝雲樓書畫之印」朱文大方印，「雷ㄅ之印」白文方印，「頓首」朱文方印，「涉園」朱文長方印，「宋本」朱文腰圓印，「繧讀」朱文長方印，「海寧陳氏向山閣圖書」朱文方印。

樊川文集二十卷外集一卷别集一卷 六册

唐京兆杜牧撰。清光緒丙申宜都楊氏景蘇園影宋刊紅印樣本。楊守敬手校。

宋槧藏日本楓山官庫，星吾於癸未四月影摹一本而跋之，丙申交黄岡陶子麟鋟版。是年成都楊壽昌宰黄岡，以版歸之，加一序於首，言爲其所刻，而扉葉則仍題「景蘇園景宋本」。壽昌字應南，號葆初。先爲星吾刻景蘇園帖，蓋亦好古士。此爲朱印樣本，星吾精心校勘，卷六至卷十，手迹宛然。亦有他人代書者。所據爲牧之自書張好好詩墨迹、明朱一是本、景宋本、舊本唐文粹、文苑英華、唐詩紀事、通鑑考異、唐音戊籤、全唐詩、馮集梧注本等，於顯然謬譌者，已用墨筆描改。如裴延翰序末闕「至於裁判風雅」以下兩行，據文粹補完，餘則遍識眉端，幾近千條，似當時欲爲校勘記附後者。今傳本不但無校記，并描改者亦未剜補，雖曰影宋，實未盡善。而星吾研核之功，悉存此本，幸未淪失。宋本之善，首有星吾長跋言之綦詳。王重民已輯入日本訪書志補，其駁正四庫提要之誤者，余嘉錫亦采入四庫提要辨證。兹將所校案語隨摘數條。如卷二送國基王逢詩：「羸形暗去春泉長。」校曰：「羸，文苑舊本作羸。魏志曹爽傳：『李勝詣宣王，宣王稱疾困篤，示以羸形。』應瑒弈勢『羸師延敵，一乘虛絶，歸不得合，兩見擒滅，淮陰之謨，拔旆之勢也』。宜作羸。」卷四題籌筆驛，校曰：「全唐詩載殷潛之題籌筆驛詩，正此詩也。馮本列之杜和殷詩題注中，當於題下添注『殷潛之原作』五字。」卷五罪言「牧不當官，言之實有罪」。校曰：「朱本實下有注云：『一作實言之。』文粹、文苑同。文苑注：集作『言之實』。足證此本爲彭叔夏所見，真宋本也。」又「自元和初至今一十九年間」。校曰：「一，文粹、文苑作二，朱作一。案，唐書李聽敗在太和末，作二是。」又「下博敗」注：「杜牧良。」校曰：「文粹作『杜良叔』，文苑作『杜叔良』。案，王庭湊傳作『杜叔良』，是。」原十六衛「自貞觀至于開元末，百五十年間」。校曰：「五，文粹作三，朱作五，文苑作三，注：『集作五，非。』按自貞觀元年丁亥至開元二十八年辛巳，正一百一十五年，然則三、五字皆誤，當作『百十五年』」。又「事五强寇」。注：「奚、契丹、吐審、雲南、犬石國。」校曰：「審，文苑作番，犬，文粹作大，朱本無犬字。案唐有石國，有大食國，與唐皆無爭戰。當以吐谷渾易之。」卷六燕將録「趙人獻城十二」。注：「德州管平原、安陵、長河，棣州管厭次、商河、陽信、蓨、平昌、將陵、蒲臺、渤海。」校曰：「商河，文粹、文苑俱作滴河，據唐地理志，滴河屬棣州，宋改爲商河。按元和郡縣志，德州管安德、平原、平昌、將陵、安陵、蓨縣、長河七縣，棣州管厭次、滴河、渤海、陽信、蒲臺五縣。共十二縣。此注少安德一縣，又誤以蓨、平昌、將陵屬棣州。」卷八唐故岐陽公主墓志銘「後爲大司徒、京兆尹，鳳翔節度使」。校曰：「文苑作大司農，注『集作徒，非』。按舊唐書累遷至司農卿，轉京兆尹。農字是。」卷八李府君墓志銘「以某年月權葬於義興縣某鄉里」。校曰：「義，文苑作宜。案唐志，常州有義興縣，宋始改爲宜興。文苑非。」裴君墓志銘「窮居鄠縣」。校曰：「鄠，文苑作鄂。案漢鄠縣，廢于隋。唐有鄂州，無鄂縣。」卷十一上李太尉論江賊書「今若令宣、潤、洪、鄂各一百人」。校曰：「案上四州一軍只八百人，下言一千二百人，疑上有脱漏。又下云出五道兵，疑四州各一之一字，係二字之訛。」卷十三上宣州崔大夫書「見其去之沓天」。校曰：「字典、篇海沓，輕禮切。明星也。與此文義不協。案揚雄羽獵賦『天與地相連合也』。又説文『語多沓沓，若水之流』。二義俱協。宜改刊作沓。」卷十四沈公行狀「由是出爲湖南觀察使，兼御史大夫，凡二歲，轉爲」。校曰：「文苑轉爲下注：『此下諸本並同，疑有脱逸。』案舊唐書，沈傳師出爲湖南，入爲尚書右丞，出爲洪州，轉宣州。」卷十五爲中書門下請追尊號表「健馬倅卒」。校曰：「倅，説文副也。疑是猝。説文『猝，犬從艸暴出逐人也。』玉篇言『倉卒暴疾也，突也。』」卷十六上李太尉論北邊事啓「白髮驪騂之騎」。校曰：「髮疑作髤，周禮春官巾車『髤飾』，注：『髤，赤多黑少之色。』」卷十七盧告除左拾遺制「無事遜言」。校曰：「言下文苑有「景宣與楊，皆有才幹，糾繩大府，贊佐兵部，各宜勉力，以酬知己」二十四字，當係輯此集者删去。」外集宫詞二首「更取丹沙試辟宫」。校曰：「辟當作壁，李商隱詩『巴陵夜市紅守宫，後房點臂斑斑紅』。本草一名壁宫。」閨情代作「佳人力杵秋風外」。校曰：「力，全唐詩作刀，案禮坊記：『食時不力珍。』注：『力，務也。』司馬遷傳『力誦聖德』。注：『力，勤也。』力是。」隋苑注：「一云定子，牛相小青。」校曰：「全唐詩題注『一作李商隱詩』。題云定子，青，疑當作妻，案元史盧師谷小青，蛇也。本草：小青，三月生，花蘂也。郝經詩：『大青、小青皆迴頭』，馬也。均不合。」就此十一，可概其餘。誠爲樊川集至善之本。涵芬樓四部叢刊所據爲明翻宋本，惜未見此校記也。

一老菴遺稿四卷文鈔不分卷 二册

明長洲徐柯撰。吳縣王氏學禮齋鈔本。

余先從吳興劉氏嘉業堂傳鈔陳仲魚跋一老菴文鈔。據雍正丙午吳茂秦跋，謂「遺詩四卷，鄭季雅刻之」。訪諸藏書家，均未聞焉。一九四一年春觀書於張君芹伯之適園，獲見鈔本，字體方正，似從刻本影鈔者，亦有仲魚藏印。喜二書之析而復合，亟借鈔印入辛巳叢編以傳。劉氏藏本，後亦歸余，已具前録。貫時詩體格近温、李，而才氣縱横，情致纏綿。沈歸愚國朝詩別裁集舉其寄小婦詩：「香能損肺熏宜少，露漸沾花摘莫頻」句，謂傳誦一時。張南山詩人徵略亦録其佳句。世傳貫時與俟齋兄弟參商，仲魚跋謂當時有「昭法不入城，貫時不出城」之語。近羅氏振玉撰俟齋年譜，又廣徵諸書以實之。今案詩稿有過東朱草堂戲題注：「家孝廉新居也。」又有新春策欵段過澗上草堂風雨留三日歸後却寄六首，注：「余新年恰四十一。」考俟齋長貫時四歲，則時年四十五，爲康熙五年丙午。第一首云：「蕭爽山扉幽澗瀕，經過百遍不辭頻。」第二首云：「即目風光又一年，今宵觴詠倍悠然。」注：「余客春是日飲梅花下。」第六首云：「絶知孤子鉤神異，遺伴中丞五色輝。」注：「家孟有五色定窰水，中丞云默泉所贈，余以漢鉤截作水匙配之。」可見兄弟非絶不往來者。惟於第五首有云：「大抵妻兒添惱怒，轉憐兄弟少歡娛。」則可知所傳兄弟隔閡，不無根據。讀田孺人小傳，可知其概。蓋貫時以宦家子，少年時，縱情於聲伎裘馬，不自檢束。至使媵妾竊資，逆子逐父，家庭多故，變出非常。卒至叩門乞食，簞瓢屢空，窮困無聊之際，於是侵佔攘奪，無所不爲。俟齋清貧自守，其何能堪。及其卒也，甚至重修宿怨，矛戟森然。或亦力不暇顧，視同陌路，枉言手足之情。而與楊易亭書對乃兄所欲托孤寄命者，斷斷以三事嚴質。末一事，因易亭筆録日記中，有「俟齋身後，有集矢於孤寡」一語，而施以詰責。反足證其身有遺行，欲蓋彌彰。此詩文稿爲羅氏所未見，可補年譜者甚多，周子絜茂藻爲小啓募金葬俟齋父子，其文年譜亦不載。余友蔣蘇龕藏清流種卷子，今附録其文於此，以免散佚。

清流種　繆彤題

謹啓

俟齋徐子，勵西山之節五十餘年，全受全歸，誠海内之清流，先朝之遺逸也。去秋易簀，家徒四壁，室有雙棺。

招楊子震伯入山，以寡媳孤孫，拜託楊子，六旬貧士，數月以來，舍其下帷之業，匍匐山中，綢繆拮据，既同范伯之撫棺，兼類程嬰之存趙，可謂不媿死友者矣。然將來窀穸之事，爲力維艱，而孤寡來日正長，尤不可不預爲之計。敢告同心，共申將伯。俾俟齋早於入土，而令子觀成向教孝行，亦得從厥考以歸骨於九原。稍有所羨，留爲異時饘粥之藉。在俟齋清節自矢，在天之靈，原無冀乎此舉；而好義者麥舟之助，百世美談，可使後日西華，無練裙之泣，此尤屬吾黨之光也。且楊子既獨爲其難，豈吾黨不共圖其易？余世事絶無所與，而獨念故交零落殆盡，余得以衰廢僅存，今俟齋又先我逝矣。昔昌黎爲馬繼祖銘，以哭其祖孫三世爲痛。余於俟齋有同感焉。且亦料懿德之好，定不孤也。故不靳身爲之請，而當世之仁人君子聞之，知必有慷慨而樂從我者。八十五老人周茂藻拜啓。

山靜居遺稿四卷二册

清石門方薰撰。嘉慶癸亥子廷瑚刊本。

首揚州阮元序。山陰徐聯奎傳。末子廷瑚刻成志感八章。

薰字蘭坻，號樗菴。布衣。少耽繪事，家故儲書畫，慮父知，輒篝燈帷帳中，擇古人名繪臨摹之。久而燈焰之氣，灼于衾枕如潑墨然，藝乃益進。久客桐鄉金鄂巖桐華館，與武進趙味辛、歙鮑以文、錢塘奚鐵生等交稔。工詩，蘊藉深厚，無志微噍殺之音，與劍南、遺山諸體爲近。著有山靜居畫論，鮑淥飲刻入知不足齋叢書；山靜居詩話，蔣生沐刻入別下齋叢書。阮雲臺定香亭筆談云：「蘭坻山水花卉，得宋、元人之秘法。同時錢塘奚鐵生亦以山水花卉擅絶武林。斯時浙東、西求一鼎足者，不可得。又工詩，録其白鵠篇等若干首，王述庵蒲褐山房詩話云：「東南布衣能詩者，自李客山後，蘇州張崑南、沙斗初，吾松翁石瓠，而嘉禾爲方蘭坻，能畫，尤工蘭。性情和雅，翛然自得，故稱其爲隱君子也。」郭頻伽靈芬館詩話云：「蘭坻五言古體，深厚淳古，有漢、魏、盛唐之精微而無其面目。一時詩人未能或之先也。生平多病，又以齾齒半人，遂絶意科名，賣畫自給。然其意恉時時流露，讀秋夜不寐、歲晏感懷二詩，懷奇負氣，清介孤高，概可識矣。」秦祖永桐陰論畫云：「書法河南，詩詞閒淡。」此遺稿四卷，爲子廷瑚募資付雕，雖刻劣墨瀋，而極不易得。中有闕葉，亦無從鈔補。往年與仲兄蔭嘉發興搜集畫家詩詞，獲此詫爲奇遇。劉君公魯曾假讀，故有其印記。

星湄吟稿六卷附真義十景詩 一册

清崑山徐傳詩撰。新陽趙氏峭帆樓鈔本。趙詒琛手校。

傳詩字韻岑，號西亭。嘉慶辛酉歲貢生。健學從曾孫。昂發從孫。

崑山之鎮曰真義者，以地有落星石古蹟，故亦名星谿。傳詩家於此，所居曰星湄草堂。先是從祖昇初輯有星谿志略，傳詩復裒集見聞作續志，故熟於其地人物掌故。是稿卷四爲真義詠事詩一百七首。一人一事，爲斷句志之。蓋其系念桑梓，網羅散佚，即人物傳、風土紀之變例，而出之以韻語。其中名士列女，枚舉類載。而述祖德，賦停雲，考池館之荒基，風流之軼事，小大并識，可信可徵。與其族人裕焜之馬鞍山懷舊詩同爲一地之詩史。至其詩之工，則嘉定王鳴盛謂「風格天分之妙，依希可繼高季迪，温麗處闌入西崑佳句」。蓋定評也。傳詩又著星湄詩話，援引故實，頗詳覈。學南已重刊入峭帆樓叢書，一九一八年春，又鈔藏此詩稿，而朱筆手校其誤字。於鄉里文獻，可謂蒐之勤，而好之篤矣。

有「崑山趙詒琛號學南印」白文方印，「趙學南劫後藏書」朱文方印。

癸巳類稿十五卷八册

清黟縣俞正燮撰。道光十三年南通州王藻求日益齋刊本。吳縣王欣夫臨作者校補定本。

理初之學博而且精，悉見於癸巳類存兩稿。類稿先刊，王菽原序與徐卓字犖生者並稱。徐舉進士，著有經義未詳説，今其書既不經見，人亦罕知其名。理初雖春闈報罷，而經學考據，卓然千秋，孰得孰失，固不言而喻。至其書内容，則汪梅村感知己贊云：「八儒三墨，九流百家，裒非一掖，蜜本羣葩。」李蒓客越縵堂日記云：「皆經史之學，間及近事紀載，皆足資掌故。」尤能道其真際。當類稿付梓時，理初年五十九，而卒於庚子。此七年中，讀書益多，學識益進，取刊本校其譌，補其闕，簇簇眉端，不下數百條。於此可見學問之無窮，而虚懷之可法。今之人草率著書，侈然自足者，可以儆矣。手稿向藏其鄉胡元吉家。一九三三年五月，余於徐積餘丈處見之，亟假歸手録。後丈輯安徽叢書，因慫恿印入，庶不没其苦心。至存稿十五卷，經張石洲校訂，刊入靈石何氏連筠簃叢書。繆氏藝風藏書續記有賸稿一卷。據胡荄甫跋，謂係「石洲所删，積精、魏新字等十六篇，惜不得鈔附並傳」。惟賸稿附理初與葉潤臣函云：「癸巳存稿三册，竟留尊處。弟攜另寫本去，冀有所增益」云云。然則存稿亦當有後定本，今不知所歸矣。

文心雕龍十卷 二册

明隆慶己巳魯藩三畏堂覆弘治甲子郴陽馮允中刻本。清康熙辛丑觀河老人臨長洲錢允治、常熟馮班校並跋。

首隆慶三年序，每半葉七行，行十四字。第一行頂格題「高皇帝八代孫魯王三畏堂譔」。次行低二格題「刻文心雕龍序」。第三行以下低一格爲序文。序末有「魯王私寶」、「秉禮奉藩」、「三畏堂」三印。正文每半葉十行，行二十字。上下大黑口，雙闌，上魚尾下書名、卷幾，下又有上下魚尾，中著葉數。考明史諸王世表魯藩恭王頤坦，嘉靖三十年襲封。萬曆二十二年薨。傳稱有孝行，捐邸中田湖贍貧民，辭常禄給貧宗。前後七賜璽書嘉勞。此書序題隆慶三年，即頤坦所刊也。阮華山所藏宋槧，世已無存。朱氏結一廬書目有元至正十五年刻本，今亦不知所在，祇有黄蕘圃臨校本。弘治甲子監察御史郴陽馮允中刊於吴中者，見都穆跋，已希似星鳳。涵芬樓輯四部叢刊，遍徵海内藏書家，所得嘉靖本耳。據此本序云：「先御史郴陽馮君已序之矣，余讀而愛之，命工翻刻，以廣其傳。」是雖後於嘉靖，猶爲弘治馮本真面目。又從不見於古今收藏家目録，可謂海内孤帙。朱黄二色筆，據末跋，爲康熙時觀河老人臨錢功甫、馮定遠校。

中有曰「楊增」、「謝據」、「孫云」、「曹有」、「梅本」者，楊慎、謝兆申、孫汝澄、曹學佺、梅慶生也。當據萬曆梅慶生音注本，隱秀篇逸文已補入。紀昀以永樂大典校之，明爲僞撰。近黄侃又考張戒歲寒堂詩話引「劉勰云：『情在詞外曰隱，狀溢目前曰秀。』」此真隱秀篇之文。今本既云出於宋槧，何以遺此二語。然則贋跡至斯愈顯，不但考索文理而知之矣」。最爲確論。惟序志篇「齒在踰立則常夜夢」下奪三百廿二字，與萬曆七年張之象刻本同，觀河老人不知何人。俟考。近范文瀾注博采諸家，校以此本，核之可補者尚纍纍。又可謂精校善本矣。爲上海曹錫寶舊藏。錫寶字鴻書，號檢亭。乾隆三十二年進士。官監察御史。

有「檢亭藏書」、「開徑望三益」朱文二方印。

高皇帝八代孫魯王三畏堂譔

刻文心雕龍序

文心雕龍，梁通事舍人劉勰所著也。十卷四十九篇，序志一篇，先御史郴陽馮君已序之矣。予讀而愛之，命工翻刻，以廣其傳。因復爲序。夫文以載道，匪道，弗文也。而况名以文心雕龍，又用心于道者也。道之大原出于天，則始之以原道，推而六經、史傳，體裁各具其間。天地造化，物理人事，纖悉具備。信乎雕龍其心，而文之原于道者也。其視月露風雲，湓頤聱牙，信天淵之隔而朱紫之異乎？且勰七齡夢擷雲錦，踰立夢索河源，雲錦天章，觀乎天文，以察時變，則在天之成象者。文之雕龍于心，形而上之道也。河源地脉，風行水上，以涣至文，則在地之成形者，文之雕龍于心，形而下之道也。徹上徹下，禮器不離，體天地之撰，通神明之德。尚體以法經，繇言以折聖。因文以見道，信龍游天衢，神化自然者也。引伸觸類，以繼其義。勰之用心亦云苦矣。因書授徐左史，左史曰：「敬聞命矣。盍考其行事之迹。」按史，勰，東莞莒人。書成示沈約，約大重之。遂盛譚于梁苑。文士藉是爲見道之一助，其功焉可誣哉。若夫剿文詞而不本于心，刻削之技，蟲魚之書，寧不蹈宋人之弊，而興列子之歎乎？遂書。隆慶三年三月三日。

按此書至正乙未刻于嘉禾，弘治甲子刻于吳門，嘉靖庚子刻于新安，辛卯刻于建安，癸卯又刻于新安，萬曆己酉刻于南昌。至隱秀一篇，均之闕如也。余從阮華山得宋本鈔補，始爲完書。甲寅七月廿四日，書于南宫坊之新居。時年七十四歲，錢功甫記。

功甫名允治，厥考穀傳世好書，所藏精而富。今則散爲煙雲矣。余從錢牧齋得是書，前有元人一敘，極爲可嗤，因去之，而重加繕寫。其間譌字尚多，不更是正，貴存其舊云。馮彪。

康熙辛丑七月廿六日，觀河老人，年七十有七。

楊升菴先生批點文心雕龍十卷 六册

梁通事舍人劉勰著。明豫章梅慶生音注。明萬曆己酉刊，初印本。佚名手校。

慶生字子庾。黄叔琳以下各本均誤作子庚，首萬曆己酉江寧顧起元序，上元許延祖書。楷書極工。每半葉七行，行十四五字不等。第一葉板口下方有「吉安劉云刊」五字。次梁書劉舍人本傳，次楊升菴先生與張禺山公書，次校刻楊升菴先生批點文心雕龍音注凡例，次校讎姓氏楊慎等十人，音注校讎姓氏柳應芳等廿二人，次目録，次正文。每半葉九行，行十八字。錢功甫跋，數諸刻本，其曰：「萬曆己酉刻于南昌者」，即此本。而江西通志藝文詩文評類不載。楊氏圈點，原用五色筆，今刻本以◎◎等各標幟代之。楊氏校正字句外，梅氏取校衆本，五倍之。音字專用韻會，注則居各篇之後，不令本文間斷。俱詳凡例。其諸家校讎，各冠以姓，如焦竑、朱謀㙔、曹學佺、謝兆申、徐𤊹，校勘之學，均一時之選。所校大致可信。顧序稱其「手自校讎，博稽精考，補遺刊衍，汰彼殺訛。凡升菴先生所題識者，載之行間，以覈詞致。至篇中曠引之事，畢用疏明。旁采之文，咸爲昭晳」。是其書在明人著述中，尚屬上乘。乃四庫總目僅於黄叔琳文心雕龍輯注提要云：「明梅慶生注，麤具梗概，多所未備。叔琳因其舊本，重爲刪補，以成此編。」紀昀云：「黄云宜從王惟儉本，而所從仍是梅本。」盧文弨云：「他人所改，俱著其姓，唯梅子庚獨不，不幾攘其美以爲己有耶？」則梅書之長，自不當没。四庫不收，非也。此本初刻初印，極不多見。舊有朱筆句讀及校字，不具名。核之，蓋多據太平御覽所引校。

有「理詠樓藏板」朱文長印。

楊升菴先生批點文心雕龍十卷　四册

梁通事舍人劉勰著。明豫章梅慶生音注。明天啓壬戌重定刊本。

梅氏此書初刊於萬曆己酉，其後重加修訂，至天啓壬戌，已經六次。故卷一第一葉板心下方有「天啓二年梅子庚第六次校定藏板」小字兩行。而首顧起元序亦由宋穀用隸書重寫，故序末有「天啓壬戌長至日莆陽宋穀重書」一行。其書即以初刻原板剜改，故印本字口已略有漫漶。如原道第一，初板「人實天地之心生」句，此本剜去人字、生字，留兩空闕是也。又增補都穆、朱謀瑋兩跋，至扉葉題「金陵聚錦堂梓」字樣，當由金陵書坊得其板重印所加，非梅本原有。日本鈴木虎雄黄叔琳本文心雕龍校勘記收此本，逕信爲金陵聚錦堂刊，蓋未見初刻本而誤也。

楊升菴先生批點文心雕龍十卷 二册

明天啓丙寅長山姜午生刊本。

首浙上傅巖序，次姜午生序，次天啓丙寅仁和楊若序、次楊升菴先生與張禺山公書，次讎校姓氏，次目録，次凡例，次梁書劉舍人本傳，次正文。第二、三行跨行題梁劉勰撰。下分兩行題明豫章梅慶生音注。長山姜午生訂校。其書蓋據梅氏萬曆己酉初刻本。故原道第一「人實天地之心生」句仍有人字、生字，不據天啓壬戌校定本者，殆未之見耶？午生自題長山籍，楊序稱其字曰鎮惡。自序末有「五月五日」一印，蓋其誕生於端陽，故以之爲名字。其他無考。全書鐫刻甚精，各藏書家咸未著録，日本鈴木虎雄撰校勘記亦未見。傅巖字野倩。錢塘人。崇禎七年進士。知江南歙縣。朱大典駐師金華，以御史監其軍。清兵犯金華，被執，不屈死。杭州府志忠義有傳。勝朝殉節諸臣録則作義烏人。

有「枕石山人」白文、「達夫」朱文、「逸舟」白文三方印，「沈印洪禮」白文、「夢漁」朱文兩方印。

劉子文心雕龍四卷注四卷 五册

明天啓、崇禎間吴興閔繩初淩雲刻。五色套印本。

首萬曆壬子曹學佺序，次楊升菴先生與張禺山書，次閔繩初刻楊升菴先生批點文心雕龍引，次淩雲凡例，次劉舍人本傳，次校讎姓氏，次目録，卷上下各再分上下，實爲四卷。卷各一册，注則并於卷後，分卷亦同，别爲一册。題劉子文心雕龍，無刻書年月。閔、淩兩家所刻套印本，皆在啓、禎間。此當亦同時。惟此分紅、緑、青、紫、古五色爲僅見。葉德輝書林清話謂「五色套印，明人所無」。大謬。亦因未見此刻。

其書悉本梅慶生音注本。萬曆壬子曹學佺序即爲梅氏所作，或乃誤爲此本刻於萬曆，惟余藏梅氏萬曆己酉初刻，固不應有此序。而天啓壬戌重定本亦不載。不知其故，此所依梅本，當係己酉刻。原道第一，「人實天地之心生」句，人字、生字均未挖去，是其證。校讎姓氏，未增胡孝轅。案隱秀篇佚文四百餘字，元、明諸刻皆同。錢功甫於萬曆四十二年甲寅，始從阮華山宋刻補鈔，而吴壽暘拜經樓藏書題跋記載胡夏客曰：「隱秀篇舊脱四百餘字，余家藏宋本獨完。丁丑冬，復得崑山張誕嘉氏雅芭緘寄家藏鈔本，爲校定數字，以貽之朋好。」是宋刻不止一本，又有舊鈔。其隱秀篇皆無脱文。丁丑爲崇禎十年，胡氏之藏有宋刻，當在其前。夏客字子宣，爲孝轅子。家富藏書，當非妄言。然此本孝轅既參與校讎，何以曾不一及，則宋刻若不復見，終無以解作僞之疑也。

文心雕龍輯注十卷 二册

清長洲張松孫撰。道光壬寅讀味齋重刊本。吳縣王蒼虬據明萬曆七年華亭張之象本手校。

松孫字鶴坪。入貲，官至河南府知府。以治河稱。故首乾隆五十六年自序，稱「卌載宦場，一麾出守」。趙懷玉亦有生齋文集有墓志銘云：「工書，善詩。所著甚夥，或請梓行，弗許也。」不著此書名。

此據梅慶生天啓二年第六次校定本翻刻，而以黃叔琳注參合之。信筆鈔襲，毫無翦裁，變亂去取，既不明注所自，而於所據底本之漫漶處，復不知以黃本勘證，因陋沿誤，不勝枚舉。觀其序文，盛自誇張，署名僭云「輯注」，可謂不知妄作。一九三二年七月，先兄蔭嘉得明張之象刻初印本，用墨筆詳校。張本刻印俱佳，又與秦柱同訂正，秦有雁里草堂藏書，所據必係善本。每卷後列校者山人陸瑞家、太學生程一枝、鄉貢進士諸純臣、鄉貢士陸光宅、鄉貢進士張雲門、郡庠生董開大、鄉貢士楊繼美、山人蔡懋孝、山人沈荊石、太學生錢日省十人。板口有刻工張梗、陸本、張溗、顧本仁、袁宏、章扞、張敖、計山、何佯、章國華、章右之、袁宸姓名。知其慎重不苟，雖萬曆刻，而與正、嘉媲美矣。惟末序志篇亦脱「執丹漆之禮器」以下三百廿二字，與魯藩三畏堂本同。魯藩係重刻馮允中本，意其同出一源歟。

石林詩話三卷 一册

宋吴縣葉夢得撰。清道光二十四年裔孫孝培等據裔孫廷琯校本重刊。

石林本爲蔡京之門客,不免以門户之故,多陰抑元祐而曲解紹聖。四庫提要於避暑録話謂其稱京必曰蔡魯公,自其依附之實據。並歷舉諸條,深加詆諆。李慈銘越縵堂日記已條辨之。惟提要謂論詩賦一條爲王安石罷詩賦解,則原文云:「政和間大臣有不能爲詩者,因建言詩爲元祐學術,不可行。李彦章爲御史,承望風旨,遂上章論陶淵明、李、杜而下,皆貶之。因詆黄魯直、張文潛、晁无咎、秦少游等,請爲科禁。時何丞相伯通適領修勑令,因爲科曰:『諸士庶傳習詩賦者,杖一百。』或問『刑名將何所施?』伯通無以對。」據此,是石林直言其失,無所回護。不解提要何以謂其爲安石解?此書褚逢椿序亦曰:「石林卒於紹興年間,而是書不及南渡後人,當作於靖康以前。史言其因蔡京見用,乃詩話推尊蘇、黄不遺餘力,豈猶黨人碑未立時之説耶?然其論阮嗣宗附司馬氏,正論不刊,知其阿比蔡京,原非本心。較之柳子厚於王叔文則有間。而文章之淹博,才略之貫通,尤不能以一眚掩也。」皆爲石林湔雪。柳子厚事,後人亦有論之者。總之,士子立身不慎,一沾污濁,終難自白。論心略跡,不免多一層轉折耳。此書毛氏刊入津逮秘書,調生取胡仔漁隱叢話、魏慶之詩人玉屑二書所引諸條相校,以胡、魏二家皆宋人,必見詩話元本也。旁及何文焕歷代詩話、厲鶚宋詩紀事,四本互資讎勘,誤者以訂,闕者以補。或文義相近,而字句稍殊，則擇優而從。其文義皆殊，則仍兼注以備參考。此外又有單詞片語，散見他書，可證異同者，並收録之。附以拾遺。但以當時未見左圭百川學海本，不無微憾。今則百川學海宋咸淳本，陳仁子校正元刻本，説郛明鈔本，皆有傳本，當尚有異文可拾，此則時限之也。道光甲辰東洞庭山裔孫孝培、傳鈊、傳詔、傳誥、純、家壽六人同刊此一册書，各費無幾，而其先人之遺著以傳，其法最善。然必須有若調生其人者，爲之校勘提倡，始不爲徒災梨棗耳。

未編年稿卷三

李氏易傳十七卷六册

唐資州李鼎祚輯。清乾隆己卯德州盧見曾雅雨堂刊本。吳縣王欣夫臨元和惠士奇、惠棟校。

盧雅雨所刊李氏周易集解，雖曰據宋慶曆間平陽刻本校正，實經惠松崖校改，其底本我師曹復禮先生曾親見之。正誤補脱，乙衍改錯，不可勝數。故阮雲臺、臧庸堂、李蓴沚等皆議其非，而復禮師則謂松崖易學湛深，其所校改，大都推究入細，暗符古賢。是者八九，非者一二。若摭其一二，而廢其八九，烏乎可？昔年於松江韓氏讀有用書齋見松崖小門人朱秋崖邦衡手臨批校於盧本上。朱墨幾遍，多載半農先生説，有所贊演，則曰「棟案」，而自校反不多，知既用盧本，則符者什九，録時自不必重複。韓書散出，其書歸我友周君叔弢。叔弢知余好惠氏學，正輯松崖讀書記，遠道寄讀。因亦用盧本手臨一過。

案半農於虞翻説，研究最深。有舉其勝義者，如於小畜「密雲不雨尚往也」，虞翻云云，謂：「如此真善説易。」觀六四「觀國之光，利用賓于王」，虞翻云云，謂：「精當。」大過象曰「老夫女妻，過以相與也」，虞翻云云，謂：「仲翔注，此爲第一。令我心開目明。」蹇「君子以反身脩德」，虞翻云云，謂：「如此類皆巧而有理，亦確切不移。」凡若干條。亦有糾其舛誤者，如於訟九四「終朝三拕之」，虞翻云云，謂：「仲翔一味穿鑿。」咸「聖人感人心而天下和平」，虞翻云云，謂：「仲翔好改卦，不成道理。」遯六二「執之用黄牛之革，莫之勝説」，虞翻云云，謂：「改卦以就其説，此虞易之大病也。」大壯上六「羝羊觸藩，不能退，不能遂，无攸利，艱則吉」。虞翻云云，謂：「仲翔説似此皆無足取，以故其書不傳。」亦若干條。其糾李氏所輯失當者，如於乾九三「終日乾乾，反復道也」，虞翻云云，謂：「既取虞説，又不詳載而節之，殊欠明白。」坤六四「易曰括囊无咎无譽，蓋言謹也」，荀爽云云，孔穎達云云，謂：「既取荀説，又引正義，何也？」大有元亨，鄭玄云云，謂：「康成易學之淺若此，然其説見於他書，而李鼎祚取其尤淺者，所謂棄寶鼎而登康瓠也。」豫九四，虞翻云云，謂：「李氏引虞注而又改之，何也？」凡若干條。其譏宋儒説易疏謬者，如於坤六二「後得主而有常」，謂：「宋人誤讀經文，乃云文言失利字，是不知而妄爲之説也。」大過象曰「老夫女妻過以相與也」，虞翻云云，謂：「虞注朱子不取，直是看得不細，若依俗解，則過以相與，便不成道理。説出來，令人笑煞。」离「大人以繼明照于四方」，虞翻云云，謂：「乾爲寒冰，安得在南？先天圖出於道家，康節全是道家之學，朱子篤信之，殊不可解。」明夷象曰：「文王以之」，虞翻云云，謂：「虞説如此皆好，宋人羣瞽，故盡棄之。」凡若干條。蓋惠氏代傳漢學，於此可得其概。一九六二年遷移宿舍，余校本與臨松崖校論衡等數書，被鄰童竊失，恒用悵悵。今據松崖讀書記稿本疏其大略，猶冀原書復出，不終毁滅也。

儀禮管見三卷三册

清長洲褚寅亮撰。嘉慶壬申含香室刊本。

寅亮字搢升，號鶴侶。乾隆十六年南巡召試舉人。官刑部員外郎。清史稿儒林有傳。王蘭泉蒲褐山房詩話：「鶴侶少以制義名，中年覃精經術，宗惠氏之學。一以注疏爲歸，三禮折衷賈、孔，尤通喪服。」此書則專駁元吳興敖繼公儀禮集説而作。謂集説一編，自謂於鄭注之不合於經者删之，意義有未足，則取先儒之説補之；又未足，則附以己見。然爲之反復而細繹焉，其意似不專主解經，而惟在與康成立異。特含而不露，使讀之者但喜其議論之創獲，而不覺其有排擊之迹。究之，以其説深按經文，穿鑿支離，破碎滅裂，實彌近似而大亂真。又其甚者，於説有不通處，則改竄經文以遷就其辭，毋乃近於無忌憚乎？乃摭敖説之故與鄭違，而實背經訓者，一一訂而正之。王西莊序稱於敖氏「洞見其癥結，驅豁其雺霧，宛然而入，劃然以解。辨敖氏之失，而鄭氏之精乃明。抑豈特爲鄭氏功臣哉。所以欲明鄭注之精者，正爲鄭注明，而經義乃明也」。錢竹汀序舉其辨鄉飲酒記「若有北面者東上」，敖改東爲西之謬若干條，謂「皆貫穿全經，疏通證明，雖好辨者，莫能置其喙」。其書之精密可見。其後沈文起亦謂敖氏「穿鑿之黠者耳。其説儀禮大約與鄭異同參半，同者固已攘取之，而乾没其本來。異者又欲訟言之，若疑讞所自及，設陽捭陰闔之文，堅似是而非之説。使人不以爲空疏，反以爲達禮，墮其雲霧而不之覺。然有識者觀之，掊撦割裂，辟戾衡決，咿嚘歎嗚，潦倒鸁沾等諸下里僞物而已。其幸存至今，適丁厭故喜新之會，兼爲儀禮至少，學士大夫不暇治經，何從而衡其淺深得失哉？」(見書讀禮通考)蓋在元、明之際，經術荒蕪，敖氏襲王肅故智，務與鄭立異，或隱竊疏義而小變之，即成巨謬。改竄經文，以就其私，自鶴侶始發之。胡竹村儀禮正義、吾師曹復禮先生禮經校釋，於鶴侶所未及辨者，又逐條駁之，而治禮者始不爲異説所惑。顧鶴侶書成，藏諸篋笥，蘭泉深惜其後學無從津逮。至歿後二年壬子，仲子嗚𡃤出稿本乞序於竹汀，欲付梓。又閲二十年，至嘉慶壬申始成。王伯申與陳恭甫書，謂「蘇州新刻褚氏儀禮管見亦頗精實，惜剞劂稍遲，阮夫子經解内未及載入」者也。伍紫垣收入粤雅堂叢書，王益吾收入南菁書院續經解，世有其書，而原本則希若星鳳。原分上、中、下三卷，而卷上又分之一至之六，卷中分之一至之五，卷下分之一至之六，實則十七篇。篇各爲卷，無事重臺。故續經解逕作十七卷，惟原刻首有敖氏集説妄改經文摘録二葉，爲全書之綱，而續經解本去之，謬甚。鶴侶兼通羣經，著述甚富，周易於鄭注外，兼取孟喜、京房、荀爽、虞翻諸家，於春秋左氏傳則取賈逵、服虔，於公羊傳則取何休，見於西莊序。公羊何氏學久無循習者，所謂五始、三科、九旨、七等、六輔、二類之義，不傳於世。鶴侶能闡發之，世稱爲絶業(見蘭泉詩話)。然則其書皆不在管見下，惜今已無一存者已。

讀禮通考一百二十卷

清崑山徐乾學撰。康熙間徐氏冠山堂精刊。白紙初印本。

萬季野生平兩大著作，《明史稿》則代王鴻緒，此書則代徐乾學。一生精力，多爲人役。然亦資其藏書、史料，方能成書。而刊行是書之詳，已載四庫總目提要，後來沈欽韓摘其一百十四卷引明太祖實録云：「洪武四年九月丙辰，册故元太傅中書右丞相河南王王保保女弟爲秦王樉妃。時妃有父喪，上命廷臣議之。禮部尚書陶凱奏，大功以下，雖庶人亦可成昏，況王妃無服。」徐氏譏之。以爲「陶凱身爲禮臣，不能規正，三年之喪，達於天子。乃云無服，何忍言悖禮如此也」。欽韓以爲「王保保，其舅察罕養爲己子，察罕之死，在順帝至正二十二年，何爲洪武四年其女弟尚有父喪？及考太祖實録，則云『妃有外王父喪』，乃知徐氏所見之本有闕文爾。外王父之服，小功。凱所據者，大功之末，可以嫁子，不爲失禮。徐氏所見誤本，一時不能辨正。寧不知王保保爲何人，其父爲何人？而遽令一代創業之主，與其制作之臣，同受不韙。洵乎著書者不可以鹵莽，尤不可以不通史學也」。案季野於禮學本疏，喜引敖繼公説，若欲祧鄭而祖敖，蓋是書乃集言喪禮之大成，本參考資料，惟此條據誤本太祖實録，輕發議論，所失非小。獨怪季野明史專家，於洪武實録，必十讀三復，何以有此舛謬？從知著書之難，如此巨帙，豈能一無罅漏。故張錫恭喪服鄭氏學、喪禮鄭氏學，於是書亦多所訂正也。徐氏原刻槧印精美，湛然照目。白紙印者，尤屬難得。莫友芝多方覓得，以配秦蕙田等手校五禮通考，蔚成雙璧，今同在余篋。

有「莫印友芝」白文方印，「子偲」朱文方印，「劉承幹字貞一號翰怡」白文方印，「吳興劉氏嘉業堂藏書」朱文方印。

四書地理考十五卷四册

清東洞庭王瑬撰。道光乙未王氏亟舟園刊本。

首道光癸巳沈維鐈序。謂此書大指有八，一曰證今。凡地先標今名也。一曰稽古。凡古書所見必徵引也。一曰擇雅。凡古説不雅馴者不載也。一曰削繁。凡引書删其冗長也。一曰旁通。因考一地兼及他義也。一曰折衷。諸説紛淆，定一是也。一曰正訛。舊説有誤，駁正之也。一曰闕疑。無可考定，不敢臆決也。鼎甫曾招亮生參學幕，深知其學行，故言皆中肯。書分六類，卷一至卷三爲地名類。卷四至卷七爲國名類。卷八爲山名類。卷九至卷十二爲水名類。卷十三爲宫室名類。卷十四至卷十五爲以地爲氏名類。其訂閻百詩四書釋地者，如中牟，閻氏以爲無考。今考得當在今彰德府湯陰縣。有瘴，閻氏未能指實，今考得在今趙州之隆平縣。滄浪，閻氏云是洲名，今考得滄浪之水，在今襄陽府均州。闕黨，閻氏謂在滋陽，今考得即闕里，在今兖州府曲阜縣。皆薈萃諸家之説，非好掎摭前人，洵有裨於學者。首列引用書目，於臧琳經義雜記，逕題臧庸撰。列於拜經日記之下，昔人雖有是疑，未有直題庸名者。樊廷簡孟子疏，其書未見，疑稿本未刊。次亟舟園所著書目十二種，余有鄉薰正義文稿及此書外，又見鈔幣芻言，餘恐已散失，次友朋参訂姓氏，有震澤張履、烏程沈垚。是書經二人参訂，宜其益臻周密矣。

小爾雅訓纂六卷二册

清長洲宋翔鳳撰。嘉慶十二年浮溪精舍刊本。

漢書藝文志孝經家有小爾雅一篇，賴僞本孔叢子采入而得傳。宋人又别出之，其書爲爾雅之流别，經學之餘裔。毛氏説詩，鄭仲師馬季長説周禮，往往有合。蓋西京之初，儒者相傳之古籍也。清儒多覃研訓詁，專治是書者，有上虞王煦之疏，涇胡承珙、胡世琦之兩義疏，嘉定葛其仁之疏證，而翔鳳此書，參介其間。并胡承珙書重刻入南菁書院續經解，故尤爲讀者所重。胡世琦書則成稿未刊，世不得而見矣。朱珔嘗序之，以與翔鳳、承珙書相校，各有短長。其於此書，則謂「凡字體多準説文最當，但廣詁：『履，具也。』履，不得訓具，當爲展。『諮，治也。』諮，蓋詁之誤字。『皆，因也。』皆，蓋階之壞字。廣言：『衍演，廣遠也。』遠當爲衍字。『嗟，發聲也。』文選西都賦注引小爾雅『羌，發聲也。』則嗟下脱羌字。『越，遠也。』一切經音義引小爾雅『碩，遠也。』則越下脱碩字。廣器：『坰，地也。』據説文坰作冂，象遠界也。魯頌毛傳：『坰，遠野也。』則地上當脱遠字。廣物：『秉，筥之數。』依韻會所引，於『筥十曰稯』下，尚有『稯十曰秅』。廣獸：『雞雉之乳，謂之窠。』陸佃埤雅所引，尚有『兔之所息，謂之窟』、『鹿之所息，謂之埸』。而宋君皆未及。」所舉凡若干條，雖意主揚世琦書之善，而亦足爲翔鳳之諍友。李慈銘越縵堂日記謂「其書視王氏疏雖較精密，然王氏逐字爲疏，無一遺漏。此則於習見及不可强通者略之。又在王氏之後，繼起者易爲功，亦猶郝氏爾雅疏繼邵氏正義而作，雖視邵爲精，而邵之用力爲尤難。此非鄉里之私言也」。案，王書刊於嘉慶五年，此書則刊於十二年，雖後七年，然撰述必在其前，且時遠在黔中，未必得見王書，故卷中曾不一及。昔郭注爾雅，每云未詳。高郵疏證廣雅亦多蓋闕，不聞以求備爲尚。夫二胡以同族至好，朱氏謂著書尚兩不相謀，閉門造車，出門合轍，豈可强翔鳳爲繼王而起，有所馮藉哉？疑李氏於是書並未細讀，而適成爲鄉里之私言耳。至朱氏所抉摘，則翔鳳成書時祇三十一二歲，尚屬早期，其後或再有改定之本，斯亦不足爲異也。

有「長洲龔氏羣玉山房藏書記」朱文方印。

班馬字類二卷 二册

宋檇李婁機撰。明景宋精鈔本。清鄞全祖望手校。

每半葉七行，行十五字。首機自序，而洪邁、樓鑰及機後序均佚。緜紙景鈔，工妙絶倫。中有朱校，先兄蔭嘉審爲全祖望筆。有馬曰璐印。案之馬曰琯叢書樓刊本，此本板匡較寬，誤字較少，知非一本。或此本所得在後。

顧澗蘋謂此書有繁簡兩本，考簡本二卷，與直齋書録解題合，即叢書樓覆刻本。繁本五卷，四庫著録，瞿氏書目有鈔本，與二卷本有異。胡綏之丈提要補正謂「所列增多處，往往即李曾伯補遺文，而又不盡合」。竊疑五卷本係出補遺，故有雜揉。此書自當以二卷本爲朔，天禄琳琅書目後編有宋刊六部。四庫所據内府藏本，不知何以舍此而取彼也。

錢警石跋是書，引陸放翁跋前漢通用古字韻編云：「古人讀書多，作文時偶用一二古字，初不以爲工，亦自不知孰爲古，孰爲今也。近時乃或鈔綴史、漢中字入文辭中，自謂工妙，不知有笑之者。偶見此書，爲之太息，書以爲後生戒。」今前漢通用古字韻編雖不可見，而此書則亦其類。據樓序，比之誨蒙、漢雋，洪序亦比之自著法語，蓋古人讀書，一字不輕易放過。分類鈔綴以成一書，固非著作之上乘，宜爲高明之士所不屑爲。然於己，則可資熟習；於人，則可便檢查，實交得其益。故直至清杭世駿兩漢蒙拾、周嘉猷南北史捃華，猶勤勤爲之不已，其弗因放翁言而蔑視可也。

有「半查」白文方印，「馬印曰璐」朱文方印。

惠氏四世傳經圖 一册

清元和惠世德摹象。吴縣馮桂芬等二十七家題辭。真跡本。

漢世重家學，祖孫父子相傳授，如書有千乘歐陽伯和，至後漢歙八世皆爲博士，魯人夏侯都尉，至建亦四世，其尤著者也。有清經學極盛，其首標漢幟者，爲元和惠氏，樸庵、元龍、半農、松崖，亦四世蟬嫣，名列儒林，著述繁富，世莫與京焉。故松崖自述九經古義，首云「余家四世傳經，咸通古義。守專室，呻槁簡，日有省也，月有得也，歲有記也」。其篤古勤學，可謂懿矣。惟樸庵當易代之際，與徐俟齋同隱不出，故聲光闇然，世鮮知者。松崖時，曾作傳經圖以志淵源所自，戴東原、王蘭泉、沈椒園均有題贊，存各家集中。而圖則久失。道光間，六世孫世昭字磐卿者，又摹一本，乞題於顧澗蘋、沈文起、朱酉生、包世臣諸人。咸豐時作令武義，太平軍克城，死之，圖亦并失。其弟世德字潤之，於同治十年檢篋中副本重裝，馮景庭、袁渭漁諸名流咸加題辭，蓋已爲第三本矣。其册世守，一九二六年秋騰衝李印泉先生寓蘇，以蒐羅文獻，提倡學術爲己任。偕吳丈穎芝同謁西渚元龍、半農墓，倪家巷村南松崖墓，加封樹焉。又從其後裔借此圖，遍徵題詠，其後續有補題。至潘丈由笙一題，已在一九三四年冬。圖象均白描，容貌清臞，衣冠樸僿，各附傳贊，對之不覺肅然起敬。蓋於文獻、學術，交足重也。余生平服膺惠氏學，遍讀其遺書，嘗欲纂三惠年譜，遍考元龍生卒年不得。此圖贊及家譜均付缺如。近得半農所撰行狀，始知生於明崇禎十四年，卒於康熙三十六年，年五十七歲。而惜遭喪亂，初稿散失。幸松崖讀書記已寫有清本待刊。一九五六年秋偶游古籍書店收購處，忽於架上見此圖册，驚喜欲絶，亟斥鉅資得之。竊謂生平夢寐傾倒於紅豆山莊，豈冥冥中以此慰其景仰之殷，搜輯之勤耶？經師名跡，楚弓楚得，爲之歡喜讚歎而珍藏焉。圖首章太炎先生篆書題籤，改爲惠氏四世傳經事狀，題者凡吳承璐、陶文潞、盛大琛、顧允昌、袁寶璜、馮桂芬、徐有珂、陸懋修、孔傳綬、唐繼盛、汪家鰲、許克勤、施傳鑣、蘇品仁、曹毓英、周肇祥、鄒福保、費樹蔚、葉德輝、吳蔭培、金天羽、于右任、章炳麟、彭清鵬、張一麐、葉恭綽、潘昌煦二十七家。

岷山發江，僅若甕口，淮出桐栢，力能濫觴。卒之成川注海，以其所從來遠也。學問文章，震耀一世，考其祖曾，發源必有自，此山谷書陳亞之詩後語也。余於吾吴惠氏經學亦云。惠氏之學，發源律和明經，歷研谿大令，半農學士，長流演迤，汪汪千頃，逮松崖徵君而成川注海焉。考之兩漢，惟千乘歐陽生，世世相傳，至曾孫高爲尚書歐陽氏學。至大小夏侯自都尉至建亦四世，而參以羣從，已稍異甄宇，子普孫承，止三世傳業而已。今得惠氏，不使歐陽專美。噫，盛矣哉！徵君曾孫世昭繪四世傳經圖，一時名人題詠殆遍，經亂無存。弟世德得稿本重繪成帙，徵題於余，且曰：「城東東禪寺旁紅豆書莊，先質於張氏，屋圮而先密雲公手植紅豆樹無恙，行謀贖歸，拓以爲祠。」其追遠述祖之意，有足多者。余按彭尚書所作徵君傳云：「平生行義至高，不輕竿牘，家無斗粟儲，蕭然自足。」蓋徵君不獨以學著，即其德亦足矜式一鄉。異日方將偕同人以鄉賢俎豆爲請。表穆行，厲樸學，禮亦宜之。豈特惠氏一家私祀已哉？同治癸酉夏五，馮桂芬敬識。

聞諸先哲，經術奐爛，吴中巨擘，惠氏是媷。幽闡微顯，四世相傳。明季樸庵，東渚槃桓。九經教授，春秋仰鑚，補注盲左，啓迪于前。研谿善述，詩説流衍，窮紹經學，奔走駸驙。達逮密雲，民賴以安，爰有天牧，年少名喧。易、禮、春秋，祖考惟纂，南粤衡文，通經化遠。逮及松崖，古義精殫，微言漢學，日茂蔓蔓。「明堂」、「禘説」，大道載纉，昔來吴下，夙聆緒言。今仰遺徽，斯圖斯展，勉哉後裔，永世其延。惠氏經學，往歲丁泳之師嘗言之。今春陳生希濂持圖至徵題，久無以應。莫冬課暇，乃克報命，而丁師已歸道山矣。光緒癸巳涂月既望，後學海寧許克勤題。

定宇先生一代經師，初謂家學衹起其祖，今印泉得其家畫像傳贊，乃知定宇曾祖樸庵先生，已兆經學之先。其平生志行尤高，乃與俟齋相似，研谿先生亦嘗從俟齋游，故其家非徒以經術著，而節行亦有居人之先者，比于浮丘伯、高堂生等，夫何媿哉！印泉近訪惠氏墓，兩次皆不得蹤跡，最後從惠氏裔孫而溶得此像贊，并其家譜系。于是知四世丘隴所在，發潛闡幽之思，至是始遂，亦大快事也。民國十五年八月章炳麟記。

明史列傳稿二百六十七卷 六十四册

清鄞縣萬斯同撰。舊鈔稿本。餘姚邵晉涵手校。海寧吳騫手跋。

季野明史稿列傳，劉坊撰行狀、失名撰墓志銘殘文載石園文集首，疑爲黄百家撰。皆云三百卷。方苞撰墓表云四百六十卷。全祖望撰傳云五百卷，所稱各異。今此稿存二百六十七卷，凡后妃二卷、諸王四卷、公主一卷、列傳二百四十一卷、儒林三卷、文苑六卷、忠義十卷。或諸家僅據初稿約計，或王鴻緒後有增補，故錢大昕撰傳謂王氏稿大半出先生手，又或如方文所謂淮陰劉永禎録之過半而未全者。總之季野所著，遺佚無多，取校王氏刊本，則王本往往有删併，而所附傳論百餘篇，議論明通，最足見其立言之旨者，則全被芟除，惋惜孰甚。揆厥所由，一爲篇第既有移併，則所論不能綜合。如原稿韓林兒、郭子興爲一卷，徐壽輝、陳友諒、張士誠爲一卷，故各附一論。王本韓、郭、徐、陳合卷，而張則移入下卷，至原論無所施。一爲原稿二百數十卷，有附論者不過半數，亦有後來補作者，如首數卷附論出又一寫手，字體略小可驗。王本付刊時，嫌其不備而去之。而最要者，季野以故國遺民，修史以圖報，王氏則新朝顯宦，承旨以編史，其意旨不能强同。有礙進覽，則不如盡删以免取戾。乃世之談萬氏史稿者，皆不及此，蓋未之見也。

此書舊爲海寧吳氏藏書，著録於拜經樓藏書題跋記。吳騫附記其鄉人周春言，以爲即查伊璜罪惟録。今罪惟録手稿，已有涵芬樓影印本，知周説非也。乾隆四十三年邵晉涵在杭修志，向吳氏借去歷十餘年之久。考其同年所修餘姚縣志中明陳嘉猷、胡東皋、宋冕、牧相、胡鐸、陳克宅、孫陞、孫鑛、孫繼有、黄尊素、張逵十一傳，皆注明引萬斯同明史稿，以與所引明史及王鴻緒明史稿相别，蓋即此本。全書硃筆校勘謹嚴，圈點到底，驗之皆邵氏筆。知十餘年中，於此書用功深矣。如張士誠傳，自稱誠王，國號大周，建元天祐，是歲元至正十四年也。識云：「按元史、明史並作十三年。」方國珍傳末識云：「國珍子弟惟明善稍賢，其他所用參佐，由胥吏進，皆苟利無遠略，一時政令租税，任意爲輕重。民有死罪，不刑，納之曲簻，而投之湍云。」李文忠子景隆傳「盡没其財産」。識云：「没其田莊，令杜門省愆。因妖人造讖，謂十八子當有天下，遂執景隆下獄。谷王穗亦因而獲罪，谷王，高帝第十八子也。」鄧愈傳「從渡江，克太平，破禽陳埜先，下集慶，略定溧水，取鎮江，皆有功」。識云：「實録有克廣德一事。」湯和傳「明年卒，年七十」。識云：「開國功臣惟和最壽而後死，其恩禮亦備隆云。」沐英傳「英後先鎮雲南，凡十年，卒年四十八」。識云：「英自留鎮之二年，哭孝慈皇后，及再鎮之三年，哭懿文皇太子，皆極哀，至嘔血，遂感疾卒。」又「每攻下郡邑，輒遣之出守」。識云：「太祖嘗以趙充國稱之。」傅友德傳「元末從大盗李喜喜入蜀」。識云：「李喜喜，名山藏作李喜之。」又「二十五年」，識云：「名山藏載友德請懷遠地爲田圃事，宜書。」吳良傳「十二年齊王封青州，命良建王府，納其女爲王妃」。識云：「良兄弟以大功，獨表魏王宅里，佯醉論功，帝聞之，爲良，禎人建宅一區於江陰。」耿炳文傳識云：「炳文有伯君美，從弟忠，並有戰功。」何真傳識云：「真少事母孝，既貴，建祠置田，以奉祖、贍族，一如范仲淹故事。」朱亮祖傳「帝怒，召亮祖至，鞭之，卒」。識云：「吾學編云：『道同以聞，上念功臣，不下吏。罷職。令居江寧。又坐胡黨，十三年卒。』與此異。」胡大海養子德濟傳「故鳳與夢庚皆不得卹云」。識云：「洪武元年，祀胡大海雞籠山，以王愷、孫炎及李夢庚祔之。」開濟傳「二十五年，坐事自殺」。識云：「列卿傳、徵獻録皆云致仕。」其訂誤補遺，凡數百處，亦季野諍友。顧王本皆仍而未改。忠義傳二起又有緑筆校，爲時似少後，不知誰手。

書自拜經樓展轉歸吴興劉氏嘉業堂，余見之，詫爲季野史稿真本，乃久致湮没。時張詠霓先生壽鏞方刊四明叢書，力足以舉之。因慫恿其付梓，張亦欣然，全書校寫，閲時數載，未幾張氏殂謝，遂不果。惜哉！聞北京圖書館有王仁堪藏乾隆鈔本，除據明史所補外，實爲原書者，亦二百六十七卷，而止於文苑。知與此異。嘉業藏書屢經散失，此書人皆誤信即罪惟録，故無顧及者。余適爲翰怡丈略效微勞，故許見讓，遂爲蛾術軒中史籍之冠。

有「露鈔雪購」白文方印，「真率會」白文方印，「金原郡印」朱文方印，「小桐溪上人家」朱文圓印，「吴騫之印」白朱文方印，「拜經樓吴氏藏書印」朱文大方印，「墨陽小隱」朱白文方印，「劉承幹字貞一號翰怡」白文方印，「吴興劉氏嘉業堂藏書印」朱文方印。

萬季野先生所撰史稿，方望谿侍郎以爲四百六十卷，諸志未成。全謝山庶常以爲五百卷，今此僅列傳二百六十七卷。雖似未全，蓋華亭開雕時，亦尚有删併也。昔邵二雲太史在西湖書局，嘗從余借觀，甚悦，謂此舊唐書之流也。攜入都中十餘年，後屢屬朱朗齋索之，始見還。舟車之費，已數十金。昔人云借書一癡，豈非余之謂耶？嘉慶丁卯夏四月滄江逸叟記。

周松靄云，此書即查東山之罪惟録，故有朱康流、張待軒傳及海寧俞子久事，然余未見罪惟録，不敢懸斷，識之以竢知者。壬申九秋逸叟又跋。

本齋藏本，當從查本補鈔，循吏至佞倖六卷、外蕃九卷，計當鈔補十五卷，通計二百八十三卷。合本傳及廟制圖考，近蓬茂才跋尚少十七卷。約計缺奸臣、方技、列女、孝義、西域、土司、外戚、宦官、流賊。

明人列傳六十一本，邵太史在宗陽宫志局，取去十餘年，留都中，索之至再，始附朱君映湑帶還。映湑復借余咸淳臨安志押于某氏，余自以二十金贖之，亦終以此書携出京，未酧其勞故也。以上在首册目録末。

是書余藏之數十年，姚江邵予桐編修見而熱愛之，以爲此舊唐書也。在西湖書局中借閲累年。後竟攜以入都，屢索不還，無可如何。屬武林友人往取之，酧以二十金始得。昔人以借書還書等爲一癡，殆是之謂與？然余實一片苦心，終不以是爲悔，後人能體此志，亦可云文章紹編繫矣。乙丑上元識。在卷末。

皇朝中興紀事本末七十六卷 二十册

題「學士院上進」。鈔本。並録秀水朱彝尊、商邱宋筠跋。

黑格。每半葉十一行，行二十二字。首目録，第一行書名，第二行題「學士院上進」，第三行以下卷目各記起訖年月，惟卷一分上下。起建炎元年五月庚寅朔，盡紹興二十年十二月。次正文，亦第一行書名，第二行題「學士院上進」，以下各卷無第二行題字。於高宗名構作雙行注「廟諱」二字。學作斈，舉作卒，寶作宝，蓋依宋刻字體。惟儀作儀，避清末帝諱，知出近五六十年。附録竹垞跋，亦載曝書亭集卷四十五。宋刻歸宋蘭揮，詳後跋。其著録又見於絳雲樓、傳是樓兩書目，是否即一書之轉徙，已不可考。余得此於劉氏嘉業堂。

案玉海卷四十七云：「熊克中興紀事本末一名中興小曆。」而宋史藝文志編年類：熊克中興小曆四十一卷。直齋書録解題卷四、通考卷一百九十三同。李心傳建炎以來朝野雜記卷六亦作中興小曆。今四庫提要著録乃輯自永樂大典，書名中興小紀，故友余君季豫四庫提要辨證疑係館臣避高宗御名，改曆爲紀。並述張孟劬先生言，想是因御名之上加一小字，嫌於不敬。然則今傳中興小紀即中興小曆之改名，非別有一書也。吾友鄭雪耘熟於宋史，嘗以此本與廣雅書局刊中興小紀對勘，見此本案語有云：「今徽猷閣學士程大昌知其事，曾以語克」云云，則著者爲熊克，又得確證無疑。惟竹垞謂「莫須有」三字此本作「必須有」，今刊本仍作「莫須有」，當出校者臆改。至提要稱「是編排次南渡以來事迹，首建炎丁未，迄紹興壬午，年經月緯，勒成一書。原書篇第爲編纂者所合併，舊目已不可尋。今約略年月，依宋史所載原數，仍勒爲四十卷」。夫既依宋史所載原數，則當爲四十一卷，何以忽少其一，至爲疏失。今是書分卷，每年少則二卷，多至五卷，至紹興二十年止。其後尚闕十二年，以每年分二卷爲準，則原書當爲百卷，宋刻尚係殘帙。大典收録，所闕尚多。以卷一校之，脱文已廿餘條，至一條中脱文，自數字至數百字者不一而足。又分條每多誤併，綜此全書溢出者，不下數百條。又原引各書止空一格，殊與正文相混，且前後語意未免隔斷。此則皆提行低一字，眉目釐然，可見原書面目。竹垞未見大典，故不知即小紀。修四庫時遍訪遺書，亦未進呈，致八百年來湮没不傳，一旦重見，真驚人秘笈。然猶有疑者，宋制學士院掌制誥詔令，未聞有修史之責，而此題「學士院上進」何耶？紀事本末之體，創自袁樞之通鑑紀事本末，前此未聞，而此實爲編年體，更名實不符，殊難索解。今考朝野雜記載乾道八年秋，商人戴十六者，私持子復熊克字。中興小曆及通略等書渡淮，盱眙軍以聞。遂命諸道帥臣察郡邑書坊所鬻，凡事干國體者，悉令毁棄。中興小曆者，自建炎初元至紹興之季年，雖已成書，未嘗進御。是其書當時曾經禁毁，必宋末建陽書坊私刻流行，不得不變换書名，改易卷數。初不知其爲編年體，與書名不符。以熊克曾官直學士院，或原書列有署銜，遂割存學士院三字，又謬稱上進而不名，不知學士院無進書之制，遂使開卷便顯然剌謬。王應麟在宋末所見，即爲坊本，故以改名著録。恐人不瞭，故又曰一名中興小曆。前此若陳振孫、李心傳、馬端臨固皆稱其原名也。然卒賴以幸逃禁網，復見於今。推究至此，爲之稱快。雪耘更詳校全書，發覆闡幽，附以長跋，讀者詳之。

有「吴興劉氏嘉業堂藏」朱文長方印。

中興紀事本末七十六卷，學士院經進。始建炎元年五月至紹興二十年十二月。南渡君臣時政，詳于徐夢莘三朝北盟會編、李心傳建炎以來朝野雜記，兹編紀載，有出二書之外者，可以資考證也。所載岳鄂王獄具，秦檜言飛子雲與張憲書，不明其事體，必須有。韓蘄王爭曰：「相公『必須有』三字，何以使人甘心？」惟徐自明宰輔編年録同之。今羣書皆作「莫須有」，恐未若二書之得其實也。秀水朱彝尊跋。梁園宋筠録于晉陽臬署。時雍正九年辛亥正月三日也。

南、北宋正史外，如莆田陳均九朝編年備要、學士院上進中興紀事本末，皆足以廣聞見，補正史所不及。然此二書流傳絶少，康熙辛丑歲于吳門藏書家借録編年備要鈔本，已藏之家塾矣。曩閲朱竹垞先生集有中興紀事本末一跋，惜未見其書，偶於京師書肆獲覩宋槧精本，目駭情移，不能遽購，常往來余懷。雍正庚戌，得于晉陽觀察署中，如逢故人，頓還舊觀，摩挲展覽，爲狂喜者久之。案牘紛紛，未暇題誌，兹携清江官舍，濡筆述獲書之緣起，并録竹垞跋語于前，以見余于古帙中生有夙好，必償所願，豈此中亦有神契邪。爲示子孫永永寶之，壬子閏五月，筠又識。

緬甸邊界圖說 一册

清海寧許克勤撰。手稿本。梵夾裝。題「光緒甲午四月廿二三日海寧許克勤勉夫手定」。

古者左圖右書，圖書本並重。後來著述家於圖蓋鮮，然言輿地者，圖爲尤要。而荒徼域外，或人跡罕至，繪測未周，大都扣槃捫燭，未可深信。當光緒中葉，國家屢創於外寇，於是有志之士，始稍稍留心於此。勉夫寓吳宿儒，深於考據之學。作此圖說，大都鉤稽羣籍，如清文獻通考、方輿紀要、征緬紀聞、海國圖志及近人姚文棟之雲南勘界籌邊記等書，繪圖列説，密如蟻聚。在彼時固可謂用心入細者矣。今則輪軌大通，數日之程，即達彼都。即咨覽風土，亦不過旬月可畢，欲求輿地圖，入肆可得。精確無誤，如視諸掌。則時代不同，後勝於前，無足異焉。若此圖説，其所論述，亦有可資考據者，弗以其無用而棄諸。

復社紀略四卷 四册

不著撰人姓名。舊鈔本。

是書無作者姓名，首著「眉史曰」，相傳爲太倉陸世儀撰。故鄧實逕以「眉史」爲世儀之號。亡友太倉王慧言保誌復證以顧雪堂編梅村年譜所引各條，亦定爲世儀著。而唐蔚芝先生則頗疑之，謂「世儀子允正所輯行實，於所著書詳列無遺，獨不載此書，一可疑也。世儀與張南郭有知己之感，於其歿也，哭之以詩云：『鄴侯未遂平生志，辜負當年張九齡。』其契合如此，故志學録所記，於南郭先生多恕詞，而於天如先生不少假借。是編以天如、南郭俱爲禍首，不類先生手筆。二可疑也。」故光緒時刻陸桴亭先生遺書不收此種，戊申鄧實輯國粹叢書，始據一鈔本印行。以校此本，誤字實多。又如所列社目七百餘人，頗多不同。卷末十大罪檄文，節去大半，遠不如此本之善。此書於社事皆直書其事，且多微詞。如以論文不合，誘抉艾千子於弇園。周延儒越例主試，會元吳偉業幾挂吏議。溥以闕里自擬，初入館選，任意放恣，有代天言作誥命者，温體仁將去之，溥恚甚，繕疏使偉業參體仁。虎邱大會後，爭以復社命名，標諸牌額舫燈，以至泖湖羣盜亦效之。新進多出社局，有公薦獨薦之目，而嗜名躁進，逐臭慕羶之徒，率竄入其中。當軸者至爲變取士之制，兼行保舉，而社中更緣爲捷徑。六部遷轉及臺省舉劾，皆得與聞。天如以庶常在籍，駸駸負公輔之望，遥執朝政，終於託名徐懷丹之十大罪檄文，幾興大獄，而明社屋矣。凡此之類，爲後世所訾議。雖然，士君子當衰亂之世，不得行其志，自託於講學著書，以清議維持世道人心於不敝，至明亡，而死國殉難之士，其姓名多見於社籍，而甘心湛冥，寧以布褐終其身，而不被新朝之一絲一粟者，更所在多有。其意微而志苦，豈非二張先生有以提倡而培養之哉？讀此書者，觀其大者遠者可也。

疑年録彙録十六卷分韻人表一卷拾補不分卷八册

武進張惟驤增輯。公元一九二五年小雙寂庵刊。吴縣王欣夫拾補。手稿本。

自錢竹汀創爲疑年録，續者有海鹽吴修、平湖錢椒、歸安陸心源、嘉興張鳴珂、江都閔爾昌諸家，錢録皆收經術文藝之士，至陸氏則廣及名臣。近人爲者益多，而所收益濫。惟驤取六家之書，彙爲一編，又增補百數十人而刊行之，誠便於學者之尋檢。惟粤雅堂叢書所刻錢、吴二録，有附録數葉，此失收，又校勘不免疏誤。吾鄉潘氏觀保亦有疑年彙編二十卷，其稿今在閩侯林石廬處，不知視此如何。此書余因翻檢之便，常置案頭，遇有失載者，隨手增入，積久所得不下七八百條。他日擬别編爲疑年拾補，庶附錢氏諸家以行。拾補采輯大旨，約有數端。一據近出石刻，唐王之涣「黄河遠上」之詩，傳唱旗亭，而其事跡不詳，逌言生卒。今據洛陽所出墓志銘，知生垂拱四年戊子，卒天寶元年壬午，年五十五。一據諸家年譜。漢代經師許、鄭並稱，鄭君生日，好事者奉祀不絶，而許則寂然。今據嚴可均事跡考、陶方琦年表、諸可寶疑年録，知生建武六年庚寅，卒延光三年甲子，年九十五。一訂舊録之誤。元柯九思，錢録據張昶吴中人物志生皇慶元年壬子，卒至正二十五年乙巳，年五十四，而云當考。後來考者多家，均未得實，今據徐顯稗史集傳，其敘九思游覽、卧病，歷歷如繪，則其言可信，知生至元二十七年庚寅，卒至正三年癸未，年五十四。一據未見傳狀。吴中經學，世稱三惠，而以周惕爲首，錢録獨闕而不載，偏考傳志及家譜，四世傳經圖亦然。今據鈔本惠士奇所撰行狀，知生明崇禎十四年辛巳，卒康熙三十六年丁丑，年五十七。一據他書句稽。施國祁雖有沈登瀛撰傳，衹云與邢典卒相去一月，不著其歲月。今據范鍇花笑廎雜筆，嘉慶己卯，年七十，推得當生乾隆十五年庚午。又據潯谿詩徵邢典小傳，知卒於道光四年，年七十五。凡所蒐輯，不外此五例。而所據以傳志爲多，他人所考，亦資採摭。惟諸録概不注籍貫，使讀者茫然，又著録以字而不以號，使習知者反覺生疏，今則悉加籍貫，並不拘字號，以習知爲主。嗚呼，古書浩博，此事無盡，然於知人論世，或有取焉。至平生師友，多登鬼籙，列名卷末，歲有增益，展讀之餘，又不能無山陽鄰笛之感矣。

金薤琳琅二十卷

明吴郡都穆撰。鈔本。吴縣王欣夫臨長洲何焯校。

義門深於碑版之學，曾見手校金石録、隸釋、隸續，均朱墨狼籍，用力甚勤。此雖非統校全書，僅據所見宋拓舊本，正都氏之脱誤，計廿餘種。於篇末必識其所據何本，今藏何處，及所校年月。大都秘笈孤本，於以考其源流。如卷四漢司隸校尉魯峻碑云：「余僅有此碑而無碑陰，壬辰夏日校正此數字。」卷六淳于長夏承碑云：「近者余得丹陽孫仲墻藏本，所剥損者不過二十餘字，又在子擴所得之上矣。」又云：「戊戌歲，余又收得華中甫所藏，則孫本損，乃紙糜爛，碑未嘗剥也。華所藏，凡缺化行至有三十字，紙之糜爛處，亦互有之。」漢西嶽華山廟碑云：「此碑亡於萬曆中，詳石墨鐫華。今商邱宋太宰所藏，最善也。」漢玄儒先生婁壽碑云：「華中甫所藏宋拓，有道生題識，後歸邵僧彌，今在顧氏憇閑堂。似比之太僕本爲勝，惜缺碑首四十八字耳。」卷八隋皇甫府君碑云：「康熙五十年辛卯仲春，得見金文通公所藏舊拓，上有元時都省書畫之印，猶是内府所裝，補改數字。」隋姚恭公墓志銘云：「此卷中姚辯志，其訛闕殆不可讀。康熙庚寅從汲古閣借得錢叔寶手録本，爲之補校。文不載文苑英華中，不知叔寶何自得之也。」卷九唐尚書省郎官石記序云：「蘇學者，翻本也。都氏所藏。今歸商丘太宰，有胡孝思小篆，及王文恪公、琅玡司寇兄弟所題。刻手不佳，大抵出於蘇學，然猶存形模，戲鴻堂所刻，則不復知爲何人書矣。」卷十唐臧尚書碑云：「丙申春日，以碑本校正訛字。」唐玄靖李先生碑云：「戊子冬，偶得舊拓李含光碑，改正訛字，舊拓已脩洗失真。」卷十三豳州昭仁寺碑云：「碑是翻刻，都無神氣，但不知在宋何時也。文字富贍，有南朝名士遺韻。」卷十四唐大達法師玄祕碑云：「康熙辛卯，以佛祖通載補數字。通載於金經下亦缺一字，位字則碑中顯然脱去也。」卷十八孔子廟堂碑云：「康熙乙酉，以成武石本參校，改補數處。」破邪論序云：「康熙乙未秋日，以石氏歷代名帖校改一字，補一字。」末有康熙己卯跋，蓋自康熙三十八年己卯，得此都氏正德原刻本，隨時校補。最後紀年爲五十七年戊戌，歷時將廿年。至乾隆二十四年己卯，邗江張四教用朱筆臨校，字跡極似義門。乾隆四十六年辛丑，長洲毛用吉又於卷十二唐嵩岳少林寺碑據明孫仲墻藏舊拓，卷十四唐西平郡王李公碑據舊拓各校數字，而附識於後。考四教號石民。甘泉人。諸生。馮金伯墨香居畫識志其人。用吉則每卷有「毛印孝純」、「子文」二印，當即其人，是亦好古士。今吳人鮮有知之者矣。余借復旦大學圖書館藏本臨校。

康熙己卯六月置此南濠先生舊刻，視常熟本爲善云。何焯記。

乾隆己卯十月得見義門先生手批此書，因對寫一過。去當時已六十年，而筆迹猶新。既以得見爲幸，又以不獲有之爲恨也。邗江張四教識於水竹居。

金石萃編正誤不分卷又續編正誤不分卷二册

吳縣胡玉縉撰。手稿本。

王述庵金石萃編一書，搜羅之富，考訂之精，不但較宋集古、金石二録遠過之，而孶經考史者，亦莫不視爲漁獵之淵藪，取之無盡，誠空前之鉅著。李蒓客越縵堂日記云：「此書述庵極一生之力，又同時若錢獻之、嚴久能、黄小松、張芑堂等，皆精研小學，碑版顓門，助其搜討。而錢氏竹汀、王氏西莊、武氏授堂等收藏金石之書，先後已出，盡得取以參校。故搜羅宏富，抉摘精深，實爲此事之大觀。其推衍所及，如漢建初慮虎銅尺下詳考古尺之異同。禮器碑下詳考漢時内緯之學。楊統碑下詳考奚斯作廟之義，楊著碑下詳考「至孝烝烝」之句，魏受禪碑下詳考列名諸臣，後魏司馬元興墓志銘下備論志銘之制。唐聖教序下旁考觀音及心經原始。岱岳觀碑下詳敘唐代齋醮投告之儀。開成石經下詳考十二經文字異同。郎官石柱題名下詳考諸人爵里。宋元祐黨禁碑下詳考黨人本末。高宗七十二賢贊下詳考諸賢名字異同，皆本本原原，極爲賅洽，爲考據之淵藪。其餘因事坿見，足資學識者，指不勝屈，實集金石之大成。或所采過多，卷帙繁富，亦間有不能照及之處，又述庵晚年目盲，其門下士如陶梟香等，不免草草成編，失於檢勘，疏漏踳駁，時亦間出。如北朝有「領民酋長」、「領兵酋長」，屢見魏、齊、周、隋之書而不能記。徐長卿爲藥名，見本草及廣雅而不能識。鉗耳爲代北姓，世有顯人，鉗耳康買見北史傳，鉗耳大福見新唐書李克用傳而以爲無考。灰夷字，説文作夷燼，乃俗字，而以唐孔穎達碑作夷爲省文。閥閱古祇作伐閱，閥亦俗字，而以穎達碑作伐爲通用。此類失之眉睫者，亦不可枚舉。要之其書體大思精，所包甚廣，毫毛之疵，不累全體。較之近時劉燕庭、許印林輩描摩點畫，自誇精細，不過爲骨董清品賞鑒專家者，奚啻霄壤？世人讀書，惡繁重，好新異，不論實事，妄肆游談，頗有輕議是書者，故備論之。」其於述庵是書剖析詳明，瑕瑜並舉，評騭至當，讀述庵書者，斯爲南鍼。蓋蒓客固三折肱於是編者也。惟卷帙繁富，不無失照，故來後人之攻。嘗見沈小宛與許凫舟尺牘云：「金石萃編，其舛謬乃類於目不識丁，而竟公然行世。三年前已著駁論二卷，尚是唐代，其餘未及也。」又云：「王述庵金石萃編，其荒謬絶可笑者，却駁記數十條，得十餘紙。」措辭絶嚴，即今附刻幼學堂文稿後之駁金石萃編條記，而繆藝風別出單刻入煙畫東堂小品者。其刻本自識，則緩其詞曰：「唐代碑録，有失之煩瑣穿鑿者，有甚淺陋謬戾者，蓋其隨手疏記，涉獵矗惋，余掇其尤謬者，不欲貽誤後生，非好持人長短也。」然于全書中實以唐代爲最疏，故蒓客亦云：「有唐一代，述庵附案，罅漏甚多。往往有明見兩唐書而不知檢覆者。」余校通鑑，亦爲舉正不下數百科，然終不得以小宛一言而貶其價值。後人專精研究，言考據者有王仁俊之金石萃編補跋，積稿盈尺，舊藏高欣木處。言校勘者有李遇孫、龔澄據原碑之手校本，略如羅振玉校記，曾在百雙樓書坊見之，而綏之先生此編，則專摘其失誤，采列諸家説，或自加案語以正之。例如所撰四庫總目提要補正，惟於全書不足什一，蓋草創而未成之稿，然視小宛爲已侈矣。陸氏續編視述庵彌不逮，不過順手兼及之，存數十科附裝於末云。

藏書紀事詩七卷六册

清長洲葉昌熾撰。宣統二年刊。吴縣王欣夫補正。手稿本。

余好流略之學，尤喜探討藏書家故事，於菊裳先生是書，不離案頭，幾於十讀三復。乃第一首毋昭裔守素，按宋史西蜀孟氏世家，昭裔、守素係父子二人，今誤爲一人。文震孟初名從鼎，明載申時行文元發墓志銘、長洲縣志等書，而誤爲二人。夫一爲刊書之初祖，一爲鄉邦之先哲，姓名昭昭在人耳目，非巖穴幽棲逃名遺世者比，以先生之博雅，不應有誤，於是知智者千慮，寧無一失？几塵風葉，未敢遂爲定本，先生固自言之也。遂於循覽之餘，隨加補正，積久眉端穰穰，不下六七百條，約言之：一人而誤爲二人者，又有秦四麟即秦景陽，蔣之翹即蔣石林，蔣玢字絢臣而分列蔣琦絢臣、蔣玢絅臣爲二人。有載其名而失其字者，如沈啓原字道初，唐宇昭字孔明，陳暹字德輝，高儒字子醇，姚婉貞字芙初。有載其字而失其名者，如陸子遹名虡，廖瑩中名玉鈕，石溪名緯，王迺昭名慎德，汪一之名日桂，盧青厓名址，周謝盦名世敬，姚虎臣名之麟，張秋塘名庚，彭桐橋名慶長，葛香士名祚增，王雨樓名幹，張瀓齋名淳，劉筠川名永松，沈峙公名埈，錢聽默名時霽，錢半嚴名瑞正，韓配基當是韓維鏞，配賁則名字俱誤。有誤載其名字者，如史臣紀字叔載誤作載之，浦起龍誤作見龍，吴春照誤作春煦，沈彩誤作采，倪模字迂存，誤作迂村，章全誤作金，胡惠孚誤作惠墉。有失考其科第而序次顛倒者，如伊侃正統進士而附吴寬後，馬森、陳暹皆嘉靖進士而附曹學佺後，高儒嘉靖時人而附陳第後，鈕緯嘉靖進士而列潘曾紘後，包檉芳嘉靖進士而附高承埏後，而程世銓、張思孝則師弟倒置，沈慈、沈恕則兄弟倒置。他如蕭夢松即蕭震子，而云行輩未詳。穴研齋爲無錫秦柱齋名，而承黄蕘圃之誤，謂出於明相國家。快雪堂爲馮夢禎堂名，而誤屬馮研祥。宋定國名賓王，字蔚如，初無定國之名，而承黄蕘圃之誤以定國爲名，而賓王爲字。金元功名弘勳爲金檀姪，因避諱故以字行，乃附於陸時化。安岐爲朝鮮人，乃誤信楹書隅録之説，謂朝鮮别有安氏精鑒藏者，而斥周芸臯爲傳譌。程廷獻失列其子文榮，朱澂失列其父學勤。至若陳振孫爲簿録家之祖，其仕履昔人考之不詳，四庫總目於直齋書録解題提要引癸辛雜識陳周士一條，稱周士直齋侍郎之長子，以汲古閣本無此條而致疑。不知袁桷清容居士集云：「定武禊帖損本，多有『叔信父』篆印，翰林承旨趙孟頫家本，得於霅溪陳侍郎直齋。」鄭元慶湖録亦云「淳祐九年以□部侍郎致仕。」皆明證也。又如張拱端國變逃禪，名興機，朱之赤爲南京朝天宫道士，縱不退列附録，亦當明著其事。其家世藏書，濟濟稱盛。若海鹽張氏，吴中顧氏，今又各據譜牒訂正焉。夫著書者創作爲難，先生蓋爲其難，余爲其易。蓋古今羣籍，浩如煙海，何能責先生之必見，况多後人所著者哉。嘗服膺錢竹汀自序廿二史考異之言曰：「夫史非一家之書，實千載之書，祛其疑，乃能堅其信；指其瑕，益以見其美。拾遺規過，匪爲齮齕前人，實以開導後學。」余之爲此，敢引斯語，他日有重刊是書者，或附補正於末，亦聊有助於讀者多聞博見也耶？

管子二十四卷四册

明末刻本。無刻書年月。

首朱長春序，題「唐司空房玄齡注。劉績、朱長春參補」。每半葉九行，行二十字。有圈點。篇末眉端均附劉辰翁、朱長春、梅士亨、孫鑛、趙用賢等評語。其本似源出宋浙刻本，而重令篇正文四百四十五字不闕，知所據爲趙用賢本。板式同於花齋本，而注文删節更多，評亦較簡略。仍舊題房玄齡注，而朱序明稱尹知章，蓋移管子榷原序，而不顧兩稱之牴牾，當出坊賈所爲。然書不經見，清儒諸家皆未引據，近郭沫若管子集校廣羅衆本，亦未及也。舊爲歸安楊峴藏書。峴字庸齋，號藐翁。爲陳碩甫弟子。著有遲鴻軒詩文集。嘗聞陳門諸高弟，必令先治管子、集韻二書，故峴於管子用功甚深。嘗曰：「管子周人，在孔子前，其書不必盡出管子手，亦猶孔子弟子之作論語也。古義極夥，惜迻奪譌舛，不易遽讀。余曩嘗稍稍疏通之，遭亂稿毀。今老矣，無能爲也。」（見自訂年譜）張文虎曾致書論校管子，見舒藝室雜著。此書經其所藏，是必據以校訂，雖僅留二印，自異於尋常收藏家矣。

有「楊峴信印」白文方印，「季仇」朱文方印，「谿州審存」朱文方印。

管子纂二卷 二册

明金陵張榜纂。明刊本。無名氏朱筆評。

榜字賓王。句容人。句容屬應天府，又家於南都，故自題金陵。萬曆癸卯舉人。書史過目成誦，落筆如風。雄談雅謔，沁人心腑。在南國子監，舉幡留祭酒馮夢禎，上疏請伏斧鑕，以直先生。人皆義之（見嘉慶江甯府志文苑）。考龔立本煙艇永懷：「榜家於南都，其文宏中肆外，遠近傾慕。壬子余應試白門，方杜門肄業，君糾宙合大社，張筵公所。廣集名流，拉余同主厥事。余實未遑，但一赴盟而已。君記聞該博，晤間叩以經史，輒亹亹剖析。但不修行檢，所至流連跌宕，財盡乃去。迨丙辰大比，闈中代人屬草，方孟旋痛罵之。余笑曰：『此賓王故態，公豈今日始知耶？』竟落魄旅歿，聞其喪在東魯。」蓋一跅弛士。此書四庫全書未收，府志藝文祇據江南通志載五經正解、肺山稿兩種，夫四庫未收，或因其陋書而擯棄，府志則不免疏失。考首門人朱士泰序，此爲管韓合纂之一，他處又見有戰國策鈔，亦四庫及府志所未載也。其書節選管子文，以作讀本。於題首加單圈雙圈以爲別，偶附注解於上匡，行間則評。其行文句法，悉爲時文家空論濫調，絶無考證，蓋明末批尾家之故技，固不足觀，但自花齋本以下，皆采及之，亦負一時聲譽，過而存之可也。

管子校正二十四卷 六册

清德清戴望撰。同治壬申刊本。吳縣王欣夫手校。

子高是書久負盛名，爲讀管子者參考要籍。余治管有年，亦奉爲南鍼，乃發見其所據校各本，往往不相應，因求各原刻勘之，竟宋、明不分，移甲作乙，紛紜迷離，不可究詰。深有校而不正之歎。因據所得，隨時下籤，獨糾其校字之誤，已數百條。他所訂正又倍焉。友人戲謂昔嚴章福議其兄可均之説文校議作「説文校議議」，君是書録清本時，亦可名爲「管子校正正」矣。今就首數卷舉例如下：權修篇「是以臣有殺其君，子有殺其父者矣」。校正云：「宋本殺皆作弑。」今案宋楊忱序本亦作殺，此宋本謂蔡潛道本。「則鬼神驟祟」。校正云：「中立本祟作祟。」今案，中立本亦作祟。立政篇「則不可授以重禄」。校正云：

「宋本以作與。」今案，中立本亦作與。「草木不植成」。校正云：「宋本不下有得字，植作殖，下文『桑麻不值於野』，亦作殖。」今案，此宋本當指楊序本，但宋本植作得，非不下有得字。「死罪不赦」。校正云：「宋本作罪死，是。下文同。」今案，此宋本不知何指，今楊序本、蔡潛道本，無作罪死者。惟趙用賢本、花齋本作罪死。乘馬篇：「天地莫之能損益也。」校正云：「宋本無損字。」今案，宋楊序本有損字。惟劉績注大字本，中立本脱損字，戴校誤。「民之生也，辟則愚，閉則類」。校正云：「宋楊忱本，正文及注皆作閑。」今案，楊序本正文及注皆作閉，戴校誤甚。七法篇「則無蓄積」。校正云：「宋紹興本蓄作畜。」今案，楊序本作蓄，中立本作畜。版法篇：「三經既飭。」校正云：「宋本飭作飾。」今案，兩宋本皆作飭，戴校非。宋本當作朱本。「佐於四時」。校正云：「宋本、朱本佐作伍。」今案，楊序本作佐，蔡本、劉注本作伍。幼官篇「用五數」。校正云：「宋本脱此句。」今案，此句爲劉績據後圖增，非宋本有脱也。戴校誤。五輔篇「是故聖王飭此八禮」。校正云：「中立本王誤作正。」今案，中立本王不誤正，飭作飾。宙合篇「攻于一事者」。校正云：「宋本攻作政，注文同。」今案，宋本作攻。劉注大字本、中立本作政。樞言篇「霸主積于將戰士」。校正云：「陳先生云：『宋本作將士。』」今案，朱本亦無戰字。「人故相憎也」。校正云：「中立本憎作贈。」今案，中立本作憎，不作贈。花齋本作贈。八觀篇「觀臺榭」。校正云：「中立本觀作視。」今案中立本作觀，花齋本作視。又「實虚之國可知也」。校正云：「安井衡云：『古本實上有而字。』」今案，中立本亦有而字。法禁篇「榮其名」。校正云：「宋本、朱本榮皆作營。」今案，兩宋本皆是榮。又「静而治」。

校正云：「中立本治誤作安。」今案，中立本不誤，花齋本誤安耳。重令篇「凡君國之重器莫重於令」。校正云：「宋蔡潛道本君作右。」今案，蔡本是君非右，戴校誤甚。法法篇「則民不誹議」。校正云：「宋本議作謗，下文同。」今案宋本作議，中立本作謗。又「勞之苦之」。校正云：「宋本無苦之二字。」今案，此宋本指楊序本，劉注大字本同。大匡篇「將胥有所定也」。校正云：「宋本將胥二字作咠咠。」今案楊序本作將咠，上將字不誤。戴校非。中匡篇「於是魯君乃不殺」。校正云：「宋本是下有乎字。」今案，兩宋本皆無乎字。惟劉注大字本、中立本有乎字。又「願以顯其功」。校正云：「宋本願作顧。」今案，兩宋本皆作願，劉注大字本、中立本作顧。「而賢大夫在後」。校正云：「宋本、朱本賢下有士字，今本脱。」今案，兩宋本皆無士字，劉注大字本、中立本有士字。又「三鄉一帥」。校正云：「宋本、劉本三作五。」今案，兩宋本皆作三，劉注大字本、中立本作五。又「聰明質仁」。校正云：「宋蔡潛道本質作賢。下文同。」今案，蔡本此處不作賢，下文作賢。又「聰明質仁」。校正云：「册府元龜引質作賢。」今案，兩宋本皆作賢，戴失校。又「桓公曰：『卒伍定矣，事已成矣。』」校正云：「宋本成作定。」今案，兩宋本皆作成，劉注大字本、中立本作定。又「桓公曰：『甲兵大足矣。』」校正云：「宋本别行。」今案，宋本接上文。劉注大字本、中立本别行。又「管仲對曰」。校正云：「宋本作管子。」今案，此宋本指蔡本，今楊序本亦作仲，又「實謂爾伯舅無下拜」。校正云：「中立本脱實字。」今案，中立本不脱，花齋本脱實字耳。又「龍旗九游」。校正云：「宋本旗作旂。」今案，兩宋本皆作旗，劉注大字本、中立本作旂。又「築五鹿、中牟、鄴蓋與社丘」。校正云：「宋本、朱本社丘皆作牡丘。」今案，兩宋本皆作社，劉注大字本、中立本作牡。又「教大成」。校正云：「宋本教下有之字。」今案，兩宋本教下皆無之字，劉注大字本、中立本有之字。又「偃五兵」。校正云：「朱本作隱五刃。」今案，中立本、花齋本及他本未見有作「隱五刃」者，惟齊語作「隱五刃」。戴校誤甚。以下各卷舛誤更多，孫星衍管子參證幾全鈔入而没其名，又多襲王念孫、洪頤煊諸家説。不知何以著書粗率乃爾。疑子高底稿本皆書於書眉，付人照録，而未及手自勘定。越歲癸酉，子高即病殁。後人研管子者鮮，於其文義古奥難解，不能有所訂正，據以付刻，或非子高意耶？然則著書非經手定，固不免貽後來之譏誚也。嗣知冒鶴亭先生亦爲校正，約校畢互相補益，而忽忽未果，他日如見冒本，必有造車合轍者，當再删汰存之。

讀管小言一卷管子韻語一卷 一册

平湖屈彊撰。吴縣王氏蛾術軒鈔稿本。

彊原名爔，字彈山，一字彈民，號伯剛，亦署彈山一民。平湖籍，三世僑吴。清諸生。留學日本。歸參江、浙大幕，晚歲隱於書肆。蓋我吴吴志忠、王鎣、張星鑑之流。長於校讎之學，著述已印者有彈山詩稿、屈子雜文等，卒年八十餘。紹興沈瓞民先生祖綿亦寓吴最久，著有讀管臆斷，伯剛曾從假讀稿本，偶有所見，書諸簡端。因仿孫氏札迻例，録爲一卷，名曰小言。又以江晉三所集韻讀未備，重爲分韻編之，因其用韻而思其誤，亦得校補多處，别爲管子韻語附焉。如大匡篇「披領而刎頸者不絶」云：「案披字不見古字書，至集韻八霽始收此字，讀子計切，引管子爲證。康熙字典踵襲之。竊謂披乃折衣二字誤合，當讀『折衣領而刎頸』，蓋古衣兩襟相掩，刎頸者必先折其衣領，理勢然也。集韻殊譌。」内業篇「彼道不遠，民得以産。彼道不離，民因以知」。云：「案知與離非韻，知疑和字之譌。和即下文『和乃生，不和不生』之和，證以上文『民得以産』，意可一貫。」又「卒卒乎從沈校。其如可與索，眇眇乎其如窮無所」。云：「案索與素，古字通。禮記中庸『素隱行怪』漢書引作索，素讀如傃，傃猶向也。可與傃與窮無所相對。素、所韻協。」地員篇「山之材，其草兢與薔，其木乃格。山之側，其草蒿與蔞，其木乃品榆」。云：「案山之材，注云材猶旁也，則材爲側譌。格，疑棫字譌，側、薔、棫韻。下山之側，側字當係後字誤，後與蔞、榆韻。」形勢解「父母暴而無恩，則子婦不親」。云：「江晉三以恩、親爲文、真通韻，非也。恩當仁譌，仁古文作忎，讀者不識忎字，誤改爲恩。仁與暴對。仁、親同屬真韻。」輕重己篇「張耜當弩，銚耨當劍戟，穫渠當脅軻，簑笠當扞櫓」。云：「戟以長者讀之，故與弩、櫓協。脅軻亦作脅輌，義不可解，疑是輂車之誤。六韜農器篇云：『馬牛車輿者，其營壘蔽櫓也。』周官鄉師注引司馬法曰：『輂一斧、一斤、一鑿、一梩、一鋤。』輂即輂車，蓋輜重之車也。案，穫渠之渠，説文云：『水所居』，渠有居意。穫渠乃農家藏穀之所，正與輂車之爲輜車同。車與弩櫓皆韻。」他如八觀篇「故曰山林雖近，草木雖美，宫室必有度，禁發必有時」云云之衍文錯簡，戒篇「倨傲不恭」至「各奉其身」一段之錯簡，均移正可讀。乘馬篇之市制、征商制，海王篇之税鹽法，均有所闡明。故雖寥寥一卷書，所得已多。其書成於一九五二年冬，余於管子亦舊有校本，因借讀録副，他日有機緣，當謀刊行，以存故人心血。

讀墨子閒詁小記一卷 一册

吴縣胡玉縉撰。吴縣王氏蛾術軒鈔稿本。

手稿存十六葉，至節用中戛然而止，蓋殘存祇三之一。今藏復旦大學善本書庫。余與讀書偶記同借出録副。先生殁後，藏書星散，此稿本散帙未裝，不知其後半零落何處，他日猶得胖合否耶？

清末漢學家以治經之方治諸子者，瑞安孫氏墨子閒詁、長沙王氏荀子集解並稱，然以墨子爲倍難。蓋其書多存古文古語，兼具科學知識，故隱奥難通。孫氏集諸家之長，又深於音韻訓詁之學，爲此一編，用力殊勤。於是千古沈晦之古籍，得怡然理順，爲功於學者大矣。然猶謙稱此書甫成，已有旋覺其誤者，則其不自覺而待補正於後人，殆必有倍蓰於是者。自其書出而治墨者輩出。若曹耀湘之箋、王樹枏之補正、梁啓超之校釋、張之純之集解，均有足爲補苴者。至專訂其誤，意在附諍友之列者，則惟先生此書足以當之。如親士「分議者延延而支苟者詻詻」，洪云：「延延，長也。支苟當是致敬之譌，詻詻與諤諤同，言分議者皆延延以念，久長而致敬者。又諤諤以盡其誠。」孫云：「洪謂苟爲敬字之譌，是也。而以支爲致，則未塙。支疑當爲交，敬讀爲儆，交儆謂交相儆戒也。」案：「續漢五行志云：『延延，衆貌也。』此文延延，當與彼同義。蓋以況分議者。支苟爲雙聲聯緜字，亦作枳椇，明堂位『俎殷以椇』，鄭注：『椇之言枳椇』是也。亦作積椒，説文禾部積云：『積椒，多小意而止』是也。亦作枳枸，莊子山木篇『騰蝯得柘棘枳枸之間』是也。亦作枳句，宋玉風賦『枳句來巢』是也。亦作枝拘，淮南子『龍夭矯，燕枝拘』是也。大抵皆有曲意。説文言部詻云『論訟也』，上文諄云『語諄誶也』讀若行道遲遲。下誾云『和説而諍』也。然則詻亦有諄誶和説意。詻詻蓋以況支苟者，言衆人分議，中而其委曲周詳者，言必詻詻。然在下之道如是，所謂上必有詻詻之下也。洪、孫説皆非。曹耀湘箋改而爲耐，支苟爲敬，謂與能同，原作而，亦通。似較改交儆爲近。」脩身『願欲日逾』。孫云：「逾當讀爲偷，與『力事日彊』文相對。」案：「下文有『設壯日盛』句，則此三句並列，與表記文絶不同，不當據以改。此逾即踰字，説文辵部逾云：『越，進也。』廣雅釋詁：『踰，遠也。』淮南子道應訓：『子發攻蔡，踰之。』高注：『踰越，勝之也。』『願欲』日逾，謂志願日進，日遠，日勝；與日彊、日盛一律。所染篇『則家日益，身日安，名日榮』。文義正與此同。」尚賢上『墻立既謹，上爲鑿一門』。孫云：「墻立既，疑當作宫墻既立。宫字涉上而挩，既立又誤作立既。謹上，疑當爲謹止，謹與僅通。」案：「廣雅釋詁『立，成也』。既爲塈之假字。謹當作墐。説文土部墐云：『涂也。』墍云：『即涂也。』此句於墐字句絶，言墻垣涂飾已成，其上爲開一門也。内則『塗之以謹』。塗，鄭注『謹當爲墐，聲之誤也』。此之謹當爲墐，正與彼同。孫説殆非。」又『堯舉舜於服澤之陽』。孫云：「『服澤疑即負夏，趙岐云『負海』，必有所本。」案：「服、負一聲之轉，故孫爲此説。然趙云：『諸馮、負夏，皆地名，負海也。』詳其文義，蓋謂二地皆背海，非以負海二字專釋負夏也。漢食貨志「自負海江、淮而至北邊」。如淳曰：「負，背也。」五行志「起負海至北邊」。師古曰：「負海，猶言背海也。」志又云：「負海之國，水澤地也。」顔無注。又主父偃傳「起於黄腄、琅邪負海之郡」。此可互證。孫説殊傅會。劉晝新論知人篇袁注云：「堯嘗舉舜於服繹之陰。」繹、澤字通，陰疑陽之誤。」上同下「愛民不疾」。孫云：「以下文校之，不疾疑當作必疾，或當云不可不疾。」案：「『愛民不疾，民無可使』，二句文義相承，此係翻騰之筆也。下文曰『必疾愛而使之，致信而持之』，乃是正義，不必改。」兼愛中「教馴其臣和合之，焚舟失火」。孫云：「疑當作私令人，屬下讀，舟非藏寶之所，疑舟當爲内，内謂寢室。」案：「和合之三字屬上讀，不必改。『焚舟失火』，當作『舟室失火』。黄紹箕所引越絶傳甚是。舟室爲教舟師之地，故下文曰：『越國之寶，盡在此也。』孫泥寶字，謂非藏寶之所，遂改舟爲内，非也。且焚内失火，亦不成文義。」兼愛下「然即交若之二君者」。戴云：「然即交，當是衍文。」孫云：「以上文校之，疑當作然，即交兼交別若之二君者，今本交下捝三字。」案：「下文然，即之交孝子者。孫云之交孝子，猶上云交兼交別。玉縉謂上文若之二士者，此文若之二君者，皆設以爲二，惟於孝子，則云若我先從事乎，愛利人之親，然後人報我愛利吾親乎。意我先從事乎惡人之親，然後人報我以愛利吾親乎。由一人而交兼交別，故曰之交孝子，不曰之二孝子，與之二士、之二君不同，此文『然即交』三字，蓋涉然即之交孝子而衍。若如孫説，若之二士者，何不云然即交兼交別若之二士者乎？」非攻中「又與矛戟戈劍乘車其列住碎折靡弊而不反者」。孫云：「與下當依下文補其字，列住二字誤，畢以意改歹往。竊疑當作往，則讀「其往則碎折靡獘而不反者」十一字句。」案：「下文三言與其不言，又與此以矛戟等與上竹箭等爲類，故言又與不當補其字。列疑爲裂之叚字，住當作極。下篇「卒進而極乎鬬」，極又誤作住，可以互證。淮南覽冥訓「九州裂」，高注：「裂，分也。」素問天元紀大論「物極謂之變」。王注：「氣之散易，故曰變。」是裂與極義相屬，裂極碎折皆破壞也。當於折字略逗，而以十一字爲句。論文法，亦不必言往，蓋從上文貫之。」非攻下「天命融隆火于夏之城間西北之隅」。孫云：「融即回禄。」案：「周語：『夏之興也，融降於崇山。其亡也，回禄信於聆隧。』是融非即回禄。史記楚世家：『重黎爲帝嚳高辛居火正，甚有功，能光融天下。帝嚳命曰祝融。其弟吳回爲重黎，後復爲祝融，居火正。』亦不以融與回禄爲一。惟回禄亦爲祝融耳。左傳疏「楚之先，吳回爲祝融」即本於此。孫氏據之以爲融即回禄，蓋未細審國語、史記文耳。」節用上「有與侵就倓槖」。孫云：「有讀爲又，侵就未詳。槖以舉火，攻城之具。韓非子八説篇：『干城距衝，不若堙穴伏槖。』疑此倓亦當爲伏之譌。」案：「侵就疑當爲受僦，漢書田延年傳『初，大司農取民牛車三萬兩爲僦』。顔注：『僦，謂賃之與顧直也。』又鄭當時傳『任人賓客僦』。注：『僦，謂受雇賃而載運也。』此受僦蓋亦受牛車等之僦耳。下文攻城野戰，正承此而言。」以上約舉十條，皆孫氏所謂不自覺而待補正於後人者，使當日見之，知必補録入册矣。

孫氏於墨子覃思十年，成閒詁若干萬言，光緒甲午以聚珍版印行，丁未又多改削重付諸梓，其用心亦良勤矣。今取而讀之，義有未安者，輒箋記如後，或亦足備一義乎。後學胡玉縉。

纂圖互注揚子法言存六卷 二册

漢揚雄撰。晉李軌、唐柳宗元注。宋宋咸、吳祕、司馬光增注。元刻本。

原本十卷，今殘存卷一至卷六六卷。與孫星衍平津館鑒藏書籍記宋版類載宋刻，瞿鏞鐵琴銅劍樓書目、葉德輝郎園讀書志載元刻行欵皆同。惟此闕宋序後刻書墨印六行，而有渾儀圖、五聲十二律圖，獨與葉志著本同。板心上方有「六子全書」四字，葉謂元翻宋麻沙書坊刻本者，是也。明世德堂刻五臣音注，即出於此。瞿目載其勝於秦敦復覆刻李軌單注治平監本者，如學行篇「以其所葬」與上「以其所以養」句例正同，李本作「以其所葬」，是所下脱以字。吾子篇「事辭稱則經」，李本誤重事字。問明篇「巢父灑耳」與音義「灑音洗」合，李本作「洗耳」，當誤。寡見篇「又從而繡其鞶帨」，李本誤重其字。五百篇「由羣婢之故也」，李本作「羣謀」。先知篇「謹其教化」，李本作「議其」。案以上各條秦氏校記雖各已舉正，但由未見此本，故於學行篇以「其所以葬」句反謂「『以其所以養』句衍下以字，文理未協，恐不可從」。世推治平刻爲善本，而不知此雖脱誤，不免實有足正治平本者。嚴可均書宋本後漢書後云：「書貴宋、元本者，非但古色古香，閱之爽心豁目也。即使爛壞不全，魯魚彌望，亦仍有絶佳處，略讀始能知之。」誠讀書有得之言也。

論衡三十卷 六册

漢上虞王充撰。明萬曆程榮刊漢魏叢書本。吳縣王欣夫臨惠棟校。

仲任此書，唐以來儒者多相詆斥。清儒於古書無不研誦，獨於是書，錢竹汀指謂小人之無忌憚者，惲子居、章實齋等羣然和之。蓋其問孔、刺孟諸篇，在彼時固驚世駭俗之甚者，故多擯不一窺。至晚近章太炎、黄季剛師弟始重其書。章謂其書「趣以正虚妄，審鄉背，懷疑之論，分析百耑，有所發擿，不避上聖，漢得一人焉，足以振恥。至于今，亦尟有能逮者也」。檢論學變篇。黄謂「東漢作者，斷推王充，論衡之作，取鬼神陰陽及一切虚言讕言，摧毁無餘。自西京而降，訖乎此時，乃有此作，正如久行荆棘，忽得康衢，誠歡忭矣」。漢唐學論。但古本流傳甚鮮，舛譌莫爲是正，讀者憾焉。明萬曆時程榮刊漢魏叢書，始據宋楊文昌本重刊，而沿譌仍多。松崖治經之餘，兼及四部，所讀即程榮本，凡發正百數十事，無不蠭然怡然。朱筆圈點，更燦然奪目，乾、嘉時，其本入同郡陸沆家，有其手跋。後爲我姻丈劉聚卿聚學軒所有。公魯出示，適得莫楚生銅井文房藏程本，即借以照臨一過。一九六二年遷居校舍，鄰有頑童，見纍纍者以爲奇貨，竊二包去。此書及松崖校李氏易傳、竹汀校金石録、余十年日記，悉被毁失，可爲切齒。幸松崖校語，當時别紙録出，兹附於此，以餉治仲任書者。

逢遇篇　伍員、帛喜，俱事夫差。　案：李善曰：「太宰嚭本或作伯喜，或作帛否。」或作太宰嚭，字雖不同，其人一也。

命祿篇　天命難知，人不耐審。　案：耐，能也。古能與耐通，俱音奴來反。

氣壽篇　嘶喝濕下者天。　案：廣倉云「喝，聲之幽也」。後漢書：「王青音聲嘶喝。」

尊公嫗爲丈人。　案：丈人，公嫗通稱，見漢書宣元六王傳。古詩曰：「三日斷五匹，丈人故言遲。」是也。

幸偶篇　故孔子曰：「君子有不幸而無有幸，小人有幸而無不幸。」　案：蔡中郎採此語入獨斷，所珍爲枕秘者也。

「等之金也，或爲劍戟，或爲鋒銛」云云。　案：數語可破因果之說。

命義篇　傳曰：「説命有三，一曰正命，二曰隨命，三曰遭命。」　案：正命、隨命、遭命，本孝經援神契。正命，一作受命。

羊舌似我初生之時。　案：似字衍。

無形篇　試令人損益苞瓜之汁，令其形如故，耐爲之乎？人不耐損益苞瓜之汁，天安耐增減人之年？

案：耐即能字。

率性篇　傳言：「譬猶練絲，染之藍則青，染之丹則赤。」　案：練，白也，逸詩曰：「皎皎練絲，在所染之。」

吉驗篇　楚共王有五子：子招、子圉、子千、子晳、棄疾。　案：招當作昭，圉當作圍，千當作干。

虞子大，陳留東莞人也。　案：即虞延。子大當作于大。

初稟篇　康王之誥曰：「冒聞于上帝，帝休，天乃大命文王。」　案：王、之二字衍。

詩曰：「乃眷西顧，此惟予度。」　案：度與宅古字通，堯典曰：「宅西曰昧谷。」今文尚書云：「度西曰柳谷」，此其證也。

本性篇　故世子作養書一篇。　案：藝文志：「世子二十一篇。名碩，陳人也。七十子之弟子。」

微子曰：「我舊云孩子王子不出」。　案：今作刻子，疑誤。

詩曰：「彼姝之子，何以與之。」其傳曰：「譬猶練絲，染之藍則青，染之朱則赤。」　案：楊佟引詩曰：「皎皎練絲，在所染之。」當是此詩傳之文。

石生而堅，蘭生而香。　案：東觀記廉范曰：「石生堅，蘭生香。」蓋當時語也。

書虚篇　吳君高説，會稽本山名，夏禹巡守，會計於此山，因以名郡，故曰會稽。　案：吳平字君高。會稽人也。

春秋經曰「莊二年冬，夫人姜氏會齊侯于郜」。　案：郜，穀梁、左氏皆作禚，唯公羊與此同。

異虚篇　舉佚民。　案：漢石經論語，逸字皆作佚。

師已採文成之世，童謡之語，有鸜鵒之言。　案：今左傳皆作「文武」，誤也。史記亦作「文成」，謂魯文成時也。

感虚篇　堯能射日，使火不爲害，不能射河，使水不爲害。　案：强弩射潮江海，爲東惜王子不見也。

今城土也，土猶衣也。　案：公羊傳曰「不養城」。故云土，猶衣也。

誄曰禱爾于上下神祇。　案：誄本讄字，妄人改爲誄。

世傳南陽卓公爲緱氏令，蝗不入界。　案：卓子康。

福虛篇　儒家之徒董無心，墨子之役纏子，相見講道。　案：纏子戰國時人。與董無心相論難，引見意林及文選注。

雷虛篇　人聞犬聲於外，莫不驚駭，竦身側耳以審聽之。況聞天變，異常之聲，軒輷迅疾之音乎？　案：其言糞土也。

道虛篇　奇方異術莫不爭出。　案：方如石朱方，術如萬畢術之類是也。

語增篇　察武成之篇，牧野之戰，血流浮杵，赤地千里。　案：武成，孔安國所傳，後漢建武時亡，非今所有武成也。

傳語曰：「文王飲酒千鍾，孔子百觚。」欲言聖人德盛，能以德將酒也。　案：此見孔叢子。

儒增篇　尚書毋佚曰：「君子所其無逸，先知稼穡之艱難。」乃佚者也。　案：上下俱作佚，獨此作逸，俗人所改。

藝增篇　詩云「鶴鳴九皋，聲聞于天」。言鶴鳴九折之澤，聲猶聞于天。以喻君子修德窮僻，名猶達朝廷也。

案：韓詩曰：「九皋，九折之澤。」

郎中汝南賁光上書言云云。　案：賁姓也。韓嬰傳有淮南賁生。翟方進傳有郎賁麗。後漢書蓋延傳有賁休。李賢曰：「前漢書有賁赫，音肥。」今有此姓，音賁。

問孔篇　子曰：「弗如也，吾與女俱不如也。」　案：鄭康成別傳亦見「吾與女皆弗如也」。何晏本無此俱字，後人遂以與字訓許。

刺孟篇　孟子有云：「民舉安王，庶幾改諸，予日望之。」　案：此上有脱文。

答佞篇　效不檢於考巧。　案：考功法，京君明所作。

後又賢之君察之審明。　案：又讀曰有。

文王官人法曰：「推其往行，以揆其來言；　聽其來言，以省其往行；　觀其陽以考其陰，察其内以揆其外。是故詐善設節者可知，飾僞無情者可辨，質誠居善者可得，含忠守節者可見也。」　案：此當見周書。又大戴禮官人篇與此同。

近世蘭陵王仲子。　案：王良字仲子。後漢書有傳。

程材篇　一郡修行之能堪州從事。　案：應劭漢官曰：「雒陽令，佐史七十七人，循行二百六十人。又河南尹，亦有循行二百三十人。」案，北海相景君碑陰「有故修行都昌、台暹、董方等共十九人」。皆作修行，則知漢官「循行」之誤。

董仲舒表春秋之義，稽合於律無乖異者。　案：董生作春秋決獄二百三十二事。見應劭傳。

牛刀可以割雞，雞刀難以屠牛。刺繡之師，能縫帷裳，納縷之工，不能織錦。儒生能爲文吏之事，文吏不能立儒生之學。　案：此論名通。

東海相宗叔犀犀廣召幽隱，春秋會饗云云。　案：犀疑作庠，即宗均也。上字誤，下字衍。趙德甫以後漢宋均當作宗均，觀此益信。

謝短篇　今量租芻何意。　案：漢舊儀曰：「民田租芻藁，以給經用。」

七十賜王杖何起。　案：王杖見周禮，又詳續漢志。

服革於腰，佩刀於右，舞劍於左，何人備。　案：春秋繁露曰：「劍之在左，青龍之象也。刀之在右，白虎之象也。韍之在前，朱鳥之象也。冠之在首，玄武之象也。四者，人之盛飾也。」

效力篇　梓材曰：「彊人有王開賢，厥率化民。」　案：今梓材云：「戕敗人宥，王啓監，厥亂爲民。」〇此古今文之異也。開即啓字。

泰山不崇朝辦雨雨天下。　案：辦當作辯，辯與徧同。

別通篇　案：此篇文甚美。

西州鹽井，源泉深也。　案：西州，隴西。

得曲城越女之學也。　案：曲城當攷。

父兄在千里之外且死，遺教戒之書。　案：當指馬文淵。

猶吾大夫高子也。　案：論語云：「猶吾大夫高子也。」蓋古文論語作「崔子」，「魯論作高子」。〇此句猶存古義，若當時引論語之文，後人便改爲崔子矣。如下卷詠而饋，改詠而歸是也。

超奇篇　陽成子長作樂經。　案：陽成衡，字子長。

周長生者，文士之雄也。　案：周樹，字長生，達于法，善能解煩釋疑。謝承後漢書有傳。

在郡爲太守孟觀上書。　案：孟觀事亦見謝承書。

作洞歷十篇　案：舊唐書經籍志洞曆九卷，周樹撰。

後有吴君商。　案：即吴平，商當作高。

寒温篇　立春之際，百刑皆斷，囹圄空虚。　案：漢法立春罷遣囚徒，須秋乃斷，故云「囹圄空虚」。

易京氏布六十四卦於一歲中，六日七分一卦用事，卦有陰陽，氣有升降，陽升則温，陰升則寒。由此言之，寒温隨卦而至，不應政治也。　案：六日七分者，易緯稽覽圖曰：「甲子。卦氣起中孚，六日八十分，日之七，鄭康成注云：「六以候也，八十分爲一日之七者，一卦六日七分也。」

案易無妄之應云云。　案：易無妄，緯書名。劉逵注吴都賦引之。

譴告篇　制亡從之法。　案：亡從即知縱也。

狄牙之調味也云云。　案：狄牙，即易牙。狄、易古字通。

變動篇　六情，風家言風至，爲盜賊者感應之而起。　案：風家，風角家也。

明雩篇　不崇朝而辨雨天下。　案：辨，與徧同。

周公爲成王陳立政之言曰：「時則物有間之」云云。　案：尚書作勿，讀爲物，古字通也。

知非常之物，不賑不至云云。　案：當是夏侯、歐陽説。

詠而歸。　案：古文論語作饋。魯論作歸。鄭玄從古，故注饋：「饋，酒食也。」何晏從魯論，作歸。論衡原本自作饋，後人率意妄改，若無下文饋祭之語，則此一字無從是正矣。

詠而饋，詠歌饋祭也，詠歌而祭也。　案：王仲任此解獨得，後儒諸注，皆郢書燕説也。

説論之家。　案：謂張禹、包咸也。

孔子曰：「吾與點也。」善點之言，欲以雩祭調和陰陽，故與之也。　案：鄭康成從此説。

順鼓篇　篤病有瘳。　案：篤病即癃病也。

吳攻破楚，昭王亡走，申包胥閒步赴秦，哭泣求救云云。　案：庚子山哀江南賦曰：「畏南山之雨，忽踐秦庭。」正用論衡中語，而注家皆不知引，吳在楚之南，故云南山。

亂龍篇　夫東風至，酒湛溢。　案：淮南作「淫溢」。

講瑞篇　張湯之父五尺，湯長八尺，湯孫長六尺。　案：此張蒼事，當是傳寫之誤。

案禮記瑞命篇云：「雄曰鳳，雌曰皇。雄鳴曰即即，雌鳴足足。」　案：逸禮。

是應篇　師尚父爲周司馬，將師伐紂，到孟津之上，杖鉞把旄，號其衆曰倉光。　案：倉光當是倉兕之誤，古兕字作光，因此誤也。　御覽引論衡仍作兕。

爾雅釋四時章，曰：「節四氣和爲景星。」　案：景星，今作通正。

治期篇　吏百石以上，若升食以下。　案：漢無升食吏，必斗食之誤。

感類篇　儒者説之，以爲成王狐疑於周公，欲以天子禮葬公云云。　案：此今文尚書伏生説也。

古文家以武王崩，周公居攝。管、蔡流言，王意狐疑周公，周公奔楚。故天雷雨以悟成王。　案：古文家者，古文尚書説也。　太史公、孔安國是。

應曰，以百雨篇曰：「伊尹死大霧三日。」　案：百雨，雨當作兩，下同。其事載于竹書，當是周、秦時已有其說。張霸採之以作僞尚書也。

曹下案目，然後可諾。　案：諾，即畫諾也。

齊世篇　潁川張仲師長一丈二寸。　案：何承天纂文曰：「張仲師長一尺二寸。」丈，當作尺也。

若夫琅邪兒子明云云。　案：子明名萌，見後漢書趙孝傳。

會稽孟章父英爲郡決曹掾云云。　案：會稽典録曰：「虞翻曰：『決曹掾上虞孟英，三世死義。』」

恢國篇　今上嗣位元、二之間。　案：元二，元年、二年也。

隱彊侯傳懸書市里，誹謗聖政。　案：隱彊侯陰傳，漢書隱作濦，傳作博。

惡其人者，憎其胥餘。　案：胥即胥字，俗作胥也。又古疋、足字同，故或作胥，或作骨。

驗符篇　太守沈酆遣門下掾衍盛奉獻云云。　案：沈酆事載見衆漢書，范曄獨不載。

宣帝詔侍中宋翁一　案：宋疇字翁壹。東海人。見百官公卿表。

須頌篇　陳平仲紀光武　案：陳宗字平仲，睢陽令。

佚文篇　楊子山爲郡上計吏。　案：楊終，蜀郡成都人。

論死篇　物使青者去，或奪之也。　案：見莊子。

死僞篇　植璧秉圭。　案：植璧當作置璧，妄人竄易也。

伐齊不卒，荀偃所恨也云云。　案：此論本桓君山。

夫爲靈不瞑云云。　案：此亦本君山。

訂鬼篇　山海經又曰：滄海之中，有度朔之山云云。　案：今山海經無之，知非全書。

四諱篇　或説以爲刑之字，井與刀也。　案：古刑字皆作荆。

讖日篇　沐書曰：「子日沐，令人愛之。卯日沐，令人白頭。」　案：隋經籍志有沐浴書一卷。

裁衣有書。　案：梁有裁衣書一卷，隋時已亡。

卜筮篇　傳或言：「武王伐紂，卜之而龜熸。」　案：熸，説文作爂。

解除篇　功成作畢，解謝土神，名曰解土。　案：「解土」亦見東觀記。

祀義篇　或難曰宋公鮑之身有疾云云。　案：見宋春秋。

實知篇　孔子將死，遺讖書曰：「不知何一男子，自謂秦始皇。上我之牀，顛倒我衣裳，至沙丘而亡。」

案：當在孔子内讖，後漢唯楊統爲作解説。

又書曰：「亡秦者胡也。」　案：此語見録圖。

知實篇　子貢曰：「夫子至於是邦也，必聞其政，求之與，抑與之與？」　案：抑當作意，漢時經傳，都爲明朝妄男子竄易。

定賢篇　信陵、孟嘗、平原、春申，食客數千云云。　案：再見。

正説篇　至孝宣皇帝之時，河内女子發老屋，得逸易、禮、尚書各一篇，奏之。　案：逸易，説卦也。逸書，今文泰誓也。逸禮未詳何篇。

帝出祕百篇以校之。　案：中祕百篇，劉歆猶得見之。載之三統曆，班氏採爲律曆志。

成帝高其才而不誅，亦惜其文而不滅，故百兩之篇傳在世間者。傳見之人，則謂尚書本有百兩篇矣。　案：疑即今梅賾所傳本也。

烈山氏之王，得河圖。殷人因之曰歸藏。　案：烈山氏，姚信以爲歸藏氏。

以其遺非經傳文，紀識恐忘，故以但八寸尺，不二尺四寸也。　案：鄭康成論語序曰「書以八寸策」，尺字衍。六經皆二尺四寸，惟孝經一尺二寸，見鉤命決。

案書篇　光武皇帝之時，陳元、范叔上書，連屬條事是非，左氏遂立。　案：范叔即辯卿也。東觀記作叔范，漢書作升。

君高之越紐録　案：黄佐曰：「君高因袁康所録成書。紐之爲言結也。越與吴結之由也。歲久，紐訛爲絶，宋人改越絶書。」

揚子雲作太玄，侯鋪子隨而宣之。　案：侯芭字鋪子。

自紀篇　母驪犢騂，無害犧牲。祖濁裔清，不牓奇人。云云。　案：自譽而毁其先，非人也。

癸丑仲秋閲，惠棟。

抱朴子内篇四卷外篇四卷八册

晉丹陽葛洪撰。明萬曆十二年歸安慎懋官刊本。

首萬曆甲申王文禄序。每半葉十行，行二十字。懋官字汝學。歸安人。著有華夷花木鳥獸珍玩考十卷，入四庫雜家類存目。又萬里雲游録，見鄭元慶湖録經籍考。據王序稱，慎山泉子岑樓刊。則懋官當又字岑樓。抱朴子以正統十年道藏本爲最古。嘉靖四十四年乙丑魯藩翻刻。即承訓書院本，皆内篇二十卷，外篇五十卷。後此，萬曆十二年甲申，慎刻内外篇各四卷。二十七年己亥，烏程盧舜治刻本，雖云以宋本及王府道藏二本參校，實即翻刻慎本。故刊有慎懋官名氏。四庫據以著録。今通行孫氏平津館本，與繼蓮龕合刊，實出顧千里、嚴鐵橋手校。顧所據爲道藏本、葉林宗鈔道藏本、魯藩本、及盧抱經手校明刻本，案盧校載丁氏善本書室藏書志，底本用盧舜治刻。删併重出，改定篇第，又校定文句幾及千條。嚴所據益以盧本，並參校羣書，成校勘記、佚文各一卷，遂爲抱朴子第一善本。此慎刻本均所未見，不知其早於盧本十五年，且爲盧本所自出，豈非希見書耶？至其書分内外篇，李治古今黈謂内篇多述仙人、丹藥、神變之事，外篇則文字雜著而已。唐藝文志録内篇於道家，而神仙類闕之。其外篇正宜歸之道家，而列於雜家類中，蓋皆考之不精也。提要謂：「其書内篇論神仙、吐納、符籙、尅治之術，純爲道家之言。外篇則論時政得失，人事臧否，詞旨辨博，饒有名理。而究其大旨，亦以黄、老爲宗。故今併入之道家，不復區分焉。」孫隘庵先生德謙曾舉外篇百家篇謂：「内篇論黄白符籙之事，乃神仙家言，非古之所謂道家也。外篇則隋志而下，入之雜家。雜家者，宏括衆流，今以百家標目，豈非雜家之術，固無所不該哉？」不從四庫所列。

此爲家傳楹書，每册書簽猶先君手跡。有「王印祖詢」白文方印，「次歐」朱文方印，「蟫廬藏書」朱文方印。

文中子存五卷 一册

舊題隋王通撰。宋阮逸注。元刊本。

原本十卷，此殘存卷六至末五卷。與瞿氏鐵琴銅劍樓書目著録本同。蓋覆宋龔士卨編六子之一也。其書之真僞，自宋以來，論者已詳。洪邁以爲其書出阮逸所撰，四庫總目提要斥爲過當。今此刻於每卷書名下竟題「阮逸著」，不知其據洪説改題歟？抑著爲注之誤字歟？今宋本有陳粟覆刻，四部叢刊景印兩本，此元刊殘本，藏家以柴窑片瓦視之可矣。作僞者，提要以爲通之子福郊、福畤，洪邁、王明清以爲出自宋人阮逸。由前之説，其子能不没其親，纂述遺言，以傳後世，即有虚相夸飾，亦不爲過。苟無此書，後世誰復知有王通其人者？由後之説，古今以來僞書亦多矣，古文尚書之作自梅賾，孔子家語之出於王肅，其他周、秦諸子，僞者尤多。然究其實，雖非周、秦時書，猶不失爲魏、晉。則其書本不僞也。特時代僞耳。書腹亦用明刻作襯紙，與法言同爲一書而殘佚者。

輟耕録三十卷 六册

明天台陶宗儀撰。明玉蘭草堂刊本。獨山莫棠手跋。

九成此書四庫著録，提要謂「多雜以俚俗戲謔之語，閭里鄙穢之事，頗乖著作之體」。案盧召弓抱經堂文集跋是書，謂其「援引證辨，頗有益於學者，下及細瑣諧謔之事，亦可以廣見聞，釋疑滯，未至有傷雅道」。蓋隱駁提要。張菊生先生四部叢刊覆元本跋亦謂「戲劇之學，至元極盛，是書於院本、雜劇、曲名、歌調，考訂極詳。他如園林、建築、書畫、褾軸、製墨、斲琴、窑器、髹漆，無一不羅而列之。其有裨於時人之研習藝事者非淺」。他如郎瑛七修類稾、葉盛水東日記、張宗泰魯巖所學集等皆議其失，或匡無佐證，或毛舉細故。而錢竹汀潛研堂文集跋是書，則舉録中所載色目三十一種，有畏吾兀，又有回回，可訂顧亭林日知録謂「今之回回即唐之回紇」之非。李蒓客越縵堂日記於記六陵事，楊髡發塚時羅有開唐義士傳云戊寅，周密癸辛雜識云乙酉，陶氏則以戊寅爲然。謂「戊寅距丙子宋之亡歲不三年，此時庶事草創，妖髡得以肆其惡。至乙酉，則已將十載，法制已明，安得有此事」。歎爲知言。然則不失爲考據之要籍矣。

此本首孫作序，次邵亨貞募刻疏，每葉板心下方有「玉蘭草堂」四字。刊印精美，傳本極希，久爲藏書家所珍。惟首尾無刻書序跋，不著年月。葉德輝郎園讀書志據萬曆戊寅華亭徐球補版引云：「友人楊君有是刻，中間缺雜數十版，予爲之補緝成編，得爲不棄物」云云，以爲「是書之刻必在嘉靖中葉後，惟楊君不著其名字，不知爲何許人」。今案：徐引蓋言楊君得是書殘版，故爲補緝成編，非謂刻始於楊。葉氏不瞭，故見卷四附刻有成化彭瑋識，又疑似成化刻本。今觀其刻工刀法，頗如嘉靖刊。文衡山家有玉蘭堂，其爲文氏所刊歟？莫楚生先得卷八以下三册，細白皮紙，極初印。後又得黄紙襯裝首七卷，合爲全帙。

昔徐興公紅雨樓題跋曾載之，謂「舊藏首闕一册，覓之十數載不得。友人高景倩偶購雜書，中有此書，僅半部。首册可補余之闕，遂捐見惠」。是在明時已全本難得，何古今如出一轍耶？余謂愛惜古書者，當抱殘守闕，期以歲月，往往有豐城劍合之遇。嘗得明鈔雞肋集半部，有武林高瑞南藏印。偶與周君叔弢言之，知亦有半部，即一書分散者，乃時則相去四百餘年，地則相隔南北千餘里，一旦牉合，豈非奇緣？即以贈之，傳爲佳話。又得明鈔浣花集上册，爲袁壽階舊藏。越三年，仲兄蔭嘉適得下册，遂爲全璧。蓋鈔本原帙分而復合，較刻本爲尤難也。著之以告世之嗜書者。

有莫氏二跋，及「莫棠之印」朱文方印，「獨山莫氏銅井文房藏書」朱文長印。

羣書疑辨十二卷 四册

清四明萬斯同撰。嘉慶丙子供石亭刊本。

季野著述多入四庫，此爲後出。其書得失，首汪廷珍序言之頗晰。嚴可均鐵橋漫稿對丁氏問，丁氏以是書開卷易説云「易非道陰陽之書。易以道陰陽，此莊周之言，儒者所不道」爲疑。嚴氏對曰：「羣書疑辨，鄞人續編耳。易説非季野作也。季野讀禮通考有徐刻本，五禮通考有秦刻本。明史稿有王刻本。歷代史表、廟制考、昆侖河源考、儒林宗派入四庫書，别有聲韻源流考、石鼓文考、紀元會考、宋季忠義録、南宋六陵遺事、庚申君遺事及文集，未見專行本。不知何人掇拾爲羣書疑辨，以易説冠於卷端，經義乖違，與季野文不類」云云。案季野著述尚不止此，其入四庫者，又有聲韻源流考、明代河渠考、歷代宰輔彙考、石經考、書學彙編。據劉坊所撰行狀，實有羣書疑辨十二卷。嚴氏以爲鄞人續編，意者掇拾他著及未成者以補充之歟？如卷六以下，自周至明廟制考廿篇，禹貢昆侖辨諸篇，與廟制考、昆侖河源考相出入，石鼓文辨、跋漢魏石經、隸書考、書林唐二義士傳後、書庚申君遺事後諸篇，均當採自未刊各書。其他録自石園文集者，今有四明叢書本可證。至嚴氏疑易說非季野作，則季野特長史學，於經義多疏。卷中說經之作，李越縵謂「論禮好違鄭注，論春秋好闢左傳，極言古文尚書之真，而詆盤庚、周誥爲不足存。力駁毛詩小序之謬，而謂二南、國風皆未删定，近於猖狂無忌憚」。然則其說易之謬，又何足怪。嚴氏殆震其名而未察全書歟？至列其著述目，有五禮通考秦刻本，案季野卒於康熙四十一年，正秦蕙田始生之年，秦於乾隆元年通籍，編纂五禮通考又在其後，時代不相接，季野安得參預其事，蓋誤記無疑。季野學問淵博，此書去蕪存菁，不失爲雜家雜考類佳書。固不以一眚掩，而鐵橋此說偶誤，爲附辨以曉後學。

六九齋饌述稾四卷 二册

清嘉定陳瑑撰。道光乙巳原刊本。

瑑字恬生，又字小蓮，號聘侯。道光甲辰舉人。父詩庭，著有讀書證疑，已見書録。小蓮少承庭訓，精於六書九章之學，故以「六九」名所居。是書所刻，亦均爲闡釋說文、算術之文。先是有說文引經考之作，因作者不一，誼多雷同，説轉繁雜，乃簡爲説文引經異文解五篇。錢竹汀答問發明説文之例，益推而廣之，作説文舉例。他如春秋歲星算例、春秋日南至算例附唐虞三代歲星算例，則爲讀尚書、春秋者所必知。

小蓮著述，未能盡刻。其不見是編者，如與太倉王研雲寶仁論説文書云：「近作讀書舉例一書，取他人説引伸之。如養新録中説文讀若，取轉音之例，曰⿱雨鮮，从鮮聲，而讀若斯。僕以鄭君匏葉箋『斯白』、『鮮白』爲之證。三百篇用韻不在句尾之例，僕以廣漢之三思字，墓門之三之字，皆語助，爲之廣其例。答問中有説文讀若不破字之例，僕爲之廣搜漢儒舊説，如高誘淮南子注屈讀如『秋雞无尾屈』之屈之類，以充其類。又有以義釋名之例，如徹者徹也，象也者象也。石經無人旁。以聲釋義之例，則仁者人也之類。悉數難終。故此例據經不據傳注。其僕之自爲例者，如説文兩字合成一字，不在諧聲之例。祘从兩示，而讀若算。䀠从兩目，而讀若句之類。説文本有之字，而後世以别字亂之之例，如萑，愽萑也，而後世曰芭蕉之類。隨時增補，亦未有成。」又云：「近見小學家謂説文無得聲之字，當以部首爲聲。故苗字从艸从田爲會意，當爲从艸得聲。僕以爲此説殊强。以鄙見論之，苗字當从萌芽之義得聲。又有人問隸書有⿰酉高字，不見於字書。鄙人以意斷之曰，當即犒字。錢潛研謂犒本作槁，以犒有牛，故誤从牛作犒。僕謂犒有牛，必有酒，又誤从酉作⿰酉高。又有人以秦、漢印習見鉩字，从金从爾。僕謂即璽字。璽本从土，程易疇謂當是从封省，僕謂璽本貴賤均稱，有玉有金。金兼青白，則从玉从金，有何不可。即以⿰酉高字例之，璽或从金之省耳。」又云：「偶思田、地二文，聲相近，義亦不遠。鄙意二字作一字，讀爲笛。笛雖从由，當省从田得聲，而古文作篴。地之古文作墬，俱从豕取聲，豈非田即地之證？」研雲取以載入所撰小蓮傳，見舊香居續稿，又爲祁春圃作祁奚字黄羊解，附載何願船一燈精舍甲部稿，今王集希見，爲録於此。小蓮又嘗欲撰書目一種，取傳注中書目比列之，如廣韻中桐君藥録，困學紀聞中冥氏春秋之類，未成。其説文引經考八卷，湖北崇文書局刊。國語翼解六卷，廣東廣雅書局刊。此書亦有蔣氏心矩齋叢書重刻，未完，衹存三卷。又有一本，稱試草者，爲六卷，未見。

讀書偶記一卷 一册

吴縣胡玉縉撰。吴縣王氏蛾術軒鈔稿本。

是稿綏之先生自署元和，蓋猶未併入吴縣時，中年之作也。讀書考證所得，隨筆記之。余爲按類詮次，得易一條，書四條，周禮一條，禮記四條，左傳二條，論語五條，孟子一條，國語一條，賈子新書一條，風俗通一條，困學紀聞一條，文選一條，共二十三條。詮釋考訂，均極精審，多正前儒之誤説。然在遺著中衹虬龍片甲耳。手稿藏復旦大學書庫。余與讀墨子閒詁小記同借出録副。從知先生遺稿，零落人間者不鮮矣。如書禹貢「三百里納秸服」，秸服者，秸稃也。稃與服聲相近，故以服爲稃。陳氏奂詩疏以證生民之禾役，是也。段氏撰異知秸服連文，而曰服，事也。秸服，猶秸事也。仍似是而非。周禮大司寇之職「以嘉石平罷民」，鄭注：「嘉石，文石也。樹之外朝門左。」又「以肺石達窮民」，鄭注：「肺石，赤石也。窮民，天民之窮而無告者。」案：「朝士掌建都外朝之灋，左嘉石平罷民焉，右肺石達窮民焉。據此，『赤石也』下，當補『樹之外朝門右』句，否則似亦在門左矣。」禮記大學「湯之盤」，鄭注：「刻戒於盤也。」案：「盤是盥頮之盤，故有日日又日之銘。內則『進盥長者奉槃』注：『槃，盛盥水者。』鄭意以已詳於彼注，故此但爲銘字作解，曰『刻戒於盤』。疏以爲沐浴之盤，非經恉，亦非鄭恉也。近儒如閻氏釋地、江氏補義、曹氏摭餘説、周氏典故辨正，均主盥盤説，洵爲有見。但未知鄭意本如是耳。周氏謂章句用鄭注，不知朱乃沿孔疏之譌也。」左傳襄十三年「使其什吏」。孔疏：「什吏，謂十人長也。」周禮夏官序：「五人爲伍，伍皆有長。」「不言十人有長。而此傳云什吏者，夏官所云。周禮之正法。其量時制事，未必盡然。案逸周書大聚篇：『五户爲伍，以首爲長。十夫爲什，以年爲長。』是周公述文考之制，其後作周官，當亦不改。」論語述而「子之所慎」，俞氏茶香室經説以「子之所慎齊」爲句。謂「戰一事，疾一事，皆子之所慎齊也」。引內則「慎齊」，以爲齊、魯間恒言。案：「論語文法簡質，若如其説，則當云『子所慎齊』，如『子所雅言』之例，不當有之字矣。不曰『子之所慎，祭戰疾』者，慎齊即所以慎祭。中庸兩言齊明盛服以承祭祀焉。有慎齊而不能慎祭者乎？凡所駁難，均屬未是。」孟子公孫丑「夫既或治之」。既，已也。古同聲通用。謂王驩。猶左傳文十四年「夫己氏」謂商人也。夫既二字連文，猶言若人也。趙注誤解。賈誼新書匈奴篇「胡嬰兒得近侍側，胡貴人更進得佐酒前上時人偶之」。案：「人偶二字連文，詩匪風箋、儀禮大射儀、聘禮、公食大夫禮、及禮記、中庸等注，並有此語。蓋親愛之意也。據詩疏、鄭注，論語，『問管仲，曰人也』，亦有人偶同位人偶之辭句。」困學紀聞四：「張禹以論語文其諛」，方樸山箋云：「未見的據。」案：「漢書禹本傳，禹爲成帝師，以上好論語，難數對己問經，爲論語章句獻之。厚齋當指此。故又云：『禹不足以玷論語。』翁注亦未及此。」隨録數條於此，多足爲讀書參證之助。

新雕校證大字白氏諷諫一卷 一册

唐白居易撰。清光緒十九年癸巳武進費念慈景宋刊本。吴縣王欣夫據唐寫本、宋刊本手校。

宋本首行題「新雕校證大字白氏諷諫」旁注「五十首并序」。次行題「右拾遺兼翰林學士白居易撰」。每半葉十三行，行二十九字。有「健庵」朱文橢圓印，「彭城仲子審定」朱文長方印。知爲徐氏傳是樓舊藏。後入我吴陸氏，有「陸沆字仌篁」白文方印，「陸僎字樹蘭」朱文方印，「陸沆之印」及「靖伯」朱文兩小方印。費屺懷得之，付吴門名手徐元圃覆刻。據其題簽云：「景宋單刻本。坿校勘記。」今校勘記未刻。余曾於一九五五年十月據敦煌所出唐寫殘本十六題景本，及常熟瞿氏所藏宋刻白集第三、四兩卷統校一過。瞿氏宋本異文脱文，著於行間。敦煌本異文悉著於下方，而於本字旁加|。與瞿氏宋本同者，加○以爲別。知此單刻本雖脱誤累累，然多有與敦煌本合者。如胡旋女「絃催鼓促曲欲遍」，敦煌本惟「欲遍」作「已畢」，不作「人間物類無可比」。百鍊鏡「鈿函金匣鏁幾重」，敦煌本惟「金」作「珠」，不作「揚州長史手自封」。知所據本猶前於瞿氏宋本。又瞿氏宋本雖譌字較少，然於隋堤柳脱「煬天子，自言歡樂殊無極，

豈知明年正朔歸武德」二句。當以此本爲勝。可見古刻必各有短長，惟在善讀者之精心校擇耳。

陸宣公集二十二卷 六册

唐陸贄撰。清康熙六十一年年羹堯精刊初印本。

陸宣公集，宋、元以來刊本甚多。大都一爲二十四卷本，分制誥十卷，奏草與中書奏議各七卷，與權德輿序合。一爲二十二卷本，亦分制誥十卷，奏草與中書奏議則各爲六卷，而文無出入。錢竹汀養新録疑權序轉寫，誤六爲七。此本即用二十二卷本，而年氏恭紀但云檢閲舊本，蠹粉散落，字畫缺誤，重加校訂，雕刊成帙。不言所據宋、元何刻，且既重加校訂，則不必仍留舊本面目。首朱印胤禎御筆序，次雍正元年八月年氏恭紀，次年氏康熙六十一年刻書序，次唐權德輿序，次宋進呈奏議劄子，次目録。每卷第二行，題「後學雙峯年羹堯重訂，金壇王汝驤、太倉張泰基同校」。每篇自爲起訖。楷書精刻，墨光如漆。葉德輝郋園讀書志謂：「康熙六十一年，年羹堯所刻。逾年仁廟升遐，世宗即位，改元雍正。前序因進呈本，改題雍正元年，故前冠以雍正上諭，此則未進呈以前印本，可貴也。」今此本雖有胤禎序及年氏恭紀，而序則未改爲雍正元年。蓋以最初印本，後加御序及恭紀，爲尤不易得。校者王汝驤，考張維屏國朝詩人徵略卷二十云：「汝驤字雲衢。江南金壇人。貢生。官通江知縣。」引沈德潛國朝詩別裁云：「雲衢丈制義宗工，外人不知爲詩人。」所載甚略。案順治以來，士以時文著名甚重，至以諸生而文名被天下，惟汝驤與桐城方百川舟而已。張泰基則鎮洋顧陳垿洗桐軒文集卷八張君墓志銘謂：「泰基字大復，號孺亭。江南太倉州人。雍正甲辰會試下第，上親閲落卷，拔賜進士，改庶吉士。乙巳散館，出爲直隸景州守。」又云：「己亥試京兆不遇，西入秦，佐文幕。會有節使攝大帥者，耳君名，羅致之。帥頗跋扈，不循軌度，恒氣使大吏如奴隸。君既被彊入幕，長揖不屈。每正色儻言折其角，帥心嚴憚之而惡失士，且思有以羈君，則竄君名策勳籍中。及爲景州守，時西帥已敗，媒孽君者或借以相傾軋，卒以軍册有名落職。」西帥者，即羹堯也。二人蓋皆其幕僚。即序所謂退食之暇，與二三文士校讎而商榷者也。夫羹堯在康熙時倚毗方隆，胤禎即位，羹堯以川陜總督來京述職，以此書進呈。御序猶褒其「才猷敏練，學識明通，每有章奏，其惓惓忠愛之意時流露於行墨間」，乃轉瞬之間，嚴譴隨之，大加誅夷。若泰基者，亦不免覆巢之禍。吁，可悲矣。余於此書，每與和珅刻禮記注疏等視，然羹堯出身翰苑，於斯事究非無知，不若和之受愚於奸賈也。舊爲許博明所藏，博明名厚基。吳興籍，世寓蘇。家富，好藏書，並得曹君直、顧鶴逸諸先生爲鑒定。後忽奔競於名利，卒至身敗名裂，不得其終云。

有「博明懷辛主人藏書印」朱文方印，「許厚基」白文椭圓印，「讀書樂」白文圓印。

司馬文正公傳家集八十卷附録二卷 十二册

宋夏縣司馬光撰。附録清桂林陳弘謀輯。乾隆六年桂林陳氏培遠堂刊，初印本。

首乾隆六年陳弘謀刻書序，次七年進書表，次劉隨舊序，次目録二卷，次正文，末附録。上卷爲宋史本傳、行狀、神道碑、墓志銘，下卷爲年譜，弘謀所輯。每卷第二行題「後學桂林陳弘謀重訂」。末有「蘇州府學教授浦起龍校字」一行。字作精楷，紙墨均絶佳。案序稱「購得舊刻傳家集八十卷，差勝晉、閩二刻」，不言於宋、明爲何刻。陸心源有明二十行二十字本，或即爲是刻所據。然以此本互校，亦稍有不同。如卷十六撫納西人詔意，明本在卷五十二，請撫納西人劄子後，明刊卷五十三，乞進呈文字劄子後，有中使徐湜封還傳宣一道。陳本缺卷六十三嘉祐八年四月十九日申堂狀，明本在二十九卷末。熙寧三年十二月一日申宣撫使權住製造乾糧狀，明本在四十五卷，奔神宗喪狀後、大辟貸配法草，明本在四十卷末，卷四十五奏乞兵官與趙瑜同訓練泊駐兵士狀，「所貴公共」下陳本脱三十字。文中子傳則弘謀據宋文鑑補入，見儀顧堂題跋卷十。蓋書經重訂，不免舛誤，或原本有錯亂。案自宋代官漕司郡齋者，好事刻書，其風至明未已。往往出自私俸，其下也者訛謬滋多，至有書帕本之誚。然精者頗能擇天水善本，校勘上木，如沁水李瀚、河汾孔天胤等所刻諸書，至今與宋、元同視。有清一代，在官刻書之風，轉不如前。如此書爲弘謀官江蘇按察使時，延浦氏校字，又附以年譜，以資知人論世之益，好寫精雕，實不可多得。浦起龍不是集有上陳榕門書云：「涑水傳家集梓工於二月杪竣事。兹集校刊頗極詳慎，足稱全璧。其中不無口眼順溜，偶一差誤。古今鋟版盡然，諒或可幸無罪。惟裝潢進呈書一件，卑職初次辦理，未諳事宜，因而問道，已經若邵北厓、何心友諸老宿，並云寧敬謹有餘，無疎略取戾」云云。

倦圃尺牘二卷二册

清秀水曹溶撰。秀水胡泰選。康熙、乾隆間胡氏含暉閣刊本。元和柳商賢手跋。

秋岳著述，四庫全書已收八種，而獨無此書。嘉興府志稱其「文章沈思湛鬱，諸體雄駿，尺牘小簡尤精」。此爲鄉人胡泰所選刻者，大都晚年之作。卷中每多脱落，而擠作雙行，可見校勘不苟。胡序稱：「未嘗不使事，而不病於摭實；未嘗不矜詞，而不涉於纖濃。體約而義該，節短而韻長。詞之所及，無非意之所到，讀之如飲醇醪，自然心醉。」可謂知言。秋岳當康熙己未以博學鴻詞徵，復薦修明史，因疾不赴。既以所輯崇禎疏鈔、五十輔臣傳上史館備採，又以焦竑徵獻録止於萬曆，尚非一代之全。乃别輯起萬曆中葉，訖崇禎甲申，爲續徵獻録六十卷。凡列傳五百有奇，所載名臣事跡，靡有闕遺。誠爲脩史不可無之書。他又有明史事實六種。又謂「吕伯恭文鑑止及汴宋，建炎後闕不載者百五六十年，蘇天爵文類成於元之中葉，所採盡朝士，不及四方」。二書均爲不備，乃别爲補輯，卷帙相同，人則加倍。屢函商諸徐健庵、立齋兄弟，李高陽、湯潛菴諸老，請倡議付梓，訖無應者。遂併崇禎疏鈔同付湮没，豈不惜哉。其與黄太沖、龔蘅圃、汪晉賢、汪季青、朱錫鬯、金亦陶、黄俞邰諸書，則或討論脩史，或通借秘籍。秋岳藏書極富，胸中蕴釀，隨手抒寫，莫不有關掌故，不僅詞章之工而已。首有柳商賢跋。泰字蓮峯。商賢字質卿。同治舉人。著有藼弇詩文鈔。

有「含暉閣」白文楕圓印，「繡水筠圃胡子圖書」朱文方印。

此書爲李東籬先生藏本。卷面標題，其親筆也。先生有書兩大櫥，爲我外家俞氏所有。外伯祖恬川先生其至戚，無後人，故歸之。余少時常借觀，亂後散佚，不全書數百本，益齋舅氏載以畀余，已無完帙。僅存此兩册猶完。先生名及行誼均未詳，但知其善書。與聞過庭同稱，光緒庚寅正月二日柳商賢記。

炳燭室雜文補遺一卷 一册

清甘泉江藩撰。吳縣王欣夫輯。王氏學禮齋鈔稿本。

鄭堂著述多刊行，惟文集則未有完本。道光元年删存經説若干篇，曰隸經文四卷，又續一卷，曾釗、吳蘭修等刊於粵東。後來粵雅堂叢書、南菁書院續經解均據以重刻。不知何以皆佚其續之一卷。潘祖蔭得其未刻稿，輯言金石者曰半氈齋題跋，他作曰炳燭室雜文，分刻入功順堂、滂喜齋兩叢書。徐乃昌又刻雜文入積學齋叢書，然皆寥寥短帙而已。余於瀏覽之餘，見乾、嘉經師集外文，輒掌録之。於鄭堂得十四篇，鈔成一卷。鄭堂經術湛深，不屑屑於文章，然其序淩次仲校禮堂文集，謂「近日之爲古文者，規仿韓、柳，模擬歐、曾，徒事空言，不本經術。汙潦之水不盈，弱條之花先萎」。其宗旨可見。故曾釗謂「鄭堂先生善漢學，不喜唐、宋文，每酒酣耳熱，自言文無八家氣」云。今就此卷讀之，如周禮注疏獻疑序、夏小正注序、孟子時事略序、與焦里堂書皆論經義，猶隸經文類也。楊太真外傳跋、南漢紀跋，則史學也。漢帳構銅跋、題宋拓魏晉唐小楷，則金石學也。書任心齋詩後、詞源跋，則詩詞學也。至正信録序又兼通釋氏。不但實事求是，絶無空言，且可窺爲學博涉，無所不通矣。

瞿木夫文集補遺一卷 一册

清嘉定瞿中溶撰。吳縣王欣夫輯。鈔稿本。

木夫奕載堂文集據自訂年譜似全書已刊，乃訖無傳本。通行繆氏煙畫東堂小品題瞿木夫文集者，祇寥寥一卷。余得道光辛卯原刻奕載堂文集一册，中如唐石經考異補證序、古玉圖録序、泉志續編序、宋拓十七帖考證序、姹女數錢畫軸記五篇，爲繆本所無，因鈔出之。又於陸心源穰梨館過眼録鈔得元朱澤民渾淪圖卷跋、曹有光霜哺圖卷跋二篇，所見手跡明侯黄諸賢手札卷跋、明錢罄室畫卷跋、宋刻衛生家寶産科備要跋、元刻詩外傳跋，合爲繆本文集補遺一卷。他日有見，容隨時增補。猶憶舊藏明居節關山行旅圖小幅，豆人寸馬，工細絶倫。上方有木夫長跋，未及録出，爲仲兄易他物失去，遂不可蹤跡，至今悵悵。木夫金石考證之學，得其外舅錢竹汀之緒。著書滿家，卓然可傳。然如唐石經考異補證、泉志續編、宋拓十七帖考證三書，載經兵燹，恐不復存。幸有自序，猶得識其大較，則此區區者，雖視自定全集，篇目不及十之一，豈不終勝於湮没而無可考稽者耶？

樸學齋文録三卷二册

清長洲宋翔鳳撰。嘉慶間浮谿精舍刊本。

當嘉、道間，吾鄉以經學名者，于庭與陳碩甫並推耆儒。顧于庭久客他鄉，著述雖有刊者，流傳皆極罕。曰浮谿精舍叢書若干種，皆其早歲所撰輯，此文録其一也。核其歲月，自嘉慶丙辰至庚辰，爲于庭二十至四十五所作，中以三十左右，游幕豫章，從宦滇、黔時者爲多。于庭壽八十五，中年後作，蓋未編刊。其文大都儷體，學本豐實，筆復俊秀。經生而擅詞章，當爲孔顨軒、孫淵如嗣響。而世乃鮮有論及者。于庭爲武進莊葆琛之甥，葆琛嘗曰：「吾諸甥中，劉申受可以爲師，宋虞廷可以爲友。」故其撰葆琛行狀，於其學行，述之最詳。世所傳誦之擬太常博士答劉歆書，中今文家説，亦秉其舅之所傳。其與段若膺書論阮雲臺校刊十三經注疏有三弊二要，與臧西成書論其祖琳入儒林傳事，而及博士、儒林之異，皆極明通。諸書序跋，原原本本，言簡而意賅，皆爲集中名作。于庭兼能詩詞，所著憶山堂、洞簫樓詩，碧雲盦詞等，僅於劉氏嘉業堂一見之。此文録姚君石子曾借去傳録。

有「長洲龔氏羣玉山房藏書記」朱文方印。

幼學堂詩稿十七卷文稿八卷 十六册

清吳縣沈欽韓撰。嘉慶十八年、道光八年遞刊本。

詩稿首十卷，起自嘉慶丙辰至癸酉，與文稿首四卷皆小宛二十至三十八歲所作。錢塘屠倬爲付梓。其後則續刊於道光八年。小宛卒於十一年，尚闕最後三年。當時印刷不多，版旋毀。所傳往往無續刊。昔燕京大學曾懸鉅金獲一部，爲清集中有名之珍籍。此爲江陰繆氏舊藏，即別出駁金石萃編條記刻入煙畫東堂小品者，更由劉氏嘉業堂歸於我。小宛以經史之學名，詩文其餘事。然詩則兼綜唐、宋，文則並擅駢、散，與孫星衍岱南閣、凌次仲校禮堂差堪鼎足。其自言宗尚，見與潘望之書。當時詩壇以沈歸愚、袁子才爲二宗。沈則必曰盛唐，袁則惟尚性靈。小宛謂：「從沈則模擬形似，鸞車象人，下里麤沽，是前乎此者之詩，非己之詩也。從袁則中風狂走，如打野狐人，如倚市倡，風雅淪没，是己之脈僨竅沸，非所謂詩也。皆不知教學者以讀書，窮究根本于詩文之先，沛乎有餘，稍束諸繩墨，則所言皆有體要，自能成立，此沈、袁二公之過也。」又謂：「世尚駢麗之文，偶爾效之，取悦俗目，輒復自悔。謂其體不尊，遂棄去，專慕古文。」今讀是集，一如其言。宋于廷謂「根深者葉茂，膏沃者光遠」。信矣。余尤愛其讀後漢書、讀三國志、讀北周書、讀梁書、金宫詞一百首、三國新樂府廿二首，皆熟於史事，平心褒貶。又如新年雜詠、新年小樂府、雜題、歲時詠物口號、除夜仿石湖新樂府及狀元籌、紙鳶、面具、泥孩兒、不倒翁、冬菜、陸稿薦熟蹄、煖鍋等，皆涉及蘇鄉風土節物，覽之有東京夢華之想。文則不分類，似隨編隨刻。自著各書序，最爲淵博。其未刊著述如三國志補注、水經注疏證，亦賴以得知崖較。議禮之文，大似六朝，斷制謹嚴，言不虚發。即其小賦，亦駸駸入唐人之室，又豈樸學者所易得哉？惟於杜預、顔師古、孔穎達諸人，頗肆詆娸。則其時漢學大昌，實事求是，而措詞不無過激，非小宛一人之私言也。首有宋翔鳳、阮文藻二序。有「雲輪閣」朱文長方印，「荃孫」隸書朱文長方印，「劉承幹字貞一號翰怡」白文方印，「吳興劉氏嘉業堂藏書印」朱文方印。

文選六十卷 二十六册

清康熙丙寅上元錢士謐重刻毛氏汲古閣本。無名氏手評。

全書朱筆圈點評校，眉上行間幾遍。書法工雅，必出康、乾時老學之手。而首尾不具姓名，並無題識。疑經改裝時剗去。間有墨筆標「何云」者，則略後於朱筆。考文選評本，以何義門爲最著。今傳世有乾隆三十四年長洲蔣維鈞輯義門讀書記本，三十九年長洲葉樹藩海録軒朱墨套印本，四十三年金壇于光華文選集評本，以此持校三本，獨與于本眉列何評大同，但此增多逾倍。據于氏重訂凡例云：「義門評本凡三易稿，世所傳寫，皆晚年所定。初次則支分節解，於初學尤宜。從宜興吳振鷺得初次評本，擇其簡要，併入前刻。或云係後人假託，然是非得失，有識者自能辨之。」案所見義門手評他書，或不止一本，或多歷年所，自有詳略之殊。以余觀之，三本中當以蔣本爲初次本，葉本爲晚年本，故蔣略而葉詳。至于本眉列何評，無論其初、晚，均不應與蔣、葉本絶殊。且義門評例，兼及校勘考證，間亦涉及友朋時事。于本則專論文法，多屬空言，亦不相類。于氏雖引或説，疑爲假託。余則謂能將全部文選如此剖析詳審，用力之深，不在孫月峰、俞犀月下，何爲假託義門。必因其本不著姓名，讀者以義門名盛，故歸之耳。觀此本墨筆特標「何云」，則朱筆之不屬何氏又事之易明者。嗟乎，彼窮畢世辛勤，研此一編，終至湮没不彰，而在義門，固不足增重，反致碔砆類玉之疑。此本不加何氏名，猶存其真。故余仍以無名氏評本著録，以昭信實。不從于氏之説，并附辨焉。此爲先世遺書，簽題爲先君次歐公筆。

有「蟫廬藏書」朱文方印，「沂國公後」朱文長方印，「王」字朱文方印，「臣詢長壽」白文方印，「虎」字行書押，「以學愈愚」朱文方印。

夢詩圖題詠一卷 一册

清吳縣黄丕烈等撰。吳縣王氏蛾術軒鈔稿本。

道光辛巳，石琢堂韞玉、潘芝軒世恩主修蘇州府志，蕘圃任分纂。於八月二十一日同訪書於常熟，泊舟西門之倉前。天未明時，蕘圃夢見一空曠之所，琢堂、芝軒身憑一石几，對坐二鼓磴，作談詩狀。蕘圃自外入，但聞七字句云：「不使閒情管落花。」寤後足成七絶一首。及歸，再用句中閒情二韻衍之，復得二首。而以第一首韻乞和於琢堂、芝軒，并請陸鐵簫鼎繪夢詩圖，陶賡題「鏡華水月」四字於首，其他和者有吴雲、陳廷桂、吴廷琛、吴信中、蔣寅、張吉安、尤興詩、彭希鄭、湯達，皆郡人也。湯達詩注云：「卷中題詠，有鴻公鉅卿，大封翁，四殿撰。」嘗疑蕘圃雅人，何以於科名翕熱乃爾。蓋蕘圃以乾隆戊申鄉榜，名列第三，座師胡豫堂以大魁期許，乃禮闈數上，挑列一等，加捐主事，分部告歸。其同學少年若琢堂、芝軒先後登鼇頭，不能無所歆羨。味其詩意，蓋以落花自喻，故曰「金馬玉堂非我分，自躭風月闔閭城」。諸家和作亦多於蕘圃作慰辭。善乎彭希鄭詩云：「眼前領袖羣仙客，只是人間頃刻花。」今蕘圃以藏書得名，後之研經考史者，均以士禮居藏本爲至寶，千秋盛業，詎花開頃刻之比耶？圖舊藏張叔鵬先生炳翔家。余昔請觀而借録之。叔鵬光緒舉人。輯刻許學叢書。

芳林秋思圖題詠一卷 一册

清吴縣黄丕烈等撰。貴池劉世珩檵盦鈔稿本。

蕘圃於嘉慶丙子秋七月廿有九日，同吴枚庵走訪潘榕皋、理齋父子，登其家之擷芳亭看桂。蕘圃首作五言古一章，榕皋、枚庵、理齋各有和作。并乞改七薌作圖紀之。而榕皋題曰：「芳林秋思。」丁丑暮春，孫淵如招宴諸公於虎阜之一榭園。榕皋出圖欣賞。席散，同游支硎，蕘圃又題詩紀事。嗣後榕皋、蕘圃每逢秋日賞桂之作，至癸未中秋前七日止，悉寫入卷中。而石琢堂、戴松門、潘芝軒亦各有題詩，贉首軸尾，纍纍無隙地。其中雖不無傷感之辭，而一時吳中諸賢，優游林下，唱酬爲樂，至今讀之，猶如接其音塵，令人回想者。案榕臯家西花橋巷，蕘圃家懸橋巷，同在城西。相去咫尺，故往來頗數。時榕臯已篤老，呼蕘圃爲中友。其家園有擷芳亭者，境極幽静，余家舊與爲鄰。一九二二年冬，居大母喪，假三松堂暫作青廬，曾登其亭，舊額猶存。未幾屋即易主，及余知蒐羅百宋一廛遺事，劉君公魯出是圖共賞，并以題詠鈔本見貽，蓋其先德聚卿姻丈遺篋中物也。後聞此圖公魯携至海上，被人賺奪，幾至涉訟。今不知轉徙何所矣。

香影餘譜一卷 一册

清元和陳倬撰。吳縣王氏學禮齋鈔本。

培之事跡，詳首附胡玉縉所撰家傳。其今韻正義等書，已具前録。此詞一卷，余從其孫玿雷借手稿傳鈔，並附北曲一套，已跋而印入庚辰叢編。今復吟誦一過，真如張王熙序所稱「祇覺芳蘭竟體，沁入心脾。亦復綺靡動人，情之深者，何可測度」。顧此册斷於同治三四年間，培之卒於光緒六年，此十五六年中，官京師，與一時文士唱和必多。據張序又有詩集，今均無存，惜哉。齊天樂題白衣送酒圖用碧山韻云：「昔年歌舞樽罍地，而今斷蕪枯樹。白眼蒼茫，青袍落拓，誰把懽悰重訴。提壺舊雨。漫暖撥爐灰，勸邀箏柱。一醉千觴，舉頭蟾月皓如許。東籬叢菊似笑，正濃黄淡紫，爭傲霜露。歸去來兮，陶然高卧，伴到甜鄉幾度。醥清醞苦。甚憔悴行吟，獨醒三楚。瞥眼滄桑，酒腸迴萬縷。」亦復清麗，而原稿删去，殆爲有傷感之情耶？可知其去取之嚴。其滿江紅題黄石齋獄中奏疏，情詞激越，慨當以慷。琵琶仙題李湘真李十貞美之印，撫物懷人，柔情悱惻。高陽臺題横波夫人香熏，亦異曲同工。湘蘭又有蘭鑪一器，銅鑄，圍徑尺，雕鏤工緻，環刻篆書五言絶一首云：「楚蘭紛繞室，疎影傍瑶臺。清風天際至，願度幽香來。」載王百穀美人詩選中。匣蓋羅振玉題字。舊藏劉氏聚學軒，公魯以贈鄧正闇先生，廿年前曾入吾室。以值鉅未能得，僅留一拓本。

未編年稿卷四

周易正義十四卷四册

公元一九三五年北平人文科學研究所影印宋監本。

首五經正義表，末端拱元年校勘系銜。每半葉十五行，行廿六字。桓、構等字悉已闕筆。當是南渡後覆雕北宋本。周易單疏世所未見，雖以阮芸臺校勘記博採衆本，亦付闕如。相傳徐星伯家有之，其本轉展歸傅氏雙鑑樓，詫爲曠世奇寶，此即據以影印。案孔氏序言：「爲之正義，凡十有四卷。」新書志及郡齋讀書志同，至直齋書録解題乃作十三卷，且引館閣書目言今本止十三卷，後來殿本易疏朱良裘跋、陳仲魚經籍跋文雖各爲之説，而主爲十三卷則同。今觀此本，則十四卷之數犁然具在。翁方綱校乾彖傳云：「彖者發首則歎美卦者。」盧抱經謂：「彖者者字，舊本或作有。今此本却作者。」大有彖下監本、汲古閣本皆云「九二亦與五爲體」。此本云「九二在乾體」。又如繫辭上傳第三章下彖謂「卦下之辭，揔説乎一卦之象也」。監本、汲古閣諸本皆脱去「卦下之辭揔」五字，惟此本有。然「揔」字此本作「言」。繫辭下傳「恒雜而不厭」下「不被物之不正」句，監本、汲古閣諸本皆作「不正」。抱經云，舊本作「厭薄不如不正」爲長。今此本却作「厭薄」。若此類不可枚舉。傅增湘校北監本之前四卷，已改定一百七十餘字。其差失之甚者，如觀卦脱二十四字，咸卦脱八十九字，遯卦脱七字，艮卦脱六字，雖僅舉數條，已遠勝他本。若統校全書，知必大有可觀。近劉翰怡丈鋭志徧刻各經單疏，於易所據乃楊守敬從日本所得鈔本，校記亦多疏誤。張菊生先生影印各單疏，而此疏晚出，獨未列入。此本由傅氏郵致東瀛，選集良工，精摹影印，板式若一，點畫無訛，紙幅標題，咸存舊式。較之汪氏儀禮疏更爲得真，雖近印，安得不以善本視之。昔瞿中溶古泉山館題跋皆取清代覆宋、元本，於簿録中爲創見。近年印刷術益精，覆印珍本亦益多。兹擇其尤佳者著於録，亦瞿氏例焉。

詩經韻讀四卷

清歙江有誥撰。嘉慶甲戌初刻本。

晉三音韻之學，與顧、江、段、王並爲有清大家。顧其書一刊於嘉慶甲戌至道光辛卯，再刊於咸豐壬子，皆未幾即板燬，故傳本甚希。及民國初王靜安得其本，以爲江氏生諸老後，其於諸家之書有見有不見，而其説多與之闇合，或加精焉。前後數十年間，古韻之學遂以大成。取詩經韻讀等四種刊入廣倉學窘之學術叢編。於是世始稍稍知其人。洎後上海中國書店、渭南嚴氏又皆重刊其音學十書，於是研韻學者家有其書矣。

詩經韻讀首古音總論，實爲全書之叙録，綱領分明，闡發詳盡，必先熟於此，然後能讀江氏全書而無隔閡。惜印本有剷板五處，意者刊成後或有不歉於心而芟去者邪？徐君行可曾見一舊鈔本，此所佚儳然具在，嘗以鈔寄，姑仍補録卷中，雖非江氏意，存以待學者之揀擇參稽，且可見古人著書之不苟也如此。

段氏、孔氏皆以殳聲入矦部，愚按羖、股字皆从殳聲，則殳乃魚部聲也。孔氏云从殳之字，當以投爲正。然説文投从手，殳無聲字。蓋亦如役字从示殳之義，至吺字則云投省聲，益可見投與殳聲有分矣。故今以殳聲入魚部，而以伯兮爲通韻。

鴟鴞詩首三句無韻。愚按當係鴞鴟傳寫者倒其文耳。瞻印三章，「爲梟爲鴟」。孔子息鄹操，「珍寶鴞鴟」。古人屬文多如此，何必定以鴟鴞爲順也。以上補第二、三兩葉。

蝃蝀詩當作「遠兄弟母父」，傳寫者誤作父母耳。蓋古人每倒文協韻，如子孫順也，而有駜之詩曰「詒孫子」。兄弟順也，而後漢書引皇矣詩曰「同爾弟兄」。周京順也，而下泉二章曰「念彼京周」。古人倒文協韻類多如此。今人呼京師曰燕京，順也，試倒其文曰京燕，則人以爲詫矣。周京尚可倒文就韻，則父母何不可倒文就韻乎。荀卿蠶賦「蛹以母蛾以爲父」倒文以協上「暑雨」，尤明徵也。易繫辭八章當以度、懼故爲一韻，保、母又一韻。之與幽古韻恒通，之與魚從無通者，不應此字襍出也。至管子、莊子、吕氏春秋或韻或不韻，七發、易林乃漢人之文，固未足爲據也。

巷伯六章之「誰適與謀」，未必非「誰適謀與」，而後人改之也。以上補第四葉。

桑柔「民人所瞻」，吴氏引潘乾校官碑「民人所彰」叶音彰，孔氏謂此當是三家詩有作彰者，故漢碑用之。愚按瞻、彰字皆屬正齒、照母，故毛詩誤彰爲瞻，亦聲紐之誤。以上補第七葉。

周禮十二卷附札記一卷 六册

漢鄭玄注。札記清吳縣黄丕烈撰。嘉慶二十三年黄氏士禮居精刻初印本。

蕘圃以周禮未見宋刻全本乃取嘉靖徐刻據宋刻各殘本校改，並著其去取之故於札記而重刻之。自云於經注訛舛之字，悉校宋刻正之，集腋成裘，以期美備。至於嘉靖本之獨勝於各本者，其佳處不敢以他本易之，存其舊也。又云此刻係校宋本，故改字獨多，然必注明以何本改定，非妄作也。於是世咸推爲周禮第一善本無異辭。案徐刻之祖本，阮雲臺定爲北宋本，孫仲容以書中桓字缺筆，謂係南渡初翻刻北宋本。獨王靜安據岳倦翁九經三傳沿革例證之，知出宋建大字本。倦翁謂小宰經贊王幣爵之事，諸本王皆作玉，惟越注疏及建大字本作王，此本正作王，而又不附疏，則出建大字本無疑。識斷最確。然則雖明刻未必遜於他宋刻，當照摹徐本而以宋刻異文著諸札記，以待學者參考。乃蕘圃以佞宋稱，雖亦知徐刻之佳，而必以宋刻爲信，於是意爲去取，學又不逮，遂疵纇疊見矣。孫仲容正義已歷舉其校改徐刻之疏，案之尚不止此，如司諫注「而可任於國事者」，司市「經各於其地之敘」，此本於並改于。舍人經「車米莒米芻禾」，禾譌作米。大宗伯經「告備于王」，王譌作玉。職方氏注「虖池出鹵城」，出譌作在。輪人注「壺中當輻菑者也」，輻譌作幅。徐本及諸本亦皆不譌而此本譌者。又如考工記「陶旊」與「旊人」之旊，唐石經及宋以後諸本皆譌作旒，獨徐本作旊不誤。而札記云旊譌旒，據説文改正。輪人注「謂殺輻之數也」，余仁仲及岳本之作内，而札記云此本之誤内，據宋單注本及董本改，尤屬傎倒。又有徐本絶勝之處而此本妄改者，如載師注「故書漆林爲桼林」，諸本桼林皆作桼林，黄改從之。惟故書本作桼林，故杜子春改讀爲漆，若作桼林，則乃漆之正字，又何煩改讀乎。又巾車注「勒面謂以如王龍勒之韋爲當面飾也」，岳本同，此刊從余仁仲本改如王爲玉，阮校亦云玉是王非，實則龍勒爲王革路之勒，此王后重翟車亦用勒面，故云「以如王龍勒之韋爲當面飾」也。又朝士注「若今時加貴取息坐臧」，加貴取息，即漢書王子侯表所云取息過律，觀上注意自明。此據司厲注改爲「加責取息」，語不可通。凡此諸條，蕘圃所校之謬，皆孫氏所未及糾正。嘗謂士禮居刻書，人稱清朝宋版，亦惟國語、國策出於顧千里手者庶足當之。至蕘圃自校，如輿地廣記爲千里駁斥無完膚。與此並觀，黄、顧學問之優劣，不言而喻矣。

儀禮十七卷校録二卷 二册

漢鄭玄注。清嘉慶甲戌吴縣黄丕烈士禮居覆宋嚴州本初印本。

宋嚴州本儀禮鄭氏注爲黄蕘圃所藏，顧澗蘋爲撰百宋一廛賦首列之，而蕘圃又以士禮名其所居者也。其詳載蕘圃自撰賦注。阮雲臺儀禮注疏校勘記於引據各本目録亦載之，曰宋本之最佳者。張淳所據即此本也。元和顧廣圻用鍾本校其異者書於簡端，今據以採入。是未見宋刻原本也，故於士冠禮「冠者即筵坐。以柶祭醴三。捷柶」。校云：捷，石經、徐本集釋、敖氏俱作建，注同，通解作捷。錢大昕云：

士昏禮婦受醴，亦有「以柶祭醴」、「坐啐醴建柶」之文，則作建爲是。獨不及嚴本之亦作建，錢氏其時固未見嚴本，而顧氏則爲失校矣。其後錢氏得見嚴本，又於所著十駕齋養新録卷十三曰：「士冠禮建柶，今本誤建爲捷，此本經注皆不誤。」夫顧氏於校勘素稱精密，乃亦不免疏失，未可盡據。則可知古書之所以貴影摹者，庶不失其真也。末附蕘圃所撰校録，味其緣起，詞氣似在與顧氏絶交之後，故不如國語、國策之出顧氏手，而賦注所謂其補正注文者，尤不可枚舉。顧氏嘗採入所撰思適齋筆記者，今終不可復見，豈不惜哉。此爲洞庭東山葛香士舊藏，香士名祚增。葉氏藏書紀事詩卷六載之，而失其名。烏程張秋水鑑館其家最久，所著書多成。其藏書處曰澄波皓月樓。

有「曾藏葛氏澄波皓月樓」朱文長方印。

儀禮疏五十卷 六册

唐賈公彦撰。清道光庚寅長洲汪士鐘藝芸書舍覆宋景德官本。初印本。

北宋景德單疏，詳載黄丕烈百宋一廛賦注，阮元儀禮注疏校勘記引據各本目録，顧千里誇爲宋槧中奇中之奇寶中之寶莫與比倫者也。原闕第三十二至第三十七凡六卷，又闕卷三士冠禮第十葉，卷六士昏禮第一、二兩葉，卷七士相見禮第六葉，卷十鄉飲酒禮第七葉，卷二十一聘禮第四、七兩葉，卷二十二第九葉，卷四十五特牲饋食禮第六葉，卷四十六第八、九兩葉，卷四十七少牢饋食禮第十葉，卷四十八第五葉，凡十三葉。阮氏校勘記僅據顧氏傳校，未見宋槧，不免小有失誤。張敦仁與嚴州本經注合刊，張文虎糾其士昏禮經文之誤，則疏文可知。固不若此行摹欵倣，尤傳景德之真。顧氏一序於段若膺頗致譏諷，則自議禮搆隙，餘憾未釋。而開首「閬原觀察重刻所藏宋景德官本五十卷」句，竟誤景德作景祐，何其短於自見耶。宋槧在黄氏時，與宋槧爾雅疏并藏，顔其居曰二疏精舍。後入汪氏，汪氏散出，歸無錫蔡氏。邵懿辰四庫簡明目録標注附王頌蔚云：「己卯秋日訪書無錫，至張塘橋蔡氏見儀禮單疏，字多漫漶，以墨筆描寫。」是光緒初猶存。近北京圖書館徧訪未得，恐既淪於水火之劫。然則幸有此刊，得長留世間，閬原功不細矣。閬原以布商起家，藏書之富冠於東南，讀藝芸書舍宋元本書目，真洋洋大觀。而葉氏藏書紀事詩雖近在百年，其遺事已鮮可徵。余嘗遇其後裔，亦茫然無知。山塘有其家祠，不暇尋訪，今亦無可問矣。此書余篋中有兩本，黄紙者出義寧陳氏，白紙者出獨山莫氏。

有「獨山莫祥芝善徵父讀」朱文長方印，「獨山莫棠字楚生第三」朱文長印。

禮記二十卷釋文四卷撫本禮記鄭注考異二卷八册

漢鄭玄注。釋文唐陸德明撰。考異清陽城張敦仁撰。清嘉慶丙寅陽城張氏覆宋淳熙撫州公使庫本。初印本。

此書字畫矜莊，雕鎸古雅，陳仲魚歎爲與宋刻纖毫無異。其校刊皆元和顧千里一手經辦，考異亦其代作，世固知之矣。惟撫本釋文藏顧抱沖許，張氏重刻時不能借出，不得已用通志堂本付梓，撫本後入瞿氏鐵琴銅劍樓，余曾見之。有千里庚辰孟秋跋，深致惋惜於未能合併以傳其真。方今影印術至精，補刊不難，而難得若千里其人者爲撰考異耳。考異初出，段茂堂見祭義注「四學謂周四郊之虞庠也」條，主四郊之四當作西，隱駁孫怡谷説，因遂書商之。千里堅持己説，往復論難，遂啓争端。文載兩家集中，亦有關此刻之一重公案也。案考異所據有明嘉靖時單行經注本，即徐刻三禮之一，傳世甚罕，故阮氏元作禮記校勘記亦稱未見。考異既據之，宜其菁華盡采矣，然尚有遺漏，如曲禮下經「踐祚」，徐本祚作阼。玉藻「下其子必得天材」，徐本下作卜，與大戴禮帝繫篇合。又「其非采也」，徐本也作地。郊特牲注「爲汙生不絜也」，徐本作「汙手不潔也」。月令注「節以弓韣，禮之禖，姓之嫡子也」，徐本子作孫。中庸「行顧言」下注「庸獨常也」三十一字，在「君子胡不慥慥爾」下。深衣注「言可苦衣而易有也」，徐本苦作善。喪服四制注「言大有法則而生也」，徐本大作本。凡此大都以徐本爲勝。蓋徐本源出於建大字本，毛居正六經正誤、岳倦翁九經三傳沿革例所引可證。雖明刻而實可與宋刻等視。以千里之校勘精密，尚不免有此，益可信校書如掃落葉矣。余藏有兩部，一出馮氏校邠廬，一出莫氏銅井文房。

蔡氏月令二卷 二册

漢陳留蔡邕撰。清元和蔡雲輯。道光甲申吳縣王幹刊本。

雲字立青，號鐵耕。嘉慶甲子優貢。肄業紫陽書院，有文名，時稱江、顧、李、蔡，謂江沅、顧元熙、李福及雲也。喜爲詩及古文，每爲彭二林、汪大紳所見重。家蓄古泉甚富，詳爲考據，成癖談六卷。他所著有清白士集校補、借秋亭詩集等。蔡邕月令章句十二卷見隋書經籍志，而唐、宋以來即罕著録。雲自以陳留後裔，宜發揚先業，乃於經疏史注搜輯徵引，遺文佚句，補綴發揮。以爲伯喈釋明堂、月令凡三書，曰論、曰章句、曰問答。續漢志注引明堂論自月令篇名而下不載，又引命論文在月令篇名後，必月令論之脱譌，似前爲明堂論，後爲月令論者。然文選注引月令論文在前，蓋論本一通偁，名各省耳。又有引論而稱章句者，見水經注、禮疏。通典有引問答而稱論者，見藝文類聚、太平御覽。有引論而文似問答實章句者，見三國志注。則三書實一書，故陸機策紀瞻有蔡邕月令之稱。今避諱作氏，以爲最目，著專家之學也。集證者集羣説證古經，冀勿復爲偏見之徒所惑，是以附焉，分爲兩卷。遺稿授弟子王雨樓、程賡堂，雨樓乞序於江沅、顧廣圻而刊行之，可謂不負其師者矣。案卷中多引惠棟、顧廣圻校語，而於錢大昕則稱先師錢君説，可見其學有本源。蔡氏月令遺文，當以此輯爲最備，而傳本亦最罕。李慈銘與王先謙論經解續編目録，謂其書雖考蔡邕月令及明堂論，而甚有功於禮記，所訂正皆極精確。又於越縵堂日記舉其辨正經文，同於王應麟、段玉裁、盧文弨、嚴可均、阮元諸家已有定論外，又謂「仲春之月，玄鳥至，至之日」，據初學記引月令章句作「玄鳥至之日」，毛詩生民傳「玄鳥至之日」云云，疏云皆月令文。説文乙部引明堂、月令以及續漢書注、北堂書鈔、藝文類聚、左傳正義、周禮疏、通典、白帖、太平御覽引月令皆作

「玄鳥至之日」。因考孔疏此段，標經起止云，自「玄鳥至之日至高禖之前」，又「仲秋玄鳥歸」，疏云：「玄鳥至不爲仲春之候。」則經文本作「玄鳥至之日」，不重至字作兩句甚明也。仲夏之月「以定晏陰之所成」，據疏引章句，晏謂（謂本作爲字，誤，蔡氏改正）。以安定陰陽之所成。因謂中郎訓晏爲安定，則經無定字可知。釋義兼陰陽，則經有陽字可知。疑經文本作「以晏陰陽之所成」，與仲冬一例。陰陽方爭，一竢其定，一安其成，義皆蒙上，此二字可稱精心卓識矣。故王氏重刊入南菁書院叢書，近鄭國勲又刊入龍谿精舍叢書。後來秘籍日出，如隋杜臺卿玉燭寶典原本、北堂書鈔等所引極多，則爲雲所不及見，而曹氏元忠又加輯補焉。雨樓名幹，爲周孝壎之壻，吳志忠之中表。博雅好古，喜收秘笈，黄丕烈題跋中屢及之。乃葉菊裳先生藏書紀事詩不特失其名，並以湖州、松江兩同字者相混而不能决，則雖一時師友皆爲聞人，而身歿未幾，同郡後生已不識其姓名，所以有賴於闡幽表微者也。

大戴禮記十三卷 一册

舊鈔本。佚名臨清休寧戴震校定本。

此爲照盧氏雅雨堂本所鈔，而録戴東原手校定本。首葉有「此本乾隆庚辰刊於京師，東原戴氏於辛巳歲校定。余借謄一過，時壬辰九月」一行，不具名。右角有「昭熿謹藏」一印，頗疑爲孔葒谷輩所録，「昭」字爲孔氏排行，故用謹藏印也。案雅雨本彙抱經、東原兩家所校，有東原乾隆二十二年丁丑記，而雅雨刻於二十五年庚辰，此又爲東原於二十六年辛巳所覆校，壬辰則爲三十七年，已越十年矣。於目録上自著校例云：「凡舊刻各本合校，及摭引是書明顯可據者，取以訂正，墨書其字於旁，硃塗之。凡取他書覈訂者，硃書其字於旁，硃塗之。凡審知字形字聲轉寫致譌無從取證者，硃書於旁，黄塗之。」至四十二年丁酉，武英殿聚珍版叢書又據東原校本刊行。此七年中，續有增校，故今以兩本核對，聚珍本已什九採入。又書眉條辨與聚珍本不同者，如卷三保傅「士傳民語」，校云：「上似脱『大夫進謀』四字，觀賈誼疏及本注可見。」卷五曾子制言中「日孜孜上仁」，校云：「日孜孜上原本無注，案上似當作上達解，仁似當作人。」曾子制言下「夫有世義者哉」，校云：「世似當作仁。」曾子疾病「吾不見孜孜而與來而改者矣」，校云：「來似當作求。」曾子天圓「截十二管以宗八音之上下清濁」，校云：「宗字似當作定，觀注可見。」案今本從永樂大典作祭。卷六衛將軍文子「問于子貢曰」，注：「衛之相也」，校云：「注四字似衍文。」「都其富哉」注：「仲由亦於政事」，校云：「注亦似當作長。」案今本作優。卷七勸學「孔子曰：『野哉，君子不可以不學』」，校云：「野哉似當作甚哉。」案今本據説苑訂作鯉，删哉字。卷八盛德「凡民之爲姦邪竊盜歷法妄行者」，校云：「歷一本作靡，似是。」明堂「揖朝出其南門」，注：「太僕太右」，校云：「太右二字似有誤。」卷十文王官人「雖欲故之」，校云：「故似當作改。」「人有多隱其情」，校云：「有似當在多字之下，非衍文也。」案今本從方本删。「曰位志者也」，校云：「位志者也似當作僞志者也。原注誤。」「八曰取接給而廣中者」，注：「接給謂應所問而勤」，校云：「接給注似誤，蓋接給即捷給也。」卷十一小辨「日不可得學」，校云：「日，似衍文。」少間「許魏以客事天子」，注：「許魏不在五代，蓋時小代也。客事天子，謂忍而事之也。」校云：「注絶不可解。」卷十二朝事「歸脤以教諸侯之福」，校云：「教疑當作致，今改交，似非。」案今本仍作交。投壺「受斗五升」，校云：「受斗一本作受豆，似是。」卷十三公符「公冠四加玄冕」，注：「四當爲三，玄當爲衮之誤。」校云：「案儀禮士冠禮疏云，大戴禮公冠篇『公冠四加者，緇布、皮弁、爵弁，後加玄冕，天子亦四加，後當衮冕矣』。此注誤也。」本命「禮經三百，注禮經統於心也」，校云：「注禮經似當作經禮，下又脱一也字。」「朞而練，毁不滅性，不以死傷生，喪不過三年，苴衰不補」，注：「異於吉無飾也。」校云：「注似非經意。」「不百里而犇喪」，注：「言及日故經成見星。」校云：「注經成見星，成似當作戒，經如字，今改經，似誤。」案今本仍作經。易本命「子曰，夫易之生人」，注：「然禮、易之説雖殊而會歸。」校云：「注會歸似當作同歸。」「息土之人美」，注：「息土謂沃口之田。」校云：「口似應作膏。」「不食者不死而神」，注：「中於道者則神而常存也。」校云：「注申似應作深。」凡數十條，吾友任心叔以字跡驗之，知出别一人，其中失各半。并爲長跋詳之。

有「昭熿謹藏」白文方印，「石菴」朱文方印，「彝臣所藏」朱文方印。

鈔校本大戴禮記跋尾

予曩嘗爲王欣夫先生考定其所藏大戴禮記校本，爲戴東原數校而丁小疋弟子鈔傳者，跋其尾以就正焉。欣夫先生復寄示一本，依乾隆庚辰雅雨堂刻景鈔，而移臨戴氏辛巳補校之文，有「昭熿謹藏」一印。欣夫先生疑爲曲阜孔氏物。紀年壬辰蓋後於辛巳十年。又四年，戴氏再校於武英殿，逾年殿本行。辛巳之校，嘗自定其例曰：「凡舊刻各本合校，及摭引是書明顯可據者，取以訂正，墨書其字於旁，硃塗之。凡取他書覈訂者，硃書其字於旁，硃塗之。凡審知字形字聲轉寫致譌無從取證者，硃書於旁，黄塗之。」此本載之卷首，校文移臨記識，一依原例。目録下附參見經子諸篇，亦如丁氏弟子傳録之本而遜其詳備，因此本而益知丁氏弟子所傳爲槀鈔戴校無疑矣。辛巳之校，有凡例而無條辨，此本眉端有朱筆校語甚多，與戴氏之例不合。檢盛德篇得一墨箋，録詩靈臺疏，署辛丑季冬。審其字跡，與眉校出諸一手，蓋又後於壬辰鈔臨之十年，惜乎竟不知何人所爲也。戴氏辛巳校文已最其要於再與盧召弓書，可不論，惟書中既舉大遺小，且其時尚未見永樂大典，故每與殿本後定之説相同異。此本乃盡録校文之全，又戴氏校書之例，獨賴此本以傳，則固有足珍者矣。至眉校之語，雖未遽爲此本增重，其可述者亦有數事，蓋校者未嘗得見殿本，乃其校文頗有戴氏辛巳所未及，而往往與殿本取捨相合者。且如保傅「古者年八歲而出就外舍」，注：「小學謂庠門。」校曰：「小學上似脱外舍二字，不然則小學當作外舍。」按殿本依大典補外舍二字。衛將軍文子「在尤之外」，校曰：「四字似注文，誤入正文。」按殿本改作注，王伯申嘗引史記索隱證其非正文，家語亦無此四字也。「四代伯夷，謂此三帝之眇。」校曰：「三帝一本作二帝，甚是。」按作二帝者，高安朱氏本也。殿本作三常，云三常又見虞戴德，然虞戴德三常謂天、地、民力爲三，與此文不相涉。汪紱青注補又引周書、陰符爲説，益支離不切，自宜以二帝爲正。孔巽軒補注所謂二帝堯、舜是也。此皆校者以文義爲斷，不必有顯證，而莫不犂然至當。然亦有意校而可商者，如曾子制言下「嚮爾寇盜則吾與慮」，校曰：「與上似脱不字。」按殿本增不字，謂從方正學本，而孔氏補注、王氏校正皆不從，依注則增之爲非，雖與殿本冥合而未爲中也。曾子天圓「截十二管以宗八音之上下清濁」，校曰：「宗似當作定，觀注可見。」按宗字之譌，説者甚繁，殿本據永樂大典改察，阮氏曾子輯注從之，汪孟慈、王晉卿皆引後漢書明帝紀注爲證，則殿本宜不可易。孔氏據朱本作索，汪容甫正誤引劉端臨説作定，與此校同，皆未可信已。又有辨正戴氏而互見得失者，如保傅注「教天下之孝也」，戴氏改孝爲子。校曰：「改孝爲子，似誤。」按各本皆作孝，惟孔氏補注作子，意者孔氏之家既有辛巳校本，因而取之，然則微此本，將不知孔氏所自矣。衛將軍文子「以御於天子以中之」，戴氏刪「以中之」三字。校曰：「刪去似誤，觀前後文可見。」按殿本未刪，蓋戴氏後定之説，而校者適得之矣。朝事「以教諸侯之福」，戴氏庚辰初校云：「教當作交。」辛巳重校，逕改交。校曰：「教疑當作致，今改交似非。」按殿本依戴校作交，實據周官大行人，校者不知，乃以爲非，固失之。孔氏補注仍守教字，亦疏矣。本命「不百里而奔喪」，注：「經成見星。」戴氏改經爲絰，其與盧召弓書曰：「袁氏本作經。」校曰：「成似當作戒，經如字，今改絰，似誤。」按於文，作「經戒見星」爲是。盧氏注實取禮記奔喪爲説。袁本作經，不成義。戴氏庚辛兩校，一則曰，百里當作見星，一則以經爲絰，胥失之。然各本未有作戒者，惟孔氏補注如此而未有説。蓋不期而同，亦惟其是而已。書中正文及盧注時有鈔寫譌謬，而校者不察，亦一一以疑、蓋舉之，則其人且未見雅雨堂原刻，徒執鈔本爲信，往往虚用其勤，惜哉。清代爲大戴記者無慮十數家，盧、戴既闢，王懷祖伯申、汪容甫孟慈發揮，其後孔巽軒、汪紉青、王晉卿允承其緒，雖傷襞積；猶愈於王厚重解詁之勇於墨守而蔽於自信者矣。若此本校者，生當盧、戴之世，讀其書，識其得失，而見聞未周，至於不得覩其原刻，擿埴所就，中者半否者半，此荀子所以貴乎善假者邪？予既取此本與殿本及丁氏弟子所傳鈔校本參而觀之，而稍見戴氏校書之例，且究其先後取捨之故，又頗涉眉端校語，嘆其名氏無聞，因記梗概以報欣夫先生而歸其書焉。公元一九六六年清明前一日，任銘善跋於杭州西溪講舍。

春王正月考二卷 一册

明古田張以寧撰。清吴江陳鍾英手鈔本並跋。

此依朱竹垞曝書亭鈔本傳録。案經義攷于張以寧春秋胡傳辨疑條下云：「以寧少以春秋登第，作春秋胡氏傳辨疑，最爲辨博，而春王正月考未就。洪武二年夏卒業于安南之寓館。書成逾月而卒。」今據宣德元年嗣孫隆跋云：「洪武己酉夏使安南，著述是書，明年庚戌春成，踰年疾革。」己酉爲洪武二年，其年夏爲奉使安南之時，而成書則在三年之春，又逾年而疾革，則當在四年矣。不知竹垞何以并成書、病卒于洪武己酉一年之内。家有是書，曾不一檢，宜翁方綱爲之補正也。鍾英手鈔字體工整，不參俗筆，三十年前得其所著欖香小品刻本一册，板刻有「私淑惠松崖、親炙江艮庭」長方印，封面篆書四字絶似江子蘭，知其必淵源紅豆，而其人不載吴江縣志。後于書肆見詩攷異再補殘稿一册，署「東吴嚴思闇先生元本，嚴蔚豹人補，陳屾來青氏再補，男鍾英校。」首有江艮庭篆書序殘葉云：「豹人之从事于是編也，余既爲叙之矣。刊成後，豹人手一册以贈其妻弟陳屾，屾，余之女壻也。取而讀之，猶以爲未備，乃更補之，補之者且倍于前矣。」據此知鍾英爲艮庭之外孫，豹人之妻姪，于惠門爲三傳，淵源有自，亦好學潛修之士矣。附跋云與通志堂刊本頗不同，惜未詳識其異文。至眉上批校，則不知亦出于竹垞本歟。

有「鍾英讀」、「歸禮堂藏書」、「覽香」三印。

春王正月考依竹垞朱氏鈔本，與通志堂刊本有異。

道光壬辰假得竹垞朱氏藏鈔本鈔一過，以通志堂本校之，頗不同，此蓋依宣德本歟。季冬吴江陳鍾英呵凍識。

論語經解二卷 一册

平湖朱爲弼撰。吴縣王氏學禮齋鈔稿本。

爲弼字右甫，號椒堂。嘉慶乙丑進士，官至漕運總督。爲諸生時，朱珪、阮元皆器之，目爲經注經生。肄業詁經精舍，與修經籍籑詁。生平有金石癖，曾佐阮元編積古齋鐘鼎彝器欵識，於古文奇字，禮器制度，考訂明確，有功經義。顯達後不自著書，僅傳茮聲館詩文集。其經説亦併載焉。一九三八年春於滬市見其手稿數種，皆墨渝紙敝，中惟論語經解二卷較爲完整，因借録之。其書摘論語中有關制度音詁者，加以條辨，共四十五則。若禘，若灌，若三歸，若反坫，博稽衆説以折衷之，考證最爲詳密。間有朱筆評點及眉識，審爲婁縣朱虞欽大韶筆。虞欽爲椒堂受業弟子，經學湛深，蓋於師門著述，曾與參訂者，今亦并録之。椒堂曾孫景邁曾重刊茮聲館集，惜未見此，故不得同刊。一九四零年友人陸君清澄惟鋆篹平湖經籍志，從余借讀。又惜其僅刊成明代八卷即逝世，故是書凡碑傳方志，均未著録。世無知者，僅存孤本，冀其不終湮没耳。

十三經注疏四百十六卷 一百二十册

清嘉慶二十一年儀徵阮元江西南昌府學刊本。海寧許克勤手校並跋。

十三經注疏南、北監本板多模糊，毛氏汲古閣刻未爲善本。武英殿本民間流傳不多，且皆難得，學者以爲憾。阮元巡撫江西，亟據宋各本重刻，誠爲及時之要圖，但所委董其事者，若胡稷、盧旬宣於斯事都非其人，故一代鉅製，未能盡善。雷塘庵主弟子記：「嘉慶二十一年丙子五十三歲，由江西巡撫調補河南巡撫，新撫未至，仍留江西，秋刻宋本十三經注疏。」阮福記云：「此書尚未刻竣，大人即奉命移撫河南。校書之人不能如大人在江西時細心，其中錯字甚多，有監本、毛本不錯而今反錯者，要在善讀參觀而得益。校勘記亦不盡善，故大人不以此刻爲善也。」是當時於此本已致不滿。後來錢泰吉亦謂「惜南昌刊板時，校勘記原校諸君已散亡，刊者意在速成，不免小有舛誤。當檢單刻十三經校勘記，并覓舊本審核」。至葉德輝，則直斥爲前後矛盾紛歧，貽誤後學，不如不刻之爲愈。然嘉、道以來，學者所持誦研核者，大都此本，則以印本較多，購致爲便，斯於一代經學之盛，不無影響也。此爲海寧許勉夫校讀本，眉上朱墨細楷，密如蟻聚。自抒心得外，又將學海堂、南菁書院兩經解所載，分注當句。其例：書名下先以數字標卷第，繼以號碼標葉數，俾參考時一檢即得。許氏校書悉用此法。全書幾於墨敝紙渝，知其簡鍊揣摩，沈潛反覆，一字不使放過，用力之勤，令人驚服。生平所見孫詒讓、林頤山讀本，亦皆相同。從知一代經師，其成就之艱苦有如此者。勉夫寓蘇最久，家本寒素，恃書院膏火爲生。觀跋語自述得書之難，讀書之樂，寒士精神，至可念也。先是書入坊肆，索價千金，人見所校非據宋、元本，數年來無顧而問者。余議以半價得之，益以歎世之具真識者鮮矣。

余寓吳趨，肄業正誼書院，經解蒙官長不棄，數列前茅。今年夏五，許廉訪課超等二名，奬洋兩圓。六月，譚中丞課超等三名，洋四圓，銀各兩半。於七夕後一日購此，及困學紀聞翁注、十六本。十三經策按，十本。共洋十圓，錢五百文。許克勤自識。在卷首。

周禮一書，自來讀者疑信參半，要之非才全德備者不能作，非體大思精者不能讀也。近來坊本頗多删節，第以便行文應用而不顧義理安否，甚可慨已。光緒七年辛巳孟秋，許克勤識于姑蘇齊門内劉氏之全活流鴻醫室。周禮卷首。

余不敏，幼值亂離，十載就傅，十八遊庠序，皆父師教訓之力也。後讀小學近思，粗明理學之方，知經學爲聖賢遺法，吾儒不可不明。己卯乃肄業正誼書院，二年來幸多高列，仰事之餘，節日用以得此書。兹復朝益莫習，陶淑身心，余于是深有賴焉，因書此以警。光緒辛巳，海昌許克勤勉甫。禮記卷首。

丁酉冬月假得毛本重校一過，錯字頗多，均記于天干之上。孝經卷首。

光緒丙戌七夕，借黎刻宋蜀大字本校。

四也注，無以字，重餂字。十四。於字注，那那作都那，此皆宋本之誤。宩也注，宩地。强也注，皆曰作皆自。此皆可正今本之誤。若至也注，于作於。十。殺也注，曰作爲，則皆異文，無關得失。許克勤識。

慎，誠也，及注，慎皆缺末筆。十四。而後話言也注，引詩「慎爾出話」。八。慎也。十六。則不缺，何歟？以上爾雅卷首。

史記志疑三十六卷 八册

清仁和梁玉繩撰。乾隆四十八年癸卯原刻。初印本。

曜北此書自言凡五易稿乃成，用力可謂精勤。其有所發明者稱案，直録舊説者無案字。而稱附案者有數例：一爲凡他書引史與今本異者。一爲集解、索隱、正義所載别本有義勝本文者，有字相通借者，有字異義同者，有字義乖訛者，兹但舉義勝之條，餘偶及焉，並爲附案；又史注與他書謬解甚多，不能偏摘，間有所辨，亦以附案别之。一爲凡湖本有傳寫舛誤及句讀錯者，它本概不及焉。一爲凡傳寫訛錯而非史文元誤者。一爲凡非史誤而有所辨者，各隨文附見。首錢大昕序，稱其河間之實事求是，北海之釋廢鍼肓，兼而有之。王念孫讀書雜志稱其校正諸表，特爲細密。而李慈銘越縵堂日記曾見王氏校讀本，抹勒處甚多。胡玉縉許廎經籍題跋又詳疏其得失，則全書浩博，不能無失，固不爲病。但史記刻本甚衆，宜擇其較稱完善者爲據，乃曜北獨有取於明吳興凌稚隆評林所謂湖本者爲説。夫評林，陋本也，當時江、浙多藏書家，不聞轉假宋、元槧一校異同何耶？中所稱引，下逮元、明，不存門户之見，是矣。而乃並明程一枝史詮亦屢引之，則未免太濫。李氏譏其頗多錮於學究識見，則皆得之評林、史詮之影響爲多。益知讀書不據善本，所以不如錢氏、王氏二家書之純粹以精也。此本密行細字，好寫精雕，錢泰吉於道光辛丑得本於吴山書肆，既云清白士集版尚完好，此書則已斷爛，久乏印本。今又越時百二十餘年，宜益可珍，余昔得之馮氏校邠廬。

漢書一百卷十六册

漢班固撰。唐顔師古注。清同治八年金陵書局刊本。吴縣王慎本臨元和惠棟、武進張惠言、吴縣沈欽韓、元和陳倬校。

此本藍墨朱緑各校筆，與前張茂鏞臨本同出一源，末册夾有紅格一葉，録張、沈二氏跋，而附云：「此吴子實學士借許鶴巢孝廉本校，本從子實姪孫錫蕃晉元。借得。慎本識」一行。知臨者名慎本而佚其姓。考蘇州府長元吴三邑科第譜，光緒六年吴縣有王慎本，字菊初。辛卯舉人。即其人也。每卷中附夾籤，於校語及句讀有脱誤，考證極詳。所據有稱靜本、菊本、漢本者，署名有曰雍、曰和、曰栻、曰式之、曰康侯者，案菊疑指葉菊裳昌熾，漢爲吴縣孫宗華字漢槎，光緒戊子舉人，瑞金知縣。式之爲長洲章鈺。康侯爲吴縣孔昭晉。皆光緒癸卯進士。他無可考。當時吴中舊學多有傳本，此又博採諸本，參互考訂，可謂不苟。惜夾籤易致零落，讀者宜加注意。惠校余已輯入松崖讀書記。張校論文章兼及考據，已於前衲莽氏臨本略舉數條。沈有漢書疏證，此爲其緒餘。惟陳校雖不多，爲世所未知。如高帝紀：「高祖爲亭長，素易諸吏，乃紿爲謁者曰『賀錢萬』，實不持一錢。謁入，吕公大驚，起，迎之門。」師古曰：「以其錢多，故特禮之。」欽韓按：「吕公自必已悉季名，故見謁而迎。若師古以爲錢多而迎，則不持一錢，之後吕公又何重之，而以女娶之乎？」陳氏則以爲不然。按吕公之迎，以其錢多，吕公之以女娶季，以其相耳。豈可以謬删舊注，好爲臆説耶。王先謙於此條未訂正。又「十年，問豨將皆故賈人。上曰：『吾知與之矣。』」師古曰：「與，如也。言能如之何也。」陳氏謂「與當讀如左傳一與之與，與猶當也，敵也。顔注失之。」與王念孫説同。蓋昔人於漢書顔注多肆抨擊，往往過當。陳氏此兩條心無適莫，惟是之求，可謂持平之見。他皆類此。學士名寶恕爲余外王父，翰林院侍講學士。俞樾春在堂集有傳。其手校本曾遇之書肆，爲人捷足先得。錫蕃諸生，張、沈兩跋已見前，兹不重出。

後漢書一百二十卷 十六册

宋范曄撰。唐章懷太子注。志晉司馬彪撰。梁劉昭注。清光緒八年金陵書局刊。吴縣王慎本臨元和惠士奇、惠棟校。

此書前後不具姓名，與前書同裝，知亦王慎本臨校本。朱筆當係半農校，墨筆則定宇校。惠氏父子校本，其例均同，可推知也。夾籤多署名漢槎者，即孫宗華字。四當齋藏書目亦有一本，式之先生跋云：「惠先生棟原本，借孫秋實過筆本。」秋實與宗華名字相應，當亦漢槎别字。然則此與章本同出一源，惠校兩漢，前漢多傳本，而後漢較少，則以定宇既有補注刊本，此爲得魚之筌也。然核之與刊本仍時有異同。其評文語，例不入補注，又此本所獨有。全書圈點，尤便讀者。補注初名訓纂，阮亨瀛舟筆談云：「元和惠定宇先生棟，中年後嘗客於盧雅雨都轉幕中，相得交於吾鄉汪對琴比部棣，比部好古嗜學，亦傾心於先生。其後先生病於旅次，比部爲親視藥餌，葠朮之費，不下千金，不使先生知也。既而病愈，先生心感其意，因舉所輯後漢書補注稿本以畀比部，使爲汪氏所著。比部亦不以爲己有，屢欲梓而中輟。其後有同里陳氏，喜藏書，比部以繕本付之。嘉興馮太史集梧乃得於嘉慶九年六月，爲之刊板行世」云云。今書首李保泰序及焦循雕菰樓集後漢書訓纂序亦詳之，世人傳爲佳話。惟據刊本顧棟高序，稱其「據家寧人及何義門所評三史，一一較正之，使讀者一見易了」云云。今既得兩漢書，而史記則迄未之見，亦不聞世有藏之者。識之，冀他日或能遇之。

舊唐書存一百九十五卷

晉劉昫撰。明嘉靖十七年餘姚聞人詮刻本。□禹巖、歸安沈炳震手校。存本紀卷一至九，又卷二十一至三十，列傳卷一至二十五，又卷四十六至百二十三，又卷百二十八至末。

詮字邦正，嘉靖丙戌進士，官至湖廣按察副使。朱彝尊靜志居詩話，邦正著録陽明之門，撰飲射圖解，又雕劉昫舊唐書行世，津津好古，不易得也。案聞氏徧借宋刻，校刊於蘇庠，雕印皆精好，僅下宋刻一等，素稱善本。此爲薄皮紙初印，尤覺古香可挹。中有朱筆校語，攷證極精，似清初人筆，惜不著姓名，以每卷有「禹巖校勘」朱印，當出其手，不知禹巖爲何人。墨筆校語署炳震案者，歸安沈東甫也。末册卷尾有「丁亥夏日藏」一行，下鈐「全祉之印」，亦不審其何人。東甫新舊唐書合鈔收入四庫，爲乙部鉅著，取以比勘，知此即其底本。但此朱筆所校，多已據改，而於序例並不及禹巖其人，殆亦有所憑藉歟。歷藏閔裕仲、汪閬源家，蓋源淵有自。案清代館選分韻彙編：「閔敦大字閎中，浙江烏程人。乾隆三十七年壬辰進士，由庶常授編修。」丁丙善本書室藏書志卷十二：「吴中舊事，閔裕仲手校，有『乾隆甲辰孟冬七日，桃源村莊力疾寫完，王屋山人記』一行。」當即其人。

有「閔惇大印」、「裕仲」、「閔太史藏書」、「秋樹山房藏書」、「師汜□齋藏書」、「汪士鐘讀書」諸印。

新雕重校戰國策三十三卷 四册

漢高誘注。清嘉慶癸亥吴縣黄丕烈讀未見書齋覆宋剡川姚氏本。初印本。

原有錢大昕序及附札記三卷，黄丕烈、顧廣圻兩序，此皆無之，蓋最初印本，尚未備刻也。黄序謂命工纖悉影橅宋槧，故精妙無匹，而墨黑如漆，紙瑩如玉，開卷心目爲爽。

案國策自元、明以來，多用鮑彪注本，世傳高注祇絳雲樓有兩宋刻。有學集卷四十六跋高誘注戰國策云：「天啓中二十千購之梁溪安氏，不啻獲一珍珠船也。無何又得善本於梁溪高氏，楮墨精好，此本遂次而居乙」是也。乾隆中雅雨堂盧氏始重刊高注，即四庫所收本。乃不悉照原本，遇字句可疑處，反以鮑注羼入，讀者憾焉。蕘圃既得錢藏高氏本，重付影槧，而高注面目始見。札記序謂「楮墨精好，蓋所謂梁溪高氏本也。」又謂「宋槧更有所謂梁溪安氏本，今未見，見其影鈔者。」原自不誤，乃潘鄭盦輯士禮居藏書題跋記，於戰國策兩本，一云影宋梁溪高氏本，一云影宋梁溪安氏本。繆藝風刻蕘圃藏書題識，仍之不改，一若國策於宋時梁溪有高氏、安氏兩刻本者。而張菊生先生爲潘氏寶禮堂宋本書録，遽稱黄蕘圃得宋槧本，定爲梁溪高氏所刊。殊不知宋本現在，何嘗有梁溪高氏刊之實證。蕘圃手跋附後，亦何嘗言梁溪高氏所刊。竟臆定以藏者爲刊者，蓋沿譌不察，且未考牧齋題跋，雖小失，亦言板本學者所當注意者也。其宋刊原本余曾於韓氏讀有用書齋、潘氏寶禮堂兩次披閲，古香古色，沁人欲醉，諸家題跋燦然耀目，真爲尤物。今此本蓋猶虎賁之與中郎。

有「曾爲徐紫珊所藏」朱文長印，「徐印渭仁」白文方印，「紫珊」朱文方印，「上海徐氏春暉堂收藏印」朱文方印，「獨山莫祥芝善徵父讀過」朱文長方印。

晏子春秋八卷 四册

清嘉慶丙子全椒吳鼒覆元刻。初印本。

嘉慶甲戌，山尊春秋六十，其妻兄孫淵如以影寫元刻晏子春秋爲壽，越年遂屬顧澗蘋詳校覆刊。雕印之精，與所刊韓非子埒，世並珍爲善本。嘗謂人逢攬揆之辰，親友咸集祝嘏，而主人則治具欵待，本人之常情。乃世俗往往踵事增華，惟以酒食喧闐奢侈相尚。孰若淵如持古書爲壽，而山尊鄭重付梓，沾溉藝林。即以淵如所壽者爲古書壽，而已亦藉以永其壽於無窮，賓主咸得其宜，斯誠雅人之深致矣。澗蘋僅於後敘略舉校勘所得，而不如韓非子之别附識誤者，則以已有盧抱經拾補及淵如音義在，故不事贅述也。王懷祖嘗得其書，謂每卷首皆有總目，又各標於本篇之上，悉復劉子政之舊，誠善本也。而諫下篇有一篇之後脱至九十餘字者，問上篇有併兩篇爲一篇而删其原文者，均據羣書治要校正之。然則校書之業豈有盡乎？影鈔底本在瞿氏鐵琴銅劍樓，昔曾過目。而葉德輝郎園讀書志著録所謂明活字印本者，云「孫星衍祠堂書目有仿元寫本，即以付吴山尊槧刻而顧千里爲之跋者，其實即此活字本，因其排印整齊，字近元體，故誤以爲元刻耳。」其言若此，而别無他證。葉氏剛愎自信，於鑒别版本往往出之武斷，如鹽鐵論執其所藏正、嘉間本爲真涂禎本，與傅沅叔、張菊生斷斷爭論；明活字本韋蘇州集堅以爲北宋膠泥活字印本，而自詡爲海内藏書第一，均爲書林笑柄。夫抱經、淵如、千里於斯事豈昧昧者，而一皆有誤耶。今未見其所藏本，故未敢遽以其言爲信。

古列女傳八卷攷證一卷 二册

清嘉慶元年元和顧之逵小讀書堆重刊宋建安余氏勤有堂本。攷證元和顧廣圻撰。

顧之逵得宋余氏本，上方有圖，題虎頭將軍畫。然據王回序，則呂縉叔等所見圖，乃止母儀、賢明二傳，後并無從更得。今此圖乃余氏所補繪，無容贅爲摹刻，故是本爲重刻而非摹刻。其後儀徵阮福又據宋余氏本并圖影摹付梓，譌字俗體，都仍其舊。有江藩及福跋，福引其父元言，皆以余圖爲遠有端緒，非能假託。後來葉德輝以顧説爲是，謂江、阮皆佞宋之過（見郎園讀書志）。孫詒讓則據呂與叔攷古圖卷八「琫珌」下，畫一人佩劍而立，以校余本卷二楚武鄧曼傳圖所畫形制正合，又以江、阮之鑒賞爲不謬（見籀廎述林阮本書後）。蓋所見各異。今案阮跋云：「以圖畫爲重，不及考證，然兩本雖同出一源，今以比校，時有錯異。如此本齊相御妻傳「長不滿三尺」，考證謂晏子春秋、史記作六尺，而阮本實作六。陳寡孝婦傳「備吾不還」，攷證無説，而阮本備作借。齊傷槐女傳「願得備數於下」，攷證無説，而阮本作「備陳於下」。齊東郭姜傳「焚其庫廐而殺成姜」，攷證引段玉裁説，姜當作疆，而阮本作辱，當屬下「崔氏之妻」爲句。皆視此本意義較長。他如齊桓衛姬傳「是以請也」，阮本也作之。齊孝孟姬傳「華孟姬從車奔」，阮本從作後。漢楊夫人傳「展彼碩女」，阮本展作辰。趙飛燕姊娣傳「我欲語之」，阮本欲作故。若斯之類，亦足資參考。顧氏校書夙稱謹嚴，自謂傳寫訛脱，略爲補正，不敢專輒改其故書。而行欵更易，便不能無舛誤，是以古籍以影摹爲貴也。又孫星衍曾見元人摹本仁智圖，其頌有足證刊本之誤者，如許穆夫人頌云：「後果遁逃」，逃字不入韻，畫本作乖。孫叔敖母頌云：「殺而埋之，泣恐不及，母曰：陰德不死，必壽。」俱不入韻。畫本作「既埋而泣，母曰：陰德必壽獲禄，終相楚國。」衛靈夫人頌云：「夫人之知，必伯玉焉」，畫本作「必遽伯君」。魯漆室女頌云：「計慮甚妙」，畫本作「深妙」。此皆足爲校勘古書證據。書畫之有益經史如此（見平津館鑒藏書畫記）。則爲自來校勘家所未及，兹附識之。此本傳世獨希，余先獲白紙初印本，爲孫星衍祠堂藏本，旋失去。復得此本，亦亡羊補牢。友人吕貞白舊藏。

有「碧雙樓藏書記」朱文長方印。

十國春秋一百十四卷拾遺一卷備考一卷

清錢塘吴任臣撰。乾隆癸丑常熟周氏刊本。桐鄉沈炳垣手校並跋。

四庫總目史部載記類著録。提要謂其於舊説虚誣，多所辨證，皆確有所見。五表考訂尤精，可稱淹貫。惟無傳之人，謹記名字列諸卷末，不免自我作古。周中孚鄭堂讀書記謂所採古今書籍無慮數百餘種，即石刻亦所不遺，故無臆説杜撰。其折衷異説，俱夾注於各條之下，以示有徵。偶獲瑣事纖語，亦復登載，大都採擇詳博而精於考覈。所可議者如吴十二、十四列傳兩卷，所列俱方技列女之類，自宜相次，乃以田頵等一卷間於其中，此編次之失也。而閩十列傳載僧二十四人，全如高僧傳、傳燈録之流，亦難免於猥雜之譏。汪璐藏書題識載朱文藻曰：「其書大率裒集舊文，不加論斷。即以南唐而論，紀傳皆取馬、陸二書，連綴成篇，雜採他書爲注。及其大端，補入正文，然引用諸書或有謬誤，不能悉加改正。如徐鍇傳載説文通釋四十卷、説文繫傳四十卷，通釋即繫傳中標目，鍇書只四十卷，宋史藝文志誤分爲二書，而此處亦仍其譌。李慈銘越縵堂日記謂其「採取極博，後之考據家，多不能知其出處。然稍乏識斷，好用書法之謬。今略摘其小舛者，如楊渥追號爲烈宗，而誤作烈祖……不加考索，皆爲失當。」是其書瑕瑜互見，要足補歐陽脩五代史十國世家之略，故李氏始薄其體裁之疏，而終歎其博不可及也。案薛居正五代史，明、清之際尚存，黄梨洲亦有之，南雷文定附録吳任臣書，知曾向借讀，以入此書。近張元濟校史隨筆載汪德淵今事廬筆乘謂觀任臣於南唐降周諸表，未嘗採録全文，殆未借得。今薛史已無原本，無以證其説。然李氏所謂考據家多不能知其出處者，安知不有薛史羼入其間。惜乎任臣著書，不注引證所自耳。此爲沈曉滄校讀，每册後記閲讀年月，自咸豐閏七月下旬始，至八月十九日訖，時年已七十有一。如此鉅帙，不及匝月而畢。評校工整，圈識到底，足見老輩讀書之勤。

有「臣炳垣印」白文方印，「曉滄涉覽」朱文方印，「㪷研山房沈氏藏書印」朱文大方印。

道光己亥八月炳垣自太倉州牧任受代歸省門，時以卓異奉調赴部引見，州人錢子英孝廉同門以是書見貽，率識簡端，用拜嘉惠。重陽後三日，桐鄉沈炳垣識。

抱經堂集外書跋不分卷　一册

清餘姚盧文弨撰。吳縣王欣夫輯。王氏蛾術軒鈔稿本。

今傳抱經堂文集三十四卷而題跋獨居其十，於各書之源流、校勘，敘述詳明，最爲鉅觀。惟編次較雜，讀嚴元照書盧抱經先生札記後，知集非手定。其言曰：「先生唯以書之流播爲樂，己之文集則無暇力以及，垂歿之年，始以付梓，未及五之一即下世。錢塘梁山舟侍講出白金五十兩，布告同人佽之，年餘栞成五十卷。其編次删汰有不可解者」云云。於其書之編刻，深致不滿。惟據目録後徐鯤識語，則力任剞劂者爲鮑以文，相與商榷者爲孫頤谷。餘稿十餘卷則續刻，屬之梁曜北，與嚴説殊不讎。續刻今無傳本，則嚴氏何以所見爲五十卷，恐係涉筆之誤。然可知集外文有十餘卷，而其中題跋必多，惜乎不可見矣。余所見抱經手校本，考證必詳，字體必工，每卷之末，必記年月，往往涉及行事，凡讀書之勤，友朋之樂，即家常瑣屑，無不足以供企想者，文集固所削而不載。近柳氏詒徵即據以簒成年譜，然則安可棄耶。故遇集外題跋，輒録存之，如手校古今佚史各種，昔從涵芬樓借讀時所録也。未幾而樓燬於日寇，書亦同燼。張菊生先生序燼餘書録，乃誤記爲何義門校本，從知散在人間者，日在燬滅中，不亟輯存，何以垂後？至他文則以俟世之好事者。

悔庵書跋不分卷 一册

清歸安嚴元照撰。吳縣王欣夫輯。王氏蛾術軒鈔稿本。

九能經術詞章，造詣皆深，性尤嗜書，芳椒堂所藏，多宋、元槧本。遍交並時通儒碩彦，其目録之學，鑒賞似鮑渌飲，校讎似盧抱經。更難能者，於大部秘籍，率手鈔以傳，如宋槧儀禮要義、夷堅志諸書，爲世所豔稱。儀禮要義並先後手鈔兩部，其一曾留寒齋數月，即顧千里據以補景德單疏闕卷者，諸價未成，至今惜之。題跋大都已刊入悔庵學文，爲删定之稿，與手跡往往有詳略之異。而卷尾所記瑣事，若鮑、盧之所爲者，則集中例當芟薙。然一時交際，逸聞墜掌，多足資考據作談助者，今悉録之。

勞氏碎金拾遺一卷 一册

清仁和勞權、勞格撰。吴縣王欣夫輯。蛾術軒鈔稿本。

勞氏兄弟藏書之名，自葉菊裳藏書紀事詩著之而始爲人知，然所述殊簡略。逮吴印臣輯其羣書題跋爲勞氏碎金，並爲撰傳，於是其手校書益爲人重。余與瞿君鳳起各據所見，補輯吴本重印入丙子叢編，友人王君九季烈、周叔弢暹見之，又各以所藏鈔寄，今併他處所得，合鈔一卷，以免散失而待補遺。嘗謂巽卿、季言鑽研故籍，合志同方，兄弟自相師友。又生東南文獻之邦，時際承平，蒐羅既富，熏習彌勤。巽卿似鮑渌飲，所校各書，必詳紀源委，朱墨爛然。季言則似盧抱經，益熟於唐、宋典制故實，摭遺訂誤，簇聚眉端，幾於每字必有依據。蓋其志在撰述，不欲以校書傳，故往往一書密校無隙地，而不留一名，不附一跋，閱者幾不識爲何人。乃烽火猝起，挾家流離，書多未成，中年殂謝。未幾巽卿繼之。吁可傷已。幸有友人丁寶書收拾殘賸，爲刊讀書雜識等書，卒賴以傳。而巽卿則直待吴氏之輯碎金而名始顯。至今古書凡有勞氏兄弟校筆者，均爲善本，得者什襲珍藏，矜爲罕有，亦足以慰其殷殷向學之志矣。

校菴書跋一卷 一册

清吳縣吳翌鳳撰。吳縣王欣夫輯。蛾術軒鈔稿本。

翌鳳字伊仲，號枚菴，又號漫叟。諸生。石韞玉撰墓志銘，謂年四十即絶意於干禄之學，惟仰屋著書。獲一未見書必手鈔，所鈔書盈笥篋，皆讎校精核，無一譌字。詩宗唐賢三昧，書法董香光，善寫生，草蟲花木，落落縱筆，入徐熙之室。間作山水，亦高簡無俗韻。工篆刻，古雅有法。所蓄金石文甚富，一一能道其存亡真僞。著有與稽齋叢稿、吳梅村詩注、唐宋金元詩選、懷舊、卬須二集皆已刊行世。其未刻者尚有二十餘種，世未及見也。葉昌熾藏書紀事詩卷五記其藏書甚詳。吾友嚴載如輯海藻，載張位中題其借書圖詩，有云：「案頭羣書稍借讀，一一細楷闌烏絲。積銖累寸行篋滿，問君右手將毋胝。君言手鈔尚强半，出門恐飽蟫魚飢。男兒識字亦寂寞，如此嗜好寧非奇。乃知借書不徒借，遇得意處無停披。菁華盡取糟粕在，還人空本人遭欺。」可見枚菴篤嗜鈔書之態。枚菴友鮑廷博、盧文弨、朱奂、張位、吳騫、黄丕烈諸人，多見秘籍善本，從借手録，或屬之門徒，必附跋以識源流，間加考證。余據所見，輯録成册。當時螢窗雪案之勤，怳如晤對。其所鈔每成數十種，即彙爲一集，各題名稱。據所知者，有秘籍叢函、藝林學山、藝海彙編、古香樓彙叢、秘册彙叢、經史合璧等十餘部，蓋雖未能梓之行世，而隨積隨編，隨編隨裝，庶傳寫善本不至散失，其法最善。其秘籍叢函，道、咸間流入粵東，伍氏粵雅堂叢書多據以付刊。憶三十年前於滬市見藝林學山九十餘册，又有人持古香樓彙叢兩函求售，爲枚庵七十歲所鈔，索值至昂，力不能得。以中多天文、算法、術數、玄門類不急之書，餘亦今已多有刻本，故録存序目而還之。後聞久無問津者，賈人分散拆售，其中天文、術數各種，卒付之論斤焚毁，今讀卷中序目，又不勝扼腕歎惜也。

蜚雲閣金石録一卷 一册

清江都淩曙撰。吴縣王氏學禮齋鈔稿本。

曉樓治鄭氏禮、公羊春秋，謹守家法，卓然爲江、淮名儒。所著蜚雲閣叢書，皆發明經義之作，而此編則其考證金石者也。首石鼓文，迄隋智永二體千字文，共若干種。或僅列一目，或附以考釋，似未成之書。多採錢竹汀、畢秋帆、王石臞、朱銓甫諸家説，而已所辨訂，亦多精密。如漢三公山碑引詩「或耘或芓」，據漢書食貨志謂武帝習魯詩。漢白石神君碑引詩「敬恭明祀」，今文選東京賦作「明神」，臧氏玉林遂謂平子所據詩作「明神」，今更據西嶽華山碑等以證詩之本作「明祀」。漢射陽石門畫象碑陰據儀禮鄉射記、聶氏三禮圖以明豐器之制。隋美人董氏墓志銘謂「委迤」即詩「委佗」之變文，詩言「委委佗佗」，蓋就「委佗」二字而長言詠歎之。凡此雖考證金石，而仍以發明經義爲主。他若言文字之通假，書法之遞變，悉有依據，無穿鑿憑臆之敝。雖出緒餘，亦可見其學問之淵博矣。手稿藏宗子岱先生舜年咫園，昔年從借出録副。

紀年經緯考六卷 二冊

清會稽章學誠輯。嘉慶十二年金陵憩書樓刊本。實齋爲讀史之需，輯桐城胡虔紀元年表、元和馬紹基歷代紀元韻覽合爲一編，以便循覽。序謂胡書以六十甲子鏤版爲格，而以歷代紀年案格注之，讀紀傳散著之文，案索年代，指掌可得。馬書廣索羣書紀載年號，而以正統、歷國、竊據、篡逆、外國、錢文六例標識，分編爲韻，以便稽核。蓋一經一緯相互爲用，故題曰紀年經緯考。而序末署名「學誠」，不著姓。嘉慶十二年唐仲冕刊書序遂誤爲張學誠。唐氏與實齋素無雅故，且當時別有張學誠其人，見錢林文獻徵存録卷八。故張冠李戴，世無知者。至劉翰怡丈刻章氏遺書，始更正編入焉。胡氏博學，與錢可廬、陳仲魚並稱，而平生鉅著，皆不自有。馬氏無聞於鄉里，昔得其鈔本，以朱墨别識而不題名，得此始知其人。然則非實齋之彙輯，不幾湮没無傳也哉。年表中有朱筆校字，並注年中改元之月，以有「恬養齋」印，似出羅竟泉以智手。

又有「錢塘吳士鑑印」白文方印，「九鐘精舍藏書」朱文長方印。

韓非子二十卷識誤三卷 四冊

清嘉慶二十三年全椒吳鼒覆宋乾道刊。初印本。識誤清元和顧廣圻撰。

昔孫淵如好勸人精刻古籍，如鹽鐵論則屬之張古餘，紹熙雲間志則屬之沈綺雲，此韓非子亦屬之妹婿吴山尊。宋本借之李書年，雕版出自良工江甯劉文奎，校勘則顧千里任之。識誤三卷，剖析精微，韓非子第一善本也。千里序謂「宋槧之誤，由乎未嘗校改，故誤之迹往往可尋也。而趙刻之誤，則由乎凡遇其不解者必校改之，於是而并宋槧之不誤者方且因此而至於誤。其宋槧之所誤，又僅苟且遷就，仍歸於誤，而徒使可尋之迹泯焉。」尤爲校勘家之名言。識誤中有引王渭説者，序云「庚午在里中，友人王子渭爲之寫録，間有所論。」其與王氏合校趙刻曾於瞿氏鐵琴銅劍樓見之，朱墨雜糅，行間皆滿。又於韓氏讀有用書齋見戈小蓮臨本，謂識誤所引王氏説甚寥寥，復採顧説之精當而爲識誤所遺者彙入之，計王氏五百五十條，顧氏二百六十一條，自校七百十一條。惜皆匆匆翻閲，未能甄録。王氏識語有「非之言諒矣，然而察見淵魚，不詳孰甚焉」云云數則，詳見拙輯思適齋書跋。意若别有所指，而顧氏則謂皆因余辨李鋭之奸而爲其見讎，故發此隱諷。蓋王氏欲爲調人而不得，顧氏益斥李如毒蛇野獸，雖兩家搆釁之故不可考，而顧之忮刻可見。相傳李殁，顧輓以四字曰「天有一算」。李長算術，身殁而復加以一矢，抑何忍耶。又傳顧與山尊亦以事隙末。然山尊嘗曰：「顧千翁從不欺人。」此書序於識誤三卷仍歸千里，而曰「不敢鶡披隼翼，鹿蒙虎皮」。謙抑若此，知曲必在顧。我儕於顧氏當服其學問之淵博，而深戒其度量之偏窄。王氏字惠川，又字小梧。吴縣諸生。博覽强記，尤熟於史，著五代史職方考一書，爲千里所稱許。客死於南昌太守張敦仁署，上元梅曾亮志其墓。

列子八卷附考證四册

唐盧重元解。清嘉慶八年江都秦恩復石研齋精刊。初印本。

唐盧重元注列子雖著録於鄭樵通志、焦竑經籍志，而其書久佚。秦敦夫録自道藏中，爲校正精刊，並附歙汪萊考證。阮元四庫未收書目著録，其提要大都襲秦序，所據即此本也。錢泰吉曝書雜記云：「秦氏刻揚子法言、駱賓王集、吕衡州集，皆元和顧澗蘋校勘，李申耆撰澗蘋墓志言之。列子則不知何人所校。」案秦序云：「其有烏焉魚魯，灼然可知者，隨加刊正，不復存疑。或辭義難通，字文牽混，仍其舊本，不敢以臆爲斷。別加考證，以相參驗而已。」今每卷末均有具名校刊，卷中校語，皆以圈隔之，則當爲敦夫自校，錢氏不察，且不及汪氏，疏矣。孫詒讓札迻曾舉正數條，如「黄帝篇『禹朝羣神，舜百獸，則其事也』」，秦云：『百獸下當脱率舞二字。』」案：此舜下挩一舞字，與上禹朝羣神句正相對，秦校非。」「周穆王篇『千載骸化而上升。』案：骸化當作肢化，肢化猶言尸解也。秦引集韻骸爲古跂字，非此義。」「力命篇『是收其操揄而不損護也。』案：操當作桑，損護當作隕穫，見禮記儒行。」則秦校或不如顧氏之精。然沈薶千載，重獲傳世，功亦非細。每葉版口下方有石研齋三字，每卷末有「嘉慶八年癸亥夏四月，甘泉吴漣寫，江都秦伯敦父校刊，計若干葉」兩行。紙瑩墨漆，刊印皆精絶。

有「適我無非新」、「劉廉讀書」白文兩方印。

鬼谷子三卷附篇目考附録 一册

題梁陶宏景注。清嘉慶十年江都秦恩復石研齋精刊。初印本。

四庫著録一卷本，無注，疑是子彙本。此三卷題梁陶宏景注者，乾隆己酉秦敦夫始據孫淵如録華陰嶽廟道藏本校刊，後盧抱經見錢遵王手鈔本，知道藏本脱誤不可勝計，内揵篇内至脱去正文、注文四百十二字之多。嘉慶十年，敦夫復據以重刊，並加考證，附輯篇目考及鬼谷事跡爲附録。沈没千餘年之秘籍，得一善本傳世，與所刊列子盧重元注同有功於學林矣。每卷尾亦有「嘉慶十年乙丑冬十月，甘泉吴漣寫，江都秦伯敦父校刊，計若干葉」兩行。惟注者陶宏景，各家多有異説。蓋由中興書目始列陶宏景注，晁、陳二家繼之，在宋以前，衹知有樂壹、皇甫謐、尹知章三家注耳。於是周耕崖首疑之，據困學紀聞載尹知章序，鬼谷子及其注文避唐諱，筆法又絶似管子注，決爲尹注無疑。而敦夫序則謂其詞頗博辨，然亦憑虚臆言，絶無左證。既不以周説爲然，而卷中轉丸、胠亂案語，又以唐趙蕤長短經反經篇引鬼谷子，其文與莊子胠篋篇小異，疑鬼谷篇目既經陶宏景删定，不應唐世尚有此篇。趙蕤生於開元，與尹知章同時，可爲是尹非陶之證。故序又云：「無論爲陶、爲尹，皆可決其非宋以後之書。」又陶又尹，説頗遊移。盧抱經於注者不加論斷。阮雲臺謂書苟爲隋、唐志所著録而今僅存者，無不當精校傳世。亦似非堅主是陶是尹者。今并周、盧、阮三家跋附後，讀者可以究其説之是非矣。至孫怡谷讀書脞録則主尹注，云：「秦以注中有引元亮曰之文，元亮爲陶潛字，宏景引其言去姓稱字，故斷爲陶注。」孫氏則謂「注中又有稱陶宏景曰者，則其人在宏景後，而非宏景注明矣。」近刻去此四字，但注云別本引稱陶宏景曰。去姓稱字，古人注書亦無此體例，疑所稱元亮者，或其人姓元，未定是五柳先生也。今本蓋唐尹知章注，尹知章鬼谷子序，困學紀聞嘗引之，周信之。鄭堂讀書記則主陶注，云：「陶注至宋代始出，晁氏引唐志以爲尹知章注，未知孰是。晁氏誤也。」唐志但云尹知章注，不以陶注爲尹注也。秦序又引晁氏，去之，且謂宋時已兩存其說，蓋爲周耕崖跋所遊移也。孫仲容札迻則主陶、尹皆非，云：「周跋謂注筆法絶似管子注，當是尹注，今案校，殆非也。尹注管子今具存，此書符言篇與管子七法篇文正同，以彼校此書，挩譌甚夥，注皆沿誤妄說。段令果出尹手，豈得自注管子而略不省勘乎？然則今本題陶注，雖未可盡信，而非尹注則無疑義。」諸家之説並録於此，亦足以供參考。至校勘文字，則顧尚之有與錢文湛園書論校鬼谷子，頗多可取。又鄭堂讀書記謂四庫全書著録，則著録者爲一卷無注本，非此三卷陶注本也。葉德輝郎園讀書志謂此本用錢謙益絳雲樓舊藏鈔本再刊，則秦序、盧跋明云所據爲錢遵王述古堂鈔本也，皆失檢致譌。今並訂正之。

識學録一卷附廣西通志敘例 一册

清桐城胡虔撰。吳縣王氏蛾術軒鈔本。

虔字雒君。嘉慶元年，江南舉孝廉方正，江蘇錢可廬大昭、浙江陳仲魚鱣與雒君，三人可概其餘（見阮元定香亭筆談）。案雒君受業於姚姬傳，姬傳論學主義理、詞章、考據三者並重。弟子偏天下，其在鄉里，以考據稱者推雒君與張阮林聰咸。今可廬、仲魚著述等身，阮林雖早世，其左傳杜注辨證皆刊行於世。惟雒君畢生精力多爲人用。居謝蘊山啓昆幕最久，謝所著西魏書、小學考、廣西通志，皆出雒君手。自著既刻者祇柿葉軒筆記及此書，寥寥短帙而已，而又若存若亡，不可得見。故友趙君學南既重刻筆記入峭帆樓叢書，又手鈔是書，未暇付梓，不知何時流入復旦大學圖書館，今即據以傳鈔。共文九篇，附廣西通志敘例。其廣學云：「風會所趨，言不問是非，人惟論時代，近不妨棄其精華，古則必珍其糟粕。」又云：「撰述之體，博引繁稱，以多爲貴，一字之偏旁音訓，動輒千言。」皆足箴當時治學之弊。考春秋豫章地，則從杜預集解説，謂當在江北、淮水南，而辨或謂即豫章郡之非。考詩二南則從韓詩序，謂「南」在南郡、南陽之間，當爲國名，而沿毛詩關雎小序爲南方公共通稱者之誤。皆於輿地有考證。又如於劉湘煃傳列其著述全目，書雖亡而足徵。與張侍喬書附方氏通雅校記，資讀者之方便，則兼具目録校勘之長。昔人有譏别集末流爲龍蛇之苴者，雒君恪守師説，故以考據之作，别編此册，蓋與阮林經史質疑録同。所作當不止此，或窘於資用，故不能盡刊歟。

惲南田畫跋四卷二册

清歙葉鍾進編。舊鈔稿本。中江李鴻裔手校並跋。

題古歙葉鍾進編輯。吳縣潘遵禮校字。卷一題畫筏，卷二題畫鑑，卷三題畫品，卷四題畫餘，分上下。每卷題下各有小引。末道光十一年自序，題古歙蓉塘葉鍾進識於羊城寓齋之寄味山房。序云：「歲甲子，余交黄君穀原於京邸，始講求六法。」又云：「於收藏家或估鋪有先生畫，必詣求觀，詠跋必手録以歸。友人知其好也，不遠數千里，亦鈔録以郵筒相寄，久之遂成卷軸。今春病後養閒，因汰去層複，釐爲四卷」云云。「授諸棗梨，以公同好。他日有得，當續付刊，並將寄質於穀原先生，不敢忘所自也」云云。其人雖不可考，知其字蓉塘，曾客京師，而成書則在廣州。善畫，與黄穀原善，穀原名均，元和人，道、咸間名畫家也。遵禮字典三，號子雅。嘉慶己卯舉人。江陰縣訓導。案海昌蔣光煦輯甌香館集，刊成於道光廿六年丙午，據凡例，編成於十八年戊戌，至廿四年甲辰，又據戴醇士所録及他處所得爲補遺，則此編雖不逮蔣輯之富，而從事蒐輯，固前於蔣氏七年，而爲蔣氏所未知，故頗有出蔣輯之外者。惟其編次殊雜，題稱亦爲蛇足。或有僞跡雜糅及録古之作，尚須精爲鑒别。序雖有授諸棗梨語，今未見傳本，似寫定未刊。舊爲吾吳畫家顧若波澐。所藏，而經中江李眉生鴻裔。手校。眉生别字蘇鄰，晚歲退居吾吳網師園，擅水石之勝。收藏極富。所校皆工緻不苟，朱紅燦爛，堪稱精品。嘗見其跋某書云：「吾生平凡初次過筆評點之書，與用油素摹仿之帖，皆用極劣之本，以其雖損不足惜。若至精之書帖，一涴朱墨，則不能濯浣矣。且罪過與暴殄天物何異。」至爲名言，爲附識之。

此鈔分類殊未當，其每類之首，標題數行，理致浮淺，有乖大雅。後有校刊此册者，竟須芟却，免詒佛頭着糞之識。在卷一首。

此雲壺居士所藏本，光緒戊寅端朔日，蘇鄰借閲一過，魚豕迭見，隨筆偶有點勘，亦僅得十之一二。在卷三後。

題畫之作，間有録古，非南田自撰，他日校刊，當爲拾出。蘇鄰。在卷四後。

稽瑞一卷 一册

唐維嵩白雲子劉賡輯。關西靈長氏許光祚訂。清道光十四年常熟顧湘影宋刊本。首劉賡自序，次太倉季錫疇重刊序，末常熟顧湘跋。是書凡公私書目皆不載，衹一見於王伯厚玉海祥瑞類中，當亡於宋以後。此係宋刻本，徵、桓、殷皆缺末筆。時有脱文誤字，似源出唐寫。劉賡、許光祚均無考。觀其别署，似爲羽流，蓋道家好言休徵禨祥也。原本於嘉、道間爲常熟陳子準所得，詑爲秘籍，至以名其藏書之樓。後歸同里顧湘，湘固喜刊書，有小石山房叢書，因精摹付梓，今傳本亦罕見矣。季序謂「廣徵載籍，博紀休祥，錬事成文，儷句以配。又恐後之讀其書而昧所自也，并自爲之注。唐時去古猶近，秘閣所藏，多人間未見之本，迄今按注中篇目，半歸放失」云云。蓋是書雖志在博稽祥瑞固不足重，而所重乃在多存古佚書。如引典略云：「蓋五穀之長，稔歲之精也。」又云：「神鼎者，質文之精，知吉凶存亡，能輕重行息。」又云：「瓶甕，神器也，不汲而自滿。」又云：「白雉者，岱宗之精也，出於盂山。」又云：「白烏，太陽之精也。」又云：「白狐者，神獸。岱宗之精也。」又云：「三王相代之馬，皆陰精也。在夏則騊馬，黑身白髦尾。在殷則驟馬，白身黑髦尾。在周則騂馬，赤身黑髦尾也。」爲張鵬一輯本所未收。引臧榮緒晉書云：「安帝義熙十四年，林邑獻白鸚鵡。」引王隱晉書云：「武帝太始以來，永嘉有竹實之瑞。」又云：「元帝時三雀共登雄燕背，三入東安府廳。占者以爲當三進爵爲天子。」又云：「瑞應記曰：『劉向五行志』云云七百四十七字。」文繁不録。引晉中興書云：「孝宗永和九年，吳郡獻白鳶。」又云：「或異敏疑畝之譌。同穎，或孳連數穗，或一稃二米，以應質文也。」又云：「元帝太始四年，白鹿二見於南昌，蓋白麏之流也。」又云：「孝武帝太明元年，(白鹿)二字意增。見會稽諸暨，因獲之以獻。」又云：「玉英，神寶也。不琢自成，光白若月華。」又云：「白麞，赤鹿也。」又云：「仁瑞之澤，其凝如脂，其甘如飴，一名膏露，一名天酒。」又云：「元帝初誕，有神光之異，所藉之草如新刈。」又云：「咸和六年，平西將軍庾亮送嘉橘十二，實一蔕六，嘉禾之流。」又云：「徵祥説王者尊賢容衆，不失細微，則竹葦受甘露。」皆爲湯球輯本所未收。其他所引古書，如田俅子、梁大同起居注、帝王世紀、宋起居注、范甯集尚書大傳、漢書音義、六韜、梁天監起居注、晉起居注、臨海異物志、謝承後漢書、襄陽耆舊傳、廣州記、南越志、古文瑣語、漢官儀、晉隆安起居注、江表傳、晉陽秋、汝南先賢傳、豫章記、尸子、隨巢子及讖緯不下數十種，可補後人輯本者甚多，誠爲未發之秘。雖一卷書，後有馬國翰其人者，此其蒐獵之淵藪矣。

施注蘇詩四十二卷東坡年譜一卷王注正譌一卷蘇詩續補遺二卷十二册

題漫堂先生宋犖、樸園先生張榕端閲定。毗陵邵長蘅、長洲顧嗣立、商邱宋至删補。清康熙己卯精刻。初印本。貴池劉慎詒手跋。

四庫總目提要著録。宋牧仲得宋刻殘本施元之、顧禧二家蘇詩注，屬邵子湘删補付刊，詳首注蘇例言。其書初出，查慎行首加糾摘，作補注東坡編年詩。張塤竹葉庵集題宋槧有云：「牧仲開府金閶城，繙書良會諸詩客。邵生長蘅。之膽大於斗，眼對古人硬分擘。顧氏之寃寃莫訴，姓氏標題遭棄擲。何堪寶鏡不交光，只許古釵存一隻。」注：「邵氏例言亦及景蕃，標題只言施注，何也？」其後汪師韓、翁方綱、王文誥等均訾議之，見胡綏之先生提要補正。繆荃孫藝風藏書再續記著録宋刻殘本，謂「宋氏本，原缺十二卷外，餘注無不增删。有舊有注而今無者，有舊有注而今易之者，有舊注短而引申之者，有改易書名者，幾幾無一完篇，仍是明代刻書之故態。遜黄蕘圃、胡果泉多矣。」又著録别一本，潘祖蔭跋亦謂「宋牧仲得嘉泰殘本，屬幕客補足刊行，其書爲人齒冷，不足置議。」然則此本刊印雖精，不足稱善本焉審矣。衹以清内府曾據以重刊，而又流行甚廣，故存而不廢。竊謂邵氏詞章士，不知著書刻書之體，既用施注，而擅自删改，又所補率鈔襲王注，更作王注正譌，以掩其跡，宜其來後世之叢譏。若逕自作新注，而以施注殘文散附其中，則誰得而議之。不此之圖，至成非驢非馬。並時覆刻古書者，若張士俊、汪立名等，皆奉朱彝尊之教，所刊遂與宋、元並重。惜牧仲所託之非人也。榕端字子長，號樸園，又號蘭樵。磁州人。康熙十五年進士。官至内閣學士兼禮部侍郎。刻此書時正督學江南，故與牧仲同列爲閲定。是本全帙朱筆圈點甚精，不知出自何人。儀墉劉遜夫舊藏。遜夫字慎詒，芝田中丞孫，聚卿參議姪。工詩，有龍慧堂詩行世。

有「遜夫」、「龍慧」二印。

詠梅花集句一卷 一册

明錢塘沈行撰。舊鈔本。清錢塘羅以智手校。

行字履德，皆集前人句詠梅花，得七律一百二十首。首弘治十年夏時正序，次弘治癸丑長興吴玧、九年杭郡丁養浩二序，末徐奇、陳敿題詩，餘杭吴璪跋。據夏序、吴跋知弘治九年杭州重刻本，此鈔從之出。羅竟泉以朱筆校字。案四庫别集類存目著録行所著貫珠編貝集五卷，亦皆集句詩，以有魏驥序，臆定爲永樂、宣德時人。據此書序、跋，則其人弘治時尚存。丁丙刻武林往哲遺著有集古梅花詩二卷，題錢塘沈行履著，上卷七律，與此本同，惟有陳敿題詩一家，而他序、跋均佚。敿又誤作𢿱。下卷七絶，皆從萬曆中王思義所編香雪林集中輯出。丁氏跋謂當時必從單行本彙入，今析出重梓。又謂行履錢塘人，惜無從考其别號與行誼云云。知其未見是本，故誤以名字相連，題爲「沈行履」，致成鉅謬。據夏序云：「履德壽母在堂，踰八望九。履德奉母以孝稱，梅花有歲寒之操，類君子志節不移。道莫大於忠孝，亦惟志節不移者能之」云云。吴跋亦謂「夾城沈履德先生隱居尚志，不求聞達，愛集古人句成詩，往往膾炙人口。其爲貫珠編貝、宫詞、香奩等詩集，行世久矣。近集詠梅花詩百二十首尤佳。侍御丁公師孟見而愛之，爲刻貴州行臺，板留藩署。鄉人咸以不得一見爲憾。余託姻先生重爲鍥梓，以廣其傳」云云。則知行亦道義之士，爲時所稱，且著述甚多，皆已梓行，其行誼即見本書，非不可考。以丁氏之富於藏書，且熟於鄉邦掌故，乃有此失，誠書囊之無底也。竟泉手校，無不精絶，其所著蔡中郎集舉正已著於録。

有「香影盦」白文方印，「鏡泉讀過」朱文方印。

南田詩三卷 一册

清武進惲格撰。長洲蔣鳳藻秦漢十印齋鈔本。

首顧祖禹序，第一種題江上紀愁詩，戊申、己酉作，越江過客南田叔子著。第二種題甲寅江上詩。第三種題南田詩删，丙辰毘陵惲叔子著。蔣生沐輯甌香館集已收入，惟次第稍有不同。今細核之，江上紀愁詩吴山高送友北征第二首云：「地覆其軸，天規不圓。城郭雨血，山左無人煙。河北千里，婦女野處。老少羸敝，不守杯棬。高粱在田，安得緡錢。茅草豈自蔽，麻縷無純緜。畿輔大浸，魚龍入人室，陵闕乃生茭蘆。隄生天吴，道鳴鵜鶘。沙崩泥揚，見誰施罛。有奔匪狐，有翔匪烏。仙靈蕩其居，玉女亡其壺。

河將西流，野水羣飛。九蛟盤於天衢，望帝閽而高呼。唯君乎！」南田詩删家十四叔父自七閩間關還吳相見狂喜兼聞近事感歎有作第二首云：「艱危天外賦登樓，身退無煩設一謀。幾見么麿能問鼎，誰知霸業在尊周。於今草昧多亡鹿，千古衣冠笑沐猴。話到亂離還慷慨，滿囊風雪嘯吳鈎。」二詩爲蔣刻所無。案其詩皆在康熙盛時，一則寫災民之疾苦，一則當三藩之亂，其直言無諱，恐致當世之忌，故蔣氏逕删之歟？然在今日，正可見南田之襟懷焉。觀光緒王肇鋐跋，知出自徐渭仁藏陳璜本，而鳳藻亦若不知有蔣刻本，何耶？

有「秦漢十印齋藏」白文方印。

南田詩散見書畫録者頗多，一時難集爲憾。此詩草三卷係戊申、己酉、甲寅、丙辰所作，雖未能盡，亦可略見一斑矣。舊爲上海陳寄蟠百甓齋手録本，藏諸徐氏隨軒，世無刊本。其友人出眎，索值過昂，香生母舅屬手録一過。時光緒六年庚辰三月六日也。王肇鋐振夫氏敬記于滬上寓齋。

潛研堂集外文不分卷 一册

清嘉定錢大昕撰。吳縣王欣夫輯。蛾術軒鈔稿本。

潛研堂文集據段茂堂序，雖刊成於身後，而實爲竹汀所手定。故凡集所不載者，皆其棄不欲存，初毋勞後人之捃拾也。往余讀士禮居覆宋天聖明道本國語，有竹汀序，檢文集失載，以爲此文考據精確，不應删棄。後讀十駕齋養新録，則序列宋本之勝四條，後又增益二條，因删併入此。又題跋諸文，手跡與刻本每多舛異，則必刻本爲優。因歎前賢著述之不苟，而定稿之從嚴爲不可及也。雖然，朱竹坨曝書亭集亦手定付刻，後來其五世孫墨林及馮柳東又輯集外稿，不嫌與本集並行。蓋在竹坨自視則爲糟粕，存之爲全集之類，而後人則得其緒餘，皆可以資研摩，況墨林則其後裔，柳東則其鄉人，猶有景仰企慕之情也哉。余於竹汀之學深嗜之，以爲清儒之博而且精無過之者，因就耳目所及，輯存此册，不曰補遺，而曰集外文者，見本爲删棄，而非遺佚，比諸墨林、柳東之輯朱文，則竊自附於錢氏私淑云爾。

經韻樓集補遺不分卷 一册

清金壇段玉裁撰。吴縣王欣夫輯。蛾術軒鈔稿本。

經韻樓集爲我鄉江子蘭沅所編，故記洞過水一篇爲戴東原作，已載集中，而仍誤收，固不如潛研堂集之經竹汀手定爲謹嚴也。近劉盼遂有續編之輯，搜羅亦勤矣。余亦偶得若干篇，可補其遺。如影宋鈔集韻跋，竊謂乃集中必收之文而偶遺之。其他雖或非經意之作，以茂堂遺墨之鮮傳，亦足寶焉。日本所輯書苑，卷三有與劉端臨書十通，其八通劉氏已據寶應劉氏清芬録輯得，中有二通，則清芬録删其前半，今併其他二通載之。雖不皆論學語，然家人友朋，繾綣深至，可見其性情之真，且輯年譜者之佳材也。憶一九三七年春於某氏見茂堂致端臨尺牘兩鉅册，約七八十通，論學者大半，皆爲清芬録所不載，爲之目眵神移，不忍釋手。欲借讀而日暮天雨，厚重力不勝舉，因約以異日。後允代鈔見寄，已有日矣，其冬時局突變，與某交絶，遂不可問。今録此編猶惓惓於心目間，不知終能遇之否耶。

孫淵如先生文再補不分卷 一册

清陽湖孫星衍撰。吴縣王欣夫輯。蛾術軒鈔稿本。

淵如平津館文稿自序有云：「其已刊石及附刊各書序跋，世人多見之，不復録入。」故所刻雖有問字堂、岱南閣、五松園、嘉穀堂、平津館諸集，而未入集者尚多。嚴鐵橋曾有外集之編，繆藝風輯常州先哲遺書猶列其目，不知失於何時。余於瀏覽之餘，見有淵如佚文，愛其博雅，輒札録之。嗣友人王君重民輯本行世，其未録者廿餘篇，因輯補遺一卷，印入戊寅叢編。其後續有所獲，又輯此再補，見聞隘陋，未敢言備也。竊謂淵如當日其刊石刊木各文，或尚易見，今則時越百餘年，日在摩滅散佚中，乃偶一遇之而已。如重修東海孝婦廟記、重修桃花菴碑記、阮湘圃墓志銘，必已大書深刻，拓有墨本。然或僻在海隅，或頽爲廢墟，或埋諸兆域，今反於剡城縣志、吴郡文編、瀛舟筆談得之，信知金石之壽不如紙。至諸題跋，則墨跡流傳，尤爲難得。然則淵如所不復録入者，正賴後人亟爲輯存者也。陳宗彝輯平津館鑒藏書畫記，有題跋若干篇，本自冶城山館遺稿中録出，今仍復其舊。

高郵王氏父子文集補遺不分卷 一册

清高郵王念孫、王引之撰。吴縣王欣夫輯。蛾術軒鈔稿本。

石臞父子經學諸書，久已風行，而文集獨未見。咸豐中由陳碩甫爲輯録刊版，未及印行，載經兵燹，版多殘蝕。曾見一本，并其孫壽昌遺文合印者，所載寥寥，知家藏遺稿已多遺失。一九二五年冬，羅振玉得手稿一篋，與刻本合編，並於伯申集删增各若干篇及他著，爲高郵王氏遺書。一九三五年劉盼遂又輯補編，則并其應制試藝亦附載焉。蓋於王氏之學尊重愛好，不忍其有隻字或遺，今得讀石臞父子之文者，羅、劉二氏之功也。余汎覽書城，有見輒付劄録，又於羅、劉所輯外各得若干篇。石臞較少，因不復分列。原刻有石臞所撰春圃府君行述，伯申所撰石臞府君行述，以羅氏已輯入傳狀碑誌集，不復重出。伯申集羅氏所删六篇，其己卯會試策問、爾雅説文釋、鹽筴考殘闕過甚，乾隆乙卯恩科鄉試對策五道，衹存第一問，并辛巳浙江鄉試策問、嘉慶丙辰會試對策五道，又益以朱母范恭人五十壽序，因原刻既不可見，仍録入焉。劉輯多收殘篇而獨遺之者，蓋未見原刻。且此數篇者雖爲場屋或酬應之作，然經經緯史，學有本原，不猶愈於應制試藝之虚廓空洞者哉。夫石臞父子之傳，不在文集之有無，更何待於補遺，而此僅存之數十篇，有涉於論學交友及他瑣碎事，一鱗片甲，亦後生景仰其人者所樂於循誦也。録此一編，他日或有合刊之者耶。

簡莊文鈔補遺二卷 一册

清海寧陳鱣撰。吳縣王欣夫輯。蛾術軒鈔稿本。

仲魚簡莊綴文六卷，編定於嘉慶十年，時五十三歲。十二年段茂堂序之，故云「仲魚年才五十許，所進蓋未可量也。」其卒在二十二年，此十二年之作，必被書估捆載而失之矣。光緒十二年羊復禮重刻綴文於粤東，易名文鈔，而别輯遺文爲續編二卷。余嘗得而讀之，尤愛其序跋各篇，考據精覈，不在潛研堂下。平日瀏覽所及，得未刻題跋數十篇，又於謝啓昆小學考、王德浩峽川續志各得散文若干篇，因合鈔爲補遺上下卷，以俟他日有合刊者。仲魚遺著未刊者尚多，余先後得禮記參訂十六卷、爾雅舊注三卷、埤蒼、聲類輯本各一卷、恒言廣證六卷，又於鄧丈正闇處見詩人考三卷，今惟恒言廣證有印本。至簡莊隨筆係摘録錢牧齋題跋，非其自著，繆荃孫不辨而刻入煙畫東堂小品。又於嘉業堂見翁覃谿詩境筆記手稿，中有仲魚著述一目，兹附録備考。所纂説文正義竭數十年精力者，曾見張叔未筆記手稿云：「陳仲魚同年一生勤學，其用功尤在許南閣一書。朱履伯云：『乙亥、丙子兩年，寓居峽石，日取舊時所著説文正義盡情改勘，日課數字。遇客至少輟，夜必燼燈以補，雖嗽作不止。至第十一卷稿脱，病劇不能舉筆，今此書尚未斷手。』可痛可痛。」知其螢窗雪案，老學不倦，其書雖未完成，今并殘稿亦不知飄零何處，惜哉。又仲魚始以圖象鐫之石章，鈐所藏書首，後來多有效之者，書林傳爲佳話。

翁方綱録海寧陳鱣仲魚著述凡三十三種

周易繫辭外傳二卷。此恐名目太大。

周易存義九卷。集馬、鄭、二王四家注，終以「謹案」發明鄭氏之義。退文言於繫辭後，别彖、象於卦末。

周易鄭注後定三卷。從歸安丁小疋輯補本重加校定。其經文悉考原本，不從王弼所亂本。

逸書二卷。

逸詩二卷。

詩人考二卷。從齊、魯、韓、毛四家及諸子籍，考得三百篇作者四十餘人，大要以毛爲宗，後附詩人辨，專闢僞詩傳説。應借。

集周禮干注一卷。

集周禮戚音一卷。

集儀禮喪服經傳馬注一卷。未成。

集禮記盧注一卷。較杭氏所集倍增。

集蔡氏月令章句十二卷。較余氏鉤沈多三之二。

春秋賈服注摭遺十二卷。從元和惠氏及歸安丁氏本重輯。其經傳次第，亦從杜氏未亂之本。

箴左氏膏肓摭遺一卷。

起穀梁廢疾摭遺一卷。

發公羊墨守摭遺一卷。已上三種，俱從山西本、武進莊氏、歸安丁氏本重校，未寫定。
駁五經異義後定一卷。從山西本、元和惠氏、嘉定錢氏、武進莊氏本合參，依五經爲先後。
集鄭氏六藝論一卷，後附輯録魯禮禘祫義，并答臨孝存難周禮。
論語鄭注後定二卷。與秀水陳梅軒、歸安丁小疋合訂。共增多五十條，較知不足齋刻本多三之一。
集孝經鄭注一卷。
古文孝經疏證二卷。辨日本新出孔傳之僞。應借。
集孟子劉注一卷。
孟子弟子列傳一卷。二書未寫定。
集爾雅三家注三卷。採集犍爲舍人、李巡、孫炎注。徵引羣書得百餘條。應借。
釋禮一卷。
篆釋仿洪氏隸釋之例，自周、秦迄魏、晉，稍溢至唐。未成。應借其釋石鼓者。
別雅補一卷。
選詩話十卷。前人評論及文選者。
松硯齋隨筆。未成。
脩業録。未成。
北海鄭公年譜。

銘心絶品録二卷。所見金石書畫

新坡土風一卷。

河莊篆刻。

三百堂文集二卷 一册

清長洲陳奂撰。吳縣王欣夫輯。王氏蛾術軒鈔稿本。

蘇州府志藝文目有碩甫三百堂文集二卷，訪求久之，知未有傳本。乃據所見補輯，印入乙亥叢編。其後續有所得，即併入之。碩甫本不以文傳，而文之樸實古茂，非邃於經者不辦，於學術文獻皆有助焉。其所著詩毛氏傳疏最有名。所以宗毛置鄭者，以毛古文，鄭用三家，從今文，固不同術，不欲效孔沖遠之依違於毛、鄭間。曹復禮師述學詩注謂「梁節庵語余，東塾先生嘗與南園先生相晤，得詩疏，善之。然見卷端像贊有跨鄭越孔之語，謂越孔且不易，況跨鄭乎？」案此則弟子尊師之言，非碩甫意，然其書之精者乃在音韻訓詁，繼段、王二氏而稱鼎足焉。嘗見王蒓友蛾術編致多雯溪隆阿書云：「弟在都遇蘇州陳碩甫茂才，不遠二千里，至都迎其從子之喪，是爲仁。妻卒不再娶，其言曰：『妻者齊也，豈可多人與我齊？』是爲義。父卒之後，不復進取，日以著述爲事，是爲高尚。即其一言一動，必由規矩，近今之人，罕有其比。」此其內行，世人或未之知，故記之於文集後。

樸學齋文録補遺不分卷一册

清長洲宋翔鳳撰。吴縣王欣夫輯。王氏蛾術軒鈔稿本。

于庭樸學齋文録皆中歲以前所作，其後未有續刊。惟其勤學老壽，所作必多，則以離鄉筮仕最久，既刊者尚罕流傳，手稿之零落可知。當道、咸間，吴中經學，陳、宋並稱，而于庭尤工於文，並擅詩詞。余既輯碩甫三百堂文集，因及于庭，乃所得殊鮮，僅書序數篇及徐承慶一傳而已。然於爾雅義疏序則訓詁學也，集古印譜序則文字學也，鐵琴銅劍樓藏書目録序則簿録學也，幼學堂集序則文學也，雙硯齋詞鈔序則詞學也。其學之廣博，均足窺豹一斑，嘗鼎一臠。而徐傳則於吴郡文獻有關，徐氏研精許學，説文段注匡謬爲金壇之諍友，幸有傳本。至其事跡，世罕知者。蘇州府志列傳，寥寥數行，故李越縵誤爲錢竹汀弟子。今讀此傳，而徐氏生平得以詳悉，寧非文章之功哉。嘗謂於古人文字，搜集殘賸，固屬不賢識小，然所得者不僅遺珠可存，而一二賢達宿學之士，亦藉以獲傳於後世。昔焦里堂譏爲拾骨學，豈其然乎！豈其然乎！

通甫類稿再續編二卷二册

山陽魯一同撰。鈔稿本。

通甫于田賦、兵戎諸大政，與夫河道變遷，地形險要，以及中外大勢，無不究其端委而得其機牙。罕有遇合，則一發之于文章。爲文務切事情，其言曰：「文章事業，皆以静儉爲根本。」又曰：「行不蹈道則非經，道不宗經則非道。」皆至言也。清河縣志列傳言之如此，可以概知其人矣。余少時讀其胥吏論五篇，抉剔當時之弊，言之剴切沈痛，而文章之雄健渾厚，又足以載之，未嘗不心欽其爲人。蓋其友潘四農、周止安、孔宥涵皆一時江、淮之俊，切磋有素，宜其文章之至于此境也。後于海上書肆得此再續編未刊稿本，與前二編一貫，絶非删餘酬應之作。讀擬南河積弊疏自記語，知爲極得意之作，當與胥吏論並論。而他文往往有曾滌生、周止安、潘四農評語，皆極致推重，可知皆必存者也。志傳稱揚其風節，謂「或請爲文壽一鉅卿，却之曰，吾輩之文疏直樸野，不足説勢要，必若肆其狂愚，爲足下得罪當塗，安所用之？」而今編中有壽序十一篇，雖鮮鉅公，而多代人之作，則又何説？讀其篇末自記一則曰：「此文氣勢可匹魏冰叔。」再則曰：「修潔雅近秀水朱檢討。」直模擬前人，以文爲藝耳，不可窺其微恉耶。前人以壽序入集者多矣，亦安足爲病。此鈔本甚工整，首附清河縣志列傳，似當日備刊之底本。

文選音義八卷 一册

清元和余蕭客撰。乾隆二十三年刊本。祥符周星詒手跋。

四庫總集類存目著録。提要謂罅漏叢生，歷舉其失有八：曰引證亡書，不具出典。曰本書尚存，轉引他籍。曰嗜博貪多，不辨真僞。曰摭拾舊文，漫無考訂。曰疊引瑣説，繁複矛盾。曰見事即引，不究本末。曰旁引浮文，苟盈卷帙。曰抄撮習見，徒溷簡牘。是於其書頗致不滿。錢警石曝書雜記謂音義多用直音，便於省覽。載義門校語頗詳，亦初學所不廢。此本周季貺跋亦詆其淺陋疏略，名不稱實。案疑年續録仲林生雍正十年壬子，卒乾隆四十三年戊戌，年四十七。此本刊於乾隆二十三年，時祗二十七歲，誠爲少作。但余藏朱敬輿手鈔文選紀聞殘稿，中涉音義者，用朱筆鈎出，與此本多同。是後二十年蒐羅益富，擴爲三十卷，别名紀聞，音義亦包括其中。是本爲一書，然迄未定稿，故疾革時手授弟子朱敬輿。後人震於其名，互相傳鈔，而方惠功始爲付梓。提要所謂八失，仍未能免，蓋惠門弟子江、余並稱，余不如江之老壽，其學問尚未臻精純，即所輯古經解鉤沈，戴東原亦譏其或鉤而未沈，遠非後來臧西成、陳仲魚、嚴鐵橋諸家之備，則是書之較顧澗蘋、朱蘭坡、胡枕泉瞠乎其後，又何疑哉。嘗謂乾隆初期，於輯佚書及文選學，尚爲大輅椎輪，仲林有創始之功。後來居上，理所必然，又不僅以少作而可從末減已也。此本雕印甚精，爲周氏書鈔閣舊藏。季貺四跋，皆在自序之首。

此仲林先生少作也。先生博雅宏通，稱海内儒者。而此書殊淺陋，晚年悔之，别成文選紀聞，顧其書不傳，而此盛行。余四十歲復從事選學，出此參證，知其未爲盡善，去顧、彭兩先生考異，蓋不可道里計也。壬申七月廿八日詒記。

先生深於漢學，古音古義，宜所通明。而此書凡通假音義，均極疏略，名不稱實，宜其晚悔也。

世傳文選以淳熙尤氏刻爲最古，鄱陽胡氏摹本是也。宋刻元槧，間存一二，世不多見。明朝刻本最多，而盛行者茶陵、吴郡兩本。茶陵注先李注後五臣注，吴郡先五臣後李注，此云先崇賢者，蓋茶陵本耳。知先生所見之不多矣。

汲古本雖稱崇賢注單行本，而雜入五臣不少，即尤本亦不免。蓋自六臣注合并以後，崇賢專注本已成罕見，别擇爲難，此澗蘋、甘亭所以有考異之撰也。

蛾術軒篋存善本書録索引

金良年　編

一、本索引包括“書名索引”、“作者索引”，以便讀者檢索《蛾術軒篋存善本書録》之需。

二、“書名索引”、“作者索引”分别按书名、作者首字四角號碼順序排列，同一字頭之名稱（書名不包括卷數）亦依次按四角號碼順序排列。四角號碼編碼規則依商務印書館《辭源》修訂本之四角號碼檢字爲準。

三、《蛾術軒篋存善本書録》影印本中有部分書録未收入排印本，這些書録在本“書名索引”中仍存其目，唯標[刪]字爲區别，“作者索引”中則不予留存。

四、“作者索引”所指稱之“作者”，包括作品之編撰者、箋注者及批校者（包括校、批點、評點、評校、評閲、跋等），若批校出於過録，則在批校方式前加“録”字以爲區别。同一作者有多項作品，依次按編撰、箋注、批校歸類排列，過録者居類後。

五、作者姓名闕失，《書録》稱呼不一，如“不著輯者姓氏”、“不著撰人”、“失名”、“無作者姓名”等，今統一爲“佚名”。僅闕失姓氏者，以方框闕文符替代，排序時以方框闕文符爲首字。

六、爲便於不熟悉四角號碼者檢索，另綜合“書名索引”、“作者索引”之字頭依筆畫順序編爲“筆畫檢字”，筆畫計算依上海辭書出版社新版《辭海》卷首“筆畫索引”爲準。

書名索引

3023_2　家

01 家語弟子補注五卷(稿本)　580

永

22 永樂大典殘目不分卷(余嘉錫讀已見書齋鈔本)　522

3030_4　避

60 避暑録話二卷(清道光二十五年葉鍾據葉廷琯校本重刻)　1530

3032_7　寫

30 寫定尚書不分卷(清光緒十八年吳氏家塾石印本)　717

3040_7　字

34 字泭二卷(稿本)　457

3073_2　寰

30 寰宇訪碑録十二卷(清嘉慶壬戌〔七年〕孫星衍平津館刻本)　540

寰宇貞石圖考不分卷(稿本)　1519

3080_1　定

80 定盦文集三卷續集四卷文集補二卷雜詩一卷别集詞一卷(清同治七年吳煦刻本)　294

定盦初集三卷餘集附少作一卷(清道光癸未自刻本)　1062

3080_6　寶

22 寶鼎精舍藏甎目録一卷拓本題識一卷(王氏學禮齋鈔稿本)　1254

27 寶鷄金石志一卷(凌椵癖好堂鈔本)　538

87 寶鄭齋雜録一卷(稿本)　611

實

50 實事求是之齋文集二卷(鈔稿本)　655

3090_4　宋

34 宋遼金元四史朔閏攷二卷(清嘉慶二十五年阮福刻本)　473

50 宋本韓柳二先生年譜八卷(清雍正已酉〔七年〕馬氏小玲瓏山館

卷(同治丁卯〔六年〕寫刻本) [删]

4010_4 圭

00 圭齋文集補遺十卷(稿本) 1369

4021_1 堯

27 堯峰山志六卷(明崇禎戊寅〔十一年〕刻本) 930

4022_7 南

22 南山集讀本不分卷(蕭穆鈔本) 272

30 南渡大略

參見"徽欽遺事"

南渡録

參見"徽欽遺事"

38 南海伍氏所刻書跋十卷(鈔稿本) 1231

南海桂氏經學叢書七種附二種目外二種(清咸豐丁巳〔七年〕至光緒丙申〔二十二年〕遞刻本) 1447

39 南沙紀事詩一卷(鈔本) 296

40 南來堂拾稿一卷(鈔稿本) 627

50 南中集一卷(王氏學禮齋鈔本) 1376

南忠紀不分卷(王氏學禮齋鈔本) 879

60 南田詩三卷(清蔣鳳藻秦漢十印齋鈔本) 1672

4024_7 存

10 存雅堂遺稿四卷(孫毓修鈔本) 250

40 存友札小引一卷(王氏學禮齋鈔本) 1508

皮

17 皮子文藪

參見"唐皮日休文藪"

4033_1 赤

70 赤壁賦

參見"紺雪齋墨刻前後赤壁賦拓本"

志

10 志雅堂雜鈔二卷(清乾隆、嘉慶間余集寫刻本) 1532

4040_7 李

10 李天馥行述

4046_5 嘉

4060_0 古

大輔鴿峯草堂鈔本） 1042

6090_4 果

90 果堂集十二卷（清乾隆刻初印本） 282

困

77 困學紀聞二十卷（清乾隆戊午〔三年〕馬曰璐叢書樓刻本） 1304

困學紀聞注二十卷（清咸豐元年小嫏嬛山館刻本） 1307

6090_6 景

30 景宋鈔本集韻校勘記十卷（王氏學禮齋鈔稿本） 842

6138_6 顯

40 顯志堂外集［存三卷］補遺一卷（鈔稿本） 298

44 顯考穉威府君年譜紀略（王氏學禮齋鈔稿本） 1383

6333_4 默

00 默庵安先生文集五卷（清倪模經鉏堂鈔本） 622

6355_0 戰

60 戰國策

參見“新雕重校戰國策”

6404_1 時

80 時人詩鈔一卷（鈔本） ［删］

6503_0 映

10 映雪樓雜著不分卷（清吳慶坻補松廬鈔稿本） 291

映雪樓文偶鈔一卷（木活字本） 291

6603_2 曝

50 曝書亭集外文一卷（王氏學禮齋鈔稿本） 1373

6621_4 瞿

40 瞿木夫文集補遺一卷（鈔稿本） 1621

50 瞿中溶年譜

參見“萇生子年譜”

（王氏學禮齋鈔稿本） 751

8810_8 笠

36 笠澤叢書四卷補遺一卷續補遺一卷（清許辰煥鈔本） 244

8812_7 筠

35 筠清館金文五卷（清光緒楊守敬重刻道光壬寅〔二十二年〕本） 1455

筠清館金石録
參見“筠清館金文”

8822_0 竹

10 竹雲題跋四卷
（清光緒十年宋澤元懺花盦刻本） 968
（清乾隆丁亥〔三十二年〕錢人龍畫雲閣刻本） 1526

31 竹汀日記鈔三卷（馬光楣鈔本） 152

43 竹垞道古録二卷（王氏學禮齋鈔稿本） 1311

50 竹書紀年二卷（明刻本） 474

8822_7 簡

44 簡莊文鈔補遺二卷（王氏蛾術軒鈔稿本） 1677

8825_3 箴

00 箴膏肓評一卷（清桂坫鈔稿本） 1438

8850_3 箋

21 箋經室賦録二卷（王氏學禮齋鈔稿本） 1395
箋經室餘稿不分卷（王氏學禮齋鈔稿本） 1395

8854_1 籜

10 籜石詩選不分卷籜石詩雋一卷（金天翮鈔本） 281

8856_2 籀

87 籀廎簃文集不分卷（清光緒丁未〔三十三年〕江蘇存古學堂活字排印本） 310

9942_7　勞

9960_6　營

作者索引

0821_2 施

0864_0 許

1

1020_0 丁

2397_2 嵇

2426_0 儲

2492_7 納

2523_0 佚

4

4622_7 獨

4692_7 楊

5580_6 費

5602_7 揚

5824_0 敖

6

6000_0 □

7210_0 劉

7421$_4$ 陸

7529_6 陳

7721_0 鳳

7722_0 周

8711_5　鈕

8718_2　欽

8742_7　鄭

筆畫檢字

玉 1010_3
平 1040_9
石 1060_0
可 1062_0
左 4001_1
古 4060_0
世 4471_7
戊 5320_0
[丨]北 1111_0
史 5000_6
四 6021_0
田 6040_0
甲 6050_0
[丿]白 2600_0
冬 2730_3
印 7772_0
乍 8021_1
[丶]玄 0073_2
永 3023_2
半 9050_0
[乛]司 1762_0
幼 2472_7
皮 4024_7
民 7774_7

六畫

[一]至 1010_4
百 1060_0
西 1060_0
列 1220_0
邢 1742_7
圭 4010_4
存 4024_7
式 4310_0
[丨]吊 6022_7
[丿]行 2122_1
任 2221_4
先 2421_1
朱 2590_0
多 2720_7
伊 2725_7
名 2760_0
全 8010_4
缶 8077_2
竹 8822_0
[丶]妄 0040_4
交 0040_8
宇 3040_1
安 3040_4
字 3040_7
江 3111_0
汗 3114_0
祁 3722_7
[乛]阮 7121_1
艮 7773_2

七畫

[一]更 1050_6
酉 1060_0
吾 1060_1

八畫

佩 2721_0
周 7722_0
爬 7723_1
金 8010_9
知 8640_0
[丶]庚 0023_7
京 0090_6
房 3022_7
定 3080_1
宗 3090_1
治 3316_0
述 3330_9
法 3413_1
[乛]建 1540_0
孟 1710_7
承 1723_2
屈 7727_2

九畫

[一]研 1164_0
查 4010_6
南 4022_7
柯 4192_0
封 4410_0
荔 4442_7
茹 4446_4
荀 4462_7
郝 4732_7
胡 4762_0
柳 4792_0
春 5060_3
括 5206_4
[丨]星 6010_4
思 6033_0
冒 6060_0
昆 6071_1
畏 6073_2
映 6503_0
昭 6706_2
省 9060_2
[丿]重 2010_4
信 2026_1
禹 2042_7
香 2060_9
拜 2155_0
後 2224_7
待 2424_1
皇 2610_4
鬼 2621_3
泉 2623_2
秋 2998_0
風 7721_0
段 7744_7
俞 8022_1
[丶]席 0022_7
奕 0043_0
訂 0162_0
計 0460_0
施 0821_2
宣 3010_6

洪 3418_{1}
衲 3422_{7}
祝 3621_{0}
洞 3712_{0}
姜 8040_{4}
恒 9101_{6}
恬 9206_{4}
炳 9182_{7}
[乛]癸 1243_{0}
紅 2191_{0}
紀 2791_{7}
韋 4050_{6}
姚 4241_{3}

十畫

[一]夏 1024_{7}
晉 1060_{1}
班 1111_{4}
珠 1519_{0}
致 1814_{0}
袁 4073_{2}
真 4080_{1}
校 4094_{8}
桃 4291_{3}
莊 4421_{4}
荷 4422_{1}
莫 4443_{0}
華 4450_{4}
桂 4491_{4}
都 4762_{7}
桐 4792_{0}
素 5090_{3}
秦 5090_{4}
耕 5590_{0}
敖 5824_{0}
原 7129_{6}
馬 7132_{7}
[丨]晏 6040_{4}
畢 6050_{4}
時 6404_{1}
[丿]倭 2224_{4}
倪 2721_{7}
脩 2722_{7}
殷 2724_{7}
徐 2829_{4}
倦 2921_{2}
翁 8012_{7}
倉 8060_{7}
[丶]高 0022_{7}
唐 0026_{7}
訓 0260_{0}
郭 0742_{7}
流 3011_{3}
家 3023_{2}
涉 3112_{1}
浙 3212_{1}
凌 3414_{7}
海 3815_{7}
瓶 8141_{7}
剡 9280_{0}

悔 9805_7
[乛]孫 1249_3
紙 2294_0
納 2492_7
通 3730_2
書 5060_1
陸 7421_4
陵 7424_7
陳 7529_6
陶 7722_0

十一畫

[一]雪 1017_7
聊 1712_0
逌 3430_1
梵 4421_7
萇 4473_2
黄 4480_6
菊 4492_7
埤 4614_0
埽 4712_7
乾 4841_7
楠 4894_7
梅 4895_7
春 5077_7
採 5209_4
盛 5310_7
戚 5320_0
曹 5560_6
[丨]虛 2121_7
崇 2290_1
過 3730_2
婁 5040_4
國 6015_3
晚 6701_6
野 6712_2
鄂 6722_7
晦 6805_7
常 9022_7
[丿]假 2724_7
從 2828_1
逸 3730_1
脫 7821_6
笠 8810_8
[丶]商 0022_7
章 0040_6
望 0710_4
0824_7
許 0864_0
淮 3011_4
淳 3014_7
梁 3390_4
淩 3414_7
清 3512_7
惜 9406_1
惕 9602_7
[乛]張 1123_2
巢 2290_4
紺 2497_0
鄉 2722_7

十二畫

十三畫

[一]雷　1060_3
賈　1080_6
頑　1128_6
瑞　1212_7
聖　1610_4
夢　4420_7
蒙　4423_2
蒼　4460_7
楚　4480_1
楊　4692_7
[丨]蜀　6012_7
當　9060_6
[丿]愛　2024_7
傳　2524_3
遙　3730_7
與　7780_1
會　8060_6
筠　8812_7
節　8872_7
[丶]意　0033_6
話　0266_4
新　0292_1
詩　0464_1
滂　3012_7
褚　3426_0
資　3780_6
義　8055_3
煙　9181_4
[乛]羣　1750_1
經　2191_1
綏　2294_4

十四畫

[一]爾　1022_7
蜚　1113_6
裴　1173_2
碧　1660_1
磈　1661_3
臧　2325_0
嘉　4046_5
蔣　4424_7
蔡　4490_1
趙　4980_2
厲　7122_7
[丨]圖　6060_4
[丿]種　2291_4
疑　2748_1
鳳　7721_0
箋　8850_3
管　8877_7
[丶]瘦　0014_7
塵　0021_4
廖　0022_2
齊　0022_3
説　0861_6
實　3080_6
漢　3413_4
漁　3713_6
養　8073_2

[丿]積　2598_6
穆　2692_2
獨　4622_7
學　7740_7
興　7780_1
錢　8315_3
錫　8612_7
[丶]辨　0044_1
龍　0121_1
濂　3013_7
寰　3073_2
[乛]避　3030_4
閻　7777_7
營　9960_6

十七畫

[一]環　1613_2
戴　4385_0
藏　4425_3
韓　4445_6
舊　4477_7
聲　4740_1
擬　5708_1
壓　7121_4
臨　7876_6
[丨]壑　2710_4
[丿]優　2124_7
儲　2426_0
鮚　2436_1
徽　2824_0
輿　7780_1
鍾　8211_4
[丶]謝　0460_0
濟　3012_3
禮　3521_8
[乛]績　2598_6
繆　2792_2

十八畫

[一]藤　4423_2
藝　4473_1
[丨]蟫　5114_6
瞿　6621_4
[丿]雙　2040_7
魏　2641_3
歸　2712_7
簡　8822_7
[丶]顏　0128_6
謹　0461_4
[乛]闕　7748_2

十九畫

[一]麗　1121_1
蘅　4422_1
蘇　4439_4
[丨]羅　6091_4
曝　6603_2
嚴　6624_8
[丿]鏗　8711_4
籀　8856_2